KRÖNERS TASCHENAUSGABE BAND 210

SACHWÖRTERBUCH DER MUSIK

VON

EBERHARD THIEL

Vierte verbesserte Auflage

Mit 24 Abbildungen und Notenbeispielen

ALFRED KRÖNER VERLAG STUTTGART

CIP-Kurztitelaufnahme der Deutschen Bibliothek

Thiel, Eberhard
Sachwörterbuch der Musik
Stuttgart : Kröner 1984
ISBN 3-520-21004-5

1. Auflage 1963
2. Auflage 1973
3. Auflage 1977
4. Auflage 1984

Gesamtherstellung Friedrich Pustet, Regensburg

VORWORT ZUR 4. AUFLAGE

Dieses Sachwörterbuch will dem interessierten Musikfreund, dem Schüler und Studierenden wie dem fertigen Musiker schnelle Information bieten mit etwa 3600 Stichwörtern, die einen Überblick über den Gesamtbereich der Musik gestatten. Schwerpunkte sind dabei: Formen und Gattungen der Musik, Musiktheorie und Instrumentenkunde, meist in so engem Zusammenhang mit Musikgeschichte und musikwissenschaftlicher Forschung, daß auch die Darstellung scheinbar entfernter Einzelheiten nicht als museale Häufung und Demonstration toten Stoffes, sondern – zumal bei dem mit täglichem Musik-„Angebot" allgemein zunehmenden Interesse des Lesers und Hörers – in ihrem Netz von Querverbindungen und ihrem Einwirken bis in zeitnahe Erscheinungen gesehen werden kann.

Wenn versucht wird, Hilfsmittel zu bieten, Interesse zu wecken und zu unterstützen und das Verständnis für das Musikgeschehen bis zur Sichtung des gegenwärtigen Bestandes zu vertiefen, so wird nicht übersehen, daß Musik gleichermaßen Sinneswahrnehmung und Vernunfterkenntnis ist, daher in der Vielfalt ihrer Erscheinungen nur sehr bedingt in Worten dargestellt werden kann und daß die für das Sachbuch dieses Umfangs immer bestehende Gefahr der – zugleich möglicherweise umwertenden – Vereinfachung nur durch den Anspruch an die Mitarbeit des Lesers zu vermeiden ist.

Umso wichtiger werden für ergänzende Information die Literaturhinweise. Es wurde angestrebt, die jeweils grundlegenden Werke zu erfassen, auch neuere Arbeiten mit besonderer Aufgabenstellung. Da sich die Zentren der Musikwissenschaft aus den ehemals führenden deutschsprachigen Gebieten weit ins Ausland verlagert haben und insbesondere die Musikforschung in den Vereinigten Staaten von Amerika nach dem 2. Weltkrieg einen raschen Aufschwung erfahren hat, war die Beobachtung und Auswahl außerdeutscher und außereuropäischer Veröffentlichungen unerläßlich. Bei der Literaturauswahl wurden Werke mit weiterführender Bibliographie möglichst bevorzugt.

Das Buch behandelt zwar im Vordergrund die Entwicklung der abendländischen Musik (vielfach am deutschen Beispiel). Der größere Umfang dieser Auflage gestattet aber, mehr als bisher in Querverbindungen über diesen Bereich hinaus mit der Vergleichenden Musikwissenschaft deren wichtigste Ergebnisse und die Musikerscheinungen früher Hoch- oder noch lebender Primitivkulturen und, verstärkt, Parallel- oder Eigenentwicklungen in Asien, Afrika und Lateinamerika zu sehen.

In der Mehrzahl der Fälle wurden die Stichwörter nach ihrer sprachlichen Herkunft und Zusammensetzung untersucht und erklärt, dabei in der Musikpraxis gebräuchliche fremdsprachige Fachwörter genannt und wohl für manchen Leser interessante Erscheinungen aufgezeigt oder angedeutet. Der genaueren Fassung und Abgrenzung des jeweiligen Begriffs folgt meist die Darstellung der geschichtlichen Entwicklung. Verweispfeile (→) regen zur Ergänzung durch andere Artikel an. Bei mehreren aufeinanderfolgenden Hinweiswörtern steht der Pfeil meist nur vor dem ersten Wort. Einige Bild- und Notenbeispiele wurden dort eingefügt, wo sie den Text verdeutlichen und kürzen konnten.

Die alphabetische Ordnung gilt für das ganze (auch im mehrgliedrigen) Stichwort. Sie läßt Umlaute unberücksichtigt (z. B.: ä = a; dagegen: ae des Originals bleibt ae). Diakritische Zeichen ändern die alphabetische Reihenfolge nicht (Č steht innerhalb C). Mit C beginnende Wörter können unter K oder Z zu finden sein; J kann für Y stehen; arabische Wörter erscheinen ohne Artikel (*al*), wo dieser nicht assimiliert ist. Die Transliteration kyrillischer Schrift folgt bei Literaturangaben dem System der ISO (International Organization for Standardization), während im Text besonders bei einzelnen Eigennamen die verbreitete westliche Schreibung beibehalten wird (Tschaikowsky). Chinesische Wörter sind, wo nicht eine andere Fassung üblich wurde, nach Wade-Gilles umschrieben.

Das Buch wäre ohne kompilatorische Arbeit nicht möglich gewesen und stützt sich auf Werke, die insbesondere unter den Stichwörtern „Instrumente", „Musikbibliographie", „Musiklexikon", „Musikterminologie", „Tanz" genannt sind. Deren Einzelartikel, wie andere benutzte Quellen, sind in den jeweiligen Literaturangaben verzeichnet (vgl. auch das Abkürzungsverzeichnis). Zahlreichen Komponisten, Interpreten, Fachwissenschaftlern und Institutionen habe ich für bereitwillige Auskunft zu danken. Die Anregung zu diesem Buch gab Herr Professor Dr. Wilhelm Martin Luther (†), der sich stets interessiert und hilfsbereit mit Ratschlägen für die Erstauflage zur Verfügung gestellt hatte.

Für die vorliegende Auflage wurde der Text erneut durchgesehen, ergänzt bzw. gekürzt und auch hinsichtlich der Literaturangaben mit der durch den Umfang eines Taschenbuches gebotenen Auswahl möglichst auf den neuesten Stand (Herbst 1983) gebracht. Auswahl oder Streichung eines Artikels werden stets unterschiedlichem Urteil unterliegen, und die Leser werden um Verständnis gebeten, wenn sie ein gesuchtes Stichwort vermissen, ein anderes für überflüssig halten, zu ausführlich oder zu kurz behandelt sehen. Anregungen und Hinweise, für die auch hier besonders gedankt sei, konnten weitgehend berücksichtigt werden.

Ich hoffe, auch diese Auflage werde ihren Zweck erfüllen und vielen nützlich sein. Zugleich wiederhole ich die Bitte, Vorschläge für Ergänzungen, auch Hinweise auf mögliche Irrtümer an den Verlag zu leiten.

E. T.

ABKÜRZUNGEN

(Die Abkürzungen schließen Mehrzahl und Flexionsendungen des betreffenden Wortes ein und gelten in den Literaturangaben auch für das ähnliche fremdsprachige Wort; z. B.: MA = Mittelalter; engl. Middle Ages; frz. moyen âge)

A	Amsterdam
Abh.	Abhandlung(en)
Abk., abk.	Abkürzung, abgekürzt
AfMf	Archiv f. Musikforschung
AfMw	Archiv f. Musikwissenschaft
afrz.	altfranzösisch
ahd.	althochdeutsch
AM	Acta Musicologica
Apel	W. Apel, Die Notation d. polyphonen Musik 900–1600, Leipzig 1962, ²1970
B	Berlin
Bd., Bde.	Band, Bände
Bearb., bearb.	Bearbeiter, bearbeitet
Beitr.	Beitrag, Beiträge
Bez.	Bezeichnung
Br	Brüssel
Bücken	E. Bücken, Handbuch d. Musikwissensch., 1927/34, ND 1979
DDT	Denkmäler Deutscher Tonkunst
Denis	V. Denis, De muziekinstr. in de Nederlanden en in Italië naar hun afbeelding in de 15e eeuwsche kunst, Antwerpen/Utrecht 1944
Diss.	Dissertation
dt., Dtl.	deutsch, Deutschland
DTB	Denkmäler d. Tonkunst in Bayern
DTÖ	Denkmäler d. Tonkunst in Österreich
EdM	Das Erbe Deutscher Musik
Engl., engl.	England, englisch
Ez.	Einzahl
FAM	Fontes Artis Musicae
Frk., frz.	Frankreich, französ.
GA	Gesamtausgabe
Ggs.	Gegensatz
Grove	Grove's Dictionary of Music and Musicians, London ⁶1980

H.	Heft
Hdb.	Handbuch
Hg., hg.	Herausgeber, herausgegeb.
HmT	H. H. Eggebrecht (Hg.), Handwörterbuch d. mus. Terminologie, 1971 ff.
Hs(s), hs.	Handschrift(en), handschriftlich
Instr.	Instrument(e)
It., it.	Italien, italienisch
JAMS	Journal of the American Musicological Society
Jb.	Jahrbuch
JbLH	K. Ameln u. a. (Hg.), Jahrb. f. Liturgik u. Hymnologie
JbP	Jahrbuch d. Musikbiblioth. Peters
Jg.	Jahrgang
Jh.	Jahrhundert
K	Kopenhagen
Kb.	Kongreßbericht
KmJb	Kirchenmusikal. Jahrbuch
L	London
Leiturgia	K. F. Müller, W. Blankenburg (Hg.), Handb. des evang. Gottesdienstes
Lg	Leipzig
Lit.	Literatur
M	Moskau
MA, ma.	Mittelalter, mittelalterl.
masch.	maschinenschriftlich
MD	Musica Disciplina
Ml	Mailand
Mf	Musikforschung
Mg., mg.	Musikgeschichte, musikgeschichtlich
MGG	Musik in Geschichte u. Gegenwart
mhd.	mittelhochdeutsch
mlat.	mittellateinisch
Ms(s).	Manuskript(e)
Mth., mth.	Musiktheorie, musiktheoretisch
Mw., mw.	Musikwissenschaft, musikwissenschaftlich

Mz.	Mehrzahl
NA	Neuausgabe
ND	Nachdruck
nhd.	neuhochdeutsch
nld.	niederländisch
NOHM	New Oxford History of Music
NY	New York
op.	Opus
P	Paris
Part.	Partitur
Pr	Prag
PSMG	Publikationen d. Schweizerischen Musikforschenden Gesellschaft
Publ., publ.	Publikation, publiziert
R	Rom
SIMG	Sammelbände d. Internat. Musikgesellschaft
SIMP	Studia Instrumentorum Musicae popularis (Stockholm)
Slg(n).	Sammlung(en)
SMZ	Schweizerische Musikzeitung
St., stg.	Stimme(n), stimmig
Tb.	Taschenbuch
tlg.	-teilig
t.t.	Terminus technicus

Vertkov	K. Vertkov u. a., Atlas muzykal'nych instrumentov narodov SSSR (Volksmusikinstr. der UdSSR), Moskau 1963, ²1975
Vf.	Verfasser(in)
VfMw	Vierteljahrsschrift f. Mw.
Vgl., vgl.	Vergleich, vergleiche
VINM	Veröffentlichungen d. Instituts f. Neue Musik u. Musikerziehung Darmstadt
W	Wien
Wagner	P. Wagner, Einführung in d. gregorian. Melodien, 1911/21, ND 1962
Wiss., wiss.	Wissenschaft, wissenschaftlich
Wolf	J. Wolf, Handbuch d. Notationskunde, 1913/9, ND 1963
Z	Zürich
ZfMw	Zeitschr. f. Musikwissenschaft
ZIMG	Zeitschr. d. Internat. Musikgesellschaft
Zs(s).	Zeitschrift(en)
zw.	zwischen

A, 1. der dem griech. Tonsystem *(systema teleion)* angegliederte tiefste Ton (bei gleichen Intervallverhältnissen nach heutigen Tonbuchstaben: a' bis H + A); im MA Anfang der Folge abcdefg (→ B); seit Zarlino (1571) 6. Ton der mit c beginnenden Skala; in roman. Sprachen und russ. *la* (→ Kirchentonarten, Modus, Solmisation); – 2. → Stimmton (Kammerton): a' = 440 Hertz; – 3. A, a im Dur-Moll-System: A-Dur, a-moll; – 4. A = Abk. für → Alt.

A B A, Formel für die einfache 3tlg. → Liedform. Dem Teil A steht ein nach Thema und Tonart gegensätzlicher Teil B gegenüber (auf Ober- od. Unterdominante oder in der parallelen Molltonart); danach wird A wiederholt od. variiert.

A battuta (it. = Takt), (wieder) genau im Takt spielen oder singen.

Abblasen, das Stundenblasen auf Rathaus- und Kirchtürmen durch die → Stadtpfeifer, später auch Ratstrompeter; bis 19. Jh. üblich. Zahlreiche Werke sind überliefert (z. B. von Schein, Pezel); neue Turmmusiken z. B. von Hindemith (im *Plöner Musiktag*). Mit dem „Anblasen" vom Turm wurden hochgestellte Personen begrüßt oder Festlichkeiten eingeleitet. → Turmmusik.

Abbreviatur (lat. *breviare* = verkürzen), → Abkürzung.

A-b-c-dieren, in der Schulmusik des 17. Jh. aufkommende, ausschließliche Verwendung der Tonbuchstaben (a, b, c...), hauptsächl. durch A. Profe, W. M. Mylius, J. C. Lange; polemisch verteidigt durch J. Mattheson (*Beschütztes Orchestre,* 1717) gegen → Solmisation, Bebisation, Bobisation (vgl. → Tonika-Do, Eitzsches Tonwort, Jale).

Abendmusik, kirchl. Musikveranstaltung als Vorform des Oratoriums. Die von F. Tunder und D. Buxtehude in Lübeck als A. durchgeführte Orgel-, dann Chormusik entwickelte sich bei den Nachfolgern bis zum 18. Jh., vor allem unter dem Einfluß der ästhetischen Regeln Gottscheds, zu Chorkonzerten (häufig im Konzertsaal) mit großer Dramatik, wie sie sich in dem Buxtehude zugeschriebenen *Jüngsten Gericht* gezeigt hatte (z. B. Werke von Schieferdecker, Kuntzen). 1810 fand die letzte A. statt (Königslöw, *Die Zuhausekunft des jungen Tobias*). Die Bezeichnung A. wurde in neuerer Zeit in Lübeck und andernorts wieder für meist kirchl. Veranstaltungen übernommen.

W. Stahl, Die Lübecker A., 1937; G. Karstädt, Die „extraordinairen" A. Buxtehudes, 1962; ders. Buxtehude u. d. Neuordnung d. A.en (Fs. Grusnick) 1981.

A bene placito (it. =) beliebig, frei vortragen; vgl. → ad libitum.

Abgesang, in der → Barform (AAB) der dem Aufgesang, den

beiden A (Stollen und Gegenstollen), gegenüberstehende, melodisch und metr. andersartige Schlußteil B.

Abkürzung, Abbreviatur (lat. *breviare* = verkürzen). Die A. innerhalb des Notenbildes dient der Vereinfachung sich wiederholender rhythm. Figuren. So wird bei Wiederholungen eines Tones in schneller Folge oder bei schnellem Wechsel zweier Töne der Gesamtwert beider Töne im Takt bezeichnet, und Querbalken zeigen

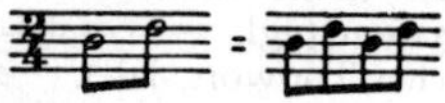

den Wert des repetierenden (bzw. wechselnden) Einzeltones. Wiederholung von Figuren wird durch Schrägstrich im System mit darüber- und darunterstehendem Punkt markiert. Wiederholung von Akkordbrechungen kann als Akkord im Gesamtnotenwert der Figur und mit dem Zusatz → *arpeggio* oder → *simile* abgekürzt werden. – Zusätzlich zur Notenschrift treten. A. auf für Instrumenten- (V. = Violine), Tempo- *(rit. = ritardando),* Vortragsbezeichnungen (*stacc.* = *staccato*), für formale (v. s. = *volti subito*) und dynam. Anweisungen (*f* = *forte*). – A. sind auch die Buchstabennotenschriften der → Tabulaturen oder z. B. die griech. Vokalnotenschrift.

R. Schaal, Abkürzungen in der Musik-Terminologie, 1969.

Abruzzese, Lied und Tanzlied in den Abruzzen.

Absetzen → intavolieren.

Absolute Musik (lat. *absolutus* = befreit, vollendet), ästhetischer Begriff für „reine", freie, in sich ruhende, aus sich selbst lebende Musik, die keiner außermusikal. Mittel (Dichtung, Malerei) bedarf (Bach, *Kunst der Fuge*; Beethovens späte Streichquartette). Die Bez. a. M. für „nichts bedeutende" (Goethe: *selbständige*) Musik festigte sich im 19. Jh. und ist enger als der im 20. Jh. auftretende Begr. → „autonome Musik". A. M. ist Ggs. zur nachahmenden oder darstellenden, nach einem Programm, zu bestimmtem Zweck geschaffenen Musik (→ Programm-, Gebrauchsmus., funktionelle M.). Es gibt keine festen Grenzen zwischen beiden Extremen, weshalb auch die Definition der a. M. durchaus unterschiedl. ist: als aus reinem Gefühl lebend, als unabhängige, klingende Form (Hanslick: *tönend bewegte Form*) oder als transzendent, außermenschl., überirdisch und in letzter Konsequenz: ohne den Menschen als Komponist, Interpret od. Hörer existent, worauf sich mystisch-dunkle Spekulationen gründen konnten. Der Mensch versucht das Leben darzustellen und setzt sich mit ihm aus-einander, indem er seine Erscheinungen abstrahiert: in der Musik auswählend und ordnend gegenüber dem Chaos der Gesamtheit der Töne in einer Form als geistiger Ordnung unter Verwendung übernommener oder neugeschaffener Stilformeln und mit der praktischen Ausrichtung in einer Gattung: hier einer programmlosen, nicht zweck- und wortgebundenen, vor allem instrumentalen Musik. Die Deutung in reale Verhältnisse mittels außermusikalischer Hilfskonstruktionen muß fehlgehen. Dennoch steht das Werk, von einem Menschen in einem bestimmten Seelenzustand mit einer von ihm konzipierten Ordnung geschaffen, nicht außerhalb eines ursprünglichen Lebenszusammenhangs, und der Grad der Unabhängigkeit wird bestimmt vom Grad der möglichen Abstraktion, der Abkehrung, des Abgeschiedenseins über aller irdischer Bindung. → Musikästhetik.

H. Jancke, Das Spezif.-Musikalische u. d. Frage nach d. Sinngehalt d. Mus. (Musikpsychol. Stud. 4) 1930; W. Wiora, A. M. (MGG) 1949; ders., Zwischen absoluter u. Programmusik (Fs. Vötterle) 1963; C. Dahlhaus, D. Idee der a. M., 1978.

Absolutes Gehör, Gehörfunktion im Zusammenhang mit einem permanenten Tönegedächtnis, das es ermöglicht, Töne, Akkorde oder Tonarten zu bestimmen, ohne sie in Beziehung zu setzen zu einem im Gedächtnis haftenden Bezugston (Standardton), wie ihn das → relative Gehör kennt. Das a. G. ist zu unterscheiden von der Tonschätzung, das echte a. G. von dem bruchstückhaften mit erkannten Tönen neben unerkannten. Auch das echte a. G. tritt unterschiedl. bei den verschied. Personen auf: am häufigsten und sichersten in der eingestrichenen Oktave und mit Bevorzugung der weißen Klaviertasten (A. Wellek); andererseits unterschiedlich hinsichtl. Tonerkennung und der selteneren Tonwiedergabe. Das echte a. G. ist nicht erlernbar und tritt selten auf, häufiger bei Männern als bei Frauen. In Versuchsreihen mit musikal. Personen besaßen es 6–8%. Frühzeitiges Auftreten des a. G. in der Jugend wird meist in späterer hervorragender musikal. Leistung bestätigt. Zwar bedeutet a. G. kein Werturteil zur musikal. Begabung, zumindest aber die Wahrscheinlichkeit der Musikalität. → Gehörphysiologie, Musikpsychologie, Begabung.

O. Abraham, Das absol. Tonbewußtsein (SIMG) 1901; H. Riemann, Tonhöhenbewußtsein u. Intervallsinn (ZIMG) 1912; M. Gebhardt, Beitr. z. Erforsch. des a. G. (Archiv f. d. gesamte Psych.) 1929; H. Hein, Üb. d. Mögl. eines allg. latenten Tonbewußtseins (ZfMw) 1929; L. Weinert, Unters. üb. das a. G. (Arch. d. ges. Psych.) 1929; A. Wellek, Das a. G. u. seine Typen, Bern ^{2}1970; ders., Musikpsych. u. Musikästh., ^{2}1975.

Abstrakte (von lat. *abstrahere* = abziehen). Die A. ist in der mechan. Orgel die Leistenverbindung zwischen Taste und Spielventil od. vom Registerzug zum Registerventil. Abstraktur ist die Gesamtheit der für diese Verbindungen benötigten Teile (z. B. A.nkamm: die kammartige Querleiste, durch die die A.n verlaufen und sich dabei nicht berühren können. Um Reibegeräusche zu dämpfen, ist er weich beledert. → Traktur.

Abstrich (*tiré*) → Bogenführung.

Abzug, 1. das Tieferstimmen des tiefsten Lautenchores um einen Ganzton (→ Scordatur); die Laute „steht im A."; – 2. Schlagart bei den Pauken; – 3. t. t. im älteren Orgelbau für Transmission (z. B. „abgezogener Baß"): Ein Register oder ein Teil davon wird ohne → Koppel gespielt von einer anderen als der dazugehörigen Tastatur (Manual, Pedal) aus; – 4. Abziehen von Hand oder Arm beim Klavier- oder Streichinstrumentenspiel als Artikulationsmittel, z. B. nach der zweiten bei Bindung zweier Noten.

A cappella, Abk.: **a c.** (it. = wie der Kapellchor, besonders der → Sixtin. Kapelle nach Palestrina), unbegleiteter geistlicher oder weltl. Chorgesang. Früher auch der strenge Chorsatz im → Palestrinastil im Ggs. zum monodischen, konzertierenden Stil des Frühbarock und nicht mit der heute im Begriff a c. enthaltenen deutlichen Trennung von der Instrumentalmusik.

Accelerando (it. =) schneller werdend; Abk.: accel.

Accentus (lat.; vgl. griech. *prosodia:* Zugesang), der gemäß dem Text gegliederte Sprechgesang auf einem Rezitationston in der röm. und frühen evangel. Liturgie. Einfache Kadenzen entsprechen der Interpunktion. – Ggs.: → Concentus: gesungene, selbständige Melodie (→ Antiphon, Introitus). → Akzent.

Acciaccatura (it. *acciaccare* = zerstoßen; frz. *pincé étouffé*), Verzierung im Spiel auf Tasteninstr. durch Anschlag der Hauptnote und zugleich kurz ihrer (harmoniefremden) Untersekunde, was reizvolle Dissonanzen bewirkt. Die A. war im 17., 18. Jh. üblich. Viele Beispiele gibt D. Scarlatti. → Appoggiatura, Arpeggio, Mordent, Vorhalt, Vorschlag.

Accompagnato (it. *accompagnare* = begleiten), Kurzform von *recitativo a.,* das → Rezitativ mit dramatisierender, vorgegebener Begleitung, die Handlung charakterisierend; Ggs.: *recit. secco* (trockenes R.: mit beziff. Baß), in dem der Sprechgesang nur akkordisch begleitet wurde, meist vom Cembalo oder einem anderen Generalbaßinstr., die aber ebenso – und nicht ausschließl. das Orchester – A.rezitative begleiteten.

Accompagnement (frz., it. *accompagnamento,* engl. *accompaniment* =) Begleitung einer Melodie mit Instrument(en). Während das A. später oft der Hauptstimme untergeordnet war, gab die frühe Praxis der Generalbaßbegl. dem Instr. über den vom beziff. Baß angegebenen Stützakkorden eine gewisse Selbständigkeit. Fast gleichwertig wurde die Begleitung (obligates A.) etwa seit Mitte des 18. Jh. mit Beginn der themat. Durchdringung des ganzen Satzes, die den Mittelstimmen mehr Gewicht gab und sie an der themat. Arbeit beteiligte. → Accompagnato, Rezitativ.

Accordatura, vgl. → Scordatura.

Achtel, der achte Teil einer ganzen Note, mit Fähnchen am Stiel geschrieben (→ Croche). Mehrere A. können mit → Querbalken verbunden werden, was in der Vokalmusik oft syllabische Zuordnung zeigt. Die heute gerundete A.pause entstand aus der früheren Hakenform.

Achtfuß (= 8'); 1-, 2-, 4-, 8-, 16-, 32-Fuß; → Fuß.

Achtliederbuch, Slg. von 8 reformatorischen Liedern, 1524 bei J. Gutknecht in Nürnberg erschienen und im selben Jahr mehrfach nachgedruckt; Vorläufer der als erste Gesangbücher der Reformation geltenden beiden Erfurter Enchiridien (1524, 1525). Das A., von dem 4 Lieder aus Magdeburger Einblattdrucken stammen, enthält 4 Lieder v. Luther, 3 v. Speratus, ein anonymes.

Actus (musicus), festl. Musik im 17. Jh. im protestant. Dtl., nach geistl. Texten; im Ggs. zur → Historia stets im *stile recitativo*; mit Kirchenliedern und Arien bei geschlossener dramat. Handlung;

angeregt durch Schuldrama und → Rappresentazione. A. und Historia entwickelten sich nebeneinander (Kuhnau, Schelle, Zachow), bis etwa seit 1700 die Bez. „Oratorium" vorherrscht.

Acuta (lat. *vox a.* = scharfe Stimme), → Scharf, Mixtur in der Orgel.

Adagietto (it. =) kleines → Adagio; selbständiges, kleineres, idyllisches, galantes oder pathetisches Musikstück.

Adagio (it. =) 1. langsam; ursprünglich etwa gleich → Moderato, später: sehr langsam, etwa zwischen → Lento und → Andante liegend. A. gehört zu den ältesten Vortragsbezeichnungen (seit Anfang des 17. Jh.). *A. assai* = sehr langsam; *a. non tanto (non molto)* = nicht zu langsam; *a. pesante, adagissimo* = äußerst langsam. – 2. Titel oder Satzüberschrift: langsames Musikstück; in zyklischen Werken (Sinfonie, Sonate, Konzert, Quartett usw.) meist der Mittelsatz.

Adhān (arab.), Ruf zum Gebet der Mohammedaner, den der Muezzin fünfmal tägl. und in der Zeit des Hauptgottesdienstes am Freitag singt. Die 7 Teile werden wiederholt und je nach Tageszeit verändert.

Adiaphon → Gabelklavier.

Adiaphonon (griech. = das Unverstimmbare), Tasteninstr. mit Metallstäben (6 Oktaven); 1819 in Wien für F. Schuster patentiert; ähnlich der → Glasharmonika klingend; setzte sich wegen des schwachen, nachhallenden Tones nicht durch; vgl. → Euphon.

Adjuvantenchor (lat. *adjuvare* = helfen), in ländl. Bezirken Thüringens und Sachsens von einem Lehrer od. musikkundigen Pfarrer geleiteter Laienchor im 17., 18. Jh., vom Beispiel der städtischen Kantorei angeregt. Die Ende des 17. Jh. angegliederte Instrumentalgruppe kam oft in Konflikt mit den privilegierten → Stadtpfeifern.

A. Werner, Freie Musikgemeinschaften alter Zeit im mitteldt. Raum (Schriften des Händelhauses Halle), 1940.

Ad libitum (lat. =) nach Belieben, und zwar hinsichtlich der Art des Vortrages und der Besetzung eines Stückes. Abk. = ad lib.; Ggs.: → obligat.

A due (a 2), Anweisung in der Partitur: Die einfach notierte Stimme gilt doppelt (z. B. Violine 1,2).

A due (corde) (it. = frz. *à deux cordes, double corde* = mit 2 Saiten), beim Klavierspiel: mit halber Verschiebung (Dämpfung = linkes → Pedal).

Ad una corda (it. =) auf einer Saite; Klavierspiel mit voller Dämpfung (vgl. → a due corde); Ggs.: tutte le corde (alle Saiten).

Aequal (lat. *aequalis* = gleich), *voces aequales* = in gleicher Stimmlage, gleichstg. Äquallage, Äqualmaß: im Orgelbau = die der menschlichen Stimme entsprechende 8-Fuß-Lage (→ Fuß).

Aërophone (griech. *aër* = Luft; *phone* = Stimme), Luftklinger; Musikinstrumente, bei denen der Ton durch Luft erzeugt wird: 1. durch räumlich begrenzte Luft: Blasinstr. (einschl. Orgel), 2.

durch freie Luft, z. B. Äolsharfe, Brummkreisel, Schwirrholz. → Instrumente.

H. Bouasse, M. Fouché, Instr. à vent, P 1929/30; A. Carse, Musical wind instr., L 1939; ND NY 1965; M. Vogel, D. Intonation d. Blechbläser, 1961; H. Becker, Z. Entwickl.-gesch. d. antiken u. ma. Rohrblattinstr., 1966; A. Baines, Woodwind instr. and their hist., L [3]1967; ders., Brass instr., their hist. and developm., L 1976; H. Seifers, Systematik d. Blasinstr., 1967; T. E. Warner, An annotated bibliogr. of woodwind instruction books, Detroit 1967; C. J. Nederveen, Acoustical aspects of woodwind instr., A 1969, ND Buren 1978; W. Suppan, Lex. d. Blasmusikwesens, [2]1976; E. Mende, Stammbaum d. europ. Blechblasinstr. in Bildern seit d. MA, Moudon 1978.

Aetherophon (griech. *aither* = Luft; *phone* = Stimme), → Elektrophon, bei dem ein Lautsprecher ertönt bei Handbewegungen (später auch mit Tastatur) in einem durch 2 Hochfrequenzgeneratoren erzeugten Spannungsfeld zwischen 2 Stabantennen. Der russ. Physiker und Musiker L. Theremin führte das Instr. 1920 dem Sowjet. Elektrischen Kongreß vor. Mit den Namen A., Termenvoksa (russ.) und Théréminovox (frz.) wurde es auf Konzerten gespielt und war dabei Anlaß zu heftigen Diskussionen. In Amerika wurde es von Theremin weiterentwickelt und in Serie hergestellt. B. Martinů, E. Varèse u. a. komponierten für das A.; M. Rosza verwendete es zum ersten Mal im Tonfilm.

Affektenlehre (von lat. *afficere* = angreifen, anregen), das besonders im 17. und 18. Jh. voll entwickelte System, mit bestimmten Musikfloskeln bestimmte Seelenregungen wiederzugeben. Erst als sich in der 2. Hälfte des 18. Jh. die Überzeugung durchzusetzen begann, daß nur die selbst empfundene Leidenschaft dargestellt werden könne, verlor das Schema der A. seine Bedeutung. Ein Rest ist noch heute erhalten in der Auffassung, daß die Durtonart den Charakter der Freude, Stärke, Aktivität zeige, die Molltonart den der Schwer- und Sanftmut und Passivität. Hatte H. Glarean (*Dodekachordon,* 1547), dem Beispiel der → Tonartencharakteristik bei Plato folgend, den Kirchentonarten bestimmte Affekte zugeschrieben, so erklärte G. Zarlino (*Istitutzioni harmoniche,* 1558) die Intervalle ohne Halbton (z. B. die große Terz) für freudig, die mit Halbton (z. B. die kleine Terz) für traurig. Die schon bei den Griechen entwickelte Lehre von den Lebensgeistern (Galen, Hippokrates) griff R. Descartes auf (*Passiones animae,* 1649): Freudige Seelenregung bewirkt breite Intervalle, Traurigkeit kleine, verengte. Die Oper bildete die Affekttypen für Zorn, Liebe, Eifersucht, Neid usw. nach dem Beispiel bei C. Monteverdi weiter, der den *stile concitato* (für Zorn und Verachtung) vorgebildet hatte. Feststehende Wendungen entwickelten in Dtl. J. Kuhnau, J. D. Heinichen zu einem System rhythmischer und melod. Motive, wie sie in J. S. Bachs Passionen und Kantaten kunstvoll verwendet wurden. Erklärte J. Ph. Rameau die schöne Harmonie zur Trägerin des Seelenausdrucks, so setzte J.-J. Rousseau die Melodie dafür ein, und D. Diderot verlangte wie er die Darstellung der einfachen Natur in unverzierter Wahrheit. C. Avison wendete sich gegen eine realist. Naturnachahmung in der Musik. Die Weite subjektiver Empfindungen verdrängte die Formeln der A., entscheidend für ihr Ende im 19. Jh. wurden die Gedanken Herders, A. W. Schlegels und Schopenhauers. → Musikästhetik, Figurenlehre, Symbol.

H. Kretzschmar, Allgemeines u. Besonderes z. A. (JbP) 1911/12; M. Kramer, Beitr. z. einer Gesch. d. Affektbegriffs i. d. Musik 1550–1700 (Diss. Halle) 1924; W. Dilthey, Die A. d. 17. Jh. (Ges. Schriften 2) 1929; W. Serauky, D. musikal. Nachahmungsästh. 1700–1850, 1929; ders., A. (MGG) 1949; F. T. Wessel, The A. in the 18th cent. (Diss. Bloomington) 1955; H. Ferdinand, D. mus. Darstellung d. Affekte i. d. Opernarien Händels (Diss. Bonn) 1958; R. Dammann, D. Musikbegriff i. dt. Barock, 1967; G. Albersheim, D. Tonsprache, 1980. → Barock.

Affettuoso, con affetto (it. = mit Leidenschaft), ausdrucksvoll, bewegt, frei vorgetragen.

Affrettando, affrettato, affrett(u)oso, affrettatamente (it. *affrettare* =), beschleunigen(d), beschleunigt, rasch.

Agende (von lat. *agere* = handeln; das zu Erledigende), die gottesdienstl. Handlungen und ihre schriftl. fixierte Ordnung; die Gottesdienstordnung der protestant. Kirchen (entsprechend dem Rituale der kathol. Kirche). Zu den frühesten liturg. Büchern zählten Psalter, Sacramentarium (Texte für Gebete und Segen am Altar), Lectionarium (Schriftlesungen im Jahreskreis), Antiphonar und → Graduale. Die Bücher der kathol. Kirche wurden im 16. Jh. vereinheitlicht. Luthers Gottesdienstordnung bezog die singende Gemeinde als handelndes Element ein, was zunächst stärker in ländl. Gemeinden ohne Chor sichtbar wurde, während Domkirchen und Städte mit Lateinschulen noch im wesentlichen latein. Liturgie hatten mit verschiedentlich neugefaßten Büchern (J. Spangenberg 1545, L. Lossius 1553, J. Keuchenthal 1573, F. Eler 1588) und mit → Gesangbüchern für den Gemeindeanteil. Luthers *Deutsche Messe* (1526) war die Grundlage der kursächsischen, norddt., skandinav. u. östl. protestant. A. Nachdem in der Aufklärungszeit die Ordnungen weithin aufgelöst wurden, setzten Anfang des 19. Jh. Erneuerungsbestrebungen ein, die sich wieder auf reformator. Kirchenordnungen stützten (J. F. W. Naue, 1818) und zu der von Friedr. Wilh. III. geförderten „Kirchena." (1821/2) führten (Vorform der A.der Altpreuß. Union). Sie wirkte bis in die protestant. A.n des 20. Jh., in dem sich Bemühungen um neue Ordnungen (Alpirsbach, Berneuchen, Michaelsbruderschaft) zeigten, andrerseits freizügige Handhabung der gültigen evang.-luth. A. (1955, 1960). Die Gottesdienstordnung der Reformierten Kirche hatte sich sogleich von der kathol. Messe gelöst. Die dabei übliche Bezeichnung „Kirchenbuch" (ndl. *dienstboek*) wird oft auch in evang. Kirchen statt „A." verwendet.

R. v. Liliencron, Liturg.-musik. Gesch. d. evgl. Gottesdienste, 1893, ND 1970; J. Smend, Die ev. dt. Messen bis zu Luthers „Dt. Messe", 1896, ND Nieuwkoop 1967; E. Sehling, D. ev. Kirchenordnungen d. 16. Jh., Lg 1902/13 u. ab 1955; Chr. Mahrenholz, A. (MGG) 1949; ders., A. (Mus. u. Kirche) 1955; JbLH, ab 1955; H. J. Beckmann, Quellen z. Gesch. d. christl. Gottesd., 1968; W. Nagel, Gesch. d. christl. Gottesd., ²1970.

Agile (it. =), flink, beweglich; *agilmente* = bewegt.

Agitato (it. =), aufgeregt, unruhig; z. B. *Allegro a., Presto a.; agitatamente* = erregt.

Agnus Dei (lat. = Lamm Gottes), in der → Messe Gesang vor der Kommunion; früher während des Brotbrechens, je nach dessen Dauer wiederholt; dann dreimal mit dem Schluß *dona nobis pacem* gesungen (im Requiem die beiden ersten Male mit *dona eis requiem,* bei der 3. Wiederholung ... *requiem sempiternam*). Das A. D. ist seit dem 7. Jh. gesungener Teil der Messe. Die reformatorische Praxis übernahm das A. D.; die heute gebräuchlichen Liedformen sind „Christe, du Lamm Gottes" (vermutl. von Luther) und „O Lamm Gottes, unschuldig" (vermutl. v. N. Decius).

C. M. Atkinson, The earliest settings of the A. D. and its tropes (Diss. Chapel Hill) 1975; G. Iversen, Tropes de l'A. D. (Corpus troporum 4), Stockholm 1980.

Agogik (griech. *agein* = führen), geringe Tempoabweichungen beim Vortrag eines Stückes im Ggs. zum mechanisch exakten Ablauf. Der Begriff wurde von H. Riemann eingeführt für die Besonderheit der Interpretation, die nicht eigens im Notenbild gekennzeichnet ist.

Agon (griech. =) Wettstreit im alten Griechenland, ähnlich den Olympischen Spielen mit musikal. und szenischen Leistungen neben den sportlichen (vgl. Strawinsky, *A.*, Ballett).

Agréments (frz.) → Verzierungen.

Aida-Trompete, → Trompete.

Air (frz., engl. auch *ayr*[*e*]), Lied, Melodie, Instrumentalstück; die allgemeine Bezeichnung für mehrere musikal. Formen des 16.–18. Jh., von denen die meisten auf Tanzlieder des 16. Jh. zurückgehen. Den mehrstg. A.s des 16. Jh. (z. B. Lasso, Lejeune) stehen im 17. Jh. einstimmige, oft mit Laute begleitete, gegenüber, wobei Liebes- und Trinklieder (*a.s à boire*) des 16. und 17. Jh. in Frankr. durch einfache, volksnahe Form besonders erfolgreich wurden und im 17. Jh. auch mit allgemeinerem Inhalt im Ggs. standen zu den kunstvolleren *a.s sérieux*. Die engl. A.s standen zunächst unter frz. und ital. Einfluß. Die mehrstg. A.s von Dowland und Morley waren homophon im Ggs. zu den polyphonen Madrigalen und sahen instrumentale Begleitung oder Ausführung neben dem Vokalsatz vor. Um 1700 herrschte in Engl. der Instrumentalsatz vor, und das Wort A. bezeichnete eine Vielzahl kleinerer Formen. Auch in den übrigen Ländern ist seitdem der Begriff weder hinsichtlich der Form oder des Inhalts noch der Besetzung festgelegt.

P. Warlock, The Engl.ayres, L. 1926; G. Seefried, Die A.s de danse i. d. Bühnenwerken Rameaus (Neue mg. Forsch. 2) 1969.

Akademie, nach dem örtl. Schutzgott Akademos benannter Hain bei Athen; daher die um 385 v. Chr. beginnende Philosophenschule Platos, die einen kleinen Kreis von Schülern in höchster künstler. Lebensform einte in Gespräch, Rezitation und Gesang. Mit dem Ziel und in der Überzeugung, das griech. Ideal zu erneuern, kamen in der Renaiss. in Italien A.n auf, die zu Pflegstätten der Musik wurden. Improvisation wurde bevorzugt. In der florentin. → Camerata entstand die Oper, in der (neben dem Konzert) viele A. ihre Aufgabe sahen. Instrumental- und Gesangsvirtuosen wirkten zunächst aus dem A.kreis heraus. In den Ländern entstanden national unterschiedliche A. (*Royal Academy*, London; *Académie Royal*, Paris). Die A. de Baïfs *Académie de poésie et de musique* in Paris (1570) entsprach in den Zielen der A. in Florenz. Die Berliner A. der Wissenschaften gründete Leibniz 1700. Auf Zelters Betreiben (→ Singa.) wurde Anfang des 19. Jh. die Musik gleichwertiges Fach in der Berliner A. der Künste. Bachs Schüler L. C. Mizler hatte in seiner „Societät der musikal. Wissenschaften" um die Mitte des 18. Jh. die bedeutendsten Komponisten der Zeit als Mitglieder. Der aristokratischen ital. A. zur Pflege der Musik entsprach in Dtl. das bürgerl. → Collegium musicum. Als A. wurde später die öffentl. Aufführung, besonders das Subskriptionskonzert bezeichnet, von daher der Raum und das Gebäude (Berlin, Wien). Ebenfalls aus Italien stammt die Benennung von Musikschulen als A., wie heute vielfach im Ausland üblich (z. B. London, Helsinki, Wien), während in Dtl. die „Hochschule für Musik" vorherrscht. → Konservatorium.

Akathistos → Kontakion.

Akklamation (lat. = Zuruf), der schon in der Antike übliche Zuruf des Volkes z. B. als Huldigung für den Herrscher, zunächst spontan, dann mit Musik, antiphonisch mit Doppelchor formal geregelt und überliefert (vgl. → Polychronion). Die A. ging aus dem Synagogenbrauch als Antwort auf den Ruf des geistl. Würdenträgers in die christl. Kirchen über und zählt zum Grundbestand der Liturgie (z. B. Kyrie, Salutatio, Doxologie).

Akkolade (frz. *accoler* = umarmen, von lat. *collum* = Hals), die senkrechte, geschweifte oder gerade Klammer als Zusammenfassung mehrerer Notenzeilen zugleich klingender Stimmen; von daher auch alle so verbundenen Liniensysteme (Klav.-, Orgelsystem). → Partitur.

Akkord (lat. *ad* = zu, *cor* = Herz; spätlat. *accordare*: übereinstimmen; it. *accordo*; span. *acorde*; frz. *accord*; engl. *chord*), Zusammenklang von mindestens 3 verschiedenen Tönen, die als Ergebnis selbständiger Stimmführung in dem A. liegen od. mit Rücksicht auf die Art des harmon. Gefüges gesetzt sind. Der A. kann konsonant od. dissonant sein und eine Funktion im (poly- od. homophonen) Satzgefüge erhalten. Er ist bestimmt durch seine Breite (Umfang, Intervalle) und Farbe, die von der Höhenlage des A. beeinflußt sein und die auch das Tongeschlecht und den Ausdruckswert bestimmen kann. In der funktionalen Musiktheorie steht nach dem Grad der Konsonanz der Dur- vor dem Moll-A. Die Wertung in der A.folge kann anders sein und wechseln gegenüber der des einzelnen A. Die vielfach in Harmonielehren gewählte Bez. „Klang" für A. ist insofern irreführend, als die Akustik den Ton mit seinen Oberschwingungen Klang nennt. Die Bedeutung Zusammenklang für A. ist aus dem 15. Jh. belegt und wurde vor allem gestützt auf Zarlinos Dur-Moll-Auffassung (1558) und in der Lehre Rameaus (1722), dessen Terzaufbau die Musiktheorie bis ins 19. Jh. benutzte, während mit erweiterter Chromatik das Funktionssystem zugunsten schwebender Tonalität (Wagner, *Tristan,* 1859) aufgelöst wurde. Zwischen verschiedenen Strömungen (z. B. Pentatonik, Kirchentöne) steht der „synthetische A." Skrjabins. Bei Hindemith wird der Zusammenklang nach Konsonanzgraden bestimmt, in der → Dodekaphonie unterliegt er dem Gesetz der Reihe.

H. Riemann, Gesch. d. Mth., ²1921, ND 1971; K. Jeppesen, Kontrapunkt (1935), ⁸1978; P. Hindemith, Unterweisung i. Tonsatz, ²1940. → Stimmführung.

Akkordeon, → Balginstr. mit durchschlagenden → Zungen, Klaviatur (od. Knopfgriffen) und chromatischer (gleichtön.) Spielweise (gleicher Ton bei Zug od. Druck des Balges) im Ggs. zur diatonischen (wechseltön.) → Handharmonika. Aus der von Ch. F. L. Buschmann erfundenen „Handäoline" (1822) entwickelte C. Demian 1829 das „Accordion" mit Bässen. Der Wiener Musiker Walter führte 1850 das Gleichtonsystem ein. Nach der Spielmechanik unterscheidet man Knopfgriff-A. (3–5reihig; in Wiener od. holländ. bzw. italien. od. schwed. Stimmung) und Piano-A. Die engere Knopfanordnung ermöglicht den größeren Tonumfang (E-cis⁴; Piano-A.: f-a³); Bässe für Dur-, Moll-, Septakkorde, auch selbständ. Linien (Einzelbässe, gekoppelt od. mit Sondermanual). Tonhöhen (16',8',4'), Koppel, Schwebung werden mit „Registern" eingeschaltet (etwa seit 1930; anfangs Schieber, dann Kipptasten). – Das A. wurde schnell allgemein beliebt im solist. oder chorischen Spiel; zunächst mit Bearbeitungen, bald mit Originalkompositionen; die erste von H. Herrmann (7 *neue Spielmusiken,* 1927), weitere u. a. von E.-L. v. Knorr, G. Maasz, W. Jacobi, K. Roeseling. Anders als in Tanz- und Unterhaltungsmusik wurde das A. in der Jazzmusik kaum heimisch. Sein Klang brachte es in die Nähe von Swing oder Blues, für die es noch verwendet wird.

H. Buschmann, Chr. Fr. L. Buschmann, 1934; A. Fett, Das A. (Kl. Bücherei d. Harmonika-Freundes 14) o. J.; R. Sonner, Schwingende Zungen, 1956; P. Monichon, L'Accordéon, P 1971.

Akkulturation (lat.), Übernahme und Verarbeitung fremder Kulturleistung im Zusammentreffen von Kulturen mit unterschiedlichen (histor., polit., sozialen, technischen, ökonomischen) Bedingungen; vielfach auch Anpassung (Assimilation). Die neue Erscheinung kann im neuen Bereich (auch auswählend) übernommen od. verändert werden, verändert in den ursprüngl. Kulturkreis zurückkehren und dort ihren Bestand sichern. A. als Begriff allgemein der Ethnologie (W. H. Holmes, 1886) ist auch in der Musikentwicklung bestimmend: z. B. Einwirkung auf den abendländ. Kulturkreis und Rückwirkung; Einfluß chinesischer auf japan. Musik; zwischen indischer und persisch-arab. Musik (→ Rāga, Maqām); zwischen christl. und maurischer Bevölkerung in Spanien (→ Zéjel, Instrumente); zwischen schwarzer und weißer Bevölkerung in Afrika (→ Highlife); der iberischen auf die Musik in Süd- und Mittelamerika (→ Villancico, Modinha, Gitarrenformen); die Entwicklung und Verbreitung des Jazz; fernöstl. Elemente in der Rockmusik (→ exotistische Musik).

W. Mühlmann/E. Müller (Hg.), Kulturanthropologie, 1966; M. Miller, Die 2. A.; musiksoziolog. Versuch z. Entstehung d. Swing (Jazzforschung), Graz 1970; W. Laade, Neue Musik in Afrika, Asien u. Ozeanien, 1971; H. H. Eggebrecht/M. Lütolf (Hg.), Studien z. Tradition i. d. Mus. (Fs. K. v. Fischer) 1973; J. Bezić u. Tran Van Khe in: Internat. Rev. of the Aesth. and Sociol. of Mus., 1974; E. R. Perkuhn, D. Theorien z. arab. Einfl. auf d. europ. Mus. d. MA, 1976; M. M. Lutz, The effects of a. on Eskimo mus. of Cumberland, Ottawa 1978; E. Stockmann, Interethn. Kommunikationsprozesse u. d. Verbreitung v. Musikinstr. (Beitr. z. Mw.) 1979; F. Bose, A. u. Innov. als stilbildende Faktoren in d.

Mus. der Fremdkulturen (Kb. B) 1980; E. Gerson-Kiwi, Migrations and mutations of the mus. in East and West, Tel Aviv 1980; Cl. Schreiner, Musica latina, 1982.→ Jazz.

Aksak (türk. = hinkend), asymmetrischer Rhythmus in der türk. und südbalkan. Volksmusik, vermutl. griechischen Ursprungs: 9/8-Rhythmus aus 4+5 oder 5+4 Teilen (= *rakis a.*); wohl durch Viertelpunktierung aus 8/8 entstanden.

Akustik (griech. *akoustikos* = hörbar), Physik des Schalls (so stets, wenn das Wort A. ohne Zusatz gebraucht wird; im Ggs. zur physiolog. und psycholog. A.). Der → Schall entsteht durch → Schwingungen von Körpern, die → Schallwellen mit bestimmten Geschwindigkeiten aussenden. Sie bewirken Geräusche, bei period. Schwingungen → Klänge, in denen → Obertöne mit Teilschwingungen klingen. Tonmerkmale sind → Tonhöhe, -stärke, -dauer und Klangfarbe (→ Formanten). Sie werden vom menschlichen → Ohr registriert, von → Instrumenten und dem menschl. → Kehlkopf erzeugt. Sie stehen ihren Schwingungen nach in bestimmten Zahlenverhältnissen zueinander (→ Intervalle), aus denen verschiedenartige → Tonsysteme entwickelt wurden, wobei die → Partialtöne, Kombinationstöne und, damit zusammenhängend, die Begriffe der → Konsonanz und → Dissonanz von Bedeutung waren. – Der Name A. erscheint zuerst bei S. Reyher (*De natura et jure auditus et soni,* 1693). Die Geschichte der A. beginnt mit dem ersten Musikinstr., aber erst später beginnen die Berichte über dann offenbar schon umfangreiche akust. Kenntnisse, z.B. von den Schwingungsverhältnissen bei Saiten. Auf den Überlieferungen ägypt. Priester baute Pythagoras (6. Jh. v. Chr.) das System der → Sphärenmusik auf. Am → Monochord wurden die Abhängigkeit der Tonhöhe von der Saitenlänge, die reinen Intervalle, bezogen auf reine, ganzzahlige Verhältnisse, erkannt, ein Tonsystem entwickelt. Aristoteles († 322 v. Chr.) übertrug die Ergebnisse auf schwingende Luftsäulen. Er kannte den Begriff Konsonanz. Die Antike hatte von der Schallausbreitung schon genaue Vorstellung, die erst im Anfang der Neuzeit wesentl. erweitert wurde. Unabhängig voneinander untersuchten im 17. Jh. G. Galilei (*Discorsi*) und M. Mersenne die Tonhöhenbedingungen. A. Kircher beobachtete die Erscheinung des Echos. Im Zusammenhang mit den Obertönen schrieben J. Ph. Rameau und J. d'Alembert über Konsonanz, die das Hauptthema L. Eulers war, und Chr. Huygens erforschte die Wellenerscheinungen. Die → Klangfiguren von E. F. F. Chladni zeigten die Schwingungsverhältnisse bei Platten. G. S. Ohms Feststellung, daß die Sinusschwingung einen reinen Ton erzeugt, vervollständigte J. B. J. Fourier mit dem Satz, daß die periodische Schwingung aus einzelnen Sinusschwingungen besteht, deren Schwingungszahl ein ganzes Vielfaches ist von der der tiefsten. Mit T. A. Edisons → Phonograph wurde es 1877 möglich, den Schall aufzuzeichnen und wiederzugeben. H. v. Helmholtz kam mit verhältnismäßig einfachen Mitteln (→ Resonatoren) zu neuen Ergebnissen, z. B. in der Erforschung der Obertöne in Sprachlauten. Mit modernen Meßgeräten konnten seine Resultate bestätigt werden. Seine Arbeiten bezogen die physiolog. und psycholog. A. ein und befaßten sich u. a. auch mit der Geschichte der → Tonsysteme. Die Elektronenröhre ermöglichte die moderne Elektroa., mit der bisher unbekannte oder nur vermutete Vorgänge beobachtet werden konnten, wie sie für die → Rauma., für Rundfunk, Tonfilm, Magnetophon und Schallplatte und in der Ultraschalltechnik ausgewertet werden, aber auch in der Musikinstrumentenherstellung und beim Bau → elektronischer Instrumente. Dank der modernen A. entwickelten sich, zusammengefaßt als „systemat. Mw.", neue Arbeitsgebiete, in denen mit Hilfe der elektron. Datenverarbeitung bisherige Ergebnisse (auch im Bereich der histor. Mw.) überprüft, gesichert od. verbessert und neue, bisher kaum exakt durchführbare Untersuchungen und Testreihen ausgeführt werden konnten.

H. v. Helmholtz, D. Lehre v. d. Tonempfindungen, [6]1913, ND 1968; E. Schumann, A., 1925; ders., D. Physik d. Klangfarben, 1929; P. E. Sabine, Acoustics and architecture, NY 1932; H. J. Braunmühl, W. Weber, Einführ. i. d. angew. A., 1936; L. Cremer, Die wiss. Grundl. d. Rauma., 1948/50/61; ders., Vorlesungen üb. techn. A., [2]1975; W. Lottermoser, Akust. Beurteilung elektron. Musikinstr. (AfMw) 1954; F. Winckel, Klangstruktur d. Mus., 1955; F. Trendelenburg, Einf. i. d. A., [3]1961; H.-P. Reinecke, Experiment. Beitr. z. Psychol. d. musikal. Hörens, 1964; H. Lowery, A guide to mus. acoustics, NY 1966; H. F. Olson, Music, physics and engineering, NY 1967; J. Backus, The acoustical foundations of mus., NY 1969; E. Skudrzyk, The foundations of acoustics, W 1971; A. H. Benade, Fundamentals of mus. acoustics, NY 1975; J. G. Roederer, Physikal. u. psychoakust. Grundlagen d. Mus., 1977; J. Askill, Physics of mus. sounds, L 1979; J. Meyer, A. u. musikal. Auff.praxis, [2]1980; M. Rieländer (Hg.), Reallex. der A., 1982.

Akzent (lat.; vgl. giech. *prosodia* = Zugesang, Vortrag), 1. der den musikalischen Ablauf gliedernde (regelmäßig auftretende od. außergewöhnliche) Schwerpunkt. Er ist im Ggs. zur → Mensuralmusik im heutigen Takt natürlich gegeben (z. B. im ¾ Takt auf dem 1. Viertel) und wird nur, wo er verstärkt werden soll (Riemann: Extraverstärkung), besonders bezeichnet, z. B.: > über der betr. Note (→ *sforzato*). Die → Synkope verschiebt den A. Der melod. A. ist vor allem durch den höchsten Ton bestimmt und wird gefestigt, wenn er mit dem Sprach-A. zusammenfällt. – 2. → Accentus; – 3. Die durch Hebung/Senkung im Griechischen entstehende Sprachmelodie, deren Zeichen in den westeurop., byzantin., russ. → Neumen fortentwickelt sind (→ ekphonetische Notenschrift, Prosodie).

Akzentuierende Dichtung, die nach Hebung und Senkung, akzentuierten und akzentlosen Silben messende Dichtung der german. Sprachen, in der die Wortstellung vom → Akzent bestimmt wird und der Wortakzent an den Wortstamm gebunden ist im Ggs. zu der nach Längen und Kürzen wertenden → Metrik der Antike (quantitierende Dichtung), neben der schon in spätröm. Zeit, vermutl. aus dem Vulgärlatein kommend und in das ma. Latein übergehend, der akzentuierende Vers bestand. Die 4zeiligen jambischen Dimeter in den Hymnen des Ambrosius mögen hier ihre Wurzel haben. Sie wurden das Muster für das ma. lat. Lied, das durch die Ordensgemeinschaften dem Volke nahegebracht wurde und nach dem freie Übertragungen und neue volkssprachige Dichtungen entstanden. Die modale Rhythmik im romanischen Bereich läßt die Stellung des Wortes im Vers (und innerhalb eines Modus) frei. Daß Melodien der → Troubadours und → Trouvères mit mhd. Texten gesungen wurden (→ Kontrafaktur), zeigt, daß der ausgleichende roman. Vers auch in der german. Dichtung gebräuchlich war (→ Minnesang, Meistersang) und neben dem akzentuierenden Reimvers bestand, während → Renaissance und → Humanismus den antiken quantitierenden Vers restaurierten. Die Verslehre des 16. Jh. (Rebhun, Clajus) und vor allem M. Opitz (*Buch von der dt. Poeterey*, 1624) begründeten die spätere Vorherrschaft der a. D.

H. Riemann, D. System d. mus. Rhythmik u. Metrik, 1903, ND 1971; A. Heusler, Dt. u. antiker Vers, 1917; T. Wiehmeyer, Mus. Rhythmik u. Metr., 1917; P. A. Becker, Vom christl. Hymnus u. Minnesang (Hist. Jb. Görres-Ges.) 1932.

Akzidentien (lat. *accidere* = eintreten, sich ereignen), → Versetzungszeichen, die im Einzelfall nötig werden, zusätzl. zu den in der jeweiligen Tonart erforderl. und am Linienanfang eingetragenen Zeichen.

Alabado (mexikan.; span. *alabanza* = Lobpreis), in lateinamerikan. Ländern Lobgesang auf die Heiligen (besonders die Gottesmutter); Anfang des 18. Jh. durch Franziskaner eingeführt.

Alalá, schwermütiges Lied in Galicien, wohl zurückgehend auf den Ruf des Muezzin; vgl. den → Inchād-Gesang (in Andalusien: *ala*).

Ālāpa(na) (ind.), in der ind. Konzertmusik das nicht metrisierte, unbegleitete, meist sehr lange Vorspiel, dessen Melodie durch Reihung von für einen → Rāga charakterist. Melodiefiguren entsteht als Einstimmung auf das folgende metrisierte Stück. → Dhrupada.

Alba (lat., provenzal. = Morgenröte), das → Tagelied der Troubadours; das der Trouvères = *aube*.

Albertische Bässe, auch „Harfenbässe"; nach D. Alberti (1. Hälfte 18. Jh.) und dessen homophon-melodiösen Sonaten benannte Klavierbegleitung in gebrochenen Akkorden, meist in der linken Hand.

F. Torrefranca, Le origini ital. del Romanticismo mus., Turin 1930; G. A. Marco, The A. Bass before Alberti (Mus. Rev.) 1959; R. Reeser, Der jg. Mozart u. die A. B. (Fs. Valentin) 1976.

Alboka (bask.) → Boq.

Alborada (span. = Morgenlied), span. Vokal- od./und Instrumentalmusik, ursprüngl. morgens zum Beginn eines Festes, zu Ehren von Honoratioren, für die Braut am Hochzeitsmorgen; Musik im Freien; etwa seit dem 15. Jh.; in der Konzertmusik z. B. bei Ravel, Rimskij-Korsakov. Vgl. → Aubade.

Albumblatt, → Charakterstück für Klavier, meist in 2- od. 3-teiliger Liedform. Der Name wurde wohl zuerst von R. Schumann (op. 99, 124) gewählt und tritt seither vielfach auf (z. B. Reger, Busoni, Skrjabin).

Aleatorik (lat. *alea* = Würfel), die im Ggs. zur Komposition mit exakt vorbestimmten Reihen (→ Serielle Musik) Mitte der 1950er Jahre entstandene freie Schreibweise, die den Komponisten vom Detail des vorgefaßten Plans und seiner regelgebundenen Durchführung entbindet, oft auch den Interpreten von Notentext- und Ausführungsvorschriften. Die vom Komponisten angedeuteten Einzelmomente werden nach Anordnung, Reihenfolge oder Auswahl, Tempo, Dynamik vom Spieler beliebig zu einem Ganzen gefügt (z. B. Stockhausen, *Klavierstück XI*; Haubenstock-Ramati: *Interpolationen*), oder der Komponist geht vom Ganzen des Werkes aus und überläßt dem Interpreten die Darstellung im einzelnen (Stockhausen: *Zeitmaße*; P. Boulez: *Pli selon pli*). J. Cage (*Music of Changes*, 1951; *4'33"*, 1952) überließ Werk und Interpretation völlig dem Zufall und stellte damit dem Begriff der „variablen" (mehrdeutigen) Form mit verschied. Kompositions- und Darstellungsmöglichkeiten den der „offenen Form" eines in jeder Hinsicht freien Werkes gegenüber, eine Unterscheidung, die nur selten vom Hörer nachvollzogen werden konnte. Weitere Stadien sind die noch im Aufbau befindl. Komposition als → *„work in progress"* (M. Kagel) oder das zur beliebigen Teil-Interpretation geschriebene Werk („Momentform"). – Die Erscheinung der (von außermusikal. Umständen abhängigen) Zufallskomposition zeigt sich auch in der Musik des 16.–18. Jh., führt dort aber stets zu einer fest vorgegebenen Form ohne Freiheit für den Interpreten. → Computer-Musik, Mechan. Komposition, Musikal. Graphik.

P. Boulez, Alea (Darmst. Beitr. z. Neuen Mus.) 1958; N. Ruwet, Von den Widersprüchen d. seriellen Sprache (Reihe 6), W 1960; E. Thomas, Was ist A.? (Melos) 1961; K. Boehmer, Z. Theorie d. off. Form i. d. Neuen Mus., 1967; H. Oesch, Zw. Kompos. u. Improv. (VINM) 1972; H. Eimert/H. U. Humpert, Lex. d. elektron. Mus., 1973; M. Nyman, Experimental mus.: Cage and beyond, L. 1974.

Algaita, G(h)aita(h) (arab.), → Schalmei in Nord-, Zentral- und Westafrika; Holzrohr mit → Pirouette und 4–6 Grifflöchern; der Becher oft aus Metall und glokkenförmig. Das Doppelrohrblatt schwingt im Mund wie in einer → Windkapsel.

Aliquoten (lat. *aliquoties* = mehrmals), 1. → Obertöne (ohne Grundton); – 2. Register der Orgel, mit dem ein bestimmter Teilton des Grundregisters verstärkt wird; der 3.: Quinte (2⅔' vom 8'-Grundregister; 5⅓' vom 16'); der 5.: Terz (1⅗' vom 8'; 3⅕' vom 16', besonders in Frankr.); der 7.: Septime (1⅐' vom 8'). None und höhere Teiltöne treten selten auf. Meist erscheint der Teilton im Namen des Registers (z. B. Quintflöte, Gemshornterz, Flötenseptime). „Gemischte Stimmen" sind aus mehreren Einzela. zusammengesetzt.

Aliquotflügel, besaitetes Tasteninstrument mit Hammermechanik; mit über den Anschlagsaiten angebrachten, meist 1 Oktave höher mitschwingenden Saiten, die den Klavierklang aufhellen sollten. Der A. wurde nach einer Erfindung von 1822 zuerst durch Blüthner gebaut.

Aliquotsaiten → Resonanzsaiten.

Alla breve (it. = nach der → Brevis), 2/2–(4/2-)Takt, in dem die halbe Note die Zähleinheit ist. Beim Dirigieren werden also Halbe statt Viertel geschlagen, daß eine freiere Melodiebewegung entsteht, die nicht immer zugleich beschleunigt zu sein braucht. Der t.t. und sein Zeichen (das C als Zeichen des 4/4-Taktes, senkrecht durchstrichen) gehen auf die → Mensuralmusik zurück.

Alla caccia (it.) = jagdartig; **a.marcia:** marschartig; **a.mente** (Geist): improvisiert, aus dem Stegreif; **a.polacca:** nach Art (im Takt) der → Polonaise; **a.siciliana:** nach Art (im Takt) der → Siciliana; **a.tedesca:** nach Art des dt. Tanzes (→ Walzer); **a.turca:** wie Türkenmusik (→ Janitscharenmusik); **a.zingarese:** wie → Zigeunermusik.

Allargando (it. =) sich ausweitend, verbreiternd; langsamer werdend.

Allegretto (it. =) ziemlich lebhaft, aber gemäßigt gegenüber → Allegro. Tempo-, von daher auch Satzbezeichnung.

Allegro (it.), lustig, heiter, munter; zunächst auf die affektive Vortragsweise begrenzt; erst später Tempobezeichnung: zwischen *Allegretto* und *A. vivace* (*Presto*); auch Satzbezeichnung.

Alleluja, Halleluja (hebr. = Preiset Jehova), schon im Synagogengebrauch responsorisch vorgetragener Freudenruf zum Lobe Gottes. Vermutl. wegen der reichen, schwierigeren Melismen wurde schon früh die Gemeinde an diesem Gesang nicht mehr beteiligt. Um 600 wurde das A. für das ganze Kirchenjahr bestimmt und gehört zusammen mit dem jeweiligen Psalm zu den im Jahreskreis wechselnden Gesängen der → Messe und wird vor dem Evangelium gesungen. In Vorfasten- und Fastenzeit wird es durch den → Tractus ersetzt. Aus dem A. entstanden ungewöhnlich viele → Sequenzen, von denen nach dem → Tridentiner Konzil nur wenige blieben. In den evangel. Gottesdienstordnungen blieb das Halleluja mit wechselnder Wertung. Luther bestätigte es in der *Formula missae*. Er ließ ihm, um die Gemeinde stärker handelnd einzubeziehen, einen Choral folgen, und mit neuen Melodien wurde es Gemeindegesang. → Akklamation, Jubilus.

D. Johner, Die Sonn- u. Festtagslieder des vatikan. Graduale, 1928; D. J. Froger, L'a. dans l'usage romain. (Ephemerides liturg.) 1948; B. Stäblein, A. (MGG) 1949; E. Wellesz, Notes on the A. (Kb. Utrecht) 1953; E. Gerson-Kiwi, Halleluia and Jubilus in Hebrew-oriental chant (Fs. Besseler) Lg 1961; Leiturgia 4, 1961; K.-H. Schlager, Themat. Ktlg. d. älteren Hss. d. 10., 11. Jh., 1965; E. Jammers, Das A. i. d. Gregor. Messe (Liturgiewiss. Qu. 55) 1973.

Allemande (frz. *danse a.* = Dt. Tanz), Tanz des 16.–18. Jh., der vermutl. nach dem Muster eines dt. Volkstanzes in England, Frankr., Italien und den Niederlanden Hoftanz wurde. Der Name A. kam erst durch den Engländer W. Brade 1609 nach Dtl. Um die Mitte des 17. Jh. wurde die A. anstelle der → Pavane zum ersten Tanz der → Suite als geradtaktiger Schreittanz, auch mit voranstehender → Sinfonia oder Sonata. Sie wurde wichtiges Glied in der Klavier- und Orchestersuite, verlor ganz den Tanzcharakter durch kunstvollen Satz mit reicher thematischer Durcharbeitung, ohne rhythmische Besonderheit, aber mit viel 16tel-Bewegung und 16tel-Auftakten. J. S. Bach verarbeitete in seinen A. einerseits ital. Homophonie, andererseits frz. Ornamentik mit dt. Polyphonie (Engl. und Frz. Suiten). In der 1. Hälfte des 19. Jh. verschwand die A. Aus der Wiener Klassik stammt der „Dt. Tanz" im langsamen ¾ Takt, ebenfalls (und wohl in Anlehnung an den älteren Tanz) A. genannt, dem → Ländler nahestehend od. gleich und in

Frankr., Süddtl., der Schweiz und den Ländern der österr. Monarchie beheimatet.

E. Mohr, Die A., eine Untersuch. ihrer Entwickl., Z 1932; A. Anders, Untersuch. über d. A. als Volksliedtyp d. 16. Jh. (Diss. Frankf./ M.) 1940; P. Nettl, The story of dance mus., NY 1947, NA 1969; K.-H. Taubert, Höf. Tänze, 1968.

Alliteration → Stabreim.

All'ongarese (it., französ. *à la hongroise*), in ungarischer Manier. Satzbezeichnung der klassisch-romant. Musik, wobei zigeunerisch statt ungarisch gemeint ist; z. B. Beethoven (*Die Wut über den verlorenen Groschen* ursprüngl.: *Alla ingharese*), Brahms (Klavierquartett op. 25: *Rondo alla Zingarese*).

All' ottava (it. = in der Oktave; Abk.: 8va), → Oktave.

All'unisono (it. = im Einklang), → Unisono.

Alma redemptoris mater (lat. = gütige Mutter des Erlösers), große → Marianische Antiphon, seit dem 12. Jh. belegt. Die ursprüngl. Melodie, mit großem Melisma („*alma*") beginnend, berücksichtigt nicht die Hexameter des Textes und durchläuft in jeder Zeile eine Oktave. Sie wurde häufig paraphrasiert (z. B. Dufay, Ockeghem). Im Offizium wurde das A. r. m. nicht zur Osterzeit gesungen, sonst im Kirchenjahr bevorzugt am Schluß der Komplet.

Almglocke → Cencerro.

Al-nafir, Annafir, Nafir (arab.; span. *añafil*; provenz. *anafil*), arab., pers., ägypt. Längstrompete mit geradem Rohr, noch im 14., 15. Jh. in Spanien und Südfrankr. bekannt, heute in Marokko üblich; vermutl. Vorläufer der um 1100 (Rolandslied) erwähnten *busine (buisine)*, einer Art Fanfare. Auf „A." (Mz. *alanfar*) wird das Wort → Fanfare zurückgeführt. → Trompete, Posaune.

Alpenmusik, insbes. der dt. sprachigen Alpengebiete, zeigt eine vorkeltische Stufe früher Hirtenkultur mit ähnl. Erscheinungen etwa im Kaukasus, z. B. die allgem. Vorliebe für Terzdreiklänge, für Durcharakter, die frühe → Mehrstimmigkeit und die weite Verbreitung der Holztrompeten in der Art des → Alphorns (Pyrenäen, Sibirien). Ein besonderes Kennzeichen der A. ist das Singen auf Klangsilben, das → Jodeln, dazu das Jodlerlied. Auf alte Formen geht der → Kuhreigen zurück. Älplerische Weihnachtsspiele sind in Bayern und Österr. heimisch, und der → Ländler hat sich von den Alpenbezirken her ausgebreitet. Mit dem Niedergang der A. im 19. Jh. setzte die Produktion unechter Natur- und Heimatlieder ein (Koschat). Im Ggs. zu den übrigen dt. Gebieten fand die A. trotz des reichen ursprüngl. Bestandes nur wenige konsequente Sammler, so daß wertvolles Liedgut unterging. Erneuerungsbestrebungen zeigen sich etwa seit Beginn des 20. Jh. (J. Pommer, Kiem Pauli), in der Blasmusik (z. B. in Innsbruck, Bozen) z. T. mit erfolgreicher Teilnahme an der allgem. Entwicklung eines neuen Bläserstils.

R. Hohenemser, Üb. d. Volksmusik in d. dt. Alpenländern (SIMG 11), 1909/10; W. Wiora, Z. Frühgesch. d. Musik in d. Alpenländern, Basel, 1949; ders., A. (MGG) 1949; Kiem Pauli, Slg. oberbayr. Volkslieder, [2]1962.

Alphorn, bis zu 4 m lange Holztrompete, die aus den Hälften eines ausgehöhlten Baumstammes zusammengefügt und mit Bast umwickelt ist. Das A. hat einen hellen, durchdringenden Klang und bringt nur → Naturtöne hervor. Es stammt vermutl. aus Asien und ist außer in Alpenländern auch in anderen Hochgebirgsländern (Pyrenäen) und in Sibirien bekannt. → Alpenmusik; vgl. → Lur.

H. in der Gand, Volkstüml. Musikinstr. i. d. Schweiz (Schweiz. Arch. f. Volkskde. 36), 1937; K. Klier, Volkstüml. Musikinstr. i. d. Alpen, 1956; K. Vertkov, Atlas, ²1975; B. Geiser, Das A. i. d. Schweiz, Bern 1976; M. Baumann, Funktion und Symbol: Zum Paradigma „A." (SIMP 5) 1977.

Al piacere (it. =) nach Belieben; → ad libitum.

Alpsegen, der abendliche Ruf der Senner, besonders in der Schweiz („Betruf"), litaneiartig mit kurzen Melodieformeln (beginnend mit „Lobet"); verstärkt durch die hohlen Hände (Sprechtrichter).

Al segno (it. =) bis zum Zeichen (wiederholen); → dal segno.

Alt (lat. *alta vox* = hohe St.; it. *contr'alto*; frz. und engl. *contralto*), Abk.: A. – 1. Singstimme (heute meist Frauen- oder Knabenstimme mit dem durchschnittl. Tonumfang g–e^2); – 2. Begriff der Satztechnik; – 3. eins der Instrumente einer Stimmfamilie. – Die Bezeichnung entstand als satztechn. Terminus mit der Erweiterung des 3stg. Satzes zum 4stg. um 1450. Der → Contratenor wurde geteilt in den *Contratenor altus* und *bassus*. Der A. war die zweithöchste Stimme des 4stg. Satzes und wurde von Männern (mit Bruststimme oder falsettierend) gesungen, dabei mit dem Tonumfang c–c^2, c–d^3 bei Kastraten (Farinelli). Die Franzosen nannten die von Männern besetzte A.stimme *Haute contre,* die Italiener – um den Unterschied zur Kastratenstimme darzutun – *Alto naturale.* Auch als die Frauenstimme schon in der Opernmusik Eingang gefunden hatte, bevorzugte die Kirchenmusik weiter Männerstimmen im A., wobei die Protestanten Falsettisten wählten (noch bis Schütz und J. S. Bach). Erst Anfang des 18. Jh. wurden Frauenstimmen in die evgl. Kirchenmusik aufgenommen, während in engl. Kathedralchören gelegentl. noch heute falsettierende Männerstimmen im A. eingesetzt werden (dann → Alto oder → Countertenor genannt im Ggs. zum → Contralto mit Knaben- oder Frauenstimmen). Die A.stimme wurde zunächst in den bereits fertigen 3stg. Satz eingefügt (vgl. → Vagans). War die Stimmführung auch durch die Harmonielücken des gegebenen Satzes bestimmt, so bestand doch insofern eine gewisse Freizügigkeit, als die neue Linie nicht an das motivische Material gebunden war. Seit Mitte des 16. Jh. wurde der 4stg. Satz als Ganzes komponiert, die A.stimme dabei meist zuletzt. Die Opernmusik verlangt zwar einen größeren Tonumfang von der A.stimme (d–b^2), setzt sie aber im Ggs. zum Sopran solistisch nur wenig ein. – A.-Instrumente sind Teil od. Rest einer → Stimmfamilie (z. B. Blockflöte).

K. Gudewill, A. (MGG), 1949.

Alta (verkürzt von lat. *a.musica* =) hohe (= laute) Musik; Bläsergruppe (vgl. → Cobla) im 15. Jh. mit → Schalmei, → Pommer, → Posaune, die Joh. Tinctoris (*De inventione et usu musicae,* vor 1487) *tibia, tibia tenor* und *tuba* nennt.

Mit verschied. Besetzungen wurde die A. verwendet als Tanz-, Aufzugs- und Reitermusik (Triumphzug Maximilians I. 1516). In der polyphonen Tanzmusik lag der → Cantus firmus im Tenor und wurde vom Pommer geblasen (vgl. → Tenorlied); daher heißen italien. Tanzweisen *tenori*, und in der span. → Cobla führt noch heute das Tenorinstr. Durch die gedruckte Musik des 16. Jh. wurde die Praxis der A. zurückgedrängt. Das Wort A. (frz. *haute musique*) bezeichnet den Ggs. von lauter und stiller Musik (→ *bas musique*), der Mus. im Freien für die Menge bzw. der für den kleinen Kreis in einem Raum. „Hautboisten" (vom frz. *haute bois* = hohes/lautes Holz; vgl. → Oboe) waren bis ins 20. Jh. in Frkr. (dt. „Hoboisten") die → Militärmusiker.

H. Besseler, Katalan. Cobla u. A.-Tanzkapelle (Kb. Basel) 1949; E. A. Bowles, Haut and Bas ... (MD) 1954.

Altchristliche Musik → frühchristliche Musik.

Alte Musik (frz. *musique ancienne*; engl. *early music*), allgemein die aus der Erfahrung mit Neuerungen einer → Neuen Musik (evtl. ohne Rücksicht auf weiterfließende Tradition) als alt od. veraltet (ab-)gewertete Musik der vorigen Generation(en); vgl. → Ars nova/antiqua. Im 20. Jh. (z. B. W. Landowska, *Mus. ancienne*, Paris 1909) oft Sammelbegriff für Musik, deren → Aufführungspraxis (Instr., Singweise, Interpretation) je nach Zeitabstand kaum überliefert ist, neu erschlossen und erarbeitet werden muß; besonders Musik vor der klass.-romant. Epoche (Entwicklung des modernen Orchesters und Chorwesens) od. Musik vor Bach (etwa vor 1700). Dem Versuch der Rekonstruktion früher nicht im Detail fixierter Notentexte (→ Urtext), alter Instr. mit ihren Varianten, der spontan improvisierten Spielweise, sind, abgesehen von der Quellenlage, Grenzen gesetzt durch geänderte Spiel- und Hörgewohnheiten. Mitte des 20. Jh. entstanden auf bestimmte Zeiten (Stile) spezialisierte Instrumental-(Vokal)gruppen. In Engl. wurde 1982 die *National Early Mus. Association* gegründet. → Historismus.

J. Mertin, A. M., W 1978; A. Baumgartner, A. M., Salzb. 1981; J. u. E. Roche, A diction. of early music from the Troubad. to Monteverdi, L 1981; A. Holschneider, A. M. – Aufführungspraxis; in: Kb. Bayreuth (1981) 1984.

Alteration (lat. = Änderung), 1. die chromat. Änderung eines Tones (mehrerer Töne) durch → Versetzungszeichen (Akzidentien; vgl. → Leitton). Bei Hocha. erfolgt Aufwärts-, bei Tiefa. chromat. Abwärtsbewegung. Bei Doppela. werden innerhalb eines Akkords 2 Töne parallel oder entgegengesetzt verändert. Disa. oder Leittonspaltung tritt ein, wenn ein Ton sich in den oberen und unteren Leitton zugleich bewegt (f-a-c in: f-a-ces-cis; aufgelöst in: f-b-b-d). – 2. In der → Mensuralnotation die Verdoppelung des Wertes der 2. Brevis (*brevis altera*), wenn nur 2 Breven für eine *longa perfecta* (*perfectio*, dreizeitig) stehen; ferner die Wertverdoppelung des 2. von 2 gleichen Notenwerten, die zwischen 2 nächsthöheren stehen (Semibreven zw. Breven). Das geschah, um die hier unzulässige Imperfektion (Zweizeitigkeit) zu vermeiden.

H. Skrebensky, Leitton u. A. i. d. abendländ. Mus. (Diss. Pr) 1928; H. Distler, Funktionelle Harmonielehre, 1940; J. Handschin, Der

Toncharakter, Z 1948; W. Maler, Beitr. z. dur-molltonalen Harmonielehre, ^{6}1967; – Wolf; Apel.

Alternatim (lat. =) im Wechsel (singen od. spielen; z. B. Solo, Chor, Instrument). Der 1stg. vorgetragene Teil (z. B. Strophe) wechselt mit dem reicher (chorisch, auch instrumental) gestalteten anderen ab. Frühe liturgische Beispiele waren die → Antiphonen. Die Gemeinde mit 1stg., unbegleitetem Gesang wurde wichtiges Glied in der Folge der a.gesungenen Teile des → Kirchenliedes. Das Hauptlied des Sonntagsgottesdienstes erhielt seine eindringl. Wirkung im Hinblick auf die Predigt. M. Praetorius nannte in seiner Anleitung (*Urania,* 1613) 3 Möglichkeiten: völlig 1stg. Gesang durch Chor und Gemeinde; mehrstg. → Kantionalsatz und 1stg. Gemeindegesang; → Mehrchörigkeit (2–4 Chöre) und mitsingende Gemeinde. Auch den Wechsel von Zeile zu Zeile erwähnte er. Vielfach beziehen sich Orgelkompositionen nur auf die gerad- od. ungeradzahligen Strophen eines Liedes und kennzeichnen sich damit als für alternativen Vortrag bestimmt. Als im 17. Jh. die Orgelbegleitung zum Gemeindelied die Regel wurde, sich andrerseits geistl. Konzert und Kantate durchsetzten, hörte die A.praxis auf. Sie wurde erst in der Gegenwart wieder aufgenommen.

F. Söhner, D. Gesch. d. Begleitung d. gregorian. Chorals i. Dtld. (Veröff. d. Gregorian. Akad. Freiburg/Schweiz 16), 1931; F. Dietrich, Gesch. d. dt. Orgelchorals im 17. Jh., 1932; C. Mahrenholz, A. (MGG I), 1949; W. Blankenburg, D. gottesdienstl. Liedges. d. Gemeinde (Leiturgia 4), 1961.

Alternativo (it. = abwechselnd), in → Suiten Wiederholung eines ersten Tanzes nach dem zweiten; od. sein stetiges Auftreten zwischen verschied. Teilen wie im → Rondo. → Trio.

Alti naturali → Falsett, Alt.

Alt-Instrumente, die Altstimme in noch vorhandenen oder aus ehemaligen Stimmfamilien: z. B. → Fidel, Gambe, Bratsche, Blockflöte, Oboe, Klarinette, Horn usw.

Alto (it.) → Alt, Bratsche.

Altobasso (it.) → Tambourin de Gascogne.

Alto Moderne, → Violon-Ténor.

Altschlüssel. Der auf der Mittellinie im Fünfliniensystem stehende → C-Schlüssel besagt, daß auf dieser Linie c′ (eingestrichen) liegt. Er galt allgemein für die (auch vokale) Altstimme und wird heute noch für Viola und Altposaune gesetzt.

Amabile (it. =) lieblich; auch in Satzüberschriften: *Andantino a.*

Ambitus (lat. = Umfang, Umlauf), Tonumfang einer Melodie, Vokal- od. Instrumentalstimme, eines Instruments. Der A. wird gelegentlich am Beginn von Vokalwerken in kleinen Noten angegeben.

Ambo (griech. *ambon* = Erhöhung), die Lesekanzel in frühchristl. Kirchen, von deren Stufen (*gradus*) aus nach der Lesung ein Psalm gesungen wurde; vgl. → Graduale.

Amboß, Schlaginstr. unbestimmter Tonhöhe; wenn paarweise verwendet, etwa in Terzen klingend; mit Metallhammer geschlagen. Kleine Orchester benutzen statt eines echten A. auf Holz liegende Metallstäbe. Der A. ist ein Effektinstr. in Oper (Wagner, Verdi) und Unterhaltungsmusik („*A.-Polka*"), in der neuen Musik z. B. bei Varèse (*Jonisation*) und Antheil (*Ballet mécanique*).

Ambrosianischer Gesang, der in der Mailänder Liturgie übliche („nichtrömische", daher auch „mailänd.") Gesang, wie er etwa seit Ambrosius († 397) anerkannt und vorgeschrieben wurde und von der Diözese Mailand aus, auf die hauptsächl. sein Gebrauch heute beschränkt ist, den Ritus in verschiedenen Teilen von Norditalien, Spanien, Süddtld. und Böhmen beeinflußte. Im Streben nach kirchl. (polit.) Einheit wurde die ambros. Liturgie vielfach bekämpft, ihre Ausstrahlung gemindert, zugleich (im schwersten, dem karolingischen Angriff) ihr Repertoire durch fränkische Gesänge bereichert. Dieses ist, soweit die Gesänge nicht der Diözese selbst entstammen, in seiner Vielfalt vermutl. älter als das römische, schöpft wohl aus größerem Quellenbestand und ist formal freier. Man vermutet gemeinsame Wurzeln mit dem röm. Gesang bzw. gegenseitiges Einwirken zwischen beiden. Die ambros. Messe beginnt mit der → Ingressa (→ Introitus) und endet mit dem Transitorium (Kommuniongesang). Das → Credo wird im Ggs. zur röm. Messe nach dem → Offertorium gesungen. Einfache, syllabische und kolorierte Weisen stehen neben reichen Melismen.

M. Huglo u. a., Fonti e paleografia del canto Ambrosiano (Arch. Ambros. 7) Ml 1956; R. Jesson, Ambrosian Chant (in: Apel, Gregor. Chant), Bloomington 1958; H. Leeb, D. Psalmodie b. Ambrosius (Wiener Beitr. z. Theologie) 1967; B. Baroffio, Ambros. Liturgie (Fellerer, Gesch. d. kath. Kirchenmus. 1) 1972.

Ambrosianischer Lobgesang, der nach dem hl. Ambrosius benannte, nicht von ihm stammende Gesang mit den Anfangsworten → *Te Deum laudamus*.

Amen (hebräisch = so sei es), Wort der abschließenden Bekräftigung, aus dem Gebrauch in den Synagogen in die Liturgie der christl. Konfessionen übernommen, meist Gemeindegesang, daher in einfacher Tonfolge; in der lutherischen Kirche auch gesungen, wenn das vorherige Gebet gesprochen wurde. In der mehrstg. geistl. Musik und ihren Großformen steht das A. vielfach scheinbar selbständig als kontrapunktische (meist fugierte) Form.

Amener (frz. = heranführen, -ziehen), Tanz des 17. Jh., im langsamen 3teiligen Takt (z. B. bei Biber, Pezel), aus Frkr. stammend (vermutlich von → *branle à mener*).

AMMRE → GEMA, Urheberrechtsgesellschaften.

Amoroso (it. =) lieblich; auch in Satzüberschriften: *Andante a.*

Amorschall → Klappenhorn.

Amplitude (lat. = Weite), Begriff der → Akustik: Schwingungsweite bei einem schwingenden Körper, z. B. einer Saite. Ein Punkt schwingt um seine Gleichgewichtslage zwischen zwei Grenzwerten und durchläuft dabei eine ganze, volle Schwingung.

Amusie (griech. =) Mangel an Kunstsinn allgemein, im besonderen Unmusikalität oder angeborener oder erworbener Gehörausfall, ohne daß Taubheit besteht. Unter *sensorischer A.* wird Melodietaubheit (Mangel an Gestaltauffassung) verstanden, nämlich die Unfähigkeit, die musikal. Verbindung durchaus erkannter Einzelklänge zu erfassen und wiederzugeben. *Motorische A.* ist das Unvermögen, die erkannte Melodie vokal (phonische A.) oder instrumental (instrumentale A. = musikal. Apraxie) wiederzugeben.

Anabasis (griech. = Aufstieg), in der → Affektenlehre des 17./18. Jh. die den Text betonende, aufsteigende Melodie; Ggs.: Katabis (= Abstieg), Darstellung des Niederfahrens, Untergehens.

Anabole, vgl. → Prooemium.

Anakreontik, die Rokokodichtung zwischen 1740 und 1760, die sich bevorzugt mit den Themen Liebe und Wein vor allem auf den griech. Lyriker Anakreon (6. Jh. v. Chr.) und auf horazische Oden bezog. Hauptvertreter waren in Dtl. Gleim, Uz, Götz, Hagedorn. Die Komposition anakreontischer Lieder findet sich bei Telemann und J. H. Rolle.

G. Müller, Gesch. d. dt. Liedes, 1925.

Anakrusis (griech. = Anheben), → Auftakt; unbetonte Silbe am Anfang einer Dichtung, unbetonte Note oder Notengruppe am Anfang einer Melodie.

Analyse (griech. = Auflösung), 1. Zerlegung von Klängen in ihre → Partialtöne (→ Schall-A.); die mathematisch-statist. Untersuchung einer Komposition mit Hilfe der Elektron. Datenverarbeitung (EDV), z. B. Klang, Rhythmus, Harmonie, Melodie, und im Vergleich mit Werken der gleichen oder einer anderen musikgeschichtl. Periode (→ Informationstheorie). – 2. Die Aufgliederung eines Kunstwerkes in seine Elemente, wobei ihr Spannungsverhältnis zueinander, zu den nächsthöheren Gruppen und dem Ganzen ersichtlich wird, und die Formulierung des Ergebnisses (und der jeweils verwendeten Methode), oft mit subjektiv wertender, nachträgl. begründender Ausdeutung des Werkes. Die musikal. A. kann zunächst bis zum Motiv als kleinstem Teil zergliedern und die Teile nach ihrer vertikalen und horizontalen Funktion im Satzbau sehen, nach ihren Strebungen in Melodie, Harmonie und Rhythmus entsprechend der Absicht des Komponisten und nach ihrer Wirkung beim Hörer erklären (H. Riemann, 1917). A. Schering zitierte zur Deutung von Werken Beethovens Dichtungen als mögliche Vorlage der Komposition und bemühte sich um den Einzelnachweis, während sich z. B. A. Halm und H. Mersmann nur mit dem themat. Material auseinandersetzten. Die auch für den musikinteressierten Laien bestimmte Sinndeutung aus dem Werk bot H. Kretzschmar 1886. Nach dem Muster seines Konzertführers erschienen seither viele andere und versuchen, den vermuteten musikal. Gehalt zu beschreiben neben einer mehr od. weniger wissenschaftl. A., die den objektiven Sachverhalt zu zeigen, dabei das geschichtl. bedingte theoret. Umfeld zu berücksichtigen hätte, sich also nicht auf Denkkategorien des 19. Jh. beschränkt. → Hermeneutik.

E. Becking, Hören u. A.ieren (ZfMw) 1918; H. Mersmann, Versuch einer Phänomenologie d. Mus. (ZfMw) 1922; A. Schering, Mus. Bildg., ^{4}1924; ders., Mus. A. u. Werkidee (JbP) 1929; ders., Beethoven in neuer Deutung, 1934; A. Halm, Über d. Wert mus. A. (D. Musik) 1928; D. F. Tovey, Essays in mus. analysis, L 1935/9; W. Fucks, Mathemat. A. d. Formalstrukt. d. Mus., 1958; H. Heckmann (Hg.), EDV i. d. Mw. 1967; M. Vetter, Untersuch. z. den i. d. dt. mus. Fachlit. v. 1918–64 enthaltenen Methoden d. mus. Werka. (Diss. Greifswald) 1967; D. de la Motte, Musikal. A., 1968; D. Pederson, Some techniques for computer-aided a. of music scores (Diss. Iowa), Ann Arbor 1968; B. S. Brook, Musicology and the computer, NY 1970; C. Dahlhaus, A. u. Werturteil, 1970; H. Rösing, Probl. u. neue Wege d. A. von Instr.- u. Orch.klängen, W 1970; H. H. Eggebrecht, Z. Methode d. mus. A. (Fs. Doflein) 1972; ders., Sinn u. Gehalt (Tb. z. Mw. 58) 1979; G. Schuhmacher (Hg.), Z. mus. A. (Wege d. Forsch. 257) 1974; W. Steinbeck, Struktur u. Ähnlichkeit. Methoden automatisierter Melodien-A., 1982.

Anblasen → Abblasen.

Ancora (it..; frz. *encore*), noch einmal; *a. forte* = noch laut. → Da Capo.

Andamento (it. = Gang), 1. Zwischenspiel in der Fuge; – 2. ausgedehntes Fugenthema.

Andante (it.), in ruhiger Bewegung; Satz- und Werkbezeichnung.

Andantino (it.), kleines (kurzes) → Andante; leichter bewegt. Die mißverständliche Bez. veranlaßte Beethoven, sie mit *Andante con moto* zu ersetzen. Als Titel meint A. oft ein kurzes Stück ohne Durchführung.

Anemochord → Äolsharfe.

Anenajki, formelhafte Teile im russ. Kirchengesang, mit textfremden Silben (*na-ni*) innerhalb langer melismat. Wendungen. Die A. gehen auf die byzantin. Intonationsformel (→ Enechema) zurück, wurden im 11. Jh. zunächst in Kiev übernommen, weitergebildet und galten, allgemein verbreitet, bis Mitte des 18. Jh.

Angelica, 1. im 17. und 18. Jh. → Laute in der Form der → Theorbe, vermutl. engl. Ursprungs, auch Engelsgitarre genannt (frz. *angélique*). Sie war nicht in der üblichen Terz-Quart-Stimmung, sondern diaton. gestimmt und hatte 17 Saiten, von denen nur 8 über das Griffbrett liefen. Die A. war bis ins 18. Jh. in Gebrauch; – 2. → Vox angelica.

Angklung, javan. Instrument mit der Tonerzeugung nach Art der → Rasseln, jedoch mit 2–3 meist in Oktaven abgestimmten Bambusstäben in einem Rahmen, gegen dessen Unterkante sie beim Schütteln treffen; im neueren Gebrauch z. B. bei C. Orff, *Prometheus*.

Anglaise (frz. *danse a.* = engl. Tanz), Sammelbezeichnung für unterschiedl. Tänze, hauptsächlich schnelle, geradtaktige Kettentänze des 17.–19. Jh. (die auch mit dem Namen → Française auftreten). Bei Mattheson findet sich die Gruppierung der A. in → *Country dances* und → *Ballads,* beide im 2/2-(4/4-)Takt, und → *Hornpipes* (im 3/4- oder 3/2 Takt). Auch die → Ecossaise, Volkstanz im Dreiertakt, bekam den Namen A. Der Kettentanz kam als *Française* nach Dtl., findet sich aber auch als *Aliwander* (vermutl. von Allemande = Dt. Tanz). J. S. Bach gab das Beispiel einer A. in der 3. Frz. Suite.

Anglikanische Kirchenmusik, vgl. → Anthem, Chant, Service, Use.

Animateur, Animator (v. frz. *animer* = beseelen), der durch Ausbildung befähigte Anreger (hier:) musikbezogener Laientätigkeit (vokal und/od. instrumental, experimentierend, improvisierend); benannt nach dem in Frkr. neben dem offiziell in der Musikerziehung tätigen *moniteur* als Helfer auf verschiedenen Ebenen arbeitenden A. und gemäß einer Forderung auf der Konferenz europ. Kultusminister (Oslo 1976) nach „sozio-kultureller Animation" („Freizeitpädagogik"). Als Vor-Gänge können verschiedene Wellen-„Bewegungen" von A. H. Francke bis Kodály und die „Gesprächskonzerte" der 1970er Jahre (z. B. G. Albrecht, H. Rilling, L. Bernstein; die „Rikskonserter" in Schweden) gelten.

K. Finkel (Hg.), Hdb. d. Sozialpädagogik, 1979; H. W. Opaschowski, Einf. i. d. freizeitkulturelle Breitenarbeit, 1979.

Animato (it. =) ursprüngl. beseelt; heute: belebt, geistvoll, mit lebendigem Ausdruck; oft mit sich steigernder Intensität und Geschwindigkeit.

Animoso, animosamente (it. =) lebhaft.

Anonym (griech. = namenlos). Namenlose Kompositionen und Musikschriften stammen in der Mehrzahl aus dem MA. Ihre A.ität erklärt sich aus unzureichender Quellenüberlieferung oder aus dem zeitbedingten Zurücktreten des Autors hinter seinem Werk, wenn sie nicht (bei Werken späterer Zeit) bewußt gewählt wurde. Die Aufklärung der Verfasserschaft und die Herausgabe a.er Werke stellt die Mw. vor schwierige Aufgaben. Sie kann sich dabei auf bedeutende Herausgaben z. B. durch Gerbert (18. Jh.), Coussemaker (19. Jh.) stützen, benennt a. Werke nach Fundort, Finder (Hg.), mit Zahlen oder Bibliothekssignaturen und versucht die Aufklärung mittels Sekundärquellen. Das überlieferte → Volkslied ist meist a. Als a. sind auch Werke anzusehen, für die der bisher vermutete Verfasser gemäß neuerer Ergebnisse nicht in Betracht kommen kann. Sie behalten jedoch meist seinen Namen mit dem Zusatz „Pseudo" bei (z. B. Pseudo-Hucbaldsche Schriften bei Gerbert). → Pseudonym.

Ansatz, 1. die je nach Instr. unterschiedl. Lippenstellung der Bläser bei der Tonerzeugung; – 2. die Art der Tonbildung (weich, hart) beim Gesang und die Tätigkeit aller dabei beteiligten Organe. → Ansatzrohr.

Ansatzrohr, der menschliche Stimmapparat oberhalb des → Kehlkopfes: Kehl-, Rachen-, Mund- und Nasenrachen-Raum. Der Ton erhält vor allem in der Mundhöhle die charakteristische Farbe. → Artikulation (1).

Anschlag, 1. die Art der Tonerzeugung bei Tasteninstr., und zwar der von der Konstruktion des Instr. abhängige physikal. Vorgang und die physische Leistung des Spielers, die sich auf den Mechanismus des Instr. einstellt, nämlich auf den verschied. Tastenwiderstand bei elektrischen oder mechan. Orgeln, bei Cembalo oder Hammerklavier. Die Art des A. bestimmt die → Dynamik und → Artikulation des Spiels. Der A. ist verschieden je nachdem, ob der Ton im Erklingen noch beeinflußt werden kann

(Clavichord, Klavier) oder nicht (Cembalo, Orgel). Damit und mit der Tatsache, daß das Spiel sich zunächst im wesentl. auf die Generalbaßbegleitung beschränkte und noch kaum freie Formen anwendete, erklärt sich, daß Diruta 1593 differenzierten A. noch nicht erwähnt. Auch Ph. E. Bach (*Versuch über die wahre Art das Clavier zu spielen,* 1753) gibt keine Beschreibung, sondern verweist auf das Beispiel der Klaviermeister, das nachzuahmen sei. Der sich im 18. Jh. durchsetzende stärkere Individualismus und die techn. Verbesserung der Instrumente führen zu genauen Anweisungen und verschied. Methoden. – Aus der Blütezeit des ital. → Kastratenwesens stammt der Vergleich der Gesangsorgane mit dem Klaviermechanismus („Stimmklavier") und die Forderung präzisen A. im Kopf, Vordergaumen und in der Maske, besonders bei Koloraturen. – 2. Doppelter → Vorschlag im 18. und Anfang 19. Jh., bestehend aus einer unteren (auch entfernt liegenden) und einer oberen (der Hauptnote benachbarten) Note, die beide klein geschrieben sind und auf die Zeit der Hauptnote fallen; beim kurzen A. (mit gleichen Werten) unbetont, beim langen, punktierten A. betont.

Ansprache, die Art des Tonbeginns; der Einsatz des Tones, der sofort sauber, d. h. in richtiger Höhe und ohne Nebengeräusche erklingen soll.

Anthem (altengl. *antefn,* v. lat. *antiphona* = Gegengesang), geistl. Chormusik mit engl. Text; außerhalb der Liturgie motetten- oder kantatenartig am Ende des Morgen- od. Abendgottesdienstes gesungen; nach der anglikan. Reformation entstanden und offiziell erwähnt in der → Agende von 1662 und gefördert als einfachere, volkssprachl. Chormusik gegenüber der polyphonen lat. Motette. Es bestehen 2 Hauptarten: das *full a.* als Motette (gelegentl. auch mit Instr.) und das *verse a.* mit Wechsel von Chor- und Sologesang bzw. Vokalquartett, oft auch instrumental begleitet (Orgel bzw. Violen). Beide zu engl. Bibeltexten. Während sich das *full a.* im wesentl. bis ins 20. Jh. hielt und die ursprüngl. mit den polyphonen wechselnden homophonen Teile immer mehr bevorzugte, war das *verse a.* vor allem unter ital. Einfluß stärkeren Wandlungen unterworfen, wurde mit Rezitativ und Arioso, Sinfonie und Ritornell erweitert, chromatisch und virtuos gestaltet (hauptsächl. von H. Purcell, M. Green, G. F. Händel). Im 19. Jh. verlor die engl. Kirchenmusik an Bedeutung. Während man mit großem Eifer ältere A. sammelte, herausgab und (in kleineren Kirchen oft mit unzureichenden Mitteln) aufführte, entstand, davon angeregt, eine große Zahl nur homophoner und sentimentaler Musiken, die nun auch nicht mehr den bisher obligaten Bibeltext, sondern gefühlsträchtige, allgemein geistl. Dichtungen verwendeten, oft unter dem Einfluß der Oratorien, Kantaten und Messen des Festlandes standen und den Begriff A. zur geistl. Vokalmusik überhaupt ausweiteten. Der Stilwandel im 20. Jh. wurde z. T. durch die Veröffentlichungen der Purcell-Gesellschaft eingeleitet. In Nordamerika, wo die ersten A. 1762 entstanden (J. Lyon), gilt W. Billings († 1800) als bedeutendster A.-Komponist. – Das Wort A.

wird in Engl. auch mit der Bedeutung → Nationalhymne gebraucht (*National A.*).

M. B. Foster, A. and a. composers, L. 1901, ND 1970; D. Stevens, Tudor church mus., L 1961; R. T. Daniel, The A. in New Engl. before 1800, Evanston 1966; J. Morehen, The sources of Engl. cathedr. mus. (Diss. Cambr.) 1967; R. T. Daniel, Contrafacta and polyglot texts in the early Engl. A., in: H. Tischler (Hg.), Essays in musicol. (Fs. W. Apel), Bloomington 1968; P. H. James, A study of the verse a. from Byrd to Tomkins (Diss. Cardiff) 1968/9; E. H. Fellowes (revid.: Westrup), Engl. cathedr. mus., L ^{5}1969; E. A. Wienandt/R. H. Young, The a. in Engl. and America, NY 1970; J. Milson, Songs, carols and contrafacta in the early hist. of the Tudor a. (Proceed. Royal Mus. Ass.) 1980/1.

Antiphon(a) (lat. = Gegengesang), Gesang in der kathol. Liturgie, meist vor und nach dem Psalmgesang. A. war der doppelchörige Wechselgesang bei den Griechen und den ersten Christen, wobei der Brauch, Frauen- gegen Männerstimmen zu stellen, auch die Nebenbedeutung A. = Gesang in Oktaven entwickelte gemäß der griech. Musiktheorie, die mit *antiphonos* (= Gegenton) die Oktave meinte. Als Einleitung, Zwischenstück und Schluß des Psalmengesangs wurde die A. als neue Gattung gleichberechtigt mit Lesung und Hymnen, und als refrainartiges Gesangsstück wurde sie auch in Italien – durch Ambrosius v. Mailand († 397) übernommen – während der arianischen Streitigkeiten als Mittel zur Festigung im Glauben bedeutend. Unter Papst Coelestin I. wurde eine A. im 5. Jh. als → Introitus vor den Eingangspsalm der Meßfeier gestellt. Eine andere wurde bei der Kommunion gesungen. Allmählich traten die Psalmen selbst in den Hintergrund od. wurden verdrängt, und die Bez. A. wurde auf verschiedene, auch nichtliturgische Gesänge angewendet („Marian. A."). Voll entfaltete sich der A.gesang im Offizium, wo er zwischen den Psalmversen wiederkehrte, daher im Stundengebet der Klöster von Bedeutung wurde. Dabei entwickelten sich eigene größere Formen, deren Stellung und Gebrauch das Konzil von Trient (1545–1563) festlegte. Die A. steht in der heutigen → Kirchenmusik als selbständiges Gesangsstück unabhängig vom Psalmengesang. Der jetzige Brauch ist in der von der → Benediktinerabtei Solesmes vorbereiteten → Choralreform seit 1900 bestimmt.

P. Wagner, 1911; H. Sowa, Quellen z. Transformation der A.en, 1935; B. Stäblein, A. (MGG) 1949; W. Apel, Gregor. Chant, Bloomingt. 1958; J. A. Jungmann, Missarum Sollemn., ^{5}1962; M. Huglo, Les tonaires . . ., P 1971; K. G. Fellerer (Hg.), Gesch. d. kath. Kirchenmus., 1972/76.

Antiphonale, Antiphonar(ium), Sammlung der Gesänge im röm. kathol. → Offizium. Anders als das → Brevier, das nur Texte, und das Voll-Brevier, das Texte und Noten brachte, enthielt das A. im MA nur Melodien. Die heute gültige Ausgabe (Liber Antiphonarius, 1912, ^{2}1919; Benediktiner: A. monasticum, 1934) enthält Antiphonen, Responsorien, Psalmen, Hymnen, Versikel, Lesungen. Das deutschsprach. A. wurde 1979 v. den liturg. Instituten in Trier, Salzburg und Zürich herausgegeben.

Antizipation (lat. =) Vorausnahme eines betonten Intervalls (Akkords) auf unbetonter Taktzeit (meist dissonierend), wobei auch der Taktschwerpunkt vorgezogen werden kann und synkopenartige Verschiebungen entstehen. Die A. kann in 1 Stimme od. mehreren St. erfolgen. Sie ist als → Durchgang zu werten.

Antwort (lat. *comes* = Begleiter), der 2. Einsatz des Themas (= *dux* = Führer) in der → Fuge. Das Thema erscheint in der A. auf der Quinte, Quarte oder Duodezime, und zwar genau notengetreu transponiert (*fuga reale*) oder mit Rücksicht auf Zusammenklang und Modulation leicht verändert durch Verschiebung der Tonstufen (*fuga de tono*). Beide Möglichkeiten zeigt J. S. Bach in der *Kunst der Fuge*.

Aöde (griech. *aoidos* = Sänger), → Dichtersänger der Griechen; bei Homer (*Odyssee*): Demodokos und Phemios. A. waren von der Gottheit zum Gesang inspiriert, wurden daher geehrt wie Seher und Ärzte.

Äoline (*Aiolos* = Beherrscher der Winde in der griech. Mythologie), 1. von Eschenbach 1816 erfundenes → Harmonium; von daher 2. Orgelregister 8', ebenfalls mit durchschlagender Zunge, Geigenimitation. Ein eng mensurierter Gedacktpommer erhielt wegen des Streicherklangs im 19. Jh. nachträgl. diesen Namen.

Äolisch, nach der Landschaft benannter alter griech. Modus. Glarean (*Dodekachordon,* 1547) benutzte die Bez., als er die Zahl der bisherigen → Kirchentonarten auf 12 erhöhte. Ä. (a–a') wurde zum späteren → Moll.

Äolsharfe (*Aiolos* = der Beherrscher der Winde in der griech. Mythologie), Windharfe. 1. Instrument, dessen Saiten durch den Windzug in Schwingung versetzt werden. Sie sind bei verschied. Dicke gleichgestimmt und klingen deshalb je nach der Stärke des Luftstroms mit verschied. Obertönen zusammen. Die Saiten sind über 2 Stege auf einen rechteckigen, in der Romantik meist 3eckigen Resonanzkörper gespannt. Die Ä. galt als Erfindung des Erzbischofs Dunstan v. Canterbury (Mitte des 10. Jh.). Das Prinzip war aber schon bei Indern und Hebräern bekannt und wird noch bei den Bantunegern angewendet. Der zarte, schwebende Klang des Instr. machte es beliebt in Dtl. und Engl. im 17., 18. Jh., vor allem in der Romantik, die es weiter ausbaute: Äolsklavier, Anemochord (eine 1789 in Paris von J. Schnell gebaute Balg-Ä. mit Tastatur). – 2. eng mensuriertes Orgelregister; seit dem 18. Jh.

J. G. Kastner. *La harpe d'Eole,* P 1856; A. Langen, Z. Symbol d. Ä. i. d. dt. Dichtung (Fs. Müller-Blattau), 1966; S. Bonner/M. G. Davies (Hg.), Aeolian harp, Duxford 1968/70.

Apertum (lat.) → Klausel.

Aphonie (griech. =) Stimmlosigkeit; durch Defekt der Stimmorgane oder durch nervliche, vom Zentralorgan im Gehirn ausgehende Störung hervorgerufen. Bei Sängern und Rednern häufig nach Überanstrengung oder Übermüdung auftretend; gelegentlich auch Ergebnis falscher Gesangsmethoden. → Phonasthenie.

A piacere (it. =) → ad libitum, nach Belieben.

Apollinisch. In der Romantik (Schelling) entwickelte sich das bei Nietzsche ausgeprägte Ggs.-Paar a./→ dionysisch mit a. als klar ordnendem Element. Apollon, Sohn des Zeus, war nach der griech. Mythologie der Heil- und Sühnegott, Führer der → Musen, der in der *Ilias* die → Phorminx spielt, auf älteren bildl. Darstellungen die → Kithara. Er galt als Urheber des Kultgesanges (→ Päan).

R. D. Miller, The origin and original nature of Apollo, Philadelph. 1939; M. Wegner, D. Musikleben d. Griechen, 1949; M. Vogel, A. u. Dionysisch, 1966.

Apotheose (griech. = Vergötterung), prunkvolle Schlußszene in Oper, Ballett, Festspiel mit Beteiligung aller Darsteller (vgl. → Revue), besonders seit dem Barock; z. B. in den Prunkopern mit mytholog. Stoffen („Lyrische Tragödien") Lullys; Glinka, *Ein Leben für den Zaren* (= *Ivan Susanin*), Glière, *Der eiserne Reiter,* Ballett. → Finale.

Apotome (griech. = Abschnitt), im pythagor. System der Halbton des chromat. Geschlechts; Differenz zw. Ganzton (203,9 → Cent) und → Limma (90,2 C) = 113,7 C. In der Mth. eingehend beschrieben durch Jacobus v. Lüttich (*Speculum musicae,* 1330).

Appassionato (it.) = leidenschaftlich.

Applikatur (lat. *applicare* = zufügen), → Fingersatz.

Appoggiatura (it. *appoggiare* = unterstützen), → Vorschlag, meist mit harmoniefremden Tönen. Vgl. → Vorhalt.

Apsidenchöre, die in der Apsis (griech. = Wölbung) der Basilika zum antiphon. Gesang aufgestellten Halbchöre; später die konzertierend miteinander singenden Chöre mit getrennter Aufstellung (*coro spezzato* = geteilter Chor), wie sie räumlich besonders günstig war in der Markuskirche zu Venedig. Diese wurde zur bedeutenden Pflegestätte der → Mehrchörigkeit (G. Gabrieli, C. Monteverdi, → venetianische Schule), die in Dtl. das Werk von M. Praetorius und Haßler beeinflußte.

Äqual, Äquallage, Äqualmaß (lat. *aequalis* = gleich), im → Orgelbau die der menschl. Stimme entsprechende 8-Fuß-Lage.

Arabisches Komma → Komma

Arabeske, nach den Blattornamenten der islam. Kunst (frz. *arabesque*) benanntes → Charakterstück, das märchenhafte Phantastik darstellen soll; Klavier: R. Schumann, op. 18; Ljadov, Debussy, Reger; Orchester: Wolf-Ferrari.

Arbeitergesangverein → Gesangverein.

Arbeiterlied, das in den Arbeiterbewegungen des 19. und 20. Jahrh. mit polit.-ökonomischer Funktion entstandene Lied, meist Marschlied, Hymne; Spott- und Protestlied zum aktuellen Anlaß; revolutionäres Kampflied gegen den Kapitalismus, zur ideolog. Festigung im Streik und Parteienkampf; Ballade, Lehrgedicht; zunächst (mündlich weitergegeben) nach bestehenden Volks-, Vaterlands-, Soldatenliedern, auch Opernmelodien (→ Parodie). Später mit fortschreitender Organisation der Arbeiterparteien Neuschöpfung v. Text und Melodie (z. B. Brecht/Eisler) und Übernahme (Umsingen) von gängigen ausländ. A.ern (Internationale, Warschawjanka), zunehmend mit der internat. Zusammenarbeit. In Dtl. folgte einem lebhaften Aufschwung im letzten Drittel des 19. Jh. (gestützt von den aufkommenden Arbeitergesangvereinen) eine breite Entwicklung nach dem 1. Weltkrieg (Klassenkampf-, Agitproplieder), die durch den Nationalsozialismus unterdrückt wurde, wodurch Kompositionen außerhalb Dtl. angeregt wurden (Honegger, Milhaud, Copelent, Britten, A. Busch). Als erstes dt. A. gilt das *Lied der schles. Weber* (Weberaufstand 1844). Die systemat. Sichtung und Slg. erfolgt in der DDR seit 1954 (A.-Archiv Leipz.-Berlin); Einzelbetrachtungen in der Bundesrepubl. Dtl. etwa seit 1960. – In Rußland war das A. Kampfmittel besonders in den Revolutionen v. 1905, 1917 und führte zum → Massenlied. → Gesangverein.

C. Pierre, Les fêtes et les chants de la révolution, P 1904; J. Greenway, American folksong of protest, Philadelph. 1953; W. Steinitz, Dt. Volkslieder demokr. Charakters, B/Ost 1954, 1962; S. Liberovici/M. Straniero, Canti della nuova resisténza spagnola, Turin 1962; I. Lammel (Hg.), Bibliogr. d. dt. A.erbücher 1833–1945, Lg 1971; dies., Bibl. d. dt. A.erblätter 1844–1945, Lg 1975; dies., Das A., ^{2}1975; V. Karbusicky, Ideologie im Lied, Lied in d. Ideologie, 1973; J. van de Merwe, Gij zijt kanalje ... Het proletarierslied in Nederld ..., Utrecht 1974; W. Fuhr, Proletar. Mus. in Dtl. 1928/33, 1977.

Arbeitslied, das durch stark akzentuierten → Rhythmus die handwerkl. Arbeit anregende und bestimmende Einzel-, meist Gruppenlied, dessen einfacher Text, syllabisch vertont, auf die Arbeitsart selbst bezogen sein kann, wo nicht ein gängiges Lied (evtl. mit angepaßtem Rhythmus) übernommen wird; z. B. → Shanty, Worksong.

K. Büchner, Arbeit u. Rhythmus, ^{6}1924; J. Schopp, Das dt. A., 1935; A. Banin, Trudovye artel'nye pesni i pripevki (Gruppenlieder u. Kehrreime zur Arbeit), M 1971; Å. G. Blom, Folkeviser i arbeidslivet, Oslo 1977.

Arbeitsmusik → funktionelle Musik.

Archet (frz. =) Bogen der Streichinstrumente.

Archi-, Arci- (it. v. griech. *archi-* = der erste, oberste), Vorsilbe vor dem Namen älterer Instrumente, deren besondere Größe bezeichnend, z. B. A.cembalo, A.cymbal, A.liuto (= Erzlaute).

Arco (it. =) Bogen, Abk. *a.* oder *arc.*; *coll'a.* verlangt im Ggs. zu vorherigem → Pizzicato wieder den Gebrauch des Bogens.

Arghūl (wohl von arab. *ārgūn* im Sinne von „Orgel"), in 3 Hauptformen und mit verschiedenen Namen in arab. Ländern und der Türkei verbreitetes Blasinstr. mit 2 zusammengebundenen (Schilf-) Rohren, jedes oben zu einer Zunge geschnitten, die beide im Mund wie in einer → Windkapsel frei schwingen können. Die Spielpfeife hat meist 6 Grifflöcher, die oft wesentlich längere, daher mehrteilige Bordunpfeife keine. Vgl. → Launeddas.

Argot, Arigot (frz.), kleine frz. Kernspaltflöte im MA mit 4 Grifflöchern oben, 2 Daumenlöchern; bei Arbeau (*Orchésographie,* 1588) erwähnt. Vgl. → Larigot, Txistu.

Aria (it.; frz. *air*), → Arie, Lied, Melodie. Neben den vielen Formen der Gesangs-Arie ein instrumental ausgeführter Tanz im 17. Jh. in der → Suite (Händel, Wassermusik; vgl. Bach, Goldbergvariationen). Die *a. (canzone) francese* (Ende 16. Jh.) wurde ebenfalls instrumental ausgeführt. Seit dem 18. Jh. (z. B. Mondonville, *Pièces de clavecin*) wurde die Bez. A. wieder aufgenommen (C. Franck, *Prélude, A. und Finale*; Reger, op. 103 A).

Arie (it., engl. *aria,* frz. *air*; afrz. *air*[*e*] im Sinne v. *modus* = Art und Weise; später angelehnt an ital. *aria* v. griech. *aer* = Luft, Atmosphäre), abgeschlossenes, mehrteiliges Musikstück für begleiteten Sologesang in → Oper, → Oratorium, → Passion. Im 16. Jh. war die ital. Aria ein Harmoniegerüst für ein Strophenlied mit variierender Oberstimme (vgl. → Ruggiero, Ostinato), also zunächst die Baßlinie (Strophenbaß). Von da ging die Bez. auf die Oberstimme selbst über. Während die Aria als Instrumentalform noch im 18., 19. Jh. bestand (Bach, Goldbergvariationen), setzte die später alleinige Vokalform mit der italienischen Monodie und den Anfängen der Opernkomposition um 1600 ein und hatte ihre Blütezeit im musikal. Barock des 17., 18. Jh., in dem sich die Aria als Strophenlied (auch im Chorsatz) zur 3tlg. Form A-B-A entwickelte (zuerst in C. Monteverdis *Orfeo,* 1607). Aus diesem Grundschema der Da-Capo-A. entstanden viele Einzeltypen; die 5tlg. bringt im Teil A nach dem Tonika- einen Dominantabschnitt m. Rückkehr in die Tonika, danach einen Mittelsatz B in quint- oder terzverwandter Tonart, schließl. die nicht neu notierte Wiederholung des A-Teils, mit der Abkürzung d. c. (= → da capo) angewiesen. Mit der weiteren Entwicklung der Operna. als Kunstform wuchs ihr auch die Aufgabe zu, als dramat. Handlungselement mit konzentriertem Gefühlsgehalt zu wirken. Das Strophenschema wurde darin endgültig aufgegeben, und das A. genannte Strophenlied erschien in der Oper nur noch zur Charakterisierung einfacher Gesellschaftsverhältnisse, dabei oft bewußt abwertend, während sich andrerseits aus der Strophena. mit wechselnden A.nteilen, freier Deklamation (→ Rezitativ) und Instrumentalritornellen die Solokantate entwickelte. Die Begleitung der Singst., und zwar sowohl bei der Cembalo-A. wie der seit dem 18. Jh. vorherrschenden Orchester-A., stand ursprüngl. selbständig konzertierend neben dem Vokalpart, später untermalend, auch mit → obligater Instrumentalstimme (z. B. Trompeten-A.). Gegenüber der einfacheren, nicht weiter unterteilten Da-Capo-Form der frz. A. entwickelte die ital. A. zahlreiche Untergliederungen, immer mehr mit dem Ziel, die hochvirtuose Gesangsleistung des einzelnen in den Vordergrund zu stellen. Daneben blieb in Dtl. die Bezeichnung A. für das Strophenlied, näml. das Solo- wie das Chorlied, länger bestehen. J. S. Kusser, aus der Schule Lullys stammend, führte den ital. Opernstil in Hamburg ein (A. Steffani, C. Pallavicini) und wertete die Singst. als selbständiges Instr. Auf ihn stützten sich Mattheson, Keiser, Graupner und Händel. Während die Großform der ital. A. nach 1700 das Besondere einer Situation zum allgemein verbindlichen Typus umzuformen verstand (Affekttypen) und mit reichen Koloraturen für bestimmte Sänger vorgesehen war (*A. di bravura*), ging die A. bei Händel und mehr noch bei J. S. Bach vom allgemeinen Text zur musikalischen Ausdeutung der Seelenhaltung und zur Charakteristik der Personen über. War schon hier die Da-Capo-Form nicht spürbar verpflichtend, so wurde die Operna. seit Ende des 18. Jh. immer unterschiedlicher gestaltet. Die von der Handlung bestimmte, expressive Deklamation stand im Vordergrund (Mozart, Gluck). Gefühlsbewegung wurde breit geschildert und steigerte sich in der → Stretta zum letzten Höhepunkt (Stretta-A.). Den Italienern kam es auf Demonstration vollkommener Gesangstechnik an, der dt. Oper auf die musikal. Steigerung der spannungsgeladenen Handlung (Wagner). Das Kunstlied des 19. Jh. stand der A. nahe; die Koloratur verlor an Bedeutung. Die Oper des 20. Jh. bevorzugt die von der Handlung bestimmte A. (Berg, *Lulu*); andrerseits lebt auch die Da-Capo-A. wieder auf (Hindemith, *Cardillac*). – Das Arioso steht zwischen A. und Rezitativ.

H. Goldschmidt, Stud. z. Gesch. d. it. Oper i. 17. Jh., 1901/4, ND 1967; A. Schering, Gesch. d. Oratoriums, 1911, ND 1966; B. Flögel, Stud. z. A.technik i. den Opern Händels (Händ. Jb.) 1929; I. Schreiber, Dichtung u. Musik der dt. Operna. 1680–1700, 1935; H. Ch. Wolff, D. venezian. Oper i. d. 2. Hälfte d. 17. Jh., 1937, NA Bologna 1975; ders., D. Barockoper i. Hamburg, 1957; L. Walther, D. Ostinato-Technik i. den Chaconne- u. A.-Formen des 17., 18. Jh., 1940; R. Gerber, A. (MGG) 1949; H. H. Eggebrecht, Stud. z. musik. Terminolog. (Ak. d. Wiss. Mainz) 1955; E. Melkus, Z. Auszierung d. Da-Capo-A. i. Mozarts Werken (Moz.-Jb.) 1968/70; R. Strohm, It. Operna.n des früh. Settecento, 1976. → Oper, Ostinato.

Arietta (it. =) kleine Arie in der ital. Oper und im dt. Singspiel; 2teilig; auch Instrumentalstück. → Cavatine.

Ariette (frz.), 1. in Frk. koloraturreiche (Da-Capo-)Arie in der Oper, nur als virtuose Darbietung und ohne Anteil an der Handlung. – 2. Die *A.s* und *Airs* in der Opéra comique Mitte des 18. Jh.: einfache, eingängige Lieder, die im Ggs. zu den oft feststehenden, fast leitmotivischen Bedeutungen (*timbres*) des → Vaudeville für den jeweiligen Stoff eigens geschaffen wurden und dieses dann verdrängten. Als einfache Liedweise soll die A. auch z. B. bei Rimskij-Korsakov (*Schneeflöckchen*) und R. Strauss (*Der Bürger als Edelmann*) gelten, so auch im Kunstlied bei Debussy (*A.s oubliées*) – 3. Name von Instrumentalstücken (z. B. Beethoven, Son. op. 111), besonders im 19., 20. Jh. für Charakterstücke.

Arioso, 1. Lyrisches Gesangsstück; melodiöser, selbständig gewordener Teil eines → Rezitativs oder auch noch mit diesem an dessen Anfang oder Schluß verbunden; – 2. Vortragsbezeichnung und von daher Name eines kurzen, solist. Gesangsstückes (in → Oper und → Oratorium) mit nicht festgelegter Form.

Armeemärsche, die allgemein für die → Militärmusik oder im besonderen für einzelne Truppengattungen und Truppenteile bestimmten, ihnen verliehenen oder von ihnen übernommenen oder eigens für sie komponierten → Märsche. Eine Slg. von A. wurde auf Befehl König Friedrich Wilhelms III. in Preußen angelegt (hg. von Wieprecht), in der bestimmten Formationen verliehene, nicht zu A. ernannte Stücke gesondert geführt wurden. Unter den etwa 600 A. dieser Slg. waren 35 russische, 22 österreichische, 11 italienische, 4 französische. Zu den ältesten A. zählen der *Pappenheimer*, der *M. der finnländischen Reiterei* (beide aus dem 30jähr. Krieg), der *Hohenfriedberger M.*, der *Friedericus-Rex-M.* und *Alte Kameraden*. Bekannte österr. A. sind: der *Radetzky-*, *Kaiserjäger-* und der *Deutschmeister-M.* → Marsch.

H. Frobenius, Militärlex., 1901; G. Kandler, Z. Gesch. d. Soldatenmusik, 1927; ders., Dt. A., 1962; J. Toeche-Mittler, A., 1971/75.

Armenische Notenschrift (*chazy/chasy*). Die wohl im 8., 9. Jh. entstandenen linienlosen → Neumen der armen. liturg. Gesänge fußen auf byzantin. Neumen, entwickelten sich aber bis 13. Jh. eigenständig und hatten bis 40 Haupt-, 30 Hilfszeichen: → ekphonet. Akzentzeichen, cheironom. (= Hand-)Zeichen, Ideogramme für Melismen und 4 metr. Zeichen. 1813 wurde die a. N. reformiert (A. Limondžan). Im 19./Anf. 20. Jh. schrieb man auch türk. Volksmusik in a. N.

→ Neumen.

Arpa (it. =) → Harfe.

Arpeggio (von it. *arpa* = Harfe), harfenähnl. spielen; Spielanweisung bei Zupf-, Streich- und Tasteninstr., wonach ein Akkord gebrochen zu spielen ist, d. h. die einzelnen Töne in meist kurzer Folge hintereinander, was im Notenbild mit einer Wellenlinie vor dem Akkord oder – auch bei unregelmäß. Reihenfolge der zu spielenden Töne, bei Wiederholung einzelner Akkordtöne oder Zusatz fremder Töne – mit kleinen Noten angewiesen wird; früher auch mit Schrägstrich durch den Akkord (dabei die Richtung der Brechung anzeigend), bei längeren Folgen zu arpeggierender Akkorde auch nur mit dem Zusatz *a.* oder *arp.* und → *segue*. Das A. war mit seinen verschied. Arten in der Generalbaßzeit beliebt.

Arpeggione (von ital. *arpa* = Harfe), Streichinstr., das wie ein Cello gestrichen wird, nach Korpus, Griffbrett und Bünden einer Gitarre ähnl. ist, eine Oktave tiefer als diese klingt und von seinem Erfinder J. G. Staufer (Wien 1823) *Guitarre d'amour* genannt wurde; bekannt durch Schuberts Sonate a-moll für A. und Klavier (1824).

Arpicordo (it. *arpa* = Harfe, *corda* = Seite), im 16. Jh. Tasten-(Generalbaß-)Instr. in Italien mit Harfenklang; in Dtl. auch Bez. für Spinett od. Harfenzug am Cembalo.

L. Cervelli, A. (Quadrivium) 1973.

Arrangement (frz. =) Einrichtung eines Musikstücks für eine andere als die originale Besetzung (durch den Komponisten selbst od. andere), z.B. Verringerung der Stimmenzahl beim A. eines Orchesterwerks für Klavier od. Umschreiben eines Vokalwerkes für Instr., was auch einer → Bearbeitung gleichkommen kann. In der → Jazzmusik bedeutet A. insbes. den mündl. oder schriftl. fixierten Grundriß der gemeinschaftl. Improvisation entweder der Anfangsperiode oder des ganzen Stückes, der themat. oder der harmon. Struktur. → Head A.

Ars antiqua (lat. = alte Lehre, Kunst), mehrstg. → Mensuralmusik des 13. Jh. in Frankr., die im 14. Jh. von der → Ars nova abgelöst wurde und dabei (im Rückblick) A. a. benannt wurde. Sie ist etwa für 1230–1320 anzusetzen und folgt auf die Zeit der → Notre-Dame-Schule, von der sie die dort entstandene → Motette aufnahm und als Hauptform der Periode (Franco v. Köln, Adam de la Halle, Petrus de Cruce) weiterbildete mit dem die ganze Komposition einheitl. durchfließenden Rhythmus. Er hob sich stark akzentuierend gegen den früheren ausgeglichenen Lauf der gregorian. Melodie im → Organum ab. Neu waren die Elemente aus Lied und Tanz in den Diskantlinien. Die Komposition des → Conductus ging stark zurück gegenüber der Motette. Bei A. de la Halle begann das weltl. → Rondeau zu 3 Stimmen; der → Hoquetus wurde zur selbständigen Gattung. Gegen Ende des 13. Jh. setzte sich immer mehr der 2tlg. Rhythmus durch. Die engl. Vorliebe für Terz und Sexte wirkte auf die musikal. Praxis des Kontinents ein. Die Besetzung war gemischt aus solist. Singstimmen und Instr. Mit A. a. war anfangs besonders das System der Mensuralnotation gemeint, die, bei Garlandia schon vorbereitet, von Franco v. Köln fixiert wurde. Das entscheidende theoret. Werk der A. a. schrieb um 1330 Jac. v. Lüttich (*Speculum musicae*).

H. Besseler, D. Musik des MA u. d. Renaiss. (Bücken Hdb.) 1931; G. Reese, Music in the Middle Ages, NY 1940; G. D. Sasse, D. Mehrstimmigkeit der A. a. (Diss. B.) 1940; E. Apfel, D. Diskant i. d. Mth. d. 12.–15. Jh. (Diss. Heidelb.) 1953; K. G. Fellerer, Kirchenmusikal. Vorschriften im MA (KmJb) 1956; ders., „Constitutio docta Sanctorum Patrum" di Giov. XXII., in: L'ars nova ital. del Trecento, Certaldo 1959; Apel 1962; L. Treitler, Regarding meter and rhythm in the A. a. (Mus. Quarterly) 1979.

Arsis (griech. = Hebung) im Ggs. zu *Thesis* (griech. = Senkung), 1. in der Musiklehre A. = leichte, unbetonte Taktzeit, der Aufschlag beim Dirigieren im Ggs. zu Th. = schwerer, akzentuierter Taktteil, der Niederschlag beim Dirigieren. Das entspricht dem griech. Ursprung: das (leichte, unbetonte) Aufheben des Fußes beim Tanze im Ggs. zur (schweren, betonten) Senkung. – 2. Die neuere Metrik bezeichnet den Versfuß, wenn sie (im Ggs. zum ursprüngl. griech. Gebrauch) in A. die (starke, betonte) Stimmhebung, in Th. die (schwache, unbetonte) Stimmsenkung sieht, soweit nicht beide ausdrücklich nur auf die griech. Metrik bezogen werden.

Ars musica (lat. = Musiklehre, -kunst), im Gebrauch des MA die Musiklehre, die musikal. Fertigkeit (Praxis) und die Kenntnis (Theorie). Dabei bekam *ars* im Ggs. zum bisherigen *usus* (z. B.: *u. canendi* = Singen aus dem Gedächtnis) den Sinn *scientia* (*sc. practica*) als Schriftkunst, z. B. Kenntnis der Notation und Mth. Andrerseits meinte A. m. die Musik als Ganzes gegenüber den übrigen Disziplinen (→ Quadrivium).

M. Landwehr v. Pragenau, Schriften z. „A. m." (Tb. z. Mw.) 1983. → Mensur.

Ars nova (lat. = neue Lehre, Kunst), die verfeinerte, von Frankr. ausgehende Kompositionsart, benannt nach Ph. de Vitrys Schrift (um 1320), wobei (rückblickend) die vorherige Stilperiode den Namen → Ars antiqua erhielt. Wie ursprünglich diese meinte auch "A. n." zuerst die Art der Notation, später die der Komposition. Die A. n. begann um 1315 und endete im letzten Viertel des 14. Jh. (Tod Machauts: 1377). Ein Merkmal sind die erweiterten und neuen Grundregeln der → Mensuralnotation, die nun z. B. die 3zeitigen (perfekten) und 2zeitigen (imperfekten) Breven gleichrangig sieht. Gegenüber der bisherigen objektiven Schreibweise zeigt die A. n. individuellen Ausdruck. Daher die Vorliebe für das freie Kunstwerk und die Bevorzugung weltlicher und nichtliturg. Musik, der frz. Sprache vor dem Latein, während die gleichzeitige engl. Richtung die Kirchenmusik weiter bevorzugte. →

Conductus und → Organum traten zurück. Vor Lied, → Rondeau, Virelai, Chace, Ballade war die → Motette die Hauptform der A. n. mit dem für die Periode typischen Bau (→ Isorhythmik) der beiden, den Text vortragenden Oberstimmen (Disk., Alt) über dem getragenen, 1- od. 2stg. Instrumentalfundament von Tenor und Contratenor (Besseler: Isoperiodik). J. de Muris war der Theoretiker neben P. de Vitry; dieser und vor allem G. de Machaut (4stg. Messe) waren die großen Komponisten in Frkr. Neue Ausdrucksmittel mit Synkopen und komplizierten Rhythmen zeigen sich in der „späten" A. n. („manierist. Stil", etwa 1377 bis 1430), von der Mw. (U. Günther) als → Ars subtilior gesondert betrachtet. Etwa gleichzeitig mit der frz. A. n. zeigt sich die italienische Eigenrichtung des → Trecento („ital. A. n.") mit → Ballata als wichtigster Gattung vor → Madrigal und → Caccia. Hier wirkten u. a. Giov. da Cascia, F. Landino und im Übergang zur → burgundischen und niederländ. Musik J. Ciconia und G. Dufay. In Dtl. bereitete sich bei O. v. Wolkenstein das Tenorlied des 15. Jh. vor.

A. Schering, Stud. z. Mg. d. Frührenaiss., 1914; H. Besseler, Stud. z. Mus. d. MA (AfMw) 1925/6; ders., A. n. (MGG) 1949; L. Schrade, The chronology of the A. n. in France (Les Colloques de Wégimont) 1955; N. Pirrotta, Cronologia ... del' A. n. ital. (ebd.); K. v. Fischer, Stud. z. it. Mus. d. Trecento ... (PSMG) Bern 1956; U. Günther, D. Ende der A. n. (Mf) 1963; G. Reaney, A. n. in France (NOHM 3) 1960; ders., New sources of A. n. (MD) 1965; L. Prisor, D. Motette i. d. Frühzeit d. A. n. (Diss. Freib./ Br.) 1971; H. Kühn, D. Harmonik der A. n., 1973. → Ars antiqua, Ars subtilior.

Ars subtilior (lat. = feinere, genauere Kunst), die an die Blütezeit der → Ars nova anschließende Periode (1377 – etwa 1430), in der (besonders in der weltl. Musik: Ballade, Ballata, Rondeau) deren rhythm. Neuerungen weiter verfeinert sind (Apel: → manierierte Notation), der Contratenor zunehmend selbständig wird und motivische Arbeit beginnt; so bei Magister Zacharias, vereinzelt bei Ciconia und in frühen Werken von Dufay. Die Bez. A. s. führte Ursula Günther ein mit Bezug auf den Ende des 14. Jh. in der Mth. gängigen t.t. *subtilitas.* → Trecento.

W. Arlt, Praxis u. Lehre d. A. s. (Diss. Basel) 1970; U. Günther, Zitate in frz. Liedsätzen der Ars nova u. A. s. (MD) 1972; dies., Problems of dating in ars nova and a. s. (L'ars nova ital. 4), Certaldo 1978. → Ars nova.

Artes liberales (lat. =) freie Künste (Lehren), die im → Quadrivium (einschließl. → Ars musica) und Trivium zusammengefaßten ma. Disziplinen. Anfangs meinte der Begriff die Kenntnisse des Freien im Ggs. zum Leibeigenen. Vom späthellenistischen Vorbild hatte das ma. Erziehungssystem die Ordnung der *a. l.* übernommen, wobei besonders Augustinus, der sie in den christl. Bildungsplan einfügte, richtungweisend für die Folgezeit wurde. Seit dem 6. Jh. wurden die *a. l.* an Kloster-, seit dem 8. Jh. an Kathedralschulen gelehrt. Musiktheoret. Wissen war Bedingung für den Magistertitel.

G. Pietzsch, D. Musik im Erziehungs- u. Bildungsideal d. ausgeh. Altertums u. früh. MA., 1932; H. Hüschen, D. Musik i. den a. l. (Kb. Hamb. 1956); K. G. Fellerer, Die Musica i. den a. l. (A. l., hrsg. v. Koch), Leiden/ Köln 1959.

Artikulation (von lat. *artus, articulus* = Gelenk, Teil, Gliederung), 1. für Sprechen und Singen die intensive Kenntnis der Lautformung durch Mund, Unterkiefer,

Zunge und weichen Gaumen für stimmhafte und stimmlose Konsonanten, der Resonanzräume für geschlossene und offene Vokale; – 2. Gestaltung des Musikvortrags, die Bindung und Trennung von Tönen einer Melodie während ihres Vortrags, z. B. → staccato, spiccato, portato, legato, die durch Bögen, Punkte, Striche besonders bezeichnet werden. Das geschieht seit dem 17. Jh. (und zwar ausgehend von der Praxis der Streichinstr.) und ist zu Ende des 18. Jh. fertig entwickelt. Da bis zu Bach die Bezeichnung Klaviermusik zunächst kein bestimmtes Tasteninstr. meinte und Orgel, Cembalo, Clavichord unterschiedliche Anweisungen nötig machten, blieb die Musik unbezeichnet und die A. dem Spieler gemäß den Ausdrucksregeln der Rhetorik (vgl. → *notes inégales*) überlassen. Im Lauf des 18. Jh. wurden Angaben im heutigen Sinn voll entwickelt. Beethoven schrieb die A. genau vor. Obwohl beide sich überschneiden (decken) können, ist A. nicht mit → Phrasierung identisch, die eine logische Gliederung darzustellen versucht. Besonders wichtig ist die genaue A.sanweisung für das Orgelspiel, bei dem die Möglichkeit der Betonung entfällt.

H. Keller, Die mus. A., besonders bei J. S. Bach, 1925; ders., Phrasierung u. A., 1955; K. Speer, D. A. in d. Orgelwerken J. S. Bachs (Bach-Jb. 41), 1954; W. Thoene, Z. Frage d. A. im Cembalo- u. Clavichordspiel (Fs. Fellerer), 1962; R. Donington, The interpret. of early mus., L [3]1974; L. Lohmann, Stud. z. A.problemen b. d. Tasteninstr. d. 16.–18. Jh., 1982.

Aschik (türk. = Verliebter), **Aschug,** in Türkei und Kaukasus berufsmäßiger Volkssänger, der nach eigenen/fremden Melodien eigene/fremde Gedichte, Heldenepen dramatisch vortrug und sich auf → Baghlama, Sas (Saas), Tar od. → Kamandža begleitete. Der A. ist im Kaukasus seit dem 10. Jh. mit berühmten Namen überliefert. Die Melodien gingen im 19. Jh. auch in die Kunstmusik ein (Glière, Karajev). Vgl. → Dastān.

E. El'darova, Iskustvo ašugov Azerb. (Kunst der aserb. A.), M 1961.

Asmatikon (griech.) vgl. → Heirmos.

Aspiration (frz. *aspirer* = einatmen, hauchen), 1. Verzierung der Vokalmusik des 17., 18. Jh.; bei Rousseau „Akzent" (→ Chute): der an die Hauptnote gebundene (lange) → Vorschlag, auf den die Textsilbe vorgezogen wird. Er wurde im Notentext ausgeschrieben als zum Wert der Note gehörig, die er wiederholt od. im Sekundschritt als Durchgangsnote mit der Hauptnote verbindet. – 2. Aus der Lautenpraxis für Tasteninstr. übertragene Verzierung (Couperin), durch Keil über der Note angezeigt, deren Wert gekürzt wird; = → staccato.

Assai (it. =) sehr, viel; gebraucht in Tempoangaben wie *Vivace a.*, *Allegro a.*

Ästhetik → Musikästhetik.

Atemholer → Kommahäkchen.

A tempo, (a. t.) Anweisung, nach vorherigem Tempowechsel das Anfangszeitmaß (*tempo primo*) wieder aufzunehmen.

Atemtechnik, die Kunst der für Sprache, Gesang und Instrumentenspiel zweckmäßigsten Atmung. Atem- und Stimmfunktion stehen insofern miteinander in Verbindung, als das Öffnen oder Schließen der → Stimmbänder gleichzeitig mit der Tätigkeit des → Zwerchfells erfolgt und die vom Sänger angestrebte Senkung (Tiefstellung) des → Kehlkopfes von dem durch Atemübung beeinflußbaren Grad der Senkung des Zwerchfells beim Einatmen abhängig ist. Zwischen der Meinung, daß allein unbeeinflußtes natürl. Atmen, und der Auffassung, daß nur vom Willen vermittels eingehender physiolog. Kenntnis gelenktes Atmen richtig sei, gibt es zahlreiche Methoden der A. Nach den bei der Atmung hauptsächl. tätigen Bereichen unterscheidet man die wegen der Unruhe beim Schulterheben und der häufigen Verkrampfung im Kehlkopf- und Resonanzgebiet abgelehnte hohe Brustkorbatmung (Schlüsselbein- oder Schultera.), die unzweckmäßige Flankenatmung (tiefere Brustkorba.) durch Heben und Senken der Flanken und die Zwerchfellatmung (Bauchatmung), die man durch die beiden anderen Arten ergänzt. Diese Tiefatmung, die den oberen Brustkorb nahezu unbewegt läßt, gibt dem Stimmapparat die Möglichkeit unbelasteter Wechselwirkung mit dem Zwerchfell; sie ermöglicht den langen Atem und zugleich das geschickte, schnelle und trotzdem ausreichende Atmen zwischen zwei langen Phrasen; schließlich sichert sie den gleichmäßig ruhigen Atem. In der Notation wird vielfach die für ökonomische Atmung günstigere Stelle durch ein kleines Komma (auch Atemholer, Kommahäkchen genannt) im System bezeichnet, zumal wenn das Atmen an dieser Stelle im Interesse der Textinterpretation erforderlich ist.

P. Bruns-Molar, Atemkunst u. Stimmhöhe, 1932; C. Schlaffhorst/H. Andersen, Atmung u. Stimme, [2]1950; F. Martienßen-Lohmann, Der wissende Sänger, 1956, [2]1963; L. Kofler, D. Kunst d. Atmens, [2]1961.

Ätherwellenmusik, in den 1920er Jahren Bez. für die von → elektron. Musikinstr. (→ Theremin, Trautonium) erzeugte Musik. Der Name ist zurückzuführen auf Theremins in den USA → Aetherophon genanntes Gerät.

Atonal, Kennzeichnung einer Musik, deren Verlauf auf keinen Zentralton (Tonika) bezogen ist und deren Zusammenklänge ohne Funktion im Sinne der überlieferten Mth. sind. Liszt schrieb 1858 eine *Bagatelle sans tonalité* (mit Tritonus-Thema, hg. 1958). Das Wort „a." kam aber wohl erst nach dem 1. Weltkrieg auf, hatte vermutl. keinerlei sachlichen Hintergrund und war lediglich emotioneller Ausdruck einer Abwehrstellung gegen etwas Ungewohntes und Unerhörtes in der Musik („Unmusik"). Die Komponisten der → Wiener Schule (Schönberg, Berg, Webern) lehnten das Wort a. entschieden ab, während Hauer es im Sinne seines eigenen Systems deutete. Die Polemik entzündete sich ebenso an dem Wort wie an der Sache, dem eigentlichen Neuen der → Neuen Musik. Verteidiger atonaler Mus. wollten „a." als „tönelos" mißverstehen. Dem gegen ein Dogma tonalitätsgebundener Musik erhobenen Vorwurf der vorurteilenden Halbbildung stand das Vorurteil von der Ausschließlichkeit eines Systems ohne Tonalität gegenüber, das auf das Prinzip der Wiederholung innerhalb tonaler Spannungsverhältnisse verzichtet. Tatsächlich war es aber zunächst kaum möglich, klare Grenzen zu ziehen zwischen tonaler (den Gesetzen der Tonalität verhafteter) Musik, solcher mit erweiterter und mit schwebender Tonalität und a. er Musik, und der Begriff der Emanzipation der Dissonanz ist nicht so leicht musikgeschichtlich unterzubringen, wie es das Schlagwort will, zumal (abgesehen von akustischen Werten) Hörgewohnheit und Zurechthören die Sonanzwerte verschieben und auch in der a. en Musik die Töne nicht beziehungslos zueinander stehen. – Als Beginn der Neuen Musik wird gern R. Wagners Tristan-Vorspiel (1859) gesetzt. Die Erweiterung der Ausdrucksmittel durch verfeinerte Instrumentation, gesteigerte melod. Spannung mit chromat. Harmonik, bereitet schon bei G. Mahler, C. Debussy, R. Strauss, M. Reger die → Bitonalität und → Polytonalität vor. Die Entwicklung leidet zweifellos unter dem frühen Tod genialer Komponisten, z. B. M. Reger, R. Stephan, E. v. Borck und H. Distler. Als erste, fertige Werke der A. ität gelten A. v. Weberns 5 George-Lieder (op. 3, 1907/8) und Schönbergs *Drei Klavierstücke* (op. 11, 1909). – Reihenbildung etwa im Sinne der → Dodekaphonie erscheint angedeutet bei Mahler, Strauss, Skrjabin, Ives. Das Bemühen um ein neues Ordnungsprinzip führte mehrere Komponisten unabhängig voneinander zur Komposition in einem System von 12 Tönen (z. B. Hauer, Golyšev). Schönberg war der Wegbereiter der Dodekaphonie. Sie ist die nach festen Regeln geordnete Kompositionsmethode innerhalb der Möglichkeiten a. er Musik, zu der weiter die Mikrotonalität (→ Vierteltonmusik) z. B. bei A. Hába und die Erweiterung des Materials durch elektron. erzeugte Klänge (→ elektronische Musik), ihre Verwendung in neuen Ordnungen (→ serielle Musik) und neuer Freiheit (→ Aleatorik) zählen.

A. Schönberg, Harmonielehre, W 1911, 71966; J. M. Hauer, Vom Wesen des Musikalischen, 1920, NA (Sokolowski) 1966; H. Eimert, Atonale Musiklehre, 1924; A. Bauer, A.e Satztechn., 21925; A. Hába, Neue Harmonielehre, 1927, ND W 1978; Fr. Neumann, Tonalität u. A.ität, 1955; R. Réti, Tonality, atonality, pantonality, L 1958; T. J. Samson, Studies in expanded tonality and early atonal. (Diss. Wales) Cardiff 1972/3; A. Forte, The structure of a. music, New Haven 1973; E. Lendvai, Modality, atonality, function (Soundings) 1977; G. Perle, Serial composition and atonality, L 51982. → Neue Musik.

Attacca (it. *attaccare* = anhängen, anknüpfen), Anweisung, den folgenden Satz oder Satzteil sofort anzuschließen; zugleich Gestaltungsprinzip: Verknüpfung deutl. selbständiger (selten: strukturell heterogener) Teile.

Attacco (it. = Angriff), Kurzmotiv, aus dem Thema imitierend im Fugenzwischenspiel verarbeitet.

Aubade (von frz. *aube* = Morgendämmerung; vgl. → Alba), seit dem 17. Jh. instrumentales Morgenständchen (z. B. Bizet, Ravel, Poulenc); vgl. → Alborada, Ggs.: → Serenade.

Aube (frz. = Morgendämmerung) → Tagelied.

Au chevalet (frz.) → Ponticello.

Auffassungsdissonanz → Scheinkonsonanz.

Aufführungspraxis, die Art, das schriftl. fixierte Werk gemäß der jeweiligen Notation zum Klingen zu bringen. Seit der Aufzeichnung mit → Neumen, die nur die Melodiebewegung andeuten, wurde die Interpretation immer präziser bis in Einzelheiten durch das Notenbild festgelegt. Der Mangel an Hinweisen in älteren → Notationen besagt nicht unbedingt Freizügigkeit der Wiedergabe, vielmehr gibt die Notenschrift, je älter je mehr, vor allem das Besondere der A. an, das sich von dem in der jeweiligen Musikkultur gewachsenen Bestand an Spiel- und Hörgewohnheiten abhebt. Dessen Kenntnis ist für die Aufführung → alter Musik so notwendig wie die Einsicht, daß die Interpretation, selbst wenn sie den Musikablauf physikalisch genau rekonstruieren könnte, sich der alten Praxis nur nähern kann, da zur Komposition, Wiedergabe und Aufnahme der Mensch der Zeit, der Notentext im Verständnis seiner Zeit, das originale Instr. mit der Spielweise jener Zeit gehören. Die oft geforderte Werktreue bleibt also ein Annäherungswert, der im übrigen wieder aus seiner Zeit heraus und von der Nationalität her zu verstehen ist und sich ändert, wie Vergleiche von Darbietungen durch A. Dolmetsch oder Cembalovorträgen von W. Landowska mit neueren Aufführungen zeigen. Für die Kenntnis der A. ist das Wissen von Zweck- und Ortsbestimmung des Werkes, vom Instr., seiner Bauart und Spielweise nötig. Die günstigen baulichen Gegebenheiten in der Markuskirche zu Venedig ermöglichten die Blüte vokaler und instrumentaler → Mehrchörigkeit. Die Eigenart und der techn. Anspruch bestimmter Werke erklären sich aus der Leistungsfähigkeit bestimmter Interpreten, denen sie „auf den Leib geschrieben wurden" (z. B. Brahms für J. Joachim). Instrumentisten spielten im MA fast ausnahmslos ohne Noten. Die Besetzung wurde erst seit dem 17. und 18. Jh. mehr und mehr festgelegt. Die Forderung und die Möglichkeit der → Improvisation nehmen, je genauer das Notenbild wird, ab. Der → Generalbaß wurde „ausgesetzt", seit Beethoven die → Kadenz, letztes Stück improvisatorischer Freiheit des Solisten, notenmäßig festgelegt. Das Notenbild der Chormusik der → Renaissance gab nur den Grundbestand. Alle Stimmen wurden verziert dargeboten (→ Gorgia). → Verzierung (→ Diminution) gehörte bis ins 17. und 18. Jh. zur vokalen und instrumentalen A. Sie erklärt sich beim Generalbaßinstr. (Cembalo, Laute, Theorbe) aus der kurzen Klangdauer, die die Auflösung der Melodie in kleinere Werte durch Triller und Läufe nötig machte. Über wuchernden Verzierungen konnte, so oft in Barockopern, der originale Notentext verloren gehen. J. S. Bach schrieb die Verzierungen aus, nicht mehr mit Rücksicht auf die Tondauer, sondern als notwendigen Teil im Kompositionsgefüge. Mit zunehmender Individualisierung und Erweiterung der Ausdrucksmittel wuchs die Verbindlichkeit des Notentextes für die Interpretation. Der → Dirigent deutete das Werk als Mittler zw. Komponist und Hörer. Aus dem 19. Jh. stammt das Bedürfnis nach möglichst großem Klangapparat (1843 Aufführung von Haydns *Schöpfung* mit 980 Personen; G. Mahlers *Sinfonie der 1000*). Im 20. Jh. bevorzugt die Komposition das Ensemble von Soloinstr. und differenziertem Schlagwerk. Die Neubelebung älterer Werke begann im 19. Jh. zunächst ohne die Sorge um Fragen der A., die im

20. Jh. mehr und mehr die Ausgaben und Aufführungen von Werken der Barock- und Renaissancezeit bestimmten (z. B. Bach, Händel, Schütz, Palestrina, Desprez, Machaut). Historische Instr. wurden rekonstruiert (Praetoriusorgel, Freiburg/Br., Cembalo, Gambe, Fidel, Psalterium, Drehleier, Blockflöte, Sackpfeife) oder für die Aufführung mit modernen Mitteln klanglich vergrößert und techn. verbessert (Orgel der Marienkirche in Göttingen, Cembalo, Fidel, Blockflöte). Neue Probleme der A. entstanden mit den neuen Wiedergabe- und Konservierungsmöglichkeiten → Schallplatte, Radio, Tonband, mit → mechan. und → elektron. Musikinstr. und mit der → elektron. Musik. → Arrangement, Bearbeitung, Besetzung, Instrumentation, Kontrafaktur, Orchestration, Parodie.

H. Leichtentritt, Z. Vortragsprax. d. 17. Jh. (Kb. W) 1909; J. Wolf, Üb. den Wert d. A. f. d. histor. Erkenntnis (Kb. Lg) 1925; R. Haas, A. (Bücken Hdb.) 1931; A. Schering, A. alter Mus., 1931, ND 1983; F. Dorian, The hist. of music in performance, NY 1942, [2]1966; A. Dolmetsch, The interpret. of the mus. of the 17th, 18th cent., L [2]1946, ND 1974; T. Dart, Practica Musica, Bern 1959; E. Bodky, D. Vortrag d. Klavierwerke v. J. S. Bach, 1970; G. Frotscher, A. alter Mus., 1963, NA 1971; R. Donington, The interpret. of early mus., L [2]1965, NA 1974; ders., Baroque mus. Style and perform., L 1982; Thr. Georgiades, Mus. u. Schrift (Münchn. Veröff. z. Mg. 16) 1977; H. Swarowsky, Wahrung d. Gestalt (hg. M. Hus) W 1979; J. Meyer, Akustik u. musikal. A., [2]1980; Chr. Albrecht, Interpretationsfragen; Probl. d. kirchenmus. A. . ., 1982; Fr. Neumann, Essays in perform. practice, Ann Arbor 1982. → Alte Musik.

Aufführungsrecht. Das ausschließliche Recht der öffentlichen Aufführung eines Musik- oder Bühnenwerkes steht dem Verfasser zu. Es ist unabhängig vom künstlerischen Wert der Aufführung oder des Werkes. Das musikal. A. bezieht sich auf Musik und Text und wird von den Musik- und Textautoren auf die → GEMA übertragen (Kleines Recht). Das A. für szenisches Spiel auf der Bühne (Großes Recht) wird gewöhnlich im Auftrag des Urhebers von einem Bühnenverleih oder -verlag wahrgenommen und bezieht u. a. Melodram, Monodram, Puppenspiel, Pantomime und choreographische Werke neben Drama, Oper, Singspiel usw. ein. Teildarbietungen gelten als bühnenmäßige Aufführung, wenn die Idee des Werkes als Gesamtzusammenhang deutlich bleibt. Unter gewissen, sehr streng zu fassenden Bedingungen kann das A. eingeschränkt werden zugunsten der Interessen der Allgemeinheit bei nichtgewerblichen u. unentgeltl. Veranstaltungen. Das A. steht auch bei Rundfunk- und Fernsehsendungen, deren Wiederholungen, bei Zweitsendungen durch andere Rundfunkanstalten und bei gleichzeitiger Lautsprecherübertragung einer Aufführung in einen anderen Raum dem Urheber des Werkes zu. Nach dem Urheberrechtsgesetz vom 9. 9. 1965 unterliegen in der Bundesrepubl. Dtl. auch mw. Editionen dem A. Es wird von der → IMHV verwaltet.

Reiners, D. Bühnenwerk u. sein urheberrechtl. Schutz, 1927; Möller, D. urheberrechtl. Aufführungsbegriff, 1937; H. Hubmann, Urh.- u. Verlagsrecht [4]1978; E. Schulze, Urheberrecht i. d. Musik, [5]1982.

Aufgesang → Abgesang, Barform.

Aufklärung, Geistesbewegung, die das Leben von der Vernunft aus gestalten und mit vernunftgemäßer Kritik beurteilen will, wobei sie sich von mystisch-spekulativer, von Religion oder Politik bestimmter Anschauung löst. In den Wellenbewegungen der Kulturgeschichte tritt die Erscheinung der A. als einer vernunftbetonten Epoche im Ggs. zur gefühlsbestimmten wiederholt auf. Im besonderen versteht man unter A. die Geisteshaltung des 18. Jh. und überhaupt die der Neuzeit mit den Anfängen in Renaissance und Reformation. Philosoph. Grundlagen finden sich in dem Rationalismus bei Descartes, Voltaire, Montesquieu und den frz. Enzyklopädisten (Diderot), dem engl. Empirismus (Hobbes, Newton) und Sensualismus (Shaftesbury), den Lehren der holländ. (Grotius, Spinoza) und dt. Philosophen (Leibniz, Kant). Aus der optimistischen Grundüberzeugung, alles rational erklären zu können, entsteht mit Betonung der Naturwissenschaften der Fortschrittsglaube, der den Menschen als autonomes Individuum setzt (den musischen Menschen als Ideal bevorzugend), das durch die A. aus *„selbstverschuldeter Unmündigkeit"* (Kant 1784) geführt wird. Daher die Ausdehnung der Erziehungsbemühungen auf alle Volksschichten mit dem Ziel einer durch die Vernunft begründeten sittlichen Lebenshaltung. In der Musik setzt die A. keinen neuen Stil. Sie schafft eine Verbindung von gefühlter und gedachter Musik und eine Brücke von → Barockmusik zur → Klassik. Hauptmerkmal ist die musikal. Affektenlehre, die Descartes aus der Beobachtung von Ton, Metrum und Tempo (*Compendium musicae*) systematisiert (*Les passions de l'âme* = Die Leidenschaften der Seele, 1649). Während A. Steffani 1695 und sein dt. Übersetzer A. Werckmeister 1700 eine Verbindung zwischen der alten Proportionen- und der auf Aristoteles fußenden Affektenlehre suchen, G. W. Leibniz 1712 die Musik an die Primzahlen 1, 2, 3, 5 bindet, sieht Shaftesbury 1699 die Affekte als Saiten eines Instr., und auch J. Mattheson ordnet sie mechanistisch (*Der Vollkommene Capellmeister*, 1739), wogegen J. Kuhnau die Einseitigkeit solcher Theorien belächelt (*Der Musikal. Quacksalber*, 1700). Gegenüber Batteux und d'Alembert, die die platonische Nachahmungslehre so übernehmen, als müsse die Musik wie alle Künste die geläuterte, schöne Natur imitieren, betont Diderot die Einfachheit der Natur, und J. J. Rousseau bereitet die → Empfindsamkeit vor, wenn er die sangbare Melodie vor die Harmonie stellt. C. Avison 1753, J. Harris 1744, D. Webb 1769 wenden sich gegen realist. Tonmalerei; die Naturnachahmung müsse vom Gefühl durchdrungen sein; die Kraft des musikal. Ausdrucks erwachse aus Melodie und Harmonie. Bei Th. Twinning schließlich (1798) ist die *„unwichtigste Kraft"* der Musik die der Nachahmung. C. G. Krause spricht *„von der musikal. Poesie"* (1752), und J. A. Hiller läßt allein das Herz darüber entscheiden, ob Musik Natur sei. – Unter diesem Spannungsbogen Vernunft – Gemüt (Körper-Seele) entwickelt sich die naturwissenschaftl. Betrachtung der Musik, die als unbewußte Rechenübung der Seele gesehen wird: Die Akustik wird Lehrfach, die Obertöne werden erforscht (Sauveur), die Stimmung wird temperiert (Werckmeister). Die Musik wird Objekt histor. Betrachtung im Musiklexikon (J. G. Walther), in Zeitschriften (Mattheson, Telemann), Biografien (die erste 1760 von J. Mainwaring über Händel) und als Hochschulfach (Forkel). Der bürgerl. Musikliebhaber steht im Vordergrund des Musiklebens (Theater, → Collegium musicum). J. A. P. Schulz veröffentlicht seine *Gedanken über den Einfluß der Musik auf die Bildung eines Volkes* (1790), und große Lehrwerke zeigen den Weg: Hotteterre und Quantz (Flöte), Couperin und Ph. E. Bach (Klavier), L. Mozart (Violine). In der Musik vereinigen sich die frz. zielbewußte Linie mit der sanglichen ital. Melodie in der norddt. Empfindsamkeit. Telemann ist der Komponist der A.; Händels affektgeladene Musik weist weiter zu Gluck und Beethoven. J. S. Bach bleibt tiefgründig in seiner Klangsymbolik, immer gegenwartsoffen zwischen Orthodoxie und Pietismus stehend, aber gegenwartsfern und einsam weiterschaffend, als die antikirchl. A. das Fundament seiner Arbeit antastete.

A. Schering, D. Musikästhet. d. dt. A. (ZIMG) 1906/7; J. Prod'homme, Diderot et la mus. (ebd.) 1914; H. Goldschmidt, D. Musikästh. d. 18. Jh., 1915; J. Barbitt, Rousseau and Romanticism, NY 1919; E. Heimpel-Michel, Die A., 1928; W. Dilthey, D. Affektenlehre d. 17. Jh., 1929; W. Serauky, Die musik. Nachahmungsästh. im Zeitraum 1700/1850, 1928; W. Werkmeister, D. Stilwandel d. dt. Dichtung u. Mus. i. 18. Jh., 1936; H. H. Unger, D. Beziehungen zw. Mus. u. Rhetorik i. 16.–18. Jh., 1941; H. Zenck, Grundformen dt. Musikanschauung (Jb. d. Ak. f. Wiss. Göttingen) 1942; L. Stephen, Hist. of English thought in the 18th cent., NY ^{3}1949; W. Blankenburg, Bach u. d. A. (Bach-Gedenkschr.) Z 1950; E. Ermatinger, Dt. Kultur i. Zeitalter d. A., 1969; E. Wellesz/F. Sternfeld, The age of enlightenment 1745/90 (NOHM 7) 1973; P. H. Reill, The German enlightenment and the rise of historicism, Berkeley 1975.

Auflösung, t. t. der tonalen Musiklehre für die Bewegung aus einer → Dissonanz in Richtung auf eine → Konsonanz. A. findet schon statt im Wechsel von einem Zusammenklang mit größerer in den mit geringerer Spannung. Es kann also A. innerhalb von Dissonanzketten ebenso erfolgen wie zwischen Konsonanzen verschiedenen Grades. Das Spannungsgefälle wird objektiv physikal. und physiolog. bestimmt und subjektiv (psycholog.) gewertet aus der Hörgewohnheit (Zurechthören). Ornamentale Dissonanzen ohne Spannungsverbindung setzt die impressionist. Musik. Der → Schluß eines Werkes (A. in einem Zielakkord) mußte bis ins 19. Jh. eine Konsonanz sein, von einer → Kadenz vorbereitet. Die A. in die Dissonanz geringeren Grades steht als Schluß seit der Spätromantik und ist in der neuen Musik je nach ihrem Bauprinzip üblich (z. B. Malipiero, *Sonata a quattro,* 1955).

Auflösungszeichen → Versetzungszeichen.

Aufsatz, bei → Zungen-(Lingual-)Pfeifen das auch Becher genannte Schallstück, in dem die → Obertöne in einer bestimmten Auswahl verstärkt werden und die für das Register charakterist. Klangfarbe entsteht. Dabei ist das Verhältnis des von der Zunge erzeugten und des durch die Becherlänge bestimmten Tones maßgebend.

Aufstrich (*poussé*) → Bogenführung.

Auftakt, Beginn auf unbetonter Zeit. Das Einschwingen in den ersten vollständigen Takt des Werkes (Werkteils) kann mit einem Einzelton oder einer Tongruppe erfolgen. Riemann hat auf die Bedeutung des Auftaktes hingewiesen und auf das Leben der

Melodie über die scheinbaren Grenzen der Taktstriche hinweg. Der durch den A. unvollständige erste Takt wird ergänzt durch den entsprechend unvollständigen letzten Takt.

Beethoven, op. 49, 1

B. Blacher, Ornamente 2

Augenmusik, Deutung od. Verstärkung des Musik-(Wort-)Gehalts optisch im Notenbild, z. B. Darstellung des Kreuzes in der Melodieführung (H. I. Biber, Kreuzigungssonate: g''-b'-d''-g) oder als Kreuzvorzeichen vor der Note zum Wort „Kreuz" (J. S. Bach, Kantate 56); Darstellung von Schmerz und Trauer durch Schwärzung der Mensuralnoten (z. B. Josquins Totenklage für Ockeghem: *Nymphes des bois*; O. Lasso, Motette *Nigra es*). Zur A. gehören auch die bildl. Darstellung z. B. von Rätsel- und Zirkelkanons od. scherzhafte Notation, so bei Telemann und Satie. → Symbol; vgl. → Musikal. Graphik.

A. Einstein, A. im Madrigal (ZIMG) 1912/3; W. Elders, Stud. z. Symbolik i. d. Mus. der alten Niederländer, Bilthoven 1968.

Augmentation (lat. =) Vergrößerung: 1. der Notenwerte, z. B. des Kanon- od. Fugenthemas (Ggs.: → Diminution); Längung der Notenwerte im gleichen Verhältnis, z. B. J. S. Bach, *Kunst der Fuge, Contrapunctus XV* (mit A. des Themas und gleichzeitiger Umkehrung: *Canon per augmentationem in contrario motu*), und Fuge dis-moll im *Wohltemperierten Klavier* (A. und Diminution übereinander); – 2. der Notenwerte der → Mensuralmusik; Anweisung für doppelte A. meist durch Bruchzahl ½ (*prolatio subdupla*), dreifache: ⅓ (*pr. subtripla*); – 3. einer Note um die Hälfte ihres Wertes durch nachgestellten Punkt (= *punctus augmentationis* der Mensuralnotation).

Aulete (griech. *auletes*; lat. *tibicen* =) in der Antike der Bläser auf → Aulos od. → Tibia.

Aulode (griech. *aulodos* =) Sänger zur Aulosbegleitung; Aulodie = sein Gesang.

Aulos (griech. = Röhre), Name verschiedener Arten von Blasinstr. der griech. Antike; meist mit 2 getrennten Rohren (*auloi*) und jedes mit doppeltem od. einfachem (aufschlagendem) → Rohrblatt. Der A. wurde aus Knochen, Schilfrohr, Holz od. Metall für verschiedene Tonarten in verschied. Größen gebaut. Beide (meist zylindr.) Rohre wurden gleichzeitig geblasen; die eine war mit bis zu 15 Grifflöchern versehen, die in der griech.-röm. Spätzeit mit einer Art Ring (Schieber) abgedeckt werden konnten.

B. Aign, D. Gesch. d. Musikinstr. d. ägäischen Raumes ... (Diss. Frankf.) 1963; H. Becker, Z. Entwicklungsgesch. d. antiken u. ma. Rohrblattinstr., 1966.

Aura (lat. von griech. = Lufthauch), 1. → Mundharmonika, 1821 von Chr. Fr. L. Buschmann in Berlin gebaut; – 2. ein 1816 von H. Scheibler, Krefeld, gebautes Instr. mit bis 10 Maultrommeln, die in 2 Gruppen in bewegl. Rahmen befestigt waren.

Aurresku (bask. = erste Hand), alter baskischer Tanz, auch Sokadantza (*soka* = Seil), Baile real (königl. Tanz) und → Zortziko (der ein Teil des A. ist). Die Tänzer bilden eine Kette (letzte Hand = *atzesku, atzenesku*); in seiner Grundform 6teilig mit Solo-, Paar- und Gruppentänzen zu → Txistu und Tamburin (Tamboril).

Ausdruck, die unmittelbare, unbewußte Äußerung einer Seelenlage oder seelischer Bewegung in Stimme, Mimik, Gestik, Pantomimik mit dem Gegenpol der vom Verstand erfaßten und gelenkten, mittelbaren, der Mitteilung dienenden Darstellung mit bewußter oder unbewußter Erfolgserwartung und einem von Vorbild und Leitbild geformten Mitteilungssystem. Dabei sind A.s- und Formwille gegensätzlich und wirken zugleich aufeinander. A.smusik (funktionsharmon. Mus., etwa vom 16.–20. Jh.) steht gegen Formalmusik (Mus. des MA, „atonale" des 20. Jh.) als in ihrem Ausdruckswert Produkt geschichtl. Entwicklung, die vom Interpreten erkannt werden muß, soll sich die Wiedergabe mit der Absicht des Komponisten so verbinden, daß nicht die ichbetonte Gefühlsdehnung oder eine aufs Technische beschränkte Sachlichkeit das Werk verzerrt. Ähnlich ist die Aufgabe des Hörers. Je stärker der persönl. A.swille des Komponisten ist, um so schneller vollzieht sich die Abnutzung der A.smittel. Vokalmusik gilt als ausdrucksstärker als Instrumentalmusik, und von den Instr. wurden lange die bevorzugt, welche die menschl. Stimme treffender nachahmten (→ Vox humana).

A. Wellek, Gefühl u. Kunst (Neue Psych. Stud.) 1939; ders., A. (MGG) 1949; ders., Melancholie i. d. Mus., 1969; L. Klages, Grundleg. d. Wissensch. vom A., [7]1950; R. Kirchhoff, Allg. A.slehre, 1957; H. H. Eggebrecht, Mus. als Tonsprache (AfMw) 1961; ders., A. (Riemann, Musiklex., Sachteil) 1967. → Affektenlehre, Musikästhet., Musikpsychologie, Aufführungspraxis.

Auslösung, Vorrichtung in der → Klaviermechanik, den Hammer sogleich nach dem Anschlag zurückfallen zu lassen, bzw. bei der „doppelten A." ihn im Fallen für den neuen Anschlag bereitzuhalten.

Aussprache, die nach eingehendem Studium der → Artikulation mögliche, intensive Deklamation in Sprache und Gesang, die auch im verhaltenen Piano und im großen Raum deutlich bleiben müssen.

Th. Siebs, Dt. Bühnena., [17]1958.

Ausweichung, Begriff der → Harmonielehre für gelegentliches Ausbiegen in andere Tonart. Da diese nur angestrebt, nicht durch Kadenz gefestigt wird, bleibt während der A. der Tonraum der Ausgangstonika stärker im Bewußtsein als nach einer → Modulation.

Authentische Töne (griech. *authentikos* = echt), die primären → Kirchentonarten (1, 3, 5, 7); Ggs.: → plagale. → Kadenz (1).

Auto (span. von lat. *agere* = handeln), allegorische od. biblische Kurzszene („Akt") im span. und portugies. → liturgischen Drama. Bei den Mysterienspielen (*autos sacramentales*), besonders den Weihnachts- und Osterspielen, war die Musik auch mit Balletten beteiligt. Nach einer Zeit höchster Blüte, die den Dichtungen von

Lope de Vega, Calderón u. a. zuzuschreiben war, wurden die *a.s sacramentales* 1765 verboten.

N. D. Shergold/J. E. Varey, Los A.s sacr.en Madrid en la epoca de Calderón, Madrid 1961.

Autograph (griech. *autos* = selbst; *graphein* = schreiben), die Eigenschrift des Autors im Ggs. zu Kopie und Druck. Die Bezeichnung A. setzte sich im 18. Jh. gegenüber verschied. Formeln durch (z. B. *manu propria* = mit eigener Hand). Das Musik-A. hatte noch Anfang des 19. Jh. kaum höheren Wert als die Kopie. Im Zweifelsfall entscheidet über die Richtigkeit eines Textes das A., nicht die Kopie, wenn diese nicht offentsichtlich Flüchtigkeiten des Originals berichtigt. Der Erstdruck ist gegenüber dem A. entscheidend, wenn er vom Autor selbst reguliert wurde. Das A. gibt Auskunft über die Arbeitsweise des Komponisten und kann bei Fragen der Echtheit und der Datierung eines Werkes maßgebend sein, wobei die Erkenntnisse der wissenschaftl. Graphologie genutzt werden.

E. Wolbe, Hdb. f. A.ensammler, 1923; G. Schünemann, Musikerhandschriften v. Bach bis Schumann, 1936; W. Schmieder, Musikerhandschriften in 3 Jahrhunderten, 1939; W. Gerstenberg, M. Hürlimann (Hrsg.), Musikerhandschr., 1960; F. Victor, Beethoven, der Mensch in seiner Handschr., 1961.

Automaten, → mechan. Musikinstr.

Automatische Komposition, → mechanische Komposition.

Autonome Musik (griech. *autos* = selbst; *nomos* = Gesetz), im 20. Jh. verbreitete Bez., allgemein für selbstgesetzliche, freie, in sich ruhende (abgeschlossene) Musik gebraucht, im engeren Sinn auch von einzelnen Komponisten für einen von bisherigen Kompositionsmitteln unabhängigen Stil. A. M. umfaßt, anders als der Begriff → absolute Mus., z. B. auch die → Programm-Musik. Auch gegenüber der mit einer bestimmten (auch außermusikal.) Funktion bedachten → funktionellen Musik (funktionale M., Funktionsmus.), Arbeitsmusik, → Gebrauchs- od. Umgangsmusik sind die Grenzen fließend.

Avantgarde (frz. = Vorhut), musikbezogen besonders ab 1950 für zeitgenöss. Komponisten *im aktuellen und kämpferischen Sinn* (P. Boulez), vor allem experimenteller, serieller, elektron. Musik.

Ave Maria (lat. = Gegrüßet seist du, Maria), Gebet und 3teiliger Gruß 1. des Erzengels Gabriel (Lukas 1, 28); Antiphon, Responsorium; gregorian., ambrosian., mozarabisch und in zahlreichen Motetten und Messen verwendet; – 2. der Elisabeth (Luk. 1,42); – 3. *Sancta Maria,* späterer, Ende des 14. Jh. aus den ital. → Laudes übernommener Teil.

Ave Regina caelorum (lat. = Gegrüßt seist du, Himmelskönigin), große → Marian. Antiphon, aus dem 12. Jh. als Reimantiphon für Mariä Himmelfahrt überliefert; heute bevorzugt am Schluß der Komplet im Kirchenjahr (außer zur Osterzeit) gesungen.

Awwāda, Schilfflöte, von den Berbern in Südmarokko als Begleitinstr. bei festl. Singtänzen geblasen. Das Instr. hat 6 Löcher mit gleichem Abstand. Es können 2 unvollständige, diaton. Tonleitern gespielt werden.

Ayre (engl.) → Air.

Azbuki (russ. = Alphabete), die seit der 2. Hälfte des 15. Jh. entstandenen Neumenübersichten in der russ.-orthodoxen (ostslaw.) Kirchenmusik.

Azione sacra (it. = geistl. Handlung), → Rappresentazione sacra.

Azione teatrale → Festa teatrale.

B, 1. Ton-Name. – Der in der ma. Skala abcdefg zweite (einen Ganzton über a liegende) Ton wurde erst h genannt, als c der Skalengrundton wurde. Der Ton h wurde im 10. Jh. *b quadratum* (oder *b durum*), der Ton b wurde *b rotundum* (*molle*) genannt. Aus dem *quadratum* entstand das h. Dagegen heißt der Ton h im Englischen noch heute b und unser b – da die Erniedrigung mit *flat* bezeichnet wird – *b flat.* H ist in roman. Sprachen und russ. *si,* die Erniedrigung span., russ. *bemol,* frz. *bémol,* ital. *bemolle.* – 2. → Versetzungs-, Erniedrigungszeichen. – 3. B, b im Dur-Moll-System: B-Dur, b-moll. – 4. B = Abk. für Baß.

Bacchanal(e), in der griech.-röm. Antike ausschweifendes Fest zu Ehren des Gottes Bacchus (→ dionysisch) mit Musik, Tanz und szen. Darstellungen; von daher Haupt- od. Teilthema in Literatur, bildender Kunst, Musik; z. B. für Tasteninstr.: Fr. Couperin, D. G. Steibelt (um 1800), J. Cage (*B.* für präpariertes Klavier, 1940); Orchester (Sinfon. Dichtung, Oper, Ballett): Cherubini (*Achille à Scyros,* 1804), Gounod (*Faust,* 1859, 1869), Wagner (*Tannhäuser,* 1. Akt, Pariser Fassung, 1860/1), Saint-Saëns (*Samson et Dalila,* 1877), Glasunow (*Raimonda,* 1898), Ravel (*Daphnis et Chloé,* 1909/12), Reger (*B.*, 1913), Fl. Schmitt (*Dionysiaques,* 1914/25), Roussel (*Bacchus et Ariane,* 1930), Ibert (*B.*, 1956), Henze (*Die Bassariden,* 1966).

BACH, häufig auftretende Tonfolge, meist als Würdigung für Mensch und Werk im Thema zitiert, gelegentl. ironisch. Sie ist so entwicklungsfähig, daß sie auch zufällig erscheint (so vor Bachs Zeit bei Sweelinck). Daß sie nach zunächst zufälligem Auftreten vom Komponisten bemerkt und nun betont wurde, zeigt Brahms' Handschrift der Kadenz zum Klavierkonzert G-Dur von Beethoven. Im Werk J. S. Bachs findet sich die Folge mehrfach (z. B. in der unvollendeten Quadrupelfuge der *Kunst der Fuge*). Als Material im Thema od. als Zitat erscheint B. in folgenden Werken (Auswahl; etwa chronologisch):
Abk.: Kl. = Klavier; O. = Orgel.

J. L. Krebs, O.fuge; C. Ph. E. Bach, O.fuge; J. Chrn. Bach, Kl.fuge; J. Chr. Fr. Bach, Kl.fuge; J. C. Albrechtsberger, O.fuge; W. Fr. Ernst Bach, Rezitativ; J. H. Knecht, Fuge, um 1790; L. v. Beethoven, Kanon *Kühl, nicht lau* (auf Kuhlau), 1825; N. W. Gade, in: 3 Kl.stücke op. 2a, 1841; R. Schumann, 6 O.fugen, op. 60, 1845; Fr. Liszt, Präl. und Fuge (O.), 1855, 1870; J. A. van Eyken, Tocc. und Fuge (O.), 1858; H. Bellermann, Präl. und Fuge (O.) op. 8; N. A. Rimskij-Korsakov (Kl.) in: 6 Fugen op. 17, 1875 / 6 Variat. op. 10, 1878 / Kleine Fuge,

1878; O. Barblan (O.), Fuge op. 10/Variationen op. 24; M. Reger (O.), Fant. und Fuge op. 46, 1900/ Intermezzo in: Suite op. 92, 1905; H. Kaun, Kl.-Konzert op. 50, 2. Satz, 1903; G. Schumann, Passac. (O.) op. 39, 1905; C. Schumann, Fuge in: 2. O.-Sonate op. 16; A. Schönberg, 5 Orch.stücke op. 16, Nr. 3 („Farben") 1909 / Suite für Kl., op. 25, 1921–23 / Variat. für Orch., op. 31, 1926–28/Streichquart., 1927; F. Busoni (Kl.), Fantasia contrappuntistica, 1910 / Kontrapunktstudien nach J. S. Bach, 1917; L. Weber, Fuge (Kl.), 1910; H. Kaminski in: 69. Psalm, 1913/4; S. Karg-Elert (O.), Hymne an die Sterne (in: 7 Pastelle), 1919 / Passac. u. Fuge, 1931; M. Springer, 6 Fughetten (O.); A. Wallnöfer, Suite (Kl.), 1931; A. Casella, Due Ricercari (Kl.), 1932; O. Frickhoeffer, Fant. (O.), 1932; A. Honegger, Prél., Arioso, Fughette (Kl.), 1932; A. Roussel, Prél., Fugue (Kl.) 1932/34; E. Zuckmayer, Kanon; H. Erpf, B. (Kl.); H. Funck, Passac. (Violine, Kl.); H. Eisler, Präl. und Fuge (Streichtrio) op. 46, 1934; W. Piston, Chromatic Study (O.), 1941; J. Ahrens, Triptychon (O.), 1949; P. Hindemith, Kzt. für Holzbl., Harfe, Orch., 1949; B. Maderna, Fant. u. Fuge (2 Kl.), 1949; E. Pepping, 3 Fugen (Kl./ O.), 1949; W. Fortner, Fant. (2 Kl., 9 Instr., Orch.), 1950; E. Krenek, Parvula corona ... (Streichtrio), 1950; I. Stravinsky, The Rake's Progress (Schlußszene), 1951; H. Searle, 1. Sinfonie, 1953; W. Spilling, Musik üb. B. (Orch.), 1957; H. L. Schilling, Integration B. (O.), 1961; Z. Durkó, Episodi (Orch.), 1963; M. Sokola, Passac. quasi Toccata (O.), 1963 / Introd. und Fuge (O.), 1972; J. N. David, Partita üb. B. (O.), 1964/in: 12 O.fugen, 1968; A. Pärt, Collage üb. B. (Kammerorch.) 1964; A. Piňos, Tripelkzt., 1968; A. Schnittke in der Mus. zum Trickfilm „Glasharmonika", 1968 / 2. Violinsonate, 1968 / Klavierquintett, 2. Satz, 1972–76/Preludio in memoriam D. Schostakowitsch (B. + DSCH; Violine, Tonband), 1975; T. Medek in: Lesarten (2 Kl.), 1970/B. („4 Töne für O."), 1973; K. Thieme, Varianti (Orch.), 1970; R. Smith Brindle, Variants for guitar, 1970; A. Porfetye, B. et Lamento Jeremiae (O.), 1971; F. Goldmann, 1. Sinf., 1. Satz, 1972/ 3; M. Kern, Metamorphosen (O.), 1972; E. Suchoň, Sinfon. Fantas. (O., Streicher, Schlagz.), 1972; A. Moeschinger, Fantaisie (Orch.), 1975; A. Heiller, Ein wenig über B. (Cemb.), 1976; H. G. Bertram, Beschwörung (9 Aphorismen üb. B., Flöte), 1979; B. Schloemann, Variat. üb. B. (O.), 1982. → Motive aus Wörtern ..., Soggetto.

A. Benkö, Motivul B. în muzica secolului XX (Lucrări di muzicologie 4) Bukarest 1968; P. M. Young, The Bachs 1500/1800, L 1970; S. Robinson, The B.motive in German keyboard compos. from the time of B. to the present (Diss. Urbana) 1972; R. Kreft, J. S. Bach, D. Kunst d. Fuge m. ihren B.-Elementen, 1977; J. Dorfmüller, Zeitgenöss. Orgelmusik, 1983.

Bachschi (turkmen.) → Dastān.

Bachtrompete → Clarino.

Badinage, Badinerie (frz. = Spaß, Schäkerei), Suitensatz im 18. Jh., schneller Zweiertakt; z. B. J. S. Bach, h-moll-Suite, BWV 1067; Einzelstück bei Poulenc, 1934.

Bagatelle (frz. = Kleinigkeit), kurzes Instrumentalstück, in 2- od. 3teiliger Liedform. Der Name erscheint bei Couperin (1717) und meint keine feste Form. „Kleinigkeiten" steht bei Löhlein, ebenso in Beethovens Ms. (im Druck dann: B.). Beethovens B. für Klavier (op. 33, 119, 126) beeinflußten die schon bestehende Gattung der lyrischen Stücke. Die Bez. B. erscheint oft im 19. (z. B. Ljadov, Dvořák) und noch im 20. Jh. (z. B. Bartók, op. 6; Webern, op. 9, Streichquartett).

Baghlama, Bajlama (türk.), türk., griech., serbische Langhalslaute mit birnenförmigem Korpus, 3, 6 und mehr Saiten (tiefere als Bordune) und mit Bünden; Instr. der Volkssänger; vgl. → Sas.

Bagpipe (engl.) → Sackpfeife.

Baião, langsamer Paartanz im synkopierten 2/4Takt; entstanden aus dem afrobrasilian. *baiano,* der mit iberischen Elementen in der Samba-Familie aufging und als B. Gesellschaftstanz wurde.

Baile (span. =) Tanz; span. Sammelbegriff für Tanz, Walzer, Ballett im Unterschied zum höfischen Tanz *danza* (z. B. Menuett); im 17., 18. Jh. auch → Intermezzo, Zwischenspiel in szenischen Werken; *bailete* = Kurzszene, Sketch.

Bajón (span. = Baß), 1. alter Name für Fagott (heute: *fagote*). – 2. bolivianische Panflöte.

Balalaika (russ.), Zupfinstr.; neben → Gusli und → Domra heute beliebtestes Volksinstr. in Rußland; Korpus dreieckig, selten oval, mit Bünden und langem Hals; selten 2, meist 3 Saiten (Darm, Stahl), meist 2 mit demselben Ton, 1 in Oberquart gestimmt. Die B. wird erstmals 1715 erwähnt und ist vermutl. aus der älteren Domra entwickelt, die von der B. für längere Zeit verdrängt wurde. Für B.- und B.-Domra-Orchester werden seit 1880 7 Größen gebaut.

Vertkov, ²1975.

Balancement (frz.) → Bebung.

Balg, Luftbehälter, ursprünglich aus einer im Ganzen abgezogenen Tierhaut (→ Sackpfeife); daher „Kropf" für Rückschlagventil, das nämlich an der Halsöffnung im Tierb. angebracht wurde. Saug- oder Schöpfbälge fanden schon früh im → Orgelbau Verwendung als Faltenb. (vergleichbar dem Schmiedeb.), wie er sich auch bei → Positiv, Regal, Portativ findet, oder als Kasten- und als Magazinb., die vom → Kalkanten (Bälgetreter) bedient wurden, bis die Schöpfbälge durch elektr. Ventilatoren ersetzt wurden. Die Luftzuführung des → Harmoniums und der verschied. Arten Handharmonika geschieht durch Faltenbälge. → Balginstrumente.

Balginstrumente sind Blasinstr., die über einen → Balg angeblasen werden; z. B. Orgel, Sackpfeife, Harmonium, Handharmonikainstr. Vgl. → Windkapsel.

Balgklavis, bei Orgeln ohne elektr. Gebläse der Balken, den der Bälgetreter (Kalkant) niedertritt.

Ballade (frz.; provenzal. *ballada*), 1. strophisches Tanzlied mit Refrain; ursprüngl. einstimmig. Aus und neben der volkstümlichen B. entstand im 14. Jh. in Frankr. eine gehobene, poetisch-musikal. Form (vgl. → Rondeau, Virelai, Ballata), die (besonders bei Machaut) in Varianten auftritt: meist 3 od. 4 Strophen zu 8 Zeilen; dazu oft 2 Zeilen Vorrefrain (Vorsänger), gleichreimig zum Schlußrefrain, wie auch die Strophen den gleichen Reimklang haben; melodisch werden 2 Zeilen wiederholt (Stollen), 2 folgen (Abgesang); Vor- und Schlußrefrain entsprechen einander. Im 14. Jh. setzte die mehrstimmige B.-Komposition ein. Instrumentalbegleitung findet sich in den 42 B. von Machaut, unter denen nur noch eine 1stg. ist. Im 15. Jh. verlor die B. an Bedeutung (→ Chanson 1). – 2. Vom englischen ma. Strophenlied (*ballad*) der Spielleute mit dramat. Schilderungen von Heldentaten und großen Ereignissen wanderte der Begriff B. nach Dtl. und gilt allgemein für erzählende Lieder, auch hier ausgehend vom Volkssingtanz mit Vorsänger und Chorrefrain (*So treiben wir den Winter aus; Heut ist ein freudenreicher Tag*). Dabei gibt es keine verbindl. Form für Text oder Musik. Die engl. Volksb., echt oder gefälscht, regte mit dem Ossian und Th. Percys Sammlung altengl. B.n (1765) Herder an. Seine als *Stimmen der Völker in Liedern* 1807 von J. v. Müller herausgegebene Slg. gab Anstoß zur Dichtung und Komposition neuer B., nachdem balladeske Stoffe schon von der Chormusik des 16. Jh. aufgegriffen worden waren (O. di Lasso, J. Regnart, de Vento, J. Staden, E. Widmann) und J. E. Bach 1759 Gellertfabeln so vertont hatte, daß die Strophen dem Inhalt gemäß gestaltet waren. Zumsteegs *Ritter Toggenburg* (Schiller) für Gesang und Klavier zeigt den Weg zu F. Schubert und C. Loewe, dem Meister der B.komposition, der Stimmung und Handlung des Textes dramatisch nachzeichnet, dabei aber Geschlossenheit in den Strophen sowie des Gesamtaufbaus und themat. Einheit erreicht. Bedeutend sind nach Loewe die B. von R. Schumann, Brahms, Glinka, Musorgskij; Chorballaden von Mendelssohn Bartholdy, Grieg, Janáček, Distler. Um die Mitte des 19. Jh. setzte (zunächst nach literarischem Vorwurf) die B. als Charakterstück für Instr. ein, z. B.: Klavier: Chopin, Liszt, Brahms, Grieg; Orchester: Fauré, Ibert, Respighi.

1. F. Gennrich, Grundr. e. Formenlehre d. ma. Lied., 1932, ND 1970; H. Besseler, Die Mus. d. MA u. d. Renaiss. (Bücken Hdb.) 1934; G. Reese, Mus. in the MA., NY 1940; W. Apel, Rondeau, Virelai and B. . . (JAMS) 1954; U. Günther, Datierbare B. d. spät. 14. Jh. (MD) 1961/2; G. Reaney, The developm. of the rondeau, virelai and b.forms . . . (Fs. Fellerer) 1962; W. Dömling, Die mehrstg. B. . . v. Machaut, 1970.

2. R. Graves, The Engl. b., Oxf. 1927; M. Axel, Die Klavierb. (Diss. W) 1934; W. Kayser, Gesch. d. dt. B., 1936; W. J. Entwistle, European balladry, Oxf. 1939; J. Northcote, The b. in mus., Oxf. 1942; M. Ittenbach, D. Volksb.strophe, A 1944; M. Engelke, Strukturen dt. Volksb. (Diss. Hambg.) 1961; E. Seemann, European folk b., K 1967; B. H. Bronson, The b. as song, Berkeley 1969; G. Wagner, D. Klavierb. um d. Mitte d. 19. Jh., 1976; M. Jarczyk, D. Chorb. i. 19. Jh. (Bln. mw. Arbeiten) 1978.

Ballad Opera (engl.), Typ der komischen → Oper in England, entstanden aus der Dialogoper und – vor allem zu seiner Blütezeit in der ersten Hälfte des 18. Jh. – mit der Absicht, die ital. Oper durch Verwendung von Volksliedern mit neuen Texten zu parodieren. Gegen die lebensferne, überspannte Darstellung mythologischer, allegorischer, höfischer Szenen durch die Italiener setzten John Gays Text und J. C. Pepuschs Musik in *The Beggar's Opera* (1728) im Dialog und mit →

Travestie der großen → Arie den Spott der unteren Volksschichten. Der große Erfolg regte andere Kompositionen an und führte zur eigentlichen „Englischen Oper", die zwar den gesprochenen Dialog beibehielt, aber an Stelle schon bestehender Weisen neue Kompositionen brachte (z. B. Arne, Wallace, Balfe). → Bettleroper.

A. Nicoll, A hist. of early 18th cent. drama, Cambr. 1925; E. M. Gagey, B. O., NY 1937; R. Fiske, Engl. theatre mus. in 18th cent., L 1973.

Ballata (it. *ballare* = tanzen), kurzes, strophisches Tanzlied (13.–Ende 14. Jh.); von der provenzal. *ballada* und gängigen Formmerkmalen des 13. Jh. ausgehend, in roman. Ländern, besonders Italien (→ Trecento), verbreitet. Die Ankündigung (Einleitung) des Tanzes vom Einzelsänger oder Vortänzer hieß → Ripresa, da diese Verse sogleich vom Chor übernommen und wiederholt wurden. Dabei wechselten neue improvisierte Versgruppen (Stanzen) des Vorsängers, während die Tänzer auf der Stelle traten, mit der Ripresa ab bis zum abschließenden Tanz, der meist 3tlg. Takt hatte. Aus der → Lauda hervorgegangen und ursprüngl. deren religiösem Ausdrucksbereich nahestehend, behandelte die B. schon zu Anfang des 13. Jh. weltl. Themen (Liebe). Die Musik, instrumental oder vokal, war wichtiger als der Text, der bis auf eine Stanze reduziert werden konnte. Während die 2- und 3stg. Musik der Aufzeichnung bedurfte und daher zahlreicher überliefert ist, gibt es heute von den meist mündlich weitergegebenen 1stg. Tänzen nur vereinzelte Belege mit dem Schema: A (Ripresa mit 4 Zeilen zu 11 oder 7 Silben), B, B, (B) (= Stanzen mit 2, selten 3 Gruppen zu je 3 Zeilen), A (Volta, im Reim der Ripresa entsprechend). Die Stanzen ähneln der 2teiligen → Canzone. Im Schaffen Francesco Landinis († 1397), der zwar nicht zu den bedeutendsten B.-Komponisten gehört, läßt sich die bei ihm sehr umfangreiche B.-Komposition mit verschied. Ebenen und Entwicklungsstufen beobachten. Er schrieb italienisch-volkstümliche einstg. B.n, wie instrumental und vokal mehrstg., die z. T. den Einfluß der frz. → Ballade zeigen. Während die literarische Form der B. bis ins 16. Jh. in Italien wirksam blieb, ging das Tanzlied schon im 15. Jh. verloren. In Lauda und → Frottola blieben B.-Elemente sichtbar. → Virelai.

M. Schneider, Die Ars Nova d. 14. Jh. i. Frk. u. It., 1931; K. v. Fischer, Stud. z. it. Mus. des Trecento ..., Bern 1956; L. Meierhans, Die B., Bern 1956; B. R. Suchla, Stud. z. Provenienz der Trecento-B., 1976; G. Capovilla, Nota sulla tecnica della b. trecentesa (L'ars nova it. del Trecento 4), Certaldo 1978.

Ballet de cour (frz. = Hofballett), im 16. bis Mitte 17. Jh. höfische Festlichkeit in Frk. mit Tanz, Vokal- und Instrumentalmusik, Pantomimen, reich ausgestatteten Maskeraden und Szenerien und mit dem dramat., opernhaften Großen Ballett mythologischen (allegorischen) Inhalts als Beschluß. Komponisten u. a.: Du Bailly, Guédron, Bataille, Cambefort. Die Opern Lullys übernahmen Elemente des B. de c. → Apotheose, Ballett, Masque, Tragédie lyrique.

H. Prunières, Le B. de c. en France ..., P 1914, ND NY 1970; M. McGowan, L'art du b. en France, P 1963.

Ballett (it. *balletto;* span., frz., engl. *ballet*), kunstvoller, pantomimischer Tanz und die Ausführenden. Das B. folgt oft einer Handlung und wird nach übernommener od. dafür komponierter Musik getanzt. Es kann selbständig sein od. Teil z. B. einer Oper, in der es als → Intermedium od. als Handlungselement stehen kann. Wenn auch sein Werdegang auf die pantomimischen Tänze der griech. Tragödie und auf orientalische und röm. Tanzszenen zurückgeführt werden könnte, so liegen doch die entscheidenden Ansätze für das B. im heutigen Sinne im Italien und Frankr. des 15. und 16. Jh.; nämlich einerseits in den Karnevalsaufzügen der nordital. Städte (→ Canti carnascialeschi), in dem Künstlerkreis der → Akademie Bardis in Florenz, den Tanzszenen innerhalb Monteverdis *Orfeo* und Vecchis *Amfiparnasso* und andrerseits in → Masques und im → Ballet de cour des Pariser Hofes, das mit *Paradis d'amour* (1572) und dem *Ballet comique de la Royne* (1581) tänzerisch selbständige Vorformen der Oper zeigte. Aus Italien übernahm der Wiener Hof das B. und entwickelte es weiter. Im 18. Jh. entstand unter G. Angiolini die erste B.-Pantomime unter Wahrung der drei aristotel. Einheiten: *Le festin de Pierre* = Don Juan (Musik von Gluck, 1761), ein Ereignis, das Mozart beeinflußte. Den Anspruch, das B. reformiert und als Handlungs-B. vom Rahmen der Oper gelöst zu haben, erhob auch der Pariser J. G. Noverre, der in Paris, London, Stuttgart, Wien erfolgreich gewesen war und in Lyon die *Lettres sur la danse et les ballets* (1760) herausbrachte. Von Wien aus demonstrierte im 19. Jh. S. Viganò die für die Folgezeit wichtige Erkenntnis des Körpers als Instr. der darstellenden Bewegung und daraus eines neuen Körper- und Raumgefühls. Er wurde weiter bekannt durch seine Choreographie zu Beethovens *Geschöpfe des Prometheus* (1801). Das romantische B. bevorzugte spanische, balkanische, nordisch-mythische, exotische, übernatürliche Stoffe und entwickelte bzw. vervollständigte das System der Symbolsprache: M. Taglioni, F. Elßler, C. Grisi (A. Adam, *Giselle,* 1841). Der Tänzer in dieser Zeit hatte geringere Bedeutung. Auber, Thomas, Délibes (*Coppelia,* 1870) schrieben B.musiken. C. Saint-Saëns bemühte sich um die Einheit von Handlung und B. Beliebt war in Wien J. Bayers *Puppenfee* (1888), auf deren Vorwurf sich später Diaghilew stützte (*Boutique fantastique*). Während das frz. B. Ende des 19. Jh. an Bedeutung verlor, erlebte das russische einen steilen Aufstieg. 1801 war Didelot, Schüler von Vestris und Noverre, nach St. Petersburg gerufen worden. Ihm folgte der in Marseille geborene M. Petipa, der 50 Jahre das B. des Zaren mit bedeutenden Aufführungen (*Schwanensee, Giselle*) führte. Unter M. Fokin errang es durch seine Perfektion und zugleich Gefühlstiefe der Darstellung Weltruhm (*Les Sylphides,* 1919). S. Diaghilew brachte in Paris Strawinskys *Feuervogel, Petruschka* und *Sacre de Printemps,* und Nijinskij, Lifar, Balanchine, Anna Pawlowa galten als Vertreter russ. Ausdruckstanzes. B.komposition und Choreographie befruchteten einander und erreichten im 20. Jh. eine neue Blüte durch R. Strauss, Debussy, Ravel, Milhaud, Honegger, Satie, Bartók, Hindemith, Wellesz, Krenek, Egk, Blacher, Dallapiccola, Fortner, Henze, Nono, Reutter, B. A. Zimmermann; in USA: P. Bowles, A. Copland, L. Bernstein; in England mit dem psychologischen B. (A. Tudors *Pilar of Fire*, 1941). Das abstrakte B. entwickelte G. Balanchine (Strawinsky, *Apollon Musagète*, 1928; Hindemith, *Vier Temperamente*, 1946), und von England aus (I. Duncan) wirkten Bemühungen um die Konzentration der körperlichen auf Darstellung der seelischen Bewegung weiter auf die Arbeit von R. v. Laban („Ausdruckstanz"), H. Kreutzberg, M. Wigman, K. Jooss (*Der grüne Tisch*, 1932). Das Beispiel Nijinskijs, der das B. als Ganzes durchchoreographiert, den Konflikt von Innen- und Außenwelt, Stille und Musik dargestellt hatte (Debussy, *L'après-midi d'un faune*, 1912), wirkte vielfältig nach in der Entwicklung des modernen („symphon.", abendfüllenden) B., das nach 1950 M. Béjart (P. Henry und P. Schaeffer, *Symphonie pour un homme seul*, 1955) zur Großform gestaltete und in Dtl. eine Hochblüte zeigte u. a. bei T. Gsovsky, J. Cranko, J. Neumeier, Pina Bausch.

C. Sachs, Eine Weltgesch. d. Tanzes, 1933, ND 1976; C. W. Beaumont, Complete book of b., L 1938, ^{4}1956; S. Lifar, B., P 1941/59; ders., Traité de chorégraphie, P 1952; D. Lynham, B. then and now, L 1947; P. Nettl, The story of dance mus., NY 1947, ND 1969; A. L. Haskell, B., NY 1954; ders., B. russe, the age of Diaghilew, L 1968; H. Kindermann, Theatergesch. Europas, Salzb. 1957ff.; H. Searle, B.music, L 1958, ^{2}1973; K. Peters, Lex. d. klass. Tanztechn., 1961; G. B. Wilson, A dict. of b., L ^{2}1961; H. Schmidt-Garre, B. ..., 1966; H. Koegler, B.-Jb., 1965ff.; ders., Friedrichs B.-Lex., 1972; A. J. Waganowa, D. Grundlagen d. klass. Tanzes, ^{4}1977; O. F. Regner/H.-L. Schneiders, Reclams B.führer, ^{7}1978; W. J. Stüber, Gesch. des Modern Dance, 1983.

Balletto (it.), 1. mehrstimmiges Tanzlied Ende des 16. Jh.; (→ Madrigal). So die Balletti Gastoldis und bei Morley, Haßler, Staden; – 2. Im 17. Jh. Folge verschiedenartiger Tänze mit oder ohne Gesang, von einer → Intrada eingeleitet (→ Suite); – 3. Name eines Instrumentalsatzes, alleinstehend oder innerhalb der Suite; auch als schnelle → Allemande (Frescobaldi, Schein, M. Franck, Peuerl).

Ballo (it. *ballare* = tanzen), im 16. und 17. Jh. einzelne Tanzsätze, im Ggs. zum → Balletto nicht von vornherein dazu bestimmt, in einem größeren Rahmen (Oper, Pantomime) entscheidend mitzuwirken. Jedoch sind B. und Balletto nicht klar unterschieden (→ Balletto 3). Um die Wende zum 17. Jh. war der B. ein volkstüml., schneller Tanz, geradtaktig, 2tlg. mit 4- und 8taktigen Perioden und großem Melodienreichtum. Im 18. Jh. verschwand der Name B. in der Instrumentalliteratur.

Bambuco (span.), Nationaltanz in Kolumbien; Tanzlied, ursprüngl. mit Einzelgesang (Serenade), jetzt 2stg. in Terzengängen; im Wechsel von ¾- und ⁶⁄₈-Takt. Ähnlich dem → Currulao.

Band (engl.), ursprüngl. Chor, dann Kapelle (→ Banda), vornehmlich von Bläsern (*Brass B.:* Blechmusik), Militärmusik; auch Kapellen mit verschied. Besetzung, z. B. Jazz B.

Banda (it.), **Bande** (frz.), Orchester, Bläserkapelle. In Italien auch Bez. für → Janitscharenmusik (*b. turca*); in Frk. auch die besondere Kapelle, z. B. *La grande bande de l'Écurie*.

Bandoer → Pandora.

Bandola, Vandola (span.), von der → Bandurria abstammendes span. Zupfinstr. in Mittel- und

Südamerika (Venezuela); Korpus birnenförmig, kurzer Hals, flacher Rücken; 4 bis 6 doppelchörige Saiten.

Bandolón (span.), große → Bandurria mit 18 Saiten; in Lateinamerika auch Name der → Bandola; Mexiko: *B. Grande*.

Bandoneon, Balginstr. mit durchschlagenden Zungenstimmen; eine → Handharmonika, die (ähnlich der → Konzertina) auf der Baßseite keine Akkorde, sondern nur Einzeltöne klingen läßt. Ein Akkord muß also durch Druck auf mehrere Knöpfe zusammengestellt werden. Das B. ist damit musikalisch beweglicher als das → Akkordeon. Im Ggs. zu den Harmonikainstr. wird das B. nicht an Gurten umgehängt, sondern beim Spiel auf die Knie gestützt. Die Tonanordnung ist diatonisch oder chromat. Das B. heißt nach seinem Erfinder, dem Krefelder Heinrich Band (1846). Es ist fast quadratisch, gelegentlich ackteckig und wird nach einer eigenen Griffschrift gespielt. Es wird mehr und mehr von → Akkordeon und → Klubharmonika verdrängt.

Bandora → Pandora.

Bandura (russ.), besonders in der Ukraine beliebtes Zupfinstr.; ovales, gering gewölbtes Korpus (seitliches od. zentrales Schallloch); meist seitlich stehender, kurzer Hals, über dem die 6 bis 8 Spielsaiten liegen. Bis 30 (40) leere Saiten laufen entweder strahlenförmig über den gleichen Schrägriegel od. sind parallel laufend und mit eigenem Querriegel an den Deckenrändern befestigt. Die poln. B. (*Pańskaja*) ist meist mit dem → Torban identisch. Die B. verdrängte im 15. Jh. die → Kobsa. Seit Ende des 19. Jh. wird sie in 4 Größen gebaut. Verschiedene Spielmethoden („Schulen") wurden u. a. in Charkov, Poltava entwickelt. Die Tradition der Banduristen (Kobsare), Dichtersänger mit der B., geht auf deren Auftreten am poln. Königshof im 15. Jh. zurück.

I. Skljar, Kievsko-Charkovskaja B. (Die Kiev-Charkov-B.), Kiev 1971; Vertkov, [2]1975.

Bandurria, Zupfinstr., span. Diskant- → Cister, mit ihren verschied. Formen der Mandoline nahestehend; mit gedrungenem Schallkörper, zentralem Schallloch, darunter Querriegel, an dem die bis 6 2chör. Saiten befestigt sind. Bis ins 18. Jh. beliebtes Volksinstr. in Spanien, heute noch in Gebrauch; ähnlich in Chile u. auf Kuba.

Banjo (vermutl. afrikanisch), Zupfinstr.; langer Hals ohne Bünde; runder Körper; Membrandekke, die Rückseite ebenfalls mit Membran bespannt od. offen; Metallzarge. Die 4–9 Saiten sind Akkordsaiten bis auf die kürzere Spielsaite, die mit Plektrum (Daumen) gerissen wird. Das B. wurde von Negern nach Amerika gebracht, wo es im 19. Jh. zum Hauptinstrument der schwarzen Spielleute (*Negro Minstrels*) wurde und (vielfach das 4saitige Tenorb. in Violinstimmung) in die Rhythmusgruppe der → Jazzmusik kam (→ Ragtime), bis es von der → Gitarre abgelöst wurde.

Banjo-Tiple (vgl. → Tiple), 8-saitiges Banjo-Instr. mit Metallkessel im peruan. Hochland.

Bänkelsang, Schauerballaden, während deren mit Drehorgel begleitetem Vortrag der Sänger, auf einer Bank erhöht, die die jeweilige Szene darstellenden Bilder an einer Tafel zeigte. Er wurde im 17. Jh. auch Avisen-(= Zeitungs-) Sänger genannt. Die einfachen Melodien (meist ¾-Takt) waren eingängig und stammten oft von anderen bekannten Liedern. Der Refrain war meist moralisierend, betrachtend. Die Texte, manchmal auch im Rezitativton gesprochen, behandelten Mord, Raub, Brand, Katastrophen, Untugend und ihre Bestrafung, kurz: jede Art abscheulicher Vorfälle (→ Moritat). Neben dem histor. berichtenden Bänkellied stand die episch-dramat. Bänkelballade, die in Flugblattdrucken schon im 16. Jh. z. B. in der Oberlausitz, in Schlesien, Böhmen, Mähren, Ungarn und Polen belegt ist. Blütezeit war das ausgehende 16. und d. 17. Jh. Gleim wollte das Niveau des B. mit eigenen Dichtungen heben. Eine große Zahl von Parodien auf den B. u. im Ton des B. auf zeitgenöss. literarische Erscheinungen (z. B. *Werther*) entstand im Anschluß an die 2. Blüte im 19. Jh. und setzte sich politisch-satirisch bis ins 20. Jh. fort (Chamisso, Kalisch, Wedekind, Ringelnatz, Mehring, Brecht; → Kabarett). In den 1920er Jahren verschwand der B. von den Jahrmärkten. → Gassenhauer, Liedermacher.

R. M. Meyer, Dt. Parodien, 1913; H. Naumann, Stud. üb. den B. (Zs. Ver. f. Volkskde.), 1920; G. Böhme, Bänkelsängermoritaten (Diss. Münch.), 1922; O. Görner, B. (Mitteldt. Bl. f. Volkskde.), 1922; G. Jacob, Z. Gesch. d. B. (*Litterae orientales* 41), 1922; E. Sternitzke, D. stilisierte B. (Diss. Marbg.), 1933; E. Gugitz, Lieder d. Straße, Wien, 1954; K. V. Riedel, Der B. (Volkskundl. Stud. 1), 1963; B. Beneš, *Světská kramářská píseň* (Weltl. Bänkellieder), Brünn 1970; ders., D. Bänkelballade in Mitteleuropa (Jb. f. Volksliedforschg. 16) 1971; L. Petzold, B. (Hdb. d. Volkslied. 1/I) 1973; ders. (Hg.), D. freudlose Muse, 1978; R. Brednich, Liedkolportage und geistl. B. (Hdb. f. Volksliedforsch.) 1977; K. Riha, Moritat, Bänkelsang, Protestballade, ²1979.

Bar, das abgeschlossene, stets aus 3 od. (in ungerader Zahl) weiteren Strophen bestehende Lied der → Meistersinger. Der Name wird auf *parat (barent)* zurückgeführt, einen t. t. der Fechtkunst.

Barbiton, das (Barbitos, die), 1. altgriech. → Leier, schlank, mit längeren Armen und Saiten (5–7) als die übrigen griech. Lyrainstr. Das Instrument des Dionysos (→ dionysische Leier), zur Begleitung fröhl. Gesänge benutzt; – 2. im 16. und 17. Jh. Name für Viole, Violon, Theorbe.

Barde (keltisch; irisch *bard* = Sänger), keltischer Dichtersänger, der Götter-, Helden- und Kampflieder sang, sich auf der Leier (→ Crwth) begleitend. Die Musik ist nicht überliefert. Die jährlichen Treffen (→ Eisteddfodau) der B., mit denen bereits im 7. Jh. begonnen worden sein soll, fanden bis 1681 noch statt. Seit 1819 werden diese Zusammenkünfte wieder in Wales abgehalten. Die Bezeichnung *barditus* bei Tacitus (→ Bardiet) war im 17. Jh. Anlaß zu der Annahme, B. seien german. Sänger gewesen.

G. Borrow, Celtic Bards, L 1928; W. Evans, The Bards of the Isle of Britain, L 1930; J. C. Walker, Historical memoirs of the Irish b.s, NY 1971.

Bardiet, von Klopstock für seine Dramen und Oden gewählter Name, irrtümlich abgeleitet von barditus (= Gesang hinter dem Schilde; so bei Tacitus, Germania) u. den (jedoch nicht german.) → Barden.

Barform, Strophenform nach den Regeln der → Meistersinger, ursprüngl. in der Vokal-, später auch in der Instrumentalmusik häufig auftretend. Musikalisch wird als B. – im Ggs. zur germanistischen und romanist. Philologie – das Schema AA'B verstanden: Stollen (Gesätz), Gegenstollen, Abgesang, wobei der Aufgesang (A + A') länger ist als der Abgesang, dieser länger als der Stollen. Der Stollen kann nach dem Abgesang wiederholt und dabei variiert werden (Reprisenbar). Die B. entstand nach dem elementaren Gesetz von Parallelität und Gegensatz. AAB findet sich in der ma. ebenso wie in der neuzeitl. Liedform, in der Troubadourlyrik wie im Meistersang, im motivischen Aufbau der Liedweise wie im Suiten- oder Sonatensatz.

F. Gennrich, Grundr. e. Formenlehre d. ma. Liedes, 1932, ND 1970; K. Gudewill, Die B. u. ihre Modifikation (Kb. Lüneb.) 1950; H. Bunke, Die B. im romant. Kunstlied (Diss. Bonn) 1955; C. Petzsch, Parat-(Barant-)Weise, Bar u. B. (AfMw) 1971.

Bariolage (frz. *barioler* = buntscheckig bemalen), t. t. im Violinspiel. Höhere Töne werden auf der tieferen Saite, der gleiche Ton z. B. im Wechsel auf der leeren und auf der tieferen gegriffen, um ein farbiges Spiel zu erreichen.

Bariton (griech. *barytonos* = tiefer Ton), 1. die solistisch bevorzugte Männerstimme, im Tonumfang zwischen → Baß und → Tenor und je nach der Nähe zu der einen oder anderen Stimme Baß- (Umfang: F–e') oder Tenor-B. (G–fis') genannt. In der Oper wird der B. für Heldenrollen bevorzugt (der Tenor zur Darstellung des Liebhabers, der Baß für die Rolle des erfahrenen, abgeklärten Mannes), oft auch als lyrischer B. (z. B. Telramund, Amfortas). – Das Wort B. wurde zunächst satztechnischer Begriff, als der bestehende vierstg. Satz durch eine neue Stimme (*quinta vox,* → Vagans) erweitert wurde, und galt für die dritte Männerstimme. Ausdrücklich B. genannt wurde die Stimme in Viadanas *Salmi a 4 chori per cantare e concertare,* 1612 und vermutl. von daher bei M. Praetorius (*Syntagma musicum* III, 1619). Die Stimme (ital. *baritono,* engl. *baritone*) hieß in der frz. Kirchenmusik bis ins 17. Jh. *concordant* (womit die Möglichkeit des gleichen Umfangs wie bei Tenor bzw. Baß angedeutet war), sie heißt heute in Frankr. meist *baryton,* seltener *basse taille* (= spitz). – 2. B. (B.tuba; B.horn; besonders in Österr. „Euphonium"), Blechblasinstr. mit 3 od. 4 Ventilen; zur Gruppe der → Bügelhörner gehörend; weit mensuriert und in der Tiefe gut (mit dem 1. Naturton) ansprechend; Baßinstr. der → Harmoniemusik (→ Militärmusik). Ein Kaiser-B. (B.horn) mit 4 Ventilen wurde 1882 von V. Červený in Königgrätz gebaut, der Ventilverbesserungen von Dupont übernahm; vgl. Kaiserbaß (→ Bombardon). → Tuba (1); – 3. Tonlage eines Instruments.

Baritonschlüssel. 1. Der auf der Mittellinie im Fünfliniensystem stehende F-Schlüssel besagt, daß auf dieser Linie der Ton f (klein) liegt. – 2. der C-Schlüssel auf der oberen Linie (→ Schlüssel, → Chiavette).

Barkarole (it. *barca* = Barke), Lieder der venetian. Gondolieri, im 6/8-Takt; ursprüngl. improvisiert. In der Kunstmusik vorwiegend Instrumentalstück (Chopin;

Mendelssohn: *Lieder ohne Worte*) mit Neigung zur Salonmusik; auch vokal in Oper, Lied (Schubert) und Chor (Brahms, 12 Lieder und Romanzen für Frauenchor op. 44), Bartók (*Im Freien*, 1926).

Barock (frz. *baroque*, it. *barocco*; v. span. *barucco*, portugies. *barocca* = schiefrunde Perle; von daher = verschroben, exzentrisch), Zeitabschnitt mehrschichtiger Musikentwicklung, die zwischen 1570 und 1600 begann, deren Merkmale etwa um 1740 überholt waren und die nicht eigentl. von einem Stil einheitlich geprägt war, für die aber doch eine Reihe von Kennzeichen, auch gegensätzlicher Art, so charakterist. ist, daß der ursprüngl. abwertende, erstmals positiv in der Kunstgeschichte angewandte Terminus B. an die Stelle des bis dahin in der Musik gültigen Begriffes „Generalbaßzeitalter" gesetzt wurde. Sieht man ab von der Möglichkeit, barocke Elemente in jeder Stilepoche als Merkmale einer Hoch-Zeit im Übergang zum Verfall zu betrachten, so stellt sich B.musik als Gegensatz dar zur Musik der → Renaissance und des → Rokoko. Gegenüber deren selbstverständlicher Statik zeigt sich das B. dynamisch, ekstatisch – damit der → Romantik nahe –, dabei mit hochstrebiger, vielflächiger, waghalsig verfugter, fast gotischer Architektur. Merkmale für einen weiten Bereich der B.zeit sind das Übergewicht schöpferischer Leistung in Italien und Dtl., die Hauptbeteiligung bürgerlicher Musiziergemeinschaften neben denen der Kirche, Landesherren und Fürsten und stilistisch der → Generalbaß, klangfreudige → Monodie gegenüber komplizierter, gelegentl. mit untergründiger Zahlenmystik befrachteter Polyphonie, schließlich – was die Mittel der Interpretation angeht – am Ende der Epoche die Entwicklung subjektiver Aussage fähiger, lauter tönender Instrumente aus den früheren Stimmfamilien und der Durchbruch des Orchesters im heutigen Sinne. Man unterscheidet zwischen Frühb. (bis 1670), Hochb. (1670–1710) und Spätb. (1710–1740), wobei die zeitl. Abgrenzung mehr als die des ganzen Zeitabschnittes anfechtbar sein muß und durch die positiven wie negativen „Überhänge" (F. Blume) aus einem Bereich in den anderen verwischt werden. Neuere Überlegungen (H. C. Wolff) setzen für die Zeit der 2. Hälfte des 16. Jh. bis zur 2. H. des 17. Jh. den Begriff → „Manierismus". – Fruchtbar war für den B. die in der Hochrenaissance weit entwickelte Polyphonie in → Madrigal und → Motette, die Lasso, Monteverdi, Gesualdo, Lechner, Schein, Schütz mit Enharmonik, Chromatik, Dissonanz weiterführten, wobei die Besetzung mit 4–6 Stimmen blieb, während gegenüber der Souveränität der Stimmen V. Gabrieli für rhythmisch-metr. Beschränkung zugunsten der Textverständlichkeit im 4stg. homophonen Satz (Monodie) eintrat und Solovortrag in Solomadrigal, Aria und früher Oper aufkam. Gegenüber dem von Palestrina ausgeprägten *stile antico* (*st. gravis*) der röm. Schule entstand mit dem Zentrum Venedig, wo seit 1613 Monteverdi wirkte, der *stile moderno* (*luxurians*). Beide sind nur theoretisch gegensätzlich und finden sich fast gleichwertig bei den großen Meistern der Zeit. Der Baß wurde musikalischer

Schwerpunkt als Träger der Tonalität. Der → Generalbaß war Mittelpunkt der Mth. bis 1740 und wirkte bis in die Harmonielehren des 19. und 20. Jh. hinein. Im Spannungsbogen Baß-Oberstimme lagen (nicht mehr stimmengleich wie in der Renaissance) akkordisch-flächig, auch nur füllend, die Mittelstimmen. Der statische Akkord beherrschte die Bewegung der Melodie. Charakteristische, stehende Formeln (→ Affektenlehre) kennzeichneten klischeeartig jeweils die Kirchen-, Kammer- und Bühnenmusik, deren Grenzen sich erst gegen Ende des B. verwischten im Zusammenhang mit einer Angleichung der Techniken in der Gleichsetzung der Vokal- mit den Instrumentstimmen oder der Instrumentalformeln untereinander und der Entwicklung architektonischer, dramat. Großformen, zu denen ebenso → Oper wie → Passion und → Messe, letztere als geistl. Schaustücke, gehörten. Die diffizile Renaissance-Polyphonie erhielt sich in der Instrumentalmusik (besonders der Tasteninstr.: Orgel, Klavier) von Scheidt, Frescobaldi bis Buxtehude, Pachelbel, G. F. Händel und J. S. Bach, dessen konzentrierten polyphonen Meisterwerke (*Kunst der Fuge, Musikalisches Opfer, Chromatische Veränderungen Vom Himmel hoch, Goldberg-Variationen*) über jeder Art von B.begriff stehen. In seinem Werk sind Harmonik und Kontrapunktik ineinander verwirkt. Galt es auch schon vor Bachs Tod als zopfig, so wirkte es doch als Sublimat der in Italien, Frankr., Engl. und Dtl. aus der Renaissance-Musik entstandenen Eigenströmungen weiter über Mozart, Beethoven bis in unsere Zeit. Neben den Bewegungstypen der Tänze (Allemande, Courante usw.) hat der B. keine typischen Formenschemata entwickelt. Er ist eher Durchgangsstadium schon vorgebildeter Formen: Aus der → Kanzone entwickelte sich die → Sonate, wie überhaupt Reihenbildung sichtbar wird, z. B. in → Suite, Variation, Kantate, Oratorium und → Oper. Lose Reihung (z. B. im Wechsel polyphoner und rhapsodisch improvisatorischer Teile bei Buxtehudes Praeludien) oder feste Bindung (z. B. in den Folgen Rezitativ-Arie, Praeludium-Fuge, in den 2–3sätzigen französ. Ouvertüren, der 4sätzigen Kirchensonate) standen nebeneinander wie die dekorative Mehrschichtigkeit in Besetzung und Darstellung, wie sie sich in den mehrchörigen Werken bei Monteverdi oder im → Concerto grosso G. F. Händels mit Hell-Dunkel, Nah-Fern, Groß-Klein, Tutti-Solo zeigen. Dabei wird eine Spezialisierung des Musikers auf bestimmte Gebiete und Tätigkeiten sichtbar, so daß man Palestrina vorwiegend für geistliche, Lasso für weltl. Musik, Corelli, Vivaldi für Kammermusik, Lully für die Oper einsetzen kann; universal erscheinen dann J. S. Bach und G. F. Händel. Der überragende Einfluß Italiens auf die gesamte Musikentwicklung des 17. Jh., der den Einfluß der Niederländer in der Renaissance ersetzte und der zu einem Teil auch den Bestrebungen der Gegenreformation („Jesuitenbarock") zuzuschreiben ist, bewirkte verschiedentlich im Norden auch b.en Stil ohne b.en Geist (z. B. bei M. Praetorius), andrerseits die Umschmelzung des fremden Musters zum Nationalstil. In England stand H. Purcell unter dem Einfluß der venezian. Richtung, aber die engl. Instrumentalmusik entwickelte sich so eigenständig weiter, daß der Einfluß engl. Musiker (Virginal- und Violenmusik) und Schauspieler lange ernsthaft gegen den ital. auf dem Kontinent konkurrieren konnte. Lullys ebenfalls von Venedig gefärbte Musik stand in ihrer tänzerischen Art eher dem Rokoko nahe. Die *tragédie lyrique* und die frz. Orchesterpraxis blieben, ohne die italien. Art abzuweisen, konservativ bei der französischen, die sich besonders in der Clavecinmusik einflußreich für Dtl. und Engl. zeigte. Das Aufkommen bürgerlicher Gemeinschaften, neben den geistlichen und fürstl., wirkte in den Ländern verschieden anregend auf die Musikentwicklung. Wie die Florentiner → Camerata entstanden in Dtl. vielerorts das bürgerl. → Collegium musicum, Consortium (Convivium) musicale, und neben der → Kantorei entwickelte sich der → Adjuvantenchor (auch mit Instrumentalmusik). – Ist auch ein „Überhang" aus dem B. durchaus deutlich, so läßt sich doch klarer als für seinen Beginn ein Zeitpunkt für sein Abklingen erkennen. Setzte man dafür bisher 1750, das Todesjahr Bachs, so stehen doch Händels und Telemanns Kantaten und Oratorien etwa seit 1740 bereits außerhalb der Periode. – Das Musikleben seit den 1920er Jahren wandte sich mit Vorliebe der B.musik zu, z. T. im Gegenschlag gegen Romantik und Nachromantik. Zahlreiche Werke wurden neu herausgegeben, ein barockes Klangideal wurde angestrebt: Orgeln wurden nach B.-Vorbildern gebaut, frühb.e Instrumentenfamilien rekonstruiert. – Die Musikgeschichte verwendet das Wort B. als Begriff für eine Stilepoche der Musik erst seit 1919 (C. Sachs). Es ist in Italien nicht, in Frankr. und Engl. kaum in diesem Sinne in Gebrauch. Während es Rousseau abwertend (adjektivisch als bizarr), aber erstmals als Stilbegriff der Architektur benutzte (in Diderots *Encyclopédie,* 1750), erschien es, positiv gewendet, zuerst in der Kunstgeschichte bei H. Wölfflin 1888 und in der Literaturgeschichte bei F. Strich 1916.

C. Sachs, B.musik (JbP) 1919; E. Wellesz, D. Anfänge d. musikal. B. u. d. Oper in Wien, 1922; ders., Renaiss. u. B. (ZfMw) 1928/9; A. Pirro, Les Clavecinistes, P 1925; E. Katz, D. Stilbegriffe d. 17. Jh. (Diss. Freibg.) 1926; Th. Kroyer, Zwischen Renaiss. u. B. (JbP) 1927; P. Nettl, Musikb. in Böhm. u. Mähren, 1927; R. Haas, Mus. des B. (Bücken-Hdb.) 1928; H. Eimert, Musikal. Formstrukturen im 17. u. 18. Jh., 1932; A. Della Corte, Il barocco e la mus. (Fs. Laurencie) P 1933; W. Flemming, Oper im B. (Dt. Lit.) 1933; ders., Oper u. Oratorium im B., 1933; H. Klotz, Üb. d. Orgelkunst d. Gotik, der Renaiss. u. d. B., 1934, ²1975; S. Clercx, Le B. et la mus., Br 1948; F. Blume, B. (MGG) 1949; ders., Renaiss. and baroque Mus., NY 1967; W. Gerstenberg, D. Krise der B.mus. (AfMw) 1953; W. Gurlitt, Vom Klangbild d. B.mus., in: R. Stamm (Hg.), Kunstformen d. B.zeitalters, Bern 1956; H. H. Eggebrecht, B. als mg. Epoche (Aus d. Welt des B.) 1957; R. Dammann, Der Musikbegr. im dt. B., 1967; C. V. Palisca, Baroque mus., Englewood Cl. 1968, ²1981; R. Stricker, Musique du baroque, P 1968; E. Borroff, The mus. of the b., Dubuque/Iowa 1970; H. Chr. Wolff, Manierismus u. Mg. (Mf) 1971; W. S. Newman, The sonata in the b. era, NY ³1972; R. L. Marshall (Hg.), Studies in renaiss. and b.mus. (Fs. Mendel) 1974; R. Donington, A performer's guide to b. mus., L 1973; ders., String playing in b. mus., L 1977; I. Ahlgrimm, Zur heutigen Auff.prax. der B.mus., 1979; W. Braun, D. Mus. d. 17. Jh. (Neues Hdb. d. Mw.), 1981; ders., D. Stilwandel um 1600 (Erträge d. Forsch.) 1982.

Baroxyton, Baritonhorn in Fagott-, Tuba- od. Helikonform, zeitweise Baßinstr. der österr. und russ. Militärmusik; gebaut von V. Červený (Königgrätz 1849), zugleich dazu das Soloinstr. „Phonikon" mit engerem Schallstück.

Barré (frz. = versperrt), bei Laute (Fidel, Violoncello, Gambe) Bildung eines neuen Sattels durch Querlegen des Fingers über die Saiten. → Kapodaster.

Barrel Organ (engl. =) Walzenorgel (auch *hand organ*; Ggs. = *finger org.*: Tastenorgel); mechanisch mit Kurbel und Stiftwalze; seit der 2. Hälfte des 18. Jh. in kleineren engl. Pfarrkirchen benutzt; einige bis ins 20. Jh. Auch Hausorg. mit Salon- und Tanzmusik. → Drehorgel.

Baryna (russ. = Herrin), schnelles russ. Tanzlied im 18. Jh.; 2tlg. Takt, 1–2stg. zur Balalaika; mit virtuosen Zwischenspielen.

Baryton (it. *viola di bardone/bordone*), Streichinstr. d. 17., 18. Jh., aus der Violenfamilie; mit 6–7 Griff- und zusätzl. 9–28 Resonanzsaiten (mit eigenem Saitenhalter), die unter dem Steg liegen und frei unter dem rückwärts offenen Hals, so daß sie gezupft werden können. J. Haydn schrieb für den Fürsten Esterhazy zahlreiche Trios für B., Viola, Cello.

H. Unverricht, Gesch. d. Streichtrios, 1969.

Barzelletta (it. = Scherz) → Frottola.

Bas (mlat. = niedrig; frz. = tief, leise im Ggs. zu frz. *haut* = hoch, laut), Unterscheidung der Instr. seit dem 15. Jh. in Frk., zugleich die soziale Stellung der Instrumentisten kennzeichnend, wobei die Trompeter am höchsten standen (→ Alta). Die leise klingenden Instr. für die Musik in der Kammer waren Streich- und Zupfinstr., Quer- und Blockflöten, Portativ; die lauten, für die Mus. im Freien bestimmten: Schalmei (Pommer / Hautbois / Oboe), Blechblasinstr., Sackpfeife. → Cobla, Oboe.

Basis (griech. = Grundlage), die tiefe Stimme einer mehrstg. Komposition in der Mth. der Spätrenaissance (Glarean, Zarlino); daneben seit etwa 1430 *bassus* (lat.). → Baß.

Baskische Trommel, → Schellentrommel.

Baß (it. *basso,* frz. *basse,* engl. *bass* =) tiefe Stimme; zunächst der Vokalmusik, wo etwa ab 1430 lat. *bassus* für → Contratenor steht; von daher auch in der Instrumentalmusik, wo sich das Wort mit dem aus dem Griechischen stammenden lat. *basis* (= Grundlage, Fundament) trifft, auf das sich der Begriff im Tonsatz stützt und die Unterstimme meint, die im polyphonen Satz das Höchstmaß an melodischer Selbständigkeit im Stimmengefüge erreicht (→ Fuge), als → Generalb. den Verlauf der Oberstimmen nach dem Verhältnis der Harmonien zueinander bestimmt, schließlich nur die harmon. Hauptfunktionen stützt (z. B. → Walzer; vgl. → Murky, Albertibässe). – Innerhalb der Gruppen der Singstimmen ist der B. die am tiefsten liegende Gattung der Männerstimmen, die sich in den hohen B. (ital. *basso cantante*) als Normalform (Umfang: E–f') teilt und den tiefen B. (ital. *basso profondo*) mit dem Umfang (C)D–d'. Tiefere Töne ermöglicht das Kehlregister (Strohb.), bei dem die völlig entspannten Stimmbänder nur nach der 2. oder 3. Schwingung zum Stimmschluß kommen. Russische Chöre erhalten den tiefen Orgelklang durch solche Stimmen in der Unteroktav, die aber im Einzelgesang nicht brauchbar sind. Die Oper unterscheidet den seriösen B. und den B.-Buffo. – Die B.-Stimme der Instrumentalmusik wird von den B.-Instrumenten noch bestehender oder früherer Stimmfamilien ausgeführt; z. B. B.-Tuba, B.-Klarinette, Fagott (Kontrafagott), B.-Saxophon, -Blockflöte, -Pommer, -Gambe, -Fidel. Die Stimme des vielfach kurz B. genannten Kontrab. (Streichb.) ist in älteren Partituren mit der des Violoncellos identisch und als *Bassi* bezeichnet. → Basso ostinato, Orgelpunkt.

Bassa (ital. = tief), Spielanweisung: In Verbindung mit 8 od. 8*va* verlangt b., die Unteroktave der notierten Melodielinie zu spielen.

Bassanello (it.), Holzblasinstr. mit doppeltem Rohrblatt, ähnlich → Pommer und → Fagott; in Stimmfamilie gebaut (16. Jh.). M. Praetorius (*Syntagma musicum* II, 1619) schreibt die Erfindung des B. dem venetian. Komponisten G. Bassani zu. – Von daher: – Bassanelli = ein seltenes Barockregister der Orgel (Rohrwerk), 8′, 4′.

Basse contrainte (frz. = gezwungener Baß), → Basso ostinato.

Basse-contre (frz. = Gegenbaß), → Baß. Die tiefere der beiden Baßstimmen (= ital. *basso profondo*) gegenüber der höheren, dem Normalbaß (frz. *basse-taille, b. chantante*).

Basse danse (frz. *bas* = niedrig, tief), eine Gruppe von Tänzen des 15. bis Mitte des 16. Jh. in Frankr., Ital. und den Niederlanden. Die B. d. war im 2-, selten 3tlg. Rhythmus oder wechselte den Takt auch innerhalb eines Tanzes. Schritte und Figuren wurden wenig variiert und waren vermutl. festgelegt. Wie in der späteren → Pavane bildeten der einfache Schritt (*simple pas*) und der Doppelschritt (*double*) die Hauptelemente. Dazu gab es im Ggs. zur Pavane in der B. d. des 15. Jh. 12, mindestens aber 9 Schrittgruppen mit vielen Austauschmöglichkeiten. 1588 berichtet Thoinot Arbeau in seiner *Orchésographie* bereits rückschauend von der B. d. als einer in festem Schema erstarrten Tanzform. Die Aufzeichnung der Musik zeigte im 15. Jh. 1stg., gleichlange Melodien mit gleichen Notenwerten, die zu der Theorie Anlaß gaben, es handle sich um Tenores, zu und über denen improvisiert wurde. Das Auftreten einiger dieser Melodien auch in zeitgenöss. Chorsammlungen (z. B. mit Binchois) legt die Vermutung einer gemeinsamen Quelle nahe. Der Name wurde erklärt von den → *bas instruments*, den im Ggs. zu den *hauts instruments* weniger lauten und an den Höfen weniger geachteten Musikkapellen in geschlossenen Räumen. Neuerdings leitet man ihn, sich auf Arbeau stützend, auch von der Bewegungsart ab. Auf die B. d. folgte meist ein Springtanz im 3teiligen Takt (→ Saltarello, Tourdion). Mehrstg. Instrumentaltänze überlebten den Bewegungstanz.

E. Hertzmann, Stud. z. B. d. im 15. Jh. (ZfMw) 1928/9; D. Heartz, The b. d. (Ann. Musicol.) 1958/63; F. Crane, Materials for the study of the 15th cent. b. d., NY 1968; R. Meylan, L'énigme de la mus. des b. d. du 15e s., Bern 1968.

Basse double (frz., engl. *double bass* = Doppelbaß), → Kontrabaß.

Basse fondamentale, (frz. = Grundbaß), Begriff der Musiklehre bei Rameau für die Reihe gedachter Grundtöne der Harmonien in einem Stück. Der Grundbaß wird nicht geschrieben oder gespielt und muß nicht gleich sein dem notierten Baß; vielmehr ist er nur ein Mittel, die Harmoniefolge zu verdeutlichen, das später auf die Theorien A. v. Oettingens, G. Webers und H. Riemanns eingewirkt hat (Funktionsbezeichnungen).

Bassett(o), Bassettl (it. *bassetto* =) Kleinbaß: 1. nicht mehr gebräuchliches Streichinstr. in Violenform, dem Violoncello näherstehend; 3–4saitig, als „Dt. Baß" auch bis 6saitig. – 2. Früher ein Zungenregister d. Orgel, als Labialregister (4') auch Choralbassett genannt; – 3. Stimmlage eines Instr., vgl. → Bassetthorn.

Bassetthorn, → Klarinette in Altlage, 1760 von Mayrhofer in Passau gebaut; mit geknicktem Rohr; von Mozart verwendet (*Titus*); um 1800 von der Altklarinette verdrängt und im 20. Jh. wieder im Orchester eingesetzt (R. Strauss, *Elektra*).

J. Saam, D. B., seine Erfindung u. Weiterbildg., 1971 (vgl. Mf. 3/1974).

Baßgehäuse, der vom Spieler mit der linken Hand bediente Teil des → Akkordeons, der die Baßstimmen und den dazugehörigen Mechanismus enthält.

Baßhorn („Engl. Baßhorn") → Serpent.

Baß-Instrumente in noch vorhandenen oder Resten früherer Stimmfamilien: → Laute (Chitarrone), Fidel, Gambe, Kontrabaß, Pommer, Trompete, Tuba, Harmonika u. a.

Baßklarinette, eine im Ggs. zu → Bassetthorn und Altklarinette im Orchester noch gespielte tiefe → Klarinette in der von Adolphe Sax 1838 verbesserten Form. Die Kontrabaßklarinette, Ende des 19. Jh. in Frankreich gebaut, hat sich in Dtl. nicht durchgesetzt.

Baßmechanik, die unter der Baßseite (links) des → Akkordeons im → Baßgehäuse eingebaute mechanische Verbindung zwischen Baßtasten und den → Kanzellen.

Basso, → Baß; → b. continuo (b. generale).

Basso cavato (it.), → b. seguente.

Basso continuo, B. c. (lat. *continens* = fortlaufend), → Continuo, → Generalbaß.

Basson (frz.), 1. → Fagott; – 2. bis ins 18. Jh. oft Bez. allgemein für das Baßinstr. bei Holzblasinstrumenten (Blockflöte, Chalumeau).

Basso ostinato (it. = hartnäckig, eigensinnig), → Ostinato.

Basso ripieno (it.), → Ripieno.

Basso seguente, b. cavato (it.), Baßlinie (besonders Orgelbaß), die in mehrstg. (mehrchörigen) Werken des 16. Jh. in Italien aus der jeweils tiefsten Stimme gebildet ist, somit eine Frühform des → Generalbasses. In Partituren genügte auch der Vermerk *b.s.*, die Stimme wurde dann nicht ausgeschrieben. So wurde gelegentlich auch bei gleichlaufenden Cello- und Kontrabaßstimmen verfahren.

Baßschlüssel. Der auf der zweitoberen Linie des Fünfliniensystems stehende F-Schlüssel besagt, daß auf dieser Linie der Ton f (klein) notiert wird (→ Schlüssel).

Bassus (lat.). → Basis, Baß.

Bathyphon, Holzblasinstr. mit Klarinettenschnabel, in Kontrabaßlage, 1839 erfunden von W. F. Wieprecht, 1859 in die preuß. Infanteriemusik aufgenommen, dort nur vorübergehend in Gebrauch und durch die → Baßklarinette ersetzt.

Bâton (frz. = Stock), Taktstock.

Battaglia (ital.), **Bataille** (frz.), Schlacht, Schlachtenmusik. Eine beliebte Untergruppe innerhalb der programmatischen Musik seit der nicht überlieferten klassischen Darstellung des siegreichen Kampfes Apolls mit dem Drachen Python in einer griech. Aulosmusik bis zu den mit techn. Effekten (z. B. Kanonenschlag) angereicherten Schilderungen aus dem 19. Jh. Dargestellt wurden historische, mytholog. oder allegor. Szenen. Berühmt und häufig nachgeahmt war C. Jannequins Chanson *La Guerre* zur Schlacht bei Marignano (1515), für Laute gesetzt von Attaingnant u. H. Newsidler. C. Monteverdi gab eine dramatische Kriegsschilderung in den *Madrigali Guerrieri* (1638). Dt.e Vokalbattaglien schrieben T. Mancinus (1608: Schlacht von Sievershausen, 1553) und Demantius (*Tympanum militare,* 1615). Der Kampf mit dem Drachen war seit jenem griech. Beispiel immer wieder Gegenstand der musikal. Darstellung (Mozart, *Zauberflöte*; Wagner, *Siegfried*), und Turnier, Waffentanz, Liebeskampf, Krieg und Schlachtenlärm wurden beliebte Stoffe in Oper und Ballett (z. B. Händel, *Julius Cäsar*; Mozart, *Don Giovanni*; Wagner, *Rienzi*; R. Strauss, *Friedenstag*). Symphonische Schlachtenbilder malten u. a. Beethoven (*Wellingtons Sieg bei Vittoria*), Liszt (*Hunnenschlacht*), Tschaikowsky (*Ouvertüre „1812“*), D. Schostakowitsch (7., 8., 11. Sinfonie). → Programm-Musik.

E. Bienenfeld, Üb. ein bestimmtes Probl. d. Progr.mus. (ZIMG) 1906/7; R. Gläsel, Zur Gesch. d. B. (Diss. Lg) 1931; E. Brixel, Tongemälde u. Schlachtenmusiken (Alta musica) Graz 1976.

Battement (frz. *battre* = schlagen), Verzierung; → Vibrato, dem Triller ähnlich; oft unbezeichnet; bis 18. Jh.; bei Quantz und L. Mozart beschrieben. → Mordent.

Batterie (frz. *battre* = schlagen), 1. frz. Bez. für → Schlagzeug im großen (auch Jazz-)Orchester. – 2. In der Klaviermusik von der rechten Hand staccato zu spielende Figuren (→ Albertische Bässe, Arpeggio).

Battuta (it. *battere* = schlagen), zunächst der Niederschlag beim Dirigieren, Taktschlag: *b. di tre (quattro) = ritmo di 3,4* = Zusammenfassung von 3 oder 4 aufeinanderfolgenden Takten zur rhythm. Einheit (z. B. Beethoven, Scherzo der 9. Symphonie). *A batt.* (z. B. nach *ad lib., rallentando* oder *accelerando*): *a tempo*: streng im Takt.

Batuque, brasilian. Rund- und Reihentanz mit afrikan. und iberischen Elementen; $\frac{2}{4}$-Takt; Wechsel von Solo, Chor; Einzel-, Paar-, Gruppentanz.

Bauernflöte, zur Gruppe der Hohlflöten gehöriges altes Orgelregister mit zylindr. offenen Holzpfeifen, breitem Labium, in Dtl. meist 2′ od. 1′, auch als Feld- oder Baar-(= Bauern-)flöte bekannt, in Holland als *baarpijp* ein 4′- od. 8′-Register.

Bauernleier, → Drehleier.

B. c. (= basso continuo) → Generalbaß.

Beantwortung, → Comes.

Bearbeitung, Änderung eines Musikwerkes hinsichtlich seiner Besetzung oder seiner kompositorischen Gestalt, wobei das Ergebnis eine gegenüber der Vorlage neue künstlerische Leistung sein kann. Die unter dem Sammelbegriff B. auftretenden Verfahren können nicht eindeutig gegeneinander abgegrenzt werden. Naheliegend ist die B. eines Werkes zur prakt. Ausgabe, z. B. für den Unterricht. Vokalmusik wurde im 14./16. Jh. für Lauten und Tasteninstr. → intavoliert. Beispiele für figurative → Variation geben Sweelinck, J. S. Bach, Händel. Die → Fantasie über Lieder beginnt im 16. Jh. → Transkriptionen über Schubertlieder nahm F. Liszt vor. Umgekehrt wurde Instrumentalmusik im → Parodielied textiert (→ Bergamasca; Sperontes, *Singende Muse an der Pleiße*; Silcher textierte Melodien aus Beethoven-Sonaten). Verringerung der Besetzung geschieht z. B. in J. S. Bachs Vivaldi-Bearbeitungen für Klavier, in den B. von Orchesterwerken für Klavier 2- od. 4händig, in den Übertragungen z. B. von Sinfonien für Kammermusik, in den → Arrangements für → Salon-Orchester, wozu auch die Jazzbearbeitungen ernster Musik zu rechnen sind. Die → Paraphrase kann Übertragung eines Stückes für ein anderes Instr. sein und Ausweitung in der Art der Fantasie (freie Nachformung). Hierzu gehört auch das → Potpourri, das wie die → Transkription auch die Erweiterung des Klangkörpers verlangen kann. Den größeren Apparat weisen z. B. die Instrumentationen von Klavier- und Vokalwerken auf. W. A. Mozart ergänzte Händels *Messias* mit Bläsern. I. Strawinsky erweiterte und instrumentierte quasi als Variation J. S. Bachs kanonische Orgelvariationen zu *Vom Himmel hoch*. A. Schönberg setzte z. B. J. S. Bachs Choralvorspiel *Komm, Gott, Schöpfer* und Brahms' Klavierquartett op. 25 für großes Orchester um. Besonders um die Wende zum 20. Jh. wird der Hang zur Monumentalität sichtbar, die für den größeren Raum den größeren Apparat verlangt. Viele vom Komponisten selbst besorgte B. haben praktische, aufführungstechn. Gründe od. entstanden aus gewandelter künstlerischer Ansicht, z. B. Beethoven, *Fidelio, Leonoren-Ouvertüren*; Brahms, Klavierquintett (B. für 2 Klaviere); Bach, Klavierkonzerte; Hindemith, *Marienleben* (1923, 1936/48). Dazu zählen → Parodie, → Collage, Zitat. – B. gehört zum Wesen der Musik, ohne das Kontrapunkt, Cantus firmus, Motette und Messe des MA nicht möglich gewesen wären. Die Übernahme fremder Werke im Barock geschieht selbstverständlich (Schütz von Monteverdi, Bach von Vivaldi, Händel von Scarlatti). Der Begriff Plagiat im heutigen Sinn entstand im 19. Jh. Nach dem → Urheberrecht muß eine B.-Genehmigung bis 70 Jahre (in der BRD) nach dem Tod des Autors vorliegen; Parodie und → Travestie sind als freie Benutzung erlaubt. → Urtext, Entlehnung.

F. Busoni, Von d. Einheit d. Mus., 1923, erw. NA 1956, davon ND 1965; J. Matthei, B. u. freie Benutzung. (Diss. Lg) 1928; F. Oberborbeck, Original u. B. (Fs. M. Schneider) 1955; K. Blaukopf, Werktreue u. B., 1968; M. Flothuis, Mozarts B. eig. u. fremder Werke, Salzb. 1969; H. Riedel, Originalmus. u. Musikbearb., 1971; V. Freywald, Vl.-Sonaten der Gb.-Epoche in B. des späten 19. Jh. (Hambg. Beitr. z. Mw.) 1973; U. Siegele, Kompositionsweise u. Bs.technik ... J. S. Bachs, 1975.

Beat (engl. =) Schlag, dann der metrische Schwerpunkt, dann allgemein das Taktmaß im → Jazz. – *Off-beat* (= Abschlag), die Verschiebung der Schwerpunkte in der Melodiegruppe gegen den gleichmäßigen B. der Rhythmusgruppe zu freieren Akzenten, wobei das typische Metrum entsteht, das aber nicht mechanisch eingehalten wird, sondern im rhythmischen Vorwärtsdrängen (*drive*) unter dem Spannungsbogen der Melodie variabel bleibt (→ Swing, Break). Von der rhythm. Erscheinung des B. ging der Name in den 1950er Jahren über auf eine von der Jugend bevorzugte Stilrichtung der Unterhaltungsmusik (in England auch *pop,* in den USA *rock* genannt), meist mit 3 Gitarren und Schlagzeug besetzt, wobei die Klänge gern elektroakustisch übersteigert werden. → Rock'n'Roll, Popmusik, Rockmusik. → Blues.

A. M. Dauer, Der Jazz, 1958; E. L. Waeltner, Metrik u. Rhythmik im Jazz (VINM) 1965; C. Ehrhardt, D. Beatles, 1965; J. Seuss, G. Dommermuth, H. Maier, B. in Liverpool, 1965; H. Grössel, D. B.-Musik (Neue Slg. 7), 1967; D. Baacke, B., d. sprachlose Opposition, [3]1972.

Bebisation, Tonnamen-System. Die 6 → Solmisationssilben des Guido von Arezzo erwiesen sich als unzureichend, nachdem das → Hexachordsystem durch die Oktave ersetzt war und eine brauchbare Bezeichnung für den 7. Ton der Skala noch fehlte. Chromatische Veränderungen, Ausweichungen und Transpositionen waren schwer darzustellen. Im 16. und 17. Jh. entstanden daher neue Systeme, teils als Ergänzung der Tonsilben Guidos, teils auf neuen Grundlagen; z. B. → Bobisation oder Bocedisation des Belgiers H. Waelrant. D. Hizler (*Newe Musica oder Singkunst,* 1623) versuchte, Tonsilben und Tonbuchstaben zu verbinden, und stellte eine chromat. Reihe auf, die nach den Namen für b und h (be, bi) B. genannt wurde. Sie war unsanglich und eintönig im regelmäßigen Vokalwechsel von e und i und hatte gegenüber den Tonsilben des O. Gibelius (1659; → Do) nur geringen Erfolg.

Bebop, Bop (vermutlich lautmalend für das fallende Intervall am Ende einer Phrase), → Jazzstil, der etwa 1940 von schwarzen Musikern entwickelt wurde in Reaktion auf den kommerziellen → Swing. Der B. bringt wieder die Improvisation auf und übernimmt Elemente der modernen Musik (Strawinsky, Schönberg). Gitarre und Baß spielen ebenfalls virtuos solistisch; das Becken gibt den Rhythmus; Trommel und Klavier geben unregelmäßige Akzente. Versuche, den B. auch in einer großen Kapelle (*Big Band*) zu spielen, hatten keinen dauerhaften Erfolg; dagegen ist die Entwicklung zum experimentellen Jazz mit entsprechend kleiner Besetzung und der Einfluß auf den →

Progressive Jazz deutlich. → Cool Jazz, Hardbop, Free Jazz.

Bebung (frz. *balancement*), Spieltechnik beim → Clavichord. Durch wechselnden Druck auf die bereits angeschlagene Taste wird die Saite im Klingen zu geringer Schwankung der Tonhöhe, einer Art Vibrato, gebracht. Das graphische Zeichen dafür sind seit C. Ph. E. Bach (1753) Punkte über den betr. Noten, die von einem Bogen überwölbt werden und die die Anzahl der B.en bedeuten sollen. Besonders charakteristisch ist die Wirkung der B. beim Clavichord. (vgl. → Klavier).

Bécarre (frz.; it. *bequadro*; lat. *b quadratum* = b-Quadrat; engl. *natural* = natürlich), Auflösungszeichen, Aufhebungszeichen, Quadrat. → B.

Becher, Schallbecher, 1. Schalltrichter der Holzblasinstr. (bei Blechblasinstr. = → Stürze); – 2. → Aufsatz bei Zungenpfeifen der Orgel, der durch seine Bauart die Klangfarbe bestimmt.

Becken, Cymbeln, Schlaginstr.: große tellerartige Bronzescheiben, die mit Schlägeln oder gegeneinander geschlagen werden. Sie kamen etwa im 1. Jh. aus den Mittelmeergebieten nach Europa und sind seit 1700 in der Opern-, seit 1800 in der Militärmusik (→ Janitscharenmusik).

Bedon, Name einer provenzal. Trommel im 15., 16. Jh.; *B. de Biscaye* = große Schellentrommel.

Begabung, die über mögliche Anlage (Gedächtnis, musikal.-räuml. und rhythm. Verständnis) als vorgebildeter Bereitschaft zu musikal. Leistung hinausgehende Fähigkeit in einer bestimmten Richtung. Dabei ist reproduktive der schöpferischen B. gegenüberzustellen, wenn auch beide sich überschneiden werden. Während der reproduktive Typ selten zugleich wesentlich schöpferisch ist, ist der zugleich interpretierende Komponist durchaus häufig, zumal sein Werdegang meist von der Interpretation ausgeht, wenn sie auch nicht Voraussetzung ist. Die musikal. Veranlagung tritt schon früh in der Kindheit auf und kann überraschende techn. Fertigkeiten beim Kind bewirken, die leicht ein Mißverhältnis zwischen Technik und echter Musikalität überdecken können. Haydn, Mozart, Schubert gehören zu den wenigen Komponisten, deren schöpferische B. sich gleich der reproduktiven früh ausdrückte. Zur vollen Entfaltung gelangt die musikal. B. in der Regel zwischen dem 20. und 30. Lebensjahr. → Musikpsychologie, absolutes Gehör, Amusie.

J. A. Mjöen, Vererbung d. musikal. B., 1934; J. Bahle, D. musikal. Schaffensprozeß, ^{2}1947; B. Teplov, Psikologija muzykal'nich sposobnostej (Psych. d. mus. B.) M 1947; R. Francès, La perception de la mus., P 1958; A. Bentley, Musikal. B. b. Kindern, 1968; J. McLeish, The factor of mus. cognition, L 1968; R. Shuter, The psychol. of mus. ability, L 1968; R. Wagner, Untersuchungen z. Entw. d. Musikalität, 1970; A. Wellek, Typologie d. Musikb. i. dt. Volke, ^{2}1970; ders., Musikpsychol. . . ., 1970; H. Diefenbach, Z. Diagnose d. musikal. B. (Diss. Würzb.) 1971; E. Pollok, Psychol. Probleme d. mus. B. (Diss. Salzb.) 1971; H. de la Motte-Haber, Musikpsychol., 1972; J. Ribke, Musikalität als Variable v. Intelligenz (Beitr. z. Syst. Mw. 3) 1979; K.-E. Behne, Mus. B., in: Neues Hdb. d. Mw. 10, 1982.

Beggar's Opera → Bettleroper.

Begleitstimme, die der Melodiestimme als harmonische Stütze beigegebene, musikalisch unselbständige, etwa in Terzen oder Sexten mitgehende Stimme, die auch in gebrochenen Akkorden das Harmoniegerüst füllen kann.

Begleitung, der Teil einer mehrstimmigen Musik, welcher der/den führenden Stimme(n) so zugeordnet ist, daß er sie untermalend, erläuternd, charakterisierend hervorhebt, harmonisch stützt oder inhaltlich bestätigt. Die Formen der B. sind zahlreich. Sie sind zurückzuführen auf einfache Unterstützung des Rhythmus bei Arbeits- und Tanzliedern durch Taktschlagen (Händeklatschen, Fußstampfen, Schlagwerk). Das Spiel eines Melodieinstr. trifft sich mit der Weise der Singstimme (→ Heterophonie), wobei die Wahl des Instr. schon durch den Text bestimmt wird, vertikale Beziehungen der Stimmen zueinander aber vom orientalischen Ursprung an bis ins frühe europäische MA hinein nicht vorhanden oder angestrebt sind. Sie bereiten sich in den noch selbständigen Stimmen des → Organums vor und entwickeln sich mit der Funktionsharmonik in der Instrumentalmusik (Laute, Tasteninstr.) mit Stützbaß und Stützakkord zum → Generalbaß (→ Generalbaßsatz) des 17. Jh., bei dem über dem Baßfundament die ornamental geführte Melodie verläuft. Mit dem anstelle des improvisierten, seit Mitte des 18. Jh. ausgeschriebenen Satz beginnt die instrumentale B. (obligates → Accompagnement), die bis Anfang des 20. Jh. ausgebildet und üblich war. Die Mittelstimmen wurden gleichwertig an der thematischen (→ durchbrochenen) Arbeit beteiligt. Über das Opernlied wurde das Lied mit Klavierb. weiterentwickelt, dessen Kunst bei den Wiener Klassikern die geschlossen polyphone B. (z. B. in Bachs Kantaten) voraussetzt und auf dem die motivisch-thematische B. bei Schubert, Schumann, Brahms weiterbaut. Die B. des Instrumentalsolos stellt sich virtuos neben und gegen dieses. Mit der Auflösung der Funktionsharmonik Ende des 19. Jh., in der → Neuen Musik des 20. Jh., verliert der Begriff B. den bisherigen Sinn angesichts der Gleichdeutigkeit der Stimmen.

L. Söhner, D. Gesch. d. B. d. gregor. Chorals in Dtl. (Veröff. d. Greg. Akad. Freibg./Schw. 16), 1931; G. Moore, *Singer and Accompanist,* L 1953; W. Fischer, D. „nachschlagende Akkord-B." b. Mozart (Mozart-Jb.), 1959; P. Cranmer, *The technique of accompaniment,* L 1970.

Béguine, Tanz(lied) auf den frz. Antillen, aus afrikan. und europ. Elementen (Mazurka); 2tlg. Takt; Gesellschaftstanz der 1930er Jahre.

Beiaard (nld.), → Glockenspiel.

Belcanto (it. = schöner Gesang), die in der ital. Oper des 17.–19. Jh. vorherrschende Technik ausgeglichenen, lyrischen Gesangs, die den schönen Klang der Stimme der Deutlichkeit und Wahrheit in der dramatischen Darstellung vorzieht. Das Ideal des B. entwikkelte sich in der → Venezianischen, dann der → Neapolitan. Schule und zeigt sich bei Monteverdi, Peri, Caccini, methodisch gefaßt von Tosi (1723) und Mancini (1774). Der Name B. tritt erst im 19. Jh. auf. In der weiteren Entwicklung ging das Element der Improvisation im B. (Tosi: *abbellimenti improvvisi* = improvisierte Ausschmückung) durch immer genauere Bindung an das Notenbild verloren. Von den gekünstelten Formen des B. entfernte sich Bellini durch vertieften Ausdruck und wirkte damit auf Verdi, Wagner und die russ. Oper ein (Glinka). → Kastraten, Primadonna, Verismo.

V. Ricci, Il B., Ml 1923; L. Siotto Pintor, Segreti del Bel Canto, Ml 1938; P. A. Duey, Bel Canto in its Golden Age, NY 1951; O. Merlin, Le B., P 1961; F. Thomas, B., 1968.

Bémol (frz.), **bemolle** (it.), in roman. Sprachen und im Russischen (*bemol'*) Vorzeichen für die Erniedrigung (b) eines Tones, mit dessen Solmisationssilbe zusammen es genannt wird (*do bémol* = des). → B, Akzidentien.

Bendīr, einseitig fellbespannte, hölzerne Handtrommel im islam. Nordafrika; innen mit → Schnarrsaiten; in Algerien mit Schellen; am oberen Zargenrand ein Daumenloch für die linke Hand, deren übrige Finger die sekundären Rhythmen schlagen.

Benedicamus Domino (lat. = laßt uns den Herrn preisen), Schlußformel (mit Antwort: *Deo gratias*) in kathol. Stundengebeten; bis 1960 in der Messe anstelle von *Ite missa est,* wenn *Gloria in excelsis Deo* nicht gesungen wurde.

Benedictus (lat. *benedicere* = loben), in der latein. Liturgie Lobgesang (*Canticum*) nach dem Text Lukas 1,68 ff. (*B. Dominus Deus Israel*) oder Daniel 3 (*B. es Domine*); nach Matth. 21,9 und Ps. 117,26 (*B. qui venit*) Teil der Messe als Schluß des → Sanctus. Luthers Deutsche Messe (1526) ließ für den Sonntagsgottesdienst den Austausch von B. und → Te Deum zu.

Benediktiner, Mönche des von Benedikt von Nursia 529 gegründeten Ordens (*Ordo Sancti Benedicti = OSB*), der sich insbesondere um die Erforschung, Reinerhaltung und Pflege der liturg. Musik bemüht, zu deren ältesten Zeugnissen die Ordensregel des B.-Klosters Monte Cassino gehört. Die Wiederherstellung der alten gregorian. Melodien im 19. Jh. ging von Solesmes aus. Das 1891 von J. Pothier herausgegebene *Antiphonale monasticum* (Neudruck 1945) wurde verbindlich für den Orden. Für das dt. Sprachgebiet wurden die B.-Abtei Beuron mit P. Johner, Maria Laach und Coesfeld Mittelpunkte der Choralpflege. Auch der mehrstg. Vokal- und Instrumentalmusik (auch weltl. Charakters) nahmen sich die B. an (Slgn. z. B. in St. Gallen, Kremsmünster, Melk), wie sie durch ihren Notendruck (Einsiedeln, Tegernsee, St. Gallen, Reichenau) und wesentlich auch durch ihre Leistungen im Orgelbau (Weingarten, Ottobeuren, Kremsmünster) berühmt wurden. Der Musikunterricht in den Klosterschulen, die Musiktheoretiker und Komponisten der Klöster gehören zu den bedeutenden Erscheinungen des Musiklebens im MA.

U. Kornmüller, D. Pflege d. Musik im B.orden (Stud. u. Mitt. aus d. B.orden) 1880/5; N. Rousseau, L'école grégorienne de Solesmes, P 1910; Benediktin. Monatsschr., 1919 ff.; St. Hilpisch, Gesch. d. bened. Mönchstums, 1929; P. Schmitz, Hist. de l'Ordre des Bénédictins, Maredsous 1942 (dt.: Einsiedeln 1947); M. Blanc, L'enseignement mus. de Solesmes, P 1953; F. Prinz, Frühes Mönchtum im Frankenreich, 1965.

Berceuse (frz. *berceau* = Wiege), Wiegenlied, 1. vokal als Volks- od. Kunstlied, wobei die weihnachtliche B. breiten Raum einnimmt; – 2. instrumental als lyrisches Stück in wiegendem Rhythmus (6/8), z. B. Chopin op. 57,

Schumann, Reger, Grieg, Debussy, Ravel, Strawinsky.

Bergamasca (Bergamo = oberital. Stadt), Tanzlied des 16.–18. Jh. (von Shakespeare im *Sommernachtstraum* erwähnt), schnell, geradtaktig. In Dtl. findet sich die B. z. B. bei Scheidt (1622). Ihr Auftreten in V. Rathgebers *Augsburger Tafel-Confect* (1733) und am Schluß von J. S. Bachs Goldberg-Variationen (*Kraut und Rüben*) zeigt die Einwirkung auf das dt. Volkslied. Die ebenfalls schnelle B. des 19. Jh. ist eher der → Tarantella ähnlich.

P. Nettl, Die B. (ZfMw) 1922/3; ders., The story of dance mus., NY 1947, ND 1969.

Bergerette (frz. *berger* = Schäfer), **Bergerie** (frz. = Schäferei, Schäfergedicht), pastorale Arietten des 18. Jh., die der → Brunette folgten. So erschienen nach Art der Sammlungen Ballards zahlreiche weitere, z. B. von J.-B. Wekkerlin, *Echos du temps passé* (1853/57). – Im 15., 16. Jh. allgemein Name verschiedener Tänze im 2- und 3tlg. Takt.

Bergreihen (= Reigen), Bergmannslieder seit dem 16. Jh., der Zeit des Aufschwungs im erzgebirgischen Bergbau, und Mitte des 18. Jh. in das allgemeine Berglied übergehend. Der Ursprung waren Tanzlieder, die kaum Bezug hatten zum Bergmannsleben. B. geistlichen Inhalts sind häufig (geistl. → Kontrafaktur z. B. durch N. Herman in Joachimsthal). Der ersten Slg. (W. Meierspeck, Zwickau 1531, ohne Melodien) folgten zahlreiche andere. Zweistimmige B. brachte E. Rotenbucher (1551), 4stge. M. Franck (1602) heraus.

R. Bäumer, Untersuchungen üb. d. B. (Diss. Lg), 1895; W. Heinz, D. Bergmannslied (Diss. Greifsw.), 1913; G. Heilfurth, Das erzgeb. Bergmannslied, 1936; ders., D. dt. Bergmannslied, 1954; ders., E. Seemann, H. Siuts u. H. Wolf, B. (Mitteldt. Forschungen 16), 1959; K. Rößler, D. Mansfelder Bergmannslied (Diss. Halle), 1967.

Berliner Schule ist die zusammenfassende Bez. für Komponisten und deren Werke im Umkreis des Berliner Hofes (Friedr. II.) ab 1740 und von dort ausstrahlend (daher auch „Norddt. Schule"); entsprechend königlicher Neigung war Instrumentalmusik im Vordergrund. Die handwerklich z. T. von J. S. Bachs Schaffen beeinflußte Schreibweise gibt Beispiele für den → galanten und → empfindsamen Stil (z. B. C. Ph. E. Bach, Quantz, Benda, die Brüder Graun). Er wirkte auch auf die oft nur volkstümelnde Einfachheit der „Berliner Liederschule" ein (erste Slg. 1753 durch den Juristen C. G. Krause; → Anakreontik), in der nur die *Geistl. Oden und Lieder* (Gellert) von C. Ph. E. Bach (1758) Gewicht haben, während die „2. Berliner Liederschule" (Reichardt, Zelter, J. A. P. Schultz) seit den 1770er Jahren unter dem Eindruck neuer Dichtung (z. B. Klopstock, Goethe, Schiller, M. Claudius, Hölty) und Herders Volkslied-Slg. mit bewußter „Kunstlosigkeit" entscheidend in der Entwicklung des Kunstliedes wurde.

H. Uldall, D. Klavierkzt. der B. Sch., 1928; H. J. Moser, Das dt. Lied seit Mozart, 1937, ^{2}1966; G. Busch, C. Ph. E. Bach u. seine Lieder, 1957; H. W. Schwab, Sangbarkeit, Popularität u. Kunstlied (Stud. z. Liedästhetik der mittleren Goethezeit) 1965; W. Wiora, Das dt. Lied, 1971.

Berner Konvention = Berner Übereinkunft zum Schutze von Werken der Literatur und Kunst (1886 mit Revision 1896, 1908, 1928, 1948, 1967, Pariser Fassung 1971). → Copyright, Urheberrecht, Welturheberrecht.

Besen, → Jazzbesen, Rute.

Besetzung, die Art und Zahl der Vokal- und Instrumentalstimmen, die der Komponist oder der Dirigent für ein Musikwerk vorgesehen haben. Wie die → Improvisation immer mehr im Laufe der Zeit durch genaue Festlegung des Musikablaufs im Notenbild eingeschränkt wurde, so wurde auch die Frage der B. um so bestimmter vom Komponisten selbst geklärt, je bedeutsamer die Klangfarbe für das Werk wurde. Dementsprechend ist die Art der B. in der → absoluten Musik von sekundärer, in der → Programm-Musik von grundsätzl. Bedeutung. Spezialisierung auf bestimmte Instr. und Instrumentengruppen setzte erst im 17. bis 18. Jh. ein. Ma. Instrumentalb. ist nur aus Abbildungen und Berichten bekannt. Geistl. Chöre waren mit Knaben- und Männerstimmen besetzt (→ Falsettisten, → Kastraten). Frauenstimmen erklangen in dt. Kirchenmusik zuerst Anfang des 18. Jh. (Mattheson). Wechselnde B. zeigt die bis heute im Gottesdienst übliche → Alternatimpraxis, z. B. im Wechsel von Orgel-, Chor-, Gemeindestrophe. Chormusik der Renaissance wurde auch instrumental begleitet (vgl. Bach-Motetten). Die Spielmusiken des 20. Jh. gaben in Anlehnung an die Barockmusik vielfach nur ungefähre B.sanweisungen (für Bläser, Melodie-Instr.). Beim Orgelspiel entspricht die Registrierung der B. → Aufführungspraxis; Instrumentation, Colla parte.

Bettlerleier, → Drehleier.

Bettleroper, Beggar's Opera (1728), die erste, erfolgreichste und für die spätere Entwicklung der engl. → Oper beispielgebende → Ballad Opera. Sie parodiert den ital. Opernstil durch Dialog und mit Verwendung allgemein bekannter Volksweisen mit neuen Texten und war zugleich politische Satire. Die Texte schrieb J. Gay, die Musik (Ouvertüre im frz. Stil, Zusammenstellung der Weisen) J. C. Pepusch. Von dem Erfolg der B. angeregt, schrieb Gay 1729 eine Fortsetzung: *Polly,* deren Aufführung verboten und erst 1777 möglich wurde. Neubearbeitung der B. erfolgte durch F. Austin 1920, E. J. Dent 1944, eine freie Bearbeitung 1948 durch B. Britten. 1928 wurde die freie dt. Übertragung der B. von Bert Brecht mit der Musik von Kurt Weill als *Dreigroschenoper* in Berlin uraufgeführt. Eine dt. Aufführung der alten B. fand erst im 20. Jh. statt.

J. Calmus, Die B. O. v. Gay u. Pepusch (SIMG) 1906/7; F. Kidson, The Beggar's O., Cambr. 1922, NY 1966; W. E. Schultz, Gay's B. O., New Haven/Conn. 1923; G. Handey-Taylor, F. Granville Barker, Gay and the ballad opera (Hinrichsen's Mus. Book) 1957.

Bezifferung, das Zahlensystem unter einem (bezifferten) Baß, das dem Generalbaßspieler das Harmoniegefüge über diesem Baß sichtbar macht und an das er sich bei seinem je nach Begabung strengen oder freien Spiel zu halten hat. → Generalbaß. – Selten ist die Bezeichnung B. für die Fingersatzzahlen in Werken für Tasteninstrumente.

Biän, Pien, → Lü-System.

Bibelregal, ein bis ins 18. Jh. gebrauchtes → Regal, das zu Buchform zusammengelegt werden konnte.

Bibliographie → Musikbibliographie.

Bibliotheken → Musikbibliotheken.

Bicinium (lat. = Zwiegesang), kontrapunktische, 2stg. Komposition im 15., 16. Jh.; vokal, instrumental od. gemischt, chorisch od. solistisch ausführbar. Die Gattung, bekannt aus Messe (Josquin), Chanson, Madrigal, wurde zwar häufig im Unterricht deutscher protestant. Lateinschulen benutzt, war aber allgemein verbreitet und weder konfessionell noch landschaftl. gebunden. Die Texte zeigten deutlich pädagog. Absicht und waren, soweit nicht ausdrücklich für den Schulgebrauch bestimmt, allgemein erbauend. Die zahlreichen Slgn. enthalten Werke der bedeutendsten Chorkomponisten der Zeit, wenn es sich auch oft um 2stg. Teile mehrstimmiger größerer Kompositionen (Messen usw.) handelt. Bekannt sind die Ausgaben von Rhaw (*Bicinia Gallica, Latina, Germanica,* 1545), Othmayr (*B.a sacra,* 1547). M. Praetorius (in: *Musae Sioniae* IX, 1610), M. Agricola (*Instrumentische Gesänge,* ca. 1545), Phalèse und Bellère (*Liber Musicus,* Antwerpen 1571). Im 17. Jh. setzten sich an Stelle des B. der instrumental begleitete Zwiegesang (mit Generalbaß) und das Duett durch. Neuausgaben und Neukompositionen erschienen im 20. Jh.

H. Albrecht, B. (MGG), 1949; H. Fischer, Vom Bicinium zum Lied-Duett (Musikal. Formen in histor. Reihen), 1962; D. Kämper, D. Lehr- u. Instr.-Duo um 1500 in It. (Mf.) 1965; B. A. Bellingham, The b. in the Lutheran Latin schools. (Diss. Toronto) 1971.

Biedermeier, aus der dt. Literaturgesch. übernommene (weniger und erst seit etwa 1930 für die Musik verwendete) Bez. für spießbürgerlich epigonal-enge Geisteshaltung und deren Ausdruck in der Kunst im 2. Viertel des 19. Jh., die von romantischer Musik abgegrenzt werden sollte (Niemann: *Nebenromantiker*). Damit wird im wesentlichen das aufkommende Vereinswesen und die aus Kammermusik und den Arten des → Charakterstücks entstehende → Salonmusik gemeint (R. Schumann: *Stübchenmusik*); z. B.: C. Loewe, Kreutzer, Lortzing, Nicolai. Eine fortschrittl. Strebung, parallel zur gesellschaftl. und literar. Entwicklung, meint man in einem musikal. „Vormärz" (etwa 1830/48) zu sehen.

C. Dahlhaus, Romantik u. B. (AfMw) 1974; E. Lichtenhahn, Musikal. B. u. Vormärz (Schweizer Beitr. z. Mw) 1980.

BIEM, → Urheberrechtsgesellschaften.

Bifar(i)a (lat. *bifarium* = doppelt), Doppelregister in der Barockorgel. 2 Pfeifen zu jedem Ton, aber verschieden mensuriert, stehen auf einem Pfeifenstock. Der Ton wird verstärkt. Im neueren Orgelbau wird die B. (auch Biffero, Piffero = → Schalmei) nicht mehr verwendet.

Bīn (ind.), 1. nordind. Rundstabzither mit 4 Melodie-, 3 Resonanzsaiten, 2 großen Kalebassen als Resonatoren (die obere beim Spiel auf den Schultern liegend); meist mit 19 Bünden. → Vîna; vgl. → P'i-p'a; – 2. Doppelklarinette in Pakistan und Indien (auch *māgudi,* in Westindien *morli*). Beide Rohre (Spiel- und Bordunpfeife) stecken mit ihrem Rohrblatt in einem Kürbis als → Windkapsel; Instr. der Schlangenbeschwörer.

Biniou (breton.), → Sackpfeife in der Bretagne; die Spielpfeife mit Doppelrohrblatt, die doppelt längere Bordunpfeife mit einfachem (aufschlagendem) Blatt. Dieses Instr. (*petit b.*) wurde im 20. Jh. von der schott. Sackpfeife (3 Pfeifen) verdrängt.

Biographie → Musikgeschichte.

Birbine (litauisch), Name mehrerer litauischer Blasinstr. – 1. Klarinette mit konischem Rohr, 6 Grifflöchern, Becher aus Tierhorn; scharf durchdringender Klang; in 4 Größen gebaut; ähnl. dem lett. (zylindr.) Ganurágs; – 2. Hirtenflöte mit 3 Grifflöchern.

Birne, bei der Klarinette Zwischenteil zwischen Mundstück und Schallrohr.

Bisbigliando (it. = flüsternd), beim Harfenspiel Anweisung für schnelle Wiederholung eines Tons im Pianissimo (beide Hände); auch Triller und Akkordtremolo.

Bitonalität, in 2 Tonarten zugleich (→ Polytonalität), z. B.: R. Strauss (*Also sprach Zarathustra:* C-dur gegen h-moll), I. Strawinsky (*Petruschka*-Thema: C-dur gegen Fis-dur), M. Ravel (Klavierkonzert: G-dur gegen dis-moll), B. Britten (Überfallszene in *The Beggar's Opera:* B-dur gegen Des-dur).

Biwa (japan.), Laute; wie die chines. → P'i-p'a, doch mit 4 od. 5 Saiten; rechtwinkl. abgeknickter Wirbelkasten, flaches Korpus mit Schallöchern; kurzer Hals; vermutl. seit Ende des 7. Jh. in Japan (→ Gagaku).

Blasinstrumente → Aërophone.

Blasmusik beabsichtigt großräumige Wirkung im Ggs. zur Streichermusik. Im 15. Jh. bildeten Posaunen mit → Zinken oder Schalmeien als Oberstimmen den festen Bestand der sonst wechselnden Besetzungen. Für die Tanzmusik der → Alta (musica) waren Schalmei, Pommer, Posaune der Grundbestand. Das Muster der franko-fläm. Vokalpolyphonie wirkte auf die B. des 16. Jh. (M. Agricola, *Instrumentische Gesänge,* 1542; J. Walter, 26 Fugen, 1542). Die Besetzung war vorgeschrieben für Turm- und Festmusiken (→ Abblasen). In großer Besetzung fand sich B. bei Prozessionen. In der gesellschaftl. Ordnung standen Hofbläser gegen → Stadtpfeifer und Ratsmusiker; in der Hofkapelle (z. B. Burgund) galten die Trompeter mehr als die Gruppe der *haute musique* (Alta); diese galt mehr als die *basse musique*. Nach dem Muster der mehrchörigen Vokalmusik stellten sich die Stimmfamilien der Blasinstr. in Klanggruppen dynamisch gegeneinander (G. Gabrieli, H. Schütz, bläserische Zwischensätze zu Chorwerken); Sonaten für Blasorchester entstanden (J. Pezel, *Hora decima,* 1670). Das Klangvolumen wurde erweitert, die Musik zu Tanz und Schützenaufzug kräftiger, die Suite für Bläser war greller als Sonate und Kanzone. Die Bläserbesetzung in der Kirchensonate blieb, während die Kammersonate mit Streichern besetzt wurde. Am Ende des 17. Jh. bereitete sich die klassische Bläserbesetzung vor: Die barocken Instrumentenfamilien wurden ersetzt durch Oboe, (Quer-)Flöte, Waldhorn, Fagott. In die Nähe der → Militärmusik gehörte die Zunft der Trompeter. Die Heeresmusik (Fußvolk) erhielt zu den bisherigen Pfeifen und Trommeln Fagott und Oboe. Das neue Klangideal nach 1750 drängte nach Farbigkeit, Auflockerung des Satzes und virtuoser Entfaltung der Instr., die individuell behandelt und bis zur Grenze der techn. Möglichkeiten ausgenützt wurden. Seit der → Mannheimer Schule wurde die Klarinette der Oboe vorgezogen. Mozarts Serenade für 13 Bläser (KV. 370a) gab ein Beispiel für die neue Entwicklung. Der Bläserklang der Romantik wurde kraftvoll, grandios dank der Verbesserung an den Instr. (Holz: Almenraeder und Boehm, vgl. → Flöte, Klarinette. Blech: Ventilinstrumente ermöglichen chromatisches Spiel). Die bläserische Kammermusik stellte das Blasquintett mit Flöte, Oboe, Klarinette, Horn, Fagott (Beispiele bei P. Hindemith, O. Gerster, J. Ibert) gegen das Streichquartett. Bei straffer Rhythmik bleibt jede Stimme gleichberechtigt. Fuge, Kanon, Variation setzen jedes Instr. solistisch ein: Trio für Holzbläser (Oboe, Klarinette, Fagott: E. Schulhoff, 1928; D. Milhaud, 1937; Flöte, Oboe, Fagott: W. Fortner); R. Strauss, Serenade für 13 Bläser, I. Strawinsky, Oktett; P. Hindemith, Septett. Im übrigen blieb die reine B. nur noch in Militärkapellen erhalten, dort mit Marsch, Charakterstück und Arrangement. Sie wirkte wieder als Vorbild für Laienorchester, die in Industriegegenden als Harmoniemusik (mit Holzbläsern), in ländlichen Gegenden und insbes. in Süddtl. und den Alpenländern oft als reine Blechmusik mit straffer Organisation auftritt mit Volksfesten und Wettbewerben. Als Instrumentalchöre entstanden im Bereich der evangel. Kirche (J. Kuhlo) → Posaunenchöre, die alte und neue B. und Choralsätze mit Posaune, Trompete, Flügelhorn spielen. Die Blechblasgruppe (*brass band*) der Schulen und Universitäten in USA und England findet auch in Dtl. Nachahmung, wo sich stetige Bemühung um einen neuen B.stil auswirkt (Kompositionen u. a. von: S. Borris, H. Genzmer, H. Grabner, P. Hindemith, P. Höffer, K. Marx, H. Regner, W. Schneider, B. Stürmer, L. Weber). Konzertante Werke für B. schrieben u. a. Hindemith (*Konzertmus. für Blasorch.*), Schönberg (*Theme and Variat.*, op. 43A), Strawinsky (*Symph. d'instr. à vent*). → Werksmusik.

W. Ehmann, D. bläser. Satzpraktiken i. d. ält. B., 1949; ders., D. bläser. Kunst, 1951; W. Schneider, Hdb. d. B., 1954; R. F. Goldmann, The wind band, Boston 1961; P. Winter, D. mehrchör. Stil, 1964; U. Sirker, Die Entw. des Bläserquintetts i. d. 1. Hälfte d. 19. Jh., 1968; W. Suppan (Hg.), Lex. des B.wesens, ²1973; ders. u. E. Brixel (Hg.), Alta musica (Publ. Reihe) 1976ff.; H.-Chr. Mahling, Arrangements f. Blasinstr. u. ihr soziolog. Hintergrund (Alta mus.) 1979; A. R. Taylor, Brass bands, L 1979; D. Whitwell, Band mus. of the French revolution (Alta mus.) 1979. → Militärmusik.

Blasquinte, der 3. → Partialton (Duodezime), der statt des 2. erklingt, wenn ein gedacktes Rohr → überblasen wird. Von dieser Erscheinung ausgehend versuchte E. M. v. Hornbostel die Entstehung exotischer Tonsysteme zu erklären (B.ntheorie).

Blatt, → Rohrblatt.

Blatt(spiel), → prima vista.

Blechblasinstrumente im heutigen Gebrauch sind Trompeten, Posaunen, Horninstr., Tuben.

Blinde (Musiker). Die unter B.n häufiger auftretende Musikbegabung ist zurückzuführen auf die Notwendigkeit, die übrigen Sinne im stärkeren Gebrauch zu schärfen. Fördernd wirkt vielfach der früher beginnende systemat. Musikunterricht, der sich bevorzugt auf die Ausbildung in Klavier, Orgel, Violine oder Gesang konzentriert und dabei auch das Gedächtnis auf die später zu leistende, erstaunliche Aufgabe vorbereitet. Die Notenschrift der B. stellt die Buchstaben in Kombinationen von 6 gestanzten (erhabenen) Punkten dar, die der blinde L. Braille 1839 als Lehrer an der ältesten B.-Schule (Paris, seit 1784) erfunden hatte. Ein Musikstück kann vollständig in B.nschrift wiedergegeben werden, jedoch erfordert das Lesen starke Konzentrationsfähigkeit, weil die Partitur nicht als Ganzes sofort überschaubar ist, vielmehr muß z. B. beim Orgelsatz der Part der rechten, der der linken Hand und des Pedals in bestimmten, meist von der Musik gegebenen Abschnitten nacheinander gelesen werden. Die Methode wurde allgemein bekannt als Internat. Punktmusikschriftsystem (1929). Die Regeln für die Übertragung von Noten in B.nschrift wurden 1938 in einer Systematik der B.nnotenschrift niedergelegt und 1954 in Paris revidiert (dt. Ausgabe zuletzt 1966). Deutsche Leihbibliotheken für Werke in B.druck bestehen in Hamburg, Leipzig und Marburg.

Wolf, 1913/9; H. Best, The blind, L 1919; H. J. Moser, Blinde Musiker aus 7 Jh., 1956; A. Reuß (Hg.), Revidiertes Internat. Regelbuch, 1957; B. Krolick, Dict. of Braille mus. signs, Washington 1979.

Blockflöte, Schnabelflöte, Kernspaltflöte (engl. *recorder*; frz. *flûte à bec/fl. douce*; it. *flauto dolce*), 1. Holzblasinstr. aus der Gruppe der Längsflöten, in dessen Mundstück (Schnabel) ein „Kern“ (Block) so angebracht ist, daß die Blasluft nur durch den schmalen Spalt, sich an einer Kante (→ Labium) brechend, in das Rohr dringt, das meist 7 Grifflöcher (größere Instr. mit Klappen) und ein Daumenloch hat. Die Ansprache ist leicht, der Ton zart, hauchig, leicht überblasend. In Europa ist die B. seit dem 11. Jh. nachgewiesen. Bis etwa 1750 hieß sie schlechthin Flöte. Seit dem 16. Jh. wird sie in mehreren Größen gebaut. Praetorius nennt 9 bis zur 2½ m hohen Großbaßflöte. Der Block wurde zum Schnabel gerundet (*flûte à bec*). Im Orchester konnte die B. der Forderung nach hellerem Ton zunächst besser entsprechen als die Querflöte (*flûte traversière*). Sie klang heller, süßer (*flûte douce, flauto dolce*), dabei kräftiger und war dennoch bei der Entwicklung zum größeren, expressiven Orchesterklang zu ausdrucksarm, daß sie, etwa ab 1750 von der Querflöte verdrängt, nahezu vergessen wurde. In der frz. Barockmusik bezeichnete die Kurzform *flûte* noch bis 1730 die B., danach die Querflöte. Vor allem in d. Volks-(Tanz-)Musik blieben als Nebenformen der → Czakan, das frz. und das engl. → Flageolett in Gebrauch. Eine Hochblüte hatte die B. allgemein im Ensemblespiel (→ Consort) des 16., besonders 17. Jh. in Engl. (*Common Flute*). Dort kam Ende des 19. Jh. im Bemühen um alte Musik (1885 in London Konzert mit 8 Museums-B.) und Aufführungspraxis ein neues Interesse für die B. auf (A. Dolmetsch, 1903; erster Nachbau 1921). Unabhängig davon setzten sich in Dtl. 1921 W. Gurlitt und nach 1922 W. Danckert für die Rekonstruktion ein. Die B. wurde rasch Instr. der Konzert-, Kammer-, Haus- und Schulmusik (in Polen seit 1978 obligatorisch in allgemeinbildenden Schulen) und wird meist in 4 Größen gebaut. Eine Kontrabaß-B. bauten 1976 J. und H. Paetzold. – Maßgebende frühe Lehrwerke waren die von M. Agricola (1529), Ganassi (1535) und Hotteterre (1707, 1719). Durch die Neubelebung der B. wurden zahlreiche Neukompositionen und Neuausgaben älterer Werke angeregt. – 2. B. in der Orgel: Labialregister 4′, 2′, 1′; selten (dann gedeckt: 1 Oktave tiefer) 16′ od. 8′; „B.nquinte" bzw. -terz: Flötenstimme 2⅔′ bzw. 1⅗′.

Außer den unter → Flöte genannten: D. Degen, Z. Gesch. d. B. i. den german. Ländern, 1939, [3]1970; H. A. Moeck, Urspr. u. Tradition d. Kernspaltfl. des europ. Volkstums ... (Diss. Göttgn.) 1951; ders., Typen europ. Kernspaltfl., 1977; H. Peter, Die B. u. ihre Spielweise in Vergangenh. u. Gegenw., 1953; L. Höffer-v. Winterfeld, H. Kunz, Hdb. d. B.-Literatur, 1959; E. Hunt, The recorder and its mus., L 1962; H.-M. Linde, Hdb. d. B.spiels, 1962/72; Alker, B.-Bibliogr., 1966/69/75; SIMP 1969; L. Meierott, Die kleinen Flötentypen, 1974; Chr. Brade, Die ma. Kernspaltflöten Mittel- u. Nordeuropas (Gött. Schriften z. Vor- u. Frühgesch. 14) 1975; U. Schmidt, Notation d. neuen B.musik, 1981.

Blue Beat, → Reggae.

Blue Notes, → Blues.

Blues (v. amerikan. *to feel blue* = traurig sein), 1. schwermütiges, weltliches Lied der amerikan. Neger, die darin vor allem Liebesleid und -sehnsucht besingen. Der *Country B.* ist der meist mit Gitarre begleitete Einzelgesang des fahrenden Sängers im Ggs. zu dem von Frauen gesungenen *City B.* der Großstädte der 1920er Jahre (Chikago, New York). – Von daher 2. die für den → Jazz grundlegende Form mit 12taktiger Strophe zu 3 × 4 Takten. Die ersten 2 Teile sind (auch inhaltlich) gleich und oft eine Frage, der dritte gibt (auch musikalisch) die Antwort. Das Harmoniegerüst besteht regelmäßig aus: Tonika – Subdominante / Tonika – Dominante / Tonika. Mit diesem Schema baute sich die Improvisation auf. Die Blütezeit des „klassischen" B. lag zwischen 1925 und 1930 (Bessie Smith, die „Kaiserin des B."). Die gedankliche Verfeinerung im *sophisticated B.* leitete den Verfall ein, jedoch gab die ursprüngl. Anlage immer wieder neue Anregung. Durch Übertragung des B. auf das Klavier entstand der → Boogie-Woogie mit kurzen Linien und gleichmäßig fließenden Baßläufen. Ein B.-Merkmal sind *blue notes,* die B.-Skala, in der die Terz, Quinte und Septime erniedrigt werden und die Melodie indifferent schwebend wird. Einfachheit und Eindringlichkeit des musikal.-textl. Aufbaus sind Elemente des in engl. Slums entstandenen „neuen", „weißen" B. In den 1950er Jahren entwickelte sich in Liverpool aus der Verbindung von → Rhythm and B. mit dem → Rock'n'Roll die Stilrichtung des → Beat.

W. C. Handy, The birth of the b., NY 1941; C. Hzg. v. Mecklenburg, W. Scheck, Die Theorie des B. im mod. Jazz, 1963, ND 1971; P. Oliver, Aspects of the b. tradition, NY 1970; ders., The story of the b., Harmondsworth 1972; T. Russell, Blacks, whites and b., L 1970; B. Groom, The b. revival, L 1971; R. Middleton, Pop mus. and the b., L 1972; J. F. Titow, Early downhome b., Urbana 1977; A. M. Dauer, B. aus 100 Jahren, 1981. → Jazz.

Bobisation (Bocedisation), Tonsilbensystem, um 1574 von H. Waelrant geschaffen. Gleichzeitig mit ihm versuchten andere (insbes. Anselm v. Flandern, um 1580), das Hexachord zur Oktave zu ergänzen und einen Tonnamen für die 7. Stufe der Skala in den Musikunterricht einzuführen. Das System wurde nach den Anfangssilben genannt (Bo, ce, di, ga, lo, ma, ni). → Solmisation, → Bebisation.

Bocca chiusa (it. = geschlossener Mund), → Summstimme.

Bockstriller (it. *trillo caprino*), im Gesang: „meckernder" Triller durch Vibrieren der Stimme auf einem Ton, wodurch ein Sekundtriller vorgetäuscht wird. Schließlich wurde jeder falsch vorgetragene Triller, etwa mit ungleicher Höhe oder Geschwindigkeit, B. genannt.

Bogen, 1. Zeichen („Haltebogen") der Notenschrift: über oder unter Noten gleicher Tonhöhe = Verlängerung des ersten Tons um die Länge des (der) durch B. angebundenen nächsten; – 2. Zeichen der Artikulation: über od. unter Noten verschiedener Höhe = Bindung durch eine Textsilbe im Gesang und durch einen Atem (Bläser), im B.strich der Streicher oder Anschlag bei Tasteninstr.; – 3. Zeichen der → Phrasierung, einen logischen Zusammenhang darstellend. Dieser B., oft Zutat des Herausgebers (daher oft in ekkigen Klammern), belastet häufig das Notenbild, weil er von B. 2 häufig nicht zu unterscheiden ist. – 4. Streichbogen, mit dem die Saiten gestrichen od. geschlagen werden und der das frühere → Plektrum ersetzt. Eine Verwandtschaft mit dem → Musikb. wurde vermutet. Der Streichb. entstand im ind.-persischen Raum und tritt in Europa in verschiedenen Formen auf: an der Spitze, an beiden Enden od. gleichmäßig über die ganze Länge gekrümmt. Im 16. Jh. galt der Violenb. als Norm (Verhältnis von B.länge und Mensur des Instr.). Die B.spannung wurde mit dem Finger geregelt. Entscheidende Verbesserung brachten im 18. Jh. F. Tourte, sein Bruder und sein Vater: Sie wählten Pernambukholz; die Stange wurde, je dünner, um so stärker konkav gekrümmt. Dadurch wurde der B. elastischer im Ggs. zum konvex gekrümmten B., bei dem durch stärkeren B.druck die Enden näher zueinandergezogen wurden. Der Bezug aus Pferdehaar (heute 150–250) lag in Bandform und wurde am Frosch durch einen Schieber (Perlmutt) gehalten. Der → Frosch war beweglich durch eine Stellschraube, die später fest mit der Stange verbunden wurde. Seitdem gibt es genaue Daten für die einzelnen B., z. B. Violine: Gesamtlänge 75 cm, Bezug 9 mm breit, Gewicht bis 60 g. Der Baßb. hat noch heute 2 Formen: die frz. (Leipziger), eine Vergrößerung des Cellob., und die dt. Form (Dresdener) mit für den Schräggriff tiefer gebuchtetem Frosch; – 5. Stimmbogen, → Setzstück.

F. Wunderlich, D. Geigenb., 1936, [2]1952; H.-H. Dräger, D. Entw. d. Streichb., 1937; J. Roda, Bows for mus. instr. of the violin family, Chicago 1959; → Geigenbau.

Bogenführung, Abstrich (*tiré*), Aufstr. (*poussé*) b. Streichinstrumenten; im Notenbild angegeben, wo nicht einheitl. Grundregeln gelten; im wesentlichen: Abstrich bei betonter (meist 1.) Zählzeit im Takt; im Dreiertakt gebunden od. portato od. mit anderer Strichverteilung (2 Ab- bzw. Aufstriche). Im Ggs. zum Abstrich ist der Aufstr. naturgemäß weniger markierend. Die Regeln gelten für die moderne B. mit

Obergriffhaltung. Ziel ist der edle, klare Ton bei sparsamstem Kräfteaufwand (wozu das vernünftige Verhältnis von Atmung und B. gehört) und (auch optisch) ausgeglichene rhythmische Bewegung im Ganz-, Halb- od. Drittelstrich (gleitend, gezogen od. gestrichen). → Stricharten.

Bogenhammerklavier, ein dem Klavier ähnliches Instrument mit einem oberen Manual für Drahtsaiten, die mit Hämmern angeschlagen wurden, und einem unteren, mit von einem mechan. bewegten Bogen in Schwingung versetzten Darmsaiten. Der Erbauer Greiner (1779) stützte sich auf Hohlfelds → Bogenklavier.

Bogenklavier(-flügel), Tasteninstrument, dessen Saiten beim Spiel entweder durch mittels Pedalmechanismus bewegte Rädchen (so bei H. Heydns Geigenclavicymbel oder Nürnbergischem Geigenwerk, 1599) oder durch einen radförmigen Streichbogen (Bogenrad; G. Gleichmanns Klaviergambe, 1790, und C. L. Rölligs Xenorphica, 1797) gestrichen wurden. Mit der im 19. Jh. versuchten gebogenen Tastatur des Klaviers hat das B. nichts zu tun. Vgl. → Drehleier.

Böhmische Brüder, die aus der Hussitenbewegung im 15. Jh. hervorgegangenen böhm.-mährischen Glaubensgemeinschaften, 1621 unterdrückt und zerstreut und mit einer späteren Nachfolge in den Brüdergemeinen des Grafen Zinzendorf (Herrnhut ab 1722; erstes Gesangbuch 1725). Bedeutend ist die Nachwirkung der volkssprachigen → Gesangbücher (tschechisch zuerst 1501, noch ohne Melodien), für das dt. → Kirchenlied besonders M. Weißes *New Gesengbuchlen* (Jungbunzlau 1531), das u. a. Hymnen, Sequenzen, auch Volkslieder aufnahm, späteren Slgn. vermittelte und so zur wichtigen Fundgrube der → Hymnologie wurde. Neuauflagen und Slgn. erschienen auch außerhalb Böhmens (z. B. 1544 Weißes Gesangb. in Nürnberg; 1581 Esrom Rüdigers *Libri Psalmorum* in Görlitz). Durch Zinzendorf beeinflußt, wurde im 18. Jh. in Herrnhut die „Singstunde“ eingeführt, eine Art gesungener Predigt (vgl. → Liedpredigt), der oft die gesprochene folgte und für die neue Lieder entstanden. Später wurden Chorgesänge, instrumental begleitete Arien und Rezitative und mit dem neu gegründeten Collegium musicum auch konzertante Musik in den Gottesdienst der 1730er Jahre aufgenommen. Das Herrnhuter Beispiel wurde von den Missionssiedlungen in Nordamerika übernommen mit dem Zentrum in Bethlehem/Penns. (Coll. Mus., ca. 1741), in deren Bibliotheken Instrumentalwerke u. a. von J. Haydn, Abel, F. X. Richter liegen.

R. Wolkan, Das dt. Kirchenlied der B. B. i. 16. Jh., 1891, ND 1968; J. Th. Müller, Hymnolog. Hdb. zum Gesangb. d. Brüdergem., 1916; ders., Gesch. d. B. B., 1922, 1931; B. Stäblein, Die ma. liturg. Weisen im Gesangb. der B. B. (Mf) 1952; C. Schoenbaum, D. Weisen d. Gesangbuches d. B. B. . . . (JbLH) 1957; M. P. van Buijtenen u. a. (Hg.), Unitas Fratrum, Utrecht 1975; R. Claypool, Archival Collections of the Morav. Mus. Foundation (FAM) 1976; J. S. Ingram, Repertory . . . of the Salem Coll. mus. (ebd.) 1979.

Bolero, spanischer Tanz in mäßig bewegtem ¾-Takt, Ende des 18. Jh. entstanden und heute in Kastilien und Andalusien bevorzugt. Der B. steht der → Seguidilla nahe und ist möglicherweise aus ihr entstanden. Der Rhythmus hat sich durch die Verwendung von → Kastagnetten gewandelt, die den heutigen B. scharf akzentuieren. Den Gesang der Tänzer und die Kastagnetten können noch Tamburin und Gitarre begleiten. In der dt. Oper findet sich der B. bei C. M. v. Weber (*Freischütz, Preziosa*). In Chopins op. 19 zeigt sich die Verwandtschaft des B.-Rhythmus zu dem der → Polonaise. Maurice Ravels B. (1928) lebt von der Schärfe des Rhythmus und von der Steigerung im Orchesterklang.

J. Pena, H. Anglés, Dicc. de la mus. Labor, Barcelona 1954; G. Chase, The mus. of Spain, NY [2]1959.

Bombarde, Orgelregister, → Pommer.

Bombardon, Blechblasinstrument; zunächst die nach 1820 von J. Riedl in Wien gebaute Baßophikleïde mit 12 Klappen, dann Baß-(Kontrabaß-)Tuba mit Klappen od. 3–4 Ventilen, von Riedl 1835 in Konkurrenz zur → Tuba mit 5 Ventilen gebaut. „Kaiserbaß" nannte V. Červený (Königgrätz) seine 1883 aus d. B. entwickelte Kontrabaß-Tuba in Tuba- od. → Helikonform, für die USA mit besonders weiter Stürze gebaut.

Bomhart, → Pommer.

Bonang, indones. (javan., balines.) Schlaginstr.; 10–14 mit Schnüren an einem Rahmen waagrecht in 1 od. 2 Reihen mit Öffnung nach unten befestigte Bronzekessel (→ Gong); Teil des → Gamelan-Orchesters (nicht des kammermusikalischen *gamelan klenéngan*). Es werden 3 Größen benutzt. Man unterscheidet nach dem Klang: männlich (*wangun lanang*) und weibl. (*w. wedon*); vgl. → Pelog, Slendro.

Bongos, in Westindien und Südamerika kleine, einseitig bespannte Trommeln, paarweise verbunden und bis zum Quintabstand gestimmt; mit der Hand in verschiedener Manier geschlagen; von Kuba aus in den latein-amerikan. Tänzen (Mambo, Cha-Cha-Cha), im → Jazz, auch in der Orchestermusik eingesetzt (Henze, *Ode an den Westwind*).

Boo-bams, in den USA entwickelte, abgestimmte, einseitig bespannte Felltrommel, ursprünglich zylindrisch, zu 3–5 gebündelt, dann (in Klaviaturordnung bis zu 2 Oktaven, chromat.) mit rundem Fellrahmen über viereckigen Resonanzkörpern verschiedener Länge.

Boogie-Woogie, von farbigen Musikern zwischen 1910 und 1920 nach Chicago eingeführter und dort im harmonischen Blues-Schema weiterentwickelter Klavierstil mit rhythmisch gleichen Baßlinien (*walking bass*), meist in stark akzentuierten (auch punktierten) Achteln, denen die Melodie in kurzen Motiven mit Tremolo und gebrochenen Akkorden gegenübersteht. → Riff.

Bootleg (amerikan. aus der Prohibitionszeit = Alkoholschmuggel), Raubpressung von Schallplatten od. nicht autorisierte Überspielung von Kassetten; stets von minderer Qualität; als Urheberrechtsverletzung von den Originalherstellern verfolgt.

Boq, Buq, Alboq (arab., pers.), ein seit dem 10. Jh. bekanntes Horn der islam. Heere, auf das vermutl. das kleinere, altspan. Doppelrohrblatt-Instr. *albogón* (erwähnt im 14. Jh.) zurückgeht

(Schalmei od. Rohr der Sackpfeife) und die bask. Doppelklarinette *alboka* (portugies. *albogue*), ein Hirteninstr. mit 5 und 3 Grifflöchern; Windkapsel und Schallstück aus Horn (vgl. → Hornpipe).

Bordun (lat. *bordunus*; it. *bordone*; frz. *bourdon*; engl. *burden*), 1. mitklingender, meist tiefer Ton (auch Name der ihn erzeugenden Saite od. Pfeife), z. B. von einer Saite, die mitschwingt (Sympathiesaite) od. leer mit angerissen/gestrichen wird; od. die bei der Orgel (im Quintabstand) mitklingende B.-pfeife; so auch der anhaltende Ton bei → Drehleier, Sackpfeife; auch die tiefere Stimme eines Satzes (Cantus firmus). Vgl. → Fauxbourdon, Faburden. – 2. → Gedackt; Stimme der Orgel, meist 16′, 8′, 4′ mit kräftigem Ton.

J. Matzner, Zur Systematik der B.instr., 1970; D. Hoffmann-Axthelm, B. (HmT) 1972; W. Deutsch (Hg.), Der B. in d. europ. Volksmus., W 1981.

Bossa nova, → Samba.

Boston, nach der nordamerikan. Stadt benannter Gesellschaftstanz, ein langsamer Walzer (3/4-Takt; vgl. → Engl. Waltz) mit meist sentimentaler Melodie, oft in Moll. Er entstand um 1870 und wurde nach 1920 als Gesellschaftstanz rasch in Europa beliebt.

Bouché, *bouchés sons* (frz.), gestopft (bei Blechblasinstrumenten); → gedackt (bei der Orgelpfeife).

Bouche fermée (frz. = geschlossener Mund), → Summstimme.

Bourdon (frz.), → Bordun.

Bourrée (frz.), Tanz aus der Auvergne mit verschiedenen landschaftl. Varianten; Allabreve-Takt mit straffem, synkopiertem Rhythmus. Der Volkstanz, ursprüngl. im Dreiertakt, wurde im 17. Jh. Tanz der höf. Gesellschaft, im 17., 18. Jh. bekannt als *B. française,* geradtaktig, → Rigaudon und → Gavotte ähnlich, doch schneller; Auftakt meist auf dem letzten Viertel (Achtel). Die zwei Teile der B. werden wiederholt. J. S. Bach läßt ein → Double folgen, nach dem die erste B. wiederholt wird (vgl. Menuett und Trio). Etwa ab 1650 war die B. Bestandteil der Instrumental-Suite. Lully verwendete sie in der Oper (Ballett). Bei Purcell erscheint die Cembalo-B., und Mitte 18. Jh. ist die B. oft in der Klavier- → Suite zu finden (Händel, Bach), verschwindet dann und wird Ende des 19. Jh. als folkloristische Reminiszenz in der Kirchenmusik wieder aufgenommen (Saint-Saëns, A. Roussel u. a.). – Die Herkunft des Namens ist noch ungeklärt.

P. Nettl, The story of dance mus., NY 1947, ND 1969.

Braille-Punktschrift → Blinde.

Brando (it.), → Branle.

Branle, Bransle (frz. *branler* = sich wiegen, wackeln), im 16., 17. Jh. Tanz (Tanzfolge) in Frk. mit regional und gesellschaftl. unterschiedlichen Arten; geradtaktig; auch im 3teiligen Takt; als Volkstanz (Reigen, Kettentanz) in Tabulatur bei Attaingnant (1530) enthalten; dann höfischer Gesellschaftstanz. Er steht als Tanzlied mit Refrain der Chanson nahe. Bei Praetorius (*Terpsichore,* 1612) ist er Ballettmusik. Arbeau (*Orchésographie,* 1588) unterschied *branle double, br. simple* (beide langsam) und *br. de Bourgogne* (für jüngere Tänzer). Anders als in Italien (*brando*) wurde der B. in Engl. (*brawl*) Hoftanz, noch ehe er in Frk. am Hof Ludwigs XIV. heimisch war. → Suite.

P. Nettl, The story of dance mus., NY 1947, ND 1969; M. Dolmetsch, Dances of Engl. and France . . ., L ^{2}1959; M. McGowan, L'art du ballet de Cour en France, P 1963.

Brass Band (engl.), Blechmusik, nur mit Blechblas- und Schlaginstr. (vgl. → Harmoniemusik); **Brass Section** = die Blechblasinstr. einer Kapelle (Band).

Bratsche (it. *viola da braccio* = Armfidel; kurz Viola oder B. genannt; frz. *alto*), 4saitiges Streichinstr. in der Bauart der → Violine, also mit niedrigen Zargen, gewölbtem Boden, Randüberstand, ausgezogenen Ecken, f-Löchern und (anders als die → Gambe) unverspitztem Oberbügel. Der Körper ist größer als der der Violine, die B. also tiefer gestimmt: c, g, d', a'. Notiert wird im → Altschlüssel (B.-Schl.), bei hohen Stellen im Violinschlüssel. Die B. entwickelte sich um 1500 als Altinstrument aus der Violenfamilie, aus der sich die Violine als Sopraninstr. so selbständig herauslöste, daß die B. lange Zeit ohne besondere Bedeutung blieb, in der Form aber die Entwicklung der Violine mitmachte. Auch die techn. Erschwernis durch weitere Mensur, die auf Kosten leichter Beweglichkeit größere Spannweite der Finger fordert, mag zunächst hinderlich gewesen sein. Erst im 19. Jh. wurde die B. ebenbürtig als Soloinstr., nachdem schon das klassische Streichquartett sie immer mehr aus dem Stadium eines Füllinstrumentes herausgehoben hatte. Tatsächlich entspricht das Streichquartett mit 2 Violinen, B., Cello nicht der üblichen Stimmfamilie, weil das Cello sowohl Baß- wie Tenorstimme darzustellen hat. Der ital. → Geigenbau kannte den Alto, der der jetzigen Kleinb. entspricht, und den Tenore als (freilich unhandliche) Großb., zumal getrennte Mittelstimmen im damals gepflegten 5stg. Instrumentalsatz erforderlich waren. Die Tenorb. geriet in Vergessenheit. J. S. Bach bemühte sich mit einer Viola pomposa (→ Viola 2, Violoncello piccolo) um ein neues Tenorinstrument. J.-B. Vuillaume führte 1855 eine B. (= → Contralto) mit vollerem Ton vor. H. Ritter brachte 1876 in der → Viola alta eine Tenorb. ähnlich der des 17. Jh. heraus; auch ein Versuch H. Dessauers (1901) setzte sich nicht durch. Erfolgreicher war 1930 E. Sprenger mit einer B., die, ohne unhandlich zu sein, tieferen Eigenton und größere Resonanz bei gleichem dunklem B.ton besaß, also das gegenüber der Violine bestehende Mißverhältnis von Mensur und Stimmung verringerte. P. Hindemiths *Schwanendreher* (op. 36 IV) ist für diese B. bestimmt. → Tenorgeige.

L. Grillet, Les ancêtres du violon et du violoncelle, P 1901; H. Dessauer, D. Verbesserungsversuche beim Bau d. Viola, 1912; B. Tours/B. Shore, The viola, L 1946; H. Besseler, Z. Probl. d. Tenorgeige, 1949; F. Zeyringer, Lit. f. Viola, 1963/65/66; Sh. M. Nelson, The violin and viola, L 1972.

Bravoure (frz.; it. *bravura* = Kühnheit), effektvoller, brillanter Vortrag eines Stückes mit hohen technischen Anforderungen; Bravour-Arie; Br.-Stück; Valse de br.

Break (engl. = Unterbrechung), im → Jazz ein ursprünglich improvisiertes bis 8-taktiges Gesangs- od. Instrumentalsolo, mit dem das Spiel der anderen Musiker unterbrochen, ja durch einen dem → beat scharf entgegengesetzten Rhythmus gestört und aufgehalten und die Spannung erhöht wird. Der B. erscheint zuerst im → Blues-Lied, dessen Vortrag durch ein kurzes Gitarrensolo unterbrochen wurde.

Breviarium, Brevier (von lat. *brevis* = kurz), Zusammenfassung der Stundengebete (→ Horen); früher mit Noten, daher wie das → Antiphonale eine Quelle zur Kenntnis liturgischer Gesänge des MA. Die von Papst Pius V. 1568 geschaffene Form wurde bis 1911 mehrfach überarbeitet, 1945 mit neuer Psalmübersetzung versehen (letzte Ausgabe: 1961). Nach dem 2. Vatikan. Konzil wurden Teile des → Offiziums geändert (*Liber Liturgiae horarum,* 1971/2).

S. Bäumer, Gesch. d. B.s, 1895; V. Leroquais, Les breviaires manuscrits ... de France, P 1934; P. Radó, Enchiridion Liturg. I, 1961.

Brevis (lat. = kurz), Notenwert in der → Mensuralnotation.

Brillenbässe, oft abwertende Bez. für abgekürzt notierte, fortwährend miteinander wechselnde Notenwerte. → Abkürzung, Murky.

Brio (it.), *con b.* = kühn, feurig.

Broderie (frz.) → Verzierung allgemein; im besonderen in der frz. Clavecinmusik das Ausweichen der Oberstimme bei liegendem Akkord in die höhere (tiefere) Nebennote od. Umspielen des Haupt- und Endtones mit beiden Nebennoten (*b. double*).

Browning, Variationsreihe in der engl. Instrumentalmusik Ende 16. Jh. (mit reichem Passagenwerk und kontrapunkt. Geflecht in allen Stimmen) über ein Volkslied: *The leaves be green, the nuts be brown*; z. B. von W. Byrd.

Brüdergemeine, → Böhmische Brüder.

Bruitismus, → Futurismus.

Brummeisen, → Maultrommel.

Brummstimme, Singen (Summen) durch die Nase und mit geschlossenem Mund, in der Chorübung zur Selbstkontrolle und zu bewußterem Hören; gelegentl. vorgeschrieben (Verdi, *Rigoletto*).

Brummtopf, → Reibtrommel.

Brunette (frz. *brun* = braun), ein- od. mehrstg. volkstümliches Lied in Frk. im 17., 18. Jh., benannt nach einem beliebten Refrain (*Ah, petite Brunette*), anonym in mehreren Slgn. veröffentlicht (zuerst 1703 bei Ballard: *Br.s ou petits airs tendres*); auch instrumental (Suiten- und Einzelstücke, z. B. von Champion de Chambonnières, d'Anglebert), in der Oper (Lully, Rameau) und später im → Vaudeville aufgehend.

Bruststimme, → Register (1).

Brustwerk, Registergruppe in der Orgel, und zwar das ursprüngl. → Regal, das als selbständiger Teil um 1500 in das Orgelwerk eingegliedert und, wenn nicht mit eigenem Manual, dem Obermanual angehängt wurde. Es enthielt Zungenstimmen, hatte wegen der kürzeren Pfeifen seinen Platz unter dem Hauptwerk (in der „Brust“ der Orgel) und wurde im 19. Jh. beliebig angeordnet.

Buchstabennotation, Darstellung der Tonhöhe mit Hilfe des Alphabets; wohl zunächst eine Griffschrift, wie sie vermutlich die Sumerer für ihre 22saitige Harfe benutzt haben od. wie sie vom → Monochord bestimmt od. in den → Tabulaturen für Tasten- und Zupfinstr. (wo die Bünde bezeichnet werden) angewendet wurde. Wie die ägyptische und kleinasiatische Notenschrift war auch die der Griechen für Vokal- und Instrumentalmusik verschieden. Nach diesem Muster setzte um 500 Boethius (*De institutione musica*) lat. Buchstaben ein. Die danach erscheinenden Systeme kannten noch nicht die Begrenzung der Buchstabenfolge auf den Oktavraum; sie buchstabierten über ihn hinaus. Bei Odo von St. Maur (10. Jh., Odonische B.) wurde er eingehalten. Neben diesen Systemen, neben liniierten → Neumen und der → Choralnotation wurde noch bis ins 15. Jh. die Tonhöhe auch durch Verteilung der Textsilben in verschiedenen Höhen des Liniensystems bezeichnet. → Dasia-System, Notenschrift.

H. Riemann, Stud. z. Gesch. d. Notenschr., 1878, ND 1970; H. Potiron, Origines de la notation alphab. (Rev. grég.) 1952; J. Smits v. Waesberghe, Les origines de la notat. alphab. au moyen-âge (Ann. Music.) 1957; J. Eppelsheim, B., Tabulatur und Klaviatur (AfMw) 1974; E. Jammers, Besondere Aufzeichnungsweisen. (Paläogr. d. Mus.) 1975.

Bucina (lat.), 1. Horninstr. der Römer; langes, gebogenes Rohr aus Metall (Tierhorn); Signalinstr. des Heeres. Auf B. geht der Name der → Posaune zurück; – 2. Name des → Schnecken-(Muschel-)Horns.

Buffo (it. *buffone* = Hanswurst), komische Schauspielerrolle: Tenorb., Baßb.; die weiblichen Rollen dagegen heißen: Soubrette, Spielaltistin. Der komischen → Oper (→ Opera buffa) steht die ernste Opera seria gegenüber.

Buffonistenstreit, musikästhetische Auseinandersetzung, in Paris 1752 ausgelöst durch die Aufführung von Pergolesis *La serva padrona*. Die Verteidiger der frz. Operntradition (→ Tragédie lyrique), wie Rameau, Lully, stritten gegen Anhänger der it. → Opera buffa (z. B. Rousseau, Diderot; → Enzyklopädie). Die Italiener mußten zwar 1754 Paris verlassen, der B. hatte aber befruchtend im ital. Sinne auf die Entwicklung der frz. → Opéra comique eingewirkt. → Oper.

E. Hirschberg, D. Enzyklopädisten u. d. frz. Oper i. 18. Jh., 1903; N. Boyer, La guerre des Bouffons et la mus. frç., P 1945; A. M. Whitall, La querelle des bouffons (Diss. Cambr.) 1963; D. Launay, La querelle des Bouffons. (Kb. Berkeley) 1977.

Bugaku (japan.), die japan. festliche Tanzmusik und die Tänze innerhalb einer → Gagaku-Aufführung; aus alter festländ. Tradition übernommen und zur heute gültigen Form ausgebildet; meist nur von Bläsern gespielt und dabei unterschiedl. motivisch charakterisiert für Links- und Rechtsdrehung.

Bügelhorn (frz., engl. *bugle*), Blechblasinstr. mit Bechermundstück, konischem Rohr, 3 Ventilen (Bariton auch 4); in mehreren Stimmlagen: *hoch:* Pikkolo und Sopran-B. (Flügelhorn), das weicher klingt als die enger mensurierte Trompete, deren Form es hat (tiefere B. auch oval) und an deren Stelle es wie das → Kornett treten kann; – *mittel:* Althorn und das vielseitig verwendete, beliebte Tenorhorn; – *tief:* das weiter mensurierte → Bariton (Euphonium); das in der österr. Militärmus. eingesetzte Baßflügelhorn; → Baroxyton, → Saxhorn, → Bombardon, → Helikon, → Sousaphon; vgl. → Wagnertuba. – Das B. wurde wie das → Klappenhorn aus dem → Signalhorn entwikkelt, für Harmoniemusik (Militärmus.) verwendet. Die rege Tätigkeit der Instrumentenbauer im 19. Jh., besonders nach Erfindung der → Ventile, brachte einander ähnelnde und sich ergänzende Instr. als B. und Flügelhorn verschied. Stimmung heraus, die sich im prakt. Gebrauch auch mit den Kornett-Instrumenten mischten.

Bühnenmusik, Incidenzmusik, allgemein: jede zu einer Bühnenhandlung gehörende Musik; im besonderen: die Musik auf, hinter oder vor der Bühne als Element der Handlung, in der Oper als Musik in der Musik (Mozart, *Don Giovanni,* R. Strauss, *Rosenkavalier*), im Schauspiel als ein für den Fortgang der Handlung unentbehrlicher Vorgang (→ Incidenzmusik: Tanz- oder Marschmusik, Fanfaren auf der Bühne) oder die Ausdeutung der Handlung, gleichzeitig oder in Vor-, Zwischen- oder Nachspiel. Diese Aufgabe hatte die Musik in der antiken Tragödie, im östl. (z. B. ind., chines.) Theater, in den ma. → liturg. Dramen, geistl. Spielen und → Mysterienspielen, den Schuldramen des 17. Jh. und den → Masques. Von der Florentiner → Camerata, die antikem Ideal folgen wollte, ging die Entwicklung zu → Intermedium und → Oper bei ständiger Auseinandersetzung zwischen Wort und Ton. Sie wurde in Engl. (trotz der Möglichkeiten, die sich aus den Masques für die Oper boten) unter der Gewalt hochdramat. Wortkunst für lange zugunsten der Schauspielmusik entschieden, wenn auch mit fließenden Grenzen zur Oper. Purcells *Dido and Aeneas* blieb Ausnahme. Während in Spanien und Frk. B.en zu Werken von Calderón, Lope de Vega, Corneille, Racine und Molière entstanden, wirkten vor allem Shakespeares Dramen auf die B. des Festlandes als Rahmenmusik (J. André, Reichardt, Mendelssohn Bartholdy, Spohr, R. Schumann, Cl. Debussy, E. W. Korngold, Orff). Griegs *Peer Gynt* und Bizets *L'Arlésienne* waren letzte Höhepunkte der B. im 19. Jh. Nach ihnen schrieben Pfitzner, Busoni, von Rezniček, Weill, Eisler B.en. Der zunehmend sachlichen Handlung entsprach der verringerte Klangkörper (z. B. Orff, *Sommernachtstraum*).

E. v. Waldthausen, Die Funkt. d. Mus. i. klass. dt. Schauspiel (Diss. Heidelb.) 1921; A. Aber, D. Mus. i. Schausp., 1926; Fr. Mirow, Zwischenaktsmus. u. B. des dt. Theaters i. d. klass. Zeit, 1927; O. Riemer, Mus. u. Schauspiel, Z 1946; J. S. Manifold, The mus. in Engl. drama ..., L 1956; L. Pestalozza, La mus. di scena (Rass. Mus.) 1957; H. Chr. Worbs, Die Funkt. d. Schauspielmus. im Drama d. Gegenw. (Musica) 1961; W. Osthoff, Theatergesang u. darstellende Mus. i. d. it. Renaiss., 1969. → Theater.

Bul'ba (weißruss. = Kartoffel), weißruss. Tanzlied; schnell; der → Polka ähnlich; verbreitet als → Arbeitslied (zur Kartoffelernte).

Bumbaß, Teufelsgeige (frz. *basse de Flandre*; engl. *bladder and string, drone*), Instr. der Wandermusikanten: ein langer Stock mit einer an beiden Enden befestigten Saite, die über eine luftgefüllte Rindsblase läuft und mit einem gekerbten Holz gestrichen wird, was ein dem Trommelwirbel ähnliches Geräusch ergibt. Die isländ. *bumba* (mit Schellen, 2 Saiten, 2 Blasen) wurde bis ins 17., der deutsche B. (mit Schellen) noch Anfang des 20. Jh. benutzt.

Bund (Bünde), bei Saiteninstr. Querleisten auf dem → Griffbrett bzw. um dieses und den Hals gebundene, geknotete od. in das Holz eingelassene Saitenstücke, die das Greifen (knapp hinter den B.), damit sauberes Spiel erleichtern. – Bundfrei ist das verbesserte → Clavichord, das für jede Saite eine eigene Taste hat.

Bunraku, japan. Puppentheater mit Chorrezitation und Instrumentalensemble; Blütezeit nach 1700. Die beliebtesten B.-Spiele wurden vom → Kabuki-Theater übernommen.

Burgundische Musik, von H. Besseler zunächst „Burgund. Epoche" benannte Übergangsphase (Anf. 15. Jh. bis 1477: Tod Karls des Kühnen) zwischen → ars nova und → Niederländ. (franko-fläm.) „Schule", mit deren nach älterer Einteilung erstem Abschnitt sich die b. M. demnach deckt. Die unterschiedl. gewertete Einteilung (vgl. S. Clercx) kann sich nicht auf eine stilist. Einheit stützen, sondern ergibt sich aus der dynast.-polit. Hochblüte in Burgund mit den polit. bzw. kulturellen Zentren Dijon, Lille, Cambrai, Brüssel und bezieht sich auf Kompositionen von Dufay, die als Übergang von der isorhythm. Motette zur durchimitierenden niederländ. Polyphonie gewertet werden, und u. a. auf die Werke von Binchois, Busnois, Hayne van Ghizeghem.

H. Besseler, Mus. d. MA u. d. Renaiss. (Bükken Hdb.) 1931, ND 1980; J. Marix, Hist. de la mus. ... de la cour de Bourgogne, 1939, ND 1974; S. Clercx, B. M. (Riemann Lex., Sachteil) 1967; C. Wright, Mus. at the court of Burgundy 1364/1419, Henryville/Pa. 1979. → Niederländ. Schule.

Burla, → Burleske, → Burletta.

Burlando (it. =) scherzhaft.

Burleske, Burla, Burletta (ital. *burlare* = scherzen), instrumentales → Charakterstück von lebhaft heiterer Haltung, meist für Klavier. Schon bei Couperin findet sich der Vermerk *au goût burlesque*. R. Schumann schrieb eine Burla (*Albumblätter*), und in der Folgezeit wurden vielfach B. veröffentlicht, die sich kaum von → Capriccio und → Humoreske unterscheiden. Die der literar. B. innewohnende parodistische Überspitzung kommt musikal. erst sehr spät zum Ausdruck: Bei R. Strauss (B. für Orchester und Klavier, 1884; mit Wagner-Zitat). M. Reger und S. Karg-Elert. Bartóks *Drei Burlesken* (1908) führen die B. in die neue Musik ein.

Burletta, Burla (it.), Versposse (→ Intermezzo) in England, Mitte des 18. bis Anfang des 19. Jh.; von Opéra comique und Ballad opera beeinflußt; meist 3 Akte mit Liedeinlagen; zuerst bei K. O'Hara (*Midas,* 1760), dann anspruchslos, mit kleinerer Besetzung, so bei Ch. Dibdin (*Poor Vulcan,* 1778).

R. Fiske, Engl. theatre mus. in 18th cent., L 1973.

Busine → Al-nafīr, Trompete (1).

Busuq (arab.), **Busúki** (griech.), **Buzuk** (alban.), orientalische, balkan. Langhalslaute (jugoslaw. *tanburica*; vgl. → Tanbūr) mit birnenförm. Korpus, Bünden, meist

6 (doppelchör.) Saiten; oft in der griech. Unterhaltungsmusik (→ Rebétiko).

BWV = Bach-Werke-Verzeichn. (Schmieder); → themat. Verzeichnis.

Bylina (russ. = Ereignis), das in Nordrußland *starina* (im Sinne von „uralte Zeit") genannte Heldenlied nach histor. od. legendären Stoffen und wohl aus byzantin.-christlichen Wurzeln stammend; im 11. Jh. allgemein im Großreich Kiev und nach dessen Zusammenbruch, zunächst mit Zentren u. a. in Novgorod und Moskau, weit im europ. Rußland verbreitet; Hochblüte im 16., 17. Jh., jedoch noch Anfang des 20. Jh. im Norden (Weißes Meer, Pečora-Gebiet) üblich. Die B. wurde zunächst vom Berufssänger *skomoroch* (heute = Spielmann) bzw. durch *skaziteli* (*skaz* = Erzählung) = auch nicht professionelle Sänger(innen) vorgetragen, nach Verbot durch Staat und Kirche von Laien weitergegeben. Der Gesang war anfangs (im Ggs. zur ukrainischen → Duma) unbegleitet, im Norden einstg., rezitierend, auch improvisiert variierend; im Süden als lyrischer Gesang im 2–3stg. Chor. Die Melodien (z. T. auf Bezirke begrenzt) mit Umfang bis zur Sexte bewegen sich in Sekund- und Terzschritten nach festen Formeln und wurden mündl. überliefert, ab 17. Jh. ohne Noten aufgezeichnet; 1818 erster Druck mit Noten (bedeutende Slg. von Kirša Danilov, Mitte 18. Jh.). Die B. erscheint vielfältig in der Kunstmusik (Rimskij-Korsakov, *Schneeflöckchen, Sadko*; Musorgskij, *Boris Godunov*; Borodin, Ljadov, Prokofjev).

A. Astachova, Byliny, M 1966; P. Uchov, Attributi ruskich bylin, M 1970.

Byzantinische Musik. Da weltl. byzantin. Musik bisher nur unzureichend belegt ist, wird unter B. M. in erster Linie die Kirchenmusik im byzantin. Kaiserreich bis zu dessen Ende 1453 verstanden; vgl. dazu: → Echos, ekphonet., kukuzel. Notenschrift, Enechema, Heirmos, Hymnos, Kanon (3), Kontakion (Kondak), Melode, Melurg, Ode (1), Papadike, Sticheron, Trishagion, Troparion.

Monumenta Musicae Byzantinae (= MMB), K/Boston/R 1935ff. – H. Tillyard, Byzantine mus. and hymnography, L 1923; ders., Hdb. of the middle Byz. mus. notation (MMB II/1) K ²1970; L. Tardo, L'ottoeco nei mss. melurgici, Grottaferrata 1955; K. Kirchhoff, D. Hymnen d. Ostkirche, 1960; ders., D. Ostkirche betet, 1962/3; O. Strunk, The antiphons of the oktoechos (JAMS) 1960; ders., Essays on mus. in the Byz. world, NY 1977; E. Wellesz, A hist. of Byz. mus. and hymnogr., Oxf. ²1961; ders., D. Hymnen d. Ostkirche, Basel 1962; E. Wellesz/M. Velimirović (Hg.), Studies in eastern chant, NY/L 1966/73/79; C. Floros, Universale Neumenkunde, 1970; R. v. Busch, Untersuch. z. byz. Heirmologion, 1971; H. Husmann, Hymnus u. Troparion (Jb. d. Staatl. Inst. f. Mf.) 1971; ders., Strophenbau u. Kontrafakturtechn. d. Stichera (AfMw) 1972; K. Mitsakis, The hymnogr. of the Greek church in the early Christ. centuries (Jb. d. österr. Byzantinistik 20) 1971; M. Haas, Byz. u. slav. Notationen (Paläogr. d. Mus. I/2) 1973; F. H. Desby, The modes and tuning in neo-byzant. chant (Diss. Los Angeles) 1974; N. Moran, The ordinary chants of Byz. mus. (Hamb. Beitr. z. Mw.) 1975; J. v. Gardner, System u. Wesen d. russ. Kirchengesanges, 1976; J. Szöverffy, A guide to Byz. hymnogr. II (Mediev. Classics 12) 1979; D. Conomos, Communion chants in Magna Graecia and Byzantium (JAMS) 1980.

C

C, 1. Der Grundton im tonalen System war in der mittelalterl. Reihe a b c d e f g dritter Ton (→ B = H) und wurde im Liniensystem seit dem 11. Jh. neben dem anderen im Halbtonabstand folgenden Ton f als Schlüsselbuchstabe verwendet (→ C-Schlüssel, F-Schlüssel), wobei oft die f-Linie rot, die c-Linie gelb gezogen wurde. – Ital., span., russ. *do,* frz. *ut.* – 2. C, c im Dur-Moll-System: C-Dur, c-moll; – 3. C = Abk. für → Cantus und → Cent; – 4. Das dem Buchstaben C ähnl. Taktzeichen für 4/4-bzw. (senkrecht durchstrichen) → Allabreve-Takt.

Cabaça, Caboca (portugies. = Kürbis), lateinamerikan. Gefäßrassel. Ein ausgehöhlter Kürbis, mit Perlenschnüren überspannt, wird am Fruchtstiel od. einem zugefügten Griff geschwenkt, od. die Schnüre werden geschlagen, so daß ein Schleifgeräusch entsteht; Rhythmus-Instr. z. B. zur → Samba.

Cabaletta (it.; wohl von lat. *copula* = Strophe), 1. **Cavatinetta** (→ Cavatine), kurze Arie in der ital. Oper (z. B Gluck, *Paride ed Elena: Le belle immagini*); – 2. schneller werdender, effektvoller Schlußteil von Arie od. Duett (→ Stretta), z. B. Verdi, *Il Trovatore*, Strawinsky, *The Rake's Progress*).

Cabrette (frz. *cabri* = Ziege), → Sackpfeife in der Auvergne; die Spielpfeife mit Doppel-, die Bordunpf. mit Einzelrohrblatt; beide in einer Tülle; wie die → Musette mit Blasebalg gespielt.

Caccia (it. = Jagd), ital. Vokalstück im 14. Jh., dessen beide Stimmen im Kanon (Prime, Oktave, Terz) geführt sind, dazu oft ein instrumentaler Tenor. „C." meinte zuerst die Kanontechnik der sich verfolgenden Stimmen (daher auch die Bez. *fuga* = Flucht); oft bezieht sich auch der Text auf die Jagd. → Chasse, Catch.- *Corno da c.*: → Waldhorn; *Oboe da c.*: → Oboe. → Trecento.

N. Pirrotta, Per l'origine e la storia della c ... (Riv. Mus.) 1964/7; W. T. Marocco, 14th cent. Ital. cacce, Cambr./Mass. [2]1961; F. A. Gallo, C. (HmT) 1973.

Cachucha (andalus., span. = Mütze), im 19. Jh. beliebter andalus. Tanz (Tripeltakt); langsam und schneller werdend; ähnl. dem → Bolero.

Cäcilia, Schutzheilige der Musik; adlige Märtyrerin in Rom im 3. Jh.; wohl schon im 3., 4. Jh. verehrt; Gedenktag: 22. November (erstmals 545 in Trastevere). Die reiche Ausgestaltung früher C.ienfeste förderte die Verehrung als Patronin d. Musik. Die bildende Kunst nahm sich des Themas an: Raffael stellte C. mit Portativ, Zampieri mit Gambe dar. Zuerst in Italien (Rom 1584) kamen C.ienbünde auf. Die kirchenmusikal. Restauration und im 19. Jh. die Zuwendung zum → gregorian. Gesang geschah allgemein im Zeichen der hlg. C. (Cäcilianismus). Um den Bestrebungen organisatorischen Rückhalt zu geben wurde 1868 in Regensburg der 1870 vom Papst bestätigte Allgem. Cäcilienverein gegründet (F. Witt). Einer der Gegenwart offenen Richtung (Jungcäcilianismus) stand eine strenge, am Ideal des → Palestrinastils ausgerichtete gegenüber, zumal die Werke der Palestrinazeit durch Thibaut (*Über Reinheit der Tonkunst,* 1825) und K. Proske (*Musica divina*) eine Neubelebung erfahren hatten. – Musikfeste zu Ehren der hlg. C. waren häufig. Vermutlich das 1. fand 1570 in Evreux statt (→ Puy), das erste englische 1683. Zahlreiche Kompositionen wurden dem Andenken der hlg. C. gewidmet (z. B. C.ienoden von

Purcell u. Händel, Texte v. Milton u. Dryden).

H. Quentin, Sainte Cécile (Dict. d'archéol. chrétienne) P 1924; K. Meyer-Baer, Saints of mus. (MD) 1955; R. Hammerstein, D. Mus. der Engel, 1962; R. Quoika, Üb. den C.nismus-Cyrilismus i. Böhmen (KmJb) 1964; H. Hucke, D. Anfänge d. C.ienvereins (Mus. u. Altar) 1970; J. Schuh, J. M. Sailer u. d. Erneuerung d. Kirchenmus. (Diss. Köln) 1972; A. P. de Mirimonde, Sainte-Cécile, Genf 1974; J. Schwermer, C.ismus; in: Fellerer (Hg.), Gesch. der kath. Kirchenmusik 2, 1976; P. Stürz, die hl. C., in: Fs. Horak, Innsbr. 1980.

Cadence (frz.), **Cadenza** (it.) → Kadenz.

Cakewalk (amerikan.), Schreittanz der Neger in den Südstaaten der USA, vermutlich vor 1870 entstanden, mit dem späteren → Ragtime-Rhythmus; nach 1900 auch Gesellschaftstanz in Europa; von Debussy (*Children's Corner*) und Strawinsky (*L'histoire du soldat*) verwendet.

Calamus (lat. = Rohr), Hirtenflöte, Syrinx und allgemein jedes Blasinstrument; von daher → Chalumeau, → Schalmei.

Calando (ital. *calare* = sinken), nachlassen in Tempo und Lautstärke.

Calata (it. *calare* = sinken, herablassen), schneller, geradtaktiger it. und span. Tanz im 15., 16. Jh.

Calenda (it. von lat. *calendae*), 1. Weihnachtslied, -spiel in It. im 17. Jh., ähnlich dem span. weihnachtl. → Villancico; Vgl. → Kolęnda; – 2. Volkstanz auf St. Domingo seit dem 17. Jh.; heute: 2/4- bzw. 3/4-Takt. → Calinda.

Calichon, → Colascione.

Calinda, Tanz der Farbigen in Lateinamerika und den Südstaaten der USA im 18. Jh., in 2 Reihen gegeneinander getanzt (Beispiel bei Fr. Delius, *Koanga*).

Calliope, mit Tastatur od. Stiftwalze gespielte Dampforgel auf amerikan. Flußschiffen bis ins 20. Jh.; Als Patentträger (1885) bzw. Erfinder werden A. S. Denny od. J. C. Stoddard genannt.

Calmato, Calmando (it. =), ruhig, sich beruhigend.

Calypso, Tanzlied der Farbigen auf den karib. Inseln (Trinidad); seit Mitte 20. Jh. Modetanz, mäßig schnell im 2tlg. Takt; improvisiert mit Vorsänger und Chorantwort (Kehrreim). Vgl. → Samba.

Cambiata (it. *nota c.* = Wechselnote), der Dissonanzton, der entgegen den Stimmführungsregeln (seit dem 13. Jh., schärfer gefaßt bis 16. Jh.) nicht auf leichter, sondern schwerer Taktzeit steht, auf der regulär eine Konsonanz zu stehen hätte. Beide „wechseln", und die betonte Dissonanz wird auf unbetonter Zeit aufgelöst. Vgl. (Fuxsche) → Wechselnote, Durchgang.

Camera (it.), Kammer im Ggs. zu Saal, Opernhaus, Kirche. *Alla c.* = Kammerstil. *Cantata, Concerto, Sonata da c.*

Camerata (it. =) Gemeinschaft literarisch und musikalisch gebildeter Bürger im Florenz des 16. Jh. (*C. Fiorentina*); Humanisten, die sich im Protest gegen komplizierte polyphone Setzweise ihrer Zeit zusammenfanden und aus dem Vorbild der Antike das Ideal der Einfachheit und Natürlichkeit anstrebten mit besonderer Vorliebe für die Darstellung einer Zauber- und Wunderwelt. Die Musiktheorie war dabei maßgebend (Zarlino als Vertreter der zeitgenöss. Mehrstimmigkeit; V. Galilei als Befürworter neuer Einfachheit). Aus griech. Muster wurde die Einheit von Musik und Wort abgeleitet, Musik dem Text unterstellt. In der → Monodie sollte sich das Wort natürlich entfalten (*stile recitativo*). Aus diesem Kreis (u. a. J. Peri, C. Caccini, P. Strozzi) entstand Ende des 16. Jh. zu Rinuccinis Text die melodramat. *La Dafne* (1598; Musik: Peri und Corsi), die mit Ansätzen zu Rezitativ und Arie am Anfang der Oper steht.

H. Martin, La C. du Comte Bardi (Revue de Musicol.) 1932; F. Fano, La C. Fiorentina e V. Galilei, Ml 1934; D. P. Walker, D. musikal. Humanism. d. 16. u. 17. Jh., 1949; W. Osthoff, Theatergesang u. darstellende Mus. i. d. it. Renaiss., 1969; E. Pöhlmann, Antikenverständn. u. Antikenmißverständn. i. d. Operntheorie der Flor. C. (Mf) 1969; C. Palisca, The C. Fiorent. (Stud. mus.), Florenz 1972; R. Lamar Weaver/N. Wright Weaver, A chronology of mus. in the Florent. theatre 1590/1750, Detroit 1978; R. Donington, The rise of opera, L 1981.

Campana (it., span. =), → Glocke.

Campanella (it. =), 1. → Glockenspiel im Orchester; – 2. Musikstück, Glocken od. Glockenspiel nachahmend; Satz- und Werkbez.: C.-Rondo in Paganinis Violin-Konzert h-moll (Transkription von Fr. Liszt).

Campane tubolari (it. =) → Röhrenglocken.

Campanologie, die Wissenschaft und die Handwerkslehre vom Glockenguß.

Canarie(frz.), schneller Paartanz in Frankr. (Mitte 16. Jh.), meist im 3/8Takt mit dem punktierten Rhythmus der → Gigue, aber ohne Auftakt; vermutlich aus dem → Saltarello hervorgegangen und der schnellen → Courante nahestehend. Erscheint bei Lully und Couperin und findet sich auch bei Henry Purcell. Der Name deutet auf Herkunft von den Kanarischen Inseln. In Spanien gilt der Tanz als Vorform der → Jota.

M. Dolmetsch, *Dances of Spain and Italy*, L 1954.

Canario, 1. Springtanz und Tanzlied auf den Kanarischen Inseln; 3/4- od. 6/8Takt; im 16. Jh. erwähnt (Lope de Vega) und vermutl. in Spanien und Frk. (→ Canarie) weiterentwickelt.

Cancan (wohl von frz. *cancanner* = schnattern); schneller → Galopp, der nach 1830 in Frk. Gesellschaftstanz wurde; Schaunummer in Varieté, Operette, Revue, Film.

Canción (span. = Lied), span. Gedicht u. Lied; Das Gedicht hatte im 15., 16. Jh. 5 Zeilen, von denen die erste das Motto gibt, das die weiteren 4 Verse variieren. Die Form wurde vielfach verändert bis zum einfachen Strophenlied; vgl. → Kanzone.

E. Segura Covarsi, La c. petrarquista en la lírica española ..., Madr. 1949.

Cancionero (span.), Slg. span., portugies., galicischer, allgemein-roman. Gedichte und 1- und mehrstg. Gesänge (→ Cantigas); seit dem 13. Jh. nach Vf., Herkunft od. thematisch meist vom od. für den Adel zusammengestellt.

Cancricans (lat.) → Krebs.

Canso (provenzal., von lat. *cantio* =) Gesang; Lied der Troubadours im 12. Jh. mit meist 5 od. 6 gleichgebauten Strophen (→ *coblas*). → Canción, Kanzone. → Chanson.

Cantabile (it. =) sanglich, ungekünstelt vorgetragen; z. B. Andante c.

Cantando (it.), singend.

Cantatille (frz. =) kleine weltl. Kantate; im 18. Jh. in Frankr. verbreitete Gattung mit kurzen Rezitativen, Da Capo-Arien oder Rondos für Solostimme mit Cembalo, Soloinstr. od. Kammerorchester. Die C.s wurden in geistl. Konzerten wie in frz. Salons und Ballettopern meist als Solokantate dargeboten, komponiert u. a. von Boismortier, Lemaire, Mouret, Torlez.

Cante chico/Cante jondo (andalus., span. = kleiner/tiefer Gesang), → Flamenco.

Cante flamenco, andalus. Tanzlied, → Flamenco.

Canti Carnascialeschi (it. =) strophische Karnevalsgesänge in Florenz Ende 15., Anfang 16. Jh. bei prächtigen Umzügen und Aufführungen mit realist. und komischen Szenen, die sich satirisch mit aktuellen polit. Ereignissen beschäftigten oder bestimmte Personen und Berufsgruppen lächerlich machten. H. Isaak schrieb C. c. zu Texten von Lorenzo il Magnifico (Medici), der den prunkvollen Aufwand anregte und daher als Erfinder der Maskenspiele (→ Mascherata) galt.

F. Ghisi, I c. c... del 15 e 16 secolo, Florenz 1937; ders., Le feste mus. della Firenze medicea, ebd. 1939.

Canticum (lat. = Gesang), 1. in der kathol. Liturgie Gesang nach biblischen, nicht den Psalmen entnommenen Texten, z. B. (neutestamentlich) Nunc dimittis, → Magnificat, Benedictus. – 2. Vorgänger sind die frühchristl. hymnischen Cantica, die den ursprüngl. gesprochenen Psalmen, auch mit apokryphen Texten, mit od. ohne Chorrefrain folgten. → Laudes; – 3. in der altröm. Komödie (Plautus) Solo- od. Wechselgesang als Teil der Handlung; mit Flöte begleitet od. dramatisch rezitiert; eine Frühform des → Singspiels.

Cantiga (span., portug. = Lied), das frühe geistl. od. weltl. Lied im 12., 13. Jh. auf der iberischen Halbinsel; Lobgesang, Volkslied; Troubadourweisen übernehmend und mit gregorian. Anklängen. Die *C.s de amigo, C.s de amor* gehen bis ins 11. Jh. zurück. Die Lieder wurden in → Cancioneros gesammelt. Besondere Bedeutung haben, weil mit Melodien (mensural mit zusätzl. Zeichen notiert), die *C.s de Santa María,* die am Hof des kastil. Königs Alfonso el Sabio († 1284) entstanden.

J. Ribera y Tarragó, Mus. in ancient Arabia and Spain ..., NY 1970; H. Anglés, Die C. de S. María (Gedenkschr. Schrade 1), Bern 1973.

Cantilena (it. von lat. *canere* = singen), liedhafter Teil im latein. Kirchengesang; geistl., latein. Lied (→ Sequenz); weltl. Tanzlied der ma. Spielleute; auch mehrstg. weltl. Lied (13.–15. Jh.). → Cantio, Diskant, Kantilene.

Cantino (it.), → Chanterelle.

Cantio (von lat. *canere* = singen), lat. einstg. Strophenlied, im MA vorwiegend geistlichen Inhalts und meist mit Kehrreim, der auch vorangestellt sein kann. Die C. war zwar zum Gottesdienst zugelassen, aber ohne Bindung zur Liturgie. Sie war zunächst das Lied der Kleriker und Studenten, steht aber mit ihrem einfachen Takt dem Volkslied, der Meistersingerweise und dem Geißlerlied nahe.

Cantiones sacrae (lat. =) geistliche Gesänge. Im 16. Jh. verbreitete Bezeichnung für die lat. → Motette, wobei die Ausnahmen dt. Textes (Scheidt 1620) oder weltlichen Inhalts (Lechner 1581) möglich waren. Der Name bezeichnete ursprüngl. Sammelwerke, wurde aber nach dem bedeutenden Beispiel O. di Lassos (1562) allmähl. auf Einzelwerke bezogen (*cantio sacra*) od. auf Werke eines einzelnen Komponisten (Schütz, C.s., 1625) und war überkonfessionell. Er verschwand, als sich nach 1600 das → Geistliche Konzert durchsetzte.

A. A. Abert, Die stilist. Voraussetzungen der C.s v. H. Schütz, 1935

Canto fratto (it.) → Cantus fractus.

Cantorinus (lat. *cantus* = Gesang), in einem Buch zusammengefaßte Bestimmungen für den liturg. Gesang der kathol. Kirche, enthaltend u. a. Psalmtöne, Melodieformeln der Versikel, Benedicamus-Melodien. Seitdem diese Teile in → Antiphonale und → Graduale enthalten sind, wird der C. selten gebraucht.

C. Romanus seu Toni communes Officii et Missae, ^{2}1912.

Cantus (lat.), **Canto** (it.), Gesang; Abk. = C.; in heutiger Praxis Oberstimme des mehrstg. Satzes. Im 17. Jh. setzte sich die Bez. → Sopran durch. → C. firmus, C. planus.

Cantus durus, C. mollis (lat. = harter/weicher Gesang), in der → Solmisation das → *Hexachordum durum* (g–e) und *molle* (f–d).

Cantus figuralis → Figuralmusik.

Cantus firmus (lat. = feststehender Gesang, Abk.: c. f.), im mehrstg. Satz die Melodie, die entweder schon vorhanden war und übernommen od. als charakteristische neue Weise vor den übrigen Stimmen des Satzes geschaffen wurde. Sie kann unverändert oder verziert auftreten. Die ma. Mehrstimmigkeit nannte die entlehnte oder neue Melodie (und von daher die melodieführende Stimme) → Tenor (Subjectum, it. = Soggetto) und meinte den gregorian. → Choral (→ cantus planus), den auch die frühen Quellen für den Begriff c. f. meinen (12. Jh.). Als in der → Motette des 13. Jh. und in der Vokal- und Instrumentalpolyphonie des 14.–15. Jh. der Tenor instrumental ausgeführt wurde, übernahm der → Cantus als Vokalstimme die Rolle des Melodieträgers. Der c. f. in der → Messe der Niederländer war entweder die gregorian. Melodie, eine andere geistliche od. eine weltl. Weise, wobei auch mehrere *cantus firmi* zueinanderstehen oder alle Stimmen wechselnd den c. f. bringen konnten (= wandernder c. f.). Die Parodiemesse übernahm ganze Satzgebilde aus anderen Werken. Während in Dtl. noch im 16. Jh. das → Tenorlied gepflegt wurde, brachten die Italiener in → Madrigal, Villanelle, Frottola neukomponierte Weisen. Die dt. reformatorische → Kirchenmusik setzte entsprechend ihrer Aufgabe im Gottesdienst das → Kirchenlied als c f. in ihre Vokal- und Instrumentalformen (Motette, Kantate, Geistl. Konzert, Choralvorspiel, Kanon). Ähnlich wurden seit der Romantik Volkslieder in der weltl. Instrumental- und Vokalmusik verwendet.

F. H. Sawyer, The use and treatm. of c. f. by the Netherl. School of the 15th. cent. (Papers Americ. Musicol. Soc.) 1937; H. Bittel, Der C. f. in d. zeitgenöss. geistl. Chormus. (Diss. Münch.) 1950; E. H. Sparks, C. f. in mass and motet 1420/1520, Berkeley 1963; W. Frobenius, C. f. (HmT) 1971.

Cantus fractus (lat.; it. *canto fratto* = gebrochen), Melodielinie, bei der die → Mensuralnoten in kleinere „gebrochen" sind (Longae in Breves). Aus der *fractio modi* entstanden die Verzierungen.

Cantus planus (lat.; frz. *plainchant*; engl. *plainsong*), einstg. Gesang in der Liturgie seit dem 12. Jh., im Ggs. zum mehrstg. Gesang (*musica mensurabilis, cantus figuratus*) nicht mensuriert notiert.

Canzone, Canzonette, → Kanzone, → Kanzonette

Caoine (irisch = Weinen), gälische Totenklage; das Gedicht und der meist von Berufssängern vorgetragene Gesang, der nach fester Regel improvisiert wurde; seit dem 8. Jh. nachgewiesen; auf Protest der Kirche in Schottland Mitte, in Irland Ende des 19. Jh. abgeschafft. Die in Schottland mit Begleitung der Sackpfeife gesungene Totenklage *corranach* (16. Jh.) war bis Mitte 19. Jh. üblich.

Capotasto (it.) → Kapodaster.

Cappella, Capella (it.), Gruppe von Sängern, später auch Instrumentisten, die ursprüngl. im Kirchenraum sangen bzw. musizierten. Der Name geht auf die *cappellani* zurück, die im 8. Jh. die *cappa,* den Mantel von St. Martin, als Reliquie bewachten; später auf den kirchl. Raum (die C. von Aachen) und die Gruppe der Geistlichen und geistl. Sänger. Die Bedeutung schränkte sich dann auf die Sänger (→ a c.), später die weltliche Instrumentalgruppe ein (→ Kapelle). Die älteste C., Beispiel für spätere, war die aus der → Schola cantorum hervorgegangene C. Pontificia in Rom, die unter Sixtus IV. im 15. Jh. zur → Sixtin. Kapelle wurde.

Capriccio (it. = Einfall, Laune; frz. *Caprice*), meist instrumentales Charakterstück mit überraschenden Einfällen; ohne feste Form. C. war in der 2. Hälfte des 16. Jh. soviel wie Kanzone als Vokalwerk od. instrumental wie Fantasie, Ricercar, Toccata. Bei Frescobaldi ist C. ein weiterentwickeltes Variationsricercar mit einem besonderen programmatischen Titel (z. B. *C. sopra il cucho* mit dem polyphon verarbeiteten Kuckucksruf). G. B. Vitali nannte eine Kirchensonate C. Auch in der dt. Instrumentalmusik trat das C. auf (J. Vierdanck, J. J. Löwe, J. Pezel), häufig in der Musik für Tasteninstr., wobei der ital. Einfluß deutlich wird. J. J. Froberger nahm das C. gleichwertig mit Fantasia, Kanzone und Ricercar, J. K. Kerll schrieb, wohl von Frescobaldi beeinflußt, ein C. über den Kuckucksruf. Das C. begegnet weiter bei G. Böhm, A. Strungk, G. F. Händel und J. S. Bach, dessen *C. sopra la lontananza del suo fratello dilettissimo* über J.

Kuhnau auf it. Einfluß weist. Eine besondere Entwicklung nahm das C. in der Violinmusik, wo es bei G. Tartini erweiterte Kadenz im Violinkonzert wurde und in N. Paganinis *24 Capricci per Violino solo* virtuose Etüde; so auch bei Kreutzer (*40 Etudes ou Caprices*). Beethovens *Rondo a C.* erhielt erst später den unzutreffenden Titel *Die Wut über den verlorenen Groschen*. Bei C. M. v. Weber und F. Mendelssohn Bartholdy entspricht das C. wieder dem Namen, der aber fast gleichzeitig für Potpourris und Opernfantasien gesetzt wurde, während die russische Orchestermusik ihr C. auf folkloristische Wendungen aus anderen Ländern bezog: Tschaikowsky (*C. italien*), Rimskij-Korsakov (*C. espagnol*); ähnlich bei Saint-Saëns (*Caprice arabe* für Klavier u. Orchester). In der dt. Klaviermusik findet sich das C. bei J. Rheinberger und J. Brahms eher ernst, bei M. Reger als → Humoreske (auch für Orgel). bei R. Strauss erscheint das C. als Einakter. Die neue Musik verwendet den Namen wieder im ursprüngl. Sinn: z. B. B. Blacher, I. Strawinsky.

Caput (lat. = Haupt), *Missa C.*; Cantus-firmus-Wendung in Messen von Dufay, Obrecht, Ockeghem, auf das Wort C. gesungen. Nach Bukofzer wurde dabei das Schlußwort der Antiphon *Venit ad Petrum* aus der engl. Liturgie (→ *Use of Sarum*) melismat. verwendet.

M. Bukofzer, C. redivivum (JAMS) 1951.

Carezzando, carezzevole (it. =) zärtlich, liebkosend.

Caribo, Caribetto (it., von provenzal. *garib,* nach einem arab. Blasinstr.), im 13. und 14. Jh. Tanz und Tanzlied in Italien, ursprüngl. vokal, später instrumental ausgeführt, aus Frankr. stammend und aus dem → Lai hervorgegangen (vgl. → Estampie).

Carillon (frz. =), 1. → Glockenspiel; – 2. Name von Musikstükken, die Glockenspiele nachahmen (vgl. → Campanella); – 3. Orgelregister, Mixtur (Terz-, Oktavglockenton).

Carmen (lat. =) bis ins 16. Jh. latein. lyrisches Gedicht, Widmungs- und Gelegenheitsgedicht, einstg. Liedweise und mehrstg. Satz sowie dessen Oberstimme als Cantus firmus (Isaac: *Missa carminum,* Senfl, Hofhaimer) und das nach ihm übertragene, dann auch frei komponierte Instrumentalstück, auch ohne Cantus firmus, Liedbearbeitung (Glogauer Liederbuch, um 1470; Formschneyder, *Trium vocum carmina,* 1538). → Ode, Cantilena.

Carmina Burana (lat. *carmen* = Lied, Gedicht), nach dem Fundort, dem Kloster Benediktbeuren, benannte, in München liegende, lat.-dt. Hs. aus der 1. Hälfte des 13. Jh., deren Ursprung man im Augustinerstift Seckau/Österr. vermutet. Sie enthält moralisch-satirische Gedichte, Kreuzfahrer-, Liebes- und Trinklieder (→ Vaganten), geistl. Spiele; die Texte (meist anonym) vorwiegend aus Frk.; einige mit Melodien (Neumen); dt. Strophen sind aus der Minnesängerliteratur, die hier erstmals mit Melodien geboten wird. Die Musik weist auf die Notre-Dame-Schule. – C. Orffs szen. Kantate *C. b.* (1936) verwendet eigene Weisen.

A. Hilka/O. Schumann (Hg)., C. B., 1930, 1941; 1970 (B. Bischoff); nach dieser Ausg.: 1979 (C. Fischer/H. Kuhn/G. Bernt); H. Spanke, Der Codex Buranus als Liederbuch (ZfMw) 1930/1; W. Lipphardt, Unbek. Weisen zu den C. B. (AfMw) 1955; ders., Einige unbek. Weisen z. d. C. B. aus d. 1. Hälfte 12. Jh. (Fs. Besseler) 1961; ders., Hymnolog. Quellen d. Steiermark ..., Graz 1974; H. Korth (Hg.), C. B., Gesamtausg. der ma. Melod. u. Texte, 1979.

Carnyx, → Karnyx.

Carol (engl., von frz. *carole*), engl. Tanzlied im 3tlg. Takt, das im 15. Jh. ähnlich → Carole, Virelai, Ballata von der lyr. Form bestimmt war: Kehrreim/4zeilige Strophe (aaab)/Kehrreim (oft auf die letzte Strophenzeile reimend); der Kehrreim („Chorus") vom bis 3stg. Chor gesungen, die Strophe vom Vorsänger. Seit Mitte des 16. Jh. wurde diese Form verändert, schließlich ganz aufgegeben. Das C. des 18., 19. Jh. ist ein einfaches Strophenlied im meist 2tlg. Takt. Die Texte (früher geistl., politisch, amourös) bezogen sich immer häufiger auf Weihnachten, so daß die Bez. C. im Engl. des 19., 20. Jh. vorwiegend (mit Ausnahmen: *Easter, May, Bird's C.*) für das Weihnachtslied gilt. Weihnachtslieder anderer Länder wurden in den C.-Bestand übernommen (*Es ist ein Ros entsprungen*). Neue C. des 20. Jh. lehnen sich an das in den inzwischen erschienenen Slgn. alter C. gebotene alte Modell an.

M. Shaw/P. Dearner/R. Vaughan Williams (Hg.), The Oxf. book of c., L 1928, NA 1964; J. E. Stevens, Medieval c. (Mus. Britann. 4), L 1952; ders., The Engl. c. (Kb. Ljubljana) 1967; ders. (Hg.), Early Tudor songs and c. (Mus. Brit.) 1975

Carole (afrz., it., span., portug. *carola*), im MA ein Rundtanz und Tanzlied, im 13. Jh. in Frankr. bei Hoffesten auch im Wechsel von mimischer und gesangl. Darbietung unter Benutzung gängiger Melodien. → Carol.

L. Jordan, Der Reigentanz C. und seine Lieder (Zs. f. roman. Phil. 51), 1931; Y. Lacroix-Novaro, La c. (Rev. de musicol.), 1935; M. Sahlin, Etude sur la c. médiévale, Uppsala 1940.

Cassa (it. =) Trommel *gran c., c. grande* = große Trommel.

Častuška, Tschastuschka (russ. von *častyj* = oftmals), das aus den ma. Tanzliedern der *skomorochi* (Spielleute) entstandene, einstrophige russ. Lied; meist 4zeilig, fröhlich od. elegisch („*stradan'ja*" = Leiden); mit vielen Wiederholungen immer schneller werdend; solistisch od. chorisch mit Instrumentalvarianten (Balalaika, Harmonika); seit der 2. Hälfte des 19. Jh. in Rußland weit verbreitet.

E. Hippius, Intonacionnye elementy rusk. č.i (Ausdruckselemente der russ. Č./Sovjetskij Folklor) M 1936; B. Stephan, Stud. z. russ. Č u. ihrer Entwicklung (Slav. Beitr. 38) 1969.

Catch (engl. = einfangen), im 17. und 18. Jh. engl. → Kanon bzw. chorischer Rundgesang, dessen zunächst harmlos erscheinender Text sich durch die Wortverflechtung im nacheinander der Stimmen für den Hörer zu einem neuen Text fügt, vielfach mit zweideutigen Wortspielen oder auch mit eindeutigen Zoten. So wird aus *Ah, how Sophia* ...: *Our house afire* ... Nach der Slg. *Pammelia* (1609) des Th. Ravenscroft erschienen in Engl., vor allem nachdem das Madrigal an Beliebtheit verlor, zahlreiche andere, deren berühmteste Hiltons *Catch that catch can* (1652) ist. Komponisten waren u. a. W. Byrd, H. Purcell. Obwohl die C.es im 18. Jh. vom → Glee verdrängt wurden, bestand der C.Club (= *Noblemen and Gentlemen's Catch Club*), der 1761 in London gegründet worden war, noch bis in die 50er Jahre des 20. Jh. Mit seinen Preisausschreiben hat er immer wieder neue Catches, Kanons und Glees angeregt.

E. F. Rimbault, The rounds, c.es and canons of Engl., L 1864; C. L. Day, E. B. Murrie, Engl. song-books 1651–1702, L 1940.

Cauda (lat. = Schwanz), in der → Mensuralnotation der Stiel (Hals) einer Note, der entsprechend seiner Richtung nach oben oder unten unterschiedl. gewertet wurde. – C. als Zusatz, Abschluß: Melisma, z. B. über den Endsilben des → Conductus; in Vers- u. Liedkunst bei → Kanzone, Ballata, Frottola, Chanson die abschließende Versgruppe (Melodiezeile), die (im Ggs. zur späteren → Coda) selbständig gestaltet ist.

Cavaco (portug.), Zupfinstr. in Portugal und auf den Azoren; zwischen Gitarre (flach) u. Mandoline (bauchig) stehend; 4, selten 6 Saiten; die kleinere Form heißt → Cavaquinho (Brasilien) od. Machete. → Ukulele.

Cavata (it. *cavare* = ausgraben), der lyrische Schluß eines gefühlsbetonten Rezitativs. Nach J. G. Walthers Lexikon (1732) ist die C. dessen inhaltliche Zusammenfassung (*wenn eines weitläufftigen Recitativs gantzer Inhalt gemeiniglich am Ende in gar wenig Worten gleichsam concentrirt ... wird*). Beispiele gibt Joh. Seb. Bachs Kantatenwerk (z. B. *Gebt unserm Gott die Ehre* im Rezitativ *Es danken dir* der Kantate 117: *Sei Lob und Ehr*).

Cavatine (it.), schlichtes, getragenes 1- od. 2tlg. instrumental begleitetes Sologesangsstück in Oper und Oratorium des 18., 19. Jh.; ohne Tempowechsel; weniger Koloratur und Textwiederholung und kürzer als die → Arie. Die C. steht dem → Arioso nahe und ist aus der → Cavata entstanden (Mozart, *Entführung aus dem Serail: Durch Zärtlichkeit und Schmeichelei*). Um 1800 war C. eine kurze Arie (Arietta). Formal unbestimmt waren im 19. Jh. die instrumentalen C. (z. B. Beethoven, Streichquartett op. 130) und die der Salonmusik (J. Raff).

Cavaquinho, brasilian. Gitarre mit 4 Saiten (Quarten), seit Mitte des 18. Jh. bekannt; Soloinstr. der → Choro-Gruppe. → Cuatro.

Cebell, Cibell, engl. Instrumental-(Vokal)stück um 1700 (Purcell, J. Banister); schneller 2tlg. Takt; Auftakt (vgl. → Gavotte). Der Name stammt wohl vom Loblied auf Cybele in Lullys Oper *Atys* (1676).

Celere, Celeramente (it. =) schnell

Celesta (it. = Himmlische), Tasteninstr. mit klingenden Metallstäben (→ Metallophon), 1886 in Paris für A. Mustel patentiert (nach erfolglosem Versuch mit dem → Gabelklavier); mit zartem, ätherischem Ton. Im Ggs. zu dem ungenauen, klirrenden Ton des Glockenklaviers, aus dem die C. entwickelt wurde, konnten hier die Grundtöne verstärkt, die Obertöne gedämpft werden durch Resonanzkästen, die jedem oder je zweien der Klangstäbe beigegeben wurden.

Celestina hieß ein 1772 für A. Walker, London, patentiertes → Bogenklavier, bei dem die Saiten gegen ein durch Pedalmechanik bewegtes Seidenband gepreßt und durch Tasten od. über Stiftwalze verkürzt wurden.

Cello → Violoncello.

Cembal d'amour, Clavecin d'amour, von G. Silbermann 1721 weiterentwickeltes → Clavichord mit doppeltem Steg und doppelt langen Saiten, die von den auf den Tasten befindlichen Tangenten in der Mitte berührt wurden, so daß auf beiden Saiten der gleiche Ton erklang und sich verstärkte.

Cembalo, Clavicymbal (von lat. → *clavis*; griech. *cymbalon* = Becken, → Qānūn, Psalterium, Hackbrett; – frz. *clavecin*; engl. *harpsichord*), Tasteninstr. (Kielflügel), dessen Saiten in Verlängerung der Tasten liegen und ursprüngl. mit einem natürl. Federkiel angerissen wurden (→ Kielinstrumente); seit Mitte des 14. Jh. bekannt: *clavicembalum* (ältestes erhaltenes C. von 1521). Das C. hat mehrere Register, bis 4 Saitenchöre, meist 2 (selten 3 od. 4) Manuale. Der C.bau blühte vom 16. bis ins 18. Jh. in Italien, Frankreich, den Niederlanden (Ruckers, Antwerpen) und Dtl. (G. u. J. H. Silbermann, Freiberg und Straßburg). Bemühungen, den starren, kurzen Ton zu stützen und zu verbessern, hatten zwar einigen Erfolg (Harfen-, Lautenzug), und eine Pedalklaviatur (selbstklingend od. durch → Koppeln angehängt) wurde entwickelt; jedoch konnte das Instr. dem Streben der Zeit nach größerem Klang und beweglicherem, tieferem Ausdruck nicht mehr gerecht werden und mußte gegen Ende des 18. Jh. seine Stellung als bedeutendstes solistisches Tasten- und als Generalbaßinstr. aufgeben zugunsten des ausdrucksstärkeren Hammerklaviers. 1889 stellte die Pariser Firma Erard die Rekonstruktion eines C. vor. Weitere Nachbauten in Engl. (Dolmetsch) und Dtl. (Neupert) folgten. Besonders setzte sich Wanda Landowska in ihren Konzerten für das Instr. ein. Beim Neubau übernahm man, um den größeren Klang zu erreichen, Elemente aus dem modernen Klavierbau (schwere Besaitung, Metallrahmen). Seit den 1950er Jahren werden die alten Bau- und Klangprinzipien (obertonreicher Klang) bevorzugt. Viele Neuausgaben barocker C.musik und Neukompositionen erschienen. Auch in der Jazzmusik wird das C. benutzt.

H. Neupert, Das C., 1933, [4]1966; J. Lade, Modern composers and the harpsich. (Consort) 1962; F. Hubbard, 3 centuries of harps. making, Cambr./Mass. 1965; R. Russell, The harps. and clavich., NY [2]1965, ND 1979; J. D. Shortridge, Ital. Harps. building, Wash. 1970; W. Zuckermann, The modern harps., L 1970; H. Schott, Playing the harps., L 1971; ders., The harps. revival (Early Mus.) 1974; V. Schwarz (Hg.), Der klangl. Aspekt beim Restaurieren v. Saitenklavieren, Graz 1973; D. Boalch. Makers of the harps. and clavich., L [2]1974; Br. Gustafson, French harps. mus. of the 17th cent., 3 Bd., Ann Arbor 1977/9; Th. Cramer, Das histor C. u. d. moderne C.bau (Ars Organi) 1979; E. Harich-Schneider, D. Kunst des C.spiels, [4]1979; H. Henkel, Beitr. z. histor. C.bau, 1979. → Klaviermusik, Orgel, Virginalisten.

Cencerro (span. =) Kuhglocke ohne Klöppel, einfach (Handgl.) od. zu mehreren (am Ständer) mit Stock geschlagen und nicht nach dem Eigenton, sondern als Rhythmusinstr. verwendet in Jazz- und Kunstmusik (Messiaen, Varèse, Henze). Klöppel haben die im Orchester (Mahler, Strauss) verlangten „Kuhglocken" (*cloches à vaches*), die oft durch klöppellose „Almglocken" ersetzt werden, weil diese den (nicht abgestimmten) Einzelton ermöglichen (Stockhausen, *Gruppen für 3 Orchester*).

Cent (lat. *centum* = 100), Abk.: C, logarithm. dargestellte Intervalleinheit: der 100. Teil des temperierten Halbtons; Oktavabstand = 1200 C; 600 C = 1 Hertz (Hz). Die Berechnung, die dem menschl. Tonhöhengefühl entspricht, wurde von Euler 1739 eingeleitet, von Savart und wesentl. von De Prony 1832 fortgesetzt. A. J. Ellis führte 1885 C als Maßeinheit ein.

H. Husmann, 5- u. 7stellige Centstafeln (Ethnomusicol.) Leiden 1951; H.-P. Reinecke, Cents, Frequ., Periode; Umrechnungstabellen, 1970; H. Seidl, Frequ.tafeln C-Hertz, 1971; H. Lange, Tonlogarithm. (Veröff. z. Mf.) 1978.

Cento (it. = Flickwerk), ursprüngl. das aus Versen anderer gebaute Flickgedicht; musikbezogen die aus anderweitig übernommenen Melodien (Melodieteilen) gefügte neue Melodie (→ Quodlibet). Im 18. Jh. gelegentlich eine von mehreren Komponisten geschriebene Oper (vgl. → Pasticcio).

Cercar la nota (it. = die Note suchen), in der Gesangskunst die Vorwegnahme (→ Antizipation) des folgenden Tones (meist des Schlußtones) noch auf die Textsilbe des vorigen, was besonders im italien. Gesang durch die Sprache erleichtert wird. Für die Stimmbildung ein Mittel zum Ausgleich und zu ruhiger Führung der Stimme. → Portamento.

C. f., Abk. für → cantus firmus.

Cha-Cha-Cha, lateinamerikan. Gesellschaftstanz aus Kuba, in den 1950er Jahren aus dem → Mambo entwickelt; im 2/4- und 4/4Takt.

Chaconne (frz.), **Ciaccona** (ital.), Instrumental-, auch Vokalsatz in 3tlg. Takt, mit Variationen über einer immer wiederkehrenden 4–8taktigen, meist fallenden Baßlinie (→ Ostinato); ursprüngl. (1. Hälfte 16. Jh.) span. Tanzlied mit ungradem Takt, dann in der it. Lautenmusik und später Hoftanz in Frankr., wo die Ballet-C. der Oper aufkam (Lully, Rameau), nicht immer mit ostinatem Baß. Er wurde in der 1. Hälfte des 17. Jh. von Italien aus bei den Gitarristen, dann Cembalisten (Frescobaldi) sichtbar. Die Vokal-C. erschien im → Lamento (Monteverdi, Purcell). In Dtl. zeigte sich ital. Stil in vokaler oder kammermusikalischer Besetzung (Schütz, Buxtehude), französ. Stil in Klavier- und Orchestersuite (Böhm, Händel); beide Richtungen vereinigten sich in der Orgel-C. (Pachelbel, Buxtehude). Berühmt ist J. S. Bachs C. für Violine allein aus der 2. Partita d-moll. Erst gegen Ende des 19. Jh. wurde die Form wieder belebt, ohne klare Abgrenzung gegenüber der → Passacaglia (Brahms, 4. Sinf., Reger, C. f. Violine allein). → Folia, → Passamezzo.

R. Litterscheid, Z. Gesch. d. Basso ostinato (Diss. Marbg.), 1928; A. Machabey, Les origines de la C. et de la Passac. (Rev. de Musicol). 1946; K. v. Fischer, C. u. Pass. (Rev. Belge de Musicol) 1958; G. Berger, D. Ostinato, 1968; T. Walker, C. and Pass. (JAMS) 1968; R. Hudson, The passac. and ciaccona in It. keybord mus. of the 17th cent. (Diapason) 1969; ders., Further remarks on the passac. and c. (ebd.) 1970.

Chalil, Halil, altjüd. Blasinstr., vermutlich eine Schalmei.

Chalumeau (altfrz. *chalemie* = Schalmei; von griech. *kalamos,* lat. *calamus* = Schilf, Rohr), Name verschiedener Blasinstr. des 18. Jh., besonders ein Holzblasinstr.

mit aufschlagender Zunge, im romanisch-dt. Raum bis Anfang des 18. Jh. beliebtes Volksinstr. für das u. a. Telemann schrieb. J. Chr. Denner verbesserte es, und vermutlich sein Sohn Jakob entwickelte es zur → Klarinette. – Als Zungenregister schon im 13. Jh. im frz. Orgelbau bekannt (vgl. → Schalmei).

H. Becker, Das Ch. bei Telemann (Kb. Telemann, Magdeburg) 1969; ders., Das Ch. im 18. Jh. (Fs. Husmann) 1970; C. Lawson, The ch. (Early Mus.) 1979; ders., The ch. in 18th cent. mus., Ann Arbor 1981.

Chanson (frz. von lat. *cantio* = Gesang), weltliches Lied mit Text in der Volkssprache (im Ggs. zum geistl. lat. Gesang: → Messe, Motette). Die Bez. ist im weitesten Sinn zu verstehen und umfaßt im frz. Sprachgebrauch das epische Heldenlied (→ *Ch. de geste*) ebenso wie die unbegleitete Monodie der → Trouvères im 11.–14. Jh., die weltl., polyphonen, mehrstg. Sätze des 15., 16. Jh. (*die* Chanson) wie das frz. Volkslied und schließlich (im heutigen Gebrauch allgemein) das Kabarettlied (Schlagercouplet) der Kleinkunstbühne seit Ende des 19. Jh. (*das* Ch.). – 1. Neben und gegenüber der übersteigerten, polyrhythmischen Kunst des 14. Jh. mit → Ballade, Virelai, Rondeau entstand im 16. Jh. im fränkisch-burgundischen Raum eine neue Stilrichtung, die diese Formen – das Rondeau bevorzugend – verarbeitete und bei der Verschiedenheit der Richtungen bis zum 16. Jh. gekennzeichnet ist durch die Bemühung der → Renaissance um klaren übersichtlichen Aufbau. Ein neues, weltzugewandtes Lebensgefühl drückte die Freude an der Schönheit der Natur und der Frauen in subjektiver Lyrik aus, wie sie nur im höfisch-aristokratischen Raum entstehen konnte (für den sie auch nur bestimmt war), und die dafür verwendeten Weisen sind wohl in den seltensten Fällen dem Volke abgehört, wurden vielmehr erst durch den Erfolg der Komposition zum Volkslied. Aus England wurden Terzdreiklänge und Akkordwiederholungen übernommen. Die Sätze blieben zunächst 3stg. und wurden seit der 2. Hälfte des 15. Jh. 4- und mehrstg., vokal, instrumental oder gemischt aufführbar. Vermied die Musik des 14. Jh. (außer im → Kanon, vgl. → Chasse) eine übersichtliche → Imitation, so begann mit dem 15. Jh. die → Durchimitation als Weiterbildung des Kanons (G. Binchois, H. de Lantins), die sich dann bei J. Ockeghem und Josquin Desprez allgemein, also auch in der geistl. Musik, findet. G. Dufay verband polytonale, polyrhythm. Elemente des späten MA mit einer geradezu revolutionierenden Harmonik. Bestimmte Melodien und Themen wurden immer wieder aufgegriffen und neu verarbeitet (*l'Homme armé, Forsseulement, Susanne un jour*), gelegentlich ganze Chorsätze übernommen (L. Compère von H. von Ghizeghem: *Alles regretz*). Doppellieder mit verschied., auch verschiedensprachigen Texten und Melodien erschienen im Chorsatz; Josquin Desprez, dessen Werk Höhepunkt franko-flämischer Liedkunst ist, baute in seinem 6st. Satz *basies moy* 3 verschiedene 2stg. Kanons übereinander und nahm ihm dadurch nichts an Beschwingtheit und Übersichtlichkeit. In seinem Werk zeigt sich wie bei Compère, P. de la Rue, Obrecht, Mouton, Isaac das Gleichgewicht der Stimmen. Der Text wurde nach Versmaß und

Affektausdruck berücksichtigt, durch Wiederholungen und homophon-polyrhythm. Gegensätze wurden kunstvolle Steigerungen erreicht. Im 16. Jh. ging die Entwicklung zum einfach-homophonen, stroph. gebauten Chorlied mit kurzem Kehrreim. Ital. Einflüsse (→ Frottola) sind deutlich und bei Gombert, Certon, Crequillon, Clemens non Papa zu beobachten. Auch Janequin läßt den Text von den isorhythm. Stimmen heiter durchsichtig deklamieren. Die realist. Tonmalerei in den sogen. Programm-Ch. (z. B. Janequin; *Chant des oyseaux*) war nicht Selbstzweck, sondern formal-musikal. bedingt und zu begründen. Hierher gehört auch die Klangkomik, mit der Parodien, pikante Anekdoten und Wortspiele ausgemalt wurden (C. de Sermisy, Janequin). Die Sätze erschienen, nach 1530 für Zwecke der refomierten Kirche und der Gegenreformation gereinigt, geistl. gewendet, als *Ch. spirituelles (morales)*. Ende des 16. Jh. näherten sich die Chorsätze mehr der it. → Monodie (Arcadelt, Willaert, Lasso), und → Villanelle und → Madrigal herrschten vor. Entscheidend für die Entwicklung und allgemeine Beliebtheit der Ch. war der Umstand, daß die Sätze in zahlreichen Slgn. erschienen (→ Chansonnier): Attaingnant druckte in Paris in mehr als 50 Slgn. ca 1500 C.; J. Moderne in Lyon (1532/43 *Parangon des chansons*), Tilman Susato ab 1534 in Antwerpen.

2. In den → Kabaretts von Montmartre (*Chat Noir, Lune Rousse*) entwickelte sich in der 2. Hälfte des 19. Jh. (nachdem schon seit dem 17. Jh. unter Ch. das einfache Strophenlied verschiedenen Charakters verstanden wurde) die Form des strophischen Schlagercouplets, oft obszön, vielfach politisch-satirischen Inhalts, Interpreten z. B. (frz.:) P. de Béranger, Chaminade, Mistinguett, Chevalier, Aznavour, Bécaud; (dt.:) Kothe, P. Wedekind; (Texte bzw. Musik von:) Klabund, Kästner, Brecht, Ringelnatz, Tucholsky, U. Jürgens, H. Knef, R. May u. a. → Liedermacher, Vaudeville.

1. W. Gurlitt, Burgund. Ch.- u. dt. Liedkunst (Kb. Basel) 1924; M. Tresch, Evolut. de la ch. frç., P 1926; H. Osthoff, D. Niederländer u. d. dt. Lied, 1938; J. Marix, Hist. de la mus . . de la cour de Bourgogne, 1939, ND, 1974; H. Besseler, Bourdon u. Fauxbourd., Lg 1950, [2]1974 (Gülke); H. v. Zingerle, Z. Entwickl. d. Rhythmik u. Textbehandl. i. d. Ch. ., Innsbr. 1954; H. Chr. Wolff, D. Mus. d. alten Niederländer, Lg 1956; P. Gülke, Das Volkslied i. d. burgund. Polyph. d. 15. Jh. (Fs. Besseler) Lg 1961; K. P. Bernet Kempers, J. Clemens non Papa's. . Ch. (MD) 1961; J. Haar (Hg.), Ch. and madrigal, Cambr./Mass. 1964; U. Hertin, D. Tonarten i. d. frz. Ch. d. 16. Jh., 1974; J. A. Bernstein, The ch. in Engl. 1530/1640 (Diss. Berkeley) 1974;, H. Tischler, Metrum u. Rhytm. in frz. Dichtung u. Mus. d. 13. Jh. (AfMw) 1975.

2. W. Ruttkowski, Das literar. Ch. i. Dtl., Bern 1966; F. Schmidt, Das Ch., 1968; D. Schulz-Koehn, Vive la Ch.!, 1969; F. Vernillat/J. Charpentreau, La ch. frç., P 1971; Ch. Brunschwig u. a., 100 ans de ch. frç., P 1973. W. Roesler, Das Ch. im dt. Kabarett 1901/33, 1980.

Chanson de geste (lat. *gesta* = Taten), afrz. episches Heldenlied (z. B. *Ch. de Roland*) im 11.–13. Jh. mit vielen Strophen bei einer zu wiederholenden Zeilenmelodie, am Schluß mit einer (auch instrumentalen) Kadenz; die Begleitung mit Vielle. Die Ch. de g. geht auf lat. oder volkssprachig gesungene Heiligenlegenden zurück. Die Melodien sind meist verlorengegangen; erhalten ist z. B. die der *Ch. d.'Audigier* u. *Aucassin et Nicolette* → Laisse.

F. Gennrich. D. mus. Vortr. der afrz. Ch. d. g., 1923; ders., Grundr. einer Formenlehre d. ma. Liedes, ND 1969; J. Chailley, Etudes music. sur la ch. d. g. (Rev. de musicol.) 1948; J. Dufournet, Aucassin et Nicolette, P 1973.

Chansonnier (frz.), 1. Slg. weltlicher Lieder in Frk. Die Sammel-Hss. enthalten Texte, z. T. Melodien (der Trouvère- und Troubadourlieder) und mehrstg. Sätze (u. a. Chansons) und waren zunächst großformatig (→ Chorbuch), ab 15. Jh. vielfach in höfischem Auftrag hergestellte kleine, reich verzierte und illuminierte Bände. – 2. Seit dem 19. Jh. auf frz. Bühnen der Chansonsänger und -verfasser (→ Chanson 2).

Chanson spirituelle → Chanson 1.

Chant, Chanting (engl.), 4stg. harmonisierter Psalmengesang in der anglikan. Kirche. Die Prosatexte werden auf eine kurze Melodie rezitativisch gesungen. Der *single c.* gibt jeder Strophe eine besondere Melodie. Im *double c.* werden 2 Strophen nacheinander auf dieselbe Melodie gesungen.

Chanterelle (frz. *chanter*= singen), die höchste Saite (Singsaite) bei Zupf- und Steichinstr. (besonders Laute, Violine).

Chanty (frz/engl.), Seemannslied, → Shanty.

Chanzoneta (span.), kleines Lied; geistl. Refrainlied im 16., 17. Jh. in Spanien, ähnl. der ital. → Kanzonette; besonders Weihnachtslied; vgl. → Villancico.

Charakterstück, ein bevorzugt für den Vortrag auf dem Klavier bestimmtes, kurzes Einzelstück ohne Bindung zu einem Zyklus, meist in 3tlg. → Liedform und mit einer den Inhalt charakterisierenden Überschrift; auch mit dem Sammelnamen „Lyrisches Stück" od. Genrestück. Das C. ist in seiner Übergangsstellung am besten durch seine Grenzen gegenüber der → absoluten Musik und der → Programm-Musik charakterisiert. Es stellt sich zwar deutlich gegen die zyklische Form der → Suite od. → Sonate und deren aufbauende themat. Entwicklung; denn es setzt mit dem ersten Takt den vollen Stimmungsgehalt ein. Aber es bleibt dabei den formalen Gesetzen der absoluten Musik unterworfen, wobei es die kleineren Formen Tanz, Lied und → Rondo bevorzugt. Während es sich so von der → Programm-Musik absetzt – denn es vermeidet jede außermusikal. Reflexion und zeichnet nicht Gegenstände, sondern Zustände in ihrer Wirkung im seelischen Bereich –, ähnelt das C. ihr doch durch die Besonderheit der poetischen Überschrift, die allgemein als Vortragsbezeichnung eine Stimmungsrichtung andeutet (*Traurig, Sehnsüchtig*) od. sie durch einen Gattungsbegriff vorschlägt (Romanze, Ballade, Capriccio) od. die Phantasie des Spielers und Hörers durch bis ins Einzelne gehende Anweisung festlegt und einengt (Beethoven, Streichquartett op 132: *Heiliger Dankgesang eines Genesenen an die Gottheit*). Während Beethoven sagt, er habe beim Komponieren ein Gemälde vor Augen, nach dem er komponiert, antwortet F. Mendelssohn Bartholdy auf eine Frage, er habe an *„gar nichts"* gedacht, und bei R. Schumann heißt es: *„Die Überschriften zu allen meinen Kompositionen kommen mir immer erst, nachdem ich schon mit der Komposition fertig bin"* und: *„Man hat die Überschriften über Musikstücken, die sich in neuerer Zeit wieder zeigen,* *hier und da getadelt und gesagt, eine gute Musik bedürfe solcher Fingerzeige nicht. Gewiß nicht, aber sie büßt dadurch ebensowenig ihren Wert ein, und der Komponist beugt dadurch offenbarem Vergreifen des Charakters am sichersten vor*". – Die Schwierigkeit, das C. gegenüber seinen Entwicklungsnachbarn abzugrenzen, zeigt sich schon in seinen Anfängen im *Fitzwilliam Virginal Book* (Anf. des 17. Jh.), das neben deutlich programmat. Musik streng gebaute Stücke enthält mit charakterisierenden Überschriften und Zwischentiteln. F. Couperin, der die Suite um zahlreiche, schon nicht mehr tänzerische Stücke vermehrte, brachte in seinen *Pièces de clavecin* Naturstudien wie auch die Schilderung seelischer Vorgänge (*Les langueurs tendres*), die wie die Stücke von J.-F. Dandrieu und J. Ph. Rameau als Einzelstücke außerhalb der Suite in späteren Sammlungen erscheinen. In Dtl. können J. J. Frobergers *Plainte, pour passer la mélancholie,* H. I. F. Bibers biblische Sonaten, aber auch J. S. Bachs Wortauslegung z. B. in den Choralvorspielen als Erscheinungen innerhalb der Gattung C. genannt werden. Auf Couperin weisen C. Ph. E. Bach od. Stücke etwa von J. A. P. Schulz, J. F. Reichardt, K. F. Zelter, I. Moscheles, die nun mit den Ausdrucksmöglichkeiten des Hammerklaviers rechnen. Beethovens Beitrag zum C. für Klavier sind seine drei Slgn. → Bagatellen. Die in den Jahrzehnten der → Empfindsamkeit zahlreich vorgelegten Slgn. mit Klaviermusik für den Liebhaber stellten das Einzelstück gegen den Zyklus und brachten im kurzen → Handstück die Vorform zur → Etüde des 19. Jh. (D. G. Türk); mit dem Klavierlied bereiteten sie den Weg zum → Lied ohne Worte. Erst in der → Romantik kam das C. zu voller Entfaltung: W. J. Tomášek schrieb in Prag 10 Hefte → Rhapsodien und → Eklogen, sein Schüler J. H. Voříšek 1818 Rhapsodien und 1822 → Impromptus (im gleichen Jahre verwandte Marschner den Namen), und ab 1827 erschienen F. Schuberts Impromptus und → Moments musicaux, die sich aus dem ersten entscheidenden Einfall entwickeln, ohne das Handwerkliche des Komponierens spürbar zu machen. Die Verbesserung der → Klaviermechanik wirkte sich auch auf die Ausdruckskraft des C. aus. J. Field brachte die neue Gattung des → Nokturnos. F. Chopin führte es weiter neben Etüde und Tanz die bei ihm lyrische Stücke sind wie erstmals das → Prélude. Bei dem früheren Handstück knüpften die Etüden von J. B. Cramer, Moscheles und N. Burgmüller an und bei dem Klavierlied die *Lieder ohne Worte* von F. Mendelssohn Bartholdy, die zum Chorlied als C. weiterführten. Mit seinen Titeln (*Jagdstück, Gondellied*) gab er seinen Stücken die echt romantische Einstellung die R. Schumann in seinen *Kinderszenen, Nachtstücken, Waldszenen, Phantasiestücken, Albumblättern* weiter differenzierte. Er ist Vorbild für Th. Kirchner, A. Jensen und für eine kaum übersehbare Flut von C.n, die der Sieg des Klaviers als Instrument der → Hausmusik in die bürgerlichen Salons fließen ließ und die über *Glühwürmchen* und *Heinzelmännchens Wachtparade* zur → Schnulze der heutigen Massenmedien führt. Ohne die Schablone gefühlsüberbetonter Alltäglichkeit entwickelte sich das C. eigenständig vor allem in der Konzertetüde weiter bei F. Liszt, mit nationaler Eigenart bei E. Grieg (*Lyrische Stücke*), A. Dvořák (10 *Legenden*, ursprüngl. für Klavier 4händig) und P. Tschaikowsky (*Die Jahreszeiten*). → Intermezzi, Balladen, Rhapsodien schrieb J. Brahms mit vollgriffigem Klavierstil, den M. Reger in Romanzen, Melodien, Humoresken weiterführte und zugleich kontrapunktisch verfugte (*Aus meinem Tagebuch, Albumblätter*). Neue Impulse brachten der impressionistische Klavierstil C. Debussys und M. Ravels und auch B. Bartók. Die neue Musik schließt das C. nicht aus; vgl. Blacher, *Ornamente*; Fortner, *Impromptu*; Klebe, *Deux Nocturnes*; Henze, *Nachtstücke*.

M. Vidor, Zur Begriffsbestimmg. des musikal. C. (Diss. Lg), 1924; W. Kahl, Das C. (o. J., 1959); E. Bodky, Das C. (Musikal. Formen), [2]1961; W. Krueger, D. Nachtstück, 1971.

Charango, Zupfinstr. vieler Arten in den Andenländern, das im 17. Jh. aus Elementen der Vihuela, span. Gitarre, Laute und Mandoline entstand und von den Indios übernommen wurde als *Ch. de quirquincho* (nach dem Panzer eines Gürteltiers, der als Boden diente); meist 5 doppelchör. Saiten. Ein Ch. der Araukaner hat nur 1–3 Saiten.

Charivari (frz., vermutl. lautmalend = Durcheinander), Katzenmusik; in Frankr., der frz. Schweiz und Südwestdtl. beheimateter Brauch der Spott- und Freudenmusik, gelegentlich Umzug mit häuslichen Geräten, Klappern und Trompeten als Lärminstr. am Polterabend, bei Witwenhochzeiten, bei Karnevalszügen, zum Spott auf Mißliebige. Als *Chalivali* im *Roman de Fauvel*; „Katzenfuge" bei D. Scarlatti.

Charleston, nach der in USA (*South Carolina*) gelegenen Stadt benannter Gesellschaftstanz der 1920er Jahre (→ Ragtime; 4/4Takt mit Synkopen), der seine Verbreitung besonders dem gleichnamigen Schlager von J. P. Johnson (1923) verdankt.

Charlestonmaschine, Rhythmusinstr. in Jazz- und Tanzmusik: 2 auf einer Achse übereinander befestigte Becken. Das obere wird durch Fußmechanik auf das untere geschlagen. → Hi-hat.

Chasse, Chace (frz. = Jagd), der aus einer im 13. Jh. allgemeineuropäischen Kanonpflege im 14. Jh. in Frk. (in der Nähe von Ballade, Motette) entstandene 3stg. Kanon im Einklang; bei inhaltl. Bezug auf die Jagd auch Fuga (= Flucht) genannt; vergleichbar der it. → Caccia und dem engl. → Catch. Im Ggs. zur 2stg. it. Vokalform (mit Instrumenten) war er in Frk. polyphon anspruchsvoller (z. B. → Stimmtausch, vgl. → Rondellus) und war daher weniger verbreitet. Ch., auf die Jagd bezogen, erscheint in der Chormusik des 16. Jh. (z. B. Janequin), Instrumentalmusik des 18. Jh. (Haydn) und im Charakterstück des 19. Jh. – *Cor de ch.*: → Wald-, Jagdhorn. → Sommerkanon.

K. Taut, D. Anfänge d. Jagdmus., 1927; L. K. J. Feininger, D. Frühgesch. des Kanons, 1937; W. Wiora, D. ma. Liedkanon (Kb. Lüneb.) 1952; G. Reaney, Machaut, L 1971. → Rondellus.

Chazozra, Hasosra (hebr.), althebr. Metalltrompete, Militär- und Kultinstr. mit glockenförmigem Schallbecher, geradem Rohr; paarweise gespielt; vermutl. aus Ägypten übernommen.

Chazy, Chasy → armenische Notenschrift.

Cheironomie (griech. = Gebärdensprache). Andeutung von Intervallen (Melodielinien) durch → Handzeichen.

Chekker (engl. = Schachbrett; frz. *échiquier,* span. *exaquier*), besaitetes Tasteninstr., das im 14.–16. Jh. in Engl. und Burgund gebaut wurde. Die Bez. Schachbrett/Schachtbrett geht wohl auf fläm. *schacht*(= Spitze der Feder, die vermutl. die Saite reißt; engl. *jack*) zurück od. auf das Schwarz-Weiß der Tastatur. „Ch." wird neuerdings auch aus der Form des ma. Rechenbretts (*exchequer*) erklärt. „*Exchiquier ou manichord*" (frz. Vermerk von 1488) deutet auf ein → Clavichord hin.

E. M. Ripin, Towards an identification of the ch. (Galpin Journ.) 1975; ders., Ch. (Grove) 1980; C. Page, The myth of the ch. (Early Mus.) 1979.

Cheng, → Sheng.

Chevalet (frz.) → Steg.

Chevrotement (frz. *chevroter* = meckern), fehlerhaftes → Vibrato, mit Hilfe des Kehlkopfes erzeugt von Flötisten od. Hornisten od. auch von Sängern mit falscher Gesangsschulung. → Bockstriller.

Chiaro (it. =) klar, hell, deutlich im Vortrag (= *chiaramente*); *chiarezza* = Klarheit, Deutlichkeit.

Chiavette (von it. *chiave* = Schlüssel), Schlüsselversetzung, besonders bei Chormusik des 15., 16. Jh. mit der Absicht, Hilfslinien im Liniensystem zu vermeiden. Im Ggs. zu den *chiavi naturali* (Sopran, Alt, Tenor, Baß) sind die *chiavi trasportati* (versetzte Schl.) nach oben („Hohe Ch.": eine Terz höher klingend) od. unten („tiefe Ch.": Terz tiefer) verschoben.

R. Ehrmann, D. Schüsselkombinationen im 15. u. 16. Jh. (Stud. z. Mw. 11), 1924; S. Hermelink, Dispositiones modorum (Münchn. Veröff. z. Mg. 4), 1960; H. Federhofer, Hohe u. tiefe Schlüsselung im 16. Jh. (Fs.Blume) 1963; B. Meier, D. Tonarten d. klass. Vokalpolyphonie, Utrecht 1974.

Chicago-Stil, Jazzstil, der sich infolge wirtschaftlicher Verlagerungen im und nach dem 1. Weltkrieg in Chicago ausbilden konnte. Während die frühe Jazzbewegung im Süden (→ New Orleans-Stil) nach Abwanderung der farbigen Musiker abbrach, kam der Ch. auf, in den 1920er Jahren vorwiegend von Weißen gespielt, z. B. Schülern der *Austin High School*: M. Mezzrow (Klavier), Gene Krupa (Schlagzeug), Bix Beiderbecke (Kornett). Ihre Spielweise (Solo- statt Kollektivimprovisation) wirkte auf den Jazz der Farbigen. Etwa 1925 wurde das Saxaphon als weiteres Melodieinstr. od. anstelle der Posaune aufgenommen. Die Sätze wurden kompakt, die Harmonien gefühlig und süß.

Chin → K'in.

Chitarra battente (it. = „Schlaggitarre"), → Gitarre mit sehr hohen Zargen und bauchigem Boden; im 17., 18. Jh. in Italien wohl aus der oval-bauchigen orientalischen *guitarra morisca* entstanden; Decke nach unten abgeschrägt; 5 oft 3chörige Saiten; viel gebraucht in Italien, in Frankreich scherzhaft „Kapuzinergitarre" genannt. Gespielt („geschlagen") wird die Ch. mit einem → Plektrum.

Chitarrone (it.), Großlaute mit einem über den Wirbelkasten der 6 Spielsaiten hinaus geradlinig verlängerten Hals (bis 2 m), der in einem zweiten Wirbelkasten für die 5–8 Bordunsaiten endet; meist Metallsaiten, mit Plektrum zu reißen; Korpus größer als → Erzlaute; voller Klang; Begleitinstr. (besonders zum Tenorgesang), Generalbaßinstr. bis ins 18. Jh. Der Ch. stammt wohl von der Baßlaute ab (*liuto grosso*). Der Name (mit Bezug auf dieses Instr.) erscheint vermutl. zuerst in Florenz (1589). Er verschwand bald, so daß auch in Italien Langhalslauten → Theorbe hießen („röm. Theorbe" = Ch.), was oft Irrtümer ergab.

R. Spencer, Ch., Theorbo and Archlute (Early Mus.) 1976; D. A. Smith, On the origin of the Ch. (JAMS) 1979; G. Ferraris, Liuto, Arciliuto, Ch ... in Italia (Il Fronimo) 1982; E. Pohlmann, Laute, Theorbe, Ch., [5]1982.

Chladnische Klangfiguren,→ Klangfiguren.

Chocalho, Ganzá (portug.), brasilian. Namen einer in Lateinamerika verschieden benannten Rassel; ein Samen- od. Schrotkörner enthaltender, geschlossener Metallzylinder; vgl. → Maraca.

Chor(von griech. *choros* = der Reigen und dessen Ausführende; lat. *chorus*,ital. *coro*, frz. *choeur*, engl. *choir*), 1. Die Gemeinschaft der Singenden, unabhängig von der Stimmlage (gemischtstg. mit Frauen und Männern; gleichstg. jeweils nur mit Kindern, Frauen od. Männern), der Stimmigkeit (beginnend beim 1stg. Ch.), der Zahl der Stimmgruppen (ein- od. mehrchörig) und der Frage der Instrumentalbegleitung (→ a cappella = unbegleitet). Dagegen ist der Begriff festgelegt durch die Besetzung einer Stimmlage mit mehreren Sängern. Die kultischen Reigen- und Chorlieder der Griechen behielten auch in der antiken Tragödie und Komödie den Namen Ch. mit dem Doppelsinn der tänzerischen und vokalen Darbietung als Handlungselement, der sich auch im röm. Bereich hielt, bis sich die Bezeichnung *chorea* (griech. *choreia*) für Reigen durchsetzte, während der christl. Gebrauch das lat. Wort *chorus* weitertrug. Darin wurde zugleich der himml. Engels-Chor und der Ch. der irdischen Gemeinde im gemeinsamen Lobgesang verstanden. Im frühchristlichen Gottesdienst sangen noch Frauen mit in der Gemeinde, später nur noch in Nonnenklöstern, während → Sopran und → Alt mit Knaben, → Falsettisten oder Kastraten besetzt wurden. Der antiphonale → Gemeindeges. ging zurück; das Wort *chorus* bezeichnete den geschulten Sängerchor (*Schola cantorum*), wie ihn Gregor I. anstrebte. Schließlich verengte sich der Begriff weiter auf den singenden Klerus, an dessen Stelle etwa seit 1200 Laienchöre (*chorales*) traten. Erste → Mehrstimmigkeit findet sich in Ordinariumssätzen, wobei Instrumentalbegleitung üblich war. Die Stimmen standen gleichwertig zueinander, wie die Chorpolyphonie der Frankoflamen bis ins 16. Jh. zeigt. Hier meinte das Wort *chorus* den geschlossenen Klang. Die Instrumentenfamilien machten die Unterscheidung *ch. vocalis* gegen *ch. instrumentalis* nötig. → Mehrchörigkeit zeigt sich im 17. Jh. bei A. und G. Gabrieli, Lasso, Monteverdi, weiter bei Haßler, Schütz, und M. Praetorius. Die Chortradition an ma. Klosterschulen setzte die Reformation mit Schulchören und → Kurrenden fort, die der Kantor und ihn unterstützend der → *Praefectus chori* leitete. Der Ch. hatte nun in der Nähe der Orgel seinen Platz. In den zyklischen Formen der biblischen → Historie, Oper, Kantate und des → Oratoriums standen vom Ch. ausgeführte Sätze gegen → Rezitativ und → Arie, z. T. als dramat. Steigerung (→ Turba). Mit der Choroper der Florentiner (Peri) festigte sich der Zweig weltlicher Chormusik der sich in vielfach solist. → Chansons und → Madrigalen vorgebildet hatte. Wie Cl. Monteverdi im ital., J. B. Lully im frz. Bereich der Oper, so gab Carissimi im Oratorium dem Ch. die dramatische Aufgabe, und Schütz ergänzte mit dem Chordialog, J. S. Bach mit dem meditierenden Ch. In zahlreichen Formen trug der Ch. des dt. Oratoriums die Handlung. Dabei galt der Begriff Ch. wie in den Kantaten Bachs und den → Anthems bei Händel für kunstvollen Chorsatz mit selbständig musizierenden Instr. Aus der Oper und zugleich als Folge der Aufklärung bekam weltl. Chorgesang im 19. Jh. die Vorherrschaft gegenüber dem geistl. Dabei erscheint nun auch die pädagog. wirkende und soziologisch begründete Gemeinschaftsidee als Beweggrund (Nägeli). Das Wort Ch. wurde nun mit *a cappella* gleichgesetzt. Der Männerch. und der gemischte Ch. entwickelten sich in einer allgemeinen, schnellen Bewegung und (nach Zelters Vorbild der Berliner → Singakademie) der anspruchsvolle Oratorienchor. Daneben erneuerte sich das kirchl. Chorwesen, das zunächst das Kirchenkonzert vor die gottesdienstl. bedingte Chormusik stellte, bis im 20. Jh. der Ch. in beiden Konfessionen wieder an der liturg. Aufgabe teilnahm. Die Singbewegung nach dem 1. Weltkrieg sollte eine Antwort auf einen starren Vereins- und Musikbetrieb sein und vermied zunächst das Wort Ch. („Singkreis"). Das hochentwickelte Chorvereinswesen der Schweiz geht (wie in Dtl.) auf Nägeli zurück, wenn auch hier noch der einfache 4stg. Chorsatz (→ Kantionalsatz) Goudimels aus dem reformierten Psalter wirksam war. Frankreichs zahlreiche volkstüml. Chöre entstanden meist im 19. Jh. Erneuerungsbestrebungen liefen etwa parallel zu der in Dtl. von der Singbewegung angeregten Entwicklung. Ebenso unabhängig vollzog sich ein Aufschwung in der vorwiegend geistl. Chormusik Englands, während in USA das Chorwesen in Anlehnung an europäische Beispiele wesentlich im 19. Jh. entstand. Der russ. Chorgesang entwickelte sich aus der orthodoxen Liturgie und wird heute von einer großen Zahl von Volkschören gepflegt. Die neue Musik im 20. Jh. fand neue Chortechniken (z. B. Webern, Penderecki). Ein allgemeiner „Dt. Chorwettbewerb" besteht seit 1982 in der Bundesrep. Dtl. 1982 wurde die Internat. Föderation für Chormusik (IFCM) gegründet. → Chorlied, -musik, Frauen-, Männerchor, gemischter Chor, Gesangverein. – 2. Auf den griech. Chor-Platz bezieht sich Ch. als kirchl. Raum um den Altar, für Kleriker und Mönche bestimmt und durch Chorschranken abgeteilt. Später war Ch. gelegentl. die Orgel- od. eine Seitenempore, von der aus der Chor sang. – 3. Chor heißt auch die Gemeinschaft gleichartiger Instr. und ihr Spiel (Stimmfamilie), bei Saiteninstr. die mehrfache Besaitung zu einem Ton.

H. Kretzschmar, Ch.gesang, Sängerchöre u. Ch.vereine, 1879; P. Epstein, Der Schulch. v. 16. Jh. bis z. Gegenw., 1929; H. J. Moser, Corydon 1933, ND 1966; K. Thomas, Lehrb.

d. Chorleitung, ab 1935/7; W. Ehmann, D. Chorführung, 1950; E. Preußner, D. bürgerl. Musikkultur, [2]1950; W. Wiora, D. alte u. d. neue Sinn d. Ch.gesanges (Musikal. Zeitfragen) 1957; W. Blankenburg, Ch. (MGG) 1952; H. J. Schattner, Volksbildung u. Musikerz., Leben u. Wirken Nägelis (Diss. Saarbr.) 1960; A. Kunzmann, Gesch. d. Ch.liedes, 1963; K. G. Fellerer, Das dt. Ch.lied i. 19. Jh. (Gedenkschr. Schrade) Bern 1973. → Chormusik. Frauen-, Männerchor, Gesangverein, Lied.

Choral (griech. *choros*= Reigen, lat. *cantus choralis*= Chorgesang; *chorales* = die Sänger in → Messe und Hora; ital. *corale*; frz. *plainchant*, engl. *plainsong* = ursprüngl. tiefliegender, dann rhythm. ausgeglichener Gesang), – 1. Sammelbegriff für liturg. Gesänge der kathol. Kirche, einstg. und unbegleitet, wobei der einstg. chorisch oder solistisch ausgeführte Gesang (*cantus planus* im Sinne von gleichmäßig mensuriert) dem solistischen, figurierten oder mehrstg. Gesang (→ Figuralmusik) gegenübersteht, der lat. dem orientalischen, ostkirchl. und volkssprachigen. Schließlich versteht man unter Ch. besonders den (neu-) römisch-gregorian. und unterscheidet ihn vom → mozarabischen (span.), → gallikanischen, mailänd. (→ ambrosian.) und beneventanischen. Allgemein spricht man daher von → Gregorianik und dem gregorian. Ch. in Erinnerung an Gregor d. Großen, jedoch ist die Diskussion über dessen Anteil an der entscheidenden Ch.-Reform nicht abgeschlossen. Vielmehr festigt sich die Meinung, daß der Übergang vom zeitgebundenen „altröm." Ch. zum allgemeinen, leicht verständl. gregorian. Ch. etwa im 3. Viertel d. 7. Jh. erfolgte (Stäblein). Man sieht als Muster den in der Ordensregel des hlg. Benedikt entsprechend dem Brauch in röm. Basiliken festgelegten Gesang, der unter Gregor eine Blütezeit erreichte. Der Ursprung des Ch. wird in jüd., byzantin. Musik, eher wohl in allgemein mediterranen Formen od. aber in einer gemeinsamen Urstufe vermutet. Frühe, schriftl. überlieferte Ch. des 9., 10. Jh. sind als fertige Kunstformen zu werten, die mit solcher Plastik, Ausgeglichenheit und Klarheit der Linien eindeutig auf die Gestaltung durch römischen Geist hinweisen. Sie setzten sich von Italien und dem Missionsland England-Irland aus auf dem übrigen Kontinent durch und hatten in Dtl., Frankr., Spanien (auch durch die im 12. Jh. einsetzende Arbeit der Ordensgemeinschaften) zunächst tiefergehende Wirkung als in Italien, wo sich altrömische (vorgregorian.) Formen in der → Liturgie länger hielten. Vermutlich aus einer gemeinsamen Urform entwickelten sich im wesentlichen 2 Fassungen: die roman. (Rom, Mailand) mit engeren Bewegungen und eine german., weiträumige (Metz), die in Holland, Dtl., der Schweiz und Polen Bestand hatte und für das protestant. → Kirchenlied wichtig wurde. Erst aus dem 10. Jh. sind Namen von Ch.-Komponisten bekannt. Neue (auch mehrstg.) Vertonungen entstanden zum Kyrie, Gloria, Credo, Sanctus (Benedictus), Agnus Dei als den → Ordinariumsstücken und zum → Hymnus. Daneben bildeten sich neue Formen heraus (Sequenz, Tropus, Cantiones, Conductus). Mehrstimmigkeit wurde, um die Feierlichkeit zu unterstreichen, eingesetzt, während die Orgelbegleitung nach 1600 im einfachen 4stg. Satz Note gegen Note (mit → Generalbaß od. ausgeschrieben) üblich wurde. Der Ch. wird vom Chor mit

Vorsänger, antiphonish von 2 Teilchören od. im Wechsel mit mehrstimmigen Teilen od. Orgelbegleitung vorgetragen. Das Bemühen um Einheitlichkeit des Ch. zeigt sich in mehreren Liturgie- und Ch.-Reformen (→ Tridentiner Konzil), besonders in der *Editio* → *Medicaea*(1614), die mit ihren engen Regeln dem Ch., seinem Ursprung und Wachstum nicht gerecht wurde. Im 19. Jh. waren die → Benediktiner von Solesmes führend in Choralforschung und -erneuerung. Während die Choralreform F. X. Haberls in der für die ganze kathol. Kirche (1877) obligatorischen Regensburger Ausgabe sich auf die *Editio Medicaea* stützte, ging von ihnen die Restauration unter Berücksichtigung der Quellen aus (Dom Pothier), wie sie im → *Motu proprio* (Papst Pius X., 1903) anerkannt und in der *Editio* → *Vaticana* verbindlich wurde. Eine Reform der germanischen Choralfassung nahmen die Benediktiner in der Schweiz vor. Die Frage der Rhythmisierung des gregorian. Ch. ist auch nach diesen letzten Reformausgaben noch Gegenstand der Diskussion. → Choralreform.

P. Wagner, 1911/21; C. Callewaert, De orig. cantus greg. (Ephemerides liturg. 40) 1926; W. Lipphardt, Rhythm.-metr. Hymnenstud. (Jb. Liturgiewissensch.) 1934; ders., Der greg. Ch. als Probl. d. Historismus (Mus. u. Altar) 1949; ders., Üb. Alter u. Urspr. des dt. Ch.dialekts (JbLH) 1956; E. Jammers, D. greg. Rhythmus (Antiphon. Stud.) Straßb. 1937; ders., Der ma. Ch., 1954; ders., Mus. in Byzanz, im päpstl. Rom u. i. Frankenreich, 1962; Br. Stäblein, Ambrosian.-Gregorianisch (Kb. Basel) 1949; ders., Alt- u. neuröm. Ch. (Kb. Lüneb.) 1950; ders., Z. Frühgesch. d. römischen Ch. (Kb. Rom) 1950; ders., Die Entstehung d. röm. Ch. (Mf) 1974; C. Gindele, Lebendiger Ch., 1951; D. Johner, Wort u. Ton im Ch., ²1952; ders., Ch.schule, ⁸1956; W. Apel, Gregorian chant, Bloomington 1958; F. Tack, D. greg. Ch. (Musikwerk) 1960; L. Agustoni, Greg. Ch., 1963; J. R. Bryden/D. G. Hughes, An index of Greg. Chant, Cambr./Mass 1969; P. Combe, Hist. de la restaur. du chant grég., Solesmes 1969; A. Bescond, Le chant grég., P 1972; K. G. Fellerer (Hg.), D. kath. Kirchenmus., 1972/76; K. Hodes, D. greg. Ch., 1974, ²1979; H. Hucke, Karoling. Renaiss. u. greg. Ch. (Mf) 1975; → Gregoranik, Kirchenlied, Hymnologie.

2. das evangelische → Kirchenlied, ausgehend vom Gemeinde-Gottesdienst, wobei der Begriff Ch. unter dem Eindruck der mehrstg. Proprien der röm. Kirche (z. B. Isaac, *Choralis Constantinus*) im protestant. Bereich die (auch instrumentale) Mehrstimmigkeit voraussetzte und das einstg. Gemeindelied (→ Kirchenlied) zum Ggs. hatte, der auch im reformator. Sprachgebrauch zum Ausdruck kommt: Er setzt *„dt. Lied (Canticum), geistl. Lied, Psalm, teutsch Kirchengesang“*, erst Ende des 16. Jh. auch „Ch.“ Im 17. Jh. meint Ch. auch Orgelbearbeitung → alternatim, nach J. S. Bach die Gattung des 4stg. Satzes, Note gegen Note oder in kunstvoller kontrapunktischer Behandlung. (Zur gleichen Zeit verstand der Benediktinerabt M. Gerbert den Begriff *cantus planus* als einfachen 4stg. Satz zur gregorian. Melodie.) Die ursprüngliche Bedeutung als einstg. Weise zeigte später der Begriff Ch., wenn damit kurz der → Cantus firmus gemeint war. Das 19. Jh. unterschied nur gelegentlich zwischen Ch. und Kirchenlied, z. B.: Choralbuch (mit 4stg. Sätzen); das Gesangbuch (mit 1stg. Weisen); „Lieder anschlagen (anstecken)“ = Bekanntgabe der Gesangbuchnummern in der Kirche. – Die Bemühungen um eine evangel. → Choralreform, die zunächst mit der Erneuerung reformatorischer Ch. begann, beschäftigt sich vorwiegend mit Fragen des Rhythmus und des Verhältnisses von Musik und

Sprache (z. B. Alpirsbacher Bewegung).

Th. Schrems, D. Gesch. d. Greg. Ges. i. den prot. Gottesdiensten, Freib./Schw. 1930; F. Buchholz, Vom Wesen d. Gregorianik, 1948; ders., Alpirsbacher Antiphonale, 1951; Kleines liturg. Kantionale 1, 2, 1950/1; M. Luther, Liturg. Schriften (darin: Dt. Messe), NA 1950; J. Mehl, Einführ. i. d. Psalmgesang d. ev.-luth. Kirche, 1950; W. Blankenburg, D. gottesdienstl. Liedgesang d. Gemeinde (Leiturgia 4) 1961; O. Brodde, Evgl. Choralkunde (ebd.) 1961; ders., Evgl. Choralkunde, in: Valentin/Hoffmann, D. evgl. Kirchenmus., 1968; Fr. Blume, Gesch. d. evgl. Kirchenmus., NA 1965; E. Klusen, Greg. Ch. u. reformat. Kirchenlied (KmJb) 1966. → Gregorianik, Kirchenlied, Hymnologie.

Choralbearbeitung, mehrstimmiger Vokal- und/oder Instrumentalsatz mit der Choralmelodie als Grundbestand, die unverändert als → Cantus firmus übernommen, umspielt, imitiert, variiert werden kann. Der Begriff umfaßt die Vielzahl von Erscheinungen mit dem Choral-(Kirchenlied-)Thema; z. B. → Organum, Hymne, Sequenz, Responsorium, Motette. Die Ch. entwickelte sich besonders im protestant. Bereich, zumal das Kirchenlied dank seiner Aufgabe im protest. Gottesdienst auch Funktion in der allgemeinen Musikübung übernahm. J. Walther zeichnete 2 Grundformen vor: 1. den Satz Note gegen Note, zugleich der Typ des calvinistischen Psalters (→ Kantionalsatz), mit Verlegung der Melodie in die Oberstimme und unter dem Einfluß von durch die Humanisten-Ode (→ Ode) inspirierten schulmusikal. Formen: Calvisius, Gesius, Vulpius, Haßler, M. Praetorius, J. Crüger (mit konzertierenden Instr.), als Krönung: J. S. Bach. – 2. mit freier, zunächst im Tenor liegender Melodie, imitierend und variierend mit der Entwicklung zur → Choralmotette: Eccard, Haßler, M. Praetorius, M. Franck, auch hier als Krönung: J. S. Bach (*Jesus, meine Freude*). In der → Monodie um 1600 entstand das Choralkonzert mit Chor und Instrumenten (M. Praetorius), mit Solostimmen, Generalbaß und evtl. Instr. (Schein, Scheidt), und in der → Choralkantate mit → Rezitativ und → Arie verschmolzen die beiden Hauptgruppen (Buxtehude, J. S. Bach). Unter den instrumentalen Ch. nehmen der Orgelchoral (→ Choralvorspiel), die Choralvariation, -fuge und -fantasie für Orgel bis heute eine hervorragende Stellung ein. → Choral, Kirchenlied, Kirchenmusik.

F. Dietrich, Gesch. d. dt. Orgelchorals i. 17. Jh., 1932, ND 1970; F. Kessler, Neue Bestrebungen a. d. Gebiet d. Orgelchorals (Diss. Mainz) 1950; H. Schmidt, Untersuch. z. choralbezogenen Orgelmus. seit Reger (Diss. Erlangen) 1951; G. Frotscher, Gesch. d. Orgelspiels u. d. Orgelkomp., [2]1959; E. Platen, Untersuch. z. Struktur d. chorischen Ch. J. S. Bachs (Diss. Bonn) 1959; K. v. Fischer, Z. Entstehungsgesch. d. Org. variationen (Fs. Blume) 1963; W. Apel, D. dt. Orgelchoral um 1600 (Fs. Vetter) Lg 1969; F. Peeters/M. A. Vente (Hg.), D. niederld. Orgelkunst, 1971; H. Klotz, Üb. d. Orgelkunst d. Gotik, Renaiss. u. d. Barock, NA 1975; F. Krummacher, Die Ch. i. d. protestant. Figuralmus. . ., 1978; H. Müller-Buscher, G. Böhms Ch. f. Tasteninstrum., 1979.

Choralbuch, in der evangel. Kirche eine Slg. von Chorälen entweder in Melodie mit beziffertem Baß oder heute meist im einfachen 4stg. Satz Note gegen Note (→ Kantionalsatz), für Orgel- od. Bläserbegleitung od. Chorgesang bestimmt, vergleichbar dem calvinischen → Psalter; aber im heutigen Gebrauch im Ggs. zum → Gesangbuch (mit 1st. Melodie). Das erste bisher bekannte Ch. mit dem Wort Ch. im Titel ist von D. Speer (*Choral Gesang-Buch,* Stuttgart 1692). Fermaten und Zeilenzwischenspiele, wie sie bis Ende des 19. Jh. erschienen, wurden zuerst 1733 gedruckt, sind aber schon bei J. S. Bach in Arnstadt (um 1700) zu beobachten. Die ersten Begleitbücher für Tasteninstr. (anstelle der Ausg. mit Melodie und beziff. Baß) erschienen 1781 (N. Schiørring, Kopenh.), 1785 (J. Fr. Doles, Leipzig), 1786/90 (J. Chr. Kühnau, Berlin).

M. Blindow, Die Choralbegl. d. 18. Jh. i. d. ev. Kirche Dtl., 1957; W. Blankenburg, D. gottesdienstl. Liedgesang d. Gemeinde (Leiturgia 4) 1961.

Choraldialekt. Der roman. und der german. Dialekt sind die beiden Grundformen des gregorian. Chorals. Jener ist engräumig in seinen Tonschritten (besonders Südeuropa, Schweiz, Engl., Schweden), dieser weiträumig (Dtl., Holland, Polen), während in Dänemark beide anzutreffen sind. Das → Antiphonarium der Schweizer Benediktiner (1943) hat den german. Ch. → Choral, Choralreform.

W. Lipphardt, Üb. Alter u. Urspr. d. dt. Ch. (JbLH) 1956.

Choralkantate, die von J. S. Bach zur Hochblüte geführte Art der→ Kantate, die den Choral mit Text und Musik wörtlich übernimmt od. variierend auslegt in Rezitativ, Arie und Duett mit obligatem Instr., Chorfuge und großem Schlußsatz. Hauptgruppen sind die Choralvariation mit dem Choral als Cantus firmus in allen Strophen bei wechselnd kontrapunkt. Satz (Bach: *Christ lag in Todesbanden*) und die Kirchenliedkantate, die, durch die Liedstrophe formal festgelegt, der Odenkantate nahesteht. → Choralbearbeitung.

F. Treiber, D. thür.-sächs. Kirchenkantate z. Zt. d. jungen Bach (AfMf), 1937; F. Krummacher, D. Überlieferung d. Choralbearbeitung i. d. früh. ev. Kantate, 1965; → Choralbearbeitung.

Choralmotette, die aus der liturg. Funktion des → Chorals über → Bicinium, Tricinium, Kantionalsatz im protestant. Gottesdienst sich ergebende dt. Form einer konzertanten → Motette im 16. Jh. (M. Praetorius, Scheidt), die zusammen mit dem Choralkonzert (Schein, Schütz) der ital. → Kantate in Dtl. das geistl. Thema weitergab und diese vielseitige Gattung im Werk J. S. Bachs für einige Zeit zum Typus machte. Im 18. und 19. Jh. verband sich in der Ch. originaler oder ausgedeuteter Bibeltext mit dem Choral. Auch bei der Ch. ist Höhepunkt J. S. Bachs Werk (z. B. *Jesu, meine Freude*), das trotz aller Verschiedenheit auf Friedemann Bach, Doles, Graun, Homilius, Krebs, Rolle wirkte.

R. Gerber, Üb. Formstrukturen in Bachs Motetten (Mf) 1950; W. Morgan, The choral motet 1650/1750 (Diss. Berkeley) 1956; → Choralbearbeitung.

Choralnotation, Aufzeichnung einstimmiger geistlicher, dann auch weltl. Musik im MA durch die etwa im 12. Jh. aus den → Neumen hervorgegangene *nota quadrata,* mit der Einzeltöne notiert wurden im Ggs. zu der nur ungefähr kennzeichnenden Notation durch die Neumen, die aber noch etwa in den → Ligaturen der röm. Ch. erkennbar sind. Die Mehrstimmigkeit machte genaue Fixierung des rhythm. Verlaufs nötig, was sich in → Modal- und → Mensuralnotation zeigt. In Dtl. setzte sich die *nota quadrata* nicht gleichmäßig schnell durch gegen die Sonderform der gotischen → Hufnagelschrift. Die heute gültige Notation des gregorian. Chorals in den liturg. Büchern der kathol. Kirche geht von dem Stand der romanischen Ch. des 12. Jh. aus, benutzt das Vierlinien-System mit nicht auf einer Linie festliegendem C- oder F-Schlüssel und mit der *nota quadrata* als Einzelnote od. mit Notengruppen (Ligaturen), die nach Zusammensetzung und Bewegung besonders benannt sind. → Notenschrift.

E. Bernoulli, D. Choralnotenschr., 1898 NA (Ameln) 1966; F. Tack, D. greg. Choral (Musikwerk) 1960; E. Jammers, Aufzeichnungsweisen d. 1stg. außerliturg. Mus. (Paläographie d. Mus. I, 4) 1975.

Choralpassion, die den Bibeltext ursprünglich im gregorian. Rezitationston deklamierende (einfache) od. diesen mit figuraler Mehrstimmigkeit erweiternde (entfaltete), responsoriale → Passion, Vorstufe der orator. Passion (J. S. Bach). Die dt. protestant. Ch. entwickelte sich nach dem Beispiel bei J. Walter (1530) mit Passionsliedern (J. Sebastiani, 1672) und neuen, besinnl.-betrachtenden Liedern (Theile, 1673). Auf die liturg. gebundenen responsorialen Passionen geht H. Distlers Ch. (1933) zurück.

P. Epstein, Z. Gesch. d. dt. Ch. (JbP) 1929; W. Braun, D. mitteldt. Ch. i. 18. Jh., 1960. → Choralbearbeitung.

Choralreform, 1. katholisch: Die mit dem Anspruch der Verbesserung mit der Editio → Medicaea 1614 publizierte Nivellierung des → Chorals, die sich weit verbreitete, wenn auch die Praxis in Dtl. sich konservativ verhielt. Ende des 19. Jh. begann von der → Benediktiner-Abtei Solesmes aus eine Erneuerungsbewegung (J. Pothier, A. Mocquereau) mit dem Erfolg, daß ein neues → Graduale 1908, das → Antiphonale 1912 verbindlich wurde. – 2. Evangelisch: Die Ch. des 20. Jh. stützt sich auf Bestrebungen des 19. Jh. und deren → Kirchenliedsammlungen (Liliencron, Wackernagel, v. Winterfeld), zunächst mit Blick auf den reformator. und vorreformator. Choral. Das Evgl. Kirchen-Gesangbuch (EKG) von 1950 befreite die Lieder vom ausgleichenden Rhythmus und Tonfall der Aufklärungszeit und stellte den ursprüngl. Zustand, wo möglich, wieder her bei vorsichtiger Anpassung der Texte an den heutigen Sprachgebrauch. Verschied. Gruppen (z. B. in Alpirsbach und Berneuchen) arbeiteten an weiteren Reformvorschlägen. Eine überarbeitete Fassung des EKG wird vorbereitet (1982). → Liturgie, Messe.

R. Molitor, Die nachtridentin. Ch. zu Rom, 1901/2, ND 1967; K. G. Fellerer, D. greg. Choral im Wandel der Jh., 1936; P. Combe, Hist. de la restauration du chant grég. (Études grég.) 1970.

Choralrhythmus. Während die gregorian. Melodie hinreichend zuverlässig überliefert ist, ist die Diskussion über den Rhythmus, die mit den Erneuerungsbestrebungen im 19. Jh. einsetzte, noch nicht abgeschlossen. Die verschied. Systeme teilen sich im wesentlichen in 2 Hauptgruppen: den Mensuralismus, der mit verschied. Dauerwerten rechnet, und den Äqualismus, der jeden Ton gleich lang nimmt und dafür die Tatsache in Anspruch nehmen kann, daß die beginnende Mehrstimmigkeit auch die Angleichung der Notenwerte zur Folge hatte. Die heutige liturg. Praxis verwendet gemäß der Editio → Vaticana den äqualistischen Rh., der unter dem Eindruck der Bemühungen der → Benediktiner um → Choralreform auch benediktinisch genannt wird, obwohl die Ausgaben von Solesmes, in denen der rhythmische Schwerpunkt (Ictus) jeweils notiert ist, nicht die Anweisungen der offiziellen liturg. Bücher wiedergeben. → Choral 1.

Choralvorspiel, meist auf der Orgel auszuführende und zunächst für den Gottesdienst bestimmte, den Choralgesang vorbereitende Musik mit der Blütezeit und den Hauptwerken im evgl. Raum. Die in Italien *intonazioni* (Einstimmung) genannten Orgelpräambeln (Vorspiele) entwickelten sich entsprechend der liturgisch-musikal. Aufgabe des Chorals im protestant. Gottesdienst zu einer eigenen Kunstgattung ohne formale Einheit, es sei durch die Bindung an die Choralweise. Die Variationsketten der engl. Virginalisten, Sweelincks Lied- und Scheidts Choralvariationen hatten Einfluß auf die Ch. von Böhm, Buxtehude, Reinken. In J. S. Bachs Werk konzentrierten sich die Strebungen aus Nord und Süd in einer Vielfalt von Formen: vom strengen cantus firmus-Satz zum figurierten variierten, imitierenden Ch. (Orgelbüchlein, Orgelmesse). Die Höhe dieser Kunst wurde nicht wieder erreicht. Das Ch. nach 1750 wurde vom → Kantionalsatz geprägt, das Figurenwerk vom Harmoniegerüst zur Scheinpolyphonie degradiert, die Wortauslegung in Romantik und Spätromantik durch Enharmonik, Chromatik und alterierte Reizklänge abgenutzt, bis bei Brahms, Reger, Kaminski eine neue Polyphonie einsetzte, die sich im 20. Jh. vom Strebeklang des 19. Jh. befreite. Es entstanden improvisatorische Kleinformen (manualiter) und weiträumige Ch.: K. Thomas, G. Raphael, J. N. David, H. Bornefeld, S. Reda, E. Pepping, H. F. Micheelsen. → Choralbearbeitung, Kirchenmusik, Orgelmusik.

Chorbuch, großformatiges Buch mit so groß geschriebenen Noten und Texten, daß es, auf einem Pult aufgestellt, einem Chor als Vorlage zum mehrstg. Gesang dienen konnte. Dazu wurden die Stimmen nicht untereinandergeschrieben (→ Partitur), sondern seit dem 14. Jh. getrennt auf beiden gegenüberliegenden Seiten meist so verteilt, daß links oben und unten Sopran und Tenor, rechts Alt und Baß angeordnet wurden. In einem früheren Stadium der Mehrstimmigkeit (seit dem 13. Jh.) wurden die Stimmen in 2 od. 3 Spalten auf einer Seite nebeneinander untergebracht. Die Musikwissenschaft unterscheidet das eigentliche Ch. für den Gebrauch des Chores mit mehreren, mehrfach besetzten Stimmen von der Chorbuchnotierung, die da sie für Sologesang- od. -spiel angelegt wurde, in der Regel auf großes Format und große Schrift verzichten konnte, wo nicht Gründe der Repräsentation vorlagen. Manche dieser Bücher waren so eingerichtet (die oberen Stimmen beider Seiten entgegengesetzt geschrieben), daß sie, flach auf den Tisch gelegt, von dessen beiden Gegenseiten aus gelesen werden konnten. Der chorische Gebrauch setzte sich Anfang des 15. Jh. durch. Die Foliohandschrift auf dem Chorpult ist seit 1430 bekannt. Während man in Dtl., Italien, Spanien und England noch das Quartformat hatte, gemischt mit geistl. und weltl. Gesängen in Latein od. der Volkssprache, war in den Niederlanden das Folio-Ch. vorwiegend mit Kultmusik, selten mit geselliger Musik im Gebrauch. In Dtl. wurde das Folioformat Ende des 15. Jh. üblich; Anfang des 16. Jh. hatte es sich allgemein durchgesetzt. Die schnellen Erfolge des → Notendrucks änderten zunächst nichts an der Ch.-Praxis. Die großformatige Handschrift war billiger und konnte besser ausgestattet werden. Bis um die Mitte des 17. Jh. waren handschriftl. Chorbücher üblich. Das Glogauer Liederbuch ist die erste Sammlung, die in getrennten Stimmbüchern angelegt wurde (um 1470). Der erste bekannte Ch.-Druck stammt aus dem Jahr 1520. Berühmte Slgn. sind in Brüssel, Jena (mit dem größten Ch.: 78 × 54,5 cm), München, Rom und Stuttgart. Das ma. Ch. wurde im 17. Jh. allgemein abgelöst durch Stimmhefte. Nur der Dirigent benützte eine Partitur. Im 20. Jh. wurden Chorsammlungen und -werke oft nur in Partitur gedruckt, um den Sängern den musikal. Ablauf zu zeigen.

H. Besseler, H. Albrecht, C. (MGG) 1952.

Chordometer (griech., lat. *chorda* = Saite), Saitenmesser. Um die Dicke der Saiten zu messen, schiebt man diese in den spitzwinklg. Ausschnitt des C. so ein, daß sie beide Winkelschenkel berührt. An einem Maßstab ist die Dicke abzulesen.

Chordophone (griech. *chorde*= Saite; *phone* = Stimme). Saiteninstrumente (Saitenklinger) können nach ihrer Bauart unterschieden werden od. nach der Art, wie die Saiten in Schwingung versetzt werden: durch Reiben (Streichen), Zupfen, Schlagen od. Luftbewegung; z. B. → Streich-, Zupf-, Tasteninstr., Hackbrett, Äolsharfe.

T. Norlind, Systematik d. Saiteninstr. 1, 2, 1936, [2]1941. → Instrumente.

Chorea (lat. von griech. *choreia* =) Reigen, Singtanz bei Griechen und Römern; bei J. de Grocheo (um 1300) erwähnt; 1598 als *Ch.germanica* bei M. Reymann für Allemande.

Choreographie (griech. *choreia* = Reigen, *graphein* = schreiben), 1. Tanzschrift, durch die die Einzel- und Gruppenbewegungen, die Stellung des einzelnen und die Figuren der Gruppen festgehalten werden. Die Tanzschritte wurden anfangs durch Buchstaben skizziert, die dem Notenbild beigegeben waren; so bei A. de Arena (*Ad suos compagnones,* 1536) und T.-Arbeau (→ *Orchésographie*, 1588), bei dem sich schon die Illustration des Tanzenden zur Darstellung der Bewegung findet. Die Stellung der Hacken- und Fußlinien wird in einer Art Kurzschrift festgelegt. Auf die *Chorégraphie* R. A. Feuillets (1700), welche die Vorarbeit von Ch. L. Beauchamp benutzte und von G. Taubert dt. in dem *Rechtschaffenen Tanzmeister* (1717) übernommen wurde, folgte 1725 der *Maître à danser* v. Pierre Rameau. Die *Sténochorégraphie* v. A. Saint-Léon (1852) bringt Tanzschrift zusammen mit den Noten in einem Liniensystem, einer Partitur ähnlich. Neue Systeme sind die von F. A. Zorn, R. v. Laban (1928) und P. Conté (1931). Eine Vereinheitlichung wird angestrebt (Kinctographie), obwohl bedeutende Tänzer (z. B. Noverre) hier eine Einengung fürchteten. – 2. Tanzkomposition (Regie); die einfalls- und spannungsreich zusammengestellte Bewegungsfolge der Gruppen und Solisten, die zu wirkungsvoller Darstellung angeregt werden, und das dazu verwendete → Libretto. Zu den berühmten, immer wieder übernommenen Ch. gehört die des Russen Petipa zu *Schwanensee* (Musik: P. Tschaikowsky). → Ballett, Tanz.

C.Sachs, Eine Weltgesch. d. Tanzes, 1933; ND 1981; G. Balanchine, Ballettschrift (Mus. d. Zeit 2) 1952; S. Lifar, Traité de ch., P [2]1954; ders., La réforme chorégr. (Akten des 4. Int. Kongr. f. Ästh.) 1962; R. u. J. Benesh, Dance notation, L 1956; A. Knust/K. Peters, Kinetograph. Lex. d. klass. Tanztech., 1965; S. Thornton, A movement perspective of R. Laban, L. 1971; Cl. Jeschke, Tanzschriften ..., 1983.

Chorlied, Lied im unbegleiteten Satz für mehrere, mehrfach besetzte Stimmen. Während das ältere mehrstg. Lied bis ins 15. Jh. eher solistisch besetzt war (→ Chormusik), entstand das Ch. als neuere Gattung zu Ende des 18. Jh. für → gemischten Chor, → Männer-, später auch → Frauenchor. Zelter, Reichardt und die in die Breite wirkenden Bemühungen Nägelis stehen am Anfang. Im Verlauf der raschen Chorentwicklung des 19. Jh. entstand eine Fülle von Ch., z. T. Beispiele bei C. M. v. Weber, Mendelssohn Bartholdy, Schubert, Schumann, Bruckner, Brahms nachahmend. Eine Blüte neuer Ch. zeigt sich im 20. Jh. → Chor.

Chormusik, Kompositionen für mehrere, mehrfach besetzte Stimmen. Auf chorische Anfänge lassen die volkstüml. Kanons des 13. bzw. 14. Jh. schließen (z. B. engl. → Sommerkanon und bei Osw. v. Wolkenstein), während die durch vokale (instrumentale) Verstärkung der Solostellen in liturg. Wechselgesängen entstandene Art von → Mehrstimmigkeit im → Organum solistische Stütze zur Tenorlinie in den daraus erwachsenden Formen blieb. Chorische Mehrstimmigkeit wird in der burgundischen und franko-flämischen Musik deutlich. Messe (in d. Regel 4stg.), Motette und Chanson (bis 6stg.) mit Kanonkünsten und kühner Chromatik kennzeichnen die Entwicklung, und der große Raum bestimmt das Werk (→ Mehrchörigkeit). Höhepunkt ist O. di Lasso mit neuem dramatischem Ausdruck, und der Abschluß ist der abgeklärte ital. Stil Palestrinas, dessen Beispiel, durch Ergebnisse des → Tridentiner Konzils gefestigt, immer neu i. d. Ch. sichtbar ist und nicht nur in der direkten Schülernachfolge (Anerio, Ruffo, Ingegneri). In Frankr. stehen sich Erscheinungen wie die → Chanson bei Janequin u. Costeley und der → Kantionalsatz Goudimels im reformierten → Psalter gegenüber. Während weltoffene ital. C. in → Madrigal, Villanelle, Kanzone blüht und die venezian. Mehrchörigkeit barocke Terassendynamik entwickelt (G. Gabrieli), vereinigt sich in C. Monteverdis Werk alte Chorpolyphonie mit dramat. Elementen der → Monodie, solistische Stücke stellen sich zu chorischen. In England entwickelt sich neben der vorherrschenden geistl. Ch. (→ *Anthem* bei Purcell und Händel) eine reiche Madrigalkunst (Byrd, Morley, Dowland, Gibbons). Im dt. Bereich spiegelt sich die Entwicklung der franko-fläm. Ch. im Werk Fincks und Senfls und zeigt eine neue Blüte in der reformatorischen Kirchen- und Schulmusik (Othmayr, J. Walter, Kugelmann, Burgk, Calvisius, Mancinus, Eccard, Lechner), deren Vielseitigkeit in der umfangreichen Ch. des M. Praetorius sichtbar wird. Ital. Einfluß nimmt immer mehr zu (Haßler, M. Franck, Hausmann) und wirkt, dt. interpretiert, mit verschiedener Intensität auf Schütz (*Cantiones sacrae – Geistl. Chormusik – Weihnachtshistorie*), Schein und Scheidt, neben und nach denen Selle, Crüger, Albert, Hammerschmidt, Rosenmüller schaffen, jetzt immer mehr mit Betonung des monodisch-konzertanten Elements. Schelle, Pachelbel, Buxtehude stehen unmittelbar vor J. S. Bach, in dessen Ch. vom 4stg. Satz zur Motette, Choral- und Psalmkantate, Passion und Orchestermesse sich die Stilmerkmale der abendländ. Musik zu einem letzten Höhepunkt vereinigen. Die weitere Entwicklung der Ch. ist bestimmt vom Menschen der bürgerl. Gesellschaft, die jetzt Mittelpunkt und Trägerin der chorischen Übung wird mit dem Konzertsaal als Zentrum. Die Trennung weltlich-geistl. ist Ende des 18. Jh. vollzogen. In den Bereich der verschwindenden → Kantoreien und geistl. Schulchöre rückt der weltliche → gemischte Chor, der → Männer-, schließlich der → Frauenchor nach. Gegenüber der romantisch-historisierenden, volkspädagogisch geförderten (Nägeli) Beschäftigung mit dem → Volkslied in Vereinen und Schulen steht das Großkonzert der Singakademien mit → Oratorium, Messe, Requiem (Bach, Händel, Graun, Haydn, Beethoven, Schumann, Brahms). Der Opernchor erhält bei Gluck wesentlichen Anteil an der Handlung. Während die Motette in der Kirchenmusik beider Konfessionen weiter besteht (Rolle, Fux), erhält das Chorlied Auftrieb durch J. A. P. Schulz, M. Haydn, Reichardt, Mendelssohn Bartholdy, Schubert, Schumann, Brahms, Bruckner, Reger. Die Erneuerung der → Kirchenmusik wird in d. Palestrina-Renaissance angeregt. Sie wirkt auf die protestant. Ch. Der Allg. Dt. Cäcilienverein (1868) arbeitet im kathol. Bereich (mit Komponisten wie Liszt, Rheinberger, Bruckner, Lemacher, Ahrens); der Dt. evg. Kirchengesangsverein (1883) im evangelischen, dessen Ch. durch Brahms wieder einen Höhepunkt findet. A. Mendelssohn ist das Bindeglied zu der reich blühenden evgl. Kirchenmusik der jüngeren Zeit (Thomas, Pepping, Distler, David, Micheelsen, Drießler, Reda, Bornefeld). Zeigt sich schon bei Brahms ein neuer a cappella-Stil, so im 20. Jh. der sachl. Ausdruck. Die Arbeit von Laienchören wurde durch Komponisten gefördert (Hindemith, Distler, Pepping). Die Strebungen in der neuen Musik (u. a. Webern, Nono, Penderecki) verlangten neue Chortechnik mit gesteigerten Ausdrucksmitteln (Glissandi, Cluster, Überlagerung homophoner mit polyphonen Teilen, Flüstern, Zischen, Auflösung der Sprache).

H. Osthoff, F. Noack, K. Gudewill, Chorkomposition (MGG 2), 1952; E. Valentin, Hdb. der C., 1953, 1968; weitere Lit. unter den Stichwörtern.

Choro (portugies. *chorar* = weinen), die Musik und die gleichnamige, oft improvisierende Instrumentalgruppe in Brasilien, die sich in der 2. Hälfte des 19. Jh. entwickelte, bevorzugt mit 2, 3 Gitarren verschied. Größen (ein → Cavaquinho), auch Flöte, später Schlagzeug od. Solomusik für Klavier. Es wurden europäische Tänze adaptiert (u. a. Polka zu Polka-Choro und Samba) für Tanz-, Unterhaltungs-, Salonmusik, Liedbegleitung (→ Modinha); auch Sammelbegriff (*Ch.chorinho*) für Tanzfolgen; sinfonisch bei Villa-Lobos.

Choró, bulgar. Reigentanz, langsam und schnell im 2/4-, 9/16-, 11/16Takt; Männer- und Frauentanz. Der rumän., bessarab. Reigentanz *horă* (gemäßigter 2/4- od. 6/8Takt) wird meist von Frauen getanzt.

Chororgel, kleineres, selbständiges Orgelwerk, meist im Chor der Kirche aufgestellt und zur Begleitung der liturgischen Gesänge bestimmt. → Positiv.

Chorton (Kapellton), die vom vereinbarten → Kammerton örtlich und geschichtl. abweichende Stimmung der Orgel, die sich auf das Zusammenspiel mit Chor und Instrumenten auswirkte, soweit Transposition nicht möglich war. Die Differenz war bis zu 3 Ganztönen. Bei Praetorius (Syntagma 2) war der Ch. einen Ganzton tiefer.

Chorus, Chor, Refrain; im Jazz die mehrfach improvisierend umspielte Melodie (z. B. Refrain eines Liedes) als Thema; meist 32 Takte mit stets einfachem Aufbau (AABA) oder mit den 12 Takten des → Blues; Ausgangspunkt der Improvisation und schließlich diese selbst. Das Thema kann nur unwesentlich verändert im Solo (Trompete) auftreten, während Rhythmus und Harmonieschema der übrigen Stimmen wechseln. Es kann frei solistisch variiert werden. Im → Chicago-Stil entwickelten die Einzelstimmen ein gewisses kontrapunktisches Eigenleben innerhalb der Harmonien des C. am Anfang und Schluß. Im → Swing verbreitete sich der 32-taktige C. mit Solo-C. → Bebop, Cool Jazz.

Chromatik (griech. *chroma* = Farbe), Tonbewegung in Halbtonschritten (-intervallen) als Ergebnis von Tonerhöhung oder -erniedrigung (in einer 7stufigen, mit Halbtönen 12tonigen Skala). – In der griech. Musiklehre ein Tongeschlecht neben → Diatonik und → Enharmonik; meist am Saiteninstr. (Kithara) gezeigt. Die C. hat die kleineren Tonschritte als die Diatonik (und ist jünger als diese) und die größeren Schritte als die Enharmonik. Eine chromat. Tonleiter besteht aus 12 Halbtönen in der Oktave. Dabei ist heute die akustische Erscheinung des Halbtons von Bedeutung im Ggs. zur griech. Anschauung, die in der C. den in der diaton. Stufenfolge fremden Halbton wertete. Der Halbton der Diatonik ist eine kleine Sekunde, der chromat. Halbton ist → alteriert. Mit Beginn des 16. Jh. wurde die C. zum Mittel der Ausdruckssteigerung. Verfeinert und übersteigert wurde sie in den Madrigalen von Gesualdo. Auch das engl. Madrigal nach ital. Vorbild und das dt. verwendeten gern chromat. Effekte. Liebe und Sehnsucht waren die bevorzugt mit C. illustrierten Themen bis in die Neuzeit (R. Wagner, R. Strauss). Letzte große C.er des 20. Jh. waren Reger, R. Strauss und der frühe Schönberg. Der t. t. „C.", auf eine Skala von 12 abhängigen Halbtonstufen bezogen, verliert in der neuen Musik seinen Sinn; vgl. → Atonalität, Dodekaphonie.

G. Jacobsthal, D. chromat. Alterationen im liturg. Gesang d. abendländ. Kirche, 1897; Th. Kroyer, D. Anfänge der C. im it. Madr. d. 16. Jh. (Beih. IMG 4), 1902; R. v. Ficker,

Beitr. z. C. d. 14.–16. Jh. (Stud. z. Mw. 1), 1914; J. Handschin, D. Toncharakter, Z. 1948; W. J. Mitchell, The study of chromaticism (Journ. of Mth.) 1962; E. Kapst, D. „polymodale Chr." Bartóks, Lg 1969; K. Berger, Theories of chrom. and enharm. mus. in late 16th cent. Italy (Stud. of Musicol.) 1980.

Chromatische Instrumente, veraltete Unterscheidung der Instr., welche die 12 Halbtöne der Oktave darstellen können (Blechblasinstr. mit Ventilen und Zügen), von den Naturinstr. → Naturtöne.

Chromonika (griech. *chroma* = Farbe), Mundharmonika, in der zwei diatonische Reihen in Halbtonabstand (z. B. C/Cis) so miteinander vereinigt werden, daß eine chromatische Reihe gespielt werden kann mit Hilfe eines seitlichen Schiebers. Konzerte für Ch. schrieben u. a. Milhaud und Britten.

Chrotta → Crwth.

Chute (frz. = Fall, Sturz), Verzierung in der frz. Lauten- und Gitarrenmusik des 17. Jh. und in der frz. Klaviermusik des 17. und 18. Jh. mit verschiedener Bedeutung (z. B. → Abzug bei der Laute; fallender → Vorschlag in der Klaviermusik). → Chaconne.

Ciaccona (it.), → Chaconne.

Cimbalom → Hackbrett.

Cimbasso, Baß-, Kontrabaßposaune, u. a. 1959 von H. Kunitz konstruiert mit neuen Rohrlängen und Ventilen. Die Zugbewegung wurde verringert, kombiniertes Zug- und Ventilspiel ermöglicht. Die schwerfällige, alte Kontrabaßposaune wurde im Orchester bisher gern durch Tuba ersetzt (gegen den Willen des Komponisten, z. B. Verdi: *Othello, Aida*).

Cinelli (it. *Cina* = China), → Becken.

CISAC → Urheberrechtsgesellschaften.

Cister (v. griech. *kithara*; it. *cetra*; span. *cedra*; frz. *cithre*; engl. *cittern*), Zupfinstrument, aus der Fidel des 10.–12. Jh. entstanden; birnenförmig; Zargen mit nach unten geringerer Breite, rosettenartiges Schalloch in der Mitte, davor breiter Steg; langer Hals mit Griffbrett und Bünden, Stahlsaiten, 4–14tönig. Ein beliebtes Laieninstr. im 16.–17. Jh. für Solo und Gesangsbegleitung, verdrängte zeitweise die Laute. Die C. trat in zahlreichen verwandten Formen in Europa auf und näherte sich dabei den → Lauten und den → Mandolinen. Im 16. und 17. Jh. waren die Baß- oder Erzcister und die → Pandora als Generalbaßinstr. in Gebrauch, die span. → Bandurria kam der Mandoline nahe; in Norddtl. war das Hamburger → Cithrinchen das beliebte Volksinstr., und in England gab es eine Tastenc. (1783) mit von oben schlagenden Hämmerchen. Die C. wurde allgemein von der Gitarrre abgelöst. Ein direkter Nachkomme besteht noch in der Thüringer (Harzer) → Waldzither; mit der die flache älplerische → Zither nicht verwandt ist.

R. Hadaway, The cittern (Early Mus.) 1973; B. Geiser, C. und C.macher in der Schweiz (SIMP 3) 1974; J. Tyler, A checklist for the c. (Early Mus.) 1974; W. Stauder, Z. Entw. der C. (Renaiss. Stud., Fs. Osthoff) 1979.

Cithrinchen, Hamburger C. (Citharino), → Cister in Glockenform; 5 Doppelsaiten; im 17. Jh.

beliebt in Norddtl., wohl von Hamburg ausgehend.

H. C. Wolff, D. Barockoper in Hamburg, 1957.

Citola (span., it., vgl. → Cister), aus der gezupften Fidel des 9., 10. Jh. abzuleitendes Zupfinstr. der → Jongleurs in Span. und It.; eine Entwicklungsstufe innerhalb der allgemein-europ. → Cister-Instr.; birnenförmig, mit 5 Saiten und Schalloch.

Clairon (frz.), 1. Cl., Claron, Clarion, neben *trombas* u. *busîne* Trompeteninstr. Anfang des 13. Jh.; – 2. frz. und engl. militär. Signalhorn; – 3. Trompetenregister (Zungenstimme) der Orgel, meist 4'.

Claqueur (frz. *claquer* = klatschen), zum Beifallklatschen beauftragter (bezahlter) Konzert-, Theater- oder Vortragsbesucher; Claque = die Cl.-Gruppe.

Clarin(o) (it. von lat. *clarus* = hell), 1. im 17., 18. Jh. die hohe Lage (Cl.-Register, bis 21. Oberton) bei → Trompete (→ Horn) und das dafür geeignete Instr. mit engem Mundstück. Die Trompeterzunft war höher geachtet als andere Musiker (→ Zunftwesen) und kannte eine Arbeitsteilung mit Spezialisten für das Cl.blasen (Solotrompeter) in Konzert, Oper und Oratorium des Barock. Die Fertigkeit ging verloren, als sich die Ventiltrompete durchsetzte, und lebte Mitte des 20. Jh. wieder auf im Zusammenhang mit Rekonstruktion und Verbesserung von Instrumenten (Cl.-Trompete mit Grifflöchern; „Bachtrompete"); → alte Musik. – 2. Orgelregister (Rohrwerk) 4' od. 2' (in d. span. Orgel: Trompete 8'). Die 16'- und 8'-Lage hieß Trompete, der 4', 2', 1' auch → Clairon.

U. Müller, Untersuch. z. d. Strukturen v. Klängen d. Cl.- u. Ventiltromp., 1971; D. Altenburg, Untersuch. z. Gesch. d. Trp. im Zeitalt. d. Cl.blaskunst, 1973.

Clarsach (schott.), **Clairseach** (irisch), „Irische Harfe"; kelt. Rahmenharfe; geschlossene Form mit Resonanzkasten, Saitenträger (bis 32 Saiten) und Vorderstange; vermutl. zuerst im 9. Jh. in Irland. Im 19., 20. Jh. Neubelebung dort und in Schottland.

Clausula, Clausum → Klausel.

Clavecin, Clavessin (frz. =) → Cembalo.

Clavecinisten, besonders die frz. Cembalokomponisten etwa von der 2. Hälfte des 17. Jh. an; mit charakterist., an die Laute erinnernder Technik: Akkordbrechungen, freistimmig, weite Melodik, reiche Verzierungen; u. a. bei F. und L. Couperin, Rameau, Champion de Chambonnières, d'Anglebert.

Claves, (span.) afro-kuban. Schlaginstr. „Rumbastäbchen"; zwei runde Holzstäbchen. Das eine, auf der hohlen Hand als Resonanzkörper liegend, wird mit dem anderen geschlagen, was helle, harte Klänge gibt; verwendet bei lateinamerikan. Tänzen.

Clavicembalo, Clavicimbal → Cembalo.

Clavichord (lat. *clavis* = Schlüssel, Taste; *chorda* = Saite) aus dem → Monochord entwickeltes Tasteninstr.; ein länglicher, meist 4-eckiger Kasten, darin die Saitenzüge liegen, rechts mit Wirbel, Steg und Resonanzboden (mit

Rosette od. seitl. Schalloch); Tastenmechanik; an den Metallsaiten ein Tuchstreifen zur Dämpfung des einen Saitenteils. Die Tasten liegen quer zu den Saitenzügen und tragen am hinteren Ende ein aufrechtes, keilförm. Blechstück (→ Tangente), das beim Tastendruck gehoben wird, die Saite (das Saitenpaar) berührt und sie teilt wie der bewegl. Steg die Monochordsaite. Der zarte Klang kann noch während des Tönens mit der Taste beeinflußt werden (→ Bebung). An das Monochord erinnert das Prinzip der älteren C., eine Saite (einen Saitenchor: meist 2 Saiten) für 2–5 benachbarte chromat. Töne zu benutzen. Aus diesem „gebundenen" (seit der 2. Hälfte des 15. Jh.) wurde in der Entwicklung der temperierten Stimmung das „bundfreie" C. (vermutl. Erfindung des Crailsheimer Organisten Faber, 1725), das mit einer Saite (einem Saitenchor) je Taste freieres Akkordspiel gestattete. Das C., wahrscheinl. aus Italien stammend, wurde schnell beliebt. Sein zarter, schwebender Klang (zunächst 20 Töne, im 19. Jh. bis 6 Oktaven) entsprach der empfindsamen Musik des 18. Jh. (C. Ph. E. Bach, Reichardt, Türk). Selten war das Pedal-C. Mit dem Bemühen um stilgetreue Darbietung alter Musik wurden im 20. Jh. alte C. rekonstruiert und (mit stilist. Wandlung) andere gebaut.

A. Göhlinger, Gesch. d. C. (Diss. Basel) 1910; J. Wörsching, D. histor. Saitenkl. u. der moderne Klavich.- u. Cembalobau, 1946; H. Neupert, Das Klavich., ^{2}1956; E. Ripin, The early cl. (Mus. Quart.) 1967; R. Russell, The harpsich. and cl., L ^{2}1973; D. H. Boalch, Makers of the harps, and cl.., L ^{2}1974.

Clavicitherium, hochstehendes Cembalo, flügelförmig od. dreieckig mit vertikal angebrachten Saiten; bis ins 17. Jh. üblich. Die hochstehende Form, schon beim Clavichord anzutreffen, findet sich bei → Pyramiden- und → Giraffenflügel, Pianino, Klavier.

Clavis (lat. = → Schlüssel), → Taste.

Clos (frz. = geschlossen), im MA der Ganzschluß (*punctum clausum*); Ggs. = → ouvert. → Klausel, Kadenz.

Cluster (engl. = Traube), gleichzeitiges Erklingen aller chromatischer od. diaton. Töne in einem meist gekennzeichneten Tonbereich, im Notenbild meist dargestellt durch einen Balken, der die Dauer und die Zusammensetzung vom tiefsten zum höchsten Ton zeigt. Der C. kann liegend (konstant, stationär) od. variabel sein, d. h. mit veränderter Breite, od. sukzessiv vom Einzelton ausgehend (z. B. K. Penderecki, *Threnos*) od. sich in Tondichte und -stärke ändernd, z. B. Ligeti, *Volumina* für Orgel: Der C. wird durch den unterschiedl. Winddruck beeinflußt. Die Bez. „C." stammt von H. Cowell (angewandt in *The Tides of Manaunau*), beschrieben in *New Musical Resources* (1919, erschienen 1932), jedoch tritt die Erscheinung bei Ch. Ives (Sonate 2: *Concord,* 1909/15) auf, bei Bartók und schon im 2. Drittel des 19. Jh. in der frz. Orgelmusik mit programmatischen Titeln (A.-E. Batiste).

H. Cowell, New musical resources, NY 1932, NA 1969; M. Kagel, Ton-Cl ... (Die Reihe) 1958; C. J. Henry, The piano mus. of H. Cowell (Diss. Indiana) 1967.

Cobla(von lat. *copula* = Bindung), 1. provenzal. = Strophe in der Dichtung (→ Canso) der Troubadours (vgl. → Couplet); –

2. (katalan. = Paar; span. *copla*), Tanzkapelle im katalan. Sprachgebiet südl. und nördl. der Pyrenäen (Zentren: Perpignan, Barcelona); Freiluftmusik mit scharfem Schalmeienklang, wobei das Tenorinstr. die Melodie führt (→ Alta) und mit dem Diskant duettiert. 1840 nahm J. Ventura Trompete, Flügelhorn, Zugposaune und Kontrabaß auf, ließ die Sackpfeife (*gaita*) weg, behielt aber Einhandflöte (→ *fluviol*, bask. *txistu*) mit Tamburin (Trommel), → Tiple (Diskant) und → Tenora. Es entstand eine reiche Literatur, besonders für den Reigentanz → Sardana.

H. Besseler, Katalan. C. u. Alta-Tanzkapelle (Kb. Basel) 1949; A. Baines, Shawms of the Sardana c. (Galpin Journ.) 1952.

Cobza → Kobsa.

Coda (it. = Schwanz), Abschluß eines Stückes (Zyklus, Fuge); die Vorbereitung auf den Schluß in einer letzten Steigerung (vgl. → Stretta) od. in allmählichem Abklingen. Die C. wiederholt dabei das Hauptthema, wandelt es ab, immer zum Schluß drängend; od. sie weitet sich zum selbständigen Teil, auch mit völlig neuer, verwickelter → Durchführung, die sich gegen die erste Durchführung stellt als Steigerung, auch ein neues Thema einführen und schließlich eine C. in der C. bringen kann. Besonders bei Beethoven wird die C. zum notwendigen Teil der Sonatenform.

Codetta (it. =) kleine → Coda, z. B. nach der Exposition in der → Sonatensatzform; in der → Fuge modulierende Erweiterung des Themas (→ Dux) bis zum Eintritt des → Comes (z. B. Bach, Wohlt. Kl.I, 3, 7).

Colascione, Colachon, Gallichone (it. von griech. *kalathion*= Körbchen), aus den Formen der oriental. Laute (→ Tanbūr) entstandenes Zupfinstrument mit langem Hals und einem kleinen Resonanzkörper, 16–24 Bünden und 2–3, im 18. Jh. bis 6 Metallsaiten. Es stammt aus Süditalien und wurde solistisch und als Generalbaßinstrument benutzt. Gegenüber dem bis 2 m hohen C. gab es noch die höher gestimmte kleinere Form des Colasciontino. In Dtl. wurde im 17. und 18. Jh. eine Abart des C. beliebt, der Calichon mit 5–6 Saiten (auch doppelchörig) und 12–16 Bünden.

R. Lück. Z. Gesch. d. Baßlauteninstr. C. u. Calichon (Dt. Jb. f. Mw.) 1960; ders., Zwei unbek. Baßlauteninstr. (N. Zs. f. Mus.) 1965; E. Pohlmann, Laute, Theorbe, Chitarrone, [5]1982. → Mandola.

Colinde (rumän., Einzahl *colindă*; von lat. *calendae*), rumän. ländl. Weihnachts- und Heischelieder, z. T. aus der ma. Weihnachtszeremonie, meist mit Refrain. Auffallend sind die zahlreichen regionalen Varianten und (im Ggs. zum allgemeinslawischen Weihnachtslied: → Kolęnda) die häufigen Rhythmuswechsel. Die Sternsingerlieder (*cîntece de stea*) sind jüngeren Ursprungs und übernehmen vielfach C.-Melodien.

C. Brăiloiu, C. şi cîntece de stea (C. u. Sternsingerlieder), Bukar. 1931; B. Bartók, Melodien d. rumän. C., 1935, ND 1968; J. Kukkertz, Gestaltvariation i. den v. Bartók gesammelten rumän. C., 1963.

Collage (frz. *coller* = anleimen), aus der bildenden Kunst übernommene Bezeichnung für die Bildung einer neuen Einheit durch Gegeneinander-(Zusammen-)Stellen von nach Stil od. Tonmaterial heterogenen, z. T. für eine andere Umgebung gefertigten und ihr entnommenen Teilen, ohne sie (z. B. stilist. oder rhythm.) aufeinander abzustimmen. C. Ives stellte sinfonische und sinfoniefremde Teile (Signale, Märsche) abrupt gegeneinander (Sinfonie *Holidays,* 1904/13); ähnlich verfuhr G. Mahler (2., 7. Sinfonie, 1894, 1905). Die Neue Musik verwendet die Technik der C. häufig (z. B. Blacher, Cage, Stockhausen, B. A. Zimmermann, Kagel, Ligeti, L. Ferrari, H. Otte). Die Grenzen zu → Parodie, Travestie, Zitat sind fließend. C. wird oft zum Mittel dokumentarischer Feststellung, polit. und gesellschaftskrit. Aussage (z. B. Nono).

E. Budde, Zitat, C., Montage (D. Mus. der 60er Jahre, VINM) 1972; B. Sonntag, Untersuch. zur C.-Technik i. d. Mus. d. 20. Jh., 1977.

Colla parte, Colla voce (it. =) mit der Stimme gehende Begleitung; die freie Singstimme rhythm. einfühlend unterstützen. Ggs. *a* → *battuta*: (wieder) im Takt. – Die Besetzung der Singstimmen im Chorsatz (a cappella) zusätzl. mit Instr. der betr. Stimmlage.

Coll'arco(it. =) mit dem Bogen; Anweisung für Streichinstrumentenspiel nach vorherigem → Pizzicato od. → col legno.

Collegium musicum, heute meist von Akademikern besuchte Gemeinschaft zur Pflege des instrumentalen Zusammenspiels, die bei ihrem Aufkommen im 16. Jh. (möglicherweise in Anlehung an die → Kalanden und → Adjuvantenchöre entstanden) von angesehenen Bürgern und Studenten gebildet wurde, wobei bis etwa 1650 Vokal- wie Instrumentalmusik betrieben wurde. Benennung und Abgrenzung sind zunächst nicht einheitlich: Die Bez. C.m. erscheint zuerst 1568 und meint vermutlich die → Kantorei Torgau. Das Görlitzer *Convivium musicale* (1570–1602) wurde Mitte 17. Jh. als C.m. neu eingerichtet, und im 18. Jh. trug das Schulorchester des dortigen Gymnasiums den Namen. In der Schweiz setzte sich C.m. anstelle der Sing- und der Musikgesellschaft erst etwa 1650 durch. Öffentliche Konzerte, nun mit Berufsmusikern, veranstaltete das C.m. 1722 in Hamburg unter Telemann, dessen 1702 in Leipzig gegründetes C.m. 1729 J. S. Bach übernahm. Das Chorgesangwesen seit d. 19. Jh. drängte das Laienmusizieren zurück. 1908 nahm H. Riemann den Namen C.m. für seinen Kreis musizierender Studenten, der das Beispiel für die an fast allen Universitäten bestehenden Gruppen wurde, in denen zunächst (im Ggs. zu den zeitgenöss. Musik nahestehenden früheren C.m.) ältere Musik z. T. als musikwissenschaftl. Demonstration gepflegt wurde. Nach dem 1. Weltkrieg wandte sich das C.m., nun nicht mehr ausschließlich Hochschulangelegenheit, auch der neuen Musik zu.

K. Nef, Die C.m. i. d. dt. reformierten Schweiz, St. Gallen, 1897; P. Wagner, Zur Musikgesch. d. Univ. (AfMw 2), 1921; A. Werner, Freie Musikgemeinschaften alter Zt. im mitteldt. Raum, 1940; E. Preußner, D. bürgerl. Musikkultur, [2]1950; K. Gudewill, C.m. (MGG), 1952.

Col legno (it. = mit dem Holz), Anweisung bei Streichinstr., die Saiten mit der Bogenstange zu schlagen oder zu streichen, bis → *coll'arco*, der normale Bogenstrich, angewiesen wird. Es entsteht ein raschelndes Geräusch; tonmalend benutzt z. B. bei R. Strauss (*Feuersnot*).

Color (lat. = Farbe), 1. Begriff der → Notenschrift für d. Verwendung farbiger Noten und Linien in Manuskripten etwa im 11. Jh. Für die Ut-Linie (= Do- = c-Linie) wurde gelb, für die darunterliegende Fa-Linie (= f) rot bevorzugt. Später erscheinen meist 4 oder 5 schwarze od. rote Linien. – Ab 14. Jh. (→ Ars nova) wurde rote Farbe für 2zeitige (imperfekte) → Mensur gewählt, wenn schwarze für 3zeitige (perfekte) galt (und umgekehrt). Andere Farben sind selten, doch erscheinen auch weiße (hohle) zusammen mit geschwärzten Notenköpfen (→ Manierierte Notation). – 2. Colores: Im 12. und 13 Jh. als Begriff der Rhetorik zu verstehende Wiederholung der Stimmen, → Stimmtausch in einer → isorhythmischen Motette; von daher Verzierung.

H. Bellermann, D. Mensuralnoten u. Taktzeichen d. 15., 16. Jh., 1858, NA (Husmann) 1963; Wolf, 1913/9; Apel, ²1970.

Combo (amerikan. Abkürzung von *Combination*), im → Jazz die kleine Gruppe von Solisten, die sich, weil sie in der *Big Band* nicht mehr die Möglichkeit freier Improvisation hatten, zunächst privat zuammenfanden. Die. C. ist die Keimzelle des modernen, kammermusikal. Jazz. Die erste C. gründete Benny Goodman (Klarinette) zusammen mit Teddy Wilson (Klavier) und Gene Krupa (Schlagzeug).

Comédie-Ballet (frz.), die von Molière und Lully mit Beauchamps und Charpentier für den Hof Ludwigs XIV. in der 2. Hälfte des 17. Jh. aus Elementen des → Ballet de cour entwickelte, der Oper nahestehende Zwischenform von Drama und Ballett, bei der Pantomime und Tanzeinlagen, Rezitative, Arien, Dialoge in die Haupthandlung, diese z. T. variierend, auch karikierend, eingeschoben wurden. Molières und Lullys *Le bourgeois gentilhomme* (1670) gehört zu den Hauptwerken der Gattung. → Oper, Tragédie lyrique.

R. M. Isherwood, Mus. in service of the king, L 1973; F. Böttger, die „C.-B." v. Molière-Lully (Diss. B 1931), 1979.

Comes (lat. =) Begleiter. In der → Fuge der dem → Dux (= Führer, Thema) antwortende 2. Einsatz des Themas; entsprechend im → Kanon der 2. und jeder weitere Einsatz.

Come sopra (it. = wie oben), Hinweis auf vorher schon gegebene Vortragsanweisung.

Come stà (it. =) wie es dasteht, also ohne frei hinzugefügte Verzierung zu spielen. Anweisung besonders im 17. Jh.

Commedia in musica, vgl. → Opera buffa.

Commissura (lat. =) Verbindung von Konsonanzen durch (dissonanten) → Durchgang. Diese satztechnische (nicht musikal.-rhetor.) Figur (auch *transitus, symblema*) gilt bei Kircher als *figura principalis,* bei Ch. Bernhard als *f. fundamentalis.* Bernhard spricht vom *transitus regularis,* wenn die Konsonanz auf ungradzahlige (schwere) Taktzeit, *tr. irregularis,* wenn sie auf gradzahlige (leichte) trifft.

Com(m)odo (it. =) bequem, *a suo c.* = nach Belieben, → ad libitum.

Communio (lat. = Gemeinschaft), der Gesang während der Kommunion in der röm.-kath. Messe, ursprüngl. (und seit 1972 wieder) der 33. Psalm mit *antiphona ad communionem.*

Computermusik, die von einem Computer produzierte, je nach dem gegebenen Programm tonale, atonale od. Geräuschmusik. Zunächst standen Versuche im Vordergrund, Musik nach traditionellen Harmonie- und Kompositionsregeln zu liefern, so in den USA im Stil der Wiener Klassik (L. A. Hiller, L. M. Isaacson: *Illiac-Suite,* 1957), in Holland nach Mozart. 1959 wurde eine so erzeugte Musik (*Computer Piece*) in New York aufgeführt, 1961 eine Cellomusik in Tiflis. – Gleichzeitig wurde der Computer in den in vielen Ländern bestehenden Studios für → elektron. Musik als Hilfsmittel (Steuergerät) verwendet für unabhängige Komposition. Der Komponist kann seit den 1960er Jahren den Vorgang mittels eines Bildschirms beobachten und auch über → Synthesizer eingreifen. Die lebhafte Entwicklung in den 1970er Jahren (besonders in den USA) wirkte sich auf die Gründung und Arbeit des Pariser *Institut de Recherche et de Coordination Accustique-Musique* (IRCAM) als Forschungszentrum für elektron. Musik aus.

L. A. Hiller, Informationstheorie u. C. (Darmst. Beitr. z. Neuen Mus.) 1964; P. Barbaud, La mus., discipline scientif., P 1968; H. v. Foerster/J. Beauchamps (HG.), Mus. by comp., NY 1969; M. V. Matthews (Hg.), The technol. of c., Cambr./Mass, 1969; F. Winckel (Hg.), Experimentelle Mus., 1970; G. Koenig, The use of c.programmes in creating mus. (Rev. mus.) P 1970; H. Lincoln, Comp. and mus., L 1970; H. Brün, Üb. Mus. zum Comp., 1971; H. W. Franke, C.graphik – C.kunst, 1971; A. Moles, Kunst u. Comp., 1973; H. Bachmann, Mus. u. Comp. in USA (N. Zs. f. Mus.) 1975; S. L. Tjepkema, A bibliogr. of Comp. Mus., Iowa 1981.

Con affetto → *affetto, affetuoso.*

Concentus(lat. = Zusammenklang, Chor), 1. Gesänge der kath. Liturgie; Ggs. zum Sprechgesang (→ Accentus); – 2. regelmäßig musizierende Gruppe; vgl. → Collegium musicum.

Concertante (frz.) → Sinfonia c.

Concertato (it.), die konzertierenden Solostimmen (= Concertino) gegenüber dem → Ripieno, z. B. im → Concerto grosso und allgemein in mehrchöriger Besetzung. Ebenso *coro c.* oder *di concerto.*

Conertino, 1. die kleinere, solist. besetzte Instrumentalgruppe im → Concerto grosso nach 1650; Ggs.: → Ripieno (→ Tutti: das ganze Orchester). Grundbestand des C. waren meist: 2 Violinen, Basso continuo (+ Cello od. Baßgambe), dazu verschiedentlich Blasinstrumente. Vgl. → Sinfonia concertante. – 2. Im 20. Jh. → Konzertstück geringeren Umfangs und/od. kleiner Besetzung, meist einsätzig, auch ohne Solist (so bei Strawinsky, H. Reutter).

Concerto (it. *concertare* = übereinkommen; dazu auch die Bedeutung = wetteifern, streiten), Vokal- od./und Instrumental-Ensemble und die von ihm dargebotene Musik (vgl. → Sinfonie). Bei beginnender Mehrchörigkeit (vokal und instrumental) gehen vermutl. die Bedeutungen „Zusammenklang“ und „Wettstreit“ in der Bez. „C.“ auf, die nun das Mit- od. Gegeneinander von verschiedenen Klanggruppen, von

Solo und Tutti (→ C. grosso) und das Ensemble-(Ripieno-) und das Solo-C. meint (→ Konzert). – Entscheidend für die Entwicklung war das mit der florentin. → Monodie einsetzende Streben nach verständl. deklamierender Sprache, das sich gegen die hohe Polyphonie in Motette und Madrigal wandte und gegenüber vielstg. Mehrchörigkeit (Gabrieli, Praetorius, Schütz) geringstimmige Besetzung (1–4 Solostimmen neben dem intrumentalen Unterbau des Generalbasses, → Generalbaßsatzes) anstrebte, für die Viadanas *Cento concerti ecclesiastici* (ab 1602) auch in Dtl. beispielhaft wurden (Staden, M. Praetorius, Schein). Während Schein (*Opella nova,* 1626) wie Praetorius die konzertierenden Stimmen wieder vermehrte, ging Schütz in den *Kleinen Geistl. Concerten* (1636, 1639) mit expressiver Textauslegung weit über sein Vorbild G. Gabrieli hinaus. Die kleine Besetzung (1–3 Singst. mit obligaten Instr.), z. B. in Monteverdis *Vesper* (1610), wurde in Dtl. gern gewählt: Schütz (*Symphon. sacrae* II, 1647), Chr. Bernhard, Weckmann, Rosenmüller, Hammerschmidt (geistl. Konzert). Neben dem C. findet sich die → Kirchenkantate schon im umfangreichen Werk des Praetorius. Sie entwickelte sich weiter bei Buxtehude bis zu J. S. Bach, der sie gelegentlich noch C. nannte. Das zunächst feierliche, daher auch in der Kirche (*C. da chiesa*) aufgeführte ital. Ensemble-C. des 17. Jh. ist meist 3sätzig (Albicastro, dall'Abaco, Torelli) und entwickelt wie das *C. da camera* das Gegeneinanderspiel zwischen Solo und Orchester (Torelli: *Sinfonia,* 3sätzig, ohne Solo; daneben 4sätzige C.i). Bei Torelli (1698) und Albinoni (1700) treten die ersten Violin-C.i mit kurzen Solopartien auf (b. Torelli: → Perfidia). A. Vivaldi stellte in den großen 3sätzigen Violin-C.i die Solopartien in dramat. Ggs. zu den Tuttiritornellen (1. Satz: mehrfach Wechsel themat. gleicher Tutti und themat. selbständiger Soli mit häufigen Passagen, Arpeggien, Doppelgriffen. – 2. und 3. Satz ähnl. gebaut, doch technisch einfacher). Sein Muster wirkte in Dtl. auf Heinichen und Graupner, während Telemann in seinen C.i für verschiedene Instr. seinen eigenen Stil entwickelte und J. S. Bach, der Vivaldis C.i bearbeitete, die Form konzentrierte, in den Brandenburg. Konzerten 4 und 5 aber noch den alten Typ des C. darstellte. Das C. für Klavier begann ebenso bei Bach wie das für Orgel, das dann durch Händel Bedeutung erhielt. Virtuose C. für Violine schrieben Locatelli und vor allem Tartini, der Nardini, J.-M. Leclair, Gaviniès, Viotti, R. Kreutzer, Rode, K. Stamitz, Dittersdorf beeinflußte und bei dem sich die → Sonatensatzform zeigt, die nun die Form des Konzerts bestimmt, bis im 20. Jh. Wort und/od. Sinn des „C." wieder aufgenommen werden, z. B. Strawinsky, *Basler C.,* 1946; *„Konzert für Orchester"* u. a. bei Büchtger, Faith, Hartmann, Jelinek.

A. Schering, Gesch. d. Instr.kzt., 1905, ND 1965; H. Engel, D. Instr.kzt., 1932, NA 1971; A. Adrio, D. Anfänge d. geistl. Kzt., 1935; R. Günther, Motette u. geistl. Kzt. im Schaffen v. A. Grandi (Diss. FU. B) 1958; A. Forchert, D. Spätwerk des M. Prätorius, 1959; W. Kolneder, D. Solokzt.-Form b. Vivaldi, 1961; St. Kunze, D. Entstehung d. C.prinzips im Spätwerk G. Gabrielis (AfMw) 1964; F. Krummacher, Üb. d. Spätform d. geistl. Solokzt. i. Norddtl., 1968; S. Kross, D. Instr.kzt. b. Telemann, 1969; G. Drummond, Stylistic features of the German c. in the earlier 18th cent. (Diss. Oxf.) 1970/1; A. Hutchings, The baroque c., L [3]1973; E. Reimer, C./Kzt. (HmT) 1973; P. Drummond, The German c. (5 18th cent. studies), Oxf. 1980; S. L. Balthazar, Intellectual hist . . . of the c. (JAMS) 1983.

Concerto grosso (it.), Instrumentalkonzert, das sich vom Solo- und dem Ripienkzt. (Orchesterkzt.) dadurch unterscheidet, daß dem Gesamtorch. (→ Tutti, Ripieno) eine Gruppe konzertierender Soloinstr. (→ Concertino) gegenübersteht. C. g. ist ursprüngl. der Name der Tuttigruppe, der sich auf die musikal. Form übertrug, für die er vermutl. 1698 erstmals durch L. Gregori verwendet wurde. Instrumentale Doppelchörigkeit entwickelte sich im 16. Jh. mit Venedig als Zentrum zusammen mit der vokalen → Mehrchörigkeit. Stand G. Gabrielis doppelchörige *Canzon da sonar* noch unter dem Einfluß der Vokalpolyphonie, so entwickelte sich unter dem Eindruck der affektbetonten Ausdruckskunst der → Monodie bei Legrenzi, Merula bis zu Corelli und Torelli ein echter, nicht nur durch die Besetzungsgruppen gegebener Gegensatz zwischen homophon langsamem und fugiert lebhaftem Teil. Die Besetzung war wie die Folge und der Aufbau der Sätze noch unterschiedl. Höhepunkt und schulebildend war A. Vivaldi, der wie Albinoni die Violine im Concertino bevorzugte (Corelli: 2 Violinen und Violoncello). Er stellte dem Concertino meist 3tlg. Tuttiritornelle gegenüber, die thematisch mit dem ersten Tutti verbunden waren. Der Dominantbereich erhielt stärkeres Gewicht. Wie in Italien gingen auch deutschen C.g. doppelchörige Formen voraus, so unter Gabrielis Einfluß bei J. Vierdanck. Händel entsprach englischem konservativem Brauch, wenn er sich an das Muster Corellis hielt, das er aber in freier Gestaltung übernahm und mit dem neuen symphon. Stil des 18. Jh. verband. Händels Pathos stellt sich dabei gegen die fast kammermusikal. Orchesterführung Corellis. In Dtl. hielten sich im wesentlichen Muffat, Telemann, Graupner und Molter an das Beispiel Corellis, während Stölzel, Fasch, Heinichen, Zelenka, Pisendel, Quantz, J. und K. Graun unter dem Einfluß Vivaldis standen, dessen Konzerte J. S. Bach übertrug (2 aus op. 4, eins aus op. 7). Vivaldis und Corellis Beispiel ist in Bachs Brandenburgischen Konzerten sichtbar. Das C.g. wurde von der → Sinfonie verdrängt, die auf dem Themengegensatz aufbaut. In der → Sinfonia concertante ist das Verhältnis der Klanggruppen nicht mehr formbestimmend. Im 20. Jh. wurde das C.g. wieder aufgenommen (z. B. Krenek, 1921, 1924; Martinů, 1937; Hindemith, 1962; Blacher, 1951), oft nicht mit Bezug auf die alte Form (Kaminski, C.g. für 2 Orch., 1922; A. Schnittke, C.g. für 2 Violinen, Streicher, Cembalo, präp. Klavier, 1977).

W. Krüger, Das C.g. in Dtl., 1932; H. Engel, Das C.g. (Musikwerk) 1962. → Concerto.

Concerts spirituels (frz. = geistl. Konzerte), von Anne Danican-Philidor 1725 in Paris begründete öffentl. Orch.-, Chor- und Solokonzerte; anfangs (mit geistl. Musik) an kirchl. Festtagen, wenn Opern- und Theateraufführungen verboten waren. 1769 begannen daneben die *Concerts des amateurs* (ab 1780: *Concerts de la Loge Olympique,* für die Haydn die Sinfon. Hob I: 82/87 schrieb), zunächst geleitet von Gossec, der 1773 die C.sp. erneuerte. Die Reihen wurden durch die Frz. Revolution beendet.

C. Pierre, Hist. du conc. spirituel (1725/90), P 1975.

Concitato (it. =) erregt, aufgebracht; → agitato.

Conclusion (lat. =) Ende, Abschluß, Schlußsatz zyklischer Werke; so z. B. bei Telemann (Tafelmusik, 1740). Bei J. J. Fux (1701) schon → Finale genannt.

Concordant (frz. von lat. *concordare* = übereinstimmen), im 17., 18. Jh. in der frz. Kirchenmusik → Bariton, hohe Männerstimme; im 5stg. Satz die Quintstimme; → Quintus.

Concordantia → Konkordanz 2.

Conductus (lat. conducere = geleiten), kunstvolle Liedform des MA, deren Melodie bei Mehrstimmigkeit in der Unterstimme liegt. Der C. stand zwischen → Motette (mit Blütezeit im 13. Jh.) und → Organum (→ Choralbearbeitung), von dem er sich dadurch unterscheidet, daß er keinen → Cantus firmus übernimmt, sondern auf der eigens geschaffenen, vom Text bestimmten Melodie aufbaut, und daß die Textsilben in den Stimmen gleichzeitig zu singen sind. Die Strophen wurden auch durchkomponiert, mit reichen Melismen am Anfang und Schluß. Der C. erscheint Ende des 11. Jh. als Einleitung zu einer kirchl. Zeremonie, ist aber nicht allein liturg. Ursprungs, sondern stützt sich auf das außerkirchl. geistl. und das weltl. Lied. Nach dem Höhepunkt im 12. Jh., in dem sich auch die Mth. mit dem mehrstg. C. beschäftigte, trat der C. hinter die aus der Choralbearbeitung entwickelte Motette und das Diskantlied (→ Cantio) zurück und verschwand im 14. Jh.

J. Handschin, Notizen üb. d. Notre-Dame-C. (Kb. Lg) 1925; H. Besseler, Mus. d. MA u. d. Renaiss. (Bücken Hdb.) 1931; A. Geering, Die Organa u. mehrstg. C.., Bern 1952; G. Reaney, A note on c.rhythm (Kb. Köln) 1958; J. E. Knapp, The polyphon. c. in the Notre-Dame-C. epoch (Diss. Jale) 1961; G. A. Anderson, Mode ... in Notre-Dame-C. (AM) 1968; ders., Notre-Dame and related c. (GA. V,2) Seoul 1979; S. Fuller, Hidden polyphony (JAMS) 1971; R. Falck, The Notre-Dame-C. (Musicol. Stud. 33) 1981.

Confinalis → Kirchentonarten.

Conga (vermutl. Bantusprache), 1. schnelles Tanz-(Marsch-)Lied afro-kubanischer Herkunft; zunächst Tanzlied der Negersklaven mit satir. Text; geradtaktig; dann Gesellschaftstanz, der in den 1930er Jahren nach Europa kam. – 2. → Congatrommel.

Congatrommel (Conga, Tumba), afro-amerikan. Röhrentrommel (besonders in Kuba, Brasilien); konisch bauchig, einseitig bespannt; meist zwischen den Knien gehalten, mit Fingern od. Hand geschlagen; ursprüngl. charakterist. bei der Darstellung polymetrischer afrikan. Rhythmen, die in der südamerkan. Tanzmusik stilisiert wurden (→ Conga, Rumba, Samba).

Con moto (it. =), mit Bewegung, belebt; z. B. *Allegro c. m.*

Conseguente (it., frz. *conséquent* =) die folgende Stimme (Imitation) in Kanon und Fuge (→ Comes).

Consort (engl., vermutl. von ital. *concerto*; od. von lat. *consortium* = Gemeinschaft,), im 16.–18. Jh. Instrumentalensemble in Engl., seine Besetzung sowie die von ihm aufgeführte Musik, im 20. Jh. der Instrumental- und Vokalkreis, der sich vorwiegend mit der Pflege alter Musik beschäftigt und dazu histor. Instr. einsetzt. Die 2 Gruppen der alten C.s bevorzugten entweder die Besetzung ausschließlich mit einer Instrumentenfamilie (*Whole C.*: Bläser od. Streicher: Blockflöte od. Violen) od. mit Instr. ungleichen Charakters (*Broken C.*), z. B. in Th. Morleys Slg. *C. Lessons* (1599) und bei Ph. Rosseter und W. Leighton, die Laute, Pandora, Cister, Viole und Blockflöte vorsahen. Höhepunkt des Violenc. gegen Ende des 17. Jh. (Purcell, 1680). → Fancy.

G. H. Hayes, Musical instr. and their mus., L 1928/30; T. Dart, Morley's C. Lessons of 1599, L. 1947; E. H. Meyer, D. Kammermus. Alt-Englands, Lg 1958; W. A. Edwards, The sources of Elizabethan c. (Diss. Cambr.) 1974.

Con spirito (it. =) mit Geist, geistvoll, feurig.

Contano (Abk.: *cont.*, ital. =) sie zählen, pausieren. Hinweis in Instrumentalstimmen, der im Ggs. zum → *tacet* verlangt, daß die Pausen durchgezählt werden bis zum nächsten Einsatz, obwohl aus Raumersparnis das Liniensystem in diesem Pausenabschnitt weggelassen wurde, Pausen also nicht geschrieben sind.

Continuo = *Basso c.*, abgekürzt *B.c.* (it. = fortdauernder, ununterbrochener Baß), auch *Continuato*; die gegenüber der Melodie allein stehende und ausgeschriebene Baßlinie, nach deren Bezifferung der Spieler die Mittelstimmen je nach seinen improvisator. Fähigkeiten mehr od. weniger geschickt am Tasteninstr. einfügt. → Generalbaß, Accompagnato, Rezitativ.

Contra (lat. =) gegen, gegensätzlich; daher → Contralto, Contratenor; Kontraoktave und bei Baßinstrumenten (Kontrabaß, Fagott, Klarinette, Posaune, Tuba).

Contrainte (frz. *contraindre* = zwingen) = *basse c.* = *basso ostinato*; → Ostinato.

Contralto, 1. ital. Bez. für → Alt (neben *alto*); – 2. die von J.-B. Vuillaume 1855 gebaute → Bratsche mit größerem Ton, die gegenüber der Violine das der Bratschenstimmung gemäße Größenverhältnis erreichen sollte, aber so unhandlich war, daß sie sich nicht durchsetzen konnte.

Contrapàs (katalan. = Gegenschritt), Volkstanz in Katalanien; wohl aus heidnischer Zeit stammend; besonders in der Passionszeit auf dem Kirchplatz im Halbkreis getanzt nach dem Beispiel des Anführers der Reihe (*capdanser*; vgl. → Aurresku); Hauptarten: *C.llarg* (span. *largo* = groß), *C.curt* (*corto* = kurz).

Contrappunto alla mente (it. = C. aus dem Kopf/Sinn) → Improvisation, Sortisatio.

Contrapunctus (lat. von *punctus contra punctum [ponere]* = Note gegen Note [setzen]), Bez. zunächst für den 2stg. Satz Note gegen Note in Cantus und Gegenstimme; verwendet in Theorie und Praxis (abgrenzend gegen → *discantus*) seit der 1. Hälfte des 14. Jh. nach Regeln der mensuralen und intervallischen Zuordnung der Töne (perfekte und imperfekte Konsonanz und deren Abfolge, Gegenbewegung, Selbständigkeit der neuen Stimme od. weiterer St.). Aus dem einfachen *c.simplex*, auch mit mehreren Noten gegen eine, wurde im 15. Jh. der *c.diminutus* mit unterschiedl. Werten übereinander, wobei nach neuen Regeln zur Behandlung der Dissonanzen (Tinctoris 1477) die Entwicklung z. Polyphonie der Niederländer vorbereitet wurde. → Kontrapunkt.

E. Apfel, Grundl. einer Gesch. d. Satztechn. I, 1974; K.-J. Sachs, Der C. im 14. u. 15. Jh. (Beih. 13 AfMw) 1974.

Contrarium, per motum c. (lat. *motus* = Bewegung, *contrarius* = entgegengesetzt), in Gegenbewegung, Umkehrung des Themas (z. B. in → Kanon und → Fuge).

Contratenor, satztechn. Bez. im 14.–16. Jh.; zunächst untextierte (instrumentale) tiefe Stimme im Tenorbereich (neben dem und um den Tenor), zusätzlich zum bisherigen Tenor-Diskant-Satz; später mit Text, und bei mehr Stimmlinien entstehen Baß (*C.bassus*) und Alt (*C.altus*) um die Tenorst. Im 4- und mehrstg. Satz setzen sich (unterschiedl. schnell) diese Bez. für Stimmen unter- und oberhalb des Tenors durch. Vgl. → Countertenor.

K. Gudewill, C. (MGG) 1952; W. Apfel, Beitr. z. einer Gesch. d. Satztechn., 1964/5; D. Hoffmann-Axthelm, C. (HmT) 1973.

Contrattempo (lat. = gegen die Zeit), Verschiebung des Taktschwerpunktes; → Synkope.

Contredanse (frz., dt. → Kontratanz, von engl. → *country dance* = ländl. Tanz), der englische Gesellschaftstanz des 17. Jh., der um 1685 in die Niederlande kam und sich von da schnell über ganz Europa verbreitete. In Frankr. wurde aus ihm die. → Anglaise, in Dtl. → Française (Kontra-, Kontretanz). Die Grundform mit den beiden Hauptarten Rundtanz (*round*) und Reihen-(Kolonnen-)tanz (*Long*) sind bekannt aus J. Playfords Slg. *The English Dancing Master* (1650 und später). In der frz. Slg. von Feuillet (*Recueil de C.s,* 1706) zeigen sich Unterschiede zum engl. Tanz: Die *Contredanses françaises en quadrille* (zu Ende des 18. Jh. mit 4 Paaren getanzt) standen den *Colonnes anglaises* (mit 2 Reihen) gegenüber. Dabei entstand die → Quadrille aus dem → Cotillon, dem frz. Gesellschaftstanz, der sich selbständig ausbreitete (Dtl. 1741, Engl. 1770) und besonders in Schottland beliebt wurde, im 19. Jh. als Gesellschaftstanz bedeutungslos war. Die Musik findet sich bei den engl. Virginalisten, in Frk. im Opernballett des 18. Jh. (Mouret, Rameau), im → Vaudeville und Volkslied (*Ça ira*).

J.-M. Guilcher, La c.frç. (Diss. P) 1963; ders., La c. et les renouvellements de la danse frç., P. 1969.

Convention universelle sur le droit d'auteur = → Welturheberrechtsabkommen.

Cool Jazz (engl. = kühl), um 1950 aus dem → Bebop entstandener Jazzstil in kleiner Besetzung (→ Combo) und charakterisiert durch die zurückhaltende Tongebung, durch ruhigeres Tempo und ausschwingende Melodie. Die Anlehnung sowohl an barokke Polyphonie wie an die neue Musik (Hindemith, Milhaud, Strawinsky) ist deutlich.

Copula (lat. = Band) t. t. der frühen Mehrstimmigkeit (12., 13. Jh.) für die Art der Schlußwendung; bei Joh. von Garlandia für die Verbindung zwischen → Discantus und → Organum; im 14. Jh. meist für → Ligatur. Vgl. → Couplet.

Fr. Reckow, C. (HmT) 1972.

Copyright (engl.) = Nachdrucksrecht, in engl. sprechenden Ländern → Urheberrecht schlechthin. Die Vereinigten Staaten von Amerika und die lateinamerikan. Staaten (mit Ausnahme von Brasilien und Haiti) hatten sich der → Berner Übereinkunft nicht angeschlossen und ein eigenes System entwickelt. Die USA gewähren (*C. Act* von 1909) den Werken Schutz für 28 Jahre (mit Verlängerung um weitere 28 J.), die auf Titel od. im Impressum (bei Musikwerken auf Titel oder 1. Notenseite) den Vermerk tragen: © . . . (folgen Name und Ort des Verlages und Erscheinungsjahr). Das Werk wird auf Antrag im C.-Register bei der Kongreß-Bibliothek in Washington registriert. Dieses vereinfachte Verfahren der Anmeldung zum C. gilt seit dem Welturheberrechtsabkommen von 1952. In den USA gilt seit 1978 das revidierte C. mit Schutzfrist von 50 Jahren (vom Tod des Verfassers an). – Dtl. hat 1982 einen zweiseitigen Vertrag über den gegenseitigen Schutz der Urheberrechte mit den USA abgeschlossen und ist 1927 der interamerikanischen Konvention von Montevideo beigetreten.

A. Troller, Das internat. Privat- u. Zivilprozeßrecht im gewerbl. Rechtsschutz u. Urheberrecht, Basel 1930; S. S. Ladas, The International protection of Literary and Artistic Property, N. Y., 1938; H. L. Pinner, World C., Encyclopedia, Leyden, 1953ff.; M. Nicholson, A manual of C. practice, NY 1956; G. McFarlane, A practical introd. to C., Maidenhead 1982.

Cor (frz.) → Horn, Waldhorn; *c.anglais* = → Englischhorn; *cor simple* = → Naturhorn.

Corda (it. =) Saite, *c. vuota* = leere Saite; *una c.*, *due corde* vgl. → Pedal.

Cornamusa (it.; frz. *cornemuse*), 1. im 16., 17. Jh. Blasinstr. mit Doppelrohrblatt und Windkapsel, in 5 Größen gebaut; vgl. Praetorius (Syntagma II); – 2. → Sackpfeife.

Cornet (frz.), → Kornett.

Cornetto (it.). → Zink; *c. muto* = stiller, *c. diretto* = gerader, *c. curvo* = krummer Zink.

Corno (it.) → Horn; *c. di bassetto* = → Bassetthorn; *c. inglese* = → Englischhorn; *c. da caccia* = → Jagdhorn, Waldhorn.

Cornophone, 1890 für Fontaine-Besson in Paris patentiertes, hornähnl. Blechblasinstr. in 5 Größen; zeitweise im aglikan. Gottesdienst verwendet.

Cornu (lat.), Horn der Etrusker und Römer; lange,gebogene Bronzeröhre mit Mundstück; 2. Instr. der (Rang-)Folge: → Tuba, C., → Bucina.

G. Wille, Musica romana, A 1967.

Coro favorito → Favoriti.

Corona (it.; frz. *couronne* = Krone), → Fermate, ursprünglich das Ende der Verszeile bezeichnend und damit zugleich Atemzeichen.

Coro spezzato → Mehrchörigkeit.

Corranach (gälisch) → Caoine.

Corrente (lat. *currens saltatio* = Lauftanz), die jüngere (ital.) Form der → Courante; mit gleichmäßig fließender Bewegung und strengerer Stimmigkeit.

Corrido (span. = frech), Volks-(Revolutions-)lied in Mexiko; im Dreiertakt; bis 10zeilige Texte über Liebe, Heldentat, Aufruhr.

Cotillon (frz. = Unterrock), im 18. Jh. 2teiliger Tanz (Tanzfolge) mit je 4 Paaren (→ Contredanse); im 19. Jh. Abschluß eines Tanzvergnügens an dem alle Anwesenden teilnehmen und dem führenden Tanzpaar nachtun, das nach Art eines Gesellschaftsspiels verschiedene Varianten und Überraschungen wählt (z. B. Verteilung von Papierorden, die ebenfalls C. genannt werden). Die Musik ist nicht festgelegt (meist Marsch oder Walzer).

Coulé (frz.) → Schleifer.

Countertenor (engl.), in der engl. Vokalmusik die Männerstimme in Altlage (Alto) im Ggs. zum satztechn Begriff → Contratenor.

Country & Western Music, in den USA zunächst Sammelbegriff für die ländl. Volksmusik der Weißen, vom Vokslied ausgehend, später (z. T. mit sozialpolit. Themen) instrumental erweitert zur allgemeinen Erscheinung der Musikindustrie (Starkult) und von daher exportiert. Die amerikan. Volksmusik wurde seit Anfang des 20. Jh. zunächst abwertend, dann bis etwa 1940 (ökonomisch anerkannt) wegen der verschied. Stilelemente *Hillbilly Music* genannt.

J. Grissim, C. mus., NY 1970; M. Shestack, The c. mus. encycl., NY 1974; W. Fuchs, Die Gesch. d. C. Music, 1980.

Country Dance (engl. = ländlicher Tanz), engl. Gesellschaftstanz, hauptsächlich überliefert und zuerst gesammelt durch J. Playford (*The Engl. Dancing Master,* 1650) und mit den Hauptformen der *rounds* (Rundtänze) und *longways* (Reihentänze; diese als → Contredanses in Frkr., 18. Jh.). Im 19. Jh. verschwanden die C. d. Ihre Melodien, meist geradtaktige alte Weisen, erschienen in → Vaudeville und → Ballad Opera. Der → Square Dance ist eine Verbindung vom engl. C. d. mit der frz. → Quadrille. In der Volkstanzbewegung des 20. Jh. (C. Sharp und die *Engl. Folk Dance Society*) wurden C. d. gesammelt und verbreitet.

C. J. Sharp, The c. d. book, L 1909/22; ders., The dance, an histor. survey of dancing in Europe, L 1924.

Couplet (frz.; span. *copla*; von lat. *copula* = Verbindung, Paar), im MA Reimpaar, Strophe, Refrain. – Im → Rondeau des 17. und 18. Jh. der solistisch gesungene Teil gegenüber dem chorisch gesungenen oder instrumental gebotenen Kehrreim (Lully, Couperin, d.'Anglebert). Bei Ph. E. Bach wird das C. frei virtuos figuriert und verliert seinen Liedcharakter. In der Klassik erscheint es in → Sonatenform (Sonatenrondo). Der Name C. wird weiterhin nur für das mehrstrophige Lied in → Singspiel und → Operette des 18. und 19. Jh. verwendet, für → Posse und die kabarettist. → Chansons des 19. und 20. Jh., die durch → Gassenhauer und → Schlagerlied verdrängt wurden.

L. Richter, D. Berliner C. d. Gründerzeit (Stud. z. Trivialmus.), 1967.

Courante (frz.), **Corrente** (it.) (frz. *courir*; it. *correre* = laufen), höfischer Tanz im ungraden Takt,

2tlg., punktierter Rhythmus. Die C. stammt aus Frkr., kam um 1600 in die Kunstmusik und war als Gebrauchstanz bis ins 18. Jh. bekannt. Ihre Blütezeit war im 17. Jh. Um 1700 entwickelte sich neben der frz. C. mit gemäßigtem 3/2- oder 6/4-Takt und durchbrochenem Satz die ital. Form der Corrente mit gleichmäßig schnellen Passagen im 3/4- oder 3/8-Takt und strengerem Satzbau, oft dem → Saltarello ähnlich. In der Slg. *Terpsichore* gibt Praetorius 1612 einen guten Überblick über die damals übliche (ältere) frz. C. Den Höhepunkt der Corrente zeigen die *Pièces de Clavecin* von F. Couperin (zuerst 1713) nach den Slgn. von D. Gaultier und J. Champion de Chambonnières. In der Klaviersuite J. Frobergers steht die (jüngere frz.) C. an 2. Stelle vor → Sarabande und → Gigue und nach der → Allemande (vgl. → Suite). Auch in der Orchestersuite war das ältere Paar Pavane-Gaillarde durch Allemande-C. abgelöst. Gelegentl. folgt der C. eine Variation (Double). Wo die C. od. die Corrente bei J. S. Bach in der Suite auftreten, sind sie mit größter Meisterschaft behandelt (6. Frz. Suite, 4. und 6. Partita).

M. Reimann, Untersuch. z. Formgesch. d. frz. Kl.-Suite, 1940, ND 1969; F. Feldmann, Unters. z. C. als Tanz (Jb. d. Mw.) 1961; U. Kraemer, Die C. i. d. dt. Orch.- u. Klaviermusik d. 17. Jh. (Diss. Hambg.) 1968.

Courtaud, Courtaut (frz. = gekürzt), Rohrblattinstr. im 16., 17. Jh., ähnl. → Sordun und → Kortholt mit Doppelbohrung; ohne Windkapsel.

Cracovienne → Krakowiak.

Credo (lat. = ich glaube), Anfangswort des vom Priester intonierten, vom Chor fortgesetzten Glaubensbekenntnisses, das in der kathol. Liturgie zusammen mit → Kyrie, Gloria, Sanctus (Benedictus) und → Agnus Dei zum → Ordinarium der → Messe gehört. Der Text ist der des C. von Nicäa (325) und Konstantinopel (381). Er wurde seit Timotheus von Konstantinopel (515) dort in der Messe verwendet, von den Konzilien Toledo (589) und Aachen (789) zugelassen und war im 10. Jh. allgemein gebräuchlich. Auf Betreiben Kaiser Heinrichs II. nahm es Papst Benedict VIII. 1014 in die röm. Messe auf. Mehrere Melodien entstanden für die Meßliturgie an Sonn- und Festtagen, wobei die rezitativischen auf griech. Quellen zurückgehen und melodisch verwandt dem → *Te Deum* und *Per omnia* sind. Daneben stehen psalmodische Formen oder seit dem 15. Jh. freie Neukompositionen. Die mehrstg. Komposition erwuchs aus dem organalen Stil. Aus dem 13. Jh. ist ein 2stg. C. bekannt. – In der protestantischen Kirche wird die von Luther besorgte dt. Fassung des alten latein. Meßgesanges *Patrem credimus* als Glaubenslied gesungen, die 1524 veröffentlicht wurde (*Wir glauben all an einen Gott*).

F. J. Badcock, The hist. of Creeds, L 1930; A. Gastoué, Les chants du Cr. (Rev. du chant grég.) 1933; A. Angie, D. Rhythm. d. greg. Cr. (Mus. sacra) 1934; M. Huglo, Origine de la mél. du Cr. „authentique" de la Vaticane (Rev. Grég.) 1951; Br. Stäblein, Cr. (MGG) 1952; Leiturgia 4, 1961; T. Miazga, D. Melodien d. 1stg. Cr. d. röm.-kath. lat. Kirche, Graz 1976.

Crembalum (lat.), Brummeisen, → Maultrommel.

Crescendo (it. *crescere* = wachsen), zunehmend an Lautstärke (abgekürzt: *cresc.*, Zeichen: <; Gegensatz: → *decrescendo*); und zwar eines einzelnen Tones od. einer

Folge von Tönen. Ursprüngl. mit den Buchstaben *p–ff* od. mit Zusätzen wie *un poco, poco a poco, più, molto* angewiesen, wurde C. in der 1. Hälfte des 18. Jh. durch Schwellzeichen vorgeschrieben, mit dem Wort C. erst um die Mitte des 18. Jh. Das effektvolle C. findet sich im Orchester der → Mannheimer Schule. Im 19. Jh. entwickelte sich das große C.-Finale der Oper, beginnend bei J. Mosca, typisch bei Rossini. → Walze.

Criolla (span. *criollo* = kreolisch), kuban.-kreol. Tanzlied im 6/8-, 3/4 Takt, auch Lied m. weiträumiger Melodie zu afrikan. Rhythmen (→ Claves); mit Dur- und Mollteil und oft folgendem → Bolero; in der Kunstmusik u. a. bei E. Sánchez de Fuentes.

E. Sánchez de Fuentes, El folklore en la música cubana, Habana 1922.

Croche (frz. = Haken), frz.: Achtelnote; *double, triple, quadruple c.* = 16tel-, 32tel-, 64tel-Note; nicht zu verwechseln mit engl. → *crochet* = Viertelnote. C. als t. t. des Notenstichs = Fähnchen am Stiel der Achtelnote und kleinerer Werte.

Croma (von griech. *chroma*: Farbe), it.: Achtelnote; *Madrigali cromatici* (C. de Rore) im 16. Jh.: mit kolorierten Noten (kleinen Werten). → Color 1.

Cromorne, frz. Bezeichnung für → Krummhorn, auch für ein Zungenregister der Orgel.

Crotales (frz. von griech. *krotalon*), → Zimbel; Beckenpaar; verwendet u. a. in Strawinskys *Les noces* (nach seinen Maßangaben angefertigt). Vgl. → Krotala.

Crotchet (engl. von frz. *croc* = Haken), Viertelnote. Nicht zu verwechseln mit → *Croche*. Beide gehen zurück auf die → Mensuralnotation, in der die (nicht geschwärzte) Semiminima mit Häkchen (Fähnchen) geschrieben wurde.

Crwth (walis.; altir. *crott*; mlat. *crotta*; engl. *crowd*), keltisches Zupf-, dann Streichinstr.; eine ovale, 8-förmige od. 4eckige → Leier mit Zargen und 3, später bis 6 Saiten über schräg stehendem Steg; Schallöcher. Der C. ist seit dem 7. Jh. bekannt *(crotta Britannica)* und wurde bis ins 19. Jh. in Wales, Irland, Bretagne gespielt. → Barde, Rotta, Tiompán.

H. Steger, David rex et propheta (Erlanger Beitr. z. Sprach- u. Kunstwiss.) 1961; J. M. Bevil, The Welsh C. (Diss. North Texas Univ.) 1973.

Csakan, → Czakan.

Csárdás (ungar. *csárda* = Dorfschenke), ungar. Nationaltanz mit den beiden Teilen: Lassu = langsamer Einleitungssatz in Moll (ungar. *lassan* = langsam) und Friss (= frisch, munter) = schneller Hauptteil, in ²⁄₄- oder ⁴⁄₄ Takt und in Dur. In diesem Teil fügen sich zahlreiche bruchstückartige Motive zusammen, von Zigeunern improvisiert, daher ohne feste Form und unkonventionell. In der Kunstmusik erscheint der C. u. a. bei F. Liszt und J. Brahms. Joh. Strauß bringt das Beispiel eines C. in der *Fledermaus*: nach dem langsamen, vielverschnörkelten, melanchol. Mollsatz den wilden Durteil.

C-Schlüssel. Der aus dem Buchstaben C entwickelte Notenschlüssel , der jeweils die Linie des Fünfliniensystems bezeichnet, auf der das c' (→ eingestrichen) notiert wird. Je nach seiner Stellung heißt er: auf der 5. Linie (von unten) Baritonschlüssel, auf der 4. Tenor-, 3. Alt-, 2. Mezzosopran-, 1. Sopranschlüssel. Der kleine Tonbereich, den die Notation im Fünfliniensystem erfaßt, konnte mit dem C. im Terzenabstand erweitert, der Gebrauch von Hilfslinien eingeschränkt oder vermieden werden. Heute finden sich C. bei Viola und Altposaune (Alt- = Bratschenschl.), Cello, Fagott, Tenorposaune (Tenorschl.). → Schlüssel.

Cuando (span. = wann), Liedtanz, besonders in Chile und Argentinien in der 1. Hälfte des 19. Jh., wohl auf das europäische Menuett zurückgehend; der 1. Teil im ¾-, der 2. im ⁶⁄₈Takt. Mit „C." beginnt der Refrain *(Cuando, c., c., mi vida)*.

Cuatro (span. = vier), in Venezuela, Kolumbien, Mittelamerika beliebte 4saitige kleine Gitarre; von der span. → Vihuela abstammend.

Cueca, chilenischer Paartanz der → Zambafamilie (Zamacueca); Werbetanz (Anfang 19. Jh.) mit Formen des Fandango und pentaton. (indian.) Resten; synkopierter ¾- od./und ⁶⁄₈-Takt; aus dem Andenbereich weiter verbreitet (Peru = Marinera; Mexiko = Danza Chilena).

Currulao, alter Paartanz, Tanzlied (4-Zeiler; Solo mit Chorrefrain) in Ekuador, Venezuela, Kolumbien; ähnlich dem → Bambuco; mit afrikan. und angeglichen europäischen Elementen; ¾- od. ⁶⁄₈Takt; charakteristisch für seine Polyrhythmik ist der 3tlg. Takt der Sänger (mit → Marimba) zum 2tlg. der Rhythmusinstrumente.

Cursus (lat. = Lauf). Die aus der antiken Rhetorik in den quantitierenden Text übernommenen, akzentuierenden Formen bei Satzschlüssen oder Zäsuren erscheinen entsprechend im gregorianischen liturgischen Gesang als Wechsel von längeren od. kürzeren Melismen mit syllabischer Textbehandlung.

Custos (lat. = Wächter), Zeichen in alten Musikhandschriften und -drucken, das bei Schlüsselwechsel die veränderte Lage der neuen Note noch im bisherigen Schlüssel kennzeichnet. Auch beim Übergang zu einer neuen Notenzeile (also auch ohne Schlüsselwechsel) wurde am Ende der vorigen der Anfang der neuen mit dem 1. Ton od. der 1. Tongruppe durch den C. markiert.

Cylinder phonotacticus, lat. Name bei A. Kircher (*Musurgia universalis,* 1650) für die Stiftwalze bei Glockenspielen und mechan. Orgeln.

Cymbala (lat. Mz. von griech. *kymbalon*), 1. im antiken Götterkult verwendetes Schlagwerk: 2 metallene od. hölzerne, tellerartige od. tiefbauchige Becken, ursprüngl. etwa handtellergroß, auch Gabelbecken (vgl. → Krotala), die gegeneinandergeschlagen wurden und aus denen sich die heutigen → Becken und → Kastagnetten entwickelten; – 2. ma. Name für Glöckchen, von da für → Glockenspiel (→ Zimbelstern); – 3. Mixtur in der Orgel (Zimbel). → Tintinnabulum.

Cymbelstern, → Zimbelstern.

Czakan, Csakan (ungar. *czákány* =) Stockflöte, Holzblasinstr.; Schnabelflöte (→ Blockflöte); Volksinstr. in den Donauländern, in Wien dem Beispiel der Stockfl. ungarischer Hirten nachgebaut und schnell (Mitte 18.– Mitte 19. Jh.) in Dtl. verbreitet (mit vielen Klappen und auch nicht mehr in Stockform). Schon 1698 wird aus J. Chr. Denners Nürnberger Werkstatt eine Stockfl. erwähnt. Cz. hießen im vogtländ. Instrumentenbau um 1900 verschiedene Arten von Kleinflöten (Vorläufer der Schulblockflöte). Vgl. Uhlands Gedicht *Das Schifflein.*

L. Meierott, D. kl. Flötentypen, 1974; H. Moeck, Cz., engl. u. Wiener Flageolette (SIMP 3) 1974; E. Nickel, J. Chr. u. Jac. Denner (Tibia) 1979; C. Dike, Les cannes à système, Genf 1982.

D, 1. Ton-Name; frz. *ré*; it., span. und russ. *re*; – 2. D,d im Dur-Moll-System = D-Dur, d-moll; – 3. Abk. für: Dominante, Discantus; ital. *da, dal* (= von, von an) in: *D. C., d. c. = da capo; D. S., d. s. = dal segno; m.d. / d.m.* (it. = *mano destra*, frz. = *main droite*/lat. = *dextra manu*) = rechte Hand; – 4. D (mit Zahl) = Deutsch-Verzeichn. (der Werke Schuberts; → themat. Verzeichnis).

Da Capo (it. = vom Kopf an), Abk.: D. C./d. c. = wiederholen vom Anfang bis „Fine" = *D. C. al Fine, D. C.* → *dal segno* (→ Fermate). Da-Capo- → Arie.

Daf, Def, Duf (arab. von hebr. *thof*), Rahmentrommel, Tamburin (mit Schellen od. Ringen) auf dem Balkan (Türkei, Albanien), im nahen Osten, Kaukasusgebiet und Nordafrika; meist rund (in Algerien viereckig) und einseitig bespannt.

Daina (lit., Mz. *dainos*), allgemein das litauische Volkslied, dessen variable Tonalität bei rhythm. Vielfalt auf hohes Alter schließen läßt; Arbeits-, Jahreszeiten-, Hochzeitslied. In Südlitauen (und ostpreußischen Orten) herrscht das 1stg. Lied vor, während in Nord- und Ost-Lit. polyphone, heterophone und homophone Mehrstimmigkeit auftritt mit Sekundparallelen, wie sie in bulgar., rumän. (→ Doină) und kaukasischen Gesängen zu finden ist (→ Sutartine). Erste Veröffentlichung 1825.

Ch. Bartsch, Dainu balsai, Melod. lithauischer Volksl., 1886/9; T. Brazys, D. Singweise d. lit. D., 1918; U. Katzenellenbogen, Anthol. of Lithunian folksongs, Chicago 1935; K. U. Banaitis, 100 Liaudies dainu (lit. Volksl.) Brooklyn 1951.

Dal segno (it. =) vom Zeichen an; meist 𝄋 oder ⊕; *al S.* = nur bis zu diesem Zeichen, nicht bis zum Schluß zu spielen; *dal S.* = vom Zeichen, nicht von Anfang an spielen. (Abk.: *D. S., d.s.*)

Dämpfer → Sordino

Dämpfung. Die mechan., vom Spieler unbeeinflußte D. bei den Klavieren geschieht durch Filzkeile, die sich gleich nach Loslassen der Taste gegen die Saite legen. Mit Hilfe des (linken) → Pedals kann eine zusätzliche D. erfolgen. Die D. der Saiteninstr. erfolgt durch den Dämpfer (→ *Sordino*), die der Blechblasinstr. durch → Stopfen mit der Hand oder mit einem Holzkegel. Die Schwingungen der Cembalo-Saite dämpfen zwei Filzstreifen am Springer.

Pauken werden durch Auflegen der Hand auf die Bespannung gedämpft.

Danse macabre → Totentanz

Danza (ital. =) Tanz; *d. tedesca* → Allemande, Dt. Tanz, → Ländler.

Danzón, kuban. Gesellschaftstanz, Ende der 1870er Jahre als Gegenstück zur → Habanera entstanden, zusammen mit der → Rumba Vorläufer des → Mambo; ²⁄₄-Takt mit Polyrhythmik der Schlaginstr.; Verbindung afrokuban. Elemente mit europäischen (→ Quadrille).

Dar(a)bukka ägypt. *darboka;* andalus. *derboka,* türk. *deblek,* pers. *dombak*), aus Ägypten in islamische Länder (Albanien bis Indonesien) verbreitete topf- od. vasenförmige Handtrommel, meist aus Ton, auch Holz, Metall; unten offen; die Membran (Leder, Fischhaut) auch aufgenagelt; auch für virtuos solist. Spiel; in der Kunstmusik z. B. bei Berlioz, Milhaud.

Darāmad (pers.:), Vorspiel; Einleitung des in der pers. Kunstmusik festliegenden Schemas (Dastgāh), aus dem sich ein Melodietypus entwickelt (Āwāz = Gesang) mit zahlreichen Abschnitten. Der D. ist entscheidend für den Modus (→ Maquām) im Dastgāh. → Ālāpa.

Dasia-System, die im 9. Jh. (z. B. → Musica enchiriadis) für die beginnende → Mehrstimmigkeit als Erläuterung der Neumen im → Organum entwickelte Notation, bei der in ein System von 18 besonders bezeichneten Linien die Silben des zu singenden Textes zur Darstellung der Tonschritte hoch- od. tiefgestellt wurden, auch mit zusätzl. Buchstaben (Zeichen) zur Bestimmung der Intervalle. Die Bez. D. entstammt der griech. Prosodie.

Ph. Spitta, D. Musica ench. u. ihr Zeitalter (VfMw) 1889; Wolf, 1913/9; Apel, [2]1970; H. Unverricht, Die D.-Notation ... (Ars mus. .., Fs. Hüschen) 1981.

Dastān (pers.: Griffbrett, Bund; türk. *destan*), Volksepos, rezitativisch dargeboten in Persien, Kaukasusländern, Klein-, Mittel- und Südostasien; meist instrumental begleitet; pers. und turkmen. auch *bachschi*; vgl. → Aschik.

Dauer, Zeitspanne zwischen zwei Klangereignissen; Schwingungsdauer, abhängig von der zeitl. Ordnung (→ Rhythm., Parameter), Spielweise (→ Artikulation), Art der Tonerzeugung (z. B. Streich-, Zupfinstr., Clavichord, Orgel).

F. Klugmann, D. Kategorie d. Zeit i. d. Musik (Diss. Bonn) 1961.

Davul →Tupan, Tablā

dB → Dezibel

D. C. → da capo

Deciso (ital. =) entschlossen, bestimmt.

Decken, in der Gesangstechnik der leicht verdunkelnde Ansatz des Tones in höherer Lage, dem dadurch unnötige Schärfe genommen werden soll. Die Tonhöhe soll dabei unverändert bleiben. Das D. wird erreicht durch geringe Erweiterung des → Ansatzrohres in der Nähe der Stimmbänder, etwa wie sie beim Gähnen geschieht.

Decrescendo (ital.:) abnehmend an Tonstärke, Ggs.: → *crescendo;* Abk.: *decresc.;* Zeichen >.

Deficiendo (ital. = mangelnd), nachlassend an Tempo und Stärke.

Deklamation (lat. *declamatio* = Vortrag), der dem Sinn- und Gefühlsgehalt eines Textes gerecht werdende Sprechvortrag (Rezitation); der Sprechvortrag zur Musik (z. B. → Melodram); der Gesangsvortrag eines Textes, und zwar in der Konzeption des Komponisten und in der → Interpretation durch den Sänger. Der Komponist hat den Wortwert in Prosodie, Metrik, Wohlklang in Beziehung zu setzen zum Musikwert der Melodie in Dauer, Intervall, Akzent, Register, Ausdruckskraft und ist bemüht, Tonakzent und Ausdrucksakzent zusammenfallen zu lassen, wobei im Wechsel der Zeit Sprache und Musik unterschiedlich gewichtet wurden wie in der Sprache der phonetische und semantische Bestand (Wort-Ton-Verhältnis). Der Interpret wird um so genauer deklamieren, je gründlicher er sich vorbereitend mit Text- und Melodierhythmus, also mit den Absichten des Komponisten beschäftigt hat. D. muß den Wort-, Vers- und Satzakzent berücksichtigen und die Sprachmelodie (Tempo, Tonhöhe). Aus den Längen und Kürzen des antiken quantitierenden Rhythmus (schon im Spätrom führte sich daneben der akzentuierende Rh. ein) wurden in den regelmäßigen Versen der german. Sprachen Hebungen und Senkungen. Dabei fallen Wort- und Versakzent zusammen. Aus der Übergangszeit – der Prozeß ist etwa bei M. Opitz abgeschlossen – sind zahllose Beispiele von Betonungsverschiebung zwischen Wort und Ton bekannt (etwa im Kirchen- und Volkslied des 16. Jh.), die heute nach gleichmessendem Rhythmus als falsch gelten müßten H. Schütz bemühte sich unter dem Einfluß der ital. → Monodie um genaue D. und vermied überlieferte, den Textverlauf belastende Wendungen, der, wenn ihn die Musik symbolträchtig ausdeutet, bei J. S. Bach nicht selten gestört wird. Die Symmetrie der melod. Linie mit dem Akzent auf gutem Taktteil verlor sich schon im klass. Lied, zumal unter dem Einfluß der Dichtung Klopstocks. Während H. Wolf, das Vorbild R. Wagners auswertend, die Singstimme frei über dem Begleitrhythmus den Text deklamieren läßt, steht im Melodielied von Schumann bis Brahms und Reger die ausdeutende Musik vor dem Wortakzent. – Der Sprechvortrag zur Musik findet sich im → Vaudeville, Singspiel, dem Schuldrama der Reformation und Gegenreformation, in → Oper, Operette wie im heutigen Tonfilm. Im Melodram hat er die eigene Gattung, die sich schließlich in dem der Tonhöhe nach fixierten Sprechgesang bei Humperdinck (*Königskinder,* 1. Fassung) und A. Schönberg (*Pierrot lunaire*) der dramatischen Lied-D. nähert. Im 20. Jh. wurde die Sprache mit ihren Elementen zum Kompositionsmaterial und nach Bedeutung und Klangstruktur in Lautkombinationen, Silben-, Wort- und Satzmontagen und Sprachgeräuschen ausgewertet (Stockhausen, *Gesang der Jünglinge;* Kagel, *Anagrama*; Ligeti, *Aventures*), wobei Stimmlage, -färbung, Rhythmus u. Ausdruck genau festgelegt wurden. Die zunächst von der Sprache ausgehenden Bestrebungen (z. B. 1945 Isou: Lettrismus; später H. G. Helms und F. Mon) beeinflußten die Musik (Sprachkomposition). – D. in der Instrumentalmusik bedeutet die sinnvolle → Phrasierung, während die → Programm-Musik den vorgegebenen Text deklamiert (vgl. dazu auch A. Scherings literarische Deutung von Beethovens Klaviersonaten und Streichquartetten).

R. Gerber, Wort u. Ton i. d. Cantiones sacrae v. Schütz, 1928; E. Engel, Ein Beitr. z. Prosodie i. 16. Jh. (Kb. Basel) 1949; A. Schmitz, D. Bildlichkeit d. wortgebundenen Mus. J. S. Bachs, 1950, ND 1976; J. Müller-Blattau, D. Verhältn. v. Wort u. Ton i. d. Gesch. d. Mus., 1952; T. G. Georgiades, Mus. u. Sprache, 1954, [2]1974; K. Stockhausen, Texte II, 1964; J. Racek, Z. Wort-Ton-Probl. i. d. geschichtl. Entw. d. abendländ. Mus. (Mf) 1971; R. Stephan, Üb. Mus. u. Sprache (VINM) 1974; E. Apfel/C. Dahlhaus, Stud. z. Theorie und Gesch. d. mus. Rhythmik u. Metr., 1974.

Démancher (frz. = übergreifen), 1. Lagewechsel der linken Hand auf dem Griffbrett eines Streichinstr.; – 2. Übergreifen (Kreuzen) der Hände beim Spiel auf Tasteninstr.

Demestnik, Demestvennik, Domestik (russ., v. griech. *domestikos,* lat. *domesticus scholarum*), Vorsänger im altruss. Kirchengesang nach byzantin. Beispiel, später auch *golovščik* (russ. *golova* = Haupt) genannt. Ab Anfang des 17. Jh. (beginnende Mehrstimmigkeit) verlor der D. an Bedeutung. → Partesnoe penie, Rospev.

Denkmälerausgaben, Slg. und Druckausgabe von für die Praxis und Wissenschaft wichtigen Quellenwerken, nach dem Beispiel der Geschichtswissenschaft Denkmäler genannt (Monumenta). Die D. ordnen nach musikgeschichtl. od. geschichtl. Perioden oder nach Gattungen, mit oder ohne Begrenzung nach Nation, Stamm oder Landschaft. Wie die → Gesamtausgaben entstanden D. aus dem Streben, Musikerbe zu bewahren und zu überliefern. Das Beispiel gaben engl. Slgn. von Volksliedern und Catches in der 2. Hälfte des 18. Jh. (J. Johnson). In Dtl. stehen die von J. A. Hiller gesammelten 4stg. Motetten und Arien am Anfang (1776). Seit Mitte des 19. Jh. erschienen D. in wissenschaftl. exakter → Editionstechnik: Denkmäler der Tonkunst (Chrysander, 1869), Publikationen ält. prakt. und theoret. Musikwerke (1873). → *Paléographie musicale* (1889), *Monumenta musicae byzantinae* (1935). Im dt.-sprach. Raum erschienen: Denkmäler dt. Tonkunst (1892), Denkm. der Tonk. in Bayern (1900), Denkm. der Tonk. in Österr. (1905), Das Erbe dt. Musik (1935/43 gesondert mit Reichs- und Landschaftsdenkmalen; geleitet von der musikgeschichtl. Kommission; fortgesetzt ab 1954). → Scriptores.

M. Schneider, Denkmäler d. Tonkunst vor 100 Jahren (Fs. Liliencron), 1910; F. Blume, D. Erbe dt. Musik (Dt. Musikkultur), 1942; H. J. Moser, D. musikal. Denkmälerwesen in Dtl., 1952; R. Schaal, Bibliographie d. wiss. Musiksammelwerke 1800–1950, 1962; A. S. Charles, Handb. of music and mus. lit. in sets and series, NY 1972; H. Heyer, Histor. sets, collected edit., monum. of music, Chicago [3]1980.

Descort (afrz., provenzal. von lat. *discors* = ungleich), im 12.–14. Jh. provenz., afrz. schwermütiges Gedicht mit Strophen verschiedener Zahl und (ähnl. dem längeren → Lai) unterschiedl. Bau, dem die Melodie nicht entspricht (*discordia*), ein dem Textinhalt gemäßer Zwiespalt, der durch gelegentl. Verwendung verschiedener Sprachen verstärkt werden konnte. → Lai, Ensalada.

F. Gennrich, Grundr. einer Formenlehre d. ma. Liedes, 1932, ND 1969; J. Maillard, Problèmes music ... du d. (Mélanges I. Frank) 1957; ders., Structures mus. complexes au m. â. (Mélanges Le Gentil), P 1972.

Dessus (frz. = oben), alte Bez. (besonders Frkr., 18. Jh.) für vokale/instrumentale Oberstimme und das „oben" spielende Instr.

Détaché (frz. = getrennt), „abgesetzt", mit je Note eigenem Bogenstrich spielen; *grand d.*: breit abgestoßen, *petit d.* (*d. de la pointe*): nur mit der Bogenspitze; *d. sec* (trocken): mit kurzem Strich (→ Martellato, Staccato).

De tempore (lat. = der Zeit entsprechend), nach den Zeiten des Kirchenjahres eingesetzte Musiken und liturg. Stücke, die nach Wort u. Weise zeitlich festgelegt sind und nicht regelmäßig gebraucht werden können (vgl. → Ordinarium). Die lutherische Reformation sah das D.-Lied als Teil der Verkündigung und bezog die singende Gemeinde in die gottesdienstl. Handlung ein.

Detonieren (frz. *détonner* =), unsauber, falsch singen oder spielen; ungenau intonieren oder während des Vortrags höher oder tiefer werden. Detonation = Tonabweichung, Unreinheit des Tons.

Deuterus authentus, d. plagalis, 3., 4. → Kirchentonart

Deutscher Tanz, vgl. → Walzer

Devise (frz. = Motto), 1. Anfang einer Barockarie, bei der erst der Textbeginn allein gesungen wird, ehe das Orchester spielt und der Text wiederholt od. fortgesetzt wird. Solche „D.-Arien" entstanden im 17. Jh. in der venezian. Oper. Den ähnlichen Vorgang einer mottoartigen Wiederholung am Ende Beethovenscher Lieder nannte H. J. Moser Schlußd. – 2. in oder vor Rätselkanons der verschlüsselte Hinweis, der die Auflösung ermöglicht.

Dezett (v. lat. *decem* = 10; frz. *dixtuor*), Komposition für 10 solistisch eingesetzte Instr. und die 10 Ausführenden.

Dezibel (Neuwort aus lat. *decem* = 10 und nach dem Ingenieur A. G. Bell), Abk.: dB; physikal. Bezugswort beim Vergleich von in Natur, Technik, Musik auftretenden Schallintensitäts-(Schalldruck-)Verhältnissen. Für das menschl. Ohr liegt die Schmerzschwelle bei 130 dB.

Dezime (lat. = 10.), Intervall mit der Terz der Oktave (10. Stufe, z. B. c–e'); die D. kann groß, klein, übermäßig und vermindert sein.

Dhrupada (Hindi, v. Sanskrit *pada:* Vers, Lied; *dhruva:* feststehend = Refrain), alter Stil der indischen Kunstmusik, wohl aus der gemeinsamen Zeit nord- und südind. Musik stammend, im 16. Jh. ausgeformt und in den freieren Arten *khayal* und *thumri* (17.–19. Jh.), vielfach nivelliert, aufgegangen; strenge Folge einzelner Elemente: Exposition (→ *ālāpa*), Komposition (*dhr.*), rhythmische Improvisation (*bolbanao*). Die Tradition des 16. Jh. wurde im 20. Jh. neu belebt.

W. v. d. Meer, Hindustani Music in the 20th cent., Den Haag 1980; J. Srivastava, Dhr,., Delhi 1980.

Di, Ti (chines.), alte chines. Querflöte; 6 Grifflöcher; nahe dem Mundloch eine mit Membran verschlossene weitere Öffnung.

Diabolus in Musica (lat. = der Teufel in der Musik), → Tritonus

Dialog (griech. *dialogos* = Zwiegespräch), Wechsel- oder Zwiegesang als musikal. Stilmittel im weitesten Sinne, solistisch oder chorisch, vokal oder instrumental oder innerhalb dieser Möglichkeiten gemischt darstellbar. Dabei können Rede und Gegenrede von nur einer Stimme dargeboten werden, etwa durch Takt- oder Tonartwechsel unterschieden. Der D. findet sich z. B. in Responsorium und Antiphon, von da in ital. Andachtslauden (*laudi spirituali*), auch mit Einschüben derber, weltl. Texte (*dialoghi contadineschi,* 1614); im 16 u. 17. Jh. als lat. Motetten-D. (Viadana, 1602; Banchieri, 1611) und häufig in der Volkssprache (A. Cifra, *Scherzi sacri,* 1616, M. Franck, *Vater Abraham,* 1623). Eine besondere Blütezeit hatte der protestant. D., nicht nur wegen des stärkeren Bedürfnisses nach subjektivem Ausdruck des Barockmenschen, sondern wesentlich wegen der besseren Möglichkeit eindringlicher lehrhafter Darstellung. Das „Geistliche Konzert" in verschied. Formen und Besetzungen, → Kantaten und → Oratorien (→ Passionen) verwenden den D. (Schütz, *Madrigali,* 1611; *Symphoniae sacrae,* 1629; Schein, *Opella nova,* 1626; Hammerschmidt, *Dialogi od. Gespräche zwischen Gott und einer gläubigen Seelen,* 1645); vgl. → Bicinien. Den weltl. D. zeigen Singspiel, Oper u. Chormusik (Echochor). → Wechselgesang.

T. Kroyer, D. u. Echo in d. alten Chormus. (JbP) 1909; O. Hudemann, Die protestant. D.-Komposition im 17. Jh. (Diss. Kiel) 1941; J. Whenham, Duet and D. in the age of Monteverdi, Ann Arbor 1982.

Diapason (griech. für Oktave), frz., it., span.: → Stimmton (Kammerton), → Stimmgabel; frz. auch → Mensur; engl. → Prinzipalregister der Orgel (8'); allgemein Name eines Harmoniumregisters.

Diapente (griech.), Quinte.

Diaphonia (griech. = Auseinanderklang), zunächst Dissonanz mit dem Ggs. zu griech. *symphonia* = Konsonanz; dann mehrstg. Setzweise, wobei *„dia"* (ursprüngl. = mißhellig) jetzt als „verschieden" verstanden wurde (Guido v. Arezzo); schließlich umgedeutet in *d. cantilena* u. übersetzt als → Discantus für Zwei- und Mehrstimmigkeit im → Organum. *D. basilica* = → Orgelpunkt.

Diaschisma, griech. Kleinintervall: 19, 55 C (2048 : 2025), etwa zehnmal größer als das → Schisma.

Diastematie (griech.:) Abstand der Töne, nach Höhen und Tiefen sichtbar in den → Neumen, präzisiert durch die Linien der → Notenschrift.

Diatessaron (griech.), Quarte; t.t. in MA und Renaissance.

Diatonik (griech. *dia* = durch, *tonos* = Ton; durch die Tonfolge hindurch), Bewegung der Töne in Ganz- u. Halbtonschritten. Die 7stufige Oktave enthält 2 leitereigene Halbtöne, jeder zwischen Gruppen von 2 und 3 Ganztönen gelegen. In der griech. Musiklehre war die D. eines, und zwar nach Aristoxenos (um 300 v. Chr.) das älteste der Tongeschlechter neben → Chromatik und → Enharmonik u. hatte größere Intervalle im → Tetrachord. Die diaton. Tonfortschreitung gibt Linien und Akkorden Festigkeit und Kraft.

O. Gombosi, Tonarten u. Stimmungen d. antiken Mus., K 1939; J. Handschin, Der Toncharakter, Z 1948; J. Vincent, The diaton. modes in modern mus., Berkeley 1951.

Diazeuxis (griech.), der Ganzton zwischen zwei sich nicht überschneidenden → Tetrachorden im griech. Systema teleion.

Dichtersänger, Volkssänger, → Spielleute, die meist selbstverfaßte epische, balladeske, volkstümlich-politische, rituelle Texte nach eigener oder übernommener Melodie singend od. rezitativisch vortrugen und sich dabei meist selbst auf einem Streich-, Zupf- od. Schlaginstr. begleiteten. (z. B. → Aöde, Aschug, Barde, Dsheguako, Igrez, Regös, Skalde, Skomoroch, Skop). Ballade u. → Epos wurden etwa seit dem 15. Jh. nur noch in Randgebieten Europas od. z. B. in Kleinasien und im kaukasischen Raum vorgetragen und im 19., 20. Jh. neu belebt, z. T. in die Kunstmusik aufgenommen.

→ Epos.

Dies irae (lat. = Tag des Zornes), der seines dramatischen Textes wegen häufig vertonte Teil des → Reqiems (*Missa pro defunctis*). Die Melodie ist wie der Text vermutlich aus dem 13. Jh. Nachdem die → Sequenz D. i. zunächst in Totenfeiern der Franziskaner gesungen worden war, gehörte sie seit dem 16. Jh. allgemein zum Requiem (seit 1972 aus der Meßliturgie entfernt). Vgl. → Totentanz.

K. Vellekoop, D. i., dies illa. Stud. z. Frühgesch.e. Sequenz, Bilthoven 1978.

Diësis (griech. = Abtrennung), griech. Kleinintervall (Differenz zwischen Quarte und pythagor. Terz: → Limma). Bei Aristoxenos (um 300 v. Chr.) wurde die Oktave in 24 D.en geteilt (je etwa ein Viertelton). Das → Pyknon im enharmon. → Tetrachord bestand aus 2 D.en, und diesen Wert übernahm die Mth. der Renaissance. Die Akustik nennt die Differenzen von 3 großen, reinen Terzen bzw. von 4 kleinen, reinen Terzen mit der Oktave kleine bzw. große D. → Temperatur. – Frz. *dièse, d. double*/it. *diesis, doppio d.* = Erhöhungszeichen: Kreuz, Doppelkreuz.

Diferencia (span. = Unterschied), 1. → Variation in der span. Orgel- und Lautenmusik des 16 Jh.; vgl. → Glosa. – 2. → Diminution.

Differenz, Differentia (lat.; Mz. *differentiae*), auch Diffinitio, die meist durch den Anfang der folgenden Antiphon bedingte Änderung der Schlußkadenz eines Psalmtones, deren melod. Linie möglichst leicht und kunstvoll (durch Gegenbewegung, Wiederholung, Vereinfachung) zur Antiphon hinleitet. → EUOUAE.

Differenzton, t. t. der Akustik, zusammen mit Summationston unter dem Sammelbegriff → Kombinationston.

Diffuse Reflektion, Diffusität (lat. *diffundere* = zerstreuen, ausbreiten), t.t. der → Raumakustik für schnellere, gleichmäßige Mischung reflektierter Schallwellen, was gute Hörsamkeit des Raumes bewirkt.

Digital-Platte → Schallplatte

Dilettant (it. *dilettare,* von lat. *delectare* = vergnügen), der Musikliebhaber, der sich mit der Musik beschäftigt, ohne dazu beruflich vorgebildet zu sein. War das Wort zunächst durchaus positiv gebraucht, als im 18. Jh. in einem neuen humanistischen Geist der D. als »Kenner und Liebhaber« reproduzierend und rezipierend das Musikleben zu bestimmen schien, so gab er doch schon selbst den Anlaß zu mehr und mehr abschätzigem Urteil. Während sich ästhetische Kategorien spekulativ u. ideologisch verfestigten, entwickelte sich daneben ein handwerkl. ausgebildetes Musikantentum. In Gegenbewegung zu dem von technischer Fertigkeit lebenden Virtuosen entstand im Glauben, der Gestaltungswille könne die Technik ersetzen oder werde sogar durch sie gehindert, ein Mittelmaß künstlerischen Anspruchs u. musikal. Leistung mit Verflachung zum Kitsch, der sich in den periodischen Musizierblättern (*„Der musikal. D.“*; *„Musikal. Blumenkranz“*) konzentrierte. Mit der techn. Vervollkommnung des Instrumentariums und des Musizierens rückte im 19. Jh. der Berufsmusiker in den Mittelpunkt des Musiklebens. Spätere Bemühungen, das Wort D. wieder aufzuwerten, nachdem es zu äußerstem Mißkredit gekommen war, hatten nur geringen Erfolg, so daß man lieber von → Laienmusik sprach (W. Hensel, 1921). Rundfunk, Schallplatte usw. haben einerseits große Auswüchse dilettantischen Kunstanspruchs mit besserem Angebot gemildert, andrerseits aber den D. eher entmutigt. In der 2. Hälfte des 20. Jh. regte jedoch das große Angebot unterschiedl. Musik durch die techn. Mittler sowohl mit positiven wie negativen Beispielen den Wunsch musikalischer Eigentätigkeit stärker an, wobei in der Bundesrep. Dtl. ein Defizit an prakt. Musikerziehung in Schulen das breitere Angebot, die Vergrößerung und zahlreichen Neugründungen von → Musikschulen bewirkte und Lehrgänge und Wettbewerbe („Jugend musiziert«) förderte. → Hausmusik.

A. Schering, Künstler, Kenner u. Liebhaber d. Musik im Zeitalter Haydns u. Goethes (JbP) 1931; E. Preußner, D. bürgerl. Musikkultur, [2]1950; H. C. Worbs, Komponist, Publikum u. Auftraggeber (Kb. W) 1956; C. Dahlhaus, Der D. u. d. Banause i. d. Mg. (AfMw) 1968; E. Reimers, Kenner, Liebhaber, D. (HmT) 1974.

Diludium (lat. *dis* = auseinander + *ludus* = Spiel), → Zwischenspiel.

Diluendo (lat. *diluere,* auflösen, entkräften), = verlöschend.

Dilungando (ital. *lungo* = lang), = gedehnt.

Diminuendo (it. =) abnehmend an Lautstärke, → Decrescendo.

Diminution (lat. *diminutio*), Verkleinerung: 1. der Notenwerte, z. B. des Kanon- od. Fugenthemas (im Ggs. zur → Augmentation), so bei J. S. Bach, *Kunst der Fuge: Contrapunctus VI;* – 2. Anweisung, mit verkürzten Werten zu musizieren. Dafür hatte die → Mensuralmusik verschiedene Zeichen, so den senkrecht durchstrichenen Kreis od. Halbkreis od. die Schwärzung der Noten und Anweisung in Richtsprüchen (*canones*); → Allabreve; – 3. → Verzierung: im 13., 14. Jh.: → Flores; im 16., 17. Jh.: D., z. T. mit festem Regelsystem; im 18. Jh. ein Teil der dann Ornamentik genannten Lehre. Die D. ist ein Element der Melodiebildung und geschieht durch Zerlegung eines Tones in mehrere, die sich wiederholen, den Hauptton umspielen, Tonsprünge füllen. Sie ist improvisiert in den Flores der Minnesänger, erscheint mit reichen Figuren im → gregorian. Choral, in der figurierten Gegenstimme der beginnenden Mehrstimmigkeit, im improvisierten Kontrapunkt der Niederländer. Selten wurde die D. notiert (z. B. bei J. S. Bach). Das Schriftbild zeigt *„die nackenden Noten“* (L. Mozart) und wird beim gut gemeint genauen Spiel heute oft genug mißverstanden, wie andrerseits ein gewisser Interpretationskult die Freiheit der Darstellung einschränkt. In den jüdischen Tempelgesängen, ungar. Volksweisen, in → Zigeunermusik und → Jazz ist die frei improvisierte Verzierung noch lebendig. → Improvisation, Division.

A. Beyschlag, Ornamentik, 1908, ND 1970; Wolf, 1913; A. Dolmetsch, The interpret. of the mus. of the 17th cent., L 1915, 1969; R. Haas, Auff.-praxis d. Mus., 1931; E. Ferrand, D. Improv. i. d. Mus., Z 1939; ders., Improv. (Musikwerk) 21961; ders., A hist. of mus. seen in the light of ornamentation (Kb. NY) 1961; R. Ide, D. melod. Formeln d. D.-praxis (Diss. Marbg.) 1951; Apel 1962; I. Horsley, The d.s in compos.. (AM) 1963; K. G. Fellerer, Monodie u. D.techn. (Fs. Racek) Brünn 1965; H. P. Schmitz, D. Kunst d. Verzierung . ., 31973; H. M. Brown, Embellishing in the 16th cent. mus., L 1976. → Improvisation, Verzierung.

Dimotikí (musikí) (neugriech. *dimos* = Volk), neugriech. Volksmusik, (Tanz-)Lieder, instrumental und/od. vokal; meist 1stg., nicht notiert; mit Wurzeln im byzantin. Oktoechos (→ Echos); auf den ionischen Inseln (mit venetian. Elementen) 3stg. homophon; mit sozialpolit. Bedeutung während der Türkenzeit. Vgl. → Rebétiko.

Dionysisch, ekstatisch, zügellos, rauschhaft, im Ggs. zu → apollinisch. Diese überspitzte Gegenüberstellung ist seit Nietzsche üblich. Es entspricht aber nicht dem griech. Mythos, wenn Dionysos allein auf Musik, Apollon allein auf Epik und bildende Kunst festgelegt wird. Dionysos (oder Bacchos), Sohn des Zeus, war der Gott des Weins und allgemein der Vegetation. Auf dem Lande wurden zur Weinlese Dionysien, Feste mit Gesang und Tanz, in der Stadt Frühlingsfeste mit Tragödienaufführungen gefeiert. Anders als in den bildlichen Darstellungen, auf denen er, den → Dithyrambus zum → Barbiton singend, gezeigt wird, hatte Dionysos dem Mythos nach kaum Verbindung zur Musik; um so eifriger musizierten in seinem Kreise Silenen (→ Aulos) u. Mänaden (→ Krotala). → Bacchanale.

H. Jeanmaire,, Dionysos, P 1951, 21970; M. Vogel, Apollinisch u. d., 1966.

Dirge (engl. von lat. *dirige:* leite; Beginn der 1. Antiphon der 1. Matutin im Requiem), Klagegesang in der engl. geistl. Musik; im 19. Jh. allgemein Trauermusik (z. B.: D.s für G. Washington); im 20. Jh. u. a. bei Bartók, Britten, Strawinsky.

St. E. Murray, A checklist of funeral d.s in honor of General Washington (Notes) 1979/80.

Dirigent (lat. *dirigere* = leiten), Leiter einer Instrumental- und/od. Chorgruppe; seit dem 16. Jh. in Dtl. Leiter der Hofkapelle. Etwa ab 1800 war der Orchester-D. nicht wie bisher Musizierender unter Musikern, meist vom Tasteninstr. aus dirigierend, sondern ausschließlich Interpret u. dessen Stellung im Musikleben immer bedeutender, je mehr der Kapellmeister (→ Musikdirektor) abgewertet wurde. Zu den ersten berühmten D. des 19. Jh. gehören Spontini, C. M. v. Weber, Nicolai, Spohr, Mendelssohn Bartholdy und R. Wagner. J. F. Reichardt war der erste namhafte Chord., der am Podium dirigierte. In der 2. Hälfte des 19. Jh. hörte die Personalunion Komponist – D. auf. (G. Mahler, R. Strauss, Reger leiteten noch häufiger eigene Aufführungen.) H. v. Bülow war der erste reisende Stardirigent. Ein Chor-D. konnte kaum eine dem Orchester-D. ähnliche Wertschätzung erreichen. → Taktstock.

H. Riemann, Das D.en-Virtuosentum ... seit Beethoven, 1901; A. Weißmann, Der D. im 20. Jh., 1925; M. Hürlimann, Die großen D., Z 1947; F. Busch, Der D., 1961; H. Schonberg, Die großen D., Bern 1970; D. Woolridge, Conductor's world, L 1970; A. Melichar, D. vollkommene D., 1981.

Dirigieren (lat. *dirigere* = lenken), die Leitung des musikalischen Vortrages bei mehreren Ausführenden (Sängern oder/und Instrumentisten), ausgenommen in kammermusikal. Besetzung (z. B. Streichquartett) mit selbständigen, gleichwertigen Stimmen. Die Tätigkeit des → Dirigenten, der dem Ensemble nicht nur die Taktakzente zeigt, sondern mit ihm versucht, weitgehend die Absichten des Komponisten zu verdeutlichen und sich mit dem Werk auseinanderzusetzen. – Anders als bei der Probe kann der Dirigent bei der Aufführung nur durch Gesten und Mimik Tempo, Phrasierung und Dynamik beeinflussen. Die schemat. Skizze der Raumfigur kann die Dirigierbewegung nur andeuten und auf den Taktschlag reduzieren. Die rechte Hand führt den Taktschlag, und die Weite des Schlages bestimmt die Dynamik. Die Linke unterstreicht die dynam. Anweisung, gibt Einsätze und korrigiert. Hier setzen die individuellen Eigenheiten des Dirigenten ein, die sich aus dem Eindringen in das Werk ergeben werden. Der Chor-Dirigent führt meist ohne Stock mit weicheren, schwingenden Handbewegungen. – Anfänge des D.s sind in den → Handzeichen (→ Cheironomie) zu sehen, mit denen Tonstufen angedeutet wurden. Im 16. Jh. gab der Kantor (Dirigent) die Zählzeiten mit der Hand, dem Fuß (vgl. → Krupezion) od. noch im 18. Jh. mit Hilfe eines durch Metallkugel beschwerten Stockes, der auf den Boden gestampft wurde (vgl. → Tambourmajor). Der Leiter des Instrumentalensembles saß meist am Continuo-Instr. Im 18. Jh. dirigierte der Generalbaßspieler zusammen mit dem 1. Geiger (→ Konzertmeister). Im 19. Jh. kam der Dirigent im heutigen Sinne auf, der mit Notenrolle od. Stock dirigierte (zuerst Spontini, Spohr, Weber). Das Virtuosentum und die Ausdruckssteigerung in der

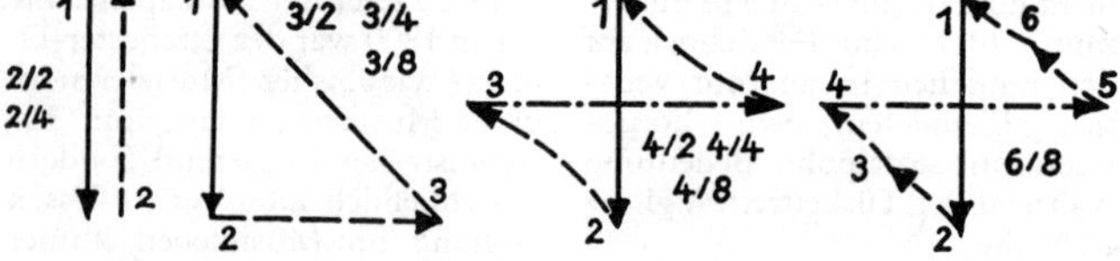

Musik seit dem 19. Jh. förderten die Entwicklung zum gefeierten Dirigenten-Interpreten.

R. Wagner, Üb. das D.*, 1869; G. Schünemann, Gesch. d. D., 1913, ND 1965; H. Scherchen, Lehrb. d. D., 1929, ^{2}1956; K. Thomas, Hdb. d. Chorleitung, seit 1935/37/48; T. Norlind, Dirigerens konstens historia, Stockh. 1944; W. Ehmann, D. Chorführung, 1950; H. Boult, Zur Kunst des D., 1965; M. Wolschke, Elementare Dirigierlehre, 1968; C. Dahlhaus, Z. Gesch. d. Taktschlagens im früh. 17. Jh. (Stud. in Renaiss. . , Fs. Mendel) 1974; H. Swarowsky, Wahrung d. Gestalt (hg. M. Hus) W 1979; M. Rudolf, The grammar of conducting, L ^{2}1980.

Dirty Tones (engl.: schmutzige Töne), im → Jazz die unklar scheinenden Vokal- od. Instrumententöne, die der Singpraxis der Farbigen entsprechen (gepreßtes Singen mit nur z. T. geöffnetem Kehlverschluß).

Disalteration = Leittonspaltung, chromatische Veränderung in einem Akkord, in dem ein Ton sowohl in den unteren als in den oberen Leitton geführt wird. → Alteration.

Discantus (lat. *dis* = auseinander, *cantus* = Gesang), Auseinanderklang, Mehrstimmigkeit, nicht gleichzusetzen der Einzelstimme → Diskant. Das Wort D. (übersetzt aus griech. *diaphonia* als Ggs. zu *symphonia* = Zusammenklang) wurde schon in der ma. Mth. etymologisch anpassend umgedeutet als Zwei- bzw. Mehrstimmigkeit (Biscantus). Der Begriff ist mehrdeutig und konnte Notation, Führung einer Gegenstimme und diese selbst ebenso meinen wie Konsonanz und Dissonanz, also Zusammenklang. Insbesondere versteht man unter D. die auf die Praxis der Notre-Dame-Schule zurückgehende, kunstvolle Clausula, deren Blütezeit zwischen 1180 und 1240 lag, (etwa zur Zeit Leonins und Perotins), und von der, lat. textiert, die → Motette abzweigte, anfangs parallel mit der Entwicklung des D. Der Tenor des → Organums wurde straff rhythmisiert. Dazu stellte sich, zunächst Note gegen Note, dann in festen Notengruppen gegen eine Note die Oberstimme, die sich aus älteren symmetr. Rhythmusketten zu einem rhythm. Ostinato entwickelte. Zunächst geschah das über den gleich langen Tönen des Tenors (*cantus planus*), dann mit rhythm. Angleichung der Stimmen und Beschleunigung bis zum doppelten Tempo, die dann Wiederholungen erforderl. machte (doppelter oder mehrfacher Cursus). – Die einfachere Form des D. war die solistisch improvisierte, mehrstg. Aussetzung einer gregorian. Melodie, gekennzeichnet durch Gegenbewegung Note gegen Note. Diese Art entwickelte sich Ende des 12. Jh. aus dem Organum und wurde von der Theorie mit strengen Regeln begleitet derart, daß zunächst noch Quintparallelen erlaubt, im 13. Jh. die Terz und Sexte als unvollkommene Konsonanz gestattet waren, die dann im 14. und 15. Jh. ohne Auflösungszwang mit bis zu 3 Fortschreitungen möglich, während Oktav- und Quintparallelen untersagt wurden. Seit dem frühen 14. Jh. wurde der mth. Begriff D. präziser durch → *contrapunctus* ersetzt, ausgehend v. 2stg. Satz Note gegen Note und mit Entwicklung zum akkordisch homophonen mehrstg. Satz zu Lasten der Eigenständigkeit der Stimmen. Im bisherigen intervallischen Satz standen die Stimmen im konsonanten Intervall zum Tenor, konnten aber zueinander dissonant sein. Im Übergang zum

Chansonsatz des 15. Jh. (mit gleichwertigen Stimmen), sich mit seiner Entwicklung überschneidend, kam im 14., 15. Jh. besonders bei Ballade und Rondeau d. Kantilenensatz (mw. Bez. statt „Diskantsatz") auf zur weltl., vor allem epischen, balladesken Cantilena (13. Jh.) z. B. der → Spielleute: bis 4stg., dabei 2(3) St. die hohe Männerstimme begleitend. – Eine besondere Erscheinung ist der „Englische D." (Bukofzer), der im Ggs. zum kontinentalen „Leerklang" Terzen und Sexten einfügte und mit Terz- und Sextketten auf den Kontinentalstil einwirkte. Parallelbewegung wurde bevorzugt wie vorher im Organum, dem gegenüber die Klangfülle eine entscheidende Neuerung war. Die im engl. D. zum Cantus firmus (*plain song*) klingenden Stimmen wurden im 15. Jh. in dessen Nähe notiert (*in sight*), also aus ihrer klingenden Höhe (*in voice*) raumsparend transponiert. → Rondellus, Rota.

H. Riemann, Gesch. d. Mth., 1878, ND 1961; F. Ludwig, Repertor. organorum I, 1910 (I/1 hg. L. A. Dittmer, 1964; I/2 u. II hg. F. Gennrich: Summa Mus. Med., Aevi, 1961/2); M. F. Bukofzer, Gesch. d. engl. D..., 1936, ND 1973; ders., Studies in ma. and renaiss. mus., NY 1950, ND 1964; H. Husmann, Die 3- u. 4stg. Notre-Dame-Organa, 1940, ND 1967; H. Besseler, Bourdon u. Fauxb., Lg 1950,^{2} 1974 (hg. Gülke); A. Geering, D. Organa u. mehrstg. Conductus i. d. Hss. d. dt. Sprachgebietes.., Bern 1952; H. H. Eggebrecht, Stud. z. mus. Terminolog. (Abh. Ak. d. Wiss., Mainz) 1955; U. Günther, D. mus. Stilwandel d. frz. Liedkunst.., 14. Jh. (Diss. Hambg.) 1957; E. Apfel, Stud. z. Satztechn. d. ma. engl. Mus., 1959; ders., Grundlagen e. Gesch. d. Satztechn. I, 1974; ders., D. u. Kontrap. i. d. Mth. d. 12.–15. Jh., 1982; R. Flotzinger, Der D.-Satz im Magn. liber.., W 1969; K.-J. Sachs, D. Contrapunctus i. 14., 15. Jh. (Beih. AfMw) 1974; F. Otterbach, Kadenzierung u. Tonalität im Kantilenensatz Dufays, 1975.

Disc-Jockey (engl.; Abk.: DJ), Ansager („Conférencier") bei Schallplattendarbietungen in Diskotheken u. Sendern.

Disco (von engl. *disc.* = Schallplatte), 1. Kurzname für → Diskothek (2); – 2. von daher, beginnend in den USA, als Musikgattung aufgefaßte Erscheinung neben Rock, Pop und Schlager, die sich mit den Diskotheken selbständig entwickelte unter dem Einfluß der Bürgerrechtsbewegung; Musik, die nicht mehr tanzbar sein mußte und Elemente von Beat, Rhythm & Blues, Gospelsong übernahm (D.-Sound).

Discordantia → Diskordanz

Diskant (frz. *déchant,* engl. *descant*), Oberstimme. Von der ma. Satztechnik (→ Discantus) übernommener Begriff, der nicht eine absolute Stimmlage (wie Sopran oder Alt) bezeichnet, sondern nur das Verhältnis einer Stimme zu der oder den anderen. Die heutige Musikwissenschaft benennt die Oberstimme bis etwa 1600 als D., von da ab als Sopran (in Italien schon seit der Mitte des 15. Jh. für die Oberstimme verwendet). In der musikal. Praxis galt D. allgemein für die höchste Stimme im 15. u. 16. Jh. in Dtl., danach zunächst Cantus, Canto und schließlich – etwa zu Bachs Zeit – Soprano. Heute erscheint das Wort D. nur noch selten, z. B. D.-Schlüssel oder für die rechte Hälfte der Klaviertastatur, entsprechend für das meist für die rechte Hand bestimmte obere Liniensystem in Klaviernoten, für die Oberstimmen der geteilten Register bei Orgel od. Harmonium und die kleinste Form der Instrumentenfamilien.

C. Sachs, Geist u. Werden der Musikinstr., 1929, ND Hilversum 1965; K. Gudewill, D. (MGG) 1954.

Diskantklausel → Klausel, Landinoklausel

Diskantschlüssel, → C-Schlüssel auf der unteren Notenlinie, die Stellung des (eingestrichenen) c' zeigend. = Sopranschlüssel. → Schlüssel.

Diskographie. Schallplattenverzeichnisse werden gesondert nach Musikgattungen, Geschichtsperioden, Komponisten und Interpreten publiziert. Außer den Firmenkatalogen der Hersteller entstanden für den Handel bestimmte Gesamtverzeichnisse, in der Bundesrepublik Dtl. der „Bielefelder Katalog – Klassik" (seit 1952; zweimal jährl.). Hersteller sind gesetzl. verpflichtet, Belegstücke der seit 1961 bestehenden Dt. Musik-Phonothek in Berlin zu senden (Gesetz üb. die Dt. Bibliothek, 1969); 1. Halbjahrsverzeichnis des Dt. Musikarchivs: 1970. → Musikbibliographie.

R. L. E. Foreman, Discographies, L 1973; M. Gray, G. Gibson, Bibliogr. of discogr., vol. I (Class. mus. 1925/75) NY 1977.

Diskordanz (v. lat. *discors* = uneins), 1. t.t. der Funktionstheorie. bei C. Stumpf f. den dissonanten Bau v. Mehrklängen. Diskordante Akkorde (Diskorde) sind dort Akkordbildungen, die nicht Haupt- oder Nebendreiklänge in Dur und Moll sind. Während (sinnlich wahrgenommene) → Konsonanz od. → Dissonanz eigentl. nur jeweils zwischen 2 Tönen besteht, sind → Konkordanz und D. als Eigenschaften eines Akkordes Feststellungen des beziehenden Denkens. Stumpf sieht im Ggs. zu dem graduellen Unterschied zwischen → Konsonanz und Dissonanz einen spezifischen ohne Übergang zwischen Konkordanz und D., woher sich auch ein spezifischer Gefühlsunterschied ableite. Der Begriff wird in der heutigen Musiklehre nicht mehr verwendet – 2. In der ma. Mth. meint *discordantia* Intervalle (kl. und gr. Sekunde, Sexte, Septime, Tritonus), die nach Franco (13. Jh.) nur auf unbetonter Zeit stehen durften. → Konkordanz, Dissonanz, Konsonanz.

C. Stumpf, Konsonanz u. Dissonanz (Beitr. z. Ak. u. Mw. H. 1), 1898; ders., Konsonanz u. Konkordanz, 1911.

Diskothek (v. griech. *diskos:* Scheibe; *theke:* Behälter), 1. größere, systemat. Schallplatten-Slg. (→ Phonothek); – 2. Schallplattenvorführ-, Verkaufsraum; – 3. Gaststätte, Klubraum mit Plattenvorführung, Ende der 1950er Jahre von Nachtklubbesitzern in Paris begonnen, um die Musikband zu sparen. Ein Disc-Jockey (DJ) legte die Platten auf und hatte tanzbare Musik zu bevorzugen. Im Ggs. dazu waren die in den USA Ende der 1960er Jahre entstandenen, zunächst nicht gewerbl. D. anfangs auf die Musik der Farbigen – wie Rhythm & Blues, Soul, → Disco(-Sound) – ausgerichtet.

Disposition (lat. *dispositio* = Anordnung), ursprüngl. der Grundplan, Kostenanschlag für eine Orgel; im besonderen die Einteilung der Stimmen und Spielhilfen unter Berücksichtigung aller Möglichkeiten, die sich aus den akustischen, aber auch den wirtschaftl. Verhältnissen ergeben. An den zahlreichen erhaltenen D. verschollener Orgeln ist der Wandel des Klangideals der verschied. Bauperioden abzulesen.

C. Elis, Orgel-D., 1930; W. Supper, D. Orgeld., 1950, [2]1977; H. Klotz, Über die Orgelkunst der Gotik ..., [2]1975; H. Klais, Überleg. zur Orgeld., 1973; U. Martini, D. Orgeld.-Slg. bis Mitte d. 19. Jh., 1975. → Orgelbau.

Dissertation → Musikbibliographie.

Dissonanz (lat. *dissonantia:* Verschieden-, Auseinanderklang), Eigenschaft von Zusammenklängen, deren Einzeltöne, auseinanderstreben, geringe Verschmelzungsneigung haben, weil sie komplizierten Schwingungsverhältnissen unterliegen. Die D. steht im Ggs. zur → Konsonanz, der, wenn nicht mathematisch durch das Zahlenverhältnis bestimmt, gleitend ist in der Musikgeschichte, je nach der Norm der Musiktheorie und Änderung der Hörgewohnheit. Schon die Bewertung der Quarte als Konsonanz od. D. schwankte in der abendländ. Mth. des MA während der Entwicklung der Mehrstimmigkeit. Der Hörgewohnheit in der Praxis stand das mathemat. Prinzip bis ins 16. Jh. entgegen, wie es Boethius († 524) aus der griech. Lehre übermittelt hatte und das immer mehr umgedeutet wurde. Die im griech. System dissonante Terz wurde im prakt. Gebrauch, wohl in Engl. beginnend, auch in der ma. Mth. als Konsonanz anerkannt. Für das Intervall, ursprüngl. der (nachzeitige) Tonschritt, galten Konsonanz- und D.-Regeln, die den Melodieverlauf (mit Sekundschritt als Norm) auf leichter Taktzeit, auf schwerer den Zusammenklang bestimmten (→ Durchgangs-, Wechselnoten, Vorhalt, Antizipation). Im Zusammenklang von 3 Tönen durften 2 zueinander dissonant sein, wenn beide mit dem 3. konsonant waren (so bis ins 15. Jh.). In der Funktionstheorie des 19. Jh. liegt D. vor, wenn Intervalltöne auf verschiedene Klänge, Konsonanz, wenn sie auf einen Klang zu beziehen sind. Große und kleine Septimen, alle übermäß. und verminderten Intervalle sind D. Dreiklänge, die nicht auf Tonika, Dominante, Subdominante stehen, sind dissonant (→ Scheinkonsonanz). Danach entsteht D. durch harmoniefremde Töne (Akkorde) in Stimmführung und Zusammenklang. Der Tonschritt (als Intervall im ursprüngl. Sinne) wird erst im 20. Jh. wieder entscheidend. Vgl. → Dodekaphonie.
→ Konsonanz.

Distinctio (lat. = Unterschied), aus der Grammatik übernommene Kennzeichnung zur Gliederung der ma. Melodie (z. B. beim Halbschluß), mit verschiedenen Arten u. Namen.

Dithyrambos (griech.), strophisches Chorlied zum Dionysosfest. Daraus soll Arion im 6. Jh. die feste Kunstform geschaffen haben, die (nach Aristoteles) dann zur griech. Tragödie führte.

Ditonus (griech. =) Zweiton. Noch in der ma. Musiktheorie gebräuchl. Name für große Terz.

Divertimento (it. = Vergnügen, Zerstreuung), 1. meist mehrsätziges Werk, das nach Form und Besetzung nicht eindeutig bestimmt ist und im 18. Jh., der Zeit seiner größten Beliebtheit, Stücken wie Récréation, Ergötzung, Belustigung, Tafelmusik, Kassation, Serenade, Capriccio, Notturno entsprach. Die Bez. D., wohl zuerst bei C. Grossi (*Il d. di Grandi,* 1681), tritt von Italien bis Engl. häufig auf, war oft nur Notbehelf des Komponisten oder die Entscheidung eines Verlegers. Dabei überschneiden sich D., Kassation, Partita (Partie), Serenade, Nocturno (Notturno). Das D. stand zunächst in der Nachfolge der → Suite mit tänzerischen Sätzen, die sich der → Sonatenform näherten, später Liedformen übernahmen. → Rondo und → Variation wurden bevorzugt. Eine besondere Abart war die Tafelmusik. Das Werk Haydns und Mozarts zeigt den Reichtum der Möglichkeiten in Form und Besetzung bei orchestralem, konzertantem oder kammermusikal. Einsatz. Aus dem vielfach 6sätzigen D. entwickelten sich hier das klassische → Streichquartett und die → Sinfonie, während sich die Gattung im 19. Jh. dem → Charakterstück nähert und zur → Salonmusik verflacht. Der Name D. wurde um die Wende zum 20. Jh. wieder aufgegriffen – anfangs historisierend – und regte neue Werke an (z. B. F. Busoni, D. für Flöte und Orch., 1920; Bartók, D. für Streicher, 1939). – 2. Zwischenspiel in der → Fuge.

G. Haußwald, Der D.-Begriff b. Wagenseil (AfMw 9), 1952; R. Hess, Serenade, Cassation, Notturno u. D. bei M. Haydn (Diss. Mainz) 1963; J. Webster, Towards a hist. of Viennese chamber mus. in the early class. period (JAMS) 1974.

Divertissement (frz. = Vergnügen), 1. Gesangs- und Tanzeinlage der frz. → Comédie-ballets (Molière/Lully) in der 2. Hälfte des 17. Jh., aus der die selbständigen Opéra-ballets wurden. D. hießen auch kürzere, szenische Gelegenheitsstücke: Lully, *L'Eglogue de Versailles,* 1685; Gossec, *Le triomphe de la République,* 1973. – 2. → Divertimento (1).

Divisi (lat. =) geteilte Stimmen; Anweisung in Streicherstimmen, daß mehrstg. Stellen geteilt vorgetragen werden sollen, also nicht von *einem* Instr. Abk.: *div.*

Division (engl. von lat. *divisio:* Teilung), im 16.–18. Jh. engl. Sammelbegriff für eine aus einer Verzierungsart (→ Diminution) entstandene Kompositionstechnik mit und über den Gerüsttönen des → Ground. Die Notenwerte wurden in kürzere, die Hauptmelodie umspielende aufgeteilt. Das Thema erklang entweder mit der D. oder diese nachher als Variation. Es konnte als Ostinato auftreten zu einer Reihe von derartigen Variationen (*sets of d.*), die improvisiert wurden und zu verschiedenen Instrumentalformen führten (Solo, Duo, Trio mit Generalbaß).

Chr. Simpson, The Division-Viol, L 1667, ND (A. Dolmetsch, L 1955, dt.: B. R. Appel/K. Geck) 1983; A. Dolmetsch, The interpret. of the mus. of the 17th, 18th cent., L 1915, NA Seattle 1969; E. H. Meyer, Kammermus. Alt-Englands, Lg 1958; R. Donington, The interpret. of early mus., L ^{2}1974; B. R. Appel, Chr. Simpsons Systematik der D.verfahren (Mf) 1982.

Dixieland, im Jazz 1. Kapelle; – 2. Musikart; der erste von Weißen entwickelte Jazzstil; zunächst als Nachahmung des → New Orleans-Stils, wobei aber die gelassene (*relaxed*) Elastizität des afrikan. Rhythmus fehlte. Die ersten Kapellen waren die *Original D. Jass Band* (die 1917 die erste Jazzschallplatte bespielte und 1918 in Paris Strawinsky beeindruckte) und die *New Orleans Rhythm Kings Band.* Der D. hat den New Orleans-Stil weitergebildet mit größeren Solostellen, die vom Ensemble unterbrochen werden. Der Name bezeichnet die Südstaaten entweder als das Gebiet, in dem die um die Jh.wende noch frz. mit *dix* beschriftete 10-Dollar-Note im Umlauf war oder das durch die Mason-Dixon-Linie von den Nordstaaten getrennt wurde (1765).

Dixtuor (v. frz. *dix = 10),* → *Dezett.*

Do, 1. Tonsilbe, im 17. Jh. an die Stelle von ut als Bezeichnung für den 1. Ton einer Leiter in das Namensystem des Guido v. Arezzo eingefügt (→ Solmisation). Do erscheint offenbar erstmals bei Otto Gibelius (1659), dann bei Bononcini (1673). – 2. Name für den Ton c in Ital., Span., Frk. (auch *ut*), Rußland.

Docke → Springer

Dodekaphonie, Zwölftontechnik (griech. *dodeka* = 12; *phone* = Stimme), die Komposition mit den in der gleichschwebenden, temperierten Stimmung in einer Oktave gegebenen 12 gleichberechtigten Tönen, die in d. → Reihe nach der vom Komponisten gewählten Folge enthalten sind. Die Töne sind aufeinander (nicht auf einen Grundton) bezogen. Die Reihe kann (als Grundgestalt, → Krebs, Umkehrung, Krebs der Umkehrung) in 4 Erscheinungsformen, mit allen Transpositionen in 48, ebenfalls gleichberechtigten Gestalten auftreten. Der Komponist trifft die Auswahl und bestimmt die Stellung in der Komposition. Für die Reihenbildung gelten bestimmte Regeln, die u. a. die Assoziation tonaler Bindungen verhindern sollen. Die Reihe (Gestalten) kann (können) horizontal od. vertikal laufen, auf Einzeltöne oder zu mehreren Gruppen auf die Stimmen verteilt sein. Sie wiederholt sich in der Komposition und kann mit den Erscheinungsformen auftreten. Ein Akkord kann rhythmischer od. klangl. Akzent in einem begrenzten Tonbereich sein. Sein Bezug zu Nachbarklängen ist wie der von Einzeltönen untereinander insofern von der Reihe gegeben, als sie auch harmon. vertikal dargestellt werden kann. Die Regeln der D. wurden individuell übernommen, erweitert, modifiziert, z. B. hinsichtl. der Begriffe Konsonanz und Dissonanz. Krenek unterschied Schärfegrade der Zusammenklänge. Der → Tritonus gilt als neutral. Zwischen den reinen → Konsonanzen (kleine und große Terz, kleine und große Sexte, Quinte, Oktave) und den scharfen →Dissonanzen (kleine Sekunde und große Septime) stehen die milden Dissonanzen (große Sekunde und kleine Septime). Dem Gesetz der Reihe gemäß herrschen scharfe Dissonanzen vor, je mehr Töne ein Zusammenklang vereint. Die dabei entstehenden Spannungen sind nicht nach tonalen Grundsätzen zu werten; sie bedürfen keiner Auflösung. Konsonanzen sind selten. Schönberg wollte sie zwar nicht ausgeschlossen, aber doch nur mit Vorsicht verwendet wissen. – Die D. entstand als Versuch eines neuen Ordnungsprinzips als Folge des durch die Alterationstechnik u. a. bei Liszt, Wagner, Mahler, Strauß, Reger, Pfitzner vorbereiteten Tonalitätsschwunds. Die Ausdrucksmittel mit verschiedenwertigem Tonmaterial schienen verbraucht. Zwischenstadien mit → Bi- und Polytonalität hatten sich bereits gezeigt, in verschiedenen Kompositionen auch 12-Ton-Reihen (→ Atonalität). Mystische Wertung der Zahl Zwölf war gelegentlich beteiligt (so bei den Russen Obuchov u. Golyšev). A. Schönberg (*Technik der Komposition mit 12 nur aufeinander bezogenen Tönen*) löste die Bindung zur Tonalität in seinen 1909 erschienenen *Drei Klavierstücken* (op. 11), und frühe systematisch 12tönige Werke von ihm waren: *Suite für Klavier* (op. 25, 1921/3) und *5 Klavierstücke* (op. 23, 1920/3). Inzwischen waren schon 12tönige Werke von J. Golyšev (1914) und J. M. Hauer (1919) erschienen. Hauer beschrieb seine Lehre von den Tropen 1925 (*»Zwölftontechnik«*) und änderte sie bis 1942. Sein System der 44 Tropen (= Wendungen) zu je 2 Sechstongruppen setzte sich nicht durch gegen Schönbergs D., für die H. Eimert, J. Rufer, H. Jelinek und E. Krenek theoret. Schriften vorlegten u. die viele Komponisten anregte, u. a. Berg, Webern, Heiß, Fortner, Dallapiccola, Nono. Änderungen der Theorie, z. B. in Richtung auf freiere Bewegungen und eigene Regeln, finden sich z. B. bei E. Krenek, P. Boulez, K. Stockhausen. Th. W. Adorno sah in der D. nur einen Übergang: *„Aufs Überwintern ist nur zu hoffen, wenn die Musik sich auch von der Zwölftontechnik noch emanzipiert. Das aber nicht durch Rückfall in die Irrationalität, die ihr vorausging . . .“* In den 1950er Jahren wurde das System weiterentwickelt in der → seriellen Musik, die das Prinzip der Reihe auf andere Kompositionselemente übertrug. – Die Bezeichnung D. führte R. Leibowitz ein.

J. M. Hauer, Vom Wesen d. Musikalischen, B/W 1920, NA (Sokolowski) B 1966; ders., Zwölftontechn., W 1925, ^{3}1967; Z. Lissa, D. geschichtl. Vorform d. 12-Tontechn. (AM) 1935; T. W. Adorno, Philosophie d. Neuen Mus., 1949; ders., Z. Vorgesch. d. reihenkomp. (Klangfiguren) 1959; H. Heiß, Elemente d. mus. Kompos., 1949; R. Leibowitz, Introduct. à la mus. de 12 sons, P 1949; H. Eimert, Lehrb. d. 12-T.-Techn., 1952; H. Jelinek, Anleit. z. 12-T.-Komp., W 1952; E. Krenek, 12-T.-Komp.-Stud., 1952; W. Reich, Zur Gesch. d. 12-T.-Mus., Z 1952; J. Rufer, D. Komp. m. 12 Tönen, 1952, ^{2}1966; R. Vlad, Storia della dodecafonia, Ml 1958; R. Réti, Tonality-Atonality-Pantonality, L ^{2}1960; R. Stephan, Üb. J. M. Hauer (AfMw) 1961; ders., Z. Entsteh. d. 12-T.-Mus., in: Schnitzler (Hg.), Mus. u. Zahl, 1976; M. Lichtenfeld, Unters. z. Theorie d. 12-T.-Techn. b. Hauer, 1964; W. Szmolyan, Hauer, W 1965; D. Gojowy, 12-T.-Techn. i. Rußl. (Melos) 1972, (Mf) 1971/2; J. Maegaard, Stud. z. Entw. d. dodek. Satzes b. Schönberg, K 1972; H. Oesch, Pioniere d. 12-T.-Techn. (Forum Musicol.) Bern 1975; A. Schönberg, Stil u. Gedanke, 1976; G. Perle, 12-tone tonality, Berkeley 1978; J. Sengstschmidt, Zwischen Trope u. 12-Tonspiel (Forsch.beitr. z. Mw.) 1980; M. Beiche, Terminolog. Aspekte d. „12tonmus.“, 1984.

Doină (rumän., Mz. *doine*), Volkslied in Rumänien, Südbalkan (Albanien, Südukraine); meist 2- od. 3teilig (*horă lungă* = langer Gesang, Reigen) und in fester Folge improvisiert: zwischen kurzer, lyrischer od. tonleiterartiger Einleitung und rezitativ. Schluß steht der stark gegensätzl. Hauptteil (langsam-schnell; freier Rhythmus-festes Metrum; syllabisch-melismatisch; enge-weite Bewegung mit reich verzierten, kadenzierenden Passagen); meist mit Schalmei und Sackpfeife. Die Melodien, oft von Ort zu Ort wechselnd, lassen auf einen archaischen Volksgesang schließen: Der Aufbau findet sich z. B. in Persien, Zentralasien, Tibet, Nordindien. Die Herkunft des Namens ist ungeklärt: Bezug zu litauisch → Daina / von lat. *dolere* = trauern (häufige Totenklagen: *bocete*)/von slawisch *dut':* blasen?

B. Bartók, Volksmus. d. Rumänen v. Maramureş (Sammelbd. f. vgl. Mw) 1923; E. Ziehm, Rumän. Volksmus., 1939; E. Riegler-Dinu, D. rumän. Volksl. 1943; E. Comişel, La ballada pop. roumaine (Studia . . . Bartók), Budap. ^{3}1958; dies., Le folklore mus. roum. depuis 1945 (AM) 1960; E. Cernea, D. din nordul Transilvăniei (D. aus Nordtranssilvan., Stud. de muzicol.) Bukar. 1970.

Doira (usbek.), Schellentrommel im nahen und mittleren Osten (vgl. → Daf); einseitig bespannte Holzzarge mit Metallringen; vielfach einziges Instr. für Tanz und Gesang.

Dolce (it. =) süß, sanft, 1. Vortragsbez.; – 2. Labialregister (8', 4') der Orgel. Vgl. auch → Dulzian.

Dolcian → Dulzian.

Dolendo, dolente (ital. =), traurig, schmerzlich, klagend.

Dolzaina → Dulzaina, Dulzian

Dolzflöte (it. → *dolce*), 1. eine zylindr., seitlich anzublasende Blockflöte, um 1600 aus d. Querflöte entstanden, mit wenig modulationsfähigem Klang; – 2. danach Orgelregister (D., Dulzflöte, Süßflöte) 8', 4'.

Dombra (kasach.), Zupfinstr. in Kasachstan u. Usbekistan (*dumbrak*); birnenförmig od. dreieckig; langer Hals mit 17 Bünden, 2 Darmsaiten (Quarte); in 6 Größen gebaut; Instr. der → Dichtersänger (→ Dastān, Aschug).

Domchor, Chor an Domen, Kathedralen, Stifts- und Abteikirchen, an den Dom- und Stiftsschulen schon des frühen MA vom → Kantor ausgebildet, der vielfach zugleich Schulleiter war (*Magister scholarum* oder *Scholasticus*). Die Anfänge sind bei d. → *Schola cantorum* Gregors des Großen, der sich schon auf frühere Einrichtungen stützen konnte. Die Schola an der St. Sophienkirche in Konstantinopel hatte schon im 6. Jh. 30 Sänger; der Chor der Kathedrale in York wurde erstmals 627 erwähnt. In allen Ländern entstanden bis ins 16. Jh. bedeutende D.: Italien (z. B. Rom, St. Peter), Dtl. (Aachen, *Schola palatina*), Frankr. (Paris, Notre Dame), Spanien (Sevilla), Portugal (Evora). Die Einrichtung besteht, vielfach ohne Schulbindung, innerhalb der kathol. Kirche an vielen Orten (z. B. Aachen, Köln, Regensburg, Salzburg, Wien und bis 1945 Breslau). Im evangel. Bereich entsprechen ihr etwa die Thomaner in Leipzig, die Crucianer in Dresden und zahlreiche Chöre an Domen und anderen großen Kirchen (Bremen, Braunschweig). Der Berliner D. wurde 1829 von Friedr. Wilhelm III. angeregt und hieß ab 1919 Staats- u. D. → Cappella.

A. Schubiger, D. Sängerschule St. Gallens, 1858; F. Haberl, D. röm. Schola cantorum (Vierteljahrsschr. f. Mw. III), 1887; J. Peregrinus, Gesch. d. Salzburg. Dom-Sängerknaben, 1889; P. Einbeck, Z. Gesch. d. kgl. D. z. Berlin, 1893; L. Chartier, L'ancien chapitre de Notre-Dame de Paris, 1897; R. Wustmann u. A. Schering, Musikgesch. Leipzigs II, III, 1926, 1941; H. E. Guckel, Gesch. d. Breslauer D., 1912; A. Goehler, D. Musikpflege am Straßburger Münster, Straßb., 1920; G. H. Müller, D. Kreuzschule zu Dresden, 1926; G. Schünemann, Gesch. der dt. Schulmusik, 1928/32, ND 1968; O. Socher, 700 Jahre Dresdner Kreuzchor, 1937; R. Petzoldt, D. Leipziger Thomanerchor, Lg 1962.

Dominante (lat. dominari = beherrschen), 1. in der Funktionsharmonik der 5. Ton einer diatonischen Tonleiter und sein Dreiklang, gegenüber der Grundstufe (→ Tonika = T) die wichtigste Funktion; Abk.: D. Ohne nähere Bezeichnung wird unter D. immer die Oberd. verstanden im Ggs. zur → Sub- oder Unterd. (= S od. SD), dem 5. Ton und seinem Dreiklang unter der Tonika. Die Dreiklänge der Tonika, der D. und Subd. bestimmen eine Tonart eindeutig. Der Dreiklang der D. enthält als Terz den dem Grundton nächstliegenden Ton, den Leitton. Die Folge Tonika – D. – Tonika ist die Grundkadenz od. authent. → Kadenz, die D. der

D. die → Wechsel- od. Doppeld. Die D.n der 2., 3., od. 6 Stufe sind → Nebend.n. Bei Rameau (1726) findet sich neben *tonique* (*centre harmonique*) die strenge Scheidung zwischen *dominante* u. *sousdominante*. – 2. Seit dem 16. Jh. wird mit D. auch die → Repercussa bezeichnet (→ Kirchentonarten).

Dominantseptakkord, der auf der Dominante aufgebaute Dur-Dreiklang, ergänzt mit kleiner Septime (3 Umkehrungen); nach den Regeln des Dur-Moll-Systems eine Dissonanz. Bei der Auflösung geht die Septime im Stufenschritt nach unten, die Terz nach oben. Bezeichng.: D^7.

H. Deppert, Z. Entstehg. des D. (Zs. f. Musiktheorie), 1971.

Domp(e) → Dump(e)

Domra (russ.), Langhalslaute mit rundem (ovalem) Korpus; im 16., 17. Jh. in Rußland weit verbreitet als Instr. der → Spielleute (*skomorochi*); wohl im 13. Jh. von Mongolen eingeführt u. älter als die → Balalaika, deren Abstammung von der D. vermutet wird. Die D. wird mit Plektrum gespielt, hatte ursprüngl. 3 (in Quarten), seit etwa 1908 auch 4 (Quinten) Saiten und wird für D.-Orchester und D.-Balalaika-Ensembles in 6(7) Größen gebaut. Vermutl. ist die D. mit der kasach. → Dombra verwandt und mit dem pers.-arab. → Tanbūr.

K. Vertkov, Atlas, ²1975.

Doppelalteration, chromatische Veränderung zweier Töne in einem Zusammenklang. → Alteration.

Doppelchor, aus 2, meist kontrastierenden Gruppen bestehender Chor. Beide sind selbständige Klangkörper mit eigenem Chorsatz; meist gemischte Stimmen gegen gemischte, Frauen- gegen Frauen-, Männer- geg. Männerstimmen (Wagner, *Lohengrin*). → Mehrchörigkeit.

Doppelflöte, Doiflöte, Duiflöte, Dvojka, altes Orgelregister (Compenius?) mit Doppellabium der Holz- od. Metallpfeife(n), gedackt od. offen, 8', 4'. Vgl. z. B. → Dvojnice.

Doppelfuge, Fuge mit 2 Themen: 1. Der Kontrapunkt zum → Comes (Fortsetzung des → Dux) wird zum selbständigen Thema (Kontrasubjekt) entwickelt und durchgeführt; oder, mit Doppelthema beginnend, ein zweites, selbständiges, stark gegensätzl. Thema wird gleich zu Anfang eingeführt und weiter fugiert (z. B. Mozart, Requiem: Kyrie). – 2. Zwei, meist stark gegensätzl. Themen werden nacheinander, zunächst jedes für sich durchgeführt und (als Höhepunkt) beide kombiniert (J. S. Bach, *Kunst d. Fuge,* Contrap. 9 und 10; Reger, *Orgelfantasie BACH*).

Doppelgriff, beim Streichinstrument das Spiel auf zwei oder mehr Saiten zugleich. Mit dem modernen, geraden Bogen können 3 oder mehr Töne nur im → Arpeggio erreicht werden, während der runde Barockbogen das Spiel erleichterte. J. S. Bachs Sonaten und Suiten für Violine und Violoncello solo bringen nicht nur akkordisch füllende D. Um die Hauptlinie ist ein Gewebe von Scheinstimmen gelegt in (nur angedeuteter) Polyphonie, nicht aber als harmonische Begleitung. → Bariolage.

Doppelhorn → Waldhorn

Doppelkanon, zwei → Kanons, die kanonisch gegeneinander geführt werden; so bereits um 1300 im engl. → Sommerkanon und z. B. sehr kunstvoll durchgeführt im 15. Jh. bei franko-flämischen Mehrfach-Kanons (3–9fach bei 4 Stimmen). J. Ockeghem kombinierte in seiner *Missa Prolationum* zwei verschied. Kanons in der → Vergrößerung. Bei Josquin Desprez (*Agnus III* der *Missa l'homme armé sexti toni*) ist der 6stg. Tripelkanon (= 3facher K.) als letzte Steigerung zu verstehen.

Doppelkonzert, → Concerto, → Konzert für 2 Soloinstr. mit anderen Instr. (Orchester) od. für 2 (Kammer-)Orchester; z. B. J. S. Bach (BWV 1043; 2 Violinen), Brahms (op. 102: Violine, Cello); Schostakowitsch (Klavier, Trompete, 1933); Hindemith (Trompete, Fagott, 1949); Martinů (2 Streichorch., 1938); E. Carter (Klav., Cembalo, 2 Kammerorch., 1961). → Sinfonia concertante.

Doppelkreuz, → Versetzungszeichen: × liegendes Kreuz, das die Erhöhung der folgenden Note um zwei Halbtöne verlangt (c: cisis).

Doppelpunkt, Zeichen der Musikorthographie; 1. nacheinander stehend; der 2. Punkt verlängert den Notenwert um die Hälfte der durch den 1. Punkt erreichten Verlängerung. Die doppelt punktierte Viertelnote gilt also $\frac{1}{4} + \frac{1}{8} + \frac{1}{16}$; 2. übereinanderstehend: → Reprise, → Abkürzung.

Doppelrohrblatt → Rohrblatt

Doppelschlag (frz. *doublé,* engl. *turn,* ital. *gruppetto):* ∾, Verzierung: Umspielen des Melodietons durch Ober- und Untersekunde. Bei chromat. Veränderung wird das Versetzungszeichen über oder unter dem D.zeichen angebracht. Bei Beginn des D. mit der Untersekunde erscheint obiges Zeichen umgekehrt (Bogen von oben ansetzend) od. wurde früher auch hochgestellt. Heute wird der D. meist ausgeschrieben.

Doppelter → Kontrapunkt liegt vor, wenn in einem Satz zwei Stimmen so miteinander ausgetauscht werden können, daß die höhere Stimme jetzt tiefer bzw. die tiefere höher verläuft, meist im Oktavabstand (auch Dezime, Duodezime, selten Sekunde, Terz, Quarte, Quinte). Die Linien müssen ausgeprägt und konstrastierend sein (vgl. J. S. Bach, Kunst der Fuge, Contrapunctus 9). Die gleichen Bedingungen stellen der drei- und vierfache K. (mit 6 bzw. 24 verschied. Möglichkeiten). → Doppelfuge.

Doppeltriller, mit einer Hand an einem Tasteninstr. ausgeführter Triller auf 2 Tönen (meist Terz- od. Sextabstand.).

Doppelzunge, Zungenschlag bei Flöten u. Blechblasinstr. (Kesselmundstück): Schnelle, tremoloartige Wiederholung desselben Tones und Passagen werden erleichtert, wenn man in schneller Folge die Verschlußlaute t und k (bei Tripelzunge t-k-t) artikuliert und dadurch immer wieder kurz den Luftstrom unterbricht.

Doppioni (it. = doppelte), im 16. Jh. (Zacconi) Blasinstr. mit Doppelrohrblatt (Sordun od. Krummhorn).

Dorisch, 1. nach dem griech. Volksstamm benannte Oktavgattung (e'-e), deren Name irrtüml. übertragen wurde auf 2.: die ma. → Kirchentonart (*protus authentus,* 1. Ton): d-d'. → Tetrachord.

Dorn → Stachel

Double (frz., engl.: doppelt), im 16.–18. Jh. Figuralvariation mit Umspielen des Themas in kleineren Werten; nach frz. Vorbild u. a. bei Sweelinck od. im *Virginal Book* als 2. Fassung eines Tanzes der Suite (Courante, Sarabande) od. Partita (Bach, Engl. Suite 1,6).

M. Reimann, Z. Entw. gesch. des D. (Mf.) 1952/3.

Doublé (frz. = doppelt), Verzierung, → Doppelschlag.

Doublette (frz. = doppelte), 1. im Orgelbau frz. Register: → Prinzipal 2' oder gemischte Stimme (Rauschpfeife) mit Quinte (Quarte) und höherer Oktave; – 2. zusätzl. Stimmheft, Doppel-, Ersatzstimme.

Dou(l)cemère → Dulcimer, Hackbrett.

Doxologie (griech. = Lobpreis), hymnisch gesungenes Gotteslob, wie es schon im Synagogengesang und im 4. Jh. im syrischen Gottesdienst erscheint. Die kleine D.: *Gloria Patri (Ehr' sei dem Vater*) wurde seit dem 5. Jh. am Schluß des Psalms, der Cantica und des Magnificat gesungen, → *Gloria in excelsis Deo* (große D.) seit dem 6. Jh. in der Messe. Die nach der Reformation dem Vaterunser gemäß Matth. 6 angefügte (oft von der Gemeinde gesungene) D. „*Denn Dein ist das Reich* ...“ wurde in Dtl. auch im kathol. Gottesdienst mit dem vereinheitlichten Gebetstext übernommen. Polyphonierung (seit dem 17. Jh.) meist im 3teiligen Takt (= Dreieinigkeit; z. B. J. S. Bach, Magnificat).

Dramatische Musik, 1. Musik zu einer sichtbaren dramat. Handlung auf der Bühne (→ Oper, Musikdrama, Schauspiel), im Tonfilm oder Fernsehen; – 2. Musik zu einer nicht sichtbar (szenisch) dargestellten, wortgebundenen Handlung: → Historia, Passion, Oratorium, Kantate, Lied; – 3. Musik, die entweder nach einem vorgegebenen, textlich differenzierten oder allgemeinen Programm (→ Programm-Musik) oder aus sich heraus durch Spannungen u. Gegensätze dramatisch wirkt, wozu auch die Satzfolge beitragen kann (z. B. → Sonate, Sinfonie, Sinfon. Dichtung). Hier ist mit musikal. Mitteln das Kriterium für Dramatik gegeben und dafür, wie weit die d. M. unter 1 und 2 ihre Aufgabe erfüllt, die Handlung vertieft, das gesprochene oder gesungene Wort stützt und das nicht Sagbare deutlich macht oder wie weit sie sich auf äußere Illustration beschränkt. Die Dramatik ist abgestuft (→ *Drame lyrique*) bis zur leidenschaftlichen Darstellung. (Vgl. die Formeln der → Affektenlehre.) Seit 1750 stand das individuelle Erlebnis vor dem Schaffensprozeß. In dem Maß, wie das statisch Dynamische der Musik dramatisch umgeformt wurde, steigerten sich die Ausdrucksmittel. (z. B. → Mannheimer Schule).

Drame lyrique (frz.), frz. Oper, die ab Mitte des 19. Jh., beeinflußt von → Tragédie lyrique, Grand

Opéra und → Opéra comique, entstand, oft mit Stoffen aus Sage und Märchen, die gefühlvoll ausgebreitet, dramatisch mit Ballett und Chor bei differenzierter Instrumentation illustriert werden; z. B.: Gounod, *Faust,* 1859; Thomas, *Mignon,* 1866, *Hamlet,* 1868; Massenet, *Manon,* 1884, *Werther,* 1886; Debussy, *Pelléas et Mélisande,* 1892/1902 (von ihm „Dr. l." genannt). → Verismo.

Dramma giocoso (it. = heiter, scherzhaft), zwischen opera seria u. → *o. buffa* stehende Gattung, oft aus der *azione comica per musica* (→ Intermezzo) entstanden; nach Anfängen in der neapolit. Oper in Venedig ab 1748 in den Libretti Goldonis entwickelt (Galuppi, *Il filosofo di campagna,* 1754). Ihr Merkmal ist das für die weitere Operngeschichte maßgebende große Buffofinale am Aktende mit neuen Szenenteilen zwischen ernsten Charakterrollen und derb-komischen Auftritten von Dienern (Bauern); z. B. bei Piccinni, *La buona figliuola (1760),* Mozart: nach Anfängen in *La finta giardiniera* (1774/5), in *L'oca del Cairo* (1783, Fragment) und *Don Giovanni* (1787).

D. Heartz, The creation of the buffo finale on Ital. Opera (Proc. Royal Mus. Ass.) 1977/8.

Dramma per musica (it.), im 17., 18. Jh. Bez. für ernste → Oper, die sich im 17. Jh. vom starren Rezitativ der Florentiner zum dramat.-pathetischen Stil (Monteverdi) entwickelte; daneben auch als Mischung mit komischen Elementen (Venedig, Neapel) eine der vielen zur → Opera buffa führenden Arten. Dr. p. m. nannte J. S. Bach einige weltl. Kantaten (z. B. *Vereinigte Zwietracht der wechselnden Saiten; Der Streit zwischen Phoebus und Pan*). → Serenata.

Dramma sacro (it.:) geistl. Drama nach Heiligengeschichten und mit Bufforollen; Mitte des 17. bis Mitte des 18. Jh. in Neapel neben/statt Oratorium od. Opera seria von Konservatoriumszöglingen aufgeführt; z. B. G. Francecso del Gesù, *Il fido campione . . .,* 1656; Pergolesi, *Guglielmo d'Aquitania,* 1731; Fr. Mancini, *Elia,* 1733.

Dreher → Ländler

Drehleier, Bauern-, Bettler-, Radleier, Saiteninstr., dessen meist chorische Saiten (Bordun) über einem fidelartigen Resonanzkörper mech. durch ein Rad gleichzeitig gestrichen werden. Mittels einer Art Tastatur (Tangenten in 4 verschied. Arten) konnte man die Melodiesaite(n) od. alle Saiten verkürzen. Die D. ist seit dem 10. Jh. mit zahlreichen Varianten u. Namen bekannt: lat. *organistrum* (große D. für 2 Spieler) od. *symphonia* (klein, 1 Spieler); frz. *vielle (à roue);* span. *viela* (*da rueda*); it. *ghironda* od. *lira* (*tedesca*); engl. *hurdy-gurdy*. Sie war im frühen MA das Instr. fahrender Spielleute, im späten MA häufiger der Bettelleute und entsprechend verachtet. Nach techn. Verbesserung wurde sie im 18. Jh. aufgewertet und beliebt in der höfischen Gesellschaft, besonders in Frk. als *chifonie* (verderbt aus *symphonia* = Zusammenklang) und in

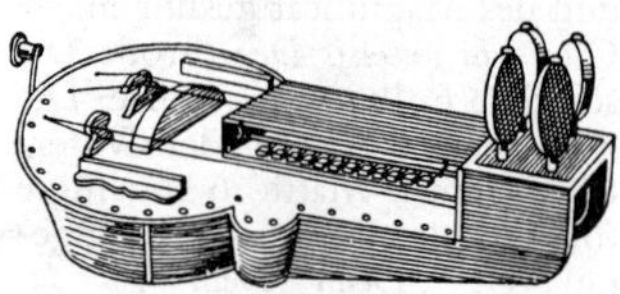

Span. als *zanfonía*. Als Kombination mit Blasebalg und Orgelpfeifen entstand die → Orgelleier (*lira organizzata*), die, wie auch die D., in neuerer Zeit wieder gebaut wird.

M. Bröcker, Die D., [2]1977; S. u. W. Palmer, The hurdy-gurdy, Newton Abbot 1980.

Drehorgel, Leierkasten, trag- oder fahrbares Musikinstr. der Straßensänger und auf Jahrmärkten (zu den → Balginstr. gehörend), bei dem durch mechanischen oder elektr. Antrieb ein Blasebalg betätigt wird. Er gibt seine Luft an ein Flötenwerk weiter, und zwar in einer von einer Stiftwalze oder einer Lochscheibe bestimmten Reihenfolge; oft mit Schlagwerk und bewegl. Figuren. → Figurenregister, Scharmanka, Barrel Organ.

H. Zeraschi, D., Serinette u. barrel organ (Diss. Lg) 1961; ders., D., Bern 1979; L. Langwill, C. Boston, Church and chamber barrel-organs, Edinb. 1970; R. de Waard, Het draaiorgel, Alkmaar 1971.

Dreiertakt, ungerader Takt; aus 3 Zeitwerten bestehender (3zähliger) Takt: 3/2,3/4,3/8; (6/2, 6/4, 6/8); 9/8. Der Schwerpunkt liegt auf dem 1. Zeitwert der Gruppe. Die restlichen beiden Werte brauchen dagegen nicht gleichmäßig schwach („unbetont", „schlecht") zu sein: Der → Walzer hat einen Nebenakzent auf zweiter Taktzeit, und der Mazur (→ Mazurka) verschiebt die Akzente: am Schluß der Phrase oder Periode wird der 2. Taktteil oder gleichmäßig der 1. und 2. stark hervorgehoben. Der → Kujawiak setzt den stärksten Akzent auf den 2. Taktteil des 4. Taktes in der Phrase.

Dreiklang, im weitesten Sinn der Zusammenklang dreier Töne; im besonderen dreier konsonanter Töne innerhalb einer Oktave od. dreier von konsonanten abgeleiteter Töne. Der „Grund-D." (Dur-, Molld.) wird als Zusammensetzung zweier Terzen gesehen oder als in der Naturtonreihe gegebene Einheit, aus der die Intervalle abzuleiten sind (Dur: 4., 5., 6., Moll: 10., 12., 15. Teilton), wobei dem Durd. (mit den einfacheren Zahlenverhältnissen) Vorrang gegeben wird. (Die Theorie des → Dualismus sah den Molld. als Spiegelung des Durd.) Durch Oktavversetzung, ausgehend von der Grundform, entstehen die Umkehrungen (→ Sext-, → Quartsextakkord). Die Haupt-D. der → Tonika (I), → Dominante (V), → Subdominante (IV) kennzeichnen die Tonart eindeutig. Sie enthalten die 7 Töne der Tonleiter. Auf der 2., 3., 6., 7. Stufe stehen Neben-D. Der D. der 7. Stufe wird auch als Rest eines → Dominantseptakkords (ohne Grundton) gesehen. Durch → Alteration entstehen übermäßige und verminderte D.; Ausnahmen: leitereigene verminderte D. der 7. Stufe in Dur und Moll, der 2. Stufe in Moll. Die (Groß- od. Klein-)Terz bestimmt den D. nach Dur od. Moll. Der „D." ohne Terz ist „leer", unbestimmt. Er findet sich – wie durchaus in der Musik bis ins 16. Jh. – häufiger wieder seit Beginn des 20. Jh. Schon in der Barockmusik schließt oft eine Mollmusik im „strahlenden" Dur. Die Terz kam als →Konsonanz in Sextakkorden, die neben leeren Quint-Oktav-Akkorden standen, etwa im 14. Jh. in engl. Sätzen (→ Fauxbourdon, Faburden) auf den Kontinent. Sie festigte sich im 15., 16. Jh. in der Vierstimmigkeit, in der sich der D. durch Kadenz u. Tonverdoppelung konsolidierte. Die theoret. Auseinandersetzung mit Dur und Moll begann G. Zarlino (*Istituzioni harmoniche,* 1558). Für J. P. Rameau stand der D. im Mittelpunkt musikal. Betrachtung. Auf ihn geht die aus der physikal. Erkenntnis der → Obertöne gewonnene Unterscheidung von Grundton u. tiefstem Ton (in den Umkehrungen) zurück. H. Riemann festigte das Gerüst der D.-Funktionen. Der Einzelton wurde nach seiner Stellung, seiner Funktion innerhalb des D. beurteilt und gewertet, während die musikal. Praxis mit besseren techn. Möglichkeiten freiere Ausdrucksmittel suchte, die Tonalität erweiterte u. aufgab. → Neue Musik, Dodekaphonie.

H. Riemann, Gesch. d. Mth., 1898, ND 1971; J. Handschin, D. Toncharakter, Z 1948; S. Gilbert, The trichord (Diss. Yale) 1970. → Konsonanz, Dissonanz, Atonalität.

Dreistimmigkeit, Instrumental-(Vokal-)Satz zu 3 Stimmen. Die Möglichkeit, mit geringen Mitteln und größerer Beweglichkeit der Stimmen einen geschlossenen Klang herzustellen, macht die D. zur idealen polyphonen Setzweise, vermeidet den Notbehelf der Füllstimmen und die Bequemlichkeit der Tonverdoppelung und Oktavierung. D. findet sich im → Organum. Dem 2stg. Satz wurde eine 3. (Ober-)Stimme beigegeben (→ Triplum), wie im 15. Jh. dem 3stg. Satz eine 4. (→ Contratenor). Vierstimmigkeit herrscht zwar seit dem 16. Jh. vor, doch behält D. aus → Motetus und → Tricinium, → Villanelle und → Kanzonette ihre Geltung in der Instrumentalmusik bis zum späteren Trio.

Drive (engl. = treiben), im → Jazz die unter der Spannung zwischen → Beat und Off-beat entstehende Dynamik.

Drone (engl.: Drohne, Summen), tiefste Bordunpfeife der engl. → Sackpfeife; der tiefste Ton; auch alle Bordunpfeifen des Instr.; nld. brompijp (Brummpfeife); dt. auch → Hummel (2).

Drums (engl. *drum* = Trommel), im Jazz das Schlagzeug mit den verschied. Teilen (*drum set*); Drummer: Schlagzeuger.

Dsheguako (kabardin.), Volkssänger im kaukas. Bereich (besonders der Kabardiner, Tscherkessen), die bis ins 19. Jh. an Festen epische Wechselgesänge, mimisch untermalt, vortrugen.

Dualismus (lat.), Zweiheit der Harmonie, mit Dur- und Molldreiklang als Grundlage. Der → Dreiklang von → Dur ließ sich aus den → Obertönen ableiten; für den in → Moll gab es keine einfache physikalische Erklärung. Die Mth. deutete es als Spiegelung von Dur mit der Hypothese einer → Untertonreihe. Zarlino (1558) sah den Unterschied in der Lage der Terz. Eine Art D. zeigte sich bei Rameau (1750). Tartini glaubte (1754) eine Untertonreihe aus der Erscheinung der Kombinationstöne ableiten zu können. A. v. Oettingen (1866) sah Verwandtschaft zwischen Tönen, die gleiche Teiltöne haben, auch zwischen denen, die selbst Teiltöne gleicher Töne sind. M. Hauptmann (1853) versuchte eine philosoph. Deutung. Neben dem zunächst noch von H. Riemann verfochtenen Gedanken des D. bestand aber innerhalb der Mth. weiter die Auffassung, Moll sei ein getrübtes Abbild von Dur. Nicht nur die Überwindung der Funktionsharmonik im 19. Jh. machte den D. für die Praxis bedeutungslos.

H. Riemann, Das Probl. des harmon. D., 1905; M. Vogel, Oettingen und der harmon. D. (Beitr. z. Mth. des 19. Jh.), 1966.

Ductia (lat.), kurzer Instrumentaltanz im 13. Jh. von etwa halber Länge der → Estampie, zu der die D. gezählt wird (J. de Grocheo).

Duda, Name verschiedener Blasinstr.: 1. **D.** (meist Mz.: **Dudy**), serb. und slowen. (*dude*), rumän., ungar., tschech., ukrain., weißruss., lit., lett. → Sackpfeife, meist mit je einer Spiel- und Bordunpfeife; in Ungarn, Slowenien und der Ukraine auch mit doppelt gebohrter Spielpfeife (mit gleicher Zahl der Grifflöcher). – 2. **Dudka** (Diminutiv zu D.), russ., weißruss., ukrain. Kernspaltflöte, zu den ältesten slaw. Flötentypen zählend (*svirel', sopel'*); vgl. → Schwegel. – 3. **Düdük,** türkische, schräg geblasene Schnabelflöte. – 4. **Duduk(i)** (armenisch, georgisch), 2 kurze Oboen mit 8 (9) Grifflöchern, wie der azerbeidschan. *balaman* meist paarweise von 2 Bläsern gespielt (1 Melodie-, 1 Bordunstimme); im Kaukasus weit verbreitet; In Armenien zum Mugam-Ensemble (→ Makom) gehörend und in den 1920er Jahren rekonstruiert.

Dudelsack → Sackpfeife

Duduk(i), Düdük → Duda

Due, *a due*: in Partituren die Anweisung, eine Linie von 2 Instr. spielen zu lassen (obwohl die Notenhälse nur einfach sind). – *due volte* = zweimal.

Duett (Diminutiv von it. *duo*: 2), Musikstück für 2 Singstimmen (meist mit Instr.) im Ggs. zum heutigen → Duo: Stück für 2 Instr. Das kanonisch geführte (unbegleitete) → Bicinium, aus dem 2stg. → Madrigal oder der → Chanson entstanden, blieb noch in der protestant. Schulmusik als Lehrstück in Gebrauch, während sich das D. im Kammerd. und dramat. D. der Oper weiterentwickelte, in der Oper oft als Höhepunkt der Handlung. Die beiden Stimmen bestätigen und wiederholen einander, wobei sie meist harmon. geführt sind, oder sie stehen in dramat. Wechselrede konrapunktisch gegeneinander. Das Alternativd. kann im Ggs. zum Simultand. von nur einer Stimme ausgeführt werden, die sich dann bemühen muß, die beiden redenden Personen entsprechend zu charakterisieren (H. Wolf, *Ital. Liederbuch*). Die Nachahmung eines D. auf dem Klavier findet sich in Mendelssohns → *Liedern ohne Worte*.

Duettino, kurzes → Duo, Duett.

Dulcimer → Hackbrett

Dulzaina (span. *dulzor* = Süßigkeit, Süße), span. Holzblasinstr. mit Doppelrohrblatt u. konischer Bohrung; ohne → Pirouette. → Dulzian.

Dulzian, Dolcian von it. *dolce:* süß), 1. im 16., 17. Jh. Name für ein einteiliges Fagott in Dtl.; – 2. span. Schalmei: → Dulzaina; – 3. danach seit 1500 Zungenstimme d. Orgel (32', 16', 8'), sanft klingend; ferner Labialstimme als Imitation (meist 8'), stärker klingend: Dolkan.

Duma (ukrain. = Gedanke; Mz. *dumy*), ukrain. Volkslied, episch-lyrische Ballade, Klagelied, histor. Kosakenlied mit freiem Versmaß und unterschiedl. Zeilenlängen. Die dorische Melodie wechselt zwischen Sprechgesang (im Quartbereich) und vom Text bestimmten weiten Melismen am Anfang (meist mit „*hej*" einsetzend) und umfangreicher kadenzierender Schlußformel; oft auch mit plötzl. Tempowechsel. Begleitung mit → Kobza od. → Bandura. – Die kunstvolle Melodie unterscheidet die D. von der einfachen → Bylina. Vermutl. entstand die D. schon im 9.–13. Jh. im Kiever Großreich, psalmodierend als höf. Preislied od. Totenklage. Blütezeit: 15.–17. Jh. Im 16., 17. Jh. wurde die D. von Kosaken od. blinden Musikanten (*kobzary*), im 18. Jh. von Musikerzünften vorgetragen. → Dumka.

D. Revuckij, Ukrainski dumy, Charkov [2]1930; P. Diels, Die D. (Mitt. d. schles. Ges. f. Völkerkunde) Breslau 1934; S. I. Hrytsa, Dumy ..., Bromberg 1969.

Dumka (Diminutiv von ukrain. → *duma*; Mz. *dumki*), kurzes, meist schwermütiges Lied in slawischen Ländern, zunächst in der Westukraine und Polen. Der Name tritt im 18. Jh. in Polen für kleine, lyr. Gedichte auf im Ggs. zur episch-balladesken → Duma. Im 19. Jh. mischten sich beide Formen. In Polen, später i. d. Ukraine, wird die D. auch heiter (z. B. Moniuszko). Mollmelodie, schneller Tempowechsel sind häufig. Besonders im 19. Jh. erscheint die D. oft in der Instrumentalmusik: Tschaikowsky, Liszt, Lysenko, Balakirev, Dvořák (op. 48, 51, 81; op. 90: *Dumky-Trio*), Janáček, Suk, Novák.

Dump(e), Domp(e) (mittelengl.), im 16./Mitte 17. Jh. langsamer engl. Schreittanz, gradtaktig, meist mit ostinatem Baß; bei Trauerfeier (*doleful dumps*, Romeo und Julia IV, 5); frühe engl. Ensemblemusik, erst Ende 16. Jh. auch für Tasteninstr. und lebhafter. Vgl. → Tombeau.

J. M. Ward, The „doleful domp" (JAMS) 1951.

Duo (lat. = 2), Musikstück für 2 Instr., häufig auch → Duett (Name der Vokalform) genannt. War das → Bicinium vokal oder/und instrumental ausführbar und wirkte es als Unterrichtsmaterial in den Lateinschulen auf das in Dtl. meist unbegleitete D., so entsprach die Entwicklung des gern mit → Generalbaß begleiteten D. in Italien der des Kammerduetts. Besonders in Frankr. festigte sich im 18. Jh. die unbegleitete Gattung (Boismortier, Hotteterre), und das virtuose Violinstück, vielfach mit Etüdencharakter, bevorzugt im 19. Jh. den Namen D. gegenüber Duett (Kreutzer, Pleyel, Rode, Viotti). Das virtuose D. schrieb L. Spohr. Übliche Besetzungen: 2 Violinen; Violine + Viola od. Cello; 2 Flöten (in der Bearbeitungswelle des 19. Jh. auch u. a. Flöte + Gitarre; Klavier + Harmonium). Im 20. Jh. schrieben u. a. Reger, Bartók, Hindemith, Pepping, J. N. David neue Duos.

W. Altmann, Verz. von Werken für Klav. 4- u. 6händig, 1943; ders., Kammermus. – Ktlg., [6]1945; D. Kämpfer, Das Lehr- u. Instrumentald. um 1500 in It. (Mf) 1965; E. Doflein, Das Violin-D. in d. Mg. (Österr. Mus. Zs.) 1972; U. Mazurowicz, D. Streichduett in Wien ..., 1982.

Duodezime (lat. = 12.) Intervall mit Quinte der Oktave (12. Stufe; z. B.: c–g'), Erscheinungsformen wie → Quinte.

Duodram (lat. *duo*: 2). Drama mit nur zwei handelnden Personen (ohne Sologesang); entstanden aus dem → Monodram, dessen einziger (zu Instrumental- od. Vokalmusik) redender Person zunächst stumme Rollen, schließl. eine zweite sprechende und handelnde beigegeben wurden. Im 18. Jh. wurde die Handlung durch Musikbegleitung weiter dramatisiert (→ Melodram) nach dem Beispiel, das J. J. Rousseau 1753 (*Lettre sur la musique française*) und 1770 (*Pygmalion*) gab und G. Benda 1775 in seinen D. mit musikal. Zwischensätzen *Ariadne* und *Medea* festlegte. Die Vertonung der *Proserpina* (1776) hatte Goethe vergebl. von Gluck erhofft. Die Musiken von Seckendorf und Eberwein konnten diesem Text nicht gerecht werden. Bendas Beispiel regte vermutl. in Rußland E. J. Fomin zu *Orpheus und Euridike* an (1791/2). Als D. gilt Menottis Opern-Einakter *Telefon* (1947).

Duole (lat. *duo* = zwei), Anweisung zum Rhythmus bei 3tlg. Bewegung: eine Figur von drei durch zwei mit gleichen Werten geschriebene Noten zu ersetzen; bezeichnet durch Bogen oder ekkige Klammer über oder unter beiden Noten und Ziffer 2.

Duplex longa (lat. = doppelt lang), in der → Mensuralnotation die Note mit dem größten Wert = → Maxima, die auch im Schriftbild die doppelte Länge der → Longa hatte.

Duplum (organum d.) → Organum

Dur (lat. *durus* = hart), Tongeschlecht neben → Moll mit dem Unterschied der großen Terz im Dreiklang der Tonika, d. h. eines Halbtons zwischen der 3. und 4. Stufe der diaton. Skala. Im Ggs. zur Molltonleiter steht in D. der 2. Halbton immer als Leitton zwischen der 7. und 8. Stufe: c d e f g a h c. Die parallele Molltonart (mit den gleichen Vorzeichen) beginnt eine kleine Terz tiefer (zu C-dur also a-moll; c-moll: Es-dur). Der Name (vgl. → B) erklärt sich aus dem *cantus durus* im ma. → Hexachord auf g mit dem Ton h = b *durum* (vgl. Moll). Die Neigung zur D.-Skala zeigt schon die ma. Melodik. Die neuzeitl. D.-Tonleiter ergab sich aus der jonischen, die neben anderen, einer länger bestehenden Praxis entsprechend, den alten → Modi (→ Kirchentonarten) beigegeben wurde (Glarean, *Dodekachordon,* 1547). Nach Glarean war das Jonische besonders bei Tanzstücken beliebt. Für Zarlino und Rameau stand D. im Vordergrund. Die zumindest theoret. Gleichwertigkeit von D. und Moll in der Funktionsharmonik (A v. Oettingen, H. Riemann → Dualismus) bestand bis ins 20. Jh.

H. Riemann, Gesch. d. Mth., 1898, ND 1971; J. Handschin, D. Toncharakter, Z 1948; C. Dahlhaus, Die termini D. u. Moll (AfMw) 1955; P. Beyer, Stud. z. Vorgesch. des D.-Moll, 1958; E. Apfel, Spätma. Klangstruktur u. d. D. – Moll-Tonalität; J. Lester, major-minor concepts and modal theory in Germany. . (JAMS) 1977; M. Lindley, The Pythagorean intonat. and the rise of the triad (Research Chronicle 16) L 1980.

Durchbrochene Arbeit, Kompositionstechnik, bei der die Melodie (in Motiven oder Einzeltönen) auf mehrere Stimmen nacheinander verteilt ist.

Durchführung, Themenverarbeitung, themat. Arbeit. 1. In der Fuge ist die D. (auch Exposition genannt) der erste Themendurchgang in → *Dux* und → *Comes* durch alle Stimmen. Er ist überzählig, wenn mehr Einsätze als

Stimmen, unvollständig, wenn weniger Einsätze vorhanden sind. – 2. Der mittlere Teil zwischen → Exposition und → Reprise in der → Sonatenform, d. h. ihr Hauptteil, der in der Regel wieder 3tlg. ist: Einleitung, Hauptteil, in dem das motivische Material der Exposition lebhaft modulierend ausgebreitet wird und der meist in die Dominante mündet. Diese wird im wesentlichen im dritten Teil beibehalten und strebt in der Reprise zur Tonika. Exposition und D. haben etwa gleiche Länge.

Durchgang, Durchgangstöne, harmoniefremde Töne, die in Sekundabständen diatonisch oder chromat. fortschreiten und nicht als dissonant empfunden werden. Nach den Regeln der beginnenden Mehrstimmigkeit galt der D. (*transitus*) auf leichter Zeit als melod. Dissonanz, wenn er stufenweise zwischen 2 konsonierenden Tönen vermittelte. Auch Akkorde können D. sein. → Cambiata, Commissura, Vorhalt.

Durchimitation, kompositorisches Stilmittel, das ein Motiv imitierend nacheinander durch alle Stimmen eines Satzes führt und ihnen damit völlige Selbständigkeit gegeneinander gibt. Die D., deren Einführung Jan Ockeghem zugeschrieben wird, findet sich schon früher in den → Chansons von Gilles Binchois († 1460). Den t.t. „durchimitierender Stil" „führte H. Riemann ein. → Kanon, Fuge.

H. Riemann, Lehrb. des einf . . ., imitierenden Kontrap., 1888; H. Chr. Wolff, Die Musik d. alten Niederländer, Lg 1956.

Durchkomponiert ist ein Lied, dessen Text als Ganzes vertont wurde, die Melodie sich also nicht (text-)strophenweise wiederholt (Strophenlied). Entsprechend ist eine Oper d., wenn die Musik nicht nach Einzelnummern (→ Nummernoper) gegliedert od. durch Sprechtext unterbrochen ist.

Dutār (v. pers. *tār* = Saite), Langhalslaute in Persien u. Turkestan, mit bis 15 Bünden; der arab. Laute (→ *tanbūr*) verwandt. Der Name läßt die Saitenzahl erkennen: *Du-, Se-, Tschar-, Pantschtār* (2, 3, 4, 5 Saiten). → Tār.

Dux (lat. = Führer), das Thema der → Fuge bei seinem ersten Auftreten. → Comes.

Dvojnice (serb., bulgar.: zweifach), Doppelblockflöte: 2 Mundstücke u. Rohre in einem Holz. Erst in der unteren Hälfte können beide Pfeifen getrennt hervortreten; die Spielpfeife mit meist 4 Grifflöchern, die Begleitpf. mit 3 (meist in Terzen); in Albanien, Bulgarien, Jugoslawien üblich. Vgl. → Doppelflöte.

Dynamik (griech. *dynamis* = Kraft), Tonstärkegrade u. ihre Anwendung in der Musik, ausgehend von der geringsten und der größten Lautstärke eines Klangkörpers, die den dynam. Bereich begrenzen. Der musikal. Stärkegrad ist relativ, und der Begriff des leisesten Piano und stärksten Forte ist verschieden in der Mg. wie auch die Art der Übergänge, die bei der Steigerung durch Hinzufügen weiterer Klangkörper oder Klangkörpergruppen od. durch Klangverstärkung beim einzelnen Instr. erreicht werden können. Die Klangentwicklung wird graphisch oder buchstäbl. als → *crescendo* oder → *decrescendo* oder durch wertende Hinweise (z. B. *meno, quasi, più*) gekennzeichnet; Augenblickseffekte werden durch dynam. → Akzente angewiesen. – Ist für die seltenen Hinweise in der Barockmusik noch die Herkunft aus der Rhetorik anzunehmen (→ Figurenlehre), so zeigt doch schon die ital. Gesangsmethode verfeinerten Vortrag. Ihr variabler Klang steht im Ggs. zum statischen der Instr. Mit deren technischer Vervollkommnung vollzog sich ab Mitte des 18. Jh. (→ Mannheimer Schule) bis zum großen Orchesterapparat des 19. Jh. ein Prozeß differenzierter Dynamisierung, die nun fest zum Kompositionsplan gehörte und dann in der → elektron. und → seriellen Musik als meßbare Größe eingesetzt wurde (→ Parameter). Den Begriff der musikal. D. untersuchte zuerst H. Riemann. – In der Elektroakustik liegt der D.-Bereich zwischen kleinstem und größtem Schalldruck (Pegel). Ihr Verhältnis wird in → Dezibel (dB) angegeben.

H. Riemann, Musikal. D. u. Agogik, 1884; R. E. M. Harding, Origins of mus. time and expression, L 1938; M. Langner, Stud. zur D. Regers (Diss. FU. B) 1952; W. Gerstenberg, D.Krise der Barockmus. (AfMw) 1953; D. Schnebel, Stud. zur D. Schönbergs (Diss. Tüb.) 1955; I. Fellinger, Üb. die D. i. d. Mus. v. J. Brahms, 1961; K. Stockhausen, Texte I, 1963; H.-B. Dietz, Relations betw. rhythm and dynamics in works of Beethoven (Kb. Bonn) 1970.

E, 1. Ton-Name, in roman. Sprachen u. russ. *mi*; – 2. E, e im Dur-Moll-System: E-Dur, e-moll.

East Coast Jazz → Hardbop.

Echiquier (frz.) → Chekker.

Echo (griech. = Schall, Laut), Widerhall, 1. Rückwurf von Schallwellen durch ein Hindernis, wobei Einfalls- u. Ausfallswinkel gleich sind. Der Zeitpunkt der Rückkehr hängt von der Länge des (Um-)Weges ab. Nachhall (→ Raumakustik) ist die schnelle Folge vieler E. Je nach Raumbedingung wird er bei Laufzeit zwischen $1/20$ und $1/10$ s, 11 u. 23 m Weg, zunehmend als lästig, bei über 23 m deutlich als E. empfunden. – 2. E.-Kompositionen entstanden zunächst aus dem Volksglauben vom E. als magischer Erscheinung u. waren wegen ihrer reizvollen Möglichkeiten allgemein geschätzt. In der Vokalmusik des 16. Jh. wurde das E. durch eine Einzelstimme oder im Dialog mit dem Hauptchor durch solist. besetzten E.-Chor dargestellt (als Kanon bei Lasso: *Holla, welch gutes E.*, 1581). Das E.-Lied ist häufig (wohl mit dem Muster des Volkslieds *Als ich bei meinen Schafen wacht*), z. B. bei H. Albert und T. Selle. Die Terassendynamik der älteren Instrumentalmusik legte E.effekte und -sätze nahe; auch die differenzierte Dynamik des modernen Instrumentariums kennt sie (Orgel: Sweelinck, E.fantasien; Brahms, *O Welt, ich muß dich lassen*. – Orchester: Vivaldi, 6 E.konzte; Mozart, Notturno KV 286; Reger, Serenade op. 95; Hindemith, *Sinfonia serena*, 1946. Von der Pastoralkomödie her war das E. von Anfang an in der Oper beliebt und weiter im Oratorium: Monteverdi, *Orfeo*, 1608; Purcell, *The Fairy Queen*, 1692; J. S. Bach, *„Treues E. dieser Orten"* im Dramma per Musica *Hercules auf dem Scheidewege*, 1733; vgl. die Kontrafaktur im Weihnachtsoratorium: „E.-Arie" Kantate IV; Humperdinck, *Hänsel und Gretel*,

1893; R. Strauss, *Ariadne auf Naxos,* 1912. Das E.-Prinzip wird gern zur Abstufung bei Wiederholungen angewendet. – 3. E.-Register in der Orgel sind schwächer klingende Stimmen der jeweiligen Registerfamilie (z. B. E.-Baß, E.-Gambe), die enger mensuriert sind u. geringere Luftzufuhr haben. „Echowerk“ (auch m. gesondertem Manual) hießen ursprüngl. die Stimmen, die entfernt von den übrigen standen (weit hinten/oben in der Orgel). Sie wurden (zuerst in Frkr. und Engl.) in einen Kasten gestellt, somit gedämpft; so das von G. Silbermann aus dem frz. Orgelbau (zuerst „Corno“, 1650) übernommene E.-Kornett (E., Zartkornett). E.-Mixturen wurden im 19. Jh. gebaut. Vgl. → Fernwerk, Jalousieschweller.

T. Kroyer, Dialog u. E. i. d. alten Chormusik (JbP) 1909; J. Bolte, D. E. in Volksglauben u. Dichtg. (Sitzungsber. Bln), 1935; H. Engel, E. (MGG) 1954.

Echos (griech. = Ton), Modus (Klangraum) mit unterschiedlichen Grundformen in der byzantin. Kirchenmusik, in der je 4 authentische und plagale, mit Zahlen bezeichnete Echoi mit jeweils eigenem Charakter das Tonsystem bildeten: den Oktoechos (= acht Tonarten), der zum Vorbild für den altbulgarisch-russischen (osmoglasije, → glas) und u. a. für den armenischen Kirchengesang wurde und auch auf den westl. Kirchengesang in Praxis und Theorie einwirkte.

E. Wellesz, Eastern elements in western chant (Mon. Mus. Byz., Subsid., Amer. Ser. II,1) K 1947; B. Outtier, Recherches sur la genèse de l'octoéchos armén. (Ét. Grég.) 1973; J. Claire, les répert. liturg. latins avant l'octoéchos (ebd.) 1974; St. Sava, D. Gesänge d. altruss. Oktoechos . . ., 1982.

Echowerk → Echo (3).

Ecossaise (frz. = schottisch), ältester schott. Volkstanz im 3/2- od. 3/4-Takt, mit Sackpfeife begleitet; zu den um 1600 in Hofgesellschaften getanzten → Country Dances gehörig und um 1700 in Frankr. mit aufgenommen unter dem Sammelnamen → Anglaise. Dabei wurde sie allmähl. geradtaktig und verschwand bis Mitte des 19. Jh., vom Schottischen Walzer im 3/4-Takt ersetzt. Vgl. die E. bei Beethoven, Schubert, Chopin.

Editio Medicaea → Medicaea.

Editio Vaticana, → Vaticana.

Editionstechnik, die bei der Herausgabe von Musikwerken angewendete Methode, die je nach Bestimmung der Ausgabe für wissenschaftl. Zwecke (→ Gesamtausgaben, Denkmälerausgaben) oder als Interpretationshilfe ausschließl. für den praktischen Gebrauch (→ Urtextausgaben) verschieden sein kann, immer aber – je älter die zu edierende Musik ist, je mehr – einen Kompromiß darstellt, der aus dem im einzelnen von unterschiedlichen wissenschaftl. Auffassungen bestimmten Bemühen entsteht, die Darstellung in moderner → Notenschrift möglichst mit dem vermutl. im histor. Schriftbild Gemeinten in Einklang zu bringen. Die verschied. Praxis der Notation und die Tatsache, daß sie häufig zwar nur Stütze der → Improvisation war, dabei aber die Kenntnis bestimmter, im Musikleben der Zeit geläufiger Grundsätze stillschweigend voraussetzte, stellt den Herausgeber vor nicht durch (vielleicht mögliche) mechanische Notenübertragung (→ Transkription 2) zu lösende

Schwierigkeiten und manchmal in das Feuer wissenschaftlicher Kritik, je nach Alter und Art der Vorlagen und der Methode und Interpretation der Ausgabe. Der Revisionsbericht (Kritischer Bericht) beschreibt die Quellenlage, teilt Lesarten mit (Varianten, bei unterschiedl. oder nicht eindeutigen Quellen), nennt und begründet Änderungen, Zusätze, Textunterlegung u. Textmodernisierung, Übersetzung, gibt Hinweise zur Ausführung. Er übernimmt in neueren Gesamtausgaben auch die sonst beim Notentext stehenden, der Praxis dienenden Hinweise (Fußnoten), was auch nachteilig sein kann. Bei Werken des 17. und 18. Jh. entsteht das Problem der Generalbaßbehandlung: Ausgaben mit vom Herausgeber frei ausgeschriebenem Satz stehen anderen gegenüber, die nur den bezifferten Baß mitteilen und die Aussetzung der Geschicklichkeit des Interpreten überlassen. Man gibt heute meist mit kleinen Noten die von der Bezifferung verlangte oder bei deren Fehlen die sinnvolle, einfache Akkordstütze als Hilfe für den Unkundigen und Vorschlag für den Fortgeschrittenen. In der Musik etwa von 1770–1830 müssen im heutigen reduzierten Bestand nicht mehr auftretende Verzierungszeichen ausgeschrieben werden; lange und kurze Vorschläge sind zu unterscheiden. Aus dem Fehlen von Verzierungszeichen in Analogstellen ergibt sich auch bei Kenntnis des Personalstils nicht unbedingt sicher, ob Irrtum oder Absicht des Komponisten oder Druckfehler vorliegen.

E. Beninger, Pianist. Hg.-Technik (ZfMw) 1929; H. Birtner, D. Probleme d. spätma. Mensuralnotation u. ihrer Übertrag. (ZfMw) 1928/9; R. v. Ficker, Probleme d. E. ma. Musik (Kb. Basel) 1949; W. Emery, Edition and musicians, L 1957; G. Feder/H. Unverricht, Urtext u. Urtextausg. (Mf) 1959; J. La Rue, Watermarks and musicol. (AM) 1961; W. Osthoff, Per la notazione originale nelle pubbl. di musiche antiche . . . (AM) 1962; M. Reimann, Zur Edition v. Mus. d. 17. Jh., 1965; G. v. Dadelsen (Hg.), Editionsrichtlinien mus. Denkmäler u. GA, 1967; T. G. Georgiades (Hg.), Musikal. Edition im Wandel d. histor. Bewußtseins, 1971; H. Bennwitz u. a. (Hg.), Mus. Erbe u. Gegenwart, 1975; C. Dahlhaus, Zur Ideengesch. musikalischer Editionsprinzipien (FAM) 1978; G. Feder (Hg.), Quellenforschung i. d. Mw. (Wolfenbütt. Forsch. 15) 1982.

Effektinstrumente, Geräte zur Darstellung von Geräuschen, zusätzl. zur Musik od. einen Text untermalend; z. B. Amboß, Kukkuckspfeife, Kuhglocke, Sirene, Windmaschine.

Eguale, egualmente (ital. v. lat. *aequalis* = gleich), gleich, ausgeglichen; z. B. *voci eguali* = → gleiche Stimmen, gleichstimmig.

Ein-(2-, 3-. . .)gestrichen, → gestrichen.

Einhandflöte, kleine, enge Längsflöte (Blockfl.) mit meist 2 Grifflöchern, einem Daumenloch; Instr. der → Spielleute in vielen Ländern: → Flabiol (Fluviol), Galoubet, Schwegel, Txistu. Die E. wurde meist, von einer Person, zusammen mit (an der Schulter hängendem) Tambourin od. (am Arm befestigter) kleiner Trommel (z. B. span. = *flabiol y tamboril*; engl. = *pipe and tabor*) oder mit einer am Schulterband od. Gürtel angebrachten Schlagzither *(tambourin de Gascogne)* gespielt; später 2 Spieler. Ein ähnlicher Flötentyp ist die altruss. *svirel'* (häufig Doppelpfeife). → Cobla.

Denis, 1944; W. Salmen, Z. Verbreitung v. E. u. Trommel im europ. MA (Jb. d. österr. Volksliedwerkes) 1957.

Einheitspartitur (Normalpartitur) → Reformpartitur.

Einklang (ital. *unisono*), Zusammenklang von zwei oder mehr Stimmen auf derselben Tonhöhe oder im Oktavabstand.

Einsatz, 1. das Zeichen des Dirigenten, das einem Sänger oder Instrumentisten aufgibt, (wieder) einzusetzen, nachdem er pausiert hat; – 2. Art des Gesangsbeginns: hart, gehaucht, weich; mit Vokal oder Konsonant; – 3. E.zeichen im 1stg. notierten Kanon, das jeder Stimme den E. vorschreibt.

Einschnitt, das Ende einer musikalischen Phrase; → Zäsur.

E-Instrumente in Jazz-, Rock-, Unterhaltungsmusik sind entweder mit Mikrofon versehen od. der Ton wirkt direkt an der Quelle (z. B. Saite) elektromagnetisch abgenommen, dann verstärkt, evtl. abgewandelt; z. B. E-Baß-(gitarre), E-Gitarre (Saiteninstrumente meist ohne Resonanzkörper), E-Trompete, E-Klavier.

eïs, Name der Halbtonerhöhung von e.

Eisteddfod (Mz. *eisteddfodau*, von walis. *eistedd* = sitzen), in Wales regelmäßig stattfindender Wettbewerb für → Bardensänger u. -dichter, veranstaltet vom *National E. Council*; daneben kleinere jährl. Veranstaltungen. Das Fest soll schon im 7. Jh. eingesetzt worden sein; das erste nachgewiesene fand 1176 statt. Nach Unterbrechungen im 18. Jh. erhielt der Wettbewerb Anfang des 19. Jh. sein bis heute gewahrtes druidisches Ritual und wurde (1819 mit gefälschten Manuskripten) mit der keltischen Göttersage in Verbindung gebracht. Er schließt Solo-, Chorgesang, Instrumentenspiel, Rezitation und Improvisation ein.

T. Parry, T. Cynan, The E. of Wales, Denbigh 1951; G. Thomas, The Caerwys E., Cardiff 1968.

Eitzsches Tonwortsystem, Methode, vermittels sinnvoll ausgewählter Tonsilben klare Vorstellungen des 12tönigen Tonsystems und seiner Tonabstände zu schaffen. Der Volksschullehrer C. Eitz stellte unabhängig von den gleichen Ergebnissen L. Eulers akust. Berechnungen an und ermittelte aus der Oktavteilung in 1000 gleiche Teile ein arithmet. Oktavmaß. Die Differenz zwischen → reiner und → pythagoräischer Stimmung (→ Komma) ließ ihn die bisherigen Tonbuchstaben als ungenau und unlogisch verwerfen. Sein 1892 veröffentlichtes Tonnamensyst. fügt Konsonanten und Vokale so zusammen, daß der diaton. Halbschritt mit demselben Vokal, die enharmon. Gleichheit durch denselben Konsonanten gekennzeichnet wird (cis – des = ro – ri). Die 12 chromat. Teiltöne der Oktave erhalten Tonnamen mit 12 verschied. anlautenden Konsonanten, die wiederum mit Wechsel stehen zwischen Lippen- und Zungen-(Gaumen-)Lauten untereinander und zwischen Augenblicks- und Dauerlauten. Durch dieses System soll der Ton mit seiner Stellung innerhalb des musikal. Ablaufs verständl. gemacht werden. Eitz bemühte sich um neue Wege in der musikal. Elementarbildung. Die Methode war erfolgreich, wurde auch vielfach kritisiert, weil sie wohl für wissenschaftliche, akust. Versuche geeignet sei, den Elementarunterricht, der nicht vom chromat. Zwölftonsystem, sondern von der siebenstufigen Diatonik auszugehen habe, aber eher belaste. Die Logik im Wechsel der Konsonanten sei zudem vom Kinde nicht zu begreifen, ihr Zweck damit nicht erfüllt. Auf dem E. fußend, entwickelte R. Münnich 1930 als neue → Solmisation, Handzeichen und Rhythmenbezeichnung die Methode → Jale (→ Tonika-Do).

F. Bennedik, Histor. u. psychol. Untersuchungen über d. Tonwertmethode (Diss. Jena), 1914. M. Koch, Einf. in d. Tonwort, 1925. W. Stolte, Tonwort-Tb., 1951; R. Münnich, Jale, 1959.

Ekloge (griech. = Ausgewähltes), kurzes, pastorales → Charakterstück in 2- od. 3tlg. Liedform, instrumental. Das Wort E. (in der röm. Literatur besonders ein Hirtengedicht) wurde in der Renaissance mit gleichem Inhalt wieder aufgenommen. Es erscheint Anfang des 19. Jh. wieder bei Klavierstücken von V. J. Tomášek, die er jedoch nicht programmatisch festlegen wollte. Seine lyr. Stücke wirkten auf F. Schuberts Impromptus und Moments musicaux.

Ekmelisch (griech.:) außermelodisch. In der antiken Mth. Klänge und Intervalle mit komplizierten Schwingungsverhältnissen. Ggs. → emmelisch.

Ekphonetische Notenschrift (griech. *ekphonesis* = Ausruf), ältere schriftl. Darstellung der Rezitationsweise bei liturg. Lesungen im byzantin. Gottesdienst, die seit Ende des 4. Jh. auftrat und in Anlehnung an die griech. → Prosodie aus Strichen und Häkchen besteht, z. B. Akzente, die das Ende der Phrase (Atemholer) und das Steigen od. Fallen des Rezitationstones andeuten. Zur Darstellung liturg. Gesänge entwickelten sich vom 8. Jh. an, parallel zur e. N. bzw. (bis 13. Jh.) ergänzend, Neumen, Gruppen- und Rhythmuszeichen und daraus die drei Hauptformen byzant. Notation (Neumen): früh- (10./12. Jh.), mittel- (12./15. Jh.) und spätbyzantin. (= → kukuzelische, 15./19. Jh.) Notenschrift. → Krjuki.

C. Høeg, La notation ekphonétique (Mon. Mus. Byz. II) K 1935; → Neumen.

Elegie (griech.), Klage, Totenklage in der antiken griech.-röm. Dichtung. Die Entwicklung der E. als Musikstück (vokal od. instrumental) folgte der Dichtung. Bei Euripides erscheint die E. eingeschränkt auf die Totenklage; vgl. → Threnos, Nänie, Lamentationen (diese z. B. bei Werbecke und Monteverdi). Das Titelwort E. (*elegy*) verwendete Purcell. Die E. war häufig in der Zeit des empfindsamen Stils und erscheint als Kunstlied z. B. bei J. Fr. Reichardt, J. P. A. Schulz, J. Ph. Kirnberger bis zum Höhepunkt bei Fr. Schubert. Zu den Tiertotenklagen gehört Beethovens *E. auf den Tod eines Pudels* (1787). Die instrumentale E. begann etwa mit dem → Tombeau bei Froberger und Couperin und findet sich in der Klavier-, Kammer-, Orchestermusik besonders im 19. Jh. und unter verschiedenen Namen im 20. Jh.: z. B. Krenek, *Symphon. E.* für A. Webern, Henze, *E. für junge Liebende* (Oper).

W. Kahl, E. (MGG), 1954; F. Beißner, Gesch. d. dt. E., [2]1961; V. Duckles, The Engl. mus. elegy of the late renaiss. (Fs. Reese), NY 1966.

Elektrobaß(E-gitarre) → E-Instrumente.

Elektrochord, elektro-akust. Klavier, nach 1930 von O. Vierling konstruiert. Die Schwingungen der Stahlsaiten werden elektromagnetisch abgenommen. Je nachdem, an welcher Stelle der Saite das geschieht, verändert sich die Klangfarbe, weil in der Saitenschwingung die Klangverhältnisse fast aller anderen Instr. enthalten sind. Die Klangfarbenregelung geschieht an Drehknöpfen, die Wiedergabe durch Lautsprecher. → Elektrophone.

O. Vierling, Das elektro-akust. Klavier (Diss. Bln.) 1936; ders., Das Förster-E. (Zs. Verein Dt. Ing.) 1936.

Elektronische Musik benutzt die mit Hilfe der Halbleitertechnik (vorher durch die Elektronenröhre) entstandenen und verstärkten Schwingungen zur Erzeugung des Klangmaterials, das über die herkömmlichen Möglichkeiten der Komposition hinaus weitere Klangbereiche eröffnet. Ausgangsmaterial ist der vom → Generator erzeugte → Sinuston; das Kompositionsergebnis wird durch Magnettonband fixiert als Mittel der Komposition und Reproduktion (Interpretation); im Ggs. zu einer Musik für elektron. Musikinstr. (→ Elektrophone), welche ursprünglich der Interpretation vorhandener, in üblicher Weise notierter Werke dienten, zunächst mit der Aufgabe, bestehende (präformierte) Klänge nachzuahmen. Wurde im Anfang e. M. im Hinblick auf das Ausgangsmaterial streng unterschieden von der → Musique concrète P. Schaeffers (die hauptsächl. mit realen Naturklängen und Geräuschen auf Tonband arbeitete) und der in den USA um J. Cage entwickelten → Music for tape (tape music, die elektron. Klänge mit konkreten, z. B. auch Sprachelementen, mischte), so verwischten sich bei fortschreitender Entwicklung die Grenzen zw. den verschiedenen Bestrebungen. – Das Verlangen, die Möglichkeiten der Musik mit ihrem Klangbereich zu erweitern, wird in der Entwicklung der Neuen Musik deutlich: F. Busoni, A. Schönberg. Die Entwicklung begann nach dem 2. Weltkrieg mit der Verbesserung der Konservierungsmöglichkeiten und mit den Erfahrungen aus den seit den 1920er Jahren konstruierten elektron. Instrumenten (Mager, Martenot, Trautwein, Sala). Nach ersten Versuchen durch W. Meyer-Eppler erfolgten Vorführungen 1951 in Darmstadt und im Sender Köln. An der Entwicklung in Dtl. waren maßgeblich beteiligt das 1953 im Kölner Funkhaus eröffnete Studio (R. Beyer, H. Eimert) und das im Münchner Siemenshaus (J. A. Riedl). Inzwischen gibt es für Forschung und Komposition in vielen Ländern, besonders den USA, Studios für e. M., meist bei Sendern u. Hochschulen. Ein *Institut de Recherche et de Coordination Acoustique-Musique* (IRCAM) besteht in Paris. 1965 wurde e. M. Hochschulfach in Köln. – Verschied. Geräte werden bei der Komposition benutzt: zur Erzeugung des Ausgangsmaterials an Tönen, Klängen, Geräuschen (→ Generatoren, elektron. u. mechan.-elektrische Musikinstr.); zur direkten (Filter, Modulatoren, Klangwandler, Halleinrichtungen, Vocoder) und indirekten (Echoanlage, Zeitregler, Magnettongerät) Verarbeitung des Materials; zur Speicherung (Tonbandgerät) und Wiedergabe (Lautsprechersystem). Sie werden vom → Mischpult aus dirigiert. Soweit e. M. nicht improvisiert und nur auf

Tonband festgehalten wird, erfolgt die Notation auf einem Diagramm als Herstellungsbericht des Komponisten, wobei die Maße für Klangmaterial, Zeitstruktur und Dynamik fixiert oder in Grenzwerten angedeutet werden, andrerseits auch durch Computer ermittelt werden können, der außerdem sowohl den Einsatz der Geräte lenken od. direkt die Klangproduktion übernehmen kann. Der → Synthesizer als „Kompaktgerät" im Studio der e. M. wird in verschied. Typen gebaut und auch für Unterhaltungselektronik und schulische Demonstration eingesetzt. Die Entwicklung zeigt sich überschneidende Stadien und Arten: vom Sinuston ausgehend die Organisation neuer Klangfarben und Teiltonspektren (K. Stockhausen, H. Pousseur, M. Kagel, G. M. Koenig, G. Ligeti) nach der Auswahl der Obertöne, deren Verhältnisse denen des ganzen Stückes entsprechen (Mikro- und Makro-Kontinuum); Verzerrung und Halleffekte; Differenzierung der Skalen von Tempo und Dynamik; „Raummusik" durch die Kombination bewegl. Lautsprechersysteme in verschied. Raumebenen (wandernde Klänge); Verwendung von Orchesterinstr. (H. Badings, K. Boehmer) und der menschl. Stimme (K. Stockhausen: *Gesang der Jünglinge*; E. Krenek, *Pfingstoratorium*) nach dem Beispiel der Musique concrète (Schaeffer/Henry: *Orphée*) mit phonet. und linguistischen Experimenten (P. Boulez, *Le marteau sans maître*; L. Nono, *Il canto sospeso*; L. Berio, *Omaggio a Joyce*). In Filmmusik, Theater und Fernsehen wird e. M. untermalend od. als Handlungselement eingesetzt. → Computermusik, serielle Musik.

J. Mager, Eine neue Epoche d. Musik durch Radio, 1924; R. Beyer, Das Probl. d. kommenden Musik (Die Musik) 1928; W. Meyer-Eppler, D. elektrische Klangerzeugung, 1949; ders., E. M. (in: F. Winckel, Klangstruktur d. Musik), 1955; C. Martin, La mus. électronique, P 1950; E. M. (Techn. Hausmittlg. NWDR 6), 1954; Gravesaner Bll., 1955/66; L. A. Hiller/L. M. Isaacson, Experimental mus., NY 1959; A. Moles, Les mus. expérimentales, P 1960; K. Stockhausen, D. Entstehung d. e. M. (Texte II) 1964; F. C. Judd, E. M., 1965; F. Winckel (Hg.); Experimentelle Mus., 1970; W. Kaegi, Was ist e. M., Z 1967; ders., Vom Sinuston zur e. M., Aarau 1971; H. Rösing, D. Bedeutung d. Klangfarbe i. tradit. u. e. M., 1972; J. H. Appleton, The developm ... of e. m., Englewood Cliffs 1975; W. M. Stroh, Z. Soziolog. d. e. M., Z 1975; H. Eimert/H. U. Humpert, Lex. d. e. M., ²1977; D. Ernst, The evolution of e. m., NY 1977; O. Tomek (Hg.), Teilton, Schriftenreihe d. Strobel-Stiftung, 1978 ff.; Th. Wells, The techn. of e. m., West Drayton 1981; B. Schrader, Introd. to electro-acoustic mus., Englewood Cliffs, 1982.

Elektronische Musikinstrumente → Elektrophone.

Elektronische Orgel, → Elektrophon mit Manual(en), Pedal, verschied. Registern und eingebauten od. getrennt stehenden Lautsprechern. Der Klang wird teilmechanisch erzeugt durch rotierende Generatoren (Hammond-Orgel) bzw. Abtasten schwingender Zungen (Wurlitzer Orgel) od. ausschl. elektron. mit 12 Grundgeneratoren bzw. mit je Taste einem, so daß auch der Einschwingvorgang der Pfeifenorgel ähnlich dargestellt wird. Vorformen waren elektrisch-pneumat. Kinoorgeln der Stummfilmzeit. Die Entwicklung nach den 1930er Jahren stützte sich auf Modelle in den USA (Th. Cahill, L. Hammond) und Dtld. (O. Vierling) und vollzog sich, die Möglichkeiten der Halbleitertechnik (Transistor) benutzend, in raschem Aufschwung nach dem 2. Weltkrieg besonders in der Unterhaltungselektronik (Heimorgel). Um die

e. O. auch im Kirchenraum einzusetzen, wurden die ursprüngl. starren Klänge verändert, Einschwingung, Schwebungen, Obertonspektren dem Klang bedeutender Pfeifenorgeln angeglichen; jedoch bleibt die Frage nach vollgültigem Ersatz umstritten (1982).

R. Foot, The cinema organ, L ^{2}1970; F. C. Judd, Electronics in mus., L. 1972.

Elektrophone (elektro-akustische, elektron. Musikinstr.) sind Mittel der Interpretation und haben im Ggs. zu elektro-mechan. Wiedergabegeräten (vgl. → Pianola) durch die 1906 erfundene Elektronenröhre, nach dem 2. Weltkrieg durch die Halbleitertechnik die Möglichkeit, den bisherigen Klangbereich zu erweitern. Am Anfang stehen die elektro-akust. Wiedergabegeräte des Rundfunks, Fernsehens, Tonfilms und Geräte, die Klangfarbe u. -stärke eines überlieferten Instr. beeinflussen sollen: → Neo-Bechstein-Flügel, Elektrochord, Tonverstärker z. B. für Gitarre, Violine, Baß, Cembalo. (→ E-Instrumente). In den 1920er Jahren entstanden E., die zunächst das traditionelle Instr. imitieren sollten, was nicht zufriedenstellend gelang (Ein- und Ausschwingvorgang). Die E. hatten einen starren Klang, der gerade die Komponisten in Ablehnung der übersteigerten Ausdrucksmittel der Jh.wende reizte (Genzmer, Hindemith, Honegger, Messiaen, Milhaud). Schönberg hoffte auf eine Klangfarbenmusik (1911), und Busoni, der die weitere Entwicklung durch herkömml. Instr. behindert sah, begrüßte die Nachricht von der mit Wechselstromgeneratoren arbeitenden Riesenorgel Th. Cahills (1906). Um die Möglichkeiten in Tonhöhe, Dynamik und Klangfarbe zu erweitern, benutzte man die bei Überlagerung hochfrequenter Schwingungen entstehenden Differenztöne, ferner niederfrequent erzeugte Schwingungen (mit Sinustönen oder den durch Obertonreichtum interessanten Kippschwingungen) oder rotierende Lochkranzscheiben, die den Lichtstrahl einer Fotozelle unterbrachen, wobei der von Stromimpulsen erzeugte Ton von der Geschwindigkeit der Scheibe abhing. Theremin (→ Aetherophon, Thereminovox), J. Mager (→ Sphärophon), Helberger und Lertes (→ Hellerophon) bauten die ersten vorführreifen E. Aus der großen Reihe der Erfindungen (z. B. Bode-Melachord) wurden für die weitere Entwicklung die → Ondes Martenot und das von Trautwein erfundene, von Sala erweiterte → Trautonium wichtig. Eine Reihe von E. wurde in Serie gebaut. Die Bez. elektrische Musikinstr. wird den E. im Vergleich zu (elektro-) → mechanischen Musikinstr. nicht gerecht, setzt sie aber gegenüber der → elektron. Musik ab, bei der die Verbindung von Komponist und Hörer über den Interpreten und sein Instrument entfällt. → Elektron. Orgel, Synthesizer.

F. Busoni, Entwurf e. neuen Ästh. d. Tonkunst, 1907, NA 1954; A. Schönberg, Mechan. Musikinstr. (Pult u. Taktstock) 1926; F. Trautwein, Elektr. Musik, 1930; P. Lertes, Elektr. Mus., 1933; O. Vierling, D. elektroakust. Klavier, 1936; O. Sala, Das Trautonium (Frequenz) 1948; W. Meyer-Eppler, Elektrische Klangerzeugung, 1949; Fr. Winckel, Elektrische Musikinstr., (MGG) 1954; W. Lottermoser, Akust. Beurteilung elektron. Musikinstr. (AfMw) 1955; F. K. Prieberg, Musica ex machina, 1960; A. Douglas, The electron. mus. instr. manual, L ^{5}1976.

Embellishments (engl.) → Verzierungen.

Embouchure (frz. *emboucher* = an den Mund setzen), → Ansatz z. B. bei der Flöte; → Mundstück (→ Schnabel) bei Blasinstr.

Emmelisch (griech.), melodisch geeignet. E. nach dem Konsonanzbegriff der Antike waren Terz- und Sekundintervalle als Tonschritte; dissonant (diaphon) im Zusammenklang. Ggs. → ekmelisch.

Empfindsamer Stil, Empfindsamkeit; sentimental-idyll. Richtung, die etwa um 1750, sich mit ihm überschneidend, auf den → galanten Stil folgt, dem sie ebenso zugerechnet wird wie der später beginnende → Sturm und Drang (zusammengefaßt: musikal. Rokoko) als Übergang zur klass.-romant. Musik. Im e. S. bereitet sich formelhaft der Gefühlsüberschwang des Sturm und Drang und der Romantik vor. Die Grenzen sind fließend. Man rechnet u. a. J. A. P. Schulz, G. Benda, J. A. Hiller, Dittersdorf zu Vertretern des e. S. Lessing gebrauchte als erster das Wort Empfindsamkeit (bei Hamann: Empfindseligkeit).

E-Musik, Abk. für „ernste Mus."; vgl. U-Musik (→ Unterhaltungsmusik).

Endecha (span.:) Klagelied in Spanien, besonders im 14., 15. Jh. im Stil der → Romanze (z. B. *Cantar de los comendadores,* 1448); nach 1500 allgemein im Sinne von → Elegie. → Nänie, Planctus.

Enechema, Echema (griech.), die jeweilige Intonationsformel der byzantin. 8 Modi (*echoi*), mit der die Psalmrezitation mit der folgenden Hymne verbunden bzw. (ohne Rezitation) der betreffende Hymnus und Kirchenton angekündigt wurde. Dabei erscheinen textfremde Silben, z. B. zum 1. authentischen → Echos: *ananeanes*. Vgl. → Anenajki.

Enge Lage, → Lage (1).

Engführung, besonders in der Fuge: Einsatz des Themas in einer Stimme vor seinem Abschluß in den andern; ein Steigerungsmoment; meist vor Schluß der Fuge.

Englische Gitarre, eine → Cister im Übergang zwischen Laute und Gitarre; in Engl. in der 2. Hälfte des 18. Jh. bis ca. 1810 gespielt; mit 6 (davon 4 doppelchör.) Saiten (Terz-Quart), Bünden, Schalloch.

Englischhorn (vermutlich von engl. *angled horn* = geknicktes Horn, mißverstanden zu: E.; frz. *cor anglais*; it. *corno inglese*), Holzblasinstr. mit Doppelrohrblatt und birnenförm. Schallstück (mit enger Öffnung), dem „Liebesfuß", der den Schall dämpft und den zarten Klang bewirkt; vgl. → Oboe (d'amore, da caccia), Heckelphon. Das E., heute mit geradem Rohr, war früher gebogen od. oben im stumpfen Winkel abgeknickt. Es wurde aus der Altoboe (Oboe da caccia) entwickelt. Im 19. Jh. setzte sich die in Frk. verbesserte Konstruktion durch.

English Waltz, Englischer Walzer, Langsamer Walzer mit gefühliger Musik, aus den USA kommend wie der ihm verwandte → Boston, den der E. W. um 1920 in Europa verdrängte.

Enharmonik (von griech. *enarmonios*: sich einfügend, zur Harmonie gehörig), eines der 3 Tongeschlechter neben → Diatonik und → Chromatik in der antiken griech. Musiklehre, in deren Verlauf es unterschiedlich erscheint. Im enharmon. → Tetrachord standen als Restintervalle (→ Pyknon) unter der großen Terz 2 „Vierteltöne". Man vermutet auch individuelle „Färbung" bei der Intervallfolge in den 3 Geschlechtern. E. trat offenbar besonders im Gesangsvortrag zum Blasinstr. (→ Aulodie) auf. – Die Bez. E. erscheint in der Renaissance wieder und wurde umgedeutet. In der 12tönigen, temperierten Stimmung meint enharmon. Verwechslung den „Gleichklang" zweier in der reinen Stimmung verschiedener Töne (z. B. his-c') und die Umdeutung der Harmonien, die besonders in der spätromant. Musik beliebt war.

H. Husmann, Olympos (JbP) 1935; O. Gombosi, Tonarten u. Stimmungen d. antiken Mus., K [2]1950; H. Pfrogner, Z. Theorieauffassung d. E. i. Zeitalter Mozarts (Kb. W) 1958; M. Vogel, Die E. d. Griechen, 1963; G. Albersheim, D. Rolle d. E. i. d. abendl. Mus. (Fs. Wiora) 1967. → Chromatik.

Enkomion (griech. =) Preislied auf den Sieger bei griech. Fest- und Wettspielen, mit Instrumentalbegleitung (→ Phorminx, Lyra, Aulos) gesungen; später allgemein Huldigungsgedicht od. -lied.

Ensalada (span. = Salat), aus verschiedenen Melodien zusammengesetzte Komposition (→ Quodlibet) in Spanien Anfang 16. Jh.

Ensaladilla (span.), ein aus → Villancicos gebildetes → Quodlibet des 16.–18. Jh. in Lateinamerika.

Ensemble (frz. = zusammen), im Ggs. zum Sologesang oder -spiel, Chorgesang oder Orchestervortrag die Darbietung mehrstg. Vokal- od. Instrumentalmusik mit einzeln od. gering besetzten Stimmen und die ausführende Gruppe. Das Vokal-E. tritt in den Akten, vor allem im Finale der Oper auf und ist meist konzentrierendes Handlungselement. Es stellt höchste Anforderungen an die Sänger, die sich in den Zusammenklang einordnen und zugleich den Charakter ihrer Rolle deutlich machen müssen. Das setzt das „stehende" (stets gleich besetzte) E. voraus, wie es bei großen Bühnen möglich ist. – Ein Instrumental-E. ist z. B. das Streich- od. Bläserquartett. Die Bez. E. wird auch für Volkstanzgruppen gebraucht.

E. Dent, E. and finales in 18th cent. Ital. opera (SIMG) 1909/10; B. Paumgartner, Das instr. E. v. d. Antike bis zur Gegenw., Z 1966; V. Ravizza, Das instr. E. von 1400–1550 in It. (PSMG), Bern 1970; D. Kämper, Stud. zur instr. E. mus. d. 16. Jh. in It. (Annales musicol. 10) 1970.

Entlehnung, Verwendung musikalischer Gedanken aus dem Werk eines anderen Komponisten, wobei die Entscheidung schwer od. unmöglich ist, ob Diebstahl (→ Plagiat), bewußtes (→ Parodie 2, → Travestie) od. unbewußtes Zitat (Reminiszenz) od. freie schöpferische Weiterbildung, schließlich reine Duplizität des Einfalls vorliegen. War der Begriff E. ursprüngl. so weit, daß ganze Instrumental- und Chorsätze (z. B. Parodie 1) übernommen und weiter verarbeitet, die Übernahme und Variation sogar als Ehrung gedacht und verstanden wurden, so wurde er bis in die Neuzeit immer schärfer eingeengt, daß vielfach schöpferische Entwicklung durch Rechtsfragen gebunden scheint, obwohl das → Urheberrecht die freie Benutzung zuläßt. Bewußte E. von Themen oder Akkordfolgen findet sich z. B. bei Mozart (Klaviersonate a-moll KV 310; E. aus der Sonate op. 3 von H. J. Hüllmandel), Gluck (*Iphigene auf Tauris*; 16 Takte nach der Gigue in J. S. Bachs Partita B-dur), Beethoven (Kopfthema der *Eroica* nach Mozarts *Bastian und Bastienne*), E. Korngold (in *Die tote Stadt*; nach Meyerbeers *Robert der Teufel*), Debussy (*Golliwog's Cake Walk*; E. aus Wagners *Tristan*), J. Weinberger (in *Schwanda der Dudelsackpfeifer*; E. nach Smetana), Strawinsky (Pulcinella; E. nach Pergolesi), Schlager der 1920er Jahre: *Was machst du mit dem Knie, lieber Hans* (E. aus Reger, Streichquartett). – Irreführung od. Fälschung sind gegeben, wo das Werk des anderen bewußt als eigenes bezeichnet wird: Bononcini gab 1731 ein Madrigal Lottis als seines aus. Unklar ist noch, ob W. Fr. Bach irrtümlich od. absichtl. Werke seines Vaters J. S. Bach als eigene und umgekehrt eigene als die seines Vaters ausgab. → Arrangement, Bearbeitung, Collage.

W. Tappert, Wandernde Melodien, 1890; H. Nitze, D. Recht an der Melodie, 1912; Baumann, D. Urheberrecht an d. Melodie u. ihre freie Benutzung, Aarau, 1940; C. Kühn, Das Zitat i. d. Mus. d. Gegenw., 1972; → Collage.

Entr'acte (frz.). Zwischenaktmusik. → Intermezzo.

Entrada (span.), **Entrata** (it.) → Intrade.

Entrée (frz. = Beginn, Eingang), Tanzauftritt im frz. → Ballet de Cour des 17. Jh.; Instrumentalstück, häufig marschartig, während dessen die Tänzer die Bühne betreten (z. B. J. P. Rameau, *Castor und Pollux*). In Rameaus Opern ist die E. Bestandteil der Handlung. In der Instrumentalsuite dient sie als Einleitungssatz nach Art der Ballett-E., die am Anfang jeder Szene stehen.

Entremés (span. = Zwischenspeise), Einschub; in Spanien kurzes, szenisches, meist heiteres Zwischenspiel, auch in ernsten Stücken; im 14., 15. Jh. auch in Frk. (*entremets*) zu Bankett und Tournier; Blütezeit im 17. Jh. (z. B. Calderón). → Intermezzo.

Enzyklopädie → Musiklexikon.

Epilog (griech. epilogos = Nachrede), Nachspiel, das nach Art der → Coda dem 2. Thema im Sonatensatz angefügt ist (→ Exposition); in der Oper die Schlußbetrachtung; auch Huldigung (→ Licenza 1).

Epinette (frz., von ital. *spinetta* =) frz. Name für → Spinett (daneben auch → *virginal*). – *É. des Vosges* (= Vogesen) → Scheitholz.

Epinikion (griech. = Siegeslied), altgriech. Triumph-, Preislied (Chor m. Instr.) für den vom Festspiel heimkehrenden Sieger.

Episode (griech. *epeisodion* = Einschub; das Auftreten der Schauspieler zwischen den Chorteilen des griech. Dramas), Intermezzo; das Zwischenspiel in Fuge und Rondo; Einschub in der Oper.

Epistel (griech. *epistole* = Brief), die im christl. Gottesdienst im Rezitationston vorgetragene Lesung aus der Bibel (bes. Paulusbriefe); mit melismat. Wendungen (Kadenzen) bei Textabschnitten. Die E. wurden ursprüngl. in Neumen fixiert, in nichtliturg. Hss. liniert, wobei reichere Formen auftreten;

immer deutlich unterschieden von → Psalm und → Evangelium. Luthers *Dt. Messe* von 1526 bietet 2 Modelle.

P. Wagner, 1911/21; O. Brodde, Evgl. Choralkunde (Leiturgia 4) 1961; T. Göllner, Die mehrstg. liturg. Lesungen, 1969.

Epitaph (griech. *epitaphios* =) Leichenrede, Grabschrift; z. B. T. Szeligowski, E. (1948, für K. Szymanowski), V. Bräutigam, E. für M. Kolbe (1981, Orgel); vgl. → Tombeau.

Epithalamium (lat. von griech. = zum Brautgemach gehörig), griech. Hochzeitsmusik, Lied; so im 16. Jh.; allgemein auch: Festmusik.

Epos (griech. = das Erzählte), Verserzählung von Abenteuer, Heldentum, Liebe; epische Großform; schriftl. überliefert; ursprüngl. gesungen od. im Sprechgesang rezitiert; oft mit festem Versmaß und/od. gefestigt durch wiederholte Teile (Refrain) und Formeln; von → Dichtersängern (Volkssängern) verfaßt und dargeboten; aus verschied. Kulturbereichen und Entwicklungsstufen übernommen, weitergegeben und fortentwickelt (z. B. *Gilgamesch*-E., ca. 2 Jahrtsd. vor Chr.). Im Ggs. zu den frühen abendländ. Epen – z. B. von Homer (*Ilias, Odyssee,* ca. 700 vor Chr.) und Vergil (*Aeneis,* 1. Jh.) und großen höfischen Dichtungen (etwa seit dem 12. Jh.), u. a. von Wolfr. v. Eschenbach, Gottfr. v. Straßburg, Hartmann v. Aue od. dem georgischen E. *Der Mann im Pantherfell* von S. Rusthaveli (mit georg., pers., arab., ind., chines. Motiven) – blieben die Verfasser der aus verschiedenen Sagenkreisen stammenden Volksepen unbekannt (z. B. *Edda, Beowolf, Nibelungenlied,* → Chansons de geste). Einige erhielten ihre heutige Form im 19. Jh., z. B. das finn. *Kalevala* (1833/49 durch E. Lömrot), die estn. *Kalevipoeg*-Sage (1850/55 durch F. R. Kreutzwald). → Ballade, Bylina, Dastān, Duma.

A. Heusler, Lied u. E. i. german. Sagendichtung, 1905, [2]1956; J. Meier, Werden u. Leben d. Volksepos, 1909; D. Treder, D. Musikinstr. i. d. höf. Epen d. Blütezeit, 1933; Th. Frings, D. Entsteh. d. dt. Spielmannsepen (Zs. f. Geisteswiss.) 1939/40; K. Wais, Frühe Epen Westeuropas, 1953; E. Jammers, D. ma. dt. E. u. d. Mus. (Heidelb. Jb. I) 1957; H. Riedel, Mus. u. Mus.-Erlebn. i. d. erzähl. dt. Dichtung, 1959; W. J. Schröder, Spielmannsepen, 1962; K. H. Bertau, Epenrezitation i. dt. MA (Etudes german.) 1965; H. Brunner, Epenmelodien (Fs. Beyschlag) 1970; A. Belkin, Ruskie skomorochi, M 1975; H. Helgason, D. Heldenlied auf Island, Graz 1980; Vl. Karbusicky, Anfänge d. histor. Überlief. in Böhmen, 1980.

Equiton, Notationssystem, entwickelt und 1958 dargestellt von R. Fawcett; nicht an ein tonales System oder ein Instr. gebunden (→ Klavarskribo). Die Noten der Ganztonskala werden mit weißen (hohlen), die der Halbtonstufen mit schwarzen Notenköpfen dargestellt. Die Tondauer wird demnach nicht durch Schwärzung (oder andere übliche Zeichen), sondern durch gegliederte, bezifferte „Strecken" bezeichnet.

R. Fawcett, E., 1958; E. Karkoschka, Z. Problematik einer temperierten Notation (Fs. Gerstenberg), 1964.

Erhöhungszeichen, → Versetzungszeichen, das die Erhöhung des Tones um einmal einen halben Ton (♯ = Kreuz) oder zweimal einen halben Ton (× = Doppelkreuz) verlangt.

Erniedrigungszeichen, → Versetzungszeichen, das die Erniedrigung des Tones um einmal einen halben Ton (♭) oder zweimal einen halben Ton (♭♭ = Doppel-b) verlangt.

Eroico, eroicamente (ital. =) heldisch, schwungvoll, begeistert.

Erotikon (Eros = griech. Gott der Liebe), Liebesgedicht, Liebeslied.

Erzlaute (it. *arciliuto*), im 16.–18. Jh. Großlaute (*liuto attiorbato*, theorbierte → Laute) mit normal schmalem, kleinerem Lautenkorpus als → Chitarrone u. → Theorbe, langem Hals, doppelchör. (meist Darm-)Saiten; weniger als Fundamentinstr., besser für reich verziertes Solospiel verwendet. Arciliuto war vielfach Sammelbegriff für Großlauten.

Escondido (span. *esconder* = verbergen), seit 19. Jh. argentin. Volkstanz, bei dem zunächst Frauen allein tanzen und die Männer sich verbergen, dann umgekehrt, wechselnd mit dem 2- und 3teiligen Takt.

Escondig (provenzal. = Entschuldigung, Leugnen), provenzal. Strophenlied im MA mit gespielter od. echter Entschuldigung gegenüber der Dame (z. B. bei Bertran de Born, 12. Jh.). → Sirventes.

Eskimogeige → Langspil.

Espirando (ital. =), verhauchend, ausatmend, versterbend.

Espressivo (ital. =) ausdrucksvoll; *con espressione* = mit Ausdruck.

Esquinazo (von span. *esquina* = Ecke), chilen. Huldigungslied (Gruß, Abschied, Weihnachten) mit scharf punktiertem ¾- od. ⁶⁄₈Takt, meist zur Gitarre gesungen; in Chile auch *parabienes* (Glückwunschlied), in Argentinien, Brasilien *serenata* neben allgemein *mañanitas* (Morgenlied).

Estampie (frz.), **Estampida** (provenzal., span.; it. *istampita*; mhd. *stempenie*), Instrumentalstück, (Tanzlied der Spielleute) im 12.–14. Jh.; ähnlich → Lai/Leich und → Sequenz mit fortschreitender Wiederholung, dabei mit gemeinsamer Schlußwendung (Refrain) der Teile, die zuerst offen (*apertum = [ou]vert*), beim zweiten Mal geschlossen (*clausum = clos*) kadenziert. Die musikal. Form ist oft unabhängig vom Text (eine textierte E. z. B. bei Raimbaut de Vaqueiras: *Kalenda maya*). M. Praetorius (Syntagma mus. 3) erwähnt die E. als Instrumentaltanz. Sie steht am Anfang autonomer Instrumentalmusik (älteste Quelle: Ende des 13. Jh.). → Ductia.

P. Aubry, E. et danzes royales (Mercure mus.) 1906; J. Handschin, Üb. E. u. Sequenz (ZfMw) 1929/30; L. Hibberd, E. and stantipes (Speculum) 1944.

Estilo (span., port., von lat. *stilus* = Schreibweise, Ordnung), seit dem 18. Jh. Volksliedtyp, besonders charakteristisch in Uruguay (ab Anfang 19. Jh. auch Argentinien); mit melanchol. Text (in der klass. span. Strophenform der Dezima bzw. deren Variante Espinela) zur Gitarre gesungen; 3tlg. Grundform: 8, 8, 4 Takte: ²⁄₄, ⁶⁄₈, ²⁄₄. Die Nebenform Milonga (ab 2. Hälfte 18. Jh.) – kreolisches Lied in Uruguay/Paraguay, Tanzlied und im 20. Jh. Gesellschaftstanz in Argentinien – entstand aus der einfachen E.-Form (2 × 4 Takte) zur 3tlg. mit rezitativischem Mittelteil (*milonga por e.*);

heute meist mit 10zeiligem Text (Dezima).

Estinto (ital. = erloschen), äußerstes → piano.

Estribillo (span. *estribo* = Stütze, Steigbügel), 1. Refrain am Schluß od. Anfang ma. Strophenformen; → Villancico; – 2. portugies. Volkslied im 6/8-Takt.

Ethnologie, → Musikethnologie, → Vergleichende Musikforschung.

Ethoslehre (griech. *ethos* = Charakter, Natur), der von den Griechen des klass. Altertums entwikkelte Grundsatz der Wechselwirkung zwischen Musik und Sittlichkeit, aus dem sich die Fähigkeit der Musik, sittlich aufzubauen und zu erziehen, ergibt. Dazu sind Rhythmus und Harmonia die aktivierenden Kräfte, die beherrscht werden vom Logos (= Wort, Vernunft) als geistigem Überbau. Die Erziehung richtet sich auf die allgemein musische Bereicherung, die nicht aus handwerkl. Fachunterricht erwachsen kann und jede Einseitigkeit in zweckgebundener Tätigkeit als schädlich für die Seele ausschließt. – Zu dem musischen Gesamtbereich gehörte die Gymnastik. Den Tonarten und -geschlechtern wurde unterschiedl. ethische Kraft zugeschrieben (→ Tonartencharakteristik), u. ihre Bewertung wechselte (Platon, Aristoteles). Nach griech. Auffassung konnte die Musik mit ihrem aus göttl. Ursprung stammenden Ethos auf die Seele einwirken, sie läutern und heilen (→ Musiktherapie).

H. Abert, D. Lehre vom Ethos i. d. griech. Mus., 1899, ND 1968; W. Jäger, Paideia, d. Formung d. griech. Menschen, [2]1954; W. Anderson, Ethos and education in Greek mus., Cambr./Mass. 1966. → Musikästhetik.

Étouffé (frz. = gedämpft), Weisung, sofort die Schwingung bei Pauke, Becken, Tamtam, Saite zu dämpfen. *Etouffoir*: Dämpfung (Klavier).

Etüde (frz. =) Übungsstück ohne feste Form, jeweils mit einem bestimmten Übungsbereich, der in Slgn. systematisch in instruktiver Folge behandelt wird. Der Wert der E. steigt in dem Maße, wie es gelingt, die Hauptaufgabe, techn. Fertigkeit zu vermitteln, mit kompositorischer Meisterschaft zu lösen. Damit erhält die E. zum Nutzwert einen Ausdruckswert, der in der Konzert-E. bei Chopin, R. Schumann, Liszt, Pfitzner vorherrscht. Die Klavierliteratur gibt die meisten Beispiele für E. und verwendet anfangs unterschiedl. Namen, z. B. → Handstück, Toccata, Fantasie, Präludium, Capriccio. Die Bez. E. erscheint vermutl, zuerst für Violine bei Fiorillo (ca. 1793; Berlin: Hummel). Bekannt sind die E. für Klavier von Cramer, Clementi (→ *Gradus ad Parnassum*), Czerny Rubinstein, Skrjabin, Debussy, Bartók, Messiaen; für Violine von Fiorillo, Gaviniès, Kreutzer, Paganini, Bériot; für Violoncello von Dotzauer, Grützmacher, Simandl. Orchester-E.n schrieben u. a. Milhaud, Strawinsky, Henze.

E. Gurk, D. Klav.-E. v. Mozart b. Liszt (Diss. W) 1930; R. Häfner, Die Entw. d. Spieltechn. u. d. Schul- u. Lehrwerke f. Klavierinstr., 1937; L. Hesse, Sonatine u. Handstück f. Klav. (Diss. Freibg.) 1941; F. Goebels, D. moderne Klav.-E. (Mus. i. Unterr.) 1952; W. Georgii, Klaviermus., Z [4]1965; D. Themelis, „Etude ou Caprice" (Entstehungsgesch. d. Violin-E.) 1967.

EUOUAE, die Vokale (Kadenzbuchstaben) der beiden letzten

Worte der → Doxologie (*seculorum, amen*), gesungen am Ende der Schlußformel zum Psalmenvers, zugleich hinführend zur Antiphon. → Differenz.

Euphon (griech. *euphonos* = wohlklingend), von E. Chladni um 1790 gebautes Glasstabinstr., der → Glasharmonika ähnlich klingend: mit feuchtem Finger zu streichende Glasstäbe, die ihre Schwingungen auf mit ihnen verbundene, abgestimmte Metallstäbe übertrugen; bis Mitte des 19. Jh. in Gebrauch. → Klavizylinder.

Euphonium (griech. *euphonos* = wohlklingend), 1. → Bariton (2); – 2. E., Euphon(e), Euphonia: Name verschiedener Orgelregister: mit durchschlagender Zunge (E.-Klarinette, -Horn) od. labiales Doppelregister (Flöte + Gambe).

Euterpe, in der griech. Mythologie die → Muse des Flötenspiels und des lyr. Gesanges; meist mit → Aulos dargestellt. Seit dem 19. Jh. häufig Name von Gesangvereinen.

Evangelium (griech. *euaggelion* = frohe Botschaft), die im Neuen Testament vereinigten Berichte des Matthäus, Markus, Lukas und Johannes und: 1. ihr rezitativischer Vortrag im Gottesdienst, der Perikopenordnung folgend; in der kathol. Messe gemäß dem Evangeliar, wo durch Akzente die Textabschnitte mit den kadenzierenden Wendungen im Lektionston angedeutet sind. Im evgl. Gottesdienst bestimmt das E. Gemeindegesang und Predigt. In den reicher gestalteten der beiden von Luther in der *Deutschen Messe* (1526) vorgesehenen Muster ist für Christus, den Evangelisten und für die übrigen Personen je ein anderer Lektionston (→ Tuba 3) angegeben. In der späteren Agende erscheint die einfachere Form. – 2. Vertonung des E.-Textes (→ liturg. Drama, Motette, Kantate, geistl. Konzert, Oratorium); ursprüngl. (und in neuerer Zeit wieder) als Verkündigung, später als konzertante Darbietung.

H. J. Moser, D. mehrstg. Vertonung des E., 1931, ND 1968; O. Brodde, Evgl. Choralkunde (Leiturgia 4) 1961; T. Göllner, D. mehrstg. liturg. Lesungen, 1969.

Evirato (ital. = entmannt), → Kastraten.

Exequien (lat. *exsequiae* = Leichenzug, Leichenfeier), Totenfeier nach kirchl. Ritus, musikal. ausgestaltet. (Erstes dt.sprachiges, protestant. Requiem: H. Schütz, *Musikal. E.,* 1636 für Fürst Heinrich von Reuß.)

Exotische Musik (griech. *exotikos* = fremd), dem „abendländ." Verstehen fremde Musik früherer od. noch bestehender Kulturen, ihre Kunst- und Volksmusik auf verschiedenen Entwicklungsstufen, mit deren Musiksystemen und Instr. sich → Musikethnologie und → Vergleichende Musikforschung in Verbindung mit allgemeiner Mw. und Ethnologie beschäftigen.

Exotistische Musik, Musik, die im euro-amerikan. (abendländ.) Kulturkreis geschaffen wurde mit Übernahme von Merkmalen „außereuropäischer", besonders nah- und fernöstlicher Musik; angeregt durch die romant. Vorliebe für den Orient (z. B. F.-C. David, *Le désert,* 1844) und mit dem Wunsch, fremd und geheimnisvoll zu wirken od. einen von Text und Handlung geschaffenen Eindruck musikal. zu verstärken (z. B. Puccini, *Madame Butterfly*; Ketelby, *Auf einem pers. Markt*), wobei das fremde Idiom weitgehend der abendländ. Tradition untergeordnet wird. – Diesem dem Lokalkolorit dienenden Anstrich steht tiefere Beschäftigung mit dem fremden Element gegenüber, wenn etwa der Komponist, ohne zu imitieren, exotischen Texten mit eigenständiger Vertonung neuen Ausdruck gibt (z. B. Bialas, *Indian. Kantate*), meist bestrebt, das abendländ. Tonsystem zu ersetzen, das Klangmaterial zu erweitern, den Rhythmus zu differenzieren. Die Grenzen zur musikal. → Akkulturation sind fließend, die Einflüsse der Kulturkreise aufeinander eindringlicher, je enger das Informationsnetz wird. Entsprechend wurden fremde Erscheinungen bis zur neueren Zeit immer häufiger auswählend od. ganz verarbeitet: Janitscharenmusik (Mozart), Gamelanmusik (Debussy), japan. und ind. (Messiaen), afrikan. (Steve Reich) nah- und fernöstl. Elemente (Popmusik).

G. Capellen, Ein neuer exotischer Musikstil, 1905; B. Szabolcsi, Exotism in Mozart (Mus. & Letters) 1956; P. Gradenwitz, Mus. zw. Orient u. Okzident, 1977; H. Schaffrath, Exotismen europ. Musik im Vgl. zu außereurop. Vorbildern, 1978. → Jazz.

Experimentelle Musik, wie → Neue Musik insofern vager Begriff, als zum „Neuen" in unterschiedl. Grad das (sofort demonstrierte od. nachträgl. als solches erkannte) Experiment gehört. In der Mitte des 20. Jh. wurde als e. M. (z. T. polemisch) das im Entstehen befindliche Werk (→ Work in progress, → Aleatorik) gesehen, die Skizze, Versuchsanordnung, Zufallsoperation (Cage), allgemein: „synthetische" Musik.

K. Stockhausen, Texte 1, 2, 1963/4; J. Cage, Silence, Cambr./Mass. [2]1967; H. Pousseur, Fragments théoriques sur la mus. expérim., Br 1970; C. Annibaldi, Per una definizione estetica di sperimentalismo mus. (Quaderni d. Rass. Mus.) 1972; D. Schnebel, Denkbare Mus., 1972; M. Nyman, Experimental mus., L 1974.

Exposition (von lat. *exponere* = dar-, vorstellen), 1. In der → Sonate(nsatzform) die Themenaufstellung. Dem Hauptthema (Hauptsatz, auch mit Vorder- und Nachsatz und mehreren Themen) folgt nach themat. gestalteter, modulierender Überleitung der konstrastierende → Seitensatz (Seitenthema, meist Dominante od. Paralleltonart), diesem der Epilog (Schlußthema, meist ebenfalls Dominante od. Paralleltonart, kadenzierend). Doppelte E.: Tutti- und Solo-E. im → Concerto grosso und im Instrumentalkonzert die vielfach unterschiedl. E., mit der das Soloinstr. gegenüber der Orchester-E. weiteres themat. Material einführt. – 2. E. in der → Fuge ist die Vorstellung des Themas durch alle Stimmen.

Expression (lat. *exprimere* = auspressen), beim → Harmonium Register und die von ihm abhängige Spielweise. Ein Ventil leitet den Wind des Schöpfbalges (statt zunächst zum Magazinbalg) in die → Kanzellen und zu den Zungen. Der Ton kann vom Spieler direkt je nach Schnelligkeit und Stärke des Bälgetretens beeinflußt werden. Die Doppel-E. (*Double-E.*, geteilte E.) des Kunstharmoniums teilt dabei die Windzufuhr, so daß nur Diskant- oder Baßstimmen oder beide gemeinsam betroffen werden.

Expressionismus (lat. = Ausdruck), antinaturalist. Kunststil, in der Malerei Anfang des 20. Jh. entwickelt (Nolde, Kokoschka, Pechstein, Schmidt-Rotluff), mit den Gruppen und Organen *„Die Brücke“, „Der Sturm“, „Der blaue Reiter“*; von der Lit. (nach 1917 z. T. mit politischer Tendenz) übernommen (Trakl, Heym, Werfel, Toller); in der Musik Übergang zur Neuen Mus. mit verschiedenen Stadien, in denen sich der E. zunächst als dt. Strömung (konzentriert auf den Süd- und Südostraum) gegenüber dem frz. → Impressionismus zeigt. Der E. war Ausdruck der Krise im Verhältnis des Individuums zur Umwelt, entstand aus Protest gegen den Schematismus der Bürgerlichkeit und in der Umschichtung der Werte im 1. Weltkrieg, in Revolution und Wirtschaftskrise. In der Frühzeit (etwa seit A. Schönberg, *Pelleas und Melisande,* 1902; Skrjabin, 4. Sonate) ist er ichbezogen in übersteigertem Affekt, den er unmittelbar in kontrastreicher Dynamik ausdrückt mit scharfen Dissonanzen, schnellem Wechsel der Harmonien und Motive sowie homophoner mit polyphoner Schreibweise. Extreme Lagen werden bevorzugt, so daß die Melodien auseinanderfallen, aphoristisch nebeneinanderstehen, Akkorde und Einzeltöne autonom sind und jeder vom anderen in Artikulation und Dynamik unterschieden ist. Der Rhythmus ist frei, mündet aber oft in mechan. Wiederholung, zumal im Ausdruck dämonischer, mythischer, magischer Zusammenhänge. Er wird wie alle musikal. Elemente aus der bisherigen Verflechtung gelöst, isoliert und auf das Wesenhafte konzentriert, abgeleitet aus dem neuen Kunsttanz (Jaques-Dalcroze, Wigman, Laban, Bode), aus dem rhythm. Dualismus zwischen Baß- und Oberstimmenbewegung im → Jazz und aus den Metren der südosteuropäischen Folklore, darin Melodik und Harmonik gegenüber der Rhythmik zurückstehen (Bartók). Wie Melodie und Rhythmus ist auch die Harmonie ursprüngl. autonom und im Spätwerk Regers und Frühwerk Bergs mit gesteigerter Chromatik und Scheinpolyphonie, verliert aber ihre Selbständigkeit in der weiteren Entwicklung zu polyphonen Formen (Kanon, Fuge bei Berg und Schönberg) und zu einer Schichtung verbindungslos im Ganzen verlaufender Linien. In dieser Hauptphase (Schönberg, *Buch der hängenden Gärten,* 1908; Busoni, *Berceuse élégiaque*) eines neuen Ordnungsstrebens im E. tritt an die Stelle der individuellen Aussage die Verdichtung auf den Kern des Typischen (Strawinsky, Bartók), die bisher athematisch, scheinbar ohne Beziehung stehenden Töne werden in der Zwölftonmusik (→ Dodekaphonie) in eine neue, gleichwertig vertikal wie horizontal gültige Bindung gestellt. Die im → Futurismus systematisierte Geräuschmusik wird im differenzierten Schlagsatz durchorganisiert. Der expressionist. Spätstil (Schönbergs 12-Tonwerke; Berg, *Wozzek,* 1925; Bartók, *Mikrokosmos,* 1926 ff.; Webern, Sinfonie, op. 21, 1928) führt den Prozeß der Objektivierung und Vergeistigung fort, jetzt mit fester Konstruktion und geschlossenem Satz mit regelmäßiger Intervallbewegung, bevorzugtem Quartenbau der Harmonie (Bartók, Skrjabin) und rhythm. Motiven. Die Beurteilung des E., seiner zeitlichen Grenzen, Stufen und Überschneidungen ist uneinheitlich. Seine Hauptvertreter sind A. Schönberg, A. Berg, A. v. Webern, während F. Busoni, E. Krenek, A. Honegger, K. Weill, Ch. Ives periodisch dem E. angehörten. K. Stockhausen, H. W. Henze, H. Pousseur, P. Boulez u. a. werden in Verbindung gesetzt mit dem Frühstil des E. und oft als Neoexpressionisten bezeichnet.

A. Schering, D. expr. Bewegung i. d. Mus., in: M. Deri (Hg.), Einf. i. d. Kunst d. Gegenwart, 1920, ND 1974; E. Krenek, Üb. neue Mus., W 1937; T. W. Adorno, Philos. d. Neuen Mus., 1949, NA 1972; G. Lukacs, Größe u. Verfall d. E. (Probleme d. Realismus) [2]1954; L. Rognoni, Espressionismo e dodecafonia, Turin 1954; H. F. Redlich, L'espressionismo e Schönberg, Bologna 1965; R. Brinkmann, Schönberg u. d. expr. Ausdruckskonzept (Schönb.-Kongr.) W 1976. → Atonal, Neue Musik.

Extemporieren (lat. *ex* = aus; *tempus* = Zeit), aus dem Stegreif vorgetragen, im Augenblick erfinden; → Improvisation.

F, 1. Ton-Name; in roman. Sprachen u. russ. *fa.* – Die F-Linie im entstehenden Liniensystem (→ Neumen) wurde farbig gezogen (rot) od. z. B. durch den Buchstaben f bezeichnet, aus dem sich der heutige → Schlüssel entwickelte. – 2. F, f im Dur-Moll-System: F-Dur, f-moll. – 3. Abk.: f, ff = forte, fortissimo.

Fa, die 4. Silbe der → Solmisation; → F (1).

Faburden (engl.), 1. die neben dem engl. → Discantus (unter Einfluß der burgund. Musik?) im 15. Jh. entstandene, dem → Fauxbourdon ähnliche Unterstimme eines 3stg. Satzes zum geistl. Cantus firmus (Mittelstimme), unter dem sie sich in Quinten u. Terzen (in Oktaven und Sexten zur Oberstimme) bewegt. Die Herkunft des Wortes ist unsicher. – 2. In Engl. noch heute Bez. für den 4stg. gesetzten Choral mit Cantus firmus (Tenor). – 3. → Bordunbaß (z. B. → Sackpfeife: → Drone).

G. Reese, Mus, in the Middle Ages, NY 1940; ders., Mus. in the Renaiss., NY [2]1959; F. L. Harrison, F. in practice (MD) 1962; D. Hoffmann-Axthelm, F. (HmT) 1972.

Fado (portug.), schwermütiges, sentimentales Lied zur Mandoline (Gitarre), mit Dur-, Mollteil und Instrumentalritornellen. Es wurde vermutl. aus Brasilien übernommen.

Fagott (von it. *fagotto* = Bündel; span. *fagot*; frz. *basson*; engl. *bassoon*), 1. Holzblasinstr. m. Doppelrohrblatt und wegen seiner Länge geknicktem Rohr. In den 4 Oktaven des Tonumfangs wechselt der Klang bei gleichem Grundcharakter in erstaunlicher Vielseitigkeit: in der Tiefe bombastisch, in der Mittellage und höher werdend: anmutig u. gefühlvoll, in der Höhe, vor allem bei schnellen Läufen, komisch, grotesk. Die Praxis, mehrstimmige Vokalwerke auch instrumental aufzuführen, und die stetige Erweiterung des Klangraumes machten die Unzulänglichkeit der Blockflötenfamilie deutlich und zeigten die Notwendigkeit eines tieferen Blasinstr. Bestehende Elemente aus Blockflöte, Pommer, Krummhorn und Dulcian wurden zum Bau des F. genutzt. Für die Annahme, seine Erfindung gehe auf das mit Gebläse versehene, 2rohrige → Phagotum des Afrano degli Albonesi (um 1520) zurück, fehlen gesicherte Belege. Nach wesentl. Verbesserungen durch C. Almenräder, J. A. und W. Heckel entspricht das F. seit dem 19. Jh. den Anforderungen im Orchester. Das frühere Generalbaß-Instr. wurde in Opern- und Militärmusik aufgenommen. Seit 1700 ist es Solo- und Kammermusikinstr. A. Vivaldi, Graupner, J. S. Bach setzten es solist. ein; Mozart schrieb ein F.-Konzert; Berlioz, Wagner, R. Strauss nützten die klangl. Vielfalt des F. lautmalend. Strawinsky und Hindemith nahmen es wieder als Solo-Instr. – Neben dem F. (Baß) hat sich aus der früheren F.-Familie in der allgem. Praxis nur das Kontraf. gehalten mit den Verbesserungen durch Heckel (1877). Es ist schon 1620 bei M. Praetorius erwähnt. Das älteste erhaltene (Rohrlänge 4.50 m) baute 1714 A. Eichentopf (Nordhausen). – 2. Register der Orgel (32', 16', 8') mit aufschlagender Zunge; F.-Oboe (16', 8').

W. Heckel, Der F., 1899; L. G. Langwill, The bassoon and double bassoon, L 1947; A. Reimann, Stud. z. Gesch. des F. (Diss. Freibg.) 1956; P. R. Lehmann, The harmon. struct. of the tone of the bassoon (Diss. Michigan) 1962; J. Meyer, Die Klangspektren von F.en (Musikinstr.) 1963; W. Jansen, The bassoon, 3 Bd., Buren 1978ff., G. Jopping, Oboe u. F., 1981.

Fagottgeige, Streichinstr. im 17., 18. Jh. (Viola da spalla) mit näselndem Klang (zwischen Cello und Viola); Bei L. Mozart erwähnt.

Falala-Lieder, Tanzlieder, im MA 1stg., zur Zt. der Blüte im 16. und 17. Jh. mehrstg., charakterisiert durch den Kehrreim auf die ital. Klingsilben Fala; in Balletti, Villanellen und Madrigalen bekannt (z. B. von Gastoldi, Vecchi, Lasso, Morley, Hilton, Haßler, Staden, Widmann, Friderici).

Falsa musica (lat. = falsche M.), → Musica ficta.

Falsett (ital. *falso* = falsch), die männl. Kopfstimme. Sopran- und Altpartien wurden in der geistl. Musik bis ins 17. Jh. noch mit Falsettisten (*tenorini, alti naturali* im Ggs. zu den *voci artificiali*, den Stimmen der → Kastraten) besetzt. In der weltl. Musik wurde die Frauenstimme Ende des 18. Jh. gleichberechtigt. Die Oper im 19. Jh. bevorzugte die F.stimme für komische Rollen. → Register, Fistelstimme, Jodeln.

H. J. Moser, Renaissance des F.ierens (D. Stimme), 1928.

Falsobordone (italien. = falscher Baß), 1. → Fauxbourdon; – 2. im 16. Jh. in Italien der 4stg. Satz Note gegen Note im Ggs. zu den schemat. Parallelen des F. im 15. Jh., bei dem eine Mittelstimme zu 2 vorhandenen Stimmen improvisiert wurde.

D. Hoffmann-Axtfeld, Faburden (HmT) 1972; M. Bradshaw, The falso bordone (Musicolog. Stud. and Docum.) 1978.

Fancy, Fantasy (engl. =) → Fantasie; engl. Instrumentalstück (besonders für Viola, Violinen; → Consort) im 16., 17. Jh. (u. a. von Morley, Jenkins, Purcell); nahe Ricercar und Toccata. Gegen Ende des 17. Jh. wurde die F. durch strengere Formen (Triosonate) ersetzt, und der Name verschwand. → In Nomine.

E. H. Meyer, D. Kammermus. Alt-Englands, Lg 1958.

Fandango (span.), Lied und Tanz in Spanien; im ¾-, ⅜- od. ⅝-Takt, mit von → Kastagnetten geschärftem Rhythmus. Der F. ist weit verbreitet und hat zahlreiche landschaftl. Varianten (Malagueña, Rondeña, Murciana, Granadina). Für die Intrumentalmusik bei Lied oder Tanz werden in erster Linie Gitarre oder → Galoubet mit Tamburin oder Schalmei eingesetzt, jeweils mit Kastagnetten. Aus den Instrumentalritornellen zwischen den Strophen hat sich ein eigener F.-Stil mit charakterist. Formen in der span. Klavier- und Gitarrenmusik entwickelt. Hauptthema des F. ist die Liebeswerbung (span. *fandanguero* = Liebhaber). Gelegentlich unterbricht ein rhythm. freies, improvisiertes Sololied die Steigerung in Dynamik und Tempo des kollektiven Paartanzes. F.themen wurden in der Kunstmusik zitiert u. verarbeitet, z. B. von Albéniz, de Falla, Rimskij-Korsakov.

Fandanguillo, 1. span. Volkstanz, vereinfachter → Fandango; – 2. improvisiertes span. Sololied mit Gitarrebegleitung.

Fanfare (frz.), 1. einwindige, lange Naturtrompete (Herolds- od. F.n-trompete in Es) und Trompetensignal; – 2. Jagdstück: 6/8-Takt, meist für 2 Hörner (Bicinium); – 3. Einzelstück für Blechblasinstr. (z. B. in Verdis *Aida*); – 4. in Frankr. Name der → Harmoniemusik allgemein, der Militärkapelle im besonderen. Der Name wird aus arab. *al-nafīr* (Mz. *alanfār*) erklärt.

Fantasie (griech. = Vorstellung, Erscheinung), 1. das Darstellungsstreben der Seele, das sich je nach Gemüts- und Antriebslage schöpferisch äußert, z. B. mit Hilfe der Dichtung, der Musik, der bildenden Kunst, deren Mittel zugleich die F. einengen. Der aktiven F. des Darstellens und Formens entspricht die nachvollziehende passive der Einfühlung und Betrachtung (Kontemplation). In der Musik wird gelegentl. F. im weitesten Sinne als Musikalität verstanden. – 2. Instrumentalstück (z. B. Laute, Klavier, Orgel, Orchester), das in einzelnen Teilen od. als Ganzes frei improvisiert erscheint und herkömml. Formen durchbricht. Die F. entwickelte sich im 16. Jh. als Musik für Vihuela, Laute, Gitarre od. Tasteninstr., z. T. mit gegebener Melodie in der Oberstimme und → intavoliert nach Vokalmodellen, auch mit fugierter Exposition des Themas. Die span. und ital. F. stand → Tiento und Ricercar nahe. Bei ihr wechseln stark figurierte Teile mit akkordischen Einschüben ab, bei der frz. (dem Prélude verwandten) F. mit Akkordbrechungen. In England (→ Fancy) entwickelte sich die F. im heutigen Sinne, als die Polyphonie der Instrumentalmotette als Vorbild aufgegeben wurde, tänzerische und folklorist. Elemente Aufnahme fanden, scharf profilierte Themen, fugierte und homophone Teile gegeneinander gesetzt (Gibbons, Byrd, Morley, Bull) und in der letzten Blüte bei Purcell Ende des 17. Jh. noch ital. und frz. Einflüsse verarbeitet wurden. In den Niederlanden waren Sweelinck, in Italien Frescobaldi letzte Meister der F., die nun in → Capriccio, Toccata, Präludium aufging. In Dtl. führte die Entwicklung weiter über Froberger, der ital., frz. nld. und Scheidt, der niederländ. Einflüsse aufnahm, über Pachelbel, Telemann, Muffat, der der F. die Fuge nachstellte, zu J. S. Bach, der alle bisherigen Möglichkeiten der F. darstellte. Sein charakterist. Beitrag war die *Chromatische F.*, die in den rezitativischen Bögen und reichen Modulationen zugleich zum

Beispiel für die weitere Entwicklung wurde, beginnend etwa bei C. Ph. E. Bach. Die F. näherte sich weiterhin der Sonaten- oder Rondoform. Die Verbesserung des Hammerklaviers wirkte sich schon bei Mozarts formbestimmten F. aus, bei Beethoven, der die Satzfolge unterbrach und daher *quasi una fantasia* (op. 27) schrieb, und bei Mendelssohn und Schumann. Analog dem → Lyrischen Stück entstand in der Romantik das F.stück, daneben als virtuose Großform die Opernf. (Liszt), die noch Busoni gebrauchte. Bedeutende Orgelf.n schrieb Reger. Die Orchesterf. steht der Sinfon. Dichtung nahe, erhielt aber in neuerer Zeit wieder strengere Form (W. Fortner: BACH). Während sich die Gattung im 20. Jh. z. T. am Muster der barocken F. orientierte, entstand daneben in der postseriellen Musik die völlig freie Komposition in verschiedensten Besetzungen, meist ohne den Namen F. selbst zu gebrauchen. → Improvisation.

O. Deffner, Üb. d. Entw. d. F. f. Tasteninstr. bis Sweelinck (Diss. Kiel) 1927; E. H. Meyer, D. mehrstg. Spielmus. d. 17. Jh., 1934; E. Ferand, D. Improvis. i. d. Mus., Z 1939; M. Reimann, Zur Deutung d. Begr. F. (AfMw) 1953; D. Launay, La fant. en France jusqu'au milieu du 17e s. (La mus. instr. de la Renaiss.) P 1955; P. Schleuning, Die F. (Musikwerk) 1971; ders., D. freie F., 1973; J. T. Johnson, The Engl. fantasia-suite (1620/60) (Diss. Berkeley) 1971; J.-P. Müller, Le fant. libre ... (Diss. Br) 1972; N. Bergenfeld, The keyb. f. of the Elizab. Renaiss. (Diss. NY) 1978.

Fantasiermaschine, Mechanismus, mit dessen Hilfe das Extemporespiel auf Tasteninstr. so schriftl. fixiert wurde, daß die Aufzeichnung in die übliche Notation übertragen werden konnte (in den verschied. Systemen auch Melograph genannt). Vermutl. unabhängig voneinander arbeiteten J. Creed (vor 1750) in Engl. und J. F. Unger (1752, 1774) in Dtl. an einem derartigen System, bei dem das Spiel auf ein über einen Zylinder laufendes Papierband nach Tonhöhe und -dauer in Linienschrift aufgezeichnet wurde. Nach Ungers Idee baute J. Hohlfeld 1752, von der Berliner Akad. der Wissensch. angeregt, eine „Noten-Schreib-Maschine". Zahlreiche, unterschiedl. Versuche folgten bis ins 20. Jhd. Vgl. → Keyboard.

H. Sievers, D. Extemporirmaschine (Neue Zs. f. Mus.), 1962; P. Schleuning, Die F. (AfMw), 1970.

Fantina, Fantinella (it.), im 16., 17. Jh. it. Tänze mit → Gerüstsatz.

Farandole (provenzal. *farandoulo*), Tanz und Tanzlied, hauptsächl. zwischen Arles und Avignon beheimatet, während die 6/8-Melodie provenzal. Gemeingut ist. Die lange Tanzkette mit Burschen und Mädchen im Wechsel bewegt sich je nach der Phantasie des Anführers in großen Schlangenlinien und Spiralen zum Spiel von → Galoubet und Tamburin. Bizet bringt eine F. in *L'Arlésienne*.

Farbenmusik, Verbindung von Gehörs- mit Gesichtseindrücken u. der Versuch, diese Verbindung systemat. herzustellen. Das Zusammenwirken zweier Sinnesbereiche (Synästhesie, Doppelempfindung) ist bei akust. und optischen Wahrnehmungen eine in der Regel zusammen mit dem → absoluten Gehör auftretende Erscheinung, die verschiedenartig sein kann: Die Farben werden zugleich gesehen (Photismen) oder zum gehörten Klang vorgestellt, oder der vorgestellte Ton verbindet sich mit einer gesehenen Farbe, oder die Vorstellungen von Ton und Farbe verbinden sich. Ein extremer Fall von Farbenhören war z. B. der des Wiener Musikwissenschaftlers R. Lach, der die Halbtöne der Oktave und die enharmon. Veränderungen in unterschiedlichen Farben sah, deren Schärfe periodisch mit seiner Fähigkeit des absoluten Gehörs schwankte. Die systemat. Verbindung von Farb- und Tonskala wurde bei den alten Indern und den Griechen bereits versucht und gehört zum System der *musica mundana* (Weltenmusik, → Sphärenharmonie). Leonardo da Vinci beschäftigte sich damit, und der Jesuit A. Kircher entwickelte eine vergleichende Skala (*Musurgia,* 1750). Spätere Versuche stützten sich auf Newtons Lehre der Farbenharmonie (1704). L.-B. Castel konstruierte in den 1720er Jahren ein Farbenklavier, das rege diskutiert wurde. Im 9. Jh. setzte großes Interesse für die Farb-Ton-Theorien ein. A. Skrjabin regte an, den musikal. Eindruck bei der Aufführung seiner Sinfon. Dichtung *Prometheus* (*Poème du feu,* 1910) zu vertiefen, was 1916 mit auf Leinwand projizierten Farben in New York versucht wurde. A. László entwickelte in den 1920er Jahren ein Farblichtklavier ohne feststehende Ton-Farb-Verbindung, komponierte und schrieb eine Harmonie- und Kontrapunktlehre für Farblichtmusik. Inzwischen wurde der Gedanke auch gewerblich genutzt mit Farblichtspielen, bei denen die Zwischenmusiken im Kino farbwechselnd untermalt wurden, oder bei Wasserkünsten erklang Musik zu wechselnd farbig angestrahlten Wasserfontänen von wechselnder Höhe. Erfolgreicher waren Trickfilme, in denen Musik durch farbige Linien und Formen begleitet wurde (W. Disney). Ähnlich sind die Versuche der Musik- und Kunsterzieher, akustische Eindrücke farblich wiedergeben zu lassen.

A. László, D. Farblichtmus., 1925; G. Anschütz, Farbe-Ton-Forsch., 1927/1931; A. Wellek, Farbenhören, F. (MGG) 1954; C. Loef, Farbe, Musik, Form, 1974; G. Schubert, Klänge u. Farben (Prax. d. Mus.therapie 2) 1982.

Farce (von lat. *farcire* = füllen, stopfen; it., span. *farsa*), 1. Einschub (→ Tropus) in der ma.latein. Liturgie; besonders ab 12. Jh. in frz., span., sizilian. liturg. Büchern; – 2. Schwank, Posse als Einschub in ma. Mirakel- und Passionsspielen (→ liturg. Drama) und im 14.–16. Jh. meist komisches Zwischenspiel (auch selbständig), wohl zunächst in Frankr. (bekanntes Beispiel: *Maistre Pathelin,* 1464), Spanien (J. del Encina), Portugal (G. Vicente). Die frz. F. führte über die Comédie de vaudeville zur → Opéra comique. In Italien (ca. 1740 in Rom: Farsetta; 1768 in Venedig: Farsa) bis 19. Jh. oft 2 Akte od. 2 Einakter (durch ein Ballett getrennt) im Stil der → Opera buffa (Cimarosa, Rossini). → Posse.

Farewell (engl. =) Abschied, Abgang (durch Tod); auch Schlußteil eines Zyklus; im 16./Anfang 18. Jh. engl. Instrumentalstück für Consort od. Tasteninstr. Im 17. Jh. stand F. auch für → Pavane.

Farsa (it., span.) → Farce

Fasola (*Old Engl. Sol-fa*), verkürzte → Solmisation (*fa-sol-la-fa-sol-la-mi-fa*), vorbereitet im 16. Jh.; in Engl. und USA bis 19. Jh. üblich.

Faulenzer, in der Notenschrift → Abkürzungen, meist Schrägstrich mit Punkten bei Wiederholungen von Tonfolge, Figur, Takt.

Fauxbourdon (frz.; it. → *falso bordone*; engl. → *faburden*), Kompositionsweise im 15., 16. Jh., vermutl. zuerst von Dufay angewandt; wesentlich dadurch gekennzeichnet, daß im Ggs. zum → Organum der Cantus firmus in der noch nicht kolorierten Oberstimme (Superius) liegt, in Unterquart-Parallelen dazu eine Mittelstimme (Contratenor) über dem Tenor. Anders als der meist improvisierte engl. → Faburden wurde der F. auf dem europ. Festland notiert (→ *res facta*), wenn auch nur Cantus und Tenor mit dem Zusatz *à f.* od. *falso bordone*. Der engl. → Discantus hatte ferner den (ebenfalls unverzierten) Cantus firmus in der Unterstimme, bei freien (ausgeschriebenen) Sätzen wechselnd in den einzelnen Stimmen. Die engl. Vorliebe für den vollen Akkord mit Sexte (Terz) findet sich im burgundischen F. wieder, und die Annahme wechselseitiger Beeinflussung durch u. auf die in Blüte stehende engl. Musik (z. B. Dunstable) ist aus der Teilbesetzung Frankreichs im 100-jährigen Krieg begründet. Die Entwicklung vom organalen Quintklang zum Vollklang mit Sexte, Terz und Duodezime vollzog sich im 4stg. Satz, der das Harmonieskelett abgab für die weitere polyphone Schreibweise, die im Ggs. zur strengen ma. Linearität die Klangverschmelzung suchte, sie durch Vorhalte verzögerte und zugleich in ihrer Wirkung verstärkte (z. B. Dufay, Missa *Se la face ay pale*). Dagegen widersprach die mechan. Parallelführung der Stimmen dem Streben der franko-fläm. Chorpolyphonie nach freier Deklamation. War hier die Blütezeit des F. bereits in der 2. Hälfte des 15. Jh. vorüber, so zeigt sich in Italien noch bis ins 16. Jh. eine F.-Technik in der 4stg. liturg. Gebrauchsmusik, aus der sich der satztechn. Begriff F. = Falso bordone für einfache, syllabische, homorhythm. Schreibweise Note gegen Note bildete.

H. Besseler, Bourdon u. F., Lg 1950, [2]1974 (Gülke), M. Bukofzer, Gesch. des engl. Diskants u. d. F., 1936, ND 1973; ders., Studies in mediev. and renaiss. mus., NY 1950, ND 1964; R. v. Ficker, Z. Schöpfungsgesch. d. F. (AM) 1951; N. Wallin, Zur Deutung der Begr. Faburden-F. (Kb. Bamberg) 1953; B. Trowell, Faburden and F. (MD) 1959; E. Trumble, F. (Inst. of Mediev. Mus., Wiss Abh. 3) NY 1959; A. B. Scott, The beginning of f. (JAMS) 1971. → Faburden.

Favoriti (it. = Begünstigte), *coro favorito,* der aus dem eigentl. Chor ausgewählte, meist solistisch besetzte Sonderchor, der → a cappella od. nur zum Generalbaß-Instr. singt (z. B. Schütz, *Psalmen Davids*).

Feldstücke, mit Pfeife (+ Trommel), Signalhorn, Trompete od. Fanfare geblasene militär. Signale (wenn mehrteilig: „Posten"). Aus und neben ihnen entstand die Feldmusik, zunächst für Trompeter (z. B. J. Ph. Krieger, *Lustige Feldmusik,* 1704); ab 18. Jh. mit Holzbläsern, später mit Schlagwerk. → Harmonie-, Militärmusik.

Fermate (it. *fermare* = anhalten; it. *fermata/corona*; span. *calderón*; frz. *pause/point d'orgue*; engl. *pause*), die Weisung zum Anhalten der Bewegung, Aussetzen der Zählzeit für eine nicht festgelegte Zeit, meist bis zum doppelten Wert der betr. Note. Das Zeichen wurde (als → Corona) ursprüngl. am Ende der Phrase gesetzt, zugleich als Atemzeichen. In der klass.-romantischen Epoche vielfach zur Taktdehnung verwendet, um Taktwechsel zu umgehen; auch bei F. über dem Taktstrich. In Orchesterstimmen von Solokonzerten Zeichen für den Beginn der → Kadenz, während der die übrigen Stimmen schweigen. Schon im 15. Jh. waren F. am Stück-Ende (Satzende) Zeichen für Halten des Tons, bis alle Stimmen ihren Schluß erreicht haben. Die → Generalpause kann durch F. angewiesen sein.

F. Noske, Bemerkungen z. F. (Mf) 1964.

Fermezza (ital. =) Festigkeit.

Fernsehen (Fernsehmusik), Bild- und Tonübertragung mittels elektromagnet. Schwingungen, in Dtl. regelmäßig seit 1935 (schwarz-weiß; erneuter Beginn 1952; farbig seit 1967). – Musik wird im F. außer als Geräuschkulisse, Untermalung und Pausenzeichen in allen Sparten der Unterhaltungsmusik (Showmusik), Konzert- und Chormusik bei szen. Werken als Incidenzmusik (Schauspiel) oder als die Handlung tragendes Element (Oper, Ballett, Musical, Operette, Pantomime) eingesetzt.

→ Fernsehoper.

Fernsehoper, aus Bühnenaufführungen übertragene od. im Fernsehstudio inszenierte (bereits vorhandene) od. für das Fernsehen im Auftrag komponierte Oper. F. wurden zunächst in den USA (nach verschied. Versuchen in New York, 1948 beginnend mit Verdi, *Otello*; R. Strauss, *Rosenkavalier,* 1949) direkt (live) gesendet. Nach Brittens Kurzoper *Der kleine Schornsteinfeger* (Hamburg 1953) begannen deutsche Eigeninszenierungen von größeren Werken 1960 in Köln (Verdi, *Die Macht des Schicksals*). In den USA wurde die erste eigens für das Fernsehen komponierte Oper 1951 gesendet (Menotti, *Amahl and the Night Visitors*); in Dtl. begann man 1959 mit Posers *Die Auszeichnung*. → Funkoper, Rundfunkmusik.

Abk.: F. = Ferseh(en).
H. Bredow, Vgl. Betracht. üb. Rundf. u. F., 1950; J. Thiel, F.oper – Oper im F. (Universitas) 1964; S. Goslich, D. Mus. im F. (medium) 1965; W. Menningen; F.: Unterhaltungsindustr. od. Bildungsinstitut, 1971; H. Bertz-Dostal, Oper im F., W 1970; H.-Ch. Schmidt (Hg.), Mus. in d. Massenmedien, 1976, ²1981; H. Kreuzer/K. Prümm, F.-sendungen u. ihre Formen, 1979.

Fernwerk, einzelne → Register der Orgel od. ein ganzes Orgelwerk, vom Hauptwerk getrennt stehend od. in gesondertem Kasten untergebracht, um damit die Echowirkung zu erhöhen. Mit dem Hauptwerk ist das F. elektrisch verbunden. Für das genaue Zusammenklingen beider Werke müssen Entfernung (Schallgeschwindigkeit) und raumakustische Verhältnisse berücksichtigt werden. → Echo (3).

Feroce (ital. =) wild, ungestüm.

Festa (Azione) teatrale (it.; span. *musico festejo*), festliche, szenisch-musikal. Darbietung am Hofe im 17., 18. Jh., besonders in Wien, Dresden, Wolfenbüttel-Braunschweig, Barcelona, Madrid (z. B. von Calderón, Cesti, Draghi, Hasse, Schürmann). Sie unterscheidet sich vom → Dramma per musica durch stärkere Vorliebe für Allegorie.

Festschriften zur Ehrung von Gelehrten od. Persönlichkeiten der Musikpraxis, zum Jubiläum von Lehranstalten, Vereinen, Firmen erscheinen als Einzelausgaben od. innerhalb von Periodika und enthalten neben einer (Bio-)-Bibliographie Arbeiten von Kollegen und Schülern (gelegentl. mit festem Themenbereich und entsprechendem Titel). In einigen Fällen sind sie Slgn. noch nicht gedruckter od. schwer zugänglicher Arbeiten des Geehrten. Zu den frühen F. in der Mw. zählen die für H. Riemann (1909) und R. v. Liliencron (1910).

W. Gerboth, An index to mus. Festschriften and similar publications, NY [2]1969; I. Fellinger, Fest- u. Gelegenheitsschr. (MGG 16) 1979.

Festspiele, festliche, mehrtägige Aufführungsfolgen vorwiegend dramatischer Werke (damit unterschieden von den → Musikfesten). Dazu gehören die Olympischen Spiele der Griechen, vor allem die Pythischen F. in Delphi, im MA die Passions-, Oster-, Weihnachtsspiele (→ liturg. Dramen) und weltl. Dramen, in Renaissance und Barock die großen prunkvollen Veranstaltungen der Höfe, meist aus festl. Anlaß (Hochzeit, Geburtstag des Landesherrn) veranstaltet. Am Anfang der noch heute bestehenden F. stehen die in Bayreuth (seit 1876) ursprüngl. Wagner-F., später Bühnenfestsp. genannt), die Münchner F. (1901), die Salzburger (nach den Musikfesten ab 1917 F.), die Glyndebourne Festivals (1934). Nach dem 1., insbesondere nach dem 2. Weltkrieg wurden zahlreiche neue Musikfeste und F. eingerichtet. Die Passionsspiele in Oberammergau (mit der Musik aus Anfang des 19. Jh.) haben ihren Ursprung im ma. geistl. Spiel.

Fidel (Herkunft des Wortes noch unsicher; ahd. *fidula*; fläm. *vedel*; engl. *fiddle,* altnord. *fidla*; – frz. *vielle,* provenzal. *viula*; vgl. → Viola), Streichinstr., heute mit länglichem, beidseitig eingebuchtetem Korpus, Zargen, Schallöchern, Griffbrett mit Bünden; 6 Saiten in Quart-Terz-, auch 4 Saiten in Quintstimmung. Die F. war bis ins 15. Jh. weit verbreitet in Europa und ist wohl mit den arab. → Rabāb-Instr. verwandt. Eine frühe Form zeigt der Utrechtpsalter (um 860). Neben der spatenförm. und der ovalen F. setzte sich im 12. Jh. die eingebuchtete Form durch und blieb als wichtigste bis zum Verschwinden der F. um 1500. Im 20. Jh. wird die F. in vielen (auch neuen) Arten wieder gebaut und auch in Musikschulen verwendet. → Quinton.

Denis, 1944; H. Steger, Philologia musica (Münster. MA-Schriften 2) 1971; M. Remnant, Mus.instr. of the West, L 1978. → Streichinstrumente.

Fiðla, isländ. Streichinstr.; Kastenform, Schallöcher; 2–4 Saiten.

Fieramente, fiero (ital. =) heftig, wild, trotzig; *fierezza* = Wildheit, Ungestüm.

Fifre (frz. =) Querpfeife in der frz. Infanteriemusik, unter Ludwig XIV. durch Oboen ersetzt.

Figuralmusik (lat. *cantus figuralis/figuratus*), „figurierter Gesang", womit zunächst die verschiedenen Notenformen gemeint waren, dann die in kleinere Werte „gebrochene" Melodielinie und der Symbolwert der „Figur" im Sinne der Rhetorik (→ Figurenlehre). Dem rhythmisch ausgeglichenen gregorian. Choral wie dem frühreformator. Gemeindelied stand die F. gegenüber.

Figura obliqua (lat. *obliquus* = schräg, schief). → Ligatur (2).

Figuration, Auszierung der Melodie und/od. Harmonie durch Formeln od. Akkordbrechung (z. B. → Albertische Bässe).

Figurenlehre, das aus der Rhetorik, mit der die Musik seit der Antike verbunden war, übernommene System, mit bestimmten Melodiefloskeln den Sinngehalt der Worte auszudrücken (nach 1600 auch instrumental angewendet). Diese musikalisch-rhetor. Figuren, die seit dem 15. Jh. (Dufay) sichtbar sind, werden in den dt. Kompositionslehren des 17. und 18. Jh. dargestellt (Chr. Bernhard 1708; J. G. Walther 1732), finden einen Höhepunkt in der Symbolsprache bei H. Schütz und J. S. Bach, verlieren sich aber bis auf Reste in den neuen Ausdrucksmitteln der 2. Hälfte des 18. Jh. → Symbol.

H. Brandes, Stud. z. mus. F. i. 16. Jh. (Diss. B) 1935; H. H. Unger, D. Beziehungen zw. Mus. u. Rhetor. i. 16.–18. Jh., 1941, ND 1982; A. Schmitz, D. Bildlichkeit d. wortgebundenen Mus. J. S. Bachs, 1950, ND 1976; F. Feldmann, Mattheson u. d. Rhetorik (Kb. Hamb.) 1956; H. H. Eggebrecht, Zum F.-Begriff der musica poetica (AfMw) 1959; W. Elders, Stud. z. Symbolik i. d. Mus. d. alten Niederländer, Bilthoven 1968; G. Albersheim, D. Tonsprache, 1980; G. G. Butler, Mus. and rhetoric in early 17th cent. Engl. sources (Mus. Quarterly) 1980.

Figurenregister, Registerzüge am Orgelspieltisch, welche die Bewegung von Figuren am Orgelprospekt bewirken: König David, mit Notenrolle dirigierend; Sonne, Mond und Sterne bewegen sich; Engel setzen die Trompeten an; ein Hahn schlägt bei Passionsaufführungen mit den Flügeln. Seite dem 18. Jh. werden solche Figuren an der Orgel nicht mehr gebaut. Sie sind noch bei der → Drehorgel zu sehen.

Filar un suono (it.), **filer un son** (frz.), einen Ton „spinnen", d. h. den gehaltenen Ton gleichmäßig fließen lassen, ohne Atem- und Bogenstrichwechsel (auch bei Wechsel der Tonstärke). Anweisung zunächst des it. → Belcanto (von span. Tenören vervollkommnet), auch auf Streichinstr. übertragen. → Messa di voce.

Filmmusik ist 1. eine dem Filmgeschehen als Begleitung dienende Musik; – 2. eine Musik, die entweder ohne echte Beziehung zur Filmhandlung eingefügt wird (z. B. Schlager, zur Ertragssteigerung bei großem Erfolg, wie 1929 *Sonny Boy* im Tonfilm *Der singende Narr*) od. aus außerfilmischen Formen übernommen wird (musikbiographische Filme, Opern- und Operettenfilme); – 3. eine primär vorhandene oder neu geschaffene Musik, die mit einer sekundären Handlung verfilmt wird, wobei ein solcher → Musikfilm befriedigender gerät, je unpersönlicher das fotografierte Bild ist (ziehende Wolken). Daher ist für ihn auch besser als das Foto das Zeichenbild (Walt Disney, H. Fischer-Koesen) mit genau auf die Musik abgestimmten Bewegungen geeignet und am besten das abstrakte Bewegungsbild, zumal zu abstrakter Musik. – In der Mehrzahl der Fälle wird die F. dienend dort eingesetzt, wo Bild und Wort die Grenze der Aussagekraft erreicht haben und nur die Musik Verbindungen schaffen, die Handlung verdichten, seelische Bewegung vorbereiten und begründen kann. F. setzt Akzente. Sie wird mißbraucht, wenn – wie im Eifer der Tonfilm-Frühzeit oder in schlechten heutigen Filmen – jedes Handlungsteilchen minutiös vertont wird. Hatte sie ursprüngl. lediglich die Aufgabe, die Geräusche der Filmapparatur zu übertönen, wozu das mechan. Orchestrion ausreichte, so erwies sich doch rasch aus der oft lächerlichen Diskrepanz zwischen dargestellter Handlung und Begleitmusik die Notwendigkeit einer Abstimmung. Das besorgte je nach Repertoire und Improvisationsvermögen ein Klavierspieler, den später ein Schlagzeuger zur Geräuschimitation und ein Erklärer unterstützten. Die schnelle Verbreitung des Stummfilms ermöglichte dann den Einsatz von → Salonorchestern, die zunächst ihr Programm aus eigenem Material zusammenstellten, denen aber bald Slgn. von Stücken zur Verfügung standen, die für jede Stimmung und Gelegenheit eingesetzt wurden und F. nach Komponist (unter den ersten G. Becce, E. Meisel) und Verlag uniformierten. Schließlich gaben die Filmgesellschaften Kompositionsaufträge und lieferten den Großstadtkinos mit großen Orchestern die Noten zum Film. Als sich 1929 der → Tonfilm durchzusetzen begann, konnte die künstlerische Entwicklung den plötzlich erweiterten Raum techn. Möglichkeiten nicht ausfüllen, wenn auch jetzt die Musik, von einigen wenigen leistungsfähigen Orchestern ausgeführt, bis in den kleinsten Ort geliefert werden konnte. Die Handlung wurde zu genau und zu grob musikalisch übersetzt. Die Möglichkeit, die Realität des fotografierten Bildes durch Musik zu mildern, wurde nicht genutzt. Gern gewählter Ausweg war der Film, der Singende oder Musikanten innerhalb der Handlung darstellte, so daß sich die F. von selbst anbot. Jedoch setzte sich bald die Erkenntnis durch, daß die unaufdringliche, kaum bemerkte Musik („Backgroundmus.“) sich am besten eignet im Sinne einer neuen Musikdramaturgie, die (nach dem Beispiel bei Wagner, Mahler, Strauss) in den USA vor allem von Korngold (*Robin Hood,* 1938) und M. Steiner (*Vom Winde verweht,* 1939) für den Film herausgebildet wurde. Waren zunächst bewährte Operetten- und Revuekomponisten beauftragt (u. a. P. Abraham, N. Dostal, E. Kálmán, E. Künneke, F. Lehár, R. Stolz), so fand sich neben Th. Mackeben bald eine neue Generation zusammen (u. a. H. Carste, W. Eisbrenner, P. Kreuder, W. Meisel, A. Melichar, W. Richartz, G. Winkler, W. Zillig). Dt. Vertreter der ernsten Musik waren seltener als Ausländer bereit, F. zu komponieren: R. Strauss arbeitete die Musik zum *Rosenkavalier* 1925 für Stummfilm um. Für den Tonfilm schrieben u. a. A. Bliss, A. Copland, W. Egk, W. Fortner, P. Hindemith, K. Höller, A. Honegger, H. Jelinek, A. Chatschaturjan, D. Milhaud, S. Prokofiew, D. Schostakowitsch, Vaughan Williams; vermutlich als erster C. Saint-Saëns (op. 128, 1908). Eine neue, z.T. wirtschaftl. bedingte Phase der F. begann in den 1950er Jahren: kammermusikalische statt großer Besetzung, Bevorzugung des Soloinstr., leitmotivische Zitate (z. B. Vivaldi, Chopin, Satie), elektron. Musik; in den 1960er Jahren Vorliebe f. Popmusik. Musik wurde selbständig innerhalb der Filmhandlung (z. B. *Easy Rider,* 1969); Film- und Plattenindustrie arbeiteten enger zusammen (Langspielplatte). F. wird in der Dt. Kinemathek (Berlin) gesammelt. In der 2. Hälfte des 20. Jh. erfolgten Konzertaufführungen von F. (z. B. 1982 in Berlin: Prokofiew, Eisler). → Tonfilm.

H. Erdmann/G. Becce (Hg.), Allg. Hdb. d. F., 1927; H. Kahan, Dramaturgie des Tonfilms, 1930; K. Bährens, D. Schallfilm, 1939; G. Cockshott, Incidental mus. in the sound film, L 1946; W. H. Rubsamen, Descriptive mus. for stage and screen, Los Angeles 1949; W. Hagemann, D. Film, 1952; R. Manvell/J. Huntly, The techn. of film mus., L 1957, ^{2}1980; Z. Lissa, Formprobleme d. F. (Fs. Fellerer) 1962; dies., Ästhet. d. F., B 1965; U. Gregor/E. Patalas, Gesch. d. Films, 1962; H. A. Thomas, Die dt. Tonf., 1962; H. Eisler/Th. W. Adorno, Kompos. f. d. Film, ^{2}1969; E. Rappe, Encycl. of mus. for pictures, NY 1970; M. Evans, Soundtrack: The mus. of the movies, NY 1975; T. Thomas, Mus. for the movies, L ^{2}1975; M. Marks, Filmmus. (Notes) 1979/80; H. de la Motte-Haber/H. Emons, F., 1980; H. Pauli, F.: Stummfilm, 1981; S. Miceli, La musica nel film, Florenz, 1982; H.-Chr. Schmidt, F. (Mus. aktuell) 1982.

Finale (it. =) Schlußteil, Schlußsatz eines zyklischen Musikwerkes oder Einzelwerk, geeignet zum festl. Abschluß; der Schlußteil eines Opernaktes, vielfach vom → Ensemble vorgetragen u. polyphon reich gestaltet. Rameau schloß den Akt mit dem → Ballett (→ Divertimento), Gluck komponierte den Aktschluß durch. Mit der → Nummernoper verschwand auch das F. (z. B. bei Wagner). A. Berg steigerte und vertiefte die Aktwirkung, indem er mit absoluter Musik schloß (z. B. Passacaglia). Der Schlußsatz der → Suite war meist die → Gigue, in der → Sonatenform (Sinfonie, Konzert, Sonate, Quartett usw.) vielfach ein → Rondo (oft zweithemig im Sonatensatz: Rondosonate, z. B. bei C. Franck) oder Variationen (wie zuvor in Händels Orgelkonzerten). Eine Schlußsteigerung wurde durch Konzentration der Mittel im polyphonen Satz erreicht (z. B. Passacaglia bei Brahms, 4. Sinfonie; Fuge bei Mozart, Jupitersinfonie) oder durch ihre Erweiterung z. B. im Chorf. (Beethoven, 9. Sinfonie; Liszt, Faustsinfonie). Dagegen nannte J. J. Fux den Schlußsatz seiner Partiten (*Concentus musico-instrumentalis* 1701) F., ohne damit eine Zusammenfassung oder Steigerung zu meinen.

Finalis (lat. *finis* = Ende), in den → Kirchentonarten die Schlußnote, nach der die Tonart bestimmt wird. Mit ihr endet der gregorianische Choral. Neben dem Reperkussionston ist die F. der wichtigste Ton der Tonart. Die F. der → authentischen Tonart ist gleich der des gleichnamigen → plagalen Modus.

Fine (ital. =) Ende. Das ausgeschriebene Wort F. steht meist nach Wiederholung (→ Da Capo); *al fine* = bis zum Schluß.

Fingersatz (frz. *doigté*; it. *diteggiatura*; engl. *fingering*), der zweckmäßige Gebrauch der Finger beim Instrumentalspiel und die Anweisung dazu im Notenbild für Saiten-, Blas-, vorwiegend Tasteninstr. Wurden anfangs im Klavier-(Cembalo-)Spiel die 3 Mittelfinger jeder Hand bevorzugt, so setzte C. Ph. E. Bach, der Praxis seines Vaters folgend, auch Daumen und den kleinen Finger ein und ließ nur den Mittel- über den Zeigefinger übersetzen. Der differenzierten Anschlagtechnik am weiter vervollkommneten Klavier wurden die neuen Regeln Clementis gerecht, der den Daumen nicht nur ausnahmsweise zuließ (jedoch noch nicht auf schwarzen Tasten). Die Tonleiter teilte sich im F. in eine Dreier- und eine Vierergruppe, deren erste Töne beide vom Daumen angeschlagen werden sollten. Die Bezeichnung des F. war zunächst nicht einheitl. Während die ältere dt. Markierung die Fingerzählung beim kleinen Finger begann (heute beim Daumen), setzte die engl. Zählung wie für das Streichinstr. beim Zeigefinger ein und bezeichnete den Daumen mit +, was auf den früheren Brauch auf dem Kontinent zurückgeht (z. B. Dussek). Auf Betreiben der aus Dtl. stammenden Pianistin A. Zimmermann († 1925) wurde die inzwischen allgemeine Praxis übernommen. Sie gilt auch für das Orgelspiel, wobei noch *l* und *r* für linken od. rechten Fuß und besondere Zeichen für Spitze und Absatz eingesetzt werden.

Fioriture (it. von lat. *flos* = Blume) → Verzierungen.

Fistelstimme (lat. *fistula* = Röhre), die etwas hauchige Kopfstimme des Mannes, die im Ggs. zum → Falsett, der durch Brustresonanz verstärkten Kopfstimme, nicht im ernsten Kunstgesang gepflegt wird. Dennoch wird sie von Sängern zur Vortäuschung ungewöhnl. Tonhöhe angewendet, gelegentl. in der Operette gewünscht. → Register (1).

Fistula (lat. = Rohrpfeife), mlat. Name für Flöte, Orgelpfeife; z. B. *f. helvetica (militaris)* = Schweizerpfeife (→ Querpfeife).

Flabiol, Fluviol (katalan.), → Einhandflöte (bask. → Txistu; vgl. Schwegel); meist 3(4) Grifflöcher; in neuerer Zeit auch eine Schnabelflöte mit Klappen; häufig im Sardana-Orchester (→ Cobla).

Flachsingen, resonanzloses, flaches Singen ohne charakterist. Merkmal.

Flageolett (frz., engl.; span. *flageolet*; it. *flagioletto*), 1. Holzblasinstr., eine Blockflöte mit 4 Vorder-, 2 Rück-(Daumen-)Löchern; angebl. 1581 von Juvigny in Paris erfunden, jedoch schon früher bekannt; Mitte 18. Jh. in Frk. mit Windkapsel versehen. Dieses Instr. wurde um 1790 in England für das aus der Blockflöte (*Common flute*) entwickelte Fl. (*Engl. flute*) übernommen, das auch als Doppel- u. Tripelfl. gebaut wurde. Die engl. Bauart (mit 6, dann 8 Oberlöchern, auch Klappen, 1 Daumenloch) setzte sich im 19. Jh. allgemein durch und wurde 1890 verbessert zum „Wiener Fl.“. Im 18. Jh. tritt das Fl. im Orchester auch als Piffero od. flauto piccolo auf, nicht zu verwechseln mit der Piccoloflöte des modernen Orchesters. – 2. von Frk. aus seit dem 16. Jh. Labialstimme der Orgel (2’, 1’).
→ Czakan

Flageolett-Töne, Töne, die bei Saiteninstr. (auch in Doppelgriffen) dadurch entstehen, daß der Finger nur schwach die Saite an ihren Hauptteilpunkten (½, ⅓, ¼) berührt. Die Saite schwingt in diesen Abteilungen. Es entsteht ein hoher, pfeifender Ton. Notierung meist durch **o** über der Note. Vgl. → Überblasen.

Flamenco, cante flamenco, Gattung von andalusischen Liedern und Tanzliedern, die gekennzeichnet sind durch den schnellen Wechsel von melodischem und rezitativischem Vortrag, freiem und gebundenem Rhythmus bei unregelmäßigem Tempo. Trotz der häufigen Improvisation treten bestimmte Melodiewendungen, z. T. aus Volksliedern übernommen, immer wieder auf. Unterschieden wird der alte, unbegleitete F. von dem instrumental begleiteten und den Tanzliedern (*danza cantandas*). Der Qualität nach steht der *cante grande* (*hondo, jondo* = *profundo*: tief) als der gehobene dem *cante chico* (klein) gegenüber. Die Herkunft des Namens ist ungeklärt. Der Vermutung, der Name deute auf Flamen oder Zigeuner, fehlt der Beleg.

D. Manfredi Cano, Geografía del cante jondo, Madrid 1955; R. u. A. M. Molina, Mundo y formas del cante fl., ebd. 1963; J. Pemartín, El cante fl., ebd. 1966; A. Gobin, Le fl., P 1975; A. Carillo Alonso, El cante fl. como expresión de liberación, Almería 1978.

Flaschenspiel (frz. *bouteillophone*), eine Reihe abgestimmter Flaschen (verschiedener Dicke od. unterschiedl. mit Wasser gefüllt), meist zweireihig in einem Rahmen hängend; mit Schlegeln zu schlagen; verwendet z. B. von Satie (*Parade*), Kelemen (*Abbandonate*). → Glasspiel.

Flat (engl. = flach), engl.: Vorzeichen ♭ (Erniedrigung des Tones); double flat = Doppel-b; ferner: Absinken der Gesangsstimme(n).

Flatterzunge, Tremolo bei Holzblasinstr., Trompete und Posaune, das ermöglicht wird, wenn der Bläser Zungen-r artikuliert, während er schnelle chromat. Passagen bläst. Die Technik, die schon M. Agricola 1545 erwähnte, wurde von R. Strauss und den Impressionisten wieder verlangt.

Flautando, flautato (ital. = flötend, geflötet), flötenartig zarte Tonbildung bei Streichinstr., wenn der Bogen nicht, wie üblich, in der Nähe des Steges (*sul ponticello*), sondern am Ende des Griffbretts oder über diesem (*sulla tastiera*) streicht. Der weiche, gehauchte Ton entsteht durch den Fortfall der für die Violine typischen geradzahligen Obertöne. Gelegentl. wird F. mit → Flageolett gleichgesetzt.

Flautino (ital.), → Piccoloflöte, → Flageolett.

Flauto (ital. =), → Flöte.

Flauto dolce (it.) → Blockflöte.

Flexaton, im → Jazz verwendetes Schüttelinstr. mit einem in einen Rahmen gespannten Stahlblech, gegen das beim Schütteln 2 Klöppel schlagen. Wird es von der anderen Hand mit Fingerdruck durchgebogen, ist der Ton tremoloartig („gebogen"; engl.: *to flex a tone*).

Flores (lat. = Blumen), in der ma. Musik improvisierte od. feststehende Vokal- od. Instrumentalverzierungen in Anlehnung an das System der Rhetorik.

Flöte, Flöteninstrumente (it. *flauto*; frz. *flûte*; engl. *flute*), 1. Holzblasinstr., bei dem der Ton durch Brechung des Luftstromes an einer scharfen Kante entsteht. Das heute meist aus Holz, Metall od. Kunststoff hergestellte Instr. wurde im Lauf seiner langen Geschichte, die vermutl. mit dem Bambusrohr beginnt, aus verschied. Stoffen gefertigt (Knochen, Metall, Porzellan). Die zahlreichen Formen unterscheidet man nach der Bau- und Anblasart in Längs-, Quer-, Block-(Schnabel-), Kerb- und Gefäßf.n. Dabei ist die Längsf. die älteste Gattung (schon durch Steinzeitfunde belegt, Jägerf.), die im 3. Jahrtausend vor Chr. im ägypt. Musikleben Bedeutung hatte. Von der Zwischenform zwischen der ein- und mehrtönigen F., der → Panf., ist das älteste Instr. aus Peru überliefert. Die → Querf. kennen wir zuerst aus China (9. Jh. vor Chr.). Im Europa des 10. und 11. Jh. waren zwar Längs- (Block- = Kernspalten-) und Querf. bekannt, die Längsf. aber ist zweifellos auch hier die ältere und blieb bis ins 18. Jh. die wichtigere, der gegenüber die Querf. in der Benennung unterschieden wurde (*traverso, allemande*). Innerhalb der F.-Lit. fehlte freilich lange Zeit die genaue Besetzungsanweisung. Das Zusammenspiel beider Arten im Orchester ist erwiesen. Die Querf. blieb als Militärinstr. (→ Schweizer Pfeife, Dt. Pfeife, Zwerchpfeif, → fifre, fistula militaris) bei der ursprüngl. engen Bohrung mit scharfem Ton und immer mit der Trommel zusammen (→ Schwegel). In der → Hausmusik klangen zunächst → Blockf. ebenso wie Querf. Etwa ab Mitte des 18. Jh. wurde die nun verbesserte Querf. bevorzugt, und das Beispiel der Aristokratie (z. B. Friedr. II.) förderte bis um 1800 eine allgem. Modewelle. Die fast vergessene Blockf. bekam im 20. Jh. wieder Geltung. – Andere Kernspaltinstr. sind: → Gemshorn, Flageolett, Czakan und Schwegel (→ Einhandf., Galoubet). Seit 1800 wird die Orchestermusik durch die → Piccolof. ergänzt, die in der → Militärmusik neben die Querpfeife getreten ist. Ein beliebtes Volksinstr. ist seit Ende des 19. Jh. die italien. → Okarina, eine Gefäßf. – 2. F.nstimmen in der Orgel sind Labialregister mit verschied. Namen und unterschiedl. Bauart, 2', 1', (meist Pfeifen genannt), 8', 4'. Eines der seltenen (auch in Spanien bekannten) Querflötenregister (*Flauto traverso*) mit echt nach Flötenart angeblasenen Pfeifen befindet sich in der Orgel zu Lochtum b. Goslar.

D. Ehrlich, The hist. of the flute from ancient times to Boehm's invention, NY 1921; C. Sachs, Geist u. Werden d. Musikinstr., 1929, ND Hilversum 1965; Denis, 1944; H. Moeck, Urspr. u. Tradit. d. Kernspaltenfl. d. europ. Volkstums.. (Diss. Gött.) 1951; H. Veenstra, The classification of the fl. (Galpin Journ.) 1964; SIMP 1, 1969; L. Meierott, Die geschichtl. Entw. d. kleinen Fl.-Typen . . ., 1974; Vertkov, ^{2}1975; N. Toff, The developm. of the modern fl., NY 1979; Chr. Brade, The prehistoric fl., did it exist? (Early Mus. 25) 1982. → Blockfl., Querfl., Czakan.

Flötenuhr, mechan., meist mit einer (Turm-)Uhr verbundenes Spielwerk mit Flötenstimmen, Stiftwalze und Blasebalg, ähnl. der Drehorgel. Kompositionen z. B. von J. Haydn und W. A. Mozart.

Flötenwerk, kleine Orgel, ausschließl. mit Flötenstimmen, ohne Zungenpfeifen; Ggs. → Regal.

Flourish (engl. von afrz. *florir*; lat. *florere* = blühen), 1. Floskel; engl. Instrumentalstück: im 18. Jh. Intonation mit Passagen und Arpeggien zu einem Akkord, improvisiert, später auch notiert und thematisch gestaltet; – 2. Signal, → Tusch mit Fanfare od. Trompete und Trommel, so auch Teil einer Bühnenmusik; bei J. Playford dem Ä. im Sinne von Verzierung gebraucht (vgl. → Flores).

Flügel, Tasteninstr. m. horizontal liegenden Saitenzügen und Hammermechanik (→ Klavier). Der Name bezeichnete schon vor dem Hammerklavier jedes Instr., bei dem die Tasten in Längsrichtung der Saiten verlaufen und das nach der verschied. Länge der Saiten flügelartig geschwungen ist (→ Cembalo). Nach dieser Form wurden auch Instr. mit aufrecht stehenden Saitenzügen benannt (→ Pyramiden-, Giraffen-, Lyraflügel).

Flügelhorn → Bügelhorn.

Fluier (rumän.), **Flojara** (ukrain.), Längsflöte (mit und ohne Kern) in den Karpaten und auf dem Balkan; mit meist 6 Grifflöchern; ähnl. → Tilinka; vgl. → Fujara, Furulya.

Folia, Follia (portug., span. = Narrheit; frz. *folie*; it. *follia*), 1. portugies. Tanz im 15., 16. Jh.; – 2. ein von dem zunächst meist 8-tönigen Baß bestimmtes Harmoniegerüst m. leicht variabler Diskantstimme; freirhythm. od. Sarabanden-Tripeltakt; nahe → Passamezzo, Romanesca, dann → Chaconne, Passacaglia; eine Melodie zuerst 1577 bei Salinas (*De Musica*). Die *Folies d'Espagne* (Mitte 17. Jh.) wurden in ganz Europa beliebt, vielleicht, weil sie ohnehin auf eine gemein-europäische Grundform zurückgehen. Gegen die gleichen Harmoniefolgen der Gitarristen ohne eigentliche Melodie setzten die Musik für Tasteninstr. (in Spanien einschließl. Orgel) und die Orchestermusik brillante Variationsketten zu einem vielfach verwendeten Thema bzw. Rhythmus (Farinelli, d'Anglebert, Vivaldi, Corelli, J. S. Bach: *Bauernkantate,* Cherubini, Liszt: *Rhapsodie espagnole,* Rachmaninow).

A. Moser, Zur Genesis d. Folies d'Espagne (AfMw) 1918/9; O. Gombosi, Zur Frühgesch. der F. (AM) 1936; J. Ward, The F. (Kb. Utrecht) 1952; R. Hudson, The f.dance.. (MD) 1971; ders., The f.melodies (AM) 1973; E. Apfel, Zur F. u. anderen Ostinato-Modellen (Mf) 1975.

Folkeviser (dän. = Volksweisen), ma. weltl. Lied in Dänemark, gesungen im 13.–16. Jh. mit der Blütezeit zwischen 1250 und 1350; Tanzweise 2zeilig mit Kehr- od. Zwischenreim oder 4zeilig mit Refrain; in und von ritterl. Kreisen vorgetragen, meist vielstrophige Erzähllieder nach dem Muster der frz. *Chanson d'histoire* und vermutl. von den Liedern der Trouvères beeinflußt. Engl. Merkmale sind geringer. Eine frühe Slg. wurde 1591 in Adelskreisen angelegt (*Et hundrede udvalgte danske Viser* = 100 ausgewählte dän. Lieder). Alte Volkslieder sind nur in geringer Zahl erhalten geblieben.

Sv. Grundtvig, A. Olrik, u. a., Danmarks gamle F., K 1853–1923ff.; E. Abrahamsen, Eléments romans et allemands dans le chant grégorien et la chanson populaire en Danmark, K 1923; A. Arnholtz, N. Schiörring, F. Viderö, Gamle danske Viser, K 1941/2.

Folklore (engl. *folk* = Volk), das in den Generationen weitergegebene ideelle Volksgut; von W. J. Thoms (London 1846) eingeführter Begriff, der sich international durchgesetzt hat (→ Volkskunde). – In der 2. Hälfte d. 20. Jh. wählten Sing- u. Spielgruppen (z. T. auch im Showgeschäft) Namen wie F., Folksong für Bearbeitungen und Darbietungen internationaler Volkslieder, um sie von einem vor allem im dt. Sprachraum politisch abgewerteten Volksliedbegriff zu trennen. Die neue Musik übernahm gleichzeitig folklorist. Elemente (z. B. Stockhausen, Berio), die → Rockmusik oft Zitate besonders aus fernöstl. Volksmusik. → Liedermacher.

Fontanelle (von lat. *fons* = Quelle), bei älteren Holzblasinstr. eine durchlöcherte Kapsel um das

Rohr, zum Schutz der unteren Klappe(n); so bei Pommer, Flöte.

Forcieren (franz. *force* = Kraft), Singen mit übermäßigem Kraftaufwand, unter Überanstrengung der Kehlmuskulatur, wodurch der Klang eingeengt, die Stimme geschädigt wird.

Forlana, Furlana (slowen. *furlan* = Bewohner von Friaul), schneller Werbetanz in Friaul, wohl slawischen Ursprungs, im 18. Jh. als Volkstanz in Venedig beliebt und von höchstens jeweils 2 Paaren getanzt. Die F. im 6/4- oder 6/8-Takt ähnelt der → Tarantella, steht aber dem serbischen → Kolo näher. Bei Couperin, Telemann, Campra und J. S. Bach erscheint sie etwa der → Gigue ähnlich, später bei Ravel. Vermutl. durch Campra (*L'Europe galante*, 1697) fand die F. Eingang in die frz. Oper, in der sie seither häufig vertreten war (La Barre, Rameau). Der Tanz ist noch heute in Italien (Toskana) bekannt.

J. Ecorcheville, La F. (Soc. Int. de Musicol.) 1914; P. Nettl, the story of dance music, NY 1947, ND 1969.

Form in der Musik ist im engeren Sinn der Bauplan, die Gestaltung, das geistige Ordnungsprinzip, das dem Komponisten zur Darstellung eines bestimmten Inhalts geeignet scheint od. das in Traditionsbindung naheliegt. Damit unterscheiden sich (bei fließenden Grenzen) Formen von Gattungen, die die Musik nach Typen des prakt. Gebrauchs unterteilen, ohne sie dabei einseitig auf ein Schema festzulegen. Sie unterscheiden sich weiter von den durch die künstlerische Konzeption vereinigten Stilmitteln, die das Werk zum einheitl. Ganzen machen. → Stil, Gattung und Form im engeren Sinn wirken ineinander, daß Form im übergeordneten, allgemeinen Sinn entsteht, nämlich die in der Gesamtheit der zunächst chaotischen Tonmaterie nach der Klangvorstellung des Komponisten zu treffende, wählende und gestaltende Ordnung als Voraussetzung der Musik überhaupt. Dabei sind die Klänge im Zugleich und im Nacheinander so geordnet, daß sie über-hörbar bleiben. Wie im Extrem das Zusammenklingen sämtlicher Töne innerhalb des Hörbereichs keine geformte Musik ist, so nicht das Dahinperlen von Tonfolgen, wenn sie nicht den Vollzug der Musik ermöglichen durch Erinnerungsmomente, die der ordnende Geist verbindet. *„Wiederholung des Überschaubaren in überschaubaren Abmessungen ist ein, vielleicht* das *Grundgesetz der F. in der Musik“* (F. Blume). Die Bildung von Schwerpunkten (Zentrierung), die Verteilung von Spannung und Ruhe (Beseelung) gehören zum Wesen der F., der Blume 4 Kategorien gibt: Die im Tonsystem geordnete, noch nicht in einer Melodie gebundene Tonbewegung (Diastematik), das Zeitverhältnis der Klänge untereinander (→ Metrum), das Verhältnis der Stärkegrade (→ Dynamik) und die Eigenart des Zusammenklangs und der Klangfarben (Kolorit). Das gleichwertige Zusammenwirken dieser Kategorien gemeinsam mit Rhythmus, Takt und Tempo ist das Kriterium der F. – Bis ins 18. Jh. wurde die musikal. F. im Zusammenhang mit Spielanweisungen demonstriert (Quantz 1753) oder in Lexika besprochen (J. Walther 1732). Im 19. Jh. wurde die F.nlehre Teil der Kompositionslehre, und erst als die Auflösung der F. offensichtlich war, erschienen die ersten Lehrwerke (Bußler 1878, Jadassohn 1889, Leichtentritt 1911). H. Riemann unterschied einthemige, refrainartige, Werke mit 2 od. mehr deutlich unterschiedl. Themen und die wegen ihrer → Durchführung von ihm als höchst entwickelt gewerteten Werke (→ Sonatenform). H. J. Moser gruppierte 1–3teilige Gleichgewichts-f.en, 2- und 3teilige Steigerungs-f.en und Mischf.en (Fuge, Sonate, Variation, Kirchen- und Kammersonate). J. Müller-Blattau ordnete die reinen (textlosen) Werke in die kontrapunktischen, mit bleibendem Thema (Cantus firmus-Werke, Ostinato, Fuge, zyklische) und die Werke mit liedmäßig umgestalteter Grundsubstanz: 2tlg. Liedf., 3tlg. Barf., 3tlg. Reihen- und Liedf. und zyklische: Suite, Rondo, Sonatenf., Variation. Die „Wort-Ton-F.en" beurteilte er nach dem Verhältnis oder Mißverhältnis zwischen Text und Musik.

H. Leichtentritt, Mus.F.enlehre, 1911, 81971; H. Mersmann, Z.Gesch. des F.begr. (JbP) 1930; H. Eimert, Mus.F.strukturen d. 17. u. 18. Jh., 1932; H. v. Tobel, D. F.enwelt d. klass. Instr.mus., Bern 1935; K. Westphal, Der Begriff d. mus. F. i. d. Wiener Klassik, 1935, ND 1971; E. C. Bairstow, The evolution of mus.f., Oxf. 1943; G. Nestler, Die F. i. d. Mus., 1954; F. Blume, F. (MGG) 1955; A. Hodeir, Les formes de la mus., P 1956; H. Degen, Hdb. d. F.enlehre, 1957; G. Ligeti, Wandlungen d. mus. F. (Die Reihe) W 1960; K. Boehmer, Z. Theorie d. offenen F. i. d. neuen Mus., 1967; H. Erpf, F. als Struktur i. d. Mus., 1967; G. Ratz, Einf. i. d. mus. F.lehre, 31973; H. Lemacher/H. Schroeder, F.enlehre d. Mus., 41974; C. Dahlhaus, Z. Theorie d. mus. F. (AfMw) 1977; P. Faltin, Phänomenologie d. mus. F. (Beih. AfMw) 1979; G. Altmann, Musikal. F.lehre, 1981.

Formant (lat. *formare* = gestalten), t.t. der → Akustik: Frequenzbereich der innerhalb des Klanges eines Tonerzeugers auftretenden Teilschwingungen; ein Element der → Klangfarbe. Beim stärkeren Klang wandert der Bereich auf Teilschwingungen höherer Ordnung (= kürzere Wellenlänge). Zwei F. in einem Klang (z. B. Oboe) stehen in einem die Klangfarbe kennzeichnenden Verhältnis. In der → Mixtur (Orgel) werden F. künstl. erzeugt.

E. Schumann, D. Physik d. Klangfarben (Hab. Schr. Bln.), 1929; H.-P. Reinecke, Experimentelle Beitr. z. Psychol. d. musikal. Hörens, 1964.

Format (von lat. *forma* =) Form, Maß; z. B. des Notenpapiers oder der beschnittenen Druckseite. Von den F.en, die im Buchgewerbe entwickelt und nach der Anzahl der durch die Falzung des Druckbogens erreichten Blätter benannt wurden, konnte der Notendruck nur Quart, Oktav und Sedez übernehmen. Aus der Musikpraxis ergaben sich weitere. Bei der F.angabe wird jeweils die Seitenbreite zuerst genannt. Die hier eingeklammerten F sind heute übliche Varianten. Maße in cm: Quart (4°): 27×34; Bach-F.: 23,5×31 (23,2×30,3); Pariser F.: 19,5× 27,8 (19×27); Oktav (8°): 17×27 (17×24); Orgel-F.: 27×22,5 (quer); Sedez (16°): 13,9× 19,5 (13,5×19; 11×17). Von den seit 1922 bestehenden DIN-F. (Dt. Industrie-Normen) hat sich besond. DIN A5: 14,8×21 für Liederbücher durchgesetzt; weniger häufig werden verwendet DIN A4: 21×29,7 u. DIN A6: 10,5× 14,8.

Formenlehre → Form

Forte (ital. v. lat. *fortis* = stark), laut, kräftig (Abk.: *f*); Steigerung: *fortissimo* (*ff*), *fortefortissimo* (*fff*); – *mezzoforte (mf)*: halblaut; *piú f.*: stärker; *meno f.*: weniger stark; → fortepiano.

Fortepiano (ital.), 1. Vortragsbez. für starkes und sofort schwächer werdendes Intonieren; Abk.; *fp;* – 2. älterer Name des Hammerklaviers (Pianoforte) zugleich Hinweis auf die Möglichkeit, die Lautstärke des Tons zu beeinflussen. → Klavier.

Fortspinnung, in der Komposition die Reihung einzelner, nicht od. kaum verwandter Teile (Motive) im Ggs. zur Umbildung („Entwicklung") verwandter Glieder.

Forza (ital. =) Stärke, Kraft; *con f.* = kräftig; *con tutta la f.* = mit aller Kraft; *(s)forzando* (Abk.: *fz, sfz* oder *rfz*) und → *(s)forzato* (Abk.: *sf*) = mit starkem Ton, stark akzentuiert.

Foxtrott (engl. = Fuchsgang), marschähnlicher, aus Nordamerika stammender Gesellschaftstanz, etwa 1910 aus dem → Ragtime entstanden, nach 1913 allgemein verbreitet, auch in der langsamen (Slowfox) und schnelleren Form (Quickstep). Themen der berühmtesten F. (z. B. *Tea for two, Dinah, Body and Soul*) wurden vom → Jazz übernommen und variiert.

Fp, Abk. von → *fortepiano;* → forte.

Française (französ.), Gesellschaftstanz, der Anfang des 19. Jh. aus Frankr. nach Dtl. kam und sowohl zu 4 Paaren als auch in 2 Reihen getanzt wurde. Er entsprach damit dem → Kontratanz (→ *Contredanse*), den die Franzosen im 18. Jh. als → *Anglaise* aus dem engl. → *Country Dance* übernommen hatten.

Franko-flämische Schule → Burgundische Musik, Niederländ. Schule.

Frauenchor, Gemeinschaft singender Frauen oder Mädchen (mit Mehrfachbesetzung jeder Stimmlage) und das von ihnen a cappella od. instrumental begleitet vorgetragene Werk. Als älteste Werke für F. gelten die → Lauden S. Razzis (1563), für den klösterlichen Nonnenchor geschrieben, während der weltliche neben dem geistl. F. in Italien in den Mädchenkonservatorien Venedigs, in Frankr. in St. Cyr (*Maison Royale*) gepflegt wurde. Entsprechend der sich ändernden gesellschaftl. Wertung der Frau beginnt die Geschichte des F. im heutigen Sinne erst um 1800. Vorbereitet von den → Singschulen (J. A. Hiller, Leipzig, 1771) und durch den Aufstieg der gemischten Chöre, entwickelten sich eher zufällig F.vereinigungen (Berlin, Hamburg, Stuttgart), die sich meist an einen größeren gem. Chor anlehnten und für die komponiert wurde (F. Schubert: Wien, R. Schumann: Dresden, Brahms: Hamburg). Die Oper brauchte den F. ebenso wie den Männerch. Erst Anfang des 20. Jh. erfolgte auch die feste organisatorische Bindung, zugleich mit einer schnellen Ausbreitung der F. Eine zusätzl. Gruppe entstand in den von der Singbewegung angeregten weltlichen und kirchl. Singkreisen. Zahlreiche Komponisten wandten sich in neuerer Zeit dem F. zu. → Gesangverein.

K. Meyer, Der chor. Gesang d. Frau., 1917; E. Valentin, Hdb. d. Chormus., 1953/8; F. J. Ewens, Lex. d. dt. Chorwesens, [2]1960; A. Friedrich, Beitr. z. Gesch. d. weltl. F. i. Dtl., 1961. → Chor.

Free Jazz, nach einer Schallplatte von O. Coleman benannter Jazzstil (nach 1960) mit divergierenden Erscheinungsformen bei gemeinsamer Ablehnung funktionsharmon. Bindung, wobei oft eine tonale Mitte durch die Baßlinie gesichert wurde. Die Kollektivimprovisation mehrerer Instr. (ohne feste Taktzahl) wurde gegenüber der bisherigen Soloimprovisation bevorzugt bei fließenden Grenzen zwischen Komposition und Improvisation. Die formale Einheit wurde ersetzt durch einheitl. Ausdruckselemente in den Teilen. Die Rhythmusgruppe gab Grund- und Gegenrhythmus, und durch den Wegfall der harmon. Bindung entfiel auch die bisher gemeinsame Funktion von harmon. und rhythm. Schwerpunkten zugunsten eines emotional begründeten Akzentgefüges im gemeinsamen Spiel, das den subjektiven Eindruck des Tempos beeinflußte und über dem statische Klänge (Klangflächen) gegen Passagenwerk, diaton. Melodik in Serien von sich weiterentwikkelnden Motiven gegen atonale Klänge standen. Beispiele gaben O. Colemann, J. Coltrane, C. Taylor. Die weitere Entwicklung etwa um 1970 war durch Versuche mit neuen Klängen bei erweitertem Instrumentarium und durch die Vorliebe für afrikanische und arab. Folklore gekennzeichnet (z. B. bei A. Shepp, P. Sanders). → Modern Jazz, → Progressive Jazz.

E. Jost, F. J., 1975; ders (Hg.), Stilkrit. Untersuchungen z. Jazz d. 60er Jahre, 1981; D. Noll, Zur Improvis. im dt. F. J., 1977; H. Kumpf, Postserielle Mus. u. F. J., ^{2}1981.

Frequenz, beim schwingenden Gegenstand die Anzahl der Schwingungen in einem bestimmten Zeitraum; gemessen in Hertz (= Hz = Schwingungszahl pro Sekunde). F.-Analyse (→ Schallanalyse) mißt den Aufbau (Zusammensetzung) von Schwingungen jeweils bei Klängen und Geräuschen. F.schwankungen z. B. bei Holzblasinstr. entstehen beim Einschwingen (Anblasen, Absetzen, Einpendeln des Luftdrucks z. B. bei der Flöte) und bewirken den Eindruck der „Wärme" des „natürlichen" Klanges (im Ggs. zum elektron. erzeugten Klang ohne solche Unregelmäßigkeit). Sie werden beim Orgelbau berücksichtigt (→ Mixtur). → Hören, Ohr.

Frequenzanalyse → Schallanalyse

Fricassée (frz.) → Quodlibet

Friktionsinstrumente (von lat. *fricatio* = Abreiben) klingen durch Reibung; z. B. → Glasharmonika, Klavizylinder, Nagelgeige.

Friszka, Friss (ungar. *friss* = munter, frisch), der schnelle Hauptteil des → Csárdás.

Frosch (frz. *talon*), der Griff des Streichbogens (→ Bogen 4). Durch ein Gewinde mit Stellschraube wird das Bogenhaar gespannt.

Frottola (ital.), volkstümliches ital. Lied zu 3–4 Stimmen, das in der 2. Hälfte des 15. Jh. bis Mitte des 16. Jh. in Blüte stand (zuerst in einem Madrigal von Landino als Ggs. zum Straßenlied auftretend, nach 1480 allgemein gebräuchl.). Auf seinem literarisch gehobenen Zweig fußte das → Madrigal, während sich aus der volkstümlichen Gattung → Villota und Villanella im volkstüml. Zweig entwickelten. Der Anfang ist das improvisiert deklamierend gesungene Gedicht, das sich, an Volksdichtungen anschließend, mit Liebe und Liebesleid, gelegentl. auch moralisierend mit religiösen Stoffen befaßte. Von den verschied. Gattungen dieser gegenüber dem Vorbild gehobenen bürgerl., meist aristokrat. Dichtungen ist die Musik abhängig. Die Hauptquelle, die von Petrucci 1504–1514 herausgebrachten 11 Bücher ital. Vokalmusik, zeigt die Entwicklung der F. und ihre Arten. Vorbilder für die Dichtungen waren Petrarca und Giustiniani. Die Hauptform neben dem aus 8 Zeilen (a b a b a b c c) zu 7 Silben in Jamben bestehenden Strambotto war die Barzelletta, aus der → Ballata entwickelt, aber regelmäßiger im Bau: → Ripresa mit 4 Zeilen zu 8 Silben (a b b a oder a b a b), 1 Strophe mit 6 od. 8 Zeilen (*mutazione*: c d c d, *volta* d a oder d e e a), Refrain als halbe oder ganze Ripresa. Weitere Formen waren Oda, Capitolo, Sonett, Canzona. Die Besetzung wurde meist nicht angegeben. Daß nur die Oberstimme textiert ist (die hier die Melodie bringt: → Superius), läßt zumindest dort, wo die übrigen Stimmen homorhythm. sind, nicht den Schluß zu, daß diese instrumental, jene vokal ausgeführt worden seien. Das ist sicher der Fall, wo in den Unterstimmen Passagen und Sprünge vorherrschen. Vermutl. konnten die Sätze a cappella, von einer instrumental begleiteten Solostimme oder rein instrumental mit Violen, Laute, Streichquartett oder Tasteninstr. vorgetragen werden. Die Unterstimmen sind akkordisch begleitend im homophonen Satz, der auf die spätere Monodie deutet und in Kadenz und Modulation schon den späteren Tonalitätsbegriff zeigt. Der Takt ist 2-, am Schluß manchmal 3teilig, die Textverteilung einfach syllabisch. Besondere Pflegstätten der F. waren in Mailand, Mantua, Verona, Ferrara, Padua, Venedig; bedeutende Komponisten: M. Cara, B. Trombocino, M. Pesenti, S. u. C. Festa, G. Porta. Die oft lautmalende Musik bleibt auch bei gehobenen Texten volkstümlich. Sie ist strophisch im Ggs. zum durchkomponierten Madrigal. → Kanzone (1).

R. Schwartz, Die F. im 15. Jh. (VfMw) 1886; A. Pirro, Les f. et la musique instrum. (Rev. de musicol) 1922; A. Einstein, Das 11. Buch der F. (ZfMw) 1927/8; W. Rubsamen, Literary sources of secul. mus. in Italy, Berkeley 1943, ND NY 1972; H. Rosenberg, F. u. das dt. Lied um 1500 (AM) 1946/7; J. Haar (Hg.), Chanson and madrig. 1480/1530, Cambr./Mass. 1964; K. Jeppesen, La f., K 1968/9; W. Osthoff, Theatergesang u. darstellende Mus. i. d. it. Renaiss., 1969; Fr. Luisi, Del cantar a libro . . ., Turin 1977; W. F. Prizer, Courtly pastimes. The fr. of M. Cara, Ann Arbor 1979.

Frühchristliche Musik, die in den Mittelmeerländern nach Quellen und Entwicklung bei den Völkern verschiedenen Erscheinungen christl. Musik bis ins 4., 5. Jh. mit den Ausstrahlungszentren Jerusalem (jüdisch-christl. Gesänge; → Synagogenmusik), Antiochia (erste Pflegstätte nichtjüdisch-christlicher Musik), dazu Ephesus und Alexandrien. Später wurden Jerusalem, Konstantinopel und Rom Hauptpunkte für die Entwicklung fester liturg. Formen. Schon im 1. Jh. konzentrierte sich f. M. auf → Messe und Stundengebet, deren Ausgestaltung im 4. Jh. zur ersten Blüte christl. Kirchenmusik führte mit den Hauptformen → Psalm und → Hymnus. Der Psalm wurde entweder „in einem Zuge" (*tractim*) von Solist oder Chor durchgesungen oder responsorial derart, daß die Gemeinde antwortete.

Daraus erklärt sich auch die Festlegung des Psalms auf einen Bestand einfacher Formeln. Instrumentalbegleitung wurde vermieden, um den Anklang an heidnische Bräuche zu verhindern. Der Hymnus war freier gestaltet und vertonte Bibeltexte oder auslegende freie Dichtung, deren Verfasser vielfach genannt wurden. Neben den 1stg. chorisch gesungenen Hymnus trat die Verbindung von Psalm und Hymnus und seit der Mitte des 4. Jh. der doppelchörig gesungene Hymnus (→ Antiphon), in seiner prachtvollen Entfaltung ein Zeichen der Festigung und Sicherung christl. Lebens. Mit dem Vorsängerchor des Klerus wechselte der Gemeindegesang ab. Aus der Zeit der Glaubenskämpfe gegen Irrlehren, insbesondere die sehr starke arianische, ist der Hymnus als Kampf- und Propagandalied beider Seiten bekannt und bevorzugt belegt aus den arianischen Wirren in Mailand. Daß volkstümliche, heidn. Elemente in die Musik aufgenommen wurden, ist wahrscheinlich. Jedoch ist das Ausmaß dieses Einflusses noch nicht hinreichend erforscht. Mit der Untersuchung gleicher Elemente in alten Melodietypen versucht die Mw. vergleichend die Frühgeschichte der Musik aufzuklären. Denn bisher ist nur 1 Melodie aus frühchristl. Zeit überliefert (gefunden in Oxyrhynchos südl. Kairo), andere wurden erschlossen. Auch über die Verbindung der f.M. zur weltl. Musik der Spätantike besteht noch Unklarheit. Vergleichsmaterial bieten am reichsten die → byzantin. liturg. Melodien, während syrische und koptische nur mündlich überliefert wurden. Der → gregorian. Gesang wandelte die altröm. Melodien künstlerisch ab. In der Westkirche verdrängte die röm. Liturgie die Eigenformen der Mailänder (→ ambrosianischen), beneventanischen, → mozarabischen und → gallikanischen Gesänge. → Mittelalter.

Wagner I, 1911; H. Abert, D.ält. Denkmäler d. christl. Kirchenmus. (Ges. Schriften) 1929, ND 1968; J. Quasten, Mus. u. Gesang i. d. Kulten d. heidn. Antike u. christl. Frühzeit, 1929; K. Wachsmann, Untersuch. z. vorgregor. Gesang, 1935; E. Wellesz, Eastern elements in western chant, Oxf. 1947; ders., A hist. of Byzant. mus.., Oxf. 1949; E. Werner, The conflict betw. Hellenism and Judaism in the mus. of the early Christian Church (Hebrew Union Coll. Ann.) 1947; H. Hucke, D. Entw. des frühchristl. Kultges.. (Röm. Quartalschr.) 1953; H. Leeb, D. Gesänge im Gemeindegottesdienst v. Jerusalem v. 5–8. Jh. (Wiener Beitr. z. Theolog.) 1970.

Fuga (lat. = Flucht) → Fuge, Kanon; vgl. → Caccia, Chasse, Imitation.

Fugara (slowak., poln. → *fujara* = Hirtenflöte), Orgelregister mit engmensurierten, offenen Labialstimmen (8', 4'); aus dem Südostraum im 17. Jh. vom schles. Orgelbau übernommen; ursprüngl. Flöten-, heute Streicherimitation.

Fugato, Komposition oder ein Teil davon mit fugiertem Anfang, d. h. meist nur mit Fugeneinsätzen, in der Folge nur imitierend und ohne eine eigentl. → Durchführung; vielfach in Sonate, Sinfonie od. Konzert.

Fuge (lat. *fuga* = Flucht; it., span., russ. *fuga*; frz., engl. *fugue*), hochentwickelte kontrapunktische Form mit verschiedenen Arten, die mit einem Grundmuster nur annähernd darstellbar sind. Ein charakteristisches → Thema wird in einer Stimme (Dux = Führer) eingeführt und im Quint- oder Quartabstand von einer anderen Stimme (Comes = Begleiter) meist so beantwortet, daß sie innerhalb der Tonart bleibt und die Bewegung des Dux zur Dominante im Comes zur Tonika gelenkt wird (tonale Beantwortung). Die Antwort übernimmt also nicht in jedem Fall wörtl. die Intervallfolge des Dux; sie stellt z. B. Quart- gegen Quintschritt und gleicht durch Intervallrükkungen aus. (J. S. Bach zeigt im *Contrapunctus I* der *Kunst der F.* nach der tonalen im Mittelteil auch die wörtliche Beantwortung des Themas.) Die weiteren Stimmen setzen wieder als Dux und Comes ein, wobei die Reihenfolge der Stimmen (ihrer Höhe nach) nicht festgelegt ist. Ein freies Zwischenspiel (Divertimento) kann diese „Exposition" der Stimmen mit dem Mittelteil verbinden, einer Durchführung, oft imitierend und modulierend, von Ober- oder Unterdominante oder Paralleltonarten ausgehend. Dabei übernehmen die Stimmen, die anfangs den Dux einführten, jetzt den Comes. Der Schlußteil, von der Tonika ausgehend, bringt als kontrapunktischen Höhepunkt das Thema in → Engführung (die Einsätze werden so zusammengeschoben, daß eine Stimme beginnt, während die vorige das Thema noch nicht abgeschlossen hat), → Vergrößerung oder → Verkleinerung (das Thema klingt gleichzeitig in längeren oder verkürzten Notenwerten neben der Originalfassung), ebenso in → Gegenbewegung (durch Intervallumkehrung) oder seltener → Krebs (Thema im Rücklauf), die aber sämtlich Konstruktionselemente der ganzen F. sein, also schon im Comes des Expositionsteiles auftreten können (z. B. Gegenf.). Vielfach gibt ein → Orgelpunkt dem Bogen der letzten Kadenz die größere Spannung. Bei der → Doppelf. wird zunächst ein Thema fugiert, dann das zweite, schließl. werden beide zusammengeführt (entsprechend bei Tripel- und Quadrupelf. mit 3 und 4 Themen). Tritt der Begleitkontrapunkt zum Thema als themat. abgeschlossene Linie selbständig auf (Gegenthema, Kontrasubjekt) und können beide – im doppelten Kontrapunkt – gemeinsam fugiert werden, so gilt das ebenfalls als Doppelf. In der Spiegelf. erscheint der ganze Satz mit allen Stimmen in Umkehrung (*Contrapunctus 18* der *Kunst der F.*). Die Choralf. setzt über die F.ndurchführung eine Choralweise (M. Reger, 100. Psalm und Orgelphantasie *Wie schön leucht' uns der Morgenstern*). Bei J. S. Bach findet sich die konzertante Orchesterf. mit ritornellartigen Durchführungen und konzertanten Zwischenspielen. In vielen Chorf. bringen alle Stimmen nach dem Themeneinsatz die feststehenden Kontrapunkte (Permutationsf.). Die strenge F. baut auf dem anfangs in Thema und Kontrapunkt gegebenen Material auf, die freie F. führt neue Themen ein. Übervollständig ist eine → Durchführung, wenn mehr Themeneinsätze als Stimmen gegeben sind (also eine Stimme mehrfach das Thema bringt), unvollständig, wenn nicht alle Stimmen das Thema geben. – Fuga war seit dem 14. Jh. der → Kanon (im weiteren Sinn → Imitation), aus dessen freier Form in verschied. Instrumentalstücken (*fuga sciolta*) im 17. Jh. die F. entstand, wogegen d. streng geführte Kanon *fuga legata* hieß. Aus der Vokalmusik (Motette) des 16. Jh. entwickelte sich mit den Fuga-Elementen das zunächst mehrthemige → Ricercar für Saiteninstr. (Intonations-, Imitations-, Fugenricercar). Bei G. Gabrieli, vor allem bei J. P. Sweelinck (Fantasia) findet sich das einthemige Ricercar. Auf das Variationsricercar G. Frescobaldis geht die F.entwicklung in Süddtl. zurück (Pachelbel, Kerll), während sich S. Scheidt in seinen *Tabulatura nova* (1624) auf Sweelinck stützte, der auch die norddt. Tokkatenf. beeinflußte (Buxtehude, Böhm). Für Scheidt war Fuga die 3tlg., einthemige Form im Ggs. zu der mehr als 3tlg. Fantasia. In J. S. Bach, seinen Orgel-, Chor- und Orchesterf. vereinigten sich die Richtungen. Sein → *Wohltemperiertes Klavier* (1722) und die *Kunst der Fuge* (Erstdruck 1752) zeigen die Vielzahl der Möglichkeiten. Die Romantiker setzten gern die F. historisierend als gelehrsame Zutat ein im Ggs. zum reifen, klass. Beispiel, sie als letzten Höhepunkt in den Schluß eines Werkes zu stellen (Beethoven, Hammerklaviersonate), wie es später – und nicht nur in der Orchesterf. – u. a. J. Brahms und M. Reger mit Vorliebe taten, denen die F.-Komposition neuen Aufschwung verdankt. Er zeigt sich u. a. bei F. Busoni (*Fantasia contrappuntistica,* 1910) und bei P. Hindemith, hier wieder mit der Bindung an die handwerklich strenge Gattung der Barockzeit, wie auch bei E. Pepping und J. N. David, freier bei Strawinsky und Schostakowitsch.

E. Gatscher, Die F.technik M. Regers, 1925; W. Wessely, D. Gesch. d. F. bis Bach (Diss. Pr.) 1928; H. Grabner, Anleit. zur F.kompos., [2]1944; W. Jacobi, Lehrb. d. F., 1950; A. Ghislanzoni, Storia della fuga, Ml 1952; W. Neumann, J. S. Bachs Chorf. (Bach-Stud. 3) [3]1953; C. Dalhaus, Bachs konzertante F.n (Bach-Jb.) 1955; U. Unger, D. Klavierf. im 20. Jh., 1956; K. Trapp, Die F. i. d. dt. Romantik . . ., 1958; A. Adrio, Die F. (Musikw. 19) 1960; N. Linke, Die Orch.f. in Spätromant. u. Moderne (Diss. Hambg.) 1960; W. Graves, 20th cent. fugue, Wash. 1962; J. Müller-Blattau, Grundzüge einer Gesch. der F., [3]1963; ders., Die F. (Musikw. 33) 1968; W. Kirkendale, F. u. Fugato in d. Kammermus. d. Rokoko u. d. Klassik, 1966 (erweiterte engl. Ausg., Durham 1979); Ch. Nalden, Fugal answer, L 1970; J. Haar, Zarlino's definition of f. and imitation (JAMS) 1971.

Fughetta (ital. =), kleine → Fuge, meist ohne strenge → Durchführung, gelegentl. nur imitierend. → Fugato.

Führer, das Thema der → Fuge in seiner ursprüngl. (ersten) Gestalt (→ Dux), das vom Begleiter (→ Comes) beantwortet wird.

Fujara (slowak., poln.), Kernspaltflöte mit leicht konischem Rohr (Normallänge etwa 1.80 m), Anblasrohr, 3 Grifflöchern. Der Name ist erst ab 18. Jh. belegt; besonders in der 2. Hälfte des 19. Jh. Hirteninstr. in Slowakei und Südpolen. Instrumente dieser Bauart sind auch in Südamerika anzutreffen (bolivian. *avkhori*). Vgl. → Fugara, Fluier, Furulya.

Füllstimmen, zusätzl. Töne, lediglich zur Verstärkung des Gesamtklanges bestimmt und ohne eigene melod. Entwicklung (vgl. → Vagans).

Fundamentalbaß → Basse fondamentale.

Fundamentbuch, vgl. → Kunstbuch.

Fundamentinstrumente, Begriff der Generalbaßzeit: die zur Generalbaßbegleitung geeigneten Instr., die akkordierenden (Tasteninstr., Laute, Theorbe, Chitarrone) und die die Baßlinie unterstützenden (Violine, Violoncello, Baßgambe, -fidel, die Bässe der Blasinstr.). Ggs.: Ornamentinstr.

Funebre (ital. von lat. *funus* = Begräbnis), düster, traurig.

Fünfstufige Tonleitern, Fünftönigkeit, → Pentatonik.

Funkoper, die mit Rücksicht auf dramaturg. Gesetze und die techn. und künstlerischen Möglichkeiten und Grenzen des Rundfunks komponierte Oper. 1921 begann die Reihe der Opernübertragungen mit Puccinis *Madame Butterfly* (Staatsoper Unter den Linden, Berlin). Trotz der techn. Schwierigkeiten gerade der Opernsendung bevorzugte der Rundfunk die ungekürzte Aufführung im Opern- oder Funkhaus. Später folgten Funkfassungen bestehender Opern. Die erste F. wurde 1929 gesendet (G. Kneip, *Christkindleins Erdenreise*). Seitdem hat sich die funkeigene Gattung mit bedeutenden Werken entwickelt, u. a. W. Egk, *Columbus* (1933), H. Sutermeister, *Die schwarze Spinne* (1936), B. Blacher, *Abstrakte Oper Nr. 1* (1953). Das Fernsehen hat die F. zurückgedrängt. → Rundfunkmusik.

K. Blum, Die F. (Diss. Köln) 1951; Die 3 großen F: Fernsehen, Film, Funk (Mus. d. Zt.) 1958; S. Goslich, Mus. im Rundf., 1971.

Funktionelle Musik, Funktionalmusik, die zum bestimmten Zweck geschaffene od. verwendete Musik; Ggs.: → autonome Musik (→ absolute Mus.). Die Grenzen sind fließend; z. B. ist Bachs *Kunst der Fuge* ästhetisch als absolute M. zu sehen und hat die Funktion als Lehrbuch (→ Kunstbuch). Zur f.M. gehören u. a. Unterhaltungs-, Tanzmusik, Schlager, psychedel. Musik. Mit der Bez. f.M. wurde in der Mitte des 20. Jh. der Begriff → Gebrauchsmusik ersetzt bzw. erweitert, in dem noch nicht die ausschließl. technisch-gewerbliche Nutzung der Musik enthalten war, wie z. B. Tonsignet (Pausenzeichen, akust. Signale, Werbe- und Titelvorspann), Hintergrundmusik („Klangteppich"), die entspannen und Stimmung verbessern, Kauflust anregen (Wartezimmer, Flughafen, Kaufhaus) od./und Arbeitsleistung erhöhen (erhalten) soll („Arbeitsmusik" in Büro, Lager, Fabrik). Genau programmierte, meist in viertelstündl. Abschnitten nach Tempo, Rhythmus, Instrumentierung wechselnde Tonkulissen werden auch in der Sowjetunion eingesetzt. Der Erfolg solcher Musik ist umstritten. Im Westen gibt es, von den USA in den 1940er Jahren ausgehend, Firmen, die mit eigenem Herstellungsapparat (meist einschl. Komponist) Arbeitsmusik produzieren, liefern bzw. senden. Gängige Abk. für f.M.: Fumu. Vgl. → Werksmusik.

G. Last, Mus. i. d. Fertigung, 1966; H. H. Eggebrecht, Funktionale M. (AfMw) 1973; A. Riethmüller, Das Tonsignet (ebd.) 1973; H. Rösing, Funktion u. Bedeutung v. Mus. i. d. Werbung (ebd.) 1975; R. Fehling, Manipulation durch Mus., 1976; ders., F.M.. – Manipulationsversuch im Gewande d. hohen Kunst (VINM 21) 1980; S. Helms, Mus. i. d. Werbung, 1981.

Funktionstheorie, die mit der Voraussetzung der → Tonalität (mit der → Tonika als stetigem Zentrum) und der → Tongeschlechter → Dur und → Moll von H. Riemann (1893) ausgebaute Lehre der Akkordverbindungen; Teil der Harmonielehre. Die F. stellt dem Ruheklang der Tonika die Quintklänge der (Ober-)

Dominante und Unter (= Sub-)-dominante als Spannungselemente gegenüber (Hauptfunktionen) und entwickelt aus deren Tonbestand die → Tonart. Die → Tonleiter ist nun nicht mehr melod. Stufenfolge, sondern Skala verschiedenwertiger Harmonieträger. Das → Intervall hat seine ursprüngl. Bedeutung des (nachzeitigen) Tonschritts verloren. Die Akkorde neben den Hauptdreiklängen werden auf diese bezogen und gelten als zusammengesetzte Funktionen (Mischfunktionen): z. B. auf der II. Stufe als Subdominantparallele, auf der III. als Dominantparallele, auf der VI. als Tonikaparallele, der auf der VII. Stufe als Dominantseptakkord ohne Grundton. Auf die Folge der Hauptfunktionen (→ Kadenz) können die Werke der Klassik zurückgeführt werden. Mit den musikal. Ausdrucksmitteln weiteten sich im 19. Jh. Begriffe und Bezüge des Systems, das andrerseits sich nicht vom mechan. Regelwerk der → Generalbaßpraxis mit nichtfunktionaler Akkordfolge trennte. Neuere Lehrwerke (Grabner, Distler) setzten Stufen- von F. ab, andere (z. B. Keller, Neumann, Rohwer) bemühten sich um Begriffsklärung und Neuordnung, während inzwischen neue Systeme, den Begriff der Tonalität anerkennend, umdeutend oder ablehnend, entwickelt wurden (Hindemith, Messiaen, → Dodekaphonie).

R. Imig, Systeme d. Funktionsbez. i. den Harmonielehren seit Riemann (Orpheus Schr.) 1970. → Harmonielehre.

Fuoco (ital. =) Feuer; *con f.*, *fuocoso* = mit Feuer, feurig.

Furiant (tschechisch von lat. *furia* → Rachegöttin, Raserei), schneller, scharf akzentuierter, taktwechselnder tschech. Volkstanz im 2/4- und 3/4-Takt; seit Smetana (*Verkaufte Braut*) oft in der Kunstmusik verwendet.

Furioso, *furiosamente, furibondo* (ital. von lat. =) rasend, wild.

Furlana, Tanz aus Friaul; → Forlana.

Furore (ital. von lat. =) Raserei, Wut, Begeisterung.

Furulya (ungar.; Name seit dem 17. Jh. belegt), ungar. Kernspaltflöte (30–100 cm) mit 3–6 Grifflöchern, ohne Daumenloch; noch zu Weihnachtsgesängen üblich (→ Regös); auch Doppelflöte: zusammengebunden mit gleichlangem, grifflochlosem Rohr. Vgl. → Fluier, Fujara, Tilinka.

Fusa (lat. *nota f.*), Note der → Mensuralnotation.

Fuß, Fußmaß, Fußton, die Maßeinheit des Orgelbauers seit dem MA, auch für andere Instr. übernommen (Cembalo, Spinett, Harmonium), gelegentlich, und dann mißverständl., zur Andeutung relativer Tonlagen benutzt. Das Zeichen für Fuß ist ′ hinter der Zahl (→ Pfeifenlänge: 32′, 16′, 8′, 4′, 2′, 1′). Man setzt C = 8′ = etwa 2½ m; entsprechend ist 4′ eine Oktave höher, 16′ Fuß eine Oktave tiefer. Die Quinte ist dann 5⅓′, ihre höhere Oktave 2⅔′. Dabei war das Fußmaß nicht immer und überall gleich: bei Praetorius 27,8 cm, der Pariser Fuß 32,5 cm, der engl. 30,5 cm. Da die → Gedacktstimme durch ihre Deckung eine Oktave tiefer klingt, als ihr Fußmaß angibt, spricht man von Fußton; eine Gedacktpfeife von 4′ Länge hat 8 Fußton.

Futurismus (von lat. *futurum* = Zukunft), in Italien vorbereitete Kunstrichtung des 20. Jh., die jede Traditionsverpflichtung verneinte und in der Musik eine von der Maschine (mit Vorliebe Flugzeug, Eisenbahn) ausgehende Geräuschskala als Bauelement nahm (während Strawinsky, Honegger, Antheil u. a. Musik *über* Maschinen schrieben). F. Busoni hatte 1907 (*Ästhetik der Tonkunst*) auf die Unzulänglichkeit der Musikinstr. hingewiesen. 1909 erschien im Pariser *Figaro* das futuristische Manifest von F. T. Marinetti (*Manifeste du futurisme*) als Lobpreis auf den Fortschritt allgemein, auf Technik und Geschwindigkeit im besonderen. L. Russolo stellte 1913 eine Systematik der Geräusche (Bruitismus; von franz. *bruit* = Geräusch) auf, entwickelte Geräuschinstr. (*Intonarumori,* z. B. → *Rumorarmonio*) und komponierte damit (z. B. *Versammlung der Automobile und Areoplane*). Ähnlich manifestierte sich der F. im Vorwort der noch impressionist. *Musica Futuristica* (1912) von F. B. Pratella. Schreibmaschinen und Dynamos verlangte E. Satie 1917 (*Parade*). E. Varèse schrieb für 41 Schlaginstr. und Klavier sein Werk *Jonisation* (1931), das als Beispiel des „klassischen" F. gilt (zu dem er sich nicht zählte). Die Väter des F. zogen sich in den 30er Jahren zurück, z. T. enttäuscht (Russolo), z. T. aus polit. Gründen (Marinetti: *Futurismo e Fascismo,* Mussolini gewidmet). Eine Nachfolge zeigt sich nach 1945 bei J. Cage und in der → elektron. Musik (P. Schaeffer, → *musique concrète*).

L. Russolo, L'arte dei rumori, Ml 1916; ders., D. Kunst der Geräusche als Fortentw. d. modernen Orchesters (Melos), 1928; H. Pfitzner, Futuristengefahr, 1926; F. Busoni, Entwurf einer neuen Ästhetik, ²1916, NA 1954; C. Baumgarth, Gesch. des F., 1966; U. Apollonio, Der F . . ., 1972; K. G. Fellerer, Der F. i. d. it. Mus. (Mededeel. Acad. v. Wetensch., Schone Kunsten) Br 1977; O. Kolleritsch (Hg.), Der mus. F., Graz 1976; G. F. Maffino, L. Russolo e l'arte dei rumori, Turin 1978.

Fz, ffz, Abk. für *forzato, forzatissimo*; vgl. sf = → *sforzato*.

G, 1. Ton-Name; in roman. Sprachen *sol,* russ. *sol'.* – Aus dem Buchstaben G entstand der Schlüssel (→ Violinschlüssel auf der 2. Linie des Systems). – 2. G, g im Dur-Moll-System: G-Dur, g-moll. – 3. Abk. *g* (frz. *gauche*) = links; *m.g.* (*main gauche*) = linke Hand.

Gabelgriff, Spielhilfe bei Holzblasinstr.: Um Halbtöne zu spielen (wenn das nicht mittels Klappen möglich ist) od. um den Ton zu korrigieren, werden nicht benachbarte Tonlöcher gedeckt.

Gabelklavier, Stimmgabelklavier, Tasteninstr. mit Stimmgabeln; als „Adiaphon" 1882 patentiert; wie verschied. Vorgänger (so von Clagget, 1788, und Mustels → „Typophon", 1865; → Celesta) wegen des schwachen Tons nicht erfolgreich.

Gadulka, Gudulka (bulgar. *g'dulka*), bulgar. Streichinstr. (ähnl. dem russ. → Gudok); birnenförmig; Korpus aus *einem* Stück Holz; kurzer Hals; meist 3 od. 4 Saiten (Quinten od. Quarten; die Spielsaite wird nur schwach mit dem Finger berührt:

→ Flageolett-Töne); dazu 7–10 Resonanzsaiten; beim Spiel auf das Knie gestützt; ähnl. die neugriech. *lira* und dalmatin. *lirica*.

Gagaku (japan.:) festliche (ursprüngl. nur höfische) Musik in Japan; Orchestermusik und die von ihr begleiteten Tänze (→ Bugaku). Elemente der G. wurden aus China, Persien, Indien übernommen und im 9.–12. Jh. zur heute noch gültigen Form (auch mit Vokalmusik) entwickelt. Das Orchester (mehrfach besetzt) besteht meist aus 3 Blasinstr. (die Oboe → Hichiriki, → Shô, Bambus-Querflöte), 2 Saiteninstr. (→ Biwa, Koto) und Schlagzeug (je 1 größere und kleinere Trommel und Gong, alle hängend). Die lange vergessene Tradition wurde 1870 mit Hilfe chines. und korean. Experten neu belebt.

W. P. Malm, Japanese mus. and musical instr., Rutland/Tokyo 1959; ders., The special characteristics of G., Tokyo 1971; S. Shiba, Complete g.mus. in Western notation, ebd. 1968/9; E. Harich-Schneider, A hist. of Japan. mus., L 1972; R. Garfias, The mus. of one thousand autumns, Berkeley 1976.

Gagliarda → Galliarde.

Gaida, Gaide (bulgar., alban., slowen., serb.; selten poln.), **gajdy** (slowak.); **gaita** (span., portug.); **gaizar** (türk.) → Sackpfeife.

Gaiement (frz.; it. *gaiamente*), lustig.

Gaillarde → Galliarde.

Galanterien, kurze Stücke (meist für Tasteninstr.) im 18. Jh.; homophon, leicht; als Suitensatz zwischen Sarabande und Gigue; auch Einzelstück (Mattheson: *„theatral. Sachen und andere G."*); vgl. J. S. Bach, *Clavier-Übung 1*. – Später wurde „G." abwertend gebraucht.

Galanter Stil, unscharfer, sachl. und zeitlich nicht klar zu begrenzender Begriff für die in Ablehnung strenger Barockpolyphonie im 2. Viertel des 18. Jh. in Dtl. unter Einfluß der frz. Lauten- und Clavecinmusik (Couperin) aufkommende, gefühlsbetonte, elegante, in der Stimmenzahl freizügige Kompositionsweise, besonders für Klavier; in den Instrumentalstil der Mannheimer und klass. Wiener Schule führend. Der g.S., der parallel laufende → empfindsame Stil und (ebenfalls mit fließenden Grenzen) der → Sturm und Drang werden auch als musikal. → Rokoko zusammengefaßt und stehen im Übergang zur klass.-romant. Periode. Der g.S. zeigt sich bei den Bach-Söhnen (besonders C. Phil. Emanuel; J. Chr.) bis Haydn und Mozart.

E. Bücken, Der g.S. (ZfMw) 1923/4; ders., D. Mus. des Rokoko u. d. Klassik, 1927; L. Hoffmann – Erbrecht, „G. S." i. d. Mus. d. 18. Jh. (Stud. z. Mw.) 1962; D. A. Sheldon, The Galant Style revisited and re-evaluated (AM) 1975.

Galliarde, Gagliarda, Gaillarde (frz. *gaillard*; it. *gagliardo* = keck), Tanz im Tripeltakt, meist mit punktiertem Rhythmus; im 16., 17. Jh. verbreitet; wohl lombardischen Ursprungs. Die G. war wie der → Saltarello häufig der → Nachtanz zu einem langsamen (geradtaktigen) Schreittanz (→ Pavane, Passamezzo, Basse danse). Bei Attaingnant (1530) erschienen Pavane und G. fest miteinander verbunden. So kannte man sie in der Instrumentalmusik zwischen Spanien und Polen, und so wurden sie Teil der → Suite. Die themat. Verwandtschaft zwischen beiden Tänzen weist auf den Typ der Variationssuite. Ein dritter, schnellerer Tanz (Ripresa) – ebenfalls bei Attaingnant belegt – wurde dem Nachtanz angehängt (ähnlich der italien. Folge Pavane-Saltarello-Piva bei Petrucci 1508). In der Suite wurden Pavane-G. ab 1600 allmähl. von der → Allemande abgelöst. Im 16. Jh. wurde die G. Hoftanz. Die Stilisierung brachte auch eine Änderung des Grundcharakters mit sich. Der Tanz wurde geradtaktig, auch langsam, getragen. Im 18. Jh. verschwand die G.

C. Sachs, Weltgesch. d. Tanzes, 1933, ND 1976; P. Nettl, The story of dance mus., NY 1947, ND 1969; B. Delli, Pavane u. G. (Diss. FU. B) 1957; → Suite.

Gallikanischer Gesang, Gesänge der merowingischen (altgallischen) Liturgie, dem span. und ambrosian. Gesang ähnlich. Der g. G. ist nur in Bruchstücken überliefert, die reichere rhythmische und farbige melod. Wendungen und vermutl. schon früh übernommene ital. und orientalische Elemente zeigen. Er wurde zwar von den Karolingern durch den gregorian. Gesang ersetzt, wirkte aber weiter auf die ma. Musik. Im Ggs. zu diesem engeren, auf Gallien beschränkten Begriff versteht man unter g. G. auch allgemein die nichtröm. Liturgie, u. a. die → ambrosianische und → mozarabische.

A. Gastoué, Le chant gallican (Rev. du chant grég.) 1937/9; Don M. Randel, The responsorial psalm tones for the Mozarab. Office, Princeton 1969; K. G. Fellerer, Gesch. d. kath. Kirchenmus. 1, 1972.

Galopp (? von mhd. *walap* = schnelle Gangart des Pferdes), schneller Paartanz im ¾-Takt, im Aufbau der → Polka gleich, mit der er oft verwechselt oder gleichgestellt wurde. Der um 1822 von F. Schubert komponierte G. hatte mit Hauptteil, Trio auf der Subdominante und Hauptteil als Reprise schon den Grundriß der Gattung. Später wurde eine → Coda von 8 od. 16 Takten angefügt, dann eine kurze Einleitung, manchmal ein zweites Trio. Der G. war beliebter Modetanz bis ins Ende des 19. Jh. und verbreitete sich schnell von Dtl. aus in Europa. Unter den zahlreichen Komponisten finden sich außer J. Strauß (Vater und Sohn), E. Waldteufel, J. Lanner, C. Czerny, F. Liszt, J. Raff. Offenbach schrieb einen *G. infernal (Orpheus in der Unterwelt)*, der als Muster gelten kann (→ Cancan). In Frk. wurde der G. rasch aufgenommen. Unter dem Einfluß der Polka entstand die Schnellpolka (Joh. Strauß Sohn). Der G. kommt in → Ballett- und Militärmusik vor, in → Operette (u. a. F. v. Suppé, C. Zeller. P. Lincke) und Unterhaltungsmusik (z. B. R. Eilenberg, *Petersburger Schlittenfahrt*).

Galoubet, provenzal. → Einhandflöte; eng mensuriert, leicht in die Oktave überblasend; beim Spiel nur von einer Hand gehalten, während die andere eine kleine Trommel schlägt.

Gambang (javan.), im indones. → Gamelan-Orchester (Java, Borneo) Idiophon mit Holzstäben (*G. kaju*) od. (selten) Metallstäben (*G. gansa*) über einem Resonanzkörper. Der G. gehört zu den *panerusan*, den Instr., die die Grundmelodie umspielen. → Gendèr.

Gambe, Viola da gamba (it. = Beinviole), 1. Kniegeige, Streichinstr. mit spitz zulaufenden Schultern, einem flachen, nach oben abgeschrägten Boden, Griffbrett mit Bünden, Schallöchern; 6 Saiten (Quart-Terz); mit 5 Saiten (frz.): → Quinton; 5- od. 6saitig frz. auch → Pardessus de viole (als hoher Diskant); in Engl. eine kleinere Baß-G. besonders für Solospiel: Division viol (→ Division, Consort). Der (etwas gebogene) Steg erleichtert akkordisches Spiel. Heute wird die G. meist in nur 4 Größen gebaut (Diskant, Alt, Tenor, Baß). Die Instr. werden beim Spiel auf die Knie gestützt, größere zwischen den Knien gehalten; neuere haben einen → Stachel. Die G. gehört zur Familie der → Violen. Ihre Blütezeit war im 16., 17. Jh. Während → Violine und Bratsche, also die aus der Viola entwickelten Violinformen, als Diskant- bzw. Altinstrumente die G. dieser Stimmlage schnell überflügelten, hielt sich die Tenorg. bis Mitte des 18. Jh. gegen das → Violoncello. Der → Kontrabaß in G.nform existiert in Dtl. noch neben dem in Italien vorherrschenden Violintyp. G. waren die Hauptinstr. des Streichorchesters und der Kammermusik (Tenor-G. als Generalbaßinstr.). Virtuoses G.spiel entwickelte sich im 16. Jh. besonders zunächst in Italien und Spanien, im 17. Jh. in Engl. und Frankr. In Frankr. dauerte der Wettstreit zwischen G. und Violoncello am längsten, während sich der engl. G.chor lange Zeit vollständig halten konnte. Unter den zahlreichen Komponisten für G. (z. B. Buxtehude, Händel) zeigt besonders J. S. Bach die dt. Blütezeit (3 G.nsonaten; vgl. auch *Actus tragicus*). Im 20. Jh. wurden in einer G.-Renaissance G.spiel u. -bau wieder aufgenommen. – 2. Orgelregister, zylindrisch offen (als „Viole“ 1585 in Danzig) od. konisch offen (1615 bei Compenius und häufiger im 18. Jh.), auch Glokken-G. genannt.

A. Einstein, Zur dt. Lit. f. Viola da gamba, 1905, ND 1972; E. van d. Straeten, The hist. of the violoncello, the viola da gamba . . ., L 1915; R. Möller, Laute, Viola da gamba . . ., 1918; J. Pulver, The viols in Engl. (Proceed. Royal Mus Ass.) 1920; J. Bacher, D. Viola da g., 1932; A. Dolmetsch, The viola da g . . ., L [2]1968; B. Schwendowius, Die solist. G.mus. i. Frk. 1650/1740, 1970; V. Gutmann, D. Improvisat. auf d. Viola da g. in Engl. im 17. Jh., 1979.

Gamelan (von javan. *gamel* = hantieren), Orchester auf Java und noch zahlreicher und mit anderer Besetzung auf Bali; in verschiedener Zusammensetzung für verschied. Anlässe bestimmt (rituelle Handlungen, Schattenspiele). Das Instrumentarium besteht im wesentlichen aus doppelt gereihten Klangkesseln (Gongspiel = Bonang), Metallophon (Saron), → Gendèr, Xylophon (→ Gambang), Bambusflöte (Suling), → Rabāb, Zither; dazu Gesang. Der → Gong markiert große Abschnitte. Meist werden die Instr. paarweise gespielt und sind dann nicht genau gleichgestimmt, so daß Schwebungen entstehen. Auf Java werden zwei Hauptgruppen unterschieden: das 5tönige → Slendro-, das 7tön. → Pelogsystem; beide fast gleich besetzt. Höfische G. haben beide Gruppen und eine dritte, in der die Instr. ohne bestimmte Tonhöhe vereinigt sind. Kleinere Klangkörper nur oder vorwiegend mit Klanghölzern gibt es außerhalb der Städte. Zur Tanzbegleitung werden Trommeln eingesetzt, auf denen mit vielen Anschlagsnuancen rhythm. Figuren variiert werden. Der Dirigent spielt Rabāb od. Trommel (Gendang). Mit Nuancen seines Spiels leitet er das Orchester. Die javan. G.musik beeinflußte Debussy, der sie 1889 auf der Pariser Weltausstellung hörte. (→ Impressionismus). → Patet.

B. de Zoete/W. Spies, Dance and drama in Bali, L 1939; J. Kunst, Mus. in Java, Den Haag 1949; ders., G.music (Kb. Utrecht) 1952; D. A. Lentz, The g. mus. of Java and Bali, Lincoln/Nebr. 1965; E. Heins, G. (Weltkulturen u. mod. Kunst) 1972; M. Hood, The evolut. of Javanese G. (Tb. z. Mw.) 1980f.

Gamme (frz. von griech. *gamma* = g), Tonleiter. Der tiefste Ton der ma. → Solmisation wurde G, das als *gamma ut* (frz. *gammaut*) Ausgangspunkt der Skala war. Entsprechend ist engl. *gamut* der Ausgangston G, die Tonleiter (so bei Shakespeare, *Der Widerspenstigen Zähmung*), schließl. der Gesamtbereich der Töne.

Ganzschluß, Schlußformel (→ Kadenz) die auf betonter Taktzeit mit der Tonika endet. Ggs.: → Halbschluß, → Trugschluß. Wird die Tonika aus der Dominante erreicht, so liegt authentische Kadenz vor; plagale Kadenz (Plagal-, Kirchenschluß) hat die Folge IV–I. Die Verbindung VII–I gilt als unvollkommener G., da der Dominantton fehlt. → Klausel.

Ganzton, große Sekunde; → Intervall.

Ganztonleiter, die 6 Ganztöne, die sich bei der Teilung der Oktave in 6 gleiche Abschnitte ergeben mit den beiden Möglichkeiten: c d e fis gis ais his(c) und: des es f g a h cis(des). Die Einordnung in das abendländ. Tonsystem scheitert an der Tonbenennung: Entweder wird das Prinzip der Quintverwandtschaft aufgegeben, wenn fis = ges usw. gesetzt wird, oder die Oktavordnung, wenn die Reihe mit his endet. Die G wird bewußt seit Mitte des 19. Jh. benutzt. Sie ist z. B. bei Schütz (*Cantiones sacrae*) od. Mozart (KV 522) zu sehen und findet sich bei Liszt und besonders bei russischen Komponisten (A. Dargomyžskij, Glinka, Mussorgskij), deren Musik Debussy beeindruckte. Er bevorzugte neben Gregorianik die G., insbesondere nachdem er → Gamelan-Vorführungen auf der Pariser Weltausstellung hörte (→ Impressionismus). Die javanische → Slendro-Skala besteht aus 5 Intervallen, deren kleine Differenzen – 2 Intervalle sind etwas größer als die anderen – das europäische Ohr zurechthört, zumal sie nicht an eine bestimmte Stufe der Skala gebunden sind. Es entsteht der Eindruck einer G. Im *style debussyste* erscheint die G. häufig (Ravel, Dukas, Ysaye), unabhängig davon u. a. bei Bartók, Hindemith, Schönberg. Messiaen stellte die G. an den Anfang seines Systems der 7 Modi, benützt sie aber nicht mehr.

Gassenhauer (frühnhd. = Pflastertreter, dann Straßentanz), auf der Straße gesungenes Lied, ursprüngl. in Städten (später Großstädten und Industriezentren) besonders lebendig und zunächst in der Regel nicht so gering geschätzt wie seit Ende des 18. Jh.; heute als → Schlager ein auch musikal. eingängiges Lied, oft aus → Singspiel, Operette, Tonfilm. Das Wort G. ist zuerst 1517 musikbezogen für Tanz belegt und bezeichnete weiter ein volkstüml. Lied, vielfach mit Eingrenzung auf das studentische Ständchen. Abwertend wurde vom G. gesprochen, nachdem in der Romantik der von Herder eingeführte Begriff → Volkslied gefestigt war. Der neuzeitl. G., dessen Text echt humorvoll bis frivol und obszön, dessen Musik quicklebendig bis banal und kitschig sein kann, unterscheidet sich wesentlich vom Volkslied durch seine Herkunft (von Berufsdichtern und -komponisten), seine Aufnahme und Lebensdauer (in einer seelischen Flachschicht des Massenmenschen mit immer gesteigertem Bedüfnis nach Zerstreuung und Sensation, wie sie schon im → Bänkelsang, den „Neuen Zeitungen" und den G.-Einzeldrucken geboten wurde) und durch die Art der Weiterverbreitung über Wanderbühnen, Revue-, Operetten- und Filmtheater, Rundfunk, Fernsehen und Schallplatte, wobei sich der Schlager dadurch hervorhebt, daß seine Verfasser von vornherein vielfach alle Mittel ansetzen und abwägen mit dem Ziel des besonderen Erfolgs und Gewinns (*hit*). Enthielten die Slgn. des 16. Jh. (z. B. *Gassenhawer und → Reutterliedlein,* 1535) auch 4stg. Sätze u. a. von Hofhaimer, Isaac oder Senfl, so fehlte im 17. Jh. die Beteiligung bedeutender Komponisten. Charakteristisch für die Gattung wurde das → Parodieverfahren (z. B. Sperontes, *Singende Muse an der Pleiße,* 1736) bis zu zahlreichen Textierungen ursprüngl. textloser Polkas, Mazurken, Rheinländer, Märsche im 19. Jh. (zum Petersburger Marsch: *Denkste denn, du Berliner Pflanze*). Im 19. bis ins 20. Jh. stand dem derb-humorigen G. in Couplet, Posse, Operette das vom Bänkelsang abgezweigte sentimentale Lied (z. B. „Lied der Küche") gegenüber, das schon im romant. Singspiel (Lortzing, Flotow) Vorläufer hatte und im 20. Jh. befehdet wurde u. a. durch M. Friedlaender, Jöde, Hensel, Pommer. Hauptzentren des G. waren Wien und Berlin.

F. M. Böhme, Der G. seit 100 Jahren (Centralbl. für Instr.mus.) 1896; A. Penkert, Kampf geg. d. mus. Schundlit. I: Das Gassenlied, 1911; H. Neumann, G. (Merker-Stammler, Real-Lex. d. dt. Lit.gesch.) 1925, [2]1958; D. Wouters/J. Moorman, Het straatlied, A 1933; K. Gudewill, G. (MGG) 1955; L. Richter, Parodieverfahren: Berliner Gassenlied (Dt. Jb. f. Mw.) 1959; ders., Der Berliner G., Lg 1969.

Gattungen der Musik unterscheiden sich durch die Zweckbestimmung der Werke gemäß der Verwendungsweise, der Textwahl und/od. der Aufführungsart. Sie stehen als Gruppe der Praxis neben → Stil als künstlerischem Kriterium und → Form als geistigem Ordnungsprinzip. Die Gebiete nähern und überschneiden sich im Laufe der Zeit (z. B. Rondoform im Lied und in der Sinfonie). Im geistl. 1stg. Gesang decken sie sich. Jedoch braucht die Zweckbestimmung der G. vom Formschema oder Stil nicht abhängig zu sein. Die Hauptg. sind: Kammermusik (z. B. Solosonate, Streichquartett), Solokonzert, Sinfonie, Concerto, Suite. – 1- und mehrstg. Lieg (mit verschiedenem Nationalcharakter), Klavierlied, Solo- und Chorkantate, Motette, Messe, Oratorium, Oper. Die G. entwickelten sich aus bestimmter, im Musikleben traditionsbildender Musizierweise (→ Organum als älteste G. der Mehrstimmigkeit; im 17. Jh. die ersten nur von der Besetzung bestimmten G.: z. B. Consort, Sonata a quattro; die Ouvertüre als älteste G. reiner Orchestermusik) oder in einer bestimmten Landschaft (z. B. Frankr.: Chanson, Vaudeville; Dtl.: Lied, Gassenhauer; Italien: Laude, Villanelle; Span.: Villancico). Sie vergingen bei veränderten Voraussetzungen (Suite), deren Wechsel sie umso sicherer überstanden, je weniger Form- und Stilelemente und je deutlicher nur die Besetzungsangaben den Gattungsbegriff prägten (Streichquartett). Der Besetzungshinweis konnte einen Formzum Gattungsbegriff machen, der bestehen blieb, wenn auch die Form längst verlassen war (Klaviersonate im 20. Jh.). Die Begriffe verloren seit der Romantik immer mehr an Prägnanz und lösten sich in der Musik des 20. Jh. vielfach ganz auf (vgl. das Concerto grosso des 17. Jh., bei dem sich erstmals Stil- und Gattungsbegriff deckten, mit dem von A. Schnittke). Verlegenheitsnamen („Gesänge") charakterisieren den allgemeinen Auflösungsprozeß, der sich vollzieht zwischen Historisierung der Musik (Traditionskult) und dem Versuch im Grenzgebiet und in außermusikal. Bereichen.

F. Blume, Form (MGG) 1955; W. Wiora, D. histor. u. syst. Betrachtung d. mus. G. (Dt. Jb. d. Mw.) 1965; ders., W. Arlt, C. Dahlhaus in: Arlt u. a. (Hg.), G.en der Mus. i. Einzeldarstellungen (Gedenkschr. Schrade 1), Bern 1973.

Gavotte (frz.; engl. *gavot*; it. *gavotta*; span. *gavota*), frz. Reihen- und Paartanz: $\frac{3}{2}$-, $\frac{2}{4}$- od. $\frac{4}{4}$ Takt mit 2tgl. Auftakt. Das Wort wird u. a. vom Spitznamen *gavots* der Leute im *Pays de Gap* abgeleitet. Die G. ist 2tgl.; die Teile werden wiederholt. Vielfach folgt eine kontrastierende 2. G., dann Wiederholung der ersten. Damit gehört die G. zu den ersten Formen mit auf das spätere → Trio weisendem Aufbau (vgl. → Bourrée). Anstelle der zweiten G. folgt oft eine → Musette. In der → Suite hat die G. gewöhnl. ihren Platz nach der → Sarabande. Die G. wurde im 17. Jh. Hoftanz und erschien oft in der Opernmusik (u. a. Rameau, Händel, Gluck, Grétry). Besonders beliebt wurde sie in Instrumental-Suiten, so bei Fr. Couperin, J. S. Bach (Frz./Engl. Suiten, Partiten), in neuerer Zeit z. B. bei Reger, Schönberg, Strawinsky.

C. Sachs, Eine Weltgesch. d. Tanzes, 1933, ND 1976; K. H. Taubert, Höf. Tänze, 1968.

Gebläse → Akkordeon, Handharmonika, Harmonium, Orgel.

Gebrauchsmusik, im 20. Jh. eingeführter Begriff für eine innerhalb eines Lebenszusammenhangs zweckbestimmte Musik im Ggs. zur → absoluten Musik, die gegen jeden äußeren Einfluß immun sei, isoliert, transzendent, entrückt in eine übermusikal. Sphäre. Mit diesen Grenzen ist jede wortgebundene Volkalmusik und die an ein bestimmtes Instr. gebundene Musik als G. zu werten. Innerhalb der Extreme kann sich ein Werk der G. in Richtung auf die absolute M. bewegen (z. B. frühere Tanzstücke). Je deutlicher und je weniger verwechselbar die Bestimmung eines Musikstückes ist, um so zutreffender ist es als G. charakterisiert (Orgelpräludium, Schuloper, Spielstück, Etüde u. a.). Vielfach ist das Wort G. abwertend gemeint. Es wurde Mitte des 20. Jh. durch die Bez. → funktionelle Musik ersetzt bzw. erweitert. Vgl. → autonome Musik.

Gebrochene Oktave → Oktave (5)

Gebunden, 1. → legato; – 2. gebundene Schreibweise = strenger Stil, → Kontrapunkt; – 3. → Clavichord.

Gedackt, Orgelpfeife aus Holz oder Metall, die oben verschlossen (gedeckt) ist und 1. bei zylindrischen Gedackten eine Oktave tiefer klingt als eine gleich lange, offene Pfeife, 2. bei konischen Gedackten eine Quinte tiefer als die offene, zylindrische Pfeife. Der Klang ist hohl und obertonarm.

Gefährte → Comes, Fuge

Gegenbewegung (lat. *motus contrarius, per motum contrarium*) 1. Stimmenverlauf gegen- oder auseinander im Ggs. zur Parallel- und zur Seitenbewegung. – 2. → Umkehrung eines Themas oder Motivs, und zwar so, daß die Tonschritte entgegengesetzt zum Original verlaufen, also z. B. steigen statt fallen, oder daß die Noten von rückwärts oder von rückwärts und mit umgekehrten Intervallen gespielt werden.

Gegenfuge, eine → Fuge, bei der der → Comes als → Umkehrung (Inversion) des → Dux erscheint, wobei zusätzlich Längung oder Verkürzung der Werte eintreten kann; z. B. J. S. Bach: *Kunst der Fuge* 5–7,15. Treten hier Thema und Umkehrung als Dux und Comes auf, so können auch beide, getrennt durchgeführt in allen Stimmen, nacheinander stehen.

Gegensatz → Kontrasubjekt

Gehör → Hören, Ohr

Gehörbildung, Schulung des Gehörs, der Tonvorstellung, um musikal. Eigentätigkeit (Treffsicherheit, Vom-Blatt-Singen) zu fördern und musikal. Zusammenhänge (Inhalte) einsichtig (überhörbar) zu machen (Werkhören). Die Methoden wechselten nach Nägelis *Gesangschule* (1810) vielfach seit Mitte des 19. Jh. in der Entwicklung vom Sing- zum Musikunterricht; zunächst ausgehend von: Intervall, Kinder- und Volkslied, → Solmisation (→ Tonwort), Improvisations- und Bewegungsübung, Versuch mit Popularmusik und Geräusch, Musikdiktat, Übung mit polyphonen Sätzen und chromat. Akkordfolgen mit dem Ziel der gedanklichen Durchdringung des Werkes; unterstützt durch die im 20. Jh. gebotenen techn. Mittler. Gelegentl. wurden in der 2. Hälfte des 20. Jh. unter dem Eindruck des erweiterten techn. Angebots und mit unterschiedl. wechselndem Vokabular die Bemühungen eher gelähmt, so daß gute praktische Ergebnisse besonders von → Musikschulen erzielt wurden.

W. Howard, Übung im Hören, 1926; M. Mersmann, Musikkören, [2]1952; H. Pape, Der ganzheitl. Weg i. musikal. Anfangsunterr. (Beitr. z. Schulmus. 5) 1959; R. Mackamul, Lehrb. d. G., 1969/70; G. Güldenstein, G. f. Musiker, 1971; E. Halmos, Die mus.-päd. Konzeption Z. Kodálys. (Schr. z. Mus. Päd. 4) 1977; B. Dopheide (Hg.), Mus.hören, Hörerziehung (Wege d. Forsch.) 1978; Cl. Kühn, G. im Selbststudium, 1983. →Hören.

Gehörphysiologie (von griech. *physis* = Natur, *logos* = Wort), auch physiolog. → Akustik; die naturwissenschaftl. Beobachtung der Schallwahrnehmung, also des → Ohres zusammen mit den der Schallwahrnehmung dienenden Nervensträngen und Gehirnteilen als mechan. und elektrophysiolog. Phänomene. Wie d. Tonpsychologie ist G. Teil der systemat. → Musikwissenschaft, innerhalb deren die → Musikpsychologie die Ergebnisse beider benutzt. Hatte schon das griech. Altertum physiolog. Beobachtungen des Hörvorgangs aufgezeichnet, so entstand die G. im modernen Sinn doch erst in der Neuzeit mit dem Aufschwung naturwissenschaftl. Forschens, insbesondere auch auf physikalisch-akust. Gebiet. In ihr entscheidendes Stadium trat die G. durch die *Lehre von den Tonempfindungen,* in der H. v. Helmholtz 1862 seine Beobachtungen über → Dissonanz, Konsonanz, Resonanz niederlegte. Im 20. Jh. brachte die Elektrophysiologie neue Ergebnisse und Forschungsmöglichkeiten (Forbes, Miller, O'Connor, Békésy).

→ Hören, Ohr, Gehörpsychologie

Gehörpsychologie, Psychologie der Gehörerscheinungen und seel. Gehörsanlagen. Anstelle der heute allgemein üblichen Bez. → Musikpsychologie (von E. Kurth statt der von C. Stumpf eingeführten „Tonpsychologie" bevorzugt) benannte A. Wellek mit „G." die Lehre von den Schallwahrnehmungen, doch ohne musikal. Gestalterlebnis (Wirkungsform), das Hauptthema der → Musikpsychologie. G. untersucht psychologisch Ton, Klang, Geräusch. Auf der Identität des Tons im Oktavabstand baut sich die *„Zwei-Komponenten-Theorie der→ Tonhöhe"* (Révész) auf, die zwischen Helligkeit (physikal. Tonhöhe) und der durch Entsprechung in Zahlenverhältnissen bestimmten Tonqualität (von Hornbostel: *Tonigkeit*; Wiora: *tonale Qualität*) unterscheidet. Die meßbare Tonhöhe wird in einem tradierten System (zurecht-)gehört. Die aus der *„Mehrseitigkeit der Tonhöhe"* zu ziehenden Schlüsse reichen in das Gebiet der Musikpsychologie hinein, deren Wahrnehmungstypen (linear, zyklisch) die G. im Urteil zur Klangfarbe, Konsonanz und Dissonanz bestätigt. Die Psychologie der Gehörstruktur (innerhalb der G.) beschäftigt sich mit den Erscheinungen des äußeren und inneren Gehörs (z. B. Beethoven), des → absoluten und → realtiven Gehörs und der Unterschiedsempfindlichkeit für Frequenzen und Klangfarben. Neben den linearen und zyklischen Gehörstyp stellt sich der chromatische, farbenhörende (vielfach mit absolutem Gehör) mit der Neigung zur Tonmalerei. → Musikästhetik, Ohr.

H. von Helmholtz, D. Lehre v. d. Tonempfindungen, 1863, ND 1968; C. Stumpf, Tonpsych., 1883, ND 1965; H. J. Watt, The psych. of sound, Cambr. 1917; E. M. v. Hornbostel, Psych. d. Gehörserscheinungen (Hdb. d. Physiol.) 1926; G. Albersheim, Z. Psych. d. Ton- u. Klangeigensch., Straßb. 1939; W. Wiora, D. tonale Logos (Mf) 1951; H. Husmann, Der Aufb. d. Gehörswahrnehmung. (AfMw) 1953; A. Wellek, Musikpsych. u. Mus.ästhet., ^{2}1975; R. Plomp, Aspects of tone sensation, L 1976; E. Zwikker, Psychoakustik, 1982. → Hören, Musikpsychologie, Ohr.

Geige (von german. *geigan* = hin- und hergehen [des Bogens]), 1. häufig Bez. für → Violine. – 2. Streichinstr. allgemein, im Ggs. zum Zupfinstr. Im MA Name für eine Anzahl verschiedenartiger Streichinstr. (Violen, Fideln) mit meist bauchigem Korpus (vgl. M. Praetorius, *Syntagma musicum* II).

J. Rühlmann, D. Gesch. d. Bogeninstrumente, 1882, ND, 1974; D. Fryklund, Etymolog. Stud. über G., Gigue, Jig (Studier i modern sprakvetensk. 6), Uppsala 1917; W. Deutsch (Hg.), Die G. i. d. europ. Volksmus., W 1975; → Streichinstr., Volksmusik.

Geigenbau. Die → Violine des modernen Orchesters unterscheidet sich kaum von denen aus dem 17. und 18 Jh., der Hochblüte des G. Aus der Mitte des 16. Jh. ist ein Instr. bekannt, das dem in Lyon tätigen, aus Füssen in Tirol stammenden Kaspar Tieffenbrucker (Duiffopruggar) zugeschrieben wurde und gegenüber der → Viola schon alle Merkmale der Violine zeigt (Wölbung der Decke, volutenförmige Bügel, Schallöcher in f-Form in Angleichung an die

Umrißlinie). Es unterscheidet sich durch die Herzform des oberen Bügels und hat noch den Wirbelteller anstelle der für die Violinenfamilie typischen → Schnekke. Die ersten Violinen, die diesen Namen zu Recht tragen, wurden Ende des 16. Jh. von Gasparo da Salò (Bertolotti) in Brescia gebaut und Anfang des 17. Jh. von seinen Schülern G. P. Maggini und den Deutschen Freilich und Eisele. Wurde in Brescia Birnbaum-, Zitronen- oder Eschenholz bevorzugt, so bestimmte der Begründer der Werkstatt Cremona Andreas Amati, der vermutlich in Brescia gelernt hatte, Fichtenholz für die Decke, Ahorn für den Boden. Die Cremonenser Schule erreichte d. höchsten Stand im G. mit den Instr. der Amati, Stradivari, Guarneri, Bergonzo, Guadagnini, Ruggieri. Die Werkstattgeheimnisse dieser Schule (Wahl, Lage, Äderung, Schnitt des Holzes, Zusammensetzung des Lacks) haben seither G. und Wissenschaft beschäftigt, ohne daß sie ergründet und daß im Ton gleichwertige Instr. gebaut werden konnten. Weitere G.-Zentren entstanden in Mailand, Venedig, Florenz, Neapel, Pisa, Ferrara, Modena. Bei Andreas Amatis Enkel lernte vermutlich der Tiroler Meister Jakob Stainer. Von Tirol aus wurden Werkstätten in Wien, Augsburg und im Schwarzwald angeregt. Eine Industrie entstand in Mittenwald, zurückgehend auf die Werkstatt des Matth. Klotz Anfang des 18. Jh. Der G. im sächsischen Vogtland (Markneukirchen) geht zurück auf die aus Glaubensgründen vertriebenen Meister aus den benachbarten Zentren Nordböhmens (Graslitz, Schönach). Zahlreiche dt. Werkstätten dieses Bezirks wurden nach 1945 im Raum um Erlangen neu gegründet. Gegenüber dem im 18. Jh. verfallenden ital. G. entwickelte sich in Frankr. eine zweite Blüte, wo schon im 16. Jh. die Schulen von Lyon und Mirecourt (Lothringen) berühmt waren. Die Namen Vuillaume und Lupot kennzeichneten Ende des 18. Jh. die Pariser Schule, unter deren Einfluß auch der moderne → Bogen von F. Tourte entwikkelt wurde. Der beste niederdt. Lauten- und G.er war J. Tielke in Hamburg (um 1700). In Engl. entwickelte sich der G. erst bei Norman und Groß im 18., bei Hill im 19. Jh. Die Fele, das norwegische Nationalinstr., entstand im 17. Jh. aus der → Hardangerfidel und wurde von Isaak Nielsen nach dem Muster der Stainer-Instrumente, aber mit kleinerem Korpus, gebaut. – Die Bemühung, das Werkgeheimnis des ital. G. zu lüften, veranlaßte immer wieder mehr oder weniger gut geglückte Nachahmungen (die Geigen Vuillaumes wurden oft mit denen Stradivaris verwechselt), und der hohe Wert alter Meistergeigen regte häufig zu Fälschungen an, die sich nicht auf die Nachahmung der Herkunftszettel in den Instr. beschränkten. Neue Methoden der Elektroakustik geben die Möglichkeit zu genauerer Qualitätsbestimmung.

A. Vidal, Les instr. à archet, P 1876/9, ND L 1961; ders., La lutherie et les luthiers, P 1889; W. L. v. Lütgendorff, D. Geigen- und Lautenmacher v. MA b. z. Gegenw., 1904, ND 1968; O. Möckel, D. Kunst d. G., 1930, [3]1967; D. J. Balfoort, De Hollandse vioolmakers, A 1931; R. Vannes, Dictionn. univ. des luthiers, Br [2]1951, 1959; W. Henley, Univers. diction. of violin and bow makers, Brighton 1959/60; F. Hamma, Meisterwerke dt. G.kunst, [2]1961; ders., Meister it. G.kunst, [3]1971; H. Rödig, G. in neuer Sicht, 1962; ders., D. neue Weg; Naturwissensch. im G. (D. Musikinstr.) 1974; K. Jalovec, Enzykl. d. G., Pr 1965; ders., Dt. u. österr. G., Pr 1967;

K. Leonhardt, G. u. Klangfarbe, 1969; A. Buchner, „Geigenverbesserer", 1973; R. u. M. Millant, Prakt. Hdb. d. G. (P 1952, dt.:) 1974; Alte Meistergeigen, 1978 ff. → Geige, Laute, Streichinstr., Viola, Violine.

Geigenclavicymbel, → Bogenklavier.

Geigenprinzipal (Geigend Prinzipal), Orgelregister (32', 16'), 8', 4', (2'); enge Mensur; scharf klingend; in der Barockorgel als Streicherimitation stehend.

Geigenwerk → Bogenklavier

Geißlerlieder, Buß- und Bittgesänge der Geißler (ital. *flagellanti*) während ihrer blutigen Sühneprozessionen. Die Bewegung ging im 13. Jh. von Umbrien aus. Geißlerwallfahrten gab es nach 1260 auch im Norden (Leoben, Prag). Aus den Pestjahren und von Bußprozessionen sind Melodien von G. überliefert worden (Chronik des Hugo v. Reutlingen). Sie ähneln den Kreuzfahrerliedern und sind durch den wiederkehrenden Ruf *Nu helf uns der hailand* gekennzeichnet. Die Weisen finden sich im geistl. Volkslied und in Tanzmelodien wieder und wurden wohl schon als G. zum Schreittanz gesungen. Tschechische und wallon. G. halten sich meist an die dt. volkstüml. Vorlagen, denen gegenüber die wallon. Fassungen kunstvoller sind.

P. Runge, D. Lieder u. Melod. d. Geißler . . ., 1900, ND 1969; A. Hübner, Die dt. G., 1931; J. Müller-Blattau, Die dt. G. (Zf Mw) 1935; ders., G. (MGG) 1955.

Geistliche Musik (g. M.), **religiöse Musik** (r. M.). → „Kirchenmusik" war bis in die frühe Neuzeit Kultmusik. Seitdem der Gottesdienst allmähl. seine Stellung als Mitte des allgemeinen Lebens verlor, werden in dem weiteren Begriff „g. M." auch nichtliturg., zwar an Bibeltexte gebundene, freitextliche od. textlose Werke verstanden. Das Kirchenkonzert (z. B. dramat. Passionsoratorium) war das gesellschaftl. Ereignis (*Three Choirs Festival,* ab 1716; → *Concert spirituel,* ab 1725); meist im Konzertsaal. Es wurde im 20. Jh. („Vesper, Kirchenmus., G. M.") wieder Teil des Gemeindelebens im Kirchenraum. Der allgemeinere Begriff „r. M." (etwa seit der Aufklärung) sieht in Gesetzen der musikal. Ordnung die höhere Ordnung einer „natürl., erlösenden Religion" (etwa in → „absoluter Mus.", z. B. in Bachs *Kunst der Fuge*; Beethovens späten Streichquartetten). Die Grenzen sind fließend (vgl. Graun, *Der Tod Jesu*; Brahms, *Ein dt. Requiem*; Wagner, *Parsifal*; alte und neue geistl. Lieder). → Historismus, Liturg. Drama, Musikfest.

W. Blankenburg, Z. Gesch. d. Kirchenkonz. (Mus. und Kirche) 1974; K. v. Fischer, D. Dramatik in d. g. M. (AfMw) 1977; W. Wiora/G. Massenkeil/K. W. Niemöller, R. M. in nicht-liturg. Werken. (Stud. z. Mg. d. 19. Jh.) 1978; Fr. Krummacher, Kunstreligion u. r. M. (Mf) 1979.

Geistliches Konzert, im 17. Jh. Vokalconcerto im evangelischen Gottesdienst, die Evangelienmotette ablösend und Vorform der → Kantate. Im g. K. wurde der florentin. Sologesang übernommen, dazu die Tradition venezianischer geistl. und weltl. Musik (→ Generalbaßsatz). Es war mehrstg. solistisch od. einchörig (mit Instr., Continuo). Vorbilder waren die noch kontrapunktischen Concerti von A. und G. Gabrieli (1587) und die *Concerti ecclesiastici* Viadanas (1602, 1611). Der Text bestimmte die homophone, polyphone od. solist. Deklamation. Er wurde nicht mehr dargestellt, sondern in seiner Hintergründigkeit und Tiefe gedeutet. Die Form war nicht einheitlich. Das Dialogkonzert mit Frage und Antwort in dramat. Spannung wurde bevorzugt. Das konzertante Element drängte den Choral zurück. Während er bei Schein (*Opella nova,* 1618) den konzertierenden Stimmen zugrundelag, ging die Wortverkündung bei Scheidt und Schütz (*Symphoniae sacrae,* 1629; *Kleine geistl. Konzerte,* 1636, 1639) auf die Solostimmen (mit Instr. und Generalbaß) über. Das jeweilige Sonntagsevangelium wurde in vollständigen Jahrgängen komponiert und dargeboten: A. Hammerschmidt (*Musikal. Gespräche, 1655), K. Briegel (Evangel. Gespräche,* 1660). Ab Mitte des 17. Jh. wurde aus der bisherigen, das Evangelium des Tages vermittelnden Musik die Predigtmusik, die ein den Evangelientext deutendes Bibelwort bringt mit zusammenfassender Nutzanwendung (*applicatio*), mit Choralstrophe und Bibeltext, woraus sich die mehrteilige Form der Kirchenkantate entwickelte: R. Ahle (*Geistl. Dialoge,* 1648), Chr. Bernhard (*Geistl. Harmonien,* 1665). → Concerto, Konzert, Monodie.

F. Blume, Das monod. Prinzip i. d. protestant. Kirchenmus., 1925; ders. (Hg.), Gesch. d. ev. Kirchenmus., [2]1965; H. J. Moser, D. mehrstg. Vertonung d. Evangel., 1931, ND 1968; A. Adrio, D. Anfänge d. g. K., 1935; H.-O. Hudemann, Die protestant. Dialogkomp. i. 17. Jh. (Diss. Kiel) 1941; J. Subira, Conciertos espirit. españ. en el siglo 18 (Fs. Fellerer) 1962; F. Krummacher, Üb. d. Spätstadium d. geistl. Solokzt. i. Norddtl. (AfMw) 1968/9.

Geistliches Lied → Kirchenlied.

Geistliches Spiel → liturgisches Drama.

GEMA = Gesellschaft für musikal. Aufführungs- und mechan. Vervielfältigungsrechte. Anstelle mehrerer dt. → Urheberrechtsgesellschaften (so der 1915/33 bestehenden Genossensch. zur Verwertung musikal. Aufführungsrechte) verlieh der Staat der 1933 gegründeten STAGMA (= Staatl. genehm. Gesellsch. zur Verwertung musikal. Urheberrechte) mit Sitz in Berlin Rechtsfähigkeit und genehmigte ihr allein die Vermittlung von → Aufführungsrechten. 1938 wurde die AMMRE, Anstalt für mechan. und mus. Rechte (gegr. 1909), angegliedert, 1947 der Name in „G.“ geändert. Durch Verträge mit ausländ. Verwertungsgesellschaften verfügt die G. über ein umfangreiches Musikrepertoire, das sie gegen Entgelt im Auftrag der Urheber zur Aufführung mit Einzelgenehmigung oder Pauschalvertrag freigibt. Nicht genehmigte Aufführungen verfolgt sie nach dem Gesetz über Vermittlung von Musikaufführungsrechten vom 4. 7. 1933. Komponisten, Textdichter und Musikverleger (als ordentliche oder außerordentl. Mitglieder) geben der G. im Berechtigungsvertrag Vollmacht. Die Mitgliederversammlung legt den Plan zur Verteilung der Einnahmen fest, gesondert nach Aufführungs-, Sende- und mechan. Vervielfältigungsrechten. Satzungsgemäß werden die Versorgungsstiftungen der dt. Komponisten, Textdichter und Musikverleger aus den G.-Einnahmen unterstützt. → Urheberrecht.

Ulmer-Bußmann-Weber, Das Recht der Verwertungsgesellschaften, 1955. E. Ulmer, Urh.- u. Verlagsrecht, [2]1960; E. Schulze, Urheberrecht i. d. Musik, [5]1982. → Urheberrecht.

Gemeindegesang war in frühchristl. Zeit bei Psalmen, Akklamationsformeln und Ordinariumsstücken allgemein üblich. Nach dem 6. Jh. wurde er bis auf Einzelerscheinungen (→ Sequenzen) zurückgedrängt. Besonders in Dtl. wirkte das Nebeneinander der Konfessionen befruchtend. So erhielten die vorreformatorischen Bemühungen um den Gesang in der Volkssprache in der kath. Kirche durch das Beispiel der evgl. Praxis neuen Antrieb, der sich im ersten kath. → Gesangbuch M. Vehes 1537 auswirkte. Ließ Zwingli nur das gemeinsame Sprechen zu, so verlangten Luther und Calvin die Beteiligung der Gemeinde im Gesang an der gottesdienstl. Handlung. Dabei konzentrierte sich der G. im süddt. Bereich auf das Psalmlied, während im von der Wittenberger Gottesdienstordnung beeinflußten norddt. Raum die Gemeinde noch stärker am liturg. Teil des Gottesdienstes beteiligt wurde. In der Aufklärungszeit gingen die Teilnahme am G. und dessen Anforderungen zurück, dagegen setzte im 19. Jh. eine zunächst romantisch-historisch ausgerichtete Restauration ein. Nach dem 1. Weltkrieg entstanden unter dem Einfluß der Singbewegung kirchl. Singkreise mit Singwochen und Choralsingstunden und mit der Beteiligung der Gemeinde bei Choraufführungen. Nach 1945 zeigen sich in beiden Konfessionen die Bemühungen um einen G. mit neuen Liedern, z. T. mit dem Versuch, Rhythmus, Artikulation und Arrangement der Jazzmusik zu übernehmen.

B. Stäblein, W. Blankenburg, A. Scharnagl, G. (MGG 4), 1955; W. Blankenburg, D. gottesdienstl. Liedges. d. Gemeinde (Leiturgia 4), 1961; H. J. Moser, Vom reformator. G. zur heutigen Motette (Musikal. Formen in histor. Reihen), 1961; Versuche neuer G.e in dt. Sprache (Musik u. Altar), 1962/3; H. Hucke, Formen u. Probl. d. G. in dt. Sprache (ebda.), 1968; M. Jenny, D. Zukunft d. ev. Kirchengesangs, Z 1970. → Choral, Kirchenlied, Kirchenmusik.

Gemischter Chor, Gemeinschaft singender Frauen und Männer (bei Mehrfachbesetzung jeder Stimme) und das a cappella oder instrumental begleitet dargebotene Werk im Unterschied zum (gleichstg.) Kinder-, Frauen- oder Männerchor und zu dem aus Männer- und Knaben- oder Falsettistenstimmen gemischten Chor. Erst Anfang des 19. Jh. konnten als Folge der geänderten Bewertung der Frau im gesellschaftl. Leben g. Ch. entstehen, die zugleich eine Funktion der in der Auswirkung der Aufklärung verschwindenden kirchl. Chöre und Schulchöre übernahmen. Die Entwicklung vollzog sich fast gleichzeitig auf verschied. Ebenen und an verschied. Orten. Zelter führte mit gehobenem gesellschaftl. Anspruch Faschs Anfänge eines g. Ch. in der Berliner → Singakademie weiter und gab mit angegliederter Chor- und Orchesterschule das Beispiel für viele größere Städte, wobei sich das Mitgliedskonzert zur öffentl. Veranstaltung entwickelte, vielfach als kultureller Mittelpunkt des städtischen Gesellschaftslebens und schließl. auch mit städtischer Subvention. Demgegenüber erfüllte Nägeli unter dem Einfluß Pestalozzis volkserzieherische Aufgaben und löste eine breite Begeisterungswelle aus, die, von Zürich ausgehend, die Gründung vieler Männerchöre und g. Ch. bewirkte. Einen stilist. Beitrag leistete die von Thibaut in Heidelberg ausgehende Palestrina-Renaissance, die die Erneuerung der Kirchenmusik beider Konfessionen anregte, wenngleich sie sich noch nicht auf die gottesdienstl. Aufgabe des Chores bezog. Vielmehr entsprach die Entwicklung des kirchl. g. Ch. der des weltl., der mit fester Vereinsbindung das repräsentative jährl. Konzert in großer Besetzung mit Orchester und einem der Standardwerke (z. B. Haydn, *Schöpfung*; Händel, *Messias*; Bach, *H-Moll-Messe*) anstrebte oder in a cappella-Besetzung Werke aus d. Palestrinakreis aufführte. Der musikpädagog. Gedanke zeigte sich, wenn auch mit unterschiedl. Wurzeln und Zielen, immer wieder: in Zelters musikerzieherischen Plänen wie bei Nägeli oder in F. Wüllners Konzept der Erziehung durch Musik (Münchner Chorschule 1875). Chorgesang wurde 1880 Fach im Konservatorium. Auf H. Kretzschmar und L. Kestenberg geht die Belebung des Schulchors zurück. Gegen die Gesellschafts- und Musikformen der Chorvereine wandte sich die Singbewegung der 1920er Jahre (z. B. Offene Singstunden, Singkreis). In der Neuen Musik (z. B. Webern, Nono, Penderecki) entstanden neue Chortechniken mit differenzierten Ausdrucksmitteln. → Chor, Chormusik, Gesangverein.

→ Chor, Chormusik.

Gemischte Stimmen, 1. zusammengesetzte Stimmen in der Orgel (mit mehreren Pfeifenreihen; → Aliquoten): → Mixturen und verschied. Register zur Instrumenten-Imitation (z. B. Piffero, Zimbel, Zink); – 2. → gemischter Chor.

Gemshorn, 1. im 14. Jh. längs geblasene Blockpfeife aus Tierhorn und entsprechend gebogen; das weite Ende mit Block und Kernspalte, die Hornspitze geschlossen (→ gedackt); bis 7 vorderständige Grifflöcher, 1 Daumenloch; zarter Klang; Tonumfang bis None; in mehreren Größen gebaut und im 20. Jh. rekonstruiert (Antilopenhorn); – 2. Labialstimme der Orgel, konisch, offen (16' bis 2').

H. Fitzpatrick, The G., a reconstruction (Proceed. of Royal Mus. Ass.) 1973; W. Waechter, Das G. (Tibia) 1980.

Gendang, Kendang (javan.), Trommel im → Gamelan-Orchester (Java, Borneo); zylindr. od. konisch, 1- od. beidseitig bespannt.

Gendèr, im → Gamelan-Orchester (Java, Borneo) Metallophone (mit Bambusrohren als Resonatoren), die wie der → Gambang die Grundmelodie umspielen.

Generalauftakt, von H. Riemann eingeführter t.t.: Anders als der → Auftakt ist der G. nicht Beginn und Teil eines Motivs, sondern Überleitung zum neuen Abschnitt, die in breiteren Notenwerten (ritardando) erscheint und sich über mehrere Takte erstrecken kann (z. B. Beethoven, Sonate Es-Dur, op. 31, Nr. 3, 1. Satz: 2taktiger G. in Takt 8 und 9 zwischen der ersten und zweiten Achttaktphrase).

Generalbaß (it. *basso continuo;* frz. *basse continue;* engl. *thourough bass*), übliche Abkürzung = Gb.: bezifferter Baß (frz. *basse chiffrée;* engl. *figured bass*), bei der Instrumentalbegleitung Kurznotation für eine Folge von Akkorden nur mit deren Baßlinie, in der Regel ein bezifferter Baß, aus dessen Zahlenzusätzen der Akkordaufbau erkennbar und entweder während des Spiels (*prima vista*) einzubauen ist oder vorher schriftlich „ausgesetzt" wird. Der Begriff *Basso continuo* (kurz: → *Continuo* oder: *b. c.*) ist nicht unbedingt identisch mit dem bezifferten Baß; denn dieser braucht nicht fortlaufend zu sein, und es gibt andrerseits den b. c. ohne Bezifferung. In diesem Falle muß die Akkordstütze aus Zusammenklang und Verlauf der zu begleitenden Melodie und der Baßlinie erschlossen werden. Als G.instrumente wurden akkordierende, meist Orgel oder Cembalo (Klavier), eingesetzt, auch Laute, Theorbe, Chitarrone. Die Baßlinie wurde unterstützt durch ein Blas-, meist ein Streichinstr., wobei die sonst vom Violoncello zurückgedrängte Gambe noch längere Zeit Verwendung fand. – Meist ist Vierstimmigkeit vorgesehen, jedoch auch Freistimmigkeit (besonders bei Sextakkorden) möglich. Beim Spiel auf Tasteninstr. übernimmt die linke Hand die Baßstimme allein, die rechte den Akkord. Wo die zu begleitende Melodie nicht nur Akkordstützen verlangt, sondern frei improvisierende Begleitstimmen über dem gegebenen Baß ermöglicht, wird die rechte Hand die Begleitoberstimme allein übernehmen. Die Bezifferung steht über oder unter den Baßnoten und bezeichnet den Akkordaufbau jeweils vom Baßton aus. Die Grundstellungen leitereigener Dreiklänge werden nicht bezeichnet, Terzerhöhung oder -erniedrigung werden durch das Vorzeichen ohne Ziffer, Veränderungen anderer Töne durch Vorzeichen neben der Intervallziffer (bei Erhöhung auch mit Schrägstrich durch die Zahl), Akkordwiederholungen, wenn erforderlich, durch Waagrecht- od. Schrägstriche angegeben. Die Begleitung kann im Einklang oder in Oktavparallelen mit der Solostimme verlaufen, soll diese aber möglichst nicht übersteigen. Auf die Anweisung *tasto solo* ist nur Baßlinie (ohne Akkorde) zu spielen. In Lieder- oder Choralbüchern des 17.–19. Jh. mit gleichrhythm. Notenfolge in Melodie- und Baßstimme werden die Melodietöne mitgespielt und nur die Mittelstimmen zum Akkord ergänzt. Die G.-stimme war im Ensemblespiel zugleich Direktionsstimme (→ Dirigieren) und Gerüst für die Improvisation. – Verkürzte Notation wurde bei Orgel-(Cembalo-)Begleitung zur Stütze des Chorgesanges schon in der 2. Hälfte des 16. Jh. angewendet (vgl. → *basso seguente*). Aus diesen Anfängen zu Beginn der → Monodie und gefördert von prakt. Erwägungen der Drucker und Verleger entstand die G.praxis (→ G.satz), die die Musik des 17., 18. Jh. bestimmte. Die Bezifferung war nicht einheitlich, oft ungenügend oder mehrdeutig und wurde in zahlreichen Lehrwerken festgelegt. Die erste bekannte Anweisung sieht man in der Vorrede zu Viadanas *Cento concerti ecclesiastici* (1602). Sein Ruf als „Erfinder" des G. geht wohl auf G. Aichinger (*Cantiones ecclesiastici,* 1607) zurück und kam im 18. Jh. in Zweifel. Während die Orchesterpraxis in der 2. Hälfte des 18. Jh. sich vom G. löste – in Kirchenmusik und Oper hielt er sich noch bis ins 19. Jh. –, lebte er weiter in den Schulwerken und belastete noch lange die → Harmonielehre, die die Stufentheorie des G. mit der → Funktionslehre zusammen darstellte. Erst im 20. Jh. erfolgte die Trennung und Lösung von der durch die Technik der Füllstimmen und Akkorde verursachten

Minderbewertung der Melodie. Die Zuwendung zur Musik des → Barock im 20. Jh. regte neue G.schulen an. Die Klassifizierung der Zeit von 1600–1750 als G.zeitalter stammt von Hugo Riemann. → Umkehrung.

M. Schneider, D. Anfänge des B. c., 1918, ND Farnborough 1971; F. T. Arnold, The art of accompanim. from a thorough-bass. in the 17th cent., L. 1931, ND NY 1965; F. Oberdörffer, Der G. i. d. Instr. mus. des ausgeh. 18. Jh., 1939; ders., Neuere G.studien (AM) 1967; H. H. Eggebrecht, Arten d. G. im früh. u. mittl. 17. Jh. (AfMw) 1957; G. Kirchner, Der G. bei H. Schütz, 1960; L. U. Abraham, Der G. im Schaffen des M. Praetorius . . ., 1961; G. J. Buelow, The full-voiced style of thor.-bass realization (AM) 1963; P. Williams, Figured bass accompanim., Edinb. 1970; G. Haußwald, Die Mus. d. G.-Zeitalters (Musikwerk) 1973; St. Kunze, Instrumentalität u. Sprachvertonung b. Schütz (Schütz-Jb.) 1979. → Generalbaßsatz.

Generalbaßsatz, die um 1600 sich entwickelnde Satztechnik, die auf der unterschiedlichen, vielfach gegensätzlichen Funktion der im Satz wirkenden Elemente beruht, wenn die Intervalle von Zusammenklang und Akkordfolge nach Harmonielehreregeln bestimmt, gleichzeitig die überlieferten Regeln der motettisch-solistischen Vokalpolyphonie in kontrapunktischer Linienführung berücksichtigt werden, wie sie auch im → Concerto Anfang des 17. Jh. erscheint. Viadana war wesentl. an der Entwicklung dieser neuen Kompositionstechnik beteiligt („reduzierte Zweichörigkeit", Triosatz, 4stg. Concerti). Die Bez. G. wurde 1954 von Thr. Georgiades eingeführt.

W. Heimann, Der G. u. seine Rolle in Bachs Choralsatz (Freib. Schr. z. Mw.) 1973; T. Georgiades, Mus. u. Sprache, [2]1974; H. Haack, Anfänge des G., 1974.

Generalpause, die gleichzeitig für alle Stimmen geltende Pause; durch → Fermate und/oder den Zusatz G. P. bezeichnet, je nachdem, ob sie genau wertmäßig einzuhalten ist oder in ihrer Dauer vom Dirigenten bestimmt wird.

Generator, Gerät zur Erzeugung von elektr. Schwingungen mit Hilfe der Elektronenröhre, in der → elektron. Musik und für akust. Messungen benutzt zur Darstellung des → Sinustones (durch Sinusg., RC-G., Schwebungssummer). Rechteckschwingungen (Klänge aus Grundton und ungeradzahligen Obertönen) und Sägezahnschwingungen (mit gerad- und ungeradzahligen Obertönen zum Grundton) werden vom jeweiligen G. erzeugt. Das „weiße" (= farblose) Rauschen (ungleichmäßige Folge verschieden starker Impulse im ganzen Hörbereich) erzeugt ein Rauschg. „Farbiges" Rauschen entsteht durch Herausfiltern von Frequenzbändern aus dem weißen R. → Elektrophone.

Género chico (span. = kleine Art) → Sainete.

Genos (griech.) = Geschlecht; in der griech. Musik: → Diatonik, Chromatik, Enharmonik.

Genossenschaft Deutscher Tonsetzer (= GDT), die erste dt. Urheberrechtsgesellschaft, 1903 in Berlin gegründet und bei der Einsetzung der STAGMA (→ GEMA) aufgelöst. → Urheberrecht.

Genre (frz.) → Gattung.

Gerüstsatz, Satzschema (Baßmodell), besonders bei ital. und span. Tanzsätzen(-liedern) des 16., 17. Jh. (z. B. → Folia, Passamezzo, Romanesca, Ruggiero, Spagnoletta; vgl. Bach, Goldbergvariationen). → Ostinato, Chaconne, Passacaglia.

Gesamtausgabe (= GA), Veröffentlichung der Werke eines Komponisten im Druck; zunächst aus Pietät dem Vater, Freund od. verehrten Meister gegenüber betrieben (Lasso 1604; J. a Burgk 1626), wobei die Frage der Vollständigkeit zweitrangig war. Sie wurde dagegen immer vordringlicher gesehen, als Ende des 17. Jh. die eigentliche Welle der GA einsetzte, jetzt mit dem Bedürfnis, Geisteserbe einer Nation zu bewahren und zu sichten und eine Tradition zu erhalten oder zu schaffen. Beispiel waren dabei die frühen GA (Sämtl., Gesammelte Werke) großer Dichter (Goethe, Schiller). GA waren bis fast zum 2. Weltkrieg eine rein dt. Erscheinung, befördert durch den schnellen Aufschwung des → Notendrucks (Senefelder) und des dt. Musikverlags im 19. Jh. Dennoch stand den hinsichtl. des Notentextes und seiner Vollständigkeit anfangs sorglosen dt. Ausgaben das für die weitere Entwicklung maßgebende Beisp. Englands gegenüber (Händel, hrsg. von S. Arnold 1787/97). Den großen GA von J. S. Bach (ab 1851), Händel (1858), Beethoven (1862), Palestrina (1874) folgten zahlreiche Ausgaben anderer Meister (z. B. J. Strauß d. Ä., P. Cornelius). Neuer Wissensstand, neue → Editionstechnik machten (auch im Interesse der Praxis) erneute GA nötig (z. B. Bach, Mozart, Händel) und regten weitere an. → Denkmälerausgaben.

A. H. Heyer, Historical sets, collected editions and monum. of mus., Chicago [2]1969; S. Robinson Charles, A handb. of mus. and mus. lit. in sets and series, L. 1972; H. Bennwitz u. a. (Hg.), Musikal. Erbe u. Gegenwart, 1975. → Editionstechnik.

Gesamtkunstwerk, die von R. Wagner in der → Oper angestrebte Einheit der Künste (Musik, Bild, Handlung); unter Vorherrschaft der dramat. Dichtung, während die romant. Maler (Ph. O. Runge, C. D. Friedrich) Musik in ihre Bilder komponierten und die Erneuerung der Kunst aus dem Geiste der Musik anstrebten. Der Begriff G. wird bei D. Milhaud auf das Zusammenwirken von Oper, Oratorium und Film angewendet (*Christophe Colombe*). Das (schon von Kurt Schwitters ca. 1921 vorbereitete) Total-Theater (→ Multimedia, Mixed Media) der 2. Hälfte des 20. Jh. bezieht weitere Elemente ein.

C. Dahlhaus, Wagners Konzeption d. musikal. Dramas, 1971.

Gesang, → Belcanto, Gehörbildung, Gesangshygiene, Gesangskunst, Gesangspädagogik, Singschule, -stimme, Stimmbildung, Stimmbruch.

Gesangbuch, für den gottesdienstl. Gebrauch bestimmte Slg. von Kirchenliedern, im reformatorischen Bereich anfangs in geringer Zahl im Folioformat (z. B. Straßburg 1541) zum gemeinschaftl. Singen aus dem auf dem Chorpult stehenden Buch (→ Stimmbücher); daneben auch Kleinformate; zuerst in der Regel mit Melodien, seit Mitte des 17. Jh. auch mit beziffertem Baß; etwa ab 1700, als der Besitz eines G. allgemein selbstverständl. geworden war, ohne Noten, die erst wieder Ende des 19. Jh. eingeführt wurden. Das erste G. der → Böhmischen Brüder erschien 1501 in tschechischer Sprache; die ersten lutherischen G. (vgl. → Achtliederbuch) waren das Wittenberger von 1524 und die beiden Erfurter Enchiridien desselben Jahres. 1529 kam das Klugsche G. heraus (mit Luthers Vorwort), das dt.sprachige G. der Böhm. Brüder 1531 (M. Weiße), 1573 das älteste bekannte lutherische G. in sorbischer Sprache. Das reformierte G. von Marot und Bèze (1562) übernahm frz. Melodien. 1537 erschien das für die Gemeinde bestimmte kath. G. von M. Vehe, dem das G. von Leisentrit (Bautzen 1567) folgte. Im protestant. Bereich entstanden Länderg.er, die die bisherigen zahlreichen Privatausgaben ersetzten, deren Liedbestand, soweit er über den allgemeinen Liedkanon hinausging, übernehmend. Neuer Liedzuwachs kam aus pietist. Büchern (Freylinghausens G. von 1704). Die von E. M. Arndt angeregte Neuordnung, Reinigung und Zurückführung der Weisen und Texte auf die vermutliche Originalfassung, schließlich Vereinheitlichung, setzte mit dem Evgl. Kircheng. (= EKG) von 1854 ein. Mit dem „Dt. Evgl. G." (1915) wurde die Reform fortgesetzt. Das EKG von 1950 enthält weitgehend die Lieder in der Originalfassung und einen landschaftl. unterschiedl. Anhang, dessen Inhalt jeweils überprüft werden soll, wie auch das EKG für eine Neuausgabe krit. durchgesehen wird. Ein ökumenisches, dt.sprach. G. („Gemeinsame Lieder") erschien 1973, mehrsprachig (Cantate Domino) 1974. Im Zusammenhang mit der kirchenmusikal. Erneuerung kam 1938 das kathol. Laien-G. „Kirchenlied" heraus, 1975 das kath. Einheitsg. „Gotteslob". → Choral, Kirchenlied, Hymnologie, Hugenottenpsalter, Liederbuch, Liederhandschriften.

J. Hacker, D. Messe i. den dt. Diözesan-G. (Münchn. theol. Stud. 2) 1950; Chr. Mahrenholz, Das EKG, 1950; ders., G. (MGG) 1955; ders. u. O. Söhngen (Hg.), Hdb. z. evgl. Kircheng., 1953ff.; M. Jenny, Gesch. d. dt.-schweiz. ev. G. im 16. Jh., Basel 1962; ders., D. Zukunft d. ev. Kirchengesanges, Z 1970; Ph. Harnoncourt, Gesamtkirchl. u. teilkirchl. Liturgie, 1974. → Hymnologie, Kirchenlied.

Gesangshygiene, zur Förderung oder Erhaltung der Singstimme notwendige, vorbeugende oder heilende Behandlung der Stimmorgane, zum Teil also zur → Gesangspädagogik gehörig, deren Methode den körperl. Zustand des Sängers berücksichtigen, wie auch er seine Stimme durch vernünftige Lebensweise und zweckmäßiges Üben pflegen muß. Erkrankungen können auf die Anlage des Organs oder auf falsche Gesangsmethoden zurückgehen und sind vom Arzt oder einem Stimmbildner zu behandeln. Für Heilung durch Gesang wußte die G. der Griechen, für die Gesangskunst als Teil der Rhetorik in den Bereich der musischen Bildung gehörte, zahlreiche Methoden, die auf die Kenntnis der Einheit von Seele und Leib hinweisen (→ Musiktherapie).

E. Barth, Einf. i. d. Physiol., Pathol. u. Hyg. d. menschl. Stimme, 1911; P. Lohmann, Stimmfehler, Stimmberatung, 1938; R. Luchsinger/G. E. Arnold, Lehrb. d. Stimm- u. Sprachheilkunde, ^{2}1970; G. Habermann, Stimme u. Sprache, 1978. → Gesangspädagogik.

Gesangskunst. Zu den frühen berufl. Sängern ist der → Phonascus des griech.-römischen Altertums zu rechnen, der die Rhetoren zu kunstvoll deklamierender Rede anhielt. – Melodramat. Darbietungen, aus der griech. Sprachmelodie entwickelt, sind aus der antiken Tragödie bekannt. Die G. im MA wurde in Klosterschulen und Kathedralchören gepflegt. Reich mit → Melismen ausgeweitete Gesänge (→ Jubilo) wurden auf dem Wege aus roman. Ländern nach dem Norden immer genauer syllabisch textiert. Dabei zeigt sich der Gegensatz, in dem sich G. stets befand: zwischen Streben nach deutlicher Textdeklamation und Freude am weit gespannten Bogen der Melodie. Frauenstimmen verschwanden im 7. Jh. aus der geistl. Musik und wurden durch Knabenstimmen, dann durch → Falsettisten und, hauptsächlich in der ital. Musik des 17. und 18. Jh., durch → Kastraten ersetzt. – Weltlicher Gesang entstand (mit Wurzeln in Volksmusik und geistl. Liedern) in der Kunst der → Troubadours, → Trouvères und → Minnesänger, von da sich fortsetzend im → Meistersang. Wird schon im 15. Jh. von einzelnen Sängern an verschied. Höfen berichtet, so liegen doch die Anfänge neuzeitl. Sologesangs erst im frei improvisiert verzierten Gesang (→ Gorgia) des 16. Jh. → Oper und → Oratorium erhöhten Anforderungen an die Gesangstechnik und verlangten Höchstleistung (Stimmumfang und Koloratur), wie sie von berühmten Kastraten (Senesino, Farinelli) und Primadonnen (Fr. Caccini, Faustina Bordoni) erbracht wurde. Die menschl. Stimme stand im Wettstreit mit dem verbesserten Soloinstr. Lyrischer Tenor und Heldentenor kamen auf (anstelle der Kastraten). Frauen sangen im dt. Bereich (1617 Wien) früher als in Italien auf der Opernbühne (in der Kirche zuerst durch Mattheson 1715 in Hamburg). Während das deklamator. Prinzip in der G. Frankreichs, schon durch den Sprachakzent bedingt, bestehen blieb und durch die Arbeit Rossinis, Donizettis, Meyerbeers die frz. Oper im Anfang des 19. Jh. das Schwergewicht gegenüber der ital. erhielt, gelang in Dtl. im Widerstreit gegen die ital. G. ein Ausgleich. Er zeigt sich in Glucks Reform, bei Mozart, der sprachl. Ausdruck, ariose Melodiebögen und virtuose Koloratur vereinigte, bei C. M. v. Weber und Lortzing und im Liede Schuberts. Hatte die Romantik das → Volkslied wieder entdeckt (Herder), und stellte sich die → Berliner Liederschule bewußt gegen die italien. Aria, so entstand doch gleichzeitig mit höchsten stimml. Anforderungen das Kunstlied bei Schubert, Schumann, fortgesetzt bei Brahms, Wolf, R. Strauss, Pfitzner. Gegenüber der frz. Deklamation gab die bei R. Wagner und R. Strauss dem Ton die Möglichkeit freierer Entfaltung. Die Neue Musik setzt die Singst. als Instrument mit erweiterten Ausdrucksmöglichkeiten ein.

M. Högg, Die G. der Faustina Hasse u. d. Sängerinnenwesen ihrer Zeit (Diss.B) 1931; H. J. Moser, G. (MGG) 1955; D. W. Stevens, A hist. of song, NY 1961; V. van Hemel, De zangkunst, Antwerp. [3] 1963; W. Rosenberg, Krise der G., 1968. → Gesangspädagogik, Kastraten, Belcanto.

Gesangspädagogik, Kenntnis und Schulung der Stimmorgane mit dem Ziel des spielerischen, freien Einsatzes bei geringstem Kräfteaufwand und größtmöglichem Effekt, wobei die für → Atem, Register, Resonanz von der Natur geschaffenen Voraussetzungen grundlegend sind. Die drei ineinanderwirkenden Hauptgebiete der G. sind demnach → Atemtechnik, Tonbildung (→ Stimmbildung, Kehlkopf, Stimmbänder) und → Artikulation. Sie müssen mit dem Bewußtsein der Einheit von Geist und Körper, also zumindest ebenso genau von der psycholog. wie von der (häufig überbewerteten) physiolog. Seite her angegangen werden, bis die volle Beherrschung des Organs selbstverständl. ist und sich die geistige Konzentration schöpferischer musikal. Gestaltung widmen kann. Wie sich G. hinsichtlich der Atmung bevorzugt mit dem Ausatmen beschäftigt und das Einatmen als natürlich-selbständige Funktion des Zwerchfells erkennt, so interessiert sie am Kehlkopf nicht so sehr dessen Tiefstellung wie die Genauigkeit des Stimmbandschlusses und der Registerübergang, wozu als Hauptgebiet der G. die Funktion des → Ansatzrohres gehört, das mit den Resonanzhöhlen entscheidend für Toncharakteristik und Artikulation ist. Der Bereich der G. umfaßt auch → Gesangshygiene. War Stimmbildung (-pflege) bei den Griechen Teil der Rhetorik und hatte entsprechenden Einfluß auf die Entwicklung in Rom, so wurde sie im MA durch Regeln des Kirchengesangs festgelegt. Die aus der Guidonischen Reform entstandene → Solmisation (Versetzung des →Hexachords) sollte die Treffsicherheit fördern und Genauigkeit der Artikulation erreichen. Dabei rückte der Figuralgesang in den Vordergrund, wobei sich die Entwicklung von der allgemeinen, universalist. zur besonderen, individuellen, der stimml. Einzelveranlagung gerecht werdenden G. vorbereitete, die sich um 1600 mit den beiden Gegenpolen des rezitativischen, vom sprachl. Ausdruck bestimmten und des ariosen, die musikal. Linie bevorzugenden Gesanges vollzog. Der Wettbewerb, in den die Singstimme jetzt zum Instrument gestellt war, stellte die G. vor neue Aufgaben. Zu den ersten eigentlichen Gesangsmethoden gehört die des Neapolitaners G. C. Maffei (1562), die den Gesang nicht mehr als Teil allgemeiner Musiklehre betrachtete. Die weitere Entwicklung stellte den Sänger als Solisten außerhalb des Ensembles. → Koloraturgesang, schon bei Maffei geübt, wurde bevorzugt, Falsettisten wurden von den → Kastraten mit der größeren Affekts fähigen Stimme ersetzt. Die Anweisungen Caccinis (1601) galten auch in Dtl., während Frk. eine eigene Entwicklung zeigte. Das wichtigste Werk der G. im 18. Jh. waren die *Opinioni de' cantori* P. F. Tosis (1723), auf die sich spätere Slgn. von → Solfeggien stützten. Die Vorherrschaft der it. Schule (→ Belcanto) wurde im 19. Jh. gebrochen. In Frankreich erschien 1845 die physiolog. begründete Gesangslehre von G. Duprez (*L'art du chant*). Der Spanier M. García, der 1855 den Kehlkopfspiegel (Laryngoskop) erfand, gilt als Begründer moderner G., die in Dtl. von seinem Schüler J. Stockhausen (*Gesangsunterrichtsmethode,* 1884) vertreten wurde. Diese Methode hatte sich gegen die berühmtere *Große Gesangsschule* v. F. Schmitt (1854) durchzusetzen, dessen Schüler J. Hey (*Dt. Gesangsunterricht,* 1885) die Anforderung Wagners an Deklamation und Artikulation berücksichtigte. Hier setzte auch die eigentl. Stimmbildung im dt. Bereich ein (Müller-Brunow). Statt des physiologischen wurde das psycholog. Moment seit 1923 (F. Martienßen) hervorgehoben. → Gesangskunst, Musikerziehung, Singstimme, Stimmbildung.

M. García, Traité compl. de l'art du chant, P 1840/7; J. Stockhausen, Gesangsunterrichtsmethode, 1886/7; H. Goldschmidt, Die it. Ges.meth. d. 17. Jh., 1890; B. Müller-Brunow, Tonbildung od. Ges.unterr., 1890; J.

und V. Forchhammer, Theorie und Techn. des Singens und Sprechens, 1921, ND 1971; H. J. Moser, Techn. der dt. Ges.kunst, ²1921; A. Thausig, D. Sängerstimme, 1924, ³1957; H. Biehle, D. Stimmkunst, 1931/2; G. Arnim, Altital. Ges.methoden, 1934; L. H. Combe, Education vocale, P 1937; P. Lohmann, Stimmfehler – Stimmberatung, 1938; G. Gümmer, Erzieh. der menschl. St., 1940; W. Schmidt-Scherf, Beitr. z. Psych. d. Stimmpäd., 1940; F. Martienßen-Lohmann, D. wissende Sänger, 1956, ²1963; H. Hölzen, D. method.-päd. Grundsätze dt. Ges.-Kultur i. 19. Jh. (Diss. Münster) 1958; R. Husson, La voix chantée, P 1960; H. J. Scholz, Das Registerprobl. i. der dt. G. von Agricola bis F. Schmitt (Diss. Köln) 1972; G. Habermann, Stimme u. Sprache, 1978. – Belcanto, Gesangskunst, Kastraten, Stimmbildung.

Gesangverein (GV), **Sängerbund** (SB), **Sängerfest** (SF), Singgemeinschaft (Sänger und/od. Sängerinnen); der regionale Zusammenschluß in einem SB und die (regelmäßigen, oft mehrtägigen) festl. Veranstaltungen/Chorwettbewerbe. (Vgl. → Chor, Gemischter Chor, Frauen-, Männerchor, Chormusik.) GV entstanden meist Anfang des 19. Jh. unter dem Eindruck von → Musikfesten und Oratorienaufführungen (z. B. → Singakademie) u. a. als → *„Liedertafel“* (Zelter, 1809), andrerseits angeregt durch die schweizerisch-süddt. *„Gesangsbildungslehre“* (Nägeli nach Pestalozzi): *„Liederkranz“*. Ähnliches zeigte sich z. B. in Frankr. (G. L. Wilhem: ab 1833 die *Orphéon*-Bewegung; → Singschule), Spanien (A. J. Clavé: *La Fraternidad,* 1850; *Euterpe/Sociedades Euterpenses,* ab 1857), Engl. (u. a. *Huddersfield Choral Soc.,* 1836; → Singschule, Glee, Catch). Der vermutl. erste GV in der Schweiz (*Liste-GV*) wurde 1805 gegr., wohl das 1. Schweizer SF fand 1826 in Meilen bei Zürich statt. 1842 war die Gründung des *Eidgenöss. Sängervereins* als SB (SF: Zürich 1843). Frühe GV in Österr. kamen in den 1840er Jahren auf (Graz; *Salzb. Liedertafel:* 1848; 1. SF: 1849); *Tiroler SB: 1860.* Der *Österr. SB* wurde 1949 gegr. Von den vielen Einzelvereinen in Dtl. (z. B. Wertheim 1825) waren auch solche besonderer Gruppen (z. B. *Lehrer-GV* Magdeburg, 1838; *Jugendl. SB* Konradsdorf bei Haynau/Schlesien, SF: 1847); der erste regionale Zusammenschluß war die *„Provinzialliedertafel“* Magdeburg, 1830. Der *Dt. Sängerbund (DSB)* entstand 1862 (1. SF: Dresden 1865; 1. SB-Woche: Nürnb. 1927; Neugründung 1949). Arbeiter-GV entstanden in Dtl. ab 1861 (Leipzig), behindert durch das Sozialistengesetz (1890), bis zur Vereinigung 1908 zum *Dt. Arbeitersängerbund* (*DAS*; Zeitung ab 1907; 1. SF: Hannover 1928; Aufösung: 1933). Als *DAS* wurde 1947 der *Dt. Allgem. Sängerbund* gegr. (1. SF: Frankf./M. 1951). Große SF in Estland (Dorpat ab 1869) und Lettland (Riga 1873) beeinflußten das russ. Sängerwesen. – 1868 wurde in Dtl. der *Allg. Cäcilien-Verein,* 1883 der *Evangel. Kirchengesangverein* gegr., 1925 der *Reichsverband der gem. Chöre,* 1950 *Verband gem. Chöre Deutschlands,* 1950 *Arbeitsgemeinsch. Dt. Chorverbände.* → Arbeiterlied, Massenlied.

Der Dt. Sängerbund 1862/1912, 1912; W. Fillies, D. Arbeitersängerbeweg., (Diss. Rostock) 1922; Jb. des DSB, 1926–1936 u. ab 1952; F. J. Ewens, Lex. des dt. Chorwesens, 1954, ²1960; W. Fuhr, Proletar. Mus. in Dtl., 1977; B. Künnecke, Der DSB, 1978. → Chor, Chormus., Frauen-, Männerchor.

Gesätz → Barform

Gesellschaften f. Musik, Musikwissenschaft usw. → Musikorganisation.

Gesellschaft f. Urheberrecht → Urheberrechtsgesellschaften.

Gesellschaftslied, das in einer bestimmten Gesellschafts-(Berufs-)Schicht (z. B. Studenten, Jäger, Zünfte) gesungene mehrstg. dt. Lied im 15.–17. Jh. im Ggs. zu → Hofweise und → Volkslied. Später galt als G. vielfach allgemein des gesellige Lied.

Gesellschaftstanz, mißverständl. Bezeichnung für meist durch bestimmte Regeln festgelegte Tänze, vorwiegend in Festsälen und Salons und ursprüngl. von einer sozial gehobenen, ständisch abgegrenzten Bevölkerungsschicht ausgeführt, ferner die dabei erklingende Musik. Vom → Volkstanz mit lokaler oder landschaftl. Bedeutung unterscheidet sich der G. im wesentl. durch die größere Ausbreitung. Jedoch sind gemeinsame, in ganz Europa bekannte Gattungen im MA durch fahrende → Spielleute und Musikantengefolge bei Hochzeiten, Konzilen, Reichstagen verbreitet worden und wurden die Quellen für den G., wie überhaupt bis in jüngste Zeit beide Gruppen aufeinander einwirkten. Das → Ballett unterscheidet sich vom G. durch die meist berufsmäßige tänzerische Ensembledarbietung auf der Bühne. Die Entwicklungsgeschichte des G. ist durch 2 sich überschneidende Strebungen bestimmt: 1. zwischen ursprünglichem, meist aus dem Volkstanz aufquellendem, freiem Bewegungsimpuls und der darauf folgenden schulmäßigen Formung bis zur Erstarrung in Formeln, die schließl. im Durchbruch neuer ursprüngl. Kräfte beseitigt werden; 2. zwischen Gruppen- und Paartanz. Im 12., 13. Jh. folgte der instrumental ausgeführten → Estampie ein getanzter, gesungener Reigen. Daraus entstand die lange wirksame Verbindung eines feierl. Schreittanzes mit einem lebhaften Springtanz (→ Saltarello). Die Figur des Regeln setzenden Tanzlehrers erscheint, seitdem im 14. Jh. der fahrende Musiker und der Gaukler sich sozial einordneten und „zünftig" wurden. In der → Basse danse bereitete sich der Übergang zum Paartanz vor. Die noch improvisiert freien Schrittformen festigten sich in der Ordnung der vom Tanzlehrer geschaffenen Anweisungen und Tanzschrift. Die langsame Basse danse mit schnellem Saltarello verschwand um 1550. Eine neue Welle allgemeineuropäischer Beeinflussung lösten im 16. Jh. die engl. Komödianten aus. Th. Arbeau (= Jehan Tabourot) beschrieb in seiner → *Orchésographie* (1588) die → Branle-Gruppe unterschiedlicher, gesellschaftsfähig gewordener, volkstümlicher, fröhlicher Gemeinschaftstänze, die im G. in fester Folge (→ Suite) auftraten. Aus verschied. Ländern kamen → Pavane, Gaillarde, Allemande, Sarabande, Das → Menuett (ab 17. Jh.) war im Ggs. zur bisherigen Vielfalt der Bewegungen ein bis in jede Einzelheit stilisierter Paartanz, wurde später in die Kunstmusik aufgenommen und verlor als G. Mitte des 18. Jh. an Bedeutung, während der → Kontratanz mit mehreren Paaren und freieren, leicht darstellbaren Formen so erfolgreich war, daß er auf den Volkstanz befruchtend einwirkte. Der dt. Beitrag zur Geschichte des G. war im Paartanz der → Walzer, der das 19. Jh. beherrschte und die schnelle Hochblüte der → Polka überdauerte. Im 20. Jh. verbreiteten sich Schreit- und Lauftänze afroamerikanischen, kuban., lateinamerikan. Ursprungs. Dementsprechend unterscheidet man bei Tanzturnieren Standardtänze (Engl. Walzer / Tango / Schneller Foxtrott = Quickstep / Slowfox / Wiener Walzer) und lateinamerikan. Tänze (Rumba / Cha-Cha-Cha / Samba / Paso doble / Jive = Jitterbug). Der erste Wettbewerb zur Weltmeisterschaft fand 1909 in Paris statt, zur Europameisterschaft 1927 in Frankfurt/M.

G. Taubert, Rechtschaffener Tantzmeister.., 1717, ND 1976; F. M. Böhme, Gesch. d. Tanzes i. Dtl., 1886, ND 1967; O. Bie, D. Tanz, 1906; J. Dieckmann, Die in dt. Lautentabulaturen überlief. Tänze des 16. Jh., 1931; C. Sachs, Eine Weltgesch. des Tanzes, 1933, ND 1976; P. Nettl, The story of dance mus., NY 1947, ND 1970; ders., Tanz u. T. mus., 1962; A. Chujoy, The dance encycl., NY 1949; F. Heyer (Hg.), D. Tanz i. d. mod. Gesellsch., 1958; H. Günther/H. Schäfer, Vom Schamanentanz zur Rumba, 1959, NA 1975; A. Moore, G., ^{3}1959; K. Petersen (Hg.), Tanzbibliogr., Lg 1966ff.; F. Otterbach, Gesch. d. europ. Tanzmus. (Tb. z. Mw.) 1980. Sporttaschenb. Tanz, 1983.

Gestrichen, 1. bei Saiteninstrumenten durch Bogenstrich erzeugte Töne im Ggs. zu gezupften (→ Pizzicato) und geschlagenen (Schlagbaß, Schlaggitarre). – 2. ein-, zwei-, . . . gestrichen; nähere Kennzeichnung des Tones oder der → Oktave nach seiner Lage innerhalb des Tonsystems, dargestellt durch Strich (Apostroph) oder Striche oder eine kleine hochgestellte Ziffer hinter dem Tonbuchstaben (z. B. c', c'' = c^2). → Notenschrift.

Gewandhaus, in Leipzig nach dem Messehaus der Tuchhändler benanntes Konzerthaus. Der Verleger J. F. Gleditzsch richtete ab 1743 das „Große Konzert der Herren Kaufleute" mit Thomaskantor J. F. Doles und Instrumentisten aus dem früher von Telemann und Bach geleiteten → Collegium musicum ein. Unter J. A. Hiller fanden ab 1781 regelmäßig Konzerte statt. Das G.-Orchester dirigierten u. a. F. Mendelssohn Bartholdy, C. Reinecke, A. Nikisch, W. Furtwängler, B. Walter, H. Abendroth, V. Neumann. Der Neubau des 1943 zerstörten G. wurde 1981 eröffnet.

A. Dörffel, Gesch. d. G.konzerte 1781–1881, 1884, ND 1983; H. Heyer (Hg.), Fs. z. 175jähr. Bestehen d. G.kzte., Lg 1956.

Gidžak, Ghižak (pers.), Streichinstr. in Mittelasien, im Kaukasus und Iran (dort 1350 als turkmen. Streichlaute erwähnt); mit kleinem-kugelförmigem Korpus (seitlichem Schalloch), Membrandecke und langem Metallstachel; 2–4 (5) Saiten (Quarten od. Quart-Quint). Vgl. → Kamandža

Gigue frz. aus engl. *jig; it. giga*; vielleicht zusammenhängend mit mhd. *gîga,* afrz.*g.:* → Geige), wohl auf die Spielpraxis eines ma. Streichinstruments nahe Fidel, Rebec, Geige zurückgehender, aus Schottland und Irland stammender, sehr schneller Tanz (Tanzlied: *jig*), meist 6/8- od. 9/8-Takt, der im *Fitzwilliam Virginal Book* (um 1625) noch sowohl ungerad- als geradtaktig erscheint und 2tlg. ist. Die geradtaktige Form wandert mit der Lautenmusik in die frz. Lautensuite und bleibt dort führend, während sich bei F. Couperin, J. H. d'Anglebert und J. Champion de Chambonnières die ungeradtaktige G. in der Klaviersuite durchsetzt. Um 1700 taucht in Dtl. auch die sehr schnelle ital. Giga im 12/8- od. 6/8-Takt auf. In J. J. Frobergers Klaviersuiten findet sich die G. häufig u. mit kontrapunktischen Elementen (Fugato), die bei Bach vervollkommnet sind (vgl. 4. Kl.-Partita). Inzwischen hatte die G. in der → Suite den wichtigsten

Platz als Schlußsatz eingenommen, und mit ihr geriet sie auch im späten 18. Jh. in Vergessenheit. In neuerer Zeit findet sich der Name wieder, z. T. historisierend (z. B. in der mehrfach auftretenden „Suite im alten Stil"), z. T. klanglich und formal erweitert (C. Debussy).

T. Norlind, Z. Gesch d. Suite (SIMG) 1905/6; D. Fryklund, Etymol. Stud. üb. Geige, G., Jig (Studier i mod. sprakvetensk.) Uppsala 1917; W. Danckert, Gesch. der G., 1924; C. Sachs, Eine Weltgesch. d. Tanzes, 1933, ND 1976.

Gimel → Gymel

Giocondo, *giocondamente, giocondevole* (ital. =) heiter, anmutig.

Giocoso, *giocosamente* (ital. =) tändelnd, spielerisch.

Gioioso, *gioiosamente* (von ital. *gioia* = Freude), freudig.

Giraffenflügel, besaitetes Tasteninstr., hochstehend in Harfenform, die Baßzüge senkrecht, die Diskantzüge schräg ansteigend; mit Hammermechanik. Eine „liegende Giraffe" war das Querfortepiano. Beide sind Vorformen des Pianinos (→ Klavier) und waren von Ende 18. Jh. bis um 1850 in Gebrauch.

Gitarre (span. *guitarra,* it. *chitarra,* frz. *guitare;* von griech. *kithara*), Zupfinst. etwa in 8-Form; Boden und Decke flach, Bünde bis nahe an das rosettenartige Schalloch reichend; Schraubwirbel; Wirbelhalter zurückgebogen; 6 Saiten (E-A-d-g-h-e'), an einem Querriegel befestigt. Die Herkunft ist nicht geklärt. Vermutl. wurde die G. von Westgoten auf dem Weg über Rom (od. von Arabern aus dem Orient) nach Spanien gebracht und verbreitete sich mit vielen Arten und Namen in Europa. Im 13. Jh. erschien die geschweifte Form bei der *guitarra latina* mit erst 4 (doppelchör.), dann 5 Saiten; in Spanien dazu die ab Ende des 16. Jh. verschwindende nationale Variante der (6saitigen) → Vihuela. Seit 1600 ist die „Span. G." das meist homophon gespielte Nationalinstr. (erste bekannte Anleitung von J. Carlos, 1596). Im 17. Jh. wurde die *chitarra spagnuola* in Italien berühmt; harmon.-rhythm. Begleitinstr. m. eigener → Tabulatur (Akkord- und Mischnotation: *senza numeri e note*); von daher Ende 18. Jh. in Frk., Engl., rasch auch in Dtl. das Modeinstr., allgemein m. 6 Saiten, einfach bespannt. In Spanien wurde in der 2. Hälfte des 19. Jh. die moderne Konzert-G. (bis 10saitig) mit größerem Ton entwickelt (Torres-Modell). Durch die Wandervogelbewegung, die den in Süddtl. bewahrten Namen „Zupfgeige" (Klampfe) übernahm, erfuhr die G. in Dtl. eine Neubelebung im 20. Jh., die sich Mitte des Jh., nun von Jazz- und Folkloremusik (→ Liedermacher) beeinflußt, wiederholt. Zur Familie der G. gehören: die → Lyrag., die → Chitarra battente, der → Arpeggione, die Lauteng. Die Terzg. (eine kleine Terz höher) und Quintg. (eine Quinte tiefer) fanden auch Eingang in der Orchestermusik. Die Hammerg. hatte eine Tastenmechanik mit 6 von innen schlagenden Hämmern. Die 15saitige Baßg. der → Schrammelmusik hat zusätzliche Bordunsaiten. In der Unterhaltungs-, Jazz- und Rockmusik werden Schlag-(Elektro-)G. und → Ukulele gespielt.

J. Zuth, Hdb. d. Laute u. G., W 1926, ND 1972; E. Pujol, La g. y su historia, Buen.

Aires, 1932; D. Pratt, Diccion. biogr., bibliogr., hist. . de guitarras . . ., ebd. 1934; B. Terzi, Dizion. dei chitarristi e liutai it., Bologna 1937; Ph. J. Bone, The g. and mandolin, L [2]1954, NA 1972; H. Nickel, Beitr. z. Entw. der G. in Europa, 1972; H. Turnbull, The guitar from the Renaiss. to the present day, L 1974; T. u. M. A. Evans, Guitars, . . from the Renaiss. to Rock, L 1977; F. Jahnel, Die G. u. ihr Bau, [3]1977; D. B. Lyons, Lute, Vihuela, G. to 1800 (Detroit Stud. in Mus. Bibliogr. 40) 1978; J. Klier/J. Hacker-Klier, Die G., 1980; J. Tyler, The early g., L 1980; G. Wade, Traditions of the classical g., L 1980. – Zs.: G. und Laute, 1979ff.

Gitarrenmusik. Die G. des 16. Jh. läßt sich nicht immer von der gleichzeitigen Lautenmusik trennen, jedoch entwickelte sich in Spanien, Portugal und Italien früh eine eigene Literatur, in Griffschrift (→ Tabulatur) geschrieben, wie sie Luys Milán 1535 im *El maestro* für die → Vihuela in Ziffernnotation (*cifra*) brachte. Ende des 16. Jh. wurde schon eine Akkordkurzschrift (*alfabeto*) verwendet. G. Sanz war der bedeutendste Virtuose gegen Ende des 17. Jh. In Dtl., wo die Lautenmusik vorherrschte, wurde die G. von Italienern beeinflußt und erlebte ihre Blüte in der Romantik, in der es für G. keinen Nationalstil mehr gab. Nur in Spanien lebte die klass. Tradition weiter. Die Gitarre wurde im Solokonzert und für die Begleitung des Kunstliedes vor allem im 19. Jh. eingesetzt, daneben in Opern- und Orchestermusik (Weber, *Oberon;* Verdi, *Falstaff*; G. Mahler, 7. Sinfonie). Virtuose Solomusik schrieben u. interpretierten z. B. Carulli, Giuliani, Pujol, Segovia. – M. de Falla, A. Schönberg, A. Webern, H. Villa-Lobos, J. N. David, D. Milhaud u. a. setzten die G. ein.

E. Pujol, Bibl. de mus. ancienne (et mod.) pour g., P 1926 ff. → Gitarre.

Gittern (engl.; afrz. *guisterne*), ma. Zupfinstr.; 3 od. 4 Saiten, flaches, aus einem Stück Holz geschnittenes Korpus; soll im 1. Jh. bereits bildlich belegt sein und verschwand im 14. Jh., während der Name wohl mit Gitarrenarten identifiziert wurde (Gitarre = engl. *g.* bzw. *guitar*).

Giustiniana → Justiniana.

Giusto (ital. =) richtig, angemessen; *tempo g.* ist doppeldeutig als exaktes oder dem Charakter des Stückes angemessenes Tempo; ursprüngl. auf ein bestimmtes Beispiel bezogen, z. B. *tempo g. della scuola Tartinista* (in der Art Tartinis).

Glagolitischer Gesang, liturg. Gesang in altslawischer Sprache, in die Methodios u. Kyrillos (eigentl. Konstantinos) für die Mission u. a. in Großmähren liturg. Texte übersetzt und dafür die glagolit. Schrift (*glagolica*) geschaffen hatten. Nach 885 wurde der Gl. G. untersagt, hielt sich aber sporadisch (vgl. Janáček, *Glagolit. Messe*). Kliment und Naum, Schüler der „Apostel der Slawen", gründeten in Makedonien (Ohrid) eine Schule, u. über Bulgarien wurde nach 988 die ebenfalls aus griech. Buchstaben entwickelte kyrillische Schrift (*kirillica*) für die Gesänge im Kiever Reich übernommen. → Rospev, Byzantin. Musik.

J. Martinič, Glag. Gesänge Mitteldalmatiens, 1981.

Glas(s) (kirchenslaw.: Stimme), Modus (Klangraum) im altruss. Kirchengesang (vgl. → Echos); durch bestimmte Floskeln *(popevki)* gekennzeichnet. Die 8 *(osm)* glas(s)y (4 authentische, 4 plagale; in hoher, mittlerer, tiefer Lage) bilden das Modus-System (Kirchentonarten: kirchenslaw. *osmoglasije*; russ. *vos'miglasije*; entsprechend dem byzantin. *oktoechos*); *osmoglasnik* u. *oktoïch* = das liturgische Gesangbuch.

Glasharfe → Glasspiel.

Glasharmonika, auf einer durch Tretmechanik bewegten Spindel rotierende Glasschalen, die erklingen, wenn sie mit feuchtem Finger angerieben werden. Da sie sehr eng ineinanderstecken, ist Akkordspiel möglich, bei anderen Arten auch mit Klaviatur erleichtert. B. Franklin lernte das → Glasspiel in London kennen und verbesserte es 1762 zur G., die mit ihrem körperlosen, weichen und zugleich durchdringenden Klang einen heute kaum vorstellbaren Erfolg beim Publikum der empfindsamen Zeit hatte. Mozart und Beethoven komponierten für die G. Die blinde M. Kirchgeßner als bekannteste Virtuosin rührte das Publikum in ganz Europa. Die Herstellung der G. geschah bald mit verschied. Verbesserungen im Sudetengebiet. Nach 1830 verschwand die G. rasch aus dem Musikleben.

F. K. Bartl, Abhandl. v. d. Tastenharmonika, Brünn 1798; C. F. Pohl, Z. Gesch. der G., W 1862; B. Hoffmann, G. u. Glasharfe (Musica) 1950; ders., G. (MGG) 1956; O. E. Deutsch, Neues von der G. (Österr. Mus. Zs.) 1954; A. Buchner, Die G. (Musikinstr.) 1970/1; H. Ulrich, D. blinde G.virtuosin M. Kirchgeßner u. Wien, 1971. → Glasspiel.

Glasspiel, Sammelname für verschiedene Idiophone, bei denen gläseren Gefäße od. Stäbe tönen; z. T. Vorgänger der → Glasharmonika od. durch sie angeregt. Stehende Glasglocken, die angeschlagen od. gestrichen wurden, sind aus Asien als Vorläufer der europäischen G. bekannt (vgl. → Jaltarang), von denen noch gelegentl. das Verrophon (Verillon) gespielt wird: Gläser mit verschiedenem Wasserstand, deren Ränder mit feuchtem Finger gerieben od. leicht angeschlagen werden. Bei der Glasstabharmonika (engl. *glass dulcimer*), einem Instr. in Hackbrett-Form, wurden verschieden gestimmte, auf Schnüren gelagerte Glasstäbe angeschlagen. Eine „Glasharfe" baute 1929 B. Hoffmann nach dem Beispiel der Glasharmonika, doch mit auf einem Resonanzboden stehenden, abgestimmten Glasschalen (Kompositionen von J. N. David, H. Genzmer). „G." wird auch ein Instr. mit hängenden Glasstreifen genannt, die angeschlagen werden (Kompos. z. B. v. Lachenmann, Hashagen). → Euphon, Flaschenspiel, Klavizylinder.

A. H. King, The musical glasses and the glass harmonica (Proceed. Royal Mus. Ass.) 1946. → Glasharmonika.

Glee (altengl. *gléo* = Freude, Unterhaltung, Musik), engl. homophones Chorlied (Blütezeit 1750/1830), meist für 3 Männerstimmen; die Texte bevorzugt über Essen und Trinken. Als später alles (außer → Catch od. Canon) G. hieß, wurde G. mit der Gründung des *Noblemen and Gentlemen's Catch Club* (1761) zum Begriff allgemein für das Männerchorlied, um es vom obszönen Catch abzusetzen. Führender Komponist und Hg. war S. Webbe d. Ä. († 1816). Außerhalb des Vereins wurde das G. auch im gemischten Chor gesungen. Es hat keinen Bezug zu dem vom Catch verdrängten Madrigal.

J. Westrup, G. (MGG) 1956; D. Johnson, The 18th cent. G. (Mus. Times) 1979.

Gleiche Stimmen, Chorbesetzung: → Männer-, Frauen- oder

Kinderchor; Ggs. zum → gemischten Chor; vgl. → Aequal.

Glissando (it. = gleitend; frz. *glisser*), schnell gleitende auf- od. absteigende Folge von Tönen, diatonisch od. chromat.; angedeutet durch mit Querstrich verbundene Anfangs- und Endtöne und Abk. *gliss.* Auf Tasteninstr. wird G. durch schnelles Überstreichen der Tasten mit dem Nagel eines Fingers (meist Daumen, Zeige- oder Mittelfinger) erzeugt, auf Streichinstr. durch Gleiten des Fingers auf der vom Bogen gestrichenen Saite (sinngemäß bei Zupfinstrumenten). Bedeutende Beispiele bieten Debussy (Harfe: *Prélude à l'après-midi d'un faune*), Liszt (Klavier: 14. Rhapsodie), Ravel (Celesta und Harfe: *Ma mère l'oye*). Bartók schreibt G. für Pauken vor. Neben → Portamento und → Vibrato gehört G. zur Jazzintonation. In der Neuen Musik wird vielfach das Chor-G. vorgeschrieben.

Glocke (*frz. cloche,* nld. *klok,* russ. *kolokol*; it., span. *campana,* engl. *bell*), Idiophon, meist aus Metall, in Kelchform; mit Klöppel innen od. außen so geschlagen, daß im Ggs. zu dem verwandten → Gong am Rand die Region der stärksten Schwingungen ist. Der Name ist vermutl. keltischen Ursprungs (*clocc*). Schon aus dem 9. Jh. v. Chr. ist ein hochentwickelter G.guß in Asien bekannt. Die G. war mit verschiedenen Formen und Materialien weit über die Erde als Kult- und Signalinstr. bekannt. Im christlichen Abendland ist sie seit dem 6. Jh. belegt, war aber wohl von Byzanz aus schon früher in der Ostkirche verbreitet. Große Kircheng. wurden seit dem 11. Jh. gegossen. Im 13. Jh. verschwand die Bienenkorbform, die noch an die Rassel erinnert, und die Tulpenform („gotische Rippe", so nach dem Halbprofil der Gl.) setzte sich durch. Die ältesten noch erhaltenen dt. G. stammen aus dem 11. und 12. Jh. Außer im 30jährigen Krieg gingen vor allem in den beiden Weltkriegen wertvolle G. in Europa verloren. – Die frühesten noch erhaltenen Anweisungen für den G.guß sind aus dem 8. und 10. Jh. Er erfolgte zunächst in privilegierten Klöstern und ging im 13. Jh. auf Laien über. Im 15. Jh. hob sich der Stand der G.gießer durch die neue Aufgabe, auch Kriegsgerät zu gießen. Das verhalf andrerseits dem G.guß zu hervorragender Leistung sowohl bezüglich der Form als vor allem des Wohlklangs. G.geläute als Vereinigung mehrerer G. sind aus dem 8. Jh. erstmals bekannt. Die Disposition von Geläuten muß sorgfältig berechnet sein (unreine Teiltöne, klirrende Nebenklänge). Man wird melodisches Nacheinanderklingen bevorzugen und den Akkord-Zusammenklang mit gefährl. Überschneidungen von Obertönen möglichst vermeiden. Bis ins 18. Jh. wurden melodische, danach harmon., in neuerer Zeit Geläute mit pentaton. Terz-, und Ganztonfolge gewählt. – Für die im Orchester vorgeschriebenen „G." verwendet man hängende Bronzeröhren (→ Röhrenglocken). → Glockenspiel, Handglocke.

J. Biehle, Theorie d. Kirchenbaues; m. einer G.kunde, 1913; ders., Die Analyse d. G.klanges (AfMw) 1918/9; Chr. Mahrenholz, G.kunde, 1948; ders., G. (MGG) 1956; E. Thienhaus, Definitionen zur G.prüfung (Akust. Beih.) 1952; W. Ellerhorst, Hdb. d. G.kunde, 1957; Dt. G.atlas 1–3, 1959/67/73; A. Weißenbäck/J. Pfundner, Tönendes Erz, Graz/Köln 1961; C. Spierdijk, Klokken en kl.makers, A 1962; W. Westcott, Bells and their mus., NY 1970; D. Stockmann, Die G. im Profangebrauch d. MA (SIMP 3) 1974; G. Bruhn, Üb. d. Hörbarkeit v. Glockenschlagtönen, 1982. → Glockenspiel.

Glockenspiel (nld. *beiaard*, engl. *chimes/carillon*, frz. *carillon*, it. *cariglione*, russ. kolokol'čiki/kuranty), eine Reihe abgestimmter Glocken, in Europa seit dem 9. Jh., als Turm-G. seit dem 14. Jh. bekannt. Zunächst erklangen drei Glöckchen vor (od. gemeinsam mit) der Stundenschlagglocke, die zusammen *quadrillion(em)* hießen. Seit 1510 ist das Manual (nld. *stokkenklavier*), seit 1583 bei großen G. das Pedal bekannt. Mechanische G. wurden durch Stiftwalze, heute meist elektromagnetisch über Lochband dirigiert. Häufig klingen Uhrwerk-G. viertel-, halb- od. stundenweise in der Glockenfolge des Ringes od. mit (sich ergänzenden) Kurzmelodien (engl. = *chime-bells*; russ. *kuranty*). Nach einer Hochblüte (1650–1715) in d. Niederlanden wurden G. dort vernachlässigt und erst Ende des 19. Jh. von Mecheln aus neubelebt (Wettbewerbe, Kompositionsaufträge). Aus den Niederlanden kam das G. nach Frk., Dtl., Rußland (Moskau 1625), USA. Ein Porzellan-G. hängt im Dresdener Zwinger. Seit 1979 wird in der Kirchenmusikschule Frankfurt/Main an einem G.-Übungsgerät unterrichtet. – Das G. genannte Register der Orgel klingt meist mit Metallstäben. Stahl- od. Leichtmetallplatten in Klaviaturordung hat das G. im Orchester (Campanella; z. B. bei Dukas, *Der Zauberlehrling*); vgl. → Celesta, Glasspiel, Handgl., Litophon, Metallophon, Lyra (2), Röhrengl.

E. Buhle, Das G. i. d. Miniaturen d. früh. MA, 1910; A. Loosjes, De torenmuziek in de Nederlanden, A 1916; P. Griesbacher, Glokkenmus., [2]1929; F. P. Price, The carillon, L 1933; ders., Campanology, Europe, Ann Arbor 1948; P. D. Peery, Chimes and electron. carillons, NY 1948; F. M. Feldhaus, Dt.e G. (AfMw) 1953; A. Lehr, Van paardebel tot speelklok, Zaltbommel 1971; J. Camp, Bell ringing, chimes, carillons, handbells, Newton Abbey 1974; E. Arro, D. altruss. Glokkenmus., in: ders. (Hg.), Beitr. z. Mg. Osteuropas, 1977; A. Lübke, Uhren, Glocken, G., 1980. → Glocke.

Gloria (in excelsis Deo) (lat. = Ehre sei Gott in der Höhe), die große → Doxologie (auch *hymnus angelicus*; nach Luk 2,14), nach dem → Kyrie an 2. Stelle in der Messe. Die litaneiartigen Anrufungen, die auf frühen Gemeindegesang (→ Akklamation) weisen, lassen auf hohes Alters schließen. Die heutige dreiteilige Textform stammt aus dem 9. Jh., jedoch erscheinen einzelne Formeln schon in frühchristl. Zeit, und die Aufnahme in die (Weihnachts-) Messe erfolgte wohl schon im 5. Jh. Daraus kann auch der Reichtum an Melodien erklärt werden (die meisten und schönsten entstanden bis etwa 1300). Mehrstg. Vertonungen beginnen offenbar schon im 11. Jh. Für den protestant. Gottesdienst wählte Luther den antiphonisch nach altkirchlicher Weise zu singenden Text *All Ehr und Lob soll Gottes sein*, später meist durch *Allein Gott in der Höh sei Ehr* (N. Decius, 1539) ersetzt.

Wagner 1,3 (1911, 1921); M. Huglo, La mélod. grecque du G. (Rev. grég.) 1950; B. Stäblein, G. (MGG) 1956; J. A. Jungmann, Missarum sollemnia, [5]1962; D. Bosse, Untersuch. 1stg. ma. Melodien zum G., 1968; K. Rönnau, Die Tropen zum G., 1967; N. Schalz, Stud. z. Kompos. des G., 1980.

Glosa (span. = Auslegung; von lat. *glossa*), Verzierung in der span. Musik des 16. Jh. – *„Glosas"* wird auch für Variationen (→ *diferencias*) gebraucht (D. Ortiz, Cabezón).

Glottis (griech.), Stimmritze des → Kehlkopfes. G.schlag ist der harte, plötzl. Vokalansatz beim Singen und Sprechen im Ggs. zum weichen Ansatz.

Goliarden, frz. fahrende Dichtersänger im 11.–13. Jh., die ihr Studium aufgegeben, den Dienst verlassen hatten od. noch ohne Stellung waren; sozial oft den → Vaganten nachgestellt und über den → Spielleuten stehend. Sie sangen Liebes- und Trinklieder, Spottgedichte auf Papst und Kirche in vielsprachig gemischtem Latein. Bekannte G. sind H. v. Orléans, W. Mapes, W. v. Châtillon und der Archipoeta. Die 1–3stg. Lieder, meist anonym, wurden vermutl. erst nach dem 12. Jh. aufgezeichnet; vgl. → Carmina burana. – Das Wort G. wird auf mlat. *gola* (Schlund, Völlerei) od. *golias* (Teufel) zurückgeführt.

O. Dobiache-Rojdesvensky, Les poésies des g. (Textes du christianisme) P 1931; K. Langosch (Hg.), Vagantendichtung, 1963.

Golovščik *(russ.) → Demestnik.*

Gondoliera (ital. *gondola* = Gondel), wie → Barkarole der Gesang des Gondelführers.

Gong, Schlaginstrument (Selbstklinger), dessen Name auf Java zunächst nur d. größte einer sehr verschiedenartigen Familie von Schlaginstr. bezeichnete, auf die er dann als Sammelbegriff überging. Die gehämmerte Bronzescheibe mit meist eingebogenem Rand ist heute vor allem in Südostasien anzutreffen (javan. *bonang*). 1791 tritt der G. im europäischen Orchester auf, von Gossec im Trauermarsch für Mirabeau angewiesen. Im Ggs. zu den abgestimmten G.-Reihen in Asien meint → Tam-tam in westl. Partituren ein Instr. von unbestimmter Tonhöhe.

J. Kunst, Music in Java, Den Haag [2]1949.

Gopak → Hopak.

Gorgia (ital. Gurgel), der Koloraturgesang des 16. Jh., bei dem die Sänger die notierten Melodien improvisierend ausschmückten (*gorgheggiare*).

Gospel (Songs) (engl. = Evangelium), geistl. Lieder der nordamerikan. Neger, meist solistisch und im Wechselgesang mit der Gemeinde vorgetragen, ein Brauch, der sich Ende der 1920er Jahre in Harlem (Negerviertel von NY) entwickelte; später konzertant und instrumental begleitet. Der G.S. übernahm und verarbeitete vorhandene Jazzelemente, während die nichtliturgischen *Negro → Spirituals* in der Frühgeschichte des Jazz wirksam waren.

J. M. Hall, Biogr. of g.s. and hymn writers, NY 1914; A. M. Dauer, Jazz, die magische Mus., 1961; L. Zenetti, Peitsche u. Psalm, [2]1967; J. R. Baxter/V. Polk, G.S. writers biography, Dallas 1971.

Gotik (it. *gotico* = barbarisch), aus der Kunst- in die Musikgeschichte übernommener Name für den ma. Zeitraum ab → Ars antiqua bis → Ars nova (Josquin Desprez), etwa 1200–1500, wobei bis 1350 die Früh-, bis 1450 die Hoch-, bis 1500 die Spätgotik gerechnet wurde mit Übergängen in → Renaissance (→ Humanismus) und Neuzeit; die dt. Spätg. noch im 16. Jh. bis in die Musik des → Barock. „G“ bezeichnet keinen musikal. Stil. → Mittelalter.

G.P. → Generalpause.

Graces (engl. von lat. *gratus* = angenehm), → Verzierungen.

Graduale (von lat. *gradus* = Stufe), 1. responsorischer Gesang mit für jedes Fest eigenem Text; zunächst *responsum (responsorium) graduale,* was auf die Stufen des → Ambo (Lesekanzel) deutet, von denen aus gesungen wurde. In der heutigen kathol. Liturgie folgt das G. in Messe od. Stundengebet einer Lesung (zwischen Ostern und Pfingsten vom → Alleluja ersetzt). Es wurde früher von der ganzen Gemeinde und wird heute von Schola und Solisten gesungen mit besonders reichen Melismen und festen Formeln. Die G. ist neben dem Alleluja die wichtigste responsoriale Form der Messe. Der Wechsel von Lesung (Epistel) und Gesang (Solo/Chor) geht auf den Gebrauch der Synagoge zurück. Das 2stg. G. des 11. Jh. wurde um 1200 zum 4stg. der Notre-Dame-Schule. Polyphonierungen entstanden seit dem 16. Jh. – 2. *G. Romanum,* Meß-Gesangbuch der röm. kath. Kirche. Die Ausgabe von 1907 wurde 1908 obligatorisch, 1972 revidiert (das der Benediktiner 1974). *G. simplex* (zusammen mit dem *Kyriale simplex*): ²1975. Editio → Vaticana.

Wagner 1,3 (1911, 1921); W. Lipphardt, D. Gesch. des mehrstg. Proprium missae, 1950; W. Apel, Gregorian chant, Bloomington 1958, ³1966; N. M. v. Deusen, An histor. and stylist. comparison of the G.s of Gregorian and old Roman chant (Diss. Indiana, ebd.) 1972; F. Haberl, Das G. Roman. 1, 1976.

Gradus ad Parnassum (lat. = Stufen zum Parnaß, d. h. Aufstieg zu den → Musen), der Titel der Kontrapunktlehre von J. J. Fux (lat. Ausgabe Wien, 1725), entlehnt von lat. und griech. Wörterbüchern und Reimschulen und weiter übernommen für Etüdenwerke z. B. von M. Clementi, I. Philipp (beide Klavier) und J. Dont (Violine).

A. Feil, Zum G. a. P. v. J. Fux (AfMw) 1957.

Grammophon, von E. Berliner entwickelte, 1888 in Philadelphia, 1890 in Berlin vorgeführte Sprechmaschine; geschützter Name, der aber bis zum Vordringen der Bez. „Plattenspieler" allgemein nach dem 1. Weltkrieg üblich war. → Phonograph, Schallplatte.

Granadina, südspan. Lied, Tanzlied (→ Fandango) aus der Gegend um Granada; mit den harmon., improvisator. Besonderheiten der → Malagueña.

Grand Choeur/Grand Jeu (frz. = großer Chor/großes Spiel), vgl. → Tutti, Plenum.

Grand Opéra (frz. =) Große Oper in Frankr., die, durch politische und sozialökonom. Verhältnisse gefördert, für eine neue, reiche Mittelklasse geschrieben wurde nach histor., tragischen, emotionsgeladenen Themen; durchkomponiert (ohne gesprochenes Wort), mit weitläufigen Rezitativen, kurzen Instrumentalabschnitten, differenzierter Instrumentation (die u. a. Wagner, Berlioz anregte) und prunk- und effektvollen Massenszenen, Balletten, vielstimmigen Ensembles: nach Aubert (*La muette de Portici,* 1828), Rossini (*Guillaume Tell,* 1829) als Höhepunkt Meyerbeer (*Robert le diable,* 1831; *Les Huguenots,* 1836), Halévy (*La Juive,* 1835); und im Übergang zu → Drame lyrique und → Opéra comique: Berlioz (*Les Troyens,* 1855/8).

Graphische Notation → musikalische Graphik.

Grave (ital. von lat. *gravis* =) 1. schwer, ernst, in breitem Zeitmaß zwischen → Lento und → Adagio; z. B. → Intraden, Einleitungssätze der → Suite oder frz. → Ouvertüre. – 2. tief; z. B. in frz. Orgeln: *Octaves G.s* = Suboktavkoppel. *Graves voces* hießen die Töne des tiefsten → Tetrachords.

Gravecembalo *col piano e forte,* Name des ersten bekannten Hammerklaviers, gebaut 1709 von Cristofori, der noch den ital. Namen des großen, im Orchester gebrauchten → Cembalos (Gravicembalo) benutzte. → Klavier.

Gravitationstheorie → tonale Rhythmusfunktion.

Grazioso, *graziosamente* (ital. =) leicht, gefällig, anmutig, graziös als Vortrags- und als Satzbezeichnung (*alegretto g., andante g.*).

Gregorianik, Gesamtheit der 1stg., latein., mehr oder geringer liturg. gebundenen oder beeinflußten gregorianischen (= römischen) Gesänge (→ Choral), die sich vom einfachen Rezitationston zu kunstvoller Melismatik in einer großen Zahl vielgestaltiger Formen entfalteten. Als Grundbestand umfaßt die G. die Weisen, die in der früher Gregor I. († 604) zugeschriebenen Choralreform im 6. Jh. be- und entstanden (dazu die Formen des Mailänder [→ ambrosian.], → gallikan., mozarab. Ritus) mit → Introitus, Graduale, Alleluja, Tractus, Offertorium, Communio, Antiphon, Responsorium, Invitatorium und deren ma. Neuformungen (z. B. Alleluja), mit den späteren Arten → Sequenz, Tropus; ferner → Offizium und → Ordinarium und auch → liturg. Dramen, Epistel, Evangelien, Lamentationen, Historien, Passionen. Neugregorianik wird oft das unter Einfluß der ital. Monodie entstandene → Rezitativ des 17. Jh. genannt. Die Gesänge breiteten sich über Irland, Engl., Frk., Dtl. allgemein aus. Die Choralpflege konzentrierte sich im 17. und 18. Jh. besonders in Frankr., wo sich der melismenarme *plaint-chant musicale* im 17. Jh. entwickelte (H. Du Mont, G. Nivers, Fr. Bourgoing). Besonders von der → Benediktinerabtei Solesmes ging die → Choralreform des 19. und 20. Jh. aus. Neben der dortigen Forschungsstelle für G. (Denkmälerreihe: → *Paléographie musicale*) stehen die 1901 durch P. Wagner gegründete Gregorian. Akademie in Freiburg/Schweiz (Veröffentlichungen seit 1903) und das Institut f. Musikforschung Regensburg (1946, B. Stäblein; *Monumenta Monodica Med. Aevi,* seit 1956). Für die Praxis des gregorian. Gesangs hat die kathol. Kirche allgemein verpflichtende liturg. Bücher eingesetzt, z. B. das → *Missale Romanum* (letzte Fassung 1970, ²1975), *Graduale Romanum* (1972), → *Breviarium Rom.* (1961), → *Antiphonale Rom.* (²1919), → *Pontificale Rom.* (1968, für bischöfliche Funktionen), *Rituale Rom.* (1969). Editio → Medicaea, Vaticana; → Ambrosian. Gesang, Choral, Choralreform, Tridentiner Konzil.

A. Moquereau, Le nombre mus. grég., R 1908/27; Wagner 1–3, 1911/21; M. Suñol, Introduct. à la Paléogr. mus. grég., P 1935; E. Jammers, Der greg. Rhythmus (Slg. mw. Abh. 25) 1937, ²1981; ders., Der ma. Choral, 1954; ders., Mus. in Byzanz, im päpstl. Rom u. im Frankenreich, 1962; B. Stäblein (Hg.), Monumenta monodica Medii Aevi, 1956 ff.; W. Apel, Gregorian chant, Bloomington/ Ind. 1958, ³1966; J. Claire, L'évolut. modale dans les répert. liturg. occidenteaux (Rev. grég.) 1962/3; J. R. Bryden/D. G. Hughes, An index of Greg. Chant, Cambr./Mass.

1969; K. G. Fellerer (Hg.), Gesch. d. kath. Kirchenmus. 1, 1972; H. Hucke, Karoling. Renaiss. u. greg. Choral (Mf) 1975; ders., Toward a new hist. view of Greg. Chant (JAMS) 1980; F. E. Hansen, The grammar of Greg. Chant, K 1979; K. Hodes, D. Greg. Choral, 1979. → Choral.

Griffbrett, bei Streich- und Zupfinstr. auf den Hals aufgeleimtes Brett (meist Ebenholz), über das die Saiten verlaufen und auf das sie mit den Fingern gedrückt werden, wodurch die Länge der schwingenden Saite und damit die Tonhöhe verändert wird. Genaues Greifen wird erleichtert durch → Bünde.

Groppo, Gruppo, Groppetto, Gruppetto (it.) → Doppelschlag, Triller.

Ground (engl. = Grund), *g.bass,* im 16. und 17. Jh. in Engl. ostinate Baßlinie und die dazugehörige Komposition mit Figuration und Variation der Oberstimmen bei mehr oder weniger genauer Übernahme des themat. Materials von Variation zu Variation, die meist in derselben Tonart bleiben. Im 17. Jh. wurde auch der G. variiert. Beispiele für *Variations on a g.* u. *G. with Variations* finden sich bei den → Virginalisten und bis J. Blow und H. Purcell. → Division.

L. Nowak, Grundzüge e. Gesch. d. Basso ostin., W 1932; W. Greenhouse Allt, The treatment of G. (Proceed. Royal Mus. Ass.) 1945, ND NY 1971; E. H. Meyer, D. Kammermus. Alt-Englands, Lg 1958; E. Apfel, Ostinato u. Kompos.techn. b. d. engl. Virginalisten (AfMw) 1962/3; V. Gutmann, D. Improvisat. auf d. Viola da gamba in Engl. im 17. Jh., 1979.

Grundgestalt, in der → Dodekaphonie eine Form der → Reihe.

J. Rufer, Begriff u. Funktion v. Schönbergs G. (Melos), 1971. → Dodekaphonie.

Grundlage, → Grundstellung, Umkehrung.

Grundstellung (Grundlage), Fachwort für die Tonstellung innerhalb eines Akkords, bei der Baß- und Grundton gleich sind. → Umkehrung.

Grundstimmen, die → Labialregister der → Orgel, wenn sie den Gesamtklang des Werkes beherrschen. Dazu werden entweder nur die 8-füßigen Register gezählt oder daneben auch die 16- und 4-füßigen. Die heutige Fachsprache des Orgelbaus verwendet „G." nur noch, um die Labialgruppe im Ggs. zu → Zungenstimmen und → gemischten Stimmen zu kennzeichnen.

Grundton, 1. in der Musiklehre Bez. für den Ton, der in einem Akkord mit Terzenaufbau der tiefste ist. Der Akkord befindet sich in → Grundlage(-stellung), wenn G. und Baßton gleich sind (auch „Grundakkord"); – 2. in der → Akustik der Stammton einer → Obertonreihe (= der 1. Partialton einer Partialtonreihe).

Gu → Ku.

Guan → Kuan.

Guaracha (span.), kuban. Tanzlied, Einzeltanz mit Chorrefrain; 2tlg. Takt mit folgendem 6/8-, selten 3/4Takt; oft Einlage bei szen. Stücken (vgl. Auber, *Die Stumme von Portici*).

Gudok (von russ. *gudet'* = tönen), altruss. Streichinstr., oval od. birnenförmig (der bulgar. → Gadulka ähnl.), 2 Schallöcher, 3 (selten 4) Saiten; mit Rundbogen zu streichen: 2 Saiten als Bordun im Quart-(Quint-)Abstand, die 3. als Melodiesaite. Instr. der Spielleute (*skomorochi, gudožniki*) zu

Tanz und Liedbegleitung. Der G. war bis ins 19. Jh. in Gebrauch. Versuche zur Neubelebung im 20. Jh. hatten kaum Erfolg.

Guidonische Hand (*„Hand des Pythagoras“, „H. des Boethius“*), Mittel, das Tonsystem zu verdeutlichen. Die Buchstaben und Tonsilben (→ Solmisation) wurden auf Handwurzel und Fingergelenke der offenen linken Hand verteilt und mit der rechten Hand angezeigt, so daß nach diesem System auch gesungen werden konnte. Es wird Guido von Arezzo (nach 1000) zugeschrieben und stammt zumindest aus seinem Schülerkreis. Schon um 900 wurden mit 4 Fingern Tetrachorde bezeichnet (→ Musica Enchiriadis). Sollten anfangs die Halbtöne mit der G. H. gezeigt werden, so ging es später um → Hexachorde und die Regeln der → Mutation.

H. Oesch, Guido v. Arezzo (PSMG) Bern 1954; J. Smits van Waesberghe, Musikerziehung ... im MA (Mg. in Bildern), Lg 1969.

Guiro, Güiro (span. = Gurke), lateinamerikan. Geräuschinstr., ein ausgehöhlter Kürbis, über dessen auf der Außenseite angebrachten Rillen mit einem Holzstäbchen geschrapt wird. Es entsteht ein krächzendes Geräusch; Rhythmusinstr. bei lateinamerikan. Tänzen; auch im modernen Orchester (Strawinsky, Varèse, Chávez).

Gusla (bulgar., von altslaw. *gosl* = Saite), **Gusle** (serb., slowen.), in Jugoslawien und noch in Bulgarien gespieltes Streichinstr., oval birnenförmig, auch sechseckig; ein ausgehöhltes Holzstück mit meist gewölbtem Boden; der lange Hals oft mit reich verziertem Kopf; Membrandecke mit kleinen Schallöchern; beweglichem Steg; 1 (selten 2) Roßhaarsaite(n), nur leicht zu berühren (→ Flageolett-Töne). Beim Spiel auf das Knie gestützt od. vertikal vor den Körper gehalten. Die G. war das Instr. der Dichtersänger (Guslaren) zum epischen Vortrag, zu Tanz und Liedbegleitung.

W. Wünsch, D. Geigentechn. d. südslaw. Guslaren, Brünn 1934; C. Rihtman, Die Gusle in Bosnien (SIMP) 1969.

Gusli (Mz.; russ. von altslaw. *gosl* = Saite), russ. Zupfinstr., verwandt mit der finn. → Kantele (Kannel, Kokke, Kankles); im 14.–16. Jh. Instr. der → Spielleute (*skomorochi*); in 3 Hauptformen: Flügel- od. Trapezform, in der Form des → Psalteriums u. (seit etwa 1600 bevorzugt) rechteckig; als „Gusljarenchor“ in 4 Größen gebaut; bis 66 Saiten (chromatisch), heute meist mit Plektrum gespielt; seit 1914 auch mit Klaviatur und Dämpfung versehen.

Vertkov, Beitr. z. Gesch. d. russ. G.typen (SIMP 1) 1969; ders., Atlas [2]1975.

Gusto (ital. =) Geschmack, *gustoso* = geschmackvoll.

Gymel (von lat. *cantus gemellus* = Doppel-, Zwillingsgesang), typisch engl. Form einer frühen Polyphonie, gekennzeichnet durch Terzenfortschreitungen und Gegenbewegungen abwechselnd mit Terzen, Sexten und Dezimen. Im 14. Jh. ist die Erscheinung allgemein nachzuweisen, im 15., 16. Jh. das Besondere der Teilung der Solostimme zum Duett mit Parallel- und Gegenbewegung und Stimmkreuzung. Der G. unterscheidet sich v. → Fauxbourdon und → Discantus durch die freieren Möglichkeiten der Stimmführung. Durch Zufügen eines *contra bassus* konnte der G. zum 3stg.

Satz erweitert werden. Die Verwendung der Terz, später der Sexte, zunächst in England theoretisch fundiert, entspricht der allgemeinen Entwickl. z. → Mehrstimmigkeit. Vgl. → Tvísöngur.

M. F. Bukofzer, The g., the earliest form of Engl. polyphony (Mus. & Lett.) 1935; ders., G. (MGG) 1956; H. Besseler, Bourdon u. Fauxb., Lg 1950, [2]1974; F. L. Harrison, Mus. in mediev. Britain, L 1958; E. Trumble, Fauxbourdon, Brooklyn 1959; E. H. Sanders, Cantilena and discant in 14th cent. England (MD) 1965.

H, 1. Ton-Name; in roman. Sprachen und russ. → *si;* in England → B (engl. *b flat = dt. B*). – 2. H, h im Dur-Moll-Syst.: H-Dur, h-moll.

Habanera, nach Habana, Hauptstadt von Kuba, benanntes Tanzlied mit langsamem 2/4-Takt, das zusammen mit der Milonga zum → Tango führte. Berühmt wurden S. de Iradiers *El arreglito* (von Bizet in *Carmen* verwendet) und *La Paloma*. Von neueren Komponisten schrieben H. u. a. Hindemith, Krenek, Debussy, Ravel (*Rhapsodie espagnole*).

Hackbrett (it. *salterio tedesco,* span. *tímpano,* russ. *cimbaly,* frz. *tympanon,* engl. *dulcimer*), mit dem → Psalterium verwandtes, trapezförmiges od. rechteckig-kastenförm. Zither-Instr., dessen Saiten mit Holzschlegeln geschlagen werden. Das H. hat sich aus dem arab.-pers. Kulturraum über Asien und Europa verbreitet. Es wurde (als Psalterium) im Süden meist gezupft („Dt. Psalter"). Das zunächst geringgeschätzte Volksinstr. (im 16., 17. Jh. in der Musikliteratur behandelt: Virdung, Praetorius, Mersenne) wurde Konzertinstr. (Gluck, Mozart, Kodály, Strawinsky). Als Cimbal (ungar. *cimbalom*) wurde es seit dem 18 Jh. zunehmend von Zigeunern (statt der → Sackpfeife) gespielt, besonders nachdem in den 1870er Jahren V. J. Schunda (Budapest) das kleine, diaton. zum großen, chromatischen H. entwickelte. – Pantaleon Hebenstreit veränderte das H. um 1690 zum → Pantaleon. H.-Spiel wird in der Steiermark als Schulfach gelehrt. → Santĩr, Yang-tjin, Zigeunermusik.

K. M. Klier, Volkstüml. Musikinstr. i. d. Alpen, 1956; J. H. v. d. Meer/B. Geiser/ K. H. Schickhaus, Das H., 1975; H. Heyde, Frühgesch. d. europ. H. (Dt. Jb. f. Mw) 1978.

Halb, in Wortzusammensetzungen mehrfach Begriff im Orgelbau: H. vor dem Registernamen bezeichnet die Oktavlage (z. B. H.prinzipal). Eine h. Orgel hat nur einen → Prinzipal 8' (= Fuß) im → Prospekt statt des üblichen 16'. H. Stimmen sind Register nur für die Baß- oder Diskanthälfte der Tastatur. H.ierte Stimmen sind Register im ganzen Bereich, die aber getrennt für Baß- oder Diskantlage registriert werden können.

Halbmond, → Schellenbaum.

Halbschluß, 1. Begriff der Musiklehre für einen Schluß auf der Dominante oder Subdominante innerhalb eines Stückes, das er zugleich gliedert. – 2. Im gregorianischen Choral die den Vordersatz der → Psalmodie beschließende melod. Mittelkadenz (*Mediatio*), die überleitet in den Nachsatz und die eigentliche Schlußkadenz vorbereitet. → Kadenz (1), Klausel.

Halbton, der kleinste Tonschritt des diatonischen Systems. Der diaton. H. liegt zwischen Nachbarstufen der Grundskala (e–f, h–c). Der chromat. H. ist von einer Tonstufe abgeleitet (c–cis, e–eis).

Halleffekt, Verhallung, Effekt der → elektron. Musik, auch vom Rundfunk benutzt, um die Illusion des großen Raumes zu schaffen. H. entsteht im natürl. Hallraum oder wird synthet. bewirkt durch Rückkopplung und Phasenverschiebung zweier Tonbänder. Um bei Aufnahmen störenden Nachhall zu vermeiden, muß das Mikrofon innerhalb des Hallradius aufgestellt werden, nämlich des Bereichs, in dem die Intensität von direktem und reflektiertem Schall etwa gleich ist.

Halleluja, → Alleluja.

Halling, norweg. Volkstanz, Einzeltanz der Männer; genannt nach dem Hallingdal südl. Bergen; meist 2tlg., selten 3tlg. Takt; begleitet mit → Hardangerfidel. Vgl. Grieg, *Lyrische Stücke*.

Hals, bei Saiteninstr. das schmale, auf der Unterseite gerundete Holz, auf dem das → Griffbrett aufgeleimt ist und das z. B. bei der Violine in Wirbelkasten und Schnecke endet.

Hammer → Amboß

Hammerklavier, besaitetes Tasteninstr. mit Hammermechanik, 1709 erstmals nachgewiesen, aus → Clavichord, Cembalo und dem → Pantaleon entwickelt, auf dt. Boden 1717 von C. G. Schröder, in Paris von J. Marius. → Klavier, Klaviermechanik.

A. Egerland, Das Pantaleon (Mf), 1970.

Handglocken verschiedener Formen, Größen und Materialien (mit Griff und Klöppel) wurden weltweit, anfangs als Signalinstr. od. bei Zeremonien und Kulthandlungen, benutzt; in China seit etwa 1600 v. Chr.; durch Buddhisten in Ost- und Südostasien verbreitet; in Europa aus vorchristl. Zeit (Island) und als christl. Kultinstr. (z. B. Irland, 6. Jh.) belegt. Als engl. Besonderheit kamen in der 1. Hälfte des 19. Jh. H.-Kapellen (*campanologists*) und -Vereine auf (Ende des Jh. in den USA), die auch in Frankr. und Spanien konzertierten mit Neukompositionen (meist mit Bearbeitungen, z. B. Händel, *Harmonious Blacksmith*), Wettbewerbe (z. B. 1874 in Manchester) veranstalteten und noch im 20. Jh. bestehen.

C. W. Fletcher, Handbell ringing, L 1888; P. Bedford, An introduction to Engl. handbell tune ringing, Chelmsford 1974.

Handharmonika, tragbares Balginstr. mit durchschlagenden → Zungen, einem Faltenbalg (Zug- und Druckluft: wechseltönig), Mechanik aus Klappen, Knöpfen od. Tasten für Melodie-, Baßlinien und Akkorde. Chr. Fr. L. Buschmann baute 1822 ein Instr. („Äoline") als Hilfsmittel beim Orgel- und Klavierstimmen. 1829 ließ der Wiener Orgelbauer C. Demian eine H. mit Baßtönen als „Accordion" patentieren. Sie wurde zu unterschiedl. Typen verbessert, 1850 durch das heute im → Akkordeon übliche Gleichtonsystem (Walter) mit 2 Zungen je Ton (je eine für Zug- und Druckluft). Daher der Unterschied: die diaton. H. (wechseltönig, allgemein »Ziehharmonika«: nämlich die 1–3reihige H. und die → Klubharmonika) und das chromatische (gleichtönige) Akkordeon. Aus Demians Accordion wurde das Wiener, aus Buschmanns Handäoline das Dt. Modell, beide verbessert durch eine 2. und 3. Diskantreihe (Quintabstand) und weitere Baßtöne. Das dt. Modell wird kaum noch gespielt. Aus dem 2reihigen Wiener Modell entstand die → Klubharmonika, die sich von Österr. und der Schweiz aus verbreitete. Bariton- und Baßinstrumente der H. haben sich wenig bewährt.

H. Buschmann, Chr. Fr. L. Buschmann, der Erfinder d. Mund- und H., 1938; W. Maurer, D. Ziehharmonika (Jb. d. österr. Volksliedwerkes) 1968.

Handstück, kurzes Klavierstück zum Unterricht; Ende 18. Jh. (D. G. Türk, 1789) bis Mitte 19. Jh. → Etüde.

Handzeichen, Hilfsmittel, um Tonvorstellungen zu schaffen oder zu unterstützen. In der ma. Cheironomie (z. B. byzant. Musik) wurden Sängern (Instrumentisten) durch typische H. Intervalle und bestimmte Wendungen angedeutet (vgl. → Guidonische Hand). In der Neuzeit wurde die „musikal. Hand" oft als Anschauungsmittel verwendet (von C. A. Zeller, 1810; J. Hullah, 1843; bis in neueste Zeit: W. Hensel, F. Jöde, A. Stier, A. Lechner). Mit H. dargestellte Tonsymbole führte J. Curwen wieder ein (→ Tonic Solfa, 1841), dessen Gebärdensprache sich in der dt. → Tonika-Do-Methode von A. Hundoegger (1897) findet und von J. Wenz (1950) erweitert wurde. Auch im Zusammenhang mit anderen → Solmisationssilben wurden diese H. verwendet, z. B. im →Eitzschen Tonwortsystem und entscheidend verändert in R. Münnichs Methode → Jale (1930).

→ Tonic-Sol-fa, Tonika-Do.

Hardangerfidel (norweg. *hardingfele*), in Norwegen weit verbreitetes Streichinstr. der Violinenfamilie mit flacher Decke und (heute) je 4 Spiel- und Aliquotsaiten; oft eine Terz höher gestimmt als die Violine. Besonders in Südnorwegen wird die H. zum Volkstanz und bei großen Wettbewerben gespielt. → Geigenbau, Violine.

Hardbop (East Coast Jazz), ein nach 1950 entstandener Jazzstil, als Ggs. zum verfeinerten Jazz kaliforn. Bands Elemente des → Bebop übernehmend; beeinflußt von → Gospel und → Blues und besonders durch schärfere, erregte Rhythmen gekennzeichnet (z. B. Art Blakey); ein Übergang zum → Free Jazz. → West-Coast-Jazz.

Harfe (frz. *harpe*; engl. *harp*; it., span. *arpa*; russ. *arfa*; – ahd. *arpan*: reißen), Zupfinstr. mit der in der heutigen Musikpraxis üblichen Grundform eines dreieckigen, stehenden Rahmens, in dem die Saiten gespannt sind und dessen Schenkel als Resonanzkörper dienen. Drei Haupttypen sind zu unterscheiden: Bogenh. (als Weiterführung des → Musikbogens), Winkelh., bei der Saitenhalter und Resonanzkörper im rechten od. spitzen Winkel stehen; die Rahmenh., bei der eine Vorderstange diesen Winkel schließt und seine Schenkel, die die Saitenspannung tragen, gegeneinander abstützt. Diese Form hat sich in Europa durchgesetzt. Die H. gehört zu den ältesten Musikinstr. und ist schon als fertig entwickelt im 3. Jahrtausend in Ägypten bekannt, aber noch früher in Asien belegt. Nach Europa ist die H. nicht über Griechenland gekommen. Da sie aber im 8. Jh. in Irland und auf den britischen Inseln bekannt war und auch in den skandinav. Ländern auftrat, wird sie von Kaufleuten aus Kleinasien über die Mittelmeerländer und Nordafrika dahin gebracht worden od. über Rußl. nach Nordeuropa gekommen sein. Die Entwicklung ist deshalb schwer zu verfolgen, weil die schriftl. Überlieferung (Namensgebung) zu oft den Verdacht der Verwechslung zuläßt zwischen der viereckigen (ovalen od. 8-förmigen) symmetr. Leier mit gleichlangen Saiten und der dreieckigen, asymmetr. H. mit Saiten ungleicher Länge. So ist auch „harpa" bei Venantius Fortunatus (6. Jh.) unklar. Die diatonische Rahmenh. hatte erst 7 od. 9 Darmsaiten, im 17. Jh. etwa 24. Die irische H. mit etwa 30 Metallsaiten erfuhr gegen Ende des 18. Jh. in Engl. eine Renaissance. Eine *irlendisch Harff* mit 43 chromat. einreihigen Saiten erwähnt Praetorius. Sie wurde noch im 19. Jh. gebaut. Daneben entwickelte sich die zwei- und dreireihige chromat. H. im 17. Jh., und Anfang des Jh. wird in Spanien eine chromat. H. mit 2 gekreuzten Saitenreihen erwähnt. Eine 3reihige H. hielt sich besonders in Engl. bis ins 19. Jh. als Walisische H. (*telyn*) mit den beiden äußeren Reihen im Gleichton od. Oktavabstand gestimmt, die innere als Halbtonreihe. Für die weitere Entwicklung auf dem Kontinent war eine dreireihige H. mit der zu hohen Saitenzahl (100) und engen Mensur hinderlich. Eine Lösung bot die Tiroler Hakenh., bei der drehbare Haken am Hals Erhöhung um ½ Ton erlaubten. Diese H., im 18. und 19. Jh. weit verbreitet, wurde „deutsche" od. „französische" H. genannt. Ein Umstimmen während des Spiels gestattete sie nicht. Die Idee, durch einen Pedalmechanismus die Hände beim Spiel zu entlasten, die fast gleichzeitig im Cembalobau erscheint, muß für die H. dem Donauwörther Harfenisten Hofbrucker zugeschrieben werden (1720 *Tretharpfe*). Die Saiten konnten um einen Halbton erhöht werden. Verbesserungen erfolgten in Frankr., bis S. Erard 1810 die Doppelpedalharfe mit zweifacher Pedalrückung erfand, bei der durch zweimaliges Treten jeweils Erhöhung um einen Halbton erfolgt bei 7 Pedalen, je einem für alle gleichnamigen Leitertöne innerhalb der nun 6½ Oktaven des Instr. Die H. war damit fertig entwickelt. Die mehrreihige H. mit den besonders nach Einführung der temperierten Stimmung größeren Spielschwierigkeiten verschwand allmählich. Vielleicht als Folge der nun gesteigerten techn. Möglichkeiten, die die H. zum Virtuoseninstr. machten, verlor sie die Bedeutung, die sie, in Frankr. beginnend, in der Hausmusik des Adels, dann des Bürgertums bis Anfang des 19. Jh. hatte. Mischformen waren die Spitz- (Tisch-, Schoß-)H., beliebtes Hausmusikinstr. des 17. und 18. Jh., und die um 1600 in Italien als Generalbaßinstr. entwickelte Doppelh. mit Darm- od. Metallsaiten od. gemischt, dabei zweireihig chromatisch (in jeder Reihe) od. diaton. (verwendet bei Monteverdi, *Orfeo*,1607). Dazu kommen Versuche, die H. mit Gitarre od. Laute od. auch mit dem Cembalo (Spanien) zu koppeln, schließlich sie mit einer Tastatur zu versehen.

H. J. Zingel, H. u. H.spiel .., Halle 1932; ders., H. (MGG) 1956; ders., König Davids H. i. d. abendländ. Kunst, 1968; ders., D. Entw. d. H.spiels, Lg 1969; ders., H.spiel i. Barockzeitalter, 1974; ders., Lex. d. H., 1977;

M. Scimeca, L'arpa nella storia, Bari 1938; R. M. Rensch, The harp, NY 1950, NA 1969; W. Stauder, Die H. u. Leiern d. Sumerer, 1957; M. Tournier, La harpe, P 1959; J. Rimmer, The morphology of the Irish H. (Galpin Soc. Journ.) 1964; dies., The Irish harp, Cork 1969; E. Heinrich, Die H. i. d. Kammermus. d. 20. Jh. (Dt. Jb. f. Mw.) 1965; H. Steger, Philologia musica (Münster. MA-Schriften 2) 1971; E. Gerson-Kiwi, H.- u. Lautentypen aus Mittelasien.. (Fs. K. v. Fischer) 1973.

Harfenmusik. Die Harfe, heute noch nationales Zeichen der Iren, findet sich auf Bildern und Wappen aus der Zeit der → Troubadours und → Minnesänger, die sie nicht nur als Begleitinstr. verwendet haben. H. wurde in Tabulaturen aufgezeichnet, die entweder für jede Saite eine Linie gaben od. wie die Klaviertabulatur angelegt waren, hierin also nicht der → Laute folgten, obwohl beide Instr. zunächst die gleiche musikal. Entwicklung hatten. Die Tabulaturen brachten → intavolierte Vokalmusik, wobei Harfenspiel ausdrücklich angewiesen od. freigestellt wurde (Cabezón). Improvisation und Variation standen im Vordergrund. Der span. Klavierstil war vom Lauten- und Harfenspiel beeinflußt. Im 16. und 17. Jh. entwickelte die Laute ihren eigenen Stil, während die H. sich der weiteren Entwicklung der Klaviermusik anglich bis ins 18. Jh. und auch als → Generalbaßinstr. eingesetzt wurde. Die ersten Originalkompositionen für Harfe entstanden Anfang des 17. Jh. in Italien. Die Harfe wurde das bevorzugte Instr. der adligen Gesellschaft. In der 2. Hälfte des 18. Jh. erschienen die ersten Drucke von H. 1770 kam die erste Schule heraus: für Pedalharfe, die nun solistisch und in der Kammermusik eingesetzt wurde: Händel, Konzert für Orgel oder Harfe, Mozart, Konzert für Flöte und Harfe (KV 299), J. Haydn, Trio, J.-J. Rousseau, Romanzen, Konzerte von C. Ph. E. Bach und G. Chr. Wagenseil. Fehlte die Harfe noch in der klassischen Sinfonie, so wurde sie immer mehr in der Opernmusik und Sinfonischen Dichtung verwendet (Berlioz, Liszt, Smetana, R. Strauss). Mendelssohn, Schumann und Brahms schrieben sie nur bei Chorwerken vor; Tschaikowsky im Ballett, Bruckner einmal in der 8. Sinfonie. Einen eigenen Harfenstil in der Sololiteratur zeigte erst L. Spohr in seiner Fantasie op. 35, die vom Klavierstil abging. Die folgende Flut von → Charakterstücken und → Arrangements belastete die weitere musikal. Entwicklung. Von Frankr. aus, wo auch die entscheidende techn. Verbesserung erfolgte, kam die Wendung durch den Impressionismus, dem die Harfe mit ihren techn. Möglichkeiten besonders Ausdruck geben konnte (Casella, Debussy, Ravel). Im 20. Jh. erscheinen auch Sonaten für Harfe: Hindemith (1939), Casella (1946) und weitere konzertante Musik: F. Martin (1945), Hindemith (1949). Die Jazzmusik setzte die Harfe ebenfalls solistisch ein (Jazzharfe).

Harlem-Jump → Rhythm and Blues

Harmonie (griech. *harmonia* = Zusammenfügung, Verbindung von Gegenkräften; i. d. griech. Mythologie die Beschützerin der → Musen), Ordnungs- und Klangprinzip; in der Musik im engsten Sinne dieses vielschichtigen Begriffs der Akkord, Zusammenklang als Übereinstimmung der Teile im Ganzen. Nach chines. Anschauung beruhte die Musik auf der H. im Miteinander von

Himmel und Erde, Licht und Finsternis. Bis in die Neuzeit war die Anschauung von der H. des Weltalls (→ Sphärenh.; bei Boethius *musica mundana* = Weltenmusik) lebendig, die der Mensch hören kann (Plato) oder die für ihn unhörbar ist (Aristoteles). Die neueren harmonikalen Forschungen bei A. v. Thimus und H. Kayser entwickelten ein System von Intervallproportionen als vermutl. Bauplan der Welt als Makro- und Mikrokosmos. Dem kosmolog. Begriff der H. – und ebenfalls auf die griech. Antike zurückgehend – entspricht der psychologische der Übereinstimmung von Leib und Seele des Menschen, von Plato dargelegt, bei Boethius als *musica humana* verstanden; Grundlage für den Gedanken der Heilwirkung der Musik z. B. bei Hippokrates (→ Musiktherapie). Ethisch, ästhetisch als Tugend und Schönheit, mathematisch, musikal. als Proportion wendeten Plato und Aristoteles das Wort H. einengend an. Im Bereich d. Musik (bei Boethius: *musica instrumentalis*) wurde der Begriff H. von der Gleichsetzung mit Musik überhaupt bis zum Melodiebegriff und dem des (nachzeitigen) Intervalls weiter begrenzt. Erst im 9. Jh. erscheint auch die Bedeutung des Zusammenklangs von Tönen (für die Chinesen entstand der Ton aus der H.). Bei Gafurius (15. Jh.) findet sich dann die später bei Zarlino und Rameau weiterentwickelte Bedeutung des Zusammenklangs dreier Stimmen, wie er heute gebräuchlich ist und z. B. im Begriff der → H.musik erscheint. Auf griech. Anschauung geht die harmon. Proportion (= Goldener Schnitt) der Mathematik und bildenden Kunst zurück. Den Gedanken der Sphärenh. verfolgte die Astronomie (Kopernikus, Kepler), die Philosophie den der H. von Leib und Seele (G. Bruno, J. Böhme, R. Descartes bis Goethe im *Wilh. Meister*). Er erscheint, wieder eingebettet in das von Gott geordnete Verhältnis der Dinge im All, in der prästabilierten H. bei G. W. Leibniz.

H. Abert, D. Musikanschauung d. MA, 1905; ND 1964; M. Appel, Terminol. i. d. ma. Mus.-Traktaten (Diss. B) 1935; H. Kayser, Akroasis, 1947; E. Bindel, D. Zahlengrundlagen d. Mus. im Wandel d. Zeiten, 1950/3; A. Ahlvers, Zahl u. Klang b. Plato, 1952; H. Hüschen, H. (MGG) 1956; R. Haase, Grundl. d. harmonikalen Symbolik, 1966; Joh. Kepler, Harmonices mundi (dt. M. Caspar) ²1971. → Musikästhetik, Symbol.

Harmoniefremde Töne → Nebennoten

Harmonielehre, die Lehre von den Zusammenklängen, ihrer Aufeinanderfolge und Funktion in der Musik, und zwar theoretisch die Systematik der tonalen, harmon., klangästhetischen Vorgänge in ihrer Bezogenheit aufeinander und praktisch die Schlußfolgerung in der Komposition und deren Analyse. Die H. behandelt → Ton und → Tonart, → Intervall (als gleichzeitigen Zusammenklang und als nachzeitigen Tonschritt), → Konsonanz und → Dissonanz, → Akkord, Akkordfolge (→ Kadenz) und -verbindung, Erweiterung der Tonart (→ Alteration, Modulation, Ausweichung) innerhalb der → Tonalität. Sie setzt die harmon. Oktavgleichheit als gegeben voraus, stellt die Existenz der beiden → Tongeschlechter → Dur und → Moll fest und geht von den Hauptfunktionen der → Tonika, Subdominante, Dominante aus, neben denen die übrigen Akkorde als zusammengesetzte Funktionen oder Mischfunktionen gelten. Die funktionale Dur-Moll-Ordnung bestimmte die mehrstg. abendl. Kunstmusik vom 17.–19. Jh. Die Renaissance-Praxis ordnete die → Kirchentonarten, z. T. griechischer Vorstellung folgend, in heitere (jonisch, lydisch, mixolydisch) und traurige (dorisch, äolisch). G. Zarlino (*Istituzioni harmoniche* 1558) wertete das Intervall ohne Halbton (z. B. große Terz) als fröhlich, das mit Halbton (z. B. kleine Terz) als traurig und entsprechend Dur und Moll (→ Tonartencharakteristik, Ethoslehre, Harmonie). Mit seiner Terzwertung bildete Zarlino den späteren → Dualismus vor, der weiter von Rameau (→ *basse fondamentale,* worauf sich 1854 Sechters Fundamenttheorie stützte), M. Hauptmann (1853), A. von Oettingen (1866) und H. Riemann (→ Funktionstheorie, 1872) ausgebaut wurde. Seit Rameau, das 19. Jh. hindurch und in der noch von Riemann bestimmten Allgem. → Musiklehre des 20. Jh. ging es primär um den Zusammenklang. Gegenstimmen blieben wirkungslos (J.-J. Rousseau 1753; A. B. Marx 1841). Die Autorität der Schule H. Riemanns gab seiner → Funktionstheorie soviel beharrendes Gewicht, daß einzelne weitblickende Versuche, die Grundlage der H. über das auf das Abendland begrenzte Dur-Moll-System hinaus im Vergleich mit anderen Ordnungen zu erweitern (z. B. bei A. v. Oettingen), zunächst fast unbeachtet blieben. Das System der H. erstarrte in mechanistischer Vereinfachung, bestimmt von der Praxis des Generalbaßspiels. H. wurde ein Regelwerk der Schule, das trotz gelegentlicher Erweiterungen die lebendige Entwicklung der Musik nicht erreichen konnte, so daß die Gegenbewegungen aus neuen Richtungen um so einfacher das System in Bausch und Bogen verwerfen konnten. Die neuen systematischen H. nach Riemann bis zum 2. Weltkrieg betonen vielfach, z. T. schon im Namen, den Zusammenhang mit dem Gesamtbereich der Musik (A. Halm, E. Kurth, H. Mersmann), geben der Melodie größeres Gewicht (H. Mersmann, P. Hindemith), ohne die Notwendigkeit der H. selbst zu bestreiten (Louis – Thuille), wobei die ältere Stufenzählung aufgegeben und eine strenge Trennung zwischen Funktionslehre und Generalbaßschema vorgenommen wird (H. Grabner, H. Distler, W. Maler). Während P. Hindemith die chromat. Tonleiter mit 12 Halbtönen in der Oktave aus der Obertonreihe und das Spannungsmoment aus dem „*harmonischen Gefälle*" der verschiedenwertigen Klänge entwickelt, stellt O. Messiaen mit seinen den Kirchentonarten nicht nachgebildeten 7 Modi ein eigenes System auf. Die Zusammenklänge in der Zwölftonmusik sind durch die → Reihe festgelegt (→ Dodekaphonie). Seit 1945 werden in dt. musiktheoret. Forschungen die Grundlagen der H. geprüft, ihre Begriffe geklärt und z. T. neu gefaßt mit dem Ziel neuer Systematik mit möglichst einheitl. Terminologie, die u. a. in der „Zs. für → Musiktheorie" erörtert wird.

S. Sechter, D. Grundsätze d. mus. Compos., 1853/4; M. Hauptmann, D. Lehre v. d. Harmonik, 1868; H. Riemann, Hdb. d. H., 1880; ders., Gesch. d. Mth., ^{2}1921, ND 1961; H. Schenker, Neue mus. Theorien u. Phantas., 1906, NA W 1979; R. Louis/L. Thuille, H., 1907; A. Schönberg, H., W 1911; E. Kurth, Romant. Harmonik.., 1920, ND 1968; J. M. Hauer, Vom Wesen des Musikalischen, 1920, NA 1966; H. Grabner, D. Funktionstheorie H. Riemanns.., 1923; A. Hába,

Neue H., 1927, ND W 1978; S. Karg-Elert, Polarist. Klang- und Tonalitätslehre, 1931; W. Maler, H., 1931 (mit G. Bialas, J. Drießler: Beitr. z. dur-molltonalen H.:) 61967; P. Hindemith, Unterweisung i. Tonsatz, 1940/70; O. Messiaen, Technique de mon langage mus., P 1944; F. Neumann, Synthet. H., Lg 1951; J. Rohwer, Tonale Instruktionen, 1951; F. Reuter, Prakt. Harmonik des 20. Jh., Halle 21950; W. Keller, Hdb. der Tonsatzlehre, 1957/9; M. Vogel, D. Tristan-Akkord u. die Krise der mod. H., 1962; ders., D.Lehre v. d. Tonbeziehungen, 1975; L. U. Abraham, H., 1965, 1969; E. Siegmeister, Harmony and melody, Belmont/Cal. 1965/6; J. Chailley, Expliquer l'harmonie, Lausanne 1967; R. Imig, Systeme d. Funktionsbezeichn. i. den H. seit Riemann 1970; M. Wagner, Die H.n d. 1. Hälfte des 19. Jh., 1974; D. de la Motte, H., 1976, 21979.

Harmoniemusik, die nur von Blech- und Holzblasinstr. mit Schlagzeug ausgeführte Musik und die ausführende Kapelle. H. steht im Ggs. zu einer mit Bläsern und Streichern besetzten und zu einer nur für Blechblasinstr. bestimmten Musik. Die gemischte Bläserbesetzung gab es im 18. Jh. in Konzert- und Kammermusik (z. B. Oktett) und in der Militärmusik verschiedener Länder. Die Verbesserung der Instr. ermöglichte Mitte 19. Jh., die Militärkapellen auch hinsichtlich der Stimmung zu vereinheitlichen. Für ihre Konzerte wurden Ouvertüren, Sinfonien u. ä. für H. arrangiert. 1860 bot in Preußen W. Wieprecht mit seinem *Instrumental-Tableau der Militärmusik* mit Horn und Fagott als Harmonieträger das Schema für die Besetzung der heute üblichen H., die außer von Militärkapellen u. a. auch von Knappschaftskapellen gespielt wird, während sich ländliche Blaskapellen vielfach auf Blechblasinstr. beschränken. → Militär-, Blas-, Werksmusik.

L. Degele, D. Militärmusik, 1937; R. F. Goldman, The wind band, Boston 1961; W. Suppan (hg.), Lex. d. Blasmusikwesens, 21976.

Harmonik, die Lehre von der → Harmonie, zunächst im Sinne der → Harmonielehre (Akkordlehre), weiter gefaßt als Ordnung und Behandlung des Klangmaterials in allen mg. Epochen; allgemein auch Lehre von der Übereinstimmung von Mikro- und Makrokosmos, entwickelt mit und ohne weltanschauliche Erweiterung z. B. in: Mathematik, Astrologie, Biologie, Kristallographie, Optik, Kunst. → Sphärenharmonie.

Harmonika, im 19., 20. Jh. vielfach Kurzname für → Akkordeon, Bandoneon, Handh., Klubh., Konzertina, Mundh., also Instrumente mit durchschlagenden Zungen. Vgl. dagegen die ältere → Glasharmonika.

Harmonium, Balginstrument mit Klaviatur, durchschlagenden Zungen und einem Druck- od. Saugluftgebläse, das meist vom Spieler mit den Füßen bedient und geregelt wird. Die Metallzunge schwingt, vom Luftstrom bewegt, frei in einem Rahmen. Die Luft liefern Faltenbälge od. bei größeren Instrumenten elektr. Ventilatoren. – Ein Instr. (*Orgue expressif*) mit durchschlagenden Zungen baute 1810 G.-J. Grenié in Paris. Zur gleichen Zeit waren andere Instr. dieses Systems entwickelt worden (→ Äoline, Physharmonika). Den Namen H. führte der Franzose A. Debain ein, der sein Instr. mit mehreren Registern patentieren ließ. Das H. wurde nach dem Muster der → Orgel mit → Registern und → Koppeln ausgerüstet. Dabei waren die Möglichkeiten, die Klangfarbe zu variieren, nicht zahlreich. Die Verwendung von sogenannten Halbregistern bot nur scheinbar eine Bereicherung: Ein Register galt nur für die eine Hälfte der Klaviatur, für die andere ein ähnlich klingendes mit anderem Namen. „Expressiv" ist das H. vor allem durch die Möglichkeit, die Stärke der Luftzufuhr zu beeinflussen. Als Instr. der Hausmusik war es bis ins 20. Jh. in Dtl. beliebt. Außer Originalkompositionen (z. B. S. Karg-Elert) erschienen Arrangements für H. auch in ungewöhnl. Verbindung (H., Klavier, Cello). Auch in der → Unterhaltungsmusik (→ Salonorchester) fand das H. Verwendung (Pariser Besetzung). Für den Kirchengebrauch wurden Instr. mit 2 Manualen und Pedal gebaut. Dem Noten- und Klaviatur-Unkundigen half man mit einem Zusatzapparat mit Steckknöpfen für ein fertig kombiniertes Akkordsystem. Seit etwa 1930 hat das H. in Dtl. stark an Bedeutung verloren. → Prolongement

A. Mustel, L'orgue expressif ou l'h., P 1903; S. Karg-Elert, D. Moderne Kunsth., 1906; L. Hartmann, Das H., 1913. → Pansymphonikon.

Harpsichord (engl.) → Cembalo

Harschhorn (schweiz. *Harst* = Kriegsschar), Horn aus Tierhorn od. Metall; im MA Signalinstr. der Schweizer Truppen; heute noch Volksinstrument.

Hauchigkeit, hörbare Luftreibungen beim Gesang; während der →Mutation natürlich, später als „wilde Luft" ein durch Krankheit od. Überanstrengung entstandener Fehler.

Hauptsatz → Exposition

Hauptton, 1. der Ton, zu dem die meist kleiner gedruckten Verzierungen gehören; – 2. Grundton der Haupttonart (→ Tonika); – 3. Grundton der → Obertonreihe.

Hauptwerk (Hauptmanual; frz. Grand orgue: große Orgel), das Orgelmanual mit den meisten und kräftigsten Stimmen, unabhängig davon, ob es sich um ein in sich selbständig disponiertes Werk handelt (wie in der Barockorgel) oder um das mit den stärksten Stimmen der verschiedenen Registergruppen ausgestattete Manual.

Hausmusik, das nichtberufliche Musizieren und Singen im kleinen, häuslichen Kreis; das dargebotene Werk und das beteiligte Zuhören. H. als Musik im und für das Haus verband sich im 20. Jh. unter dem Eindruck schwindender häusl.-familiärer Mitte mit dem Gedanken der Volksbildungsbewegung an den Wert des gemeinsamen Musizierens. Die stetig verbesserten techn. Möglichkeiten anerkennend, erweiterte sich der Begriff und bezog verständig wählendes Rundfunk- und Schallplattenhören ein. Der ursprüngl. Sinn des Wortes H. stellt das musizierende Mitgestalten des Werkes über das Hören. H. unterscheidet sich in verschied. Ebenen von Kirchen-, Theater-, Konzert- und Straßenmusik. Sie strebt nicht nach Publikumsdemonstration und unterscheidet sich darin von der Musik in den Salons des 19., dem Hauskonzert des 20. Jh. Das Wort H., im 17. Jh. meist für Kammermusik als Ggs. zur geistl. Musik gebraucht, meinte in der deutlich werdenden Verzweigung des Musiklebens etwa ab Mitte 18. Jh. das den bisherigen Musizierstil Bewahrende im Ggs. zu Opern- und Konzertmusik mit hochentwickelter Gesangs- und

Instrumentaltechnik. Die Oper, ursprüngl. im engeren Kreis der → Camerata mit der Ablehnung veräußerlichter, schemat. Aussage entstanden, wirkte neben den Großwerken der Konzertprogramme belastend auf die H. des 19. Jh. Neben zahlreichen Bearbeitungen entstanden für das Klavier, das neue, ausdrucksstarke Instr. des Bürgerhauses, Charakter- und Salonstücke, z. T. in Abonnementslieferungen verbreitet (Bach-Gounod, *Ave-Maria;* Th. Badarzewska: *Das Gebet einer Jungfrau*). Etwa 1830 standen die Begriffe H. und → Dilettant gleich abgewertet im Urteil des Musikers. Fester Bestand, aber zahlenmäßig gering, blieb die kammermusikal. Übung (Triosonate, Streichquartett usw.). Die Singbewegung des 20. Jh. belebte die H. und sah sie als Fundament der Musikkultur gegenüber Technisierung und Massenbetrieb. Um die Jugend anzuregen, begann 1913 Olga Hensel mit Jugendkonzerten in Prag; 1924 forderte F. Jöde → Jugend- und Volksmusikschulen. Die anfangs noch auftretende Bearbeitung wurde verdrängt durch original besetzte Werke, vielfach Neuausgaben älterer Stücke, und durch neue Werke mit dem charakterist. Vermerk *„für allerlei Instrumente"*. In Dtl. wurde 1932 der „Tag der H." (Cäcilientag) eingerichtet. Jugendbünde, Jugendmusikorganisationen und Zeitschriften setzen sich für die Pflege der H. in Dtl. ein. → Musische Erziehung, Musikerziehung.

J. Hullah, Mus. in the house, L 1877; O. Janiczek-Pokorny (= O. u. W. Hensel), H., Eger 1921; H. Lemacher, Hdb. d. H., 1948; E. Preußner, D. bürgerl. Musikkultur, ²1950; W. Wiora (Hg.), Musik i. Wandel v. Freizeit u. Bildg. (Musikal. Zeitfragen 2) 1957; Rundf. und H. (ebd. 3) 1958; E. Valentin, Musica domestica, 1959; L. Finscher, H. u. Kammermus. (Mus. u. Verlag, Fs. Vötterle) 1968; R. Stephan, Überleg. z. Funktion der H. heute (VINM 9) 1968; E. Reimer, H. (HmT) 1976.

Hausse (frz. =) der → Frosch am Geigenbogen.

Haut (frz. = hoch) → bas

Hautbois (frz.: hohes = lautes Holz), → Oboe; **Hautboisten,** Hoboisten: → Alta, Militärmusik.

Haut-dessus (frz.), bei Teilung der Oberstimme die höchste Stimme im Vokal- od. Instrumentalsatz (Ggs.: Bas-dessus).

Haute-contre (frz.), hohe Tenorstimme in Frankr. (16.–18. Jh.) bzw. das ihr entsprechende Instr. Vgl. → Countertenor.

Hawaii-Gitarre, *Hawaiian G.*, in der → Jazzmusik verbreitete, oft schlechthin „Schlaggitarre" genannte → Gitarre mit Stahlsaiten, die melodisch im solist. Spiel eingesetzt wird (→ Glissando, Vibrato), rhythmisch zum Schlagen der Begleitakkorde od. im rhythm. Begleit-Ostinato; als Geräuschinstr. auch in der Volksmusik der südamerikan. Farbigen gebraucht. In der → Schrammelmusik wird auch eine Bordun-Gitarre gespielt. In den 1930er Jahren kam die elektr. verstärkte G. auf (→ E-Instrumente). → Ukulele.

Head Arrangement (engl. *head* = Kopf), im frühen Jazz die vorher verabredeten melod. Varianten, die „aus dem Kopf" gespielt wurden.

Heckelphon, Holzblasinstr. (Baritonoboe) mit Doppelrohrblatt und birnenförmigem Schallstück („Liebesfuß"; vgl. → Englischhorn). Seit Anfang des 18. Jh. wurden verschied. Konstruktionen von Baritonoboen vorgestellt: ähnlich dem Fagott gebogene (Ch. Bizey, G. und Fr. Triébert) und in gestreckter Form (Fr. Lorée, 1889). Das H. wurde 1904 von W. Heckel in Biebrich aus der Oboe entwickelt und wird seitdem im Orchester eingesetzt (Strauss, *Salome;* M. v. Schillings, *Mona Lisa;* Hindemith, Trio op. 47; Henze, *Das Floß der Medusa*).

Heirmos, Hirmos (griech. = Reihe), die Strophe für die → Oden(1) des jeweiligen → Kanons(3) im byzantin. Kirchengesang, im wesentlichen syllabisch (bis 3 Töne zu einer Silbe). Im Heirmologion wurden nur die ersten, die Musterstrophen (*heirmoi*) angegeben und meist nach dem Modus (→ Echos) zusammengestellt. Heirmologion, Sticherarion (→ Sticheron), Psaltikon (mit kunstvollen melismat. Sologesängen; → Kontakion) u. Asmatikon (mit melismat. chorischen Gesängen: Kanon, Kontakion) waren die Haupt-Slgn. liturgischer Gesänge der Blütezeit (10.–13. Jh.). Aus der Zeit bis 15. Jh. sind ca. 40 Heirmologien überliefert.

R. v. Busch, Untersuch. z. byz. Heirmolog.., 1971; M. Velimirović, The Byz. H. and Heirmolog. (Gattungen d. Mus., Gedenkschr. L. Schrade) Bern 1973.

Helikon (einer der böotischen Berge in Griechenland, auf dem die → Musen sich aufhielten). 1. bei den alten Griechen ein dem → Monochord ähnliches Saiteninstr. mit 4 Saiten; – 2. Blechblasinstr., die Baß- oder Kontrabaßtuba der Militärmusik mit weit geschwungenem Schallrohr; über der Schulter zu tragen; besonders in den USA benutzt. 1845 wurde das H. von I. Stowasser in Wien, vermutl. nach Wieprechts Vorschlägen, gebaut (eine Vorform angeblich 1840 in Rußland); ähnlich die Saxtuba (1852); vgl. Kaiserbaß (→ Bombardon). → Sousaphon, Tuba.

Hellertion, von B. Helberger und P. Lertes 1929 konstruiertes → elektron. Musikinstr., bei dem der Ton durch niederfrequent erzeugte Schwingungen entstand. Diese konnten beeinflußt werden durch Druck auf einen gespannten Draht bis zum Kontakt. Die Lautstärke war durch die Stärke des Fingerdruckes bestimmt. Diese Idee des „Bandmanuals" übernahm Trautwein für sein → Trautonium. Das H. wurde für mehrstg. Spiel mit mehreren „Manualen" gebaut. Das Instr. konnte sich nicht durchsetzen, ist aber wichtig in der Entwicklungsreihe der → Elektrophone.

Hemiole (griech.: anderthalb), Umsetzen einer 2 × 3teiligen Zeit in 3 × 2teilige (z. B. 2 × ¾-Takt in 1 × 3/2-Takt), beginnend in der → Mensuralnotation. Die Bewegung (z. B. → Courante) wird durch den Akzentwechsel schwerer, etwa als Vorbereitung auf den Schluß (→ Penultima).

Hemitonisch (griech.) halbtönig, mit Halbtönen; Ggs.: ahemitonisch.

Heptatonik (griech. *hepta* = 7), Tonsystem mit 7 Tönen in der Oktave, in der abendländ. Musik etwa seit dem 11. Jh. vorherrschend, in der → Buchstabennotation vorgebildet und auf 2 übergreifende Tetrachorde zurückgeführt. 7-Ton-Skalen (mit unterschiedl. Gewicht der Töne) sind z. B. auch in Asien (vgl. → Pelog) und bei der austral. Urbevölkerung bekannt.

E. Schlager/H. Oesch/A. Bülow, Rituelle 7-Ton-Mus. auf Bali, Bern 1976.

Hermeneutik (griech. *hermeneuein* = deuten), die Lehre und Fertigkeit, z. B. ein Musikwerk zu erklären, in Worten zu interpretieren. Die antike H. stand der Rhetorik nahe und der Musik im ma. Quadrivium. Die wissenschaftl. Erklärung eines Musikwerkes aus einer bestimmten Geisteshaltung und Empfindungsweise, deren Kenntnis für Interpreten und Hörer nötig sei, begann H. Kretzschmar, der den „Sinn- und Ideengehalt“ darstellen wollte. Sie wurde mit unterschiedl. Standpunkten und Methoden weitergeführt u. a. von R. Lach und A. Schering. → Analyse, Interpretation, Musikästhetik, Symbol.

H. Kretzschmar, Führer durch d. Konzertsaal, 1887 ff.; ders. in JbP 1902, 1905; H. Riemann, Wie hören wir Mus., [2]1903; A. Schering, Z. Grundlegung d. mus. H. (Zs. f. Ästh. u. allg. Kunstw.) 1914; ders., Beethoven in neuer Deutung, 1934; R. Lach, Das Inhaltsproblem i. d. Musikästh. (Fs. Kretzschmar) 1918; W. Dilthey, Ges. Schriften 5 (Die Entsteh. d. H.) 1924; ders., Von dt. Dichtung u. Mus., [2]1957; A. Schmitz, Die Bildlichkeit d. wortgebundenen Mus. J. S. Bachs, 1950, ND 1976; H.-P. Reinecke/P. Faltin, Mus. u. Verstehen, 1973; C. Dahlhaus (Hg.), Beitr. z. mus. H., 1975; H. H. Eggebrecht, Musikal. Denken, 1977.

Herrnhuter → Böhmische Brüder

Hertz (Hz): 1 Hz = 1 Schwingung/Sekunde. → Frequenz.

Heterophonie (griech. =) Andersklang. Während → Unisono-Stimmen tonlich und rhythm. gleich laufen, bewegen sich heterophone Stimmen scheinbar selbständig, zwar mit gleichem Ziel, aber sich leicht abwandelnd, vor- od. nachlaufend, sich wie zufällig treffend od. überschneidend; so in indones. (→ Gamelan), japan. Mus., auch europäischer Kunstmusik (z. B. Kaminski, Concerto grosso), im Stegreifspiel des → Jazz.

Hexachord (griech. *hex* = 6, *chorde* = Saite), diaton. Skala von 6 Tönen mit dem Halbtonschritt *mi-fa* in der Mitte; Ausschnitt aus der ma. Skala und Fortbildung des antiken und früh-ma. → Tetrachords durch Erweiterung um 1 Ganzton nach oben und unten. Die Idee des H., nicht der Name, geht auf Guido v. Arezzo (11. Jh.) zurück, der diese immer gleichgebaute Tonfolge als Gerüst benutzte und das Erfassen der Töne und Tonschritte erleichtern wollte. Das System der → Solmisation nach den guidonischen Tonsilben wurde, beginnend im 11. Jh., zusammen m. dem siebenfachen H.-aufbau (vgl. Tabelle Solmisation) entwickelt. Dieser erscheint zuerst im 13. Jh., gliedert die ganze damalige diaton. Skala und bezieht die Doppelstufe h-b (→ B) ein. Das auf *sol* (= g) beginnende H. war *durum* (= hart, nach der eckigen Schreibung des Tonbuchstaben h), das auf *fa* (= f) beginnende war molle (nach d. runden Schreibung des h = b); das auf → *ut* (= c) hieß *naturale*. Die Tonsilben wiederholten sich bei jedem H. in gleicher Folge, bezeichneten also nicht die absolute Tonhöhe. Reichte das System für die 1stg., diaton. gregorianische Melodie aus, so ergaben sich bald durch die Erweiterung der musikal. Mittel in Mehrstimmigkeit und Chromatik schwierige theoret. Konstruktionen, die die Musik aus der

H.ordnung weiter verständlich machen sollten. Für die Transposition des H.wurden schemat. Regeln gegeben, die lange Zeit den Gesangsunterricht belasteten. Obwohl nach 1600 der Ton h als *si* der Solmisationsreihe angefügt worden war, hielt sich das Denken in H.en noch bis ins 18. Jh.

Hichiriki, japan. Bambus-Oboe mit 7 Grifflöchern; scharf klingend; im Gagaku-Orchester verwendet.

Hidā, der Gesang der arab. Kameltreiber und der ihn charakterisierende, scharf akzentuierte Rhythmus, den auch die klass. arabische Dichtung verwendete.

Hifthorn → Signalhorn

High Fidelity (abgekürzt Hi-Fi; engl.; frz. *haute fidélité* =) hohe (höchste) Treue in der Klangwiedergabe bei elektroakust. Anlagen: verzerrungsfrei und ohne Nebengeräusche. Der Begriff erschien zuerst 1934 in USA und galt für die Rundfunkwiedergabe, nach dem 2. Weltkrieg insbesondere für die → Schallplatte, bei der hohe Aufnahmequalität durch die Wahl neuer Werkstoffe und moderner elektron. Verstärker erleichtert wurde. In der Folgezeit schränkte er sich auf techn. möglichst vollkommene, originalgetreue Wiedergabe besonders von Stereo-Schallplatten ein, wobei für Aufnahme- und Wiedergabetechnik Qualitätsnormen (DIN 45500) festgelegt wurden.

O. Stürzinger, Hi-Fi-Technik, 1963; H. F. und Stereophonie (Reihe: Musik und Gesellsch. 10/11), 1971; F. Schöler, H.-F.-Technik f. Einsteiger, 1981.

Highlife (engl.), Tanz, der sich Anfang des 20. Jh. in Westafrika durchsetzte und sich besonders in Nigeria und Ghana entwickelte, wobei Elemente europäischer Militärmusik des 19. Jh. sich mit traditionellen afrikanischen, später mit Bluesformen bei verschiedenen bedeutenden Bands mischten (u. a. E. T. Mensah); meist auch Tanzlied; vorwiegend 6/8-Takt. → Akkulturation.

D. Coplan in: Br. Nettl (Hg.), Eight urban mus. cultures, Urbana 1978.

Hi-hat (engl. *high hat* = hoher Hut), in der Rhythmusgruppe des Jazzorchesters eine Beckenmaschine mit Pedal, durch das zwei horizontal auf einer etwa 1 m hohen Stange befestigte Becken gegeneinander geschlagen werden. Die nun verdrängte → Charleston-Maschine war halb so hoch.

Hijukannel → Kantele

Hilfsstimmen, t. t. im Orgelbau; veraltete Bezeichnung für → Aliquoten (Terz-, Quintregister, Sesquialtera) und → gemischte Stimmen (→ Mixturen).

Hillbilly Music → Country & Western Music

Hillebille (niederdt.: laut klingen), im dt. Sprachgebiet bis 19. Jh. übliches hängendes Holz (Platte, Pfosten) od. Metall (Pflugschar), angeschlagen bei Arbeitspause od. -ende; im Harz und Erzgebirge verschieden tönende Bretter als Glockenersatz am Karfreitag. → Schlagbrett.

Hintersatz (Nachsatz, Locatio, Lokatz), ursprüngl. alle Pfeifen, die im Inneren der Orgel stehen, im Ggs. zum Vorsatz (→ Praestant) im → Prospekt, wo schließlich ein → Prinzipal aufgestellt wurde. Die Stimmen im H. hießen zunächst zusammenfassend Großmixtur (→ Mixtur), bis Einzelbenennung erfolgte. Vgl. → Untersatz.

Historie (lat. *historia* = Erzählung), biblische Geschichte, in liturgisch. Zusammenhang a cappella gesungen. Im reformator. Gebrauch wurde H. = Evangelium, das aber schon vorreformatorisch als Osterh. nach dem Muster der von mehreren Liturgen psalmodisch vorgetragenen Passionsgeschichte mit festl. Lesetönen dargeboten wurde. Während der kathol. Bereich von → Passion spricht, unterscheidet der evgl. Brauch zwischen der Besonderheit der figuriert vorgetragenen Passion und der zunächst 1stg. deklamierten, aus der Evangelienlesung entstandenen H., aus der sich jedoch keine feste Form entwickelt hat (Rosthius, Scandellus, R. Michael), wenn auch die H. allmähl. mit Texterweiterung und instrumentaler Zutat (besonders Orgel) von der liturg. Aufgabe weg in die Nähe des → Oratoriums und der → Kantate führte (Schütz, Selle). Später als die Osterh. entstanden Weihnachts- und Pfingsth.n. Im 18. Jh. verschwand die H. In jüngster Zeit wurde die liturg. gebundene Gattung wieder aufgenommen (Distler, Reda, Bender).

W. Matthäus, Die Evangelienh. v. J. Walter bis Schütz (Diss. Frankf.) 1943; K. Ameln, D. Anfänge d. dt. Passionsh. (Kb. Basel) 1949; W. Blankenburg, H. (MGG) 1957; K. v. Fischer, D. Passion von ihren Anfängen bis ins 16. Jh. (Gattungen d. Mus.), Bern 1973.

Historiographie → Musikgeschichte (Musikgeschichtsschreibung)

Historismus, mehrdeutiger Begriff der Philosophie und Geschichtswiss. (1839), der in Kunst- und Musikwissensch. übernommen wurde, wonach das Werk (Herkunft, Wesen, Wirkung) Geschichte an sich ist und nur aus ihr (nicht tendenziell relativistisch) verstanden werden kann. Negativ, wie der Begriff oft gebraucht und besonders auf das 19. Jh. angewendet wird, meint er die (auch argumentative) Wiederbegründung (Restauration) eines nicht mehr in fließender Tradition gebundenen Zeit-(Personal)stils, auch seine Verfestigung zur Norm mit Ausbruch zum Neuen. → Alte Musik, Aufführungspraxis, Stilkopie, Urtext.

F. Meinecke, D. Entstehung d. H., ²1946; W. Wiora (Hg.), D. Ausbreitung d. H. (Stud. z. Mg. d. 19. Jh.) 1969; C. Dahlhaus, H. (MGG) 1979.

Histrio (lat., etrusk. =) Gaukler des frühen MA, meist niederen Standes und wie der → Mimus fahrender Musikant.

Hit (engl.) → Schlager

Hoboe = → Oboe.

Hochschule für Musik. Die verschiedene geschichtl. Entwicklung ist die Ursache der unterschiedl. Benennung der → Konservatorien in Dtl., aus der sich nicht unbedingt Schlüsse ziehen lassen über die Bedeutung und Studienmöglichkeit. Die Staatl. H.n f. M., von denen sich im Namen z.B. die Nordwestdt. Musikakademie in Detmold, die Bundesakad. für musikal. Jugendbildung, Trossingen, die Folkwangschule in Essen unterscheiden, haben sämtliche Unterrichtsfächer: Künstlerische Ausbildung, Schulmusik, Privatmusikerziehung (→ Musikseminar), Kirchenmusik, Orchesterschule,

Opernschule; dazu verschiedentlich Sonderfächer (z. B. Elektron. Musik, Jazz, Tonmeisterausbildung).

E. Kraus (Hg.), Musikstudium i. d. Bundesrepublik Dtl. [4]1980.

Hofweise. Die aus dem späten Minnelied in Dtl. weiterwirkende H. stellt gegenüber Volkslied und Mischliedern den größten Teil der im → Tenorliedsatz verwendeten Melodien; Blütezeit etwa 1460–1570. Merkmale gegenüber dem Volkslied(satz) sind: typisierter Satz und Text (meist Liebeslied bzw. moralisierender Inhalt), wenig (meist 3) Strophen, reichere Strophenformen (bevorzugt 8-zeilig), Melodieformeln, meist geradtaktig. Als frühe Quelle für das Lied in der bürgerl. Musikkultur ist das Lochamer Liederbuch (Mitte 15. Jh.) wichtig.

→ Tenorlied.

Hohlflöte, Orgelregister mit weiter Mensur, zylindr. offene Holzpfeife; ein Nachkomme des ital. → Prinzipals in Dtl. (*Holflöte* vermutl. von *Hollerflöte* = Holunderfl., Einhandfl.); als Prospektpfeife auch aus Elfenbein gefertigt und in Engld., danach in den USA auch dreiseitig gebaut (*Flauto triangulare*). Die H. tritt mit vielen Arten und Namen auf, in der Quintlage als Hohlquinte („Hallquinte“) od. Quintflöte. Heute meist 8’.

Hoketus → Hoquetus

Holzblasinstrumente, Blasinstr. aus Holz (z. B. Flöte, Klarinette); im Orchester kurz „Holz“ im Ggs. zum „Blech“. Dabei zählt das ursprüngl. verwendete Material (z. B. Flöte, die auch aus Metall gefertigt wird), die geschichtl. Entwicklung od. die ähnliche Handhabung (z. B. das vorwiegend aus Metall gefertigte Saxophon). → Aerophone.

Holzblock, Holztrommel, aus Asien stammendes Schlaginstr.; rechteckiger Holzblock, auf beiden Längsseiten in verschiedener Höhe mit einem Schlitz versehen. Der Klang kann je nach der Anschlagstelle variiert werden. Als Holzblocktrommel wird ein Satz von 3–4 Holzklötzen verschied. Größe bezeichnet. – Vielfach wurde der H. in der Unterhaltungsmusik durch die am Rand der Großen Trommel befestigte Röhrenholztrommel ersetzt, 2 an einem Hals steckende, einseitig geschlossene, seitlich geschlitzte Holzröhren verschied. Länge. → Tempelblöcke.

Hölzern Gelächter, Holzharmonika → Xylophon

Homophonie (griech. =) Gleichklang. Satzart, Kompositionsweise, die dadurch gekennzeichnet ist, daß sie einer Hauptstimme die Vorherrschaft im Satzgefüge zuweist, alle anderen Stimmen aber unselbständig läßt in verschied. Graden, je nachdem, ob es sich dabei um einfache, akkordische Begleitung handelt (syllabisch Note gegen Note; z. B. → Kantionalsatz) od. um Scheinpolyphonie. H. steht im Ggs. zu → Polyphonie und → Heterophonie. Wörtlich ist H. soviel wie → unisono und wurde auch bis ins 18. Jh. so verstanden.

Honky Tonk (amerikan.: etwa „Kaschemme“), ursprüngl. Musizierstil texanischer Musikkapellen um 1940. Später sollte mit dem Namen H. T. in Jazz- und

Rockmusik (Rockjazz) das Milieu anrüchiger Kneipen angedeutet werden, besonders durch den Draht-Klang eines verstimmten Kneipenklaviers der → Ragtime-Zeit.

Hopak (russ. *gopak,* von ukrain. *hop* = Ruf am Ende des Tanzes), ukrain. Tanzlied im 2/4-Takt, ursprüngl. Männer-, dann gemischter Tanz (einzeln, Paare, Gruppen) mit vielen Varianten und akrobat. Zutaten; auch Reigen: Gopak-Kolo (z. B. bei Mussorgsky, Tschaikowsky).

Hoquetus (afrz. *hoquet;* lat. *hocetus;* wohl im Sinne von: zerschnitten), im 13., 14. Jh. Eigenart der mehrstg. Musik: In einigen Abschnitten wird die Melodie (→ Discantus) so auf (meist) 2 Stimmen des Satzes verteilt, daß (von Ton zu Ton wechselweise) eine pausiert, die andere den Melodieton übernimmt. Der H. ist vermutl. arabischen Ursprungs.

M. Schneider, Der H. (ZfMw) 1928/9; H. Husmann, Über die Etymol. v. „h." (Roman. Jb.) 1955/6.

Horă (rumän.) → Choró.

Horen (lat. *hora* = Stunde), die täglichen Stundengebete im röm. Ritus; ursprüngl. Matutin, Laude, Prim, Terz, Sext, Non, Vesper, Komplet. Nach dem 2. Vatikan. Konzil wurde die (benediktinische) Ordnung derart geändert, daß Terz, Sext, Non (= kleine H.) zusammengelegt, die übrigen verkürzt wurden. Laudes (morgens), Vesper (abends) blieben bestehen.

Hören, die Aufnahme von Schallschwingungen mechanisch und elektrophonisch durch das Gehörorgan (→ Ohr), und die Unterscheidung und Ordnung der Reize im Hörzentrum der Großhirnrinde. Dabei werden Geräusch, Ton bzw. Klang unterschieden (→ Akustik) in den Hörgrenzen von etwa 16 bis 20 000 Hertz und oberhalb der Mindestschallstärke (Hörschwelle) von etwa 1000 Hertz. Der plötzlich erzeugte Ton wird nach 0,2 sec am lautesten empfunden (Anklingen) und ist 0,14 sec nach seinem plötzlichen Abbrechen abgeklungen. Zwei gleichzeitig eintretende Gehörseindrücke überdecken sich bei verschied. Schallstärke. Ein Ton wird lauter empfunden bei beidohrigem (binauralem) H. als bei einohrigem (monauralem) H. Tondifferenzen werden mit beiden Ohren genauer festgestellt als mit einem. Tonhöhenunterschiede zwischen beiden Ohren wurden bei krankhaften Fällen bis zu einer Terz festgestellt (Doppelhören) und haben vermutlich ihren Ursprung in mechan. Defekten des Innenohrs. Die Schallrichtung wird genauer nach rechts und links als nach vorn, hinten oder oben festgestellt, wobei die Zeitdifferenz beim Auftreffen der Schallwellen maßgebend wird. Schallstärken um 130 Phon wirken als Schmerz. Zusammenklänge (Akkorde) werden als abgerundet und angenehm od. als ungeordnet (diffus) und störend registriert (→ Konsonanz, Dissonanz), was nicht nur Frage der Zahlenverhältnisse der Einzeltöne zueinander ist, sondern wesentl. auch der Hörgewohnheit (vgl. Wechsel des Konsonanzbegriffes in der Musikgeschichte). Die → Gehör-(Ton-)Psychologie spricht von äußerem (physiologischem) und innerem H. (Tonvorstellung,

z. B. bei späterer Taubheit: Beethoven), und sie unterscheidet → absolutes, → relatives und farbiges (chromat.) Gehör (→ Farbenmusik). Das letzte tritt vielfach zusammen mit dem absoluten H. auf und bestätigt sich in der Neigung zur Tonmalerei (→ Programm-Musik). Neben einem chromat. Typ sieht die → Musikpsychologie als Hauptgruppen einen linearen und einen zyklischen, die, stark vergröbernd, jedoch nicht wertend, in der Vorliebe für Polyphonie oder Homophonie erkannt werden können. – Zum musikal. H. gehört das Erfassen des Einzeltones, seiner Stellung in der Melodielinie und deren Funktion im Ganzen. Verschied. Spannungsverläufe können entstehen, wenn z. B. die Melodie aufsteigend, im Gesamtverlauf aber entspannend ist. Aufgabe der Musikerziehung (→ Gehörbildung, Musikdiktat) ist es, solche Erscheinungen auch im Zusammenhang des ganzen Werkes deutlich zu machen. Zur Ausbildung des Sängers gehört das H.-lernen mit der Einsicht, daß der reale Klang der Stimme der aus eigenem H. kommenden Vorstellung nicht entspricht.

F. Reuter, D. musik. H. auf psychol. Grundl., ²1942; J. Handschin, D. Toncharakter, Z 1948; E. Wever, Theory of hearing, NY 1949; L. Cremer, Üb. d. ungelösten Probl. i. d. Theorie d. Tonempf. (Acustica) 1951; H. Mersmann, Musikh., ²1952; G. v. Békésy, Experiments in hearing, NY 1960; F. Winckel, Phänomene des mus. H., 1960; H.-G. Lichthorn, Z. Psychol. des Intervallh. (Diss. Hamb.) 1962; H.-P. Reinecke, Experiment. Beitr. z. Psych. des mus. H., 1964; E. Kötter, D. Einfl. übertragungstechn. Faktoren auf d. Musikh., 1968; D. Venus, Unterweisung i. Musikh., 1969; P. Gülke, Interpr. und Wandlung d mus. H. (Kb. Lg) 1970; H.-P. Hesse, D. Wahrnehmung v. Tonhöhe und Klangfarbe als Probl. d. Hörtheorie, 1972; J. Blauert, Räuml. H., 1974; B. Dopheide (Hg.), Musikh., 1975. → Gehörpsychol., Musikpsychol., Ohr.

Horn, Horninstrumente, im besonderen → Waldhorn; allgemein Sammelname für Blasinstr., bei denen der Ton durch die beim Blasen schwingenden Lippen entsteht, was in der weiteren Entwicklung der Hörner durch ein → Mundstück erleichtert wurde. Von den Trompeteninstr. mit ihrem zum größten Teil (zu über 2/3) zylindr. Rohr unterscheiden sich H. durch den vorwiegend konisch erweiternden Teil, wenn auch landläufige Namen irreführen können (z. B. → Alphorn) und geschichtl. Vorstufen (zumal wenn nur bildlich überliefert) wie auch Konstruktionen neuerer Zeit (z. B. → Saxotromba) keine klare Trennung zulassen. – Die aus frühen Kulturen bekannten Urformen des H. als Tierhorn (z. B. Widderhorn; → Schofar), Elefantenzahn (→ Olifant) od. → Schnecken- bzw. Muschelh. (z. B. auf Südsee-Inseln), zunächst rituell-zeremoniell, dann als Signalinstr. benutzt, wurden u. a. in Metall, Holz, Ton nachgebildet; meist an der Spitze angeblasen (selten seitlich), mit Schalltrichter (→ Stürze) versehen und weiterentwickelt. Es gibt H. mit geradem Rohr (wie die wohl mundstücklose → Trompe, Signalh. im 11.–13. Jh.), abgeknickt, ein- od. mehrfach gewunden mit verschied. Durchmesser bei Rohr und Windung. Je nach Art von Mundstück, Form und Mensur des H. werden Naturtöne (→ Obertöne) wiedergegeben; hohe sprechen bei enger, tiefe bei weiter Mensur besser an. Der Grundton des Rohres klingt nur mit tieferem Bechermundstück bei den tiefsten Instr. (→ Bariton 2). Um eine lückenlose Tonfolge darstellen zu können, wurde das Rohr verkürzt (Grifflöcher, Klappen, die jedoch bei Metallinstr. einen unsauberen Klang ergeben) od. verlängert mit (meist 3) → Setzstücken und → Ventilen. Die weitere Röhre und Stürze bewirkt den dunkleren Klang. Er kann durch → „Stopfen" abgeschwächt und reguliert (vertieft) werden.

F. Piersig, D. Einführ. des H. i. d. Kunstmus., 1927; E. Paul, Das H. in seiner Entw. vom Natur- z. Ventilinstr. (Diss. W masch.) 1932; E. A. Bowles, Unterscheidung der Instr. Buisine, Cor, Trompe und Trompete (AfMw) 1961; R. Gregory, The h., L 1961; H. Fitzpatrick, The h. and h.-playing and the Austro-Bohemian tradit., L 1970; B. Brüchle/K. Janetzky, Kulturgesch. des H., 1976.

Hornpipe (engl.), 1. → Sackpfeife und einzeln geblasene Pfeife, meist mit einfachem Rohrblatt, Schallstück aus Tierhorn; einzeln mit Windkapsel (Horn od. Holz); walisisch → Pibcorn. – 2. In Schottland, Wales bis 18. Jh., dann allgemein in Großbritannien und Irland verbreiteter Volkstanz; 3- und 2teiliger Takt; landschaftl. verschieden als Solo-, Paar-, Rund- od. Reihentanz, meist mit Sackpfeife, Harfe, Fidel; in die engl. Kunstmusik übernommen (auch Satzbezeichnung), z. B. Purcell, *The Fairy Queen,* Händel, *Wassermusik, Orgelkzt. b-moll.* – Schon im 16. Jh. galt der Name H. für einen einfachen Tanz der Seeleute und wurde abwertend für Tanzmusik allgemein gebraucht, unabhängig von der sonstigen Verbreitung und Wertung als engl. Nationaltanz. Neubelebung im 20. Jh.

Hornquinten, sogen. „verdeckte" Quinten, wie sie in der Naturtonfolge der Hörner häufig sind. „Verdeckt" nannte man sie, weil keine echte Parallelbewegung in Quinten erfolgt, wenn eine Stimme diatonisch weiterschreitet, während die andere z. B. aus der Sexte in die Quinte springt, wobei das Ohr den Eindruck der (nach alter Regel untersagten) Quintparallele hat.

Hornsatz, Fachwort für den aus der Naturtonreihe entwickelten und zur Darbietung durch Hörner geeigneten, 2stg. Satz. → Hornquinte.

Hörpsychologie, → Gehörpsychologie.

Hörsamkeit, gute oder schlechte akust. Eigenschaften eines Raumes. → Raumakustik.

Hörspielmusik, die dem Hörspiel (Name seit 1924) als einem rundfunkgerechten Wortkunstwerk beigegebene Musik, die seit den ersten Werken (1. Hörspiel 1924 in London, 1. dt. 1924 in Breslau) eine etwa der → Filmmusik vergleichbare Entwicklung durchmachte bis zu der Erkenntnis, daß die H. nur dann die Handlung untermalen soll, wenn sie diese leitmotivisch abstützt. Mehr als → Fernseh- und → Filmmusik muß die H. Handlungselement sein, das Spiel mitgestalten (z. B. Kagel, Schnebel).

Hot (engl.: heiß), Sammelbez. für Ausdrucksmöglichkeiten (→ Vibrato, Dirty Tones, Portamento, Tremolo) im Jazz der Improvisatoren in der Blütezeit (1920/30). 1925 nannte L. Armstrong seine Band Hot Five. H.-Intonation ist der aus der Ekstase der farbigen Musiker entstehende, schnell aufeinander eingehende Toneinsatz mit den H.-Elementen, wie er sich auch im → Spiritual zeigt, in Off-beat und Bluestonalität, mit scharf-lautem Kornetteinsatz, rhythm. schlagendem Pianostil.

Hufnagelschrift, die besonders in Dtl. auftretende gotische Sonderform der → Choralnotation, bei der die Köpfe, mit breiter Feder geschrieben, rhombische Gestalt annahmen und durch den dicken, schräg abgeschnittenen Vertikalstrich der → Virga Ähnlichkeit mit einem Nagel haben. Die H. wird als typisch dt. Erscheinung im *Speculum musicae* des Jacobus von Lüttich (14. Jh.) hervorgehoben. Während sich allgemein die römische *nota quadrata* von Frankreich aus durchsetzte, hielt sich die H. in dt. Klöstern noch im 15. Jh. → Notenschrift.

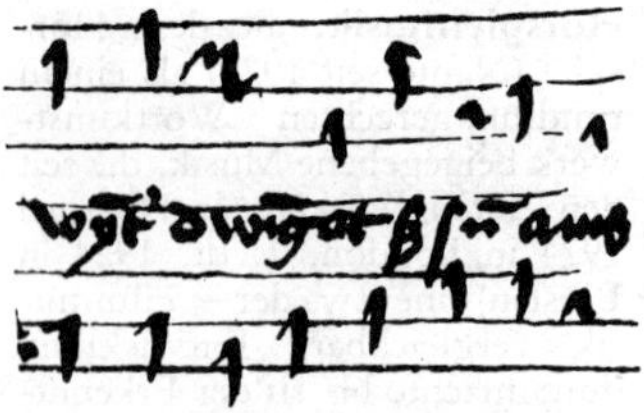

Hugenottenpsalter, die 1565 in Paris erschienene Ausgabe des Genfer Psalters mit den 4stg. Sätzen C. Goudimels. Der H. war die Grundlage zahlreicher europäischer Ausgaben bis ins 18. Jh. Unter den dt. Übersetzungen ist die von A. Lobwasser (1573) die bedeutendste. Vorgänger der frz. Ausgabe waren Gesangbücher geringeren Umfangs mit Melodien (1stg., syllabisch): Straßburg 1539, Genf 1542, 1551. 1562 erschien in Genf der vollständige H. (125 Melodien zu 152 Texten). Die meisten Melodien waren von L. Bourgeois, die Texte von C. Marot und vor allem Th. de Bèze. → Kantionalsatz, Kirchenlied, Gesangbuch.

P. Pidoux, Le Psautier Huguenot, Basel 1962; D. Gutknecht, Untersuch. z. Melodik des H., 1972; G. Bakker, Het H.en zijn invloed op de evgl. kerkmuziek (Mus. sacra) Hilversum 1982.

Humanismus (lat. *humanus* = menschlich), Bestreben, aus der Kultur der Antike Kräfte für einen höchstmöglichen Stand der Menschenbildung zu gewinnen. Mit diesem Ziel ist der H. eine in der Kulturgeschichte immer wieder auftretende Richtung mit verschied. Erscheinungsformen in den einzelnen Ländern. Im engeren Sinne bezeichnet das Wort in Dtl. den Renaissance-H. des 14.–16. Jh., der aus dem Lebensgefühl der → Renaissance erwuchs und die neue Stellung des schöpferischen Menschen in der Welt voraussetzte, in der er im Bewußtsein des Eigenwertes seiner Persönlichkeit die Wiederherstellung der Antike anstrebte. Der H. in der Musik hat keinen eigenen, gegenüber der Renaissance abgrenzbaren Stilbegriff geschaffen. Er wirkte sich nachhaltig aus in den → Odenkompositionen, die C. Celtis 1490 an der Universität Ingolstadt nach Horaz-Oden von P. Tritonius anfertigen ließ und die zuerst 1507 in Augsburg gedruckt wurden. Das Ziel blieb bei allen später vertonten latein. Oden didaktisch: einmal sollte der Schüler das Metrum der Dichtung singend verstehen lernen, dabei sollte ihm das Auswendiglernen erleichtert werden. Dementsprechend hielt sich die Komposition streng in allen Stimmen an das Metrum. Neu an dem einfachen harmon. Satz Note gegen Note war, daß statt der bisher gebrauchten → Mensur jetzt ein Metrum mit Längen zu Kürzen im genauen Verhältnis 2:1 stand. Bis ins 17. Jh. blieben diese Oden an Universitäten und Lateinschulen in Gebrauch; daneben die Chöre für Schuldramen mit lat. (z. B. Reuchlin: *Hanno;* Celtes, *Ludus Dianae*) oder dt. Text (z. B. Rebhuhn, *Susanna:* Rollenhagen, *Tobias*). Nach Horaz wurden Ovid, Catull, Vergil, vor allem der inhaltl. unbedenkliche Prudentius vertont u. a. von Hofhaimer, Senfl, Ducis. Das hier aus der Hochschätzung des latein. Wortes geschaffene Wort-Ton-Verhältnis wurde möglicherweise noch gestützt in der Reformation, die „das Wort" in den Mittelpunkt stellte. Die syllabisch genaue Unterlegung machte die Textdeklamation verständlich. Das bestreben, dabei Wort- und Musikakzent zusammenzulegen, leitete aus der Mensuralnotation in den Schwerpunkttakt über. Jedoch blieb die Odenkomposition eine Randerscheinung neben den weiter bestehenden polyphonen Formen im Ggs. zur Entwicklung in Frankr., wo das Streben nach der Klarheit der Antike (Baïf 1570) unter dem Metrum der frz. Sprache zur *musique mesurée* (→ vers mesurés), führte, in der auch das antike Ethos ausgedrückt werden sollte und die an die Stelle der polyphonen → Chansons trat. Die homorhythm., homophonen *Psaumes mesurés* waren beeinflußt von dem durch S. Olthoff komponierten reformierten Psalter (*Psalmorum Davidis paraphrasis poetica,* 1566 und öfter), dem G. Buchanans Übersetzung in horazischen Metren zugrunde lag. Hier bestand eine Verbindung zwischen dt. und frz. H. Humanistischen Gedanken am nächsten kam nach 1550 das ital. → Madrigal, das nicht äußerlich vom Textmetrum bestimmt wurde, sondern Diatonik, Chromatik, Enharmonik als Grundstufen der griech. Musiklehre neu aufnahm, wie die zeitgenöss. Musiktheorie sie bei Plato, Aristoteles, Plutarch und Quintilian zu verstehen meinte. Eine typische Erscheinung des H. war das lat. Gelegenheitsgedicht und danach die (auch vielstimmige) Gelegenheitskomposition zu Geburtstag, Todesfall, Einweihungsfeier, meist eine cantus firmus-freie Motette, harmonisch-flächig ohne selbständig lebende Stimmen. Die Gattung wurde, von Italien kommend, auf dem Weg nach Norden immer weiter verbürgerlicht und verflacht und breitete sich besonders in Dtl. aus. Motetten nach klassischen röm. Dichtern, besonders nach Vergils Aeneis, schrieben in der Nähe der → musica reservata u. a. Josquin, Willaert, Arcadelt, C. de Rore. Die Theoretiker (Glarean, Tinctoris) entwickelten zwar neuplatonische Gedanken, blieben aber im ganzen noch beeinflußt von der franko-fläm. Polyphonie.

H. Birtner, Stud. z. niederländ. human. Musikanschauung, 1930; D. P. Walker, Der mus. H. i. 16. u. 17. Jh., 1949; H. Albrecht, H. (MGG) 1957; W. Kahl, Das Gesch.bewußtsein i. d. Musikanschauung d. it. Renaiss. u. d. dt. H. (H. Albrecht in memoriam) 1962; G. Abraham, The age of h. (NOHM 4) 1968; V. Ravizza (Hg.), Beitr. z. Zeit u. zum Begr. H . . . (Fs. Geering) Bern 1972.

Humanistenode → Ode

Humla (schwed.; dän. *humle,* nld. *hommel,* dt. *Hummel*), Zither in Schweden, Dänemark; früher auch in Holland und Norddtl. verbreitetes Volksinstr. mit schmal-langem, auch geigenförm. Korpus und meist 6–10 Saiten, 2(3) Bordunsaiten, auf deren Klang wohl der Name zurückzuführen ist (vgl. → Hummel); mit Griffmarken od. Bünden. Vgl. → Langleik (norweg.), Langspil (isländ.).

S. Walin, D. schwed. Hummel, Stockh. 1953.

Hummel, Hümmelchen, Sackpfeife im 17. Jh.; von daher Nebenregister der Orgel, meist 2 (Frederiksborg: 6) Zungenpfeifen (f', c'').

Humoreske (lat. *umor* = Feuchtigkeit), instrumentales → Charakterstück heiterer Grundhaltung, in 2- od. 3teiliger Liedform, auch als Satz in einem Zyklus (z. B. E. v. Dohnanyi: 5 H. in Form einer Suite). Wie vielfach in der Entwicklung der Charakterstücke des 19. Jh. hat der Name meist keinen Bezug zum Stück, wie ihn R. Schumann, der ihn erstmals in der Musik (und noch vor dem Gebrauch in der Literatur) benutzte, in seinem Op. 20 (1839) noch ausdrückl. beabsichtigt hatte. Dvořáks *Acht H.* (1894) verwendeten wie E. Griegs H. (op. 6 und 19) folklorist. Elemente. Häufig – so bei Reger – zeigt sich keine Grenze zwischen H. und → Burleske. Die Kammermusik kennt die H. kaum, um so mehr die Orchestermusik. Ungewöhnlich sind C. Loewes *Fünf H.* für 4 Männerstimmen.

Hurdy-gurdy (engl. lautmalend; frz. *vielle à rue*), → Drehleier.

Hussitenlieder → Böhmische Brüder

Huzulka → Kolomajka

Hydraulos (von griech. *hydor* = Wasser, *aulos* = Wind; lat. *organum hydraulicum*), Wasserorgel im Altertum, bei der die Luft durch Wasserdruck reguliert wurde; mit etwa 50 Pfeifen in bis zu 8 Reihen; Umfang etwa 2 Oktaven; bei den Römern in Theater, Arena, Zirkus und zum Gastmahl gespielt. Als Erfinder wurde Ktebisios von Alexandrien genannt (3. Jh. v. Chr.).

Ch. MacLean, The principle of the h. organ (SIMG) 1904/5; W. Walcker – Mayer, D. röm. Orgel v. Aquincum, 1970; M. Kaba, D. röm. Org. v. Aquinc., 1976.

Hymenäos (griech. *hymenaios* = Gott der Hochzeit), griech. Hochzeitsgesang zu Flöte und Kithara bei der Heimführung der Braut in das Haus des Bräutigams.

R. Muth, H. und Epithalamion (Wiener Studien 67), 1954.

Hymnar, Slg. von → Hymnen zum kathol. Stundengebet. H.e, die Melodien mitteilen, finden sich erst seit etwa dem 11. Jh., meist zusammen mit dem Psalter. Die Melodien für Chor und Gegenchor wurden farbig gekennzeichnet. Handschriften sind zahlreich erhalten.

Hymne (griech. → *hymnos* = Lied zum Lob der Götter), im Ggs. zu dem aus derselben sprachl. Wurzel stammenden → Hymnus mit geistl. Inhalt die weltliche Dichtung in gehobener Sprache und die dazu geschaffene Melodie und Musik. Die Themen folgen vielfach antikem Muster in Götter-, Helden-, Naturverehrung, Pantheismus, Siegesfeier, Lob der Gerechtigkeit, Freude und Musik, Freiheits- und Vaterlandsliebe. (Die →Nationalh.n sind als Strophenlieder dabei die einfachste Form.) Der Text ist vielfach ekstatisch, dithyrambisch, die Musik bevorzugt die große oratorische Form mit großem Chor und Orchester (Beethoven, 9. Symph., G. Mahler, 8. Symph.). Die knappe Alltagssprache zeitgenöss. Dichtung regte einen neuen H.nstil an (Kompositionen zu Texten W. Whitmans von E. A. Hartmann, Hindemith, Schostakowitsch), während K. Höllers Orchesterh.n die Verbindung zum gregorian. Choral suchen.

Hymnologie behandelt den geistl. Gesang der christl. Kirchen, seine Entwicklung, die Art der Überlieferung und Weitergabe, die jeweilige Gesangspraxis in und außerhalb der Liturgie. War die Beschäftigung mit geistl. Gesängen zunächst rein theolog. bedingt und speziell auf den Text und dessen Gültigkeit im Streit verschiedener Lehren gerichtet, so setzte, gegen die Aufklärung wirkend, im 19. Jh. ein breiteres Interesse an Text und Musik ein. Die jetzt beginnende Bestandsaufnahme (z. B. Bäumker, J. Zahn) sollte zuerst der Praxis dienen (→ Gemeindegesang, Gesangbuch) und wirkte bis ins 20. Jh. zwischen den Kirchen anregend und befruchtend, wobei besonders in den reformator. Kirchen zahlreiche Einzeluntersuchungen mit theolog., praktischer Grundlegung (von Schleiermacher bis K. Barth, O. Söhngen) vorgelegt wurden. Die Arbeit von Theologen und (oft zugleich) Musik- und Sprachwissenschaftlern erbrachte im 20. Jh. (etwa ab 1950 ökumenisch übergreifend) die Grundlagen für die neue Disziplin H. mit verschiedener Organisation in Konfession und Ländern. 1956 wurde die Internat. Arbeitsgemeinschaft für H. gegründet.

Sammlungen (vgl. → Kirchenlied): H. A. Daniel, Thesaurus hymnologicus, 1841/56; P. J. Mone, Lat. Hymnen d. MA, 1853/5; Cl. Blume/G. Dreves, Analecta hymn. medii aevi, 1886/1922, ND 1961; Mocquerau/Gajard, Paléogr. mus., Solesmes/Tournai 1889/1953; U. Chevalier, Repertorium hymnolog., Löwen 1892/1921; W. H. Frere, Bibliotheca musico-liturgica, 1894, ND 1967; ders., Hymns ancient and modern .. 1909, NA (M. Frost, Historical companion to hymns ...) L 1962; A. Fischer/W. Tümpel, D. dt. ev. Kirchenl. des 17. Jh., 1904/16, ND 1964; A. Z. Idelsohn, Hebräisch-oriental. Melodienschatz, 1914/32; Monumenta Musicae Byzantinae, K., Boston, R 1935 ff.; B. Rajeczky/P. Radó, Melodiarum Hungariae medii aevi I, Budap. 1956; B. Stäblein, Monum. Monod. Medii Aevi, ab 1956; E. Wellesz, D. Hymnen d. Ostkirche, Basel 1962; J. Szövérffy, D. Annalen d. lat. Hymnendichtung, 1964/65; A. Christ-Janer/Ch. W. Hughes, American hymns old and new, NY 1980.

Literatur: J. P. Lange, Die kirchl. H., Z 1843; C. v. Winterfeld, Der ev. Kirchengesang ..., 1843/7, ND 1966; D. F. Palmer, Ev. H., 1865; E. Koch, Gesch. d. Kirchenliedes .., 1866/77, ND 1972; D. V. Razumovskij, Cerkovnoe penija v Rossii (Kirchenges. i. Rußl.) M 1867/9; H. Weber, D. Gesch. d. Kirchenges. d. dt. reform. Schweiz, Z 1876; J. Jireček, Hymnologia Bohemica, Pr 1878; J. Julian, A dict. of h., L 1892, ND 1957; A. V. Preobraženskij, Slovar' ruskovo cerkovnovo penija (Lex. der russ. Kirchenges.) M 1896; E. v. Brederek, Hymnolog. Hilfslex., 1910; J. Moffat, Handbook to the church hymnary, L 1927; O. E. Thuner, Dansk Salme-Leksikon, K 1930, 1934; A. O. T. Hellerström, Liturgik, Uppsala 1940; H. W. Foote, 3 centuries of American Hymnody, Cambr./Mass. 1940; Chr. Mahrenholz/O. Söhngen, Hdb. z. ev. Kirchengesangb., ab 1953; K. Ameln/Chr. Mahrenholz/K. F. Müller, Jb. f. Liturgik u. H., ab 1955; E. Routley, The mus. of Christ. hymnody, L 1957; H. Kirchhoff, Hymnen d. Ostkirche, 1960; ders., D. Ostkirche betet, 1962/3; K. F. Müller/W. Blankenburg, Leiturgia 4, 1961; K. Ameln, D. gegenwärt. Stand ... der hymnolog. Forsch. (JbLH 6) 1962; Chr. Albrecht, Einf. i d. H., 1973; W. Lipphardt, Aufgaben u. Wege d. H ..., Graz 1974; M. Rößler, D. Frühzeit hymn. Forsch. (JbLH 19) 1975; W. Blankenburg, D. Entw. der H. seit etwa 1950 (Theolog. Rundschau) 1977, 1979; J. v. Gardner, Bogozluženbnoe penie pravoslavn. cerkvi (Gottesdienst-Gesänge d. orthodoxen Kirche) 1, NY 1978, dt. 1983. → Byzantin. Musik, Choral, Gesangbuch, Kirchenlied, Kirchenmusik, Liedpredigt, Rospev.

Hymnos (griech.), Gesang in der ostkirchl. Liturgie (→ Byzantin. Musik) mit Texten der Bibel od. anlehnend neu geschaffen in akzentuierender Dichtung mit enger Verbindung (syllabisch od. melismat.) zur Melodie; z. T. aus syrisch-hebräischer Tradition weitergebildet. Die einstrophige Form ist das → Troparion (vgl. → Heirmos, Sticheron). Hauptformen sind H. und Ode, die als

Sammelbegriff auch Psalm und H. umfassen kann, soweit nicht die dem Kanon (→ Kanon 3) zugeordneten Oden gemeint sind (*odai pneumatikai*). Im 5.–7. Jh. bildeten sich die → Kontakien aus, ab 7. Jh. die Kanones. Neue Gesänge wurden im 11. Jh. untersagt. Viele Hymnographen sind bekannt (→ Kontakion, Melode). Im 10. Jh. begann die schriftl. Überlieferung in byzantin. Gesangsschrift, einer Darstellung von Artikulationsbewegungen (vgl. → Neumen), die mit ihren Varianten nur annähernd mit heutiger Notenschrift fixiert werden kann. Vgl. → Kondak.

→ Byzantinische Musik.

Hymnus (griech. → *hymnos*), liturgischer Gesang der christl. Kirchen; bereits belegt im Psalter (Ps. 16) und für die urchristl. Gemeinden im Neuen Testament (Kol. 3,16; Eph. 5,18), wobei die Unterscheidung zwischen Psalm, H. und Ode umstritten ist. Sicher ist, daß neben spontanen Gesängen bereits liturg. festgelegte bestanden. Der lat. H. ist strophisch, gleichsilbig, seit dem 6. Jh. zunehmend rhythmisch (akzentuierend). Die antiken quantitierenden Versmaße und Strophen wurden rhythm. umgeformt; die Silbenzahl der Verszeile, die Zäsur und der den Zeilencharakter bestimmende Schluß des Verses wurden übernommen. Von der Volkssprache her setzte sich ein ausgleichender Rhythmus mit Bevorzugung des Jambus durch (Ambrosius v. Mailand). Die Melodie gewann, wie es sich auch in der Entwicklung der → Antiphonen zeigt, sowohl die Möglichkeit melismat. Reichtums als auch des schlichten Formbaus (A-B-A-B); wie hier überhaupt Volksliedweisen vorgebildet wurden, zumal Text und Melodie des H. nicht unlöslich miteinander verbunden waren. Der H. wurde wechselweise zwischen 2 Chören vorgetragen mit der von der Gemeinde gesungenen → Doxologie, die später zum größten Teil allen H.nen angefügt wurde. Bedeutende H.nendichter waren außer Ambrosius, auf den das volkstüml. Strophenlied zurückgeht, H. v. Poitiers, Venantius Fortunatus, Paulus Diaconus, Rhabanus Maurus. Die Sammlung der H. erfolgte im Hymnar. Bedeutende mehrstg. Werke für den (kathol. bzw. evgl.) kirchl. Gebrauch (einzeln, zykl., vokal, instrumental) entstanden vor allem im 15.–17. Jh. (z. B. Dufay, S. Dietrich, Willaert, Lasso, Victoria, Palestrina, Gesius, M. Praetorius). Die Reformation übernahm mit den → Horen auch den lat. und dt. H. Er ist eine der Quellen des dt. → Kirchenliedes. Lateinische H. wurden neu geschaffen (Melanchthon, Camerarius), daneben zahlreiche dt., wobei vorreformator. Melodien übernommen oder nach Muster des Volksliedes umgeformt wurden (*Nun komm der Heiden Heiland*). Neu- und Nachdichtungen schufen in unserer Zeit R. A. Schröder, O. Riethmüller, J. Klepper. → Choral, Hymnologie, Laude.

B. Stäblein, Die ma. H.melodien (Hab. Schr. Erlangen) 1946; ders., Mon. Monodica Medii Aevi, ab 1956; C.-A. Moberg, Die liturg. H.i. Schweden, K 1947; R. Gerber, D. Textwahl i. d. mehrstg. H. komp ... (Kb. Lüneb.) 1950; ders., Röm. H.zyklen d. spät. 15. Jh. (AfMw) 1955; ders., Z. Gesch. d. mehrstg. H. (hg. G. Croll) 1965; O. Brodde, Evgl. Choralkunde (Leiturgia 4) 1961; J. Szövérffy, D. Annalen d. lat. H.dichtg., 1964/5; H. Gneuss, Hymnar u. H. i. engl. MA, 1968; E. Parks, Early Engl. hymns, Metuchen/NJ 1972.

Hyper (griech. = über), in der griech. Musikterminologie Vorsilbe, durch die die Stellung eines Tones, Intervalls od. einer Tongruppe (→ Tetrachord) bezeichnet wird; z. B. *h.diapente* = Oberquinte, *h. diatessaron* = Oberquarte.

Hypo (griech. = unter), in der griech. Musiklehre Vorsilbe, die im Ggs. zu → *hyper* die Tieferstellung eines Tones, Intervalls od. einer Tongruppe besagt; z. B. *h.diapente* = Unterquinte, *h.diapason* = Unteroktave. → Kirchentonarten.

Hyporchema (griech. =) im alten Griechenl. lebhaft bewegtes Tanzlied; chorisch mit Instr.

Idée fixe vgl. → Leitmotiv

Idiophone (Selbstklinger), Musikinstrumente, die direkt (ohne Saite od. Membran) durch Schlagen, Zupfen, Reiben klingen: A) durch unmittelbares Schlagen: *mit Gegenschlag:* Kastagnetten, Bekken – *mit Anschlag:* Triangel, Xylophon, Gong, Gamelan, Glocke, Celesta; durch mittelbares Schlagen: Rasseln, Zimbelstern, Schellenbaum; – B) durch Zupfen (→ Lamellophone): Zanza, Maultrommel, Spieldose; – C) durch Streichen: Nagelgeige, Streichstabspiele, Glasharmonika.

Igil, Ikili(gh) → Kamandža.

Igrez, Igric (slaw.; russ. *igrat':* spielen), balkanischer, ukrainischer, südruss. Spielmann.

Ikonographie (griech. *eikon* = Bild), wissenschaftl. Auswertung und Ordnung (hier:) musikbezogener Bildbelege; ihre Slg. und Wiedergabe, für die vielfach zunächst Kriterien der bildenden Kunst entscheidend waren. Daneben wurden Bilddarstellungen nach Einzelthemen (z. B. Musikinstrumente), musikgeschichtl. Perioden und zur Biographie einzelner Komponisten (z. B. Schubert, 1913; Bartók, 1973) gesammelt und abgehandelt. Bilder zum Gesamtbereich der Musik veröffentlichten G. Kinsky/R. Haas/H. Schnoor (*Gesch. der Musik in Bildern,* 1929), K. M. Komma (Musikgesch. in Bildern, 1961), H. Besseler/M. Schneider (*Musikgesch. in Bildern,* 1962ff.). 1971 wurde ein Internationales Repertorium der Musik-I. (RIdIM) von der Internat. Gesellschaft für Mw. und der Internat. Vereinigung d. Musikbibliotheken beschlossen.

B. S. Brook, RIdIM(Notes) 1972; V. Ravizza, Zu einem internat. Repertor. der Musik-I. (AM) 1972; H. M. Brown/J. Lascelle, Musical I., Cambr./Mass. 1972; L. Vorreiter, Musik-I. des Altertums im Schrifttum 1850/1949 und 1950/74(AM) 1974.

Imayô (japan.) → Saibara.

Imbroglio (ital. = Verwirrung, Schwindel), rhythm. Verwirrung, Verschiebung; entstanden bei regelmäßigem Taktbau, aber verschiedener Akzentuierung der Stimmen (z. B. Beethoven, Streichquartett op. 59,2) od. durch verschied. Taktangaben in den Stimmen (z. B. Mozart, *Don Giovanni* 1., Finale). → Polymetrik.

IMHV (Interessengemeinsch. musikwiss. Herausgeber und Verleger), Gesellschaft zum Schutz und zur Verwertung der Rechte an Aufführungen mw. Editionen; bestehend seit 1967 mit Sitz in Kassel. → Urheberrecht.

Imitation (lat. =) Nachahmung, Stilelement der mehrstg. Musik: die Wiederholung des Motivs, Themas usw. in den Stimmen, wie sie streng im → Kanon (ursprüngl. *fuga legata*) erscheint, bei dem mehrere Stimmen, vom selben oder jeweils einem anderen Ton ausgehend, die Melodie der Anfangsstimme wiedergeben. Der → Comes in der → Fuge imitiert den → Dux. Die I. ist streng, wenn das Motiv (Thema) notengetreu bzw. (bei Wiederholung von einem anderen Ton aus) intervallgetreu erfolgt. Sie ist frei, wenn z. B. ein großes Intervall mit einem kleinen beantwortet wird. Die I. kann in gleicher Bewegung, in → Gegenbewegung, in → Vergrößerung (Augmentation), → Verkleinerung (Diminution) oder in → Umkehrung erfolgen. – Während die → durchimitierte franko-fläm. Messe Beispiel hoher polyphoner Kunst ist, kann I. in der → Sequenz (2) Beispiel rein mechan. Bewegung sein. → Kontrapunkt.

Imperfekt (lat. = unvollständig), t. t. der → Mensuralnotation: 2tlg. Note, verkürzt aus der (perfekten) 3teiligen.

Impetuoso, *impetuosamente, con impeto* (ital. =) stürmisch, heftig.

Impressionismus (lat. *impressio* = Eindruck), Kunststil, der in der 2. Hälfte des 19. Jh. in Frankreich von einer Gruppe von Freilichtmalern (Corot, Degas, Seurat, Renoir) entwickelt wurde, seinen Namen von einem Bild von Monet bekam, später auch in der Dichtung und 1890 bis etwa 1920 in der Musik auftrat, wo der I. die Spätromantik ablöste (Ggs.: → Expressionismus). Er schloß an die Kleinformen der → Romantik (Phantasiestück, Nocturne u. a.), an die Tondichtungen Liszts an wie an den Realismus bei Wagner (Tannhäuser), ohne sich aber mit diesem zu identifizieren. (Debussy setzte seine Titel, um sie nicht als Programm gewertet zu wissen, gelegentl. *unter* die Stücke.) *„I. bedeutet ein Stück Natur, gesehen durch ein Temperament"* (Zola). Musik sollte den Eindruck eines Naturzustands vermitteln, den sie naturalistisch nicht schildern konnte und wollte. Farben der Natur und Töne der Musik mit feinsten Schattierungen und Zwischentönen standen so eng und eindeutig zueinander (Synästhesie), daß es nach Ansicht der Impressionisten eines Umwegs über traditionelle Hilfsbegriffe nicht bedurft hätte. Die Zuständlichkeit konnte die Musik jedoch nur durch *„Reduktion der Bewegung und Monotonie"* (Albrecht) darstellen. Stilistisch unterscheidet sich der I. dadurch von der Romantik, daß er Tonalität meidet und jede Leittönigkeit, damit die Kadenz verhindert, indem er die musikal. Linie durch Parallelen in Sekunden, Quarten, Sexten oder Septimen verunklart und Akkordsäulen parallel führt. Debussy, der Hauptvertreter (wenn nicht im genauesten Sinne der einzige), enttäuschter Wagnerianer, hatte bei der Pariser Weltausstellung 1889 die javanische Ganztonleiter gehört und übernahm Volksmusik und gregorian. Melodien für engräumige Motive, die aber – das verbietet die Hauptaufgabe dieser Musik, Zuständlichkeit zu schildern – nicht entwickelt und ausgebaut wurden. Daneben war er beeindruckt von der neuen russischen Musik (Balakirev, Borodin, Mussorgskij). Er stellte sich jetzt bewußt gegen das Pathos der dt. Spätromantik, fand für seine statische Musik neue verfeinerte Ausdrucksmittel in einer Art Spaltklang und durch raffinierte Ausnutzung der Grenzbereiche der Instr. (Oper: *Pelléas et Mélisande,* Text nach Maeterlinck; Orchesterwerk: *Nocturnes*). Die Nachfolge, die jedoch nie die Konzentration der Zustandsschilderung Debussys erreichte, war außerhalb Frankreichs größer, insbesondere in der Klaviermusik (z. B. die frühen Werke Bartóks und Kodálys): Spanien: De Falla, Pedrell, Granados; England: Scott, Delius; Italien: Puccini, Respighi; Polen, Szymanowsky; Dtl.: W. Niemann, Reger *(Böcklin-Suite),* auch R. Strauss im *Rosenkavalier;* Frankreich: Ravel, Roussell, Satie, F. Schmitt. Vielfach spricht man jedoch von einem Pseudo-I. *(style debussyste),* der an Debussy nicht heranreicht. Der frz. I. beendete die seit der klassisch-romant. Periode bestehende Vorherrschaft dt. Stilelemente in der Musik.

O. Wartisch, Stud. z. Harmonik d. mus. I., 1930; H.-G. Schulz, Mus. I. u. impr. Klavierstil, 1938; W. Danckert, C. Debussy, 1950; H. Albrecht, I. (MGG) 1957; E. Kroher, I. i. d. Mus., Lg 1957; J. Bek, I. a hudba (I. u. Mus.), Pr 1964; W. Dömling, Debussy u. d. I. (Neue Zs. f. Mus.) 1971; S. Jarocinski, Debussy, impress. et symbolisme, P 1971; Chr. Palmer, I. in music, L 1973; W.-A. Schultz, Die freien Formen i. d. Mus. d. Express. u. I., 1974; R. L. Byrnside, Musical I., an early hist. of the term (Mus. Quart.) 1980. W. Keil, Untersuch. z. Entwickl. d. früh. Klavierstils v. Debussy u. Ravel, 1982.

Impromptu (frz. von lat. *in promptu* = bereit), → Charakterstück in 2- od. 3tlg. Liedform, meist für Klavier, nach Art einer → Improvisation. Der Name wurde von dem frz. Stegreifgedicht des 18. Jh. entlehnt und in der Musik zuerst von J. H. Voříšek verwendet für seine lyrischen Stücke, die er unter dem Einfluß seines Lehrers W. J. Tomášek 1822 veröffentlichte. Im gleichen Jahr brachte H. Marschner seine 2 Hefte I. im Klavierstil C. M. von Webers heraus. Der Wiener Verleger Haslinger übernahm den Titel 1827 für F. Schuberts op. 90 (op. 142 erschien erst 1838 im Druck). Schubert war *„der Mann der Erfindung, des unmittelbaren, schlagenden Einfalls – nicht der, aus einem unbedeutenden Einfall etwas Großes zu machen wie Haydn und Beethoven“* (A. Einstein). Er hat den gültigen Typus des I. ausgebildet, wenn auch bei ihm schon – wie meist im Charakterstück – kaum eine innere Verbindung zwischen Titel und Stück besteht. In der 1. Hälfte des 19. Jh. war das I. gleichbedeutend mit → Fantasie, Potpourri, Capriccio als umfangreicheres Klavierstück. R. Schumann, F. Liszt, F. Chopin bezeichneten virtuose Werke als I. Der Name wurde weiter bis ins 20. Jh. für zahlreiche Klavierstükke bis zu Instrumentalwerken der → Unterhaltungsmusik gewählt.

Improperien (lat. = Vorwürfe), in der kathol. Karfreitagsliturgie wechselchörige Gesänge während der *adoratio crucis* (Verehrung des Kreuzes), in denen die Klage Christi *(Mein Volk, was habe ich dir getan?)* mit den Schmähungen wider ihn wechselt; dazu das griech.-lat. → Trishagion (heilig). Text und Weise sind etwa aus dem 9. Jh. Zu den „großen“ I. kamen im 11. Jh. die mit *„ego“* beginnenden 9 „kleinen“. Zahlreiche mehrstg. Kompositionen entstanden seit dem 16. Jh. (Vittoria, Anerio, Ingegneri). Die von Palestrina im einfachen Satz Note gegen Note wird in der Sixtinischen Kapelle in Rom gesungen.

W. Lipphardt, D. Gesch. d. mehrst. Proprium Missae, 1950; W. Schütz, Aus d. Entstehung u. Gesch. d. I. (JbLH) 1968; S. Kleindienst, Die mehrstg. Vertonungen der I. (Diss. Graz) 1975.

Improvisation (lat. *ex improviso* = unversehens), die Stegreiferfindung und die gleichzeitige Darbietung, Beginn allen künstlerischen Schaffens und Grundlage der Musik. Die musikal. I. kann formal frei aus dem Augenblickseinfall erwachsen od. sich mit bestehenden Melodiemodellen zu bestehenden Formen entwickeln; sie kann vokal, einstg., solistisch od. instrumental, mehrstg., gemeinschaftlich ausgeführt werden; sie kann vorhandene Melodielinien ausschmücken und/od. durch andere erweitern. Mit immer genauerer Fixierung der Musik in Notation und Ausführungsvorschriften wurde die Fähigkeit zur I. verringert und die I. im Musikleben eher verdrängt. – Oriental. Vielfalt festigte sich in den Wendungen des gregorian. Gesangs, der in seinen Melismen (z. B. → Alleluja) solist. Improvisationen zeigt. Die frühe Mehrstimmigkeit (→ Organum, Discantus, Fauxbourdon, Gymel) waren durch improvisatorische Verzierung und Ausweitung (→ Diminution, Color, Glosas, Variation) entstanden. Anfangs wurden hauptsächl. liturgische Stücke schriftl. fixiert. Instrumentalmusik erscheint erst Ende des MA mit der → Intavolierung von Vokalwerken und mit Eigenformen. Der Ausdruck *ex improviso* findet sich erstmals in musikal. Zusammenhang zur Unterscheidung von geschriebener, komponierter Musik im 13. Jh.; die erste musiktheoret. Erwähnung der I. (Anfang des 15. Jh.) spricht vom *contrapunctus scriptus* und *vocalis* (geschriebener und gesungener K.). Der *compositio* (= Zusammensetzung) und → *res facta* steht der *cantus ex mente* (*contrappunto alla mente*: aus dem Kopf) im 16. Jh. gegenüber (vgl. → Sortisatio). Im 15. und 16. Jh. entwickelten sich Instrumentalformen (→ Intonation, Präludium, Präambel, Fantasia, Ricercar), deren Notation (→ Tabulatur) den Grundriß für die solist. I. von Melodie und Akkordstütze abgab. Die chorische I. ging im Barock zurück. Dafür erreichte der frei entwickelte Kunstgesang (→ Belcanto) seinen Höhepunkt. Die Notation der Instrumentalmusik engte bereits die → Interpretation ein: M. Praetorius stellte neben die einfache Fassung die diminuierte, und J. S. Bach schrieb die Verzierungen aus. Der (unbezifferte und bezifferte) → Generalbaß und die → Kadenz regten die Barock-I. an; die bevorzugten Instr. waren Orgel, Cembalo und Violine. Seit Beethoven wurde auch die Kadenz vom Komponisten od. von Virtuosen schriftlich festgelegt. Das Schriftbild setzte sich durch. Czerny schrieb Anweisungen zum Fantasieren. Die freie I. verlor an Geltung; hoch geachtet wurde die phänomenale improvisator. Leistung großer Komponisten und Klaviervirtuosen (Mozart, Beethoven, Liszt; I. für Klavier 4händig: Mozart-Clementi). Das große Beispiel einer I. gab J. S. Bach vor Friedrich d. Gr. mit dem (nachträgl. aufgezeichneten) *Musikal. Opfer* über ein vom König gestelltes Thema. Bedeutende Orgelimprovisatoren waren seit dem 14. Jh. Landino, Hofhaimer, Sweelinck, Frescobaldi, Buxtehude, J. S. Bach, Händel, Liszt,

Bruckner, Reger, C. Franck. Die Orgel-I. blieb, wenn auch mit verschied. Geltung, bis ins 20. Jh. in Übung und wurde bei Prüfung und Probespiel verlangt. In jüngster Zeit finden internat. I.swettbewerbe für Organisten statt. Im 19. Jh. setzte sich die schriftl. Festlegung der Volksmusik mehr und mehr durch, was, wie auch bei Volksliedausgaben und Generalbaßaussetzungen noch eine urheberrechtlich bedingte Einengung der improvisator. Entwicklungsmöglichkeit bedeutete. Für die → Elektron. Musik ist die freie I. mit Mikrofon, Tonband, Instrumental- und Vokalklängen (z. B. V. Globokar, K. Stockhausen) ein notwendiges Element. I.n mit Beteiligung des Publikums sind die unter dem Sammelbegriff → Wandelmusik in der 2. Hälfte des 20. Jh. auftretenden Veranstaltungen. – Für die → Musikerziehung des 20. Jh. steht in der Schul- und Jugendmusik I. im Vordergrund. Auf Anregungen Rousseaus weiterbauend, hatte schon J. B. Basedow in seiner Musterschule (Philanthropin 1774) I.sübungen nach seinem „Elementarwerk" eingeführt, und bei Fröbel sollte Vokal-I. Grundwissen festigen. Maßgebend wurden im 20. Jh. F. Jöde *(Das schaffende Kind in der Musik)* und Jaques-Dalcroze (→ Rhythmische Erziehung). Zu den verschied. Methoden mit klingendem Schlagwerk (Orff, Bergese) kam in den 1960er Jahren I. mit unterschiedl. Geräuschen (Klangflächen), z. B. mittels Tonband. – Frühe Versuche mit Kollektiv-I. nahm die 1961 von Fr. Evangelisti gegründete Gruppe *„Nuova Consonanza"* vor. – Wenn auch die Schriftform nichts davon zeigt, ist die → Jazzmusik doch aus der I. von Rhythmus und Harmonie nach der vorhandenen Melodie entstanden. → Heterophone Linien entstehen bei der Verarbeitung des improvisierten 12-Takt-Themas zur Bluesfolge in der Kollektiv-I. (*jam session*), wie sie der „klassische" Jazz entwickelt hat. → Mechanische Komposition, Partimento, Synthesizer.

M. Dupré, Traité d' i. à l'orgue, P 1924; F. Jöde, D. schaffende Kind in d. Mus., 1928, NA 1962; M. Fischer, Die organist. I. im 17. Jh. 1929; E. T. Ferand, Die I. i. d. Mus., Z 1939; ders., I. (Musikwerk) 1956; ders., I. (MGG) 1957; H. Chr. Wolff, Die Gesangs-I. d. Barockzeit (Kb. Bamberg) 1953; ders., Originale Gesangsi. d. 16.–18. Jh. (Musikwerk) 1972; Th. Dart, The i. of mus., L 1954; C. Bresgen, Die I., 1960, [2]1974; H. A. Löw, Die I. i. Klavierwerk Beethovens (Diss. Saarbr.) 1962; L. Friedemann, Gemeinsame I. auf Instr., 1964; dies., Kollektiv-I. als Studium ... neuer Mus., W 1970; J. Viera, Arrangement u. I., W 1971; H. Oesch, Zwischen Kompos. u. I. (Mus. der 60er Jahre, VINM) 1972; B. Haselbach, I.-Tanz-Bewegung, 1976; K. Gerok, Lehrb. der Orgel-I. (hg. M. Rößler) 1979; R. Brinkmann (Hg.), I. u. Neue Musik (VINM) 1979. → Division, Ground.

Inchād (arab.), in der klass. maurischen (andalus.) Vokalmusik zur Laute deklamierter Gesang bei freiem Rhythmus; Hauptform vokaler Kunstmusik neben dem *muvāl* = freie Improvisation nach einem Melodiemodell (→ Maqām).

Incidenzmusik (lat. *incidere* = einfallen, sich ereignen), die an einer bestimmten Stelle im Bühnenstück für den Fortgang der Handlung erforderliche Musik auf od. hinter der Bühne (z. B. Shakespeare, *Sturm*). → Bühnenmusik.

Incipit (lat. = es beginnt), der Anfang, 1. Bezeichnung eines Liedes, einer Arie mit dem Textanfang; – 2. in den Messen des 15. und 16. Jh. der Name des als Thema benutzten (auch weltl.) Liedes, der auch der Name der Messe wurde (z. B. A. Brumel: *Missa Bergerette savoyenne;* L. Compère, *Missa Alles regrets*); – 3. Anfang eines Musikstückes, der in Verzeichnissen, um Irrtümer zu vermeiden, in Noten, Tonbuchstaben od. -silben angegeben wird. Die Bezeichnung I. (vermutl. in diesem Zusammenhang zuerst von Ch. van den Borren 1934 verwendet) ist besser als das hier nur bedingt richtige Wort Thema. → Thematisches Verzeichnis.

H. Barlow/S. Morgenstern, A dict. of mus. themes, NY 1948; R. Tschierpe, Auxiliary catalogues (FAM) 1959; J. LaRue/M. Rasmussen, Numerical I. for themat. catalogues (ebd.) 1962; G. Birkner, Eine mus. Katalogisierung d. neueren dt. Volksl. (Zs. f. Volkskd.) 1964.

Informationstheorie, 1948 von C. Shannon für die Nachrichtentechnik entwickelte Methode, sprachliche od. musikal. Information als Quantität von nach der Wahrscheinlichkeit ihres Vorkommens berechenbaren Einzelelementen zu fassen. Durch statistische Ermittlung aller variabler Elemente (z. B. Tondauer, -höhe, Intervallabstände) ergibt sich der Informationsbetrag. Mit der quantitativen Fassung der Information konnte musikal. Gesetzmäßigkeit registriert, abgegrenzt und für den Computer programmiert werden, mit Hilfe dessen mathematisch-statist. → Analysen von Musikwerken verschied. Schaffensperioden, verschied. Komponisten, Gattungen und Zeitstile vorgenommen wurden (Fucks, Francès). → Computer-Musik.

C. E. Shannon/W. Weaver, The theory of communic., Urbana/Ill. 1949; R. Francès, La perception de la mus., P 1958; W. Meyer-Eppler, Grundl. u. Anwendungen d. I., 1959, [2]1969; W. Fucks, Mathemat. Anal. v. Formalstrukturen v. Werken d. Mus., 1963; H.-P. Reinecke, Z. Frage d. Anwendbarkeit d. I. auf tonpsych. Probl. (Kb. Kassel) 1963; H. Heckmann (Hg.), Elektron. Datenverarbeitung i. d. Mw., 1967; Music and technol. (Rev. Musicale) 1971; A. A. Moles, I. u. ästh. Wahrnehmung, 1971; N. D. Hessert, The use of i. in mus. analysis, Bloomington 1971/2; F. Nake, Ästh. als Informationsverarbeitung, W 1974.

Inganno (ital. = Betrug), → Trugschluß, Trugkadenz.

Ingressa (lat. *ingredi* = betreten, beginnen), der Beginn der Mailänder (→ Ambrosian.) → Messe; im Ggs. zum röm. → Introitus ohne Psalmvers und Doxologie.

Innocente, *innocentamente* (ital. =) unschuldig, einfach.

In nomine (Domini) (lat. = im Namen des Herrn), im 16. und 17. Jh. englisches kontrapunktisches Instrumentalstück für Violen (→ Consort), Laute od. Tasteninstr. unter Verwendung einer liturg. Melodie, entnommen etwa einer Cantus firmus-Messe des 15. Jh. Als Muster für diese frühe, außerhalb der Liturgie stehende engl. Instrumentalform wird das Benedictus mit dem auf die Worte *in n.* gesungenen Teil in J. Taverners Messe *Gloria tibi Trinitas* (Anf. 16. Jh.) gesehen. Der Cantus firmus, eine auch auf dem Kontinent bekannte Antiphon, erscheint schon vor Taverner in liturg. Werken (Lamb, Browne) und weiter (auch variiert) u. a. bei Alwood, Ashewell, Tallis, J. Bull, Byrd. Bedeutende Komponisten des Instrumentalstückes sind Ch. Tye, O. Gibbons, H. Purcell. In der weiteren Entwicklung verschwand der ursprüngl. Cantus firmus. Neue Kompositionen z. B. von P. M. Davies (1965). → Fancy

E. H. Meyer, The I. n. and the birth of polyphonic instr. mus. (Mus. & Lett.) 1936; ders., D. Kammermus. Alt-Englands, Lg

1958; G. Reese, The origin of the Engl. I. n. (JAMS) 1949; ders., Mus. in the Renaiss., NY ²1959; W. Edwards, The sources of Elizab. consort mus. (Diss. Cambr.) 1974; O. Neighbour, The consort and keyboard mus. of W. Byrd, L 1978.

Instrumentalismen, melodische Wendungen in der Vokalmusik, von den techn. Möglichkeiten des Instruments angeregt im Prozeß der Ablösung der Instr. vom Vokalsatz: Passagen, Akkordbrechungen, Koloraturen, Ornamente, Sequenzen. Auch ein einzelnes Instr. kennzeichnend: bei S. Scheidt (*Tabulatura nova,* 1624) die Überschrift *Imitatio violistica* über einem Stück für Tasteninstrument. Das Instr. übertrifft an Tonumfang und Leichtigkeit der Tongebung die menschl. Stimme. Der Vokalsatz mit parallel laufender Instrumentalbegleitung wurde schon früh von instrumentaler Melodiebildung beeinflußt (Dufay, *Ad modum tubae;* Isaac, *Choralis Constantinus* und in seinen Chansons). Vgl. die Stimmbehandlung in Bachs Motetten.

Instrumentalmusik, mit Instrumenten erzeugte Musik (im Ggs. zur → Vokalmusik), einstg. solistisch od. mehrfach, im → Ensemble einstg. od. im → Orchester mehrfach besetzt. Man versteht unter I. in erster Linie das selbständige Werk, nicht die Instrumentalbegleitung von Singstimme oder Chorsatz. Selbständig bleibt z. B. der Streicherklang in A. Schönbergs 2. Streichquartett op. 10, auch wenn im 2. und 3. Satz Soprangesang verlangt wird. Da Musikdenkmäler aus den alten Hochkulturen fehlen, ist nicht sicher über den Grad der Selbständigkeit der I. gegenüber der Vokalmusik bei den Ägyptern, Arabern, Indern zu urteilen. Aus dem 6. und 5. vorchristl. Jh. wird über solist. Aulos- und Kitharaspiel bei den Griechen berichtet. Die german. → Luren waren durch die Zahl der Naturtöne beschränkt, daß man von Selbständigkeit noch nicht sprechen wird. Vermutlich hat sie sich im MA zunächst bei Tanzliedern entwickelt; als ältestes bekanntes Beisp. autonomer I. kann eine → Estampie (Ende 13. Jh.) gelten. Für frühe Mehrstimmigkeit ist die Begleitung mit Streichinstr. bekannt, später auch der Ersatz einer Stimme. Laute, Streichinstr. und Orgel gaben zuerst Vokalsätze wieder (→ Intavolierung). Die Bezeichnung → *Canzona da sonar* deutet auf die Instrumentalübertragung eines Vokalsatzes. Die zahlreichen Instrumentenfamilien wurden nach dem Muster der menschl. Stimme gebaut (Sopran, Alt, Tenor, Baß). Im 15. und 16. Jh. läßt sich die beginnende Trennung von der Vokalmusik an eigentüml. Instrumentalfloskeln und am Überschreiten des vokalen Tonumfangs erkennen. Eigenständige Literatur entwickelten zuerst Orgel, Clavichord und Laute. Passagenwerk und Verzierungen lösten lange Notenwerte auf, deren Melodielinie im schnellen Abklingen des schwachen Tons sonst verlorenging (→ Diminution, Verzierung). Das hier vorbereitete solist. Spiel verbreitete sich dann nach 1600 in Kirchen- und Kammersonate und in der → Suite, Ouvertüre und Ouvertürensuite, im → Concerto grosso und dem → Solokonzert. → Mehrchörigkeit wie in der Vokalmusik wurde gemischt oder unabhängig instrumental nach venezian. Beispiel im 17. Jh. dort weitergeführt, wo die räuml. Verhältnisse die Aufführung begünstigten. Seit dem 18. Jh. (J. S. Bach) entwickelte sich die I. völlig unabhängig von der Vokalmusik (→ Klavier-, Orgelmusik). Die klassisch-romant. Periode war die Zeit der I. in → Sonatenform: → Klaviersonate, Sinfonie, Kammermusik, Sinfon. Dichtung, Programmsinfonie, Charakterstück. Das technisch verbesserte Instrumentarium ermöglichte ein Höchstmaß virtuoser Fertigkeit. → Klarinette und → Saxophon kamen als neue Solo- und Orchesterinstr. zum bisherigen Bestand. Das Boehmsystem verbesserte den Spielmechanismus der Holzblasinstr. Mit Hilfe von → Ventilen konnten Blechblasinstr. jetzt die ganze Tonskala darstellen (bisher nur → Naturtöne je nach Länge des Rohres). Die → Blasmusik setzte sich seit den Aufzugsmusiken des 15. Jh. (→ Alta) bei Hoftrompetern, Ratsmusikern, schließlich Stadtpfeifern bis zur heutigen → Militärmusik als eigene Gattung fort. Nach der Klarinette wurde im 18. Jh. die Harfe das Modeinstr., im 19. Jh. das Klavier. Im 20. Jh. folgte auf die Ausweitung instrumentaler Ausdrucksmittel in spätromantischer und expressionist. Musik die Besinnung nach barockem Muster, oft mit historischen Instr. und in dem Bemühen, den ursprüngl. Klang zu rekonstruieren (Fidel, Gambe, Blockflöte, Zink, Cembalo, Orgel). Andrerseits entwickelten sich nach den → mechan. Instrumenten elektrische und elektronische, die den Interpreten als Verbindung zwischen Hörer und Komponist ausschlossen. In → Kantate, Oratorium, Oper ergänzen sich I. und Vokalmusik. Zur Erweiterung der Ausdrucksmöglichkeiten wurden seit Beethovens 9. Sinfonie Vokalstimmen neben die selbständige I. gestellt (Berlioz, Liszt, G. Mahler, Schönberg). – Die ma. Musiktheorie unterschied (Boethius, 5. Jh.) *musica instrumentalis* als Instrumental- und Vokalmusik, *musica humana* als Leibseelenharmonie im Menschen, *musica mundana* als Weltenmusik (→ Sphärenharmonie). Dagegen trennte Isidor von Sevilla (7. Jh.) die *musica organica* (für Blasinstr.) und *m. rhythmica* (für Saiten- und Schlaginstr.) von der *m. harmonica* (Vokalmusik). Im 18. Jh. hatte sich die Ordnung in theoret. und praktische Musik durchgesetzt (z. B. Mattheson), diese unterteilt in Komposition und Interpretation.

J. v. Wasielewski, Gesch. der I. im 16. Jh., 1878, ND 1972; L. Torchi, La mus. strumentale i. Italia nei s. 16–18, 1901, ND Bologna 1969; K. Nef, Z. Gesch. d. dt. I. i. d. 2. Hälfte d. 17. Jh., 1902, ND 1973; G. Oberst, Engl. Orch.suiten um 1600, 1929; J. Dieckmann, Die in dt. Lautentab. überlief. Tänze d. 16. Jh., 1931; R. v. Tobel, D. Formenwelt d. klass. I., Bern 1935; C. Sartori, Bibliogr. della mus. strum. ital. stampate in It. fino al 1700, Florenz 1952/68; F. Bose, Instrumentalstile i. primitiver Mus. (Kb. Bamberg) 1953; Y. Rockseth, Instr. mus. of the MA and early 16th cent. (NOHM 3) 1960; L. Schrade, Die hs. Überlief. d. ältesten I., ²1962; V. Ravizza, Das instr. Ensemble v. 1400/1550 in It., Bern 1970.

Instrumentation, Tätigkeit des Komponisten, der die mehrstg. Komposition seinen Klangvorstellungen entsprechend in der Orchesterpartitur fixiert und dazu die musikal. Linien auf die Instr. verteilt entsprechend deren Charakter, Tonumfang und Wirkung im Einzel- oder Gesamtklang im → Orchester. Das dazu nötige techn. Wissen von den Instr. umfaßt → Notation (→ transponierende, oktavierende Instr., Vorzeichenbehandlung, Schlüsselwahl), Spieltechnik und Klang (schwierig ausführbare oder beim Instr. schlecht ansprechende Tonschritte, die besser zu vermeiden oder einem anderen Instr. zu übertragen sind), Tonfarbe, Tonstärke und effektvolle Mischungsmöglichkeit, Kontrast zwischen Solo und Tutti und zwischen den Instrumentengruppen. Selten beauftragt der Komponist einen Bearbeiter mit der I. Häufiger geschieht sie erneut nach dem Tod des Komponisten und dann oft zum Nachteil des Werkes (→ Orchestration 2). → Bearbeitung eigener Werke nahmen u. a. Beethoven, Brahms, Pfitzner vor. – I. im heutigen Sinne zeigt sich seit dem 17. Jh. (der Begriff selbst erst im 19. Jh.). Weil die Instr. im MA und bis ins 16. Jh. vorwiegend den Vokalsatz, parallel mit den Stimmen laufend, stützten und in Ornamenten die gegebene Linie umspielten, waren sie innerhalb der (darum zahlreichen) Instrumentenfamilien beliebig austauschbar, also nicht durch die Klangfarbe auf eine bestimmte Linie festgelegt. Allmählich erscheinen Instrumentationseffekte bis ins 17. Jh. (Gabrieli, Schütz, Monteverdi). Die Klanggruppen werden formelhaft eingesetzt (z. B. das → Regal in Höllenszenen). Bis Mitte des 18. Jh. (Bachs Instrumental-Polyphonie) spielen die Instr. bis zum Schluß des Stückes die ihnen am Anfang zugewiesene Stimme. Die engl. und frz. Musik unterscheidet dementsprechend meist zwischen I. und Orchestration, die das Instr. im Interesse des Klangeffekts auf die Stimmen verteilt. Mit der techn. Vervollkommnung und der Vergrößerung des Instrumentariums wurde der Tonumfang erweitert und boten sich neue Möglichkeiten der Tonmalerei, die im → Mannheimer und dem Orchester der Wiener Klassiker allmählich einsetzte und im 19. Jh. und Anfang des 20. Jh. fast unbegrenzt angewendet wurde, z. T. mit dem Ziel, außermusikal. Vorgänge lautgetreu darzustellen (R. Strauss, *Sinfonia domestica*). Meister der I. waren Berlioz, R. Wagner und Strauss. Im 20. Jh. wird oft die kleinere Besetzung des Kammerorchesters dem großen Orchesterapparat vorgezogen.

H. Berlioz/R. Strauss, I.lehre, 1905, NA Lg 1955; A. Carse, The hist. of orchestration, L 1925; H. J. Moser, D. Anfänge d. I. kunst 1600/1750 (D. Orchester) 1927; K. Nef, Zur I. i. 17. Jh. (JbP) 1928; E. Wellesz, Die neue I., 1928/9; W. Nedwed, D. Entwickl. d. I. von d. Wien. Klass. bis zu d. Anf. R. Wagners (Diss W masch.) 1931; H. Bartenstein, H. Berlioz' I.kunst..., 1939, NA 1974; ders., D. frühen I.lehren bis Berlioz (AfMw) 1971; Ch. Koechlin, Traité de l'orchestrat., 1–3, P 1954/6; S. Köhler, Die I. als Mittel mus. Ausdrucksgestaltung (Diss. Lg masch.) 1955; F. Busoni, Etwas üb. I. lehre (1923, NA hg. J. Herrmann) 1956; H. Erpf, Lehrb. d. I. u. Instr.kunde, 1959; H. Kunitz, Die I., 1961; H. Becker, Gesch. d. I. (Musikwerk) 1964; W. Koller, Aus der Werkstatt d. Wien. Klassiker, 1975; J. Maehder, Klangfarbe als Bauelement d. mus. Satzes (Diss. Bern) 1977; ders., Verfremdete I. (Schweiz. Beitr. z. Mw.) 1980; K. W. Kennan/D. Grantham, The techn. of orchestration, Englewood Cliffs 1983. → Klangfarbe.

Instrumente (Musikinstr.), Hilfsmittel zur Erzeugung von Tönen (Klängen), je nach Bauart (Art der Tonerzeugung) verschieden charakterisiert. E. M. v. Hornbostel und C. Sachs stellten 1914 eine Systematik der I. auf, die zunächst vom schwingenden Stoff ausgeht und weiter die → Chordophone (Saitenklinger) ihrer Form nach ordnet, die → Aerophone (Luftklinger) nach der Art des Anblasens, die → Idiophone (Selbstklinger) und → Membranophone (Membranklinger) nach der Art, sie zum Klingen zu bringen (Schlagen, Reiben, Zupfen, Reißen). Dazu kommen im 20. Jh. die → Elektrophone. Die von H. H. Dräger 1948 vorgelegte Ordnung ergänzt weitere techn. Merkmale und betrachtet die I. ohne Rücksicht auf den Wechsel der Musizierpraxis. Die Systeme (wie die von Gevaert und Mahillon) bleiben mit zahlreichen Inkonsequenzen unbefriedigend. Eine neue Ordnung als Ergebnis engerer Zusammenarbeit von Akustikern und Instrumentenforschern ist zu erwarten. – Der Mensch schuf sich Werkzeuge (Organprojektionen), um rhythmische Urbewegungen (Stampfen, Klatschen) zu steigern. Das einfache Bambusrohr und der Flaschenkürbis als hohle Körper vermittelten die Erfahrung der schwingenden Luftsäule (→ Resonanz) und des Klanges im Ggs. zum Geräusch und im Vergleich zur menschl. Stimme. → Xylophon und → Gong entstanden mit bestimmter Tonfolge, deren System verbindl. wurde. Erst nach den Selbstklingern entwickelten sich die Luftklinger (Blasinstr.). Das Bambusrohr wurde zur Pfeife, diese Teil einer abgestimmten Pfeifenreihe in der → Panflöte, deren Töne sich schließlich auf einer einzigen → Flöte darstellen ließen, wenn man die in ihr schwingende Luftsäule mit Hilfe von Grifflöchern verschieden verkürzen konnte. Aus dem Bemühen, das Anblasen zu erleichtern, entstanden Quer-, Spalt- und Schnabelflöte. – Während Kürbis- und Kokosnußschalen als Material für die Familien der Membranklinger anzusehen sind, gehen die Saiteninstr. (Saitenklinger) wieder auf das Bambusrohr zurück: Eine Faser der Außenhaut – abgelöst, aber an beiden Enden noch haftend, und durch einen untergeschobenen Splitter gehoben und gespannt – diente als Saite über dem Resonanzkörper. Dieses Instr. (auf dem Balkan noch heute von Kindern gebaut) machte die gleiche Entwicklung durch wie die Flöteninstr. und ging über die ein-tönige Saitenreihe zur Einzelsaite, deren schwingender Teil beliebig verkürzt und damit der erzeugte Ton verändert werden konnte. – Die aus solchem Instrumentarium klingenden Töne und Geräusche sollten Dämonen vertreiben od. heilbringende Kräfte befreien (vgl. Mozarts *Zauberflöte*). Die I. erhielten daher oft die Gestalt heiliger od. heilkräftiger Tiere. Wir haben in den oriental. Vorläufern unserer I. nicht zuerst die unvollkommenen, entwicklungsbedürftigen Grundstufen zu sehen, sondern müssen sie als Ausdruck eines Glaubensbereiches verstehen, der das Instr. nach Form, Stimmung, Tonsystem festgelegt hat und seine Verbesserung sogar hindern konnte. Die I. wurden im Orient über Jahrtausende kaum verändert, in Europa aber schnell weiterentwickelt. → Leiern, Harfen, Hörner sind wohl über Syrien nach Europa gekommen. Die Araber brachten als Eroberer Schnabelflöten, → Schalmeien, Trompeten, Geigen, Lauten, Mandolinen, Trommeln; Zigeuner musizierten auf → Sackpfeife und Hackbrett. Erst etwa um 1400 ließ dieser Zustrom nach. – Während der Renaissancezeit mit der Vorliebe für den satten, tieferen Klang wurde der Tonumfang um 2 Oktaven nach unten erweitert. Das → Pedal der → Orgel kam auf, die Laute wurde bis 7chörig, Tenor- und Baßinstr. entstanden, und es gab nun ganze Familien nach Stimmlagen (Diskant, Alt, Tenor, Baß), z. B. bei → Blockflöten, Krummhörnern, Klein- und Großgeigen. Der lineare Satz mit den auch in der Klangfarbe selbständigen Linien trat zu Ende des 15. Jh. zurück hinter dem gleichfarbigen Instrumentalchor. Die Klangfarbe wechselte mit den Stimmen wie die einzelnen Teile der Vortragsfolge. Das Instrumentarium war reichhaltig wie seitdem nie. Mit der chorischen Gleichfarbigkeit erhielten die akkordierenden I. Bedeutung (Tasteninstr., Laute). Die Orgel bekam neue Solo-, besonders Zungenstimmen und erinnert noch heute in den → Dispositionen an manches inzwischen verschollene I. – Von der späten Renaissance übernahm die Barockmusik die Stufendynamik mit dem raschen Wechsel von stark und schwach in den Chören. Gegen den starren Klang der Tasteninstr. und scharfen Zungenstimmen richtete sich, zuerst in Italien, der Wunsch nach beseeltem Ausdruck. Die Masse der Blasinstr. verschwand. Die Violinfamilie setzte sich durch und bestimmte den Orchesterklang. Sanglich, der menschl. Stimme ähnlich, sollte das Spiel der I. sein: Die Flöte wurde zart, die Oboe lieblich, die → Klarinette kam auf. Der Ton sollte noch im Klingen beeinflußt werden können; also verschwanden Blasinstr. mit indirekter Luftzuführung über die → Windkapsel (z. B. Krummhorn, Sackpfeife). Die Orgel bekam Streicherstimmen (als Flötenregister) und z. B. das Register → Vox humana. Die Ausdrucksmöglichkeiten erweiterten sich mit dem Tonumfang (Kontrabaß, Subkontrabaß, Quartvioline) und mit fortschreitender Fertigkeit im Instrumentenbau. Das → Clavichord wurde zum Mode-Instrument im Ggs. zum → Cembalo mit starrem Klang. Das dynamisch reichere Hammerklavier mit stärkerem Ton verdrängte beide. Von 2 ähnlichen blieb das mit der breiteren Ausdrucksskala (Violin- gegen Violachor: Violoncello gegen Gambe). – In der klassisch-romant. Periode führte die Suche nach neuen, differenzierten Ausdrucksmöglichkeiten (Chromatik, größere Lautstärke, reichere Klangfarben bei größerem Tonumfang) zu weiteren techn. Verbesserungen der I. Die Harfe erhielt das Doppelpedal; die Stopftechnik und die → Ventilmechanik der Blasinstr. kamen auf; Holzbläser meisterten die Schwierigkeiten der Chromatik durch das von Boehm erfundene → Klappensystem. Neue I. entstanden; nur wenige setzten sich durch (→ Saxophon). Neue Klangfarben wurden im Orchester gemischt und gröbste wie feinste dynam. Effekte angestrebt. – Im Ggs. dazu brachte das 20. Jh. die Besinnung auf die unpersönliche, „sachliche" Linie und die Vorliebe für barocke und vorbarocke I., die rekonstruiert und weiterentwickelt wurden (z. B. Orgel, Cembalo, Blockflöte, Sordun, Gambe, Fidel, Drehleier). Gleichzeitig zeigte sich mit der Erkenntnis, daß die bisherigen I. zu unvollkommen seien, der „autonome", vom Menschen fast unbeeinflußte Ton als Ziel, wie ihn → elektronische I. erzeugen, die den Tonbereich gegenüber den bisherigen I. erweitern und differenzieren und den Bereich der Geräusche einbeziehen. → Instrumentalmusik, Instrumentenkunde, Instrumentensammlungen.

Mi. (m. i.) = Musikinstr. (musical instr.) –

M. Praetorius, De Organographia, 1619, ND 1929, 1958; F. W. Galpin, Old Engl. i. of mus., L 1910, NA 1965; ders., A textbook of European m. i., L 1937, ND NY 1956; C. Sachs, Real-Lex. d. Mi., 1913, ND 1962, NA

NY 1964; ders., Die modernen Mi.,1923; ders., Geist u. Werden d. Mi., 1929, ND Hilversum 1965; ders., Hist. of m. i., NY 1940; ders., The wellspring of mus. (hg. J. Kunst), Den Haag 1962; E. M. v. Hornbostel/C. Sachs, Systematik d. Mi. (Zs. f. Ethnologie), 1914; H. G. Farmer, The mus. and m. i. of the Arab, L 1916; ders., Stud. on oriental m. i., 1931, ND Boston 1978; A. J. Hipkins, M. i., historic, rare and unic, L 1921; D. Parent, Les i. des musiciens au 14e s., P 1925; G. R. Hayes, M. i. and their mus., 1500/1750, L 1928/30; K. Schlesinger, The significance of m. i. in the evolut. of mus. (OHM) 1929; T. Norlind, Systemat. d. Saiten-I., Stockh. 1936/9; ders., Musikinstrumentens historia, ebd. 1941; N. Bessaraboff, Ancient Europ. m. i., Boston 1941; K. Geiringer, M. i., L 1941, ³1978; H. H. Dräger, Prinzip e. Systemat. d. Mi., 1948; R. Donington, The i. of mus., L 1949, ³1961; M. Wegner, Die Mi. des alten Orients, 1950; E. Valentin, Hdb. d. Instr.kunde, 1954, ⁷1980; J. Kunst, Ethno-Musicology, Den Haag 1955; E. Stockmann, Towards a hist. of Europ. folk m. i. (Stud. musicol.) 1956; W. P. Malm, Japanese Mus. and m. i., Rutland/Tokyo 1959; A. Baines, M. i. through the ages (1961; dt.: Mi.) ⁵1982: B. Aign, D. Gesch. d. Mi. d. ägäischen Raumes ... (Diss. Frankf.) 1963; K. A. Vertkov, Atlas, 1963, ²1975; F. L. Harrison/J. Rimmer, European m. i., L 1964; R. Bragard/F. J. de Hen, Mi. aus 2 Jahrtausenden, 1968; O. Elschek/E. Stockmann, Zur Typolog. d. Volksmusiki. (SIMP) 1969; J. Rimmer, Ancient m. i. of Western Asia, L 1969; E. Hickmann, Musica instrumentalis (Slg. mw. Abh. 55) 1971; G. Tintori, Gli strum. mus., Turin 1971; F. Crane, Extant mediev. m. i., Iowa City 1972; H. Heyde, Grundl. d. natürl. Systems d. Mi., Lg 1975; S. Marcuse, A survey of m. i., NY 1975; B. Brüchle, Musik-Bibliogr. f. alle I., 1976; M. Remnant, M. i. of the West, NY 1978; D. Munrow, Mi. d. MA u. d. Renaiss. (L 1976, dt.:) 1980; A. Buchner, Hdb. d. Mi., 1981; J. Montagu, Gesch. d. Mi. in MA u. Renaiss., 1981; ders., Gesch. d. Mi. in Barock u. Klassik, 1982; K. Geiringer, I. in d. Mus. d. Abendlandes, 1982; P. T. Young, 2500 historical woodwind instr., NY 1982.

Instrumentenbauschulen in der Bundesrepubl. Dtl.: Staatl. Berufsfachschule für Geigenbau (seit 1982 auch für Zupfinstr.) in Mittenwald und die Fachschule für Musikinstrumentenbau in Ludwigsburg (Meisterschule für Orgel-, Klavier- und Harmoniumbauer).

H. H. Dräger, Die histor. Entw. d. Instrumentenbaues (Klangstrukt. der Musik) 1955.

Instrumentenkunde, Fach der Musikwissenschaft, das sich in erster Linie mit historischen Instr. und, soweit diese nicht überliefert sind, mit ihren Abbildungen und Beschreibungen beschäftigt. I. kann für die → Interpretation alter Musik und die neue Komposition für alte Instr., deren Rekonstruktion und Weiterentwicklung in neuen Formen Aufschluß geben, kann die Entwicklungsreihe einer Instrumentenfamilie und die Funktion innerhalb eines Volkes oder einer Volksgruppe darlegen und die Veränderung des Klangideals und stilist. Eigenarten älterer Musik am Instr. erklären. Damit ragt der Bereich der I. aus der nur musikwissenschaftl. Sphäre in die der Völkerkunde und der Technik hinein. Die systemat. I. wurde erst durch → Instrumentensammlungen ermöglicht und begann bei der Aufstellung der Kataloge (Kinsky, Sachs u. a.) mit der Feststellung der techn. Merkmale, der kunsthistor. Gegebenheiten, die auch soziologisch wichtig waren. Im Zusammenhang mit der allgemeinen Musiklehre entstanden seit dem MA für die I. bedeutende Schriften bis zu den Instrumentationslehren und den verschied. Lösungen für eine Systematik der Instr. im 19., 20. Jh. Ferner untersuchte die I. die allgemeine Geschichte der Instr. im Zusammenhang mit der Völkergeschichte (wobei auch die Entstehung und Wanderung des Namens verfolgt wurden), das Instr. als nach außen projizierte Organfunktion, mit welcher der Mensch die Wirksamkeit seiner Glieder erhöht, und das Verhältnis von Kunst- und Volksmusik mit ihrem Einfluß auf den Instrumentenbau.

→ Instrumente.

Instrumentensammlungen wurden systematisch erst im 19. Jh. angelegt, wobei z. T. Reste aus dem Instrumentarium fürstl. od. städtischer Kapellen als Grundstock dienten; so bei der Slg. des Wiener Kunsthistor. Museums (1814). Bedeutende Slgn. sind ferner in Bamberg (Slg. Neupert), Berlin (Musik-Slg. am Institut für Musikforsch.), Breslau (Schles. Museum), Brüssel (Conservat.), Den Haag (Haagse Gemeentemuseum), Eisenach (Bachhaus), London (Victoria & Albert Museum), Leipzig (Instr. Mus., früher Besitz von Heyer), New York (Metropolitan Museum, z. B. mit der Slg. Crosby-Brown), Nürnberg (German. Nationalmuseum), Paris (Conservatoire).

C. Sachs, La signification, la tâche... des collections d'instr. de mus. (Museion) 1934; J. H. v. d. Meer, Gedanken z. Darbietung einer Musik-I. (Museumskunde) 1964; E. Winternitz, Üb. Mus. I. d. Frühbarock (Studia Musico-Museologica) 1970; J. Jenkins, Internat. directory of mus. instr. coll., Buren 1977; L. Libin, Instruments, collection of (Grove) 1980; J. Coover, Mus. instr. collections, Detroit 1981.

Inszenierung (griech. *skene* = Bühne; frz. *mise en scène*), die für die Aufführung eines Bühnenwerkes erforderlichen einzelnen Arbeiten, die der Spielleiter (Regisseur) koordiniert und verschiedenen Personen überträgt. Der Dramaturg od. der Regisseur stellen die Bühnenfassung des Stükkes her od. verändern sie entsprechend den besonderen personellen und techn. Möglichkeiten. Die Ausstattung besorgen Bühnentechniker, Bühnen- und Kostümbildner. Der → Korrepetitor bereitet mit den Gesangssolisten am Klavier die Rollen vor. Geschäftlich verantwortlich für die I. ist die Intendanz, künstlerisch der Regisseur. Der Begriff der „Werktreue" einer I. war und ist häufig Anlaß zur Auseinandersetzung, selbst wenn die Kriterien gemeinsam in Theater-, Literatur- und Musikwissensch. gesucht werden. → Opernregie.

Intavolieren (it. *intavolare*), Vokalmusik umschreiben in Griffschrift (→ Tabulatur 2) für Zupf- od. Tasteninstr.: „absetzen"; aus Einzelstimmen (→ Chorbuch) in → Partitur zusammentragen. → Generalbaß.

Integer valor (lat. =) der ganze, durch keine besonderen Anweisungen gelängte od. gekürzte Normalwert der Noten in der → Mensuralnotation, der sich im Lauf der Zeit so verschob, daß die → Brevis des 13. im 16. Jh. der → Minima entsprach. Das Maß war etwa der Pulsschlag.

Interferenz (von lat. *inter* = zwischen, unter; *ferre* = tragen), Überlagerung od. Auslöschen von Wellenbewegungen dadurch, daß die Schallwellen zweier Quellen durcheinander laufen. Die Wellen können sich verstärken. I. ist besonders in der → Raumakustik wichtig, wo reflektierte Wellen mit direkten od. anderen reflektierten zusammentreffen und verstärkend od. schwächend wirken können. I.-Erscheinungen fortschreitender Wellen sind die → Schwebungen.

Interludium (lat.:) Zwischenspiel, 1. zwischen 2 Akten od. Szenen (z. B.: a cappella-Chor in Ravels Ballett *Daphnis und Cloe*); – 2. Orgel-I. zwischen Choralstrophen: – 3. Zwischenspiel der Fuge.

→ Intermedium, Intermezzo.

Intermedium (lat.), 1. Zwischenspiel, das als Musikstück instrumental od. vokal (→ Madrigal, Gesangssolo), als Tanz od. szenischer Auftritt zwischen den Akten einer italien. Komödie im ausgehenden 15. Jh. bis ins 17. Jh. dargeboten wurde. → Intermezzo, die Wortbildung aus demselben Stamm, wird auf das komische Zwischenspiel in der Opera seria des 18. Jh. angewendet. Der Aufstieg des weltl. Theaters, besonders in Oberitalien, begann in der 2. Hälfte des 15. Jh. mit Aufführungen der Komödien des Plautus auf offener Einheitsbühne. Die Zwischenspiele waren ein Zugeständnis gegenüber der traditionellen Form des Theaters und sollten die Akteinteilung verdeutlichen. Das geschah durch verdeckte Instrumental- od. Vokalmusik (*intermedi non apparenti*) od. durch szenisches Spiel auf der Bühne (*i. apparenti*), wobei klare Grenzen zwischen beiden nicht bestanden. Francesco Corteccia schrieb dazu 4–8stg. Madrigale mit wechselnder Instrumentalbegleitung. Die szenischen I. mit ihrem Reichtum an exotischen Kostümen, außergewöhnl. Maskierungen und Bühneneffekten bekamen soviel Gewicht, daß man in der 2. Hälfte des 16. Jh. Komödien ihretwegen aufführte. Sogar in Tragödien wurden sie eingeschoben, obwohl dort schon der Chor die Aufgabe des I. hatte. Die Oper beeinflußte das I., rezitativischer Gesang verdrängte die äußeren Effekte, und gelegentl. wurde es einer Oper ähnlich, die sich im Wechsel mit dem Hauptstück abspielte. Umgekehrt übernahm die Oper Elemente der I. (z. B. den *deus ex machina* und in der Oper unmotivierte Tänze). – 2. Zwischenspiele in der dt. geistl. Musik des 17. Jh.: Th. Stelle stellte in seine Johannespassion (1642) Psalmkonzerte, die er I. nannte, als fromme Betrachtung innerhalb der Bibelerzählung. Schütz verwendete den Namen für die lyrischen Teile in seiner *Weihnachts-Historia* (1664) – 3. Freies Zwischenspiel in der Fuge.

H. Goldschmidt, Stud. z. Gesch. d. it. Oper i. 17. Jh., 1901/4, ND 1967; A. Della Corte, L'Opera comica it. nel '700, Bari 1923; S. T. Worsthorne, Venet. Op. in the 17th c., Oxf. 1954; H. Engel, Nochmals die I. v. Florenz (Fs. M. Schneider) Lg 1955; J. Jacquot (Hg.), Les fêtes de la Renaiss. I., P 1956; W. Osthoff, Theatergesang und darstell. Mus. i. d. it. Renaiss., 1969; I. Mamczarz, Les intermèdes comiques ital. au 18e s.en France et en It., P 1972; H. M. Brown, 16th cent. instrumentat.: the mus. for the Florent. intermedii, Dallas 1973. → Intermezzo

Intermezzo (it. =) Zwischenspiel. – 1. wie das → Intermedium Einschub in Oper, geistl. Musik, Ballett (Ballo), Instrumentalwerk; mit Blüte (u. a. Venedig, Neapel) im 18. Jh. besonders in Italien in der gesprochenen Komödie und der Opera seria als *i. comico per musica,* das aus den mit der Haupthandlung noch verbundenen Buffoszenen (*scene buffe*) auch improvisiert entstand, dann selbständig wurde, seit Mitte 18. Jh. als die größere *azione comica per musica,* sich abgrenzend von Commedia dell'arte und Buffo-Oper; frühes Beispiel b. Monteverdi, *L'Incoronazione di Poppea,* Venedig 1642. Anders als in der Commedia dell'arte herrschten burleske Szenen mit bürgerl. Figuren vor. Der Abschluß mit einem Ballett war häufig, kammermusikal. Besetzung bis etwa Mitte 18. Jh. vorherrschend. Wurden im 17. Jh. zunächst span. Texte in Italien bevorzugt, so finden sich später vor allem ital. Libretti (Goldoni), die u. a. von A. Scarlatti, Pergolesi (*La serva padrona,*

1733), Galuppi, Cimarosa, Salieri, J. A. Hasse, Telemann, J. Haydn vertont wurden. Die ital. Personentypen wurden rasch von anderen Ländern übernommen. Um die Wende zum 19. Jh. ging das I. in die bisherige → Opera buffa über, in Frankr. (über die *intermèdes*) in die → Opéra comique. Das dt. → Singspiel wurde von beiden angeregt. R. Strauss schrieb die (selbständ.) Oper „I." (1923, nach eigenem Libretto). – Mehr als in Italien, wo auch das Ballett-I. häufig war, wurden in Dtl. instrumentale I. (Sinfonia, Concerto) eingefügt. Das Ballett-I., erst beziehungslos stehend, wurde schließlich Teil der Opernhandlung. → Dramma giocoso. – 2. Besonders im 19. Jh. Instrumentalstück, → Episode, Charakterstück, auch → Programm-Musik od. Teil (Satz) im Zyklus (Sonate, Trio, Liederkreis); frühes Beispiel bei Dussek (Klav.-Sonate 1797). Dieses „lyr. I." (Gedichtzyklus von Heine) findet sich als Menuett-(Scherzo-)Ersatz z. B. bei Mendelssohn, Schumann, Brahms, Reger, Sinding. Die Namenswahl war oft die des Verlegers. Auf das burleske I. kam (nach Schumann op. 11) H. Wolf zurück (I. f. Streichquartett). Programmatische I. (meist f. Orch.) schrieben u. a. Mussorgskij, Debussy, Elgar.

M. Apollonio, Storia della Comm. dell'arte, R 1930; H. Chr. Wolff, D. venez. Oper i. d. 2. Hälfte d. 17. Jh., 1937, NA Bologna 1975; ders., D. Barockoper i. Hamburg . . ., 1957; G. Lazarevich, The Neapol. I. . . (Mus. Quart.) 1971; O. Landmann, Quellenstud. z. I. comico . . . (Diss. Rostock masch.) 1972; Ch. E. Troy, The comic i. (Stud. in musicol. 9) 1979; M. Ruhnke, Komische Elemente in Telemanns Opern u. I. (Kb. Bayreuth) 1984.

Internationaler Musikrat → UNESCO.

Interpretation (lat. =) Auslegung, Deutung des Musikwerkes nach dem Schriftbild und dessen klingende Darstellung im Sinne des Komponisten, dessen Auffassung erst in neuerer Zeit in seiner eigenen Darbietung überliefert, elektromechanisch (→ Pianola, Schallplatte) bzw. (→ elektron. Musik) im Kompositionsprozeß direkt auf Tonträger (Tonband) fixiert wurde (Komponist = Interpret). Das Notenbild wurde zwar immer genauer hinsichtl. der I.sanweisungen, bleibt aber auf Andeutungen beschränkt, die der Interpret mit Verantwortung und Feingefühl zu übersetzen hat. Probleme der → Aufführungspraxis entstehen besonders bei älteren Werken, zumal dort freiere Handhabung durch die Zeitgenossen wahrscheinlich ist, andrerseits das Bemühen um den „echten" historischen Klang übertrieben werden kann. → Aleatorik.

A. Dolmetsch, The i. of the mus. of the 17th, 18th c., L ^{3}1946; I. Strawinsky, Musikal. Poetik, 1949; T. W. Adorno, Der getreue Korrepetitor, 1963, NA 1976; Vergleichende I.kunde (VINM 4) 1963; R. Hammerstein, Mus. als Kompos. u. I. (Dt. Viertelj. Schr.) 1966; T. Dart, The i. of mus. (dt.: Practica musica, Bern) 1959, L ^{2}1967; M. Behrmann, Allg. Kategor. d. I. (Fs. Pepping) 1971; H. Ferguson, Keyboard i., L 1975; A. Brendel, Nachdenken üb. Mus., 1977; F. Klausmeier, Musikal. I., 1980; H. Danuser, Chr. Keller (Hg.), Aspekte d. mus. I., 1980; Musik, Edition, I. (Gedenkschr. Henle) 1981. → Aufführungspraxis, Verzierung.

Interpunktion (lat. =) Zeichensetzung zur Darstellung von Zusammenhängen und Abschnitten im musikal. Ablauf. → Phrasierung.

Intervall (lat. *intervallum* = Zwischenraum; räuml. und zeitl. Abstand); Höhenunterschied zweier Töne, die gleichzeitig od. nacheinander klingen. Sie bestimmen als Grenzwerte das I. nach seiner Größe und durch ihre Beziehungen zueinander nach seinem Charakter. Nach ihrer Größe teilt man im abendländischen System d. I. ein in: Prime / kleine und große Sekunde / kl. und gr. Terz / Quarte / Quinte / kl. und gr. Sexte / kl. und gr. Septime / Oktave / None / Dezime . . . (Die über eine Oktave hinausgehenden I. können hier mit den entsprechenden, um eine Oktave verminderten gleichgesetzt werden.) Zur Oktave ergänzen sich durch Umkehrung (Komplement-I.): Sekunde mit Septime, Terz mit Sexte, Quarte mit Quinte. Die Tonverwandtschaft (Farbe, Stimmigkeit) der I. wird bestimmt od. ist gleichbedeutend mit deren Sonanz (→ Konsonanz, Dissonanz), nämlich nach ihrer Neigung, zu einem übergeordneten Ganzen zu verschmelzen, od. nach ihrem Auseinanderstreben. Danach rechnet man als konsonante I.: Oktave, Quinte, Quarte, gr. und kl. Terz, gr. und kl. Sexte. Dissonant sind alle übrigen I., also Sekunde, Septime und alle übermäßigen und verminderten (z. B. c-ges = verminderte, c-gis = übermäßige Quinte). Nach ihren Erscheinungsformen unterscheidet man 1. die nur in einer Urform auftretenden reinen (= konstanten) I.: Prime, Oktave, Quinte, Quarte; 2. die in mehreren Größen auftretenden I. als kleine oder große: Sekunde, Terz, Sexte, Septime; 3. die chromat. veränderten I. als verminderte oder übermäßige: Die Veränderung kann bei allen I. durch → Versetzungszeichen erfolgen. – Die Einteilung der Oktave in 7 diaton. Stufen geht auf das „pythagoreische System" zurück, das durch verschied. Saitenteilung am → Monochord entwickelt wurde. Die griech. und ma. Musiktheorie operierte mit kleinsten I. als Maßeinheit (→ Komma): Ein Ganzton war größer als acht und kleiner als neun Kommata. Die Lehre galt, von Boethius († 524) überliefert, bis ins 17. Jh. und stand längst in Konflikt mit der Entwicklung in der musikal. Praxis, der gegenüber sie desto fragwürdiger wurde, je mehr Zugeständnisse sie ihr machen mußte. Vermutlich als Folge der Quintabwertung und des Quintverbots im 14. Jh. wurde die Quarte (und der → Tritonus über der Unterstimme) zur Dissonanz im Ggs. zu ihrer Vorzugsstellung als Konsonanz im griech. System. Ebenfalls auf die Praxis der beginnenden Mehrstimmigkeit geht die Anerkennung der Terz und Sexte als Konsonanz zurück. L. Fogliano entwickelte 1529 eine → syntonische Skala (→ Komma) mit Terzen und reinen Quinten, und Zarlino steht durch seine Terzwertung und mit seinem Dur-Moll-System (1558) am Anfang der neuzeitl. Dreiklangslehre. Auf ihn geht die dualistische Molltheorie zurück, die Rameau, Tartini, M. Hauptmann, von Oettingen und Riemann ausbauten. Durch die Auflösung der funktionalen Quint-Terz-Harmonik in der Musik des 20. Jh. mußte sich auch die Wertung der I. je nach dem Grad der Tonalitätsbindung verschieben. So spricht P. Hindemith von der natürl. Wertfolge der I. nach ihrer harmonischen und melod. Kraft innerhalb der Tonalität. In der → Dodekaphonie ist der Zusammenklang durch die Anordnung der Töne innerhalb der Reihe fixiert. Die zwölf Halbtöne bilden in der Oktave eine Einheit ohne verwandschaftl. Bindung zueinander. Dabei werden Schärfegrade unterschieden: Konsonanzen sind kl. u. gr. Terz,

Quinte, kl. und gr. Sexte, Oktave; milde Dissonanzen: gr. Sekunde, kl. Septime; scharfe Dissonanzen: kl. Sekunde, gr. Septime; der Tritonus gilt als neutral, die Quarte (nach E. Krenek) als dissonant je nach ihrer Bindung im Satz.

H. v. Helmholtz, D. Lehre v. d. Tonempfindungen, 1863, ND 1968; H. Riemann, Gesch. d. Mth., ²1921, ND 1961; W. Dupont, Gesch. d. mus. Temperatur, 1935; P. Hindemith, Unterweisung i. Tonsatz I, ²1940; J. Handschin, D. Toncharakter, Z 1948; J. Rohwer, Tonale Instrukt., 1951; E. Krenek, 12-Ton-Komp. – Stud., 1952; H. Eimert, Lehrb. d. Zwölftontechn., ²1954; H.-G. Lichthorn, Z. Psych. d. I. hörens (Diss. Hamb.) 1962; R. Fuller, A study of i. and trichord progressions (Journ. of Mth.) New Haven/Conn. 1972; R. Haase, D. Herkunft mus. Grundlagen aus d. Gehör (Orph. Schr. 17) 1976.

Intonation (lat.), Einstimmung; 1. die Anfangsformel im gregorian. Gesang, vom Vorsänger oder dem Priester gesungen, worauf der Chor oder die Gemeinde einfällt bzw. antwortet (z. B.: *Credo in unum Deum / Patrem omnipotentem*); – 2. die Art der Tongebung bei Gesangs- oder Instrumentalstimmen, z. B. reine, ungenaue, weiche I. – 3. bei Instrumenten, besonders der Orgel, die letzte Verbesserung hinsichtlich der Klangfarbe und Ansprache, die beide zusammen schließlich als Ergebnis dieser Arbeit als I. bezeichnet werden. – 4. Präludieren, um den Ton anzugeben, um zu modulieren, die Instr. zu stimmen, den Zuhörer vorzubereiten. Dazu dienten improvisierte oder aufgezeichnete Orgelkompositionen, die, weil sie kurz und nach Form und Ausführung nicht festgelegt waren, zu unterscheiden sind von → Introitus, Intrada, Präludium, Toccata. Als Improvisationsart ist die I. nicht deutlich abgegrenzt von diesen Formen. (So findet sich „I." auch als Einleitung von Tänzen.) Bei A. und G. Gabrieli sind die ersten I. belegt (*Intonazioni d'organo,* 1593); den von Andrea komponierten gab Giovanni eigene, 12–16taktige bei, die er noch mit notengetreuen Transpositionen versah. In Frankr., Engl., den Niederlanden, Spanien, Portugal tritt der Name in diesem Zusammenhang nicht auf, obwohl sicher diese Kompositionsart vorhanden war, vermutlich auch als Frühform des → Ricercars. Die span. und portugies. → Entrada kann der I. gleichgesetzt werden. Im 17. Jh. sind I. nur in Dtl. nachzuweisen, so bei Scherer und Murschhauser. Theoret. Werke erwähnen den Namen in dieser Bedeutung kaum. In neuerer Zeit schrieb H. Bornefeld Orgel-I. – 5. in der sowjet. I. theorie bes. von B. Vl. Asaf'ev vertretene, verschieden gedeutete ästhet. Bez. für einen (in-tonierten) Musikinhalt, der bei bevorzugt prakt. ausgerichtetem Verständnis des Wortes I. (Einstimmen) verborgen, unbeachtet, seine Erkenntnis ungewohnt sei. Dieser Inhalt ist vom Komponisten in der entspr. Form zu verdeutlichen, vom Interpreten zu realisieren, vom Hörer nachzuvollziehen. → Affektenlehre.

H. H. Eggebrecht, Stud. z. mus. Terminol. (Ak. d. Wiss. Mainz) 1955; R. Kluge, Definition d. Begriffe Gestalt u. I. (Beitr. z. Mw.) 1964; T. Bailey, The i. formulas of western chant, Toronto 1974; M. H. Brown, The soviet russ. concept of „intonazia" and „musical imagery" (Mus. Quart.) 1974; B. Vl. Asaf'ev, Musikform als Prozeß (M 1930/47), B(Ost)1976; A. Krjukova (Hg.), Materialy k biograf. Asaf'eva (Materialien z. Asaf'ev-Biogr.) Leningr. 1981.

Intoniereisen, messerartiges, Werkzeug des Orgelbauers, mit dem er beim ersten Stimmen Labium oder Länge der Pfeife ändern kann.

Intrada (it. *entrata,* span. *entrada,* frz. *entrée,* engl. *entry*), Aufzugsmusik, die Fanfaren und Trompeten und marschartigen, punktierten Rhythmus bevorzugt. Der Name erscheint zuerst in Spanien (*Entrade*) 1547, zugleich mit der Bedeutung Stimmeneinsatz (→ Intonation). Die Bezeichnung Aufzug wird in Dtl. im 17. Jh. durch I. ersetzt. Die Operni. findet sich bei Fux, Gluck, Mozart (*Bastien und Bastienne*). Italien bildet aus der I. die → Ouvertüre. In der → Suite steht die I. als Aufzugsmusik der → Pavane nahe und nimmt später als formal nicht festliegender Tanz auch die Stelle der → Allemande ein. → Balletto, Marsch.

M. Reimann, Materialien zu einer Definition des Terminus u. des Begriffs der I. (Mf. 10), 1957.

Introduktion (lat.; ital. *introduzione* =) Einführung. Einleitung zu Suite, Sonate, Sinfonie, zu Tänzen, Opern, Schauspielen, gelegentl. auch zu einer Ouvertüre; meist ein kurzes, langsames Musikstück ohne formale Bindung.

Introitus (lat. = Eingang), der während des Einzugs des Bischofs oder Priesters zur → Messe antiphonal vorgetragene Chorgesang, der Papst Coelestin († 432) zugeschrieben wird und im 6. Jh. allgemein üblich wurde, während bis dahin die Messe mit Lesungen begann. Die ursprüngl. mehrfach wiederholte → Antiphon, unterbrochen von Psalmversen war kunstvoller als die der → Horen. Die spätere I.-Form umfaßte Antiphon mit einem Psalmvers, die kleine → Doxologie mit abschließender Antiphon. Die Texte entsprechen der Lesung des Tages. Die Melodien sind selbständige Formen mit eigenem Formelmaterial entsprechend dem Text, den sie, auf den jeweiligen festl. Anlaß vorbereitend, ausdeuten. Nach dem 2. Vatikan. Konzil ersetzt ein Kirchenlied oder ein gesungener oder gesprochener Einleitungsvers den I. – Lied od. Psalm stehen auch am Anfang des evangel. Gottesdienstes nach dem Beispiel in Luthers *Deutscher Messe,* dessen *Formula missae* noch den latein. I. vorgesehen hatte. Mehrstg. I.en schrieb L. Lechner. Auf die alte I.-Praxis geht der Orgel-I. zurück (Präludium, Toccata, Fantasie).

Wagner 1, 1921; F. Cabrol, L'introit de la messe (Rev. grég.) 1936; Th. H. Connolly, The introits of the old Roman church (Diss. Harv.) Cambr./Mass. 1973; F. Dangel-Hofmann, Der mehrstg. I. i. Quellen d. 15. Jh., 1975.

Invention (Einfall, Erfindung vor der Ausarbeitung; von lat. *invenire* = etwas finden), Instrumentalstück ohne bestimmten Formtyp. Der Name wurde vielfach gewählt, um damit das völlig Neue zu kennzeichnen. Seit seinem vermutlich ersten Auftreten 1555 (C. Janequin, *Premier livre des inventions musicales*) meint er im elementaren Sinne die musikal. Erfindung (z. B.: J. Dowland, *I. for two . . .* 1597; G. B. Vitali, *Artificii musicali . . ., I.,* 1689; J. Kuhnau, *Frische Clavier-Früchte oder Sieben Suonaten von guter Invention und Manier,* 1696; F. A. Bonporti, *Invenzioni a Violino solo,* 1713); so auch bei J. S. Bach, der seine 2stg. I. im Klavierbüchlein für Friedemann (um 1720) zunächst Praeambula nannte und die spätere Überschrift *I.es* (1723) in der *„Auffrichtigen Anleitung"* erklärte (= zur Durchführung geeignetes Thema). Die hohe Bedeutung der 2- u. 3stg. I. Bachs in der Klaviermusik bewirkte, daß der Begriff weiterhin eingeengt wurde im Sinne eines (rational) ausfindig gemachten Ergebnisses im Ggs. z. B. zum → Impromptu als (intuitivem) Einfall. Die im Klavierbüchlein für Friedemann „Fantasien" genannten Sinfonien nannte zuerst Forkel 3stg.e I.en; sie erschienen seither zusammen mit den 2stg. Die spätere Komposition übernimmt zunächst den wie bei Bach einschränkenden Begriff oder erweitert ihn wieder zur ursprünglich elementaren Bedeutung (z. B. E. Pepping, I. f. Orchester; G. Klebe, 4 I.en).

K. v. Fischer, Z. Formprobl. b. Bach (Bach-Gedenkschr.), Z 1950; M. Reimann, Z. Deutung d. Begr. Fantasia (AfMw) 1953; H. H. Eggebrecht, Stud. z. mus. Terminol. (Ak. d. Wiss. Mainz) 1955; J. N. David, D. 2stg. I. v. J. S. Bach, 1959; ders., D. 3stg. I. v. Bach, 1959; H. Komorowski, Die „I." i. d. Mus. d. 20. Jh., 1971.

Inventionshorn. Um möglichst eine fortlaufende Tonfolge beim → Naturhorn zu erreichen, mußte der Grundton der mit d. Instr. möglichen → Naturtonreihe verändert werden. Andere Töne, dann mit veränderter Klangfarbe, konnten durch → „Stopfen" der Stürze mit der Hand erreicht werden, wie von A. J. Hampel in Dresden praktiziert, der 1753 die Idee hatte, die bisher hinter dem Mundstück aufgesteckten, unhandlichen → Setzstücke (Stimmbögen) innerhalb der Rohrwindung anzubringen; 1754 von J. Werner, Dresden, als „I." gebaut; ab 1780 bei der Trompete. → Ventil.

Inversion (lat. *invertere* = umwenden), → Umkehrung eines Themas, Akkords, Intervalls; → Gegenbewegung.

Invitatorium (lat. =) Einladung zum Gebet. Der Gesang vor dem Stundengebet besteht aus der → Psalmodie (meist mit Ps. 94: *Venite, exsultemus*) und täglich wechselnder → Antiphon nach jedem Psalmvers. Im 6. Jh. aus dem Benediktinerorden hervorgegangen, ist die Ordnung des I. bis heute kaum verändert worden.

Inzidenzmusik → Incidenzmusik.

Īqā (arab.: das Fallen; Mz. *īqā-āt*), rhythm. Periode (Modell) in der arab. Musik; Rhythmusformeln für das Spiel des (der) Schlaginstr. zum Gesang, dem gegenüber sie selbständig sind; vgl. → Tāla, Usul.

Irish Harp (Irische Harfe) → Clarsach.

Irish Union Pipe, *Elbow Pipe* (aus gälisch *uillean piob; uille* = Ellbogen, mißverstanden zu engl. *union*), im 16. Jh. entstandene, in der 2. Hälfte des 18. Jh. mit Blasebalg ausgestattete irische Sackpfeife, verwandt der schott. *Lowland Pipe;* mit Spielpfeife (Doppelrohrblatt), 3 Bordunpfeifen (einfaches Rohrblatt).

Islamej, Islamij, kaukas. Volkstanz (bes. der Kabardiner: *kabardinka*); schneller 12/16-Takt; auf ein persisches Lied zurückgehend; z. B. bei Balakirev: „I.".

ISME → UNESCO.

Isometrisch (griech. *isos* = gleich), in gleichen (ausgeglichenen) Werten singen od. spielen. Die polymetrischen Kirchenlieder des 15. und 16. Jh. wurden in mehreren Phasen ausgeglichen und erst im 20. Jh. wieder rhythmisiert.

Isorhythmik (griech. *isos* = gleich), 1. Stilprinzip im ausgehenden MA: genaue Wiederholung rhythm. Perioden, unabhängig von Tonhöhe und Text. So in der Messe bei Machaut im 14. Jh. und noch in den Motetten Dufays (1446). Dabei können melod. (→ Color 2) u. rhythmische (Talea-) Gruppen differieren, wenn die melod. und rhythmische Struktur der Perioden ungleich lang sind. Ähnl. Erscheinungen zeigt die oriental. (Indien) und (unabhängig) die Neue Musik (Boulez), hier wohl im Anschluß an das Spätwerk Weberns mit Streben nach Unabhängigkeit des melodischen und rhythm. Verlaufs. So auch im „Amen" von Fortners *The Creation* üb. eine Talea (9-taktiger Rhythmus) von Ph. de Vitry. – 2. gleiche rhythm. Bewegung in allen Stimmen des Satzes, so im → Conductus des 13. Jh., auch in jedem kontrapunkt. Satz Note gegen Note und in jeder Akkordfolge mit gleichen Notenwerten.

F. Ludwig, D. isorhythm. Motette ... (Adler Hdb.) 1924, ND 1975; J. Handschin, Notizen üb. d. Notre-Dame Conduct. (Kb. Lüneb.) 1926; H. Besseler, D. Mus. d. MA u. d. Renaiss. (Bücken Hdb.) 1931; R. Dammann, Spätformen d. isorh. Motette i. 16. Jh. (AfMw) 1953; W. Apel, Remarks about the isorh. motet (Les Colloques de Wégimont 2) 1955; E. Apfel, Stud. z. Satztechn. d. ma. engl. Musik, 1959; H. Kühn, D. Harmonik d. Ars nova, 1973; H. Oesch, Isorh. Strukturen (Mus. u. Bildung) 1973.

Istesso tempo (it.), → l'istesso t.

Jabadao, bretonischer Tanz für 4 Paare; im 1. Teil (16taktiker Rundtanz) der → Gavotte, im 2. (32 Takte) der → Quadrille ähnlich.

Jabera, andalusisches Volkslied im ¾-Takt, meist mit instrumentaler Einleitung.

Jabo, spanischer Einzeltanz im langsamen Dreiertakt.

Jacara, altes spanisches Tanzlied im Dreiertakt.

Jagdhorn (ital. *corno da caccia,* frz. *trompe de chasse*), Blechblasinstrument mit Bechermundstück; das konische Rohr anfangs bis zum Halbkreis gebogen (Hifthorn), seit dem 18. Jh. meist mit 2½ Windungen, im weiten Kreis 1½fach gewunden (Parforcehorn, *corno par force*); Signalinstr. wie das kleinere → Pleßhorn. – Das „russische J." (weite Mensur und ohne Schallstück, in verschiedenen Längen gerade bzw. rechtwinklig gebogen, mit Stimmschrauben am Ende) wurde so zu Orchestern zusammengestellt, daß die bis 40 Mann je nur 1 bis 3 Töne, manchmal auch auf mehreren Instr., zu blasen hatten (eingerichtet in St. Petersburg 1751 bei Graf Narischkin durch den 1719 in Böhmen geborenen Hornisten J. Maresch).

Jagdmusik. Die Jäger verständigten sich in vorgeschichtl. Zeit und im Altertum durch Jagdrufe od. mit Signalpfeifen (Knochenflöten), mit denen sie auch das Wild anlockten. Von den Kelten sind verschiedene Jagdhörner bekannt. In Karls des Großen Jagd bliesen die Edlen Elfenbeinhörner (→ Olifant). In frz. Traktaten des MA finden sich Anweisungen für Signale. Signale und Rufe wurden erstmals 1573 in Paris notiert. J. zur Belustigung der Jäger setzte sich in Frankr. im 17. Jh. durch und kam in Ballett und Oper. Im

Instrumentarium erscheinen → Waldhorn, Oboe da caccia, Jagdhorn (Parforcehorn), Signalhorn (Pleßhorn). Die Jagd ist beliebtes Thema der Musik, so in → Caccia, Chasse od. in der formelhaften Wiedergabe von Signalen und Hornquinten in Chor-, Opern- und Instrumentalmusik (C. Janequin, *La Chasse*; J. Haydn, *Jahreszeiten*; C. M. v. Weber, *Freischütz*; Mozart, Streichquartett KV 458).

Slgn.: C. Othmayr, Reutterische u. jegerische Liedlein, 1549, NA 1928; Pocci/Kobell, Jägerlieder, 1843; H. C. Burckhardt, Jagd- u. Waldlieder, 1865; C. Clewing, Denkmäler dt. Jagdkultur, 1937/8. – *Lit.*: K. Taut, Die Anfänge d. J., 1927; G. Karstädt, Laßt lustig d. Hörner erschallen, 1964; ders., D. Verwendung d. Hörner i. d. J. (Alta Musica) 1976.

Jahrbuch (Jb.), von Gesellschaften, Bibliotheken, Instituten, Firmen; in der Regel jährl. herausgegebene Aufsatz-Slgn. mit od. ohne Gesamtthema; wie die → Festschriften oft von hohem mw. Wert; z. B.: Wagner-Jb. 1886, 1906ff.; Bach-Jb. 1904ff.; Beethoven-Jb. 1908 (Neues B.-Jb. 1924ff.); Gluck-Jb. 1913ff.; Mozart-Jb. 1923 (Neues M.-Jb. 1941ff.); Händel-Jb. 1928ff.; R. Strauss-Jb. 1959/60. – Jb. des dt. Nationalvereins für Musik und ihre Wissenschaft 1839/42; Jb. für musikal. Wissensch. 1863, 1867; Kirchenmusikal. Jb. 1886 (vorher Cäcilienkalender 1876); Jb. der Musikbibliothek Peters 1894ff. (1956/77 Dt. Jb. der Mw.; ab 1979 wieder JbP); Almanach der Dt. Mus.bücherei 1920ff.; Schweiz. Jb. für Mw. 1924ff.; Jb. für Volksliedforsch. 1928ff.; Vlaams Jaarboek voor Muziekgeschiedenis 1939ff., Hinrichsen's Musical Yearb. 1944ff.; Almanacho mus. ital. 1955ff.; Jb. für Liturgik und Hymnologie (JbLH) 1955ff.; Jb. für musikal. Volks- und Völkerkunde, ab 1963.

Jale, Hilfsmittel für den Elementarmusikunterricht, benannt nach den beiden ersten Silben der J.-Solmissationsreihe und 1930 von R. Münnich veröffentlicht, der das → Eitzsche Tonwortsystem vereinfachte, mit → Handzeichen verband (→ Tonika-Do) und Rhythmusnamen zufügte.

R. Münnich, Jale (Beitr. z. Schulmusik 3), 1959.

Jaleo, andalus. Lied, Einzeltanz mit Kastagnetten; schnelle 3/8.

Jalousieschweller, Schwellkasten, in dem die Pfeifen eines → Registers oder mehrerer Register der → Orgel aufgestellt sind. Ein Jalousiemechanismus an der Vorderseite ermöglicht unterschiedl. Dämpfung des Klanges. Die Jalousie kann mechan., pneumatisch oder elektr. bewegt werden. → Walze.

Jaltarang, (pers.), noch in Indien gebräuchliches, aus mehreren Porzellanschalen bestehendes Instr., die verschiedene Mengen Wasser enthalten und angeschlagen werden. Das Instr., wohl arab.-pers. Ursprungs, hat in Persien (*sang čini*) Tonschalen. Vgl. → Glasspiel in Europa.

Jam session, Zusammenkunft und -spiel von Jazzmusikern; im Ggs. zur frühen j.s der Farbigen in New-Orleans planmäßig veranstaltet in Chicago bis zu den heutigen Treffen, jedoch mit freier Improvisation und ohne die frühere Bindung an Formschema, Arrangement und Besetzung. Dabei bildeten sich aus einer eher chaotischen Heterophonie neue Elemente, die sich im → Swing und → Bebop konstituierten.

Janitscharenmusik, eine Gruppe von Schlaginstr., die von den türkischen Janitscharentruppen gebraucht und in die europäische → Militärmusik übernommen wurden. Bis Anfang des 18. Jh. wurden dort nur Oboe, Fagott, Horn, Trompete und Klarinette gebraucht (die kleine Trommel nur zusammen mit der Querpfeife). Die von den Türken übernommenen Instr. waren zwar bekannt, aber in solcher Zusammenstellung in der Militärmusik bisher nicht benutzt worden: → Trommel, Kesselpauken, Zimbeln (Becken), Schellenbaum. 1770 gab es dieses Schlagwerk in allen europäischen Heeren. Die damit gewonnenen neuen Klangfarben und rhythm. Möglichkeiten befruchteten auch die Kunstmusik (Mozart, *Türkischer Marsch, Die Entführung aus dem Serail*). Vom Klang der J. beeinflußt, baute man nach 1800 Klaviere mit Janitscharenzug (Becken, Glöckchen).

H. G. Farmer, Rise and developm. of milit. mus., L 1912; ders., Turkish instr. of mus. in the 17th cent., Glasgow 1937; E. Simon, Mechan. Musikinstr. 1960.

Jankóklavier, Klavier mit 6terrassiger Klaviatur, die die Halbtöne innerhalb der Oktaven gleichmäßig und gleichberechtigt anordnet und dabei den anatomischen Gegebenheiten der Hand entspricht. Das J. wurde von P. v. Jankó 1882 erfunden und ist unter vielen der einzige industriell verwertete Reformversuch. Daß es sich trotz erfolgversprechender Anfänge nicht durchsetzen konnte, mag psycholog. begründet sein, da die Klaviatur noch als Griffbrett empfunden wird und die Jankó-Anordnung nicht mehr das Saitenbild wiedergeben konnte.

P. v. Jankó, Über mehr als 12stufige gleichschweb. Temperaturen (Beitr. z. Akust. u. Mw.) 1901 F. B. Boyes, Das J., W 1904.

Jātis (ind.), im ind. Tonsystem die 18 (7 reine und 11 gemischte) Modi, 5-, 6- und 7tönige Materialleitern; Ausgangsmaterial bei der Entwicklung der Melodiemodelle. → Rāga.

Jawbone (engl.: Kieferknochen) → Quijada.

Jazz, im 19. Jh. in den Südstaaten der USA entstandene Instrumentalmusik, in der Stilelemente der Farbigen und Weißen derart zusammentreffen und ineinanderwirken, daß Rhythmus und Deklamation afroamerikanisch, die Melodien europäisch-afrikan., die Harmonien europäisch sind. Neben diesen Gegensätzen im Ursprung, die die weitere Entwicklung mit wechselnder Vorherrschaft des einen od. andern Teils bestimmten (→ Akkulturation), liegen die Besonderheiten des J. in Rhythmus, Gruppenimprovisation, Artikulation und der Eigenart der Interpretation, die ihn von (irrtüml. manchmal J. genannter) Tanz- und Unterhaltungsmusik unterscheidet. Die Herkunft des Wortes J. ist ungewiß; bevorzugt wurde die Ableitung vom Slangwort *jassy* (*jazzy*: bizarr). Man bezieht es auch auf ein Wort des Ewe-Dialekts (Feuer, Ekstase) od. auf den allgemeinen Bereich afro-amerikan. Vulgärsprache, aus der es um 1915 von Weißen für die ihnen neuartige Musizierpraxis der Neger übernommen worden sei. Es erscheint z. B. im Namen *Original Dixieland Jass Band* (1917), von der auch die erste J.-Schallplatte bespielt wurde. Der Rhythmus entstand im Zusammentreffen der differenzierten

Negerrhythmen mit dem exakten Metrum in Marsch, Mazurka, Polka und Quadrille, dessen Schwerpunkte sich in der Nachahmung durch die Neger verschoben auf die 2. und 4 Taktzeit (off-beat) und weiterdrängend (→ drive) die Spannung im Takt erhöhten. Diese häufig als Synkope mißverstandene Akzentverschiebung (→ syncopated music) entwickelt sich im großen elastischen Bogen (→ swing), improvisiert von der „Melodiegruppe" (zu der auch die Schlaginstr. gehören können) und stellt sich gegen das metrische Gerüst (→ beat) der Rhythmusgruppe, die auf dem Wege zum → Modern J. noch vom Baß vertreten wird, schließlich auch gar nicht besetzt ist, wobei der Hörer das Metrum empfindet hinter dem (dessen Schema immer wieder aufbrechenden) Melodie- und Rhythmusgeflecht. Der Erfolg des J. gründet sich auf Skepsis gegen die überlieferte Statik abendländ. Musik in Form, Metrum und in ihrem Schönheitsideal (z. B. Belcanto): Reine Klänge werden vermieden und durch nicht bestimmbare, neutrale Intervalle ersetzt (blue notes → dirty tones). Die Improvisation macht den eigentlichen Reiz des J. aus, bestimmte seine Geschichte, wird in Beschreibungen oft überbewertet und beweist sich, je nachdem, wie fähig der J.musiker ist, sich vom bis ins einzelne fixierten → Arrangement zu lösen. Ursprünglich handelte es sich nicht um bewußte kontrapunktische Stimmführung, sondern eher um eine im Aufnehmen und Beantworten von Motiven entstandene → Heterophonie. Sie entwickelte sich in den Kollektivimprovisationen nach dem Beispiel der Solo/Chor-Wechselgesänge, die neben Einzelliedern von Unglück und Sehnsucht (→ Blues) Anfang des 19. Jh. aufkamen und neben Instrumentalformen des J. weiterhin Bestand hatten wie Gospelsong, Cry, Call, Shout, Worksong, Ballad, Blues. Die affektgeladene persönl. Aussage darin bestimmte die Artikulation auch in der Instrumentalmusik und erklärt Tonschwankungen, Vibrato und Glissando, die heute bewußt und vielfach formelhaft eingesetzt werden. – Die wichtigsten äußeren Ereignisse, die sich auf die Entwicklung des J. auswirkten, waren: 1865 die Aufhebung der Sklaverei; damit freiere Entfaltungsmöglichkeit, besonders in der Hafenstadt New Orleans, die bis 1803 frz. war; – etwa ab 1917 folgt zwangsläufig auf wirtschaftl. Veränderungen die Verbreitung des J. nach Norden; – 1928/30 Wirtschaftskrise; damit eine Konzentration der Kapellen, die sich, dem Publikumsgeschmack entsprechend, mit Unterhaltungsmusik befaßten. Aus diesen großen Bands spalteten sich hochqualifizierte kleine Gruppen ab (→ Combo). Zum klassischen (*oldtime, traditional*) J. zählen der → New Orleans-Stil der Neger (mit → Ragtime und → Blues), der von weißen Musikern im → Dixieland-Stil imitiert und in dieser Form 1918 in Europa bekannt wurde. Nach 1917 entstanden neue Zentren in Chicago und New York (Duke Ellington, Glen Miller), und bis 1929 dauerte die „Goldene Zeit" des J. mit den Bands von Louis Armstrong und F. Henderson, dem → Boogie-Woogie, dem Saxaphon als J.-Instrument (seit 1925) und einer J.-Serie von Schallplatten. Kommerzielle Gesichtspunkte bestimmten, wie weit das Arrangement der Improvisation Raum lassen könne. Der → Swing als Gattung des J. entstand z. Zt. der amerikan. Wirtschaftskrise. Aus den großen Orchestern der sinfonischen J.musik lösten sich die Combos und pflegten virtuoses, wieder improvisiertes Spiel (→ jam session = freie Zusammenkunft), in dem sich der moderne J. vorbereitete, während eine neue Blüte (*revival*) des New Orleans- und des Chicago-Stils Ende der 1930er Jahre einsetzte und die Entwicklung in Europa beeinflußte. Gegen den Swing stellten sich im modernen J. der → Bebop und der → Cool (J.). Den Versuch einer Synthese von J. und neuer Konzertmusik machte wohl zuerst Stan Kenton im → Progressive J., indem er neue Effekte suchte (Halleffekt) und den gleichbleibenden J.rhythmus aufgab. Inzwischen zeigt sich eine Entwicklung zu klarem, geringstimmigem, kammermusikalischem Satz, der sich sowohl an der Polyphonie des Barock wie an Werken zeitgenöss. Komponisten auszurichten versucht, die andrerseits J.elemente in ihren Werken verarbeitet und in ihren Eigenstil aufgenommen haben (u. a. Debussy, Eisler, Hartmann, Hindemith, Krenek, Liebermann, Milhaud, Strawinsky, Weill, H. W. Zimmermann). Jazz-Opern schrieben u. a. der f. den Ragtime bedeutende Scott Joplin, *A Guest of Honor* (1903), *Treemonisha* (1911) u. G. Gershwin, *Porgy and Bess* (als reine Negeroper, 1935). J.elemente verarbeitend, entstand etwa seit 1940 gegenüber den in Landbezirken noch gesungenen Spirituals in großen Städten (von Harlem ausgehend) der → Gospelsong, hauptsächl. als Sologesang. Nach 1960 entstand im → Free Jazz eine neue Stilrichtung mit völliger Abkehr von tonaler Bindung, mit kontinuierl. Klangflächen, freier Gestaltung des Chorus, Reihung von Monologen im Ggs. zum bisherigen Solo innerhalb des Ensembles (z. B. O. Coleman, C. Taylor). Dabei zeigte sich eine (nun weniger der amerikan. Tradition verpflichtete) europäische Eigenentwicklung des J. – Die Mw. behandelte den J. zunächst nur sporadisch. 1969 wurde eine Internationale Gesellschaft für J.forschung in Graz gegründet.

A. Baresel, D. neue J.buch, 1925; ders., J.-Harmonielehre, 1953; ders., J. i. der Krise, 1959; H. Panassié, Le J. Hot, P 1934; ders., La véritable mus. de J., P 1946; ders., Dictionn. du j., P 1971; W. Sargeant, J., Hot and Hybrid, NY 1946; J. Slawe, Einf. i. d. J.mus., Basel 1948; S. Finkelstein, J., NY 1948; A. Lomax, Mister Jelly Roll, NY 1950; J. E. Berendt, J.buch, 1950, 1982; ders., D. Story d. J., 1975; W. Twittenhoff, Jugend u. J., 1953; A. Hodeir, Hommes et problèmes du j., P 1954; L. Feather, The encycl. of j., L 1955, [3]1978; ders., The book of j., NY 1957; H. Shapiro/N. Hentoff, Hear me talkin' to Ya, NY 1955; M. W. Stearns, The story of j., NY 1956; A. M . Dauer, Der J., 1958; ders., J., die mag. Mus., 1961; C. Bohländer, J., Gesch. u. Rhythm., 1960; ders. u. K. H. Holler, Reclams J.führer, [2]1977; H. Lange, J. in Dtl., 1966; G. Schuller, Early J. (The hist. of j. 1) NY 1968; F. Körner/G. Glawischnig (Hg.), Beitr. z. J.forschung, Graz 1969ff.; C. G. Herzog zu Mecklenburg, Intern. J. Bibliogr., 1969 (Nachträge in: Beitr. z. J.forsch.); J. Chilton, Who's who of J., L 1970; D. Kennington/D. Read, The lit. of j., L 1970, [2]1980; M. Harrison, A j.retrosp., Newton Abbot 1977; D. Noll, Zur Improv. im dt. Free J., 1977; J. Hunkemöller, Z. Gattungsfrage im J. (AfMw) 1979; J. Wölfer, Hdb. d. J., 1979; E. Shaw, Soul 1980; B. Hefele, J.-Bibliographie, 1981; E. Jost, Sozialgesch. des J. in d. USA, 1982; U. Kurth, Aus d. Neuen Welt; Untersuch. z. Rezept. afro-amer. Musik in europ. Kunstmus., 1982.

Jazzbesen, Bündel von Stahldrähten, mit dem ein Trommelfell, Becken, Holz od. Papier rhythmisch geschlagen od. gestrichen wird; ursprüngl. nur in der Jazzmusik verwendet; vgl. → Rute.

Jeté (frz. = geworfen), Bogentechnik bei Streichinstr.: geworfener Bogen (m. mehreren Tönen); → ricochet.

Jeu (frz. = Spiel, Register: *j. d'orgue*); im frz. Orgelbau (-spiel) bis 18., z. T. 19. Jh. (Cavaillé-Coll) *grand plein jeu*: volles Hauptwerk; *petit jeu*: volles Rückpositiv; *plein jeu*: → Plenum.

Jeu parti (provenzal. *joc partit* = Spiel unter Gegnern), frz. Streitlied des 12. und 13. Jh., meist mit zwei Sängern, von denen der erste eine Streitfrage aufwarf, zu der sein Partner Stellung nahm und dabei in Melodie, Strophenform und Silbenzahl an die vom ersten Sänger gegebene Musterstrophe gebunden war. Vorwiegend wurden erotische Themen mit aktuellem Hintergund diskutiert. Es kam auf Schlagfertigkeit und Überraschung an. Für gewöhnlich wurden 6 Strophen mit je 8–11 Versen geboten. Um hochgestellte Anwesende zu ehren, wurden diese am Schluß aufgefordert, Schiedsrichter im Streit zu sein. Auf Korsika werden noch heute derartige Streitlieder in freierer Form improvisiert. → Tenzone.

F. Gennrich, D. Gesangswettstreit im Parfait du Paon (Roman. Forsch.) 1947.

Jig, seit 16. Jh. engl., schott., irischer, geradtaktiger Einzeltanz mit der am weitesten entwickelten mittelengl. Sonderform der *Morris J.* – Von 1580–1750 in Engl., Holland, Dtl., Skandinavien auch dramat. Kurzszene (auch: *jigg*) mit Lied, Musik, Tanz, oft anstößigen Inhalts; meist bis 5 Personen; als Schluß od. Zwischenspiel eines (auch geistl.) Bühnenstücks. Das Wort J. ist verwandt mit mhd. *gîgen*: hin- und herbewegen (vgl. → Geige), afrz. *giguer* (vgl. → Gigue).

C. Sharp, The Morris Book, L 1907/24; C. R. Baskervill, Elizabethan J., Chicago 1929; F. J. u. T. M. Flett, Dramat. j.s in Scotl. (Folklore) L 1956.

Jitterbug, Jive, ein dem → Boogie-Woogie nachempfundener Gesellschaftstanz, in den USA um 1940 entstanden, der sich mit improvisierten, ekstatischen, akrobatischen Bewegungen mit dem → Lindy identifizierte und in die Rock-Musik übernommen wurde.

Jodeln (vom griech. Ausruf *io*; frz. *iouler*; ital. *gorgheggiare*), Singen auf Lautsilben mit mehrfachem Umschlagen der Stimme aus dem Brust- in das Falsettregister und umgekehrt; mit schneller Tonfolge und weiten Tonsprüngen. Hauptverbreitungsgebiet sind die dt.sprachigen Alpenländer. Außerdem ist J. bei den Pygmäenfrauen Afrikas üblich und das Falsettsingen z. B. in der Mehrstimmigkeit kaukasischer Stämme. Im Alpengebiet entwickelten sich Jodellieder und Jodelrufe. Als die ursprüngl. Musik der Alpenländer von heimatseliger Salonmusik verdrängt wurde, wurde das J. ein Gewerbszweig. Versuche einer Neubelebung setzten im 20. Jh. in Österreich, Bayern und der Schweiz ein. → Alpenmusik.

W. Sichardt, D. alpenländ. Jodler u. d. Urspr. d. J., 1939; C. Brăiloiu, A propos du jodel (Kb. Basel) 1949; W. Wiora, Z. Frühgesch. d. Mus. i. d. Alpenländern, Basel 1949; ders., Jubilare sine verbis (In memor. J. Handschin), Straßb. 1962; W. Graf, Zu den Jodlertheorien (Journ. Int. Folk Mus. Counc.) 1961; M. Baumann, Musikfolklore u. Musikfolklorismus, Winterthur 1976; C. Luchner, D. Jodler (Publ. d. Salzb. Volkslied-Werkes) 1980.

Jongleur (von lat. *joculator* = Spaßmacher), ma. Spielmann in Frankreich, der die Lieder der adligen → Troubadours und → Trouvères sang od. mit der Fidel begleitete, für allgemeine Verbreitung sorgte, so daß viele Melodien erhalten sind (z. B. die → Estampida *Kalenda Maya*). Wie die → Menéstrels waren die J. zunftmäßig vereinigt (1. Zunftregel: 1321 in Paris).

E. Faral, Les J.en France, P 1910, ND 1964; W. Salmen, D. fahrende Musiker im europ. MA, 1960.

Jonisch, die 11. → Kirchentonart (c-c'); eine der vier, mit denen Glarean (*Dodekachordon* = System der 12 Tonarten; 1547) die bisherige Zahl der ma. → Modi von 8 auf 12 erhöhte. J. ist dem → Dur ähnlich.

Joropo (span.), venezolan. Nationaltanz span. Ursprungs (→ Zapateado); in schnellem ¾-, wechselnd mit ⅝-Takt.

Jota, Jota aragonesa (span.), in Spanien weit verbreiteter, ursprüngl. aragones. (Lied-)Tanz im 3tlg. Takt mit instrumentaler Einleitung und zahlreichen landschaftl. Varianten auch der Besetzung. Ein besonderer Effekt der Schlaginstr. ist das Pausieren an wichtigen Schlagzeiten.

A. de Larrea, Preliminares al estudio de la J.aragon. (Anuar. Mus.) 1947; M. Schneider, Zambomba u. Pandero (Span. Forsch. d. Görresgesellsch.) 1954.

Jouhikko (finn.), finn., karelisches Streichinstr., flügelförmig mit 2–4 Saiten in Quartstimmung (eine als Bordun), die durch ein Seitenloch mit dem Finger verkürzt werden. → Kantele.

Jubal, altes Flötenregister der Orgel (8', 4', 2', 1'); benannt nach J., dem Stammvater d. Spielleute (1. Mos. 4), vgl. → Tubal.

Jubilus, textloser, melismatisch erweiterter Gesang auf der letzten Silbe des → Alleluja; Vorstufe der → Sequenzen. Der Hlg. Augustin bezog sich auf das Beispiel der vokalischen Jubilationen der Landarbeiter, als er den textlosen J. als Zeichen der nicht an Worte gebundenen Freude für den Kirchengesang guthieß. Das Wort J. kommt wie jauchzen, jodeln, johlen aus dem gleichen griech. Stamm *io* od. *iu* = Stimmgebung ohne Text, womit zunächst nicht nur der Freudenausdruck gemeint war.

W. Wiora, Jubilus sine verbis (In memor. J. Handschin), Straßb. 1962; K. G. Fellerer (Hg.), Gesch. d. kath. Kirchenmus. I, 1972.

Judenharfe → Maultrommel.

Jugendmusikbewegung (Singbewegung, musikal. Jugendbewegung), im 20. Jh. entstandene (Ende des 19. Jh. vorbereitete) Bestrebungen zur Erneuerung des Musiklebens durch Abwendung vom Konzertbetrieb und durch neue Verbindung zwischen Mensch und Musik im Singen und Musizieren. Sie entwickelte sich – bewußt od. unbewußt den volkserzieherichen Vorgang Pestalozzis und Nägelis benutzend – unter dem Eindruck zunächst getrennter musischer Bemühungen (Lichtwark, Avenarius, Jaques-Dalcroze) und unter dem Druck einer tiefwirkenden gesellschaftl. Umschichtung. *Eine* Keimzelle war das Gymnasium Berlin-Steglitz (M. Pohl) mit dem „Steglitzer Wandervogel" (K. Fischer), die H. Breuer die Grundlagen gaben für das Liederbuch *„Der Zupfgeigenhansl"* (1909), das auf die weitere Entwicklung ebenso wirkte wie die kritische Arbeit des Pädagogen G. Wyneken und des Komponisten A. Halm in der „Freien Schulgemeinde Wickersdorf" (ab 1906), die Bemühungen J. Pommers um das dt. Volkslied (Zs. *Das dt. Volkslied,* 1899 ff., Wien) und C. Neumanns in der kathol. Jugendbewegung (*Quickborn-Lieder,* 1914; 3. Aufl. 1920 als: *Der Spielmann).* Die entscheidende Zusammenfassung, zugleich Bestandsaufnahme, brachte F. Jödes Sammelband *Musikal. Jugendkultur* (1918). 1919 wurde die „Neudt. Musikergilde" (dann „Musikantengilde" und „Arbeitskr. für Mus. in der Jugend") gegründet. Eine ähnl. Bewegung ging vom böhmischen Raum aus, wo Olga Hensel (seit 1913) Jugendkonzerte veranstaltete und Offenes Singen, eine Form improvisierten gemeinschaftl. Singens, die schon A. H. Francke Anfang des 18. Jh. in Halle versucht hatte und innerhalb der J. besonders von Jöde, Wolters und Träder geleitet wurde. 1923 führte die 1. „Singwoche" W. Hensels in Finkenstein in Mähren zur Gründung des „Finkensteiner Bundes" (später „Internationaler Arbeitskreis für Musik") mit der Lied-Zs. *„Finkensteiner Blätter".* Die J. prägte eine Generation von Musikern und wirkte weiter in Kirchenmusik, Musikwissenschaft, Instrumentenbau. Die Arbeit wurde von zahlreichen Gruppen weitergeführt (z. B. Arbeiterjugend, Lobeda-Bewegung), nach 1933 in Dtl. und 1938 in Österreich „gleichgeschaltet". → Jugendmusikschulen (ab 1925) wurden auf Anregung Jödes eingerichtet, Tagungen und Singwochen abgehalten. Aus der Neubelebung des Volksliedes ergaben sich Anregungen für neues Liedschaffen, neue Liederblätter und -bücher und neue Kompositionen (z. B. Bresgen, Distler, Hindemith, Kaminski, Knab, K. Marx, Raphael, K. Thomas, Rohwer, L. Weber), die sich mehr und mehr der vielfach historisierenden Beschäftigung mit barocker Musik entgegenstellten. Die erst im Laufe der Entwicklung auftretende, fast dogmatische Ablehnung der Romantik schwächte sich in den 1950er Jahren ab. Außer bei der nach dem 2. Weltkrieg gegründeten „Musikal. Jugend" (*Jeunesses Musicales*), bei der Instrumentalmusik vorherrscht, blieb das Singen allgemein im Mittelpunkt. Nach dem 2. Weltkrieg fanden regelmäßige inernationale Chortreffen statt („Europa cantat", seit 1961). Im „Archiv der J." wird Material zur Geschichte und dem Verhältnis der J. zu Parallel- und Folgeerscheinungen in anderen Ländern gesammelt. → Hausmusik, Spielmus., Chor, Musische Erziehung.

H. Blüher, Wandervogel, 1912; F. Jöde, Musikal. Jugendkultur, 1918; ders., Absage u. Beginn, 1924; ders., Dt. Jugendmus., 1934; ders., Vom Wesen u. Werden d. Jugendmus., 1954, [3]1964; H. Klein, D. Finkenst. Singwoche, 1924; ders., D. Wurzeln d. Finkenst. Beweg. (Mus. u. Volk), 1933/4; M. Pohl, Des Lebens Stückwerk, 1924; H. Höckner, D. Mus. i. d. dt. Jugendbeweg., 1927; G. Wyneken, Schule u. Jug.kultur, [4]1928; O. Stählin, D. dt. Jugendbew., [2]1930; H. Hoffmann, Prof. Kl. Neumann, Spielmann Gottes, Bresl. 1939 (gekürzt Lippstadt 1950); ders., Im Dienst d. Friedens, 1970; R. Scharnberg, Volksl. u. Volksbildung, 1939; G. Götsch, Musische Bildung, 1939/56; W. Ehmann, Erbe u. Auftr. mus. Erneuerung, 1950; ders., D. gegenwärt. Stand d. Singbeweg., 1953; R. Stephani, D. dt. mus. Jugendbew. (Diss. Marburg) 1952; H. Seiffert, Singbew. u. Volksbildung (Diss. Gött.) 1953; ders., D. Singbew. in ihrer Zeit (D. Sammlung) 1958; ders., D. sozialen Lebensformen i. d. Singbew. (Bildung u. Erzieh.) 1958; ders., Zwisch. „Musikdienst" u. „Erziehungsmus." (Neue Zs. f. Mus.) 1959; T. W. Adorno, Dissonanzen, 1956; E. Bitterhoff (Hg.), G. Götsch-Lebenszeichen, 1969; W. Hoffmann, Untersuch. z. Singebeweg.

(Slbd. z. Mg. d. DDR 1), B(Ost) 1969; U. Jöde, D. Entw. d. Liedsatzes i. d. dt. J., 1969; W. Kindt (Hg.), D. dt. Jugendbew. (Dokumentat. d. Jugendbew. 3) 1974; W. Schepping, D. Lied als corpus delicti i. d. NS-Zeit, 1977; D. Kolland, Die J., 1979; Arch. d. J. (W. Scholz, W. Jonas-Corrieri), Die dt. J. i. Dokumenten ihrer Zeit . . ., 1980; H. Röhrs, Die Reformpädagogik, 1980.

Jugendmusikschule, Bildungsstätte, in der schulpflichtige Kinder in Gesang, Instrumentenspiel, Musiklehre und mit der Möglichkeit zu Zusammenspiel und Chorgesang unterrichtet wurden, wobei Gesamt- statt Fächerunterricht angestrebt und Gruppenunterr. bevorzugt wurde. Die erste (staatl.) J. gründete F. Jöde 1923 in Berlin-Charlottenburg. Daneben bzw. als Fortsetzung wurden f. Erwachsene Volksmusikschulen eingerichtet (zuerst 1925 in Berlin durch Jöde, H. Reichenbach, F. Reusch). Der erste Jahreskurs zur Ausbildung von Lehrkräften war 1925/6 in Berlin. Das Ziel war, den Musikunterr. der Schulen zu ergänzen und Laien zu eigener Tätigkeit und selbständigem Urteil anzuregen. Die Schulen, anfangs meist privat, wurden später von Staat od. Städten eingerichtet und waren Beispiel für ähnliche Gründungen im Ausland. Nach 1933 wurde die dt. J. politisch ausgenutzt („Musikschule für Jugend und Volk"). In der Bundesrepublik Dtl. entstanden zahlreiche neue J. Sie sind im Verband dt. → Musikschulen (1966) zusammengeschlossen. → Singschule.

F. Jöde, Musiksch. f. Jug. u. Volk, 1924, [2]1928; W. Twittenhoff, Neue Musikschulen, 1950; ders./ P. F. Scherber, Die J., 1956. → Jugendmusikbewegung.

Jula, altes Orgelregister, Labialstimme 8', 4', auch 5⅓, irrtüml. wurde auch eine Spitzflöte so benannt.

Jungle Style (engl. = Dschungelstil), ein durch lautmalerische Klangeffekte charakterisierter → Jazzstil mit Nachahmung von Tierlauten, z. B. durch den Wa-wa-Dämpfer; besonders durch Duke Ellington gepflegt, nach ihm durch Bubber Miley, Cootie Williams u. a.

Juoikos (v. lappisch *juoikan* = singen), wie *vuoleh* (= Weise, Mz. *vuolle*) Lied der Lappen; mit kurzen, häufig wiederholten Melodie- und Textformeln mit differenzierten Rhythmustypen, die die Improvisation stützen. Slgn. u. a. von A. Launis und K. Tirén.

K. Tirén, D. lapp. Volksmus. (Acta Lapponica 3) Stockh. 1942

Justiniana (Mz. Justiniane), **Giustiniana,** nach originalen od. L. Giustiniani (14./15. Jh.) nur zugeschriebenen venezian. Texten 2- u. 3stg. komponierte ital. Lieder, auch mit freier (improvisierter) Oberstimmenverzierung; Ende 15. Jh. auch f. Solostimmen mit Instr. Ende 16. Jh. erscheint der Name für 3stg. Liebeslieder im Kreis um A. Gabrieli als Parodien auf die alten J.

Kabarett (frz. *cabaret* = Wirtshaus), Ort, Vorstellung und die Darsteller von oft satirisch-parodistischen Darbietungen: Tanz, Vaudevilles, Chansons, Artistik, → Possen → Pantomimen; bei loser Folge meist von einem Conférencier, sonst durch das Gesamtthema (These) zusammengehalten; mit Musik verschiedener Besetzung. Frühe Anfänge sind in der griech.-röm. Antike, im Fastnachtsspiel, in Farce und Sottie (P.

Gringoire) zu sehen. Das moderne K. begann 1881 im *Chat noir,* Paris. Weitere Hauptorte waren Berlin (E. von Wolzogen, O. J. Bierbaum, *Überbrettl,* 1901; M. Reinhardt, *Schall und Rauch,* 1901; z. B. mit W. Mehring), München, (*11 Scharfrichter*), Zürich (*Cabaret Voltaire*). Für das K. komponierten u. a. Satie (Pianist am *Chat noir*), A. Schönberg, O. Straus.

H. Elwers, Das C., 1904; H. Greul, Bretter, die d. Zeit bedeuten, 1967, ND 1971; R. Weys, Cab. u. K. in Wien, W 1970; L. Appignanesi, Das K., 1976.

Kabinettorgel, Hausorgel (→ Portativ, Positiv, Regal), im 18. bis Anfang 19. Jh. in Form eines Möbelstückes (Hoch- und Truhenpositiv, Schrank- und Schreibtischorgel), kostbar gestaltet; mit bis 2 Manualen, evtl. angehängtem Pedal. Im 18. Jh. war „K." in der Schweiz und den Niederlanden der Sammelbegriff für Kleinorgeln.

A. G. Gierveld, Het Nederlands huisorg. i. de 17., 18. eeuw, Utrecht 1977.

Kabuki (japan.), das im Ggs. zu dem → Nō-Spiel der Vornehmen in Japan im 17. Jh. in den niederen Schichten entstandene Musikdrama mit drastischem Ausdruck und freierer Melodik und Rezitation des Erzählers, die vom → Samisen begleitet wird. Das Instrumentarium der Bühnenmusik entspricht der Nô-Musik, erweitert durch mehrere Samisen; dazu Chorteile und Tanzeinlagen mit Geräuscheffekten aus einer verdeckt spielenden Musikergruppe. Das K.-Theater übernahm Elemente des Puppentheaters (→ Bunraku). Eine besondere Form im Tanzspiel ist die aus alten Balladen entstanden Nagauta („langes Lied").

W. P. Malm, Nagauta, the heart of K. music, Rutland/Tokyo 1963; S. Leiter, The art of K., Berkeley 1979; T. Kawatake, Das Barocke im K., W 1981. → Gagaku.

Kadenz (lat. *cadentia* von *cadere* = fallen, ital. *cadenza,* frz., engl. *cadence*), 1. Schlußwendung und Gliederung als Harmoniefolge der Dur-Moll-Tonalität (etwa seit Rameau)mit dem Schritt Dominante-Tonika als Hauptbewegung im Ggs. zur → Klausel, dem Schluß und der Gliederung einer (einstg.) Melodielinie. Die K. festigt einen Tonraum im Hörbewußtsein. Das in der → Harmonielehre übliche Grundschema dafür ist die Folge I-IV-V-I mit der perfekten K. V-I und der Verstärkung durch das Zusammentreffen von Unter- und Oberdominante (→ Ganzschluß). Der Plagalschluß (Kirchenschl.) hat die Folge IV-I. Der → Halbschluß zielt auf die Dominante als vorübergehenden Aufenthalt (offene, imperfekte K.), während der → Trugschluß von der Dominante aus einen anderen Akkord als die erwartete Tonika erreicht. Die neuzeitl. Mth. versteht K. nicht mehr als formelhafte Akkordverbindung. Sie sieht sie als Entwicklungsmoment im musikal. Ablauf. Dabei bekommt der Begriff Bedeutung für die Bewegung der einzelnen Stimme in ihrem Spannungsverhältnis zum Ganzen und rückt in die Nähe der horizontal zu verstehenden Klausel. – 2. Schluß- und Zwischenschlußwendung (Mittelk.) im gregorian. Choral, in den Choralschulen K. (horizontal) genannt; vgl. Klausel (→ Mediante, Mediatio, Distinktion).

H. J. Moser, D. harmon. Funktionen i. d tonalen K. (ZfMw) 1918/9; H. Riemann, Gesch. d. Mth., ²1921, ND 1961; F. Neumann, Synthet. Harmonielehre, Lg 1951; W. Pfannkuch, K. (MGG) 1958; E. Apfel, Stud.

z. Satztechn. d. ma. engl. Musik, 1959; B. Meier, D. Tonarten d. klass. Vokalpolyphonie, Utrecht 1974.

3. Solistische, freie od. vorgeschriebene Auszierung des Schlußes (→ Penultima), um die Schlußwirkung zu verstärken. Diese erweiterte Schlußwendung, schon in der ma. → Klausel angedeutet, wurde anfangs improvisiert, wobei die Hauptthemen des Stückes zitiert wurden. Im vokalen und instrumentalen Virtuosenkonzert des 18. und 19. Jh. entstand die große Konzertk., die vom Komponisten od. einem Bearbeiter (Joachim, Busoni) ausgeschrieben wurde mit der Absicht, die Themenwiederholung wirksam zu bringen durch Überraschungseffekte, die meist durch die virtuose Leistung erreicht und gesteigert wurden (*Cadenza di bravura, Cadenza fiorita*). Seit Beethoven findet sich auch die begleitete K. (z. B. Elgar, Violinkonzert; A. Schnittke schrieb zu Beethovens Violinkonz. eine K. mit Pauke und 9 Solo-Streichern). Beethovens 5. Klav.-Kzt., Mendelssohns Violin-Kzt. sind frühe Beispiele für die vom Komponisten vorgegebene K.

H. Knödt, Z. Entw. d. K. im Instr. Kzt. (SIMG) 1913/4; R. Stockhammer, Die K. zu d. Kl. Kzt. d. Wiener Klassiker (Diss. W) 1936; P. Mies, Das Kzt. i. 19. Jh. (Abh. z. Kunst-, Mus. u. Lit.wiss.) 1972.

Kagura (japan.), Lied und Tanz bei den japan. Maskentänzen (Gigaku) des 8.–10. Jh.; ab 9. Jh. in der klass. Hofmusik (→ Gagaku) die übernommene altjapan. Lied- und Tanzkunst der Shinto-Zeremonien, begleitet u. a. von der K.-Flöte (*kagurubuë*) und der Trommel *tsuzumi*. Aus den K.-Liedern (*k.-uta*) entstand die eigenständige japan. Vokalmusik. Das K. war eine Vorform des japan. Theaters.

Kaiserbariton → Bariton 2.

Kaiserbaß → Bombardon.

Kakophonie (griech. *kakos* = häßlich, *phone* = Stimme), Mißklang in Ton- od. Wortfolge der Musik od. Rede. Ggs. Euphonie.

Kaland (von lat. *fraternitas calendarum* = Brüderschaft am Monatsersten), Zusammenkunft von Sängern geistlichen u. weltl. Standes am 1. Tag des Monats u. a. zur Pflege des Chorgesangs. Die schon aus dem 13. Jh. bekannten K.en waren Vorläufer der → Kantorei.

Kalkant (lat. *calcare* = treten), 1. Balgtreter an der Orgel (→ Balg); – 2. Aufschrift eines Hebels, mit dem vom Spieltisch aus der K. (optisch od. akust.) verständigt wurde.

Kamandža, Kemendža, Kemanča (arab./pers.: Bogeninstr.), allgemein und mit vielen Varianten und Namen im Orient und in Nordafrika (Berber) bekanntes Streichinstr. (Stachelgeige, Spießlaute): halbkugelförm. (ausgehöhltes od. schalenartig geklebtes Holz; Kokosnuß od. Kürbishälfte) od. kastenförm. Korpus (afghan. K.); Membrandecke; langer, dünner Hals (durch Korpus zum Stachel führend) mit seitenständ. Wirbeln od. Wirbelplatte; 1–4-(meist 2-)saitig; Stachel (Holz/Metall) od. Kniestütze (kirgis. *kijak*); gelegentl. Schalloch auf der Rückseite; Bogenhaar früher mit dem Finger gespannt. Die Herkunft des Instr. ist noch ungeklärt. Es erscheint im Fernen Osten (mongol. *khuur;* korean. *haegum*; chines. *erl-hu*; tuvin. *igil*; altaisch *ikili*), ist wohl mit den

Turkvölkern als *ikligh* („mit dem Bogen gespielt") nach Kleinasien, im 11. Jh. nach Byzanz gekommen und hat bei der weiteren Verbreitung den Namen K. (arab. *kaman*: Bogen) erhalten. Die K. der Seldschuken wurde von d. kaukas. Völkern, die der Kurden von den ägypt. Balladensängern übernommen. In Hinterindien (Kambodscha, Burma: *tro*, Laos, Thail.: *so*) nähern sich K. und → Rabāb, deren Entwicklungslinien sich häufig überschneiden, bis die europäische Violine im Orient den Namen K. erhielt.

J. Jenkins/P. Rovsing Olsen, Mus. and mus. instr. in the world of Islam, L 1976.

Kammermusik, im heutigen Sprachgebrauch, der hier für gewöhnlich die vokale Beteiligung unberücksichtigt läßt, Musik für wenige, solist. besetzte Instr., gespielt von Laien oder Berufsmusikern im kleinen Kreis als → Hausmusik oder im öffentl. Konzert. Vielfach wird der Begriff gleichgesetzt mit → Streichquartett als einer Hauptgattung. Jedoch umfaßt er Solomusik ebenso wie Duo, Trio, Quartett, Quintett, Sextett, Septett, Oktett, Nonett, Dezett mit Streich- od. Blasinstr., mit od. ohne Klavier. *Musica da camera* hieß in der 2. Hälfte 16. Jh. in Italien die nicht für Kirche, Konzert od. Oper bestimmte weltl. Vokal- und Instrumentalmus., die sich in verschied. Linien aus → Ricercar, Kanzone in der 3sätzigen Kirchensonate (*sonata da chiesa*), der 4sätz. Kammersonate (*s. da camera*), Trio- und Solosonate, dem → Concerto grosso und Solokonzert entwickelte; in Italien mit Höhepunkten bei Corelli, Vivaldi, Veracini, dall'Abaco, Pergolesi, im dt. Spätbarock mit dem italien. beeinflußten Händel, mit Telemann u. J. S. Bach, der in seiner vielfältigen K. ital. und frz. Elemente vereinigte. Mitte des 18. Jh. verdrängte der dualistische Sonatensatz den einthemigen Barocksatz. Das Instrumentarium wurde verbessert (Pianoforte) und erweitert (Klarinette). Das Violoncello ersetzte die Gambe. Neben zahlreichen Instrumentenkombinationen, wie sie vor allem seit der → Mannheimer Schule versucht wurden, entstand das Streichquartett. War das Klavier, wenn es in der K. eingesetzt wurde, zunächst solistisch bevorzugt, so erhielten doch seit Mozart die übrigen Instr. volle Gleichberechtigung. Höhepunkt der K. war Beethoven, bei dem auch die Konzertaufführung von K.werken begann, aus der sich der allgem. Hang zum Orchestralen erklärt (z. B. Schubert, Mendelssohn: Oktette, Beethoven: Septett). Während Brahms romantische mit klassischen Elementen verband, schloß Reger die Polyphonie Bachs ein und wirkte auf Kaminski, Hindemith, Raphael, Höller, Schönberg. Im europäischen Ausland vollzog sich gleichzeitig die Lösung vom klassischen Vorbild: Malipiero, Roussel, Messiaen, Kodály. Im Werk Bartóks und Weberns verdichtet sich K. zu neuen Höhe- und Ausgangspunkten. Nach dem 1. Weltkrieg gewannen Kammerorchester und Hausmusik wieder Bedeutung mit Neuausgaben von Musiken besonders aus dem Frühbarock und mit zeitgenöss. Werken.

N. Kilburn, The story of chamb. mus., L 1904; W. Altmann, K.-Katalog, [6]1945; E. H. Meyer, Engl.ch.mus. ..., L 1946 [2]1982 (Die K. Alt-Englands, Lg 1958); A. H. King, Ch.mus., L 1948, ND Westport/Conn. 1979; Cl. Rostand, Les chefs-d'œuvre de la mus. de chambre, P 1952; A. Coeuroy, La mus. de ch.,

P 1953; H. Renner, Reclams K.-Führer, 1955, ²1980; W. Cobbett, Cyclopedic survey of ch.mus., Oxf. ²1963; M.Locke, Ch.mus., L 1971; E. Reimer, K. (HmT) 1971; H. Unverricht, Die K. (Musikwerk) 1972; K. Geiringer, The rise of ch.mus. (NOHM 7) 1973; J. Webster, Towards a hist. of Viennese chamb. mus. in the early class. period (JAMS) 1974; S. Gut/D. Pistone, La mus. de ch. en France (1870/1918) P 1978; H. Vogt, J. S. Bachs K., 1981.

Kammermusiker, im 17., 18. Jh. Titel eines Interpreten (Komponisten), in Dtl. und Österr. noch im 20. Jh. von Landesherr od. Staat verliehen (vgl. Kammersänger).

Kammeroper, in kleiner Besetzung (kammermusikal., ohne Chor), auch mit geringerem Anspruch an Ausstattung und Raum aufführbare kleine Oper, wie sie schon vom → Intermedium (Intermezzo) zur Buffo-Oper als Ggs. zur Opera seria führte (z. B. Pergolesi, *La serva padrona*). „K." im 20. Jh.: z. B. Strauss, *Ariadne*; Hindemith, *Cardillac*; Britten, *The Turn of the Screw*.

Kammerorchester, kleines → Orchester mit geringstimmiger (meist nicht chorischer) Besetzung.

Kammersinfonie, im 20. Jh. Name für kurze, meist 1-/2sätzige Werke mit geringstg. (Solo-) Besetzung (Kammerorchester), konzentriert, polyphon, thematisch (Anklang an → Concerto grosso) od. nicht themat. arbeitend; z. B. A. Schönberg, 1., 2. K. (1906/40); Schreker, K.; A. Webern, Symph. op. 21; Pousseur, Symph. à 15 instr. Deutlich wurde der (bewußte) Ggs. zur bisherigen Sinfonie für großes Orchester. „K." ist dabei nicht in jedem Fall von gleichzeitigen Strebungen abzugrenzen: *Kleine Symphonie* (Krenek), *Symphonia brevis* (Raphael) od. der (weniger ernsten) *Sinfonietta* des 20. Jh. Ähnlich das Kammerkonzert (z. B. Berg, 1923/5; Janáček, *Concertino*, 1925).

Kammerton, der international vereinbarte → Stimmton; seit 1939 a' = 440 Hertz.

Kankles, Kannel → Kantele.

Kanon (griech. = Regel, Richtschnur), 1. kontrapunktische Form, gekennzeichnet durch Wiederholung der Melodie in einer zweiten Stimme und in weiteren Stimmen, die in einem vom Komponisten festgesetzten Abstand nacheinander einsetzen. Der Einsatz kann im Einklang, in der Oktave od. in jedem anderen Intervall vorgeschrieben sein. Zu den im K, geführten Stimmen können auch freie treten (K.gabel). Im Zirkelk. (Kreisk., *canon perpetuus*), der auch in Kreisform geschrieben wird, setzen die Stimmen immer wieder ein. Fermaten geben die Schlußmöglichkeit an. Im *C. per tonos* beginnt jede Stimme immer einen Ton höher als die vorige. Der *C. per augmentationem* (Vergrößerung) bringt die Melodie in einer Stimme in größeren Notenwerten als in den übrigen Stimmen, die das Thema entsprechend oft wiederholen müssen. Der Ggs. dazu ist der *C. per diminutionem* (Verkleinerung) mit dem Thema in kürzeren Notenwerten. Im Spiegelk. (*C. per motum contrarium, all' inverso*) erfolgt → Umkehrung des Themas in der antwortenden Stimme: Die Intervalle werden gespiegelt, steigende werden zu fallenden usw. Die zweite Stimme in einem Krebsk. (*C. cancricans*) beginnt das Thema an seinem Ende und bringt es rückläufig. Die Einsätze im Rätselk. müssen aus verschleierten Hinweisen im Text („Devisen") erraten werden. Scherzk. waren in der Volks- und Kunstmusik geläufig (Haydn, Mozart, Beethoven). – Der engl. Sommerk. *Sumer is icumen in* (um 1300) ist mit 4stg. Rundgesang (→ Rota), dazu dem 2stg., auch im K. geführten Ostinato so kunstvoll, daß er als fertiges Ergebnis langer Entwicklung zu sehen ist. → Caccia, Chasse, Catch sind uns zwar als unterschiedl. K.-Formen überliefert, deuten aber (wie auch dt. gesellige K.: Osw. von Wolkenstein) auf allgemeineuropäischen Ursprung. – Die Form hieß *fuga* (Flucht) und wurde um 1400 von der geistl. Musik in Messe (*missa ad fugam*) und → Motette übernommen. Die strenge *fuga legata* hieß zum Unterschied zu der freier geführten *fuga sciolta* (→ Fuge) „K.". Die geheimnisvoll verschlüsselten Rätselk., die bis 4themig., bis 36stg. Werke der Franko-Flamen um die Mitte des 15. Jh. waren Höhepunkte dieser Kunst (J. Obrecht, J. Ockeghem, J. Desprez, J. Mouton, H. Isaac), die im 16. Jh. nach Palestrina und Lasso abklang. Sie galt dann als zu gekünstelt und akademisch. In den (pädagog.) → Bicinien (Rhau, Agricola, 1545) führte sie innerhalb der protestant. Lateinschulen noch ein gewisses Eigenleben. In Italien hatte G. Zarlino den K. beispielgebend in seine Anweisungen zum Kontrapunkt eingesetzt (*Istituzioni harmoniche,* 1558), aber erst im 17. Jh. erfuhr die Form mit stärkerer Rücksicht auf das harmon. Geschehen eine Neubelebung bei A. Berardi (*Documenti armonici,* 1687) und G. B. Vitali (*Artificii musicali,* 1689), die dann auf J. S. Bachs K.kunst einwirkten. Ähnlich war die Entwicklung in Dtl. (M. Praetorius, S. Scheidt: *Tabulatura nova,* 1624). Im Barock wurde der K. als Instrumentalform bevorzugt. Das Werk Bachs zeigt alle möglichen K.-Formen in handwerkl. und künstlerischer Vollendung (Orgelbüchlein, Goldberg-Variationen, Kanonische Veränderungen über „Vom Himmel hoch", Das musikal. Opfer, Kunst der Fuge). Für Haydn, Mozart, Beethoven war der K. – hier harmonisch-kadenzierend aufgebaut – eine Randerscheinung ihres Schaffens. Von einigen Ausnahmen abgesehen (R. Schumann, P. Cornelius, Brahms), war der K. bis ins 20. Jh. nur noch Beispiel in Lehrbüchern, fand sich einige Zeit in der → Jugendmusikbewegung, in Slgn. und Liederbüchern und wurde, etwa seit Reger, erneut Kompositionsprinzip (z. B. Bartók, J. N. David, Hindemith, Krenek, Schönberg, Strawinsky).

A. Klauwell, D. hist. Entw. d. mus. K. (Diss. Lg) 1874; H. Riemann, Hdb. d. Mg., 1904, 1923; S. Jadassohn, Die Lehre v. K. u. d. Fuge, [3]1913; F. Jöde, Der K., 1926, ND 1959; J. Müller-Blattau, Grundzüge e. Gesch. d. Fuge, [2]1931, [3]1963; L.K. J. Feininger, D. Frühgesch. des K. b. Josquin, 1937; S. H. Kitson, Invertible counterp. and c., Oxf. 1937; W. Wiora, Der ma. Liedk. (Kb. Lüneburg) 1950; W. Blankenburg, D. Bedeut. d. K. i. Bachs Werk (Bachtag. Lg) 1951; ders., K.improvisationen i. 16. u. Anf. 17. Jh. (Kb. Köln) 1958; J. D. Robinson, The vocal c. of the class. era (Diss. Indiana) 1959; J. Wetschky, Die K.techn. i. d. Instr.mus. v. Brahms, 1967; R. Falck, Rondellus, c. and related types before 1300 (JAMS) 1972; Fr. Reckow, Rondellus/rondeau, rota (HmT) 1972.

2. griech. K.: vgl. → Monochord; arab.: → *qānūn*. – 3. in der byzantin. Liturgie poetisch-musikal. kunstvoller Gesang, der das → Kontakion (→ Kondak) verdrängte und die 9 (bzw. 8) bibl. Cantica (Oden) zu 3 und mehr Strophen nachbildete („Psalmen

außerhalb des Psalters"), jeweils mit einer Musterstrophe (→ Heirmos). Meister des K. waren im 6.–8. Jh. Andr. von Kreta, Joh. von Damaskus, Kosmas von Jerusalem. – 4. Hauptteil der röm. Messe (*Canon missae*).

Kant (von lat. *cantus* = Gesang), 3stg. a cappella-Lied, ursprüngl. mit. geistl. Text; Mitte 16. Jh. in Polen (auch: *psalm*) entstanden und Mitte 17. Jh. in Ukraine und Weißrußland übernommen mit dem syllab. Bau des poln. Beispiels, dessen Originaltext (od. kirchenslaw. Übersetzung). Typisch sind die Terzenparallelen der Oberstimmen und der symmetr. Strophenbau. Später wurden Reimpsalmen und weltl. Texte vertont. Wenige Dichter sind namentl. bekannt (W. K. Trediakovskij). Geistl. Melodien wurden ebenso wie Tanzweisen (Polonaisen) übernommen. Mitte des 18. Jh. verdrängte das eigenständ. russ. Lied den K. – Vgl. Glinka, *Ivan Susanin*.

Ju. Keldyš, Ob istor. kornjach kanta (Üb. d. geschichtl. Wurzeln d. K.; Musica antiqua 2) Bromberg–Warsch., 1969.

Kantate (von lat. *cantare* = singen), allgemein: Singstück (Ggs. Sonate: Klingstück); mehrsätziges, instrumental begleitetes Gesangsstück für Solo- und/od. Chorstimmen, geistlichen od. weltl. Inhalts und mit vorwiegend lyrischer Einstimmung gegenüber den beiden anderen großen Vokalgattungen des 17. Jh., der dramat. → Oper und dem epischen → Oratorium. Stilistisch und ihrer Entwicklung nach steht die K. beiden Formen nahe mit → Rezitativ, Aria, Duett, Chor, und vielfach sieht man in der Chork. ein Oratorium mit kleineren Ausmaßen, Die K. – das Wort ist zuerst 1620 belegt – hat ihren Ursprung in der ital. Solok. in der Nachfolge des → Madrigals des 16. Jh. und unter Einfluß der beginnenden Generalbaßmonodie, wobei die nach antikem griech. Ideal in der Florentiner → Camerata vertretene, den Text interpretierende → Monodie und die → Villanelle mit gesungener Oberstimme und gespielten Unterst. wohl am Anfang stehen. Hierher gehören die dramat. konzertanten Madrigale Monteverdis. Wie Grandis Titel *Cantade e arie a voce sola* die Solok. bezeichnet, so war G. M. Bononcinis *Cantata per camera* 1677/8 typisch für die Kammerk. Beide Arten waren schon vorgebildet, die eine mit → Basso continuo begleitet (→ Chitarrone, Laute od. → Gitarre) und von L. Rossi meisterhaft komponiert; die andere vielfach mit Streichorchester und auch schon mit dem wieder polyphone Linien bevorzugenden Kammerduett bei Cavalli, Cesti, Legrenzi, Vivaldi in Venedig, Caccini in Rom, Colonna und Tosi in Bologna, Scarlatti und Stradella in Neapel. Monteverdi, Cesti, Carissimi und Steffani schrieben das der instrumentalen Triosonate entsprechende Kammerduett. Meister der Kammerk. in Frankr. nach A. Charpentier waren A. Campra, N. Bernier, M. Montéclair, J. J. Mourot, J. Ph. Rameau; in Engl. u. a. J. C. Pepusch, J. Stanley. Haben dt. Komponisten in Italien (G. F. Händel) od. nach ital. Muster (Heinichen) weltliche Kammerk. geschrieben und Italiener in Dtl. (Steffani) die Gattung verbreitet, so übernahmen doch diese Zyklen schon Anfang des 18. Jh. mehr und mehr geistl. Texte in Angleichung an die Motetten und konzertanten Kirchenliedbearbeitungen des 17. Jh. (Auch in Italien finden sich schon im 17. Jh. *Sacri concenti* oder *Cantate morali o spirituali,* z. B. bei Viadana, Carissimi, Anerio.) Die mehrteilige konzertierende Motette zeigt sich in der Linie M. Praetorius – H. Schütz (*Symphoniae sacrae*) – Buxtehude. Neben Rezitativ und Arie wirkten Choral- und Spruchmotette und das geistl. Konzert auf die dt. K. des 18. Jh. ein, und den Übergang zeigen die Werke der Süddeutschen J. Ph. Krieger, E. Kindermann, der Mitteldt.n A. Hammerschmidt, J. G. Ahle, J. Kuhnau, F. W. Zachau und der Norddt.n Ch. Bernhardt, M. Weckmann, G. Böhm, F. Tunder, Th. Selle, D. Buxtehude. „Kirchenmusik" (mit Sonntagsangabe) war bis ins 19. Jh. die allgemeine Bez. Von der ersten Bach-Gesamtausgabe (1851 ff.), die „Cantaten" schrieb, ging der Name auf ähnliche geistl. Werke über, auch rückwirkend auf die des 17. Jh. Der Begriff gilt etwa von 1660 bis ins 19. Jh., das Muster ist die K. Bachs, für den sonntägl. Hauptgottesdienst bestimmt, mit Solo und Chor, Orgel und/od. Cembalo und Orchester und gelegentlich zweigeteilt vor und nach der Predigt aufgeführt, oft mit dem Gemeindechoral schließend. Nach dem Textschema, das E. Neumeister gab, schrieben vor allem S. Franck und Picander K.texte, die durch Bachs Werk überliefert wurden. Von seinen Kirchenk. – wie Graupner, Telemann schrieb er mehrere Jahrgänge – sind etwa 200 erhalten. Sie traten wie die von Ahle, Buxtehude, Krieger, Bruhns, Kuhnau, Briegel, Rosenmüller, Schelle, Tunder in die kirchl. Funktion der Motette und des geistl. Konzerts ein. Neben der mehr konzertierenden Bibelk. mit rein biblischem Text entstand als Hauptform die Choralk., die sowohl textlich wie musikal. den Choral variierte und ausdeutete und die überlegene Meisterschaft Bachs zeigt. Die Odenk. (Ode als das Strophenlied des 17. Jh. verstanden) und die häufigere, auch durchkomponierte, manchmal rondoartige Spruchk. mit der Madrigalk. hielten sich daneben in vielen Varianten, während Bachs Choralk. mit Chorfuge und großem Schlußchoral die Form festigte, wenn auch die Choralvariation allmählich aufgegeben wurde und eine Annäherung an die Odenk. sichtbar wird unter dem Eindruck der allgemeinen, von Gottsched angeführten Kritik. Sie wendete sich u. a. gegen die lehrhafte Dichtung und unterstützte die Entwicklung zum religiösen Hymnus, in dem die weltl. K., wie sie zu Bachs Zeit üblich war, in neuer Form wieder erstand. Der nur kurze Zeit durch das Beispiel Bachs geprägte Begriff K. verlor wieder seine Verbindlichkeit in den Balladen- und Odenk. des 19. Jh. (Mendelssohn, *Walpurgisnacht*; Brahms, *Schicksalslied*). Das 20. Jh. brachte einerseits neue K.-Kompositionen mit neuen Inhalten (K. Marx, Thomas, Reutter, Hindemith, Webern, B. A. Zimmermann, Strawinsky), andrerseits wurde der Name K. vor allem im Bereich der Jugendmusikbewegung für eine Vielzahl unterschiedlicher, auch kleinster Erscheinungen benutzt.

Ph. Spitta, J. S. Bach, 1873/80, ND 1964; A. Schweitzer, J. S. Bach, 1908, [9]1976; A. Schering, Üb. d. Kirchenk. vorbach. Thomaskantoren (Bach-Jb.) 1912; H. J. Moser, D. mehrstg. Vertonung d. Evgl., 1931, NA 1968; K. F. Rieber, Die Entw. d. dt. geistl.

Solok. i. 17. Jh. (Diss. Freib.) 1932; G. Schwanbeck, D. dram. Chork. d. Romantik (Diss. B) 1938; E. Schmitz, Gesch. d. weltl. Solok., [2]1955, ND 1965; F. Treiber, D. thür.-sächs. Kirchenk. z. Zt. des jungen Bach (AfMw) 1957; H. Melchert, D. Rezitativ d. Kirchenk. J. S. Bachs (Diss. Frankf.) 1958; F. Krummacher, D. Überlief. d. Choralbearb. i. d. früh. ev. K., 1965; K. Köhler, Untersuch. zur dt.sprach. szen. K. f. Kinder u. Jugendliche (1945/66) (Diss. Greifsw.) 1971; A. Dürr, Die K.n v. J. S. Bach, 1971; W. Neumann, Hdb. d. K. J. S. Bachs, [4]1971; K. Marsoner, Stud. z. Gesch. der geistl. frz. K. (Diss. Graz) 1971; G. Rose, The it. cantata of the baroque period (Gattung. d. Mus., Gedenkschr. Schrade) Bern 1973; D. Tunley, The 18th-cent. French c., L 1974; W. Konold, Weltl. K.n i. 20. Jh., 1975; G. E. Vollen, The French c., Ann Arbor 1982.

Kantele, finn.-karelisches und lappisches Zupfinstr. (→ Psalter, Zither), eng verwandt mit Kannel (estn.), K(u)okle (lett.); Kankles (litauisch) und den flügelförm. russ. → Gusli-Typen; ursprüngl. Instr. der Volkssänger (Runenmelodien, Kalevalalieder); flügel-, trapezförm. od. rechteckiges, flaches, hohlliegendes Holz, zunächst 5, später bis 34 Saiten, diatonisch; mit Wirbeln (Stiften), mit/ohne Steg; in mehreren Größen gebaut; mit Plektrum zu reißen (der Kankles-Kontrabaß mit Griffel zu schlagen). – Die verschiedenen Formen (einschl. Gusli) gehen wohl auf eine aus finn.-ugrischer Urzeit stammende Vorform zurück. Ähnlich sind z. B. der 6saitige Tschattygan der sibir. Chakassen (Tofalaren) und mit der Gusli die Kjusle der ostfinn. Mari (Tscheremissen). Keltischer Ursprung wird bei der finn. Streichleier → Jouhikko (Jouhi-K.) vermutet, die mit der estn. Hijukannel verwandt ist.

T. Norlind, Systematik d. Saiteninstr. 1, Stockh. 1936, Hannover [2]1941; A. O. Väisänen, D. ob-ugrische Harfe (Finn.-ugr. Forsch.) Helsinki 1937; F. Bose, Die finn. K. (Atlantis) 1952; P. Stepulis, Kankles, Wilna 1955; Vertkov, 1963, [2]1975; J. Braun, D. Anfänge des Musikinstr.spiels in Lettland (Mus. des Osten 6) 1971.

Kantilene (lat. *canere* = singen; *cantilena* = altes Lied), getragene, sangliche Melodie; als → Charakterstück auch instrumental.

Kantilenensatz → Discantus.

Kantillation (lat.), Bibellesung in der Synagoge mit solist. Sprechgesang, bei dem ursprüngl. durch → Handzeichen, später durch Zeichen (Akzente) über (unter) dem Text angegeben ist, wo (Mitte, Ende, auch Anfang) der Rezitationston mit bestimmten Formeln verlassen wird. Vgl. → Psalmodie. Das entspricht einer oriental. (ind.-pers.) Tradition: Die feierl. Lesung der Vedaschriften bewegte sich mit Höhepunkten anfangs zwischen 3 Tönen, später im Sextabstand.

Kantionalsatz, der meist 4stg. homorhythm. Satz, im evgl. Bereich zum De-tempore-, Katechismus-, Psalm-, Glaubens-, Trost- und Sterbelied, gesammelt in Kantionalien. Während noch in der Mitte des 16. Jh. das mehrstg. protest. → Kirchenlied im polyphonen Satz auftritt, geht, abgesehen vorher vom homophonen Satz bei J. Walter (1524), vor allem unter Einfluß des reformierten Psalters mit den Sätzen von Goudimel (→ Hugenottenpsalter, 1565) und der dt. Übertragung von A. Lobwasser (1573) die Entwicklung zum akkordisch homorhythm. Satz (Note gegen Note), anfangs noch mit dem → Cantus firmus im Tenor, in D. Wolkensteins Straßburger Slg. von 1583 zum Teil, bei L. Osiander (*50 Geistl. Lieder u. Psalmen,* 1586, Vorbild der späteren K.) stets im Sopran. (Die auch in protestant. Gemeinden wirkende

Psalmdichtung Lobwassers wurde in der Reformierten Kirche erst 1798 durch die „*Neue Bereimung*" des Weseler M. Jorissen abgelöst.) Die Gattung K. tritt weiterhin nicht nur in Kantionalien auf, sondern auch in Slgn. mit Auswahl zum bestimmten Zweck (Schröter, *Weihnachtslieder,* 1587; Steurlein, *Hochzeitsgesänge,* 1587). Um 1600 beschäftigten sich bekannte Komponisten mit den einfachen K., meist nach kirchenamtl. Hinweis: S. Calvisius (*Harmonia Cantionum Ecclesiasticarum,* 1597), J. H. Schein (*Cantional,* 1627, mit Baßbezifferung für die Instrumentalbegleitung), M. Vulpius (*Kirchengesänge und geistl. Lieder,* 1604), H. L. Haßler (*Kirchengesäng ...,* 1608), E. Widmann (*Geistl. Psalmen und Lieder,* 1603), J. Eccard (*Geistl. Lieder ...,* 1597, 5stg.), B. Gesius (*Geistl. Dt. Lieder,* 1601, 1605). M. Praetorius brachte in Teil 6–8 der *Musae Sioniae* (1609/10) K. über fast alle damaligen Kirchenlieder und deren landschaftl. unterschiedliche Fassung. Bei J. Crüger (1640) erschienen zum 4stg. Satz 2 Instrumentalstimmen ad lib. Seine K. weisen auf das Generalbaßlied wie auf den Orgelbegleitsatz bis zur jüngsten gottesdienstl. Praxis, die durch neue K. von Distler und Pepping aufgefrischt wurde. – Im Ggs. zum Gebrauch des Namens Kantional im evangel. Bereich bedeutet er im böhmischen Raum allgemein das gedruckte od. handschriftl. → Gesangbuch in der Volkssprache, die Slg. geistl. Lieder und liturg. Gesänge, anfangs der Nichtkatholiken (Utraquisten, → Böhm. Brüder, Lutheraner). → Ode.

F. Blume, D., evgl. Kirchenmusik, NA 1965; J. Wolf, Der 4stg. homophone Satz, 1965; → Kirchenlied.

Kantor (lat. *canere* = singen), im heutigen Gebrauch der Leiter der → Kantorei od. des Kirchenchores, in großen Städten mit dem Titel Kirchenmusikdirektor, in Landgemeinden zugleich Organist. In der frühkathol. Kirche war der K. Sänger, Vorsänger, der im 13. Jh. (W. Duranti) Kleriker sein mußte. An Dom- und Stiftsschulen war er Rektor. Das Amt verlor später an Bedeutung, und der K. hatte auch wissenschaftl. Fächer zu unterrichten (Beispiel: J. S. Bach). Der erst fürstl. Hof-, dann städt. Gymnasialk. J. Walter in Torgau war mit seinen Kantoreisätzen zum Kirchenjahr und seiner ersten dt., dramatischen → Passion das Beispiel für Generationen protestantischer K.

G. Schünemann, Gesch. d. dt. Schulmus., 1928/32, ND 1968; K. F. Müller, Der K., 1964; D. Krickeberg, D. prot. Kantorat i. 17. Jh., 1965; W. Herbst, Quellen z. Gesch. d. ev. Gottesdienst., 1968; K. W. Niemöller, Untersuch. z. Musikpfl. u. Mus.unterr. a. d. dt. Lateinschulen ..., 1969; E. Reimer, Musicus u. C. (AfMw) 1978; S. Dach, Hdb. d. K.-Dienstes, 1978, 1980.

Kantorei, heute meist kirchlicher Laienchor mit der Hauptaufgabe, im Gottesdienst mitzuwirken; selten ist die weltl. K. (berühmt war die Kaiser Maximilians I.). Zu den frühesten K. gehört die schon um 600 bestehende Schola cantorum, auf die die → Sixtinische Kapelle in Rom zurückgeht. Dem dt. Chor an Kloster- und Domschulen entsprachen in Frankr. die → Maîtrise und in Engl. der Kathedral- und College-Chor (*Royal Chapel*). Die Reformation bewirkte in Dtl. eine Blüte des K.wesens. In kleinen Orten entwickelten sich etwa nach dem Beispiel der früheren → Kalanden die → Adjuvantenchöre. Während im Gefolge der Aufklärung die Schulchöre und die kirchlichen und fürstl. K. an Bedeutung verloren, entstanden bürgerl. → Chöre und im 19. Jh. wieder Kirchenchöre (1838 Domchor Berlin). Dagegen hielten sich die Dresdener Kreuzk. und die Leipziger Thomask. ununterbrochen seit dem 13. Jh.

A. Werner, Gesch. d. K.-Gesellschaften im Gebiet ... Sachsen, 1902, ND 1969; P. Epstein, D. Schulchor v. 16. Jh. b. z. Gegenw., 1929, ND 1983; W. Ehmann, Das Musizierbild der dt. K. im 16. Jh. (Fs. Seiffert) 1938; M. Ruhnke, Beitr. zu einer Gesch. d. dt. Hofmusikkollegien i. 16. Jh., 1963; H. Nuechterlein, 16th cent. Schulc. ... (Diss. Ann Arbor) 1968/9. → Kantor.

Kanun, → Qānūn.

Kanzelle (lat. *cancelli* = Gitter, Schranken), bei der Orgel der Windraum, der durch ein Ventil an- od. abgeschlossen wird und auf dem entweder alle Pfeifen stehen, die zu derselben Taste gehören (= Tonk., bei der → Schleiflade) od. alle Pfeifen eines Registers (= Registerk., bei der → Kegellade).

Kanzone, Canzona (it., engl. *canzona/canzone*; frz. *chanson/canzona*; span. canción; provenz. *canso* = Gesang, Lied), Name unterschiedl. Vokal- und Instrumentalformen: 1. roman. Gedicht (Lied) aus der Provence, das sich in Italien im 13., 14. Jh. zu hoher Blüte entwickelte (Petrarca, Dante, Tasso). Es bestand in der Regel aus 5–10 meist 13zeiligen Strophen, jede mit *fronte* und *sirima* (etwa: Auf- und Abgesang); Verse zu 11 od. 13 Silben (der 7. und 10. mit 7 Silben); am Schluß eine kürzere Strophe (*cauda*). Bedeutende Komposition in der Petrarca-Renaissance des 15. und 16. Jh. ist Dufays *Vergine bella* mit syllab. Textdeklamation, Durchimitation aller Stimmen. Wie in Spanien neben der lyr. Kunstform → Canción entstanden auch in Italien volkstüml. Arten (z. B. *Canzona Venetiana, Napolitana*; → Frottola). – 2. Am Entstehen der K. für Tasteninstr. im 16., 17. Jh. war nach A. Gabrieli und C. Merulo vor allem Frescobaldi beteiligt, der mit fugierenden Abschnitten aus den Bausteinen des Chansonthemas neue Themen bildete und mit *„Adagio“* bezeichnete Einschübe im Dreier-od. Zweiertakt gegen die *„Allegro“* genannten imitierenden Teile stellte. Von seinen Schülern brachte J. J. Froberger die Variations-K. einthemig und mit → Toccateneinschüben, J. K. Kerll versuchte sie mit der mehrthemigen K. zu verbinden. Mitte des 17. Jh. war die Blütezeit der K. vorbei, und die → Fuge entwickelte sich. Die K. für mehrere Instr. hatte ihren Höhepunkt in Venedig, wo G. Gabrieli K. in mehrchöriger Besetzung und kontrastierenden Metren schuf und den Weg zum Instrumentalkonzert vorbereitete. Aus der 1-, 2-, 3stg. K. mit Basso continuo entwickelte sich weiträumig und monodisch die → Sonate gegenüber der imitator. K. Nach 1650 erscheint der Name K. nur noch als Satzbezeichnung in Sonaten. – 3. Das instrumentale → Charakterstück verwendet den Titel seit dem 19. Jh. für kürzere, liedhafte Werke, meist in 2- od. 3teiliger Liedform.

F. Gennrich, Grundr. e. Formenlehre d. ma. Liedes, 1932, ND 1969,; J. M. Knapp, The C.e Francese and its vocal models (Diss. Columb. Univ.) NY 1941; A. Einstein, The It. madrig., Princeton 1949 (dt.: Z 1952); K. Jeppesen, Die it. Orgelmus. am Anf. d. Cinquecento, K [2]1960; R. Richter, Tonalitätsvorrat. d. Elisabethan. Liedk. (Diss. Lg) 1968; N. Lusso/T. Bonavita (Hg.), Almanacco della canzone, R 1969; D. Kämper, Stud. z. instr. Ensemblemus. d. 16. Jh. in It. (Analecta mus.) 1970; G. Durosoir, La canz. en Italie... (Diss. P) 1978; Donna G. Cardamone, The canzone villanesca alla Napolitana..., Ann Arbor 1981.

Kanzonette, it. Chorlied, besonders im letzten Viertel 16. Jh.: reife Form der Liedkanzone (*Canzonetta alla Napoletana*: Gabrieli, Regnart), z. B. von Monteverdi, Gastoldi, L. Viadana; Haßler, Demantius, Lechner, Aichinger; Th. Morley, J. Dowland, Th. Campian.

H. Osthoff, D. Niederländer u. d. dt. Lied, 1938; W. Dürr, D. ital. Canzonette u. d. dt. Lied i. Ausgang d. 16. Jh. (Fs. Bianchi), Bologna 1960. → Kanzone.

Kapelle, 1. kleine Kirche od. Kirchenteil; – 2. das Ensemble, heute meist Blas- od. Tanzk. (Zum Namen vgl. → Cappella.) Cappellani: Musiker im kirchl., fürstl. Dienst. Es war eine Folge des Aufschwungs der Instrumentalmusik in der ital. Renaissance, daß Anfang des 16. Jh. als K. die Gemeinschaft der Vokalisten und Instrumentisten bezeichnet wurde. In Dtl. blieb der Name zunächst noch der geistl. Musik vorbehalten, galt aber nach dem Vordringen ital. Musik und Musiker an den Fürstenhöfen als Sammelbegriff auch für Schauspieler und Tänzer. → Cappella.

M. Ruhnke, Beitr. z. einer Gesch. d. dt. Hofmusikkollegien im 16. Jh., 1963.

Kapellmeister → Musikdirektor.

Kapellmeistermusik, abwertende, iron. Benennung einer Komposition, die in erster Linie dank guter Routine in der Verwendung und Zusammenstellung gängiger Formen und Formeln entstanden ist. Der Begriff kam im 19. Jh. auf, als Dirigent und Komponist nicht mehr personengleich waren, der Kapellmeister von Beruf sich aber noch zur Komposition berufen und verpflichtet fühlte.

Kapodaster, Capotasto (it.: Hauptbund), bewegl. Sattel bei Saiteninstr. mit → Bünden. Durch Verschieben wird die Stimmung verändert, das Spiel in schwierigeren Tonarten erleichtert.

Karnai (usbek., pers. *karranay*; von assyr. *qarnu*), Naturtrompete, bis ins späte MA in Persien, im 20. Jh. noch in den nördl. Nachbarländern (Usbekistan); früher militär. Signalstr., jetzt bei feierl. Aufzügen; bis 3 m langes, auch scharf geknicktes, zylindr. Messingrohr mit großem, glockenartigem Schallbecher.

Karnyx, kelt. Trompete (Bronzerohr mit Bleimundstück) mit Schallbecher in Drachenform (ähnl. einer nepales. Kulttrompete). Funde in Engl., Frk., Österr. (Hallstatt); zwischen 400 v. und 400 n. Chr. Wechsel zum Holzinstr. (vgl. → Alphorn).

G. Wille, Musica romana, A 1967; Fr. Zagiba, Von d. kelt Carnyx I zum Alphorn (Fs. Wiora) 1967.

Kasatschok (russ. *kazak*: Kosak), Kosakentanz, von dem besonders die ukrainische Art verbreitet ist; 2/4Takt, mit schneller Steigerung in Tempo und Dynamik und oft improvisierten Varianten des einfachen, kurzen Hauptmotivs. Der K. ist seit Anfang des 17. Jh. in der Ukraine als Paartanz belegt, wurde im 18. Jh. Teil des frz. Balletts, im 20. Jh. allgemein Gesellschaftstanz.

Kassation (ital. *cassazione* = Aufhebung, hier im Sinne von Abschied), mehrsätziges Tonstück, im 18. Jh. in der Nachfolge der → Suite entstanden wie → Divertimento, Serenade, Notturno und wie diese nach Form und Besetzung nicht festgelegt. Mit Serenade und Notturno hat die K. als Freiluftmusik die Bevorzugung von Bläsern gemein. Die Entwicklung ging, wie bei den übrigen genannten Arten, vom Aufbau der Tanzsätze in der Suite zur Sonatenform und dabei zur viersätzigen kammermusikal. Form und zur Sinfonie.

K. Strom, Beitr. z. Entw.gesch. d. Marsches in d. Kunstmusik bis Beethoven (Diss. München), 1926; G. Haußwald, Mozarts Serenaden, 1951; ders., D. Orchesterserenade (Musikw.) 1970.

Kastagnetten (von span. *castaña* = Kastanie), Instrument (Selbstklinger). Kleine, ursprüngl. kastanienförmige Schalen aus Hartholz, die am Daumen befestigt, von den Fingern rhythm. gegeneinander geschlagen werden. Dieses Klapperinstr. wurde von Phöniziern aus Ägypten nach der iberischen Halbinsel gebracht. Im übrigen Europa erklingt es nur zur Begleitung spanischer Tänze. Sonst lediglich in der russ., von da in der preußischen Militärmusik.

Kastraten (lat. *castrare* = verschneiden), in Italien im 16.–19. Jh. Sänger, deren Geschlechtsreife operativ verhindert wurde, so daß die Sopran- od. Altstimme des Knaben erhalten blieb, während der Atem- und Resonanzapparat sich natürl. entwickelte und die erstaunliche Gesangskunst der K. ermöglichte. In der päpstl. Kapelle sangen K. seit 1562. In der Oper besetzten sie die Frauenrollen bis Anfang des 19. Jh. Italien.K. verbreiteten zwar ihren Ruhm an allen europäischen Residenzen, doch war das K.wesen hauptsächl. auf Italien beschränkt.

F. Haböck, Die K. u. ihre Gesangskunst, 1927; A. Heriot, The castrati in opera, L 1956, ND 1975.

Katabasis (gr.), vgl. → Anabasis.

Kataloge sind, auf Musik bezogen, Verzeichnisse der Bestände einzelner od. mehrerer Musikbibliotheken: z. B. *The British Union-Catalogue of Early Music* od. der K. der Kongreßbibliothek, Washington, der größte gedruckte der Welt (→ Bibliographie). K. verschiedener Slgn. wurden wegen ihrer gründlichen fachl. Bearbeitung berühmt: z. B. G. Kinsky, Musikhistor. Museum von Wilh. Heyer, Cöln (1910 ff.), C. Sachs, Slg. alter Musikinstr. (Berlin, Hochsch. für Musik, 1922); ebenso Ausstellungs-, Antiquariats- und Versteigerungsk.e: z. B. Versteigerung der Musikbibliothek Wolffheim (1928).

Kathākali (ind.), das noch heute in Indien lebendige Tanztheater mit nur männl. Darstellern, die in prächtigen Gewändern mit phantastischen Masken auftreten. Dargestellt werden in stundenlangen Aufführungen Stoffe aus der ind. Mythologie und Legenden mit großen dramat. Szenen zur Musik von drei Sängern, die sich mit der → Tambura begleiten (mit Bordun); dazu klingen abgestimmte Trommeln (→ Tabla).

A. Daniélou/K. Vatsyayan, K., le théâtre dansé de l'Inde, B 1967; C. R. u. B. T. Jones, K., San Francisco/NY 1971.

Katzenmusik → Charivari

Kaval (bulgar.), balkan. Hirtenflöte mit engem, zylindr. Rohr und am Ende 3 od. 4 Schallöffnungen; in Rumänien 5 (*caval*), 6 (*fluier*) od., wie sonst, 8 Grifflöcher (1 unterständig); meist (Jugosl., Bulgar., Türkei) schräg angeblasen; auch mit 2 Instr. od. als Doppelflöte gespielt (mit Bordun); auch Kernspaltflöte od. randgeblasen. Vgl. → Tilinka, Fujara.

Kavatine → Cavatine.

Kayago, Kayagum, nach dem korean. Südstaat Kaya benannte Wölbbrettzither mit meist 12 Saiten über einem längl., schmalen Korpus, je mit bewegl. Steg (vgl. → Koto); seit dem 6. Jh. bekannt. → K'in.

Kazoo (engl.) → Mirliton.

Kegellade, in der Orgel → Windlade mit Registerkanzellen, wobei jede Pfeife ihr (Kegel-) Ventil hat, das (anders als bei der → Springlade) nicht zur Registermechanik, sondern zur → Traktur gehört. → Kanzelle, Schleiflade.

Kehlkopf (Larynx), Stimmorgan des Menschen, das am Zungenbein am oberen Ende der Luftröhre gelegen und dessen größter Knorpel (Schildknorpel) beim Manne als Adamsapfel erkennbar ist. Der Ringknorpel, der untere Teil des K., hält die beiden dreiseitigen Stellknorpel (Gießbecherknorpel), von denen die Stimmlippen (→ Stimmbänder) nach vorn zur Innenwand des Schildknorpels verlaufen, je nach Stellung der Stellknorpel gespannt und geschlossen od. (beim Einatmen od. Flüstern) nach hinten auseinanderstehend mit der Stimmritze (Glottis) als Zwischenraum. Seitlich sind die mit Schleimhaut überzogenen Stimmlippen mit der Innenhaut der K.wand als deren nach innen vorspringende Falten verbunden. Ein zweites Faltenpaar, die falschen Stimmbänder, ohne Stellknorpel, liegt über den eigentl. Stimmbändern, möglicherweise als Dämpfung. Beim Toneinsatz werden die Stimmbänder gespannt und geschlossen. Die aus der Lunge kommende Luft wird durch die Stimmritze gepreßt und bringt die Stimmbänder zum Schweigen wie bei einem doppelten Rohrblatt (→ Oboe). Der Ton hängt ab von der Länge der Stimmbänder, ihrer Spannung und vom Luftdruck, Die charakterisierenden → Obertöne erhält er hauptsächlich erst in den Resonanzräumen. Wie bei der längeren Saite od. der längeren schwingenden Luftsäule kommt von den längeren Stimmbändern der tiefere Ton. Von der Stellung der Stellknorpel, also der Stimmbänder, zueinander und von der Art der Resonanz hängt das → Register der Stimme ab. Bei Beginn der Pubertät, etwa im 12. Lebensjahr, wächst der K. bei Knaben besonders auffällig. Die Umstellung des Stimmapparates auf eine tiefere Stimmlage verringert vorübergehend den Tonumfang der Stimme (Stimmbruch, → Mutation, Kastraten).

R. Husson, La voix chantée, P 1960; H. Lullies, Physiol. der Stimme u. Sprache; in: Trendelenburg (Hg.), Lehrbuch d. Physiol., 1953; A. Rose, The singer and the voice, L 1962.

Kehrreim → Refrain.

Kenthorn → Klappenhorn.

Keraulophon (griech. *keraules* = Hornbläser, *phone* = Stimme), → Register der → Orgel; in England als Bläserimitation hornartig intoniert (1. Hälfte 19. Jh.); 8'.

Kettenlied (frz. *chanson enchaînée*), geselliges Strophenlied (gemeinsam od. im Wechsel gesungen), bei dem der Text des (Chor-) Refrains von Strophe zu Strophe bei gleicher Melodie erweitert wird bis zum inhaltlichen Höhepunkt (Pointe). → Rundgesang.

Key (engl.:) → Schlüssel, Tonart, Taste, Klappe.

Keyboard (engl.:) → Klaviatur; auch allgemein: Tasteninstr. (*k.instr.*) und von daher in Rockmusik, auch in der Musikerziehung das elektron. Tasteninstr., z. B. Synthesizer, elektron. Orgel (→ Elektrophone); seit 1982 auch mit gleichzeitigem Notendruck (vgl. → Fantasiermaschine).

Khuur, wichtigstes Streichinstr. der Inneren Mongolei (verwandt dem chines., 4saitigen *tse-hu*) mit vorwiegend trapezförm. (auch gerundetem) Korpus, niedrigen Zargen; Decke und Boden meist mit Pergament bespannt; langer Hals ohne Bünde; die 2 Roßhaarsaiten in Quinten (Quarten). → Rabāb.

Kielinstrumente, Instrumente, deren Saiten durch mittels Tasten bewegte Kielmechaniken angerissen werden, die dabei ein zupfendes Plektrum ersetzen. Am Ende der Taste steht ein Holzstäbchen (Springer) so unter der Saite, daß ein aus einer Zunge herausragender Kiel die Saite berühren, anreißen und in Schwingung versetzen muß, wenn die Taste gedrückt, somit der Springer gehoben wird. Als Material für den Kiel nahm man Federkiele, Metall, später Lederkeile. Das für die Verbindung mit einer Tastatur im 14. Jh. gewählte Instrument war das → Hackbrett (→ Psalterium). Die Tasten wurden denen der Kleinorgeln nachgebildet. Nach der Größe teilt man die K. in 2 Gruppen: → Virginal, Spinett und → Cembalo („Kielflügel"), Clavicitherium. Die K. sind neben dem → Clavichord Vorläufer des Klaviers.

K'in, Tjin (chines.; korean. *kum*; vietnames. *dan tranh*), alte chines. Wölbbrettzither mit verschied. Arten und Namen; mit 5, heute 7 gleich langen Saiten verschiedener Dicke, ohne Steg. Neben der Melodiesaite sind mit 13 Elfenbein-(Perlmutt)marken die Griffe bezeichnet, die nach der K.-Tabulatur zu greifen sind. Aus dem K. enstanden die Formen des japan. → Koto.

Kinderlieder gehen in ihren einfachen Melodieformeln auf einen den Völker gemeinsamen Urbestand zurück. Die ältesten Formtypen zeigten Tetra- und Pentachorde, wie sie im → Volkslied europäischer Randgebiete noch lebendig sind (Schottland, Irland, Albanien). Charakteristisch ist das Beharren auf einem Zentralton, der nur kurz überschritten wird, u. die Kadenz mit fallender Terz, die die Herkunft aus dem Ruf erkennen läßt. Darauf deutet auch die Kürze der oft zusammenhanglos aneinandergereihten Sätze; häufig nur Klang- und Rhythmuswörter. In der Regel gilt $^2/_4$-Takt, der konsequent eingehalten wird. Vielfache Wiederholung von meist zweitaktigen Formeln werden in → Ketten- und Abzählspielen verlangt. Rhythmisch aufgelockert sind die Tanzspiele. Man unterscheidet Wiegen- und Koselieder, Kniereiterverse, Mahn- und Scherzlieder,

Jahreslieder (z. B. Neujahr, Dreikönig, Laterne, Weihnacht), Tages- und Naturlieder, Erzähl- und Kettenlieder, Brücken-, Nachahme- und Hüpfspiele, Ringelreihen. – Mit der Neubelebung und Slg. des Volksliedes wuchs auch das Interesse an den K., für deren ma. Bestand das handschriftl. Hohenfurter Liederbuch aus dem 15. Jh. eine wertvolle Quelle ist. J. M. Firmenich sammelte in Polen und Rußland im 19. Jh., G. Jungbauer in Böhmen im 20. Jh. reiches Material. Vermutlich auf die Bestrebungen des Philantropismus Ende des 18. Jh. (J. B. Basedow) gehen die zahlreichen Neudichtungen, vor allem im 19. Jh., zurück, mit denen Erwachsene kindertümliche Einfachheit versuchten. Slg., Belebung und Erneuerung des Bestandes an K. regte die → Jugendmusikbewegung an (Jöde, Orff, Wenz).

F. M. Böhme, Dt. K. u. Kinderspiel, 1897, ND 1966; K. Wehrhan, K. u. Kindersp. (Hdb. z. Volkskd. 4) 1909; F. Jöde, Ringel Rangel Rosen, 1913, ND 1959; ders., D. schaffende Kind i. d. Mus., 1928, ND 1962; ders., Kind u. Mus., 1930; J. Wenz, Das dt. K., 1928; ders., D. gold. Brücke, [3]1933; A. Göpel, D. Wandel d. K. i. 18. Jh. (Diss. Kiel) 1935; B. Kürth, Das dt. K. d. 19. Jh. (Diss. Halle) 1955; W. S. Miles, Children's hymn and chorus, L 1960; H. M. Enzensberger, Allerleirauh, 1961; R. Johnston, Das nordamer. K. (Jb. Orff-Inst.) 1963; R. Lorbe, D. Welt d. K. (Int. Unters. z. Kinder ... -lit.) 1971; E. Gerstner-Hirzel, Das K. (Hdb. d. Volksliedes) 1973.

Kinetographie → Choreographie

K'ing, chines. → Lithophon aus der Chou-Zeit (bis 250 v. Chr.); heute meist 12 od. 16 winkelig geschnittene, im Rahmen 2reihig hängende Steine, nach der → Lü-Skala abgestimmt; in Hof- und Tempelmusik benutzt.

Kinnhalter, bei Violine und Bratsche meist links neben dem Saitenhalter befestigtes, dem Kinn passend vertieftes Ebenholzstück zum festeren Halt beim Spiel, besseren (akust.) Kontakt mit dem Spieler. Die Erfindung wird L. Spohr zugeschrieben, der sie 1820/1 in Frkr. benutzt haben soll, in seiner Violinschule (1831) hervorhob. Anfangs umstritten (A. E. Sammons dagegen, J. Joachim dafür), erhielt der K. die heutige Form um 1885 und setzte sich seit Ende des 19. Jh. durch.

Kinnregister, am → Akkordeon ein mit dem Kinn zu bedienender Registerhebel.

Kino-Orgel vgl. → elektron. Orgel.

Kinor, Kinnor (hebr.), Zupfinstr. der altjüd. Tempelmusik, das Instr. Davids; eine → Leier (Jochleier); 5–8 mit Plektrum zu spielende Saiten. Der K. war in verschied. Arten in Vorderasien und Ägypten verbreitet.

Kirchenkantate (ital, *cantata da chiesa*), geistlich textierte Kantate gegenüber der weltl. *cantata da camera*; im 17. Jh. bei Anerio, Viadana, Carissimi, Agazzari, Cazzati als *sacri concenti* od. *cantate morali o spirituali* bezeichnet und nach 1620 auch in Dtl. bekannt. Dort ist die unterscheidende Bezeichnung K. trotz zahlreicher weltlicher → Kantaten selten, weil durch J. S. Bachs Werk der Begriff Kantate im 19. Jh. rückschauend zum Typus für geistl. K. gesetzt wurde.

Kirchenlied das gottedienstliche, strophige Gemeindelied in der Volkssprache im Ggs. zum latein. (gregorian.) → Choral der katholischen Kirche, den der Chor vortrug und an dessen Gesang etwa seit dem 9. Jh. und weiter mit fortschreitender Polyphonierung die Gemeinde immer weniger beteiligt wurde. Weniger deutlich ist die Grenze zum geistl. Lied ohne eigentliche Funktion im Gottesdienst. Anfänge volkssprachigen Gesanges sind die Texterweiterungen des Kyrieleison (→ Leisen), die in vielen 4zeiligen geistl. Refrainliedern des 12.–14. Jh., möglicherweise Kurzformen von → Sequenzen, ebenso wie die gereimten Antiphonlieder (*Veni, sancte spiritus, Media vita,* Marienantiphonen) ihren festen Platz im Gottesdienst hatten. Weihnachten, Passion, Ostern und die Marienverehrung gaben vornehmlich den Anlaß zur Übersetzung auch der → Cantiones (*Puer natus in Bethlehem, Resonet in laudibus*), bei denen vorherige lat. → Kontrafaktur weltlicher Volkslieder häufig ist (z. B. geistl. Reigenlieder) mit Anregung aus der Mystik, z. B. der niederländ. *Devotio moderna,* mit der das geistl. Haus- und Gemeindelied bis in den norddt. Raum vordrang (Liederbuch der Anna von Köln, um 1500; Wienhäuser Liederbuch, 15. Jh.). Nur im böhmischen Raum und in England zeigte sich noch ein so reicher Schatz aus unterschiedl. Quellen gespeisten geistl. Liedgutes, wie ihn in Dtl. die Reformation mit dem Ziel der aktiven Beteiligung der Gemeinde am Gottesdienst übernahm und auswählte, wenn auch der Liedgesang im evgl. Gottesdienst nicht wie im reformierten der ausschließliche liturg. Beitrag der Gemeinde war. Das K. erhielt liturg. Funktion (Gloria: *Allein Gott in der Höh sei Ehr*; Credo: *Wir glauben all an einen Gott*; Agnus Dei: *Christe, du Lamm Gottes*) und wurde Haus- und Lehrlied (*Hinunter ist der Sonnen Schein; Christ, unser Herr, zum Jordan kam*). Es stand neben dem → Volkslied und verwendete wie dieses feststehende formelhafte Bauelemente, um Bekenntnis, Lobpreis und Lehre immer unpersönlich als Inhalt brüderlicher Gemeinsamkeit zu verkünden. Aus dem Volkslied stammt auch der durartig jonische Ton der Neuformungen und die vom → Meistersang gebildete barförmige Strophe mit Stollenwiederholung und Abgesang (*Es ist gewißlich an der Zeit*, aus: *Wach auf, meins Herzens ein schöne*). Luther übersetzte mit wörtlicher Übernahme od. freier Variation Psalmen (*Ein feste Burg*), Hymnen (*Nun komm der Heiden Heiland*), Sequenzen (*Christ lag in Todesbanden*), übernahm geistl. Volkslieder (*Gelobet seist du*) erfand neue Lieder (*Vom Himmel hoch*) und regte zu Neuschöpfungen an: B. Waldis, N. Decius, P. Speratus und N. Herman, der aus den → Bergreihen schöpfte und deren Rhythmus übernahm (*Erschienen ist der herrlich Tag*). Dieser findet sich andrerseits bei Selnecker und Steuerlein; dort unter Einfluß des calvinischen frz. Psalters von C. Marot und Th. de Bèze. Von der bekanntesten Vertonung dieser Psalmlieder durch C. Goudimel (1565) mit einfachem 4stg. Satz (die Melodie meist noch im Tenor) hat sich A. Lobwassers dt. Fassung (1573) gegen andere durchgesetzt. Die weitere rhythmische Straffung im evangel. mag auf den Einfluß des reformierten K. zurückgehen. Wie im Wittenberger wird im Straßburger K. das Psalmlied bevorzugt (Greitter). Während geringere Anregung aus dem fläm. Bereich kam (→ Souterliedekens: *Was mein Gott will*), wurde das lat.

Quellen strenger folgende K. der → Böhmischen Brüder (M. Weiße) wichtig für das Lied der Reformation ebenso wie für das der Gegenreformation. Kurz nach den ersten protestantischen → Gesangbüchern (Wittenberg, Erfurt, 1524) erschienen deutschsprach. kathol. Slgn. (zuerst von Vehe, 1537; die bedeutendste von Leisentrit, 1567), oft mit der reformator. Fassung neben vielen überlieferten und neugeschaffenen Liedern. Die protestant. wie die kathol. K. in der Gegenreformationszeit beschäftigten sich mit Glaubenskampf, auch mit Not und Trost in der Kriegszeit. Dazu kommt das evgl. meditierende Betlied. Der 4stg. → Kantionalsatz (wie schon bei Klug und Goudimel) mit der Melodie in der Oberstimme nach dem Muster bei L. Osiander (*50 geistl. Lieder und Psalmen,* 1586) gab das Beispiel für die weitere Entwicklung zugunsten des 4stg. Orgelsatzes, der nun mit beziffertem Baß gedruckt wurde. J. S. Bachs Choral steht mit seinen kontrapunktierenden, den Textgehalt ausdeutenden Stimmen über dem Kantionalsatz. Jetzt tritt auch die persönl. Glaubensaussage des einzelnen in den Vordergrund: P. Nicolai (*Wie schön leuchtet der Morgenstern*), M. Vulpius (*Hinunter ist der Sonne Schein*), J. H. Schein (*Machs mit mir Gott*), J. Crüger (*Fröhlich soll mein Herze springen*) mit den Texten von P. Gerhardt und dem Rhythmus nach frz. Muster, J. H. Ebeling, J. Schop, J. Rist, H. Albert. Im letzten Drittel des 17. Jh. zeigt sich der Einfluß der ital. → Monodie (A. Krieger, R. Ahle, J. Neander). Dichter und Komponist sind nicht mehr personengleich. Standen Crügers Weisen noch dem Volkslied nahe, so setzte gleichzeitig der Einfluß durch Kunst- und Chorlied ein (H. Schütz, *Psalmen Davids* nach C. Becker, 1628). – Im 16.–18. Jh. entwickelte sich das kath. K. unter Einfluß des Tridentinums und des evgl. K. (dem gegenüber das vorreformator. K. betont wurde), gleichzeitig mit den Strebungen der Gegenreformation und Erscheinungen der Barockdichtung. – Neue reformator. Glaubensaussagen zeigen die Lieder B. Schmolcks, während die pietistischen bei Tersteegen und Graf von Zinzendorf Buße, Lehre, Heiligung behandeln. Die Aufklärung war für das K. wenig ergiebig, sieht man ab von Gellerts *Geistl. Liedern und Oden* (1757; mit der Musik u. a. von Ph. E. Bach) und von M. Claudius (*Der Mond ist aufgegangen,* Weise von J. A. P. Schulz). Es bleiben im wesentlichen rationalistisch moralisierende Lehrgedichte und daneben die Bemühungen um nivellierende K.-„Verbesserungen“, bis in der Romantik E. M. Arndt (1819), der auch für ein evgl. Einheitsgesangbuch eintrat, und Herder den Anfang zu einer Erneuerung und Bestandsaufnahme machten. Die Arbeiten und Slgn. von P. Mortimer, C. von Winterfeld, L. Schoeberlein, Ph. Wackernagel, J. Zahn bewirkten eine neue theolog. und hymnolog. Wertung des K., wie sie im Evangel. Kirchengesangbuch von 1950 ihren Niederschlag gefunden hat. Aus dem 20. Jh. sind darin Texte u. a. von R. A. Schröder und J. Klepper. Die Reform des kathol. K. setzte ebenfalls mit der Sammeltätigkeit der Romantik ein, aus der W. Bäumkers, auf K. S. Meisters Slg. (1862) fußendes Werk hervorging. Ein erstes einheitl. kath. Jugendgesangbuch erschien 1938

(„K“) mit älteren, auch protestant. Liedern und neuen (z. B. von G. Thurmair/A. Lohmann). Die kirchenmusikal. Erneuerung und die Singbewegung nach 1920 regten ein lebendiges Verhältnis zwischen Gemeinde und K. an. Jedoch ist nicht zu übersehen, daß – wie das Volkslied in der modernen Industriegesellschaft nicht mehr Lied des ganzen Volkes ist – auch das K. nicht in seiner ursprünglich ihm zugedachten Funktion steht. 1969 wurde eine Arbeitsgemeinschaft für ökumenisches Liedgut gegründet. → Hymnologie.

H. Hoffmann v. Fallersleben, Gesch. d. dt. ev. K. bis auf Luthers Zt., 1832, ND 1965; K. v. Winterfeld, Der ev. Kirchenges . . ., 1843, ND 1966; Ph. Wackernagel, Das dt. K. v. d. ält. Zt. b. Anf. 17. Jh., 1864/77, ND 1964; E. E. Koch, Gesch. d. K., 1866 ff., ND 1973; A. Fischer, K.-Lex., 1878/9; W. Bäumker, D. kath. dt. K. . . ., 1883/1911, ND 1962; J. Zahn, Die Melod.. d. dt. ev. K., 1889/93, ND 1963; R. Wolkan, D. dt. K. d. böhm. Brüder, 1891; A. Fischer/W. Tümpel, D. dt. ev. K. d. 17. Jh., 1904/16; W. Nelle, Gesch. d. dt. ev. K. [3]1928, ND 1962; W. Stählin, D. Bedeut. d. Singbeweg. f. d. ev. Kirchenges., 1928; B. Brawley, Hist. of the Engl. hymn, NY 1932; M. C. Pfleger, Unters. am dt. geistl. Lied d. 13.–16. Jh. (Diss. B) 1937; K. Ph. Bernet Kempers, Beknopte geschiedenis v. het kerklied, Groningen 1939, [2]1948; W. Bräutigam, D. Wiedergeburt des ev. K. i. 20. Jh. (Diss. Marburg) 1952; A. Haeussler, The story of our hymns, St. Louis 1952; Chr. Mahrenholz/O. Söhngen, Hdb. z. ev. Kirchengesangbuch, 1953 ff.; F. Zagiba, Die dt. u. slaw. Choraltradit. (KmJb) 1953; K. Ameln/Chr. Mahrenholz/D. Müller, JbLH, 1955 ff.; J. Röbbelen, Theolog. u. Frömmigkeit i. dt. ev.-l. Gesangb. d. 17. u. früh. 18. Jh., 1957; J. Kulp/A. Büchner/S. Fornaçon, D. Lieder uns. Kirche, 1958; Leiturgia 4, 1961; H. Hoffmann, Tradit. u. Aktualität i. K., 1967; J. Janota, Stud. z. Funkt. u. Typus d. dt. geistl. Liedes i. MA, 1968; K. Ameln/M. Jenny/W. Lipphardt, Das dt. K. (RISM) 1975, 1980; J. v. Gardner, Syst. u. Wesen d. russ. Kirchenges., 1976; K. C. Thust, Das K. der Gegenw., 1976; J. Scheitler, D. geistl. Lied im dt. Barock (Schr. z. Lit.wiss. 3) 1982. → Anthem, Gemeindeges., Gesangbuch, Hymnolog., Kantionalsatz, Kirchenmus.

Kirchenmusik, Kultmusik der christl. Kirchen. Wie der Kultus so setzt auch die K. das redende Wort voraus. Der Gesang als primäres Element der K. verkörpert die Kultsprache als Zeichen der Gemeinschaft. Er gehört dabei unter den zusammenfassenden ma. Begriff der *musica instrumentalis*. Die kultische Instrumentalmusik als religiöse Aussage von Lob und Dank und Verkündigung, aber auch zur Freude des Menschen, besteht im Bewußtsein des redenden Wortes, das in der Musik eine weitere Dimension erhält. K. ist der in der Liturgie festgelegte Gesang im engsten, die darüber hinaus im Gottesdienst erklingende (vokale, instrumentale; monodische od. polyphone) Musik im allgemeinen, die auch im Kirchenraum mögliche Musik geistlichen Gehalts im Grenzbereich zum (darstellenden, nicht dienenden) Konzert im weitesten Sinne. – Nach Zerstörung des Tempels in Jerusalem (70 n. Chr.) setzte sich die schon 1200 Jahre bestehende jüd. Kultmusik nur noch vokal mit Wechselgesang, Sprechgesang (der Bibellesungen und Gebete) in den Synagogen und zunächst ohne wesentl. Änderung in der → frühchristl. Musik fort, die in weiteren 300 Jahren diese, orientalische und griech. Elemente aufnahm. Instrumentalmusik wurde vermieden. Die bisher weltl. → Orgel wurde erst im 7. Jh. christl. Kultinstrument. Im 4. Jh. kamen die schon in Syrien vorgebildeten antiphonischen und responsorialen Gesänge in die lat. Mailänder (→ ambrosian.) Liturgie, neben der sich als wichtigste unter einer großen Zahl von Einzelformen die römische, → gallikanische, → mozarabische selbständig gegenüb. der oström. (byzantin.) Liturgie entwickelten. Der gregorian.

→ Choral, fruchtbar für den Werdegang der abendländ. Musik, wurde in Erinnerung an die Ordnung des Offiziums durch Gregor I. so benannt. In der → Gregorianik entwickelten sich → Psalmodie, Responsorium, Canticum, Antiphon; daneben Hymnus, Tropus, geistl. Lied und Lauda, Conductus, Kanon, Fauxbourdon, Organum und die geistl. und weltl. → Motette (Machaut, Dunstable, Dufay), daraus das geistl. → Madrigal. Gegen die polyphonen Künste in der burgund.-niederländ. → Messe (Desprez, Isaac) und die instrumentale Ausweitung der K. stellte sich der abgeklärte a cappella-Stil Palestrinas, als Richtschnur vom → Tridentiner Konzil empfohlen, das gleichzeitig die Blüte der neben fester liturg. Ordnung gewachsenen → Sequenzen, Hymnen und → Tropen stark beschnitt. Sie wirkten in das protestant. Liedgut Luthers und z. T. von da zurück in kathol. → Gesangbücher. Luther (*Formula missae,* 1523; *Dt. Messe*, 1526) ließ die Gemeinde singend am Predigtdienst teilnehmen, was aus Kolosser 3,16 als innere Notwendigkeit zu begründen ist. Aus dem Reichtum des protestant. → Kirchenliedes (mit liturg. kathol. Gesängen, vorreformator. dt. Liedern, Liedern der → böhm. Brüder, → Volksliedern) erklärt sich der Reichtum der evgl. K., deren erste Meister mit Psalm-, Spruch- und Evangelienmotetten und Choralbearbeitungen musikal. Textauslegung betrieben (Lechner, Eccard, Meiland, Gesius, Haßler, Demantius, Stoltzer, Calvisius, Vulpius, Franck), wie sie bei Schein und Schütz ihren Höhepunkt erreichte. Die kirchl. Instrumentalmusik setzte bei M. Agricola ein und fand in Praetorius ihre Fortsetzung, der zugleich Meister der Liedmotette war. Der Psalter gab besonders im protestant. Bereich den Stoff für zahlreiche Kompositionen: polyphon-strophisch oder im einfachen 4stg. → Kantionalsatz, wie in Goudimels Sätzen zum reformierten Psalter. Die Orgel war das Hauptinstr. der K. mit Ricercar (Frescobaldi, Froberger), Canzone, Chaconne, Passacaglia, Toccata, Praeludium und Fuge, Choralvorspiel (Pachelbel, Buxtehude, J. S. Bach), Choralfantasie, Fantasie, Konzert (Corelli, Vivaldi, Händel, Bach, Reger, C. Franck, Widor, Hindemith). Daneben entwickelten sich Vokalformen: Historia (Palestrina), Geistl. Konzert (H. Schütz), Kantate (J. S. Bach) Oratorium (Cavalieri, Händel, Haydn, Liszt, Honegger), Sepolcro, Passion (Schütz, Bach, Pepping, Ahrens, Penderecki), Requiem (Mozart, Verdi, Reger), Messe (Mozart, Beethoven, J. N. David, Strawinsky), wobei oft die Großformen eher für den Oratorienchor im Konzertsaal bestimmt waren („religiöse Musik", z. B. F. Mendelssohn, Liszt, Bruckner; vielfach auch in der Neuen Musik des 20. Jh.). Stärker als die kathol. K. wurde die evgl. vom Verfall in der 2. Hälfte des 18. Jh. durch Aufklärung und Säkularisierung betroffen. Ein neuer Aufschwung bereitete sich im 19. Jh. vor mit Rückschau und Bestandsaufnahme in der kritischen Slg. des Liedgutes (Bäumker, Liliencron, Schöberlein, Winterfeld, Wackernagel). Der von F. Mendelssohn Bartholdy begonnenen Bach-Renaissance entsprach die von Thibaut angeregte Erneuerung des → Palestrinastils. Von der → Benediktinerabtei Solesmes ging die Reform des gregorian. Gesangs aus, anerkannt durch Papst Pius X., der mit dem → *Motu proprio* (1903) wie Papst Pius XI. in der *Constitutio Apostolica* (1928) und Papst Pius XII. durch die Liturgie-Enzyklika (1947) und das Schreiben *Musicae Sacrae Disciplina* (1955) die weitere Entwicklung der kath. K. beeinflußte. Zu den neueren Komponisten katholischer K. zählen nach Bruckner und Reger J. Haas, J. Ahrens, K. Roeseling, H. Lemacher, H. Schroeder, E. Tittel, F. Poulenc, O. Respighi, L. Dallapiccola, D. Milhaud, I. Strawinsky, O. Messiaen, F. Peeters. Die beiden Säulen des kirchl. Chorgesangs waren der Allg. Dt. Cäcilienverein (gegr. 1868) und der Dt. Evgl. Kirchengesangverein (1883). Nach dem 1. Weltkrieg vollzog sich im Zusammenhang mit der → Choralreform und z. T. angeregt durch die Jugendmusikbewegung in beiden Konfessionen eine Erneuerung der K. mit fortwirkenden Bestrebungen, die in der kath. Kirche den Volksgesang im Gottesdienst fördern, insbes. in der Form des Wechselgesangs Antiphonen und Psalmen in dt. Sprache singbar machen (H. Rohr, W. Lipphardt, H. Kahlefeld). Nach der als ein Ergebnis des 2. Vatikan. Konzils (1962/5) erlassenen *Constitutio de sacra liturgia* erlaubt die Kirche *„alle Formen wahrer Kunst, welche die erforderlichen Eigenschaften besitzen"*, womit auch die Volkssprache zugelassen und die Möglichkeiten der Liturgiereform gegeben wurden (*Ordo missae*, 1965). – Die evangel. K. fand neue Wege in der Besinnung auf das Evangelium, somit auf den Gottesdienst auch als Dienst an der Gemeinde, wobei theolog.-kirchenmusikal. Praxis und Mw. sich ergänzten (R. v. Liliencron, J. Smend, Ph. Spitta, O. Söhngen, Chr. Mahrenholz, W. Blankenburg), eine Reihe von → Gesamtausgaben (Bach, Schütz, Praetorius) erschien und aus neuen Anregungen (H. v. Herzogenberg, A. Mendelssohn, Ph. Wolfrum) in der Blütezeit der 1. Hälfte des 20. Jh. ein neuer Stil entstand (H. Bornefeld, W. Burkhard, J. N. David, H. Distler, H. Kaminski, E. Pepping, G. Raphael, S. Reda). Daneben kam (z. T. mit diesen und den Wurzeln bei Schönberg und A. Berg) eine liturg. nicht verpflichtete, subjektive → geistl. Musik mit neuen Techniken auf (W. Fortner, H. W. Henze, G. Ligeti, K. Penderecki). → Anglikan. K., byzantin. Mus., Choral, Hymnologie, Kirchenlied, Orgel, Rospev, Synagogenmusik.

J. M. Sauget, Bibliogr. des liturgies orientales (1900/60) R 1962; G. Krause/G. Müller (Hg.), Theolog. Real-Enzykl., 1976 ff.

O. Ursprung, D. kath. K. (Bücken Hdb.) 1931, NA 1979; H. Lemacher/ K. G. Fellerer, Hdb. d. kath. K., 1949; J. Gelineau, D. Musik i. christl. Gottesd., 1965; H. Hucke (Hg.), K. nach d. Konzil, 1967; ders., Üb. Herkunft u. Abgrenzung des Begr. „K." (Renaiss.-Stud., Fs. Osthoff) 1979; W. Kurzschenkel, D. theolog. Bestimmung d. Mus., 1971; K. G. Fellerer (Hg.), Gesch. d. kath. K., 1972/6; A. Scharnagl, Einf. i. d. kath. K. (Tb. z. Mw. 61) 1980; H. B. Meyer/R. Pacik, Dokumente z. K., 1981.

H. J. Moser, D. ev. K. in Dtl., 1954, ND 1978; K. F. Müller/W. Blankenburg (Hg.), Leiturgia 4, 1961; F. Blume (Hg.), Gesch. d. ev. K., 1965; W. Blankenburg (Hg.), K. im Spannungsfeld d. Gegenw., 1968; A. Brunner, Wesen, . . . d. Mus. im Gottesdienst, Z [2]1968; E. Valentin/F. Hofmann (Hg.), D. ev. K. 1968; G. Schuhmacher (Hg.), Traditionen u. Reformen i. d. K. (Fs. Ameln) 1974; O. Söhngen, Musica sacra zw. gestern u. morgen, 1979, [2]1981; E. Weber, La mus. prot. de langue frç./. . . allemande (Musique-Musicol. 7, 9) P 1979, 1980; C. Bernsdorff-Engelbrecht, Gesch. d. ev. K. (Tb. z. Mw.) 1980.

→ Byzantin. Musik, Hymnologie, Liturgie, Synagogenmusik.

Kirchenschluß → Kadenz (1).

Kirchentonarten, Kirchentöne, die Oktavausschnitte aus dem antiken diaton. Doppeloktavsystem, die zur Ordnung der ma. → Responsorien, Antiphonen und zur Bestimmung der Rezitationstöne festgelegt wurden, wobei man den Namen der griech. Transpositionsskalen in falscher Reihenfolge übernahm. Die ersten vier K., die im 9. Jh. im westl. Europa erwähnt werden, erscheinen in je 2 Arten (vgl. → Echos) mit verschiedenem Ambitus (Umfang) bei gleichem Grundton: *authentische* (echte) K., bei denen Schlußton und tiefster Ton identisch sind: 1., 3., 5., 7., (9., 11.) K. – *plagale* (seitl.) K., die ein → Tetrachord unter dem Schlußton einsetzen: 2., 4., 6., 8., (10., 12.) K. Der Rezitationston (Ténor, Tuba, Dominante, Reperkussionston) liegt beim authent. (außer dem 3.) Modus eine Quinte, beim plagalen eine Terz od. Quarte über der Finalis (Grund-, Schlußton). Die Numerierung (1–8) der K. erfolgte im 9. Jh. Die in der Übersicht verwendeten Namen ersetzten im 10. Jh. die älteren (1., 2.: Protus authentus/plagalis; 3., 4.: Deuterus a./pl.; 5., 6.: Tritus a./pl.; 7., 8.: Tetrardus a./pl.). Glarean (Dodekachordon) erweiterte 1547 das bisherige System der 8 auf 12 K. und sanktionierte damit eine seit etwa dem 12. Jh. geübte Praxis, durch die die späteren Tongeschlechter Dur und Moll vorbereitet wurden. → Psalmodie.

Ambitus:		F	R	
1. Dorisch		d	a	d′
2. Hypodorisch	A	d	f	a
3. Phrygisch		e	c	e′
4. Hypophrygisch	H	e	a	h
5. Lydisch		f	c	f′
6. Hypolydisch	c	f	a	c′
7. Mixolydisch		g	d′	g′
8. Hypomixolydisch	d	g	c′	d′
9. Äolisch		a	e′	a′
10. Hypoäolisch	e	a	c′	e′
11. Jonisch		c	g	c′
12. Hypojonisch	G	c	e	g

F = Finalis R = Reperkussionston

Wagner, 1911, 1921; O. Gombosi, Stud. z. Tonartenlehre d. frühen MA (AM) 1938/40; ders., Tonarten u. Stimmungen d. antiken Mus., K. ²1950; A. Machabey, Genèse de la tonalité music. class., P 1955; J. Chailley, Le mythe des modes grecs (AM) 1956; W. Apel, Gregorian chant, Bloomington 1958; S. Hermelink, Dispositiones modorum, 1960; H. Hüschen, Modus (MGG) 1961; C. Dahlhaus, Untersuch. über d. Entsteh. d. harmon. Tonalität, 1968; B. Meier, D. Tonarten d. klass. Vokalpolyphonie, Utrecht 1974.

Kit (engl., vermutl. über engl. *cithern* auf griech. → *kithara* zurückgehend), kleine → Taschengeige der Tanzmeister.

Kithara (griech.), das aus der → Phorminx entstandene Zupfinstrument im alten Griechenland, das Terpander (7. Jh. v. Chr.) mit 7 Saiten versehen haben soll; eine kastenförmige → Leier mit bauchigem Körper. Die 7 (später bis 18) Saiten liefen über einen Steg zu einem die geschwungenen Arme verbindenden Querholz (Wirbel). Die K. war das beliebteste Instr. der Griechen.

H. Huchzermeyer, Aulos u. K. i. d. griech. Mus. bis z. Anf. d. klass. Zeit, 1931; M. Wegner, D. Musikleben d. Griechen, 1949; B. Aign, D. Gesch. der Mus.instr. d. ägäischen Raumes bis um 700 v. Chr. (Diss. Frankf.) 1963.

Klage(lied) → Caoine, Dirge, Dump, Elegie, Endecha, Lamentationen, Lamento, Nenia, Planctus, Planh, Tenebrae, Threnos, Tombeau.

Klampfe (süddt. = Klammer), Zupfgeige, → Gitarre.

Klang, akustisch die Summe einfacher, periodischer (harmon.) Einzelschwingungen (→ Obertöne), musiktheoret. → Ton genannt; in beiden Fällen im Ggs. zum Geräusch mit unregelmäßigen Schwingungen. Das K.prisma (K.spektrum) weist mit den von der Akustik entwickelten Methoden der → Schallanalyse die Partialtöne nach, die jedoch in der überlieferten musikal. Praxis nicht rein auftreten. Sie können in der → elektron. Musik verwendet werden, die elektroakustisch auch neue, von herkömmlichen Musikinstr. nicht darstellbare Klänge in K.synthese herstellt. → K.farbe hängt von Obertönen ab. Unter K.ideal (K.stil) versteht man die zeitgebundene, allgemein übliche K.vorstellung in einer musikgeschichtl. Periode.

W. Gurlitt, D. Wandlungen d. K.ideals d. Orgel (Freib. Tagung f. dt. Orgelkunst) 1926, ND 1971; A. Schering, Historische u. nat. K.stile (JbP) 1927; J. Handschin, D. Toncharakter, Z 1948; K. G. Fellerer, K. u. Struktur in der abendländ. Mus., 1967; W. Graf, Musikal. K.forsch. (AM) 1972; C. A. Taylor, Sounds of mus., L 1976. → Akustik.

Klangfarbe, physikalisch meßbare (psychologisch aber mehrdeutige) Eigenschaft des Tones neben → Tonhöhe, -stärke und -dauer; sein kennzeichnendes Merkmal, das von der Bauart des Instr. bestimmt ist und innerhalb dessen Tonbereichs verschieden sein kann (→ Fagott). K. ist ferner als subjektive Erfahrung (beim einzelnen, in den Kulturbereichen und in den verschied. musikgeschichtl Perioden) eine psycholog. Erscheinung. Im Ggs. zur Musiktheorie, die hier nur den t. t. benutzt, unterscheidet die → Akustik zwischen → „Ton" mit einfacher (Sinus-) Schwingung des Tonerzeugers und → „Klang" als Zusammensetzung von Partial- (= Teil-)Tönen, d. h. des Tones mit → Obertönen, der Schwingung mit Teilschwingungen. Hatte Helmholtz (1863) die Erscheinung der K. mit unterschiedl. Ordnungszahlen der Partialtöne erklärt, so führte sie E. Schumann (1929) auf Grund der Beobachtung von synthetisch aus → Sinusschwingungen erzeugten Klängen auf die Lage der in einem bestimmten Frequenzbereich (→ Formant) befindlichen Flächen m. stärkeren Partialschwingungen und auf die Verlagerung des Intensitätsmaximums bei wechselnder Klangstärke zurück. So wird K. durch den Tonverlauf zwischen An- und Abklingen (Einschwing-, Ausgleichs- und Ausschwingvorgang) und durch Art und Zahl der bei der Tonerzeugung entstehenden Geräusche bestimmt. Bei der Orgel z. B. sind Frequenzschwankungen im Anblasen stärker, und die leichte Verstimmung von 2 „gleichgestimmten" Pfeifen trägt zu dem (zu verschiedenen Zeiten unterschiedl. geschätzten) „charakterist., brillanten" Orgelklang bei. – Mit Hilfe der → Schallanalyse wurden neue Musikinstr. entwikkelt, bisherige verbessert.

H. v. Helmholtz, D. Lehre v. d. Tonempfindungen, [6]1913, ND 1968; E. Schumann, D. Physik der K. (Hab. Schr. B) 1929; H. Dänzer, Üb. elektr. u. akust. Einschwingvorgänge (Ann. d. Phys. 6, 10) 1952; F. Winckel, Klangstrukt. d. Mus., 1955; H.-P. Reinecke, Experim. Beitr. z. Psych. des mus. Hörens, 1964; V. Rahlfs, Psychometr. Unters. z. Wahrnehmung mus. Klänge (Diss. Hamb.) 1966; E. Jost, Akust. u. psychometr. Unters. an Klarinettenklängen, 1967; K. Leonhardt, Geigenbau u. K. 1969; H.-P. Hesse, D. Wahrnehmung v. Tonhöhe u. K. ..., 1972; H. Rösing, Die Bedeut. d. K. i. tradit. u. elektron. Mus., 1972; W. Lottermoser, Frequenzschwankungen b. mus. Klängen (Musikinstr.) 1978; P. Nitsche, K. u. Schwingungsform, 1978. → Klang.

Klangfarbenmelodie → Neue Musik.

Klangfiguren, die Linien der Wellenknoten, die in schwingenden Platten entstehen. F. Chladni machte sie dadurch sichtbar, daß er gleichmäßig mit Sand bestreute, elastische Platten durch Schlagen oder Reiben in Schwingung versetzte. Dabei wurde der Sand von den Stellen größerer zu den Punkten geringerer Bewegung geschoben. Es entstanden Knotenlinien, die bei kreisförmigen, ovalen, drei- und mehreckigen Platten verschieden verliefen. Danach wurden die verschied. Teilschwingungen bestimmt. Die Knotenlinien bei Glocken gleichen den K. bei runden Platten.

E. F. F. Chladni, Die Akustik, 1802; ders., Kurze Übersicht d. Schall- u. Klanglehre, 1827; V. Kohlschütter, Chladni, 1897.

Klangstufen, Funktionsbezeichnungen bei H. Riemann, in röm. Ziffern unter den Akkorden stehend und die Stufen innerhalb der Tonart bezeichnend. Diese Akkordziffern gehen auf Abbé Vogler (1800) und G. Weber (1822) zurück und wurden von Riemann erweitert, dessen → Funktionstheorie (1893, modifiziert bei H. Grabner, H. Distler, W. Mahler) mit Buchstaben die Funktion des leitereigenen Dreiklangs darstellt. Die möglichen Akkordverbindungen werden auf Hauptfunktionen T, S, D (Tonika, Subdominante, Dominante) zurückgeführt.

Klangvertretung, t. t. der Harmonielehre bei H. Riemann und B. Ziehn, die die verschiedene harmon. Bedeutung eines Akkordrestes (Einzelton oder Zweiklang) als Akkordvertretung hervorheben, je nachdem, zu welchem Klanggefüge er als Bestandteil gerechnet werden kann.

Klappe, Mechanismus zum Öffnen und Schließen der Tonlöcher, vorwiegend bei Holzblasinstr. Die K. ersetzt dabei den Finger, der, indem er das Tonloch abdeckt, die im Rohr schwingende Luftsäule vergrößert. Während zunächst eine kleine K. am Ende des Instr. bekannt war, wurden weitere K. erforderlich bei Instrumenten, die in die Duodezime überblasen (→ Klarinette). Das → Boehm-System schließlich benötigt für jedes Tonloch eine K. – Die Versuche, Blechblasinstr. mit K. auszustatten, schlugen in den meisten Fällen fehl, weil durch das mehrfache Durchbohren der Schallwand der Klang an Glanz verlor. Lediglich das → Klappenhorn und die damit verwandte Familie der → Ophikleïden hatten einigen Bestand, wurden aber mit Ventil-Instr. ersetzt.

Klappenhorn (frz. *bugle à clefs,* engl. *keyed bugle/key b.*), trompetenförmiges Blechblasinstr. mit weiter Mensur, Kesselmundstück und anfangs (J. Halliday, Dublin 1810) fünf, später 7 Klappen; unsauber klingend, aber bis ins 19. Jh. beliebtes Volksinstr. und auch nach Erfindung der → Ventile in Militärmus. und Oper; als Kenthorn (*Kent Bugle,* nach dem Herzog von Kent) Militärinstr. in England. Vorgänger waren die Klappentrompete (Weidinger, Wien, 1801) und das von F. Kölbel um 1760 in St. Petersburg gebaute Klappenwaldhorn „Amorschall".

Klappern, allgemein in vielfältigen Varianten der Form und des Materials verbreitete Geräuschinstr. (Gegenschlag-Idiophone), ursprüngl. als Ersatz od. Verstärkung des Händeklatschens (z. B.

um die Dämonen zu vertreiben) gedacht und ihrer Herkunft nach nicht eindeutig zu bestimmen. Älteste Funde stammen aus Ägypten und Kleinasien, wo bereits Vorläufer der → Kastagnetten (ausgehöhlte Plattenk.) nachgewiesen wurden.

I. Jurk-Bauer, Volkstüml. Lärminstr. (Diss. Hamburg), 1937.

Klarinette (engl. *clarinet*; it. *clarinetto*, von *clarino*), Holzblasinstr. mit einfachem, aufschlagendem Rohrblatt auf einem schnabelförmigen Mundstück. Die K. überbläst in die Duodezime (zylindrische Bohrung) und braucht daher mehr (18) Grifflöcher als die oktavierenden Instrumente mit → konischer Bohrung. Dadurch wurden auch mehr Klappen erforderlich (außer der sonst bekannten am Ende des Rohres) und mehrere „Stimmungen" (= Instrumententypen), von denen die in B, A, Es (Quartk.), weniger die in C, noch gespielt werden. In der langen Vorgängerreihe der heutigen K.-Instrumente stehen Doppelk., die von Ägypten aus im antiken Mittelmeerraum heimisch waren (in Span. mit Windkapsel), und K. in Nord-, Mittel- und Osteuropa, wie das → Chalumeau, das J. Chr. Denner († 1707) verbesserte und das wohl dessen Sohn Jakob zur heutigen K. (für 1710 nachgewiesen) entwickelte durch Erweiterung des Tonumfangs nach unten. Beide Instr. waren einige Zeit nebeneinander im Gebrauch, bis die K. verbessert wurde: durch exakte Tonlochbohrung, Erweiterung um 7 Klappen (I. Müller, ca. 1812) und Ausstattung mit dem von Th. Boehm erfundenen Klappensystem (um 1840). Gegen Ende des 18. Jh. entstand eine K.familie: → Bassetthorn, → Baß- u. Kontrabaßk. – Da die Partituren bis in die 1. Hälfte des 18. Jh. häufig statt K. Chalumeau schreiben, ist eine genaue Abgrenzung der K.musik für diese Zeit nicht möglich. 1712 kamen K. in die Nürnberger Ratsmusik, und in Opern- und Militärmusik wurde die K. schnell aufgenommen. Die ersten Konzerte von J. Molter (2. Hälfte 18. Jh.) setzten bereits ein technisch fertiges Instr. voraus. Mozart schrieb ein Konzert für den Virtuosen Stadler. Ihre Blütezeit als Soloinstr. hatte die K. bei L. Spohr, C. M. v. Weber, F. Mendelssohn bis zur Mitte des 19. Jh. Sie blieb anerkannt in der Kammermusik von C. Ph. E. Bach bis Brahms (K.quintett), Reger, Hindemith, Berg, Bartók (*Contrasts*, geschrieben für den Jazzklarinettisten Benny Goodman). Die K. wird im 20. Jh. in Stimmfamilie gebaut (bis 14 Größen). Im „klassischen" → Jazz hatte die K. Hauptfunktion als Melodieinstr. und entwickelte mit Glissando, Tremolo, Vibrato einen eigenen Stil. Nach dem 1. Weltkrieg wurde sie immer mehr durch das Saxophon verdrängt.

W. Altenburg, Die K., 1904; H. Boese, Die K. als Soloinstr, i. d. Mus. der Mannh. Schule, 1940; R. Maramotti, Il clarinetto, Bologna 1941; K. Opperman, Repertory of the cl., NY 1960; E. Jost, Akust. u. psychometr. Untersuch. an K.klängen, 1967; H. Heyde, Ein Urahn der K. (Dt. Jb. d. Mw. 15) 1971; E. Nickel, Holzinstr.bau i. d. Freien Reichsstadt Nürnb., 1971; F. G. Rendall, The cl., L ^{3}1971; P. Weston, Cl. virtuosi of the past, L 1971.

Klassik (lat. *classicus* = der höchsten Steuerklasse angehörend; von daher auch geistig: überragend), allgemeiner Begriff für den Höhepunkt einer Entwicklung, damit zugleich der (meist wertende) Hinweis auf die Wende zu Übertreibung, Auflösung und

Umgestaltung in gegensätzlichen, zumindest anders gearteten Strebungen. Galt ursprünglich dabei unter Nachwirkung der → Renaissance die Harmonie, Klarheit, Menschlichkeit der Antike als ideales Maß, so weitete sich der Begriff zur Feststellung einer Höchstleistung als Muster, Norm und schließlich Schema, deren Beurteilung je nach der Gattung des Werkes, je nach Standort und Nation des Wertenden verschieden sein und auch vom zeitlichen Abstand zum Bewerteten, von seinem Alter und vom Umfang seines Schaffens abhängen konnte. Die Wendigkeit des Wortes zeigt sich, wenn man von Josquin Desprez als dem K.er unter den humanist. Komponisten oder von Palestrina als dem K.er der Kirchenmusik und von einem klass. Jazzstil spricht. Während das Wort klass. in der Dichtkunst schon von Schiller und Goethe gebraucht wurde, erschien es, auf die Musik angewandt, erst nach dem Wort → Romantik und vermutlich als Ggs. dazu, wie ohnehin die ganze, zwischen 1735 und 1750 beginnende Stilperiode aus dem gleichwertenden Ggs. als klassisch-romantisch bis ins 20. Jh. hinein lebt, je nachdem, wieviel Freiheit die Musik dem Hörer zum Nachvollzug läßt oder mit welchen Mitteln und Ansprüchen sie ihn zu überwältigen versucht. Der von Italien und Frankr. inspirierte → galante Stil und der im dt. Bereich entwickelte Stil der → Empfindsamkeit mit der norddt., der von böhm. Komponisten beeinflußten → Mannheimer und der älteren Wiener Richtung werden als Vork. zusammengefaßt, und etwa ab 1770/80 rechnet man die Hochk. Entscheidend neu war die Erkenntnis der Selbstgesetzlichkeit der Musik (allgemein für die Kunst festgestellt von K. Ph. Moritz 1788), die nun nicht mehr die Natur beschreiben, weltlich unterhalten, geistl. belehren, sondern reine Menschlichkeit verkörpern sollte und dazu eine allgemein verständliche, einfache, daher aus der Volksmusik genährte Symbolsprache brauchte. Erstmals bestimmte die frei erfundene, nicht mit rhetor. Floskeln festgelegte Melodie das Gefüge (den Baß, der zur Harmoniestütze wurde, und die übrigen Stimmen) und die dualistisch, dramat. Entwicklung (Durchführung), die sich im → Sonatensatz, der klass. Grundform, als Einheit aus Teilen (Motiven und Themen) stärkster Gegensätzlichkeit ergab. Die Sonatenform mit dem Vorbild bei Haydn, Mozart und Beethoven wurde verbindlich für die Klaviersonate, die Sonate für Soloinstrument mit Klavier, → Trio, Quartett, Quintett, die anfangs von der Kammermusik nicht streng geschiedene → Sinfonie und das meist nur 3sätzige → Konzert, wobei Violin- und Klavierkonzert vorherrschten. Erhalten blieb die → Variation und wurde jetzt in den Sonatenzyklus eingebaut. Kontrapunktische Arbeit (Fugato) wurde seit Haydn (op. 20) gern als Steigerung im letzten Satz angewendet. Die Konzentration der Sätze im gleichen Motiv und Thema begann Haydn in den Streichqu.n, Beethoven in der 5. Sinfonie und wurde erst in der Romantik zur Regel. Als eigene Gattungen der K. entstanden besonders in Österreich und bei den Mannheimern → Divertimento, Cassation, Serenade. Das Streben nach Einfachheit und Volkstümlichkeit bewies schon Telemann in einfachen dt. Sololiedern mit Generalbaß. Die → Berliner Liederschule wollte alle ital. Floskeln ablegen und aus der Sprachmelodie des Gedichts singen, was jedoch Dichter wie Klopstock, Claudius, Herder, Bürger, Hölty, Goethe voraussetzte. J. A. P. Schulz, Zelter, Reichardt, Schubart, Zumsteeg, Nägeli schrieben Lieder von echter Volkstümlichkeit. Die Kirchenmusik schloß sich bei Haydn und Mozart, der liturg. Aufgabe noch bewußt, ohne wesentl. Einschnitt an die Barocktradition an und zeigte erst bei Beethoven (*Missa solemnis*) neue, klass. Züge. Das → Oratorium bei Haydn (*Schöpfung, Jahreszeiten*) ist Aussage reiner Menschlichkeit. Erst seit Beethoven und weiter in der Romantik stand die Instrumentalmusik im Vordergrund, während das Interesse an der → Oper gleichmäßig fortbestand, wenn auch erst Webers *Freischütz* die dt. Nationaloper wurde. Die Opera seria der 2. neapolitan. Schule (Jommelli, Traëtta) wirkte ebenso wie die Opéra comique auf Beethoven (*Fidelio*) ein. Mozart, der alle klass. Gattungen meisterte, gab im → Singspiel (*Entführung aus dem Serail*) und vor allem in der Buffo-Oper *Zauberflöte* Beispiele der einfachen, natürl. Universalsprache der Klassik. – Im klass. Orchester führte seit Corelli die Violine. Die Werke konnten sowohl kammermusikal. als auch mit mehrfacher Streicherbesetzung als Sinfonie gespielt werden, wobei die in der Barockmusik selbständig geführten Bläser zunächst nur verstärkten. Allmählich wurden zunächst Holz-, dann Blechbläser (mit Vorzug Hörner) solistisch eingesetzt, und der Orchesterklang wurde farbig. Die Klarinette drängte die Flöte zurück. Typisch ist die in der K. neue → Dynamik mit schnellem Wechsel, die vorbereitet wurde vom Mannheimer Orchester mit Streichern und Hörnern und im Ggs. stand zur barocken Terrassendynamik. Beschränkte sich die Frühk. auf wenige Tonarten (bei Bevorzugung des Dur) und geringe Modulation, so übernahm Haydn, von den Bachsöhnen beeinflußt, bald komplizierte Harmonien. Mozart und Beethoven bereiteten mit der Wahl seltener Tonarten, schnellem Tonartenwechsel, mit Chromatik und Dissonanzen den Weg in die Romantik.

W. Fischer, Zur Entw.gesch. des Wiener klass. Stils (Stud. z. Mw.) 1915; H. Mersmann, Beethoven, die Synthese d. Stile (Kulturgesch. d. Mus. 1) 1921; G. Becking, K. u. Romantik (Kb. Lg) 1926; E. Bücken, D. Mus. d. Rokoko u. der K. (Bücken Hdb.) 1931; H. Birtner, Renaiss. u. K. i. d. Mus. (Fs. Kroyer) 1933; K. Westphal, D. Begründung d. mus. Form i. d. Wiener K., 1935, ND 1971; E. Preußner, D. bürgerl. Musikkultur, [2]1950; Th. Georgiades, Z. Musiksprache d. Wiener K.er (Moz.-Jb.) 1951; K. Stephenson, Die mus. K. (Musikw.) 1953; W. Wiora, Herders Ideen zur Gesch. d. Mus., 1953; F. Blume, K. (MGG) 1958; A. O. Warburton, Analyses of mus. cl., L 1963; P. Nettl, The dance in class. mus., L 1964; C. Dahlhaus, Klassizität, Romant., Modernität, in: W. Wiora (Hg.), D. Ausbreitung d. Historism. üb. d. Mus., 1969; K. H. Wörner, D. Zeitalter d. themat. Prozesse i. d. Gesch. d. Mus., 1969; H. H. Eggebrecht, Beethoven u. d. Begr. d. K. (Beeth.-Sympos. W) 1970; ders., Versuch üb. d. Wiener K. (Beih. AfMw) 1972; H. C. R. Landon, Essays on the Viennese class. style, NY 1970; F. Krummacher, Klassizismus als Probl. (Kb. K) 1972; S. Kunze. Die Wiener K. u. ihre Epoche (Stud. mus.) 1978; L. G. Ratner, Classic mus.; expression; form and style, L 1980; P. Rummenhöller, D. Musik d. Vorkl., 1983.

Klassisch, 1. vollendet, mustergültig, überragend in einer Kategorie; – 2. typisch für die Periode der → Klassik, harmonisch ausgeglichen, ebenmäßig; allgemeingültig und in Erfüllung reiner

Menschlichkeit ohne individuellen Ggs.

M. Zenck, Z. Begr. d. Klassischen i. d. Mus. (AfMw) 1982.

Klassizistisch, 1. in der Musik oft abwertende Bez. für schematische, manierierte Komposition z. B. im Stil der → Klassik, ohne Eigenstil (vgl. → Stilkopie); – 2. im Ggs. dazu die Verschmelzung histor. Stilmittel mit eigenen (z. B. Mozart nach Beschäftigung mit Bachs Polyphonie: im Streichquartett KV 387; Finale der Jupitersinfonie). Entsprechend sieht man in der 2. Hälfte des 19. Jh. eine Periode des Klassizismus mit vor allem J. Brahms, ferner u. a. F. Hiller, K. Reinecke, J. Rheinberger, M. Bruch, H. Goetz; – 3. unterschiedlich wertend meint die Bez. Neoklassizismus Kompositionen besonders des 2. Viertels im 20. Jh., die sich älteren Stilmitteln anlehnen, spätromantische und expressionistische meiden, z. T. auch im Ggs. zur Neuen Musik seit Anfang des Jh., z. B. Bartók, Hindemith, Milhaud, Ravel, Strawinsky.

Klausel (lat. *clausula,* von *claudere* = beschließen), 1. Schlußformel einer ma. Melodielinie und, diese gliedernd, Schluß einzelner Abschnitte, wobei der Ganzschluß auf der → Finalis *clausum* (= geschlossen), der Halbschluß (→ *distinctio*) auf einem anderen Ton *apertum* (= offen) genannt wurde. Die Schlußtöne waren: *antepenultima, penultima, ultima* (*nota*) (= zweit-, vor- und letzte Note). Im Ggs. zum „harmon." Schluß (seit dem 17. Jh.) der Dur-Moll-Tonalität mit Halbton (→ Leitton) nach oben waren die Schlußbewegungen der ma. Mehrstimmigkeit bei *Tenorkl.* (meist Cantus firmus): einen Ganzton nach unten; *Diskantkl.*: einen Halbton nach oben (*Landino-Kl., Unterterzkl.*: Umweg zur Terz unten und Terzsprung aufwärts); *Altkl.*: eine Terz nach unten od. unverändert; *Baßkl.*: Quarte nach oben od. Quinte abwärts. – 2. Vorform der → Motette (→ Discantus) im → Organum.

W. Biber, D. Probl. d. Mel.formel i. d. 1stg. Mus. d. MA, Bern 1951; M. F. Bukofzer, Interrelations betw. conductus and cl. (Ann. Mus.) 1953; A. Schmitz, D. Kadenz als Ornamentum musicae (Kb. Bamberg) 1953; R. Jakoby, Untersuch. üb. d. K.lehre i. d. Musiktraktaten d. 17. Jh. (Diss. Mainz) 1955; N. E. Smith, The clausulae of the Notre-Dame-School (Diss. Yale) 1964; B. Meier, Die Tonarten d. klass. Vokalpolyphonie, Utrecht 1974; S. Schmalzriedt, Clausula (HmT) 1974.

Klavarskribo (von lat. *clavis* = Schlüssel, Taste; *scribere* = schreiben), von der Klavierpraxis ausgehendes System der → Notenschrift; 1931 von dem Holländer Pot eingeführt; mit einigem Erfolg in Holland, Belgien und England.

Klaviatur, (lat. *clavis* = Schlüssel), Tastatur; die Reihe(n) der → Tasten am Tasteninstr. aller Art. Die K. im heutigen Sinne war im wesentl. Ende des 15. Jh. fertig entwickelt. Chromat. und diaton. Töne wurden auf Ober- und Untertasten verteilt (b als Ober-, selten zusammen mit h als Untertaste). Bis zur Einführung der → temperierten Stimmung konnten einzelne Halbtöne verschieden gestimmt auf geteilten Tasten je nach dem Erfordernis des Zusammenklangs gespielt werden. Durch Verschiebung der K. war Transposition bis zu 1 Oktave möglich. Der Umfang der K. erweiterte sich von 2 Oktaven im 14. Jh., 4 im 16. Jh. zu den 7 Oktaven des heutigen Flügels.

Versuche, den Aufbau der K. zu ändern, hatten wenig Erfolg (→ Jankóklavier, → Vierteltonflügel; H. J. Vincent verteilte die 12 Töne der Oktave auf Unter- und Obertasten in chromat. Folge). – Seit dem 10. Jh, sind mehrere K. an einem Instrument bekannt, zunächst bei der → Orgel, die bis zu 5 übereinander liegende → Manuale haben kann. Das 2. Manual der Saiteninstr. ist aus dem 16. Jh. bekannt und konnte auch seitlich neben dem 1. oder bei Zwillingsinstrumenten (z. B. Cembalo-Clavichord) rechtwinklig dazu angebracht sein. Das 18. Jh. kannte Kielflügel (→ Cembalo) mit 3 Manualen. Die 2. K. bei Hammerklavieren setzte sich nicht durch E. J. Mangeot (1878) legte 2 K. so übereinander, daß die obere umgekehrt lag, also mit dem Diskant links. – Ein Pedal wurde zuerst bei der Orgel entwickelt (→ Pedal) – zunächst um einige tiefere Töne als Harmoniestützen verstärken zu können – und bis zum 17. Jh. zum selbständigen Orgelwerk ausgebildet. Seit dem 18. Jh. gibt es das Pedal am Cembalo (zunächst „angehängt", die Manual-Saiten benutzend; dann selbständig klingend). Das Pedal an Hammerklavier od. Clavichord war selten. → Stumme K. für Manual und Pedal wurden für Übungszwecke gebaut.

T. Norlind, Systematik d. Saiteninstr. II, [2]1941.

Klavichord → Clavichord.

Klavier (von lat. *clavis* = Schlüssel; it., span., frz., engl. *piano* (*forte*); russ. *fortepiano, rojal'* = Flügel), Tasteninstr. mit Hammermechanik (→ K.mechanik); aus 3 Hauptteilen bestehend: Klangsystem (Saiten mit Stiften, Resonanzboden, Stimmstock), Anschlagsmechanik (Klaviatur, Mechanik mit Dämpfung, Pedal) und Gehäuse. Die Bez. K. für Griffbrett, Tastatur (→ Taste, Klaviatur) ging zunächst auf die Gesamtheit der Tasteninstr. über, für die z. B. J. S. Bach seine *Clavier-Übung* bestimmt hatte. Bei C. Ph. E. Bach findet sich die Unterscheidung zwischen *Clavierist*, dem Spieler besaiteter Tasteninstr., und dem bis dahin für Spieler aller Klaviaturen (*Claviere*) benutzten Wort *Organist*, das nun auf den kirchl. Gebrauch beschränkt wurde. In der 2. Hälfte des 18. Jh. hieß das → Clavichord allgemein K. Anfang des 19. Jh. ging der Name auf Tafelklavier und Hammerflügel über und gilt seit Mitte des 19. Jh. für das → Pianino im Ggs. zum → Flügel. – Während verschiedene (zwar wahrscheinliche) Versuche, Saiten durch mit Tasten dirigierte Hämmer anzuschlagen (1598 in Italien ein *pian e forte*), nicht belegt sind, ist die Erfindung der Hammermechanik durch Bartolomeo Christofori in Florenz (1709) sicher. Sein → Gravecembalo ist erhalten und zeigt in den Hauptzügen schon die Mechanik des heutigen K. Gegenüber Cembalo und Clavichord setzte sich die Neuerung zunächst nicht durch. G. Silbermann griff sie auf. Sein → Hammer-K. fand 1747 die Anerkennung J. S. Bachs, der es vor Friedrich II. spielte. Das Bestreben, die Kastenform des Clavichords zu wahren, hinderte anfangs die Weiterentwicklung. Neben dem → Tafelklavier mit Stoß- od. Prellmechanik entstand C. E. Friedericis → Pyramidenflügel (1745) mit hochstehenden Saitenzügen. In der 2. Hälfte des 18. Jh. bildeten sich in England und

Frankreich, in Süddtl. und Österreich Zentren des K.baus. Der Broadwood-Flügel mit engl. Mechanik wurde 1768 erstmals von J. Chr. Bach in London als Soloinstr. gebraucht. Zur gleichen Zeit entwickelte A. Stein, Schüler von J. A. Silbermann, eine Mechanik (1773), bei der das Zurückfallen des Hammers auch bei sehr schwachem Anschlag gesichert blieb. Seinen Flügel mit dieser „dt. Mechanik" lobte der junge Mozart. Die Werkstatt, von dem Schwiegersohn A. Streicher, dem Helfer Schillers bei der Flucht aus Stuttgart, nach Wien verlegt, baute dort K. mit hellerem Klang (Wiener Mechanik), die Haydn und Weber begeisterten, während sich Beethoven für den großen Klang der Broadwood-Instr. entschied, die sich auch durchsetzten. 1821 verbesserte Erard in Paris die Mechanik derart, daß der Hammer im Zurückfallen abgefangen und sofort wieder schlagbereit gehalten wurde, solange der Finger die betr. Taste nicht ganz losgelassen hatte. Damit waren schnelles Repetieren und brillantes Spiel möglich. Diese Neuerung, 1840 durch H. Herz verbessert, blieb bis heute gültig und entsprach den Forderungen der K.virtuosen (F. Liszt, H. v. Bülow). Bemühungen um ein aufrecht stehendes K. wurden erst Ende des 18. Jh. wieder sichtbar, z. T. als Fortsetzung des Pyramidenflügels, der 1804 in Wien wieder gebaut wurde und mit dem → Giraffen- und dem → Lyraflügel bis Mitte des 19. Jh. in Gebrauch war. Die Schwierigkeit, den vollkommenen Mechanismus des Flügels auf ein K. mit senkrechten Saitenzügen zu übertragen, überwand 1826 der Engländer R. Wornum in seinem *Piccolo Piano*. Die Erfindung wurde sogleich in Paris von Pleyel aufgegriffen (der den Namen → Pianino einführte) und fälschlich als frz. Mechanik bezeichnet. 1825 wurde der volle Gußeisenrahmen üblich, in den die nun 2- und 3chör. Saiten gespannt wurden. 1826 bekamen die Hämmer Filz- statt Lederauflagen, und der Ton wurde dunkler. 1828 entstand das erste kreuzsaitige K. Um die Mitte des 19. Jh. war die techn. Entwicklung des K. im wesentlichen abgeschlossen. Den Höhepunkt gesellschaftl. Wertschätzung zeigt die um die Wende zum 20. Jh. einsetzende Serienproduktion. Das ständige Streben nach größerem Klang und verfeinertem Ausdruck blieb bestehen und bewirkte eine Reihe weiterer Versuche, die ohne dauerhafte Bedeutung blieben. Wenn nicht schon im techn. Bereich des Instruments eine Entwicklungsgrenze deutlich wurde, so bereitete sie sich zu Beginn des 20. Jh. in einem Stilwandel so vor, daß nicht mehr, wie häufig, K.musik schlechthin gleich Musik gesetzt wurde. Neu waren nach 1850: Kleink.e (seit 1921), Stutzflügel, → Aliquotenflügel, das K. mit oktavierendem Pedal (damit den 16 Fuß des Cembalos imitierend) und das → Pedalk. Elektrische Musikautomaten waren Pianola und → Phonola. Versuche, die Schwingungen der Saiten elektromagnetisch auf ein Lautsprechersystem zu übertragen (→ Neo-Bechsteinflügel), blieben ohne nachhaltigen Erfolg. Das gilt auch für die Bemühungen um eine Reform der → Klaviatur, die von spieltechn. und physiolog. Erwägungen ausgingen. In der → Jazzmusik wurde das K. zunächst wie Banjo und Gitarre als Rhythmus-Instrument und erst im → Swing wieder melodisch-solistisch eingesetzt. Der neue Jazzstil gibt dem K. einerseits sehr ausführliche virtuose Linien oder überläßt ihm im Ggs. dazu nur gelegentliche pointierte Anmerkungen. → Klaviermechanik.

J. Blüthner/H. Gretschel, Lehrb. d. Pianofortebaus, [4]1921; H. Neupert, Vom Musikstab zum mod. K., 1925; M. Nalder, The modern piano, L 1927; M. Harding, The piano-forte, Cambr. 1933; T. Norlind, Systematik d. Saiteninstrumente II, [2]1941; J. Goebel, Grundz. d. mod. K.baues, Lg [4]1952; K. Hahn, Üb. d. Zusammenhänge v. K.bau u. K.stil (Diss. B) 1952; O. Funke, Das K. und seine Pflege (D. Musikinstr.) [3]1962; P. B. James, Early keyboard instr. . . ., L 1967; K. Wolters, Das K., Bern 1969; H. Junghans, D. Piano- u. Flügelbau, [4]1971; C. Ehrlich, The piano, L 1976; S. K. Taylor (Hg.), The musician's piano atlas, Macclesfield 1981. → Cembalo, Clavichord.

Klavierauszug, Zusammenfassung mehrstg. Musik auf Klaviersystem. Vorstufen dafür waren die für Laute (Gitatte, Chitarrone) oder Tasteninstr. → intavolierte und dabei meist bearbeitete Vokalmusik des 16. und 17. Jh. (→ Tabulatur) und der → Generalbaß, der die mehrstg. Musik auf Oberstimme und bezifferten Baß (Akkord) reduzierte. Dazu gehören auch Übertragungen von Instrumentalwerken für Tasteninstr., wobei deren techn. Möglichkeiten ausgenützt werden (z. B. J. S. Bachs Übertragungen von Werken Vivaldis, Marcellos, Telemanns). Singstimmen wurden im K. entweder nicht berücksichtigt, in den Klaviersatz mit eingearbeitet od. je Stimme mit eigenem System und mit Text über das Klaviersystem gestellt. Die ersten K. entstanden zu: J. F. Agricola (*Cleofide,* 1754), B. Galuppi (*Il mondo alla roversa,* 1758), J. A. Hasse (*Alcide,* 1763), J. A. Hiller war der erste Komponist, der selbst den K. anfertigte. In der weiteren Entwicklung wurde der Klaviersatz vollstimmig, und die Singstimmen bekamen je ein eigenes System (J. André, 1776). In Dittersdorfs *Doktor und Apotheker* (1786) hat der K. das durchgehende Doppelsystem ohne Singst. Der K. bei C. M. v. Weber (*Abu Hassan, Freischütz*) war genau und übersichtl., skizzierte die orchestrale Wirkung, ohne den Klaviersatz zu überladen. Nach diesem Beispiel gab es viele K. und → Transkriptionen für Klav. zu 2 od. 4 Händen im 19. Jh. A cappella-Musik wurde oft mit K. versehen (häufig noch in Engl., Holland). F. Liszt (zu Wagners Tannhäuser-Ouvertüre), H. v. Bülow (zu *Tristan und Isolde*), K. Tausig (zu *Meistersinger*) versuchten, im K. auch alle Feinheiten des Orchesterparts deutlich zu machen. Bearbeitungen mit differenzierter, effektvoller pianistischer Technik entstanden z. B. von Liszt (Beethoven-Sinfonien), J. Brahms (J. S. Bach, Chaconne, für die linke Hand bearbeitet), F. Busoni (Bach, Liszt), H. Pfitzner (E. T. A. Hoffmann, H. Marschner) und M. Reger (Bach).

K. Grunsky, D. Technik des K., 1911. M. Hansemann, D. K. v. d. Anfäng. bis Weber, 1943; E. Valentin, Vom K. zum Partitur-Auszug (Neue Zs. f. Mus.), 1959; R. Schaal, Z. Gesch. d. K. (Musica), 1961.

Klaviergambe, → Bogenklavier.

Klavierkonzert (vgl. → Konzert). Zeigt sich bei J. S. Bach, der das erste K. schuf, der kontrapunktisch verdichtete Stil des → Concerto grosso, so bereitet sich die zweithemige → Sonatenform bei den Söhnen C. Ph. Emanuel und Friedemann vor, die auf Dittersdorf und Haydn wirkten wie J. Ch. Bachs spielerische K. auf Mozart (21 K.). Dieser war Höhepunkt vor der die virtuose Leistung beherrschenden Ausdruckskraft Beethovens (5 K.), der die romant. Brillanz Webers, F. Mendelssohns, Schumanns, Chopins gegenübersteht. Die Paganini abgesehene Technik Liszts läßt oft den großen sinfon. Bogen übersehen, der (mit Betonung der Sonatenform) bei Brahms, Tschaikowsky, Rachmaninow, Reger noch deutlich ist. Bis zur Mitte des 20. Jh. haben unterschiedl. Richtungen und Kompositionstechniken die Abkehr vom romantischen Klavierklang gemeinsam (z. B. Bartók, Blacher, Cage, Fortner, Henze, Hindemith, Janáček, Krenek, Milhaud, Poulenc, Prokofiev, Ravel, A. Schönberg, Schostakowitsch, Strawinsky). Ravel und Prokofiev schrieben K. für die linke Hand; Distler und Poulenc Konzerte für Cembalo; Poulenc, Strawinsky, Schostakowitsch für 2 Klav. K. mit Blechbläsern schrieben Henze, Strawinsky, Hindemith (mit 2 Harfen). Busonis K. op. 39 ist mit Schlußchor. In Weberns Konzert op. 24 musiziert das Klavier gleichberechtigt mit 8 Instr. Kammerensemble zum solistischen Klavier ist bei Janáček (Concertino) und Henze vorgesehen.

H. Daffner, D. Entw. d. K. b. Mozart, 1906, ND 1973; H. Engel, D. Entw. d. dt. K. v. Mozart b. Liszt, 1927, ND 1971; H. Uldall, Das K. d. Berliner Schule . . ., 1928; T. Stengel, D. Entw. d. K. v. Liszt b. z. Gegenw. (Diss. B) 1931; M. Girdlestone, Mozart et ses conc. pour piano, P 1939; G. Piccioli, Il conc. per pianof.e orch. da Mozart a Grieg, Como 1940; D. Forman, Mozart's conc. form, L. 1971; W. Schröter, Das K. (Beitr. z. Schulmus.) 1971; L. Hoffmann-Erbrecht, Das K. (Gattungen d. Mus.) Bern 1973; W. Breig, J. S. Bach u. d. Entsteh. d. K. (AfMw) 1979; M. Hinson, Mus. for piano and orchestra, Bloomington 1981. → Concerto, Konzert, Klaviermusik.

Klaviermechanik, innerhalb der Anschlagsapparatur des → Klaviers im engeren Sinne die durch Tastendruck betätigte Hammermechanik mit Saitendämpfung bei Flügel und → Klavier (Pianino). Sie war im wesentlichen vorgebildet schon im ersten bekannten Hammerklavier des Cristofori (1709): Durch den Tastenanschlag hob eine bewegliche Stoßzunge einen Treiber, der den Hammer gegen die Saite stieß, kurz vor dem Anschlag „löste" die Zunge aus, der Hammer fiel sogleich nach dem Anschlag zurück, ein Dämpfer berührte vom Tastenende her die Saite. Die entscheidende Verbesserung der Hammermechanik des Flügels war die „doppelte Auslösung" (Repetitionsmechanik), mit der 1821 S. Erard in Paris die engl. Mechanik erweiterte: Der Hammer wird beim Zurückfallen aufgefangen und bleibt schlagbereit auch für schnelle Folgen desselben Tones, solange der Finger noch die Taste berührt. Mit dieser Erfindung (etwas geändert durch H. Herz) war die Mechanik des Flügels bis heute festgelegt. Die des Klaviers (Pianinos) entwickelte der Engländer R. Wornum im *Piccolo Piano* und verbesserte sie 1842 (Stoßzungenmechanik): Ein Bändchen zieht den Hammer nach dem Anschlag zurück, ein Fänger hält ihn beim Zurückprallen auf.

Klaviermusik. Als K. werden hier zusammengefaßt: die seit Mitte des 18. Jh. entstandene Musik für Klavier (Pianoforte; vgl. für diese Zeit → Cembalo), die Musik für besaitete Tasteninstr. (besonders Cembalo und Clavichord) zwischen etwa 1600 (Beginn eines eigenen Orgelstils) bis etwa 1750 und die Musik vor 1600 für *Clavier* im ursprüngl. Sinne von → Manual mit und ohne →

Pedal, einschließl. → Orgelkomposition. Am Anfang stehen aus der Vokalmusik übertragene, dabei verzierte Stücke mit und ohne Cantus firmus, Tänze und aus beiden entwickelte freie Improvisationen und Variationen. So bringt der ital. Codex Faenza (um 1420) 117 auf 2 Systemen mit 6 Linien kolorierte Instrumentalsätze nach ital. und frz. weltlicher Vokalmusik neben Orgelmeßsätzen in → Alternatim-Technik, wie sie auch das Buxheimer Orgelbuch 1470 in Dtl. zeigt, das daneben in echter Dreistimmigkeit reich ornamentierte dt. und frz. Vokalsätze bietet. Die frühesten Klaviertänze sind in Kotters → Tabulatur (1513) überliefert, und um 1520 findet sich im engl. Manuskript *Royal Appendix 58* schon eine spezifisch klavieristische Behandlung der Tänze, während in Spanien Cabezóns 9 → Diferencias (1578 posth.) die Klaviervariation (nach Tänzen und Liedern) schon im Höhepunkt der Entwicklung zeigen. Virtuosen Klaviersatz schrieben die → Virginalisten (z. B. W. Byrd, J. Bull, O. Gibbons), Komponisten des zu Ende des 16. Jh. entstandenen *Fitzwiliiam Virginal Book,* in dessen Tänzen, Präludien und Figuralvariationen mit in den Stimmen verschobenem Rhythmus und schnellen Akkordbrechungen sich die Trennung von Orgel- und Klaviermusik vollzog. In Italien, wo sich aus der Vokalmusik (→ Motette) das → Ricercar mehr- und einthemig entwickelt hatte (Padovano, Merulo, A. Gabrieli), entstanden neben der → Fuge als neue Formen des 17. Jh. die → Toccata (Frescobaldi), ferner die → Partita neben d. Sonata da camera, beides Zweige der → Suite, die mit der Folge Allemande-Courante-Sarabande-Gigue und mit vom Lautenspiel beeinflußter freier Melodik bei den Franzosen Chambonnières, L. Couperin, d'Anglebert noch lose, bei Froberger um 1650 als Zyklus fest gefügt erscheint. Sie wurde bei Weckmann, Reinken, Buxtehude erweitert, während bei Pachelbel das → Menuett auftritt, bei Krieger die → Partita, bei Kuhnau die Sonate mit programmatischem Vorwurf. Sweelinck hatte ital. und in seinen Liedvariationen den Einfluß der engl. → Virginalisten vereinigt, der sich weiter im → Double der Suite zeigt, und Purcells Einfluß wirkte unmittelbar auf J. S. Bachs Engl. Suiten und → Inventionen. Die bedeutendsten Klaviermeister des Kontinents in der Zeit von 1700–1750 waren J. S. Bach, Händel, F. Couperin, J. P. Rameau, D. Scarlatti. Die Trennung von Orgel- und Klaviermusik wurde (zuletzt in Dtl. und Spanien) endgültig vollzogen. Die → temperierte Stimmung bot dem Klavierspiel größere Bewegungs- und Entwicklungsmöglichkeit. In → Praeludium, Fuge, Toccata, Ballettsuite, Sonate und → Variation beweist sich die Hochblüte der Kunst. F. Couperin, dessen Schule *L'art de toucher le clavecin* 1716 erschien, schrieb (z. T. mit programmatischen Titeln) Werke von prächtiger Farbigkeit, und auch Rameau wählte und hielt sich gern an ein Programm und verließ die Suitenordnung Marchands. J. S. Bach als Höhepunkt faßte die Ergebnisse der frz., ital., engl. und dt. K. nach Form und Technik in konsequenter Polyphonie zusammen und steigerte sie zugleich in der Wahl echt pianistischer Mittel (Goldberg-Variationen), wobei ital. Stilelemente deutlich sind (Vivaldi, Scarlatti), auf die sich auch Händel, englischem Geschmack entgegenkommend, stützte und die im galanten Klavierstil bei Mattheson, Muffat, Pachelbel, Telemann sichtbar sind. Dem Stilwandel nach 1750, der das persönl. Gefühl in affektgeladener, kühner Harmonik und sangbarer Melodie „reden" läßt, kommt die techn. Entwicklung des modernen Klaviers entgegen. 1768 konzertierte J. Chr. Bach in London auf einem Hammerklavier. 1770 erschien die erste Komposition für das neue Instr. in Paris. C. Ph. E. Bachs *Die wahre Art das Clavier zu spielen* (1753) kann – noch nicht für das Hammerklav. bestimmt – als erste gründliche musikal. Handwerks- und Verzierungslehre gelten, und Marpurgs und Löhleins Schulen stellten Klaviertechnik als Ziel heraus. Die Literatur schwoll plötzlich an, wenn auch zunächst mit Bearbeitungen. Die ersten → Klavierauszüge erschienen, und das vierhändige Spiel wurde gepflegt (J. Chr. Bach). C. Ph. E. Bach verwob *einen* Gedanken in Haupt- und Seitensatz, schrieb → Rondos mit variiertem Hauptthema, wirkte mit seinen von seines Vaters *Chromatischer Fantasie* angeregten Klavierfantasien auf Mozart ein und fand als Sondergattung die Reprisensonate. Sonate und Variation waren bevorzugte Formen. Auch in der Kammermusik setzte sich das Klavier durch. J. Haydn, der die Sonatenform eher in → Kammermusik und → Sinfonie entwickelte, wurde vertraut mit den Möglichkeiten der neuen engl. Instrumente unter dem Einfluß der Schreibweise bei C. Ph. E. Bach und Mozart, der jedoch vielseitiger war, dramatisch gestaltete und Menuett, Rondo, Fantasie weiter entwickelte. Beethoven stellte K. zumindest gleichwertig neben Kammermusik und Sinfonie. Die jetzt 4 Sätze der Sonate wurden zum äußersten verdichtet und voller dramatischer orchestraler Effekte und stehen in sich und in der Satzfolge im starken Spannungsbogen bis zum Schlußsatz, der hier der Höhepunkt ist. Der frühen leidenschaftl. Tonsprache steht die letzte Vergeistigung der *Diabelli-Variationen,* der *6 Bagatellen* op. 126 oder in *Fuge und Kanon* (op. 101) gegenüber. Das Klavier wurde für die Folgezeit Hauptinstr. musikal. Aussage in vielfach äußerlicher Virtuosität und andrerseits in einer Fülle kleinerer Formen, die an die Stelle des im Themengegensatz geschlossenen Sonatensatzes Beethovens rückten (→ Rhapsodie, Impromptu, Moment musical, Ballade, Nocturne, lyr. Stück, Etüde; vgl. → Charakterstück, Programm-Musik). Schubert, unter dem Eindruck der Kunst Beethovens, glich dessen Gegensätze aus zugunsten der sanglichen Linie und wich nicht, wie Weber, der Sonatenform aus. F. Mendelssohn und R. Schumann übernahmen von C. M. v. Weber den brillanten Klavierstil, der mit Synkopen, Polyrhythmik und gesteigerter Chromatik bei Chopin bis zur letzten Ausnutzung klavieristischer Möglichkeiten bis Liszt geführt wurde, während Brahms klassische und romant. Elemente verknüpfte und zu Reger weist, der noch die Vorklassik (Telemann, Bach) übernahm und selbst weiterwirkte zu Haas, Kaminski, Knab, Raphael. Andrerseits führte die Linie Bach–Schumann–Liszt–Brahms über Busoni (*Sonatina seconda,* 1912) in die Nähe A. Schönbergs (op. 11). In

Frankr. entstand ein neuer Klavierstil: von C. Franck, d'Indy zu Saint-Saëns und weiter zu Fauré, Ravel, Ibert mit dem neuen Zentrum in Debussys → Impressionismus. Die → Folklore war seit der Romantik beliebte Quelle der K. (Grieg, Gade, Sinding, Sibelius, Glinka, Mussorgskij, Tschaikowsky, Smetana, Dvořák, Janáček, Albeniz, De Falla, Ravel, Bartók, Kodály). Sind noch im 19. Jh. nationale Charakteristika in der K. sichtbar, so fließen im 20. Jh. verschied., sich ausschließende und sich überschneidende Strömungen über politische Grenzen hinweg. K. gab sich bewußt antiromantisch, ohne ihre Wurzeln verleugnen zu können (Hindemith: Sonaten; Brahms, Reger). Sie nützt die Klassik (Strawinsky, Sonate 1924) od. orientierte sich am Barock (Hindemith, *Ludus tonalis*; Distler, Cembalo-Kzt.) übernimmt Rhythmik- und Jazzeffekte (Hindemith, *Suite 1922*; Strawinsky, *Rag-Music,* 1919, Bartók, Sonate 1926), Elemente des frz. Impressionismus (Milhaud, Honegger, Poulenc, Martin) oder wird nach Verweilen im → Expressionismus 12tönig (Skrjabin, *6. Sonate*; Schönberg, *Klavierstükke op. 11*; Berg, Webern, Krenek, Fortner, Jelinek). Serielle Werke mit differenziertestem Rhythmus schrieben u. a. Nono, Boulez, Stockhausen. – Instruktive K. nach J. S. Bach (*Wohltemperiertes Klavier*) und C. Ph. E. Bach (*Wahre Art . . .*), nach den Vätern der Klavieretüde Clementi (→ *Gradus ad Parnassum*), Czerny und Cramer verfaßten im 20. Jh. J. Weismann (*Fugenbaum*), Hindemith (*Ludus tonalis*) und Bartók (*Mikrokosmos*).

Ch. v. d. Borren, Les origines de la mus. de. cl. en Angleterre . . ., Br 1912; ders., Les origines de la mus. de cl. dans les Pays-Bas . . ., Br 1914; W. Landowska, Mus. ancienne, P [4]1921; L. Piccioli, L'arte pianistica in It . . ., Bologna 1931; R. Teichmüller/K. Herrmann, Intern. moderne K., 1927, Nachtr. 1934; G. S. Bedbrook, Keyboard mus. from the MA to the beginning of the baroque, L 1950; C. Auerbach, D. dt. Clavichordkunst d. 18. Jh., [2]1953; G. Favre, La mus. frç. de piano avant 1830, P 1953; G. Schünemann, Gesch. d. K., 1940, NA 1953; L. Hoffmann-Erbrecht, Dt. u. it. K. zur Bachzeit (Diss. Jena), Lg 1954; W. Georgii, K., Z [4]1965; W. Apel, Gesch. d. Org.- u. K. bis 1700, 1967; H. Neuhaus, D. Kunst d. Kl.spiels, 1967; J. Gillespie, 5 centuries of keyb. mus., L 1972; J. Caldwell, Engl. keyb. mus. before the 19th cent., Oxf. 1973; M. Kugler, D. Mus. f. Tasteninstr. i. 15. u. 16. Jh., 1975; K. Wolters, Hdb. d. Kl.-Lit. zu 2 Hd., Z [2]1977; R. M. Klaas (Hg.), Piano-Jb. 1980, 1979. → Cembalo, Klavier, Orgel u. d. einzelnen Stichwörter.

Klavizylinder, von E. Chladni 1799 gebautes Tasteninstr.: abgestimmte Eisen-, auch Glasstäbe, die durch Tasten gegen eine rotierende, feuchte Glaswalze gedrückt werden und einen der → Glasharmonika ähnl. Klang ergeben (→ Euphon). Auf gleichem Prinzip, doch mit Messingstäben klingend, beruhte das von Dietz 1805 erfundene Melodion.

Klingende Stimmen, Registerzüge der → Orgel, die tatsächlich klingende Stimmen (= Register) regieren; d. h. nicht mechan. Griffe: Kalkant, Koppel, Kombination u. a.

Klirrtöne entstehen, wenn ein anderer Körper als der klangerzeugende mitschwingt. In der Elektroakustik werden sie durch Verzerrung (= Änderung der Schwingungen im Übertragungsverlauf) hervorgerufen, die durch Ober-, Differenz- und Summentöne verursacht werden kann. Der t. t. Klirrfaktor bezeichnet, wieweit die Wiedergabe z. B. durch Verstärker beeinträchtigt wird. → High Fidelity.

Klubharmonika, diaton. → Handharmonika, entwickelt aus dem zweireihigen sogenannten Wiener Modell. Von ihm unterscheidet sie sich durch die 3. Knopfreihe der 7 Hilfstasten (Kreuztasten) und den in der Mitte der Diskantseite um 1916 angebrachten Gleichtonknopf. Das Instr. ist wechseltönig (auf Zug und Druck je ein anderer Ton) bis auf den Gleichton (c). Er ist Bezugston für die eigene Griffschrift. Stimmung der K. in Dtl.: C–Es; Schweiz: B-Es.

Kniegeige → Gambe, Violoncello.

Kobsa, Kobza (ukrain.; ungar. *koboz*; türk. *kopuz*; pers. *qopuz*), Laute in Ost-Ukraine, Ungarn, Ostrumänien/Bessarab., Türkei; wohl pers. od. turkmen. Ursprungs; mit gewölbtem Boden, kurzem, geknicktem Hals; 4 Saiten, davon bei der bessarab. K. 1 und 3 zwei-, 2 und 4 dreichörig (Quarten); Instr. des Spielmanns (ukrain. *kobzar'*); in der Ukraine von der → Bandura verdrängt.

Kobys, Streichinstr. in Kasachstan; mit 2 Saiten (Quarten) über einem Resonanzkörper in Form einer Schöpfkelle, von dem der Hals (mit Seitenwirbeln) gebogen od. geknickt nach oben verläuft; aus einem Stück Holz geschnitten; Instr. der Volkssänger; seit 1930 neu gebaut (3saitig).

Köchel-Verz. (= KV) der Werke Mozarts, → themat. Verzeichnis.

Kokle → Kantele

Kolęda, Kolenda (poln.; tschech., slowak., slowen., bulgar. *koleda*; altruss., ukrain. *koljadka*; rumän. *colindă*; von lat. *calendae*), Weihnachtslied, -spiel. Der reiche Bestand slaw. Weihnachtslieder von Weißrußl. bis Bulgarien hat seine Wurzeln in ma. Hymnen, Sequenzen und geistl. Volksliedern und ist besonders ergiebig im poln. Raum um Krakau (ehemal. Galizien) aufgezeichnet (älteste bekannte Hs. von 1424). Zu den ursprüngl. geistl. Liedern (meist 2tlg. Takt) traten heitere weltl. (Dreiertakt) mit weihnachtl. Thema (poln. *pastorałki*) und Grußlieder zu Weihnacht und Neujahr, im 19. Jh. oft im Mazurkarhythmus, (auch westeuropäische) Lied- und Tanzmelodien (Kujawiak, Polonaisen). Die ukrain. geistl. *koljadki* des 16.–18. Jh. wurden mit anderen kirchl. Gesängen in versch. Slgn. (*bogoglasniki*) überliefert. Weltl. ukrain. Heischelieder (*ščedrovki*) feiern u. a. den Frühlingsanfang in engstufigen Melodien. Gemeinslavisch sind der Wechselgesang bei Kehrreimliedern und die vielfältige Instrumentalbegleitung. → Colinde.

S. Dobrzycki, Kolędy polskie i czeskie, Posen 1930; P. Caraman, Obrzęd k.owania u Słowian i Rumunów (K.-Gebrauch bei Slawen u. Rumänen), Krakau 1933; L. Romanski, D. einfachen K.-Refrains d. bulgar. Weihn.lieder (Diss. B 1940) Sofia 1942; J. Prosnak, O melodiach kolęd polskich, Warschau 1956; J. Nowak-Dłużewski, K.y polskie, Warsch. 1960; K. Hławiczka, Vom Quempassingen i. Polen (JbLH) 1967; V. L. Gošovski, Tipy ukrainskich koljadok ... (Typen ukr. K.; in: ders., U istokov narodn. muzyki slavjan.: An d. Quellen slaw. Volksmus.) M 1971; A. Petneki, D. poln. K.-Lieder im MA (Studia musicol.) Budapest 1973. → Colinde

Kolo (serb. = Rad), jugoslaw. Volkstanz, Kreistanz im ¾ Takt, zu Gesang oder Instrumentalmusik.

Kolomajka, alter ruthen. Bauerntanz in den Karpaten und Ostungarn; schneller 2/4-Takt. Der Name wird auf die Stadt Kolomyja (westl. Czernowitz) zurückgeführt; verwandte Art: Huzulka (Huzulentanz).

Kolophon (griech. = Gipfel, Ende), in Hss., gedruckten Büchern und Noten (Stimmheften) bis ins 16. Jh. der dem heutigen Impressum vergleichbare (auch das Titelblatt ersetzende) Schlußvermerk mit Verfasser, Titel, Schreiber/Drucker; nach dem Anfangswort auch *Explicit* genannt (= abgewickelt; näml. die Schriftrolle). So im Mainzer Psalterium von Fust und Schöffer (1547).

Kolophonium (*Kolophon* = Stadt in Kleinasien), hartes Harz, mit dem der → Bogen der Streichinstr. angerieben wird um die Reibung auf der Saite zu verstärken.

Koloratur (lat. *color* = Farbe), Verzierung des Gesanges: in der gebundenen Lauftechnik und der gestoßenen Sprungtechnik, die beide von der K.sängerin (K.soubrette) beherrscht werden müssen. Dazu gehört außer der techn. Fertigkeit die rhythmische Exaktheit. Je nach der Stilepoche ist K. ornamental (17. Jh.), Ausdrucks-, auch Handlungselement (z. B. R. Strauss, *Ariadne auf Naxos*).

L. Medicus, D. K. in d. ital. Oper d. 19. Jh., 1939.

Kolorieren (von lat. *color*: Farbe), 1. Auszieren, Figurieren einer Melodie im MA; – 2. → Color.

Koloristen, Meister des dt. Orgelstils im 16. Jh. Bei K. Paumann (*Fundamentum organisandi,* 1452) finden sich 2 an Kanon erinnernde cantus firmus-Stimmen, jede in anderer Weise koloriert, d. h. umspielend, variiert, verziert. Später wird eine Akkordfolge von reichem Passagenwerk durchzogen. Meister dieses Stils waren A. Schlick (1512), H. Buchner (um 1540), H. Kotter, E. N. Ammerbach, P. Hofhaimer. Die Orgelstücke übernahmen Tanzmelodien und Lieder und übertrugen Vokalsätze. → Orgelmusik, Diminution, Aufführungspraxis.

Kombination, Spielhilfen im Regierwerk der Orgel: 1. feste K. sind fest ausgewählte Registergruppen die gemeinsam durch Hand- od. Fußhebel eingeschaltet werden können. – 2. Mit der freien K. (Setzer-K.) können zusätzl. Registrierungen vorbereitet, bei neueren Orgeln können sie elektron. vorprogrammiert werden.

Kombinationston, Sammelbegriff für Differenz- und Summationston. Der beim Erklingen zweier, kräftiger (Primär-) Töne auftretende Sekundärton, dessen Schwingungszahl entweder gleich der Differenz der Schwingungszahlen der beiden Primärtöne ist (= Differenzton) od. gleich deren Summe (= Summationston). K. bilden, mit den Primärtönen zusammen erklingend, K. zweiter und höherer Ordnung. Summationstöne sind meist unharmonisch, klingen wesentlich schwächer als die Differenztöne und können das Musizieren kaum stören. Die musikalische Praxis benutzt die Differenztöne als Kontrolle der Intervalle bei Streichinstr. (so durch L. Mozart zur Prüfung von Doppelgriffen) od. im Orgelbau zur Ersparnis kostspieliger langer Pfeifen, auch bei Raumnot (Abt Vogler, → Simplifikationssystem). – Die

Technik benutzt Differenztöne z.B beim Telefon, dessen Membran nur eine Frequenz zwischen 300–2400 .Schwingungen hat, während die der menschl. Stimme meist unter 300 liegt. Es wirken nur die Frequenzen der Obertöne auf die Membran. Das Ohr des Empfängers ergänzt den fehlenden Grundton. Die Differenztöne wurden von dem Orgelbauer A. Sorge (1740) und, von ihm unabhängig, durch G. Tartini (1714, veröff. 1754) entdeckt, die Summationstöne 1856 von H. von Helmholtz.

H. v. Helmholtz, .D. Lehre v. d. Tonempf., 1863, [6]1913, ND 1968; F. Krüger, Z. Theorie d. K. (Philos. Stud.) 1901; C. Stumpf, Beob. üb. subj. Töne (Beitr. z. Akust. 3), 1901; ders., Beob. üb. K. (ebd. 5) 1909. → Akustik, Ohr.

Komma (griech. = Abschnitt), Begriff der Akustik: Kleinintervall, Tondifferenz. In der Regel behandelt man das pythagoreische und das didymische od. synthon. K., die beide noch wahrnehmbar sind, während die geringen Differenzen (→ Schisma, Diaschisma, Apotome) rechnerische Werte darstellen. Pythagoras (500 v. Chr.) soll zuerst auf die Beziehungen zwischen einfachen Zahlenverhältnissen und musikal. Intervallen hingewiesen haben, wobei er von der Teilung der Saite des → Monochords durch einen verschiebbaren Steg ausging. Wird die in c klingende ganze Saite in der Mitte geteilt, so klingen die Hälften je mit c^1, also eine Oktave höher. Teilt der Steg 1/3 Saite ab, so erklingt 2/3 Saite mit g, der Quinte. Pythagoras ermittelte die Werte der Skala durch Quintteilung und Oktavversetzung. Werden 12 Quinten übereinandergestellt und der Ton mit dem der 7. Oktave des Ausgangstones verglichen, so ergibt sich ein geringer Überschuß, das pythag. K.: his^4: c^5 = 531441: 524288 (23,5 Cent). Das syntonische K. (Unterschied zwischen großem und kleinem Ganzton) ist 81: 80 = 21.5 C. Bis ins 19. Jh. rechnete man vielfach ohne Rücksicht auf das Tonsystem das K. als 9. Teil des Ganztons, oder man teilte den Ganzton in 5 pythagoreische (große) K.ta + 4 syntonische (kleine). Jedoch ist in der → temperierten Stimmung mit 12 ausgelichenen Halbtönen in der Oktave die aus jener Annahme zu folgernde Gleichsetzung Halbton = 4½ K.ta unzutreffend. In dem bei Saiteninstr. anzutreffenden pythagoreischen System ist ein Ganzton etwa gleich 8½ K.ta. das *Comma minima* in dem System Zarlinos (auch Schisma genannt, jedoch dem pythagoreischen nicht gleichzusetzen) ist kleiner als der 10. Teil des temperierten Ganztons. Ein „arabisches K." in einer 53-stufigen Oktave erwähnte C. Eitz. Im arab. Tonsystem ist es unbekannt. Von einer 53teiligen Oktave des N. Ramarinus (1640) schrieb Athan. Kircher; 1694 beschrieb W. Holder die 53stufige Oktave des Nicholas Mercator. Solche Teilung wird auch dem chines. Theoretiker King-Fang (2. Jh. v. Chr.) zugeschrieben, der den Endton einer Folge von 53 Quinten mit dem oktavversetzten Ausgangston gleichsetzte, weil die geringe Differenz außer acht gelassen werden kann. Der Ganzton dieses Systems ist größer als der temperierte und wird in 9 K.ta geteilt. Ein solches K. liegt zwischen dem pythagor. und dem synton. K. P. v. Jankó (→ Klaviatur) teilte die Oktave in 41 Teile und errechnete als Werte höchster Annäherung an die reine Stimmung die 347-, 400-, 506-, 559- und 612stufige Temperatur. Instrumente mit genauerer Oktavteilung als die 12stufige (Bosanquet, Jankó, Eitz) blieben wegen ihrer komplizierten Spieltechnik Randerscheinungen. → Stimmung, Temperatur, Tonsystem.

K. Eitz, Das mathemat.-reine Tonsyst., 1891; P. v. Jankó, Über mehr als 12stufige gleichschweb. Temperaturen (Beitr. z. Akust. u. Mw. 3) 1901; J. Handschin, Üb. reine Harmonie u. temper. Tonleitern (Schweiz. Jb. Mw.) 1927; O. J. Gombosi, Tonarten u. Stimmungen d. antiken Mus., K 1939; E. Bindel, Die Zahlengrundl. d. Mus., 1950; O. Becker, Frühgriech. Mathem. u. Musiklehre (AfMw) 1957; A. Szabo, Anf. d. griech. Mathematik, 1969; E. F. W. Altwein, Versuch üb. d. „arab. K." (Mf) 1971.

Kommahäkchen, Atemzeichen in der Notation der Vokalmusik; Schrägstrich od. Komma über od. auf der obersten Linie od. im obersten Zwischenraum des Liniensystems; Anweisung zum zweckmäßigen, rechtzeitigen Einatmen vor größerer Phrase; damit Phrasierungszeichen; auch Atemholer genannt.

Kommersbuch (lat. *commercium*: Verkehr, Gemeinschaft), Slg. von Studenten-, Vaterlands-, Volksliedern. Nach frühen Slgn. (Kindleben, Halle, 1781; Niemann, Kiel, 1782) erscheint der Titel K. zuerst 1810 (Heidelberg). Aus der Slg. *Dt. Lieder* (H. Schauenburg, J. W. Lyra, 1843) wurde 1858 das *Allgem. Dt. K.* (Fr. Silcher, Fr. Erck), das seitdem in zahlreichen Auflagen erschien. → Studentenmusik.

Komos (griech., lat. *comus*), Festzug mit Musik und Possen im klass. Altertum.

Komplementär-Intervall (lat.:) Ergänzungsintervall, nämlich zur Oktave, z. B. Sekunde + Septime; auch Inversion (→ Umkehrung); veraltet: → Replik (2).

Komplementärrhythmus (von lat. *complere* = ergänzen), Erscheinung der → Polyrhythmik: Die langen Werte des von einer Stimme gegebenen Grundrhythmus werden von den Gegenrhythmen der anderen Stimmen so aufgegliedert, daß sich die Stimmen, wenn sie sich nicht in der Klangfarbe deutlich voneinander abheben, zum ausgeglichenen Einheitsrhythmus ergänzen können.

Komplet (*Completorium*; lat. *complere* = vollenden). Die letzte der Stundenfolgen (→ Horen) im kathol. Tagesgebet besteht aus: Eröffnung/Bußgebet/Hymnus/ Psalm und Antiphon/Lesung und Responsorium/Canticum Simeonis (Luk. 2,29–32)/Gebet/Segen. → Marian. Antiphon.

Komposition (lat. *componere* = zusammensetzen), das meist schriftl. fixierte Originalwerk der Musik, Ergebnis eines Schaffensvorgangs, in dem psychologisch zu deutende Elemente mit handwerkl. Voraussetzungen und techn. Bedingungen zusammenwirken. Der Komponist ist bestrebt, mit den ihm zur Verfügung stehenden Mitteln der Stimmführung, der Harmonik, Rhythmik, Dynamik, Instrumentation (Orchestration) seinen musikal. Einfall möglichst genau für die zutreffende Wiedergabe durch andere festzuhalten. Dabei setzt er sich unterschiedlich kritisch od. entgegenkommend mit der musikal. Tradition auseinander, wie umgekehrt das Urteil der Hörer über sein Werk je nach Hörgewohnheit und fester od. geringer Traditionsbindung verschieden ausfällt. Die Kunst der K. begann bei der einstg. (horizontalen) Melodie und entwickelte sich im (vertikalen) Zusammen-Klang der Mehrstimmigkeit mit cantus firmus-Satz und Imitation (Kanon, Fuge), schließlich bestimmt nach Struktur, Funktion od. Unabhängigkeit der Akkorde in der modalen, tonalen od. funktionslosen Harmonik. Die freischöpferische K. konnte erst mit der Lösung von der vorgegebenen Melodie einsetzen. Der Komponist war zunächst gleichzeitig Interpret; seine K. entstand in Erfüllung eines Dienstauftrags. Erst in der klassisch-romant. Zeit u. im Zusammenhang mit der gesellschaftl. Umschichtung setzt sich der freischaffende Komponist durch, der auch nicht mehr selbstverständlich Interpret ist. In der Vielzahl neuzeitlicher Bestrebungen steht als Ggs. zu einer uniformen Musikzivilisation der Anspruch einer in sich selbst ruhenden Schallkunst auf den Elitehörer. – Das Wort *componere* erscheint, auf schriftl. fixierte Musik bezogen, zuerst bei G. v. Arezzo (*Micrologus*), der eine erste → Melodielehre gab. Im späten MA bis in den Anfang des → Generalbasses (16. Jh.) war K. gleich → Kontrapunkt (→ Satzlehre) im Unterschied zur → Improvisation. Dem Singen und Improvisieren (*cantus simplex*) wurde das Komponieren (*cantus compositus*) mit der schriftl. festgelegten Linienführung (→ *res facta*) gegenübergestellt, wobei es nach J. Tinctoris (15. Jh.) bei diesem auf das Verhältnis der Stimmen zueinander, beim improvisierten Kontrapunkt auf das Verhältnis jeder Stimme zum Cantus firmus (Tenor) ankam. Der Ggs. *compositio* und → *sortisatio* (Zufallsmusik) wurde fixiert in den Musiklehren des 16. Jh. mit der Dreiteilung (Listenius: *Musica,* 1537) der spekulativen *musica theorica,* der *m. practica* als Gesangslehre und der *m. poetica* als Kontrapunktlehre, diese wieder geteilt in die improvisiert gesungene *sortisatio* und die planmäßig zusammengesetzte *compositio* (J. A. Herbst, *Musica poetica,* 1643). Ende des 16. Jh. erweiterte sich der K.begriff im Akkordprinzip der Generalbaßlehre, das sich schon in den ital. Akkordtabellen (z. B. Zarlinos) und den Anweisungen für die Variation (Coclico 1552, H. Finck 1556) zeigte. Der schriftl. festgelegte Kontrapunkt verdrängte den improvisierten. Chr. Bernhard (1648) unterschied nach dem Beispiel bei M. Scacchi (1643) einen langsamen „alten“ Stil mit wenigen Dissonanzen und einen *stilus luxurians*; bei diesem wieder den schnelleren *stilus communis* (mit Dissonanzen) und den theatralischen, rezitativischen, nur vom Text bestimmten *stilus comicus.* Während die Anweisungen von J. Crüger (1630), A. Berardi (1687), J. Fux (1725) noch die (horizontale) Stimmführung in den Vordergrund stellten, entwickelte sich seit J.-Ph. Rameau (*Traité de l'harmonie,* 1722) die Harmonielehre zur wichtigen Disziplin, gleichberechtigt mit der K.slehre, wenn auch vielfach gesondert behandelt. Improvisiert wurde nur noch im Generalbaßspiel. Das Tonalitätsprinzip Rameaus war die Grundlage für die großen K.slehren (z. B. Marx, Riemann) des 19. Jh., in dem auch Instrumentation und Formenlehre als neue Themen einsetzten. Die Lehre vom Kontrapunkt wurde weiterhin gesondert behandelt. Praktische Lehrwerke der K. sind J. S. Bachs

Wohltemperiertes Klavier, Hindemiths *Ludus tonalis* und Bartóks *Mikrokosmos*. Eine neue Verbindung von kompositorischen und improvisatorischen Möglichkeiten eröffnete die → elektronische Musik (→ *Musique concrète*). Der Gedanke der Zufallsmusik zeigte sich um 1800 wieder in Anweisungen für Laien, mit Würfeln innerhalb bestimmter Grenzen zu komponieren, was der K. durch Elektronenrechner im 20. Jh. und der von J. Cage demonstrierten K.smethode nahekommt. → Computermusik, Mechanische Komposition.

H. Riemann, Hdb. d. K.lehre, 1889; ders., Gr. K.lehre, 1902/13; V. d'Indy, Cours de c. mus., P 1903/50; H. Schenker, Neue mus. Theor. und Phantasien, 1906/10/22/35; C. V. Stanford, Mus. c., L 1911; E. Toch, Mel.lehre, 1923; P. Hindemith, Unterweisung i. Tonsatz, 1937, 1939; E. Pepping, D. polyphone Satz, 1943; 1956; O. Messiaen, Techn. de mon langage mus., P 1944, dt. ebd. 1966; H. Heiß, Elemente d. mus. K., 1949; G. Ligeti, Üb. neue Wege im K.unterr. (Publ. Kungl. Mus. Akad. 4) Stockh. 1968; B. Schäffer, Introd. to c., Krakau 1976; A. Schönberg, Grundl. d. mus. K. (hg. R. Stephan) W 1979.

H. Riemann, Spontane Phantasietätigkeit u. verstandesmäß. Arbeit (JbP) 1909; F. Busoni, Von d. Einheit d. Mus., 1923, NA 1956; G. Becking, Z. Typolog. d. mus. Schaffens (Kb. Basel) 1925; A. Hába, V. d. Psych, d. mus. Gestaltung, Pr/W 1925; J. M. Hauer, Vom Melos z. Pauke, 1925, ND W 1967; A. Jancke, Beitr. z. Psych. d. mus. K., 1928; J. Bahle, Z. Psych. d. mus. Gestaltens, 1930; ders., Eingebung u. Tat i. mus. Schaffen, 1939; W. Danckert, Ursymbole mus. Gestaltung, 1932; W. Fortner, Musiklehre u. K.unterr., (Dt. Musikkultur 1) 1936; H. Denecke, D. K.slehre H. Riemanns (Diss. Kiel) 1937; H. Pfitzner, Üb. mus. Inspiration, ^{3}1940; M. Graf, From Beethoven to Shostakow., NY 1947; A. Schönberg, Style and idea, L 1950, dt. 1976; ders., Fundamentals of mus. c., L 1967, dt. W 1979; W. Gurlitt, D. K.lehre d. dt. 16 u. 17. Jh., 1953, ND (Beih. AfMw) 1966; B. Nettl, Notes on mus. c. in primit. culture (Anthrop. Quarterly) Wash. 1954; B. Blacher, Die mus. K. unter d. Einfluß d. techn. Entw. (Winckel: Klangstrukt. d. Mus.) 1955; G. P. S. Jacob, The composer and his art, L 1956; P. Hindemith, Komponist i. seiner Welt, Z 1959; I. Strawinsky, Mus. Poetik, ^{3}1966; E. Helm, Composer, performer, public, Florenz 1970 (frz. 1971); S. Borris, Histor. Symptome i. d. K.sverfahren d. 20. Jh. (Fs. Pepping) 1971; H. Schneider, Die frz. K.slehre i d. 1. Hälfte d. 17. Jh., 1972; I. Xenakis, Formalized mus., L ^{2}1973; S. Kunze, Raumvorstellungen i. d. Mus. (AfMw) 1974; H. H. Eggebrecht, Mus. Denken, 1975, ND 1977; W. Gieseler, K. i. 20. Jh., 1975; E. Apfel, Gesch. d. K.slehre von d. Anfäng. bis gegen 1700 (Tb. z. Mw.) 1981; E. Jost (Hg.), Komponieren heute (VINM) 1983. → Aleatorik, Dodekaphonie, Harmonielehre, Kontrapunkt, Mth., Sortisatio.

Komungo, korean. Wölbbrettzither mit 6 Saiten, davon die 3 mittleren mit festen Bünden, die anderen über beweglichen Stegen; vgl. → Kayagum, K'in.

Kondak (russ. von griech. → *kontakion*), der vielstrophige altslaw. Kirchengesang, etwa im 6. Jh. zunächst im Kiever Reich aus der byzantin. Kirchenmusik übernommen und weitergebildet. Auch hier ergeben oft die Anfangsbuchstaben der Strophen ein Akrostichon. Die Gesänge (Texte der Bibel, Heiligenlegenden) wurden auch im Wechselgesang vorgetragen: die Strophen solistisch (→ Melode, Demestnik), der Refrain von Chor od. Gemeinde. Vom 8. Jh. an ersetzte bzw. ergänzte der → Kanon (3) den K. Die seit dem 11. Jh. reich mit Melismen versehenen Gesänge wurden aufgezeichnet in den Kondakarien (davon bisher 5 neumierte bekannt): in besonderer Notenschrift (*kondakarnoje znamja* = K.zeichen); auch mit den textfremden Silben-Einschüben (→ Anenajki). Die Überlieferung bricht im späten 13. Jh. ab. → Rospev.

K. Levy, The Slavonic Kontakia and their Byz. originals, in: A. Mell (Hg.), 25th Anniversary, Fs. Queens Coll., Univ., NY 1964; ders., D. slav. K.arien-Notation, in: L. Mokrý (Hg.), Anfänge d. slav. Mus., Bratisl. 1966; S. Floros, Die Entziff. d. K.arien-Notation (Mus. d. Ostens) 1965/7. → Byz. Musik.

Kongreßbericht, Arbeits-, Forschungsbericht von Wissenschaftlern (hier: der Mw.), die bei periodisch od. aus besonderem Anlaß verantalteten Kongressen allgemein od. zum gegebenen Thema referieren. Die Vorträge werden im Kb. veröffentlicht, der (ähnl. der Fs.) zur wichtigen mw. Quelle werden kann.

M. Briquet, La mus. dans les congr. internat. (1835–1939), P 1961; J. Tyrrell/R. Wise, A guide to intern. congr. reports in Musicol. (1900/75), L 1979.

Konisch (griech. =) kegelförmig. Ist das Rohr eines Blasinstr. k. gebohrt, erweitert es sich bis zur Schallöffnung, so erklingt beim → Überblasen der 2. → Partialton, die Oktave (z. B. bei Flöte, Oboe, Horn). Dagegen blasen zylindr. gebohrte Rohre (→ Klarinette) in den 3. Partialton, die Duodezime, über (vgl. → Gedackt).

Konkordanz (lat. *concors* = einmütig, übereinstimmend), 1. Begriff der Funktionstheorie, geprägt von C. Stumpf für den Zusammenklang von mehr als 2 konsonanten Klängen; Ggs.: → „Diskordanz, Konsonanz" beim Intervall als Tonschritt. K. sind demnach die Haupt- und Nebendreiklänge, ihre Umkehrungen und Erweiterungen. Bedingung sei, daß Quinte od. Quarte mit Terz od. Sexte enthalten sind. Die Bez. hat sich nicht eingebürgert, da die Kenneichen für Konsonanz und Disson. für Intervalle und Akkorde gelten können. – 2. Bez. in Musiktraktaten des MA (*concordantia*) mit unterschiedl. Bedeutung, z. B. für Intervalle einfacher Zahlenverhältnisse im Zusammenklang od. (J. de Grocheo, um 1300) für aufeinanderfolgende Töne.

C. Stumpf, Konsonanz u. K., 1911. R. Münnich, K. u. Diskord. (ZIMG XIII), 1911/12. H. Riemann, Stumpfs „K. u. Disk." (ebda.), 1911/12. → Diskordanz, Dissonanz, Konsonanz.

Konkrete Musik, → Musique concrète.

Konservatorium (von lat. *conservare* = bewahren), Lehranstalt zur praktischen und theoret. Ausbildung von Musikern aller Arten und Grade, von Komponisten, Dirigenten und Musiklehrern. Der Name geht auf die ital. Waisenhäuser („Bewahranstalten") des 16.–18. Jh. zurück, aus denen sich Kapell- und Opernchöre ergänzten. Abgesehen von verschied. Vor- und Zwischenstufen (z. B. ab 600 die röm. → Schola cantorum) sind die ältesten K. die in Neapel (*Conservatorio Santa Maria di Loreto,* 1537), Venedig und Palermo. Erst Ende des 18. Jh. entstanden K. in anderen Ländern, und im 19. Jh. erfolgten die meisten Schulgründungen: 1771 Stockholm, 1775 Stuttgart (Musikabt. der Karlsschule), 1784 Paris (*Ecole de chant et de déclamation,* daraus 1795 das K.), 1804 Bologna, 1808 Mailand, 1811 Prag, 1817 Wien, 1821 Warschau, 1822 Berlin (Institut für Kirchenmusik), 1822 London, 1826 Den Haag, 1830 Madrid, 1833 Lissabon, 1834 Budapest, 1835 Genf, 1843 Leipzig, 1850 Köln, 1853 Boston, 1862 Petersburg (Leningrad), 1866 Moskau, 1869 Berlin (Kgl. Hochschule für Musik). In verschiedenen Ländern (Dtl., Australien, Südamerika, USA) haben einzelne K. Hochschulcharakter. Neben ihnen und anderen staatlichen gibt es in Westdtl. städtische und private Schulen, neben Hochschulen, Akademien, K. noch Kirchenmusik-, → Musik-, Jugendmusik- und → Singschulen. Aus dem 1953 gegr. Verband der Direktoren europäischer K. wurde 1956 die *Association Européenne des Académies, Conservatoires et Musikhochschulen.* → Akademie, Musikerziehung.

E. Kraus, Musikstudium i. d. Bundesr. Dtl., [4]1980.

Konsonanz (lat. *consonantia*): Zusammenklang von Tönen (Klängen), beurteilt nach dem Schwingungsverhältnis. K. ist zunächst gegenüber → Dissonanz durch einfache Schwingungsverhältnisse der 2 Intervalltöne gekennzeichnet, deren Obertöne und deren Entfernung vom Grundton sowie psycholog. nach dem Grad der Verschmelzung der Tonempfindungen. Die Erscheinung, für Musiker und Hörer scheinbar ohne Besonderheit, erweist sich wie die Dissonanz als vielschichtiges Problem, das nicht von Physik, Psychologie, Musiktheorie aus einem Prinzip zu lösen ist. Erste wissenschaftl. physiolog. Deutung bot H. v. Helmholtz (1862), der K. als kontinuierl. Tonempfindung verstand und als Ähnlichkeit (Verwandtschaft) zweier Töne durch ihre gemeinsamen Teiltöne. Dissonanz war für ihn eine intermittierende Tonempfindung mit geringer od. fehlender Verwandtschaft. Mit verbesserten elektroakustischen Möglichkeiten wurde die seit der griech. Antike mit dem kosmolog. Gedanken der → Sphärenharmonie über Kepler, Leibniz, Euler bestehende Erklärung der K. aus einfachen Zahlenverhältnissen kritisch überprüft. A. von Oettingen und H. Husmann beanstandeten die Helmholtz-These, weil sie negativ die K. bestimmt, ebenso die Dissonanz, die wiederum C. Stumpf negativ aus dem Fehlen der Verschmelzung erschloß. F. Krueger erklärte 1903 die K. aus dem Differenztonsystem (→ Kombinationston). H. Husmanns Versuche legten nahe, daß die (inzwischen bestätigten) Ohrobertöne, die wiederum Helmholtz stützten, maßgebl. seien (Koinzidenztheorie). Für die Mth. war die Pythagoras zugeschriebene mathemat. Deutung entscheidend. Im Intervall – ursprüngl. der (nachzeitige) Tonschritt – war das „ausgezeichnete Zahlenverhältnis" (Plato) zu sehen (1 : 2 = Oktave; 2: 3 = Quinte; 3 : 4 = Quarte). Die Praxis des → Organums zeigt, daß auf schwerer Taktzeit eine K. liegen mußte. Im 12., 13. Jh. galten Quinte und Quarte als K. Der → Tritonus zählte im 15. Jh. zu den Dissonanzen. Terzen- und Sextenketten wurden vermutl. zuerst in Engl. (der Praxis folgend) theoretisch anerkannt. Erst aus dem 15. Jh. stammt die Regel, daß die Intervalle in einem 3- od. 4teiligen Zusammenklang alle konsonant sein mußten. Galt der Zusammenklang mehrerer Töne bis dahin nur als Zusammensetzung von Intervallen, so entstand im 17. Jh. die Auffassung von der Einheit des Akkords. Der Begriff der Klangeinheit in der Funktionstheorie (M. Hauptmann, A. v. Oettingen, H. Riemann) kann aus dem physikal. → Klang mit Obertönen erklärt werden (vgl. → Dualismus). Unbewiesen bleibt auch die „natürl." Funktion, wonach Tonika, Dominante, Subdominante als K. gelten (Riemann). In Hindemiths Tonalität ist der Akkord wieder die Zusammensetzung von Intervallen. Der Grundton des Intervalls mit höchster K. ist zugleich Grundton des Akkords. In der →

Dodekaphonie ergeben sich die Zusammenhänge aus dem Reihenprinzip, das die Folge der 12 nur aufeinander bezogenen Töne horizontal und/od. im Zusammenklang festlegt, wobei die Assoziation harmon. funktionaler Bindungen möglichst vermieden wurde. Es besteht kein System „harmoniefremder" Töne, daher (nun auch musiktheoretisch) kein prinzipieller Ggs. zwischen K. und Dissonanz.

C. Stumpf, Tonpsych., 1883, ND 1965; ders., K. u. Disson., 1898; H. v. Helmholtz, D. Lehre v. d. Tonempfindungen . ., ^{6}1913, ND 1968; H. Riemann, Zur Theorie d. K. u. Disson. (Präl. u. Stud. 3) 1901, ND 1967; E. M. v. Hornbostel, Psychol. d. Gehörserscheinungen (Hdb. d . . . Physiol.) 1927; E. Hartmann, K. und Disson. (Diss. Marburg) 1923; K. Jeppesen, Der Palestrinastil u. d. Disson., K 1923, engl. ND L 1970; H. Erpf, Stud. z. Harmonie- und Klangtechn. d. neueren Mus., 1927; J. Handschin, D. Toncharakter, Z 1948; H. Husmann, Vom Wesen d. K. (Musikal. Gegenwartsfragen 3) 1953; G. Massenkeil, Z. Frage d. Disson.behandlung i. d. Mus. d. 17. Jh. (Les Coll. de Wégimont) 1957; F. Winckel/A. Wellek/C. Dahlhaus, K.-Disson. (MGG) 1958; C. Dahlhaus, Intervall- u. Akkorddisson. (Kb. Kassel) 1962; H. de la Motte-Haber, K. u. Disson. als Kriterium d. Beschreibung v. Akkorden (Jb. Inst. f. Mf.) 1970; dies; Mus.psych., 1972; S. Gut, La notion de conson. chez les théoriciens du MA (AM) 1976. → Harmonielehre, Musikpsychologie, Mth.

Kontakion (griech. = Stäbchen), byzantin., wohl auf die syrische Liturgie zurückgehender Kirchengesang nach festtäglichen Bibeltexten; Hymnus mit 18–30 Strophen, deren Anfangsbuchstaben oft ein Akrostichon bilden; Slg. im Kondakarion. Die Blütezeit des K. war im 5.–7. Jh. Dem Meloden Romanos (6. Jh.) werden gegen 1000 zugeschrieben; 85 sind offenbar nachgewiesen, darunter der noch heute gesungene 24strophige Hymnus Akathistos. Im 8. Jh. verlor das K. gegenüber dem → Kanon (3) an Bedeutung, wurde aber im 9. Jh. neu belebt.

E. Wellesz, Z. Stil d. Melodien d. K.a (Fs. Anglés), Barcel. 1958/61; ders., A hist. of Byzant. mus. and hymnogr., Oxf. ^{2}1961; Ch. Thodberg, The tonal system of the Kontakarium, K 1960; J. Grosdidier de Matons, Le K. (Gedenkschr. L. Schrade 1) Bern 1973. → Byzantin. Musik.

Kontrabaß (frz. *contrebasse;* ital. *contrabbasso*; engl. *double bass*), Streichinstrument, das größte des modernen Orchesters; heute meist in Gamben-, selten in Violoncelloform; meist 4-, selten 5saitig; kurzer Hals, spitzer Oberbügel, flacher Boden, der nach oben abgeschrägt ist; hohe Zargen, Wirbel (Zahnrad, Sperrhebel); notiert im Baßschlüssel, 1 Oktave tiefer klingend. Von der Familie der →Viola da braccio sind f-Löcher und die Schnecke übernommen; von der Gambenfamilie kommt die Quartenstimmung (,E ,A D G). Um das Kontra-C zu ermöglichen, wurde im 19. Jh. die C-Maschine erfunden, die die ,E-Saite verlängert und durch Druckhebel die Griffe zum ,C ergänzt. Der Kontrabassist verzichtet lieber darauf und stimmt die Saite auf ,C. Der K. stammt von der Baß-Viola da gamba ab. Die erste Abbildung gibt Jost Amman 1566. In der Orchestermusik tritt der K. seit der 2. Hälfte des 16 Jh. auf und heißt im 17. und 18. Jh. wie die Baß-Viola da gamba: Violone. Die 6 Saiten der Gambenfamilie wurden früh aufgegeben, die Bünde erst im 19. Jh. Im Orchester spielt der K. häufig denselben Part wie das Violoncello. Erst der jüngere Orchesterstil hat ihm selbständigere Aufgaben gestellt. Besondere Effekte sind Tremolo, Pizzicato, Flageolett, das Schlagen und das „Kneifen" (die Saite wird nicht niedergedrückt, sondern am Steg mit zwei Fingern gekniffen). Halbbässe und Dreiviertelbässe werden außerhalb des

Sinfonieorchesters noch benutzt. Riesenbässe gab es schon im 17. Jh. (Der Pariser Oktobaß mit Klappenmechanismus war 4 m hoch; 1889 wurde in Cincinnati ein Baß von 4,80 m Höhe gezeigt und von einer Leiter aus gespielt.)

M. Flechsig, Spielkultur auf d. K., 1934; A. Planyavsky, Gesch. d. K., 1970; A. Meier, Konzertante Mus. f. K. i. d. Wiener Klassik, 1972, [2]1979; B. M. Fink, D. Gesch. d. K. u. seine Trennung v. Violoncello i. d. orchestralen Instrumentation, 1974.

Kontra-Exposition, in der Fuge die der → Exposition od. dem ersten Intermedium folgende zweite Durchführung, vor allem in geringstg. Fugen (Bach, Wohlt. Kl. I, 11).

Kontrafagott, → Fagott.

Kontrafaktur (lat. *contrafacere* = umwenden, ins Gegenteil verkehren), Umdichtung eines Gesangstextes unter Beibehaltung der Melodie: Ein weltlicher kann in einen geistlichen Text verwandelt werden (Luthers *„Vom Himmel hoch, da komm ich her"* aus *„Ich komm von fernen Landen her"*) od. umgekehrt (J. S. Bachs Dramma per musica *„Angenehmes Wiederau"* in den Kantatentext *„Freue dich, erlöste Schar"*); od. der geistl. bzw. weltl. Charakter bleibt erhalten, der Text wird aber – vielfach mit pädagogischem Ziel – geändert (H. Knaust, *Gassenhawer, Reuter und Bergliedlin christlich moraliter und sittl. verendert,* 1571). In G. Rhaus → Bicinia (1545) finden sich viele Beispiele umtextierter Ausschnitte aus mehrstg. Messen. Die Praxis, einen Liedinhalt (aus verschiedensten Gründen) „umzuwenden", erscheint, z. B. in der byzantin. Musik, im gregorian. (ambrosian., fränk.) Gesang, im englischen → Sommerkanon od. in → Conductus, Cantio, Chanson, Trouvèrelyrik, Minnesang. Aus B. Steinmars *Sumerzît, ich fröwe mich dîn* wurde *Himelrîche ...*, und H. v. Laufenbergs geistl. Lyrik stützte sich wesentl. auf Volkslieder. Blütezeit der K. war das 16. Jh. (vgl. → Parodie). Viele Volksliedweisen sind nur durch K. erhalten geblieben, z. B. aus G. Forsters Slg. *Frische teutsche Liedlein* (1539/56) od. den → Souterliedekens.

K. Hennig, Die geistl. K. i. Jh. d. Reformation, 1909, ND 1977; W. Steinecke, D. Parodie i. d. Mus., 1934, ND 1970; H. Albrecht, Z. Rolle d. K. in Rhaus Bicinia ... (Fs. M. Schneider) 1955; J. Müller-Blattau, K. im ält. geistl. Volkslied (Fs. Fellerer) 1962; F. Gennrich, Die K. im Liedschaffen d. MA (Summa mus. med. aev. 12) 1965; J. Aengenvoort, D. K. i. d. Gesch. d. geistl. Liedes (Mus. u. Altar) 1966; W. Braun, D. evgl. K. (JblH) 1966; W. Lipphardt, Üb. d. Begr. K., Parodie, Travestie (ebd.) 1967; ders., Z. geistl. K. (Fs. Wiora) 1967; C. Petzsch, K. u. Melodietypus (Mf) 1968; H. Husmann, Strophenbau u. K.techn. der Stichera (AfMw) 1972; R. Falck, Parody and Contrafactum (Mus. Quarterly) 1979.

Kontrapunkt (engl. *counterpoint*; frz. *contrepoint;* ital. *contrappunto*; lat. *contrapunctus,* von *punctus contra punctum* = Note gegen Note), Kompositionsart, bei der die Einzelstimmen melodisch selbständig sind und dabei eine Funktion im Zusammenklang aller Stimmen ausüben können. Die jeweils verschiedene Wertung von Melodie und Harmonie bestimmt die Geschichte des K., der schulmäßig zunächst als strenger K. mit festen Regeln für → Gegen-, Parallel- und Seitenbewegung, Vorhalt, Vorausnahme, Konsonanz, und → Dissonanz gelehrt wurde, ausgehend vom Satz Note gegen Note und zwei und vier Noten gegen eine. Dabei arbeitet man gern mit einer gegebenen Melodie (→ Cantus firmus). Diesem „reinen" Satz in Vokalwerken steht in der Instrumentalmusik vielfach ein freier K. gegenüber. Die kontrapunktierenden Stimmen können außer den allgemeinen K.-Regeln noch feste formale Bindungen erhalten im polyphonen Satz durch Nachahmung (→ Imitation), → Kanon und → Fuge. Sind die Linien so angelegt, daß sie miteinander vertauscht werden können, spricht man von → doppeltem K. (und entsprechend dreifachem K.) Diese Stimmenversetzung geschieht meist in der Oktave, seltener in Dezime od. Duodezime. Höchste Konzentration erreicht diese Technik in der → Spiegelfuge. – Sieht man von zufälligen Ergebnissen der Stimmführung in der frühen oriental. und griech. Musik ab (→ Heterophonie, Ostinato, Imitation), so muß die bewußte Stimmenkombination mit od. aus dem →Organum entstanden sein. Im 10. und 11. Jh. finden sich Angaben über verschied. Intervallbewertung und Stimmkreuzung. Im 12. Jh. galt der Begriff → *discantus* für den Satz Note gegen Note, *organum* für mehrere Noten gegen eine. Die Theoretiker des 13. (Joh. de Garlandia und Franko v. Köln) und 14. Jh. legten Regeln f. Konsonanz und Dissonanz fest. Terz und Sexte erhielten größere Bedeutung, die Quarte verlor den Charakter der Konsonanz. Nach 1300 erschien der Begr. → *Contrapunctus*. Die Komponisten waren den Regeln der Musiktraktate der Zeit weit voraus (z. B. Machaut). Im *Liber de arte contrapuncti* (1477) des Joh. Tinctoris zeigt sich der Ggs. zwischen improvisiertem und notiertem K., und im Wechsel neben dem *contrapunctus simplex* (Note gegen Note, mit Dissonanzverbot) konnte innerhalb einer mehrstg., freien Komposition der *c. diminutus* stehen. Höhepunkte kontrapunktischer Kunst waren die Vokalpolyphonie des 15. und 16. Jh. (Palestrina) und das Werk J. S. Bachs. G. Zarlino (*Istituzioni harmoniche,* 1558) gab das erste geschlossene K.-System. Stand der Begriff K. bis etwa ins 17. Jh. allgemein für Komposition, Harmonie für Mehrstimmigkeit, so wurden im Zusammenhang mit der Akkordlehre des Generalbaßzeitalters, mit der sich der K. auseinanderzusetzen hatte, K.- und Generalbaßlehre feste Disziplinen der Komposition. Die schon früher vorbereitete Unterscheidung in freien und strengen K. wurde Anfang des 17. Jh. offensichtlich. J. J. Fux stützte sich mit seinem *Gradus ad Parnassum* (1725) auf die strengen Regeln bei Bernardi (*Arcani musicali,* 1690) und weiter auf Palestrina. Den freien K. bei Monteverdi und H. Schütz behandelte Chr. Bernhard um 1660. Die Klassik unterschied nach Hauptstimme und Begleitung (→ Akkompagnement) und bestimmte in thematisch-motivischer Arbeit den K., während die Romantik auf strenge Linienführung zugunsten farbiger Illustration verzichtete. Um die Jh.-wende führten Brahms und Reger zu einer neuen Wertung des K., der dann u. a. bei H. Kaminski, P. Hindemith, I. Strawinsky, J. N. David, H. Distler, E. Pepping wieder bestimmend wurde und bei fortschreitender Abkehr von der Funktionsharmonik zum unbeschränkten Spiel der Stimmen gegeneinander führte. K.-Theorien des 20. Jh. gehen vielfach auf die alte Polyphonie zurück und ziehen daraus neue Schlüsse (Riemann, Kurth, Krenek). Hindemith versucht wieder den Ausgleich Melodie-Harmonie, wenn er die Akkord- neben die Melodiefortschreitung stellt. Die Zwölftonmusik (→ Dodekaphonie) vermeidet die Konsonanz und könnte sich aus dem Ursprungssinn des K. erklären, weil Stimmfortschreitung und -zusammenklang aus der vorgegebenen Einheit der Reihe stammen.

E. Kurth, Grundl. d. linearen K., Bern 1917, ND 1977; H. Riemann, Lehrb. d. einf . . . K., [6]1921; ders., Gesch. d. Mth., [2]1921 ND 1971; K. Jeppesen, D. Palestrinistil u. d. Dissonanz, 1925, engl. ND L 1970; ders., K., Lehrb., [8]1978; P. Hindemith, Unterweisung i. Tonsatz, 1937/39; R. H. Robbins, Beitr. z. Gesch. des K. von Zarlino-Schütz (Diss. B) 1938; W. Piston, Cp., NY 1947; E. Pepping, D. polyph. Satz, [2]1950, 1957; E. Krenek, 12-Ton-K.-Stud., 1952; J. Hein, D. K.lehre b. d. Musiktheoretikern i. 17. Jh. (Diss. Köln) 1954; H. Searle, 20th cent. cp., L 1954; C. Dahlhaus, Z. Theorie d. klass. K. (KmJb) 1961; A. Schönberg, Preliminary exercises in cp. (hg. L Stein) L 1963; E. Apfel, Beitr. z. e. Gesch. d. Satztechn. bis Bach, 1964/5; ders., Grundl. e. Gesch. d. Satztechn., 1974/6; R. Middleton, Harmony in modern cp., Boston 1967; F. Salzer, Counterp. in compos., NY 1969; K.-J. Sachs, Der Contrapunctus im 14. und 15. Jh. (Beih. AfMw) 1974; Zs. Gárdonyi, K., 1980; D. De la Motte, K., 1981.

Kontrasubjekt, der Kontrapunkt, den die erste Fugenstimme, nachdem sie das Thema vorgetragen hat, gegenüber dem inzwischen antwortenden → *Comes* entwickelt und der gern im weiteren Verlauf wieder aufgegriffen wird. So bereitet der K. in der Doppelfuge oft das 2. Thema vor oder ist mit ihm identisch.

Kontratanz (frz. *contredanse,* ital. *contradanza,* von engl. → *country dance* = ländl. Tanz), dt. Form des aus England stammenden, im 17. und 18. Jh. in ganz Europa beliebten Modetanzes, der nach Frankr. als → *Anglaise,* nach Dtl. als →*Française* gekommen war. Die falsche Ableitung des Namens erklärt sich aus der Anfangsposition mit 4 einander *gegenüber*stehenden Tanzpaaren. Im 18. Jh. verdrängten → Quadrille und → Walzer den K. aus den Ballsälen. Die Wiederbelebung in der engl. Volkstanzbewegung des 20. Jh. wirkte auch auf Dtl. (G. Götsch). → Volkstanz.

G. Götsch, Neue K., 1955; ders. u. R. Gardiner (Hg.), Alte K., (NA. von R. Christl) 1966.

Konversationsoper, → Oper (vielfach 1aktig), bei der auf Arien, Vokalensembles, pompös lyr. Text möglichst verzichtet wird zugunsten geistvoller Dialoge, frei deklamiert (accompagniertes Parlando); so etwa Salieris *Prima la musica, poi le parole* (1786), bei der die Musik vor dem Text (G. B. Cesti) entstand und die möglicherweise R. Strauss anregte zu *Capriccio* (Text von C. Krauss und R. Strauss; vgl. *Intermezzo*); häufig auch im neueren → Musiktheater, z. B.: B. H. Henkeman, *Winter Cruise* (1979).

Konzert (vgl. → Concerto; it., engl., frz. *concerto*; span. *concierto*), 1. Musikstück für ein Soloinstr. (z. B. Violine, Klavier, Orgel, Harfe) od. mehrere solist. Instr. (→ Doppel-, Tripel-, Quadrupelk.) mit Orchester im 18.–20. Jh.; zyklisch mit meist drei Sätzen; für gewöhnlich in der Folge: Allegro (Sonatensatzform), Andante od. Adagio (erweiterte Liedform), Allegro (Sonatensatz, oft Rondo); kurz vor dem Abschluß (→ Penultima) des 1. und 3. Satzes eine → Kadenz, die ursprüngl. vom Solisten improvisiert wurde, seit Beethoven meist schriftl. fixiert. Bei vier Sätzen (z. B. Brahms) mit Scherzo. Das K. unterscheidet sich, mit fließenden Grenzen, von seinen Vorformen → Concerto und → Concerto grosso durch die Art der Bindung an die Sonatensatzform, es gleicht ihnen in der Gegenüberstellung von Einzelstimme(n) und Gesamtklang (Tutti). Der Übergang zum K. kann bei Tartini gesehen werden, der mit seinen Nachfolgern zum klass. K. führt. Mozarts Violinkonzerte (1775) stehen Boccherinis sangl. Violink. nahe. In seinen 300 Flötenk. hatte Quantz Vivaldi zum Vorbild. Konzerte für Violoncello schrieben u. a. Vivaldi, Tartini, Monn, Abel, Boccherini, C. Ph. E. Bach, J. Haydn. Beethovens Violink. zeigt frz. Einfluß, stellt aber wie seine → Klavierk. den Reichtum musikal. Gedanken über äußere Virtuosität. Neben dem Klavier stand im 19. Jh. die Violine im Vordergrund der K.-Komposition, die einerseits von der sinfon. Architektur bei Beethoven, andrerseits von der Virtuosität Paganinis und den Doppelgriffen J. Joachims bestimmt ist. Beide verbindet das Violink. bei Brahms, das neuer Höhepunkt nach den romantischen K. von Spohr und F. Mendelssohn war. Bedeutend waren weiter die Violink. von Bruch, Tschaikowsky, Saint-Saëns, Dvořák, Elgar, Sibelius, die Violoncell-K. von Romberg, Goltermann, Dvořák. Seltenheiten sind K. für Mandoline (Vivaldi), Cembalo (Distler, Jacobi), Violoncello und Blasorchester (W. Zillig), Kontrabaß (Dittersdorf, Vanhal), Marimbaphon (Medek), Saxophon (von Borck), Trautonium (Hindemith), Mundharmonika (Milhaud), Pauke (Thärichen). Das K. im 20. Jh. blieb zunächst bei der Sonatensatzform, modifizierte sie (Pfitzner, Bartók), strebte nach themat. Konzentration (Einthemigkeit) und Einsätzigkeit (Konzertstück, Kammerkonzert) od. suchte neue Möglichkeiten in Reihentechnik, Neubarock, Neoklassik (A. Berg, Schönberg, Krenek, Hindemith, Strawinsky). Die Bez. → Concerto grosso wurde wieder aufgenommen, häufiger noch das Ripien-K. als „Konzert für Orchester".

H. Neurath, D. Violink. i. d. Wiener klass. Schule (Diss. W 1926, Auszug: Stud. z. Mw) 1927; A. Schering, Gesch d. Instr. K., [2]1927, ND 1972; I. Amster, Das Virtuosenk. i. d. 1. Hälfte 19. Jh., 1931; B. F. Swalin, D. Violink. d. dt. Romantiker (Diss. W) 1932, engl. L 1941; H. Weber, D. Violonc.-K. d. 18. u. beginnend. 19. Jh. (Diss. Tübingen) 1932; H. Engel, D. Instrumentalk., 1932, NA 1971/4; ders., Das Solok. (Musikw.) 1964; E. Rapp, Beitr. z. Gesch. d. Violonc.-K., 1934; K. Kloiber, Hdb. d. Instr. K., 1972 f.; P. Mies, Das K. im 19. Jh. (Abh. z. Kunst- ... wissensch. 126) 1972; G. Heldt, Das dt. nachromant. Violink. v. Brahms-Pfitzner, 1973; U. Drüner, Das Viola-K. vor 1840 (FAM) 1981.
→ Concerto, Klavierkonzert, Orgel.

2. K. (frz., engl. *concert;* span. *concierto;* it. *concerto*), öffentl. Darbietung. Sieht man ab vom Auftreten von → Jongleurs, Ménestrels, Minstrels, der Meistersänger od. der Musiziergruppen des 16. und 17. Jh. (→ Collegium musicum), so ist der Anfang heutigen K.lebens etwa im 18. Jh. zu finden: 1710 London, 1722 Hamburg, 1725 Paris (→ Concerts spirit.), 1731 Boston, 1736 New York. Im 19. Jh. kamen Vereine (Gewandhaus Leipzig; Gesellsch. d. Musikfreunde, Wien; Royal Philharmon. Society, London u. a.) und K.direktionen (Agenturen) auf. Programmzettel wurden seit 1800 regelmäßig geboten. Erst in der 2. Hälfte des 19. Jh. verlor sich allmählich die bunte Vielfalt der Programme. → K.gesellschaften.

M. Brenet, Les concerts en France sous l'Ancien régime, P 1900, ND NY 1969; K. Meyer, Das K., 1925; G. Pinthus, Das K.leben i. Dtl., Straßburg 1932; G. Mauge, Concerts, P 1937; H. Rutz, D. K.leben v. heute (Europa-Archiv 6) 1951; E. Gerhardt, Recital, L 1953; R. Bauer, Das K., 1955; M. Lichtenfeld, Z. Gesch., Idee ... d. histor. K., in: W. Wiora (Hg.), Ausbreitung d. Historismus üb. d. Musik, 1969.

Konzertante, 1. Name eines kleinen, einsätzigen Solo- od. Orchesterkonzerts in freier Form; – 2. → Sinfonie concertante.

Konzertgesellschaften, aus früher privat musizierenden Kreisen (z. B. → Collegium musicum) entstandene kommerzielle Gemeinschaften, die öffentl. Konzerte veranstalteten (1710 *Academy of Ancient Music,* 1724 *Castle Concerts,* 1776 *The King's Concerts,* London; 1771 Tonkünstler-Societät, Wien; 1781 → Gewandhauskonzerte, Leipzig; 1784 *Societé des enfants d'Apollon,* Paris; 1791 Berliner → Singakademie). Vielfach wurden eigene Orchester gegründet und Konzerthäuser gebaut, auf die der Name der Gesellschaft od. des Orchesters überging (→ Philharmonie). Mehrere Gesellschaften schlossen sich zu gemeinsamer Durchführung von → Musikfesten zusammen (z. B. die Niederrheinischen od. die Görlitzer Schlesischen Musikfeste).

Konzertina, Handharmonika, wechseltönig (chromat.); wie das → Bandoneon mit Einzelbässen; daher beweglicheres Spiel. Sie wurde 1834 von C. F. Uhlig konstruiert.

Konzertmeister, heute der erste, der Solist unter den ersten Geigern eines Orchesters (auch verliehener Titel für andere Solisten); im 18. Jh. → Dirigent neben dem Generalbaßspieler (Cembalisten).

Konzertvermittler, zunächst im Auftrag einzelner → Konzertgesellschaften, Orchester od. Künstler als Sekretäre, später privat als Musikunternehmer mit eigenem Risiko und eigenem wirtschaftl. Interesse arbeitende Agenten, die auch das Programm mit kommerziellen Rücksichten bestimmten. Zu den ersten K. gehören A. Gallini, der in London Konzerte in den *Hanover Square Rooms* organisierte (an denen bis 1756 J. Chr. Bach und K. F. Abel beteiligt waren) und ebenda J. P. Salomon seit 1786 (der Haydns Konzerte vermittelte); in Frankreich A. D. Philidor (→ *Concerts spirituels*); in Hamburg F. H. Graf (Subskriptionskonzerte). Die erste bedeutende Konzertdirektion als Privatunternehmen war die von H. Wolff in Berlin (ab 1881), der ursprüngl. nur für H. von Bülow gearbeitet hatte.

Kopfstimme, → Register der menschlichen Stimme, dessen hauptsächlicher Resonanzraum die rückwärtigen Kopfräume, nicht die vorderen Schädelhöhlen (→ Maske) sind. Die K. ist dunkel, weich und leise. Die des Mannes wird ihrem Klang nach leicht mit der → Fistelstimme verwechselt.

Koppel, mechan. (pneumatische od. elektr.) Spielhilfe am Orgelspieltisch, die es ermöglicht, Stimmen des einen Manuals beim Spiel auf dem anderen Manual od. Pedal mitklingen zu lassen od. mit einem Ton gleichzeitig seine höhere od. (und) tiefere Oktave klingen zu lassen (Oktav- bzw. Sub-K.). Man koppelt meist das schwächere Manual an das stärkere. K. sind seit dem 14. Jh. bekannt. → Orgel.

Kopus (Qopuz) → Kobsa

Kornett, Piston (frz. *cornet à pistons*: Ventilhörnchen), 1. aus dem → Posthorn in Frankr. entwickeltes Blechblasinstr. mit 3 Kolbenventilen; der Trompete ähnlich; in Frankr. ursprüngl. Solo- und

Orch.-Instr., sonst meist in der Militärmusik, vorübergehend auch in der Jazzmusik verwendet: Piccolo-K. (Kornettino), Sopran-, Alt-K. → Bügelhorn. – 2. Zungenstimme der Orgel („Singend K."), auch gemischte Stimme. Vgl. → Zink.

Korrepetitor (lat. *con* = mit, *repetere* = wiederholen), Hilfsdirigent, der mit der Einstudierung der Solopartien beauftragt ist und dem es obliegt, die Sänger am Klavier verständnisvoll, aber zielbewußt so zu begleiten, daß sie mit Tempo und Rhythmus, schwierigen Wendungen und Einsätzen ihrer Rolle vertraut werden.

Kortholt (niederdt.: Kurzholz; frz. *courtaud,* engl. *curtall*), Doppelrohrblatt-Instr. im 17. Jh., mit Windkapsel, zylindrisch; doppelte Bohrung wie → Sordun; mit obertonreichem, zurückhaltendem Klang; neuerdings wieder in Stimmfamilie gebaut.

Koto, Sammelname japanischer Saiteninstr.; heute insbes. eine 13saitige Wölbbrettzither (Zokusó) in Formen von bis zu 2 m Länge und mit vollem, harfenähnlichem Klang. Neben den 13 klassischen Stimmungen gibt es zahlreiche Spezialstimmungen, auch in europäischen Tonarten. Die über das schmale, gewölbte Brett gespannten Saiten laufen über bewegl. Stege (vgl. → Kayagum), sind an einem Querriegel befestigt und werden mit Plektrum gerissen. Die Musik wird in Tabulatur notiert und ist in 2 Hauptarten überliefert; *danmono:* Folge von Soloteilen (*dan*); *kumiuta* (*utamono*): mit K. begleitete, ununterbrochene Folge von Sololiedern (*uta*); beide Formen wohl auf 2 Originalkompositionen fußend (*roku-dan* und *fuki*). Das K. geht auf das chines. → K'in zurück.

W. Adriaansz, The kumiuta and danmono tradit. of Japan. K. mus., Berkeley 1973; D. Loeb, An analyt. study of Japanese K. mus. (Mus. Forum 6) 1977.

Krakowiak (frz. *Cracovienne*), aus der Krakauer Gegend stammender poln. Nationaltanz in 2/4-Takt, synkopisch, mit Akzentverschiebung auf schwache Taktzeit. Als Volkstanz wird der K. von einem vierzeiligen Lied eingeleitet. Typisch dabei ist auch das Vortanzen eines Paares, dessen Schritte von den folgenden Paaren nachzutanzen sind. Der häufige Typ des K. bringt die Synkope jeweils in den geradzahligen Takten. Die Melodie wird im Nachspiel von den Musikern rhythm. abgewandelt. In Tabulaturen und Lied-Slgn. des 16 und 17. Jh. erscheint der K.-Rhythmus (Polnisch Tanz, *Chorea polonica*). Erst 1820 findet sich der Name K. erstmals gedruckt. Die Kunstmusik bringt den Tanz 3tlg. mit langsamem Mittelstück.

Krebskanon (lat. *Canon cancricans*), → Kanon, bei dem die antwortende Stimme das Thema rückläufig bringt. Der K. tritt bereits um 1300 auf (Machaut: *Ma fin est mon commencement*). A. Berardi behandelt den K. systematisch in seinen *Documenti armonici,* 1687.

Kreuz, → Erhöhungszeichen, Versetzungszeichen, Vorzeichen.

Kritik → Musikkritik

Krjuki (russ. = Haken), die aus den byzantin. (linienlosen) → Neumen weitergebildete russ. →

Notenschrift bis ins 17. Jh. (*krjukovoje pismo* = Hakenschrift).

Krotala, altgriech. Handklapper, den Kastagnetten ähnlich, aus Rohr, Ton od. Erz, später auch metallne Gabelbecken. Nach griech. Mythos im → dionysischen Gefolge von Mänaden gebraucht. Vgl. → Crotales, Krupezion.

Krummhorn (nld. *kromhoorn*; it., span. *cromorno*; frz., engl. *cromorne*; span. auch *orlo*), 1. Holzblasinstr. mit Doppelrohrblatt; Windkapsel, zylindr. Rohr, das am unteren Ende gebogen ist; 6–8 Grifflöcher (bis 2 Klappen). Das K. entstand vermutl. im 13., 14. Jh. in mehreren Größen; chorisch besetzt. Bis ins 17. Jh. Instr. bei Hofkapellen und Stadtpfeifern. Dem ausdrucksreicheren Klang der Blasinstr. im 17. Jh. war sein schnarrender Ton nicht gewachsen. Im 20. Jh. wurden K. rekonstruiert. – 2. Seit Ende des 15. Jh. Orgelregister (8', 4') mit. zylindr. Becher; K.regal (8' kurze Becher); K.baß (16' im Pedal).

Denis, 1944; B. Boydell, The crumhorn, Den Haag 1980; ders., The cr. and other Renaiss. windcap instr., Buren 1982.

Krupezion (griech., lat. *scabillum* =) Fußklapper im griech. und röm. Altertum; 2 durch Scharnier verbundene Holz- od. Metallplatten, die obere am Fuß befestigt. Während sonst der Rhythmus zu Tanz od. Chor durch Klatschen mit den Händen unterstützt wurde, konnte der Spieler ihn mit dem K. angeben und selbst ein Instr. spielen. Vgl. → Krotala.

K'u, Gu, (chines. = Trommel), chines. Felltrommel (meist 2seitig bespannt, auch mit Schellen) verschiedener Arten und Namen, so z. B. *kie-ku,* die als *kakko* ins japan. → Gagaku-Orch. kam.

K'uan, Guan, chines. Blasinstr. mit Doppelrohrblatt, in verschiedenen Arten auftretend (z. B. *dakuan, siao-k.* = große, kleine K.); zylindr. Rohr (Holz, Bambus) mit Metallring oben und unten, 7 ober-, 2 unterständige Grifflöcher.

Kuckuck(sruf), Nebenregister der Barockorgel: 2 (Gedackt-)-Pfeifen im Terzabstand, deren Ventile durch Windrad wechselnd geöffnet wurden.

Kuhglocke → Cencerro

Kuhreigen, Kuhreihen, Lockruf, erzählendes Strophenlied in den Alpenländern und den Karpaten, auch instrumental mit Schalmei od. Alphorn; meist 3tlg., im Mittelteil die Kuhnamen rufend; auch Tanz u. i. den roman. Alpen Reigenspiel. Erste Überlieferung in Rhaus *Bicinien* 1545; als → *ranz des vaches* im 18. Jh. in der frz. Schäferdichtung; von Rousseau (*Dictionnaire* 1767) mitgeteilt.

G. J. Kuhn, Slg. v. Schweizer K., 1812; A. Tobler, K., Jodler u. Jodellieder in Appenzell, 1891; F. Frauchiger, *The Swiss K. (Journal of American Folklore* 54) 1941; C.-A. Moberg, K., Lobetanz u. Galder (Dt. Jb. d. Mw.), 1958; ders., Kühreihen, Lobetanz und Galder (In memoriam J. Handschin), Straßburg 1962.

Kujawiak, langsamer poln. Volkstanz, auch Tanzlied, im ¾- oder ⅜-Takt, aus Kujawien; Paartanz ohne den scharfen Akzent der → Mazurka und nur mit stärkerem Aufstampfen, wenn die Drehrichtung geändert wird. Beim gesungenen K. ahmt der Sänger das Instrumentalspiel nach. Die erste K.-Slg. erschien 1830.

Kukuzelische Notenschrift. Die sogenannten neubyzantin. Neumen werden auf Joh. Kukuzeles (14. Jh.) zurückgeführt, der den Neumenbestand auf 60 erweiterte und zusätzl. Handzeichen einführte.

St. Djoudjev, J. Kukuzeles u. d. bulg. Mus. (Beitr. z. Mg. Osteuropas) 1977; L. Braschowanowa, Die ma. bulgar. Mus. u. J. Kukuzel, W 1984.

Kulttanz, Tanz (meist Opferritus), mit dem sich der Mensch direkt od. indirekt (Medizinmann, Schamane) an überirdische Kräfte wendet, um Segen und Schutz bittend: Jagd-, Waffen-, Fruchtbarkeitstänze (Aussaat, Ernte, Geburt, Tod, Krieg); z. B. frühägypt. Rund- und Waffentänze, Schamanentänze in Nord- und Mittelasien zum rhythm. Klang der Schamanentrommel, Leier od. → Maultrommel (Mongolei); pantomim. Tänze in Japan, um den Reis zu ehren; die K. der griech. Dionysosfeste, die Tänze zu Ehren der Sonnengöttin od. des Meergottes in Südostasien und Japan, die Tierkulttänze der Turkvölker. Nach altind. Glauben hatte Gott Schiwa durch Tanz die Welt erschaffen. Vielfach sind K. zu Brauchtums-(Volks-)Tänzen geworden. Hatten sie im frühchristl. Gottesdienst durchaus ihre Funktion (so in der koptischen Liturgie), so wurden sie in westl. Kulturen bald von der Kirche abgelehnt und blieben nur gelegentl. mit religiösen Romanzen und Heiligenlegenden bis in jüngste Zeit (z. B. Santiago di Compostela) zu hohen Festen. Aus den K. entwickelten sich → liturg. Dramen u. → Mysterien. K. sind bei Naturvölkern in Südamerika, Afrika, Ostasien unterschiedl. ursprünglich erhalten: 1. beschwörend, prophetisch; mit dem Rhythmus gegen die natürl. Körperbewegung („Krampftanz" der Schamanen; K. in Afrika; bei türkisch-iran. Derwischen; bei der ind. Urbevölkerung); – 2. als magische, differenzierte Formen zur Verbindung mit der überird. Kraft, in China, Japan; „Sternentanz" der Derwische; – 3. Tanz als Demonstration, Belehrung für das Volk (die durchaus weltl.-artist. „heiligen Tänze" der Hindus; vgl. das zum Theater führende japan. → Kagura).

L. Toniai, La danza sacra, R 1950; E. L. Backmann, Religious dances, L 1952; H. Hickmann, Quelques considérations sur le danse ... dans l'Egypte (Cahiers d'hist. égypt. 5) 1953; J. Maringer, Vorgeschichtl. Religion, Z 1956; H. Günther/H. Schäfer, Vom Schamenentanz z. Rumba, 1959; R. Brandel, The mus. of Centr. Africa, Den Haag 1961; A. Daniélou, Die Relation zwischen Mensch u. relig. Kunst (Neue Zs. f. Mus.) 1979; Cl. Schreiner, Musica latina, 1982.

K'ung-hou, chines. Harfe, die wie die → P'i-p'a um 200 v. Chr. aus Indien (Persien) kam. Aus dem früheren Verbreitungsgebiet ist nur die birman. Bogenharfe → Saung-gauk (Tsaun) noch in Gebrauch. Das Instr. wurde in 3 Arten übernommen: vertikal. *chien-k'ung-hou,* auf eine assyr. Winkelharfe zurückgehend; horizontal: *wo-k'ung-hou,* der Zitherfamilie nahestehend, von der Lautenform beeinflußt; die auf die indische Bogenharfe zurückgehende *feng-shu-k'ung-hou* mit gebogenem Hals und Phönixkopf.

Sh. Kishibe, The origin of the K'ung-hou (Chinese harp) (Journ. of the Soc. for Research in Asiat. Mus. 14/15) Tokyo 1958.

Kunstbuch, in der Musik Slg. von Tonstücken, die der Komponist in einem geschlossenen Zyklus komponiert od. zusammengestellt hat als musikal. Lehrschrift, in der er die Quintessenz seines

Könnens und seiner musikal. Überzeugung dartun will (im Ggs. zum Fundamentbuch des 15., 16. Jh., einer prakt. Handwerkslehre zum mehrstg. Improvisieren, Intavolieren, Komponieren für Saiten- und Tasteninstr.; z. B. Conr. Paumann, *Fundamentum organisandi,* 1452). Beispiele für K.gaben: G. B. Vitali, *Artificii musicali,* 1689; J. Theile, *Musikalisches K.,* 1691; J. S. Bach, *Musikal. Opfer* (1747), in dem die Möglichkeiten melod. Variation über ein dem ganzen Werk zugrundeliegendes Thema demonstriert werden wie 1749 in seiner *Kunst der Fuge.*

A. Salmen, Fundamentbuch (MGG) 1955; C. Dahlhaus (Hg.), J. Theile, Musikal. K. 1965; E. Schenk, Das „Musikal. Opfer" v. Bach (Wege d. Forsch.) 1970.

Kunstkopf, Hilfsmittel für verbesserte, dem menschl. Hören angepaßte stereophon. Aufnahme über eine Kopfnachbildung (Originalgröße, mit Mikrofonen in den Ohren). Sinngemäß erfolgt die Wiedergabe durch Kopfhörer. Der Hörfunk bietet Sendungen mit „kopfbezogener → Stereophonie".

Kunstlied, kunstvoll komponiertes → Lied mit der Eigenprägung des Komponisten. Zumindest für die Anfangszeit vom MA bis ins 17. Jh. ist es nicht möglich, das K. eindeutig und allseitig vom → Volkslied abzugrenzen, dessen Elemente es immer wieder aufgenommen und auf das es selbst befruchtend eingewirkt hat. Ebenso fließend sind die Grenzen zwischen dem älteren weltl. und geistl. K. und dem → Kirchenlied. Das mit der Überzeugung kompositorischer Fertigkeit geschaffene K. verlangt die Fähigkeit und Bereitschaft des einzelnen zum Verständnis seiner subjektiven, als eigen- und einzigartig konzipierten musikal. Gestaltung des Textes, die nicht zugleich persönlicher Erlebnisausdruck einer breiten Volksschicht ist (wobei die Aufnahmebreite unabhängig von sozialer Schichtung und Wertung bleibt). Die Gattung K. wird nicht vom Charakter des Textes bestimmt: Dem im K. vertonten Text können alle Merkmale des Volksliedes fehlen, umgekehrt kann ein Volksliedtext zum K. vertont werden. In der Regel liegt auch dem K. ein kleineres Gedicht zugrunde, das durch gleichmäßigen Versbau und mit durch Endreim gegebener Zeilensymmetrie das Ebenmaß periodischer Gliederung der Komposition ermöglicht, wenn auch andrerseits vielfach der Komponist den Strophenbau bewußt verschleiert. Die Entwicklung des K. vollzieht sich in der verschieden wertenden Behandlung von Wort und Ton, mitbestimmt von den techn. Möglichkeiten des Instrumentariums. Der heute übliche Begriff K. meint in erster Linie das K. seit dem 17. Jh., nämlich das Sololied mit Generalbaß, mit Klavier- oder Orchesterbegleitung (→ Orchesterlied). Frühe Formen können in den nicht liturg. gebundenen lat. → Tropen und → Sequenzen gesehen werden, im → Conductus und seiner Fortsetzung in der volkssprachig geistl. → Cantio, in → Lauda, Cantiga Geißlerlied, Vagantenlied (→ Carmina burana); subjektive, wenn auch vielfach formelhafte Aussage in den Marienliedern der Mystik, in Liedern der → Troubadours, Trouvères, Minnesänger bis → Meistersang. Kunstvoll mehrstg. sind → Chanson, Chasse im frz.-burgundisch-niederländischen Bereich, → Frottola, Madrigal, Villanella, Caccia in Italien und gegenüber diesen Diskantliedern die dt. Eigenform des → Tenorlieds, das sich ausgeprägt zuerst im Lochamer Liederbuch (1452/60) findet, doch schon vorbereitet in den Anfängen notierter dt. Mehrstimmigkeit, beim Mönch von Salzburg (14. Jh.). In zahlreichen Slgn. des 15. und 16. Jh. (z. B. Schedelsches, Glogauer, Liederbuch des Arnt v. Aich; die letzte mit Tenorliedern: Forsters *Frische teutsche Liedlein,* 1556) sind diese Sätze erhalten, von denen die bekanntesten v. H. Finck, H. Isaac, P. Hofhaimer und L. Senfl stammen. In der 2. Hälfte des 16. Jh. setzte sich die ital. Madrigalkunst durch, deren Elemente O. di Lasso auf dt. Liedtexte übertrug und motettisch durchkomponierte Liedsätze neben kunstvolle stellte, auf die sich J. Eccard aufnehmend, L. Lechner und H. Haßler weiterbauend stützten. Die neuen Slgn. enthielten jetzt nur noch Sätze einzelner Meister: *Lustgarten* (Haßler 1601), *Studentengärtlein* (J. Jeep 1605), *Venuskränzlein* (J. H. Schein 1609). Neben den vom Madrigal beeinflußten Liedsätzen und Liedmotetten entwickelte sich, ebenfalls nach ital. Muster, das generalbaßbegleitete Sololied, das in den *Arien* (1638 ff.) H. Alberts eine umfangreiche erste, wenn auch noch nicht einheitl. Slg. fand, ausgeprägter bei Joh. Rist (1642), A. Hammerschmidt (1642), besonders A. Krieger (Arien 1657 ff.), dessen mit Ritornell durchbrochene Strophen einfachen Volkston kunstvoll faßten. Andrerseits lähmte der Einfluß der Opernarie ein lebendiges Liedschaffen (Ausnahme u. a. Freylinghausens *Neues geistr. Gesangbuch* 1704) bis zum Aufschwung mit V. Rathgebers *Augsburger Tafelkonfekt* (1733 ff.) und der *Singenden Muse an der Pleiße* des Sperontes (1736), bürgerlich-studentische Slgn. z. T. mit → Parodien (z. B. frz. Instrumentalstücke), bedeutend als Antrieb bei der weiteren Entwicklung des K. und Volkslieds. Die Musik des 18. Jh., mit Beginn der klass.-romantischen Periode und bis ins 20. Jh. einwirkend, wurde bestimmt von der Idee der Humanität, von einem neuen Verhältnis zur Natur, damit dem Willen zur Einfachheit, aus dem heraus Herder d. Geist echter Volksmusik betonte. Bei Telemann (*Singe-, Spiel- und Generalbaßübungen* 1734) und vor allem in Görners *Neuen Oden und Liedern* (Texte von Hagedorn, 1742) zeigt sich dem Text gemäße Einfachheit, und die 1. → Berliner Liederschule (Krause, Kirnberger, Marpurg, Quantz, C. Ph. E. Bach, K. F. Fasch u. a.) wollte Lieder schreiben, die für das Volk bestimmt waren. Weiterführend zur Klassik sind C. Ph. E. Bachs ausdrucksstarke (auch durchkomponierte) Oden (1773) und Lieder, Chr. W. Glucks Oden nach Klopstock (1785), die Strophenvariation bei Chr. C. Neefe (1798) und die Werke der 2. Berliner Liederschule (J. A. P. Schulz, J. F. Reichardt, K. F. Zelter), die im Ggs. zur ersten den schlichten Volkston traf (Schulz: *Der Mond ist aufgegangen*, Text: M. Claudius) und hervorragende zeitgenöss. Dichtung zur Verfügung hatte (Göttinger Hainbund, Goethe, Schiller). Zelters Stärke war das Chorlied; die von ihm gegründete → Liedertafel gehört zu den Anfängen der neuen Chorbewegungen des 19. Jh. Wie J. R.

Zumsteeg, später C. Loewe, muß er auch in der Geschichte der → Ballade genannt werden. Anders als bei J. Haydn und W. A. Mozart (*Das Veilchen,* Text: Goethe) stand das K. für Beethoven mit im Vordergrund seines Schaffens. Er verwendete alle Liedformen, im Goethe-Zyklus *An die ferne Geliebte* (1816) mit höchster Steigerung musikal. Wortausdeutung. Letzte Vollendung des K. erreichte F. Schubert, dessen 660 Lieder (66 auf Goethetexte) den Begriff des K. und allgemein des dt. Liedes in der abendländ. Musikgesch. prägten. Seine Lieder gewinnen Ausdruck und Charakteristik aus dem Reichtum seiner Melodieerfindung. Er schrieb und variierte Strophenlieder (*Du bist die Ruh*), schrieb durchkomponierte Lieder, u. a. das in die Entwicklung des 20. Jh. reichende, als Chaconne gebaute Variationslied *Der Doppelgänger.* Seine 2 Zyklen *Die schöne Müllerin* und *Die Winterreise* sind nach Texten von Wilh. Müller geschrieben. Gilt Schubert als der Klassiker des K., so ist R. Schuman der hervorragende Romantiker, dem die Wortausdeutung in der Klavierbegleitung häufig vor der Melodie der Singstimme steht (z. B. „Liederkreise" nach Heine, Eichendorff; *Frauenliebe und Leben* nach Chamisso, 1840). Während F. Mendelssohn Bartholdy die Richtung Reichardts und Zelters einhielt und R. Franz mit Strophenlied und Vorliebe für altdt. Weisen Brahms ähnelt, stand die weitere Entwicklung im Zeichen des Richtungskampfes der „Neudt. Schule". Den dramatisch rezitierenden Stil R. Wagners (*5 Wesendonck-Lieder* 1857/8) zeigt mit stark impressionist. Klavierpart F. Liszt. P. Cornelius, der nur eigene Texte wählte, nimmt trotz Zugehörigkeit zum Wagnerkreis eine Sonderstellung ein. H. Wolf steigerte Wagners Lieddeklamation, in der differenzierten Tonmalerei des Klaviers Schumann fortsetzend (*Span., Ital. Liederbuch*). Neben ihm ist J. Brahms der 2. Höhepunkt des ausgehenden Jh. Seine betonte Neigung zum Volkslied zeigt sich in Volksliedsätzen, im Strophenlied, in einfacher Melodie bei konzentriert motivisch arbeitender Klavierbegleitung. Hatten schon Liszt und Wolf die Begleitung instrumentiert, so entwickelte sich bei G. Mahler das → Orchesterlied weiter (*Lieder eines fahrenden Gesellen*; *Kindertotenlieder*), ebenso bei R. Strauss, bei dem der Grundriß der Dichtung von der musikal. Deklamation verdeckt wird; wie häufig in überladener Harmonik bei Reger, durch dessen Komposition mancher Text unverdient am Leben blieb. Die K.komposition des 20. Jh. zeigt z. T. die Grundlagen bei Schubert, Brahms, Reger, Wolf (z. B. P. Graener, J. Haas, E. Krenek, O. Schoeck, J. Weismann, H. Zilcher), die Zuwendung zur singenden Melodie (C. Bresgen, A. Knab, K. Marx, E. Pepping) und weiter deren in Schönbergs *Buch der hängenden Gärten* (1908/09) beginnende Auflösung und Zuordnung zum Prinzip der → Dodekaphonie (J. M. Hauer, A. Berg, A. Webern). Ferner in der Vielfalt der Erscheinungen einzelne: H. Reutter, W. Fortner. P. Hindemiths 2. Fassung des *Marienlebens* (Text: Rilke) von 1948 (erste 1923) zeigt eine Konzentration der Bewegung, eine Verdichtung der Ausdrucksmittel trotz selbständiger Stimmführung. – Während sich im außerdt. Bereich z. B. im

Lautenlied nationale, von der Sprache bedingte Eigenarten im 16. und 17. Jh. abzeichneten, stand die weitere Entwicklung wesentlich unter dem Einfluß der Opernarie. Die Hochblüte des dt. K. regte einen eigenen Stil an, z. T. um die Wende zum 20. Jh. mit völliger Lösung vom dt. Muster. In slawischen Ländern: Glinka, Dargomyžskij, eigenständig besonders Borodin und Mussorgskij, Janáček; in Skandinavien: Grieg, Kilpinen; in England: F. Delius, R. Vaughan Williams, P. Warlock, B. Britten; in Frankreich nach G. Bizet, J. J. Massenet und L. Delibes vor allem G. Fauré, Cl. Debussy, M. Ravel; in Italien: G. Malipiero; in Umgarn mit engem Bezug zum Volkslied: B. Bartók, Z. Kodály. Ein Rückgang der K.komposition ist allgemein deutlich in der Mitte des 20. Jh.

K = Kunstlied(er); L = Lied(er)

M. Friedlaender, Das dt. L. i. 18. Jh., 1902, ND 1962; H. Kretzschmar, Gesch. d. neuen dt. L., 1911, ND 1966; H. Boettcher, Beeth. als L.komponist, 1928; H. v. d. Pfordten, Schubert u. d. dt. L., 1928; H. Vetter, Das frühdt. L., 1928; H. Rosenwald, Gesch. d. dt. L. zwisch. Schubert und Schumann, 1930; H. J. Moser, Corydon, Gesch. d. mehrstg. Generalb.-L., 1933, ND 1966; ders., Das dt. Solol. u. d. Ballade (Musikwerk) 1957; E. Bücken, Das dt. L., 1939; H. Lindlar, Pfitzners Klavierl., 1940; E. A. Ballin, Die Klavierl. Mozarts (Diss. Bonn) 1943; H. Jung, Das geistl. Solol. i. 19. Jh. (Diss. Köln) 1951; A. Einstein, Schubert, Z. 1952; E. Zimmermann, Gestaltungsfragen in klass. u. romant. L.zyklen (Diss. Bonn) 1952; J. Müller-Blattau, D. Verhältn. von Wort und Ton i. d. Gesch. d. Mus., 1952; K. Gudewill, Das K. im dt. Sprachgebiet (MGG) 1960; F. Noske, Das außerdt. Solol. (Musikw.) 1958; D. Stevens, A hist. of song, L 1960; R. Egger, Der Deklamationsrhythm. H. Wolfs in histor. Sicht, 1963; U. Olshausen, Das lautenbegleitete Solol. i. Engl. um 1600 (Diss. Frankf.) 1963; H. W. Schwab, Sangbarkeit, Popularität und K., 1965; D. Venus, Vglde. Unters. z. melod. Strukt. d. Singst. i. den L. von Schönberg, Berg, Webern, Hindemith (Diss. Göttingen) 1965; Th. Georgiades, Schubert, 1967; F. A. Stein, Verzeichnis d. L. seit Haydn, Bern 1967; K. Zauft, Telemanns Liedschaffen ... (Magdeb. Telem. Stud. 2) Magdeb. 1967; S. Helms, D. Melodiebildung i. d. L. v. H. Wolf, 1970; J. M. Stein, Poem and mus. in the German L. from Gluck to Wolf, Cambr./Mass. 1971; W. Wiora, Das dt. L., 1971 (m. umfangreicher Bibliogr.); C. Jacobsen, Das Verhältn. v. Sprache u. Mus. in ausgewählten L. v. J. Brahms ... (Hamb. Beitr. z. Mw) 1975. → Orchesterlied, Volkslied

Kunstpfeifen, Pfeifen (mhd. *pfifen*), Tonerzeugung durch Reibung der aus-(ein)strömenden Luft an den Lippen, wobei die Tonhöhe von der Mundhöhle (eng/weit/Zungenstellung; vgl. → Maultrommel) bestimmt, nur gering durch die Lippenöffnung beeinflußt wird. Pfeifen, volkstüml. auch Bann gegen Geister und Gefahr, wurde oft als ordinär verurteilt, daher eher in Verboten erwähnt. Mit K. trat z. B. der röm. Kaiser Commodus (180–192) bei Gladiatorenspielen auf; C. Esser 1764 in Delft und Arnheim, der sich mit der Geige begleitete; B. Bohdanowicz im Familien-Ensemble um 1780 u. a. in Krakau; C. Piccolini 1865 in Wien (Doppeltöne und Triller). Seit Mitte des 19. Jh. sind Konzerte in Engl. bekannt, wo K. mit (Selbst-)Begleitung auf Violine, Gitarre, Banjo od. Klavier beliebt und privat gelehrt wurde. Alice Shaw (*La belle siffleuse*) wurde in den USA und Engl. um 1890 (z. B. mit L. Arditi, *Il Bacio*) berühmt, und „2stg." Pfeifer traten auf, die sich mit gesummter Baßlinie begleiteten. Im 20. Jh. kommt K. gelegentl. in der Schlagermusik vor (I. Werner). Hohe Kunstfertigkeit zeigte J. Thielemans (* 1922) in eigenen Stücken (*Bluesette*; zu Sopran od. Gitarre).

Kurrende (von lat. *currere* = laufen; *mlat. corradere* = betteln), der an ma. und nachreformator.

Schulen bestehende Armenchor als Teil des Schulchors, mit der Erlaubnis, in den Straßen zu singen und Almosen zu erbitten. Begabte Kinder rückten in den großen Schulchor auf, nachdem sie vom Kantor od. dem Chorpräfekten vorbereitet wurden. Trotz strenger Schulordnungen wurde das K.-wesen in der 2. Hälfte des 18. Jh. an vielen Orten zum öffentl. Ärgernis. Nicht mehr als Armenchor, sondern vom Kirchen- od. bei kirchl. Schulen vom Schulchor gestellt, blieb die K. aber erhalten und wirkte bei Begräbnissen und Kirchenfesten od. bei festl. Anlässen der Gemeinde außerhalb des Gottesdienstes. Neugründungen, so die des Berliner Rektors Marquart von 1852, sollten zudem für Verbreitung der Chormusik sorgen.

W. Nicolai, D. Wiederbelebg. d. K. in Eisenach (Bach-Jb.), 1914; P. Epstein, D. Schulchor, 1929; G. Schünemann, Gesch. d. dt. Schulmusik, [2]1931.

Kurze Oktave → Oktave (4)

Kuvikly (russ., auch *kugikly, cevnica*), russ.-ukrain. → Panflöte mit 3–5 unten geschlossenen Rohren (10–16 cm); auch chorisch und besonders von Frauen gespielt.

KV = Köchel-Verzeichn. der Werke Mozarts; → themat. Verzeichnis.

Kymbala = Cymbala

Kyriale, Slg. der Ordinariumsgesänge der kathol. Liturgie, als *K. Romanum* 1905 erschienen (*K. simplex*: 1964; zusammen mit dem → *Graduale simplex:* 1975). Das K. gibt einen Ausschnitt des ma. Melodienbestandes.

F. Haberl, Das K. Romanum, 1975.

Kyrie eleison (griech. = Herr, erbarme dich), der erste der feststehenden Gesänge in der → Messe, der, aus der → Litanei stammend, noch unter Gregor I. im Wechsel zwischen Priester und Gemeinde gesungen wurde. Aus der einfachen Weise entstanden kunstvolle Formen, als der Chor den Gemeindegesang verdrängte. Die Neunteiligkeit (je dreimal *K., Christe eleison, K.*) setzte sich im 8. Jh. durch. Von den zahlreichen tropierten Formen blieben nach der kathol. Choralreform d. 16. Jh. nur einige übrig. Viele blieben durch die Gesangbücher der → Böhm. Brüder erhalten. Die Bittrufe der Allerheiligenlitanei wurden durch volkssprachige Texte erweitert. Die so entstehenden hymnischen Strophenlieder endeten mit dem Ruf *K.* od. *eleison*. Diese → Leisen sind frühe Beispiele des geistlichen Liedes und des → Kirchenliedes (z. B. Christ ist erstanden).

M. Landwehr-Melnicki, Das 1stg. K. des lat. MA, 1954, ND 1968; D. A. Bjork, Early repertories of the K. eleison (KmJb) 1979/80; ders., The K.trope (JAMS) 1980.

La, Sechste Tonsilbe der → Solmisation und in romanischen Sprachen allgemein der Name für den Ton a.

Label (engl. =) Etikett, Aufkleber der Schallplatte mit Werk- und Interpretennamen, Markenname (-zeichen); von daher Kurzwort für „Herstellfirma".

Labialpfeifen (lat. *labium* = Lippe), die am meisten in der → Orgel vorkommende Pfeifenart, bei der im Ggs. zu den → Zungen-

(Lingual-)Pfeifen die Luftschwingungen dadurch entstehen, daß sich die Luft an der scharfen Kante (Labium) einer Öffnung in der Pfeife (Aufschnitt, Mundloch) reibt (vgl. Blockflöte). Die L. sind aus Holz oder Metall und gelten als die ältesten Stimmen der Orgel (schon im 5. Jh. bekannt), die dadurch entstanden, daß man die allgemein gebrauchten Weidenpfeifen auf eine Windlade stellte. Die Pfeifen sind offen oder → gedackt; Hauptgruppen: → Prinzipale, Flöten, streichende Stimmen.

Lage, 1. Begriff der Harmonielehre. Im 4stg. Satz muß ein Ton des Dreiklangs verdoppelt werden, zunächst der Grundton. Bringt der Baß den Grundton, so liegt die Grundstellung des Akkordes vor. Sie kann in 6 Lagen

erscheinen: Oktav-, Terz-, Quintlage, eng od. weit. → Umkehrung. – 2. Bei Streichinstr. Griffbereich der 4 Finger auf einer Saite, der sich mit von L. zu L. gleitender Hand (bei gleicher Fingerstellung) einen Halb- od. Ganzton verschiebt. – 3. Hohe/tiefe L. der Singstimme: → Sopran, Mezzosopran, Alt, Tenor, Bariton, Baß.

Lagenstimme → Stimme (4).

Lai, lais (breton. von altir. *laid* = Lied), mittelalterl. Lied (zum Saiteninstr. gesungen; auch Name eines Instrumentalstückes), vorwiegend in Nordfrankr. und Engl.; formal → Descort, Estampie, Leich und der frühen → Sequenz verwandt; neben dem erzählenden L. stehend und damit auf den *l. bretons* zurückgehend mit der allgemeinen Bedeutung von Melodie, Lied, Musik. Nicht identisch mit → Virelais und → Leisen. In der Nachblüte des L. im 14. Jh. (G. de Machaut) hatte der L. vielfach bis zu 12 Strophen mit verschiedenem Reim und Metrum und anderer Melodie. Der letzte Teil war bis auf den Text dem ersten gleich (oft eine Quint höher gesungen). Jedoch übertraf der Formenreichtum den der Sequenz, die bisher als Vorläufer des L. vermutet wurde. Die Herkunft ist noch nicht geklärt. Größere Wahrscheinlichkeit hat die Annahme einer für L., Descort, Leich und Sequenz gemeinsamen Vorform mit Ursprung in Irland und möglicher Verbreitung durch die irische Mission. Die in der 2. Hälfte des 12. Jh. in Engl. schreibende Marie de France nennt irische Quellen für ihre Novellen-Lais. Auch das erste bekannte Auftreten des L. in Nordfrankr. scheint die Vermutung zu bestätigen. Ihrem Inhalt nach waren die Hauptgattungen Marien-, Minne-, Pastourellen-L. Als dichterische Gattung bestand der L. bis ins 16. Jh. in Kurzerzählung und Versnovelle.

F. Wolf, Üb. d. L., Sequenzen u. Leiche, 1841, ND 1965; F. Gennrich, Grundr. einer Formenlehre d. ma. Liedes, 1932, ND 1969; J. Maillard, Probl. music. et littér. du l. (Quadrivium) 1958; ders., L., Leich, in : Gattungen d. Mus. (Gedenkschr. Schrade) Bern 1973; B. Stäblein, D. Schwanenklage . . . (Fs. Fellerer) 1962; H. Baader, Die L.s, 1966; H. Spanke, Stud. zu Sequ., L. und Leich (hg. v. U. Aarburg) 1977; H. Tischler, Die L.s im Roman de Fauvel (Mf) 1981.

Laienmusik (ahd. *laigo* v. griech. *laikos* = nicht priesterlich); nicht von Berufsmusikern ausgeführte Musik; Musik des → Dilettanten, deren Abwertung im gesellschaftl. Urteil des 19. Jh. sich im 20. Jh. in der Geringschätzung der L. durch den Fachmusiker oft wiederholt.

Laisse (frz.), im ma. Heldenlied (→ *chanson de geste*) Strophen mit 8–10silbigen Versen. Melodien sind kaum bekannt (z. B. zu *Aucassin et Nicolette*). Es wird vermutet, daß die Verse jeweils auf 1 Melodiewendung od. abwechselnd auf 2 gesungen wurden und der letzte Vers eine eigene Schlußformel (→ Cauda) hatte.

Lamellophone (v. lat. *lamina*: Blech, Blatt), Gruppe von Idiophonen, bei denen einseitig befestigte Lamellen (Zungen) aus Metall od. Holz gezupft und zum Klingen gebracht werden; so die afrikan. → Zanza-Arten; auch die → Maultrommel.

Lamentabile, Lamentoso (ital. v. lat. =) klagend, jammernd.

Lamentationen (lat. *lamentatio* = Klage), Klagelieder des Jeremias, Auswahl aus dem Bibeltext, früher im nächtl. Stundengebet des kath. Ritus zu Gründonnerstag, Karfreitag, Karsamstag gelesen und in den Trauermetten (→ Tenebrae) gesungen nach landschaftl. verschiedenen Melodien und mit der Absatzzählung nach dem hebräischen Alphabet. In der Reformationszeit wurden die L. übernommen (Gesangb. der Böhm. Brüder, 1544, N. Selnekker, 1587). Mehrstg. L. waren bis ins 16. Jh. organal gebaut. Polyphonierung zeigt sich zuerst in den Drucken von Petrucci (1506). In der → Sixtin. Kapelle wurden ab 1587 die L. Palestrinas gesungen. Unter den zahlreichen Komponisten sind Lassus, Viadana, Durante, Rosenmüller; in neuerer Zeit (liturg. nicht gebunden): Krenek, *Lamentatio Jeremiae Prophetae*; Strawinsky, *Threni*. → Threnos.

A. E. Schröder, Les origines des L.s polyphon .. (Kb. Utrecht) A 1953; G. Massenkeil, Zur L.-Kompos. d. 15. Jh. (AfMw) 1961; Th. Käser, Die Leçons de Ténèbres im 17. u. 18. Jh. (PSMG) Bern 1966; M. J. Klimisch, The mus. of the L.s (Diss. St. Louis) 1971; H. J. Marx, Monod. L. des Seicento (AfMw) 1971; M. Alexiu, The ritual lament in Greek tradition, L 1974; dies., The lament of the Virgin in Byz. lit. and modern Greek folksong (in: Byz. and modern Greek studies 1) 1975.

Lamento (ital. v. lat. *lamentatio* = Klage), die schon in der Renaissance affektvoll dargestellte Klage, die in Monteverdis *Arianna* (1608) Beispiel wurde für Oper und Madrigal. Seitdem hat der Ausdruck schmerzlicher Leidenschaft immer weitere Steigerung der Stilmittel (Rhythmus und Dynamik, verfeinerte Instrumentation und Bevorzugung der Dissonanz) verlangt. Vgl. → Planh, Tombeau.

P. Epstein, Dichtg. u. Mus. in Monteverdis L. d'Arianna (ZfMw) 1927/8; W. Laade, D. Struktur d. kors. L.-Melodik (Slg. mw. Abh.) 1962, ²1974.

Lancers (engl.: Kavalleristen m. Lanze), *Quadrille of l.*, Sonderform der → Quadrille; Mitte des 19. Jh. in Paris als *quadrille des lanciers* entwickelt (Laborde); in Engl. sehr beliebt; in den 1850er Jahren in Dtl. als *Quadrille à la cour*; Ende des 19. Jh. auch in Rußland.

Landino-Klausel, bei F. Landino (14. Jh.) häufige Schlußbewegung des Diskant; → Klausel.

Ländler, „Landlerischer"; im 18. Jh. oberösterr. Tanz im langsamen ¾-Takt; auch Sammelname für ähnliche alpenländ. Tänze (z. B. Steirischer) als Abgrenzung vom Gesellschaftstanz. Die L. gehen vermutl. zurück auf den aus d. 15. Jh. bekannten Dreher (Schleifer) und stehen dem „Deutschen" (Tanz) nahe, der im Anfang des 19. Jh. in den Alpenländern auch den Namen der inzwischen verschwundenen → Allemande erhielt. Haydn, Mozart und Beethoven schrieben ländlerische und Deutsche Tänze, und die Menuette in Haydns Sinfonien sind meist versteckte L. → Schuhplattler und Schnadahüpfl gehören zu den L. (vgl. → Tyrolienne). → Volkstanz, Walzer.

H. Gielge, Der geradtakt. L. (D. dt. Volksl.) 1940; M. Pommer, Melod. Einfl. d. L. auf d. Wiener Komponisten d. 19., 20. Jh. (Diss. Lg) 1968; S. Schutte, Der L. (Slg. mw. Abh.) 1970; R. Flotzinger, L. (HmT) 1976; R. Witzmann, Der L. in Wien, W 1976; K. Horak, D. Tanzfamilie „L."; in: Jb. d. Österr. Volksliedwerkes, 1980.

Langaus → Walzer.

Langleik (norweg., von altnord. *leikr* = Spiel), norweg. Zither mit lang-schmalem, niedrigem Korpus, einer Melodiesaite (Griffmarken od. Bünden), meist 4 langen, 3 kurzen Bordunsaiten; aus dem 16. Jh. nachgewiesen; heute (auch für Schulen) neu gebaut. Vgl. → Monochord, Langspil, Humla.

Langsamer Walzer → English Waltz.

Langspil, isländ. Streichzither mit hohem, längl. Korpus, 1(2) Spielsaite(n), einer gleichgestimmten und einer eine Oktave tiefer mitklingenden Saite (vgl. → Langleik, Monochord). Ähnl. gebaut ist die 3saitige „Eskimogeige" mit hohem Steg.

Languendo, Languente (ital. =) sehnend, schmachtend.

Largando (ital. =) breiter werdend.

Larghetto (ital. =) Tempobezeichnung; weniger breit als → Largo; Satzbezeichnung, vielfach 2. Satz in Sonate oder Konzert.

Largo (ital.), breites, gedehntes Zeitmaß; vielfach Einleitungsteil in Sonate, Sinfonia. → Suite.

Larigot (frz.), im dt. Orgelbau des 16., 17. Jh. meist Quintregister (→ Aliquote) 1⅓'; in der frz. Orgel auch *„Petit Nasard"* (→ Nasat); vgl. → Argot.

Larynx (griech. =) → Kehlkopf.

Lassu (v. ungar. *lassan* = langsam), der langsame, melancholische Einleitungsteil (in Moll) des → Csárdás.

Lauda (ital. v. lat. *laudare* = loben; Mehrz. *laude*) nichtliturgisches volkstümliches, geistl. Loblied in ital., selten lat. Sprache; entstanden in den von Umbrien ausgehenden Laienbewegungen des 12. und 13. Jh., von den Geißlern gefördert und verbreitet und von den Laudenbrüderschaften (*laudentes* oder *laudesi*), die bis ins 19. Jh. bestanden, gepflegt. Zu den ältesten L.e zählt der Sonnengesang des Franz v. Assisi († 1226). Bis ins 14. Jh. waren die L.e nur 1stg., in Refrainform, dialogisch gesungen mit Melodien nach → Sequenzen, häufig auch nach weltl. Weisen (Tanzliedern). Bedeutendster Dichter war J. da Todi. Seit Ende des 14. Jh. sind mehrstg. L.e bekannt, 3- oder 4stg., in einfachem akkordischem

Satz, der → Frottola nahestehend. Bis ins 16. Jh. gehörte die L. zum allgemeinen volkstüml. Liedbestand Italiens. Wichtigste Slgn. sind die beiden 1508 von Petrucci herausgebrachten und die von S. Razzi und G. Animuccia (1563). Die erzählenden Dialog-L.e des 16. Jh. wurden allmählich dramatisiert und bildeten die Vorform für das geistliche Spiel (→ *rappresentazione sacra*) und das → Oratorium in ital. Sprache (*oratorio volgare*).

K. Jeppesen, D. mehrstg. it. L. d. 16. Jh. (Kb. Lüttich) 1930; F. Ghisi, Gli aspetti mus. della l . . . 14., 15. s. . (Fs. Jeppesen) K 1962; P. Damilano, Fonti mus. della l. polifon . . s. 15 (Coll. hist. mus. 3) 1963; S. W. Kenney, In praise of the L. (Fs. Reese) NY 1966; H. Anglés, The mus. notat. and rhythm of the It. L. (Fs. Apel) Bloomington 1968.

Laudes (lat. =) Lobpreisungen innerhalb der klösterl. Stundengebete, bei Sonnenaufgang zu singen mit dem *Canticum Zachariae* (→ Benedictus) als Höhepunkt. Wie die Vesper als der Beginn des zeitl. Bereiches für den Nachtgottesdienst sind die L. als dessen Abschluß zu verstehen (*l. matutinae*).

Lauf, Läufer, schnelle Tonfolge, → Passage.

Launeddas, sardin. Blasinstr., bestehend aus 3 gleichzeitig zu blasenden, verschieden langen Schilfrohren mit aufschlagender Zunge; für die linke Hand eine Spielpfeife m. 4(5) Grifflöchern; damit zusammengebunden die lange (verlängerbare) Bordunpfeife; für die rechte Hand die kleine Spielpfeife mit 5 od. 6 Löchern; die Löcher ursprüngl. viereckig. Die Herkunft des Instr. ist ungewiß: ein ähnliches wird von den Hirten in den Abruzzen gespielt.

H. Oesch. D. L. (Jb. f. mus. Volks- u. Völkerkde.) 1968; A. F. Weis Bentzon, The l., a Sardin. folk mus.instr., 2 Bd. (Acta Ethnomus. Dan. 1) K 1969.

Lăutar (rumän.: Lautenspieler), Spielmann in Rumänien (vielfach Zigeuner). Im 14., 15. Jh. werden die l.i bereits als berufmäß. Musikanten (Volkssänger) namentlich erwähnt. Mit ihrem Spiel blieben viele Volksstücke und -lieder lebendig, z. B. die *„de ascultat"* („Zuhör"-)Lieder, → Colinde.

V. Cosma, Figuri de l.i, Bukarest 1960.

Laute (von arab. *al-'ūd*; ital. *liuto*; span. *laúd*; frz. *luth*; engl. *lute*), Sammelname für verschiedene Erscheinungsformen eines Saiteninstruments; die abendländ. L. ist ein Zupfinstr., birnenförmig und zargenlos, mit bauchigem, aus 9 od. mehr Spänen zusammengefügtem Schallkörper. Der Querriegel unterhalb der Rosette dient der Befestigung der Darmsaiten. Ein etwaiger Sattelknopf ist nur für den Traggurt bestimmt; Griffbrett mit Bünden. An dem langen Hals ist der Wirbelkasten scharf nach hinten umgeknickt (Knickhals, Knickkragen). Die heute bevorzugte Stimmung der L. ist: E-A-d-g-h-e'. Die 1–6 Kontrasaiten der Baßl. laufen zu einem aus dem verlängerten Griffbrett hervorstehenden Nebenhals. Der Klang ist weich, voll und anhaltend. – Nach der Form des Schallkörpers unterscheidet man u. a. die Röhrenhalsl. (z. B. chines. Röhrengeige), Schalenhalsl. (Mandoline, Theorbe, Balalaika), Kastenhalsl. (→ Gambe, Gitarre), Kasten-Spießl. (Rabāb). Dabei ist die asiatische (wirbellose) Spießl. (Stachelgeige, vgl. → Kamandža) wohl eine Vorform. Auch Harfe, Leier (Jochl.) können zu den L. gezählt werden. Die eigentlichen

L.instr. lassen 2 Haupttypen erkennen: *Langhalsl.* (mit kleinem Korpus), etwa 2000 vor Chr. aus Mesopotamien, Persien, Indien nach Osten und Norden (Kaukasus, Turkvölker, China, Korea, Japan) verbreitet; u. a. → Sitār, Tanbūr, Domra, Tār, P'i-p'a, Samisen; im Ggs. zu diesen zahlreichen, regional entwickelten Formen die *Kurzhalsl.* (arab. → 'Ūd), seit frühchristl. Zeit mit fast gleichbleibenden Formen übernommen durch Türkei (*qopuz*, → Kobsa), Irak, Ägypten, Nordafrika und Spanien und dort zur span.-europäischen L. geformt. Etwa ab 1500 war die L. in Europa fertig ausgebildet, und sie blieb bis ins 17. Jh. allgemein das wichtigste Hausinstr. (das frz. Wort *luthier* bezeichnet noch heute ganz allgemein einen Instrumentenmacher). Die L.-Ornamentik beeinflußte das Spiel auf Tasteninstr.en. Aus der reichen L.-Literatur erwuchsen neue Formen (Anreihung von Tänzen zur → Suite); Kompendien und Anweisungen wurden verfaßt. Verschieden in den Ländern entwickelte sich die Griffschrift (→ Lautentabulatur). Außer zahlreichen Tänzen (→ Passamezzo, Pavane, Saltarello, Galliarde u. a.) finden sich in den dt. Tabulaturen viele dt., frz., ital. Lieder in Lautenumschrift nach Vokalvorlagen (Ott, Öglin, Fink, Forster) mit Sätzen v. P. Hofhaimer, L. Senfl, Th. Stoltzer, H. Isaac, M. Greitter, O. di Lasso, L. Lechner, J. Regnart. Die Vokalsätze wurden auf ein Akkordgerüst zusammengezogen, die Vorstufe für den → Generalbaß (vgl. auch → Klavierauszug). Der Cantus firmus erschien koloriert, in Figurenwerk aufgelöst. Nach H. Judenkünig waren H. Newsidler und H. Gerle berühmte dt. L.meister. Frankreich entwickelte eine eigene Griffschrift, die in England, Holland, Polen übernommen und nach 1600 auch in Dtl. gebraucht wurde. Die Melodielinie konnte dabei auch in Notenschrift wiedergegeben werden (nicht → intavoliert) und stand über den Akkorden der Tabulatur. Bei P. Attaingnant, dem ersten bekannten Pariser Musikdrucker und -verleger, findet sich schon 1529 der gedruckte Beleg für frz. Tabulatur. Während frz. Sätze schon die Vorliebe für → Arpeggien zeigten, hielten die Engländer an festen Begleitakkorden fest. Die Blüte der engl. L.-Musik war um 1600. Lieder und Tänze standen unter frz. oder ital. Einfluß. Wie bei der Musik für → Virginal blühte besonders die → Variation in der engl. L.-Musik: J. Dowland, Th. Morley. In Spanien hatte die → Vihuela Metallsaiten. Im letzten Viertel des 16. Jh. wurde dort die Gitarre das wichtigste Volksinstr. Die span. → L.-Tabulatur gleicht der italienischen, die um 1520 fertig ausgebildet war. Bis etwa 1650 war die L. in Italien das allgemein bevorzugte Musikinstr. Ende d. 17. Jh. übernahm man auch dort die frz. Tabulatur, die in Schweden Anfang des 18. Jh., in Polen noch in der 2. Hälfte des 18. Jh. üblich war. In Dtl. zeigten letzte Meisterschaft in der Lautenkunst E. Reusner, bei dem sich Präludien und Sonatinen als Eingangssätze zu den Suiten finden, und J. S. Bach. – Gegen Ende des 19. Jh. erhielt die L. erneut Bedeutung in Dtl. Der Sänger zur L. kam in Mode (S. Scholander, R. Kothe), das Volkslied zur L. wurde wiederentdeckt (H. Scherrer), und eine Flut neuer Lieder entstand in den 1920er Jahren (zahlreiche

Slgn. von Löns-Liedern unterschiedl. Werts), bis mit Neuausgabe (Bach, Attaingnant, Reusner) und Schulwerk (H. D. Bruger) das Beispiel größerer L.-Kunst wiederhergestellt wurde und interpretiert werden konnte (W. Gerwig). – Zu den L. gehören neben den → Erz- (Baß-)Lauten (→ Theorbe, Chitarrone) ferner: → Colachon (Colascione), Angelica, Cister-Instrumente.

G. Branzoli, Ricerche sullo studio del liuto, R 1889; O. Körte, L. u. L.-mus. bis Mitte 16. Jh. (Beih. IMG) 1901, ND 1974; A. Toscanelli, Il liuto, Ml 1921; W. L. v. Lütgendorff, D. Geigen- u. L.macher v. MA b. z. Gegenwart, [6]1922, ND 1968; H. D. Bruger, Schule d. L.spiels, 1925, ND 1959; J. Zuth, Hdb. d. L. u. Git., W 1926, ND 1972; K. Geiringer, Vorgesch. u. Gesch. d. europ. L. (ZfMw) 1927/8; W. Gerwig, Spiel d. L.-Instr., 1940/41; W. Boetticher, Stud. z. solist. L.-Praxis d. 16., 17. Jh. (Hab. Schr. B) 1943; ders., H. Hickmann, L. (MGG) 1960; W. Stauder, Z. Frühgesch. d. L. (Fs. Osthoff) 1961; D. Stevens, Germ. lute-songs of the early 16th cent. (Fs. Besseler) 1961; H. Radke, Wodurch unterscheiden sich L. u. Theorbe? (AM) 1965; K. Dorfmüller, Stud. z. L.mus. i. d. 1. Hälfte 16. Jh., 1967; E. Gerson-Kiwi, Harfen- u. L.typen aus Mittelasien ... (Fs. K. v. Fischer) 1967; W. Newcomb, Stud. z. engl. L.praxis im Elisab. Zeitalter, 1968; J. Jaquot (Hg.), Le luth et sa mus., P [2]1976; R. Spencer, Chitarrone, Theorbo and Archlute (Early Mus.) 1976; D. B. Lyons, Lute, vihuela, guitar to 1800, a bibliog., Detroit 1978; P. Päffgen, L. u. L.spiel i. d. 1. Hälfte d. 16. Jh., 1978; G. Radole, Liuto, chitarra e vihuela, Ml 1979; K. Ragossnig, Hdb. d. Gitarre u. L., 1979; G. Ferraris, Liuto, Arciliuto, chitarrone ... in Italia (Il Fromino) 1982; E. Pohlmann, L., Theorbe, Chitarrone, [5]1982. → Lautentabulatur.

Lautenclavicymbel, Lautenklavier, Lautenwerk, → Cembalo, vorwiegend mit Darmsaiten, gebaut u. a. von J. Chr. Fleischer (Hamburg 1718), Z. Hildebrand (für J. S. Bach, Leipzig um 1740; mit *„einem octävchen"* Messingsaiten), Chr. E. Friederici, J. Nic. Bach, J. G. Gleichmann (Neubau im 20. Jh.: Ammer, Sassmann, Richter); beschrieben von J. Adlung (1758). Ein Vorläufer ist wohl das von S. Virdung 1511 genannte Harpfentiv; vgl. → Arpicordo.

Lautentabulatur, Griffschrift für die Laute (→ Tabulatur). Die dt. L. des 16. und 17. Jh. bezeichnete die leeren Saiten mit den arabischen Ziffern 1–5, die Bünde mit kleinen Buchstaben, die, wo das Alphabet nicht reichte, gedoppelt oder mit Strich versehen wurden. Baßsaiten wurden mit Ziffern über 5 gezählt. Den später auftretenden 6. Lautenchor bezeichneten größer geschriebene Buchstaben. Die frz. L. benutzte ein Fünfliniensystem mit kleinen Buchstaben als Bundbezeichnung. Der tiefste Chor der 6chörigen Laute wurde unter diesem System in Buchstaben notiert. Die ital. L. zeigt ein System von 6 Linien, das die Saiten in umgekehrter Folge (als in der frz. L.) darstellte; arab. Zahlen kennzeichneten die Bünde. Ende des 17. Jh. setzte sich in Italien die frz. L. durch, die auch in England, Schweden, Polen in Gebrauch war. Spanien übernahm für die → Vihuela die ital. L. Die rhythmischen Zeichen mit Strichen (Balken) und Fähnchen waren bei allen diesen Systemen gleich.

Wolf, 1913/9; H. Sommer, Lautentraktate d. 16., 17. Jh. (Diss. B) 1923; Apel, 1962, 1970; H. Radke, Beitr. z. Erforsch. d. L. d. 16.–18. Jh. (Mf) 1963; W. Rubsamen, The earliest French lute t. (JAMS) 1968; K. Dorfmüller, D. Edit. d. L., in: Georgiades (Hg.), Musikal. Edition i. Wandel d. hist. Bewußtseins, 1971; W. Boetticher, Hs. überlieferte Lauten- u. Git.-T. d. 15.–18. Jh. (RISM B VII) 1978, dazu Ergänzung: FAM 1982; R. H. Stearns, Manual of lute, vihuela and guit.tabl. (Diss. Idaho) 1978. → Laute.

Lautenzug, Dämpfung am → Cembalo, um Lautenklang zu imitieren.

Lautstärke, → Tonstärke.

Legato (ital. =), gebunden; ohne abzusetzen; Ggs.: *staccato*; Steigerung, z. B. bei gebrochenen Akkorden: *legatissimo*. – Notierung durch → Bogen (2).

Legende (lat. = das zu Lesende), Musikstück, vokal oder/und instrumental, nach Heiligengeschichten (F. Liszt: *L. von der heiligen Elisabeth, L. vom heiligen Stanislaus, L.n vom hlg. Franziskus*), geistlichen Dichtungen (R. Strauss, *Josephsl.*) oder allgemein weltlichen Sagen (Rimskij-Korsakov: *L. von Zar Saltan*). Die L. als instrumentales → Charakterstück bevorzugt das Klavier (z. B. Dvořák, *10 L.n für Klavier* 4händig; S. Prokofiev, op. 12) und hat außer im Titel kaum Beziehung zu einem der genannten Stoffbereiche.

Leggiero (ital. =) leicht, flüchtig, perlend.

Legnetti, Legni (italienisch = Hölzchen, Hölzer), → Claves.

Lehrlingswesen, das den Ordnungen handwerkl. Gilden und Zünfte entsprechende System zur Ausbildung von Instrumentalisten. Kann schon für die ma. fahrenden → Spielleute eine geregelte Lernzeit angenommen werden, so bestand sie sicher in den → Stadtpfeifereien seit dem 15. Jh. (beschrieben z. B. von Printz: *Cotala,* 1690; → Musikroman) mit Lehrlingen, Gesellen und dem Kapellmeister. Solche städt. und privaten Musikschulen (Stadtpfeifen) existierten in Dtl. noch in den 1930er Jahren für die städtisch-ländliche Unterhaltungs-, Tanz- und Marschmusik.

Lehrstück, Thesenstück, dessen Tendenz mit Hilfe der Musik (in → Oper, Schuloper, Kantate od. unter dem Titel L.) eindringlicher wird, somit etwa vergleichbar den z. T. melodramat. Schulspielen der Reformation und Gegenreformation. In den 1920er Jahren erscheint das L. (Bez. vermutl. von B. Brecht) zunächst literarisch mit sozialem und polit. Inhalt, der parabelhaft dargestellt wird, ab 1929 mit → Songs und vielfach kammermusikal. Besetzung: Weill, Hindemith/Brecht: *Der Flug Lindberghs* (1929); Eisler/ Brecht: *Die Maßnahme* (1930); H. Reutter/Seitz: *Der neue Hiob* (1930). Vorform könnte A. Schönbergs satir. Kantate *Der neue Orpheus* (1926) sein. Die Grenzen zur Schuloper sind fließend. 1933 brach die Entwicklung des L. ab, und die Schuloper befaßte sich nach 1945 eher mit Themen aus der Märchenwelt.

R. Steinweg, das L., 1972, [2]1976; M. Vogel, Musiktheater II, 1981.

Leich (germ. *laik,* got. *laiks* = Kampf, Spiel, Tanz), mhd. Bezeichnung ursprünglich für Tanzlied, dann für Melodie und Musik allgemein mit und ohne Text, schließlich mhd. lyr. Gedicht (z. B. bei Walter von der Vogelweide) mit unregelmäßigen zweiteiligen Strophen. Der tänzerische, religiöse und im Rittertum der die Minne besingende L. herrschten vor. Die durchkomponierte Melodie wurde bei größerem Tonumfang auf mehrere Sänger verteilt vorgetragen. Eine Angleichung des L. an den frz. → Lai ist nach dessen Eindringen in den dt. Sprachraum (dort belegt seit 1198) wahrscheinlich. Gegenüber der allgemeinen Annahme, daß der L. aus der ihm nahestehenden → Sequenz hervorgegangen sei, steht die Vermutung, L., Lai, →

Descort und Sequenz entstammten einer nicht belegten keltischen (irischen) Vorform. Nur wenige Melodien sind überliefert (13. und 14. Jh.), darunter die der Minnesänger Reinmar von Zweter, Tannhäuser, Alexander, Frauenlob, Peter von Reichenbach, Mönch von Salzburg (in der Jenaer und Kolmarer Liederhs.). Die musikal. Entwicklung des L. ist noch nicht hinreichend geklärt.

G. O. Gottschalk, Das dt. Minnel. (Diss. Marbg.) 1908; H. Spanke, Eine neue L.-Melodie (ZfMw) 1931; E. Hüsing, Dt. L.e u. Lieder, W 1932; H. Kuhn, Minnesangs Wende, 1952. → Lai.

Leier (griech. *lyra*), Zupfinstr. in verschied. Entwicklungsstufen im Orient, in Griechenland, bei den Etruskern und Germanen bekannt (altnord. *tallharpa*). Es bestand aus einem runden (Schalenl.) oder geraden (Kastenl.) Schallkörper mit einer Decke aus Haut oder Holz, in die Schallöcher geschnitten waren und ein „Joch" eingesetzt war: zwei parallele oder divergierende Stäbe (auch geschwungene Hörner), oben mit einem Querholz verbunden, an dem Saiten befestigt waren. Die L. wurde horizontal oder vertikal gehalten und mit → Plektrum gespielt. Die älteste griech. Form (→ Phorminx, 4-saitig) war zu Homers Zeit bekannt und wurde im 7. Jh. vor Chr. zur 7-saitigen → Kithara. Im MA bezeichnete man eine birnenförmige → Fidel, auf Kreta das 3saitige → Rabāb als Lyra. Der Name übertrug sich auf Saiten- bzw. Streichinstr. schlechthin (*Lira da gamba*), so auch auf die → Drehleier und damit auf deren mechan. Tonerzeugung des Leierns; daher Leierkasten (schwed. *lyra*); vgl. → Crwth, Kinor, Lyra, Rotta (1).

H. Panum, Harfe u. Lyra i. alten Nordeuropa (SIMG) 1905/6; M. Wegner, Die Musikinstr. d. alten Orients, 1950; H. Hickmann, L. (MGG) 1960; W. Stauder, D. Harfen u. L. Vorderasiens ..., 1961; B. Aign, D. Gesch. d. Mus.instr. d. ägäischen Raumes ... (Diss. Frankf.) 1963; H. Steger, Philologia Musica (Münster. MA-Schriften) 1971.

Leierkasten, → Drehorgel; zum Namen vgl. → Leier.

Leisen, in Mitteleuropa volkstüml., nichtliturg. Kirchengesänge in der Volkssprache (dt., slaw., mischsprach.), benannt nach und hervorgegangen aus den Ende 10./Anfang 11. Jh. entstandenen Rufen mit regelmäßig wiederkehrender Schlußformel → *Kyrie eleison*. Daraus entwickelten sich → Geißlerlieder, Prozessions-, Wallfahrtslieder (*In Gottes Namen fahren wir*) u. → Kirchenlieder, insbes. für hohe Feste: Weihnachten (*Gelobet seist du; Joseph, lieber Joseph mein;* 13. Jh.); Ostern (*Christ ist erstanden;* 12. Jh.); Pfingsten (*Nun bitten wir den heiligen Geist;* 13. Jh.). → Cantio, Lied, Volkslied.

J. Riedel, „L." Formulae (Diss. Los Angeles) 1953; M. Veldhuyzen/H. Wagenaar-Nolthenius, Het geestelijk lied van Noord-Nederld. in de 15e eeuw, A 1962; W. Lipphardt, Die ma. L. (Mus. u. Altar) 1963/4; K. v. Fischer, Neue Quellen z. Mus. d. 13.–15. Jh. (AM) 1964; J. Janota, Stud. zu Funkt. u. Typus d. dt. geistl. Lied. im MA, 1968; F. Mužik, Christ ist erstanden ... (Misc. musicol.) Pr 1970. → Kolęda.

Leitereigene Harmonik, Begriff der funktionalen → Harmonielehre: nichtmodulierende Harmonisierung, die die Grundtonart nicht verläßt.

Leitmotiv, melodische, harmonische oder rhythmische Formel in einem Musikwerk, die eine bestimmte Person, eine Empfindung oder Situation, im Verlauf des Stückes immer wiederkehrend, charakterisiert und damit in der → Oper Spannungsmomente schafft, die Handlung psychologisiert, indem Affekte, triebhafte Unterströme, schicksalhafte Verflechtungen hörbar gemacht werden, die der Text nicht ausdrückt oder nicht darstellen kann. Thematisch-illustrative Formeln traten in der frz. *Opéra comique* des 18. Jh. auf als von der Handlung bestimmte Wendungen, die zugleich den Gesamtablauf gliederten (Erinnerungsmotiv). Bedeutungsvoll wurden sie in der romant. Oper und deren Streben nach dem „Gesamtkunstwerk" (R. Wagner). In der die → Nummernoper ablösenden, durchkomponierten Oper wurde das L. zum psycholog. Ordnungsprinzip im Spannungsbogen der Handlung. Nach C. M. v. Weber (Samielmotiv im *„Freischütz"*), vor dem schon deutliche Ansätze bei Vogler, J. M. Kraus, Naumann, auch Mozart sichtbar waren, verwendeten die meisten Opernkomponisten des 19. Jh. das L. zur Konzentration der Handlung in der Musik (Marschner, Lortzing, Spohr, P. Cornelius). In R. Wagners Orchestersatz klingt die von Berlioz und Liszt (nach Schumann und Chopin) ausgebildete Idée fixe an. Er baut das L. in die von ihm angestrebte „unendl. Melodie" durchführungsartig ein, wobei die Form stets von der Handlung bestimmt ist und die L.-Technik das Aktgefüge, im „Ring" die Dramen selbst, in größere Ordnung bindet. In d. Oper nach Wagner und in der → Sinfon. Dichtung wurde das L. zum konstitutiven Bestandteil (z. B. bei R. Strauss, Janáček, Schönberg, Henze), weniger in der neuen Nummernoper, → Kammeroper des 20. Jh. (Weill, Krenek, Britten). – R. Wagner sprach vom „Grundthema". Das Wort L. erscheint zuerst 1871 bei F. W. Jähns auf C. M. v. Weber, bei H. v. Wolzogen 1876 auf Wagner bezogen. Die Literaturwissensch. übernahm es für formelhaft wiederkehrende Wendungen und rhythm. Motive (z. B. bei Ibsen, Th. Mann).

A. Lorenz, Das Geheimn. d. Form b. R. Wagner, 1924/33; K. P. Bernet-Kempers, Leidmotieven, herinneringsmot., grondthemas, (Hab. Schr. A) 1929; G. Abraham, The L. since Wagner (Mus. & Lett.) 1925; K. Wörner, Beitr. z. Gesch. d. L. i. d. Oper (Diss. B., masch. 1931; Ausz. ZfMw) 1931/2; R. Engländer, Z. Gesch. d. L. (ZfMw) 1931; J. Mainka, Sonatenform, L. u. Charakterbegleitg. (Beitr. z. Mw.) 1963; C. Dahlhaus, L.technik b. Wagner, in: D. Drama R. W.s als mus. Kunstw., 1970; ders., Wagner, Konzeption d. Mus. Dramas, 1971.

Leitton, der Ton, der durch seine harmonische Bindung oder seine melodische Herkunft die Bewegung um einen Halbton nach oben oder unten anstrebt, um eine größere Konsonanz und einen melodischen Schwerpunkt zu erreichen. Im Dur-Moll-System die 7. Stufe (*subsemitonium modi*), der Halbton vor dem Grundton. → Kadenz (1), Penultima.

Leittonwechselklang, Begriff der Harmonielehre bei H. Riemann, der terzverwandte Dreiklänge zusammenstellte, wobei die Quinte des ersten den Leitton zum zweiten darstellte: h–e–g/ c–e–g.

Lektionston (lat. *lectio* = Lesung), der Ton, mit dem die zwischen Sprechen und Gesang sich bewegende Lesung im kathol. Ritus erklingt. Der Rezitationston wird bei den verschiedenen Lesungen unterschiedl. durch melod. Einschnitte mit Hebung und Senkung der Stimme gegliedert

(Metrum, Punctum, Interrogatio, Conclusio).

Lentando, lentato (ital. =) langsamer werdend, schleppend.

Lento (ital. =) langsam, gedehnt; zwischen → Andante und → Adagio; *l. assai, l. di molto* = sehr langsam.

Lesson (engl. v. frz. *leçon*), 1. alte engl. Bez. für → Suite (z. B. bei Purcell); – 2. instrumentales Übungsstück; melod. trotz schwieriger Passagen (→ Handstück, Etüde); auch Vortragsstück ohne pädagog. Zielsetzung.

Lexikon → Musiklexikon.

L. H., Abk. für linke Hand beim Spiel auf Tasteninstrumenten.

Liber usualis (Missae et Officii . . .), aus der Editio → Vaticana (→ Antiphonale, Graduale) ausgewählte Gesänge der kathol. Liturgie, herausgeg. von den Benediktinern von Solesmes (1896, 1927/50).

Libretto (ital. = Büchlein), Textbuch als Vorlage für die Komposition und mit Rücksicht auf deren wirkungsvolle Aufführung geschaffen, wobei nach Bedeutung und Häufigkeit ein szenisches Werk (→ Oper, Operette, Singspiel) im Vordergrund steht vor → Oratorium oder → Kantate. Von der Stoffwahl, die das Außergewöhnliche bevorzugt, bis zu Einzelheiten der Deklamation und Darstellung bestimmen Musik und Bühnenwirksamkeit den Text und stehen dabei häufig mit ihm in Widerstreit. Es bedarf der einfühlenden Zusammenarbeit von Dichter und Komponist, und selten wird das L. als Dichtung literarischen Ansprüchen genügen. Die Musik kann am schlecht gewählten Stoff, an unübersichtl. verknüpfter Handlung, am ungeschickten, unsanglichen Dialog trotz ausgefeilter Sprache scheitern. Metatasios L.i konnten mit Erfolg ohne Musik aufgeführt werden, während andrerseits zahlreiche Texte nur dank der Musik Bestand haben. Dtl. stand bis gegen 1800 unter dem Einfluß einerseits der wechselhaften Entwicklung des ital. (Rinuccini – Faustini – Goldoni) andrerseits des stetigen, höfischen frz. L. und hob sich höchstens durch die Vorliebe für geistl. und vaterländ. Stoffe ab. Im bürgerl. Rührstück des Singspiels bereitete sich eine eigene dt. Oper vor, die in der Romantik mit Stoffen aus Vorzeit, Volkssage, mit Exotik und Todessehnsucht entstand. Webers *Freischütz* mit dem L. von Kind war das fertige Beispiel. Lortzing verfaßte sein L. selbst, und seit Wagner, der den Text *„aus dem Geiste der Musik“* schuf, vertonten immer mehr Komponisten die eigenen Texte (P. Cornelius, Berlioz, Kaminski, Schreker, Hindemith, Orff, Egk, Krenek, v. Einem, A. Berg). Eine glückliche Ausnahme in der Operngeschichte war das Zusammenwirken H. v. Hofmannsthals mit R. Strauss (*Rosenkavalier, Elektra, Ariadne auf Naxos, Die Frau ohne Schatten*). – Ein L.-Archiv besteht beim Mw.Institut der Univ. Frankfurt/Main.

L.-Verzeichnisse: → Oper. – J. Chantavoine, Musiciens et poètes, P 1912; E. Istel, Das L., 1914; R. Guit, L'évol. d'un genre, le livret d'opéra en France de Gluck à la Révol. (Smith Coll. Stud.) Northampt./Mass. 1936/7; A. Della Corte, Il l.e il melodr., Turin 1951; U. Rolandi, Il l.per mus. attraverso i tempi, R 1951; A. Scherle, Das dt. Opernl . . . (Diss. Münch.) 1954; W. Huber, Das Textb. d.

frühdt. Oper (Diss. Münch.) 1957; E. A. Dworak, Das dt.sprach. Opernl. i. d. 1. Hälfte d. 20. Jh. (Diss. W) 1966; R. Müller, D. Opernl. i. 19. Jh., Winterthur 1966; L. Bragaglia, Storia del l. (3 Bd.), R 1970/2; P. J. Smith, The tenth muse; a hist. study of the opera l., NY 1971; K.-D. Link, Literar. Perspektiven d. Opernl. (1850–1920) (Abh. z. Kunst- ... wissensch. 173) 1975; K. Honolka, Kulturgesch. d. L., ^{2}1979; K. Achberger, Literatur als L. Das dt. Opernbuch seit 1945, 1980.

Licenza (it.; frz., engl. *licence* =) Erlaubnis, Freiheit: 1. nach der Aufführung des Bühnenstückes dem anwesenden Gönner (Fürsten) zu danken und zu huldigen mit gesungenem → Epilog (Arie, Chor); – 2. bezügl. der Satztechnik: z. B. Beethoven gab zum letzten Satz der Sonate op. 106 den Vermerk *Fuga a tre voci con alcune licenze* (3stg. Fuge mit einigen Freiheiten), um darzustellen, daß es sich nicht um eine schulmäßige Fuge handele.

Liebesfuß, s. → Englischhorn; vgl. → Heckelphon, Oboe (d'amore, da caccia).

Liebesoboe (Oboe d'amore) → Oboe.

Lied (mhd. *daz liet* = die einzelne Strophe, *diu liet* = die zusammengehörigen Strophen), das vertonte Gedicht, in der Regel kleineren Umfangs, das seiner Anlage nach sangbar (liedhaft) ist, d. h. durch seinen Gefühlswert, die Sprachmelodie, das Ordnungsschema mit gleichgebauten Strophen, Gleichmaß der Verse und Reimbindung der Vertonung entgegenkommt und die Musik verlangt. Im allgemeinen wird das L. einstg. mit oder ohne Instr. vorgetragen; es tritt auch mehrstg. auf, solistisch oder chorisch besetzt (→ Chor) und mit Beginn mehrstg. Instrumentalmusik im Satz für akkordierende Instr. und Instrumentalchöre (z. B. Orgel-, Bläserchoral), schließlich als von der Vokalmusik unabhängiges Werk im „L. ohne Worte“ und mit der → L.form als Bauschema. Die Einteilung nach → Volks- und → Kunstl. und – beide überschneidend – nach geistl. oder weltl. L. (→ Kirchenlied) bedeutet keine eindeutige Abgrenzung der Gruppen.

K. E. Schneider, D. musikal. L., 1863ff.; E. Schuré, Gesch. d. dt. L., 1870; E. Challier, Großer L.er-Ktlg., 1–15, 1885/1914; M. Friedlaender, D. dt. L. im 18. Jh., 1–3, 1902; H. Rietzsch, D. dt. L.weise, 1904; G. Müller, Gesch d. dt. L. v. Zeitalter d. Barock b. z. Gegenw., 1925; ders., Art. L. in: Merker-Stammler, Reallex. d. dt. Lit. Gesch., 1925 (vgl. auch ^{2}1956); W. Krabbe, Dt. L. im 17. u. 18. Jh. (G. Adler, Hdb. d. Mus.gesch.), ^{2}1930, NA 1961; F. Pamer, Dt. L. im 19. Jh. (ebda.); H. J. Moser, D. dt. L. seit Mozart, Zürich 1937, NA 1966; E. Bücken, D. dt. L., 1939; Art. L. in MGG 8, 1960; D. Stevens (Hrsg.), *A History of Song,* London 1960; A. Sydow, D. L., 1962; Art. L. in Riemann, Musiklex., Sachteil, 1967; H. Osthoff, D. Niederländer u. d. dt. L., ^{2}1967; F. A. Stein, Verz. dt. L.er seit Haydn, Bern 1967; R. Caspari, L.tradition im Stilwandel um 1600, 1971; W. Wiora, D. dt. L., 1971; V. Karbusický, Ideologie i. L., 1973; W. Suppan, Dt. L.leben zw. Renaiss. u. Barock, 1973. → Kunstl., Volksl., Liederzyklus.

Liederbuch, Lied-Slg. in gedruckten Ausgaben. (Für einzelne Lieder-Hss. hat sich die Bez. L. eingebürgert.) Das L. kann geistl. (→ Gesangbuch) od. weltliche Lieder oder beide enthalten. In der Regel sind sie einstg. wiedergegeben, abgesehen von bedeutenden mehrstg. Slgn. des 16. Jh. (in → Stimmbüchern erschienen; → Tenorlied). Die frühen L. wurden gedruckt (herausgegeben, verfaßt) von: E. Oeglin (Augsburg 1512), P. Schöffer (Mainz 1513), Arnt von Aich (Köln 1519), H. Ott (Nürnberg 1534), Chr. Egenolff (Frankf./M. 1535). P. Schöffer und M. Apiarius (Mainz 1536), G. Forster (Nürnberg 1539), C.

Othmayr (ebda. 1549). Vermutl. das erste für den Schulgebrauch bestimmte L. brachte 1525 S. Heyden in Nürnberg heraus. U. R. Z. Becker hatte 1799 im „Mildheimischen" (Phantasiename) L. 518 Liedertexte abgedruckt und brachte im gleichen Jahr zu 391 Liedern die Melodien, der Zeit gemäß in Klavierbegleitung. Die Klavierbearbeitung war die bis ins 20. Jh. beliebte Veröffentlichungsart für den Hausgebrauch.
→ Notendruck, → Souterliedeken.

Liederhandschriften, Sammlungen handschriftlich fixierter Lieder, wobei in erster Linie ma. Aufzeichnungen gemeint sind: z. B. die Vagantenlieder der → Carmina burana (13. Jh.) aus dem Kloster Benediktbeuren; die Slgn. von → Cantigas in Madrid (13. Jh.); die Jenaer Handschr. (14. Jh.) mit religiös-lehrhaften Sinnsprüchen in der Nähe des → Meistersangs; die Heidelberger L. (Handschr. A = die aus Straßburg stammende kleine, 13./14. Jh.; C = die aus Zürich kommende große = Manessische, 14. Jh.); die Weingartner (Konstanzer), in Stuttgart aufbewahrte Hs. B des 14. Jh.; die Würzburger (14. Jh.); die Mondsee-Wiener (Spörlsches Liederbuch) mit Liedern des Mönchs von Salzburg und Oswalds von Wolkenstein (um 1400); die in München aufbewahrte Kolmarer des 15. Jh. aus der Frühzeit des Meistersangs; das Lochamer Liederbuch (bis 1460), jetzt in Berlin; das Liederbuch des Münchner Arztes H. Schedel aus seiner Studentenzeit (1460); das für das dt. Lied und Kinderlied des böhmischen Raumes wichtige Hohenfurter Liederbuch (1460); das Rostocker Liederbuch (um 1460); das klösterliche Wienhäuser Liederbuch mit geistl. und weltl. Liedern (nach 1480); das Glogauer (nach 1470), das als erstes in Europa in (3) getrennten Stimmbüchern geschrieben war; die Donaueschinger Hs. (um 1500) zwischen Minne- und Meistersang; das Liederbuch d. Anna von Köln (nach 1529), das wie das Wienhäuser, das der Katharina von Tirs (1588), die Hss. von Deventer, Werden und Antwerpen (1540) einen Einblick in den Bestand geistl. und weltl. Lieder im Bürgerhaus vermittelt. Das wohl älteste dt. Liederstammbuch (Darfelder Liederhs., 16. Jh.) enthält 28 bisher unbekannte Lieder. Das gedruckte → Liederbuch verdrängte und entwertete die hs. Aufzeichnung. Dennoch zeigen spätere L. das Beharren: Breslauer Hs. von 1603; das in Oxford liegende Liederbuch des Eisak Wallick (1605) als älteste bekannte jüdische Quelle; die Slg. des Benediktinerpaters Werlin in Seeon/Obb. (1646). Spätere Slgn. enthielten Moritaten und Arien anstelle von Balladen und Liedern („Arienbüchel" 1731).

Ausg.: Jenaer L. (F. Saran) 1901, ND 1966; (Tervooren/Müller) 1972 – Wiener Hs. (H. Rietsch = DTÖ 20, 1913) – Mondsee-Wiener Liederhs. (= Spörls Liederb.; F. A. Meyer, H. Rietsch, 1894/6) – Heidelberger Liederhs. (P. Runge, 1906) – Hohenfurter Liederb. (W. Bäumker, 1895) – Lochamer Liederb. u. Fundamentum Organisandi (K. Ameln, 1925, Faks.) – Wienhäuser Liederb. (H. Sievers, 1954, Faks.) – Colmarer Liederhs. (P. Runge, 1896 / F. Gennrich, 1967, Faks.) – Donaueschinger Liederhs. (P. Runge, 1896) – Rostocker Liederb. (B. Claußen, A. Thierfelder, 1919 / F. Ranke, J. Müller-Blattau, 1927) – Glogauer Liederb. (H. Ringmann, J. Klapper, 1936/7) – Liederb. d. Anna von Köln (W. Salmen, J. Koepp, 1953) – Utrechter (u. Amsterdamer) Liederhs. (E. Bruning, M. Veldhuyzen, H. Wagenaar-Nolthenius, 1963) – Schedelsches Liederb. (H. Rosenberg, 1933, Ausw.) – Die Darfelder L. (R. W. Brednich, 1976). → Lied, Minne-, Meistersang.

Liederkranz, in Süddtl., Österr., Schweiz häufiger Name

von Singgruppen. → Gesangverein, Chor. Vgl. → Liedertafel.

Liederkreis, nach Inhalt und Charakter zusammengehörige, einen Zyklus bildende Lieder; z. B. Beethoven: *An die ferne Geliebte*; Schubert: *Schöne Müllerin, Winterreise*; Schumann: *Frauenliebe und -leben*; H. Wolf, *Span.* und *Ital. Liederbuch*; Hindemith, *Marienleben*; Pepping, *Paul Gerhardt*-Liederbuch.

Liedermacher, in Dtl. Mitte des 20. Jh. schnell verbreitete Bez. für Dichter-Komponist, der, meist mit Gitarre od. Laute, seine vorwiegend zu konkret polit. Anlaß gefertigten Lieder vorträgt. Ursprung sind Sängertreffen in Waldeck in den 1950er Jahren, aus denen sich eine Folksongbewegung, z. T. als Parallele zur Produktion der Rocksänger (E. Presley), entwickelte. Die Bez. „L." (vielleicht in Anlehnung an B. Brechts „Stückemacher") wird auf H. Wader bzw. W. Biermann zurückgeführt. → Chanson (2).

M. Hornig, Die L. u. das zeitkrit. Lied der 60er Jahre (Diss. Bochum) 1975; T. Kammacher, Das dt. Volksl. i. der Folksong- u. L.szene seit 1970 (Jb. f. Volksliedforsch. 23) 1978; E. Frahm/W. Alber, An d. Mischpulten d. Volkskultur (ebd.) 1978.

Liederspiel, 1. ma. geistl. Spiel mit Dialogen (auch in der Volkssprache), Hymnen, Sequenzen, geistl., auch drastischen weltl. Liedern (→ Liturg. Drama). Ein weltl. L. mit Trouvères als handelnden Personen und mit komischen Situationen schrieb A. de la Halle (*Jeu de Robin et de Marion,* 13. Jh.). Ein L. ist auch das *Geistl. Waldgedicht Seelewig* (Text G. Ph. Harsdörffer, Musik G. Th. Staden, 1644), das als 1. dt. → Oper angesehen wird (nach der verlorengegangenen *Daphne* von H. Schütz, 1627); – 2. kurzes, heiteres → Singspiel mit einer Reihe von Liedern als Gerüst, dem frz. → Vaudeville nahestehend; von Goethe angeregt und zuerst bei J. F. Reichardt (*Liebe und Treue,* 1800); fortgesetzt von H. F. Himmel, A. Conradi, F. Gumbert und zur Gesangsposse abgesunken; – 3. → Liederzyklus, in einem Handlungsbogen stehend, auch für mehrere Personen. W. Müller schrieb in Berlin nach der Teilnahme an einem L. als improvisiertem Gesellschaftsspiel den von F. Schubert (*Die schöne Müllerin,* 1823) vertonten Gedichtzyklus. → Liederkreis.

L. Kraus, D. dt. L. i. d. Jahren 1800/30 (Diss. Halle), 1921.

Liedertafel, von C. Fr. Zelter 1809 im Anschluß an die → Singakademie in Berlin gegründete Vereinigung von „Dichtern, Sängern und Componisten", für die u. a. Goethe schrieb (*Ergo bibamus*), Zelter und C. M. v. Weber komponierten. Nach dem Muster der Berliner L. richtete Goethe seinen Haus-Singzirkel in Weimar ein. Von der L. Zelters und von den volksmusikal. Bestrebungen Nägelis ging in Dtl. die im 19. Jh. schnell anwachsende → Männerchorbewegung aus. Der Name L. (in Süddtl. „Liederkranz") wurde von zahlreichen Vereinen übernommen. Als L.stil bezeichnet man heute abwertend homophone oder scheinpolyphone, gefühlsbetonte Schreibweise. → Chor, Männerchor.

H. Kuhlo, Gesch. d. Zelterschen L., 1909; P. Nitsche, Die L. im System d. Zelterschen Gründungen (Stud. z. Mg. d. 19. Jh. 56) 1980.

Liederzyklus, Folge von Kunstliedern desselben Komponisten, von ihm zusammengestellt, entweder nach einem inneren Zusammenhang (Beethoven, *An die ferne Geliebte*) und/oder nach dem Textdichter (G. Mahler, *„Kindertotenlieder"* nach Rückert; E. Pepping, *Paul Gerhardt-Liederbuch*; H. Distler, *Mörike-Chorliederb.*) od. etwa nach der Zusammengehörigkeit innerhalb einer Schaffensperiode („6 Lieder"). → Liederspiel, Liederkreis.

E. L. Earl, The solo song cycle in Germany 1800/50 (Diss. Indiana) 1952; E. Zimmermann, Gestaltungsfragen i. klass. u. romant. L.en (Diss. Bonn) 1952.

Liedform, t. t. in Vokal- und Instrumentalmusik, von A. B. Marx 1839 eingeführt und von den Formen alter Tanzsätze abgeleitet: kleinste, in sich abgeschlossene Musikform mit einem Thema. Die seltene einteilige L. entspricht einer → Periode, die ein fertiges, einheitliches Werk darstellt. Die 2teilige L. hat das Schema AB bei gleich langen Teilen (je 4 od. 8 Takte). In der 2teiligen Folge AB(A) nimmt B einen Teil von A als Nachsatz auf (z. B. A = 8, BA je 4 Takte). Da es sich bei BA um unvollständige Perioden handelt, liegt nicht Dreiteiligkeit vor, wie sie aus dem Schema zu schließen wäre. Diese Form findet sich häufig bei Liedern und Märschen. In der 3tlg. L. ABA steht B kontrastierend zwischen den einander gleichen oder ähnlichen A-Teilen (= kleines Rondo, Da Capo-Arie). Im Ggs. zur 2tlg. Form AB(A) haben hier die Teile in der Regel die gleiche Länge. Erweiterung der L. geschieht durch die → Coda oder durch wechselnde Wiederholung der Teile. Die großen 2- oder 3tlg. L. haben zunächst größere Teile bei gleichen Verhältnissen (z. B. je 16 Takte); die Teile werden erweitert, ohne daß der Hauptgedanke seinen Charakter verliert. Der Mittelteil der 3tlg. L. verarbeitet (variiert, moduliert) ihn und weist schon auf die → Sonatenform und deren deutlich kontrastierendes 2. Thema. Diese Ausgangsformen, die nur in der → Volksmusik mit so regelmäßigem Bau zu finden sind, werden in der Kunstmusik vielfältig abgewandelt. → Barform.

Lied ohne Worte, von F. Mendelssohn Bartholdy eingeführter Name für einsätzige, lyrische Klavierstücke mit liedhafter Melodie, ähnlich der *Aria francese* oder dem engl. *Ayre*. Mendelssohn hatte diese → Charakterstücke *„für die Damen"* bestimmt. Der Name wurde weiterhin oft verwendet (z. B. Schönberg, Serenade op. 24, 6. Satz), vielfach in der Unterhaltungsmusik.

D. Siebenkäs, Z. Vorgesch. d. L. o. W. v. Mendelssohn (Mf), 1962.

Liedpassion, das die Leiden Christi behandelnde Kirchenlied im 16., 17. Jh., das sich wie die → Passion vom Bibeltext (S. Heyden, *O Mensch, bewein dein Sünde groß*) zur Textparaphrase, Meditation des gesamten Geschehens (auch im Liedzyklus: Rist, 1648) od. Einzelbetrachtung entwickelte (B. Schmolck, 1704).

O. Brodde, Formen des Passionsliedes (Fs. Vötterle) 1968. → Passion.

Liedpredigt, Auslegung des Kirchenliedes im Predigttext seit der frühen Reformationszeit, zunächst nur am Weihnachts- und Osterlied. Während Luther nur Liedzitate verwendete, erscheint die erste bekannte L. 1526 bei J. Toltz aus Plauen. J. und C. Spangenberg (1545, 1569/70) förderten die Entwicklung. Nach 1580 kam die Gattung in den kathol. Gottesdienst (Marienlied). Im 17. Jh. (Orthodoxie, Pietismus) war sie allgemein verbreitet, geriet aber seit dem 18. Jh. (Aufklärung) in Vergessenheit, ohne völlig zu verschwinden. Eine Neubelebung wäre in Kantatengottesdiensten (Liedkantaten) des 20. Jh. zu sehen.

M. Rößler, Die L., 1976; ders., Bibliogr. d. dt. L. (Biblioth. humanist. & reformat. 21), Nieuwkoop 1976.

Ligatur (lat. *ligare* = binden), Verbindung von Noten. 1. Haltebogen über 2 aufeinanderfolgenden Noten gleicher Tonhöhe; z. B. aus einem Takt zum Anfang des nächsten. Die erste Note wird um den Wert der anderen verlängert. – 2. in → Choral-, Modal-, Mensuralnotation Verbindung im melod. Ablauf eng zusammengehöriger Noten, auf- oder absteigend, durch Hals (*cauda*), rechtwinklige (*ligatura/figura recta*) oder diagonale Form (*lig./fig. obliqua*). Es entstehen Bindungen von 2 (*binaria*), 3 (*ternaria*) bis zu 8 Noten. Die Mensuralnotation legte die L.werte in komplizierten Bestimmungen fest (z. B. J. de Garlandia, 13. Jh.), die jedoch nicht überall Geltung hatten (Abweichungen z. B. in Italien im 14. Jh.) und im 16. Jh. ihre Bedeutung verloren, obwohl noch die Schulwerke die Regeln, in Hexameter gezwungen, brachten.

W. Niemann, Üb. d. abweichende Bedeut. der L. i. d. Mensuraltheorie . . ., 1902, ND 1970; O. Ursprung, Die L. (AM) 1939; W. Apel, [2]1970.

Lilt (schott.: hoher Gesang; mittelengl. *lulte*), rhythm. Gesang und Melodie für schott. Hirtenflöte (*l.-pipe*); von daher Lautenstück; *lilk* f. Consort (J. Locke, *Tempest*).

Limma (griech. = Rest), im → pythagor. System der Halbton des → diaton. Geschlechts; Rest nach Abzug von 2 Ganztönen 81:64 (407,8 Cent) von der Quarte 4:3 (498 C) = 256:243 (90,2 C). Ganzton minus L. = Apotome. Die Übertragung des Wortes L. bei späteren Theoretikern in das auf Aristoxenos aufbauende System Zarlinos wurde Anlaß für zahlreiche Mißverständnisse.

Lindy, Nordamerikan. Gesellschaftstanz nach 1920; im schnellen Zweiertakt mit oft akrobat. Wendungen; nach 1945 auch in Europa übernommen und mit dem → Jitterbug gleichgesetzt (Lindy-Hop).

Lingualpfeifen → Zungenpfeifen.

Liniensystem, Hilfsmittel der Notation; das Gerüst der abendländ. → Notenschrift. Sie verwendet seit dem 14./15. Jh. fünf von unten nach oben gezählte Parallellinien, auf denen die Noten im Terzabstand stehen und deren Zwischenräume (Spatien) ebenfalls beschrieben werden können. Im Fünfl. können 11 Töne notiert werden, weitere mit Hilfslinien (im Interesse der Lesbarkeit höchstens 5). Um Schlüsselwechsel zu umgehen, wird oktaviert: *8va* = *octava (alta)*: 1 Oktave höher zu spielen; *8va bassa*: 1 Okt. tiefer als notiert. Die röm. → Choralnotation hat 4 (selten 3) Linien, C- oder F-Schlüssel (die jede der Linien bezeichnen können) u. oben und unten je 1 Hilfslinie. Das L. gibt einen Ausschnitt aus dem musikal. verwendbaren Tonbestand. Die in ihm notierten Töne sind nur relativ im Tonhöhenverhältnis zueinander erkennbar. Sie werden absolut fixiert durch den vorgezeichneten → Schlüssel, der die Lage des Ausschnittes im Gesamttonbereich erkennen läßt. Das heute übliche → System der Klaviernotation umfaßt mit 2 mal 5 Linien und dem auf einer Hilfslinie dazwischenliegenden Ton c' ohne weitere Hilfslinien 23 Töne. Es stellt eine Griffschrift dar wie die ebenfalls mehrlinigen → Tabulaturen. Eine 1-linige Notenschrift ist aus der ägypt. Spätzeit bekannt. Das abendländ. L. begann in der Notation durch → Neumen, die erst unliniert über dem Text standen. Die zunächst ohne Farbe eingeritzte Linie als Tonhöhengrenze hat ihr Vorbild vermutlich in der Textlinie, die den geraden Verlauf der Textwörter sichern sollte. In Italien wurde eine F-Linie verwendet, die dann rot erscheint mit einer darüberliegenden gelben C-Linie. Zwischen beide wurde die A-Linie gezogen, eine vierte wurde oben oder unten zugefügt. Die Erfindung des Vierl. wird Guido v. Arezzo zugeschrieben. → Dasia-System.

Lippenpfeifen → Labialpfeifen.

Liqueszente Noten (lat. *liquescens* = fließend), in der Geschichte der → Notenschrift neben Normal- und den Spezialneumen die 3. Gruppe der Choralneumen und der → Quadratnotenschrift: Ziernoten, die sich auch in weltl. Gesängen des MA finden. L. sind Gruppen, deren letzte Note etwas kleiner geschrieben ist und die am Übergang von einer Silbe zur anderen stehen. Nach den Anweisungen der Editio → Vaticana soll der Konsonant am Ende der L. klingend ausgesprochen, die Note aber nicht gedehnt werden. Die diminutive (kürzende) Liqueszenz verkürzt die Dauer des offenen Vokals, während die augmentative (verlängernde) die Dauer des Tones um den klingenden Silbenausgang verlängert. Die Vaticana wie das Antiphonale Monasticum unterscheiden nicht streng zwischen beiden Formen.

L. Agustoni, Die Liqueszentneumen (Kathol. Kirchenmusik), Schwyz, 1962; J. B. Göschl, Semiolog. Untersuch. z. Phänom. d. gregor. Liqueszenz, W 1980.

Lira da braccio (ital. = Armleier), vorwiegend ital. Streichinstr. des 15., 16. Jh.: 5 Griffbrettsaiten und 2 Bordunsaiten (Quinten), Wirbelplatte, Schallöcher in F- oder C-Form, flaches Korpus, der Violinform nahekommend. Vielfach wurde die L. auch → Viola genannt und als bundfrei von den Violen mit Bünden unterschieden. Jedoch nimmt die L., entwickelt aus der → Viella über die → Fidel, neben der Viola eine Sonderstellung ein. Das Baßinstr. war die 9–16-saitige *Lira da gamba* bzw. der *Lirone* (*perfetto*). – Vgl. → Lyra-Viol.

A. Hajdecki, Die it. L. d. br., 1892, ND A 1965; Denis, 1944; H. Steger, Philologia musica (Münster. MA-Schriften) 1971.

Lira organizzata → Orgelleier.

Lira-viol → Lyra-Viol.

Lirnik (poln., ukrain. = Leierspieler), in Polen, Weißrußl. und der Ukraine berufsmäß. Volkssänger im 17.–19. Jh. Die L.i wurden in der Ukraine an besonderen Schulen ausgebildet und gehörten der *„Bruderschaft der Kobsary* (→ Kobsa) *und L.i"* an. Sie spielten auch Tanzmusik und verbreiteten u. a. den typischen → Kant.

Lirone (ital. = die größere Lira), *Lirone perfetto,* → *Lira da braccio.*

L'istesso tempo (ital.), das gleiche, auch bei Taktwechsel unveränderte Tempo.

Litanei (griech. *litaneia,* lat. *litania* = Flehen), die im kathol. Ritus ursprünglich in → Messe und → Horen übliche Fürbitte, die vom Vorsängerchor vorgetragen, von der Gemeinde nach jeder Bitte mit → Kyrie ergänzt wurde und mit dem → Agnus Dei endete. Sie wurde später nur in besonderen Fällen (Karsamstag, Bitt-Tage) gesungen. Von den Heiligen-Anrufungen ist die Allerheiligen-L. die älteste; nach ihrem Muster entstanden neuere L. Polyphonierung z. B. von Mozart. Die Reformation behielt lange die lat. L.; dazu kamen dt. Fassungen, die verbreitetste ist von Luther.

L. Eisenhofer, Hdb. d. kath. Liturgik I, [2]1941; J. Roth, D. mehrstg. lat. L.-Kompos. d. 16. Jh.; 1959; Leiturgia IV, 1961.

Lithophon (griech. *lithos* = Stein, *phone* = Stimme), Steinplattenspiel in verschied. Kulturkreisen; horizontal (wie Xylophon) od. vertikal (wie Gong) befestigte, abgestimmte Steine: in Korea, China (vgl. → K'ing); in Abessinien von den Kirchenglokken verdrängt. In Venezuela und afrikan. Ländern wurden alte (auch *nicht* abgestimmte) L. aufgefunden und 1785 in Engl. 16 Steine („Felsenharmonika", Keswick Museum). Ein 1949 in Indochina ausgegrabenes L. zeigt ein System halbtonloser Viertönigkeit (c d e g), wie sie noch heute auf Bali angetroffen wird. – Nach verschied. Versuchen mit Steinspielen im 19. Jh. (Weber: Lithokymbalon, 1837; Richardson, 1841; Baudre, 1883) wurde im 20. Jh. ein L. mit Steinscheiben zunächst für die Musik von C. Orff (z. B. *Antigonae*) im Orchester verwendet.

H. Husmann, Antike und oriental. Musikkultur, 1961.

Liturgie (griech. *leiturgia* = Dienst), Gottesdienstordnung christlicher Kirchen, die sich in frühchristl. Zeit aus dem örtlich verschied. Gebrauch entwickelte, hauptsächl. in Jerusalem, Antiochia, Alexandrien, Rom, Karthago, Lyon, Ravenna. Die byzantin. L. geht zurück auf Basilius den Großen und Johann Chrysostomus (beide 4. Jh.), die den noch heute reichen musikal. Bestand im Ritus der Ostkirche entscheidend beeinflußten. In den abendländ. Kirchen tritt der Name L. erst im 16. Jh. auf, aus der Gelehrtensprache übernommen. Er gilt jetzt allgemein in allen christl. Kirchen. Die Ordnung der lat. → Messe wird im Auftrag des Papstes von der Ritenkongregration in Rom bestimmt und überwacht. Die *Deutsche Messe* Luthers von 1526, auf die die protestantische L. zurückgeht, wollte die Gemeinde durch stärkere Beteiligung am Choral- und Wechselgesang handelnd in den Gottesdienst einbeziehen. Hier erfuhr das Wort L. später eine Einschränkung auf das Geschehen am Altar im Ggs. zu Predigt und Choral. Die Erneuerungsbestrebungen des 20. Jh. (z. B. Berneuchener Bund, Alpirsbacher Kreis) wollten dem Wort. L. einen neuen Sinn geben. Liturg. Bewegung in der kathol. Kirche hat ihre Stütze in der Reform Papst Pius' X. (Motu proprio, 1903), der Enzyklika Pius' XII. (*Musicae sacrae disciplina,* 1955) und wurde durch das 2. Vatikan. Konzil (1962/65) dadurch neu belebt (*Constitutio de sacra li-*

turgia, 1963), daß die Volkssprachen zugelassen wurden und Neuordnungen durch die Bischöfe oder Bischofskonferenzen in ihren Bereichen möglich sind (Instruktion über die Musik in der L., 1967). Während sich die anglikan. Kirche eng an die röm. L. hielt, wendete sich die Reformierte Kirche zunächst radikal gegen die Kirchenmusik, also auch gegen die Orgel. Calvin führte nach seiner Rückkehr aus der Verbannung den Psalmengesang in Straßburg (1539) und Genf (Genfer Katechismus 1542–45) ein.

F. E. Brightman, Liturgies eastern and western, Oxf. 1896ff.; L. Eisenhofer, Hdb. d. kath. Liturgik, [2]1941/2; G. Rietschel, Lehrb. der Liturgik, [2]1951; Leiturgia, 1954/70; L. Fendt, Einführ. i. d. L.wissensch., 1958; J. Miller, Fundamentals of the l., Notre Dame/Ind. 1959; J. Jungmann, L. d. christl. Frühzeit bis Gregor d. Gr., Freiburg/Schw. 1968; S. Dach, Hdb. d. Kantorendienstes II, 1980; E. J. Lengeling, L., 1981. → Hymnologie, Kirchenmusik.

Liturgische Bücher → Gregorianik.

Liturgisches Drama, ma. geistliches Spiel, ursprüngl. in Verbindung zur Liturgie von der Geistlichkeit in lat. Sprache vorgetragen. Vom Schuldrama unterscheidet sich das l. D. durch die enge liturg. Bindung in Stoff und Melodie. Es ist zwar eine unabhängig vom antiken Drama aus → Tropen entstandene Gattung, hat aber seine Vorläufer in den heidnischen gesungenen und getanzten Fruchtbarkeitsriten, in Jagdzauber und Totenfeier (→ Kulttanz). Eine frühe Form stellt in der syr. Liturgie die der → Mādrāšā ähnl. Sōghitā dar, ein hymn. Wechselgesang von mehreren Personen. Hauptbereiche des l. D. waren süd-, mitteldt. und slaw. Gebiete bis Krakau und der anglo-normann. Raum, Südfrankr. und Katalonien, auch Norddtl. (Osnabrück, Braunschweig, Bordesholmer Marienklage) und nld. Gebiete. Der Anfang des l. D. ist der dialogische Ostertropus (*Quem quaeritis* = wen sucht ihr), der an das Ende des Osternachtsgottesdienstes verlegt wurde und aus dem sich schon im 10. Jh. Antiphonenspiele entwickelten, wobei die Ostersequenz nun auch mit dt. Osterlied und Te Deum verbunden wurde. 2 Hauptformen entstanden in Lothringen und in Franken mit dem Zentrum Passau, während sich in der Normandie und in Aquitanien ein Magdalenenspiel ausbildete. Die Grabszene (→ Sepolcro) wurde erweitert durch Grabwächtergespräch, Auferstehung und Höllenfahrt, Grabklage, Apostelspiel (Klosterneuburg). Daneben entwickelten sich Passionsspiele (in Benediktbeuren seit dem 12. Jh.). Im 11. Jh. entstanden in Frankreich und Spanien in Anlehnung an die Osterspiele → Weihnachts-, später auch Epiphaniasspiele, die um 1100 mit Herodesspiel, Bethlehemszenen, Kindermord- und Prophetenspiel erweitert wurden. Im 14. Jh. wurde nur noch der streng liturg. Text lat. dargeboten, der volkssprachliche Teil mit realistischen Zutaten wurde immer größer und herrschte im 15. und 16. Jh. vor. Inzwischen waren die Spiele durch weltl. Zutat so umfangreich (mehrtägige Aufführungen z. B. in Bozen 1514), daß sie nun auf Simultanbühne im Freien und mit großen Chören und Spielmannsgruppen dargeboten wurden, meist in der wärmeren Jahreszeit stattfanden und darum Pfingst-, Fronleichnams-, Mysterien-, Legenden-, Antichrist-,

Weltgerichtsspiele bevorzugten. Mit Ausnahme der effektvollen großen Spiele in Frankreich blieben die Verfasser meist anonym. Besonders die Marienklagen waren vom → Minnesang beeinflußt (Bordesholm). Weltl. Musik wurde zunächst bei den durchaus drastischen weltl. (Trink-, Höllen-) Szenen verwendet. Instrumentalmusik (Saitenspiel, Horn, Zink, Posaunen) wird für die dt. Passionen seit dem 15. Jh. erwähnt. Das frz. l. D. setzte die Musik stärker ein seit den Marienmirakeln v. Notre-Dame (13. Jh.). Im 15. Jh. bildeten sich feste Mysterienbühnen. Die Aufführungen veranstalteten die *Confréries* (Genossenschaften). Die Spielleute (*ménestriers*) verwendeten das ganze zeitgenöss. Instrumentarium und spielten oft verdeckt in den Kulissen. Chansons und Tänze, Instrumentalvor- und -zwischenspiele, Rondeaux, Balladen, Hirtengesänge, polyphone Chormusik und Choralgesänge gehörten zum Repertoire, von dem nur Bruchstücke erhalten sind. Das engl. Spiel, meist als Prozessionsdrama auf Wagen aufgeführt, mußte auf chorische Massenwirkung verzichten. Die Musik war den Engeln vorbehalten. Der Himmel war Ort der Harmonie. Drastische Szenen zur Darstellung weltl. Treibens waren auch im anglo-normannischen Bereich häufig. Das span. l. D., früh in span. Sprache und mit Kulttänzen, blieb als Mysterienspiel immer in engem Zusammenhang mit der Liturgie, während sich das italienische eigenständig entwickelte aus den dialogischen → Lauden (*Devozione*) und mit dem Höhepunkt im 15. und 16. Jh. besonders in der florentin. *Rappresentazione Sacra* mit aufwendiger Beteiligung aller Künste, der späteren geistl. → Oper nahestehend (E. del Cavaliere, *Rappresentazione di anima e di corpo,* 1600 Rom). Im protestant. Bereich setzte sich das l. D. im humanist. Schuldrama fort, in dt.-sprachigen kathol. Gebieten diente das oft effektvolle Jesuitendrama der Festigung latein. Rhetorik, in konfessionellen Grenzgebieten als Mittel im Glaubenskampf. Der Brauch regelmäßiger Passionsspiele ist bis heute in Oberammergau geblieben. → Moralitäten(spiel).

M. J. Rudwin, A hist. and bibliogr. survey of the German relig. drama, Pittsburgh 1924; H. Brinkmann, Z. Urspr. d. liturg. Spiels, 1929; K. Young, The drama of the mediev. church, Oxf. 1933, ^{2}1951; H. Sievers, Die lat. liturg. Osterspiele ... zu Braunschweig, 1936; E. Hartl, Das Drama im MA, 1937/42; H. Osthoff, Dt. Liedweisen und Wechselges. i. ma. Drama (AfMw) 1942; J. Smits v. Waesberghe, Muziek en dr. in de Middeleeuwen, A 1943, ^{2}1954; W. Lipphardt, Die Weisen d. lat. Osterspiele d. 12., 13. Jh., 1948; ders., L. D. (MGG) 1960; ders., Lat. Osterfeiern u. -spiele (Ausg. dt. Lit. V, 1–7) 1975 ff.; E. A. Schuler, D. Musik d. Osterfeiern ... des MA, 1951; G. Frank, The mediev. French drama, Oxf. 1954; C. I. Stratman, Bibliogr. of mediev. drama, 1954, NY ^{2}1972; H. Kindermann, Theatergesch. Europas I, Salzb. 1957; R. B. Donovan, The liturg. dr. in mediev. Spain, Toronto 1958; H. Craig, Engl. relig. drama of the MA, Oxf. 1961; R. Steinbach, Die dt. Oster- und Passionsspiele d. MA, 1970; F. Collins, The production of mediev. church mus. dr., Charlotteville 1972; F. Hadamowsky, Ma. geistl. Spiel in W 1499–1788, W 1981; U. Mehler, Dicere u. cantare. Z. mus. Terminol. u. Auff. prax. d. ma. geistl. Dramas i. Dtl., 1981; W. L. Smoldon, The music of the medieval church dramas (hg. C. Bourgeault), Oxf. 1981.

Lituus (lt.), das gekrümmte Signalhorn der römischen Reiterei, vermutlich auch bei den Etruskern vorhanden; im 16.–18. Jh. Bezeichnung für → Krummhorn oder → Zink (so auch im Orgelbau).

Liuto (ital. =) → Laute.

Live Electronic ist im Ursprung die vom Publikum miterlebte Produktion eines Werkes der → elektron. Musik und das Werk selbst, auch bei Verwendung konkreter, im Augenblick entstandener Klänge (z. B. Stockhausen, *Mantra,* 1970). Im weiteren Sinn ist L. E. elektron. Musik mit aktuellem Bezug (z. B. bei Nono). – Das größere Angebot von durch → Elektrophone (re)produzierter oder unterstützter Musik z. B. in Fernsehen, Rundfunk, Diskothek führte zu dem landläufigen Verständnis von L. E. als Unterhaltungsmusik („Unterhaltungselektronik").

Lo, chines. Gong in verschiedenen Größen; *Yün Lo:* Gongspiel mit 13–24 hängenden Gongs.

Loa (span. = Lob), im Spanien der Renaissancezeit gesungener, instrumental begleiteter Prolog eines Theaterstückes (→ Zarzuela, Comedia); Lob auf etwa anwesende Amtspersonen, auf Publikum, Stück oder Autor. Vgl. → Licenza. – In Argentinien rezitativ. Gesang der Landleute, z. B. Erntedank (Loa-Kult).

Loco, al loco (it.: auf d. Platz), wieder gemäß Notation spielen; nicht mehr oktavieren; die bestimmte Saite spielen.

Lokalstil, der für die Musikentwicklung eines Ortes und seine „Schule" charakteristische Eigenstil, gekennzeichnet durch besondere Formen und Ausdrucksmittel und befördert durch günstige Aufführungsverhältnisse (z. B. → Mehrchörigkeit in Venedig) oder durch glückliches Zusammenwirken mehrerer Komponisten unter musikfreundlichen Voraussetzungen, wobei die Frage der Abstammung meist unerheblich ist für die Entwicklung des L.; z. B. der Opernstil in Neapel, Venedig und die Hamburger Eigenform; der Orchester- und Kammermusikstil der sogenannten → Mannheimer Schule und der Wiener Klassik.

Lokrische Tonart (*Lokris* = griech. Landschaft), ältere, schon im allgemeinen griech. System aufgegebene Tonart (h–h').

Lombardischer Rhythmus (auch: → *Scotch Snap* oder *Scotch Catch*), vor allem in der Violinmusik des 17. und 18. Jh. auftretender Rhythmus (kurz–lang: Sechzehntel und punktiertes Achtel), mit dem Skalengänge ausgeziert wurden. Er ist älter und erscheint schon im schott., ungar., allgemein slaw. Volkslied. → Strathspey.

Longa (lat. = lang), Notenwert der → Mensuralnotation.

Longitudinalwellen (lat. *longitudo* = Länge), Längs-, im Ggs. zu Transversal-(Quer-)Wellen. Beide kommen bei festen Körpern vor, bei Gasen und Flüssigkeiten nur L.; z. B. im Rohr der Blasinstr. → Glasharmonika, -spiel.

Loure (frz.), 1. ma. → Sackpfeife in Frankr. und Engl., die in der Normandie noch gespielt wird. Der Name wird auf lat. *lura* (Luftsack) oder altnord. *ludr* (vgl. → Lur) zurückgeführt. – 2. Ursprünglich Volkstanz, im 17. Jh. frz. Gesellschaftstanz, 6/8–(3/4–)Takt; typisch für den (auch speziell L. genannten) Rhythmus kurz-lang (der längere Wert auf unbetonter Zeit); in Oper, Ballett

(M.-A. Charpentier, P. Gautier), in Suiten von Couperin u. Bach.

Louré (frz.) schleifend blasen oder streichen.

Lü (chines.) → Lü-System.

Luftklinger → Aerophone.

Lugubre (ital. =) traurig, düster.

Lur (altnord., vgl. → Lure), skandinav. Holztrompete mit zylindr. Rohr, aus 2geteiltem, ausgehöhltem Ast zusammengeleimt und mit Bast umwickelt (vgl. → Alphorn); in Schweden, Norwegen *(neverlur)* noch von Hirten geblasen.

E. Emsheimer, Z. Typol. d. schwed. Holztrompeten (SIMP) Stockh. 1969.

Lure (altnord. *ludr;* dän. *lur*), altgerman. Bronzehorn (1500 bis 500 v. Chr.), vermutl. Kultinstr.; S-förmig, konisches Rohr (1.50 bis 2.30 m lang), Kesselmundstück; kunstvoll gegossen mit aufgesetzter, verzierter Scheibe. In Skandinavien (besonders Dänemark), Mecklenburg und Niedersachsen wurden (z. T. noch spielbare) L. gefunden; häufig paarweise in gleicher Stimmung. Bei Beginn des Eisengusses hörte die Fertigung auf. Die Edda erwähnt nur „Hörner." Der Name L. wurde erst in jüngerer Zeit gewählt und bezieht sich wohl zunächst auf den → Lur. Ähnliche Bronzeinstrumente (m. anderer Biegung) aus dem 7. Jh. v. Chr. wurden in Irland gefunden.

A. Oldeberg, A contribut. to the hist. of the scand. Bronze L. (Acta archaeol.) 1947; H. C. Broholm/W. P. Larsen/G. Skjerne, The L. of the Bronze Age, K 1949.

Lusingando, *lusingante, lusinghevole, lusinghiero* (ital. =) schmeichelnd, kosend, zart, spielerisch.

Lü-System, das alte chines. Tonsystem (vermutl. vor dem 1. Jahrtausend v. Chr. entstanden), das mit 12 in Halbtönen (*lü*) abgestimmten Glöckchen od. Klangsteinen (→ K'ing) durch auf eine Skala projizierte Quintfolge zur 12tönigen Materialleiter kam, aus der 5 Ausschnitte die pentaton. (halbtonfreien) Skalen ergaben. Sie konnten von jeder der 12 Stufen ausgehen, so daß sich 60 (bei der späteren Erweiterung um je 2 Töne: 84) mögliche Skalen ergaben. Die (neuen) verbindenden 2 Halbtöne (Leit- oder Überleitungstöne: *pien [bien]*) wurden wohl schon früh in der Instrumentalpraxis verwendet. Die „neue Musik" mit 7 Tönen wurde um 300 v. Chr. zugelassen, um 100 v. Chr. verworfen, unter Einfluß westl. Musik seit d. 6. Jh. von der Mth. sanktioniert.

Lydisch, 1. nach der griechischen Landschaft benannte alte Oktavgattung (c'–c) und Transpositionsskala der Griechen. Der Name wurde irrtümlich übernommen für 2. die ma. → Kirchentonart: 5. Ton (tritus authentus): f–f'.

Lyra, Lirica, 1. Zupfinstr., → Leier; – 2. Streich-(Zupf)instrument auf dem Südbalkan: *Lirica* (Dalmatien, Albanien) m. 3 Saiten (Sekunde, Quinte), *Lira* (Griechenland) m. 3 Saiten (Quinten); meist birnenförmig; – 3. *Lyra:* in Form der Leier gebautes Metallophon der Militärmusik: abgestimmte Metallplättchen, im Lyrabogen befestigt; mit Metallhämmerchen zu schlagen; Roßschweife wie beim → Schellenbaum.

Lyraflügel, hochstehendes Hammerklavier mit lyraähnlich

geschwungenen Zargen; im 19. Jh. gebaut und bis um 1850 in Gebrauch.

Lyragitarre, eine Ende des 18. Jh. in Frankreich entstandene → Gitarre, die Form der griech. Kithara mit deren zwei auf dem Resonanzboden stehenden Jochbogen nachahmend; trotz der Unhandlichkeit und des dumpfen Klanges beliebtes Instr. und bis 1830 (Berlin) gespielt.

Lyra-Viol, wohl eine kleine engl. Baßgambe im 17. Jh., die bisher nur aus der vorwiegend bei J. Playford verlegten Musik (z. B. Coperario, J. Jenkins) bekannt ist, die Mehrstimmigkeit (Notation in Tabulatur) und eine Vielzahl von Stimmungen beim Instr. voraussetzt. Danach hat die L.-V. bei kurzer Mensur enge Bundabstände, die akkord. Spiel erleichtern. Der häufige Vermerk *„in lyra way"* könnte auch nur auf eine typ. Spielpraxis deuten, die aber mit der Spielanweisung → viola bastarda nicht identisch ist. Tabulaturschrift geht in Notenschrift über, wenn im Stück mehrstg. u. 1stg. Spiel wechseln.

F. Traficante, L. v. tunings ... (AM) 1970; A. Erhard, Zur L.-V.-Mus. (Mf.) 1974; L. Lejeune, The l.-v., an instr. or a techn.? (The Consort) 1975.

M, Abk. für ital. → *mezzo;* → Manual (in Cembalo- und Orgelnoten); → m. d., → m. g.

Machete (portug.) → Cavaco.

Mādrāša (syr. drāš = streiten), in der syr. Liturgie seit dem 4. Jh. Strophenlied, vom Vorsänger im Wechsel mit Chorrefrain gesungen; neben dem hymn.-dramat. Wechselgesang Sōghitā wichtigste Gesangsform; vgl. → liturg. Drama.

Madrigal, durchkomponiertes Chorlied. Das ältere ital. M. ist eine metrisch freie Dichtung, die zuerst als M. 1313 erwähnt wurde, Ende des 14. Jh. (Petrarca) mit 2–3 Terzetten zur gleichen Musik und mit 1–2 Versen eines poetisch-musikal. anderen Schlußritornells; Verse 7- und 11silbig (Giov. da Cascia; → Trecento); 2-, selten 3stg. Das Wort M. wird auf (*cantus*)*matricalis* (Lied in der Muttersprache; d. h. schlicht) zurückgeführt. – Das neuere it. M. verwendet formal freiere Dichtung und ist anspruchsvoller als die → Frottola, aus deren Nähe es kommt. Das erste M.buch (Rom 1530) zeigt noch die Verwandtschaft zu → Chanson und → Motette. Zu den frühen M.-Komponisten zählen Verdelot, H. Naich und Arcadelt. Entscheidend wurde das Beispiel Willaerts, bei dem imitator. Polyphonie mit der Homophonie der Frottola gemäß dem ausgedeuteten Text wechseln. C. Festa ist einer der ersten Italiener dieses neuen M.typs. Die M. von C. de Rore, O. di Lasso, P. de Monte, J. de Wert verbinden franko-flämische Polyphonie mit einer Ausdrucksskala differenzierter Chromatik, die nur noch im Höhepunkt der Periode durch Marenzio, Gesualdo, Monteverdi gesteigert werden konnte, bis das 5–6stg. M. von den Monodisten mit dem Streben nach freier, natürlicher Aussage als zu gelehrt und überzüchtet abgelehnt wurde und das mit → Generalbaß begleitete M. (Luzzaschi, Monteverdi) als Vorstufe zur → Kantate einsetzte. In England, das schon seit Anfang des 16. Jh. die frz. Chanson übernommen hatte, begann mit der Herausgabe und Übersetzung ital. M. ein rascher Aufschwung der M.komposition (Byrd, Gibbons, Morley, vor allem Wilbye), während in Frankr. das M. den Chansonstil mit chromat. Ausdruckssteigerung beeinflußte, sonst aber nicht bedeutend wurde. In Spanien bewirkte ital. Einfluß den m.ischen Ausbau des volkstüml. → Villancico (Vila, Guerrero, Vasquez). In Dtl. erschienen seit 1540 ital. M. (mit ital., übersetztem oder zweisprachigem Text), die sich neben das dt. → Tenorlied stellten, das allmählich verschwand. Jedoch war der Einfluß von Villanelle und Canzonette stärker (Regnart). Haßler schrieb dt. *Gesänge nach Art der welschen Madrigalien* und ital. *Canzonetten*. Schütz, der selbst ital. M. komponiert hatte, verwendete diesen Stil häufig in seinem Werk. Der Name (1653 von Ziegler wieder als literar. Begriff gebraucht) verschwand mit dem ursprüngl. Sinn aus der Musikpraxis und wurde erst im 19. und vor allem im 20. Jh. in Neuausgaben und Neukompositionen wieder aufgenommen (u. a. P. Hindemith, K. Marx, C. Orff, E. Pepping).

F. Keiner, Das M. Gesualdos v. Venosa (Diss. Lg) 1914; E. H. Fellowes, The Engl. m., L 1925; ders., The Engl. m. composers, L. [2]1948, ND 1958; E. Kiwi, Stud. z. Gesch. d. it. Liedm., 1937; A. v. Königslöw, Die it. M.isten d. Trecento, 1940; A. Einstein, The It. M. (3 Bd.), Princeton 1949, ND 1970; H. Engel, D. Entstehung d. M. u. die Niederländer (Kb. Utr.) 1952; J. Kerman, The Elizab. m., NY 1962; J. Haar (Hg.), Chanson and m., Cambr./Mass. 1964; E. Dent, The 16th cent. m. (NOHM 4) L 1968; W. Witzenmann, D. Mazzocchi (AM) 1971; J. Roche, The m., L 1972; H. Musch, C. Festa als M.-Komponist (Slg. mw. Abh.) 1977; D. Nutter, The it. polyph. dialogue of the 16th cent. (Diss. Nottingham) 1978; A. Newcomb, The m. at Ferrara 1579/97, Princeton 1980; D. Harrán, Hubert Naich, musicien, académien (FAM) 1981; M. Fütterer, Das M. als Instr.mus. (Kölner Beitr. z. Mf.) 1982.

Madrigalismen, tonmalerische Effekte besonders in der Hochblüte der Madrigalkomposition; Wortausdeutung als tieferer Ausdruck; bildliche Beschreibung mit den Mitteln der von der Rhetorik gebotenen Figuren (Hypotyposis: Bildlichkeit) und freizügiger werdend (Chromatik, z. B. Gesualdo di Venosa).

Madrigalkomödie, vermutl. von A. Einstein gewählter Begr. für die chorisch-szenische Aufführung einer Folge von weltl. Vokalstücken, die in unterschiedl. Arten in der ital. Spätrenaissance entstanden (z. B. O. Vecchi, Striggio, Gastoldi).

Maestoso (ital. =) majestätisch; *Allegro m., Lento m.*

Maestro (it.:), Meister im Sinne von Kapellmeister (→ Musikdirektor), Komponist, Virtuose, Lehrer.

Maggio (it. = Mai), seit dem 16. Jh. besonders in der Toskana übliches Volksschauspiel am Maianfang, bei dem Krieger und Heilige dargestellt werden; im Mittelpunkt der Sieg des Frühlings über den Winter. Die Gesänge beruhen (in reicher Verzierung) auf nur einem strophischen Liedtypus: *Maggiolata* (z. B. *Ben venga maggio*). Der Brauch ist u. a. noch in Lucca lebendig. Vgl. → Pastorale.

Maggiore (ital. = größer), → Dur; frz. = *majeur*, engl. = *major*. Der t. t. bezieht sich auf die große Terz. Ggs.; *minore*. M. wird auch als Überschrift des Durteils in einer zyklischen Form gebraucht.

Magie u. Musik (pers. *magus* = Priesterkaste). Naturvölker glauben an die übersinnl. Kraft der Musik und schreiben ihr heilende Wirkung zu (→ Musiktherapie). Der Medizinmann und Schamane beherrschte und lenkte diese Kräfte, die im Jagd-, Fruchtbarkeits- und Abwehrzauber deutlich wurden. Die Höhlenzeichnungen aus der letzten Eiszeit deuten darauf, daß die Menschen tanzend und musizierend die Götter umstimmen wollten. Magische Wirkung wurde der Musik auch in den Hochkulturen der Chinesen, Inder und Ägypter zugeschrieben; so der griech. Orpheus-Mythos, die finn. Kalewala-Dichtung und Quellen bei Tibull, Plinius und Ovid. Agrippa v. Nettesheim (um 1500) sprach von der Zauberkraft, Wackenroder und Tieck betonten das Übersinnliche, Geheimnisvolle der Musik (*Phantasien über die Musik,* 1799). → Kulttanz.

J. Combarieu, La mus. et la magie, P 1909, ND Genf 1972.

Magnificat (lat.: *M. anima mea Dominum* = Meine Seele erhebt den Herrn), der Lobgesang der Maria (Luk. 1,46 ff.), psalmodisch in der Vesper gesungen; nach dem Kirchenton und durch die akzentische Melodie den Psalmen und → Lamentationen nahestehend. Vermutlich aus der niederländ. Polyphonie der Mitte des 15. Jh. stammen die ersten mehrstg. Kompositionen. Seit dem 16. Jh. wurden bevorzugt nur die geradzahligen Verse vertont, die ungeradzahligen dem Choralgesang gelassen. Zur Sondergattung entwickelten sich M.- → Versetten für Orgel seit Paumanns *Fundamentum organisandi,* 1452, Choralbearbeitungen, die im Wechsel mit dem 1stg. Choralgesang vorgetragen wurden (so bei Cabezón, Praetorius, Scheidt, Pachelbel). – Es gab durchkomponierte M. Wie die Messe konnte auch das M. fremde Melodien aus Motetten und Madrigalen benutzen (Lasso). Dabei hielt es sich weiterhin an die Kirchentöne (wohl zugleich mit dem pädagog. Zweck einer Kompositionslehre). Die protestant. Kirchenmusik nahm sich nach Luthers Empfehlung des M. an, wobei oft der lat. Text übernommen wurde (Praetorius, Buxtehude). Seit dem 17. Jh. entstanden konzertante Werke: Monteverdi, M. A. Charpentier, M. Praetorius, Schütz, J. S. Bach, W. A. Mozart, Mendelssohn Bartholdy, H. Kaminski, Vaughan Williams, F. Kukuck.

C.H. Illing, Zur Techn d. M.-Kompos. d. 16.Jh., 1936; J. Meinholz, Untersuch. z. M.-Komp. d. 15. Jh. (Diss. Köln), 1957; H. Osthoff, Das M. b. J. Desprez (AfMw), 1959; M. Geck, J. S. Bachs M. u. sein Traditionszusammenh. (Mus. u. Kirche), 1961; W. Kirsch, D. Quellen d. mehrstg. M.- u. Te Deum-Vertonungen bis z. Mitte d. 16. Jh., 1966; C. J. Maas, Geschiedenis van het meerstemmig M. tot omstreeks 1525, Groningen 1967; W. Kirsch/R. Bullivant, M. (Grove) 1980.

Mailänder Gesang (Choral) → Ambrosianischer Gesang.

Maîtrise (frz. *maître de chapelle* = Kappellenleiter), Domsingschule, bedeutendste Institution der frz. Musikerziehung bis 1791. Die Schüler, die den vornehmsten Familien Frankreichs angehörten, erhielten in der M. Internatserziehung. Die der M. in Dtl. entsprechenden Einrichtungen waren die Kantoreien (heute z. B.: Thomas- und Kreuzkantorei in Leipzig und Dresden). In England gab und gibt es ähnliche anglikan. und kathol. Kathedralchöre.

G. Roussel, Les m. d'enfants et les offices liturg. (Kb. R) 1950; J. Prim, Chant sur livre in French Churches in the 18th Cent. (JAMS), 1961.

Majorbaß, Großbaß, Orgelregister; → Subbaß (32'). → Untersatz.

Makam → Maqām.

Makom, Maqom (usbek. von arab. maqām), das aus der arab.-pers. Praxis (→ Maqām) von islam. Völkern Zentralasiens übernommene System, auf das sich seit dem 15. Jh. die 6 Zyklen (šašmakom) der großen Instrumentalsuiten gründeten; auch mit der rhythm. Organisation (→ Usul) des Schlagwerks; ähnl. *mugam* (aserbeidsch.), *mukam* (uigurisch).

Malagueña, andalus. Lied und Tanzlied im ¾-Takt; dem → Fandango ähnlich und charakterisiert durch die meist improvisierten Vierzeiler und durch eine kadenzartige, kurze ostinate Baßfigur.

Mambo, afrokuban. Tanzlied; nach 1930 aus → Rumba (Son cubano) und → Danzón entstanden; scharf akzentuierter Bongo-Rhythmus (4/4); nach 1950 Gesellschaftstanz wie seine Variante → Cha-Cha-Cha.

Mañanitas (span.) → Exquinazo.

Mancando, Abk. *manc.* (ital. =) abnehmend, hinschwindend.

Mandola (it.), **Mandora** (span.), Diskantlaute vermutl. oriental. Ursprungs; mit birnenförmigem, flachem Korpus, Rosette, Querriegel und dem typisch leicht nach hinten gebogenen Wirbelkasten, der dicht am Korpus ansetzt. Eine spätere Form mit kurzem Hals wird zwar der Laute ähnlicher, behält aber jene Biegung des Wirbelkastens bei. Die M. hatte 5 (doppelchörige) bis 8 Darmseiten (Quinten/Quarten, auch mit Terzen). In Dtl. hieß die M. im 16. Jh. Quinterne. Die frz. Instrumente waren meist 5saitig. Die M. ist seit dem 13. Jh. mit verschied. Namen und Varianten bekannt. Ihre Blütezeit war im 16. bis 18. Jh. Anfang d. 19. Jh. geriet sie in Vergessenheit. Der Name ging auf die Tenor- → Mandoline über.

K. Geiringer, Der Instr.name „Quinterne" u. d. ma. Bez. Gitarre, M. u. d. Colascione (AfMw) 1924; E. Pohlmann, Laute, Theorbe, Chitarrone, [5]1982.

Mandoline, Zupfinstrument mit bauchigem, birnenförmigem Schallkörper, der aus schmalen, nicht symmetrisch gekrümmten Holzspänen zusammengefügt ist; großes, offenes Schalloch; nach unten abgeschrägte Decke; unterständig befestigte Saiten; Spielblatt (Schutzblatt gegen Kratzer mit dem Plektrum); kurzer Hals mit festen Bünden; leicht abgeknicktes Wirbelbrett mit Schneckenschrauben. Die 4 in Violinstimmung stehenden Doppelsaiten aus Draht werden mit einem → Plektrum (*penna*) in raschem → Tremolo gerissen, wodurch der schwache und schnell verhallende Ton gestützt wird. Die M. ist vermutl. als Kleinform der Mandola um die Mitte des 17. Jh. in Italien entstanden, wo sie sich zu mehreren, landschaftl. verschied. Formen entwickelt hat. Sie hatte ursprünglich 6 doppelchörige, nach 1700 einfache Saiten. Eine schmalere Form (Mailänder M.) steht der *Chitarra battente* nahe (→ Gitarre). Die Neapolitan. M. setzte sich im übrigen Europa durch, wurde aber – auch in Italien – erst seit Ende des 19. Jh. zum Volksinstr., in großen Vereinen und Organisationen mit Konzerten in Großbesetzung gespielt und mit eigener Bearbeitungsliteratur. Die Blütezeit der M. in der Kunstmusik war das 18. Jh., nachdem schon um 1700 Kompositionen für Kammermusik (F. Contini) und Oper (Bononcini, 1707) einsetzten. In der Oper wurde die M. das Serenadeninstr. (Mozart, *Don Giovanni*; Verdi, *Othello*; Pfitzner, *Palestrina*). Solistisch verwendeten Vivaldi (1 Konzert für 1 M., 2 Kzte. für 2 M.), Hasse, Grétry, Beethoven und A. Schönberg die M.; im Orchester setzten sie Mahler (7. und 8. Sinf.), Strawinsky, Webern, und Henze ein. – Als Tenorinstr. zur M. entwickelte sich die Mandola (nicht zu verwechseln mit dem gleichnamigen Instr., das zu Anfang des 19. Jh. außer Gebrauch kam); als Baß-M.: Mandolone (Arcimandola); daneben entstanden Mandoloncello und Piccolo-M.

J. Zuth, Hdb. d. Laute u. Git., W 1926; K. Wölki, Gesch. d. M., 1940, NA 1974. → Gitarre.

Mandolone, Arcimandola → Mandoline.

Mandora → Mandola.

Manécanterie (fr. v. lat. *mane* = morgens; *cantare* = singen). Nach dem Muster ma. Chorschulen an frz. Kirchen (→ Maîtrise, vgl. Psalmette) wurde in Paris 1907 als *M. des petits chanteurs à la croix de bois* von P. Martin und P. Berthier ein Chor und damit eine Chorbewegung gegründet, die Bedeutung erlangte durch das Ziel der Erneuerung des gregorian. Gesangs in der gemeinsamen Arbeit mit ähnlich gerichteten Gruppen in der Welt (*Pueri Cantores*).

Manieren (von lat. *manus* = Hand), seit dem 18. Jh. Sammelbegr. für → Verzierungen.

Manierierte Notation, südfrz. „Modeströmung" (Apel) in der → Mensuralnotation Ende 14.–Anf. 15. Jh., bedingt durch komplizierte Polyrhythmik mit Synkopation (bei oft fehlenden Mensurzeichen); zugleich Freude am Dekorativen (rote Noten), → Color, Trecento.

Apel, [2]1970.

Manierismus (von lat. *manus* = Hand), aus der Kunstgeschichte (Übergang Renaissance-Barock) in die Literaturwissenschaft („Schwulststil") und Mw. übernommener Begr. für das im Stilübergang unterschiedl. deutlich werdende („manierierte") Abweichen vom Üblichen, für Übertreibung und Wucherung. Das Wort wird dabei, je nach zeitl. Abstand, oft abwertend gebraucht. Die Mg. hebt verschiedentlich (den Begr. M. einschränkend zum „manierist. Stil") die Musik etwa von 1520 bis um 1600 hervor als gegenüber der Renaissance-Musik typisch durch phantastisch ge- und übersteigerten Ausdruck (Chromatik, ausgebreitete Gesangsverzierungen), vor allem in Motette und Madrigal (Lasso: *Prophetiae Sibyllarum*; Gesualdo di Venosa) und weiter ausgeprägt in der Oper (Monteverdi) und deren Instrumentalmusik. Dort wurde die Wirkung von Wunder und Zauber (Traum, Geister) durch Bühnenbild und Überraschungseffekt verstärkt; Elemente, die später häufig wiederkehren (C. M. v. Weber, Wagner). → Stravaganza.

H. Chr. Wolff, Der M. i. d. barocken u. romant. Oper (Mf) 1966; ders., M. u. Mg. (Mf) 1971; H. Federhofer, Zum M.-Probl. i. d. Mus. (Fs. Lenaerts), Löwen 1969, (Dt. Vierteljahrsschr.) 1970; ders., D. M.-Begr. i. d. Mg. (Arch. f. Begr.gesch.) 1973; J. Racek, Il problemo del manierismo .. (Memorie .. alla mus. 1) Bologna 1971; L. Finscher, Gesualdos „Atonalität" u. das Probl. d. mus. M. (AfMw) 1972; F. W. Robinson/S. G. Nichols (Hg.), The meaning of mannerism, Hanover, N. H. 1972; Studi Musicali 3, Florenz 1974; M. R. Maniates, Mannerism in It.mus., Manchester 1979; V. Ravizza, M., ein mg. Epochenbegriff? (Mf) 1981; H. E. Rubio, Der M. i. d. Vokalpolyph. d. 16. Jh., 1982.

Männerchor, Gemeinschaft singender Männer (mit Mehrfachbesetzung jeder Stimmlage), vielfach auch das von ihnen a cappella oder instrumental begleitet gesungene Werk. Zwar sang der → Chor in der kirchl. Praxis etwa seit dem 6. Jh. bis ins 18. Jh. ohne Frauen, aber auch der weltl. Chorsatz bis ins 17. Jh. rechnete kaum (auch nicht mit der Bezeichnung *voces aequales*) mit dem begrenzten Tonraum der natürl. Männerstimmen, vielmehr mit den Knaben-, Falsettisten- und Kastratenstimmen. Der M. im heutigen Sinne begann, als die Kraft und gesellschaftl. Bedeutung der kirchl. Chorarbeit in der Folge der Aufklärung zurückging. Seine Anfänge liegen im Singen der Freimaurer, Studenten und Turner. Humanität, Vaterlandsliebe, Manneszucht waren neue Ideale, und das zunächst romantisch-historische Interesse am → Volkslied lieferte das Material. Die Ansätze zeigen sich fast gleichzeitig und unabhängig voneinander an verschied. Stellen. Mich. Haydn veröffentlichte 1788 in Wien die ersten Sätze für Männerquartett, und in Berlin fand sich Zelters gesellschaftl. gehobene → Liedertafel (1809) gesondert neben der → Singakademie zusammen. Anders war das von Pestalozzis Gedanken beeinflußte volkserzieherische Unternehmen H. G. Nägelis (1810), dessen Züricher Gruppe die schnelle Verbreitung des M. nach Norden bewirkte. Es bildeten sich → Gesangvereine und Landesverbände mit Wettbewerben und Sängerfesten. Nach dem Beispiel bei M. Haydn, F. Silcher, F. Zelter, F. Schubert, C. M. v. Weber, C. Loewe entstand eine Fülle von M.kompositionen bis zur Großform (Oratorium, Messe). Hatte das Volkslied im Anfang als Vorwurf gedient, so erschienen nun zahllose, meist patriotische Chorlieder in dickem, engem Satz, der heute abfällig Liedertafelstil genannt wird. Schon zu Anfang des 20. Jh. hatte sich ein neuer M.satz entwickelt (E. Lendvai, H. Scherchen), und das *Kaiserliederbuch* (1906) wandte sich wieder dem Volkslied zu. Die Singbewegung wirkte in der Folge weiter in C. Hannemanns Lobeda-Bewegung. Den pompös-fülligen ersetzte der lockere, bewegliche, den Text deklamierende Satz (mit Bevorzugung der Dreistimmigkeit), der mit Namen wie A. Knab, W. Rein, B. Stürmer, W. Sendt, H. Distler, B. Bartók, P. Hindemith, Z. Kodály, C. Orff in die Zukunft des M. weist. Auch in der jüngsten Zeit entstanden Großformen, die den M. einsetzten (z. B. A. Schönberg, *Der Überlebende aus Warschau*). Während einerseits avantgardist. Techniken übernommen wurden, zeigte sich andrerseits die Vorliebe für internat. Folklore neben dem traditionellen Satz für kleinere Chöre.

H. G. Nägeli, Gesangsbildungslehre f. M., Z 1817; O. Elben, D. volkstüml. dt. Männerges., 1855, ND 1968; Ph. Spitta, D. kunsthistor. Entw. d. M. (Mg. Aufs.) 1894, ND 1976; H. Thierfelder, Vorgesch. u. Entw. d. dt. M., 1922; H. Kötzschke, Gesch. d. dt.

Männerges., 1927; H. G. Schmidt, D. M.lied F. Schuberts, 1931; H. Dietel, Beitr. z. Frühgesch. d. Männerges. (Diss. B) 1938; F. J. Ewens, Lex. d. dt. Chorwesens, ²1960; E. Valentin/H. Handerer, Hdb. d. Chormus., NA 1968; A. Eckhardt, M. wesen, Organisat. u. Chorlit. nach 1945, 1977. → Chor, Gesangverein.

Mannheimer (Schule), eine Gruppe von Instrumentalkomponisten und ihre Schreibweise, benannt nach dem Zentrum der Richtung, der Hofkapelle des Kurfürsten Karl Theodor von der Pfalz in Mannheim, obwohl sich nicht nur dort bis Mitte des 18. Jh. die Elemente eines gesteigerten Ausdruckswillens in Gegenbewegung zur Tradition der Barockpolyphonie vorbereitet hatten. Ein Merkmal der Entwicklung ist die thematisch-motivische Satztechnik, durch die die Themen im Nacheinander, nicht im gleichzeitigen Gegeneinander wie im polyphonen Satz korrespondieren und in der die Thementeile leidenschaftl. und kontrastreich in weitem Modulationsbogen verarbeitet werden. Diese → Durchführung findet sich schon bei J. F. Fasch und, noch an den → Generalbaß gebunden, bei C. Ph. E. Bach. Sangliche Linie und periodische Gliederung zeigen sich, wohl unter Einfluß der italien. Buffooper, in Pergolesis Triosonaten und noch auffälliger in der Sinfonie Sammartinis. Bei den M.n verschwand der Generalbaß. Neu war die affektgeladene, flächige Homophonie des Orchesters und dabei das vom ganzen Orchester durchgeführte gleitende Crescendo und Diminuendo im Ggs. zur barocken Gruppendynamik von Solo und Tutti oder Chor gegen Chor. Neu waren die selbständige Stellung der Holzblasinstr. im Orchester und die 4sätzige → Sinfonie, in der nach dem gefühlvollen 2. Satz als Überbleibsel aus der → Suite ein → Menuett als 3. Satz erschien. Auch hierzu finden sich im Zentrum Wien etwa gleichartige Beispiele (Monn, Wagenseil, Starzer). Entscheidend für den Ruhm der M. ist die an einem Ort konzentrierte Kraft hochbegabter Komponisten, die mit böhmischem Musikantengeist, ital. und frz. Elemente übernehmend und stürmisch drängend, Sinfonie, Orchestertrio, → Konzert und → Sonate der Klassik vorbereiten. Die bedeutendsten Meister sind der aus Böhmen stammende Joh. Stamitz, der aus Mähren kommende F. X. Richter und der Wiener I. Holzbauer. Zu ihren Schülern zählen u. a. J. Wendling, G. Toëschi, F. Danzi, K. und A. Stamitz, A. Filtz, Ch. Cannabich, W. und J. B. Cramer, G. J. Vogler, J. M. Kraus. Schobert entwickelte in der Art der M. das → Klavierkonzert und die Kammermusik mit Klavier weiter, Boccherini das Streichtrio, Quartett und Quintett und Dittersdorf die Sinfonie.

G. J. Vogler, Betracht. d. M. Tonschule, 1778/81, ND 1974; F. Walther, Gesch. d. Theat. u. d. Mus. am kurpfälz. Hofe, 1898; Fr. Waldkirch, D. konzertanten Sinf. d. M. i. 18. Jh. (Diss. Heidelb.) 1931; H. Boese, D. Klarin. als Soloinstr. i. d. Mus. d. M. Sch., 1940; G. Croll, Z. Vorgesch. d. „M." (Kb. Köln) 1959; J. P. Larsen, Z. Bedeut. d. „M. Sch." (Fs. Fellerer) 1962; R. Fuhrmann, Mannh. Klav.-Kammermus. (Diss. Marburg) 1963; P. Mechlenburg, D. Sinfonien der M. S. (Diss. Münch.) 1963; H. H. Eggebrecht, M. Stil. (Kb. Brünn 1970), Brünn 1972; H. Scharschuch, Joh. Stamitz (AfMw) 1976; E. K. Wolf, On the origins of the Mannh. symphon. style (Stud. in Musicol., Fs. O. E. Albrecht) 1980; R. Würtz (Hg.), Mannheim u. Italien, 1983.

Manual (lat. *manus* = Hand), bei → Tasteninstrumenten die → Klaviatur für das Spiel der Hände im Ggs. zum → Pedal, der Tastatur für die Füße. Mehrere M. sind schon im 10. Jh. an der Orgel nachgewiesen, wo gelegentlich das Wort M. auch für → Hauptwerk gebraucht wird. Die Orgel hat bis zu 5 übereinander liegende M., wobei ein M. gesondert für das → Glockenspiel gelten kann. Der Kielflügel (→ Cembalo) hat bis 3 M.; das 2. M. ist seit dem 16. Jh. am Cembalo bekannt. Gelegentl. findet sich dabei seitliche Anordnung der M. F. Liszt forderte ein 2. M. für Hammerklaviere. Während es dort Seltenheit blieb, ist es beim → Harmonium häufig. → Klaviatur.

Manualiter (lat.), Bestimmung des Orgelsatzes nur für Manual.

Maqām (arab. = Ort, Platz; Mz. maqāmāt), improvisierte Musikform über einen Modus (M.-Reihe) im Tonsystem der traditionellen Vokal- und Instrumentalmusik der Araber (Perser, Türken, Mongolen): ein Grundton und einzelne Zentraltöne mit den für den betr. M. typischen Melodieformeln, die (jeweils aus eigener Entwicklungsgeschichte) einen bestimmten Gefühlswert enthalten (vgl. → Rāga); ursprüngl. abhängig auch von Anlaß, Ort, Zeit der Darbietung. Das M.-System wurde an der Laute (→*'ūd*) entwickelt, der anfängliche Tonvorrat im 13. Jh. von Safi-ad-Dīn (al-Urmawī) durch engere Saitenteilung (Oktave in 17 Intervalle) erweitert mit der damaligen Ordnung: 12 M., 6 ewāzāt (Nebentonarten), dazu die (gemischten) Modelle (pers. *šudūd*). Der M. (ägypt. *nagama*, in Andalus. *taba*; türk. *makam*, usbek. → *makom*, azerbeidžan. *mugam*) bildete sich zu nationalen Sonderformen aus bzw. zurück: arab./pers., ägypt., alger., andalus. und : pers., turkmen., mongol. Typisch ist die verbindl. Aufteilung im Tonraum gegenüber vom Gesang unabhängiger zeitl. (rhythm.) Bewegung (→ *īqā*; vgl. → *tāla, usul*). Aus dem Modus (der M.-Reihe) entwickelte sich der M. als zykl. Kunstform (musikal.-literar. Gesamtwerk; pers. *dastgāh* = System), wobei kleine Formen am Grundmodell festhalten und nach ihm benannt sind, während vielteilige Großformen in den M. modulieren. Feste Serien mit wechselnder Vokal- und Instr.-Musik wurden verbindl. aufgezeichnet und überliefert (z. B. die für die azerbeidžan. Volks- und Kunstmusik heute typ. Mugamfolgen). – Die M.-Technik kommt wohl aus Mesopotamien. Meist unter dem Einfluß westl. Musik gingen, in den Ländern unterschiedlich, viele M. verloren.

Baron R. d'Erlanger, La mus. arabe, Bd. 5, 6 (Librair. Orient. P. Geuthner), P 1949, 1959; H. G. Farmer, The mus. of Islam (NOHM 1), L 1957; ders., Sources of Arab. mus. (Bibliogr.), Leiden [2]1965; G. Oransay, D. melod. Linie und der Begr. M. der tradit. türk. Kunstmus. (Diss. Münch. 1962), Ankara 1966; H. H. Touma, Der M. Bayati im arab. Taqsim, 1968, [2]1976; ders., M., eine Improv.form (D. Welt d. Mus. 3) 1971; ders., D. Musik d. Araber i. 19. Jh., 1973; L. Manik, D. arab. Tonsyst. i. MA, Leiden 1969; J. Elsner, D. Begr. d. M. in Ägypt. i. neuerer Zeit (Beitr. z. mw. Forsch. d. DDR) Lg 1973; K. L. Signell, Makam ... in Turkish art mus., Wash. 1977; O. Wright, The modal syst. of Arab. and Pers. mus. (Lond. orient. Series) L 1978; H. Husmann, Echos, M. nach d. Hs. Leningr. (AfMw) 1979; H. S. Powers, Mode 5 (Grove) 1980.

Maracas, südamerikan. Rasseln, wohl aus der indian. Volksmusik in Gesellschaftstanz (Rumbakugeln), Jazz und Orchestermusik (Chavez, Varèse, Fortner, Henze, Boulez) übernommen. Zwei mit Griff versehene, mit Perlen od. Steinen gefüllte Holzkugeln od.

Kalebassen werden (jede in einer Hand) mit schneller Drehbewegung geschüttelt; wodurch ein scharfes Zischgeräusch entsteht. Ein ähnliches Geräusch erzeugen die M.stöcke, etwa 30 cm lange, mit Schrot gefüllte Stöcke, mit denen die kleine Trommel od. das Tomtom geschlagen werden.

Marcato (ital.), markiert, akzentuiert, scharf hervorgehoben; bezeichnet durch >; vgl. → *sforzato*.

Marche (frz.), → Marsch.

Marcia (ital.), → Marsch; *alla marcia* = marschähnlich.

Mariachi (span. von frz. *mariage* = Hochzeit), mexikan. Volksmusik und ihr Orchester (Streich- und Zupfinstr. mit Klarinette und Trompete, je nach Anlaß) bei ländl. Festen. Frz. Soldaten (1864) hielten den M.-Aufzug für Hochzeitsmusik (Name!).

Marianische Antiphonen. Die ohne Zusammenhang mit einem Psalm nach der → Komplet gesungenen 4 großen M. A. der kathol. Liturgie sind: *Alma Redemptoris mater* (Advent – Lichtmeß), *Ave Regina caelorum* (Lichtmeß – Gründonnerstag), *Regina caeli laetare* (Karsamstag – Samstag nach Pfingsten), *Salve Regina* (Dreifaltigkeitssonntag – Advent). Diese zeitl. Zuordnung wurde 1971 aufgegeben und blieb nur für *Regina caeli* gültig.

Marientrompete → Trumscheit.

Marimba (Marimbaphon, Balafon), lateinamerikanisches → Xylophon, bei dem auf einem Gestell angebrachte Hartholzstäbe angeschlagen werden, die wie Klaviertasten angeordnet sind (vgl. → Xylophon). Vertikal unter den Stäben waren ursprüngl. Gefäße (Kalebassen) und sind heute viereckige Hohlkörper als Resonatoren angebracht, die auf ihren Stab abgestimmt sind; Umfang: 3½–5 Oktaven. Die Stäbe werden mit (je nach Klangbereich) unterschiedl. harten Schlegeln geschlagen; meist je Instr. von 2 Spielern. Die besonders in Guatemala, Mexiko, Kuba benutzte M. ist in Afrika (z. B. Bantu) mit vielen Formen und Namen heimisch. Das M.phon (mit Metallresonatoren) wird in Konzert- und Unterhaltungsmusik eingesetzt. Im Ggs. zum → Vibraphon kann der Nachhall der M. nicht beeinflußt werden. → Xylo(ma)rimba, Zanza.

D. Vela, La m., Guatemala, 1962.

Markieren, die Andeutung des Gesanges bei der Probenarbeit, die für die Premiere die unverbrauchte Stimme gewährleisten soll. Die Solopartie wird dabei im Piano angedeutet, vorzugsweise auf *n* oder *ng* gesungen, aber mit genauer Wahrung der Tonhöhen.

Marsch (ital. *marcia,* frz. *marche,* engl. *march*), → Gebrauchsmusik, ursprüngl. mit dem Zweck, durch mit starken, regelmäßigen Akzenten bestimmten Rhythmus das gleichzeitige Schreiten (M.ieren) einer Mehrzahl von Personen zu veranlassen und zu erleichtern, häufig zugleich mit der Absicht, eine gemeinschaftl. Einsatzbereitschaft zu schaffen oder zu erhöhen. Der M. ist daher die Hauptform der → Militärmusik. Seine Grundform besteht aus 2 Repriseteilen mit je 8, der zweite auch mehr Takten, seit Mitte 18. Jh.

mit melodiöserem → Trio (meist mit 2 Reprisenteilen und in der Subdominante). Das Tempo ist in roman. Ländern schneller. Üblich ist 4/4-, Geschwindm.: 2/4-, 6/8- od. 3/4-Takt. Lully nahm für seine Ballet-M. auch dreitlg. Takt. Der M ist meist in einer Dur-Tonart (Ggs.: Trauerm.). Die verschied. Arten (Parade-, Geschwind-, Sturm-, Reiter-, Armeem.) überschneiden sich. – Der Ursprung des M. ist in der Antike zu sehen, so in den Signalen der römischen Legionen, in den bei allen Völkern üblichen Kriegsliedern, den Kreuzfahrer- und Pilgerliedern des MA, in der Musik mit Trommeln und Pfeifen der Schweizer Söldner des 14., 15. Jh. Die Gruppe der Spielleute wurde ergänzt (ersetzt) durch schnell aufkommende Militärkapellen, während in Oper und Ballett die Intrade zum Aufzugsm. wurde, der bei Lully scharf punktierten Rhythmus hat als Kennzeichen des Militärm. Diesem Beispiel folgte die dt. Oper (Keiser, Kusser, Telemann, Händel), und mit dem Aufschwung des Militärm., zumal nach Einführung des Gleichschritts, nahm sich immer wieder die Kunstmusik der Form an (J. Haydn, Dittersdorf, Beethoven, Schubert, Schumann u. a.). Berühmt sind die Hochzeitsm. von F. Mendelssohn (*Sommernachtstraum*) und Wagner (*Lohengrin*). Der langsame Trauerm. (vgl. → Tombeau) findet sich häufig, von Händel, Beethoven, Chopin, Brahms bis in jüngste Zeit (Bartók, Strawinsky, Honegger). Beliebt wurden Operetten- und Tonfilm-M.: F. Lehár, Millöcker, Ziehrer, Künnecke, Joh. Strauß Vater (Radetzky-M.). Aus der großen Reihe der Komponisten von Militärm. – Beethoven (Yorckscher M.) zählt zu ihnen – sind H. Blankenburg, F. v. Blon, G. Piefke allgemein bekannt. Bewährte M. wurden zu „Armee-M." erhoben. → Janitscharenmusik.

K. Strom, Beitr. z. Entw. gesch. d. M. i. d. Kunstmusik bis Beethoven (Diss. München), 1926; H. Spitta, Der M. (Musikal. Formen i. hist. Reihen), 1931; M. Reimann, Materialien z. einer Definition d. Begr. d. Intrade (Mf.), 1957; R. Beling, Der M. b. Beethoven (Diss. Bonn), 1960. → Militärmusik.

Martellato (ital.), gehämmert, sehr kräftig.

Martellement (von frz. *marteler* = hämmern), 1. im Harfenspiel schnelle, mehrfache Wiederholung desselben Tones, bei der Pedalharfe dadurch erleichtert, daß 2 benachbarte Saiten mit dem gleichen Ton klingen; – 2. = → *pincé* in der Bedeutung → Mordent.

Martinstrompete, Fanfareninstr. mit 3–8 gebündelten Metallrohren mit Metallzungen; kurz nach 1900 von dem Instrumentenbauer M. Martin (Markneukirchen) erfunden; nach dem 1. Weltkrieg oft bei Demonstrationszügen verwendet, dabei fälschl. Schalmei genannt. – Martinshorn = Signalinstr. (Polizei, Feuerwehr), automatisch, mit 2 Stimmen im Quartabstand.

Mascarade (frz.) → Mascherata.

Mascherata (it. = maskiert), Fastnachtsspiel, Musik und Pantomime besonders am Hof der Medici in Florenz im 15., 16. Jh. mit allegor., mythischen Figuren i. d. Art der → Intermedien, ohne große Dramatik (→ Masque) und von daher auch Lieder in der Art der Villanella. Der M. ähnlich ist die frz. Mascarade des

16. Jh., die im → Ballet de cour aufging. → Canti Carnascialeschi.

Maske, die vordere Schädelpartie des Sängers.

Masque, engl. Maskenspiel als höfisches Schauspiel, das Dichtung, dramat. Handlung, Vokal- und Instrumentalmusik, Tanz und kostbare Szenerie verband in Allegorie und mytholog. Darstellung. Die M.s hingen mit den bis ins 17. Jh. üblichen Glückwunschprozessionen zusammen und wurden von den frz. Entrements, den span. → Entremés des 14., 15. Jh. und den ital. → Mascherate des 15., 16. Jh. angeregt. Sie waren die Grundlage für → Oper und → Ballett in England. Seit Lydgate (15. Jh.) ist die einleitende, monologisch od. dialogisch gesprochene oder als Chanson gesungene *presentation* (Vorstellung) bekannt, die das Thema (*device*) der M. erläuterte. Der von aristokrat. Darstellern gebotenen M. wurde im 17. Jh. die von Berufssängern und Schauspielern besetzte *antimasque* gegenübergestellt, die grotesk und rustikal war, wenn jene sich erhaben und feierlich gab. Blütezeit der M. war das 1. Viertel des 17. Jh. mit Ben Jonson als Dichter, der Dialoge und Chansons sinnvoll einfügte mit dem Haupttanz (*Main Dance*) als Kulminationspunkt. Jonson arbeitete zusammen mit Inigo Jones, der die Bühnentechnik u. aufwendige Ausstattung besorgte. Bekannte M.-Komponisten waren Campion, Coperario, Lanier, A. Ferrabosco jun. Eine literar. bedeutende M. war J. Miltons *Comus* (1634), Musik von Lawes. Bei den Puritanern wurde die M. ab 1653 wieder gepflegt, wobei sich Balletteinlagen entwickelten und die Gattung in den Opernbereich rückte. Zu den späten Beispielen der M. rechnen Th. Arnes Musik zu Miltons (von Dalton bearbeit.) *Comus* (1738) und sein *Alfred* (1740), dem die engl. Hymne (*Rule Britannia*) entstammt. Eine *M. for Dancing* („*Job*“) schrieb Vaughan Williams (1931). → Ballet de cour.

H. A. Evans, Engl. M.s, L 1897; R. Brotanek, D. engl. Maskenspiele, W 1902; P. Reyher, Les M.s angl., P 1909; M. S. Steele, Plays and M. ..., New Haven/L 1926; E. Welsford, The court m., Cambr. 1927; E. Dent, Foundations of Engl. opera, Cambr. 1928; S. Orgel, The Jonsonian M., Cambr./Mass. 1965; M. Lefkowitz, M. (Grove) 1980.

Massenlied, im 20. Jh. entstandene, ungenaue Bez. für das 1stg. chorisch od. in leichtem Satz von großen Massen meist im Freien gesungene Lied (Musikstück, „Kantate“), vorwiegend mit stroph. Text, vielfach mit Kehrreim und Instr., auch die Möglichkeit des Publikumsgesangs vorsehend. Die Grenzen zum einfachen Lied sind (zunächst) fließend. Deutlich hebt sich das, auch (im Wechsel) mit Sprechchor (z. B. Wl. Vogel), inszenierte M. ab vom spontan gesungenen Lied (z. B. der frz. Revolution: *Carmagnole, Ça ira, Marseillaise*) od. von chorischen Großaufführungen (Musikfeste in Wien 1812, 1816, Sängerfest Wien 1928). Nach den Entwicklungsstufen beurteilt, ist das M. in erster Linie als Erscheinung in totalitären Staaten und deren Ideologie zu sehen, die, mit zeitl. unterschiedl. Schwerpunkten, in einer Frühphase dargestellt und verbreitet, nach dem Sieg der betr. Richtung im affirmativen Feierlied (beide Arten unter Beteiligung namhafter Komponisten), später in einer Phase der Stagnation durch Auftragskompositionen gefestigt werden soll. → Arbeiterlied, Gesangverein.

Vl. Karbusicky, Ideologie im Lied, Lied in d. Ideologie, 1973; A. Coy, Die Mus. der frz. Revol. (Mw. Schr.) 1978.

Matelot (nld. von frz. *m.* = Matrose), Seemannstanz und -lied im 2/4 Takt in Holland. In England auch *matelotte* für → Hornpipe.

Mattacino (it.), **Matassin** (frz.), im 16.–18. Jh. in Europa beliebter Tanz, besonders in Frankr., Ital., Spanien (*mattachino*), heute noch in Südeuropa und Lateinamerika: grotesker Narrentanz, Schwerttanz mit Scheinduell, Totentanz; im frz. und engl. Ballett; 1588 bei Arbeau (*Orchésographie*) erwähnt.

Matutin (lat. *hora matutina*: Morgenstunde), das morgendliche Stundengebet der kathol. Kirche; nach 1970 vereinfacht bzw. durch Lesung (Lesehore) ersetzt; ursprüngl., wie im hebräischen Kult, das mitternächtl. Gebet (Nachtwache, Vigiliae, Nokturn); etwa seit dem 8. Jh. auf den Morgen (vor dem Hahnenschrei) verlegt. Nachts wird noch die reich gestaltete Weihnachtsmette gefeiert. → Mette.

Maultrommel, Brummeisen; Musikinstr., bestehend aus einem etwa hufeisenförmigen Stahlrahmen, der eine Metallfeder hält und zwischen die Zähne geschoben wird. Die Feder wird mit dem Finger angerissen, während die Sprechorgane artikulieren. Die Schwingungszeit der Feder (etwa bis 3 Sekunden) kann durch Ein- und Aushauchen beeinflußt werden. Es erklingen Grundton und Obertöne, die durch Veränderung des Mundhohlraums verschieden hervorgehoben werden. Das Instr. stammt aus Asien und ist schon aus dem 12. Jh. in der Schweiz belegt, bei S. Virdung (*Musica getutscht,* 1511) erwähnt und in der Darstellung von Kaiser Maximilians I. Triumphzug vom Hofnarren gespielt. G. F. Albrechtsberger hörte es 1764 in einem Konzert vor Kaiser Josef II. im Stift Melk und schrieb um 1770 Konzerte für M., Mandoralaute und Streicher (davon 4 erhalten). *Jew's harp*, der engl. Name für M., geht wohl auf engl. *jaw* = Kiefer(höhle) zurück. Der Name *crembalum* des 17./18. Jh. geht zurück auf neugriech. *krembalon* (Zigeunerspr.: *grambola*). In Frankr. heißt die M. *guimbarde*.

K. M. Klier, Volkstüml. Musikinstr. in den Alpen, 1956; E. Leipp, Etude acoust. de la guimbarde (Acustica) 1963; E. Emsheimer, M.n in Sibirien u. Zentralasien (in: ders., Studia ethnomusicol. eurasiatica), Stockholm 1964; H. Boone, Bijdr. tot de geschied. v. d. mondtrom. (Brussels Mus. of mus. instr. Bull. 2) 1972; W. Meyer/H. Oesch, M.funde i. d. Schweiz (Fs. Geering) 1972; F. Ernst, Das Brummeisen (Glareana) 1973; W. Meyer, Von M., Flöten u. Knochenschwirren (SIMP 5) 1977; G. Dournon-Taurelle/J. Wright, Les guimb. du Musée de l'homme, P 1978.

Maxima (lat. *m. nota* =) größte Note, d. h. Note mit dem größten Wert in der → Mensuralnotation, von doppelter Länge der (quadratischen) → Longa und mit Stiel (*cauda* = Schwanz). In der heutigen → Notenschrift wird die M. gelegentlich noch als längster Notenwert verwendet und entspricht 8 ganzen Noten (→ Semibreven).

Maxixe (portugies.), brasilian. Volkstanz, polkaähnlich, synkopisch im 2tlg. Takt; mischt afrikan. Elemente mit europäischen; Anfang des 20. Jh. Gesellschaftstanz auch in Europa.

Mazurka(die), **Mazur(ek)** (der), poln. Tanz; Tanzlied aus Masuren im schnellen ¾- od. ⅜-Takt mit dem Akzent beweglich auf den schwachen Taktzeiten; der akzentuierte Schluß auf zweiter Taktzeit. Nach einer Einleitung folgen der Hauptteil, das Trio als Mittelsatz in anderer Tonart, der Hauptsatz als Reprise und die Coda. In Chopins Mazurken sind die 3 Typen Mazur (des ursprüngl. Tanzliedes), → Kujawiak und → Oberek vereinigt; von daher der Name Mazurka in der Kunstmusik. Etwa um 1600 wurde der Volkstanz vom Adel übernommen. Der Name Mazur findet sich 1752 erstmals bei J. Riepel, dann bei Marpurg und Kirnberger. Der Tanz verbreitete sich rasch und war Anfang des 19. Jh. in Paris und Florenz bekannt. Er ist ebenso in Oper und Ballett wie in poln. Messen anzutreffen. Bis zum Ende des 19. Jh. gehörte die M. zum festen Bestand im Schaffen poln. Komponisten.

Ph. Gawlikowski, La. M., P 1857; F. Starczewski, Die poln. Tänze (SIMG) 1900/01; T. Norlind, Z. Gesch. d. poln. Tänze (SIMG) 1911; D. Idaszak, Mazurek w polskiej muzyce 18. w. (M. i. d. poln. Mus. d. 18. Jh., Kb. Warsch.) 1960; A. Philipczuk, D. poln. Tanz Mazurek (Diss. Köln) 1969; Z. Lissa, Klav.-polonaise u. -mazurka im 19. Jh. (Gattungen d. Mus.) Bern 1973.

Mbira → Zanza.

M. d., Abk. für frz. *main droite* od. ital. *mano destra* = rechte Hand.

Meane (engl., afrz. *meien*: mittel), im engl. mehrstg. polyphonen Satz des 15., 16. Jh. die Mittelstimme (lat. *medius*); vgl. → Discantus, Faburden.

Mechanik → Klaviermechanik.

Mechanische Komposition, Zusammensetzen von Klängen durch Kombination und Permutation innerhalb bestimmter Gegebenheiten. In der Musiklehre des 16. Jh. (z. B. N. Wollick, *Opus aureum,* 1501) wurde zwischen improvisiertem (→ *sortisatio*, Zufallsmusik) und schriftl. festgelegtem Kontrapunkt (*compositio*) unterschieden. Darauf stützte sich die Scheinimprovisation bei A. Banchieri (*Cartella mus.*, 1614). Der *contrappunto alla mente* (aus dem Kopf), bei dem jede Stimme mit dem Cantus firmus konsonierte, nicht unbedingt die Stimmen untereinander, ergab Zufallsharmonien. A. Kircher schlug eine *Arca* (= Arche) *Musarithmica* für die m. K. vor (*Musurgia universalis*, 1650) mit Zahlenordnung der Töne. Aus dem Bestreben, auch Laien ohne Vorkenntnisse die → Komposition zu ermöglichen, erschienen vor allem in der 2. Hälfte des 18. Jh. einige Anleitungen, bestimmte Ton- und Akkordfolgen zusammenzufügen: J. P. Kirnberger (*Allzeit fertiger Polonaisen- und Menuettenkomponist*, 1757), J. Kade, M. Stadler, A. Calegari, Chevardière. Eine *Anleitung zum Componieren von Walzern, so viele man will, vermittelst zweier Würfel* wird vermutl. zu Unrecht Mozart zugeschrieben. Vgl. auch die Anfangsversuche mit → Computer-Musik und z. B.: R. Liebermanns Sinfonie *Les Echanges* für 136 programmierte Schreib- und Rechenmaschinen (1964). → Aleatorik, Mechan. Musikinstr.

A. Calegari, Gioco Pitagorico mus., Venedig, 1801; O. E. Deutsch, Mit Würfeln komponieren (ZfMw 12), 1929/30; H. Güttler, Mus. u. Würfelspiel (Zs. f. Mus.), 1936; W. Gurlitt, D. Begriff der Sortisatio i. d. dt. Kompos.lehre des 16. Jh. (Tijdschr. Nederl. Muziekgesch.), 1942; E. T. Ferand, „Zufallsmus." u. „Kompos." i. d. Musiklehre d. Renaiss. (Kb. Basel) 1949; ders., Sodaine and Unexpected Music in the Renaiss. (Mus. Quart.), 1951.

Mechanische Musikinstrumente geben Musik nach einem vorher festgelegten Schema mechan. wieder, die während des Abspielens nicht wesentlich beeinflußt werden kann. Es wird nicht streng unterschieden nach automatischer Reproduktion, bei der auch der Antrieb des Werkes ohne direkten menschl. Einfluß abläuft, oder mechanischer Wiedergabe mit Antrieb durch Menschenhand, wozu andrerseits auch die Wiedergabe eines Klavierstükkes gehört mit der individuellen Interpretation durch den Komponisten, die durch ein perforiertes Papierband festgehalten wurde (→ Pianola). → Glockenspiel und → Drehorgel (Leierkasten) sind die heute noch allgemein gebrauchten m. M., sieht man ab von tönendem Kinderspielzeug und dem Sonderfall des Plattenspielers. Wesentlicher Teil ist die dem Notenbild des Stückes vergleichbare, programmierte Tonanweisung, in den meisten Fällen eine Stiftwalze, bei deren Drehung Stifte die Tonerzeugung je für einen Ton bewirken, direkt, indem sie die abgestimmten Zähne eines Stahlkammes anreißen und zum Klingen bringen; indirekt, indem sie über Hebel z. B. bestimmte Ventile betätigen in einem → Flötenwerk. Der Antrieb geschieht durch Gewichte oder eine Feder in einem Uhrwerk (daher: Flötenuhr, Spieluhr), selten mit Wasser oder Sand. Elektrischen Antrieb haben Instr., deren Notation auf einem Lochstreifen fixiert ist, der Unterbrechung oder Schluß des Stromkreises bewirkt. – Aus der griech. Antike wird von Mechanismen sprechender Puppen und singender Vögel berichtet (Philon von Alexandrien und Heron). Das älteste überlieferte → Glockenspiel ist an der astronom. Uhr in Straßburg (1354). Im 16. und 17. Jh. blühte das dt. Handwerk für m. M. Es entstanden kunstvolle Orgel- und Hornwerke und Spinette. Die berühmtesten Meister waren die Augsburger S. Bidermann und H. Schlottheim, dazu A. Langenbucher, deren Stiftrad schon an die Schallplatte denken läßt. Wichtige theoret. Werke berichteten über die m. M. (1618 R. Fludd, 1650 A. Kircher). Im 18. Jh. (F. v. Knauss, P. Kintzing, P. Jaquet-Droz, J.-F. Leschot, H. Maillardet) waren frz. Meister führend. 1775 regte J. Engramelle in Paris an, namhafte Komponisten sollten selbst Walzen bearbeiten und eine authentische Interpretation ihres Werkes überliefern. Die Erfindung des Schneckengetriebes (J. Vaucanson) ermöglichte die seitliche Walzenbewegung, die auch Edison für seinen → Phonographen nutzte. Flötenwerke herrschten im 19. Jh. vor. Mit dem Fortschritt der Technik wuchsen auch die Möglichkeit der m. M. Frankreich entwickelte mit Vorliebe große Mechanismen und Figurenspiele (Androiden; 1958 baute D. Jouas-Poutrel 3 musizierende Roboter); in der Schweiz und in Dtl. bevorzugte man außer Flötenwerken (Drehorgeln) kleinste Spieluhren. Größere Werke bauten u. a. J. N. Mälzel (Panmelodikon). M. M. mit nur einigen Pfeifen waren auf Kirch- und Rathaustürmen die Löwenpfeifen und der Hahnenruf (Görlitz, Eger, Königsberg/Pr.). Die m. M. reizten zu jeder Zeit die Komponisten: Hofhaimer und Haßler (Hornwerk, → Spieldose), Haydn und Mozart (Flötenuhr und Orgelwalze). Die neue Musik verwendete u. a. Flötenwerke (Hindemith), ferner Gramophon und Tonband. 1904 wurde dem Orgelbauer E. Welte ein Codierungsverfahren für Lochstreifen patentiert. Seine Klavier- und Orgelwalzen („Künstlerrollen"), von bekannten Interpreten/Komponisten bespielt (Debussy, R. Strauss, G. Mahler, Reger), haben dokumentar. Wert. Die später mechan. vervielfältigten Rollen mit Klavier-(Orgel-)musik blieben umstritten, weil die Instr. (Pianola, Phonola) jedem Laien erlaubten, Rhythmik und Dynamik willkürl. zu verändern. → Mechan. Komposition, Fantasiermaschine.

Th. Wahlin, Horolog. mirabile lundense, Lund 1925; A. Chapuis/E. Gélis, Le monde des automates, P 1928; A. Protz, M. M., 1943; H.-P. Schmitz, Die Tontechn. des Père Engramelle, 1953; A. Chapuis, Hist. de la boîte à musique . . ., Lausanne 1955; A. Buchner, Vom Glockensp. zur Pianola, Pr 1959; R. Quoika, Altösterr. Hornwerke, 1959; E. Maingot, Les automates, P 1959; E. Simon, M. M. früherer Zeiten u. ihre Mus., 1960, ND 1980; J. Clark, Mus. boxes, L ^{3}1961; W. Krumbach, Z. Mus. d. Pommerschen Kunstschranks (Mf) 1961; R. Waard, Van speeldos tot pierement, Haarlem 1961; H. Weiß, M. M. (Glareana) 1972; A. Lübke, Uhren, Glokken, Glockenspiele, 1980. → Drehorgel, Glockenspiel.

Mediante (lat. *medius* = halb, mittel), 1. die Terz (und ihr Akkord) als Vermittlung zwischen Grundton und Quinte (Oberm.) bzw. zwischen Grundton und Unterdominante (Unterm.); – 2. → Mediatio (Mittelkadenz).

Mediatio (lat. *medius* = halb, mittel), Mittelkadenz in der → Psalmodie. Sie macht den ersten Abschnitt des (vom Priester gesungenen) Psalmverses kenntlich.

Medicaea (lat. *Editio m.* =) die 1615 in der Druckerei des Kardinals Ferdinando di Medici fertiggestellte Reformausgabe des Römischen → Graduale, die die reiche Blüte des → Chorals, z. T. ohne Kenntnis seines Werdegangs, beschnitt zugunsten fester Formeln. Die M. entsprach den Wünschen des → Tridentiner Konzils, wurde von Anerio und Suriano redigiert, später fälschlich Palestrina zugeschrieben, weil dessen Musik vom Konzil als Beispiel gesetzt worden war. Die M. wurde durch Papst Pius IX. vorgeschrieben und von Pius X. durch die Editio → Vaticana (1908, 1912) ersetzt. → Benediktiner, Choralreform.

Medizin und Musik, → Musiktherapie.

Medley (engl. von afrz. *medler/ mesler* = mischen), Gemisch verschiedener (auch gegensätzl.) Teile, anders als im → Potpourri ohne größere Überleitung. Das Wort M. erscheint schon in der frühen engl. Instrumentalmusik (W. Byrd).

Mehrchörigkeit, Darstellung eines Werkes durch mehrere Chöre im Wechsel, die sich in Höhepunkten zur Gleichzeitigkeit überschneidet. Bevorzugte schon der liturg. Wechselgesang auch die räuml. Trennung der Chöre (z. B. Apsiden-, Westchor), so wurde sie im 16. und 17. Jh., der Blütezeit instrumentaler und vokaler M., zur Steigerung der dramat. Wirkung der kontrastierenden Klang- u. Echoeffekte notwendig (*coro spezzato* = geteilter Chor). Die Chorgruppen bildeten einen in sich geschlossenen Klangkörper. Bei Ruffino und Willaert (*Salmi spezzati*) vorbereitet, entwickelte sich die Technik der M. bei A. und G. Gabrieli, O. di Lasso und, von Lasso ausgehend, bei Haßler, Schütz und M. Praetorius, der eine ausführl. Übersicht über die zeitgenöss. Aufführungspraxis gab (*Syntagma mus.* 3) und selbst großartige Beispiele bot (*Hymnologia, Chorodia, Musae Sioniae*). Vermutl. H. I. Fr. Biber schrieb zur Domweihe 1628 in Salzburg die 53stg. Messe für Vokal- und Instrumentalchöre. M. erscheint in der Folgezeit u. a. bei J. S. Bach, Händel, R. Wagner, Bruckner, Borodin, Rheinberger, G. Mahler, Distler und, oft mit Rückgriff auf ital. Barockkompositionen, erneut im 20. Jh.

E. Hertzmann, Z. Frage der M. i. d. 1. Hälfte d. 16. Jh. (ZfMw), 1929/30; R. Unger, D. mehrchör. Auff.praxis b. M. Praetorius, 1941; G. d'Alessi, La capella mus. del duomo di Treviso, Vedelago 1954; W. Boetticher, Eine Frühfassg. doppelchör. Motetten O. di Lassos (AfMw), 1955; A. Forchert, D. Spätwerk des M. Praetorius, 1959; S. Kunze, D. Instr.musik G. Gabrielis, 1963; P. Winter, D. mehrchör. Stil, 1964; H. Beck, D. Venezian. Musikerschule im 16. Jh., 1968; W. Jaksch, Missa Salisburg. (AfMw) 1968; V. Ravizza, D. Anfänge d. venez. M. (Hab. Schr. Bern) 1977; W. Breig, M. u. individuelle Werkkonzeption b. H. Schütz (Schütz-Jb. 3) 1981.

Mehrstimmigkeit, Vokal- oder Instrumentalmusik mit mehreren gleichzeitig auf verschiedenen Tonstufen erklingenden Stimmen, die polyphon, homophon oder heterophon geführt sein können. Dabei kann die → Heterophonie als Übergang von ein- zu mehrstimmiger Musik gelten, während → Polyphonie und → Homophonie je nach dem Grad der Selbständigkeit aller oder einiger Stimmen oder Stimmgruppen (Chöre) ineinander übergehen od. gleichzeitig in einem Werk angewendet werden können. Sieht man ab von der Heterophonie der Griechen, so ist der Beginn der abendländ. M. etwa im 9. Jh. im → Organum zu sehen. Typen z. T. an organale Praxis erinnernder, heterophon od. parallel geführter Vokalmusik blieben bei vielen Völkern erhalten (z. B. in Litauen, Georgien, Indones., Afrika). Frühe instrumentale M. ist aus dem 13. Jh. belegt (→ Estampie).

K. v. Fischer, D. Rolle d. M. am Dom zu Siena (AfMw) 1961; T. Göllner, Formen früher M. i. dt. Hss. d. spät. MA, 1961; L. Schrade, Ein neuer Fund früher M. (AfMw) 1962; B. Stäblein, Zur archaischen ambrosian. M. (Fs. Desderi) 1963; G. Kubik, M. u. Tonsysteme i. Zentral- u. Ostafr., 1968; M. Schneider, Gesch. d. M., NA 1968; ders., Folklore u. Kunstmus. (Musikw.) 1972; H. H. Eggebrecht/F. Zaminer, Ad organum faciendum (N. Stud. z. Mw. 3) 1970; F. Eibner, Vom Wert d. volkstüml. M. i. Kärnten (Volksl., Volksmus., Volkstanz), Klagenfurt 1972; J. Černý, Středověký vícehlas v českých zemích (Ma. M. in böhm. Ländern; Miscellanea musicolog. 27/8), Pr 1975. → Organum, Polyphonie.

Meistersinger, die bürgerlichen Nachfolger des höfischen → Minnesangs, die in der Bemühung, alte Überlieferung zu wahren, zugleich die Darbietung und Neuschöpfung von Text und Weisen durch ihr Regelsystem (→ Tabulatur) an der freien Entfaltung hinderten. Von einzelnen fahrenden Meistern abgesehen (M. Behaim, H. Rosenplüt), bestand der Meistersang in festen örtlichen Gemeinschaften vom Ende des 13. Jh. bis ins 19. Jh. (letzte Schulen: Ulm 1839, Memmingen 1878). Er verbreitete sich von den Zentren Nürnberg und Augsburg aus nach dem Elsaß (Straßburg), nach Österreich (Steyr, Wien), Mähren (Brünn, Iglau, Olmütz), Böhmen (Prag, Eger, Trautenau), Schlesien (Glatz, Breslau, Görlitz), Sachsen (Chemnitz, Zwickau) und kaum nach Norddtl. (Danzig, Elbing). Das 16. Jh. war die Hauptzeit der M. An hohen Festen, in Nürnberg (mit H. Sachs, H. Folz, G. Hager als bekanntesten M.) auch regelmäßig an den

Sonntagen, wurde die Singschule abgehalten, bei der die Darbietung der Bewerber von 4 Merkern auf unverfälschten Bibeltext, Einhaltung der Regeln, Reinheit der Reime und rechte musikal. Form geprüft wurde. Da eine neue Weise höchstens 6 Töne hintereinander aus einer bestehenden entnehmen durfte, entstanden immer künstlichere Gebilde und Melismen („Blumen"). Die „Weisen" (ohne Texte) erhielten besond. Namen (z. B.: Frauenlobs „Gulden Radweise"). Die M.-strophe hieß „Bar", mit Melodie versehen: „Ton" (→ Barform). Sie besteht aus dem Aufgesang (= 2 Stollen, gleich in Reim und Melodie) und dem Abgesang mit dem gleichen Reim, aber anderer Melodie. Diese Dreiteiligkeit ist aus dem Minnesang übernommen und schon in provenzal., arab. Musik und aus der Triade der Griechen bekannt. Im Ggs. zum Minnesang wurden stumpfe und klingende Reime gekoppelt. Der Görlitzer Adam Puschmann gab 1571 einen *Gründlichen Bericht des dt. Meistergesanges* heraus. Sein *Singebuch* überlieferte die M.weisen. Bedeutende Hss. werden u. a. in Jena, Zwickau, Ulm, Dresden, Breslau aufbewahrt (→ Liederhandschriften). Eine erste Darstellung gab 1697 Chr. Wagenseil (*Von der M. holdseliger Kunst*). R. Wagner karikiert die Singschule der Spätzeit (16. Jh.) in der Oper *Die M. von Nürnberg*. Ein Repertorium der Sangsprüche und Meisterlieder wird von H. Brunner und B. Wachinger vorbereitet.

C. Mey, D. Meisterges. in Gesch. u. Kunst, [2]1901, ND 1973; G. Münzer, Das Singebuch des A. Puschmann ..., 1906; W. Stammler, D. Wurzeln d. Meisterges. (Dt. Vierteljahrsschr.) 1923; A. Taylor/F. H. Ellis, A bibliogr. of Meisterges., NY 1937; B. Nagel, Der dt. M.ges., 1952; ders., D. M.ges. des H. Sachs, Bern 1956; H. Fischer, Zu Leben und Schriften d. H. Folz (Zs. f. dt. Altert.) 1966; E. Schumann, Stilwandel u. Gestaltveränderung i. M.sang, 1972; B. Stauber, Überlief. u. Echtheit d. alten Töne b. den M ... (Diss. Erlangen-Nürnb.) 1974; H. Brunner, Die alten Meister, 1975; H. Kugler, Handwerk u. Meistergesang, 1977.

Melisma (griech.), mehrere Melodietöne, zu einer Textsilbe gesungen; Verzierung einer Gesangslinie (Koloratur), Aufteilung eines Notenwertes in mehrere kürzere, die auf eine Silbe gesungen werden. So schon im 3. Jh. v. Chr. in Ägypten und Griechenland, weiter im byzantin. Kultgesang, im gregorian. Choral und, zur Meisterschaft entwikkelt, bei Perotin, Machaut, Josquin Desprez, bis Carissimi und Monteverdi. Ggs. ist der syllabische Gesang Note gegen Silbe.

Melode (griech.), Dichterkomponist bei den Griechen, im frühen Ostchristentum, verschiedentl. auch bei den Römern; z. B. die Patriarchen von Konstantinopel Patroclus und Anatolus im 5. Jh., Sergios im 6. Jh., die M.n Anastasius und Kyriakos im 5. und 6. Jh., Joh. von Damaskus und Kosmas von Jerusalem im 8. Jh., die Nonne Kasia im 9. Jh. Der Name M. war bis ins 9. Jh. in Gebrauch. → Melurg, Kontakion.

Melodica, Blasinstrument, nach dem Prinzip der → Mundharmonika mit Zungenstimmen; mit Mundstück geblasen, wie die Blockflöte zu halten; mit Klappen oder Tasten (vgl. Akkordeon) für die rechte Hand. Entwickelt von Hohner in den 1950er Jahren.

A. Fett, Die M. (Kl. Bücherei d. Harmon.-Freundes 16), 1966.

Melodie (v. griech. *melos* = Weise, *ode* = Gesang), eine Folge von

Tönen verschiedener Höhe, verbunden durch die Art ihrer Bewegung in Zeit und Tonraum, durch die dadurch entstehenden Beziehungen zueinander und zum Ganzen und durch die Dynamik ihres Verlaufs. Die Funktionen der Tonschritte innerhalb einer gegebenen Ordnung, Rhythmus und Dynamik bestimmen eine M. und unterscheiden sie von der bloßen Summe von Tönen. Sie entwikkelt sich in einem früher aus Tonbewegungen entstandenen System von Tonbeziehungen oder schafft ein neues. Die M. als konstitutive Kraft und ihre enge Verbindung mit dem → Tonsystem zeigen der arabisch-persische → Maqām, die indischen → Jātis und → Rāgas als M.modelle (vgl. das indones. → Pelog). In der abendl. Musik sind M.normen durch die → Modi, die → Kirchentöne und durch das Dur-Moll-System gegeben. Im System der → Dodekaphonie ist die Reihe das Schema der M. – Das erstarrte Ordnungssystem der Tonleiter erhält Leben durch die Intervalle, d. h. hier: im Nacheinander der Töne, durch ihren Abstand voneinander (Distanz) und durch ihre Beziehung zueinander als → Konsonanz oder → Dissonanz, deren Wertung bei Aufeinanderfolge von Tönen nicht mit der bei deren Zusammenklang identisch zu sein braucht. Z. B.: Das aufbauende Element der M., der Ganztonschritt, ist im Zusammenklang als Sekundintervall eine Dissonanz. Tonschritt und Richtung wirken ausgleichend zusammen. Sekundketten werden durch entgegengesetzte ausgeglichen, Tonsprünge mit gleichen Intervallen in gleicher Richtung vermieden. Bei Sprüngen besteht das Bestreben, in Gegenbewegung den übersprungenen Ton oder den Mittelton des Intervalls nachzuholen. Wie sehr sich die Tonsysteme einer Entwicklungsrichtung überschneiden und ältere in jüngere einwirken, zeigt, daß Tonschritte z. B. der Vier- oder Fünftonskala (Tetratonik, → Pentatonik), die im 7stufigen System eigentlich getrennt liegen, darin dennoch so als nebeneinanderliegende empfunden werden, daß hier nicht das Bedürfnis entsteht, einen übersprungenen Ton nachzuholen. Der Rhythmus ist die akzentuierende Ordnung der M. Er kann die M. bestimmen wie sie ihn. Wie er hat die Dynamik Teil an der M.-gestalt als Ausdruck seelischer Bewegung. Die M. der Vokalmusik ordnet sich zum Sprachakzent, der in der Regel durch den höheren od. längeren Ton mit konsonantem Tonschritt zum Ausdruck kommt. Die Geschichte der → Oper zeigt die wechselnde Wertung von Sprache und M., und ein Extrem darin ist die nach vermeintlich griech. Muster demonstrierte syntaktische M. der florentinischen → Camerata. Die Instrumentalmusik hatte sich seit dem 16. Jh. mehr und mehr aus den Bindungen der Vokalmusk gelöst, den Tonraum erweitert und – als Ergebnis der techn. Verbesserung der Instrumente – von diesen bestimmte eigene Spielfiguren und Verzierungen gebildet, die nun wieder in die Vokalmusik zurückwirkten (z. B. instrumentale Behandlung der Vokalstimmen bei J. S. Bach). In der Instrumentalmusik entstand das → Thema, in sich ruhend und abgeschlossen (z. B. in der Baßlinie der → Passacaglia) oder entwicklungsbereit in seinen M.teilen, die in der Musik seit dem 18. Jh. als → Motive kleinste M.einheiten innerhalb der Vor- und Nachsatzordnung der → Periode darstellen. – Eine einheitl. M.lehre fehlt noch. Sie müßte das Zusammenwirken tonlicher, rhythm. und dynam. Elemente der M. in der gesamten Musikentwicklung und die verschiedene Wertung in der Musikgeschichte behandeln. Während E. Kurth die ganze M.gestalt als konstitutive Kraft in der Musik ansah (ähnlich u. a. J.-J. Rousseau und R. Wagner), hob E. Toch den rhythm. Bestand der M. hervor. H. Riemann betrachtete hauptsächlich die Harmonie in und zu ihr. Die harmon. gegründete M. war das Wesen der Musik der klass.-romant. Periode. Dagegen sah die → Harmonielehre seit dem 19. Jh. die Harmonien in der Regel *vor* der M. und änderte den Standpunkt erst im 20. Jh. → Form.

H. Riemann, Neue Schule d. Melodik, 1883; R. Lach, Stud. z. Entw. d. ornamentalen Melopöie, 1913; E. Kurth, Grundl. d. linearen Kontrap., 1917, ND 1977; E. Hoffmann, D. Wesen d. M., 1924; A. Halm, Einf. i. d. Mus., 1926, ND 1966; W. Danckert, Ursymbole melod. Gestaltung, 1932; F. Gennrich, Grundr. e. Formenlehre d. ma. Liedes, 1932, ND 1970; H. v. Zingerle, Zur Entwickl. d. Melodik v. Bach – Mozart, 1936; G. Ferchault, Introd. à l'esthét. de la m., Gap 1946; J. Handschin, Der Toncharakter, Z 1948; T. G. Georgiades, Mus. u. Sprache, 1954, [2]1974; W. Wiora, Elementare M.typen als Abschnitte ma. Liedweisen (Misc.en homenaje H. Anglés), Barcel. 1958/61; J. Chailley, Essai sur les struct. mélod. (Rev. de musicol.) 1959; B. Scabolcsi, Bausteine z. e. Gesch. d. M., Budap. 1959; P. Benary, D. Stellung der M.lehre i. d. Mth. d. 18. Jh. (Kb. Kassel) 1962; M. Schneider, Kriterien z. M.gestalt (Fs. Engel) 1964; L. U. Abraham/ C. Dahlhaus, M.lehre, 1972.

Melodik, 1. Lehre von der → Melodie; als Unterrichtsfach im 19. Jh. meist Teil der Harmonielehre innerhalb der allgem. Musiklehre und nur selten alleinbehandelt (L. Bußler 1879, H. Riemann 1883); – 2. der nach der Melodie der Stimmen beurteilte Gesamteindruck eines Musikwerkes.

Melodion → Klavizylinder.

Melodisch, die Eigenschaft der → Melodie. Allgemein gilt als m. die schöne, sangliche, leicht verständliche, eingängige Linie.

Melodram (griech. *melos* = Lied, *drama* = Handlung), Kunstgattung, die aus der Verbindung von Sprachmelodie und Tonsprache im möglichst gleichwertigen Zusammenwirken von gesprochenem Wort und Musik entsteht; und zwar in Mono- oder Duodrama, mit Einzelsprecher oder Sprechchor, mit Soloinstr. oder Ensemblemusik, als selbständige Form oder episodisch innerhalb einer anderen Gattung. Das Bestreben, dem von Einzelnen oder im Chor gesprochenen Wort durch gleichzeitig erklingende Musik tieferen Ausdruck oder dramatische Steigerung zu geben, zeigt sich schon in der griech. Tragödie (Parakataloge = Beirede). Zumindest seither war zweifellos die episodische melodramat. Darbietung üblich (Schuldrama d. Protestanten und Jesuiten). Als eigene Gattung ist das M. erst aus dem 18. Jh. bekannt: in dem Salzburger Schuldrama *Sigismundus* (um 1750) J. E. Eberlins und vor allem in G. Bendas M. *Medea, Ariadne auf Naxos* (beide 1775) und *Pygmalion* (1779), die vermutl. über J.-J. Rousseau (*Pygmalion, scène lyrique,* gedruckt 1770) dem Beispiel des monodramat. → Ballets bei J. Noverre (um 1750) folgten und Goethe anregten (*Proserpina,* 1776). Der Text wurde gesprochen od. im Sprechgesang geboten, der an geeigneten Stellen in Gesang überging. Die

Begeisterung für die neue Gattung in der 2. Hälfte des 18. Jh. klang schnell ab. Immerhin wurde die gesprochene Rolle als Episode in Bühnenwerken mit Orchester angeregt: von Eberlins *Sigismundus* Mozarts *Zaide* (1779); auf Beethoven (*Fidelio* 3, Kerkerszene, 1814; in der Musik zu *Egmont,* 1809; im Festspiel *Die Ruinen von Athen,* 1811) wirkte vermutl. G. Neefes *Sophonisbe.* J. R. Zumsteegs *Frühlingsfeier* und mehr noch Abt Voglers *Lampedo* beeinflußten C. M. v. Weber, der in *Preciosa* (1821) das Leitmotiv verwendete und auf H. Marschner (*Vampyr,* 1828, und *Hans Heiling,* 1833) zum Aufbau einer Ausdrucksskala zwischen Sprechen, Summen und Singen weiterwirkte, wie sie auch bei J. Elsners M. erscheint (*Izkahar,* 1797; *Ofiara Abrahama,* 1821). Stärkere Ausdrucksmittel wurden in romantischer und spätromant. Musik genutzt (z. B. Fr. Schubert, *Abschied von der Erde;* Mendelssohn Bartholdy, *Sommernachtstraum* op. 61; Grieg, *Peer Gynt*). Immer deutlicher wurde das Bemühen um wahre Selbständigkeit von Sprache und Musik. Der Text sollte nicht auf das Metrum der Musik Rücksicht nehmen, sondern in freier Rede natürl. fließen (vgl. Bestrebungen der florentin. → Camerata). Weber und R. Schumann (*Manfred,* 1848) legten den Sprachrhythmus fest, E. Humperdinck (*Königskinder,* 1897) die Sprachmelodie im konzertmäßig vorgetragenen, musikbegleiteten Gedicht, für das eine Generation lang M. v. Schillings' *Hexenlied* der Prototyp war neben *Enoch Arden* von R. Strauss und R. Wagners *Gretchens Gebet.* „*Größtmögliche Freiheit und Natürlichkeit*" strebte H. Pfitzner an (*Das Fest auf Solhaug,* 1889), indem er die Sprache nur durch gelegentl. Hinweise auf die Grundbewegung der Musik einstellte. Setzte Schumann im *Manfred* den gesprochenen Dialog gegen den Chorgesang, so verwendete A. Schönberg (*Pierrot lunaire,* 1912) eine Sprachpolyphonie, in der auch die Intervalle der Sprachmelodie festliegen. Im 20. Jh. wurde das M. wieder häufiger eingesetzt: de Falla (*La Vida Breve,* 1905), H. Honegger (Ballett-M.en *Amphion,* 1931; *Sémiramis,* 1934, mit Tanz, Pantomime, Sprache und Gesang zu → Ondes Martenot; szen. Oratorium *Jeanne d'Arc au bûcher,* 1950), O. Respighi (*La Primavera,* 1923; *La Fiamma,* 1934), I. Strawinsky (*Perséphone,* 1933, 1949), K. Weill (*Dreigroschenoper,* 1928), A. Berg (*Wozzeck,* 1914/21; *Lulu,* 1928/35), Fr. Poulenc (*L'histoire de Babar,* 1940/45), P. Boulez (*Le visage nuptial,* 1946), L. Nono (*La victoire de Guernica,* 1954). Dabei verbanden sich seit den 1950er Jahren, Elemente dieses M. mit auf die Bestrebungen des Pariser Lettrismus (I. Isou) zurückgehenden Erscheinungen der Sprach-(Wort-) Montagen (z. B. bei Berio, Bussotti, Cage, Haubenstock-Ramati, Kagel, Ligeti, Schnebel, Stockhausen) und wirken in die neue Chormusik ein. – Das M. war in den Anfangsjahren des Rundfunks die seinen techn. Gegebenheiten angepaßte dramatische Gattung. Mit Sprechchören besetzt, wurde es ferner zur Vertiefung politischer Aussage benutzt.

E. Istel, Rousseau als Kompon. seiner lyr. Szene »Pygm.« (Stud. z. Gesch. des M. 1) 1901, ND 1974; ders., D. Entstehung d. dt. M., 1906; R. Austen, Les premiers m. frç . . ., P 1912; M. Steinitzer, Z. Entw.-gesch. d. M. u. Mimodr. (Die Musik) 1919; E. C. v. Bellen, Les origines du M., Utrecht 1927; H. Martens, Das M. (Musikal. Formen i. hist. Reihen) 1932; L. Gramisch, Die Erscheinungsformen d. melodramat. Stils i. 19. Jh. (Diss. W) 1936; H. Clesius, Z. Ästhet. d. M. (Diss. Bonn) 1944; M. W. Disher, Blood and thunder, L 1949; J. Subirá, El compositor Iriarte y el cultivo del melólogo en España, Barcel. 1949/50; J. v. d. Veen, Le m. mus. de Rousseau au romantisme, Den Haag 1955; R. Stephan, Zur jüngsten Gesch. d. M. (AfMw) 1960; F. Rabill, The world of M., L 1967; G. Schuhmacher, Gesungenes u. gesproch. Wort i. d. Werken Wl. Vogels (AfMw) 1967; J. D. Drake, The 18th cent. m. (Mus. Times) 1971; J. L. Smith, Melodrama, L 1973; W. Suppan, M. u. melodramat. Gestaltung (Fs. Hochsch. f. Mus. Graz), W 1974.

Melog (javan.), 1. System der halbtönigen → Pentatonik, mit verschiedenen Namen allgemein auf den Sundainseln, in Hinterindien und Indonesien. Das Wort ist vermutl. ind. Ursprungs. Es bedeutet javan. „in → Pelog"; – 2. der pentatonische Unterbau der ind. → Jātis.

Melograph (griech. *melos* = Lied, Musik; *graphein* = schreiben), 1. bei den alten Griechen derjenige, der die Musik aufzeichnete. – 2. Vorrichtung zur mechan. Aufzeichnung des Klavierspiels, z. B. um Improvisationen festzuhalten (→ Fantasiermaschine, Keyboard); seit Mitte des 18. Jh. gab es mehrere Versuche. Der M. wurde auch Notenschreibmaschine genannt und ist nicht zu verwechseln mit dem gleichnamigen Gerät des 20. Jh., mit dem nach dem System der Schreibmaschine (unabhängig von einem Musikinstr.) Noten zusammen mit dem 5-Liniensystem geschrieben werden konnten (vgl. Notensatz) – 3. Elektron. Instr. (»Tonhöhenschreiber«) zur graph. Aufzeichnung des Melodieverlaufs (Höhe, Lautstärke), in den 1950er Jahren erfunden (O. Gurvin, Oslo) f. Ethnologen.

Melopöie (griech. *melopoeia* =) Melodiebildung; die Lehre von der künstlerischen Behandlung des → Melos unter Berücksichtigung auch des Rhythmus.

Melos (griech. =) → Melodie als Tonfolge im Tonraum, ohne den zwar zugehörigen, aber im Ggs. stehenden, stärkeren Rhythmus; ohne Harmonie; später im Sinne von Kantilene.

Melurg (griech.), der Komponist in der byzantin. Musik (Melurgie) des 14., 15. Jh. (J. Kukuzeles, der die byzant. Notation reformierte, J. Lampadarius u. a.), für dessen Melodien die reichen, auf oriental. Formen zurückgehenden Melismen typisch waren.

Membranophone (lat. *membrana* = Haut), Musikinstrumente, bei denen die Schallwellen von einer gespannten Haut (oder einem Fell) ausgehen, wenn sie *mittelbar* oder *unmittelbar* geschlagen wird: Trommel, Pauke, Rasseltrommel – *gerieben* wird: Reibtrommeln – *mitschwingt*: Klirrtrommel. → Schlaginstrumente.

Mēmrā, im syrischen Kirchengesang psalmodisch vorgetragener, metrisch nicht gebundener (Predigt-)Text.

Ménestrel, Ménétrier (frz.; engl. *minstrel*; ital. *menestrello*; span. *ministril*; von spätlat. *ministerialis*: Dienstmann), Sänger und Musikant niederer Herkunft, der eigene oder fremde Lieder und in dessen Auftrag auch die seines adligen Herrn vortrug. Sowohl die frz. M. wie die engl. *minstrels* schlossen sich schon früh zu Bruderschaften (Gilden) zusammen (Paris 1321, London etwa 1350), in Frankr. *confrérie* genannt, in England *minstrelsy* anstelle der schon länger bestehenden Gruppe der *glee-men.* In Paris hatten die M. eine eigene Straße und Kirche (*St. Julien des Ménétriers*). Der Titel *roi des violons* für das Oberhaupt der M. bestand noch bis 1773. → Zunftwesen → Minstrelsy.

A. Vidal, La Chapelle St.-Julien-des-Ménétriers . . ., P 1878; E. Duncan, The story of ministrelsy, L 1907; F. Lesure, La communauté des jouers d'instr. au XVIe s. (Rev. histor. du droit frç.) P 1953; W. Salmen, Die fahrenden Musiker im europ. MA, 1960; R. Rastall, Secular musicians in late mediev. Engl. (Diss. Manchester) 1968.

Meno (ital. =) weniger; *m. mosso* = weniger bewegt.

Mensur (lat. *mensura* =) Maß. 1. Im Instrumentenbau: bei Streichinstr. das Verhältnis der Saitenlänge zu den Maßen von Hals und Resonanzkörper; bei Blasinstr. wie bei Orgelpfeifen die Maße von Länge, Durchmesser, Luftdruck (eng oder weit mensuriert), ferner bei der → Orgel das Maßverhältnis der Pfeifen im Oktavabstand innerhalb eines Registers und die vom Orgelbauer benötigte Maßtabelle (M.tafel) mit allen Maßen jeweils einer Pfeifenreihe. – 2. In der → Mensuralnotation das Maß, welches das nicht generell festgelegte Verhältnis der Notenwerte untereinander von Fall zu Fall bestimmt (Zeitwert). Aus der → Mensuralnotation, die bis etwa 1600 bestand, stammt die heutige → Notenschrift. Im frühen 18. Jh. gingen die Begriffe Tactus (Schlag) und M. ineinander auf.

K.-J. Sachs, Mensura fistularum 1, 2, 1970, 1980. → Mensuralmusik.

Mensuralmusik (lat. *musica mensurata* = gemessene M., *cantus mensurabilis*). Musik etwa von der Mitte des 13. Jh. bis etwa 1600, vorwiegend nichtchorale Vokalmusik, die in → Mensuralnotation aufgezeichnet ist, einem System quantitierender Ordnung. Der Übergang zur → Mehrstimmigkeit machte dieses System genau gleichmäßig festgelegter Notenwerte für alle Stimmen notwendig. Hauptperioden der M. sind nach W. Gurlitt das gotische MA bis zum Tode von Machaut (1377), die frankoflämische M. bis zum Tode Dufays (1474) und die niederländ. Chorpolyphonie von Ockeghem, Obrecht, J. Desprez, Gombert, Willaert, Isaac, Senfl, Lassus bis Sweelinck und S. Scheidt.

J. Handschin, D. ältesten Denkmäler mensural notierter Musik i. d. Schweiz (AM) 1923; W. Gurlitt, Form i. d. Musik als Zeitgestaltung (Akad. d. Wiss. u. d. Lit., Mainz, Jg. 1954 Nr. 13), 1955; H. H. Eggebrecht, Stud. z. mus. Terminologie (ebda.), 1955.

Mensuralnotation, im 13.–16. Jh. das quantitative Ordnungssystem, das durch die aus der Homophonie des → Organums und des → Fauxbourdon entwickelte neue Chorpolyphonie des MA erforderlich wurde und das Vorläufer unserer heutigen Notation ist. Von ihr unterscheidet sie sich durch die Möglichkeit der → Ligatur und durch das unterschiedlich geregelte Verhältnis der Notenwerte zueinander. Gegenüber der → Choralnotation legte die M. die Tondauer, wenn auch in den durch die → Mensur bestimmten Verhältnissen, fest, und sie war unabhängig vom Metrum des Textes oder den rhythm. Schemata der → Modalnotation. Die Maxima (ursprüngl. *duplex longa*) war 2zeitig, Longa und Brevis konnten 2- und 3zeitig sein, wobei die Zahl 3 als vollkommen galt. Das *tempus perfectum* wurde durch einen Kreis, das *tempus imperfectum* durch einen Halbkreis gekennzeichnet. Die *Prolatio maior* (dreiteilige Semibrevis) wurde durch einen Punkt in Kreis oder Halbkreis bezeichnet; die *Prolatio minor* (die zweiteilige S.) hatte keinen Punkt. Der größere Wert konnte sich also aus drei oder zwei gleichen kleineren Werten zusammensetzen. Bis etwa 1430 gab es folgende Werte:

Maxima	Semibrevis
Longa	Minima
Brevis	Semiminima

Diese bis dahin geschwärzten Noten wurden nach 1430 durch hohle Notenköpfe ersetzt; lediglich die dann neu hinzutretenden kleineren Werte, die Fusa und Semifusa, waren schwarz. Die Auflösung der Ligaturen erfolgte nach so komplizierten Regeln, daß moderne Übertragungen nicht immer unumstritten sind, zumal die Systeme in den verschied. Ländern und Zeiten verändert wurden. Mit dem Vordringen der Tasteninstr. um 1600 (Orgel, Cembalo, Clavichord) setzte sich auch deren Notation weiter durch mit konstanten, nicht relativen Werten und mit festen Takten, z. T. aus der M. übernommenen Taktzeichen: der heutige, nach rechts geöffnete Halbkreis (C) als *tempus imperfectum* der M. gilt für ¼-Takt und mit senkrechtem Strich (= *tempus inperfectum diminutum*) als → Allabreve-Takt (²⁄₂). Der *Choralis Constantinus* von H. Isaac (1550/5, von Senfl abgeschlossen) zeigt die Möglichkeiten der M. in der musikal. Praxis.

Wolf, 1913/9; H. Birtner, Die Probl. d. spätma. M. . . . (ZfMw) 1928/9; F. Gennrich, Abriß d. frankon. M., 1946; ders., Abriß d. M. d. 14. Jh., 1948; Apel 1962, [2]1970; U. Günther, Die M. d. ars nova (AfMw) 1962/3; H. Bellermann, D. Mensuralnoten u. Taktzeichen d. 15., 16. Jh. (1858, NA Husmann:) 1963; S. Gullo, Das Tempo i. d. Mus. d. 13., 14. Jh. (PSMG), Bern 1964; J. A. Bank, Tactus, tempo and notation in mens. mus. . . ., A 1972; Ph. Gossett, The mensural syst. and the „Choralis Constantinus" (Fs. Mendel) 1974.

Mento (altspan. = Bemerkung), auf Jamaika volkstüml. Tanzlied (ähnl. der → Rumba) mit satir. Text; wie die Jamma-Lieder eine Quelle der → Reggae-Musik.

Menuett (frz. *menuet,* it. *minuetto,* span. *minué,* engl. *minuet*), Paartanz; lebhaft im getanzten Tripeltakt (¾), langsamer im Zweierschlag (⁶⁄₈) stilisierter Stücke; zunächst 2teilig (wobei jeder Teil wiederholt wird) und unregelmäßig gebildet, z. B. 3- oder 6-taktig, und mit volltaktigem Anfang. Charakteristisch ist die Betonung auf der 2. Taktzeit (ähnlich der → Sarabande), die oft durch Punkt verlängert und durch Triller hervorgehoben ist. Der Name M. wird zurückgeführt auf frz. *menu pas* (= kleiner, zierlicher Schritt; von lat. *minutus*). Für J. B. Lully, der das M. hoffähig machte, war es ebensosehr Schautanz wie → Gesellschaftstanz. Er fügte bereits dem M. einen 2. Satz bei, der nur mit 3 Instr. besetzt und deshalb → Trio genannt wurde. Auch als später das Trio nicht mehr schwächer besetzt wurde, unterschied es sich doch deutlich durch zurückhaltenden, intimen Klang. Die neue Form verbreitete sich rasch in der frz. Instrumentalmusik (z. B. J. de St. Luc: Laute; L. Hotteterre: Flöte; F. Couperin: Cembalo). J.-Ph. Rameau verwendete das M. in der Oper. In der → Suite erhielt es Ende des 17. Jh. seinen festen Platz unter den sogen. Intermezzi, meist an vorletzter Stelle, und wurde nun allgemein der Tanz der höfischen und bürgerl. Gesellschaft in ganz Europa. In Dtl. brachte G. Ph. Telemann innerhalb der Flut der M.-Kompositionen des 18. Jh. seine kunstvollen Einzelm. e für Klavier (*Sieben mal sieben und ein M.*), Händel schrieb M.e für Opern- und Klaviermusik, und J. S. Bach gab Beispiele in seinen Orchestersuiten. Das gesungene M., das Lully schon mit dem Chor der Pariser Oper ausgeführt hatte, lebte als Lied in vielen Slgn. des 18. Jh. (J. S. Bach, *Erbauliche Gedanken eines Tabakrauchers*; V. Rathgeber, *Augsburger Tafelconfect*; Sperontes, *Singende Muse an der Pleiße*). Als stilisierter Tanz kam das M. in Sonate und Sinfonie, alle übrigen Tänze der Suite überlebend, über die Kammer- und Orchestermusik der → Mannheimer Schule. Es findet sich (als 3. Satz) in Streichquartetten und Sinfonien Haydns und Mozarts. In der Sinfonie wurde erstmals von Beethoven (*Eroica*) das M. durch das → Scherzo ersetzt, das schon 1781 in den Streichquartetten op. 31 von J. Haydn erschienen war. M. und Scherzo stehen auch nebeneinander (Beethoven, Septett op. 20), wobei das Scherzo lebhafter, aber nicht mehr tänzerisch ist. Während in der Romantik das M. mehr und mehr von Dreher, Ländler, vom Deutschen Tanz und Walzer verdrängt – auch bei Haydn erinnert es oft an den Ländler – und nur von F. Schubert noch bewußt gepflegt wurde, kam es in der Spätromantik (als → Charakterstück) und im Impressionismus verschiedentlich wieder auf – als Reminiszenz (z. B. in den „Suiten im alten Stil“; E. Grieg *Großmutters M.*; M. Ravel, *Menuet antique* und M. auf den Namen Haydn) oder bewußt neu gestaltet (Bartók, *Neun kleine Stücke* für Klavier; Schönberg, *Klaviersuite* op. 25).

C. Sachs, Eine Weltgesch. d. Tanzes, 1933, ND 1976; H. Goldmann, Das M. i. d. dt. Mg. d. 17., 18. Jh. (Diss. Erlangen) 1956; H. Martens, Das M. (Musikal. Formen i. histor. Reihen, NA) 1958; W. Steinbeck, Das M. i. d. Instr. mus. J. Haydns (Freib. Schr. z. Mw.) 1973; F. Otterbach, D. Gesch. d. europ. Tanzmus. (Tb. z. Mw.) 1980.

Merker, im → Meistersang die im Gemerk verdeckt sitzenden Preisrichter (meist 4), die prüften, ob das vorgetragene Lied den in der → Tabulatur festgelegten Regeln entsprach, nach Text und Melodie einwandfrei war und keine dogmatischen Bedenken bestanden bei der Darstellung des gegebenen Bibeltextes. Dem besten Sänger („Übersinger“) sprachen die M. eine silberne Kette (als Wanderpreis), dem zweitbesten einen Kranz aus Seidenblumen zu.

Merline(tte) (frz. *merlin* = Amsel) → Serinette

Messa di voce (ital. *mettere* = legen, *voce* = Stimme), das Schwellen und Abschwellen des Gesangstones; nicht zu verwechseln mit → *mezza voce* (halbe Stimme).

Messe (wohl nach der Entlassungsformel: *ite missa est* = geht hin, Ihr seid entlassen), der kathol. Hauptgottesdienst, Vergegenwärtigung des Opfertodes Christi im Opfermahl. Musik ist wesentlicher Bestandteil. Es gibt feststehende und im Jahreskreis wechselnd gesprochene und gesungene Teile, wobei die wechselnden Singteile als → Proprium Missae, die immer wiederkehrenden als → Ordinarium Missae zusammengefaßt sind. – *Eröffnung*: Einzug (→ Introitus) des

Zelebranten, Gruß, Schuldbekenntnis, → Kyrie, Gloria und Tagesgebet; – *Wortgottesdienst*: Lesung(en) mit Gesängen (→ Graduale; → Alleluja bzw. in Fastenzeit und Requiem: → Tractus), Evangelium, Predigt (Homilie) Glaubensbekenntnis (→ Credo), Fürbittgebet; – *Opfergottesdienst*: Gabenbereitung, Wandlung (→ Präfation, Sanctus/Benedictus), Gabendarbietung (→ Offertorium), Hochgebet, Vaterunser (→ Pater noster), → Agnus Dei, Kommunion (→ Communio); – *Schluß:* Segen, Entlassung. – Im MA folgten auf das Alleluja eine → Sequenz und volkssprachige Gesänge. Bis zum 2. Vatikan. Konzil war in der kathol. Kirche des Westens die latein. Sprache verbindlich; danach (Instructio 1964) durfte der Gottesdienst freier gestaltet und in der Volkssprache gehalten werden. – Die Teile des → Proprium stammen aus der Zeit Gregors I. Das → Ordinarium entstand im MA, wurde seit dem 9. Jh. auch mehrstimmig und erscheint seit dem 14. Jh. als Zyklus (Machaut, Dufay, Ockeghem, Ciconia, Aulen, Finck, Lasso, Desprez). Nach Bauart und Herkunft der Elemente unterscheidet man verschied. Arten der M.: Die Cantus-firmus-M. verwendete eine vorhandene liturg. Melodie (Missa choralis) im Tenor oder Diskant, in der Chanson-M. (Lasso) war es eine weltl. Melodie, die in der Diskant-Tenor-M. im Diskant gegenüber dem Tenor paraphrasiert wurde. Die 5 Hauptteile wurden mit musikal. Mitteln eng miteinander verbunden (zyklische Variationsm. bei Dufay, Ockeghem, Obrecht), die Stimmen imitierten einander konsequent (Mouton, Willaert), oder die M. übernahm mehrstg. Vorlagen (Motetten, Chansons) und bildete sie um (Parodie-M.: Cl. non Papa, P. de Monte, Gombert, Lasso, Isaac, Palestrina); Tonsilben wurden zu Themen gefügt, die Kunst des → Kanons stand in hoher Blüte, und eine aus der Antike übernommene → Zahlensymbolik stellte sich neben die durch die → Mensuralnotation notwendige, mathematische Berechnung. Diese Künste endeten in den Regeln des → Tridentiner Konzils. Jedoch erschienen auch danach noch *Missae sine nomine* (M.n ohne Namen), die weltl. Weisen parodierten. Der vollstimmige, ausgeglichene Satz des → Palestrinastils wurde zum immer wieder gebrauchten und erneuernd zitierten Muster. Die konzertierende Orchesterm. löste im 17. Jh. die a cappella-M. ab. Es entstanden der Kantate nahestehende Großformen, z. T. mit → Rezitativ und → Arie, mit großem Chor und Orchester (Fux, Scarlatti, J. S. Bach), und der Opernstil drang in die M.komposition ein (Pergolesi, Lotti, Hasse, Mozart, Haydn). Außerliturg. M., die nur noch im Konzertsaal ihren Platz haben, schrieben Beethoven (*Missa solemnis*), Berlioz, Verdi, Liszt, Bruckner. Die im 19. Jh. beginnende Choralreform förderte auch die Komposition der liturg. M., z. T. in einer Palestrina-Renaissance (C. Thiel). Zu den bedeutenden M. des 20. Jh. gehören die *Glagolitische M.* von L. Janáček (1926) und Strawinskys M. a cappella mit Bläsern (1948). M. mit Beteiligung des Gemeindegesangs schrieben u. a. H. Schroeder und E. Tittel, Orgelmessen (vgl. → alternatim, Versetten) M. Reger (op. 59, 1901; von Reger selbst nicht M. genannt) und O. Messiaen (*M. de la Pentecôte,* 1950). – Die M. in slawischer Sprache wird entweder nach westlichem (→ glagolitische M.) oder byzantin. Ritus zelebriert, wobei kirchenslawische (altbulgar.) Texte zugrunde liegen. – Luthers Reformation betonte das Predigtamt und das liturgisch-musikal. Amt (*Formula missae,* 1523; *Deutsche M.,* 1526). Er hielt sich wesentlich an das Ordinarium. Dabei zeigt sich als Ziel deutlich die *Missa brevis* (z. B. Buxtehude). Die M. von und um Josquin Desprez wurden vollständig übernommen, während sich eine eigene liturg. Praxis entwikkelte, vor allem mit dem Streben, sowohl Text wie Weise aus dt. Überlieferung zu übernehmen. Protestantische M. schrieben u. a. J. Hähnel (Galliculus), J. Kugelmann, Chr. Demantius, B. Gesius, J. Eccard und M. Praetorius. Auch in jüngster Zeit entstanden im evangel. Raum M. in dt. und lat. Sprache (z. B. K. Thomas, op. 1, 1925; E. Pepping, *Dt. M.,* 1938, *Missa Dona nobis pacem,* 1948; W. Burkhard, *M.,* 1951). – Bemühungen um Neubelebung der M. im evgl. Bereich gingen von Alpirsbach und Berneuchen aus. → Choral, Gregorianik, Kantionalsatz, Kirchenlied, Liturgie, Requiem.

A. Schnerich, M. u. Requiem seit Haydn u. Mozart, 1909; A. Schering, Die nld. Orgelm. i. Zeitalt. d. Josquin, 1912; P. Wagner, Gesch. d. M., 1913, ND 1972; A. V. Preobraženskij, Kul'tovaja muzyka v. Rossii (D. Gottesdienstmus. i. Rußl.), Leningr. 1924; O. Ursprung, Restauration u. Palestrina-Renaiss., 1924; E. Schild, Gesch. d. protestant. M.nkompos. i. 17., 18. Jh. (Diss. Gießen) 1934; L. Schrade, Die M. i. d. Orgelmus. d. 16. Jh. (AfMf) 1936; W. Schulze, Die mehrstg. M. im frühprot. Gottesdienst, 1940; J. Gassner, The Canon of the mass, NY 1949; A. Piovesan, La messa nella mus., Turin 1949; A. Amann, Abr. d. ostslaw. Kirchengesch., W 1950; W. Lipphardt, Die Gesch. d. mehrstg. Proprium missae, 1950; H. Chr. Wolff, D. Mus. d. alten Niederländer, Lg 1956; Leiturgia 4, 1961; J. A. Jungmann, Missarum sollemnia, [6]1962; A. Adrio, D. Kompos. d. Ordin. missae i. d. ev. Kirchenmus. d. Gegenw. (Fs. Blume) 1963; E. Sparks, C. f. in the mass and motet, Berkeley 1963; F. Blume (Hg.), Gesch. d. ev. Kirchenmus., 1965; J. Schmidt-Görg, Die M. (Musikwerk) 1967; E. J. Lengeling, D. neue Ordn. d. Eucharistiefeier, 1970; M. Lütolf, Die mehrstg. Ordinarium missae-Sätze . . ., Berlin 1970; K. G. Fellerer (Hg.), Gesch. d. kath. Kirchenmus., 1972/6; H. Hucke u. a. (Hg.), Musik in d. feiernden Gemeinde, 1974; Meßbuch f. d. Bistümer d. dt. Sprachgebiets, 1975; N. Moran, The ordinary chants of the Byzant. Mass., 1975; P. S. Cavanaugh, Early 16th-cent.-cycles of polyphon. mass propers (AM) 1976; J. E. Emminghaus, Die M., Klosterneuburg 1976.

Mesto (it. = traurig), Satz- und Vortragsbez. (z. B. Beethoven, op. 10).

Mestwire, Dichtersänger in Georgien, der zur Sackpfeife (*gudastviri*) epische Gesänge vortrug, an Festtagen im Wettstreit mit anderen M. Die Tradition ist seit dem 9. Jh. bekannt. → Aschug.

Mesure (frz. = Maß), Takt, Zeitwert.

Metallophon, die Gruppe von Idiophonen (Selbstklingern), bei denen Metall das klingende Element ist, das meist durch Anschlagen zur Schwingung gebracht wird und mit bestimmter (z. B. Glocke, Glockenspiel, Gong, Lyra, Celesta, Vibraphon) od. unbestimmter Tonhöhe klingt (z. B. Becken, Tamtam, Triangel). – In der Musik-Erziehung und Rhythm. Erziehung ist M. ein Instr. mit abgestimmten Metallstäben, die mit Schlegeln angeschlagen werden (vgl. → Xylophon, Gamelan, Gendèr).

Metamorphosen (griech. *metamorphosis* =) Verwandlungen eines Themas in seiner Grundhaltung (also anders als in → Variationen). So bei R. Strauss, M. für Streichorchester (1944) mit Verwendung des Themas aus dem Trauermarsch von Beethovens 3. Symphonie (Eroica). Ferner bei P. Hindemith (Symphon. M. nach Themen von C. M. v. Weber für großes Orchester, 1943).

W. Brennecke, D. M.-Werke v. R. Strauss u. P. Hindemith (H. Albrecht in memoriam), 1962.

Metrik (griech. *metron* = Maß), Gliederung der Musik in nach Schwerpunkten der Betonung und nach Zeitdauer der Notenwerte geordnete Einheiten (→ Takte), damit ein Formelement, während der → Rhythmus ein Gestaltungsmoment ist. Durch den Vergleich mit der M. in der Dichtkunst sind hinsichtlich der musikal. M. Mißverständnisse entstanden, die sich auch aus dem Umstand erklären, daß die M. der Griechen Verslehre im weitesten Sinne, einschließlich Rhythmus und Reim, war und daß die griech. Vokalmusik höher gewertet und häufiger praktiziert wurde als die Instrumentalmusik. Während Aristoxenos von Tarent (4. Jh. vor Chr.) den Rhythmus als der Musik, Poesie und dem Tanz gleichermaßen innewohnendes Prinzip ansah (Fragmente über Rhythmik), unterschied die alexandrin. Philosophie (bis 2. Jh. n. Chr.) zwischen Rhythmus in Musik und Tanz und M. in der Poesie. Heute gilt M. als Teil der Verslehre, innerhalb deren sie gliedert nach Längen und Kürzen in quantitierende Dichtung (z. B. der Antike), nach Hebung und Senkung in akzentuierende Dichtung (german.) und die etwa seit 1100 alternierende roman. Dichtung mit strengem Wechsel einsilbiger Hebung und Senkung. Nach den Versmaßen der griech. und latein. Dichtung unterschied noch die → Modalnotation dreizeitige (Jambus, Trochäus, Tribrachys) und vierzeitige Versfüße (Daktylus, Spondäus, Anapäst), wobei auf einem Teil, der nicht der erste zu sein braucht, der Akzent liegt (→ Arsis, Thesis). Auf das gerade (2teilige) und das ungerade (3teilige) Maß stützt sich die musikal. Metrik H. Riemanns, der analog dem Versfuß die Grundeinheit Klangfuß (Taktfuß) setzt und danach Motive, Phrasen, Perioden gliedert, wobei er Motiv und harmon. Funktion in Beziehung setzt und innerhalb der Periode den Vordersatz als leicht, den Nachsatz als schwer bezeichnet. Demgegenüber gibt es taktlose, freischwebende Musik vom gregorian. Choral bis zur Chormusik des 14.–16. Jh. (z. B. Pesenti, Tritonius, Hofhaimer, Senfl) und in neuerer Zeit: z. B. Blacher, dessen „Variable Metren" die Musik betonungslos und schwerelos machen.

M. Hauptmann, D. Natur d. Harmonik u. d. M., [2]1873; H. Riemann, System der mus. Rhythm. u. M., 1903; Th. Wiehmeyer, Mus. Rhythmik u. M., 1917; G. Becking, Der mus. Rhythm. als Erkenntnisquelle, 1928, ND 1958; Thr. Georgiades, Musik u. Rhythm. bei d. Griechen, 1958; E. L. Waeltner, M. u. Rhythmik im Jazz (VINM) 1965; P. Benary, Rhythmik u. M., 1967; K. Hławiczka, Mus. Rhythmus u. M. (Mf) 1971; E. Apfel/C. Dahlhaus, Stud. z. Theorie u. Gesch. d. mus. Rhythmik u. M., 1974; G. Henneberg, Theorien z. Rhythmik u. M., 1974; W. Seidel, Üb. Rhythmustheorien d. Neuzeit, Bern 1975.

Metronom, von einem Uhrwerk bewegtes Pendel mit auf einer Skala verschiebbarem Gewicht, das die Geschwindigkeit der Pendelbewegung, also die Anzahl der Schläge in der Minute bestimmt. Etwa seit 1820 wird bei vielen Kompositionen das Zeitmaß nach dem M. Mälzel angegeben (geschrieben: M. M. mit Zahl und

Notenwert). M. M. 60: 1 Pendelschlag je Sekunde. – Das M. geht auf Anregungen von Th. Mace zurück (*Musicks monument,* 1676), auf den sich Loulié mit seinem Fadenpendel stützte (1696), während im 18. Jh. verschied. Lösungen versucht wurden. J. N. Mälzel entwickelte sein M. 1816 (Patentanmeldung). – In neuerer Zeit ersetzt man das M. in Pyramidenform durch ein Taschenuhr-M., Blink-M. oder elektr. M.

R. Kirkpatrick, 18th-cent. metronomic indications (Papers of the Amer. Mus. Soc.) 1938; W. Georgii, Das M. als Freund; in: Klavierspielbüchlein, 1953; R. Angermüller, Aus d. Frühgesch. d. M. (Österr. Mus. Zs.) 1971; H. Chr. Wolff, Das M. des Louis-Léon Pajot (Fs. Larsen), K 1972; R. E. M. Harding, M. and its precursors, Oxf. 1983.

Metrum (griech. *metron* = Maß), Versmaß; → Metrik, Takt; vgl. → Rhythmus.

Mette (von lat. *matutinus* = morgendlich), dt. Bezeichnung für → Matutin = Nacht-(Früh-)Gottesdienst. Die alten lutherischen Kirchenordnungen behielten die tägliche M. und die Vesper bei. An den hohen Festtagen folgte nach Luthers Anweisung auf das *Gloria patri* das → Invitatorium nach Psalm 95 (94).

Mezza voce (it.:) mit halber Stimme, zurückhaltend singen/spielen.

Mezzo (it. =) halb; z. B. *m.forte, m.piano, m.staccato;* → *mezza voce.*

Mezzosopran (ital. *mezzo* = halb), die Stimme zwischen → Alt und → Sopran; diesem meist näher stehend und je nach Lage dunkel oder strahlend mit einem Umfang zwischen g–c^3. Wegen der Beweglichkeit des M. zwischen den beiden Stimmen setzt der Opernkomponist ihn gern ein und stellt hohe Anforderungen (R. Strauss, *Rosenkavalier*).

Mf, Abk. für ital. *mezzoforte* = halblaut.

M. g., Abk. für frz. *main gauche* = linke Hand.

Mi, die dritte Tonsilbe der → Solmisation; in roman. Sprachen für den Ton e.

Mikrotonalität → Vierteltonmusik.

Militärmusik, Musik, die zum Gebrauch im Militärleben bestimmt ist oder dafür aus anderen Bereichen übernommen wurde oder umgekehrt aus dem Militärbereich in das allgemeine Musikleben überging. Dazu gehört außer dem → Marsch alles, was innerhalb militärischer Ordnung, also auch in Truppenbetreuung und → werbung, musiziert (z. B. mit Streich- und Symphonieorchester) und gesungen wird (z. B. → Soldatenlied, -chor). Auf den Hauptbereich der Marschmusik begrenzt, zeigen sich im wesentlichen folgende Besetzungsgruppen: Die Musik der Spielleute (Signalhorn, Fanfaren, Querpfeife mit Trommel), reine Blechmusik, → Harmoniemusik und die mit Saxophon erweiterte Harmoniemusik. Man unterscheidet zwischen der dt. Besetzung mit Holz und (weichem und scharfem) Blech und der häufigeren frz., die diesen Gruppen noch die Saxophongruppe zufügt. Die M. der USA verwendet im Blech außerdem das → Sousaphon. – Bildbelege aus dem Altertum zeigen zur Musik marschierende Krieger. Bei Griechen, Hebräern, Römern waren Signale zur Schlacht, bei vielen Völkern Kriegslieder bekannt. Ma. Blasinstr. waren: Schalmei, kleine Schnabelflöte und die Busine, aus der die Heroldstrompete wurde (Posaune). Neben der gesellschaftl. bevorzugten Reitermusik verbreitete sich mit der wachsenden Zahl der Fußtruppen nach 1200 die Spielmannsmusik mit Trommeln und Pfeifen. Etwa im 16. Jh. finden sich im Instrumentarium der M. auch → Pommer, Posaune, Querpfeife. Aus der Musik der Feldtrompeter (Clarinbläser) und deren Dienstsignalen entwickelten sich die ersten Reitermärsche. Die Neuerungen in der Kriegstechnik seit dem 16. Jh., die Schaffung stehender Heere nach 1600, schließlich die Einführung des Gleichschritts (Leopold I. von Dessau) bewirkten eine schnelle Entwicklung und Verbreitung von M. Die ersten Märsche – eigentlich Signale – stammen aus dem 30jährigen Krieg (*Pappenheimer Marsch* und *Marsch der finnischen Reiterei*). In Brandenburg bestand seit 1646 eine Kapelle bei der Leibgarde (2 Schalmeien, Altpommer, Dulcian). Schalmeien wurden durch frz. Oboen ersetzt, nach denen zeitweilig die M.er aller Instr. kurzweg „Hautboisten" (vgl. → Alta) hießen (zunächst 2 Oboen, Alt-Ob., Fagott; die Musiker waren meist als → Stadtpfeifer ausgebildet). Dazu kamen Trompete, als Baß der Serpent, aus der → Janitscharenmusik (Messing-)Trommeln und Bekken. Die Verbesserung d. Instr. im 19. Jh. (→ Inventionshorn, Ventilinstr., Kornettfamilie, Klappensysteme der Holzblasinstr.) erlaubte auch Konzertmusik (anfangs nur mit Bearbeitungen). Es kamen Streich- und Sinfonieorchester und Chöre auf. Die Besetzungen der M. in Österr. (A. Leonhardt, 1854) und Preußen (F. W. Wieprecht, 1857) wurden reformiert und angeglichen. M.schulen in Dtl. (nach der Potsdamer des 18. Jh.) waren vor dem 2. Weltkrieg in Bückeburg, Frankfurt/M., Sondershausen, Homburg v. d. H. – Die französ. M. (M.schule seit 1792) blühte nach der Frz. Revolution auf. 1845 wurde das Saxophon eingeführt, das die Engländer 1921 übernahmen, die sich schon im 17. Jh. bei Einführung der Oboe der frz. M. angeglichen hatten. Rußlands M. war zunächst durch das von der Janitscharenmusik stammende reiche Schlagzeug charakterisiert. Peter d. Gr. reformierte sie 1711 nach westeurop. Muster. – Die Übernahme normierter M. war oft Ursache für das Verschwinden einheimischer Musikinstr. in verschied. Ländern (z. B. Persien, Schweden). → Armeemarsch, Zapfenstreich.

G. Kastner, Manual général de mus. milit., P. 1848, ND Genf 1973; A. Kalkbrenner, D. Organisation d. M.chöre aller Länder, 1884; H. Eichborn, Militarism. u. Mus., 1909; G. Hirse, Der Musikmeister, [2]1911; H. G. Farmer, The rise and developm. of mil. mus., 1912, ND Freeport 1970; M. Brenet, La mus. mil., P 1917; M. Chop, Gesch. d. dt. M., 1926; J. Mackenzie-Rogan, 50 years of army mus., L 1926; G. Kandler, D. kultur. Bedeutung d. dt. M., 1931; ders., M. (MGG) 1961; J. Reschke, Stud. z. Gesch. d. brandenb.-preußischen Heeresmusik (Diss. B.) 1936; L. Degele, Die M., 1937; P. Panoff, M. in Geschichte u. Gegenwart, 1938; A. Vessella La banda dalle origini fino ai nostri giorni, Ml 1939; J. Franco Ribate, Manual de instrumentación de banda, Madr. 1943; H. E. Adkins, Treatise on the mil. band, L 1958; W. Matejev, Ruskij voennyj orkestr (D. russ. Mil.kapelle), M 1965; R. van Yperen, De Nederlandse militaire muziek, Bussum 1966; R. W. Steinquest, Royal Prussian wind-band mus. 1740/97 (Diss. Nashville) 1971/2; R. Camus, Military mus. of the American revol., Chapell Hill 1976; E. Rameis, D. österr. M. von ihren Anfäng. bis 1918 (ergänzt v. E. Brixel) 1976; F. Masuhr, Die M. i. d. Bundeswehr, 1977; J. Eckhardt, Zivil- u. M.er im Wilhelmin. Reich, 1978. → Blasmusik.

Milonga → Estilo.

Mimus (griech. *mimos* = Schauspieler), Possenreißer, Gaukler im MA; auch fahrender Musikant. Nach dem 8. Jh. wurde M. abwertend = → Spielmann.

Minima (lat. = die kleinste), Note der → Mensuralnotation; vermutl. durch Philipp von Vitry dem damaligen Bestand (Maxima, Longa, Brevis, Semibrevis) zugefügt; heute: halbe Note.

Minnesang, die vorwiegend höfische, weltliche dt. Lyrik des 12. bis 14. Jh. in der Volkssprache und der meist 1stg. Gesang. Im Mittelpunkt stand der ma. Frauenkult (Troubadours, Trouvères), dessen Wurzel in der Marienverehrung gesehen wurde. Daneben wurden persönliche, polit. und soziale Themen und die von bürgerl. Minnesängern bevorzugte Spruchdichtung gepflegt. Noch ungeklärt ist die Frage, ob Dichter und Komponist immer identisch waren oder ob die Melodien nicht vielmehr von bezahlten Spielleuten (*ministeriales*) stammen. Nur wenige Melodien sind erhalten (im 14. Jh. aufgezeichnet) im Ggs. zu der großen Zahl überlieferter Texte (ab 13. Jh.). An Sammelhandschriften sind die Jenaer, Wiener und die späteren in Donaueschingen und Kolmar erhalten; an Einzelwerken die von Oswald von Wolkenstein und des Mönchs von Salzburg. Hugo von Montfort nennt Burk Mangolt als Komponist der notierten Weisen zu seinen Texten. Das Kreuzfahrerlied *Nu alrêst leb ich mir werde* von Walther von der Vogelweide wird mit seiner Melodie in Münster aufbewahrt. Die Melodien sind, soweit nicht das geistl. Lied in Betracht kommt und solange die vermuteten volkstüml. Wurzeln nicht nachgewiesen sind, am nächsten auf die liturgischen Gesänge zurückzuführen; die Strophenform auf den → Hymnus, der → Leich (Lai) auf die → Sequenz, die deklamatorischen Formen auf die Rezitationstöne. Der → Refrain, der sich in Frankreich mit der → Barform verbindet, fehlt in Dtl., wo die Barform vorherrscht. Die Melodie bewegt sich in den → Kirchentönen und bevorzugt den 5. und 7., durch die sie den oft gerühmten Dur-Charakter bekommt. Die Verbindung des M. zu Troubadours und Trouvères war so eng, daß nicht nur rhythmische und verstechn. Beeinflussung erfolgte, sondern Melodien für die andere Sprache umtextiert wurden (→ Kontrafaktur): So paßt *Wol mich der stunde* von Walther von der Vogeweide zu Bernhart von Ventadorns *Can vei la flore*. Bedeutendste M.er, deren Melodien bekannt sind, waren außer Walther: Neidhard von Reuenthal und Heinr. von Meißen (Frauenlob), während Wizlav III. von Rügen und Meister Alexander wohl treffender zu den → Meistersingern gezählt werden. Der mehrstg., instrumental begleitete M. (Mönch von Salzburg, Osw. von Wolkenstein) mit eigenen oder dt. textierten frz. Sätzen zeigt den Weg zum dt. → Tenorlied. → Liederhandschrift, Hofweise.

E. Wechssler, Das Kulturprobl. d. M., 1909; E. Jammers, Unters. üb. die Rhythm. u. Melodik d. Mel. der Jenaer Liederhs. (ZfMw) 1925; ders., Ausgew. Mel. d. M., 1963; F. Gennrich, Grundr. e. Formenl. d. ma. Liedes, 1932, ND 1970; ders., Ma. Lieder m. textloser Mel. (AfMw) 1952; ders., Troub., Trouv., Minne- u. Meistergesang (Musikwerk) ²1960; Fr. Eberth, D. Minne- u. Meisterges.weisen d. Kolmarer Liederhs. (Diss. Gött.) 1933; Th. Frings, M.er u. Troubadours, 1947; ders., Erforschung d. M. (Forsch. u. Fortschr.) 1950; I. Frank/W. Müller-Blattau (Hg.), Trouv. u. M. (2 Bd., Schriften d. Univ. d. Saarlandes 1, 2) 1952/6; U. Aarburg, Singweisen z. Liebeslyrik d. dt. Frühe (z. Textausg. v. H. Brinkmann) ^{2}1956; R. J. Taylor, Z. Übertragung d. Mel. d. M. (Zs. f. Altert. u. dt. Lit.) 1956; ders., D. Mel. d. weltl. Lieder d. MA, 1964; ders., The art of m., Cardiff 1968; M. Lang/W. Salmen (Hg.), Ostdeutscher M., 1958; H. Fromm (Hg.), D. dt. M. (Wege d. Forsch.) 1961, ^{5}1972; A. H. Touber, Rhetor. u. Form i. dt. M., Groningen 1964; B. G. Seagrave/W. Thomas, The songs of the minnesingers, L 1966; R. Baehr (Hg.), Der provenzal. M. (Wege d. Forsch.) 1967; W. Stief, D. Mel. d. M. als Spiegel verschollener Volkslieder? (Stud. musicol. Acad. Scient. Hungar.) 1973; P. Gülke, Mönche, Bürger, M.er, ^{2}1980.

Minore (it. = kleiner; frz. *mineur*; engl. *minor*), → Moll (die kleine Terz); auch Überschrift, z. B. zum Mollteil einer zykl. Form; Ggs. *maggiore*.

Minstrel (engl. von lat.) → Ménestrel.

Minstrelsy, 1. von 1800 bis in die 1870er Jahre Gruppen umherziehender weißer Musiker, Tänzer und Schauspieler in Nordamerika, die Negerlieder und -tänze imitierten. Ihre Darbietungen zählen zur Vorstufe der Jazzmusik. – 2. vgl. → Ménestrel.

A. M. Dauer, Der Jazz, 1958; R. C. Toll, Blacking up: The minstrel show in 19th cent. America, NY 1974.

Minuetto (ital.), → Menuett.

Mirakel (lat. *miraculum* = Wunder), → Mysterien(spiele).

Mirliton (engl. *kazoo*), ein mit vielen Formen und Namen auftretendes Membranophon mit Sprechöffnung und Membran, durch die die Stimme verstärkt und verfremdet wird; ursprüngl. zum Geisterbann (Schamanen); gelegentl. in der Jazzmusik verwendet und in verschied. Formen auch für Kinder gebaut.

Mischpult, Gerät im Tonstudio, von dem aus die einzelnen Produktionsvorgänge gesteuert werden (mit Verstärker, Dynamikregler, Pegel- und Spannungsmesser, Entzerrer), improvisiert od. nach festem Programm (vgl. → Live Electronic, Synthesizer). Bei Aufnahmen für Schallplatte und Funk ist es Aufgabe des → Tonmeisters, die verschied. Tonquellen (Mikrofone, Tonbänder) am M. für die Wiedergabe auszugleichen, so daß sie bei traditioneller Musik den Originalklang nahe erreicht. In der Popmusik wird er mit dem M. verfremdet. → Elektron. Musik.

Miserere (lat.: Erbarme dich), Worte des 50. (51). Psalms, häufig in Karwoche, Totenoffizium, → Tenebrae; feierlich gesungen in der Sixtin. Kapelle in Rom. Gegenüber den dort bevorzugten Kompositionen (G. Allegri, T. Baj, G. Baini) verdienen andere Beachtung: C. Festa, Palestrina, F. Anerio, Josquin Desprez, G. Carissimi, J. B. Lully, G. Gabrieli, H. L. Haßler, A. Utendal, A. Scarlatti, L. Leo. In Verdis *Il trovatore* singt der unsichtbare Chor ein M.

Missa (lat.), → Messe.

Missa graeca (lat.) = griech. Messe; mw. Bez. für Ordinariumsgesänge mit griech. Text in lat. Umschrift, aus der griech.-latein. liturg. Praxis in Rom. Zum (bekannten) Kyrie kamen Gloria, Credo, Sanctus, etwa im 2. Viertel des 9. Jh. zusammengefaßt mit Agnus Dei; überliefert in Hss. des 10., 11. Jh. des frz. und dt.-sprachigen Raums; meist mit 2, wenige mit allen Teilen.

Ch. M. Atkinson, Z. Entsteh. u. Überlief. der „M. gr." (AfMw) 1982.

Missale (Romanum), Sammlung der Gebete, Lesungen, Gesänge, Liturgie-Anweisungen für die röm.-kathol. → Messe. Die Melodien sind obligatorisch für den Priester. Die jetzt gültige Ausgabe geht im wesentlichen auf die von 1474 zurück (14 Auflagen bis zur Ausgabe von 1570: gemäß dem Konzil von Trient). Nach dem 2. Vatikan. Konzil erschien das erneuerte M. R. (1970, [2]1975).

Missa sine nomine → Messe.

Misticanza (it. = Gemisch), Durcheinander, Mischmasch; wie → Quodlibet, Cento, Pasticcio, Ensalada.

Misura (ital. = Maß), Takt; *senza m.* = rhythmisch frei; *alla m., misurato* = wieder streng im Takt.

Mittelalter, in der Geschichte der abendl. Musik der Zeitraum nach der Festigung des Christentums (etwa 4., 5. Jh.) bis zum Übergang von → Renaissance (→ Humanismus) in die Neuzeit (etwa 1450/1500). Die Entwicklung wurde beeinflußt aus antiker griechisch-röm. Kultur (→ Musiklehre, Orgel) und bereits bestehenden Formen → frühchristlicher Musik (→ Antiphon, Responsorium, Hymnus, Psalm, Messe) und war wesentl. bestimmt durch die Ost-West-Spaltung in byzantin.-römische (griech.-latein.) Kulturkreise (→ Byzantin. Musik), durch das Vordringen des Islam (Instrumente), das Zusammentreffen christl. Kultur mit german. Völkern und die Verbindung von Kaiserreich und Papsttum. Entscheidend wurde das Gewicht der geistl. Musik mit der Entstehung und Ausformung 1stg. Gesänge (→ Gregorianik, Tropus, Sequenz 1; Kirchentonarten) und dem Streben nach liturg. Einheit in den Regionen und Orden (Klöstern), während weltl. Musik zunächst nicht erwähnenswert schien. Im Hoch-MA (etwa ab 900) und Spät-MA (etwa ab 1200; auch → Gotik genannt) entwickelten sich die → Mehrstimmigkeit (→ Organum, Conductus, Motette, Messe; Hexachord, Solmisation; Notre-Dame-Schule, Ars antiqua/nova), im Zusammenhang damit grundlegende musiktheoret. Werke (z. B. → Musica Enchiriadis) und eine immer genauere → Notenschrift (→ Choral-, Modal-, Mensuralnotation), auch eine nicht mehr an den gregorian. Choral gebundene (nicht liturgisch) geistliche und weltl. Musik (Sequenz, Conductus, Motette; 1stg. latein. Lieder) und verstärkt die Dichtung und Musik des Rittertums (→ Troubadours, Trouvères, Minnesang, Folkeviser), der → Spielleute und → Dichtersänger. Von der Renaissance-Musik unterscheidet sich die des MA durch absolutes Musizieren, wobei der Gehalt des Textes kaum berücksichtigt wird. Die Formen sind anfangs ohne deutliche Gliederung, die Stimmen linear in Parallelklängen (Oktave, Quinte, Quarte); doch zeigten sich Bestrebungen der Klangfüllung (Terz/Sexte) als Renaissance-Merkmal früh in Italien (→ Trecento) und England und verbreiteten sich schnell mit kunstvollem Kontrapunkt. Die einfache Gleichung: ma. Musik = geistl./Renaiss.-Musik = weltl. wird durch Formen wie → Virelai, Rondeau, Ballade, Chanson widerlegt. Das Instrumentarium wurde verbessert und ergänzt, der bisherige Tonumfang erweitert, zunächst zum Tenor-, Mitte des 15. Jh. (z. B. Ockeghem) zum Baßbereich. Reine Bläserbesetzung erklang bei Aufzugsmusiken: → Alta (musica). Im 14., 15. Jh. entstand die Klaviatur der Tasteninstr., und die Orgel war allgemein das Kircheninstrument. → Burgund. Musik.

R. v. Ficker, D. Mus. d. MA u. ihre Bezieh. z. Geistesleben (Dt. Vierteljahrsschr.) 1925; H. Besseler, D. Mus. d. MA u. d. Renaiss. (Bücken Hdb.) 1931, ND 1980; G. Reese, Mus. in the Ma., NY 1940; M. F. Bukofzer, Studies in mediev. and Renaiss.mus., L. 1950, ND 1964; J. Chailley, Hist. mus. du MA, P 1950; A. Hughes/G. Abraham, Ars nova and the Renaiss. (NOHM 3), L 1960.

Mittelstimmen, Stimmen zwischen den Außenstimmen, im 4stg. Satz: Alt und Tenor zwischen Sopran und Baß.

Mixolydisch, 1. alter griech. → Modus (h–H), dessen Namen fälschl. übertragen wurde auf: 2. die ma. → Kirchentonart: 7. Ton *(tetrardus authentus)*: g–g'.

Mixtur (lat. *mixtura* = Mischung), gemischte Stimmen der Orgel. Der (stärker klingende) Grundton wird aufgehellt durch Mischung mit höheren Tönen, wobei einer der Obertöne verstärkt wird. Die M. ist 3-(4-)chörig, wenn durch die betr. Taste 3 (4) Pfeifen zugleich zum Klingen kommen. Zunächst sollte die M. die Diskantstimme, die hohen Lagen des → Prinzipals, aufhellen und verdeutlichen. Nachdem die Großm., die mehrere Pfeifenreihen zum Tutti vereinigte, außer Gebrauch kam, übernahm die einfache M. deren Aufgabe, den Gesamtklang aufzulockern. Sowohl die Einzelstimme als auch die Summe der Stimmen sind farbiger und bestimmter. Werden die M.pfeifen gegenüber den Grundstimmen leicht verstimmt, so geben die → Schwebungen strahlenden Klang. Zunächst wurden Oktave und Quinte, dann Terz und Septime verstärkt. Dem jeweils herrschenden Klangideal entsprach die Auswahl der gemischten Stimmen, von denen besonders die Orgeldispositionen des 17. Jh. reichen Gebrauch machten. Die Terz als Verstärkung in der M. wurde bevorzugt in der Renaissance und zu Anfang der Romantik. Die Septime war besonders beliebt in der Romantik. Im 19. Jh. kamen abschwächende Formen als „streichende" Zartm.en auf (Geigenm.). Mit Rekonstruktion und Neubau (Prätorius-Orgel, Freiburg/Br.; Orgel der Marienkirche Göttingen) stützte sich in der 1. Hälfte des 20. Jh. der → Orgelbau auf den M.enreichtum der Barockorgel, und die Anforderungen der neuen Orgelmusik an größere, differenzierte Ausdrucksmöglichkeiten des Instr. beziehen die M. ein. → Aliquote.

W. Lottermoser, Akust. Untersuchungen an alten u. neuen Orgeln (Klangstrukt. d. Musik), 1955; ders., Orgelneubau auf akust. Grundlage (Gravesaner Blätter 4), 1958.

Mizhār, altarab. Zupfinstr., eine Vorform der Laute (→ 'Ud); in Nordafrika bekannt als *gumbri, genbri* (Marokko); 2- und 3saitig.

Mizmār (arab.), in der arab. Kunstmusik das Ensemble der die Oboe → Zamr blasenden Musikanten; von da auch Name für Zamr in Nordafrika; ursprüngl. allgemein = Rohrblattinstr.; später Doppelschalmei. → Zurnā.

H. G. Farmer, M. (Encycl. of Islam 3), Leiden 1936.

M. M. = → Metronom Mälzel, Tempobezeichnung bei Musikstücken.

Mnogoletije (russ.) → Polychronion.

Modalnotation, Notenschrift für mehrstg. Musik während einer Übergangsperiode (12.–13. Jh.) zur → Mensuralnotation (13. Jh.), ausgehend vom Gebrauch durch die Notre-Dame-Schule und gekennzeichnet durch die von der Musiktheorie der Zeit *modi* (→ Modus 1) genannten 6 rhythmischen Formeln; aus der → Neumenschrift (mit der *nota quadrata* der → Choralnotation) entwickelte Ligaturen mit Wechsel von → Longa und → Brevis. Diese Modi sind etwa vergleichbar den antiken Versfüßen (Trochäus, Jambus, Daktylus, Anapäst, Spondeus, Tribrachys). Die musiktheoret. Behandlung der M. ist nicht eindeutig und geschah rückblickend aus der Zeit der Mensuraltheorie. Die weitere Entwicklung der Mehrstimmigkeit erforderte die genaue Festlegung der Tondauer in der Mensuralnotation.

H. Husmann, Die 3stg. Organa d. Notre-Dame-Schule . . . (Teildr.) 1935; R. v. Fikker, Probleme d. mod. Not. (AM) 1946/7; H. Tischler, A propos the notation of the Paris. organa (JAMS) 1961; Apel 1962; E. F. Flindell, Aspekte d. M. (Mf) 1964.

Moderato (ital., frz. *modéré* =) gemäßigtes Tempo; *allegro m.* = mäßig bewegt; auch als Satzbezeichnung.

Modern Jazz, nach 1940 entstandene Bezeichung für einen Jazzstil, der durch Vorliebe für alterierte Akkorde, Vorhaltakkorde und den Tritonus (verminderte Quinte = *flatted fifth*) gekennzeichnet ist. Neben den Viertelnoten-Beat trat der Achtelnoten-Beat, und gegenüber dem bisher bevorzugten 2- oder 4tlg. Takt kam das Interesse am 3tlg. auf („Valse Hot“). Erscheinungsformen des M. J. zeigten sich z. B. in → Bebop, Hardbop, Cool Jazz.

Modinha (von portug. *moda* = Mode), in Portugal ursprüngl. Kunstgesang (Arie), seit dem 18. Jh. in Brasilien variiert zum gefühlvollen Liebeslied (*moda*); Gitarrenlied (auch Duett = *moda a duo*); als solches in der 2. Hälfte des 19. Jh. zurückgekehrt: Lied und Salonmusik in Portugal.

Modulation (lat. *modulari* = Takt schlagen/messen), 1. t.t. der → Harmonielehre (seit dem 18. Jh.) für Tonraumwechsel, durch den – innerhalb eines Stückes zeitweilig – eine neue Tonika erreicht wird. Von der → Ausweichung (so die frühere Bez.) unterscheidet sich die M. dadurch, daß die neue Tonart durch → Kadenz gefestigt wird und daher nachhaltiger wirkt. Bei beiden bleibt, wenn auch in verschied. Grad, das Bewußtsein der Ausgangstonart erhalten, die innerhalb einer geschlossenen Form wieder erreicht wird. M. geschieht durch Umdeutung einer Akkordfunktion aus dem Ausgangstonraum in eine des Zieltonraumes oder durch Umdeutung eines Tones in den neuen Tonraum, etwa durch enharmonische Verwechslung, durch Überbinden in den Dominantseptakkord und Alterierung von Akkordtönen. M. ist direkt, wenn das Ziel über einen gemeinsamen, umzudeutenden Akkord erreicht werden kann; sie ist indirekt, wenn mehrere Zwischenstufen benötigt werden. In Dur ist der M.-weg im Quintenzirkel abwärts, in Moll aufwärts der kürzere. Bequeme M.brücken sind der übermäßige Dreiklang, der Dominantseptakkord als enharmon. verwechselter, übermäßiger Quintsextakkord, der verminderte Septakkord und der → neapolitan. Sextakkord. Die Oberstimme soll sich während der M. natürlich, möglichst stufenweise bewegen. Umzudeutende, den Harmonien gemeinsame Töne sollen möglichst ihr zufallen. – 2. Begriff der Akustik für Änderung der → Frequenz bei gleichbleibender → Amplitude oder Änderung der Amplitude bei konstanter Frequenz. Beide M. treten gleichzeitig auf beim → Vibrato der Streichinstr. und der Singstimme.

H. Riemann, Systemat. M.lehre, 1887; M. Reger, Beitr. z. M., 1903; G. Wilcke, Tonalität u. M. i. Str.quart. Mendelssohns u. Schumanns, 1933. → Harmonielehre.

Modus (lat. = Art, Maß), t.t. mit unterschiedlicher, in der Mg. wechselnder Bedeutung. – 1. Rhythmus. Im 12. und 13. Jh. war M. der nach griech. Versfüßen gebildete Rhythmustyp. Gegenüber dieser die Tondauer aber nicht exakt wertenden → Modalnotation hatte die für die Mehrstimmigkeit notwendige (messende) → Mensuralnotation vom 13.–16. Jh. 4 Modi: *m. major perfectus* (1 Maxima = 3 Longen), *m. major imperfectus* (1 Maxima = 2 Longen); *m. minor perfectus* (1 Longa = 3 Breven), *m. minor imperfectus* (1 Longa = 2 Breven). – 2. Melodie. Häufiger als die Bedeutung des Wortes M. als Melodieschema ist der Gebrauch im Sinne von Tonleiter, womit die aus den Oktavgattungen des antiken Tonsystems hervorgegangenen → Kirchentonarten gemeint sind. Ihnen steht die neuzeitl. Tonalität des Dur-Moll-Systems gegenüber. O. Messiaens 7 Modi (*modes à transpositions limitées*) stellen ein eigenes System dar mit temperierter chromat. Tonfolge und symmetr. Notengruppen, die sich im End- und Anfangston überschneiden.

A. M. Richardson, The mediev. modes, NY 1933; H. Husmann, Das Syst. d. modalen Rhythmik (AfMw) 1954; Fr. Gennrich, Streifzüge durch d. erweit. Modaltheorie (AfMw) 1961; H. Hüschen, M. (MGG) 1961; ders., D. M. – Begr. i. d. Mth. d. MA u. d. Renaiss. (Mittellat. Jb.) 1965; W. Frobenius, M. (HmT) 1974; B. Meier, D. Tonarten d. klass. Vokalpolyph., Utr. 1974; J. Lester, Major-minor concepts and modal theory i. Germany 1592–1680 (JAMS) 1977.

Moll (lat. *mollis* = weich), das „weibliche“ Tongeschlecht gegenüber dem „männl.“ → Dur und von diesem hauptsächlich unterschieden durch die kleine Terz, d. h. durch den Halbton zwischen 2. und 3. Stufe der diaton. Skala. Der weitere Aufbau der Leiter ist von der Art der M.-Skala abhängig: Harmonische M.-Tonleiter in a (auf- und abwärts): a hc d ef gis a; melodische M.-Tonleiter (aufwärts): a hc d e fis gis a; (abwärts): a g fe d ch a. Die parallele Durtonart hat die gleichen Vorzeichen und beginnt eine kleine Terz höher, die zu a-moll also mit c. – Die Bez. Dur und M. sind zurückzuführen auf die → Solmisation in ma. → Hexachorden, nämlich den *cantus durus* im Hexachord g–e (mit dem Ton h = *b durum*), den *cantus mollis* im Hexachord f–d (mit dem Ton b = *b molle*). Die Skala leitet sich aus dem Äolischen des Glarean (1547) ab, das von ihm theoretisch zugefügt, in der Praxis aber bereits seit dem 12. Jh. neben 3 weiteren Tonarten den ursprüngl. 8 → Modi beigegeben worden war (→ Kirchentonarten). Den Dur-

Moll-Gegensatz hob Zarlino (1558) hervor, auf den sich der spätere → Dualismus berief und bei dem sich bereits die Wertung der Tongeschlechter nach ihrem Stimmungsgehalt findet. Das Gegensatzprinzip festigte sich (nach Rameau und den Ergebnissen der physikal. Erforschung der → Obertöne) bei A. v. Oettingen und H. Riemann in der → Funktionsharmonik des 19. Jh.

C. Dahlhaus, D. termini Dur u. M. (AfMw), 1955; P. Beyer, Stud. z. Vorgesch. d. Dur-M., 1958; E. Apfel, Spätma. Klangstruktur u. d. Dur-M.-Tonalität (Mf.), 1963. → Dualismus, Harmonielehre.

Molto (ital. =) viel, sehr; *m. allegro, allegro di m.* = sehr schnell; *m. crescendo* = stark anschwellend.

Moment musical (frz. = musikal. Augenblick), eine der vielen im 19. Jh. entstandenen Bez. für das lyrische → Charakterstück, zugleich typisch für diese Gattung der Augenblickseinfälle, die in kurzen Stücken, meist für Klavier, ohne feststehende Form abgehandelt werden. F. Schubert wendet sich seit 1827 dem lyrischen Klavierstück (vorgebildet bei Tomášek und Voříšek) zu in den → *Impromptus,* den *Drei Klavierstücken* und den *Moments musicaux.* Der Name geht vermutlich auf ihn zurück und wurde seither vielfach auch für Ensemblemusik verwendet.

Monferrina, ital. Volkstanz im sehr schnellen 6/8-Takt; aus Monferrato stammend. Die M. wurde Anfang des 19. Jh. in England übernommen.

Monica, it. Volkslied im 17. Jh., das in Varianten aus der ital. (z. B. Frescobaldi) in frz., nld., und dt. Instrumentalmusik übernommen wurde.

Monochord (griech. *monos* = allein, *chorde* = Saite), griech. Instrument mit einer durch einen beweglichen Steg teilbaren Saite, die in der ganzen Länge über einen Resonanzkasten gespannt ist. Auf ihm ist eine Skala angebracht, aus der das Teilungsverhältnis der Saite in Zahlen und das Ergebnis in Tonbuchstaben ablesbar ist. Das M. (griech. auch „Kanon") wurde weniger als Musikinstr., mehr als Hilfsmittel im Gesangunterricht und hauptsächlich für die musiktheoret. Demonstration verwendet. Das mehrsaitige M. (Polychord) des MA erlaubte die Darstellung von Zusammenklängen. Aus diesem Instr., das mit Tasten versehen wurde, entstand das → Clavichord, das in Spanien bis ins 18. Jh. monocordio hieß. Das M. wurde vielfältig wieder gebaut (vgl. → Psalmodikon). – Im Instrumentenbau dient ein M. genanntes Gerät zur Messung der Saitenspannung.

S. Wantzloeben, Das M. als Instr. u. als System, 1911; K.-W. Gümpel, Das Tasten-M. Conrads v. Zabern (AfMw) 1955; C. D. Adkins, The theory and pract. of the m. (Diss. Iowa) 1963; ders., The techn. of the m. (AM) 1967; J. Chailley, Le m. et la théorie mus. (Fs. Smits v. Waesberghe), A 1963; A. Hughes, The m. and musica ficta (MD) 1969; B. Münxelhaus, Pythagoras musicus, 1976.

Monodie (griech. *monodia* = Einzelgesang), der zuerst von der florentinischen → Camera Ende des 16. Jh. in Anlehnung an das antike Vorbild der Griechen gepflegte, begleitete Sologesang, bei dem die aufkommenden Arten des → Generalbaßsatzes dem vokalen Oberbau unterstellt wurden, der den Text in natürlichem, wenn auch emphatisch gehobenem Sprechen darbot (*parlar cantando;* G. Caccini [*Le nuove musiche,* 1601]; Galilei, Cavalieri, Peri). Die Melodie sollte dem Gefühlsgehalt d. Dichtung nachspüren, ihn unterstreichen und wurde dabei von Leidenschaft u. Dramatik d. ital. Sprache bestimmt (z. B. Monteverdi, *Lamento d'Arianna,* 1608). Der akkordisch geprägte monod. Stil wurde (als *seconda pratica*) Ggs. zum kunstvoll kontrapunktischen a cappella-Satz der Zeit (*prima pratica*) und entwickelte bzw. beeinflußte → Rezitativ, Oper, Oratorium, Kantate, Arie/ Lied und Concerto. Dabei erweiterte sich der bei den Griechen im Ggs. zum Chorgesang stehende Begriff M., daß, mit dem Gedanken an die Stützakkorde des → Generalbasses, auch vielfach Homorhythmik (Homophonie) darunter verstanden wird.

E. Schmitz, Z. Frühgesch. d. lyr. M. Italiens (JbP) 1911; F. Blume, Das monodische Prinzip i. d. prot. Kirchenmus., 1925; F. Ghisi, Alle fonti della m., Ml 1940; D. P. Walker, D. mus. Humanism. i. 16. u. früh. 17. Jh., 1949; Thr. Georgiades, Mus. u. Rhythm. b. d. Griechen, 1958; H. H. Eggebrecht, H. Schütz, Musicus poeticus, 1959; ders., M. (MGG) 1961; W. V. Porter, The origins of the baroque solo song (Diss. Yale) 1962; J. Racek, Stilprobl. d. it. M., Pr 1965; E. Apfel, Grundl. e. Gesch. d. Satztechn. 2, 1974; St. Kunz, Instrumentalität u. Sprachvertonung i. d. Mus. v. H. Schütz (Schütz-Jb.) 1979.

Monodram (griech. *monos* = allein), Drama mit nur einer handelnden Person, der in der griech. Tragödie der Chor gegenübersteht. Die literar. Gattung, die im 18. Jh. wieder auflebte, bekam einen neuen Akzent durch musikal. Untermalung und Dramatisierung. Diese Art des M. und → Duodrams entwickelte sich weiter als → Melodram, in dessen Anfängen J.-J. Rousseaus *Pygmalion (scène lyrique,* 1770) und darauf fußend, G. Bendas Stücke (1775) standen.

→ Melodram.

Moralitäten(spiel), Moralité (frz.), **Morality** (engl.), szenisches Spiel im MA mit lehrhafter Gegenüberstellung allegor. Figuren (Tugend : Laster; Leben : Tod) mit Gesang u. instrumentalen Zwischenspielen; frühes literar. Beispiel: Prudentius, *Psychomachia* (um 400). Während im dt.-sprachigen Bereich Schulkomödien vorherrschten, entstanden (oft mehrtätige) M. besonders in Engl. (11.–16. Jh.), Frankr. (seit 13. Jh.), in Spanien als Misterio (14., 15. Jh.); z. B.: *Bien avisé, mal avisé* (Rennes 1439), N. de La Chesnaye, *La Condamnation de Banquet* (1507); *The Play of the Lord's Prayer* (2. Hälfte 14. Jh.), *The Castle of Perseverance* (1425); *Everyman* (engl. Druck 1509) nach *Den Spyeghel der salicheyt van Elckerlijc* (Aufführung Antwerpen, 1485; vgl. H. v. Hofmannsthal, *Jedermann,* 1911). → Liturg. Drama, Mysterien, Rappresentazione sacra.

Mora vocis (lat. = Anhalten der Stimme), Ruhepunkt (Dehnung) im gregorian. Choral.

Mordent (frz. *mordre* → beißen), Verzierung durch ein-(mehr)maligen Wechselschlag mit Hauptnote und Untersekunde:   vgl. Pralltriller.

Morendo, moriente (ital. =) ersterbend, verlöschend; äußerstes → *Diminuendo,* meist zusammen mit → *ritardando*. Abk.: mor.

Moresca (ital.; span. *morisca*), im 15.–17. Jh. in Europa beliebter Tanz mit unterschiedl. Erscheinungsformen, vermutlich ursprüngl. Fruchtbarkeitstanz, auch Fecht- und Schwerttanz und Maskerade schlechthin; häufig in Spanien, Portugal, Italien, England (→ Morris), Dtl., Dalmatien. Die

Tänzer sind oft maskiert, tragen Schellen an den Waden, treten als Mohren auf (daher „Schornsteinfegertanz, Mohrentanz"). Nicht sicher ist die aus dem Namen vermutete Herkunft von den Arabern (Mauren).

Th. Arbeau, Orchésographie (1588; übers. M. S. Evans:)L 1948, ND 1967; R. Wolfram, Neue Funde z. d. Morisken u. d. Morristänzen (Zs. f. Volkskde.) 1953; P. Nettl, The story of dance mus., NY 1947, ND 1967; ders., D. M. (AfMw) 1957; P. Domikros, D. Moriskentanz i. Europa u. i. der ungar. Tradit. (Stud. musicol.), Budap. 1968.

Morinhur → Khuur.

Moritat (v. dt. Mordtat), Schauerballade, meist zum Leierkasten gesungen und auf Bildtafeln erläutert (→ Bänkelsang). Der Text wurde vielfach gedruckt und als Fliegendes Blatt verkauft.

Morris, *m.-dance* (engl.), in England früher weit verbreiterter Männertanz, der → Moresca verwandt; heute, soweit er nicht örtlich erhalten gebliebenes Brauchtum ist, von Morrisgilden neu gepflegt. Die *M.dances* sind aus Glückwunschprozessionen entstanden. Die Männer tanzen in früher freien, später genau typisierten Verkleidungen (Maienkönigin, Narr) und tragen oft Schellen an Knöcheln oder Waden. Die Musik im Zweiertakt geht in verlangsamten Dreiertakt bei Sprüngen über und nahm Lieder und Opernmelodien aus dem 17. und 18. Jh. auf.

C. J. Sharp.. The M. Book 1–3, L. 1907–13; M. Dametz, Engl. Volkslieder u. Moriskentänze, W., 1912.

Mosso (ital. =) lebhaft, bewegt; z. B. → *andante m.; più m.* = lebhafter; *meno m.* = ruhiger.

Motette (wohl aus afrz. *mot:* Vers, Wort), mehrstg. Chorstück mit mehreren, vom Text bestimmten, motivisch wechselnden Teilen; heute meist geistlich, a cappella, schon im 13., 14. Jh. auch weltl. u. in zahlreichen Formen auftretend. Die 2–3stg. M.en der Pariser → Notre-Dame-Schule (nach 1200) gaben den Oberstimmen (→ Discantus) über dem im Tenor liegenden Choral neue (auch verschiedene) Texte, anfangs silbengleich (→ Conductus), dann (zunächst bei den Schlüssen) melismatisch erweitert (→ Klausel 2) als *motetus*. Als der lateinische geistl. Text durch frz. weltlichen ersetzt wurde, verlor sich die Bindung an den Choral, der Tenor wurde solistisch instrumental, die Oberstimmen wurden im Satz führend (P. de Cruce). Die → isorhythm. M. (Machaut, Ph. de Vitry) der → ars nova (14. Jh.) wurde vom italienisch beeinflußten, imitierenden Stil Ciconias abgelöst, in Engld. von Dunstable weiter gepflegt. → Durchimitierte M. entstanden seit Dufay. Die M.en von Josquin Desprez (darunter die neue Evangelien- und Psalm-M.) mit imitatorisch-akkordischem Deklamationsstil waren Höhepunkt der Entwicklung und wirkten u. a. auf Isaac, Brumel, Compère. Im 16. Jh. waren der den Text tonmalerisch ausdeutende Lasso, G. Gabrieli und Palestrina Hauptvertreter der M. Vor der Madrigalisierung schützte die M. die im → Tridentiner Konzil gebotene Norm des abgeklärten → Palestrinastils, gegen dessen Zentrum Rom sich Venedig als Schwerpunkt homophon-flächiger → Mehrchörigkeit entwickelte, während in Frankr. eine Josquin-Nachfolge die M. in Chansonnähe führte (Certon, Janequin) und der flämische Norden konservativ blieb (Gombert, Clemens non Papa). In Dtl. wirkte das Beispiel Josquins und Lassos (Finck, Stoltzer, Hofhaimer, Senfl). Die Reformation förderte → Bicinium und → Tricinium und in Lied-M. (Lechner, Eccard) und Spruch (Demantius, Haßler, Schütz) neue Gattungen. Aus Italien wirkte die in der → Monodie und aus der Praxis einfacher Aufführungsverhältnisse entstandene geringstg. M. mit → Generalbaß (Viadana) neben dem venetian., akkordischen Concerto-Typ (G. Gabrieli, Monteverdi: *„Marien"-Vesper*) mit mehrchörigen Großformen (Bibers Messe zur Domweihe Salzburg 1624). Dem → Concerto (Choralkonzert) widmete sich M. Praetorius, der mit seinem choralgebundenen Werk zusammen mit Scheidt zum Beispiel der evgl. Kantoreipraxis wurde. Während sich die → Kantate aus dem Concerto herausbildete, festigte sich der M.nbegriff auf Generalbaß-M. und a cappella-Form (Schütz, *Geistl. Chormusik*), in der sich in der Folgezeit Bibeltext mit betrachtendem Choral verband. Die polyphone Kunst im Höhepunkt der 6 M. J. S. Bachs wurde lange in mitteldt. Kantoreien schematisch imitiert (Homilius, Krebs, Rolle). Auf die süddt. kathol. M. wirkte italien. Einfluß weiter (Biber, Caldara, Fux, Mich. Haydn, Mozart). Während in Frankr. Kantaten als M. bezeichnet wurden, blieb das → Anthem in Engl. als M.typ (Gibbons, Turner). Daneben entstand die Kantate Händels. Die weltliche und nicht kirchliche geistl. M. erhielt seit dem 19. Jh. in Dtl. durch Schumann, P. Cornelius, Brahms, Reger, R. Strauss, A. Schönberg, v. Webern Auftrieb. Während in beiden Konfessionen das Muster Palestrinas im 19. Jh. formelhaft wirkte, zeigt sich im 20. Jh. eine lebhafte Entwicklung im Zusammenhang mit einer allgemeinen kirchenmusikal. Erneuerung, im kathol. Bereich mit J. N. David, Ahrens, H. Schröder, im evangelischen u. a. mit A. Mendelssohn, Distler, Pepping, Thomas, Reda, Drießler, F. Kukuck. Der Begriff M. gilt nun für den a cappella-Satz geistl. Inhalts, auch ohne konfessionelle Bindung (H. Kaminski, Krenek). → Chormusik, Gem. Chor.

F. Ludwig, Üb. d. Entsteh. ... d. lat. u. frz. M. ... (SIMG) 1905/6; H. Leichtentritt, Gesch. d. M., 1908, ND 1967; J. Handschin, Üb. d. Urspr. d. M. (Kb. Basel) 1924; E. Lowinsky, Secret chromat. art in the Netherlands m., NY 1946, ND 1967; R. Stephan, D. Tenores d. M. ältesten Stils (Diss. Gött.) 1949; F. Gennrich, Bibliogr. d. ält. frz. u. lat. M., 1957; A. Hughes, The m. and allied formes (NOHM 2)1958; U. Günther, The 14th cent. m. and its developm. (MD) 1958; H. Tischler, The evolut. of form in the earliest m. (AM) 1959; ders., The earliest m. (Mus. & Lett.) 1979; R. Dammann, Gesch. d. Begriffsbest. „M." (AfMw) 1959; S. Clercx, Joh. Ciconia, 1960; G. Birkner, Motetus u. M. (AfMw) 1961; H. H. Eggebrecht, Machauts M. Nr. 9 (AfMw) 1962/3; D. Launay, Anthol. du m. lat. polyphon. en France, P 1963; E. Sparks, C. f. in mass and m., Berkeley 1963; E. Apfel, Beitr. z. e. Gesch. d. Satztechn. v. d. früh. M. bis Bach, 1964; K. Hofmann, Z. Entsteh. u. Frühgesch. d. Terminus M. (AM) 1970; ders., Untersuch. z. Komp.techn. d. M. i. 13. Jh., 1972; J. Černý, K nejstarš. dějinám moteta v česk. zem. (Z. frühesten Gesch. d. M. i. Böhmen; Misc. musicol. 24) Pr 1971; W. Dehnhard, Die dt. Psalmm. i. d. Reformationszeit, 1971; E. H. Sanders, The mediev. m. (Gattungen d. Mus.), Bern 1973; H. Hüschen, M. (Musikwerk) 1974; E. Nowiacki, The latin psalm m. (Renaiss.-Stud., Fs. H. Osthoff) 1977; M. Bielitz, Mot – motetus – M. (HmT) 1978; F. Krummacher, Mehrchörigkeit u. themat. Satz b. J. S. Bach (Schütz-Jb.) 1981.

Motetus (mlat.; *motellus, mutetus*), im → Organum über dem Cantus liegende, zusätzl. textierte Oberstimme (vorher, zuerst im 2stg. Organum, Duplum genannt). → Conductus, Motette.

Motiv (v. lat. *movere* = bewegen), das kleinste Element charakteristischer, konzentrierter musikalischer Aussage, Baustein der Komposition. Es kann rhythmisch gekennzeichnet sein (das M. im 1. Satz von Beethovens 5. Sinf. ist typisch auch ohne Tonfolge), und es kann von einem Intervall oder einer Intervallfolge bestimmt sein oder harmonisch durch eine Akkordfolge. Das M. ist unabhängig vom Formtyp. Dramatische Spannung durch M.bau und M.folge wird auch außerhalb der → Periode der klassischen → Sonatenform erreicht (vgl. das Fünftonm. in Strawinskys *Symphonie en ut* und die Aufteilung in Zweier- und Dreiergruppen). Das → Leitmotiv, von R. Wagner „Grundthema" genannt, geht oft über das M. (im eigentl. Sinne als Kernzelle des Musikwerkes) hinaus.

Motive aus Wörtern, Tonsilben u. Buchstaben wurden häufig als Teil des Themas (→ Soggetto cavato) od. als Zitat im Musikverlauf verwendet (vgl. → BACH). Antike u. ma. Musikanschauung wirkte in → Zahlensymbolik und Zahlenalphabet (z. B. Machaut) nach und führte zu verschied. Tonschriften und Versuchen (so A. Kircher, J. C. Faber, M. Haydn) mit den (nicht musikal.) Arten v. Noten-Geheimschrift (G. Schott, 1655; J. B. Friderici, *Cryptographia,* 1685) und Weltsprache (Sprach-Note) zur Nachrichtenvermittlung (Fr. Sudre, *Langue musicale,* 1866). Neben der Umdeutung von Tonsilben (*re* = König; *sol* = Sonne) und der (musikbezogenen, doch ungenügenden) Gleichsetzung: Ton-Name = Buchstabe entstand ein besonderes frz. System, das *ganze* Alphabet zu „vertonen" (z. B. Ravel, Honegger). Messiaen entwickelte seine eigene „kommunizierbare Sprache" (1972). Vokale u. Tonsilben verwendeten nach G. v. Arezzo (vgl. → Solmisation) burgund., franko-flämische Komponisten. So soll (nach Glarean) Josquin Desprez mit der *Missa „La sol fa re mi"* die Antwort des zur Zahlung gemahnten A. Sforza gemeint haben: *lascia fare mi* (laß mich machen). Das Thema in Josquins *Herkulesmesse* (um 1500): *re ut re ut re fa mi re* bringt die Vokale der Widmung *Hercules Dux Ferrarie*. Ähnlich bei Lupi, Ockeghem, C. de Rore u. in den Tonleiterthemen (z. B. Ockeghem, *Missa Mi-mi;* Josquin, Motette *Ut Phoebi radiis*). – Einzelwörter, Initialen, Eigennamen wurden z. B. vertont von: C. G. Hering (Kanon *CAFFEE*); Spohr (zwischen *Es* u. *H* geschrieben *po* für *piano;* Viertelpause für *r*); *F. FESCA* (im Streichquartett); J. Field (*BEEF, CABBAGE*); R. Schumann (*GADE, ABEGG, ASCH*); Gade (*GADE + BACH*); Schumann/Brahms/A. Dietrich (*FAE = frei, aber einsam;* Sonate f. Violine u. Klav., 1853); Borodin/Glazunov/Ljadov/Rimskij-Korsakov (Streichquartett f. den Verleger Belaieff: *B la F,* 1886); Reger (Fughette: *E. GRIEG,* 1898 / *SCHAF, AFFE* in Violinsonate op. 72, 1904; die ursprüngl. Widmung *„an viele"* galt den Kritikern); Ravel (*Menuet HAYDN,* 1909 / *Berceuse FAURÉ,* 1922); d'Indy (*Menuet HAYDN,* 1909); Debussy (*Hommage à HADYN,* 1909); Dukas (ebenso); Honegger (*Hommage à ROUSSEL,* 1928); Duruflé (*Prél., Fugue D'ALAIN,* 1943); H. Kaminski (*Präl., Fuge ABEGG,* 1927); Eisler (*14 Arten* . . ., op. 70:

SCHÖNBERG, 1941); J. N. David (*Sinfonia preclassica* für den Verleger *HASE,* 1953); W. Fortner (*Thema u. Variat.: P. SACHER,* 1975); D. Schostakowitsch (*DSCH*) (selbst in: Streichquart. 1956, 1960); Ron. Stevenson (*DSCH* in: *Passac.,* 1967); E. Denisov („*DSCH*" f. Klarinette, Pos., Cello, Kl., 1969; *EDS* für sich selbst im *Requiem,* 1980); Br. Hesford (*DSCH,* Orgel, 1977); A. Schnittke (*DSCH + BACH* in: *Preludio in memoriam D. Schostakowitsch,* 1975); T. Medek (*DSCH* im Violinkonzert 1980); S. Bussotti (in: *La passion selon Sade,* 1965: *D SADE + BACH*); F.-G. Rößler (*Hommage à A. Schlick,* Orgel, 1980: *ASCH*); A. Schnittke (*Canon in memor. I. F. STRAWINSKIJ / 3. Sinfonie,* 1982, mit über 30 Namen von *BACH* bis *KAGEL*).

Wolf, 1913/9; H. Chr. Wolff, D. Musik d. alten Niederländer, Lg 1956; G. Frotscher, Gesch. d. Orgelspiels., 1966; O. Wessely, Musik, 1973; S. Schmalzriedt, Subiectum ... (HmT) 1978.

Motu proprio (lat.: aus eigenem Antrieb), Name päpstlicher Erlasse im 15. Jh., die nicht auf Eingaben antworten. Zur Erneuerung d. kathol. Kirchenmusik erließ Papst Pius X. 1903 das M.p. (*Inter pastoralis officii*), erkannte damit die Bemühungen der → Benediktiner um Belebung des traditionellen gregorian. → Chorals an u. entzog der bis dahin privilegierten Editio → Medicaea die offizielle Grundlage. Er stellte sich gegen weltl. Zutat in der Kirchenmusik, empfahl den → Palestrinastil für die Chormusik und beschränkte die Orgelbegleitung in der Liturgie.

Kirchenmusik war oft das Thema in Konzilien u. Erlassen: Konzil v. Laodicea (343/81), Aachen (816), Trier (1227), umfassend in d. *Constitutio Docta Sanctorum Patrum* (1324, Joh. XXII.) u. 1562/3 auf d. Konzil zu Trient (1545–1563; → Palestrinastil); danach in Anordnungen v. 1657 (Alexander VII.), 1678 (Innozenz XI.), 1749 (Benedict XIV.: Enzyklika *Annus qui*), 1824 (Leo XII.), 1828 (Pius VIII.), 1842 (Gregor XVI.). Das M. p. von 1903 faßte die Entwicklung zusammen u. vervollständigte ein Regelwerk, das mit d. Bestätigung des Allgem. Cäcilienvereins (1868) im Breve *Multum ad movendos animos* u. dem *Regolamento per la Musica Sacra* der Ritenkongregation (1884, 1894) vorgezeichnet war. Spätere päpstl. Weisungen zu kirchenmusikal. Fragen waren die *Constitutio Apostolica* (Pius XI., 1928), die Enzyklika *Mediator Dei* u. die Rundschreiben *Musicae Sacrae Disciplina* (Pius XII., 1947, 1955), die sich besonders m. Choralpflege beschäftigten. Auf die *Constitutio de sacra liturgia* (1963) des 2. Vatikan. Konzils (1962/5) gründen sich die Bemühungen um Erneuerung d. → Liturgie.

Documenta Pontificia ad instaurat. liturgicam, R 1953, 1959; K. G. Fellerer, Kirchenmusikal. Vorschriften im MA (KmJb) 1956; Dokumente d. 2. Vatikan. Konzils 3, 1965.

Mouvement (frz. = Bewegung), 1. Zeitmaß; – 2. Satz einer zyklischen Form; – 3. in der Tanzterminologie die einfache Körperbewegung im Ggs. zum Schritt (→ *pas*).

Mozarabischer Gesang, die aus latein. Wurzeln stammende, aus byzantin., vor allem westgotischen Elementen entstandenen alt-spanischen Formen des liturg. Gesanges, die sich besonders im 7. Jh. (Blütezeit) entwickelten u. nach 711 als unter maurischer Gewalt stehend (*musta'rab*) mozarab. genannt wurden; Teil der als Sammelbegriff zu verstehenden „gallikan. Liturgie". Von den Gesängen sind nur wenige erhalten (mit eigenen Neumen). Das kirchl. Zentrum war Toledo. Der gregorian. Gesang, der in Katalonien unter karolingischem Druck schon im 9. Jh. eingeführt wurde, setzte sich, besonders unter Einfluß der Mönche aus Cluny, seit dem 11. Jh. auch in Spanien durch (Aufhebung des m. G. 1071 durch Gregor VII.).

P. Wagner, Der m. Kirchenges. u. seine Überlief. (Span. Forsch. d. Görresgesellsch.) 1928; C. Rojo/G. Prado, El canto moz., Barcel. 1929; H. Anglés, Latin chant before Greg. (NOHM 2) 1956, ²1965; ders., D. Sequenz u. d. Verbeta im ma. Span. (Stud. z. Mw.) 1961; ders., Span.-mozarab. Liturg., in: Fellerer (Hg.), Gesch. d. kath. Kirchenmus. 1, 1972; C. W. Brockett, Antiphons, respons. and other chants of the moz. rite, NY 1968; D. M. Randel, The responsorial psalm tones for the moz. office, Princeton 1969 (Index: 1973).

M.s., Abk. f. it. *mano sinistra* = linke Hand.

Mucke (umgangssprachl.; Mz.: Mucken), Aushilfsmusiker (u. seine Tätigkeit) aus einem Orchester für ein anderes, das vorübergehend od. für ein bestimmtes Stück nicht ausreichend besetzt ist; von daher auch: *eine M.haben, mucken* (abwertend und oft bei Tanzkapellen: *Strippe, strippen*).

Mugam, Mukam → Makom.

Multimedia, Zusammenwirken verschiedener Künste (Stile, Techniken) in einem Werk, das als Ganzes konzipiert und dargeboten wird (nicht als Nebeneinander: *mixed media*); besonders Großformen in großen Räumen unter Einsatz aller möglichen techn. Geräte seit Mitte des 20. Jh. (u. a. J. Cage, M. Kagel, D. Schnebel, D. Schönbach). Die Aufgabe der Musik ist dabei unterschiedlich: aufgehend im Ganzen od. regulierend, steuernd. Anfänge könnten in festl. Freilichtopern mit Feuerwerk und mit Farbspielen gesehen werden (z. B. Prag 1723), in den Ideen von E. Th. A. Hoffmann und Novalis, im → Gesamtkunstwerk R. Wagners, wo meist die Musik dominiert. Über die „Farbenmelodie" wurde seit der 1. Hälfte des 18. Jh. diskutiert (→ Farbenmusik). Skrjabin sah (*Prométhée*, 1910) eine Farblichtstimme in der Partitur vor. Das enge Ineinanderwirken der Künste wird im 20. Jh. angestrebt (musikalisierte bildende Kunst, → musikal. Graphik; Dadaisten, K. Schwitters) und weiterentwickelt, wobei die M.-Techniken in → Rock- und Popmusik angeregt bzw. vervollständigt wurden.

R. Kostelanetz, The theatre of mixed means, NY 1968; D. Schönbach, Neue Aspekte f. d. totale Theater (Melos) 1971; G. Wehmeyer, Satie u. das Werden d. M.-Idee (Österr. Mus. Zs.) 1975.

Mundharmonika (ital. *armonica a bocca*; frz. *harmonica à bouche*; engl. *mouthorgan*), Blasinstr. mit durchschlagenden Metallzungen, die in einem Metallrahmen frei schwingen im Strom der vom Mund eingepreßten oder eingesogenen Luft. Das → Kanzellenholz mit den kleinen Windkanälen auf beiden Seiten wird oben und unten abgedeckt durch die Stimmplatte, so daß je eine Stimmritze mit der dazugehörigen Metallzunge über einer Kanzelle liegt. Von den drei Grundtypen der M. hat die Richter-M. in jedem Tonkanal 2 verschieden gestimmte Zungen für Saug- und Druckluft. Die Richter-M. wird einzeltönig als Melodie-Instr. gespielt.

Die Oktav-Instr. (Knittlinger M.) haben breitere Kanäle, jeder Ton klingt bei ihnen durch zwei Zungen in Oktavabstand. Die Instr. des Wiener Systems tragen zu Unrecht den Namen Tremolo-M. Als Tremelo wird hier fälschlich die Schwebung bezeichnet, auf die die beiden einem Ton zugeordneten Zungen gestimmt sind. Chromat. Spiel ermöglicht die → Chromonika, die nach dem System Richter gebaut ist. Die M. wurde 1821 von Chr. Fr. L. Buschmann erfunden und von ihm zunächst Aura oder Mundäoline genannt. Heute wird sie chorisch und solist.-virtuos gespielt. Originalmusik für die M. schrieben z. B. D. Milhaud, E.-L. v. Knorr, G. Maasz.

H. Buschmann, Chr. Fr. L. Buschmann, der Erfinder der Mund- und Handharmonika, 1938; A. Fett, Die M. (Kl. Instr.kunde), 1966.

Mundorgel → Sheng.

Mundstück, Ansatzstück bei Blasinstr., durch das die Luft in das Rohr dringt: 1. Blechblasinstr. (auch Zink): Größe und Form (Bohrung) hängen von Tonlage (Größe) und Bauart des Rohres ab (auch von Lippen- und Zahnstellung des Bläsers). Hohe Naturtöne sprechen besser mit dem flachen (Trompete), tiefe (Bariton 2) besser mit dem tieferen M. an. Je schärfer der Übergang (Kante) vom M. zum „Schaft" (M.-Bohrung) ist, desto schärfer der Ton. Die M.-formen der Instr. und Stimmlagen gehen ineinander über; Kessel- und Becherm. werden daher oft gleichgesetzt. *Kesselm.* (flach bis tief): Zink (unterschiedl. bei den Arten), Klappenhorn, Ophikleïde, Trompete, Posaune. *Becherm.* (tief bis flach): Bügel-, Tenorhorn, Bombardon, Tuba, Saxhorn, Kornett, Saxotromba. *Trichterm.*: Naturhorn, Ventil-(Wald)horn, Wagnertuba. Verstellbare Kessel sind seit 1881 bekannt (Poppe, Philadelphia). – 2. M. bei Holzblasinstr. (außer Zink): Blockfl., Klarinette = „Schnabel"; Instr. mit Doppelrohrblatt (Oboe, Englischhorn, Fagott) = „(Mund-)Rohr".

Muñeira, (galic. *muiñeira*: Müllerin) Tanz(lied) in Asturien und Galicia, 6/8-Takt mit Auftakt. Gallegada: Bühnentanz mit M.-Thema.

Murciana, südspan. Lied und Tanzlied (→ Fandango) aus Murcia, mit den Besonderheiten der Malagueña.

Murky, Baßbegleitung in gebrochenen Oktaven, im 18. Jh.; bequemes Mittel wirkungsvoller Klangrundung besonders bei Tasteninstr. Von daher ist M. auch ein schnelles, kurzes Klavierstück mit fortschreitenden gebrochenen Oktaven im Baß.

Muschelhorn → Schneckenhorn.

Musen, in der griech. Mythologie die Töchter des Zeus und der Mnemosyne. Aus der ursprünglich einzelnen Muse, der Schutzgöttin des Rhapsoden, waren schon bei Homer und Hesiod neun Schwestern geworden, die auf Erden in Pierien (östl. des Olymp), auf dem Berg Helikon oder dem Parnaß bei Delphi sangen und tanzten. Hesiod teilte als erster ihre Namen mit (ihre Funktionen und die verschiedentl. wechselnden Attribute erhielten sie in spätgriech. Zeit): Erato (besonders Liebeslyrik), Euterpe (Lyrik mit Flötenbegleitung), Kalliope (epische Dichtung, Wissenschaft), Klio (Geschichtsschreibung), Melpomene (Gesang, Tragödie), Polyhymnia (ernster Gesang mit Instrumentalbegleitung), Terpsichore (Tanz), Thalia (Komödie), Urania (Astronomie).

O. Kern, D. Religion d. Griechen, 1926–38; E. R. Curtius, M. im MA. (Zs. f. roman. Phil. 59), 1939; ders., Die M. (Europ. Lit. u. lat. MA.), Bern, 1948; K. Kerenyi, D. Mythologie d. Griech., 1951; W. F. Otto, D. M., [2]1956; E. Schröter, Die Ikonogr. d. Themas Parnaß vor Raffael, 1977.

Musette (frz.), 1. eine im frühen 17. Jh. aus Irland in Frankr. übernommene, dort weiterentwickelte Art → Sackpfeife mit einem kleinen Blasebalg. Die engmensurierte Spielpfeife wurde in der Mitte des 17. Jh. von Hotteterre durch eine zweite, kleinere für hohe Töne ergänzt. Die M. entwickelte sich bis ins 18. Jh. zum beliebten Virtuoseninstr. in Frankreich. – 2. Schalmei (ohne Windsack) = *hautbois (musette) de Poitou*; in tiefer Lage: Musettenbaß; – 3. von daher Zungenstimme in der Orgel (16′, 8′, 4′); – 4. ruhiger Tanz im 3/4-, 6/8-, 2/4-Takt, durch den Bordun gekennzeichnet; beliebt in der frz. Ballettmusik des 18. Jh., immer mit M. (später durch Akkordeon ersetzt); in der Klaviermusik u. a. bei Couperin, Rameau, J. S. Bach, Schönberg (Suite op. 25); oft Charakterstück, Walzer im 19. Jh. (*à la musette, Valse m.*)

J. Maillard, Musettes et cornemuses (L'éducation mus.) 1962/4; C. Sachs, Reallex. d. Musikinstr., 1913, ND 1964; J. H. v. d. Meer, Beitr. zur Typolog. der westeurop. Sackpf. (SIMP 1) 1969; J. Matzner, Zur Systematik d. Borduninstr., 1970.

Musica Enchiriadis (von griech. *encheiridion* = Handbuch), Traktat um 900; erster Hinweis auf abendländ. mehrstg. Musik und Parallelorganum; notiert in einer → Buchstabennotenschrift (hier das → Dasia-System).

E. L. Waeltner, D. Organum bis z. Mitte d. 11. Jh. (Diss. Heidelb.) 1955; E. Jammers, Anfänge d. abendl. Musik (Slg. mw. Abh. 31) Straßb. 1955.

Musica ficta (lat. *fingere*: ausdenken, ersinnen), im 13.–16. Jh. in der Musiktheorie (J. de Garlandia) übliche Bez. für Transposition aus der eigentl. Lage des → Hexachords (→ Solmisation), was die Tonverhältnisse änderte. Der Anspruch „wahre Musik" (*musica vera*) verschob sich dabei je nach dem Standpunkt in der Entwicklung von Theorie und Praxis. Daher kam es neben *M.f.* auch zu der Bez. *falsa* (= falsche) *musica* für die seit der chromat. Spaltung im neuen C-System in → *b rotundum* und *b quadratum* vordringende reiche Chromatik, die dazu führte, daß die humanist. Musiklehre gegenüber dem strengen System der Solmisationssilben und der freier werdenden Praxis nach Erweiterung des Systems durch neue Silben strebte (→ Bebisation). → Mutation (2).

E. Lowinsky, Secret chromat. art in the Netherlands motet, NY 1946, ND 1967; G. Reaney, Modes in the 14th cent. (Organicae voces, Fs. Smits van Waesberghe), A 1963; ders., Accidentals in early 15th cent. mus. (Fs. Lenaerts) Löwen 1969; A. Hughes, Ugolino. The monoch. and m. f. (MD) 1969; M. Bent, Mus. recta and m. f. (MD) 1972; H. Tischler, M. f. in the 13th cent. (Mus. & Lett.) 1973; D. Harrán, New evidence for m. f. (JAMS) 1976.

Musica figurata → Cantus figuralis.

Musica instrumentalis. In der Einteilung des Boethius (6. Jh.) die klingende Musik (vokal und instrumental) im Ggs. zur *musica* *mundana* (Weltenharmonie) und *humana* (Leibseelenharmonie), die später (Regino v. Prüm, † 915) mit der Vokalmusik zusammengefaßt wurden als *mus. naturalis* im Ggs. zur *mus. artificialis* (Instrumentalmusik).

Musical (engl. *M. Play, M. Comedy* =) musikal. Komödie, dem → Singspiel ähnlich, stets gegenwartsnah, nur selten mit ernsten Einschüben, undramatisch, sachlich, ironisch. Das M. entstand mit einzelnen Ansätzen nach 1900 in USA aus der kom. → Oper und → Operette, von deren Sentimentalität und Weitschweifigkeit es sich bis etwa 1924 immer deutlicher löste: G. M. Cohan (*Little Johnny Jones,* 1904), R. Friml, C. Porter, S. Rodgers. Ein eigener M.-Stil mit Jazzelementen und Songs zeigte sich bei G. Gershwin (*Lady be Good,* 1924) und V. Youmans (*No, No, Nanette,* 1925) und bestimmte die weitere Entwicklung: J. Kern (*Show Boat,* 1927), I. Berlin (*Annie Get Your Gun,* 1946; *Call Me Madam,* 1950), C. Porter (*Kiss Me Kate,* 1948; *Cancan,* 1953), L. Bernstein (*Trouble in Tahiti,* 1952; *Wonderful Town,* 1953). Das Ballett war nicht als zusätzl. Schaustück im Vordergrund, sondern Teil (Rodgers, *Oklahoma,* 1943; L. Bernstein, *West Side Story,* 1957) innerhalb der Einheit von Text, Musik und Handlung, die sich nun mit aktuellen, polit. sozialen Themen befaßte (Kern, *Show Boat*; Gershwin, *Strike up the Band,* 1930; Rodgers, *Pal Joey,* 1940; K. Weill, *Lady in the Dark,* 1942). Die Aufführungen wurden perfektioniert, und die Darsteller hatten Fertigkeiten in allen Sparten bis zur Artistik zu beweisen. Mit Gershwins *Porgy and Bess* (1935) rückte das M. in die Nähe der Oper. Nach dem 2. Weltkrieg kamen Libretti nach Werken der Weltliteratur auf: F. Loewe (*My Fair Lady,* 1956), L. Bernstein (*West Side Story*), J. Herman (*Hello Dolly,* 1964). Den größten Erfolg nach Youmans' *No, No, Nanette* und Loewes *My Fair Lady* hatte J. Bock mit seinem *Fiddler on the Roof* (1964; in Dtl. *Anatevka*). Das M. *Hair* von G. McDermot (1968) ist von Rock-Musik und Hippie-Leben bestimmt als optisch, akustisch, kabarettist., pantomim. ausgedrückte Gesellschaftskritik. – Nach Europa kam das M. in den 1940er Jahre über England, wo es sich selbständig weiterentwickelte nach dem großen Erfolg von L. Bart mit *Oliver* (1960; nach Dikkens). Ein Pop-M. mit Rock-Elementen und Multimedia-Techniken kam 1970 in London zur Uraufführung (*Catch My Soul*; nach Shakespeare) und die Rock-Oper *Jesus Christ Superstar* (T. Rice, A. L. Webber). In Dtl. hielt sich das M. an das amerikan. Beispiel, z. B. M. Spoliansky (*Katharina Knie,* 1957; nach C. Zuckmayer), P. Kreuder (*Bel Ami,* 1960), während in Frankreich Vaudeville und Chanson die Form bestimmten (M. Monnot, *Irma la Douce,* 1956).

C. Smith, M. Comedy, NY 1950; J. W. McSpadden, Operas and M. Comedies, NY 1954; D. Ewen, Complete book of the Americ. Mus. Theatre, NY 1958; S. Green, The world of m. comedy, NY 1960; S. Schmidt-Joos, Das M., 1965; U. Gatzke, Das amerikan. M., 1969; K. Kemetmüller, D. amerikan. M. als Unterhaltungsphänomen (Diss. W) 1970; T. Vallance, The American M., L. 1970; A. Jackson, The book of M., L ²1979; St. Pflicht, M.-Führer, 1980.

Musica poetica (v. griech. *poiein* = tun, allgemein die Kompositionslehre und das musikal. Schaffen im 16. Jh., als die Musik sich aus der Zugehörigkeit zu den abstrakten mathemat. Künsten löste und mit irdisch-menschlicher Ausdruckskraft zu den redenden Künsten (Grammatik, Rhetorik und Dialektik) zählte; Ggs.: *musica mathematica*.

W. Gurlitt, D. Kompositionslehre d. dt. 16. u. 17. Jh. (Kb. Bamberg), 1953; H. H. Eggebrecht, Zum Figur-Begr. d. M. p. (AfMw), 1959; A. Schmitz, Musicus poeticus (Universitas, Fs. Stohr II), 1960; C. Dahlhaus, M. p. u. musikal. Poesie (AfMw), 1966.

Musica reservata (von lat. *reservare* = zurückhalten), ein zwar verhältnismäßig selten, aber geographisch weit verstreut auftretender Musikbegriff der 2. Hälfte des 16. Jh. Die Quellen in den Niederlanden, in Dtl. und Italien beziehen ihn z. B. auf die Musik bei Josquin Desprez, Coclico, Ph. de Monte, Waelrant, O. di Lasso, sind aber im übrigen widersprüchlich und lassen keinen eindeutigen Schluß zu, ob es sich um eine Geheimkunst handelt, die nur einem bestimmten Kennerkreis vorbehalten war, ob der neue Stil mit gesteigerter Affektausdeutung und freierer Behandlung der biblischen Texte (z. B. Josquins *Miserere*), die dem bisherigen Humanistenideal widersprach, Zurückhaltung gegenüber der gewohnten Schreibweise nötig machte oder ob M. eine üblicherweise im geschlossenen Kreis hochgestellter Personen ausgeführte vokale Kammermusik bedeutet.

M. v. Crevel, A. P. Coclico, Den Haag 1940; H. Federhofer, Monodie u. M.r. (Dt. Jb. d. Mw. 2) 1957; B. Meier, Reservata-Probleme (AM) 1958; ders., M.r. (HmT) 1977; C. V. Palisca, A clarification of „M.r." . . . (AM) 1959.

Musica sacra (lat. *sacer* = heilig), → geistliche Musik, Kirchenmusik.

MusiCassette (Wortbildung der 1960er Jahre; Abk.: MC), Klein-Tonband mit Behälter (Kassette), das bespielt (Leerkassette) od. abgespielt wird. Die geringe Bandbreite bedingt engeren Frequenzumfang. Es gibt (1982) 4 international vereinbarte Normklassen. Nachdem die Bandqualität verbessert und durch das Dolby-Verfahren eine Geräuschminderung mögl. wurde, nahm die Produktion industriell (auch mit „klass. Musik") bespielter M. schnell zu, so daß ein Werk oft gleichzeitig als neue Schallplatte und auf MC geliefert wird. → Bootleg.

Music for tape (engl. = Musik für Tonband), nordamerikan. Art der → elektron. Musik; etwa seit 1950 bestehend. Sie ist nicht so konsequent in der Auswahl des Ausgangsmaterials wie die dt. Richtung und mischt konkrete Klänge (→ *Musique concrète*) mit elektron. erzeugten. Hauptvertreter sind: L. und B. Barron, O. Luening, V. A. Ussachevsky und J. Cage.

Musicologie, → Musikwissenschaft.

Musik (von griech. *musike techne* = Kunst der Musen), die Tonkunst = die Kunst, das von der Natur gegebene Tonmaterial auswählend so zu ordnen und zu begrenzen, daß es nach einem geistigen Bauplan innerhalb einer im menschl. Lebenszusammenhang fundierten Gattung mit künstlerisch konzipierten Formeln (Stilmitteln) den Eindruck einer einheitl. Form vermittelt. Die Folge (→ Melodie) und/oder die Zusammenklänge (→ Harmonie, Akkord, Konsonanz, Dissonanz) von Tönen verschied. Höhe innerhalb des Hörbereichs erscheinen in → rhythm. Gliederung, charakterisiert durch → Metrum, Dynamik, Klangfarbe (Kolorit). Der Grad der Selbständigkeit zugleich erklingender Stimmen kennzeichnet die → Komposition als → polyphon (→ Heterophonie, Kontrapunkt) od. → homophon. Die Vielfalt sich überschneidender Ordnungsmöglichkeiten (→ Tonsystem, Ursprung der Musik), die unterschiedl. Wertung der M. als geistiges Element od. Objekt der Sinneswahrnehmung mit mehr od. weniger starker *„Ansprache des Gefühls"* (W. Furtwängler), die mit Generation, Periode, Epoche je nach dem Kulturraum wechselnde M.anschauung (→ Musikästhetik, Mg.) machen das Wort M. zum Sammelbegriff, der als Konvention od. Ideal eine Fülle oft nur im Material übereinstimmender Erscheinungen zusammenhält. – Das Schöne der M. erklärten die Griechen aus Zahlenverhältnissen der Intervalle und dem Gesetz der Abwechslung. Den erzieherischen Wert betonten schon die Chinesen; auf Plato stützte sich Boethius, und Luther setzte sich für regelmäßige M.übung in den Schulen ein (→ M.erziehung). Die religiöse Kraft der M. wurde von Augustin bis Luther vielfach hervorgehoben. Die Ablenkung durch verweltlichte M. fürchtete das → Tridentiner Konzil; Zwingli verbot anfangs jede → Kirchenm., und die Kartäuser pflegen ausschließl. den → Choralgesang. Der Glaube an die Heilwirkung der M. und ihre magische Kraft lebt seit den Uranfängen fort. → M.therapie war bei den Griechen bekannt und wurde häufig beschrieben, im 20. Jh. systematisch betrieben. – Das Wort M. (für sich allein stehend) deutet auf die frühgriech. Verehrung der Musen und die Überzeugung der Griechen von der Einheit Tanz-Ton-Wort, die aus vorgeschichtl., indoeuropäischer Überlieferung stammt. Erst in spätgriech. Zeit beschränkt sich die Bedeutung auf die Tonkunst. Nach griech. Vorbild unterschied die ma. M.theorie M. als Wissenschaft (*scientia*) und Kunst (*ars*). Die Zahlentheorie (→ Sphärenharmonie) des Pythagoras (5. Jh. v. Chr.) verband Augustin († 430) mit Platons nun christlich bezogener Ethoslehre. Die Unterscheidung des Aristoxenos v. Tarent (3. Jh. v. Chr.) in theoretische und prakt. M. hat bis heute Bestand, die Plutarchs (2. Jh. v. Chr.) in Harmonik (= Melodik), Rhythmik, Metrik galt bis ins 16. Jh. Auf Boethius († 524) geht die Einteilung in *musica mundana* (= *coelestis*, als Sphärenharmonie), *m. humana* (Leibseelenharmonie) u. *m. instrumentalis* (Vokal- und Instrumentalm.) zurück. Im 13. Jh. stand die *musica plana* (oder *choralis*) als 1stg. M. der mehrstg. *m. mensuralis* (od. *figuralis*), die *m. recta* (od. *vera*) streng nach den (diaton.) → Kirchentönen der auch chromat. *m. falsa* (od. *ficta*) gegenüber. Eine noch nicht hinreichend geklärte Sondererscheinung ist die musica reservata (Ende 16. Jh.). Bis zur Neuzeit wurden Unterscheidungen immer genauer, Grenzen ungenauer, wo es um spekulativ wertende, nicht um real gegebene Trennungen ging; → absolute M.: → Programm-(Inhalts-)M.; geistl.: weltl. M.; Volks-: Kunst-M.; 1stg.: mehrstimmige M.; ernste M.: Unterhaltungs-M.; Instrumental-M. (Orchester-, Kammer-, Salon-, Jazz-M.): Vokal-M. (begleitete od. M. a cappella); Stadtpfeifer-, Blas-M., Laien-, Schul-, Jugend-M., Konzert-, Kirchen-, Haus-, Freiluft-, Rockm.; konventionelle (→ alte), avantgardistische (-neue), → elektronische, → autonome M., Geräusch-M., M. als Geräusch, Ge-(Ver-)brauchsm. – Das 20. Jh. kennt keinen ganzheitl. Musikbegriff. → Akustik, Informationstheorie, M.psychologie, Funktionelle M.

A. E. Cherbuliez, Gedankl. Grundl. d. M.betrachtung, Z 1924; G. Pietzsch, Die Klassifikation der M. v. Boetius bis Ugolino, 1929; E. Bücken, Geist u. Form im mus. Kunstwerk (Bücken Hdb.) 1932; Fr. Dietrich, M. u. Zeit, 1933; H. Scherchen, V. Wesen d. M., Winterthur 1946; K. G. Fellerer, Die M. im Wandel d. Zeiten u. Kulturen, 1948; T. W. Adorno, Philos. d. neuen M., 1949, NA [3]1967; G. Brelet, Le temps music., P 1949; J. Kremlev, Ruskaja mysl' o muzyke (russ. Musikanschauung), Leningr. 1954/60; H. Pfrogner, M., Gesch. ihrer Deutung, 1954; A. Briner, Der Wandel d. M. als Zeit-Kunst, W 1955; N. E. Ringbom, Üb. d. Deutbarkeit d. Tonkunst, Helsinki 1955; Z. Lissa, Üb. das Spezifische i. d. M., B-Ost 1957; L. Saminsky, Physics and metaphys., Den Haag 1957; W. Wiora, M. als Zeitkunst (Mf) 1957; ders., Z. Vor- u. Frühgesch. d. mus. Grundbegriffe (AM) 1974; H. H. Eggebrecht, M. als Tonsprache (AfMw) 1961; ders., „M." in Riemann, M.lex., Sachteil, 1967; ders., Mus. Denken, 1977; H. Hüschen, „M." (Teil B) (MGG) 1961; P. Boulez, Penser la mus. aujourd'hui, P 1964; W. Korte, De musica, 1966; R. Cadenbach, Das musikal. Kunstwerk, 1978; W. Danckert, M. u. Weltbild (hg. M. Bröcker) 1979. → Musikästhet., M.philosophie.

Musikalienhandel. Waren im Anfang des Buch- u. → Musikdrucks die Drucker zugleich Verleger und Händler, so vollzog sich die allmähliche Trennung schon in der 1. Hälfte des 16. Jh.: Der Nürnberger Verleger J. Ott druckte nicht mehr selbst. Umschlagplätze waren die Messen in Frankfurt/M. (deren Angebot erstmals der Augsburger Sortimenter G. Willer katalogisierte) u. Leipzig. Trotz der Verbesserung der Drucktechnik (→ Notensatz, Notenstich) gehörten noch im 18. Jh. geschriebene Noten zum Angebot des M. Bedeutende dt. Sortimenter waren in Leipzig Breitkopf, in Berlin Rellstab und Hummel. Bis ins 18. Jh. tauschten die Verleger-Sortimenter nur Druckbogen aus (*Change*). Mit dem Konditionswesen, das im 18. Jh. einsetzte, konnten sich selbständige M.handlungen freier und mit vielseitigem Angebot entwickeln. Nach dem Muster des Buchhandels übernahm der M. im 19. Jh. den Brauch des festen Ladenpreises, der sich in England erst im 20. Jh. durchsetzte. Heute ist M. meist mit Instrumenten- und Schallplattenhandel verbunden, während sich das Musik-Antiquariat allmählich zu einem Sonderzweig entwickelt. In dem von F. Hofmeister gegründeten Verein der dt. Musikalienhändler waren auch die Verleger vereinigt. Er arbeitete seit 1834 mit dem seit 1825 bestehenden Börsenverein der dt. Buchhändler zusammen. Während der Verband der Dt. Musikalienhändler (1924) Händler und Verleger zu Mitgliedern hatte, wurde 1947 neben dem Dt. Musikverlegerverband der Dt. Musikalienwirtschafts-Verband gegründet (seit 1971: Gesamtverband deutscher Musikfachgeschäfte); Zs.: Musikhandel.

R. Eitner, Buch- und M.händler. (Beil. Monatsh. f. Mg.) 1904/5; M. Schumann, Zur Gesch. d. dt. M., 1929; A. Weinmann, Wiener Mus.verleger u. M.händler (von Mozart bis 1860), W 1956; H. Gericke, Der Wiener M. 1700/78, 1960; U. Lachmann, Die Struktur d. dt. Musikmarkts (Diss. Tüb.) 1960; R. Elvers, Musikdrucker, Mus.händler i. Berlin (Fs. Gerstenberg) 1964; K. Hortschansky, Der Musiker als Mus.händler i. d. 2. Hälfte d. 18. Jh., in: W. Salmen (Hg.), D. Sozialstatus d. Berufsmusikers v. 17.–19. Jh., 1971; W. Monke, H. Riedel (Hg.), Lehrb. d. M., 1971.

Musikalische Früherziehung, pädagogische Bestrebung, kindliche Lernbereitschaft und -fähigkeit im Vorschulalter zu fördern, was in Dtl. nach dem Beispiel der USA zunächst mit dem Früh-Leselernen (Lückert) in den 1960er Jahren begann und nach 1965 auch im Musikbereich an verschiedenen Orten aufgegriffen und seit 1968 vom Verband der → Musikschulen gefördert wurde. Der gegen den Lese-Unterricht erhobene Vorwurf der Überforderung der Kinder durch einseitige intellektuelle Belastung kam in der M. F. kaum zur Geltung, da hier Spiel- und Nachahmungstrieb und die noch durch keine fertigen Modelle eingeengte Fantasie des Kindes in Lernspielen, Rhythmusübungen mit Schlagwerk, Spiel mit Klängen und Geräuschen, Singen bei gleichzeitiger Stimm- und Gehörbildung gefördert werden sollen, wobei das Notenbild die freie dynam., rhythm., klangliche Formgebung eher hindert. Die besonderen Neigungen des Kindes können früh erkannt und gefördert werden (z. B. Vorbereitung des Instrumentalspiels).

K. Jacob, Musikerz. durch Bewegung, 1964; S. Abel-Struth, Musikal. Grundausbild., 1967; dies., Musikal. Beginn in Kindergart. u. Vorschule, 1971; H. Moog, Beginn u. erste Entw. d. Mus.erlebens i. Kindesalter, 1967; ders., Das Mus.erleben d. vorschulpflicht. Kindes, 1968; R. P. G. Shuter, The psychol. of mus. ability, L 1968; G. Meyer-Denkmann, Klangexperimente u. Gestaltungsversuche i. Kindesalter, W 1970; L. Friedemann, Kinder spielen m. Klängen u. Tönen, 1971; M. Küntzel-Hansen, Klänge hören, lesen, zeichnen, 1971; M. Neuhäuser, M. F., 1971; L. Auerbach, Hören lernen, Musik erleben, 1972; G. Noll/A. L. Suder (Hg.), Mus. i. Vorschulalter, 1974; H.-B. Ernst, Mus. u. Bewegungserzieh., 1977; W. Probst, M. F. in: D. Wucher (Hg.), Hdb. d. Musikschulunterr., 1979.

Musikalische Graphik, Begriff der Neuen Musik, besonders seit Mitte der 1950er Jahre (so bei Haubenstock-Ramati) im Entstehen der → Aleatorik. Anders als frühere Bemühungen um eine neue → Notenschrift sollte m. G. nicht einen musikal. Vorgang fixieren und verbindlich überliefern, sondern ihn anregen. Dabei konnte der Ablauf der Musik, die Improvisation in ihren Stadien, vorgedacht (vorgeordnet) oder die Graphik als bildnerisches Ereignis primär sein und zur Musik in der Improvisation oder Vorstellung (inneres Hören: Musik zum Lesen) führen. (Die Zeichen der graph. Notation veranlassen und lenken die Ausführung der Musik und können sich mit der m. G. überschneiden.) Vielfach wurden den Blättern ausführliche Anweisungen zum besseren Verständnis beigefügt. A. Logothetis (*Labyrinthos,* 1965) hoffte, die vielfältigen Erscheinungen m. G. könnten sich letztlich zu einer neuen, allgemeinen Notationsform konzentrieren. Erste Beispiele der m. G. entstanden in den USA: Brown, *Folio,* 1952; Cage, *Variations I for any kind and number of instruments,* 1958.

E. Thomas, Notation Neuer Musik (Darmst. Beitr. z. N. Mus.), 1965; E. Karkoschka, D. Schriftbild d. Neuen Musik, 1966; J. Cage, Notations, NY 1969; F. Goebels, Gestalt u. Gestaltung m.r Gr. (Melos) 1972; D. Schnebel, Denkbare Mus., 1972; C.de Man, Muziek en grafiek 1, Groningen 1975; W. Gieseler, Z. Semiotik graphischer Notation (Melos) 1978.

Musikalische Volks- und Völkerkunde, → Musikethnologie.

Musikalität → Begabung.

Musikant, heute meist der Instrumentist, Tanz-, Orchestermusiker; vielfach geringschätzig gemeint, während andrerseits „musikantisch" positiv ist für den Musiker „durch und durch". Von daher wohl auch die positive Bedeutung von M. für den begeistert musizierenden Laien. Das Wort M. setzte sich seit 1570 allgemein für → Spielmann, Minstrel, → Ménestrel durch und meinte die Mittelschicht zwischen dem gelehrten, schöpferischen *musicus* und der sozial tiefsten Schicht der fahrenden Straßen- und Bettelmusikanten. Erst nach 1800 wurde es abwertend gebraucht.

→ Musiker, Musiksoziologie.

Musikästhetik (v. griech. *aisthetikos* = die sinnl. Wahrnehmung betreffend), die Lehre vom Wesen der Musik als Vorstellungsganzheit, als geistige Gestalt hinter ihren normativ geordneten Erscheinungen. Die M. ist Teil der Kunstphilosophie. Sie unterscheidet sich von der Musiktheorie und benutzt als Hilfsmittel die Erkenntnisse der → Musikpsychologie, -physiologie und Physik, wenn sie die Wechselwirkung materieller Gegebenheiten in einer primären, geistigen Einheit erfaßt. Sie betrachtet das Verhältnis des Kunstwerks zum Hörer und versucht, hinter einem durch Zeit, Ort und Individuum geprägten und mit ihnen wechselnden Schönheitsbegriff einen absoluten Maßstab des Schönen zu finden. Die M. untersucht die musikal. Mittel auf ihre Fähigkeit künstlerischer Nachahmung, die zunimmt entsprechend der Reihenfolge der Mittel: Intervalle, Klangfarben, Metrum, Rhythmus, Tempo, Dynamik. – Die verschied. Richtungen musikästhetischer Theorien betrachteten hauptsächlich entweder die Form der Musik oder ihren Ausdruck (Inhalt), die aber beide ineinanderwirken (Form-Ausdruck-Ästhetik), weshalb auch der von Gatz konstruierte Ggs. von Autonomie- und Heteronomieästhetik (griech. *heteros* = fremd) nicht zu halten ist. Die musikal. → Affektenlehre unterstellt, daß die Musik Seelenbewegung darstellen und bewirken kann. Die Theorien, beginnend bei den Griechen, sehen dabei bevorzugt den ethischen Wert (das *„sittlich Schöne"*) oder die menschliche Leidenschaft (→ Ethoslehre). In der Affektenlehre des 17. und 18. Jh. wurden musikal. Formeln für die Darstellung von Seelenzuständen verwendet. Die Frage, wie weit Musik die Natur als zu ihr gehörig nachbilde oder Außer-, Übernatürliches aus sich heraus schaffe, bewegte die Denker nach Aristoteles zu allen Epochen und war in der Zeit zwischen 1700 u. 1850 eindeutig zugunsten der Nachahmung der Natur entschieden. – D. Begriff Ästhetik im heutigen Sinne geht auf A. G. Baumgarten zurück (*Aesthetica*, 1750/8).

E. Hanslick, Vom Musikal.-Schönen, 1854, ND 1965; A. W. Ambros, D. Grenzen d. Mus. u. Poesie, 1856, ND 1976; H. Riemann, Elemente d. mus. Ä., 1900; H. Abert, D. Musikanschauung d. MA u. ihre Grundl., 1905, ND 1964; F. Busoni, Entwurf e. neuen Ä. d. Tonk., 1907, 1916, NA 1974; H. Goldschmidt, Die M. d. 18. Jh., 1915, ND 1968; E. Closson, Esthét. mus., Br 1921; P. Moos, Die Philos. d. Mus. v. Kant bis Hartmann, 1922; H. Mersmann, Angewandte M., 1926; F. M. Gatz, M. in ihr. Hauptrichtungen, 1929; R. Schäfke, Gesch. d. M. i. Umrissen, 1934, ^{3}1982; A. Schering, D. Symbol i. d. Mus. (hg. W. Gurlitt), 1941; J. Handschin, D. Toncharakter, Z 1948; T. W. Adorno, Philos. d. neuen Mus., 1949, NA ^{3}1967; K. Huber, M., 1954; A. Wellek, M. (MGG) 1961; ders., Mus.-psych. u. M., 1963, ^{3}1982; E. Fubini, L'est. mus. dal Settecento a oggi, Turin 1964, ^{2}1968; V. Zuckerkandl, Vom musikal. Denken, Z 1964; C. Dahlhaus, M., 1967; D. Zoltai, Ethos u. Affekt, Budap./B 1970; A. Moles, Informat.theorie u. ästh. Wahrnehmung, 1971; A. Nowak, Hegels M., 1971; Z. Lissa, Neue Aufsätze z. M. (Tb. z. Mw.) 1975; G. Schuhmacher, Einf. i. d. M. (ebd.) 1975; A. Riethmüller, D. Mus. als Abbild d. Realität (Beih. AfMw) 1976; D. Wellershoff, D. Auflös. d. Kunstbegr., 1976;

H. H. Eggebrecht, Musikal. Denken (Tb. z. Mw.) 1977. → Musik, Musikphilosophie.

Musikautomaten, → mechanische Musikinstrumente.

Musikbibliographie (v. griech. *biblos* = Buch; *graphein* = schreiben), im allgemeinen die wissenschaftl. wertende Lehre von gedruckten od. geschriebenen Musikwerken, -büchern, Musikaufsätzen od. musikbezogener Sekundärliteratur; im besonderen deren alphabetisch nach Verfassern od. Titeln oder sachlich nach Inhalten, Themen, Besetzungen, Opuszahlen, Entstehungsdaten, Einzelkomponisten geordnete Zusammenstellung, entweder kritisch betrachtend oder listenmäßig aufzählend. Nach frühen Verzeichnissen (z. B. Gesner, *Pandectorum libri 21,* 1548), Verlags- und Meßkatalogen mit verschiedenen Titeln erscheint der Begriff Bibl. erstmals 1652 in Frankreich und dort 1822 zuerst musikbezogen. Der Augsburger Willer brachte (1622) den vermutl. 1. Musikkatalog heraus vor dem Verzeichnis von Brossard (1703) und der krit. „Musikal. Bibliothek" od. „Literatur der Musik" bei Mizler, Gruber, Forkel (1792). Die Register von Becker, Eitner, Büchting führten die chronologische Zusammenstellung fort. Eine Sichtung des internationalen Quellenbestands erfolgt seit 1960 im Internat. Quellenlex. der Musik (RISM), in dem seit 1982 als Serie A/II auch die öffentl. erreichbaren Musikhandschriften (1600 bis 1800) zusammengefaßt werden. Musikbezogene Arbeiten ab 1967 werden im Internat. Repertorium der Musikliteratur (RILM) mit Inhaltsangaben (*abstracts*) zusammengestellt; ein Internat. Repertorium der Musik-Ikonographie ist geplant. Daneben erscheinen Bibliographien der mw. Dissertationen, Festschriften und Themat. Verzeichnisse und mw. Grenzgebiete. – Z. T. kritische Übersichten finden sich in Periodica, z. B.: Vierteljahrsschr. für Mw. (1885/94), ZIMG (1899/1914), ZfMw (1918/33), Acta musicol. (1931/52), Notes (1943ff.), Musica disciplina (1948ff.), Fontes Artis Musicae (1954ff.), Jb. Peters (1894; → Jb.), Jb. f. Liturgik und Hymnolog. (1955ff.), Bibliogr. des Musikschrifttums (1936/9, 1950ff.). – In erster Linie kommerziellen Zwecken diente das zuerst 1817 von C. F. Whistling herausgegebene „Hdb. der musikal. Lit.", das 1829 d. Verlag Hofmeister übernahm, unter dessen Namen („der H.") es bekannt wurde und das von der Dt. Bücherei Leipzig hg. wird. Die Dt. Bibliothek Frankfurt/M. (Abt. Dt. Musikarchiv, das die Pflichtexemplare der Verleger erhält) veröffentlicht im Rahmen der „Dt. Bibliographie" seit 1976 (Bielefeld) das „Musikalienverzeichnis" der Neuerscheinungen aus den dt.-sprach. Ländern, das auch Leihmaterialien nennt, soweit sie vorgelegt wurden. Vorgesehen ist der Titeleintrag nach der für Bücher üblichen Kennzeichnung ISBD (Internat. Standard Bibliographic Description) mit der Fassung für Musikalien: ISBD (Music). Als Teil der „Dt. Bibliographie" erscheint seit 1974 das „Schallplattenverzeichnis".

M.n: C. F. Whistling, Hdb. d. musikal. Lit., 1817; Hofmeisters Hdb. d. musikal. Lit., 1844–1940 (Jahresverzeichn. 1932ff.; Dt. M., 1943); R. Eitner, Bibl. d. Musik-Sammelwerke d. 16. u. 17. Jh., 1877; ders., Bücherverz. d. Musiklit. a. d. Jahren 1839/46; 1885; ders., Biograph.-bibliograph. Quellenlex. d.

Musiker u. Musikgelehrten ... bis Mitte d. 19. Jh., 1900/04; E. Challier, Großer Lieder-Ktlg., 1885; ders., Gr. Duetten-Ktlg., 1898; ders., Gr. Chor-Ktlg., 1903; F. Pazdirck, P. Gotthard, Universal-Hdb. d. Musiklit. aller Zeiten u. Völker, Wien, 1904/10; M. Brenet, Bibl. des bibliogr. music. (L'année music.), P 1914; W. Altmann, Versuch e. Bibl. üb. neue Mus., 1925; ders., Orch.-Lit.-Ktlg., 1936; ders., Kammermus.-Ktlg., [6]1945; R. Schaal, Verz. d. dt. sprach. Diss., 1960, 1974; Bibliogr. d. Mus.schrifttums (begonnen Lg 1936/9; fortges. für 1950ff.: Frankf./M. 1954ff.; für 1961 ff.: Mainz 1969ff.); J. Kunst, Ethnomusicology, Den Haag [3]1959, Suppl. 1960; RISM (Répert. intern. des sources mus.) ab 1960; A. Davidsson, Bibl. d. mth. Drucke d. 16. Jh. (Biblioth. bibliogr. Aurel.) 1962; C. G. Hzg. v. Mecklenburg, Bibl. einiger Grenzgebiete d. Mw., 1962; G. B. Koltypina, Bibliografija muzykal'noj bibliografii (Bibl. mus. Bibliographien) M 1963, Suppl. 1970; dies., Spravočnaja lit. po muzyke. 1773/1962 (Musik-Nachschlagewerke) M 1964, fortges. v. N. G. Pavlova für 1963/70, M 1972; F. Blum, Mus.monographs in series, L 1964; A. Taylor, General subject-indexes since 1648, Philadel. 1966; A. H. Heyer, Histor. sets, collected editions and monum. of mus., Chicago [2]1967; RILM (Répert. intern. de litt. mus.), NY ab 1967; Bibliographia musicologica (ab 1968), Utrecht 1970ff.; M. Bobillier, Bibliogr. des bibliogr. mus., NY 1971; H. Heußner/I. Schultz, Collectio musica, M. in Dtl. bis 1625 (Catalogus mus. 6) 1973; H. Hewitt, Doctoral diss. in musicol., fortges. C. Adkins, Philad. [5]1971, Suppl. (JAMS) 1973; A. Hughes, Mediev. mus. (Toronto mediev. bibliogr.), Toronto 1974; G. A. Marco u. a., Informat. on music, a handbook of reference sources in Europ. languages, Littleton/Col. 1975ff.; C. Adkins/A. Dickinson, Intern. index of diss. and musicol. works in progress, Philad. 1977, 1979; D. Horn, The lit. of Americ.mus. in books, N. Jers. 1977; E. Vogel (Biblioth. d. gedr. weltl. Vocalmus. Italiens. 1500/1700; 1892; Teil-Revis. A. Einstein 1945/8, ND 1962; NA:) Bibliografia della mus. it. (hg. Fr. Lesure, C. Sartori), Pomezia 1977; J. Gribenski, French language diss. in mus. (1875/1975), NA 1979. – → Musikethnol., Vergl. Musikforschung, Festschriften, Kongreßbericht, Tanz.

Lit.: K. Meyer, Über M. (Fs. Wolf) 1929; W. Totok/R. Weitzel, Hdb. d. bibl. Nachschlagewerke, 1954; W. Schmieder, M. (AfMw) 1955; C. Hopkinson, The fundamentals of M. (FAM) 1955; K. Dreimüller, Gedanken u. Anreg. z. mus. Bibliogr. u. Quellenkunde (Kb. W) 1958; H.-M. Pleßke, Z. Gesch. d. dt. M. (Beitr. z. Mw.) 1963; B. S. Brook, Mus.lit. and mod. communicat. (betr. RILM: AM) 1970.

Musikbibliothek (griech. *theke*: Behältnis), Büchersammlung und das zugehörige Gebäude. Gesammelt werden Handschriften und Drucke, Noten, Bücher, Dokumente (Briefe), Bilder, Schallplatten, Tonbänder, Mikrofilme. Wertvolle Ausgaben, ebenso allgemeine Nachschlagewerke können nur in den Räumen der M. (Präsenz-, Handbibl.), andere ausgeliehen werden. Verlage sind gesetzl. verpflichtet, Freiexemplare an bestimmte Bibliotheken zu senden. Seit der Teilung Dtl.s gehen westl. Pflichtexemplare an die Dt. Bibliothek in Frankfurt/M., östliche an die Dt. Bücherei, Leipzig. Das British Museum (seit 1753) in London erhält seit Ende des 18. Jh. Pflichtstücke. Die Pariser Bibliothèque Nationale (seit 1567) wird seit dem 16. Jh. pflichtgemäß beschickt und umfaßt auch die Bestände des Konservatoriums und der Oper. Zu den bedeutendsten M. der Welt zählen (chronologisch): National-Bibl. in Wien (seit 1526), Lenin-Bibl., Moskau (1828), Musikabteilung der Library of Congress, Washington (1897). – Öffentliche Musikbüchereien mit Ausleihe, Musikzimmer, Tonbandstudio, Partnervermittlung setzen sich, von Dtl. ausgehend, auch im Ausland immer mehr durch. Sie stehen vielfach in Verbindung mit Volkshochschulen. Die älteste und größte ist die 1902 von P. Marsop in München gegründete Musikal. Volksbibliothek. Die Vereinigung dieser Volksbüchereien (*Commission Internat. des Biblioth. Musicales Publiques*) ist eine Untergliederung der seit 1951 in Paris bestehenden *Association Internat. des Biblioth. Musicales* (AIBM; mit der Zs.: Fontes Artis Musicae). → Musikbibliographie.

A. Ott, Wesen u. Aufg. einer mus. Volksbibl. (Kb. Läneb.) 1951; R. Schaal/A. Ott,

M. u. Slgn. (MGG) 1961; Artikel „Bibliotheken" in: Riemann, Musiklex., Sachteil (hg. H. H. Eggebrecht) 1967; R. Schaal, Führer durch dt. M.en, 1971; Directory of mus. research libr. (RISM Ser. C): 1 (Canada/USA), 2 (13 Europ. Countr.), 3 (Span., Frk., It., Port.), 1975; H. Waßner (Hg.), Musikleben u. M., 1979; R. Benton u. a., Libraries (Grove) 1980.

Musikbogen, einfaches Saiteninstr. (Afrika, Südamerika, Ozeanien, Indien): langer Stab, der von 1(–3) Saite(n) gespannt und gebogen wird. Diese wird (werden) mit dem Finger od. einem Gegenstand (→ Plektrum, Stock) gerissen, gerieben od. gestrichen. Der so entstehende Ton ändert sich mit der Saiten-(Bogen-)Spannung und wird verstärkt durch Resonanzkörper (Kalebasse, Mundhöhle; vgl. → Maultrommel). Beim „Vielsaiter" in Süd- und Ostafrika sind mehrere M. über einem Resonanzboden befestigt; vgl. → Wambi. Wieweit Verwandtschaft von M., Streichbogen (→ Bogen 4) und Schießbogen besteht, ist noch unklar. Vgl. → Musikstab.

H. Balfour, The natural hist. of the mus. bow, Oxf. 1899, ND Portland 1976; C. Sachs, Geist u. Werden d. Musikinstr., 1929, ND Hilversum 1965; E. M. v. Hornbostel, The ethnology of African sound-instr. (Africa) 1933; H. Fischer, Schallgeräte in Ozeanien (Slg. mw. Abh.) 1958; R. Brandel, The mus. of Central Afr., Den Haag 1961; H. Hickmann, M. (MGG) 1961; G. Kubik, Mehrstimmigkeit u. Tonsysteme i. Zentral- u. Ostafr., W 1968.

Musikbox, Musicbox (engl. *box* = Büchse; vermutl. von lat. *buxus* = Buchsbaumholz), Musikautomat neuerer Zeit; in Gaststätten aufgestellt. Spielt nach Zahlung die an Hand eines Programms ausgewählten Schallplatten in der gewünschten Folge.

Musikdiktat, in Schule und Studium Teil der → Gehörbildung, wobei mit steigender Schwierigkeit der gebotenen (gespielten, gesungenen) Beispiele Melodie, Rhythmus, Harmonie zu notieren sind; gleichzeitig Übung zur Festigung der Musikorthographie (bei traditioneller Notation), Stützung des Gedächtnisses; auch als Anregung zur schöpferischen Übung in → musikal. Graphik.

H. Riemann, Katechism. d. M., 1889; F. Dickey/E. French, Melody writing and ear training, Boston 1926; F. Reuter, Z. Methodik d. Gehörübungen u. d. M., 1927; A. Gabeaud, Cours de dictée mus., P 1928; H. Martens, M., (Beitr. z. Schulmus.) 1957. → Gehörbildung.

Musikdirektor. War der Kapellmeister (*magister capellae*) im MA Leiter der geistl. Musik (→ Kapelle 2), meist als Geistlicher, so wird er im 16.–18. Jh. („Maestro") verantwortl. als Komponist und Leiter der höfischen Kapellen, während die Städte ihr Musikleben noch dem geistl. gebundenen M. (*director musices*) unterstellten. Als Folge der landläufigen Abwertung der Bez. (Musik-)Kapelle, Musikant, Kapellmeister wurde die Bedeutung v. „M." umgewertet zum Leiter eines (städt., staatl., privaten) Orchesters od. Chores (später mit betontem Ggs.: Chorleiter), spezialisiert in dem von Kirchen berufenen Kirchenm. (KMD) und aufgewertet zum vom Staat verliehenen Titel Generalm. (GMD). → Musiker, Taktstock.

Musikdrama, → Oper.

Musikdruck → Notendruck, Notensatz, Notenstich.

Musikenzyklopädie → Musiklexikon.

Musiker, heute vorwiegend der Instrumentist von Beruf in jeder Art → Ensemble (großes Orchester, Kammer-, Salon-, Blas-, Jazz- oder Tanzorchester), meist berufsständig organisiert. Wenn auch die altägypt. Geschichte schon auf beamtete M. schließen läßt, so kann man doch vom Berufsm. im heutigen Sinne erst seit Ende des 18. Jh. sprechen. Dem ma. *cantor* als Praktiker stand in der geistl. Musik der gelehrte, schöpferische *musicus* gegenüber, der immer mehr ab 1500 auch Sänger oder Instrumentist (Lautenist) war, bis Ende des 16. Jh. eine Umschichtung den ausübenden → Musikanten gegen den gelehrten, angesehenen *musicus* stellte. Seine Musik war durch kirchlichen oder höfischen Auftrag bestimmt. Die höchste Stellung unter den weltl. Instrumentisten hatten die berittenen Hoftrompeter. Aus den Turmbläsern bildeten sich die städt. → Kapellen. Die Stadtpfeifereien lernten den M.nachwuchs selbst an und hatten Gesellen und Lehrlinge (→ Stadtpfeifer, Zunftwesen). Neben den schon früh bekannten → Dichtersängern (→ Epos) entwickelte sich, sozial tief stehend, eine Gruppe von fahrenden → Spielleuten, die erst im höfischen od. städt. Dienst zu Anerkennung kamen. M.zünfte und Bruderschaften (*Confréries*) entstanden seit dem 12. Jh., straff organisiert, mit einem auch von den Behörden anerkannten Oberhaupt (Pfeiferkönig; vgl. → Ménestrel, Minstrel), fest abgegrenzten Bereichen und besorgt um das Leistungsniveau. Daneben standen bis ins 18. Jh. die in weltl. oder kirchl. Kapellen und Chören zusammengeschlossenen M. Der → Kapellmeister, anfangs einer der Instrumentisten, war zugleich zur Komposition verpflichtet und sorgte vielfach selbst für den Druck seiner Werke, wobei er mit der Widmung an Landesherrn, Kirchenfürsten od. Stadtrat auf eine entsprechende Gegengabe rechnete. Seit 1800 (Weber, Spohr, Mendelssohn) wird vorwiegend mit → Taktstock dirigiert. Der Stardirigent interpretiert das Werk und ist nicht mehr gleichzeitig Komponist. Der reisende Virtuose wurde im 17. Jh. zur gewohnten Erscheinung, besonders nach 1700 der Starkult der Gesangssolisten (→ Kastraten). Wenn auch der M. im gesellschaftl. Leben nicht hoch geschätzt wurde, erfuhren doch hervorragende Leistungen zu jeder Zeit höchste Anerkennung. So wurden Komponisten, Dirigenten, Vokal- und Instrumentalvirtuosen mit geistlichen oder weltlichen Titeln ausgezeichnet. Die Doktorwürde wurde häufig verliehen (z. B. Haydn in Oxford, Reger als Dr. med. h. c. in Jena). Wirtschaftl. Krisen führten zur Auflösung ganzer Kapellen; so im und nach dem 30jährigen Krieg, als in Dtl. nur noch auf großen weltl. und geistl. Höfen Kammerorchester erhalten blieben, oder im Zusammenstoß zwischen dem siegreich vordringenden ital. Element mit dem dt. Im 20. Jh. führte die schnelle Verbreitung des Tonfilms zum Zusammenbruch zahlreicher großer Kinokapellen.

H. Waltz, D. Lage der Orch.M. in Dtl. (Diss. Heidelb.), 1906; H. J. Moser, D. M.genossenschaften im dt. MA. (Diss. Rostock) 1910, ND 1972; R. Lach, Z. Gesch. d. mus. Zunftwesens (Slbd. Akad. d. Wiss. 99) W 1923; E. Preußner, D. bürgerl. Mus.kultur, [2]1950; W. Furtwängler, Der M. u. s. Publikum, Z 1959; W. Salmen, D. fahrende M. im europ. MA, 1960; K. M. Komma, Das böhm. Musikantentum, 1960; M. Ruhnke, Beitr. Z. e. Gesch. d. dt. Hofmusikkollegien i. 16. Jh., 1963; Der Sozialstatus d. Berufsm. v. 17.–19. Jh. (hg. W. Salmen), 1971. → Musiksoziologie.

Musikerziehung, Musikpädagogik (engl. *musical education*;

frz. *éducation musicale*), methodische Unterweisung in Musik; als Laienbildung allgemein Aufgabe jeder Art von mit Volksbildung befaßter Institution (z. B. Kindergarten bis Musikschule) und weiterwirkend in der speziellen Fachausbildung (z. B. Musikschule und -hochschule, Konservatorium, Privatunterricht, Pädag. Hochschule, Mw.). Musikdidaktik ist die Wissenschaft vom Unterricht in Musik. M. kann gefördert oder vernachlässigt, in bestimmte Richtungen gelenkt und in anderen gehindert werden. Ihre Aufgabenbreite und gesellschaftl. Wertung wechseln je nach Kulturströmungen, Ländern und Zeiträumen. – Frühe Belege für einen Musikunterricht sind aus Ägypten (um 2500 v. Chr.) und China (um 1000 v. Chr.) bekannt. In Athen gehörte neben Lesen und Schreiben die gehobene, mit Lyra begleitete Rezitation zur staatlich verordneten Erziehung der Freien (Plato). Die griech. Auffassung vom göttlichen Ursprung der Musik lebte auch in der → frühchristl. Kultmusik, während in Rom das griech. Beispiel der M. ohne ethische Voraussetzung übernommen wurde. Die Musik wurde innerhalb der → *artes liberales* zum Wissenschaftsfach, vertreten vom *musicus*, dem in der christl. Kultmusik der *cantor* als der Praktiker gegenüberstand. Die Kathedral-, Dom- und Klosterschulen betonten verschieden die wissenschaftl. oder die technische Seite der Musik. Sie war Lehrfach innerhalb des → Quadriviums (Arithmetik, Geometrie, Astronomie, Musik) und damit verbindlich für die Ausbildung des Theologen oder Philosophen. Klosterschulen pflegten Vokal- und Instrumentalmusik. Das System der Notenlinien und die Guido von Arezzo († 1050) zugeschriebene → Solmisations- und Handzeichenlehre (→ Cheironomie) ermöglichten bewußtes Erfassen der Melodielinie und Vomblattsingen (→ Hexachord, Mutation 2, Bebisation). Waren wesentl. Impulse für die ma. M. von dem 529 gegründeten → Benediktinerorden ausgegangen, so kamen neue Anregungen im 13. Jh. aus den Hochschulen und Studienhäusern der Dominikaner und Franziskaner. An der Pariser Universität lehrte Joh. de Muris nach der *Musica* des Boethius. Seine Bearbeitung dieses Buches war in vielen Universitäten verbindlich bis ins 15. Jh. Die von C. Celtis angeregte Humanistenode (Tritonius, Hofhaimer, Senfl) sollte vor allem mit dem streng im Sprachrhythmus gesungenen lat. Text den Studenten das Erlernen der Sprache erleichtern und das Erlebnis der Antike vermitteln. Zu den 7 Künsten der Ritter gehörte der (auch instrumental begleitete) Liedvortrag. Die Zünfte der → Spielleute beachteten ein festes handwerkl. Lehrsystem. Während an den Universitäten im 16. Jh. Musik als Lehrfach verschwand und erst im 19. Jh. wieder aufgenommen wurde (→ Musikwissenschaft, Musikgeschichte), entwickelte sich an den protestant. Lateinschulen die in den Methoden kaum veränderte M. zu hoher Blüte. Melanchthons Kursächsische Schulordnung (1528) wurde zum allgemeinen Vorbild. Das dt. → Kirchenlied rückte in den Mittelpunkt der M. Auf Kirchen- und Schulmusik mit → Kantorei, Adjuvantenchor, Kurrende, Schulchor und Schuldrama ruhte das allgemeine Musikwesen. Lehr-, Gesang-, Chorbücher (J. Walter, 1524, G. Rhau, 1544), Instrumentalsätze (M. Agricola, 1529) zeigten die Grundlagen. Von J. A. Comenius ging der Gedanke einer musikal. Volksbildung aus. Auf ihn stützte sich A. Reyher, dessen *Schulmethodus* (1642) bis ins 18. Jh. in Gebrauch war und A. H. Francke bei der Ordnung der M. im *Seminarium praeceptorum* in Halle beeinflußte, dem Muster des Lehrerseminars. Franckes Gruppenunterricht in Blockflöte und seine Ansätze eines offenen Singens blieben zunächst ohne Nachahmung. Seine Schulordnung wirkte auf das preußische Bildungssystem und beeinflußte auch die österr. Schulreform von 1774. Musikschulen entstanden als Zweig süddt.-österreich. Jesuitengymnasien. Erste → Konservatorien entwickelten sich im 16. Jh. in Italien. Gegenüber dem allgemeinen Rückgang der M. an Lateinschulen wurden einige als Ausnahmen berühmt (Thomasschule Leipzig, Kreuzschule Dresden). Rousseaus im *Emile* (1762) niedergelegter Erziehungsplan einer kindgemäßen, nicht aus der Erwachsenenmusik abgeleiteten M. verband sich mit aufklärerischen Ideen im dt. Philanthropismus (J. B. Basedow). Für den Instrumentisten waren die Schulwerke von L. Mozart (Violine), J. Quantz (Flöte), C. Ph. E. Bach (Tasteninstr.) zugleich theoret. und ästhetische Wegweiser. Instrumentalunterricht, Hör- und Treffübungen und Chorgesang pflegte J. A. Hiller in seiner privaten Musikschule in Leipzig. Die Säkularisierung des Kulturlebens in der Aufklärung nahm dem Kantorat und der Lateinschule die Kraft und Bedeutung musikpädagog. Wirkens. Die musikal. Volksbildung des 19. Jh. berief sich auf das Beispiel bei Pestalozzi und Goethe (Pädagog. Provinz in: Wilh. Meister), wenn auch oft über der Einzelheit die große Linie und der Zusammenhang mit dem gleichzeitigen Musikgeschehen verloren ging. Es bereiteten sich die heute vielschichtig neben- und ineinanderwirkenden Methoden der M. vor. Auf Pestalozzi stützten sich die *Gesangsausbildungslehre* von Pfeiffer und Nägeli (1810) und Natorps *Anweisung* (1813) mit 4stg. Sätzen. Vermutlich die erste Denkschrift zur Verbesserung der M. stammte von J. A. P. Schulz und war an den dän. König gerichtet (*Gedanken über den Einfluß der Musik auf die Bildung eines Volkes*, Kopenh. 1790). Fr. Schiller setzte sich 1795 für ästhet. Erziehung ein. Gesang war ab 1809 Schulfach. Natorp wollte die musikal. Bildung aus Musik selbst ableiten. G. Schillings schrieb eine *Musikal. Didaktik* (1851), Erk wollte Veredelung d. Volksgeschmacks, W. Langhans die Ausbildung des musikal. Urteils (1872). Trotz solcher Einzelerscheinungen verlor sich die anfängl. Begeisterung für volkserzieherische Elementarbildung, und der engl. Musikerzieher J. Hullah konnte von einem Tiefstand in Dtl., Österr. und der Schweiz sprechen (1881). Die lebhafte Entwicklung in Mw. u. Instrumentalpraxis führte zu neuen Vorschlägen (u. a. H. Kretzschmar, L. Kestenberg) und Verbesserung der Richtlinien (1924 für höhere Sch., 1927 für Volksschulen). Viele Wege zeigten sich (z. B. Tonika-Do, Eitz'sches Tonwort, ganzheitliche Methode, rhythm. Erziehung). Wurde in den 1920er Jahren das Fach „Singen" zum „Musikunterricht", so nach 1960 die M. zur wissenschaftl. Disziplin, die z. B. die Systematisierung (1982) der unterschiedlichen method. Tendenzen versucht mit krit. Rück-Sicht und Vorschau, zugleich unter dem Eindruck vielschichtiger Umwandlung in bildender Kunst, Literatur und Musik seit der Jahrhundertwende, des Wandels gesellschaftl. Denkprozesse und der Auswirkung auf die Methoden anderer Schulbereiche. Theorie stand gegen Theorie im Bemühen um neue Methodik und Didaktik mit weiterführenden Versuchen in Pädagog. Hochschulen und den Schulmusikabteilungen der Musikhochschulen. Dem Beispiel der aus der Volksmusik in die Kunstmusik führenden M. in Ungarn stand das vom Instrumentalunterr. geprägte aus Japan und den USA gegenüber. Angestrebt wird das bewußte Hören, das sich nicht auf das eigene Spielen und Singen beschränkt, sondern von rhythmisierten Geräuschen bis zur vom Beobachten der Ordnungen in der Musik ausgehenden Analyse „klassischer" Musikwerke, der Trivialmusik, der Jazz- und Popmusik und zum Erkennen der Lautstärke-, Klangfarben- und Zeitverhältnisse in den Ton- und Klangstrukturen der elektron. Musik führt. Den vielseitigen Bemühungen steht die Tendenz entgegen, Lehrplanerweiterungen auf Kosten der künstlerischen Fächer vorzunehmen. Mit dem Gedanken der Förderung der Fantasie und des Spiel- und Nachahmungstriebs des Kindes, zugleich der Vorbereitung der Grundlagen der M. und der Früherkennung von Begabungen setzte die → Musikal. Früherziehung ein, die das spielende Kind in Geräusch- und Klangwelt einführt. Neben dem Musikunterricht der Schulen steht der weiterführende in den Musikschulen, die das Studium an Musikhochschulen (Konservatorien, Akademien) vorbereiten können. Die Ausbildung der → Privatmusikerzieher wurde 1921 und 1925 geregelt (Kestenberg). (Bundes-)Schulmusikwochen (ab 1921) dienen der Fortbildung in M. Die internationale Dachorganisation der einzelnen Verbände ist die ISME (Internat. Society for Mus. Education; → UNESCO). → Gehörbildung, Gesangspädagogik, Musikdiktat, Musiktherapie, Musische Erziehung, Polyästhet. Erz., Rhythm. Erz., Schuloper, Stimmbildung.

Reihen: E. Kraus (Hg.), Vorträge d. Bundesschulmus.wochen, ab 1956; Martens/Münnich/Drangmeister/Fischer (ab 1965: Rauhe), Beiträge z. Schulmus., ab 1957; R. Jacoby (Hg.), Schriftenreihe z. M.päd., ab 1968; M. Alt, H. Antholz, E. Kraus, Forsch. i. d. M., ab 1969; S. Abel-Struth, M.päd., Forschung u. Lehre, ab 1970; S. Helms, N. Linke, G. Rebscher, Material. zur Didaktik u. Method. d. M.unterr., ab 1973; H. Lemmermann (Hg.), Thema Mus., ab 1974; H. Hopf, H. Rauhe, Schriften z. M.päd., ab 1975; W. Gieseler, H. Hopf, Perspektiven z. M.päd. u. Mw., ab 1977; K.-E. Behne (Hg.), M.päd. Forschung, ab 1980.

Bibliogr.: W. S. Larson, Bibliogr. of research stud. in mus. educ., Wash. 1951; E. Kraus, Intern. Bibliogr. d. mus.päd. Schrifttums, 1959; T. Collins, Mus. educ. materials, Wash. 1968; G. Henneberg, Das mus.pädagog. Schrifttum i. d. Bundesrep. Dtl. (1945/76), 1977; Mus. Educ.-A guide to informat. sources 1, Detroit 1978.

Zeitschr.: Musik u. Bildung, ab 1969; Zs. f. M.päd., ab 1976.

Literatur: L. Kestenberg, M. u. Mus.pflege, 1921; ders., Bewegte Zeiten, 1961; E. Preußner, D. Methodik d. Schulges. d. evgl. Lateinschulen d. 17. Jh. (Diss. B) 1924; F. Jöde, D. schaffende Kind i. d. Mus., 1928, NA 1962; G. Schünemann, Gesch. d. dt. Schulmus., 1928/31, ND 1968; G. Pietzsch, D. Mus. im Erziehungs- u. Bildungsideal des ausgeh. Altertums u. früh. MA, 1932; A. Cherbuliez, Gesch. d. Mus.päd. i. d. Schweiz, Bern 1945; J. Smits v. Waesberghe, School en muziek in de middeleeuwen, A 1949; E. Badura, Beitr. z. Gesch. d. Mus.unterr. i. 16.–18. Jh. (Diss. Innsbr.). 1953; H. Fischer (Hg.), Hdb. d. M.,

1954, 1958; ders., Methodik u. Methoden i. Mus.unterr. seit ... Rousseau ..., 1961; T. Warner, Musische Erz. zwischen Kult u. Kunst, 1954; G. Braun, D. Schulmus. i. Preußen v. d. Falkschen Bestimmungen b. z. Kestenberg-Reform, 1957; E. Doflein u. a., Päd. d. Mus. (MGG) 1962; F. Seidenfaden, Die M. i. d. Gegenw. u. ihre geschichtl. Quellen ..., 1962; J. Derbolav (Hg.), Grundfr. d. Mus.didaktik, 1967; U. Günther, D. Schulmus. v. d. Kestenberg-Reform b. z. Ende d. 3. Reiches, 1967; M. Alt, Didakt. d. Mus., 1968, [5]1980; G. Trautner, Die M. b. Fr. Jöde (Diss. Tübg.), 1968; W. Gieseler, M. i. d. USA ..., 1969; K. W. Niemöller, Unters. z. Mus.-pflege u. Mus.unterr. a. d. Lateinschulen v. ausgeh. MA bis um 1600, 1969; S. Abel-Struth, Materialien z. Entw. d. Mus.päd. als Wissensch., 1970; K. H. Ehrenforth, Verstehen u. Auslegen, 1971; G. Sowa, Anfänge institutioneller M. i. Dtl. 1800/43, 1973; N. Linke, Neue Wege i. d. Mus. d. Gegenw., 1975; H. Rauhe u. a., Hören u. Verstehen, 1975; C. Richter, Mus. als Spiel (Schr. z. Mus.päd.) 1975; E. Valentin/H. Hopf, Neues Hdb. d. Schulmus., 1975; H. Antholz, Unterr. i. Mus., [3]1976; ders., Zur Aktualitätsproblematik i. d. Mus.päd., 1979; F. Hamann, Die M. an d. ehem. Lehrerseminaren i. Nieder- u. Oberschles. ..., 1976; E. Halmos, D. mus.päd. Konzeption Kodálys im Vgl. m. modern. curricularen Theorien (Schr. z. Mus.päd.) 1977; H. Lemmermann, Mus.unterr., 1977; E. Rieger, Schulmus.erz. i. d. DDR, 1977; G. Engel, Musik u. Wissensch., 1980; W. Kramer (Hg.), Praxis d. Mus.unterr. i. histor. Beispielen, 1981; ders., Von d. Elementen d. Gesanges z. elementar. Mus.erziehung, 1981; B. Wietusch, D. Zielbestimmung d. Mus.päd. bei T. W. Adorno, 1981; J. A. Keene, A hist. of mus. educ. in the United States, L 1982; W. Schmidt-Brunner (Hg.), Methoden d. Mus.unterr., 1982; E. Nolte, Die Mus. im Verständn. d. Musikpäd. d. 19. Jh., 1982. → Musikal. Früherziehung, Mus.therapie, Musische Erz., Rhythm. Erz.

Musikethnologie (engl. *ethnomusicology*), in Dtl. genauer gefaßt als musikal. Volks- und Völkerkunde und als Zweig der Mw. um 1900 von C. Stumpf u. E. M. von Hornbostel unter dem Namen Vergleichende Musikforschung eingeführt; nicht nur durch den zum Begriff jeder Forschung gehörenden Vergleich im allgemeinen gekennzeichnet, sondern im besonderen durch die Art des Vergleichs der europäischen Volksmusiken einerseits, der außereurop. andererseits. Die M. vergleicht die lebendigen Volkskulturen in ihrem In- und Gegeneinanderwirken, mit dem Bewußtsein, daß die reich differenzierte Mehrstimmigkeit als Kennzeichen der abendländ. Musik ohne die Entwicklung der heute nur im Endstadium zu beobachtenden oriental. Hochkulturen nicht möglich sei (→ Vergleichende Musikforschung). Dabei beschäftigt sich die M. (im bewußten Ggs. zur Vergleichenden Mf.) mit den musikal. Erscheinungen bei den Völkern als Teil im Gesamtzusammenhang ihrer Geschichte und Kultur, in dem die Musik eine Funktion innehat. Von der Betrachtung der gemein-menschlichen musikal. Urelemente (z. B. Konsonanz- und Distanzprinzip; Beispiel: → Jodeln) ausgehend, sieht die M. diese Erscheinungen in ihren außermusikal. Beziehungen (z. B. Dämonenbeschwörung, Magie, Heilwirkung, gesellschaftl. Einstufung), vergleicht Musik und Sprache und prüft Art und Geschichte der Musikinstr. zugleich mit der Entwicklung in anderen, auch weit entfernten Kulturkreisen. Sie beobachtet die Tonsysteme nach Aufbau (Rhythmus, Metrum), Ähnlichkeit oder Verwandtschaft und im Zusammenklang von Instr. oder von Vokal- und Instrumentalmusik (→ Heterophonie, Bordun) bis zur Entwicklung des jetzigen Standes der Kunstmusik in den Hochkulturen, wobei das enge Zusammenwirken von Volks- und Kunstmusik deutlich wird. – Erste Ansätze der Beobachtung fremder Kulturen und ihrer Musik können in den Reiseberichten des 17. Jh. und in denen der Missionare im 18. Jh. gesehen werden. Systematisch begann sie im 19. Jh. (z. B. 1842 Kiesewetter, *Die Musik d. Araber*; Fétis, *Histoire générale de la musique* Bd. I, 1869). Edisons Phonograph (1877), später Mikrofon, Tonband, → Melograph (3) ermöglichten die schnelle Entwicklung der M., die von den Zentren Berlin (C. Stumpf, E. M. von Hornbostel, R. Lachmann) und Wien (R. Wallaschek, R. Lach) und ihren Phonogramm-Archiven ausging und anfangs die Betrachtung vom abendländ. Tonsystem aus vornahm. Die Berliner Schule (u. a. F. Bose, H. Husmann, J. Kunst, C. Sachs, M. Schneider, W. Wiora) beeinflußte die M. oder regte sie an in anderen Ländern (z. B. B. Bartók, E. Gerson-Kiwi), wo sie sich eigenständig entwickelte.

→ Vergleichende Mf. – Journ. of the Intern. Folk Mus. Council, 1949 ff.; Ethnomusicology, Middletown 1953 ff.; Jb. f. mus. Volks- u. Völkerkunde, 1962 ff.; Mus.ethnol. Jahresbibliogr. Europas, Bratislava ab 1967; Yearbook of the Int. Folk Mus. Council, 1969 ff.; Musikethn. Slbde. (hg. W. Suppan) 1979 ff. R. Lachmann, D. Mus. d. außereurop. Natur- u. Kulturvölker (Bücken Hdb) 1929, ND 1979; ders., Mus. d. Orients, 1929; C. Sachs, Geist u. Werden d. Mus.-instr., 1929, ND Hilvers. 1965; ders., The wellsprings of mus. (hg. J. Kunst), Den Haag 1962, ^{2}1968; M. Schneider, Gesch. d. Mehrstimmigkeit, 1934; F. Bose, Mus. Völkerkunde, 1953; W. Wiora, D. vgl. Frühgesch. der europ. Mus. als method. Forsch. (Kb. Basel) 1954; ders., Idee u. Meth. „vgl." Mf. (Kb. Salzb.) 1964; B. Nettl, Mus. in primit. culture, Cambr./Mass. 1956; ders., Theory and method in ethnomus., L 1964; J. Kunst, Ethnomusicology, Den Haag ^{3}1959, ND Freeport 1976; A. P. Merriam, The anthropol. of music, Evanston 1964; W. Danckert, Tonreich u. Symbolzahl in Hochkulturen u. i. der Primitivenwelt, 1966; F. Gillis/A. P. Merriam, E. and Folk Mus.; an internat. bibliogr. of diss. and theses (besonders amerikan.), Middletown/Conn. 1966; K. Reinhard, Einf. i. d. M. (Beitr. z. Schulmus.) 1968; M. Hood, The ethnomusicologist, NY 1971; C. Brăiloiu, Problèmes d'ethnom., Genf 1973.

Musikfest, Konzert oder Konzertfolge, von üblichen Veranstaltungen unterschieden durch period. Wiederholung, Gremium der Veranstalter, Zahl und Namen d. Beteiligten, Art des Programms und der Werke. Mehrtägige Veranstaltungen waren vielfach die ma. Aufführungen → liturg. Dramen (z. B. in Bozen), an die heute die Passionsfestspiele in Oberammergau erinnern, in Spanien → Mysterienspiele im Kirchenbereich, in Frankr. Mirakelspiele der Passionsbrüderschaften und weltl. Dramen. Die → Puys, Wettbewerbe für Komposition und Dichtung, hielten sich in Frankr. von den Anfängen im 13. Jh. (Arras) bis ins 18. Jh. (Mans). Das erste M. zu Ehren der hlg. Cäcilia soll 1570 in Evreux stattgefunden haben, das erste englische 1683 in London. Zu den Anfängen der M. im modernen Sinn gehören die seit 1698 mit Orchestermusik ausgestalteten, karitativen geistl. Konzerte in London (*The Sons of the Clergy*) und die zwischen Gloucester, Hereford und Worcester 1716/1724 wechselnden, mehrtägigen Chorkonzerte (*Three Choirs Festival*), denen z. T. noch bestehende M. i. Birmingham (1768), Norwich (1770) folgten. Das aufwendige Händelfest in London (1784) wurde Beispiel für Großveranstaltungen auf dem Kontinent. Als erstes dt. M. ist das in Frankenhausen am Kyffhäuser belegt, 1810 geleitet von L. Spohr, eingerichtet von G. F. Bischoff, der später auch an den M. der Elbstädte, mit Magdeburg als Mittelpunkt, beteiligt war. Die Niederrhein. M. fanden seit 1817 statt, wechselweise in verschied. Städten, die Schlesischen M. seit 1876 mit Görlitz als Zentrum. Beginn der M. in der Schweiz war das von Nägeli in Schaffhausen 1811 veranstaltete. In die Reihe der Sängerfeste gehört das 1847 von Kantor A. L. Jakob in Konradsdorf b. Haynau/ Schles. eingerichtete 1. Volksliederfest des „Jugendl. Sängerbundes". Zu den Kirchenmusikfesten kamen im 20. Jh. Orgeltage. Repräsentative, örtlich wechselnde Tonkünstlerfeste veranstaltete der Allgem. Dt. Musikverein seit 1859. Nach den Händelfesten wurde die Reihe der einem bestimmten Komponisten gewidmeten M. mit Beethoven (1845 Bonn), Wagner (1876 Bühnenfestspiel Bayreuth), Bach (Berlin 1901) fortgesetzt und ständig vergrößert. Bedeutendste ital. M. sind die Biennale in Venedig und der Florentinische Mai (*Maggio Fiorentino*), der Beispiel wurde für den „Prager Frühling " und den „Warschauer Herbst". Das erste Mozart-M. wurde in Salzburg 1877 begangen. Die USA begannen 1815 mit einem M. der *Handel and Haydn Society* in Boston. Das erste der in USA zahlreichen Universitäts-M. fand 1893 an der *University of Michigan* statt. Zwischen den beiden Weltkriegen nahm das M.wesen unübersehbar zu, wobei sich oft Interessen der Verkehrsvereine vor künstlerische stellten. – Aus den Aufführungen älterer Musik der Gesellsch. für Musikfreunde entstand 1921 in Donaueschingen die Reihe der „Kammermusikaufführungen zur Förderung zeitgen. Tonkunst". Die Internationale Gesellsch. für Neue Musik veranstaltet seit 1923 M. in verschied. Ländern. Festl. Arbeitstagungen sind z. B. die Kasseler Musiktage (ab 1933), die Kongresse der Jeunesses Musicales (ab 1947), die Festl. Tage Junge Musik (ab 1953), Europa cantat (ab 1961), der von H. W. Henze angeregte *Cantiere Intern. d'Arte* in Montepulciano (1976 ff.) od. das von G. Kremer begonnene „Lockenhauser Kammermusikfest" (Burgenland, 1981). → Festspiele, Gesangverein.

R. Schaal, Feste u. Festspiele (MGG) 1955; D. Gray, Mus.festivals of the world, Oxf. 1963; F. Walter, Europ. M.spiele, Z. 1977; Music Festivals in Europe, USA, Canada, Israel, W/Münch. 1980.

Musikfilm, → Tonfilm, bei dem entgegen den üblichen Verfahren die Musik als primär im Vordergrund steht und die Bildhandlung im gesamten Ablauf bestimmt. Da es sich beim Film um eine optische Kunst handelt, ist der M. im wesentlichen Experiment geblieben und war nur dort erfolgreich, wo nicht individuelle Handlung, sondern abstraktes Bild geboten wurde, etwa Rhythmogramme mit farbigen Kontrapunkten zu absoluter oder elektron. Musik. Auch der Zeichentrickfilm schien sich zur Illustration vorgegebener Musik zu eignen (z. B. Werbefilme von Fischer-Koesen, Trickfilme von Walt Disney), was jedoch den Widersinn nicht beseitigt, autonome Musik mit optisch wahrnehmbaren Vorgängen zu koppeln und damit eben zu deuten.

R. Brodmann, Filmmusik u. M. (Musica Aeterna), Zürich, 1946.

Musikforschung, → Musikwissenschaft.

Musikgeschichte (Mg.), **Musikgeschichtsschreibung** (Mgs.), der zeitliche Ablauf musikbezogenen Geschehens, seine Betrachtung und Darstellung, die sich auch auf ein Teilgebiet (z. B. Epoche, Gattung, Einzelwerk, Notation, Biographie, Ort, Land, Kontinent) beziehen können, schließlich mit dem Streben nach Universalgeschichte als Versuch einer Darstellung mit (durch Unterschiede verdeutlichten) Grundlinien und deren Eigenentwicklung. Die Rückschau hängt von Zeit und Ort (Umfeld) der Betrachtung ab; die Standpunkte können von Generation zu Generation wechseln. War abendländische Mg. lange als genauer erforscht od. näherstehend im Vordergrund und Maßstab für Behandlung anderer Kulturen, so hat die Bemühung um eine globale Mg. neue Methoden zu entwikkeln mit anderen Kategorien und Werten, die sich aus den jeweiligen Kulturkreisen und dem späteren Ineinanderwirken ergeben, so wenig sich auch ein Zusammenhang der Einzelgeschichten zunächst abzeichnen mag. Die Betrachtung hätte nicht von der (tatsächlich od. vermeintl.) verwandten Erscheinung auszugehen, vielmehr von der Tatsache und dem Warum des Andersseins. „Geschichtlichkeit" als das im Rückblick Erkannte mit dem Wissen von diesem Erkennen (seinem Erfassen) hat in der Mg. unterschiedliches Gewicht je nach dem zeitlichen und geograph. Rahmen der Betrachtung (z. B. durch den Ethnologen) und dem Objekt, z. B. einer über lange Zeit (fast) statischen Musikkultur (Asien, Afrika) im Ggs. zu einer in immer schnellerem Wechsel von Tradition und Wandel (Innovation) stehenden. Interdisziplinäre Betrachtung stellt Musik in einen gesamtkulturellen Zusammenhang und macht ihr wechselndes Gewicht innerhalb anderer Kulturerscheinungen in verschied. Zeiten und Räumen deutlich. Mgs. kommt, da Geschichte nicht linear, sondern vielschichtig in unterschiedl. Strebungen verläuft, nicht ohne Kompromisse aus, will sie die Fülle des Materials übersichtlich ordnen und darstellen. Epochengrenzen sind als Ergebnis von Einzelgrenzen im Geflecht von Beziehungen der Musik- und innerhalb der Kulturgeschichte zu sehen. Sie ändern sich je nach Standpunkt und Forschungsstand. Entwicklungszüge werden neu gewichtet (→ Trecento), Übergangszeiten aufgezeigt (→ Ars subtilior, Manierismus); andere bleiben als Kleinzonen in Erinnerung (→ Galanter Stil, Rokoko, Sturm und Drang), während z. B. als „Barockmusik" viele Strebungen gebündelt erscheinen. Die (Ende des 19. Jh. vorbereitete) bis ins 20. Jh. übliche Einteilung nach vorherrschenden bzw. bevorzugten Stilmerkmalen übernahm z. T. außermusikal. Kriterien (→ Gotik, Barock, Romantik). Dieser geistesgeschichtlichen Mg. (u. a. E. Bücken, *Hdb. der Mw.*, 1927/34) steht die sozial- und gattungsgeschichtl. Darstellung gegenüber, vorwiegend nach festen Zeiträumen ordnend (halbe od. ganze Jahrhunderte; z. B. J. Handschin, *Mg. im Überblick*, 1948; C. Dahlhaus, *Neues Hdb. der Mw.*, 1981 ff.). W. Wiora (*Die vier Weltalter der Musik.*, 1961) ordnet mit Blick auf die Weltgeschichte in: Ur- u. Frühgesch.; Musik antiker Hochkulturen; abendländ. Musik vom frühen → MA bis 19. Jh.; Musik im Weltalter der Technik und globalen Industriekultur. – Abgesehen von frühen Quellensammlungen, z. B. das chines. *Buch der Urkunden* (um 8. Jh. v. Chr.) können Anfänge von Mgs. in kultischen und musiktheoret. Schriften gesehen werden, die auf den Ursprung der Musik, ihre Stellung im Kulturleben eingehen (z. B. arab.-islamisch: Al-Fārābī, 10. Jh.; japan.: Gyônen, 13. Jh.).

Musik erscheint in Genealogien, Biographien, Legenden, Anekdoten; in Renaissance und Humanismus in mth. Abhandlungen mit musikgeschichtl. Überblick (z. B. Coclico, 1555; Calvisius, 1600; M. Praetorius, 1615) und Vergleich (N. Vicentino, 1555, V. Galilei, 1581). Mgs. im heutigen Sinne bereitete sich im Streben des 18. Jh. nach enzyklopäd. Wissen vor: Quellensammlung (M. Gerbert, → Scriptores) und lexikalische Zusammenstellung (E. L. Gerber, 1732); spezielle und breit angelegte Darstellungen, u. a. P. Bourdelot, 1715; G. Martini, 1757/81; Ch. Burney, 1776/89; J. Hawkins, 1776; J. N. Forkel, 1778, 1801. Im Streben, musikal. Erbe zu sichten, entstanden → GA und Biographien, z. B. Händel (J. Mainwaring, 1760; Fr. Chrysander, 1858/67), J. S. Bach (J. N. Forkel, 1802; Ph. Spitta, 1873/80; A. Schweitzer, 1908), Mozart (O. Jahn, 1856/9; H. Abert, 1919/21), Beethoven (A. W. Thayer, 1866/1908; R. Rolland, 1907), R. Wagner (E. Newman, 1933/46), Schönberg (H. H. Stuckenschmidt, 1974), O. di Lasso (H. Leuchtmann, 1976/7). – Wurde noch zu Anfang des 19. Jh. → Musikwissenschaft mit Mg. gleichgesetzt, so erschien Mg. seit Ende des Jh. als wichtigstes unter einer Reihe von Fächern innerhalb der Mw. an Universitäten. Die ersten großen Mg. mit Berücksichtigung des kulturellen Gesamtbereichs schrieben A. W. Ambros (1862/82) und F. J. Fétis (1869/76). Es entstanden Quellenwerke und Bibliographien (F. J. Fétis, 1837/44; R. Eitner, 1877, 1900; F. Ludwig, Repertor., 1910; Internat. Quellenlexikon der Mus., 1960 ff.), Querschnitte und Einzelbetrachtungen z. B. Notation: J. Wolf, 1913/9; W. Apel, 1962; Instrument, Tanz: C. Sachs, 1913, 1933), → Denkmälerausgaben und umfassende → Musiklexika. Die → UNESCO plant eine Weltgeschichte der Musik („*Music as a Language of Man*“). → Musikbibliographie, -terminologie, Ikonographie, Kirchenmusik.

R. G. Kiesewetter, Gesch. d. europ.-abendl. od. unserer heutigen Mus., 1834, ND 1972; A. W. Ambros, Gesch. d. Mus., 1862/82, ND 1968; F. J. Fétis, Hist. générale de la mus., P 1869/76; H. Riemann, Katechism. d. Mg., 1888; ders., Hdb. d. Mg., 1904/13; W. H. Hadow (Hg.), The Oxf. Hist. of Mus., L 1901/5; A. Lavignac/L. de La Laurencie, Hist. de la mus. (in: Encycl. de la mus.) P 1913/4; A. Einstein, Gesch. d. Mus., 1917/8, Z 1953; H. J. Moser, Gesch. d. dt. Mus., 1920/4, ND 1966; G. Adler, Hdb. d. Mg., 1924, ND 1975; J. Wolf, Gesch. d. Mus., 1925/9; E. Bücken, Hdb. d. Mw., 1927/34, ND 1980; A. Schering, Gesch. d. Mus. in Beisp., 1931, ND 1954; C. Sachs, The rise of mus . . ., NY 1943 (dt. 1968); A. T. Davison/W. Apel, Historical anthol. of mus., Cambr./Mass. 1947; J. Handschin, Mg. im Überblick, Luzern 1948, ²1964, ND 1981; E. Preußner, Mg. d. Abendl., W 1951, ²1958; H. Schnoor, Gesch. d. Mus., 1953; K. H. Wörner, Gesch. d. Mus., 1953, ⁷1980; J. A. Westrup (Hg.), NOHM, L 1954 ff.; H. Mersmann, Mg. in d. abendl. Kultur, 1955; D. J. Grout, A hist. of western mus., NY 1960; W. Wiora, Die 4 Zeitalter d. Mus., 1961; R. de Candé, Hist. univers. de la mus., P 1978; C. Dahlhaus (Hg.), Neues Hdb. d. Mw., 1981 ff.
G. Adler, Methode der Mg., 1919; E. Hegar, D. Anfänge d. neueren Mgs . . ., 1932, ND 1974; H. Osthoff, D. Anfänge d. Mgs. in Dtl. (AM) 1933; W. Gurlitt, D. Epochengliederung i. d. Mus. (Universitas) 1948; A. Liess, Prolegomena zu e. Welt-Mgs. (Fs. Orel) W 1960; ders., D. Mus. d. Abendl. im geist. Gefälle d. Epochen, W 1970; W. Wiora, Mw. u. Universalgesch. (AM) 1961; ders., Ideen z. Gesch. d. Mus. (Impulse d. Forsch. 31) 1980; W. F. Kümmel, Gesch. u. Mg., 1967; W. Arlt, Aspekte d. Gattungsbegr. i. d. Mgs. (Gattungen d. Musik, Gedenkschr. Schrade 1), Bern 1973; Fr. Blume, Epochen d. Mg., 1974; W. Braun, D. Probl. d. Epochengliederung i. d. Mus. (Ertr. d. Forsch. 73) 1977; C. Dahlhaus, Grundl. d. Mg., 1977; W. D. Freitag, Der Entwicklungsbegr. i. d. Mgs. (Tb. z. Mw. 30) 1979; F. Neumann, Mw. u. Tradition (Mf.) 1982; Chr. Ahrens (Hg.), Geschichtlichkeit in außereurop. u. europ. Mus. (Kb. Bayreuth 1981) 1984. → Musik, Musikbibliographie, -lexikon, -wissensch., Ikonographie.

Musikgesellschaften → Musikorganisation.

Musikhochschule → Hochschule für Musik, Konservatorium.

Musikikonographie, → Ikonographie.

Musikinstrumente → Instrumente, Instrumentensammlungen.

Musikkritik (griech. *kritike* = Kunst der Beurteilung), das Urteil über eine Komposition und/oder die Art seiner Interpretation, meist in Zeitschriften, Zeitungen oder in Rundfunk und Fernsehen veröffentlicht, daneben auch in Diskussionen, Vorträgen und Büchern. Die verantwortungsbewußte M. ist bemüht, zwei Hauptaufgaben zu erfüllen: dem Komponisten oder Interpreten durch die objektive Betrachtung seiner Leistung deren Werte und mit ehrlichem Wollen auch deren Mängel zu zeigen, „das Talent mit sich selbst bekannt zu machen" (Fontane), um ihm zu helfen; andrerseits das Publikum bei der Urteilsbildung zu unterstützen, zu eigener kritischer Betrachtung anzuregen und ihm dazu Maßstäbe zu geben. Information (Analyse von Werk und Umfeld, auch der Aufführung) wird getrennt od. zugleich mit der Wertung geboten. Eine objektive M. kann durch äußere Bedingungen behindert sein (Umfang, soziales, geographisches Verbreitungsgebiet, Erscheinungsweise des betr. Organs), und die offene Bewertung konnte (kann) eingeschränkt (verhindert) sein, wo Schaffen und Meinungsäußerung durch feste od. wechselnde obrigkeitl. Regeln gelenkt waren (sind). Lob und Tadel – frei oder derartig bedingt – zeigen sich, wie der Künstlerdisput über Werk und Richtung, zwar immer neu in der Geschichte; systematische M. als *„angewandte Musikästhetik"* (R. Stephan) entstand aber erst im 18. Jh. mit schnellem Aufschwung in der Aufklärung. Das Beispiel der engl. moralischen Wochenschriften (Steele und Addison: *The Tatler, The Spectator, The Guardian,* 1709–13) und das der enzyklopädischen Tendenzen in Frankreich (P. Bayle, *Dictionnaire historique et critique,* 1965) wirkten auf dt. Bestrebungen: in Hamburg J. Matthesons *Critica musica* (1722/5) u. J. A. Scheibes *Critischer Musicus* (1737/40); dieser mit dem ersten publizistischen Meinungsstreit zwischen M. und Komponist (über J. S. Bachs Polyphonie als überflüssige Kunst). In Leipzig L. Chr. Mizlers *Musikalische Bibliothek* (1739), in Berlin Marpurgs *Krit. Musicus an der Spree* (1749/50). Ihnen folgten J. A. Hiller (Leipzig 1766/70), J. N. Forkel (Gotha 1778) als erster Musikhistoriker und J. F. Reichardt (Berlin, zuerst 1782), der das frühe Beispiel des weitblickenden, auch schöpferischen M.ers war. In Frankr. hatten der *Mercure de France* und Bachaumont (*Mémoires secrets,* 1762) musikkrit. Betrachtungen gebracht. Entscheidend wurden der → Buffonistenstreit (1752/4, → Oper) und der Streit der Anhänger Glucks und Piccinnis (1776/9). Erste frz. Musik-Zs. war das *Journal de musique* (1764/8). Fétis gründete 1827 die *Revue musicale.* Berühmt als Musikjournalist war H. Berlioz (1835/63 im *Journal des Débats*). In Engl. hatte Burney in den letzten Kapiteln seiner *History of Music* (1789) beispielhaft auf die M. gewirkt; als erste Mus.-Zs. ist *The Literary Part of the Musical Magazine* (1774/5) zu sehen; bekannt sind *Harmonicon* (1823), *Musical World* (1836), *The Musical Times* (ab 1844) und die M.er J. W. Davison, H. F. Chorley, G. B. Shaw. Wien war Metropole des Musikjournalismus (E. Hanslick: ab 1846 *Wiener Musikzeitung, Freie* und *Neue Fr. Presse*). Erste hauptberufl. M. gab es in Dtl.: F. und L. Rellstab, 1788; F. Rochlitz, 1798. Zugleich dichterische Texte boten: E. Th. A. Hoffmann (*Allg. mus. Ztg.*), H. Heine (*Augsb. Allgem. Ztg.*), C. M. v. Weber (*Prager Ztg., Dresdener Abendztg.*), vor allem R. Schumann (*Leipz. Tageblatt, Neue Zs. für Mus.,* 1834/53), R. Wagner. Die Berliner M. war 1900–1933 maßgebend in der Musikwelt (u. a.: A. Einstein, H. Strobel, H. H. Stuckenschmidt, K. Pringsheim). Ihre Tradition setzte sich nach dem 2. Weltkrieg in verschied. dt. Zentren fort. Zu den ersten M. in Rußland zählt der auch im Westen bekannt gewordene A. N. Serov (Petersburg, ab 1851). Im Mittelpunkt der nordamerikan. M. des 19. Jh. standen *Dwight's Journal of Music* (1852/81), die *New York Times* (H. Howland, F. Schwab), besonders die *New York Tribune* (J. Rose, G. Hassard).

A. Schering, Aus d. Gesch. d. mus. Kr. i. Dtl. (JbP) 1928; M. D. Calvocoressi, Principles and methods of mus. crit. L 1931, ND NY 1979; H. Andres, Beitr. z. Gesch. d. M., 1938; M. C. Boyd, Elizabethan mus. and mus. criticism, L 1940, Westport/Conn. [2]1973; A. Machabey, Traité de la crit. mus., P 1947; I. Forger, R. Schumann als Kritiker (Diss. Münch., masch.) 1948; C. Lachner, Die M. (Diss. Münch., masch.) 1954; U. Eckart-Bäcker, Frankreichs Mus. zw. Romant. u. Moderne, 1965; H. H. Stuckenschmidt, Z. Problemat. d. M. (AfMw) 1952; ders., M. (MGG) 1961; ders., Was ist M.? (Stud. z. Wertungsforsch. 2), Graz 1969; H. Becker (Hg.), Beitr. z. Gesch. d. M., 1965; H. Kirchmeyer, Situationsgesch. d. M., 1968; J. L. Broeckx, Schets voor een krit. analyse van de muz. kritiek (Vlaams muz. tijdschr.) 1971; R. Stephan (Hg.), Üb. Mus. u. Kr. (VINM 11) 1971; W. Braun, M., 1972; M. in dieser Zeit (SMZ) 1977, 1978; H. J. Diamond, Mus. criticism, Metuchen 1979; M. Wagner, Gesch. d. österr. M. ..., 1979; L. Lesle, Notfall M., 1982.

Musikkultur (v. lat. *cultura* = Bebauung, Ackerbau), die Gesamtheit der musikbezogenen Erscheinungen, und zwar das stetig wachsende und sich verändernde Schaffen, Wiedergeben, Aufnehmen, historisch, vergleichend, kritisch Betrachten; das Ergebnis gesellschaftl. Schichtung, Organisation, Erziehung. Die Musik ist ein System im Gesamtbereich Kultur, der gelegentlich ausschließlich als Hochkultur verstanden wird. Schon Rousseau trat mit der Feststellung, die Kultur störe die gesunde Verbindung des Menschen mit der Natur, dem optimist. Fortschrittsglauben der Aufklärungszeit entgegen, der sich im revolutionären Auftauchen neuer Musikstile wiederholte: in der neudeutschen → „Zukunftsmusik" des 19. Jh., im → Futurismus und der → elektron. Musik des 20. Jh. Gegenüber dem Versuch, Gesetzmäßigkeiten und Entwicklungszyklen in der Kultur darzustellen (K. Breysig, L. M. Hartmann, A. Toynbee, O. Spengler), steht d. Kulturkritik J. Burckhardts. → Musikästhetik, Musikethnologie, Musiksoziologie.

M. Weber, D. rationalen u. soziolog. Voraussetz. d. Musik, [2]1924; ders., Kulturgesch. u. Kultursoziologie, 1935; A. Gehlen, D. Mensch, 1950; ders., Urmensch u. Spätkultur, 1956; A. Malraux, Psychologie d. Kunst, 1951; W. Hellpach, Kulturpsychologie, 1953; H. Freyer, Theorie d. gegenwärt. Zeitalters, 1955; G. Anders, D. Antiquiertheit d. Menschen, 1956.

Musiklehre, vielschichtiger Begriff, der in der kritischen Auseinandersetzung mit der Tradition in der jüngsten Zeit neu gefaßt wird, nachdem M. entweder im weiteren Sinne mit → Musiktheorie oder, insbesondere von der harmon. Theorie H. Riemanns her, im engeren Sinne als deren Unterbau mit musikal. Handwerkslehre (allgemeine M. = Elementarlehre) gleichgesetzt worden war, ohne klar von ihr abgegrenzt zu sein (Grundbegriffe z. B. für Notation, Akustik, Tonsystem, Melodie, Harmonie, Formen, Phrasierung). Die unterschiedl. Wertung und Bedeutung der allgemeinen M. haben ihren Grund im Doppelsinn der Wörter „allgemein" und „elementar", die das Mit- und Ineinanderwirken aller Elemente des Kunstwerks meinen, wozu auch die Kenntnis der Anfangsgründe und Vorstufen der Bauteile gehören, die wiederum im überkommenen, verengenden, schulmäßigen Verstande allein und ohne Rücksicht auf das Gesamtbild den Begriff der M. ausmachten. Die M. wurde als mechan. Regelwerk gesehen, das ohne zeitl. Zusammenhang innerhalb der Musikgeschichte, ohne räumliche Parallele oder Differenz in Gesellschaft, Volk und Völkern und ohne naturbegrenzte Bestimmung existiert. Diese Auffassung war die Folge eines in Einzelformen erstarrten Fächerunterrichts, der Einzelerscheinungen in fester Aufeinanderfolge getrennt voneinander betrachtete und lehrte (Harmonielehre, Kontrapunkt, Formenlehre). M. befaßt sich primär mit dem Material der Musik, den Tönen und ihren Verhältnissen zueinander, soweit sie innerhalb des Hörbereichs deutlich vom Menschen empfunden und unterschieden werden können. Sie benutzt dabei die Erkenntnisse der naturwissenschaftl. Disziplin der → Akustik, von deren objektiven Methoden sie sich durch subjektive Empfindungen und Vorstellungen unterscheidet. Gegenüber der → Musikpsychologie, die die Ergebnisse ihrer Beobachtungen und Reihenversuche an Einzelpersonen auswertet, stellt M. allgemeine Grundregeln musikal. Denkens innerhalb des akustisch und psycholog. begrenzten Raumes fest, die der Komponist, bewußt od. unbewußt, schuf od. übernahm. Als Lehre von der Musik geht M. von den Elementen (Tonsystem, Rhythmik, Melodik, Harmonik) zur musikal. Gestalt des Kunstwerkes und seiner Darstellung weiter (Form, Gattung, Instrumentation, Vortrag), ohne über das Lehrbare hinaus über Ursprung und Wesen der Musik zu spekulieren. – Der Begriff der allgemeinen M. war in den ma. Traktaten (*De Musica*) enthalten und war noch Grundlage der Instrumentalschulen des 18. Jh. Später verschwand er in Einzeldisziplinen. Wie G. Weber gab A. B. Marx wieder eine Zusammenfassung, wobei er Melodie, Rhythmus und Klang hervorhob gegenüber der Harmonik. Auf die Autorität H. Riemanns ist die Vorherrschaft des bezifferten Basses in der M. bis ins 20. Jh. zurückzuführen. Die starre Tradition des Dur-Moll-Systems verhinderte eine natürl. Entwicklung aus dem Bestand des 19. Jh. Eine neue musiktheoret. Forschung setzte in Dtl. nach dem 2. Weltkrieg ein mit Betrachtungen, welche die Elemente (meist ohne das mißverstanden abgewertete Wort „elementar" zu benutzen) wieder im Gesamtzusammenhang sehen. Dabei wird der Name → Musiktheorie bevorzugt.

→ Musiktheorie.

Musiklesen, Die Fertigkeit, aus dem Schriftbild des Musikwerkes eine Vorstellung von Klang und Verlauf zu gewinnen, wird in → Gehörbildung und → Musikdiktat von Schule und Hochschule vermittelt mit Übungen z. B. am Streichquartettsatz bis zum Orchesterwerk (Partiturspiel, musikal. → Orthographie). Die Erfahrung mit der Unzulänglichkeit herkömml. Notenschrift führte zu neuen Symbolen (→ musikal. Graphik), die (z. T. mit Resten traditioneller Notation) den schöpferischen Vorgang auch in der Notation sichtbar machen sollen.

V. L. Kliewer, Mus. reading, Englewood Cliffs, [2]1973. → Musikal. Graphik.

Musiklexikon, Nachschlagewerk über Musik, ursprüngl. nicht mit dem Anspruch, ihren Gesamtbereich zu behandeln wie die Musik-Enzyklopädie (griech. *enkyklios:* umfassend). Die Grenzen sind fließend, auch in den Ländern unterschiedl., und bestimmen sich auch aus Umfang und Ausstattung. – Von den ältesten allgemeinen Enzyklopädien (4. Jh. v. Chr.) ist die Behandlung musikbezogener Themen zu vermuten, für die noch vorhandene byzantin. des Suidas (*Suda,* 2. Hälfte 10. Jh.) erwiesen und selbstverständl. in den späteren großen National-Enzyklopädien und Konversationslexika. Beispiel neuzeitl. Lexikographie (auch musikbezogen) war die *Encyclopédie ou Dictionnaire raisonné des sciences, des arts et des métiers* (1751/80, hg. v. Diderot, D'Alembert und den Enzyklopädisten). Auf die frühen hs. od. gedruckten Vokabularien (besonders v. J. Tinctoris, *Terminorum musicae diffinitorum,* um 1473) stützten sich die ersten bedeutenden Musiklexika: von Janowka (Prag, 1701), Brossard (Paris, 1703) und Walther (Leipzig, 1732). Nach den Anfängen neuzeitl. Lexikographie bei Fr. J. Fétis (1835) und R. Eitner (1900) erschienen seit dem letzten Drittel des 19. Jh. umfangreiche Werke, vielfach mit großem, international zusammengesetztem Mitarbeiterstab, z. B. *Dictionary of Music and Musicians* (hg. G. Grove, 1878, [6]1980); *Die Musik in Geschichte und Gegenwart* (hg. Fr. Blume, ab 1949). – Musikenzyklopädie wie M. sind alphabetisch entweder nach Sachen (Sach-, Reallexikon) geordnet od. vorwiegend nach Personennamen (biograph. Lex.), od. sie enthalten beides. Mit dem Musikleben bestimmter Länder (meist biographisch, z. B. Böhmen: Dlabacz, Prag 1815/8, ND Hildesheim 1973) od. mit einzelnen Sachgebieten befassen sich Speziallexika, z. B. → Oper (Allacci, 1666, Loewenberg, 1943, [3]1978), → Instrumente (C. Sachs, 1913, 1962). Grundlegend für mw. und musikbibliographische Arbeit sind das *Handwörterbuch der musikal. → Terminologie* (hg. H. H. Eggebrecht, ab 1971) und das *Internationale Quellenlex. der Musik* (= RISM, ab 1960).

Auswahl (chronologisch). Speziallexika sind unter d. jeweiligen Stichwort genannt (vgl. → Musikbibliogr.). Bei d. Namensangabe wird nicht nach Vf., Hg. od. Bearbeiter unterschieden.

Abk.: S (Sachlexikon), B (biogr. Lex.), SB (Sachen u. Biogr.).

J. G. Walther, Musical. Lex., Lg 1732, ND Kassel 1953 (SB); J. Mattheson, Grundl. einer Ehren-Pforte, Hbg. 1740, ND 1969 (B); J.-J. Rousseau, Dictionnaire de mus., Genf/P 1767/8 (S); E. L. Gerber, Histor.-biogr. Lex. d. Tonkünstler, Lg 1790/2, ND Graz 1966, Neues hist.-b. Lex. . . ., Lg 1812/4, NA Graz 1964/9 (B); H. Chr. Koch, Mus. Lex., Frankf./M. 1802, ND 1964 (S); G. Schilling, Encycl. d. ges. mus. Wissensch., Stuttg. 1835/8 (SB); A.-E. Choron/J. A. L. de La

Fage, Nouveau manuel compl. de mus., P 1836/9 (SB); F. J. Fétis, Biogr. universelle des musiciens et bibl. générale de la mus., Br 1837/44, ND ebd. 1963 (B); J. A. Hamilton, Dict. of mus. terms, L 1839 (S); H. Mendel, Mus. Convers.-Lex., B 1870/79/83 (SB); G. Grove, A Dict. of Mus. and Musicians, L 1878/9; The New Grove Dict. ... (hg. St. Sadie) L [6]1980 (SB); H. Riemann, M., Lg 1882; 12. NA (W. Gurlitt, H. H. Eggebrecht, C. Dahlhaus) Mainz 1959/67, 1972/5 (5 Bd.); daraus: H. H. Eggebrecht/C. Dahlhaus, Brockhaus-Riemann-M., Wiesb./Mainz 1978/9 (SB); D. Champlin/F. Apthorp, Cyclop. of Mus. and Musicians, NY 1888/90 (SB); R. Eitner, Biogr.-bibliograph. Quellenlex., Lg 1900/04, NA Wiesb. 1959 (B); L. Hubbard, The American Hist. and Encycl. of Mus., NY 1908/10 (SB); H. Clifford, The Standard Mus. Enc. (NY 1910) (SB); A. Lavignac / L. de La Laurencie, Encycl. de la mus..., P 1912/31 (SB); M. Brenet, Dict. prat. et hist. de la mus., P 1926 (S); A. della Corte/G. M. Gatti, Dizion. di mus., Turin 1926 (SB); B. Szabolsci/T. Tóth, Zenei lex., Budap. 1930/1, NA ebd. 1965 (SB); H. J. Moser, M., B 1935, NA Hbg. 1955 (SB); W. Apel, Harvard Dict. of Mus., Cambr./Mass. 1944, NA 1969 (S); Fr. Blume, Die Mus. in Gesch. u. Gegenw., Kassel (17 Bd.) 1949/84 (SB); Sohlmans M., Stockh. 1951, [2]1975/9 (SB); H. Anglés/J. Pena, Dicc. de la mus. Labor, Barcel. 1954 (SB); H. Eppstein, Tonkonsten, Stockh. 1955/7 (SB); A. Corbet/W. Paap/J. Robijns, Algemeen Muziekencycl., Antwerpen/A 1957/72 (SB); N. Dufourcq, Larousse de la mus., P 1957/8 (SB); Fr. Michel/Fr. Lesure/Vl. Fédorov, Enc. de la mus., P 1958/61 (SB); Muzička Enciklopeď., Zagreb 1958/63, [2]1971 (SB); C. Sartori, Encicl. della musica, Ml 1963/4 (SB); G. M. Gatti/A. Basso, La musica, Turin 1966/71 (SB); H. Seeger, M., Lg 1966 (SB), 1981 (B); Ju. V. Keldyš, Muzykal'naja Enciklopedija, M 1972ff. (SB); M. Honegger, G. Massenkeil, D. große Lex. d. Mus., Freib./Br. 1979/82 (SB).

Literatur: E. Maghi-Dufflocq, Dizionari di mus. (Boll. bibliogr. mus.) 1933; R. Schaal, Die M. (Jb. d. Musikwelt) 1949; J. B. Coover, Mus. Lexicography..., Carlisle/Pa. [3]1971; H. H. Eggebrecht, Lexika d. Mus. (MGG), 1960; ders., Lexika (Riemann, M., Sachband) 1967. → Musikbibliographie.

Musikorganisation. Als Vereinigung mit kulturellen od. als Verbände mit wirtschaftlichen Interessen könnten schon die ma. Musikgewerbe (Confréries, Brüderschaften, Ménestrels, Minstrels; → Zunftwesen) gelten, Interessen- und Schutzverbände mit strenger sozialer Abgrenzung (der Hoftrompeter vor dem → Stadtpfeifer). Seit 1637, als in Venedig die 1. öffentl. Opernaufführung stattfand und im Laufe des Jh. aus der Hofoper das Unternehmertheater wurde, wurde Musik Gegenstand kommerzieller Spekulation. Aus den bürgerl. Hauskonzerten in Frankr., den privaten → Consorts in Engl., den Convivien (→ Collegium musicum) in Dtl. entwickelte sich das halböffentl. Liebhaberkonzert im 18. Jh., daneben das Konzert der Berufsorchester (Reste aus Hoforchestern und Stadtmusiken), die sich zu unternehmerischen Verbänden zusammenschlossen (→ Konzertdirektion). Am längsten hielten sich die Stadtkapellen, bis ins 20. Jh. das Reservoir der Militärkapellen. Zum heutigen Musikleben gehören Organisationen, die zumeist ihren Ursprung in Gründungen aus der 2. Hälfte des 19. Jh. haben: Genossensch. dt. Bühnenangehöriger (1871); Genossensch. Dt. Tonsetzer (1898); Verband Dt. Schulmusikerzieher (1949), Vbd. dt. Tonkünstler und Musikerzieher (1952); Dt. Komponisten-Vbd. (1954). Interessenverbände der Unternehmer bildeten sich u. a. im → Musikverlag, Musikalienhandel, Instrumentenbau. Daneben entstanden Vereinigungen zur Pflege der Musik im allgemeinen od. besonderen (neue Musik, junge Komponisten, namentl. bestimmte Komponisten; z. B. Allg. Dt. Musikverein, Institut für Neue Musik und Musikerziehung, Neue Bachgesellsch.), neben bzw. zu denen sich internationale Gesellsch. und Verbände bildeten, z. B. Int. Gesellsch. für Neue Musik (1922), Int. Ges. für Mw. (1927), (Fédération Int. des) Jeunesses Musicales

(1940), Int. Folk Music Council (1947), Internat. Musikrat (1949; 1953 Dt. Sektion; ab 1956 Dt. Musikrat; Dachorganisation der Musikverbände). → Konzert, Urheberrechtsgesellschaften.

H. Barth (Hg.), Jb. der Musikwelt, 1949; H. Engel, Mus. und Gesellschaft, 1960; W. Pfannkuch, Organisationen der Mus. (MGG) 1962; Gesellschaften und Vereine (Riemann, Musiklex., Sachteil) 1967; G. de Vries, Dt. Kultur- und Musikverbände, 1981; Musik, Statistik ..., Daten zum Musikleben in der Bundesrep. Dtl., 1982.

Musikpädagogik → Musikerziehung.

Musikphilosophie wird meist mit → Musikästhetik gleichgesetzt, geht aber nach antikem und ma. Beispiel über den Schönheitsbegriff weiter zur → Ethik und setzt die Vorstellung von der ethischen Wirkung der Musik vor die Wahrnehmung.

P. Moos, D. Philosophie d. Musik, 1922; M. Dessoir, Ausbl. auf e. Phil. d. Kunst, 1931; Th. W. Adorno, Philosophie der neuen Mus. 1949, ^{3}1967; A. Liess, D. Mus. i. Weltbild d. Gegenw., 1949; G. Berger, D. histor. Dimension i. musikphilosoph. Denken v. A. Liess u. Adorno (Int. Rev. of Aesth. ...) Zagreb 1971.

Musikpsychologie (griech. *psyche* = Seele, *logos* = Wort), Teil der Systemat. → Musikwissenschaft, aus Physik und Physiologie hervorgegangen, dann innerhalb der Kulturpsychologie Teil der allgem. Psychologie; in der Musikwissensch. mit dem Grenzbereich → Gehörpsychologie (nach Wellek) und dem Sektor, der sich mit dem musikalisch-künstlerischen Klangerlebnis befaßt, z. B. mit der Musikbegabung und deren Vererbung, dem musikal. Schaffensprozeß, → Ausdruck, Charakterkunde, Tiefenpsych. und Anwendung musikpsycholog. Ergebnisse in der → Musikerziehung. Dabei geht M. vom Begriff der → Form aus als Gestalterlebnis im kompositorischen Schaffen, d. h. die Wirkungsform als unterbewußtes Ordnungsschema, die erst die Voraussetzung ist für sichtbar, hörbare musikal. Form. Im einzelnen beschäftigt sich M. mit → Tonhöhe, Klang, Melodie, Akkord, Satz und Rhythmus, Hören, Deuten und Wirkung; z. B. in → Musiktherapie, bei allgemeinen und besonderen Arten von Musikkonsum (→ E- u. U-Musik, funktionelle Musik). – Die M. entstand aus den zunächst tonpsycholog. ausgerichteten Arbeiten von Helmholtz, Stumpf, v. Hornbostel, Révész, auf denen Lach weiterarbeitete. In eine eigene Systematik ordnete Kurth 1931 die Gesamtheit der Erscheinungen und begründete damit die eigentliche M. Für die weitere Entwicklung – nun mit ganzheitlicher Sicht – konnte die Verbesserung techn. Hilfsmittel genutzt werden. → Musikästhetik.

H. v. Helmholtz, D. Lehre v. d. Tonempfindungen, 1863, ND 1968; C. Stumpf, Tonpsych., 1883/90, ND 1965; J. Bahle, Z. Psych. d. melod. Gestaltens, 1930; A. Wellek, Z. Typologie d. Gehörs. ... (ZfMw) 1930; ders., M. (MGG) 1961; ders., M. u. M.ästhet., 1963, ^{3}1982; E. Kurth, M., 1930, Bern ^{2}1947; R. Müller-Freienfels, Ps. d. Mus., 1936; C. E. Seashore, Ps. of mus., NY ^{2}1938; M. Schoen, Ps. of mus., NY 1940; G. Révész, Einf. i. d. M., Bern 1946, ^{2}1972; J. Handschin, D. Toncharakter, Z 1948; A. Michel, Psychoanal. de la mus., P 1951; ders., L'école Freudienne devant la mus., P 1965; R. W. Lundin, An objective psych. of mus., NY 1953; H. Stephani, Z. Psych. d. mus. Hörens, 1956; R. Francès, La perception de la mus., P 1958; Fr. Neumann, D. Zeitgestalt, W 1959; H.-P. Reinecke, Experiment. Beitr. z. Psych. d. mus. Hörens, 1964; R. Shuter, The psych. of mus. ability, L 1968; A. Kormann, D. Zusammenhang zw. Intelligenz u. Musikalität (Diss. Salzb.) 1971; H. de la Motte-Haber, M., 1972; dies., Psych. u. Mus.theorie, 1976; G. Albersheim, Zur M., 1974, ^{2}1979; P. R. Farnsworth, Sozialpsych. d. Mus., 1976; R. Meißner, Z. Variabilität mus. Urteile (Beitr. z. syst. Mw. 4) 1979; H. F. Böttcher/U. Kerner, Methoden i. d. M., Lg/Frankf. 1978.

Musikroman, -novelle, dichterische Gestaltung musikbezogener Themen; wenn von Musikern verfaßt, meist mit selbstbiograph. Zügen (D. Speer, E. Th. A. Hoffmann, R. Wagner, K. Söhle). Unter dem Einfluß von Grimmelshausens *Simplicissimus* (1668) entstanden von Musikern verfaßte anekdotische Abenteuerromane mit Musikern als Hauptpersonen. Ein bedeutender Dichter-Musiker in dieser Reihe war D. Speer (*Ungar. od. dacianischer Simplicissimus,* 1683, 1925; *Türckischer Vagant,* 1683; *Simplicianischer lustig-politischer Haspel-Hannß,* 1684), der durch → Quodlibets berühmter wurde, weil seine Romane anonym erschienen. Er gab ein eindringl. Bild des Musiklebens seiner Zeit. Gleichzeitig lebten J. Beer (*Jan Rebhu,* 1679; *Bellum musicum,* 1701) und W. C. Printz (*Cotala, Pancalus, Battalus,* 1690/1). J. Kuhnaus satirischer Roman *Der musical. Quack-Salber* (1700) wandte sich gegen die Vorherrschaft ital. Musik in Dtl. In Sturm und Drang, Romantik und bis Anfang des 20. Jh. war der M. hauptsächl. Darstellung des genialen, dämon., rauschhaften Lebens und Schaffens des Künstlers, seiner Zerrissenheit und Ungebundenheit, die ihn in Höhen und Tiefen des Lebens bringt, oft in Auseinandersetzung mit der Welt zerbrechen läßt: W. Heinse, *Hildegard v. Hohenthal,* 1795/6; H. Wackenroder, *Herzensergießungen eines kunstliebenden Klosterbruders,* 1797; Jean Paul, *Hesperus,* 1795, *Flegeljahre,* 1804/5; E. Th. A. Hoffmann, *Ritter Gluck,* 1809, *Lebens-Ansichten des Katers Murr nebst fragmentar. Biographie des Kapellmeisters Joh. Kreisler,* 1820; F. Grillparzer, *Der arme Spielmann,* 1831. Musik war, wo nicht Hauptthema, das ständig mitwirkende Element der romant. Erzählung: Goethe sagte von Tiecks Roman *Franz Sternbalds Wanderungen* (1798), er müsse *„Musikal. Wanderungen"* heißen. Das tragische Künstlerleben wird oft idealisiert: K. Söhle, *Musikantengeschichten,* 1898; E. Strauß, *Freund Hein,* 1902; F. Huch, *Enzio,* 1911; J. Wassermann, *Das Gänsemännchen,* 1915. E. Brachvogels viel gelesener, rührseliger Lebensbeschreibung *Friedemann Bach* (1858) ist Mörikes ebenfalls frei erfundene Novelle *Mozart auf der Reise nach Prag* (1856) weit überlegen. C. M. v. Webers autobiogr. Roman blieb unvollendet. Selbstbiograph. Züge tragen R. Wagners Pariser Novellen (*Ein Ende in Paris, Eine Pilgerfahrt zu Beethoven,* 1840/1). Dichterisch freie Biographien gaben R. Rolland (*Jean-Christophe,* 1904/12 über Beethoven und H. Wolf; *Händel,* 1922) und F. Werfel, der im *Verdi* (1924) das Komponistenleben im Bereich der Operngeschichte darstellte. Kunst wird als Lebensfunktion in Goethes zunächst als Künstlerroman geplantem *Wilh. Meister* (1795) behandelt, metaphysisch ausgeweitet im *Glasperlenspiel* H. Hesses (1943), kulturkritisch als Verfallsproblem innerhalb der bürgerl. Gesellschaft schon in der Darstellung der letzten Generation v. Th. Manns *Buddenbrooks* (1901), besonders in seinem *Dr. Faustus* (1947). Musik wirkt als dämon. Macht (Tolstoi, *Kreutzersonate,* 1899), als Ordnungselement (E. v. Niebelschütz, *Der blaue Kammerherr,* 1949), ständig im Hinter- und Untergrund der Handlung, sie durchfließend od. auch konterkarierend (J. Bobrowski, *Litauische Claviere,* 1967; H. Rosendörfer,

Der Ruinenbaumeister, 1969; A. Carpentier, *Concierto barocco,* 1974, dt.: *Barockkonzert,* 1976; G. Jonke, *Der ferne Klang,* 1979).

C. Helbling, D. Gestalt d. Künstlers i. d. neueren Dichtg., 1922; H. F. Menck, D. Musiker im Roman, 1931; E. W. Böhme, Mus. u. Musiker im Roman um 1930, 1933; H. J. Moser, D. Speer (AM) 1937; H. Sorgatz, Mus. u. Musikanten als dichter. Motiv, 1939; C. S. Brown, Mus. and lit., Athen/Georgia 1948; C. G. Schoolfield, The figure of the musician in German. lit., Chapel Hill, 1956; H. Schmidt-Garre, Von Shakespeare bis Brecht. Dichter u. ihre Bezieh. zur Musik (Tb. z. Mw.) 1979; G. Schnitzler (Hg.), Dichtung u. Musik, 1979.

Musikschule. Die nach dem Beispiel der 1923 gegr. →Jugendmusikschule entstandenen Einrichtungen in der Bundesrepubl. Dtl. wurden 1952 im Verband der Jugend- und Volksmusikschulen (VdM) zusammengefaßt, 1966 als Verband der M. (W. Twittenhoff, ab 1969 D. Wucher) der 1973 gegründeten Europ. M.-Union (EMU) angeschlossen und haben ihre Lehrpläne (ab 1969) über die in den Anfängen vorgesehene Basisarbeit hinaus erweitert (z.B. →Musikal. Früherziehung, instrumentales Einzel- und Zusammenspiel). Diese neue M. verfolgt das Ziel, *„die Freude am Musizieren zu wecken, andrerseits techn., musikal. und stilist. einem Leistungsanspruch“* zu genügen. Sie wird meist von Städten od. Kreisen getragen und hat als Ergänzung zu (oft in Zusammenarbeit mit) den bestehenden Institutionen in den letzten Jahren stetig wachsende kulturelle Bedeutung erlangt. → Privatmusiklehrer.

W. Twittenhoff, Neue M., 1950; ders., P. Fr. Scherber, Die Jugendm., 1956; Die M. (Bausteine f. Musikerzieh. . .), 1973/5; D. Hemming (Hg.), Dokumente z. Gesch. d. M. (1902/76), 1977; D. Wucher/H.-W. Berg/W. Träder (Hg.), Hdb. d. Musikschulunterr., 1979. → Jugendmusikschule.

Musikseminar (lat. *seminarium* = Pflanzschule), Ausbildungsstätte in Musikfächern; benannt nach dem (in Dtl. 1924–26 aufgehobenen) Lehrerseminar (von A. H. Frankes *seminarium praeceptorum*), heute allgemein verstanden als Lehrstätte für → Privatmusikerzieher, denen über das Einzelfach hinaus eine musikal. Allgemeinbildung vermittelt wird. Die Einrichtung des M. geht auf die Vorarbeiten Maria Leos und L. Kestenbergs zurück (1925 Erlaß über den Privatmusikunterricht). Während die Ausbildung von Schulmusikern an besonderen Abteilungen der Staatl. Musikhochschulen (→ Konservatorium) erfolgt, sind M. bei fast allen Musikschulen eingerichtet, vielfach mit Vorseminar.

A. Ebel, Privatmusikerziehung; W. Twittenhoff, D. Jugendmusikschule (beide in: H. Fischer, Hdb. d. Musikerziehg.), 1954.

Musiksoziologie, Zweig der Kunstsoziologie und Teil der Mw. mit der Aufgabe, gesellschaftl. Bedingungen im Musikleben (Komponist, Interpret, Hörer) darzustellen. Die verschiedenen Methoden liegen zwischen betont soziologischer und bevorzugt musikbezogener Sicht. Musik ist mit den Erscheinungsformen das Produkt der Gesellschaft. M. untersucht, wie Musik in die Gesellschaft wirkt, und den Einfluß der Gesellschaft im Lauf der Geschichte auf die Musik, ihre Wertung als Spiel, Kult, Repräsentation oder Luxus und die Verhältnisse, unter denen Musik entsteht, vorgetragen und gedeutet wird. Die Musik, als in der Gesellschaft erzeugt, ist deren Wandlungen unterworfen, während das Tonsystem, Ergebnis auswählender Ordnung aus dem Gesamtbestand der Töne, über lange Perioden Bestand hat als eine der Möglichkeiten der Annäherung an das physikalisch natürl. System, damit als ein sozialer Kompromiß. M. beobachtet Produktionskraft und -weise, ihre Ordnung und ihr Verhalten bei geänderten wirtschaftl. Grundlagen. Dabei übernimmt sie vielfach Begriffe des Wirtschaftslebens mit allen Folgerungen und setzt Musikwerk = Ware, Komponist = Produzent in einem Geflecht von Angebot und Nachfrage, Bedarfsweckung und -deckung. Das System von Interessen beeinflußt mit Genie- und Starkult und Bestseller den Musikmarkt, wo nicht totalitärer Anspruch das Funktionieren der Musik so ausrichtet, daß der vom Apparat gewünschte und als dienlich vermutete oder auch nur der von einigen Funktionären gepflegte Geschmack zum Publikumsgeschmack bestimmt wird. Die Lenkung kann auch außer- oder halbstaatlich erfolgen, z. B. durch kirchl. Verordnung, durch eine bestimmte Programmlinie der Massenmedien, durch die Geschmacksrichtung einer in verschiedene Gesellschaftsschichten wirkenden Gruppe. Das im Laufe der Mg. genauer fixierte Musikwerk erfüllt, mit stets wachsendem Bestand, in der Gesellsch. eine nach Bildungsgrad und -anspruch verschiedenschichtige Genußfunktion und ist dabei zähl- und berechenbare Ware. Nach Zweck und Maß des Einflusses aus gesellschaftlichen Faktoren ist mit dem Wissen zu fragen, daß geistige Substanz nicht unbedingt wirtschaftlich-materiellen Maßstäben unterliegt.

M. Weber, D. rationalen u. soziol. Grundl. d. Mus., ²1924; E. Preußner, Die bürgerl. Musikkultur, 1935, ²1950; W. Mellers, Mus. and society, NY 1950; M. Belvianes, Sociol. de la mus., P 1951; A. Silbermann, Wovon lebt die Musik?, 1957; H. Engel, Mus. und Gesellsch., 1960; ders., Soziol. d. Musik (MGG) 1965; T. W. Adorno, Einleit. i. d. M., 1962, NA 1968; I. Supčić, Mus. et sociol, Zagreb 1971; P. Honingsheim, Mus. and soc., NY 1973; M. Elste, Verz. dt. sprach. M., 1975; Vl. Karbusický, Empir. M., 1975; T. Kneif, M., ²1975; ders., Texte zur M., 1975; P. R. Farnsworth, Sozialpsychol. d. Mus., 1976; P. Rummenhöller, Einf. i. d. M. (Tb. z. Mw.) 1978; W. Klüppelholz, Zur Soziol. d. neuen Mus. (Intern. Rev. of Mus. Aesth. and Soc.) 1979; E. Haselauer, Hdb. d. M., 1980; K. Blaukopf, Musik i. Wandel d. Gesellsch; Grundzüge d. M., 1982; H.-D. Sommer, M. Webers mus. soziol. Studie (AfMw) 1982. → Musikästhetik

Musikstab, Stabzither, wie der → Musikbogen Frühform der Saiteninstr.: ein Holzstock (Bambus, auch Schilfrohr), von dessen Außenhaut eine Faser so gelockert wurde, daß sie durch 2(1) untergeschobene(n) Steg(e) gespannt, dann gestrichen, gezupft oder geschlagen werden kann; so u. a. bei Bantus und Buschmännern; auch Kinderinstr. (Ungarn). „Floßzither“: mehrere zusammengebundene M. Vgl. → Röhrenzither.

Musikterminologie, wissenschaftl. Betrachtung und Deutung musikbezogener Fachausdrücke. Kann das Vokabular schon innerhalb einer Generation unterschiedl. gebraucht und verstanden werden, so ist der Bedeutungswandel (Verengung, Erweiterung) im Geschichtsverlauf die Regel, zumal bei Übernahme der Wörter in andere Sprachen, bei Übernahme in den Musikbereich oder bei nachträglicher Änderung der Bedeutung in der Originalsprache.

H. H. Eggebrecht, Stud. z. mus. Terminol. (Ak. Wiss, Mainz) 1955, ²1968; ders. (Hg.), HmT, 1972ff.; ders. (Hg.), Zur Terminol. d. Mus. i. 20. Jh., 1974; H. P. Gysin, Stud. z. Vokabular der M. i. MA, A 1972; W. Wiora, Vor- u. Frühgesch. der mus. Grundbegr. (AM) 1974; AIBM (Hg.; Red.: H. Leuchtmann), Terminorum musicae index septem linguis redactus (Polygl. Wörterb. d. mus. Terminol.) 1978; R. Denk, „Musica getutscht“. Dt. Fachsprache d. Spät-MA i. Bereich d. Mus., 1981; L. Ibsen al Faruq, An annotated gloss. of arabic mus. terms, Westport/Conn. 1981.

Musiktheater, Sammelname für die etwa seit den 1920er Jahren auftretenden vielfältigen Bühnendarbietungen mit Sprache, Musik, Tanz, Film, gewählt insbesondere im Unbehagen an der → Oper, die als kulinarische Darbietung, museales Statussymbol der Gesellschaft gesehen wurde, beginnend mit der 1920/30 entstandenen Experimentierfreude (u. a. Krenek, *Jonny spielt auf,* 1926; Hindemith, *Neues vom Tage,* 1929), aus der sich → Lehrstück u. → Schuloper, die Verbindung von Oper mit Ballett oder Oratorium, die von den techn. Bedingungen bestimmten Funk- und Fernsehstücke bis zum absurden, surrealen, manieristischen M. entwickelten (als „totales Theater", „sichtbare Musik", „instrumentales Theater"). Ist anfangs die Entwicklung durch die im Ggs. zu Wagners Gesamtkunstwerk stehende kammermusikal. Besetzung (Strawinsky, *L'histoire du soldat,* 1918; Hindemith, *Cardillac,* 1926; Orff, *Carmina burana,* 1937, *Der Mond,* 1939) bei gelegentl. melodramatischen Zügen bestimmt (Schönberg, *Die glückliche Hand,* Auff. 1924), so erhält das M. nach 1960 neue Spannung durch → Collage heterogener Elemente (Kagel, *Sur scène,* 1960), z. T. unter dem Einfluß aus Bildender Kunst (Kandinsky) und Literatur (Joyce und der „Nouveau roman"). Sprechtheater und Oper beeinflußten sich. Es zeigten sich u. a. exotistische Züge und als Antwort auf die Gesetzmäßigkeiten → serieller Musik aleator. Strebungen (Ligeti, *Aventures,* 1962, mit Sprachklängen) und das Engagement bei scheinbarem Unbeteiligtsein (P. Schat, *Het labyrinth,* 1966), → *„Work in Progress"* (→ *Aleatorik*) mit Austauschbarkeit der Elemente und mit Verbindung vom Podium zum Publikum, das zunächst aus der Vielzahl des gleichzeitig Gebotenen auswählt und selbst eingreift (H. Pousseur, M. Butor, *Votre Faust,* 1967) und in → Multimedia-Darbietung, → Wandelmusik und Happening beteiligt wird. Viele der Erscheinungen des M. blieben allgemein unter dem Gattungsbegriff Oper im Bewußtsein. Ein Forschungsinstitut für M. besteht an der Universität Bayreuth.

H. Rutz, Neue Oper, Wien 1947; H. Lindlar (Hrsg.), Oper i. 20. Jh., 1954; R. Bauer, Die Oper, 1955; W. Felsenstein, S. Melchinger, M., 1961; E. Thomas (Hrsg.), Zeitgenöss. M. (Kgr. Ber. Hbg.), 1964; W. Panofsky, Protest i. d. Oper, 1966; H. G. Helms, Voraussetzungen eines neuen M.s (Melos), 1967; J. Becker, W. Vostel, Happenings. Fluxus. . ., 1968; W. Rogge, E. Kreneks Opern, 1970; D. Schnebel, M. Kagel, 1970. J. D. Steinbeck, M. u. Theaterwissensch., 1970; H. Tenner-Taichner, Griech. und röm. Mytholog. i. M. d. 20. Jh. (Diss. W) 1971; U. Dibelius, Szene und Techn. (in: D. Mus. d. 60er Jahre, VINM 12) 1972; Forsch. Inst. f. M. (Hg.), Strukturprobleme d. M. i. d. Bundesrepub. Dtl. (Schriften z. M. 1) 1978; M. Vogel, M. (Orph. Schr. 30/1) 1980/1; H. Kühn (Hg.), M. heute (VINM 22) 1982; M. Behr, M. (Veröff. z. Mf. 6) 1983. → Oper

Musiktheorie (v. griech. *theoreo* = betrachten), nach der Auffassung des beginnenden 20. Jh. die handwerkl. Fachkunde der Musik mit den Teilgebieten der allgemeinen → Musiklehre (Elementarlehre), ferner mit Unterweisungen über → Melodie, Rhythmus, Harmonie, Kontrapunkt, Formen, Gattungen, Vortrag, Instrumentation, Dirigieren. Seit etwa 1950 zielt eine lebhafte Diskussion auf Neufassung und Abgrenzung des vagen Begriffs, der bisher schulmäßig entweder als Elementarstufe mit Harmonielehre im Vordergrund verstanden wurde oder auf der Grundstufe der allgemeinen Musiklehre weiterbaute. – Daneben steht die Deutung des Wortes M. als → Musikästhetik, Musikphilosophie, Theorie vom → Ursprung der Musik, schließlich auch als „weltanschauliche → Harmonik" (Moser) in Anlehnung an Zahlenmystik und → Sphärenharmonie.

H. Riemann, Gesch. d. M., ^{2}1921, ND 1961; G. Pietzsch, D. Klassifikation d. Mus. v. Boetius b. Ugolino, 1929, ND 1969; ders., D. Mus. im Erzieh.- u. Bildungsideal d. ausgeh. Altert. u. früh. MA, 1932, ND 1969; J. Wolf, Die Entw. d. M. seit d. Ende 15. Jh. (Adler Hdb.) ^{2}1930, ND 1975; J. Handschin, Aus d. alten M. (AM), 1942/44/45; ders., D. Toncharakter, Z 1948; H. Kayser, Akroasis, 1947; J. Schillinger, The mathemat. basis of the arts, NY ^{2}1948; E. R. Jacobi, D. Entw. d. M. i. Engl. ... nach Rameau (Slg. mw. Abh.), Straßb. 1957/60, NA (Teildr.) 1971; W. Wiora, Vielspält. Mus. – Allgem. Musiklehre? (Mus. Zeitfragen 9) 1960; E. Apfel, Üb. d. Verhältn. v. M. u. Kompositionspraxis i. spät. MA (Kb. Kassel) 1962; B. Meier, M. u. Mus. i. 16. Jh. (ebd.) 1962; M. Vogel (Hg.), Beitr. z. M. d. 19. Jh., 1966; P. Rummenhöller, Mth. Denken i. 19. Jh., 1967; R. Stephan (Hg.), Probl. d. mth. Unterr. (VINM) 1967; F. Zaminer (Hg.), Üb. M. (Veröff. Staatl. Inst. f. Mf. 5) 1970; D. R. Williams, A bibliogr. of the hist. of mus. th., NY 1971; B. Münxelhaus, Pythagoras musicus (Orph. Schr. Reihe) 1976; M. Bielitz, Mus. und Grammatik (Beitr. z. Mf. 4) 1977; A. Shilvah, The th. of mus. in arabic writings (RISM B X) 1979; H. Federhofer, Akkord und Stimmführg. i. d. mth. Systemen v. Riemann, Kurth, Schenker, W 1981; C. Kühn, Musiklehre, 1981. – Zs. f. Mth., 1970ff. → Dodekaphonie, Elektron. Mus., Harmonielehre, Komposition, Kontrapunkt.

Musiktherapie (griech. =) Heilbehandlung mit Hilfe d. Musik, die als Erziehungshilfe, zur Rekreation und Rehabilitation, Behandlung v. Krankheiten und als allgem. Lebenshilfe dienen soll und besonders bei Psychosen, Autismus, psychosomat. Erkrankungen wie in d. heilpädagog. Arbeit (Sonderpädagogik) benötigt wird. Verschiedene Methoden konzentrieren sich in der erlebnisorientierten (passiven, rezeptiven) und der einsichtsorientierten (aktiven) M., die produktive und reproduktive Kräfte fördern soll und bei der auch die verbale psychotherapeut. Deutung emotionaler Erfahrungen mitwirken kann. Beide Formen werden in Einzel- und Gruppentherapie angewendet. – Die Überzeugung v. der heilenden Kraft der Musik lebte allgemein in Mythen und Legenden. Beispiele sind aus dem Alten Testament (Davids Saitenspiel), bei Arabern, Indern, Griechen, Römern (Ethoslehre), durchweg im MA und z. B. in der Affektenlehre des 17. Jh. und der Pädagogik des 18. Jh. überliefert. Hatten die Musiktheoretiker vielfach die Heilkraft der Musik erwähnt (z. B. Kircher, Mattheson, Marpurg), so beschäftigten sich mit ihr Spezialabhandlungen seit dem 17. Jh. (Brendel, van Swieten). Im 20. Jh. entwickelte sich M. zum Wissenschaftszweig zwischen Medizin, Psychologie, Psychotherapie, Musik- und Heilpädagogik. Einzelne Anregungen kamen in Dtl. von Jaques-Dalcroze, R. Steiner in den 1920er Jahren. Nach amerikan. Versuchen der 1930er Jahre folgte nach 1945 auch in Europa eine rasche Ausweitung in allen Ländern. Die Ausbildung zum Musiktherapeuten erfolgte in der Bundesrep. Dtl. zunächst im Zusatzfach, in Heidelberg seit 1979 selbständig.

H. Polter, Mus. als Heilmittel, 1934; S. H. Licht, Music in medicine, Boston 1946; D. M. Schullian/M. Schoen (Hg.), Mus. and medic., NY 1948, ND Freeport 1971; A. Machabey, La mus. et la médec., P 1952; E. Podolsky, Mus. therapy, NY 1954; A. Pontvik, Heilen durch Mus., Z 1955; G. R. Heyer, Musische, speziell M. (Hdb. d. Neurosen u. Psychoth. 4) Bern 1959; A. Kündig, D. Mus.-erlebnis i. psychol. Sicht, Winterthur 1961; G. Wille, Rhythmisch-musikal. Heilpäd. i. d. Antike (Orff-Jb.) 1962; J. Guilhot u. a., Mus., psychol. et psychothérapie, P 1964; H. Tauscher (Hg.), D. rhythm.-musik. Erzieh. i. d. Heilpäd., 1964; C. Holthaus, Muziektherapie, A 1970; W. J. Revers u. a. (Hg.), Neue Wege d. M., 1974; G. Harrer (Hg.), Grundl. d. M. u. Mus.psych., 1975, ^{2}1982; P. Nordoff/C. Robbins, Mus. als Therap. f. behind. Kinder, 1975; H. Willms, M. 1,2, 1975/7; W. F. Kümmel, Mus. u. Medizin, 1977; N. Linke, Heilung durch Musik? 1977; G. Orff, Die Orff.-M., ^{2}1978; Ch. Schwabe, Methodik d. M. ..., Lg 1978; ^{2}1980; ders. u. a., Regulative M., 1979; W. Strobel/G. Huppmann, M., 1978; E. Lecourt, Prakt. M., Salzb. 1979; K.-J. Kemmelmeyer/W. Probst, Quellentexte zur päd. M., 1981; M. Priestley, Mus. therapeut. Erfahrungen (Prax. d. M. 1) 1982; G. Schubert, Klänge und Farben, 1982. – Zss.: Journ. of Mus. Therapy, Lawrence/Kansas, seit 1964; Musiktherapeutische Umschau, 1980 ff. → Farbenmusik

Musikunterricht, → Musikerziehung.

Musikverbraucher, aus dem Wirtschaftsleben im 20. Jh. übernommener Begriff, der den Hörer und den Musizierenden meint, beides Abnehmer (Konsumenten) von Musik, als Noten oder konserviert auf Schallplatten oder durch Radio oder Fernsehen dargeboten. Der Verbrauch im Sinne von Abnutzung vollzieht sich um so schneller, je enger ein Stück als → Gebrauchsmusik auf Zerstreuung konzipiert ist und je weniger geistige Tätigkeit und Sammlung es ermöglicht oder erwartet. → Musiksoziologie.

Musikverlag, gewerbliches Unternehmen, das aus dem Musikwerk als geistigem Gut die Musikalie und das Musikbuch als Handelsware herstellt, dafür wirbt und sie über Kommissionär, Großsortiment und → Musikalienhandel vertreibt. Je nach dem von ihm vertretenen Programm ist der M. auf die Arbeit eines bestimmten Autorenkreises angewiesen, zugleich muß er um breite Absatzbasis bemüht sein, die ihm gestattet, das Risiko der Herstellung wertvoller, aber mit Sicherheit nicht „gängiger" Werke zu verringern. Damit hat der M. eine feste Stellung und Verpflichtung im Kulturleben, wenn auch sein Einfluß mit dem Aufkommen von Schallplatte und Rundfunk geringer geworden ist. Soweit nicht Selbstverlag des Autors oder Kommissionsverlag im Auftrag und auf Rechnung anderer vorliegt, erwirbt der Verleger das Werk vom Autor, meist durch Verlagsvertrag, innerhalb der Bestimmungen des geltenden → Urheberrechts zur Vervielfältigung und Verbreitung auf eigene Rechnung. (→ Verlagsrecht). Der Verfasser wird entweder einmalig abgefunden oder prozentual entsprechend dem Absatz. Er bietet das Werk dem M. an oder wurde von ihm mit der Komposition beauftragt. – Die ersten Drucker waren zugleich Verleger und Musikalienhändler. Das erste Privileg erhielt Petrucci 1498 in Venedig. Die schnelle Entwicklung in Italien (u. a. Scotto, A. Gardano, bei dem der 1. bekannte Verlagskatalog herauskam) wirkte beispielhaft in anderen Ländern; 1512 Augsburg (Oeglin), Mainz (Schöffer), 1528 Paris (Attaingnant), Lyon (Guaynard), 1530 London (W. de Worde), 1538 Antwerpen (S. Cock). Zu den Frühjahrs- und Herbstmessen wurden Bücher- und Notenverzeichnisse in Frankfurt ab 1564 (zuerst durch G. Willer), in Leipzig ab 1594 (H. Grosse) herausgegeben, die für die heutige Forschung wichtig sind. Zunächst wurden die Werke Bogen gegen Bogen ausgetauscht. Die ersten rein kommerziellen Unternehmen entwickelten sich erst im 18. und 19. Jh. bei Roger und Mortier in Amsterdam und vor allem

Walsh (bekannt durch die Neuerung im → Notenstich) in London, der Raubdrucke je nach Marktlage vornahm. Die Fortsetzungslieferung von Musikalien im Abonnement, mit der A. de Peters und J. B. Miroglio 1765 in Paris begannen, wurde schnell Mode. Eine allgemeine Blüte des M.swesens setzte im 18. Jh. ein und hielt bis ins 20. Jh. an, gefördert durch den schnellen Fortschritt der Technik des → Notendrucks. Viele Verleger waren zugleich Musiker (z. B. André, Offenbach; Diabelli, Wien; Litolff, Braunschweig; Novello, London). In Dtl. kamen im 19. Jh. erste musikal. Volksausgaben in Großauflagen heraus: bei Litolff, Peters, Breitkopf & Härtel, Cotta, Schott. Aus dem 1829 von F. Hofmeister gegründeten Schutzverband gegen unerlaubte Nachdrucke wurde der Verein d. dt. Musikalienhändler. O. v. Hase leistete wichtige Vorarbeit für ein Urhebergesetz. In dem 1924 gegründeten Verband d. dt. Musikalienhändler waren Verleger und Musikalienhändler in Untergruppen vertreten. 1947 entstanden getrennte Verbände. → Musikalienhandel.

A. Göhler, D. Meßkataloge i. Dienst d. Mf. (SIMG) 1901/2; P. Bertrand, Les éditeurs de mus., P 1928; W. Krieg, Materialien z. e. Entw.gesch. d. Autorenhonorars u. d. Bücherpreise; 1953; C. Hopkinson, A dict. of Parisian mus. publishers 1700/1950, L 1954; C. Sartori, Dizion. degli editori musicali ital., Florenz 1958; O. E. Deutsch., Vlg.snummern, 1961 (vgl. Mf. 1962 S. 155); R. Elvers, Mus.drucker ..., M.verleger i. Berlin (Fs. Gerstenberg) 1964; H.-W. Pleßke, Leipzigs M. einst und jetzt (Jb. d. Dt. Bücherei) 1965; ders., Bibliogr. d. Schrifttums z. Gesch. d. dt. u. österr. M. (Beitr. z. Gesch. d. Buchwesens) 1968; C. Humphries, Mus. publishing in the Brit. isles ... until the middle of the 19th cent., Oxf. 1970; H. Chr. Müller, B. Schott, Hofmusikstecher i. Mainz (Beitr. z. Mittelrhein. Mg. 16) 1977. A. Devriès/Fr. Lesure, Dictionn. des éditeurs de mus. frç. (–1820), Genf 1979; C. Sachs (Hg.), An introd. to mus. publishing, NY 1981. → Musikalienhandel.

Musikwerk, 1. das musikal. Kunstwerk, die → Komposition, in der Gesamtheit allgemein od. Gesamtwerk eines Komponisten (Oeuvre, → Opus) od. ein Einzelwerk. Es kann abgeschlossen od. im Entstehen, konventionell, mit Andeutungen zur aleator. Interpretation, mit Diagramm f. → elektron. Musik fixiert sein od. improvisiert werden. → Notenschrift, Aleatorik, Live Electronic, Improvisation, Work in Progress. → 2. → Orgel(werk), Mech. Musikinstr.

Musikwissenschaft, Musikforschung (frz. *musicologie,* ital. *musicologia,* engl. *musicology*), wissenschaftl., theoretische Betrachtung der Musik nach Wesen und Erscheinungsform, Ursprung, Geschichte und Wirkung. Sie unterscheidet sich von der praktischen Musikübung (Technik des Gesangs oder Instrumentalspiels, der Instrumentation oder des kompositorischen Handwerks), zu der die Grenzen ebenso fließend sind wie andrerseits zur → Musikästhetik und -philosophie, zur Ethnologie od. zu Sprache, Bewegung, Bild, Architektur. Die M. ist ein Teil der Kunstwissenschaft. Sie wurde bis Anfang des 19. Jh. meist mit → Musikgeschichte gleichgesetzt und gehört (im weitesten Sinne: innerhalb der Artes liberales) zu den ältesten Unterrichtsfächern. Hauptteile der M. sind: Musikgeschichte (z. B. Notenschrift, Instrumentenkunde, Aufführungspraxis, Ikonographie), Systemat. M. (z. B. Akustik, Gehörphysiologie, Musikpsychologie, -ästhetik, -philosophie), Musikal. Volks- und Völkerkunde (Vergleichende M.,

Musikethnologie), Musiksoziologie. Zwischen M. und praktischer Musikübung stehen Musikerziehung, Musikkritik und Instrumentenbau. – Im ma. Bildungssystem war Musik als Theorie und Praxis Teil der → Artes liberales und wurde im 13. Jh. Universitätsfach (Paris). Verbindlich waren die musiktheoret. Schriften des Boethius und von Joh. de Muris. Bemerkungen zur Mg. finden sich in praktischen Werken d. 16. Jh. (H. Finck, Glarean). Das Streben nach enzyklopäd. Übersicht wurde im 18. Jh. deutlich: Mattheson, 1739; Burney, 1776; La Borde, 1780. J. N. Forkel stellte seine Musikgeschichte in den Rahmen allgemeiner Kulturgeschichte. Seit Galilei und weiter bei Bacon, Mersenne, Sauveur, Euler, Chladni wurde die naturwissenschaftl. Forschung beteiligt. Im 18., 19. Jh. wechselte die Musik zu den schönen Künsten und in die Nähe der Geisteswissenschaften. Das Fach Musik war im 16. Jh. in den Universitäten abgeschafft worden. Im 19. Jh. wurde es als volle Wissenschaft wieder Lehrfach. Das Wort M. erhielt Gewicht durch Helmholtz (1862) und Geltung in der 1885 gegründeten Vierteljahrsschrift für M.; Eitner stützte das Wort Musikforschung (1868). Nachdem die deutschsprachigen Länder, insbesondere Dtl., in der musikwissenschaftl. Forschung führend waren, entfaltete sie sich in Engl., Frankr., Spanien, besonders in den USA zu hoher Blüte. 1899 wurde die Internat. Musikgesellschaft (IMG) gegründet, 1927 in Basel die Intern. Gesellsch. f. M. (IGMW). Die M. der jüngsten Zeit betont die Notwendigkeit universalgeschichtlicher Forschung, dazu weiterer Editionen und Bibliographien (auch Reprints) und andrerseits die Intensivierung der Lokalgeschichtsforschung als Voraussetzung. → Festschrift, Kongreßbericht.

G. Adler, Umfang, Meth. u. Ziel d. M. (VfMw) 1885; H. Riemann, Grundr. d. M., 41928; K. P. Bernet-Kempers, Muziekwetensch. in d. loop der tijden, Rotterdam 1938; L. Schiedermair, Einf. i. d. Stud. der Mg., 41947; J. Handschin, Musicolog. et mus. (Kb. Basel) 1949; F. Blume in Kb. Bamberg (1953), Laibach (1960); K. G. Fellerer, Einf. i. d. M., 21953, ND 1956; J. Chailley (Hg.), Précis de musicol., P 1958; J. L. Broeckx, Methode van de muziekgeschied., Antwerpen 1959; F. L. Harrison/M. Hood/C. V. Palisca, Musicology, Englewood Cliffs 1963; L. B. Spiess (Hg.), Historical musicol., NY 1963; R. Heinz, Geschichtsbegr. u. Wissenschaftscharakter d. M. i. d. 2. Hälfte d. 19. Jh., 1968; W. Wiora, Methodik der M. (Enzykl. d. geisteswiss. Arbeitsmeth. 6) 1970; ders., Histor. u. system. M., 1972; C. Dahlhaus (Hg.), Einf. i. d. Systemat. M., 1971; B. S. Brook (Hg.), Perspectives in musicol., NY 1972; H. Husmann, Einf. i. d. M., 21975; H.-W. Burow, Beitr. z. Theor. u. Meth. d. M., 1979; Vl. Karbusický, Systemat. M., 1979; C. Dahlhaus/H. de la Motte-Haber (Hg.), Systemat. Mw., (Neues Hdb. d. Mw. 10) 1982. → Gesamtausgaben, Musikbibliogr., Musikgesch., Musiklexikon.

Musikzeitschriften, in bestimmten Zeitabständen erscheinende Veröffentlichungen, in denen musikbezogene Themen behandelt, Veranstaltungen, Bücher und Noten kritisch beleuchtet werden. Das geschah zunächst in Zeitschriften und Zeitungen allgemeinen Inhalts: Le Mercure galant (seit 1672, ab 1724 als Mercure de France), The Gentleman's Journal (seit 1692); ferner durch in Einzellieferungen erscheinende Werke: Mattheson, Critica Musica (1722), Scheibe, Crit. Musicus (1738), Mizler, Musikal. Bibliothek (ab 1736). Die ersten selbständigen M. waren: Wöchentliche Nachrichten (Hiller, 1766), Allgemeine Musikalische Zeitung (Rochlitz, 1798), Révue Musicale (Fétis, 1827), Neue Zeitschrift für

Musik (R. Schumann, 1834), Ménestrel (Paris 1833), The Musical World (London 1836), Gazzetta musicale (Neapel, 1838), Signale für die musikalische Welt (Leipzig, 1843). – Allgemeine M. in deutscher Sprache sind: Musica, Musik und Gesellschaft (DDR), Neue Musikzeitung, Neue Zs. für Musik, Melos, Österreichische Musikzeitschr., Schweizerische Musikzeitung. Frankreich: Revue musicale, Le ménestrel; Italien: Rivista musicale, Rassegna musicale; Spanien: Musica, Anuario musical (→ Jb.); England: Music and Letters, Music Review, Musical Times; Rußland: Sovetskaja muzyka; USA: The Musical Quarterly. M. mit speziellem Themen- und Interessentenkreis sind in Dtl. u. a.: Der Kirchenmusiker, Lied und Chor, Musica sacra, Musik und Bildung, Musik und Kirche, Das Musikinstr., Das Orchester, Tibia, Zs. für Musiktheorie. – Deutsche und internation. mw. Zeitschriften waren od. sind u. a.: Monatshefte für Musikgeschichte (1869–1905), Vierteljahrsschr. für Musikwissensch. (1885–1894), Zs. für Musikwissensch. (1919–1935); Archiv für Musikwissenschaft (ab 1918), Acta musicologica (ab 1931), Notes (ab 1943), Die Musikforschung (ab 1948), Fontes artis musicae (ab 1954), Beiträge z. Mw. (ab 1959, DDR). – Internationale Gesamtkataloge von M. sind geplant. → Musikbibliographie, Musikkritik, Jahrbuch.

W. Freystätter, D. mus. Zss. seit ihrer Entsteh. b. z. Gegenw., 1884, ND A 1971; F. Krome, D. Anfänge d. mus. Journalism. i. Dtl. (Diss. Lg) 1896; K. Dolinski, D. Anfänge d. mus. Fachpresse i. Dtl. (Diss. B) 1940; E. Rohlfs, Die dt.sprach. Musikperiodica 1945/57, 1961; J. B. Coover, A bibliogr. of East Europ. period. (FAM) 1956/63; I. Fellinger, Verz. d. M. d. 19. Jh., 1967, Nachträge: FAM 1970ff.; dies., Zss. (MGG 14,16) 1968, 1979; dies., Periodicals (Grove) 1980; W. J. Weichlein, A checklist of Americ. mus. period. 1850/1900, Detroit 1970; M. Svobodová, Hudební periodika . . . (Die M. in Böhm. u. Mähren 1796/1970, Olmütz 1971.

Musique concrète (frz.: konkrete Musik), rhythmisch organisierte, abgestufte, ursprüngl. auf dem Tonband fixierte, umgeformte Naturklänge und -geräusche (z. B. Hammerschläge, tropfendes Wasser), die in einer nach bestimmter Idee zusammengesetzten Folge mit Lautsprecher dargeboten werden. Den Namen „M. c." führte 1949 P. Schaeffer (Paris) ein, der die Vorarbeit durch den → Futurismus (L. Russolo, → Rumorarmonio) benutzte. Mit Hilfe zweier von ihm konstruierter Geräte (Phonogen, Morphophon) fügte er seine konservierten Klänge an- und übereinander. Sein *Spectacle lyrique „Orphée"* (mit menschl. Stimmen) wurde 1953 in Donaueschingen aufgeführt. Messiaen, Boulez, Jolivet beschäftigten sich mit der M. c., die auch im Ballett (Choreographie M. Béjart), im Theater, Fernsehen und Film eingesetzt wurde. Im Ggs. zur M. c. arbeitete die → elektron. Musik zunächst nur mit elektron. erzeugten Klängen; jedoch gibt es in der weiteren Entwicklung und Diskussion keine festen Grenzen zwischen beiden. Den Namen der 1951 gegründeten Arbeitsgruppe *Groupe de m. c.* änderte Schaeffer 1958 in *Groupe de recherches musicales*. Andrerseits wurden in Werken elektron. Musik auch elektron. erzeugte Klänge mit Sprache, Gesang und traditionellen Instrumenten gemischt. → Music for tape.

P. Schaeffer, A la recherche d'une m. c., P 1952 (dt.: M. c., 1974); ders., Traité des objets musicaux, P 1966; Fr. C. Judd, Electronic mus. and M. C., L 1961; J. Malec, M. C.

1948/68 (Melos) 1969; M. Chion/G. Reibel, Les mus. électroacoustiques, Aix-en-Prov., 1976; R. Frisius, M. c. (VINM) 1980.

Musique mesurée → Vers mesurés.

Musische Erziehung, die Lehre, das den Musen Entsprechende zu tun, wobei die Musen im griech. Sinne als die Vermittler wahrer Menschenbildung verstanden sind und aus neuerer Zeit Goethes „Pädagogische Provinz" als Beispiel gilt. Die m. E. befaßt sich mit der Kunst als der Gemeinschaft aller Künste. Sie bemüht sich, die dem Menschen innewohnenden künstlerischen Fähigkeiten zu wecken, stärken und bewußt zu machen, wobei es nicht um produktive Spitzenleistung zum Demonstrationszwecke, um die Vermittlung mechanisch-technischer Fertigkeiten in erster Linie geht, sondern um das Erleben eigener schöpfer. Kräfte. Die Idee einer m. E. ist nach Leibniz, Goethe und Herder, nach den prakt. Überlegungen Pestalozzis und Nägelis Ende des 19. Jh. an verschied. Stellen, mit verschiedenen, getrennten Richtungen wieder aufgekommen: in der Kunsterziehung (Lichtwark), der → Rhythm. Erziehung (Jaques-Dalcroze), der → Jugendmusikbewegung (Jöde, Hensel, Götsch), im Laienspiel (Luserke). Nach dem Ersten Weltkrieg wurden in verschiedenen Schulen, Landerziehungsheimen, Privatschulen (Waldorfschulen), Volkshochschulen (z. B. Engl., Dänemark) musische Fächer besonders gefördert. Die Gesamtheit der m. E. wollte Götsch in dem 1929 eröffneten Musikheim Frankfurt/Oder vermitteln. An diese Arbeit schloß die 1958 gegr. Akademie für mus. Bildung und Mediënerziehung (Schwerpunkt: sozialpädag. Kulturarbeit, multimedial) an, der d. Akademie für musikal. Jugendbildung Trossingen (Schwerpunkt: Musik) folgte. Mit der Einrichtung von Jugendkunstschulen („Kreativitätsschulen") wurde 1969 begonnen. – Auf die Gefahr sektiererischer Einseitigkeit („heile Welt") in der m. E. hatte schon E. Bloch hingewiesen. Vielfältige kritische Bestandsaufnahme erfolgte in Dtl. nach dem 2. Weltkrieg, wobei Einzelzüge z. T. verworfen („Stallgeruch der Blockflöte"), wieder aufgenommen, mit neuem Vokabular abgewandelt und weitere Bereiche zur „Orientierung an Kunst" mit neuen technischen Möglichkeiten geöffnet und genutzt wurden. (→ Polyästhet. Erziehung).

O. Haase, Musisches Leben, 1951; G. Götsch, Mus. Bildung, 1953/6; R. Malsch, Das Musische i. d. Erz., in: H. Fischer (Hg.), Hdb. d. Musikerz. 1, 1954; F. Messerschmid/E. Haag/E. Bartning, Mus. Bildung, 1954; W. Wiora, Musische und musikal. Bildung (Musikal. Zeitfragen 2) 1957; F. Seidenfaden, Die m. E. in d. Gegenw., 1962; H. Lorenzen, D. Kunsterziehungsbewegung, 1965; P. Schreher, D. mus. Bildg. i. d. Konzeption v. G. Götsch (Diss. Mainz) 1965; L. Kossolapow, M. E. zw. Kunst u. Kreativität, 1975; W. Roscher (Hg.), Polyästhet. Erziehung, 1976; E. Bitterhof (Hg.), Das Musikheim Frankf./Oder 1929/41, 1980; K. Erhart/M. Peise-Seithe/P. Raske, D. Jugendkunstschule. Kulturpäd. zw. Spiel u. Kunst, 1980.

Muta (= verändere!, von lat. *mutare*), Vermerk in den Stimmheften, das Instrument zu wechseln od. umzustimmen (z. B. bei Pauken, Blechblasinstr.); Lagewechsel bei Streichinstr.

Mutation (lat. *mutare* = ändern), 1. Stimmwechsel als Folge der Vergrößerung des Kehlkopfes mit beginnender Geschlechtsreife; besonders deutlich bei der Knabenstimme. Der Wechsel etwa um eine Oktave, also von Sopran zu Tenor, Alt zu Baß, ist jedoch nicht der Regel; vielmehr geht häufig auch der Alt in den Tenor über. Durch operativen Eingriff konnte die M. verhindern und der Knabensopran oder -alt erhalten werden (→ Kastraten). Die dadurch gegebene Sicherheit für die Beständigkeit der Stimme erlaubte es der altitalien. Gesangsschule, mit der Stimmbildung schon beim Kinde zu beginnen. Zeichen der M. sind Überschlagen der Stimme, Verringerung des Tonumfangs, Unsicherheit im Singen. – 2. in der → Solmisation des MA und bis in die Musik der Renaissance die Umdeutung eines Tones und dadurch die Möglichkeit des Überganges in ein anderes → Hexachord (z. B. *muta in la*!).

K. Lang, D. männl. Stimme vor u. nach d. M. (Diss. FU Berlin), 1966.

Muwāl → Inchād.

Mysterien, ma. Spiele nach Stoffen aus dem Alten und Neuen Testament, aus Heiligenlegenden oder histor. Ereignissen (z. B. Übergabe von Orleans), nicht immer identisch mit den → Liturgischen Dramen. Der Name ist abzuleiten von lat. *ministerium* (= *officium, ordo* = Dienst, Feier) und wurde wohl unter dem Eindruck der Magierspiele unter den liturg. Dramen auf lat. *mysterium* (griech. *mysterion*) = Geheimkult bezogen. M. wurden erst üblich, nachdem das geistl. Spiel nicht mehr im Kirchenraum aufgeführt wurde (14. Jh.) und bereits die in der Volkssprache gesprochenen Verse vorherrschten. Häufig wurde der Name auf jede Art feierlichen Spiels bezogen. In Frankr. wurden wesentlich die Passionsspiele darunter verstanden, die, von den Passionsbrüderschaften organisiert, bis zum Verbot 1548 in hoher Blüte standen. Die Musik war mit instrumentalen oder vokalen Einschüben, Liedern und Chören besonders in Frankr. stark beteiligt. Engl. setzte die *miracles* mit den allegorischen → Moralitäten (*moralities*) gleich, die bis ins 16. Jh. üblich waren.

E. Beuscher, D. Gesangseinlagen i. d. engl. M. (Diss. Münster), 1930; K. Langosch, Geistl. Spiele, 1957. → Liturg. Drama.

Nacaire → Naqqāra

Nachhall → Raumakustik

Nachsatz, 1. Begriff der Formenlehre, die einen periodisch (= symmetr.) gebauten 8taktigen Satz in Vorder- und N. zu je 4 Takten einteilt (→ Periode). Dabei können gegenüberstehen: dem Vorders. mit Halbschluß ein N. mit Ganzschluß; dem Vorders. modulierend nach dem Ganzschl. auf der Dominante der N. mit Ganzschl. auf der Tonika; dem Vorders. mit Ganzschl. ein zur Dominante modulierender N.; dem Vorders. mit Halbschl. der nach der Dominante modulierende N. Schließlich können Vorder- und N. mit Ganzschl. auf der Tonika enden. Aus diesen Grundtypen entwickelten sich freiere Formen mit verschied. Motiven in beiden Teilen. – 2. bei der → Orgel der → Hintersatz, die im Inneren des Werkes stehenden Pfeifen im Ggs. zum Vordersatz.

Nachschlag, der Schluß des → Trillers, heute meist in kleinen

Noten ausgeschrieben. Bis zur Mitte des 18. Jh. endete der Triller vielfach mit der Antizipation des folgenden Tones, zumal, wenn dieser zugleich der Schlußton des Stückes war, auf den der Triller hinzielte. Seit dem 18. Jh. wird der Triller meist mit dem N. durch die untere Nebennote beendet. Als N. bezeichnet man auch die Verzierung einer Melodie durch einen Ton od. 2 Töne, die einem Hauptton rasch folgen und zu seinem Zeitwert gezählt werden. → Vorschlag.

Nachschleife → Nachschlag

Nachspiel, das meist feierliche Schlußstück, Postludium. Das N. der Orgel ist Teil des Gottesdienstes, den es beschließt, und wird vom Organisten entsprechend ausgewählt. Eigens komponierte weltl. N. geben R. Schumann (*Frauenliebe und Leben*) und J. Brahms (*Schicksalslied*).

Nachtanz, von 2 kontrastierend zusammengehörigen Tänzen bis ins 17. Jh. der ungeradtaktige zweite. Dem geradtaktigen Reihentanz (→ Pavane) folgte im Tripeltakt als Tripla od. Proportz (in gleicher Tonart) der schnelle N., der sich dann als → Saltarello und → Galliarde weiterentwickelte. Der N. hatte dasselbe Thema wie der vorgehende Schreittanz od. doch den gleichen themat. Grundbau. In den Druckausgaben von P. Attaingnant (1530) wird der N. nur durch den Hinweis *à double emploi* (oder: *tripla*) als rhythm. Variante zur vorherigen Pavane bezeichnet, aber nicht ausgeschrieben. Das Paar Schreit- u. N. (hauptsächl. Pavane/Galliarde und Allemande/Courante) ist eine Vorstufe der → Suite.

Nachthorn, Labialregister (8', 4', 2') der Orgel; vermutl. so benannt, weil seine Pfeifen im → Nachsatz (im Inneren des Orgelwerks) aufgestellt waren. → Nasat.

Nachtstück → Nocturne, Divertimento

Nafir → Al-nafir

Nagelgeige (ital. *violino di ferro*), Instrument, bei dem 12–24 in einem halb- bis dreiviertelkreisförm. Schallkasten steckende Eisenstifte mit einem Bogen gestrichen wurden; erfunden 1744 von J. Wilde in Petersburg, 1780 von Senal in Wien durch Resonanzsaiten und weitere Stifte (bzw. Metallbügel), 1791 von Träger in Bernburg durch eine Tastatur verbessert (Nagelklavier). Ein Quartett f. N., 2 Violinen und Violoncello schrieb F. W. Rust (1787). Die lange Dauer des Einschwingens und das lange Nachklingen behinderte Zusammenspiel und weitere Entwicklung der N.

Nagula (chines.), paarweise geschlagene, kleine Kesselpauken im chines. Orchester; Korpus aus Eisen od. Kupfer, mit Hautmembran; aus Persien übernommen (→ naqqāra).

Nai → Nay

Nakers (engl.), **Nakkare** (türk.), **Nakry** (russ.) → Naqqāra.

Nänie (lat. *nenia* =) Gesang vor dem Trauerhaus im antiken Rom, mit Flötenbegleitung; später Grabgedicht (Ovid). Schillers N. wurde von H. Goetz, J. Brahms u. C. Orff vertont. Instrumentale

N. schrieben u. a. G. Sgambati (op. 18), B. Bartók (*Quatre Nénies,* 1910), H. Bornefeld (1978).

Naqqāra (arab.; pers. *naqāra,* türk. *nakkare,* chines. → *nagula*), kleine Kesselpauke, meist paarweise benutzt; Korpus aus Holz, Ton od. Metall; aus dem arab.-pers. Bereich in verschied. Formen verbreitet: usbek. *nagora*; von daher im 16., 17. Jh. die russ. *nakry*: fellbespannte Pauken aus Ton; in Abessinien und Nordwestafrika *nagārīt* (Mz.) bzw. *noqaīrāt*. Durch Kreuzfahrer wurde das Instr. in West- und Südeuropa bekannt; im 13., 14. Jh. beliebt als *nacara* (altspan.), *nacaire* (afrz.), *nakers* (engl.). Die türk. N. wurde (paarweise) in der → Janitscharenmusik benutzt.

J. Jenkins/P. Rovsing Olsen, Mus. and mus. instr. in the world of Islam, L 1976.

Nasat, Nasard (niederld. = nachgesetzt, → Nachsatz), altes Quintregister der Orgel.

Nasenflöten, besonders auf den pazifischen Inseln heimische, mit der Nase quer od. längs geblasene Flöten verschied. Bauart.

Nationalhymne, patriotisches Lied, das ähnlich der Staatsflagge äußeres Zeichen der Zusammengehörigkeit im Staatsganzen (bei Volkshymnen innerhalb des Volksstammes) ist und bei feierlichen Anlässen (auch sportl. Wettkämpfen) und zur Repräsentation gesungen bzw. gespielt wird, wobei die politische Symbolkraft den Wert von Text und Melodie übersteigen kann. Der Symbolwert ist entweder aus der Landesgeschichte gegeben od. wurde amtlich verfügt.

Im 19. Jh. entstanden die meisten N.; die größere Gruppe von ihnen bilden jene, die nach Art des Heimatliedes Schönheit, Eigenart, Grenzen des Landes, Vorzüge der Bewohner schildern oder/und deren Friedens- od. Kampfbereitschaft hervorheben. – Finnland: *Oi maamme, Suomi* (*O unser Land, Finnland;* schwed. Text: Runeberg, gedruckt in *FänrikStåls Sägner,* 1848/60; finn. T: Kajander; 1917/40 auch N. in Estland); Schweden: *Du gamla, du fria (Du alter, freier Norden;* Mitte 19. Jh.; T: Dybeck; Volksweise); Norwegen: *Ja, vi elsker dette landet* (*Ja, wir lieben dieses Land;* 1864; T: Björnson; M: Nordraak); Spanien: *Viva España* (*Es lebe Spanien;* N. seit 1837; T: Pemán y Pemartín; M:?); Portugal: *Heróis do mar* (*Helden zur See*; N. seit 1910; T: Lopes de Mendonça; M: Keil); Mexiko: *Mexicanos, al grito de guerra (Mexikaner, beim Ruf zum Krieg*; T: Bocanegra, 1853; M: Nunó, 1854); Israel: *Kol od balevav* (*Solange im Herzen*; N. seit 1948; T: Imber; M:?, 1897 Zionistenhymne); Indien: *Janā-ganā-manā* (*Der du d. Herzen der Völker erfüllst;* N. seit 1950; T., M: Tagore); USA: *O say, can you see* (*Sag, siehst du im Morgenlicht*; N. seit 1916; T: Key, 1814; M: Smith); Belgien: *O Belgique/O dierbaar België* (*O Belgien/O liebes Belgien*; diese Strophe seit 1921; T: Rogier; M: v. Campenhout); Rumänien: *Trei culori cunosc* (*Drei Farben kenn' ich*; N. seit 1978; Vf. ungenannt); tschechisch: *Kde domov můj* (*Wo ist meine Heimat*; N. seit 1919; T: Tyl; M: Škroup, 1834); slowakisch: *Nad Tatrou sa blýská* (*Über der Tatra blitzt es*; T: Matuška, 1844; Volkslied); Polen: *Jeszcze Polska nie zginęła* (*Noch ist Polen nicht verloren*; T: Wybicki, 1797; M:?). Diese Melodie im 3/8-Takt der Mazurka war Lied der allslawischen Bewegung. Leicht verändert und langsam im 3/4-Takt wurde sie nach Abschaffung der Königshymne und der Internationalen zur N. der Jugoslawen: *Hej Sloweni* (*Auf, Slawen*; T: 1. Hälfte 19. Jh.). Österreich: *Land der Berge, Land am Strome* (N. seit 1947; T: Preradović; M: Schlußlied von Mozarts Freimaurerkantate KV 623); Schweiz: *Trittst im Morgenrot daher* (N. seit 1961; T: Widmer, 1841; M: Zwyssig). In Dtl. wurde seit Mitte des 19. Jh. neben der *Wacht am Rhein* (T: Schneckenburger; M: Wilhelm) *Deutschland, Deutschland über alles* gesungen, dessen Text 1841 Hoffmann v. Fallersleben zu Haydns Melodie geschrieben hatte, nach der seit 1797 in Österreich Haschkas Text *Gott erhalte Franz, den Kaiser* erklang. *Heil dir, im Siegerkranz* wurde in d. wilhelmin. Zeit dt. N., 1922 das *Deutschlandlied*, 1952 dessen 3. Strophe. DDR: *Auferstanden aus Ruinen*; (N. seit 1950; T: Becher; M: Eisler). – Die Gruppe der Fürstenhymnen ist älter, aber geringer an Zahl. Dazu gehört das niederländ. Geusenlied *Wilhelmus van Nassouwe* (*Wilhelmus v. Nassauen* (T: Marnix v. St. Aldegonde, ca. 1568; M. bei Valerius um 1600); Großbritannien: *God save our gracious Queen (Gott schütze die gnädige Königin;* früher: *God save the King, the Queen*; T: ?; M: ? um 1745; die Melodie wurde oft verwendet, z. B. Schweiz, Liechtenstein, Dtl.: *Heil dir im Siegerkranz*); Dänemark: Königshymne *Kong Christian* (*König Christian stand am hohen Mast;* T: Ewald, 1788; M: Fassung von Kuhlau, 1828)/Landeshymne *Der er et yndigt land* (*Es ist ein lieblich Land*; T: Oehlenschläger, 1820; M: Kröyer); Japan; *Kimi ga yo wa (Des Kaisers Geschlecht*; N. seit 1888; T: 12. Jh.; pentatonische M. von Hiromori, Fassung: Eckert); in neuerer Zeit: Nepal, Saudiarabien, Jordanien (*Es lebe d. König*). – Zu den Revolutions- und Parteiliedern gehören neben d. polnischen N. noch die v. Frankreich: *Allons, enfants de la patrie* (*Auf, Kinder des Vaterlandes*; T., W: Rouget de l'Isle 1792). Wie in Dtl. zusätzl. das *Horst-Wessel-Lied* gesungen wurde, hatte das faschist. Italien neben der *Marcia reale* (*Königsmarsch*) die *Giovinezza*; seit 1946 wieder die frühere N.: *Fratelli d'Italia* (*Brüder Italiens*; T: Mameli, 1847; M: Novaro). Die *Internationale* (*Brüder, hört die Signale;* 1871; T: Pottier; M: Degeyter) ist kommunist. Revolutionslied und ersetzte zunächst die Zarenhymne in Rußland; 1944 wurde die neue Sowjethymne eingesetzt: *Sojuz nerušimyj respublik svobodnych* (*Unverbrüchl. Bund freier Republiken;* T: Michalkov, El'-Registan; W: Aleksandrov). Neue Staaten übernahmen den abendländ. Brauch der N., z. B. Senegal: *Pincez tous vos koras* (*Zupft die Kora-Saiten*; seit 1960; T: Senghor; M: Pepper). 1972 wählte der Europarat Beethovens *Freude, schöner Götterfunken* zur Europahymne.

O. Boehm, D. Volkshymnen aller Staaten d. dt. Reiches, 1901; E. Bohn, Die N. der europ. Völker, 1908; E. Makosch, N. d. Völker in histor. und stilist. Betrachtung, 1951; Die N. d. Erde (hg.: Inst. f. Auslandsbezieh., Münch.) 1958, 1965; M. Shaw u. a., Nat. anthems of the world, L 1960, [5]1978; P. Nettl, Nat. Anthems, NY [2]1967; H. J. Hansen, Heil dir im Siegerkranz; d. Hymnen d. Deutschen; U. Ragozat, Die N. d. Welt, 1982; N., 1982.

Naturhorn, Naturtrompete, die ursprüngl. Form der Blechblasinstr., die (ohne eine Verlängerung des Schallrohrs) nur die Obertöne über dem Eigenton des

Rohres blasen. Die Benennung erfolgte rückwirkend zu dem Zeitpunkt, da Versuche Erfolg hatten, mit → Setzstücken, Klappen, Ventilen die Länge des Rohres, damit seinen Grundton, zu verändern. → Horn, Trompete.

Naturtöne, bei Blasinstrumenten die Reihe der beim → Überblasen entstehenden Eigentöne über dem Grundton des unveränderten Rohres. Je nach Bauart des Instr. sind N. unterschiedl. begrenzt darstellbar. → Obertöne.

Nay, Nai (arab./pers.; türk. *ney* =) Flöte. Name verschiedener Flötenarten von Ägypten bis zum vorderen Orient und Mittelasien; meist Längsfl. aus Holz od. Metall, schräg randgeblasen mit 3–8 (altägypt.), heute vorwiegend 6(8) Grifflöchern u. Daumenloch; auch Kernspaltflöte od. Doppelfl. (usbek.: *kuschnaj; kusch* = 2) oder → Panflöte (bessarab., rumän. „N." mit 8–28 Rohren); vgl. → Karnai, Zurna(j).

Neapolitanischer Sextakkord, Mollsubdominante mit abwärts alterierter Sexte. Beliebtes Ausdrucksmittel der → neapolitanischen Schule (A. Scarlatti, F. Durante), wurde aber nicht zuerst von ihr verwendet.

R. Handke, Der N. in Bachscher Auffassung (Bach-Jb.), 1920.

Neapolitanische Schule, die in der ersten Hälfte des 18. Jh. in Neapel wirkenden Komponisten und ihre Schüler, die der Buffo-Oper zu europäischem Ruf verhalfen mit Lied, Tanzlied, → Seccorezitativ und spritzigem → Parlando. Die Musik verwendete rhythm. Verschiebungen, mit Vorliebe den verminderten Septakkord und den → neapolitan. Sextakkord. Mit Spott und Selbstironie sind schon romantische Elemente vorausgenommen. Die Hauptvertreter der N. in Opera seria und buffa waren: A. Scarlatti, F. Provenzale, N. Porpora, L. Leo, G. B. Pergolesi (*La serva padrona*), N. Jommelli, T. Traëtta. Auch auf die → Kirchenmusik wirkte die große sangliche Linie der Neapolitaner (A. Scarlatti, Durante). Nach dem Beispiel des Opernorchesters wurde chorische Streicher- und solist. Bläserbesetzung in die Kirche aufgenommen. Besonders in der 2. Hälfte des 18. Jh. wurde die → Messe zum stark ausdrucksgeladenen Konzertstück, aufgelöst in nach einzelnen Textgruppen jeweils sinfonisch durchgeführte und abgeschlossene Nummern (Nummernmesse). Das Streben nach Ornament und Ausdruck leitete das Virtuosentum der Sänger ein und brachte das → Kastratenwesen zur Blüte. In Dtl. hatte die N. Einfluß u. a. auf Hasse, Naumann, Graun. → Oper, Oratorium.

Fr. Florima, La scuola mus. di Napoli ..., Neapel 1880/2, ND Bologna 1969; A. Della Corte, L'opera comica it. del Settecento, Bari 1923; M. F. Robinson, Naples and Neap. Opera, Oxf. 1972.

Nebendreiklänge, Begriff der Funktionsharmonik. Danach sind die Dreiklänge auf der 2., 3., 6 und 7. Stufe der Skala N., also von untergeordneter Bedeutung im Ggs. zu den Hauptdreiklängen auf der 1., 4. und 5. Stufe. In Dur stehen auf 2., 3. und 6. Stufe Molldreikl., auf 7. ein verminderter Dreiklang. In Moll sind Durdreikl. auf 3. und 6., verminderte auf 2. und 7. Stufe.

Nebennoten haben nicht wie die Hauptnoten Bedeutung für die

Harmonie, wenn sie sie auch beeinflussen können. Es gibt harmonische und harmoniefremde N.; nämlich akkordeigene, nach den Hauptnoten auftretend, häufig unbetont bzw. nicht zum Akkord gehörige diaton. oder chromat. → Durchgangsnoten, Wechselnoten, Vorhalte, Vorwegnahmen. Der → Orgelpunkt zählt zu den Hauptnoten, weil er mit der Harmonie einsetzt.

Nebenregister, bei der → Orgel klingende → Register mit nur einigen Tönen, die nur durch den Registerzug, nicht durch Druck auf die Tasten, betätigt werden; z. B. Vogelsang, Labialpauke, → Kuckuck, Glockenakkord. Ggs.: die nicht klingenden Hilfsregister (Spielhilfen, z. B. → Koppel).

Nebenseptakkorde, Bezeichnung der Harmonielehre für die leitereigenen Vierklänge mit Ausnahme des auf der 5. Stufe stehenden (→ Dominantseptakkord). Sie wurden nach ihrer Brauchbarkeit in der Kadenz bewertet.

Nebenthema, ein dem Hauptthema beigegebenes Unterthema, das nicht weiter verarbeitet wird; ferner die Zwischenthemen im Rondo.

Nebentonarten, die der Haupttonart verwandten Tonarten, z. B. Dominante, Paralleltonart.

Negro Spiritual, → Spiritual.

Nenia (lat. =) Klagelied, → Nänie

Neo-Bechsteinflügel, elektromechan. Tasteninstr., dessen Saitenschwingungen, elektromagnet. verstärkt, im Lautsprecher klingen. Deshalb fehlte der Resonanzboden. Die Saiten wurden von sehr kleinen Hämmern angeschlagen. So konnte das Anschlaggeräusch gemindert werden. Es gelang, die dünnen Diskant- und die grundtonarmen Baßpartien zu verbessern. Der N. wurde 1930 von W. Nernst erfunden und einige Zeit im Rundfunk gespielt (vgl. → Elektrochord). → Elektrophone.

Neoklassizismus → klassizist. 3

Neudeutsche Schule, vgl. → Neuromantik.

Neue Musik, 1. allgemeiner Begriff, immer neu gefaßt als Zeichen lebendigen Umformens, somit Abgrenzung von der bisherigen, je nach Dauer ihres Bestehens normierten Kompositionsart, diese klassifizierend, etwa wie die Bez. → „Musica antiqua“ erst nach dem Begriff → „Musica nova“ entstehen konnte. Statt von fortschreitender (linearer) Entwicklung sprach F.-J. Fétis Mitte des 19. Jh., ohne zu werten, von stetiger Veränderung. – 2. Der Begr. „N. M.“ im 20. Jh. ist vielschichtig. Er wird weit oder eng gefaßt bei ständiger Um- od. Abwertung im oft journalistisch vorgegebenen Schlagwort („modern, zeitgenöss., aktuell, experimentell, avantgardist.; – Neutöner, Fortschritt, Reaktion“), im Direktivvokabular polit. Ausschließlichkeit und im Urteil eines Publikums zwischen Ablehnung und Bereitschaft, Vermögen und Unvermögen, Scherz und tiefere Bedeutung zu erkennen. „Neu“ steht gegen das Etablierte; es schließt dessen Wiederkehr in irgendeiner Form nicht aus und ist als Begriff des zeitl. Ablaufs kein

Werturteil. Die Lösung von der hemmenden Norm des Dur-Moll-Systems war zwar vorbereitet (z. B. Brahms, Reger, Debussy; → Wiener Schule 2); eine kontinuierliche Entwicklung wurde aber verhindert durch den frühen Tod bereits anerkannter od. vielversprechend profilierter Komponisten (Mahler, Skrjabin, R. Stephan, Reger, Debussy, Distler, E. v. Borck). Schönberg (*15 Lieder* op. 15, 1908/9; *3 Klavierstücke* op. 11, 1909) wertete Dissonanz und Chromatik neu (→ Dodekaphonie) und verglich die Logik der Klanghöhen mit Klangfarbenbeziehungen (1911: „Klangfarbenmelodie"). Mit einem (wie bei Webern) neuen Verhältnis zur musikal. Zeit entwickelte Strawinsky (*Le sacre du printemps*, 1911/13) seine Rhythmik mit sich verschiebenden (manchmal die Bewegung ausgleichenden) Akzenten, in den → Balletten den choreograph. Überrhythmus voraussetzend. Sprache und Gesang wurden neu verknüpft (Schönberg, Berg), Gleitklänge (Berg, Varèse, Ligeti) und Kleinintervalle (Busonis Überlegung; Hába, Varèse) organisiert wie (beginnend bei Webern) in der → seriellen Musik die Einzelmomente (→ Parameter; Messiaen, Boulez). Der Klang- und Geräuschraum wurde in der → Elektron. Musik erweitert/eröffnet (Varèse, Stockhausen; → Musique concrète) und die Vorstellung von einer →Weltmusik erneuert (Stockhausen). Das Experiment (Musik auch mit anderen Künsten) verdrängte serielle Regeln (Cage, Kagel; → Aleatorik, Multimedia). Hindemith entwickelte seinen eigenen Klangstil in erweiterter Tonalität. Bartóks Rhythmik und polymodale Chromatik leben aus der von ihm erforschten Volksmusik. Anfangs unüberwindbar scheinende Ggs. verwischten sich. Stilrichtungen, Produktions- und Darstellungsmethoden wechselten in schneller Wellenbewegung („Klassiker der N. M."; die „neue" melod. Erfindung in den 1970er Jahren), deren Antrieb oft die Furcht vor Verschulung zu sein scheint. – 1918–1921 bestand der „Verein f. musikal. Privataufführungen" (Wien); 1922 wurde die Intern. Gesellsch. f. N. M. (IGNM) gegründet. → Atonal, Bi-, Polytonalität, Polyrhythmik, Polymetrik, Cluster, Collage, Jazz, klassizistisch, Mus.-theater, Oper.

H. Mersmann, D. mod. Mus. seit der Romantik (Bücken Hdb.) 1927; ders., N. M. i. d. Strömungen uns. Zt., 1949; A. Copland, Mus. v. heute, 1947; H. Erpf, Vom Wesen d. N. M., 1949; ders., Form u. Strukt. i. d. Mus., 1967; N. Slonimsky, Mus. since 1900, NY [3]1949, [4]1971; K. H. Wörner, Mus. d. Gegenw., 1949; ders., N. M. i. d. Entscheidung, [2]1956; H. H. Stuckenschmidt, N. M., 1951; ders., Mus. d. 20. Jh., 1969; A. Goléa, Mus. uns. Zt., 1955; T. W. Adorno, Philosophie d. n. M., 1958, [3]1967; J. E. Behrendt, J. Uhde (Hg.), Prisma d. gegenwärt. M., 1959; K. H. Ruppel, Mus. in uns. Zt., 1960; P. Collaer, Gesch. d. mod. Mus., 1963; K. Stockhausen, Texte, 1963/4/71/78; J. Rohwer, Neueste M., 1964; W. Austin, Mus. in the 20th cent., NY 1966; ders., N. M. (MGG) 16), 1979; U. Dibelius, Mod. Mus. (1945/65), 1966; J. Häusler, Mus. im 20. Jh., 1969; H.-P. Reinecke (Hg.), Das mus. Neue u. d. N. M., 1969; R. Stephan (Hg.), D. Mus. d. 60er Jahre (VINM) 1972; H. Vogt, N. M. seit 1945, 1972, [3]1982; J. Vinton, Dict. of contemp. mus., NY 1974; D. Zimmerschied, Perspektiven Neuer M., 1974; W. Gieseler, Kompos. i. 20. Jh., 1975; A. Schönberg, Stil und Gedanke (hg. I. Vojtěch) 1976; J. Piersig, Das Fortschrittsprobl. i. d. Mus. um d. Jh.wende, 1977; P. Griffiths, A concise hist. of Avant-Garde mus., NY 1978; Chr. v. Blumröder, D. Begr. „N. M." im 20. Jh., 1981; G. Stein, N. M. i. d. Krise, 1981; A. Haefeli, Die Intern. Ges. f. N. M. (1922–Gegenw.), 1982; E. Jost (Hg.), Komponieren heute (VINM 23) 1983; H. Danuser, D. Mus. d. 20. Jh. (Neues Hdb. d. Mw. 7) 1983; → Musikal. Graphik, Wiener Schule.

Neuma (griech.: Wink), 1. → Neumen; – 2. ma. Bez. für Ton; –

3. Schlußformel bei Antiphonen und Responsorien; vgl. → Jubilus, Alleluja.

Neumen (griech. *neuma:* Wink), frühe Aufzeichnung einstg. Gesänge, Weiterbildung der die Schlußwendungen und den Leseton bestimmenden Akzente beim Text. Im Ggs. zu diesen deuten N. den Melodieverlauf, Vortrag, gelegentlich auch d. rhythm. Bewegung an, wobei landschaftl. verschiedene N.-Formen entstanden; unter den westlichen (latein.) N.: (süd)italien. (beneventan.), südfrz. (aquitan., gallikan.), span. (mozarab.), dt. (St. Gallen, auch Oberital.). Aus der Schule Guidos v. Arezzo (nach 1000) kommt das System der meist gelb und rot gezogenen Linien (bis vierzeilig, Terzenabstand) mit C- od. F-Schlüssel, das die Tonhöhe näher bestimmt und von der etwa im 12. Jh. beginnenden → Choralnotation weitergeführt wurde. Während die Westslawen meist latein. N. übernahmen, schrieben Südslawen und Bulgaren byzantin. N., die auch die bis ins 17. Jh. verwendete russ. → Krjuki-Zeichen beeinflußten, wie – zusammen mit syrischen Formen – die → armenische Notenschrift.

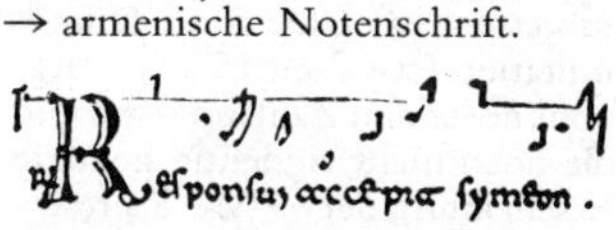

P. Wagner, Einf. i. d. greg. Melodien 2, ²1912, ND 1962; L. Agustoni, Notation neumatique et interprét. (Rev. grég,) 1951; W. Irtenkauf, Beitr. z. Einf. d. Liniennotation im süddt. Sprachraum... (AM) 1960; E. Jammers (Hg.), Tafeln z. N.-Schrift, 1965; C. Floros. Universale N.-kunde, 1970; ders., Einf. i. d. N.-kunde, 1980; N. Tahmizian, Les anciens ms. mus. armén. et les questions relat. à leur déchiffr. (Rev. des Etudes Armén.) 1970; M. Haas, Byzantin. u. slav. Notationen (Paläogr. d. Mus. I, 2) 1973; ders., Probleme einer univers. N.kunde, Bern 1975; S. Corbin, Die N., 1977; K. Schlager, D.N.schrift i. Licht d. Melismentextierung (AfMw) 1981.

Neuromantik, veraltete, ungenaue Bezeichnung für einen Musikstil, der Elemente der → Romantik aufnimmt, imitiert oder sich ihnen angleicht. A. Einstein zählte als N.er Berlioz, Liszt und R. Wagner. Dabei unterschied er zwischen der ersten, naiven Romantik und der bewußt arbeitenden N. Ähnlich verhalten sich verschied. Musikgeschichten, die N. gleich Neudeutsche Schule setzen und d. Gruppe fortschrittlicher Komponisten um Liszt in Weimar meinen: Draeseke, Cornelius, Raff, A. Ritter, v. Bülow, J. Huber, die sich für eine romantisch-realistische → „Zukunftsmusik" einsetzten. R. Schumanns 1834 gegründete Neue Zeitschrift für Musik veröffentlichte unter der Redaktion von F. Brendel 1838 dieses Programm und wurde das radikale Kampfblatt der Neudeutschen. Umstritten ist die Bezeichnung N. auch, wenn sie Komponisten des frühen → Expressionismus klassifizieren soll (z. B. das Spätwerk Regers, das Frühwerk Schönbergs) oder Werke der Jugendmusik des 20. Jh. (A. Knab, K. Marx u. a.).

Nevel, *nevel àssor, Nebel, Nablum,* das schon in den Psalmen genannte hebräische, vermutl. von den Phönikern entwickelte Zupfinstrument, dreieckig mit 10–12 Saiten.

New Orleans-Stil, nach dem Ausgangspunkt benannte erste Erscheinungsform des → Jazz, die vielfach in eine Vorform (archaischer Jazz) und den „klassischen" (*oldtime, traditional*) Jazz unterteilt wird. Im Bemühen, die Musik der

Weißen nachzuahmen, entwickelte sich in der Improvisation der Negermusikanten während der 2. Hälfte des 19. Jh. eine neue Musik, in die die Volksmusik der Neger (→ Spirituals, Plantation songs) einwirkte und ihr „zerrissener" Rhythmus im → Ragtime die erste Jazzform entwickelte. Aus dem schwermütigen weltl. Einzellied der Neger, → Blues, entstand die gleichnamige Instrumentalform. Die Trompete führte das Thema ein; dazu klang die Posaune als Gegenstimme, während die Klarinettenmelodie beide verband. Dieser Melodiegruppe stand die Rhythmusgruppe mit Schlagzeug, Baß (Tuba), Banjo, Gitarre und Klavier gegenüber. Im N. O. gab es noch keine größeren Soli; im Mittelpunkt stand die Kollektivimprovisation. Berühmte Trompeter waren: Buddy Bolden (der 1. Jazztrompeter überhaupt), Louis Armstrong; berühmte Bands: *King Olivier's Creole Jazzband* (1923) und Armstrongs *Hot Five* (1925) u. *Hot Seven*. Eine neue Blüte hatte der N. O. in den 1930er Jahren.

Niederländische Schule, Begriff der älteren Musikgeschichte, mit dem sie die verschiedenen Erscheinungen niederländischer Chorpolyphonie etwa von 1400–1600 zusammenfaßte, gelegentl. in eine 1. (Dufay-) und 2. (Ockeghem-)Schule unterteilend, gelegentl. drei Schulen sehend (Dufay, Ockeghem, Josquin Desprez). Genauer faßt die neuere Mg. die „N. S." („niederländ. Musik", „Niederländer") als „franko-fläm. Schule", ihre Frühperiode (bis 1477) als → „burgundische Musik". Tatsächlich läßt sich trotz der Unterschiede der Komponisten in ihrer Technik, textnaher Polyphonie und im Streben nach Gleichwertigkeit der Stimmen von stilistischer Einheit sprechen, in der die aus dem frz.-fläm.-nld. Bereich stammenden od. dort wirkenden Meister dem it. Hang zu ausgleichender Homophonie gegenüberstehen. Diese Gemeinsamkeit ist – wenn auch damaligen nationalen Verschiedenheiten nicht die heutige Bedeutung zukommt – bemerkenswert bei so profilierten Komponisten wie Dufay, der vorwiegend in Italien, oder Ockeghem, der meist in Paris wirkte. Die Entwicklung ist bis zur Hälfte des 16. Jh. gekennzeichnet durch die Objektivität des MA in der musikal. Aussage, in der das Ich und seine Gefühle zurücktreten hinter der sachlichen Betrachtung und der Meditation. Nach 1550 bereiten sich Affektdarstellung, Ausdeuten und Auskosten des Wortes und mit dem allmählichen Verlust an Selbständigkeit der Stimmen (Lasso) die → Monodie vor, die nach 1600 einsetzt. Charakterist. Formen und Stilelemente sind: Variationsmesse mit demselben Cantus firmus in allen Teilen, Parodiemesse (→ Messe), isorhythmische → Motette und Passionsmotette, → Chanson, Durchimitation (etwa seit 1520), → Kanonkünste und Zahlenmystik und die noch nicht eindeutig geklärte Erscheinung der → Musica reservata. – Bedeutende Komponisten sind: Binchois, Dufay, Ockeghem, Obrecht, Josquin Desprez, P. de la Rue, Gombert, Isaac, Willaert, Ph. de Monte, G. de Wert, Crequillon, Cl. non Papa, O. di Lasso. Nach 1600 wirkt ihr Einfluß auf die Orgelmusik Sweelincks und weiter auf J. S. Bach, J. J. Fux, Brahms, Busoni. → Symbol.

E. Van der Straeten, La mus. aux Pays-Bas ..., Br 1867/88, ND 1969; H. Birtner, Stud. z. niederl.-humanist. Musikanschauung, 1930; H. Osthoff, D. Niederländer u. d. dt. Lied, 1938, ND 1967; ders., Josquin Desprez, 1962/5; J. Schmidt-Görg, Nld. Mus. des MA u. d. Renaiss., 1942; E. Lowinsky, Secret chromat. art in the Netherl. motet, NY 1946, ND 1967; H. Besseler, Bourdon u. Fauxbourdon, Lg 1950, [2]1974 (Gülke); G. Reese, Mus. in the Renaiss., NY 1954, [2]1959; H. Chr. Wolff, D. Mus. d. alten Niederländ., Lg 1956;, S. Clercx, J. Ciconia, Br 1960; R. B. Lenaerts, D. Kunst d. Niederländer (Musikwerk) 1962; W. Elders, Stud. z. Symbolik i. d. Mus. d. alten Niederländer, Bilthoven 1968; A. Dunning, Die Staatsmotette, Utrecht 1970; B. Meier, D. Tonarten d. klass. Vokalpolyphonie, ebd. 1974. → Burgund. Musik.

Nō (japan. = Fähigkeit), japan. Musikspiel, in dem in festen Formen Musik, Dichtung, Tanz mit stilisierter Bewegung, Monolog und damit wechselnd Dialog zwischen Chor und Schauspieler zu einem „Gesamtkunstwerk“ (Eckardt: *„lyrisches Chordrama“*) mit gleichgewichtiger Beteiligung der Künste vereinigt sind. Vorformen wurden aus China übernommen und mit japan. Legenden und Stoffen der klass. Literatur verbunden. Die Blütezeit des N. war im 14. und 15. Jh. Die Musik – eine Flöte (→ Nokan) und drei verschied. Trommeln – hat 9 Melodieformeln. → Kabuki; vgl. → Kathākali.

H. Eckardt, Das Nô (Musica), 1952; K. Fukushima, No-Theater ... (Darmst. Beitr. z. Neuen Mus.), 1962; A. Tamba, La structure musicale du No, Paris 1974.

Nocturne (frz., engl.; ital. *notturno;* von lat. *nox* = Nacht), Nachtstück, Abendständchen. Ursprünglich in der Nachfolge der → Suite entstandenes, mehrsätziges Werk wie → Divertimento, Kassation, Serenade und wie die letzten beiden, deren Entwicklung zur Sonatenform die N. teilt, als Freiluftmusik Bläserbesetzung bevorzugend (Haydn, Mozart, Schubert). Im 19. Jh. wird die N. wie die Serenade allgemein als elegisch, sentimental verstanden und wird damit beliebt als einsätziges → Charakterstück. Für Klavier z. B. schrieben J. Field, F. Chopin, R. Schumann (*„Nachtstükke“*), G. Fauré, H. Holliger (*Elis,* 1966). Das Vokal-N. findet sich bei Brahms (op. 92); Orchester-N. gibt es von Debussy und De Falla, in neuerer Zeit von L. Dallapiccola (1954), Henze (1957), Terzakis (1977).

W. Krüger, D. Nachtstück (Schr. z. Musik 9), 1971.

Noël (frz. von *jour natal* = Geburtstag), Weihnachtsmusik als Lied, Chorsatz, Instrumentalmusik, liturg. Spiel, Arie (A. Adam: *Minuit, chrétiens*) mit der Geburt Christi als Inhalt, das Erlebnis der Hirten dabei bevorzugend. Die N. entstanden aus der Liturgie der weihnachtl. Mitternachtsmesse, übernahmen früh → Hymnen, Sequenzen, Tropen (*Benedicamus*), im 15. Jh. weltl. Melodien und beeinflußten das Volkslied. Neue Kompositionen entstanden im 16. und 17. Jh. (Crestot, Denisot, F. Pascal). Orgel-N. schrieben u. a. Dandrieu und Daquin. In der Provence hielten sich N. am ursprünglichsten. → Pastorale.

F. Hellouin, Le n. musical français, Paris, 1906; J. R. H. De Smidt, Les n. s et la tradition populaire, Amsterd., 1932; A. F. Block, The early French parody n., Ann Arbor 1982.

Nokan, japan. Flöte mit 7 Grifflöchern; aus der Bambusflöte der höfischen Musik (→ Gagaku) entstanden und im → Nō verwendet.

Nokturn (lat. *hora nocturna*: Nachtstunde) → Matutin.

Nomos (griech.: Gesetz), hymn. Gesang, beruhend auf Melodieformeln (vgl. → Maqām) in der altgriech. Musik; wohl Ggs. zur versgebundenen Rezitation; später kunstvolles Kultlied zu → Kithara od. → Aulos. Einer der Nomoi wird auf Terpander (7. Jh. v. Chr.) zurückgeführt, der im Zusammenhang mit der Erweiterung der Kithara zum 7saitigen Instr. ein 7töniges System und einen 7teiligen N. verwendet haben soll.

H. Reimann, Stud. z. griech. Musikgesch. (Gymn. Progr. Ratibor), 1882; J. Jüthner, Terpanders N.gliederung (Wiener Stud. 14), 1892; H. Grieser, D. N. (Paulys Realenzyklop.), 1927; W. Vetter, Mus. Sinndeutung d. antiken N. (Mythos-Melos-Musica 1), Lg 1957; Thr. Georgiades, Mus. u. Rhythm. b. d. Griechen (in: Kleine Schriften) 1977.

None (lat. = 9.), → Intervall von einer Sekund über der Oktave. Es kann als groß, klein, übermäßig und vermindert auftreten.

Nonenakkord, Begriff der Dur-Moll-Harmonik; aus 4 Terzen aufgebauter Fünfklang. Die → None ist wie die Septime ein Strebeton, und die Auflösung des N. auf der 5. Stufe (Dominantn.) entspricht der des Dominantseptakkords. Der N. kann in Dur und Moll und alteriert auftreten. Durch Zufügen einer weiteren Terz entsteht der Undezimenakkord.

Nonett (v. lat. *nonus* = der Neunte), Komposition für 9 Soloinstr. od. Sänger und die Gemeinschaft der 9 Ausführenden. Die Besetzung ist meist: Violine 1, 2, Viola, Violoncello (Kontrabaß), Flöte, Oboe, Klarinette, Fagott, Horn (z. B. bei Spohr, Onslow, Rheinberger, Hába).

Nonnengeige → Trumscheit

Normalton, → Stimmton.

Nota → cambiata (Wechselnote), **n. sensibile** ((→ Leitton), **n. sostenuta** (ausgehaltene Note).

Notation, → Notenschrift.

Note (v. lat. *nota, notula* = Zeichen), das graphische Zeichen für die Töne (→ Notenschrift), ursprünglich für den Einzelton (bezeichnet durch Buchstaben bei Quintilian und Boethius) im Ggs. zum Begriff → Neume (lat. *neuma* = Wink) für eine feststehende Tongruppe (Melodiefloskel). Die Form der heutigen N. entwickelte sich aus den Neumen über die quadratischen und rhombischen Formen der → Choralnotation, Hufnagelschrift und → Mensuralnotation, deren Semibrevis unsere Ganze N., der Minima die Halbe, der Semiminima die Vierteln., der Fusa die Achteln., der Semifusa die Sechzehnteln. entspricht. Während die Tondauer der Mensuraln. vom Pulsschlag als Einheitswert bestimmt war, hängt sie in der heutigen Musik vom Charakter des Stückes ab, der sich in verschied. Tempovorschriften ausdrückt. Die Tonhöhe ergibt sich aus der Stellung der N. im → Liniensystem und aus dessen Schlüsselvorzeichnung. → Solmisation, Stichnoten.

Notendruck, Wiedergabe des gestochenen (→ Notenstich), geschriebenen oder gestempelten Musikschriftbildes im Druck, wobei man das Flachdruckverfahren (Offsetdruck) bevorzugt. – In frühen Druckwerken wurde der Raum für Noten zunächst freigelassen und nachträglich handschriftl. ausgefüllt. Dann wurden nur Notenlinien, in Holz geschnitten oder von Metallinien gedruckt und die Noten mit der

Hand nachgetragen, oder in die farbig (meist rot) gedruckten Linien wurden im 2. Druckgang schwarze Noten eingefügt. 1473 druckte K. Fyner in Eßlingen von umgedrehten Lettern → Quadratnoten und zog die Linien später mit der Feder ein. Neben dem Doppeldruck bestand der Blockdruck vom Holzschnitt der Notenseite oder -spalte. Der erste so hergestellte Druck stammt aus Bologna (1487), der erste dt. aus Straßburg (1488), der erste bekannte Druck eines dt. Liedes aus Straßburg (1497). → Notenstich und Druck von Metallplatten entwickelten sich seit dem 16. Jh. Der Druck mit bewegl. Notentypen, vermutlich von Süddtl. ausgehend, erscheint zuerst 1476 in einem Meßbuch des U. Han in Rom. Die Mehrzahl der frühen N. sind liturg. Werke. Führend in der Entwicklung waren Italien, Dtl., Frankr. Im 18. Jh. wurde in England der Notenstich so wesentlich vereinfacht und verbessert, daß er den Notensatz verdrängen konnte, der meist nur noch bei Notenbeispielen im Text verwendet wird. Bemühungen um einfachere und billigere Herstellungsmethoden wurden nach dem 2. Weltkrieg durch Einsatz v. Stempeln (→ Notentypie) erfolgreich, während sich das System der Notenschreibmaschine nicht durchsetzen konnte. Die Erfindung des Steindrucks (Lithographie, Flachdruck, chemischer Druck) durch A. Senefelder 1796/8 mit der Weiterführung im Offsetdruck (von etwa 0,6 mm dikken Blechen) gehörte zu den wichtigsten Ereignissen in der Geschichte des N. und bewirkte schnellen Aufschwung im 19. Jh. und das Aufblühen von → Musikverlag und -handel.

Fr. Chrysander, Abriß e. Gesch. d. Mus.-drucks v. 15.–19. Jh. (Allg. Mus. Ztg.) 1879; A. Goovaerts, Hist. et bibliogr. de la typogr. mus. dans les Pays Bas, Br 1880, ND A 1963; H. Riemann, Notenschr. u. N. (Fs. Roeder) 1896; R. Steele, The earliest Engl. mus. printing, L 1903, ND 1965; O. v. Hase, Breitkopf u. Härtel, [4]1917/9; W. Gamble, Mus. engraving and print., L 1922, 1971; R. Witten, D. Lehre v. Musiknotensatz, 1925; H. Bohatta, Notenschr. u. N., W 1927; F. Röder, D. Notenstich, Notensatz u. Musikaliendr. (Archiv f. Buchgewerbe ...) 1929; B. Guégan, Hist. de l'impression de la mus. (Arts et métiers graph.) 1933/4; K. Meyer, E. J. O'Meara, The printing of mus. 1473/1934 (The Dolphin 2) NY 1935; K. Säuberlich, D. Kunst d. Notenstechers (Dt. Musikkultur 2) 1937/8; K. Hader, Aus d. Werkst. e. Notenstechers, W 1948; N. Gray, A note on mus. engraving and print., L 1952; Å. Davidsson, Die Lit. z. Gesch. d. N. (Musikbibliogr. Beitr.) Uppsala 1954; ders., Bibliogr. z. Gesch. d. Musikdrucks, ebd. 1965; C. Humphries, W. S. Smith, Mus. publishing ..., L 1954; D. W. Krummel, Engl. mus. printing 1553/1700, L 1975; H. Schaefer, Die Notendrucker und Mus. verleger in Frankf./M. 1630/1720, 1975; R. J. Wolfe, Early American mus. engraving and printing 1787 – 1825, Urbana 1980.

Notenlesen → Musiklesen

Notensatz, im → Notendruck das Zusammensetzen des drukkenden Notenbildes (Druckträgers) aus bewegl. Teilen. Bei N. erfolgt der Druck meist direkt von der Type im Buchdruck (Hochdr.), seltener indirekt mit Umdruck im Offsetverfahren (Flachdr.). Im → Notenstich und dem früheren Blockdruck ist das Notenbild auf (Metall- od. Holz-) Platten gestochen (graviert) oder geschnitten. Andere Verfahren verwenden Stempel oder Schrift. Mit Einzelteilen (Linien, Noten getrennt) wurde schon im Doppeldruck des 15. und 16. Jh. gearbeitet. U. Han stellte in Rom 1476 die ersten Drucke mit bewegl. Typen her. O. Petrucci erhielt 1498 das Privileg von Venedig für seine Drucke (vermutl. 3 Druckgänge: Linien, Noten, Text). Der erste dt. Druck mit bewegl. Typen wurde 1507 in Augsburg von

E. Oeglin (Tritonius, *Melopoiae*) hergestellt. P. Schöffer in Mainz (A. Schlick, Orgeltabulatur, 1512) erreichte und übertraf das ital. Vorbild. Ähnlich revolutionierend im Notendruck wie die Vereinfachung des Notenstichs in England im 18. Jh. wurde die P. Haultin zugeschriebene Neuerung, Drucktypen zusammenzusetzen, die jeweils die Note in ihrem Liniensegment darstellten, so daß nun das Notenbild in einem Druckgang einfarbig wiedergegeben werden konnte. Der erste bekannte derartige Druck erschien bei P. Attaingnant in Paris (*Chansons nouvelles,* 1528). Ebenso druckten J. Moderne, Lyon, T. Susato, Antwerpen. Das Verfahren wurde in Italien (Gardano) und Dtl. (seit 1532 bei Chr. Egenolff, Frankfurt/M.) weiter entwickelt, hatte aber in Frankr. seine höchste Blüte. Dort wurden zuerst → Ligaturen aufgelöst und runde Notenköpfe gedruckt (ab 1530), wie sie in Dtl. zuerst 1695 in Nürnberg belegt sind. Zwar konnte der N. bis zu 3 Stimmen in einem System unterbringen, jedoch nur rhythm. gleich, so daß er den Ansprüchen der reicheren Figuralmusik nicht genügen konnte im Ggs. zu dem hier beweglicheren Notenstich, der sich in Frankr. auch gegen die königl. Privilegien für den N. (z. B. für Ballard) durchsetzte. Mit der Erweiterung musikal. Ausdrucksmittel stiegen die Anforderungen an den Notendruck und die Zahl der im N. benötigten Drucktypen. Bis 4½ Zentner Schrift wurde für einen Bogen benötigt, berichtete J. G. I. Breitkopf 1755, als er seine 1754 erfundene, zerlegbare Type bekanntmachte (Linien, Notenkopf, Stiel, Fahne, Balken usw. getrennt). Seine Verbesserung konnte jedoch nicht verhindern, daß der inzwischen vereinfachte Notenstich, bisher im wesentlichen bei Musik für Tasteninstr. angewendet, gegenüber dem starren Schriftbild des N. immer mehr auf allen Gebieten des Notendrucks durchdrang. Eine Setzmaschine (für 2farbigen Druck) wurde erstmals 1935 benutzt.

→ Notendruck.

Notenschrift, graphische Darstellung der Töne und der Tonbewegung. Die heute allgemein übliche N. verwendet → Noten, die durch ihre Gestalt die Dauer und durch die Stellung im → Liniensystem mit → Schlüssel d. Höhe (→ Diastematie) festlegen, während Zeichen die regelmäßige od. gelegentliche Veränderung der Tonhöhe (→ Versetzungszeichen) bewirken, die → Artikulation (z. B. → Bogen, Staccatopunkt), → Phrasierung (z. B. Bogen) bestimmen, als → Abkürzung (z. B. → Verzierung, → Glissando) das Schriftbild vereinfachen. Wörter, Buchstaben und Zahlen geben Klangfarbe, Lautstärke und deren Veränderung (→ Dynamik), Bewegungsart und -ordnung (Takt) und das Harmoniegefüge (→ Generalbaß) an, und → Pausen bezeichnen den Zeitraum, während dessen eine Stimme zu schweigen hat. Die Noten werden in einem System von fünf (→ Choralnotation: vier) in Terzabstand zueinander liegenden Linien aufgezeichnet, das durch Hilfslinien nach oben und unten erweitert werden kann und das einen vom vorgeschriebenen Schlüssel bestimmten Ausschnitt darstellt aus dem gesamten Tonbereich. Dieser ist in → Oktaven untergliedert, von denen die einzelnen Töne ihre nähere Bezeichnung erhalten. – Die Geschichte der N. zeigt folgende Möglichkeiten der Notation, die getrennt oder gemischt angewendet wurden: Kennzeichnung der Töne durch die Buchstaben des Alphabets oder durch Silben, feststehender Tonfolgen durch Silben oder Wörter, Andeutung der Tonbewegung oder bestimmter Floskeln durch neumatische Zeichen, Hinweis auf die Tonerzeugung in einer Griffschrift. Vor der Übernahme des westlichen Systems verwendeten die Inder Silben und Zahlwörter, die Chinesen und Japaner eine Tonsilbenfolge neben Instrumentaltabulaturen. Ein fertig entwickeltes System hatten die Griechen in ihrer für Instrumente und Gesang verschiedenen → Buchstabennotation der vermutlich von der ägypt. Harfe beeinflußten Kithara -Griffschrift und der von Alpha bis Omega durchgehenden, mit schräggelegten und spiegelbildlich dargestellten Buchstaben erweiterten, jüngeren Vokalschrift, die die Ordnung jener Griffschrift übernahm und deren Rhythmuszeichen, da der Rhythmus vom Text bestimmt wurde, sich sorgfältig auch auf Pausen konzentrierten. Die → Neumen, die den Choralgesang etwa vom 9. Jh. an fixierten, gehen zurück auf die Akzente der griech. Schrift und die byzantin. → ekphonetischen Formeln, die auch die bis ins 20. Jh. benutzte russ. → Krjuki-Schrift beeinflußten (vgl. → armen. N.). Dem griech. Muster folgten Buchstabensysteme (z. B. → Dasia-N.), die z. T. noch im 16. Jh. gebraucht wurden. Die Neumen, anfänglich nur Erinnerungshilfen, zeichneten immer näher den Melodielauf, nachdem zunächst in Italien eine Linie, bei Hucbald 2, bei Guido v. Arezzo 4 z. T. farbige Linien im Terzabstand ein Tonhöhengerüst aufstellten. Während die aus den Neumen entwickelte → Choralnotation mit der Quadratnote und der dt. Sonderform der → Hufnagelschrift zunächst nichts über den Zeitwert der Noten besagte, machten Beginn und Ausbreitung der Mehrstimmigkeit die genaue → Mensur notwendig, wie sie sich neben der Zwischenform der → Modalnotation von Frankr. aus (→ Notre-Dame-Schule) als → Mensuralnotation durchsetzte. Sie ermöglichte die Hochblüte der franko-fläm. Musik und ist Vorläuferin der modernen N., die seit dem 14./15. Jh. das Fünfliniensystem verwendet und aus der Mensuralnotation noch folgende längere Notenwerte gebraucht: Maxima (= 8), Longa (= 4), brevis (= 2 Semibreven = Ganze Noten). Nach 1600 wurde die Semibrevis der Einheitswert. Das Zeitmaß, bisher feststehend im Verhältnis zum Pulsschlag, wird nun nach Art und Affekt der Musik durch Tempoangaben geregelt. Die weitere Entwicklung wird zunächst durch die besseren Möglichkeiten in → Notenstich und →

Notendruck gelenkt (z. B. runde Notenköpfe, → Balken, Geltung der Vorzeichen im ganzen Takt), wesentlicher aber durch Gesichtspunkte der → Aufführungspraxis, mit denen zugleich die improvisatorische Freiheit der Wiedergabe eingeschränkt, schließlich beseitigt wird. Die Ergänzungen der N. im 20. Jh. beziehen sich vor allem auf Tonhöhe und -dauer und Klangballungen (→ Cluster). M. Hauers „atonale N." (1920) hatte ein 8-Linien-System. Das Problem der Alteration versuchte A. Hába für seine Viertel- bzw. Sechsteltonmusik zu lösen. Für Mikrotöne bei Aufteilung der Oktave in 31 Tonstufen wurde in Holland eine N. entwickelt (A. Fokker u. a.), ausgehend von der bisherigen diaton. Schreibweise. Weitere Systeme neben der vom Klavier ausgehenden N. → Klavarskribo boten u. a. R. Fawcett (→ Equiton) und T. Wójcich (Isomorph-N.). Im Ggs. zu diesen Versuchen schriftlicher Fixierung entstanden seit den 1950er Jahren Aufzeichnungen, die nur Vorstellungen hinsichtl. des musikal. Ablaufs wecken und Anregung geben sollen, Zeichen und Zeichnungen, z. T. mit traditioneller N. gemischt, z. T. als → musikal. Graphik unabhängig, ohne System, von Komponist zu Komponist, Werk zu Werk verschieden und oft mit ausführlicher Erläuterung versehen. Die Schemata der elektron. Musik sind handwerklich technische Anweisungen und insofern im weiten Sinne vergleichbar den Griffschriften, wie sie seit den Anfängen der N. bekannt sind, z. B. die → Tabulaturen der Instrumentalmusik im 14.–18. Jh. Sie verwendeten Buchstaben und Ziffern zur Bezeichnung von Saiten oder Tasten, z. T. auch in Verbindung mit Noten, und galten mit landschaftl. Varianten für Zupf-, Streich-, Tasten- oder Blasinstrumente. Das System findet sich noch in der Akkordschrift für → Banjo und → Ukulele oder in den Grifftabellen z. B. für Blockflöte. Vgl. Blindenschrift (→ Blinde Musiker).

H. Riemann, Stud. z. Gesch. d. N., 1878, ND 1970; W. Tappert, 900–1900. Tausend Jahre Entw.gesch. d. mus. Zeichenschr. (Ms. i. d. Dt. Staatsbibl. B) 1901; Wolf, 1913/9; J. Chailley, Les notations mus. nouvelles, P 1950; M. Njurnberg, Notnaja grafika, Leningr. 1953; C. Parrish, The notation of medieval mus., L 1957, ND 1978; A. Machabey, Notations mus. non modales des 12e, 13e s., P [3]1959; H. Hickmann, Eine neuentdeckte ägypt. Notation (AM) 1961; Apel, 1962, [2]1970; Thr. Georgiades, Sprache, Mus. u. Schrift, [2]1964 (Kl. Schriften, 1977); E. Karkoschka, Zur Problemat. e. temperierten Notation (Fs. Gerstenberg) 1964; ders., D. Schriftbild d. Neuen Mus., 1966; E. Thomas, Notation Neuer Mus. (Darmst. Beitr. z. N. Mus.) 1965; A. Gallo, La teoria della notazione in Italia . . ., Bologna 1966; W. Kaufmann, Mus. notations of the Orient, Bloomington 1967; W. Tappolet, N. u. Musizieren, 1967; M. Haas, Byz. u. slav. Notationen (Paläogr. d. Mus. I, 2) 1973; H. Cole, Sounds and signs, NY 1974; E. Jammers, Aufzeichnungsweisen d. 1stg. außerliturg. Mus. d. MA (Pal. d. Mus. I, 4) 1975; G. Read, Mus. notations; a manual of mod. practice, L [3]1978; ders., Modern rhythm. notation, Bloomington 1978; Th. Göllner (Hg.), N. u. Aufführung, 1980.
→ Mensuralnotation, Neumen, Tabulatur, Musikal. Graphik.

Notenstich, neben, später *vor* dem → Notensatz herrschender Zweig des → Notendrucks; seit Mitte des 20. Jh. vielfach durch verschiedene rentablere Verfahren ersetzt (→ Notentypie). – Wenn das Manuskript stichfertig gemacht und nach Druckseiten und Systemverteilung aufgegliedert wurde, überträgt der Notenstecher die Einteilung einer Seite auf eine etwa 1 mm starke Metallplatte aus einer Legierung von Blei, Zinn und Antimon, indem er mit dem → Rastral die Fünfliniensysteme in den vorher eingezeichneten (abgesteckten) Abständen und Breiten einzieht (Rastrieren der Notenlinien) und mit dem Stahlzirkel die Abstände der Noten voneinander und die Taktbreiten im System bestimmt und auf der weichen Metallmasse „punktiert". Dabei verhalten sich die Abstände nicht mathematisch genau wie die Notenwerte: Ein Takt mit einer ganzen Note ist kleiner als 4 Viertelbreiten: 1 Viertel gilt 1½ Achtel, 1 Halbe ≌ 2 Achtel, 1 Ganze ≌ 3 Achtel. Dieses raumsparende System ermöglicht, trotz der Abstandsverkürzung beim größeren Wert, daß der rhythm. Verlauf der musikal. Linie sogleich vom Spieler erkannt wird. Die Aufgabe des Stechers, das musikal. Geschehen sichtbar zu machen, ist leicht bei der 1stg. Melodie. Sie wird um so schwieriger, je weniger die Abstandsverhältnisse eingehalten werden können: wo z. B. Akkord- und Vorzeichenballungen den Raum eines Notenwertes ungewöhnlich vergrößern oder wo die Abstände zuerst von dem zu unterlegenden Text der Gesangsstimmen, seinen verschieden breiten Buchstaben und Silben bestimmt wird, was bei kleineren Werten die Regel ist. Das Ganze muß verhältnisgerecht zwischen Zeilenanfang und -ende ausgeglichen werden. Die Einteilung einer rechten Seite soll mit Rücksicht auf eine bequeme Wendestelle erfolgen. Die Regeln der musikal. → Orthographie sind zu beachten. Nachdem die Platte seitenverkehrt (spiegelbildlich) „gezeichnet" und auch der Singtext angedeutet ist, beginnt das „Schlagen" mit Hammer und Stahlstempeln, danach das eigentliche Stechen von Stielen (Hälsen), Balken, Taktstrichen, Bindebögen usw., die mit dem Stichel eingraviert werden. Von der fertigen Platte fertigt man hellfarbige (meist grüne oder braune), beschreibbare Korrekturabzüge an, bei denen das Notenbild weiß (negativ) bleibt. Der endgültige Abzug nach ausgeführter Korrektur zeigt das weiße Notenbild nunmehr in schwarzer Fläche, das dann fotografiert und auf dem Film als der Druckvorlage für den Offsetdruck schwarz erscheint. Früher druckte man direkt von den damals zum N. verwendeten Kupferplatten. – Stand am Anfang des → Notendrucks der Doppel- und der Blockdruck (mit Holz- oder Metallinien und mit Holzplatten), neben dem sich der Druck mit beweglichen Typen (→ Notensatz) entwickelte, so führte der schnelle Aufschwung im Kupferstich des 16. Jh. zur Verwendung gravierter Kupferplatten, die gegenüber dem Satz die Möglichkeit boten, verschied. Stimmen in einem Liniensystem darzustellen. Das Verfahren ist zuerst in dem bei S. Verovio 1586 in Rom gedruckten *Diletto spirituale* belegt. Der N. wurde bis ins 18. Jh. bei Musik für Tastinstr. bevorzugt. Im 17. Jh. galt die Bezeichnung Intavolation für gestochene, Partitura für gesetzte Werke. Während sich in England (ab 1606) der N. schnell weiterentwickelte, wurde er in Frankreich zunächst durch Privilegien für den Typendruck, z. B. der Firma Ballard, beeinträchtigt, breitete sich erst in der 2. Hälfte des 17. Jh. aus (zuerst im *Livre d'orgue* von 1665) und stand im 18. Jh. mit an der Spitze trotz seines konservativen Stichbildes im Ggs. zum zierlichen italien. und lebendigen dt. In USA gab es seit 1764 N. In London verwendete J.

Cluer 1724 eine Zinn-Blei-Legierung (Pewter-Platte), und der Verleger J. Walsh, der die erste gestochene → Partitur herausbrachte, vereinfachte das Stichverfahren durch Einführung von Stahlstempeln. Diese Neuerung bestimmte den allgemeinen Erfolg des N. gegenüber dem Notensatz (trotz dessen Verbesserung durch I. Breitkopf) und den bleibenden Vorsprung in allen Gattungen der Musik. 1750 setzte sich die neue Methode in Frankr. durch. Dtl. war bis zum 2. Weltkrieg führend in N. und Notendruck. Im Ggs. zum Buch enthalten Musikalien meist keine Jahresangaben. Bei der Datierung eines Werkes kann daher die meist mitgedruckte Stichplatten- oder Verlagsnummer helfen (erstmals 1710 bei Roger in Amsterdam nachgewiesen).

→ Notendruck.

Notentypie, Sammelbegriff für verschiedene in der 2. Hälfte des 20. Jh. erprobte und eingeführte Verfahren der Herstellung des zum Druck bestimmten Notenbildes, ohne den zeitraubenden, daher kostspieligen → Notenstich zu verwenden. Nach mehreren früheren Versuchen (z. B. „Gloria-Note" um 1930) haben sich nach dem 2. Weltkrieg Verfahren mit Metall- oder Gummistempeln oder das Durchreiben der zum Notenbild gehörenden Teile von vorgedruckten Vorlagen bewährt. Während das von Notenschreibmaschinen verschiedener Systeme gefertigte Bild unbefriedigend od. nur eingeschränkt verwendbar war, brachte ein seit 1975 entwickeltes System (M. Kjaer) durch Verbindung von Klaviatur mit Computer günstigere Ergebnisse.

Notes inégales (frz.: ungleiche N.), Spielpraxis besonders in der Barockmusik: Gleichwertige Noten einer Gruppe meist in Sekundschritten (Achteln, Sechzehnteln; näml. kleiner als die Taktzählzeit) werden rhythm. ungleich gespielt (in geradzahligen Gruppen, einschl. Pausen: lang-kurz), ohne den Gesamtwert zu ändern. Längung und Kürzung wie die Entscheidung, *n.e.* anzuwenden, hängen von der Art des Stückes und dem Geschmack des Interpreten ab, der vollkommenen Ausdruck im Sinne der Rhetorik anstrebt. Diese Praxis wurde vielfach erwähnt (Spanien: T. de Santa Maria, 1565; Ital.: G. Caccini, 1602; Dtl.: Chr. Bernhard, *Singe-Kunst,* ca. 1650; vgl. W. C. Printz, *Compendium ...,* 1688; J. G. Walther, *Praecepta ...,* 1708; J. Mattheson, ... *Capellmeister,* 1739), sehr häufig in Frkr. (u. a. B. de Bacilly, 1668; J. Engramelle, 1775; E. de l'Ilette, 1810); besonders für Holzbläser: J. Hotteterre (1719), Tasteninstr.: Fr. Couperin (1716); unter frz. Einfluß: G. Muffat (1695) und für d. dt. Praxis: J. Quantz (1752), L. Mozart (1756). Sollten die Werte entgegen allgemeinem Brauch gleich behandelt werden, wurden sie durch den Zusatz *notes égales* od. Punkte (Striche, Bögen) über den Noten gekennzeichnet. Seit der 1. Hälfte des 18. Jh. setzte sich die schriftlich genaue Angabe der Werte durch.

S. Babitz, A probl. of rhythm in Baroque Mus. (Mus. Quart.) 1952; Fr. Neumann, The French Inégales, Quantz and Bach (JAMS) 1965; ders., Ornamentation in baroque and post-bar. mus., Princeton 1978; Three further views on n. i. (S. Babitz, J. Byrt, M. Collins in: JAMS) 1967; S. Saint-Arroman, Les inégalités, in: E. Weber (Hg.), L'interpr. de la mus. frç ..., P 1974; E. Kooiman, Artikulatie in de oude Franse muziek (Orgelkunst) 1980; C. Krummacher, Artikulation und rhetor. Deutlichkeit (Kirchenmusiker) 1982. → Aufführungspraxis.

Notre Dame-Schule, die von der Abtei Notre Dame in Paris in der 2. Hälfte des 12. und Anfang des 13. Jh. ausgehende Kompositionsrichtung, ihre Meister und Schüler; mit liturgischer → Mehrstimmigkeit über dem gregorian. Gesang im → Organum, mit → Motette und lateinischem und volkssprachl. dreistg. → Conductus erste maßgebende Epoche abendländischer Musik. Im Ggs. zur bisherigen Anonymität sind erstmals aus der N. Namen der Komponisten überliefert: Leonin u. Perotin. Bedeutende Quellen für die Werke der N. und im Zusammenhang mit dem *Magnus liber organi* von Notre Dame werden in Florenz und Wolfenbüttel aufbewahrt. → Ars antiqua. Modalnotation.

J. Handschin, Z. Gesch. v. N. D. (AM) 1932; H. Husmann, The origin of the magnus Liber Organi (Mus. Quart.) 1963; ders., N.-D. u. St. Victor (AM) 1964; N. Smith, The clausulae of the N.-D. School (Diss. Yale), New Haven 1964; H. Tischler, The early cantors of N.-D. (JAMS) 1966; ders., The structure of N.-D.-Organa (AM) 1977;

Notturno (it. → Nachtstück) → Nocturne, Divertimento

Novachord (lat. *nova* = neue; griech. *chorde* = Saite), → elektronisches Musikinstr. mit Tastatur über 6 Oktaven; 1938 von der Firma Hammond entwickelt.

Novelette (ital. *novella* = Neuigkeit), instrumentales → Charakterstück. Den Namen gebrauchte zuerst R. Schumann 1838 für seine N., op. 21, der auf die Sängerin Clara Novello anspielte. Seine 8 Klavierstücke sind frei gestaltet und verwenden jedes eine Reihe von Themen. Der Name wurde seit Romantik und Spätromantik oft benutzt (z. B. Glasunow, Poulenc).

Nubah (Naubah), meist 5teilige Folge von arabischen Vokal- und Instrumentalstücken, jeweils mit fester Rhythmus-Struktur. Nach dem seit dem 9. Jh. mit Beispiel aus Bagdad in Andalusien (Cordoba) entstandenen klassischen N.-Muster kamen Eigenformen in Nordafrika auf (Marokko, Lybien). Vgl. → Maqām, Mugam.

Null, Zeichen für 1. leere Saite in der Streichmusik und → Flageolett, wenn über dem Fingersatz stehend, 2. nicht akkordisch zu begleitende Stellen in der → Generalbaßnotation (auch mit t. s. = *tasto solo* angewiesen), 3. Akkorde, die Unterklänge (Mollakkorde) sind (^{0}T = Molltonika) in der funktionalen Harmonielehre H. Riemanns.

Nummernoper, → Oper, zusammengestellt aus einer Reihe in sich abgeschlossener Einzelstücke (Arien, Chöre, Ensemblesätze, Instrumentalvor- und zwischenspiele), die auch selbständig konzertant aufgeführt werden können. Ggs.: die → durchkomponierte Oper, beginnend mit C. M. v. Weber: *Euryanthe* und Spohr: *Jessonda* (beide 1823).

Nyckelharpa (schwed.) → Schlüsselfidel

Oberdominante, genauere, aber weniger gebräuchl. Bezeichnung für die kurz → Dominante genannte 5. Stufe im Ggs. zur Unter- (= → Sub)dominante.

Oberek, Obertas, schneller poln. Wirbeltanz im ⅜- od. ¾-Takt mit Mazurka-Rhythmus und vielen rhythm. Varianten. Der heute übliche, schnellere Oberek (seit dem 19. Jh.) wird meist instrumental ausgeführt (z. B. Chopin).

Oberstimme, die höchste Stimme im mehrstg. Satz (Diskant, Melodiestimme, 1. Stimme).

Obertöne, eine naturgesetzlich aufgebaute Reihe von Tönen, die mit dem Grundton erklingen und spektrumartig in ihm enthalten sind. Von der Musiktheorie wird diese Summe von Tönen meist → Ton genannt, von der Akustik → Klang im Ggs. zum Ton als dem einfachen Grundton (mit Sinus-Schwingung) oder jedem einfachen Oberton. Grundton und O. zusammen heißen Partialtöne (lat. *pars* = Teil). Die Teilschwingungen sind harmonisch, wenn sie ein ganzzahlig Vielfaches der Schwingung des Grundtones darstellen (Ggs.: Geräusche). Der Grundton (= 1) und die O. verhalten sich zueinander wie 1 : 2 : 3 : 4 : 5 usw. Die Schwingungszahl des 2. Partialtons (= 1. Obertons) ist also doppelt so groß wie die des 1., und der Abstand zwischen ihnen beträgt eine Oktave. Der 3. Partialton ist die Quinte des 2., der 4. die Quarte des 3. Die Zahlenverhältnisse der harmon. Reihe hat auch die → Naturtonreihe beim Naturinstr (Signalhorn, Fanfare, Alphorn). Blechblasinstrumente können heute bis zum 10. O. blasen, Holzblasinstr. erreichen den 3. od. 4. Das menschl. Ohr kann unter günstigen Umständen die Reihe der harmon. O. bis zum 7. verfolgen. Untertöne wurden nach Umkehrung der Reihe der O. theoretisch behandelt. → Sinustöne (ohne O.) erzeugt ein → Generator. – Auf die O. wies M. Mersenne (17. Jh.) hin; J. Sauveur berechnete sie (1702). Mit dem dissonanten 7. O. beschäftigten sich Chr. Huygens, G. Tartini, L. Euler. → Akustik, Klangfarbe, Tonhöhe.

Obligat, Obligato, (lat. *obligare* = binden), die verbindl. Instrumentalstimme, die zwar selbst nicht konzertiert, aber so selbständig ist, daß sie notwendig gespielt werden muß. „Obligates Klavier (Cello)" meint die schriftl. fixierte, ausgearbeitete Stimme im Ggs. zum → Generalbaß mit seiner einfachen Baßlinie. Der Ggs. zu o. ist → ad libitum. *Fuga obligata*: → Kontrasubjekt; *basso obligato* → Ostinato.

Obligates Accompagnement → Begleitung.

Oboe (it., span., engl.; frz. *hautbois* = hohes/lautes Holz), 1. Holzblasinstr. mit doppeltem → Rohrblatt, konischer Bohrung; näselndem, oft scharfem Klang. – Instrumente solcher Bauart waren schon im 3. Jahrtausend v. Chr. in Mesopotamien bekannt, später bei den Syrern und Ägyptern als

Partialton	1	2	3	4	5	6	7	8	9	10	…
Oberton		1	2	3	4	5	6	7	8	9	…
Saitenlänge des Monochords	1	½	⅓	¼	⅕	⅙	⅐	⅛	⅑	⅒	…

Kult-, dann als Volksinstr. (oft Doppelo.). In Europa ist die Gegenschlagzunge bei → Sackpfeifen aus Abbildungen schon des 14. Jh. nachzuweisen. Aus einem der Schalmeien-Instr. (Diskantpommer), die zu den hohen (lauten) Freiluftinstr. gehörten, wurde Ende 17. Jh. in Frankr. die O. weiterentwickelt, durch 2, dann 4 Klappen verbessert, u. kam dann als Hauptinstr. zum Barockorchester. Bis in die Mitte des 18. Jh. war die O. das führende Blasinstr. in Frankr. und lange in der → Militärmus. vieler Länder; so in Preußen, Bayern, Österr. bis 2. Hälfte 18. Jh.: 2 Diskant-O., 2 Taillen (Alt-O.), 2 Bassons (Baß-O.). Verändert wurde im wesentl. nur die Klappenzahl: 4, 7, 9, 10 (1825). Der dt. O.nbau stützte sich Anfang des 19. Jh. auf die von Sellner entwickelte O. mit Klappen und verbesserte sie. Seit dem 20. Jh. wurde die frz. Mechanik auch in Dtl. verwendet, während das Klappensystem von Th. Boehm sich bei der O. nicht sonderlich bewährte und nur in Spanien größeren Erfolg hatte. – In Dtl. setzte sich die O. hauptsächlich erst im 18. Jh. durch und hatte anfangs die Aufgabe, die menschl. Stimme und menschlichen Gefühlsausdruck wiederzugeben. In J. S. Bachs Kantaten treten O. meist paarig auf und mit größter Ausdrucksintensität (z. B. 12 und 147). Dagegen setzte Bach die O. kaum in der Kammermusik ein. O.nkonzerte schrieben u. a. Vivaldi, Telemann, Marcello, Mozart, R. Strauss. – Die O. d'amore (frz. *hautbois d'amour* = Liebesoboe) mit zartem Klang hat wie die O. da caccia ein birnenförmiges Schallstück („Liebesfuß"; vgl. → Englischhorn, Heckelphon). Sie wurde um 1720 gebaut u. steht zwischen O. und Englischhorn. J. S. Bach verwendete sie ebenso wie die O. da caccia (it. *caccia* = Jagd), eine Alt-O. mit weit geöffnetem Schallstück. Die engl. Tenor-O. (*tenoroon*) geriet bald in Vergessenheit, kam aber 1825 als Baryton-O. wieder zur Geltung. – 2. Zungenstimme der Orgel (meist 8′, 4′).

L. Bechler, B. Rahm, Die O. u. die ihr verwandten Instr., 1914, ND 1972; A. Bridet, Aperçu hist. du hautbois, Lyon 1927; J. Hadamowsky, Die O. bei J. S. Bach (Diss. W) 1930; Ph. Bate, The o., L 1956, ²1962; E. Rothwell, O.technique, L ³1962; K. Ventzke, Boehm-O. u. d. neueren frz. O.-Systeme, 1969; R. Dahlqvist, Taille, o. da caccia and corno inglese (Galpin Soc. Journ.) 1973; M. Hosek, O.-Bibliogr., 1975; G. Jopping, O. u. Fagott 1981; D. Hilkenbach, D. Boehm-O. (Tibia) 1982.

Oboe da caccia, Oboe d'amore → Oboe.

Obstinat, *bassus obstinatus* → Ostinato.

Ochetus (altfrz.), → Hoquetus.

Ode (griech. =) gesungenes Gedicht und allgemein Gesang, wobei die Griechen Sprache, Musik, Tanz als Einheit sahen. In der byzant. Liturgie sind O. die den biblischen Cantica nahestehenden Gesänge (→ Kanon 3). Im Ggs. zu den allgemeinen, für den größeren Kreis bestimmten O. der Griechen Alkaios, Sappho, Anakreon zeigt die O. bei Horaz (von ihm *carmen* genannt) individuelle Züge. In der Renaissance kam der klassische Begriff O. wieder auf (Petrarca). Vom rhythmisch freieren ital. Sologesang zweigte die (besonders dt. Art der) → Humanistenode ab, die jetzt liedhaft wurde und verstärkt pädagogische Momente zeigte. C. Celtis ließ in seinen Vorlesungen z. B. die 4stg. Sätze des Tritonius (*Melopoiae,* 1507; nach Horaz und Celtis) singen. Auch die reformatorische Lateinschule demonstrierte das klass. Versmaß an O. im homorhythmischen, mehrstg. Satz bedeutender Zeitgenossen: P. Hofhaimer (1539), L. Senfl (1534), M. Agricola (1557). An Horaz knüpfte 1555 Goudimel an; bei diesem (→ Kantionalsatz) A. Lobwasser (1573), P. Schede (1572), C. Ulenberg (1582), wie noch im 18. Jh. G. A. Paganelli (Singst. mit Instr.). Von Italien her hatte sich die rhythm. ausgleichende Motettenkomposition der O. durchgesetzt (Lasso, J. Vaet, L. Lechner). Von d. klass. Form kaum beeinflußt, entwickelte sich unter dem Namen O. Ende des 17. Jh. in Engl. eine hymnische Komposition mit Chor und Orchester, aufgeführt bei festl. Anlässen des Hofes und seit 1683 zum Cäcilientag (22. 11.); so bei Purcell (*Hail bright Cecilia,* 1692) und Händel (*Cäcilien-O.,* 1736). Häufig erscheint die O. als Kantate od. Oratorium: J. S. Bach, *Trauer-O.* (BWV 198, 1727); Händel, *Birthday O.* (1713); Beethoven, Schlußsatz der 9. Sinf. (Schiller), 1823; E. Chabrier, *O. à la musique,* 1891; nach den Sonetten von Shelley die *O. an den Westwind* als Chorwerke bei C. Wood und C. Jenkins, als Bratschenkonzert von H. W. Henze, 1953; nach Byron: *O. an Napoleon* von A. Schönberg, 1942. Nach Klopstocks O. schrieb C. W. Gluck seine *O. und Lieder beym Klavier zu singen,* 1785, und die 2. Berliner Liederschule setzte den Begriff O. gleich Lied (J. A. P. Schulz, J. F. Reichardt, K. F. Zelter).

R. V. Liliencron, D. Horazischen Metren in dt. Kompos. d. 16. Jh. (VfMw) 1887; K. Viëtor, Gesch. d. dt. O., 1923, ND 1971; H. C. Wolff, Die geistl. O. des G. Tranoscius (Mf) 1953/4; A. Geering, W. Altwegg, Vorwort z. Senfl. GA 6, 1961; K. Schlüter, D. engl. O., 1964; R. Z. S. McGuiness, Engl. court odes 1660/1820, Oxf. 1971; W. Müller-Blattau, Mus. u. metr. Dichtg. i. 16. Jh. (Fs. Boetticher) 1974; E. Weber, La mus. mésurée à l'Antique en Allemagne, P 1974; K.-G. Hartmann, D. humanist. O. kompos. i. Dtl. (Erlanger Stud. 15) 1976; R. Pirker, Beitr. z. Entw.gesch. d. 4stg. Humanisten-O. (Musicol. Austr. 1) 1977.

Odeon (griech. *odeion; odé*: Gesang), antike Bauten für Musikaufführungen, kleiner als die Theater; zuerst in Athen; erstes röm. O. (*odeum*) in Pompeji (um 80 v. Chr.).

Œuvre (frz.) → Opus.

Off-beat → Beat.

Offertorium (von lat. *offerre* = darbieten), die Gabendarbietung in der katholischen Liturgie und die dabei vorgetragene Antiphon, später Chor- oder Instrumentalmusik. Das O. folgt dem → Credo und gehört mit → Introitus und → Communio zu den antiphonalen Formen innerhalb der im kirchl. Festkreis wechselnden Gesänge der → Messe. Die festl. Stimmung des Psalmtextes wird durch reich verzierte Melodien in den solistisch vorgetragenen Versen unterstrichen, in die der Chor mit der Antiphon einfällt. Charakteristisch sind die zahlreichen Wiederholungen. Man vermutet die Entstehung des O. im 5. Jh.; schriftl. Zeugnisse sind aus dem 10. Jh. vorhanden. Mehrstimmige O.en sind zumindest seit dem 15. Jh. bekannt. Die Polyphonisten des 16. Jh. bevorzugten das O.: Lasso in den *Cantiones sacrae* (1582, 1585) und für das ganze Kirchenjahr Palestrina in den *Offertoria totius anni* (1593). Den vielstg. und mehrchörigen Kompositionen im Barock folgten im 18. Jh. wieder schlichte Formen (Fux), meist a cappella. Daneben entwickelten sich das Instrumental-O. (Orgel) und O. in Kantatenform. Im Zusammenhang mit der liturg. Erneuerung wendet sich die neuere Komposition wieder mehr dem Choral zu, wobei der Gemeindegesang größere Bedeutung erhält.

Wagner 1, 3, 1911, 1921; H. Sidler, Stud. zu den alten O. m. ihren Versen, Freib./Schw. 1939; W. Lipphardt, D. Gesch. d. mehrst. Propr. Missae, 1950; J. A. Jungmann, Missarum Sollemnia 2, [5]1962; G. Baroffio, Die O. d. Ambrosian. Kirche (Diss. Köln) 1964.

Offizium (Offizium divinum, Liturgia horarum: Stundenoffizium), die Stundengebete der kathol. Kirche; nämlich: Offizium nocturnum (nächtl. O.: je 3 Psalmen, Lesungen, Responsorien) und O. diurnum: Tages-O.: Laudes/Prim/ kleine Horen/Vesper/ Komplet; heutige Ordnung: Lesehore (→ Mette, Nokturn), → Laudes, kleine → Horen (Terz, Sext, Non), → Vesper, Komplet. – Die Geschichte des O. beginnt im jüdischen Kult. In frühchristl. Jahrhunderten kamen bereits Stundenämter auf. Landschaftliche und örtl. Sonderformen wichen allmählich dem einheitlich v. Rom verfügten O. Die → mozarabische Liturgie setzte den Begriff O. gleich Introitus. Revisionen des römischen O. wurden vielfach angestrebt und durchgeführt. Dabei behielten die Orden ihre Sonderstellung. Texte und Melodien sind in den liturg. Büchern der kathol. Kirche festgelegt. – Die Ordnung des protestantischen Gottesdienstes hat Luther in seiner *Formula missae* (1523) und der Deutschen Messe (1526) niedergelegt.

Wagner 1, 3, 1911, 1921; J. Pascher, D. Stundengebet d. röm. Kirche, 1954; J. A. Jungmann, D. Gottesdienst d. Kirche, Innsbr. 1955, [3]1962; P. Salmon in: Hdb. d. Liturgiewiss. 2, 1965; Antiphonale z. Stundengottesdienst, 1979; S. Dach, Hdb. d. Kantorendienstes II, 1980.

Ohr, Sinnesorgan, bestimmt zur Wahrnehmung von Schallwellen. Seine 3 Hauptteile sind: Außen-, Mittel-, und Innenohr. Das Außen-O. d. Menschen mit der Hörmuschel als trichterartiger Erweiterung kann im Ggs. zu dem der meisten Tiere nur einen geringen Querschnitt der Schallwellen erfassen. Der Gehörgang von 1 cm^3 hat eine Länge von 2,5 cm. Er ist ein Hohlraum-Resonator mit einer Eigenfrequenz von 3000 Hz und dank der Elastizität der Innenwände mit verhältnismäßig großer Dämpfung, die insbesondere das Trommelfell auszeichnet, den Abschluß des Außen- und Anfang des Innen-O. Es hat eine Fläche von 0,8 cm^2, eine Dikke von 0,1 mm und ist weich federnd. Nur sehr tiefe Frequenzen reflektiert es, hohe werden verschluckt. Über ein Hebelsystem wird die Bewegung des Trommelfells mechanisch dem Mittelohr durch drei Knöchel weitergegeben: den Hammer, der am Trommelfell festgewachsen ist, den Amboß und den Steigbügel, der mit dem inneren (ovalen) Fenster verbunden ist. Das Mittel-O. (Paukenhöhle) ist mit Luft gefüllt und durch die Eustachische Röhre mit der Nasen-Rachenhöhle verbunden. Da das Innen-O. mit Lymphflüssigkeit gefüllt ist, besorgt das Hebelwerk des Mittel-O. einen Druckausgleich gegenüber der Außenluft. Die Bewegungen des inneren Fensters teilen sich der Flüssigkeit des Innen-O. mit, einer Höhle mit vielen Windungen, das Labyrinth mit den Bogengängen zur Gleichgewichtsfeststellung. In den 2½

Windungen der Schnecke werden die Schallschwingungen als Nervenreiz registriert. Der 32 mm lange Schneckengang wird halbiert in die obere *Scala vestibuli* und die untere *Scala tympani* durch die Basilarmembran, an der sich das Cortische Organ befindet mit Gruppen zu 3500 haarartig auslaufenden Nervenzellen, jede mit eigener Nervenfaser in Verbindung mit dem Gehirn. Tiefe Töne reizen längere Fäden, hohe Töne kürzere. Je nach Stärke des Reizes erhält das Gehirn mehr od. weniger Impulse (maximal etwa 150 in der Sekunde). Das O. registriert Schwingung und Amplitude der Teiltöne. Das O. des Menschen kann Schallwellen zwischen 16 und 20000 Hz wahrnehmen. Bei der Klangempfindung werden → Tonhöhe, Lautstärke und → Klangfarbe unterschieden. → Hören.

G. Alexander/O. Marburg (Hg.), Hdb. d. Neurologie des O., 1924; G. v. Békésy/A. Rosenblith, The mechanical properties of the ear (Hdb. of exp. psych.) NY 1951; O. Fr. Ranke, Physiol. d. Gehörs (Trendelenburg/Schütz, Lehrb. d. Physiologie), 1953; F. Zwicker/E. Feldtkeller, Das O. als Nachrichtenempfänger, [2]1967; S. Stevens, F. Warshofsky, Schall u. Gehör, 1970.

Okarina (= Gänschen; ital. *oca* = Gans), Gefäßflöte aus Ton, selten Metall, etwa in Eiform, mit Schnabelmundstück und 8–10 Grifflöchern. Die O. wurde in ihrer jetzigen Form in der Mitte des 19. Jh. in Italien erfunden (G. Donati), stammt aber von den verschied. Arten der Gefäßflöten Chinas, Ägyptens und der übrigen Mittelmeerländer ab. Mit ihrem dumpfen, sanften Ton wurde sie ein beliebtes Volksinstr.

Oktave (lat. = 8.), 1. der 8. Ton der diaton. Tonleiter mit der doppelten Zahl der Schwingungen des Grundtons, dem er klanglich am nächsten steht. Das → Intervall der O. tritt wie die Prime nur in einer Grundform auf (als reine O.) und kann durch Versetzungszeichen übermäßig oder vermindert werden. – 2. Der von Grundton und O. begrenzte Tonraum mit allen darin liegenden Tönen, der, auf c als Grundton der Skala bezogen, je nach seiner Lage verschieden benannt wird (z. B. kleine, eingestrichene O., → Notenschrift). – 3. → Register der → Orgel; ursprünglich → Prinzipalstimmen, die als O. zu den im gleichen Register stehenden Grundtönen klingen. Vielfach aber klingt nur ein Ton (also ohne Grundton), der dann die Grundtöne anderer Register ergänzen soll, z. B. im Pedal (O.baß 8′) oder in Obermanualen (O. 2′ ohne den eigentlich nötigen Prinzipal 4′). – 4. kurze O. = die verkürzte, raumsparende Tastenverteilung in der tiefsten Oktave im Manual und Pedal bei Orgeln (seltener Klavieren) des 16.–18. Jh. In dieser O. gab es nicht die Töne Cis, Dis, Fis, Gis. Die Skala begann erst mit der sonst dritten Untertaste, auf der aber der Grundton C lag; weiter blieben unverändert auf ihren Tasten: F, G, A, B, H, während auf der Obertaste Fis das D und auf der Obertaste Gis das E klang. – 5. Gebrochene O. = ebenfalls bei Orgeln des 16.–18. Jh. die raumsparende Aufteilung der tiefsten O., im Unterschied zur kurzen O. aber dadurch, daß die beiden Obertasten für Fis und Gis geteilt waren, so daß vorn D und E, hinten Fis und Gis klangen; C und F wie kurze Oktave. Es fehlten nur Cis und Dis.

Oktavgattung (griech. *harmoniai*), Begriff der griech. Musiklehre. Theoretisch aus → Tetrachorden entwickelte und nach der Stellung der Halbtöne bestimmte Melodieformen, zunächst nicht identisch mit Tonleitern oder Tonarten der Musikpraxis und vermutlich zuerst im → enharmonischen → Tongeschlecht verwendet. → Kirchentonarten.

Oktavhorn → Waldhorn.

Oktavkoppel, Spielhilfe bei der Orgel. Innerhalb eines Registers erklingt mit den angeschlagenen Tönen jeweils die höhere oder tiefere Oktave. → Koppel.

Oktett (v. lat. *octo* = acht; ital. *ottetto,* frz. *octuor* und *octette*), Vokal- oder Instrumentalstück zu acht selbständigen Stimmen und die Interpreten (nicht gleichzusetzen mit Doppelquartett); instrumental mit Streichern (meist 4 Violinen und je 2 Bratschen und Celli), Bläsern oder gemischt besetzt. Werke z. B. von Beethoven, Schubert, Mendelssohn, Strawinsky, Hindemith.

Oktoechos → Echos

Olé, Lied und Einzeltanz in Andalusien; vgl. → Polo.

Olifant, Signalhorn aus geschnitztem Elfenbein (Name); afrikanischen-orientalischen Ursprungs. Es kam vermutl. in den Kreuzzügen nach Westeuropa.

Ondeggiando (v. it. *onda* = Welle), bei Streichinstr. (Violine) Wellenbewegung durch Bogenstrich mehrfach über 2 Saiten wechselnd; auch mehrfacher Tonstärkewechsel desselben Tons unter demselben Bogenstrich; angewiesen mit Wellenlinie (wie → Triller) und Rhythmusangabe in kleinen Noten; vgl. → Bebung, Tremolo.

Ondes Martenot (frz. *ondes* = Wellen), nach seinem Erfinder M. Martenot benanntes, von ihm 1928 in Paris vorgeführtes → elektron. Musikinstr., einstg., mit 7 Oktaven Umfang und Tastatur. Wie bei der Erfindung Theremins (→ Aetherophon) wird der Ton durch Überlagerung hochfrequenter Schwingungen erzeugt (damit im Ggs. zum → Trautonium). Tonregulierung erfolgt mit der linken Hand, die auch 12 Klangfarbenregister bedient. Das Instr. wurde im Theater, Kabarett, Rundfunk, Film verwendet. Bedeutende Komponisten (Honegger, Jolivet, Messiaen, Milhaud, Varèse) haben für O. M. geschrieben. Auf Veranlassung von R. Tagore wurde 1938 ein Instr. mit Zwölfteltönen für Hindumusik gebaut.

M. Martenot, Méthode pour l'enseignement des ondes musicales, P 1931; B. Disertori, Le O. M. (Riv. Mus. Ital.) 1939.

Onestep (engl. = Einschritt), nordamerikan. Gesellschaftstanz in schnellem 2/4-(6/8-)Marschtempo; Anfang des 20. Jh. Modetanz auch in Europa. Vgl. → Twostep.

Ongarese, → all'ongarese = ungarisch.

Op. = → Opus.

Oper (v. lat. *opus* = Werk; ital. und engl. *opera,* frz. *opéra*), Bühnenstück, ganz oder teilweise mit Musik, dessen Text (→ Libretto) mit Rücksicht auf die Musik als gestaltendes Element konzipiert wurde. Der Name O., ursprünglich allgemein für eine musikal. Komposition geltend, setzte sich gegenüber einer Reihe gleichbedeutender oder sich überschneidender, nicht deutlich abgegrenzter Begriffe (z. B. *melodramma,* → *dramma per musica,* → *dr. giocoso*) in Ital. seit 1639, in Frankreich und England seit den 1670er Jahren, in Dtl. allmählich nach 1700 durch. Die O. entwickelt sich bis heute in der Auseinandersetzung mit verschiedenen gegensätzl. Faktoren, deren Spannungslinien sich überkreuzen und die auch von nationalen Strebungen bestimmt werden, zwischen Text (Drama) und Musik, in der Darstellung von Idee oder Materie (Ausstattungsstück), als künstlerische Aufgabe oder nach außerkünstlerischen (politischen, gesellschaftl.) Gesichtspunkten gelenkt. Hauptformen in der O.ngeschichte – z. T. aus gleicher Grundhaltung, aber in nationaler Eigenart entwickelt, z. T. anfangs gegensätzlich, aber in der Folgezeit einander befruchtend und ergänzend – waren die *Opera seria* und → *Opera buffa* in Italien, die *Tragédie lyrique* und → *Opéra comique* in Frankr. und das dt. → Singspiel. – Dramatische Darstellungen mit Musik waren die ma. → liturg. Dramen (Mysterienspiele, Marienklagen), die weltl. Spiele mit Liedeinlagen (A. de la Halle, *Jeu de Robin et de Marion,* 13. Jh.), die Schuldramen des 14.–17. Jh., im Humanistendrama des 16. Jh. mit der metrisch komponierten → Ode (Tritonius, Senfl). Als direkte Vorläufer können gelten d. Musikeinlagen in Renaissance-Dramen (1471 im *Orfeo* von Poliziano; 1588 A. Gabrielis Musik zu Sophokles, *Oedipus*), die Einschübe (→ Intermedien) selbständiger dramat., vorwiegend komischer Szenen im ital. Drama des 16. Jh., die allegorischen Huldigungsgedichte (*trionfi*), die → Madrigalkomödien des 16., 17. Jh. mit chorischer Wechselrede (O. Vecchi, *Amfiparnasso,* 1597), Hirtendramen (→ Pastorale) bei Tasso (*Aminta,* 1573) und Guarini (*Il pastor fido,* 1590), in Frankr. die *ballets,* in Engl. die → *masques*. Das antike, mit Musik dargebotene Drama der Griechen (daneben die Vorliebe der Zeit für Wunder-, Zauber- und Geistergeschichten) war Beispiel für die Wahl der Stoffe und bei der Bemühung um die Einheit von Wort und Ton im ausdrucksvollen, generalbaßbegleiteten Sologesang der → Camerata in Florenz Ende des 16. Jh., die die Praxis der Intermedien übernahm. Rinuccinis Text zu *Dafne* komponierte J. Peri (Auff. wohl 1598) im *stile recitativo,* und seine *Euridice* vertonten Peri und G. Caccini (beide 1600). Die Musik ordnete sich unter das Wort, das nun nicht mehr durch selbständiges kontrapunktisches Stimmengeflecht verdunkelt, vielmehr durch einfache Akkordstütze in monodischer Schreibweise verdeutlicht wurde. Im Ggs. zu dem hier geschaffenen starren Schema des florentin. → Rezitativs stellte C. Monteverdi in Mantua die Einheit Drama-Musik her bei starkem, deklamatorischem Ausdruck, charakterisierenden Motiven, Einführung von Instrumentalteilen und eines dem Werk zugemessenen Einleitungssatzes (→ Ouvertüre): *Orfeo,* 1607; *Arianna,* 1608 (davon nur das Lamento erhalten). Während sich in Rom die moralisierende geistl. O. mit prächtiger Ausstattung, abgeschlossenen Arien, konzertanten Chorstücken mit Betonung des musikal. Elements entwickelte (S. Lando, M. Rossi) und sich die Buffo-O. ausbildete, machte die Gründung des

1. öffentl. O.nhauses in Venedig 1637, damit die Kommerzialisierung der bisher nur von Aristokratenkreisen gepflegten Gattung, die O. von der Gunst des Publikums abhängig, dem nun statt beschaulicher Schäferdichtung dramat. Stoffe nach span. Vorbild mit realistischen und komischen Effekten geboten wurden. Monteverdis *L'Incoronazione di Poppea* (1642) war der 1. histor. Stoff der O. Bei Cavalli bereitete sich die 3teilige Arie vor. Hier wie bei Cesti steigerte sich die Vorliebe für Koloraturen und entwikkelte sich imitierender Satz, aus dem in der 2. Hälfte des 17. Jh. (P. A. Ziani, A. Sartorio, G. Legrenzi, C. Pallavicini) die fugierte Sinfonie wurde. Die für das 18. Jh. bedeutsame 3- (dann 5-)teilige Da-Capo-Arie wurde nach 1700 in Neapel zum Schema und stand in der Arien-O. bis etwa 1800 (in Italien länger) über dem Rezitativ, somit die Musik vor dem Drama. A. Zeno begann, Metastasio vervollkommnete in der ital. Textreform das lange Zeit gültige Schema eines Librettos mit heroischen, aristokrat. Figuren ohne tiefergehenden seelischen Bezug, die ausgefeilte, gleichförmige Verse sprachen und sangen. Die Vielfalt der aus Venedig übernommenen Formen- und Klangwelt wurde in Neapel vereinheitlicht zu bestimmten Affektklischees in den Arien, vor denen vielfach das deklamierende *recitativo accompagnato* (mit Orchester) stand, während der Sprechgesang mit Generalbaß (*recitativo secco*) die Handlung darstellte. Das Gesangsvirtuosentum wurde in Neapel zu höchster Blüte entwikkelt (→ *Primadonna, Primo uomo,* → Kastraten). Zu den Meistern der älteren venetian. Schule zählen A. Scarlatti, F. Provenzale, A. Stradella, A. Steffani, L. Vinci, L. Leo, N. Porpora, G. B. Pergolesi. In ihrem Werk steht ebenso die *Opera seria* wie die *O. buffa,* die bereits in Rom und Venedig z. T. als Parodie auf die ernste O. vorgebildet war und in Neapel mit Dialekt und Volksweise, freierer, natürl. Haltung als Intermezzo und als Voll-O. mit Musiknummern und Seccorezitativen zur Erfolgsnummer der Theatertruppen wurde. Zum Beispiel für die ganze Musikwelt wurde das Intermezzo *La serva padrona* G. B. Pergolesis (1733), das die frz. *Opéra comique* anregte.

Vergleichbar der Camerata in Florenz hatte die 1570 in Paris durch J.-A. de Baïf gegründete *Académie de Poésie et de Musique* das Ziel, nach antikem Muster das Theater zu erneuern, wobei Elemente aus dem → *Ballet de cour* übernommen wurden, das im → *Comédie-Ballet* Mitte des 17. Jh. eine neue Blüte erlebte. Ital. Einfluß zeigt sich z. B. in Sologesängen, Chören und durchgehenden Rezitativen. Jedoch wurden die fremden Elemente eigenständig verarbeitet, und in den Pastoraldramen entwickelte sich eigener frz. O.nstil (R. Cambert, *Pomone* 1671), der sich aber erst in der engen Bindung an das klass. frz. Drama in der *Tragédie lyrique* entfaltete und bei J. B. Lully die erste Blüte erreichte (*Cadmus* 1673). Das pathetisch deklamierende Rezitativ war metrisch streng an den Text gebunden, ohne großartige Melismen und Koloraturen. Daneben standen kurze, liedartige → Airs. Divertissements (Märsche, Aufzüge, Tänze) und programmatische Instrumentalstücke zur Situations- und Personencharakteristik wurden eingeschoben. Vom

→ *Ballet de cour* stammte die Form der (5stg.) frz. Ouvertüre. Die lange Herrschaft des Lully-Stils (A. Destouches, A. Campra, J. J. Mouret) förderte das Eindringen ital. Elemente (Da-Capo-Arie, Koloratur). Im *Opéra-Ballet* waren Tanz, Musik und Ausstattung bei loser Aktfolge wichtiger als eine Handlung. J.-Ph. Rameau gab der *Tragédie lyrique* neuen Auftrieb mit neuer Harmonik und Kontrapunktik und monumentalen Chorszenen mit Soli. Deshalb anfangs bekämpft, galt er Mitte des 18. Jh. als Retter der frz. Oper gegen die vordringende ital. Mode. Nach ihm gab Ch. W. Gluck der *Tragédie lyrique* neue Impulse in seinen frz. Reformopern (die beiden Iphigenien, 1774, 1779; *Orphée,* 1774; *Alceste,* 1776; *Armide,* 1777), in denen musikalischer Ausdruck durch den Text bestimmt und dramat. Kraft nur für die Darstellung großer Ideale und tiefer Leidenschaften eingesetzt wurde. Freiere Formen ersetzten die starre Form der Da-Capo-Arie, und Rezitativ mit Orchester und der Chor wurden enger in den Handlungsablauf eingespannt. Glucks Beispiel wirkte in Frankreich bis ins 19. Jh. (F. J. Gossec, A. Sacchini, A. Salieri, J. C. Vogel, L. Cherubini, J. F. Lesueur, E. N. Méhul, G. Spontini). Englands Vorform der O., die → *Masque,* entsprach etwa dem frz. *Ballet de cour.* Frz. Einfluß wirkte im letzten Viertel des 17. Jh. auf Ouvertüre und Tänze. O.formen entstanden bei M. Locke, J. Blow, Chr. Gibbons. H. Purcell fand in *Dido and Aeneas* (1689) die Einheit von Drama und Musik. Die starke Kraft des engl. Dramas (Shakespeare) drängte die Musik immer wieder in illustrative Aufgaben (Schauspielmusik).

Die Entwicklung in Dtl. unterbrach nach dem Versuch einer dt. O. durch H. Schütz (*Daphne* 1627; Text von M. Opitz nach Rinuccini) der 30jähr. Krieg, sieht man ab von S. Th. Stadens *Seelewig* (geistl. Waldgedicht, Text von Harsdörffer, 1644). Ital. Einfluß herrschte vor und stützte sich auf die Höfe in Wien, München, Dresden. In Wien fand J. J. Fux einen eigenen Stil, der auf die Italiener zurückwirkte. Die dt. Komponisten des 17. Jh. waren in ständiger Auseinandersetzung mit ital. und frz. Stil, denen sie als eigenen Beitrag liedhafte Elemente beifügten, wobei in Mittel- und Norddtl. mit Abnahme des ital. Einflusses die Eigenzüge stärker wurden: Nürnberg (Staden), Altenburg (Stölzel), Weißenfels (J. P. und J. Krieger), Leipzig (Strungk), Braunschweig-Wolfenbüttel (J. J. Löwe, G. K. Schürmann), Hannover (A. Steffani, der die 3 nationalen Richtungen verband). Hamburg nahm mit eigener O. (das 1. ständige dt. O.nhaus, 1678–1738) eine Sonderstellung ein (J. W. Franck, J. P. Förtsch, J. S. Kusser, R. Keiser, J. Mattheson, G. P. Telemann, Chr. Graupner). Ein dt. Stil entwickelte sich jedoch nicht, und Händel wandte sich nach seinen Hamburger Versuchen nach Italien, wo sich ab 1700 die Annäherung von *Opera seria* und *Tragédie lyrique* auswirkte in gegenseitiger Beeinflussung des ital. Librettos (Metastasio) durch das frz. Drama, der frz. O. durch die ital. Musik. Die Buffo-O. bewirkte Lockerung des Arienschemas. J. A. Hasse verband ital. und frz. Elemente mit dt. Empfinden und gab auch den Seccorezitativen hohe dramatische Kraft, womit er und die Komponisten der 2. Neapolitan. Schule (N. Jommelli, T.

Traëtta) Glucks ital. Reform vorbereiteten, während jüngere Zeitgenossen (J. Ch. Bach) diese vom Drama bestimmten Neuerungen ohne Rücksicht auf den Text und nur zugunsten reicherer Musik auswerteten. Gluck stand mit seinen ital. Reformopern (*Orfeo ed Euridice,* 1762, *Alceste,* 1767, *Paride ed Elena,* 1770) im Ggs. zur O. Metastasios, in dessen Schema sich vorher schon Händel nicht eingefügt hatte, wenn er das Ethos über Affektschilderungen stellte, obwohl er selbst noch Metastasios Texte vertonte. Händel und Gluck strebten beide nach der musikalisch-dramat. Gesamtform. Eine kurze Blütezeit der O. unter Gustav III. in Schweden brachte, meist über dt. Komponisten (J. G. Naumann, G. Vogler, J. M. Kraus, F. Haeffner), die Synthese ital.-frz. Geistes. In Dtl. beherrschte trotz der Bemühungen der Dichter (Klopstock, Wieland, Herder, Goethe) die starre *Opera seria* das Gesellschaftsleben. A. Schweitzers *Alceste* (1773) und *Rosamunde* (1780, Texte von Wieland) und J. Holzbauers *Günther v. Schwarzburg* (1777) blieben Versuche einer dt. Oper und ohne Nachwirkung.

Heitere, volkstüml. Züge hatten sich trotz der Abgrenzung durch humanist. Bestrebungen der → Camerata und die Textreform Zenos mit Gassenhauer und Parodie in der Alltagssprache schon in der frühen ital. O. Venedigs und Roms gezeigt und sich als Intermezzo oder als abendfüllende *Opera buffa* im Ggs. zur *O. seria* in Neapel als Zentrum schnell weiterentwickelt. Die ernste O. wurde parodiert (N. Jommelli, *La Critica,* 1766) und überspielt, die Da-Capo-Arie ersetzt durch volkstüml. Formen. Die Steigerung an den Aktschlüssen und im Zwischenfinale mit Rezitativ, Arie und → Ensembles gaben der Buffo-O. konstitutive Kraft wie die Accompagnato-Szenen der ernsten O. Nach der Textreform Goldonis wurden Buffogestalten ernsten Rollen gegenübergestellt. In der 2. Hälfte des 18. Jh. spezialisierten sich Komponisten (N. Piccinni, G. Paisiello, D. Cimarosa) auf die heitere O. Mozart krönte die Gattung durch Verinnerlichung bei feiner psycholog. Charakterschilderung (*La nozze de Figaro,* 1786; *Don Giovanni,* 1787; *Così fan tutte,* 1790). Die frz. *Opéra comique* (durchaus auch heldisch-tragisch, nicht schlechthin „komisch") setzte sich unter dem Einfluß der Italiener durch, deren Beispiel nach ihrer Ausweisung 1697 in der O.nparodie der *Comédie-en-Vaudevilles* auf den Pariser Vorstadtbühnen fruchtbar wurde. Von den Dichtern (A. R. Lesage, Ch. S. Favart) kam die geschlossene Form, die sich nach der Pariser Aufführung von Pergolesis *La serva padrona* 1752 im daraus entstehenden → Buffonistenstreit zwischen Vertretern frz. und ital. Kunst konsolidierte: J.-J. Rousseau schrieb das Singspiel (*intermède*) *Le devin du village,* 1752. Die *Comédie mélé d'ariettes* mit gesprochenem Dialog und neuen, längeren Airs wurde durch Kompositionen von Duni (*Ninette à la cour,* 1755), Philidor, Monsigny, Gluck, später Grétry aufgefrischt. In den 1760er Jahren bevorzugte man liedhafte Formen. In Italien und Frankreich wurde die heitere O. (*Opera buffa, Opéra comique*) sentimental, märchenhaft, phantastisch, exotisch. Massenaufzüge und programmatische Orchestersätze wurden aufgenommen. Unter dem Einfluß des polit. und

gesellschaftl. Umbruchs Ende des 18. Jh. entstand der Zweig der realistischen Revolutions- und Schreckenso. (L. Cherubini, E. N. Méhul, J. F. Lesueur, F. Paër), die auf Beethoven, Weber und Meyerbeer wirkte (→ *Grand Opéra*), im 19. Jh. ihre Schrecken verlor und zum Genrestück verflachte (Boildieu, Auber, Hérold, Adam). In der 2. Hälfte des 19. Jh. entwickelte sich der sentimentale Zweig der *Opéra comique* in die → Operette, ein anderer wertete sich auf und stützte die stagnierende Große O. Der gesprochene Dialog, bisher charakteristisch für die heitere Gattung, verschwand, die Grenzen verwischten sich. Im Übergang stand G. Bizets erfolgreiche O. *Carmen* (1875).
Die Bemühungen um eine dt. Gattung hatte im → Singspiel Erfolg (Hiller, Benda, Neefe, Mozart), das sich im 18. Jh. aus verschied. Wurzeln (Wiener Volksstück und heitere O., → *Ballad Opera*) entwickelte, sich neben *Opera buffa* und *Opéra comique* stellte und sich wie diese mit ernsten Stoffen der *Opera seria* näherte. Ende des 18. Jh. setzte sich der Begriff O. im Untertitel durch. Mozarts *Zauberflöte* (1791) wurde zum allgemeinen Vorbild, während Glucks Bestrebungen indirekt über Frankreich einwirkten (Cherubini, Méhul). Beethovens *Fidelio* (3 Fassungen: 1805, 1806, 1814) vereinigte Elemente des Singspiels und der frz. Schrekkensoper. Der eigentlich dt. Typ der O. entstand aus dem Geist der → Romantik in C. M. v. Webers *Freischütz* 1821. Wie E. Th. A. Hoffmann (*Undine*, 1813) und L. Spohr (*Faust*, 1813) verband Weber Singspielelemente (gesprochener Dialog) mit Mitteln der ital. und frz. O., verwendete lebhafte Melodik, neue Klangeffekte, Symbolik und Leitmotiv. 1823 entstanden die ersten durchkomponierten dt. O. (Spohr, *Jessonda*; Weber, *Euryanthe*). Webers Beispiel wirkte weiter (Marschner, *Vampyr* 1828), während das Singspiel (A. Lortzing, *Zar und Zimmermann*, 1837) und ital. Buffostil den Typ der dt. komischen O. schufen: O. Nicolai, *Die lustigen Weiber von Windsor*, 1849; P. Cornelius, *Barbier von Bagdad*, 1858; H. Goetz, *Der Widerspenstigen Zähmung*, 1874. Die romantische Erlösungsidee bewegte (wie schon bei Weber) R. Wagner, dessen Gesamtkunstwerk Musik, Theater, Bildkunst unter Vorherrschaft der schon im Geist der Musik und im Blick auf die dramat. Darstellung geschaffenen Dichtung vereinigt. Der Dialog ging im Rezitativ auf (*Rienzi*, 1842); später stand die Singstimme als Instrument neben dem Orchester, Rezitativ und Arie verschmolzen in der *„unendlichen Melodie"*; das „Musikdrama" ersetzte die O., wobei die Musik mit differenzierten Ausdrucksmitteln des erweiterten Instrumentariums in einem System von → Leitmotiven den psychologischen Untergrund schuf (Vorstufe: *Feen, Liebesverbot, Rienzi*; Übergang: *Der Fliegende Holländer, Tannhäuser, Lohengrin*, bis 1850; Hauptperiode: *Rheingold, Walküre, Tristan, Meistersinger, Siegfried, Götterdämmerung, Parsifal*, bis 1882). In der Nachfolge Wagners und Auseinandersetzung mit ihm entstanden Groß-O. (M. v. Schillings, F. v. Weingartner), heitere O. (N. v. Reznicek, H. Wolf, E. Wolf-Ferrari), Volks-O. (W. Kienzl). – Die Buffo-O. in Italien (Rossini, *Barbier von Sevilla*, 1816; Donizetti; Bellini; Verdi, *Falstaff*, 1893) ver-

lor an Bedeutung gegenüber der neuaufblühenden ernsten O. (Rossini, *Wilhelm Tell,* 1829), die in G. Verdis Musikdramen ihren Höhepunkt erreichte als dramat. aufgelockerte → Nummern-O. mit orchesterbegleiteten Rezitativen, Ensembles und Chören, deren Ordnung von der dramat. Notwendigkeit bestimmt wurde (mit der Singstimme immer im Vordergrund): *Rigoletto,* 1851; *Il Trovatore,* 1853; *La Traviata,* 1853; *Aida,* 1871; *Otello,* 1887. Die Tonsprache Verdis findet sich auch in Werken des → Verismo, dem naturalistischen Musikdrama (R. Leoncavallo, P. Mascagni, E. d'Albert, G. Puccini). – Nach dem Erfolg Rossinis (*Wilh. Tell*), Aubers (*Die Stumme von Portici,* 1828) und Meyerbeers (*Hugenotten,* 1836) in Frankreich lebten die sentimentale komische O. und die Operette auf (G. Bizet, L. Delibes, E. Chabrier, J. Offenbach). Von Wagner beeinflußt wurden C. Franck, E. Chabrier, V. d'Indy; gegen ihn stellten sich C. Saint-Saëns, J. Massenet, C. Debussy (*Pelléas et Mélisande,* 1902).

Das O.nschaffen zwischen Spätromantik und *Abstrakter O.* (B. Blacher, 1953) kann nur angedeutet werden. Dt.e und Italiener stehen zunächst im Vordergrund. In Dtl.: R. Strauss, dessen Erfolg auch der engen Zusammenarbeit mit den Librettisten zuzuschreiben ist (H. v. Hofmannsthal, St. Zweig, Cl. Krauss): *Salome,* 1905; *Elektra,* 1909; die Komödien *Der Rosenkavalier,* 1911 und *Arabella,* 1933; in *Ariadne* (2. Fassung 1916) Annäherung an den O.stil des 18. Jh. Auch H. Pfitzner knüpft bei Wagner an (*Palestrina,* 1917), wie A. Schönberg (*Moses und Aron,* 1934) und A. Berg (*Wozzeck,* 1925; *Lulu,* 1934) anfangs in der Nähe von R. Strauss standen. – Italien: Höhepunkt nach Verdi ist G. Puccini, vor allem *La Bohème* (1896), *Gianni Schicchi* (1918); später nach G. F. Malipiero, O. Respighi besonders L. Dallapiccola. In Spanien erscheint im Laufe der O.ngeschichte die → Zarzuela in verschied. Entwicklungsstufen; frz.-ital. Einfluß überdeckt im 18. und 19. Jh. nationale Strebungen. M. de Falla (*La vida breve,* 1913) schließt bei den Franzosen an, bei denen D. Milhaud mit dem epischen *Christophe Colombe* (1930) eine Sonderstellung vor J. Ibert und F. Poulenc einnimmt. Auch B. Bartók steht zunächst dem Impressionismus nahe. Für die O. im slawischen Sprachraum ist das Streben, fremde Einflüsse mit eigenem Volksgut zu verschmelzen, seit M. Glinka (*Ein Leben für den Zaren,* 1836) kennzeichnend, wobei historische Stoffe bevorzugt werden: A. Borodin, M. Musorgskij, P. Tschaikowskij, N. Rimskij-Korsakov bei den Russen. Zu ihnen zählen S. Prokofiev und I. Strawinsky, bei dem das O.n-Oratorium (*Oedipus Rex,* 1927) und eine neue Nummern-O. entstand (*The Rake's Progress,* 1951). In Polen: M. Kamieński, St. Moniuszko (*Halka,* 1848, 1858), K. Szymanowsky; in Böhmen und der Tschechoslowakei: B. Smetana (*Verkaufte Braut,* 1866), A. Dvořák, Z. Fibich, L. Janáček (*Jenufa,* 1904). – P. Hindemith, der bei der Nummerno. des 18. Jh. ansetzte (*Cardillac,* 1926), beschäftigte sich auch mit der → Schul-O. (*Wir bauen eine Stadt,* 1930) und wendete sich der großen Ideen-O. zu (*Mathis der Maler,* 1938; *Die Harmonie der Welt,* 1957). Die Einheit von Wort, Klang, Bewegung und Bild, vom Volksstück und Mysterienspiel ausgehend, strebt C. Orff an (*Die Kluge,* 1943, *Antigonae,* 1949). Expressionistisch sind die Werke von W. Egk (*Der Revisor,* 1957), H. Reutter, O. Schoeck, P. Sutermeister, K. A. Hartmann (*Simplicissimus,* 1934). Von den zwölftönigen O. von B. Blacher, W. Fortner, W. Zillig zeigte die von G. Klebe (*Räuber,* 1957) größte Konsequenz, während E. Krenek und nach ihm H. W. Henze (*Elegie für junge Liebende,* 1961; *Die engl. Katze,* 1983) sich stilistisch frei hielten. Wie in K. Weills nach B. Brechts Bearbeitung 1928 komponiertem Singspiel *Dreigroschenoper* lebt auch in B. Brittens Bearbeitung die *Beggar's Opera* (1948) neu auf. In den USA entstand ein eigenes O.nschaffen im 20. Jh. bei G. Gershwin (*Porgy and Bess,* 1935) und G.-C. Menotti (*The Consul,* 1950). Eine „Weltraumoper" schrieb der Schwede K.-B. Blomdahl (*Aniara,* 1959). – Die vielfältigen Erscheinungen, beginnend in den 1920er Jahren und ausgeprägter nach 1950, sind bestimmt durch das Unbehagen an der O. als Konsumgut einer saturierten Gesellschaft, was sich äußerlich in der Vielzahl der Bezeichnungen ausdrückt, welche die Komponisten dem Gattungsbegriff O. vorzogen (z. B. Ballade, Bericht, Bilderbogen, Legende, Reportage). Sah Adorno bei Schönberg (*Moses und Aron*) und Berg (*Lulu*) den Höhe- und Endpunkt der O. erreicht, so waren gleichzeitig doch schon vorbereitete Strömungen (Strawinsky, *Oedipus Rex*; Milhaud, *Trois opéras minutes*) lebendig in verschiedenartigen Erscheinungen: von der politisch-sozial engagierten Darbietung (P. Dessau, *Das Verhör des Lukullus,* 1949; B. A. Zimmermann, *Die Soldaten,* 1958; L. Nono, *Intolleranza,* 1960), → Multimedia-Schau und → Musical wieder zu einer etwa seit Debussy (*Pelléas et Mélisande*), R. Strauss (*Salome*) und Berg (*Wozzeck*) neu erstehenden literar. O. (Bialas, *Aucassin und Nicolette*; Henze, *Der junge Lord*; Klebe, *Die Räuber*; Zimmermann, *Die Soldaten*). P. Boulez, der O.nhäuser gleich welcher Art lieber gesprengt sehen wollte, wurde Dirigent am Festspielhaus in Bayreuth, und auch die Parodierung und Deformierung der O. etwa in M. Kagels *Staatstheater* (1971) scheint eher zur Konsolidierung der Gattung beizutragen, die man im 20. Jh. angesichts der Vielzahl der z. T. heterogen beteiligten Elemente unter dem Sammelbegriff → Musiktheater einreiht.

Verzeichnisse: L. Allacci, Drammaturgia, Vened. ²1755; G. C. Salvioli, Bibliografia universale del teatro drammat. it., Vened. 1894/1903; H. Riemann, O.-Hdb., ²1893, ND 1979; C. Dassori, Opere e operisti, Genua ²1906; J. Towers, Dictionary-Catalogue of operas and operettas, Morgantown 1910; O. G. T. Sonneck, Catal. of opera librettos printed before 1800, Wash. 1914; F. Carmody, Le répert. de l'opéra-comique en vaudeville de 1708 à 1764, Berkeley 1933; A. Loewenberg, Annals of opera 1597–1940, Genf ²1955, Totowa ³1978; F. Stieger. O.nlex., 1975/80; H. Seeger, O.nlex., 1979, Tb. 1982.

O. Bie, Die O., 1913, ND 1981; H. Kretzschmar, Gesch. d. O., 1919, ND 1970; L. de la Laurencie, Les créateurs de l'opéra frç., P 1921; A. Della Corte, L'opera comica it. del Settecento, Bari 1923; E. J. Dent, Foundations of Engl. o., Cambr. 1928; W. Bitter, Die dt. kom. O. d. Gegenw., 1932; G. F. Schmidt, Die frühdt. O., 1933; H. Chr. Wolff, D. venez. O. i. d. 2. Hälfte d. 17. Jh., 1937, NA Bologna 1975; ders., D. Barocko. i. Hambg., 1957; ders., O. (Musikwerk) 1971; ders., Gesch. d. kom. O., 1981; J. Schiedermair, Die dt. O., ³1943; J. Subirá, Hist. de la mus. teatral en España, Barcel. 1945; F. Farga, D. Wiener O. . . . bis 1938, W 1947; D. J. Grout, A short hist. of o., NY 1947, ²1965; M. Cooper, Russian o., L 1951; A. A. Abert, Die O. v. d. Anfäng. b. z. Beginn d. 19. Jh. (Musikwerk) 1953; dies., O. (MGG) 1962; dies., D. Opern Mozarts, 1970; dies., Monteverdis Bedeutung f. d. Entstehung d. mus. Dramas (Erträge d. Forsch. 107) 1979; J. Šip, O. i. d. Tschechoslow., Pr 1955; R. Leibowitz, L'hist. de l'o., P 1957; D. Lehmann, Russ. O. u. Singspiel i. d. 2. Hälfte d. 18. Jh., Lg 1958; B. Horowitz, Teatr operowy, Warschau 1963; R. Brockpähler, Hdb. z. Gesch. d. Barocko. i. Dtl., 1964; H. H. Stuckenschmidt, O. in dies. Zt., 1964; B. Szabolcsi, D. Anfänge d. nationalen O. i. 19. Jh. (Kb. Salzb.) 1964; H. Becker (Hg.), Beitr. z. Gesch. d. O., 1969; ders. (Hg.), Quellentexte z. Konzeption d. europ. O. i. 17. Jh., 1981; W. Osthoff, Theatergesang u. darstell. Mus. i. d. it. Renaiss., 1969; R. Stevenson, Foundations of New World O., Lima 1973; S. Goslich, Die dt. romant. O., [2]1975; G. Barblan, Storia dell'o., Turin 1977; R. L. u. N. W. Weaver, A chronol. of mus. in the Florentine theatre, Detr. 1978; B. R. Hanning, The influence of humanist thought and Ital. renaiss. poetry on the formation of o., Ann Arbor 1980; W. Konold, Dt. O. – einst u. jetzt, 1980; R. Donington, The rise of o., L 1981; D. Mack, Literatur-O., 1981; E. Fischer, Z. Problemat. d. O.struktur (Beih. AfMw) 1982. → Libretto, Musiktheater, Opera buffa.

Opera buffa (it. =) komische → Oper; das heitere Musiktheater in Italien (besonders: Rom, Venedig, Neapel), das sich mit vielen Namen seit dem 17. Jh. neben dem → Intermezzo entwickelte mit in die ernste Oper (*Opera seria*; diese auch parodierend) eingefügten, meist nicht zusammenhängenden heiteren Szenen, zusammengehörigen (od. verschied.) Intermezzi (Fr. Gasparini, Venedig 1706), auch mit Elementen der *Commedia dell'arte* und, z. T. als → Pasticcio, zur abendfüllenden Oper wurde. Sie beeinflußte rasch, in Teilen od. als ganzes Werk, die Opernentwicklung in den Ländern (z. B. Telemann, *Pimpinone*, Hamburg, 1725). Die → Neapolitan. Schule behielt den Namen *Commedia in musica* bei, zeigte eigene Formen, wurde beispielhaft durch Stücke u. a. von Pergolesi (*La serva padrona*, 1733) und L. Leo und beeinflußte die → *Opéra comique*. Durch die Charakterkomödie (besonders bei Goldoni) festigte sich die Gattung seit Mitte des 18. Jh. (Galuppi, Piccinni, Paisiello, Cimarosa, Gaßmann, J. Haydn, W. A. Mozart), erschien dann aber bald wieder mit unterschiedl. Namen. Kennzeichnend ist die Wahl aktueller Stoffe mit sozialen Gegensätzen, Verwendung von Volksmelodien und breiten Finali; Ausdruck des Komischen war im schnellen Handlungsablauf, musikalisch in beweglicher Besetzung, häufiger Wiederholung von kurzen Text- und Melodiefloskeln und Einzeltönen (Plappern). Buffoelemente gingen in die *Opera seria* ein, zu der die Grenzen fließend wurden (Rossini, Donizetti, Bellini, Verdi). → Dramma giocoso, Buffonistenstreit, Singspiel, Tonadilla.

W. Osthoff, Die O. b. (Gattungen d. Mus.), Bern 1973; H. Chr. Wolff, Gesch. d. kom. Oper (Tb. z. Mw.) 1981; Vor- u. Frühgesch. d. kom. Oper (Kb. Bayreuth) 1984.

Opéra comique (frz. =) heitere → Oper im Ggs. zur *Tragédie lyrique*, die in der O. c. parodiert wird; damit ähnlich der → *Opera buffa*. „O. c." (belegt seit 1697) ist einer von mehreren Namen für Stücke mit gesprochenem Dialog und gesungenen Couplets oder mit Schlußgesängen (→ Divertissement, Vaudeville), auch für gänzlich (hauptsächlich) gesungenes Musiktheater. Als bürgerliches Gegenstück zum aristokratischen Theater erscheint die frühe O. c. auf den Pariser Jahrmarktbühnen mit volkstüml. Elementen (*Commedia dell' arte*), aktuellen Themen, schnellem Handlungswechsel mit Situationskomik, die zunächst weniger als in der *Opera buffa* musikal. unterstützt wird. Nach 1752 (→ Buffonistenstreit) wird italien. Einfluß deutlich (J.-J. Rousseau, *Le devin du village*). Maßgebend für die eigenständige Gattung wurden Texte von Favart, Sedaine und Marmontel, die Musik von Duni (*La fille mal gardée,* 1758), Philidor, Monsigny, Gluck. Zauber- und Märchen-, exotische und romantische Stoffe treten auf, Ende des 18. Jh. die Revolutions- und Schreckensoper (Grétry, Méhul, Cherubini), wobei *O. c., Tragédie* und → *Drame lyrique* aufeinander wirken bei fließenden Grenzen (Bizet, „*O. c.*“: *Carmen,* 1875), während eine gefühlvolle, volkstüml. Richtung (Boildieu, Maillart; Offenbach: „*Opéra bouffon*“) zur → Operette führt. → Ballad Opera, Singspiel. → Opera buffa.

Opera semiseria (it. =) halbernste → Oper, z. B. bei Paisiello, Piccinni, Rossini. → Opera buffa, Opéra comique.

Opera seria (it. =) ernste → Oper.

Operette (= kleine Oper), Bühnenstück mit Musik und gesprochenem Dialog, zur leichten Unterhaltung geschrieben, daher mit einfachen, musikal. oft anspruchslosen Formen: Potpourri-Ouvertüre, Lied, → Chanson, → Couplet; zeitkritisch, parodierend, persiflierend, ironisch, witzig, humoristisch. Die Handlung ist übersichtlich, oft primitiv; dem Libretto wurde meist ungenügende Beachtung geschenkt, was sich auf die Lebensdauer mancher musikal. wertvoller O. (z. B. J. Strauß) auswirkte. Komische Elemente finden sich in der ital. *Commedia dell' arte,* in den Jahrmarktszenen (Paris, Hamburg), parodistisch bei R. Keiser (*Der lächerliche Printz Jodelet,* 1726), in → Vaudeville, → Ballad Opera, im dt. → Singspiel, der → Opera buffa und der Opéra comique (→ Oper), die sich in Frankreich aus der Stagnation löste und bei Hervé und Lecocq, vor allem bei J. Offenbach (Kleinbühne *Bouffes-Parisiens,* 1855), in die neue Form der O. mündete, im Mittelpunkt das → Couplet und mit → Marsch, Cancan, Bolero, Fandango, Tyrolienne, Quadrille, Walzer (Hervé: *Mamzelle Nitouche,* 1883; Lecocq: *Giroflé-Girofla, 1874; Offenbach: Orpheus in der Unterwelt,* 1858, *Die schöne Helena,* 1864). Eigenes Volksgut (Nestroy) verarbeitend, zugleich von der frz. O. angeregt, setzte die bald romantisch-sentimentale Wiener O. ein: F. v. Suppé (*Boccaccio,* 1879), Joh. Strauß d. J. (*Fledermaus,* 1874, *Zigeunerbaron,* 1885), K. Millöcker (*Bettelstudent,* 1882, *Gasparone,* 1884), C. Zeller (*Vogelhändler,* 1891), R. Heuberger (*Opernball,* 1898), C. Ziehrer, A. Czibulka, K. Komzak, J. Hellmesberger, In Berlin entwickelte sich daneben eine Sonderart mit forschem Berliner Verkehrston auf sentimentalem Untergrund, mit Erotik und Zweideutigkeiten, Tanzensembles und großer Ausstattung, wobei sich die Revue-O. abspaltete. Führend waren hier: P. Lincke (*Frau Luna,* 1899), V. Holländer, W. Kollo, K. Gilbert. Die Neubelebung in Berlin durch E. Künneke (*Der Vetter aus Dingsda,* 1921, *Glückliche Reise,* 1932) folgte der Wiener Entwicklung: F. Lehár (*Lustige Witwe,* 1905, *Giuditta,* 1934), O. Strauß (*Ein Walzertraum,* 1907), L. Fall (*Dollarprinzessin,* 1907), E. Kálmán (*Czardasfürstin,* 1915, *Gräfin Mariza,* 1924). Ungar. „Zigeuner“-Musik und neue Tanzrhythmen, effektvolle Finali waren die neuen Zutaten der Gattung, die sich bald in schablonenhaft schmalziger Handlung erschöpfte

(H. Berté, *Dreimäderlhaus*). Die O. der jüngsten Zeit wurde durch Jazzrhythmen belebt und zeigt die Neigung zu kleinerer Instrumentalbesetzung (G. Winkler, R. M. Siegel, P. Burkhardt, N. Schulze, J. Scheu). Meister der engl. O., bei dem sich noch die Vorliebe des Singspiels und der romant. Oper für exotische Stoffe auswirkte, war A. Sullivan (*Mikado,* 1885). Die span. O. entwickelte sich eigenständig aus der → Zarzuela (F. A. Barbieri). → Musical.

E. Rieger, Offenbach u. seine Wiener Schule, W 1920; A. Neisser, Vom Wesen u. Wert d. O. (Slg. „D. Mus.") 1923; O. Keller, Die O. i. ihrer geschichtlichen Entw., 1926; K. Westermeyer, Die O. i. Wandel d. Zeitgeistes, 1931; Fr. Hadamowsky/H. Otte, D. Wiener O., W 1947; M. Keller, Die O. in ihrer Entw. u. Darstellg. (Diss. W) 1951; E. Nick, Vom Wiener Walzer z. Wiener O., 1954; A. Bauer, Opern u. O. i. Wien, Graz 1955; H. Kaubisch, O., 1955; D. Ewen, Compl. book of the Amer. mus. theatre, NY 1958; B. Grun, Kulturgesch. d. O., 1961; G. Hughes, Composers of operetta, L 1962; F. Bruyas, Hist. de l'o. en France 1855/1965, Lyon 1974; H. Renner, Führer durch Oper, O., Musical, 1979.

Operndichtung, → Libretto.

Opernregie (frz. = Verwaltung), die Spielleitung, die die Summe der für die Opernaufführung nötigen vorbereitenden künstlerischen Arbeiten einleitet, aufeinander abstimmt und überwacht. Damit hat die O. die künstler. Verantwortung, während die geschäftlich-organisatorische Arbeit der Intendanz zukommt. Beide müssen im Interesse der Aufführung eng zusammenarbeiten. Die O. überwacht und leitet die → Inszenierung des Stückes. Anders als beim Schauspiel, bei dem entweder die Bild- oder die Wortregie im Vordergrund steht, ist bei der Oper die Musik bestimmend für die Gestaltung. Deshalb ist für das Gelingen der Aufführung die ergänzende Zusammenarbeit von Regisseur und Kapellmeister erforderlich, die in der Regel, zumindest wenn nicht Personalunion besteht, zugleich eine Sicherung bedeutet gegen ein übersteigertes Maß an persönlicher Zutat bei → Interpretation und → Inszenierung. Regisseur und Dirigent müssen das künstler. Temperament der Solisten ausgleichend in einer ausgewogenen Darstellung zusammenführen.

C. Hagemann, Mod. Bühnenkunst, 1902, NA 1918/21; K. Neumann, Typologie d. Regie (Diss. Münch.) 1954; J. Gregor, D. Theaterregie i. d. Welt uns. Jh. (Schr. Reihe d. österr. UNESCO-Komm.) W 1958; W. Felsenstein /S. Melchinger, Musiktheater, 1961; R. Hartmann (Hg.), Oper. Regie u. Bühnenbild heute, 1977.

Ophikleïde (v. griech. *ophis* = Schlange; *kleïdes* = Tasten, Klappen), Blechblasinstr. (Korpus anfangs auch aus Holz) mit Klappen; in Fagottform mit gebogenem (gewundenem) Ansatzrohr und Kesselmundstück; als tiefes Instr. 1817 (J. Asté = Halary, Paris) gebaut (vgl. → Serpent); Alt, Bariton; besonders in Orch.- und Militärmus. als Baßinstr. (Baß-O. und *O.monstre*). Berlioz und Wagner schrieben noch die O. vor. Mit ihrem unsauberen Klang konnte sie gegen Ventilinstr. nicht bestehen und wurde durch die → Tuba ersetzt.

Opus (lat. = Werk; Mz. *opera*; frz. *œuvre.* Abk.: op./œu.), (Musik-) Werk; im 16. Jh. zunächst auf Sammelwerke bezogen (bei Rhau, *O. decem Missarum,* 1541; J. H. Schein, *Opella nova,* 1618/26). Seit dem 17. Jh. pflegten (Drucker-)Verleger bzw. Komponisten die Einzelwerke zu numerieren (Viadana, Banchieri, Porta), wobei das gleiche Werk bei verschied. Verlagen unterschiedl. gezählt werden konnte. Die Zählung besagt nichts zur Zeitfolge der Entstehung od. Drucklegung und braucht nicht das Gesamtwerk des Komponisten zu umfassen, wenn es auch seit Beethoven üblich wurde, den Großteil der Werke zu beziffern. Bei Werken aus gleichem Schaffenskreis (z. B. Liedfolgen) wird gelegentl. die O.-Zahl unterteilt (op. 1, Nr. 1 usw.). H. Schütz bezifferte nachträglich seine größeren Werke. Bartók, Hindemith, Strawinsky setzten die begonnene O.-Zählung nicht fort. Andere Komponisten nahmen keine Bezifferung vor (z. B. Honegger, Ravel, Pepping). Im → Thematischen Verzeichnis werden alle Werke eines Komponisten zusammengestellt. Als Œuvre wird häufig das (musikal., dichterische, künstlerische, wissenschaftl.) Gesamtwerk bezeichnet. – O.post(h).: *Opus post(h)umum* = nachgelassenes Werk.

Oratorium (ital. *oratorio* = Betsaal, v. lat. *orare* = beten), Musikstück für Sologesang, Chor und Orchester, mehrteilig, mit ursprüngl. geistlichem (später auch weltl.) Text, der episch sein und der im Kirchenraum aufgeführten bibl. → Historia nahestehen kann, dramatisch und der Opernaufführung angenähert, lyrisch betrachtend wie die Kantate und dabei den Konzertsaal bevorzugend. Von der → Oper unterscheidet sich das O. durch die vorwiegend nichtszenische Aufführung, von der → Kantate durch das Vorhandensein einer Handlung (Erzählung). Das O. entwickelte sich aus verschied. Quellen: → liturg. Drama; nichtszenischen geistl. Dialogen zwischen dem vom Chor vertretenen Erzähler (*testo*) und solistischen Rezitativen; der → Rappresentazione sacra; der dialogischen → Lauda; weltl., dramat. → Madrigal- und Operndialogen. Das *oratorio latino* mit bibl. Text in lat. Prosa entstand bei den Exerzitien im Betsaal F. Neris in Rom nach 1600. Der Name O. wurde seit 1640 auf die Musik bezogen (1641 P. della Valle, *Oratorio di Esther*). Die Aufführung war 2teilig vor und nach der Fastenpredigt. Höhepunkt der lat. Gattung war das O. G. Carissimis, der die homophonen, dramatischen, vom Sprachakzent rhythm. bestimmten Chöre bevorzugte. Nach 1670 verfiel das lat. O., wurde schablonenhaft, übernahm Operneffekte und deutete geistl. Stoffe weltlich (*oratorio erotico*: *Judith, Susanna*). Inzwischen hatte sich mit freigewähltem Text in italien. Sprache das *oratorio volgare* entwickelt mit solistisch vorgetragener, monodisch charakterisierter Erzählung und mehrstg. betrachtendem Teil (G. Anerio, 1619; A. Cifra, F. Balducci, A. Diruta, M. Marazzoli mit auch weltl. Stoffen nach Vergil und Tasso). Es setzte sich schnell durch (Bologna, Modena, Rom, Florenz, Wien). Die Texte von A. Spagna verlangten → Rezitativ und → Arie, drängten Chor und Meditation zurück und verzichteten auf den Erzähler. Andrerseits schrieb z. B. G. B. Vitali den Testo chorisch. Parallel der geistl. Kantate entwickelten sich Chor- und Solo-O. Der bei A. Spagna (*Discorso dogmatico,* 1706) vorbereiteten, von A. Zeno und P. Metastasio durchgeführten Textreform ist die Blüte des ital. O. 1670–1750 zuzuschreiben, bei dem die 3teilige Da-Capo-Arie im Mittelpunkt stand, Doppelchöre und -orchester (nun auch wieder im kontrapunktischen Satz) und dramatisch gesteigerte Rezitative auftraten. Neben den Zentren Rom (Pasquini, Scarlatti, Corelli), Bologna, Florenz, Venedig (A. Lotti, B. Galuppi) bestimmte vor allem Neapel den ital. O.stil (Porpora, Jommelli, Hasse, Piccinni). Im Niedergang nach 1770 drangen Opernelemente ein mit Bravourarie, Marsch und Rondo (Cimarosa). Der ersten szenischen Darstellung eines O. (1776 Florenz) folgten weitere regelmäßige in Neapel und Rom. In Wien entwickelte sich schon Mitte des 17. Jh. zur Feier des *Santo sepolcro* (Heiliges Grab) das Sepolcro-O. von Kaiser Leopold I., A. Draghi, J. H. Schmelzer. Die weitere Entwicklung in Wien hielt sich neapolitan. Einflüssen fern und vertiefte venezian. Elemente in einem eigenständigen O. (J. J. Fux, A. Caldara, G. Porsile, G. Reutter d. Ä.). Am kathol. Hof in Dresden herrschte das ital. O. (A. Hasse, J. D. Heinichen, J. G. Naumann). Im protestant. Dtl. zeigten sich zahlreiche eigene Ansätze, die aus der Praxis der Kantoreien (mit der Historia) oder der Schule (mit → *actus musicus* und Schuldrama) hervorgingen. Als Beginn eines dt. O. nimmt A. Schering die Weihnachts-Historie von H. Schütz (*Historia der ... Geburt ... Jesu Christi,* 1664), die noch liturg. gebunden ist. Allmählich entwikkelte sich eine dt. Form mit dramat. Rezitativ, Seccorezitativ, Arie, Choral, Lied, alles aufgereiht am dichterisch gestalteten bibl. Text (vgl. → Passion). Erste Konzertaufführungen leiteten M. Weckmann in Hamburg (1660/74), F. Tunder und D. Buxtehude in Lübeck (ab 1673; → Abendmusik). Typisch für das norddt. O. war der große Anteil des (Doppel-) Chors (z. B. R. Keiser, *Der siegende David,* 1721). Dramatisch, noch mit allegor. Figuren ist *Der Tag des Gerichts* (1762) von Telemann, der auch Teile von Klopstocks *Messias* vertonte. G. F. Händel wurde in England in erster Linie seiner englischen O. wegen berühmt; von den früheren italienischen wird *Acis und Galathea* (1720) auch szenisch aufgeführt. Er begann mit *Esther* (1720, 1732), hatte Erfolg mit dem *Alexanderfest* (1736) und schrieb, z. T. an das → Anthem, z. T. an die norddt. Kantate anschließend, O. nach Texten des Alten Testaments, der jüd. Geschichte und griech. Mythologie bis zu dem undramatischen *Messias* (1742) nach Klopstock. Der Chor kommentiert nach dem Beispiel der griech. Tragödie oder er greift selbst in die Handlung ein. Die Musik ist volkstümlich und zugleich monumental. Rezitativ, Opernarie sind eng miteinander verbunden. Empfindsame Texte mit lyrischer Naturschilderung statt hochgespannter Dramatik fand das dt. O. außer bei Klopstock noch bei F. W. Zachariä, K. W. Ramler und G. Herder. Sie wurden vertont u. a. von Telemann, Scheibe, Rolle, Graun (*Tod Jesu,* 1755). In Wien führte die 1771 gegründete Tonkünstlersozietät regelmäßig O. auf, dt.sprachige seit J. Haydn (*Sieben Worte des Erlösers am Kreuz,* 1796). Das Beispiel Händels verarbeitete Haydn (*Schöpfung,* 1798) im eigenen Stil mit Seccorezitativ, Arie, Fuge, homophonem Chor mit Solisten, und im weltl. O. (*Die Jahreszeiten,* 1801) gab er eindringliche, lebendige Naturschilderungen. Beide Werke waren Kernpunkte im Chorprogramm bis ins 20. Jh.

Das geistl. O. des 19. Jh. wurde von der Bach-Renaissance angeregt (Mendelssohn Bartholdy, *Paulus,* 1836, mit Chorälen), aber nicht beeinflußt: Fr. Schneider, L. Spohr, F. Hiller, C. Loewe, vor allem R. Schumann (weltl. O. *Das Paradies und die Peri,* 1843); zu den Höhepunkten zählen die *Legende von der hlg. Elisabeth* (1862) von Liszt und *Ein dt. Requiem* (1868) von Brahms. – Frankr., das durch den Carissimi-Schüler M.-A. Charpentier das O. kennengelernt hatte, fand im 19. Jh. den eigentl. Zugang: Lesueur, Saint-Saëns, C. Franck, Debussy (*Le martyre de St. Sébastien,* 1911). In Engl., wo Mendelssohn Bartholdy (*Elias*) und Spohr bevorzugt wurden, entstanden bedeutsame O. nach 1900 (Elgar, Vaughan Williams, Tippet). Smetana und Dvořák regten mit ihren Werken zugleich eine Chorbewegung an. Im 20. Jh. wurde das O. neu belebt: A. Honegger (*Le Roi David,* 1921; *Jeanne d'Arc au bûcher,* 1938), I. Strawinsky (*Oedipus Rex,* 1927), Fr. Martin (*Le vin herbé,* 1941), C. Beck, W. Burkhard, L. Dallapiccola, G. Petrassi, K. Penderecki, C. Orff (*De temporum fine comoedia,* 1973).

C. H. Bitter, Beitr. z. Gesch. d. O., 1872, ND 1975; O. Wangemann, Gesch. d. O., ²1881, ND 1983; F. X. Haberl, Beitr. z. it. Lit. d. O. i. 17. u. 18. Jh. (KmJb) 1901; G. Pasquetti, L'oratorio mus. in Italia, Florenz 1906; D. Alaleona, Stud. sulla storia dell'o. mus. in Italia, 1908, ND Ml 1945; A. Schering, Gesch. d. O., 1911, ND 1966; E. Wellesz, D. Opern u. O. in Wien (Stud. z. Mw.), 1919; H. Vogl, Zur Gesch. d. O. in Wien . . . (ebd.) 1927; F. Raugel, L'oratorio, P 1948; P. M. Young, The oratorios of Handel, L 1950; C. Gasbarri, L'oratorio Filippino 1552/1952, R 1957; G. Feder/O. Riemer, O. (MGG) 1962; G. Massenkeil, Das O. (Musikwerk) 1970; H. Morisette, L'oratorio frç. des origines à G. Migot (Diss. Montreal) 1970; M. Geck, Dt. O.ien 1800–1840, 1971; H. E. Smither, A hist. of the oratorio 1, 2, Chapel Hill 1977; Fr. Reinisch, Das frz. O. 1849/70, 1982.

Orchésographie (griech. *orkesis* = Tanzkunst, *graphein* = schreiben), Tanzbeschreibung, Tanzschrift. Unter dem Titel O. ließ Thoinot Arbeau (Tabourot) 1589 eine kulturgeschichtl. bedeutsame Tanzbeschreibung erscheinen zu den damaligen Welttänzen: → Basse danse, Pavane, Gagliarde und Tourdion, Volta, Courante, Allemande, Bransle, Trihory, Gavotte, Moresca, Canarie, Matassin. – Choreographie.

Orchester, die nach der altgriech. → Orchestra benannte Gemeinschaft von Instrumentisten (→ Kapelle), die Werke für mehrere mehrfach besetzte Stimmen aufführen; im Theater der meist tiefer liegende Raum, in dem das O. spielt. Das Kammero. ist geringer besetzt (vgl. auch → Blaso., → Salono.). Das moderne große O. besteht aus den 4 Gruppen der → Streich-, Holzblas-, Blechblas- und Schlaginstr. – Ensembles von Instrumentisten (die meist zugleich Sänger waren) lassen sich seit dem Ende des 15. Jh. regelmäßiger feststellen u. a. in Brescia, Pesaro und Mantua. Es entwickelte sich ein Instrumentalstil gegenüber der Vokalpolyphonie, ohne daß sich zunächst ein Unterschied in der Aufführungspraxis zeigte. Daher war auch die Instrumentierung beweglich (→ ad libitum). In der letzten Hälfte des 17. Jh. entstanden typische O.werke und eine Normalbesetzung im 4stg. Streicherkörper der venezian. Oper und bei Lully mit Streicherchor (2 Violinen, 2 Violen, Baß) und kontrastierendem Blastrio (2 Oboen, Fagott), in Corellis → Concertino (→ Concerto grosso) mit solist. Streichtrio (2 Violinen, Violoncello). Diese Besetzung (immer mit → Continuo) war der Grundstock bis gegen 1700, ergänzt durch Bläser. Das Pariser Operno. hatte bei Lully (um 1700) 30, 100 Jahre später 60 Mitglieder. Monteverdis *Orfeo* (1609) wurde von 36 Instrumentisten aufgeführt. Im Streben nach gesteigertem Gefühlsausdruck in der Musik wurden unter ital. Einfluß der Tonumfang erweitert, der Klang verstärkt, und der Streicherchor wurde das Fundament des O. (mit Violine, Viola, Violoncello), während unter den Bläsern nur die ausdrucksfähigen, direkt, also nicht über eine → Windkapsel geblasenen Instr. blieben und durch die Klarinette ergänzt wurden. Der → Generalbaß verlor seine Bedeutung im Orchester. A. Hasses Dresdner O. um 1750 hatte bei 43 Mitgliedern Flöte, Oboe, Fagott, Horn, Trompete, Pauken, Streichquintett und 2 Cembali. Glucks Pariser O. um 1775 (70 Personen) und das sogenannte Wiener Klassiker-O. Haydns und Mozarts (ca. 60–70 Pers.) waren besetzt mit Flöten, Oboen, Klarinetten, Fagotten, Hörnern, Trompeten, Posaunen, Pauken, Streichquintett. Die Bratsche war noch gering besetzt, weil sie zunächst noch oktavierend die Cellostimme zu spielen hatte. In der 9. Sinfonie verlangte Beethoven außerdem Piccoloflöte und 4stg. Hörnerchor. Die Instr. wurden meist 2stg. besetzt. Berlioz erweiterte das O. um Englischhorn, Cornet à piston, Baßtuba, Harfe, Becken, große Trommel, Glocken. Wagners Rieseno. (etwa 130 Pers.) wurde übertroffen in Schönbergs *Gurreliedern* und in G. Mahlers 8. Sinfonie („Sinf. der Tausend“), bei deren Münchner Uraufführung 1910 von den 1000 Mitwirkenden mehr als die Hälfte vom Chor gestellt wurden. Demgegenüber zeigte sich, beginnend bei R. Strauss (*Ariadne*), bei Debussy, Ravel, Bartók, Hindemith, Strawinsky die Vorliebe für solistisch oder nur gering besetzte Stimmen in der Art des → Kammer-O. Celesta, Saxophon, die verschied. in der Jazzmusik verwendeten Schlaginstr., Elektrophone, Lautsprecher wurden in das O. übernommen.

F. Volbach, D. moderne O., [2]1921; B. Commins, Making an orchestra, NY 1931; P. Bekker, The story of the o., NY 1936, NA (The O.) 1963; O. Schreiber, O. u. O.praxis i. Dtl. zw. 1780 u. 1850, 1938; A. Carse, The o. in the 19th cent., Cambr. 1940, ND 1950; ders., The o. from Beeth. to Berlioz, ebd. 1948; M. Pincherle, L'o. de chambre, P 1949; R. Nettl, The o. in England, L [3]1956; A. Casella/V. Mortari, D. Techn. d. modern. O., Ml/Frankf. 1961; H. Becker, O. (MGG) 1962; ders., Gesch. d. Instrumentation (Musikwerk) 1964; H. Rösing, Zum Begriff „O.“ in europ. u. außereurop. Mus. (AM) 1975; M. Staehelin, O. (HmT) 1981.

Orchesterlied, das für den Konzertvortrag mit großem Orchester od. Kammerorch. komponierte Lied mit Blütezeit zwischen 1890 und etwa 1920. Neben dem „Liederabend“ als neuer Konzertform entstand in der 2. Hälfte des 19. Jh. das einheitliche Orchesterkonzert (ohne die üblichen heterogenen Gesangseinlagen wie Klavierlieder, Orchesterarien), etwa ab 1890 mit den eigens geschaffenen O., zunächst eher (wie bei Berlioz, *La captive,* 1848) mit orchestriertem Klaviersatz (Schönberg, *Dank und Abschied,* 1898) und als Einzelerscheinung (z. B. Weingartner, *Die Wallfahrt nach Kevelaer,* 1887), dann mit selbständigem Orchestersatz zum durchkomponierten Gesang (Text strophisch od. in Prosa): neben G. Mahler (*Lieder eines fahrenden Gesellen,* 1885, 1887; *Kindertotenlieder,* 1904) und R. Strauss

(*Notturno, Nächtl. Gesang,* op. 44, 1899; *Vier letzte Lieder,* 1948) u. a. A. Schönberg, A. v. Webern, S. v. Hausegger, M. v. Schillings, Cl. Debussy, M. Reger, A. v. Zemlinsky.

S. v. Hausegger, D. Orchestergesang (in: Betrachtungen z. Kunst) 1921; E. Kravit, The Orchestral Lied (Mus. Rev.) 1976; H. Danuser, D. Orch.gesang d. Fin de siècle (Mf), 1977.

Orchestik, die altgriech. Tanzkunst in ihrer Gemeinschaft mit Dichtkunst und Musik und ausgeführt in der → Orchestra vom Chor, der seinen Gesang rhythmisch mit Tanz, Gestik und Mimik begleitete.

Orchestra (griech. =) Tanzplatz, auf dem der Chor des antiken griech. Theaters tanzte und sang und sich aufhielt, während das Spiel auf der Bühne vor sich ging. Die O. lag zwischen Bühne und Zuschauerstufen. Umstritten ist, ob sich in der Mitte ein Dionysosaltar befand. Nach dem Raum wurden die Instrumentenspieler benannt, die später den Chor ersetzten. In der Renaissance der griech. Tragödie im 16. Jh. wurde der Name für das Instrumentalensemble übernommen, das in der venezian. Oper seinen Platz wieder vor der Bühne hatte, während es anfangs in Florenz unsichtbar hinter ihr musiziert hatte. → Orchester.

Orchestration, 1. allgemein die → Instrumentation eines Werkes; im besonderen, nach nicht allgemein anerkannter Ansicht, die Verteilung der Stimmen auf Instrumente, bestimmt von der Klangwirkung, evtl. ohne Rücksicht auf Stimmführung; damit im Ggs. zur → Instrumentation, die dann für das ganze Stück Stimme gleich Klangfarbe setzt (wie in der Instrumentalpolyphonie bis 1750). – 2. Die (meist von einem anderen Komponisten besorgte) Orchestrierung eines Werkes, das dabei in eine andere Klangsphäre gebracht wird: Webers *Aufforderung zum Tanz* (durch Berlioz und Weingartner), J. S. Bachs Orgelvorspiele und Präludien (Schönberg, Respighi, Stokowsky u. a.), Schuberts op. 140: *Grand Duo* (J. Joachim), Musorgskijs *Bilder einer Ausstellung* (Ravel). Beethoven instrumentierte selbst den Trauermarsch der Sonate op. 26. → Particell, Bearbeitung.

Orchestrion. Nachdem Abbé Vogler seine tragbare Orgel (um 1789) und T. A. Kunz sein in den 1790er Jahren von Still in Prag gebautes Orgelklavier (Kombination von Saiteninstr. mit einem Orgelwerk) O. benannten, wurde der Name für verschiedenartige mechan. Instr. verwendet, die auf frühere Formen zurückgeführt werden können (z. B. den Pommerschen Kunstschrank, 1617, und J. G. Strassers „Mechan. Orchester“, um 1800). Nach seinem „O.“ (1800) baute J. N. Mälzel 1807 ein Panharmonicon mit „Trompeten“ (durchschlagende Zungen), Pfeifen, Streichinstr. und Schlagwerk; dann ein größeres mit 251 Instr., für das Beethoven 1813 den 1. Teil von *Wellingtons Sieg* (op. 91) schrieb. Nach diesem Muster wurden andere Instr. mit verschiedenen Namen gebaut (z. B. Automatophon, Symphonion). Die in Gaststätten lange Zeit, heute noch gelegentl. auf Jahrmärkten verwendete Form des O. wurde 1851 von F. Th. Kaufmann in Dresden entworfen, später im Schwarzwald gebaut (auch mit großer, vertikal befestigter Lochscheibe als Tonträger). → Mechan. Musikinstrumente.

Ordinarium (lat. *O. missae* =) Ordnung der → Messe, und zwar die feststehenden Teile. Davon werden gesungen: Kyrie, Gloria und Credo, Sanctus und Benedictus, Agnus Dei.

Ordre (frz. v. lat. *ordo* = Ordnung), die bei F. Couperin auftretende Bezeichnung für → Suite (in den 4 Büchern *Pièces de clavecin,* 1713–1730). Die 27 O. weiten die bisher bestehende Folge von Tänzen aus: Die Suiten enthalten bis zu 22 Teilen (nun auch in der Paralleltonart), und die Tänze werden ergänzt bzw. ersetzt durch Programmstücke und ballettartige Einschübe, die die weitere Suitenkomposition beeinflußten.

→ Suite.

Organisationen, musikbezogene, wirtschaftl., wissenschaftl., ständische: → Musikorganisation.

Organist, der Orgelspieler von Berufs wegen. Das ma. Wort *organista* meinte den Komponisten d. → Organums. Der O. galt auch nach dem 16. Jh. noch als der einzige schöpferische Musiker gegenüber den übrigen Instrumentisten, und die Kantoreien wurden Zentren der Musikerziehung, verschiedentlich Ausgangspunkt neuer Stilrichtungen: Frescobaldi (St. Peter, Rom), Reinken (St. Katharinen, Hamburg), Buxtehude (Marienkirche, Lübeck), Böhm (St. Johannis, Lüneburg), J. S. Bach, Straube (Thomaskirche, Leipzig), Pachelbel (Erfurt und St. Sebaldus Nürnberg), Sweelinck (Grotekerk, Amsterdam), Kerll (Stephansdom Wien), Bruckner (Dom, Linz), C. Franck (St. Clotilde, Paris). – Die Ausbildung der O. erfolgt an Konservatorien und Kirchenmusikal. Instituten (Abschluß je nach Fertigkeit und angestrebtem Dienstbereich mit A-, B-, C-Prüfung). → Kantor.

Organistrum → Drehleier.

Organographie (griech. =) Beschreibung der (Musik-)Instrumente. So unter Bevorzugung der Orgel bei M. Praetorius (*De Organographia*): grundlegende, illustrierte Übersicht über das Instrumentarium der Zeit (1619).

Organologie (griech. *organon* = Werkzeug), 1. von N. Besaraboff 1941 gewählte Bez. für die systematisch-wissenschaftl. Betrachtung der Musikinstr., ihrer Bauart, Handhabung, Entwicklung, Klassifizierung; besonders mit Blick auf die → Musikethnologie; – 2. gelegentl. für: Orgelkunde.

W. M. Oler, Definition of O. (Galpin Soc. Journ.) 1970; Archiv f. Musik-Organologie, 1976, 1977.

Organo pleno (lat. =) mit voller Orgel (frz. *plein jeu* = volles Spiel); → Plenum.

Organum (griech. *organon* = Werkzeug), 1. → Orgel. – 2. Mehrstimmige Musik im MA mit einer → gregorian. Melodie als Hauptstimme; zuerst im Traktat → Musica Enchiriadis behandelt (vgl. → Dasia). Die Stimmen im O. liefen anfangs parallel, entweder in Oktaven, Quinten oder Quarten über oder unter der Choralmelodie (*vox principalis*), wobei diese wie die Parallelstimme (*vox organalis*) noch in der höheren (tieferen) Oktave klingen konnte, so daß parallele Vierklänge entstanden. Diese → Paraphonie (griech. = Nebenklang) aus byzantin. Ursprung war im 7. Jh. in Rom bekannt und breitete sich vermutlich mit dem Christentum aus. Eine freiere Stimmbehandlung, etwa seit dem 9. Jh., zeigen dagegen die sogen. schweifenden Organa mit leichter Abweichung vom Parallelgang am Anfang, bei Zäsuren und am Schluß des Chorals. Als neue Art entstand Mitte des 12. Jh. das eigentliche („klassische") O. mit rhythm. freierer, solist. Stimmbewegung. Der Choral wurde Unterstimme. Die Oberstimme bewegte sich als → Discantus (Übersetzung aus griech. → Diaphonia = Auseinanderklang) parallel od. in Gegenrichtung mit gleichen Notenwerten (Note gegen Note) und Silbe gegen Note (syllabisch). In der weiteren Entwicklung stellte sich die Oberstimme in freien melismatischen Formen gegen die weiterhin syllabische und sogar in breiteren Notenwerten verlaufende Melodie; späteren → Melismen im Cantus firmus entsprach die Bewegung der *vox organalis,* und beide Stimmen wurden rhythmisiert. Aus diesen melismatischen Organa entstanden kunstvolle Kompositionen der ersten Blütezeit der Mehrstimmigkeit in Europa, fixiert in → Modalnotation. Aus dem 12. Jh. gibt Leonins *Magnus liber organi de gradali et antiphonario* 2stg. Beispiele für Antiphon und Graduale. Wie weit darin auch Kompositionen von Perotin enthalten sind, der es um 1200 bearbeitete, steht nicht eindeutig fest. Auch bei ihm zeigt sich die freie solist. Stimme der älteren → Notre-Dame-Schule und die straffe Rhythmik des Duplum (Oberstimme zum Cantus). Jetzt wurde das O. 3- und 4stg. (Triplum und Quadruplum = der Satz od. die neue Stimme), wobei sich jede Stimme in kleinere Gruppen aufteilte, sequenzartig, als Wiederholung oder Nachahmung (z. B. das vierstg. O. zum Graduale des Weihnachtsfestes *Viderunt omnes fines terrae*). Die Melodiestimme erhielt jetzt den Namen → Tenor, die wie im → Orgelpunkt gehaltenen Teile hießen Organa, die melismatischen gleicher Bewegung Discant (*Duplum*)oder → Klauseln (*clausulae*). Stimmentausch war häufig. Aus den Formen des melismatischen O. entwickelte sich der geregelte Kontrapunkt der Orgelmusik. Ob der Name O. auf die Begleitung durch die Orgel zurückgeht, ist unsicher.

F. Ludwig, Repertorium organorum, 1910, NA (Dittmer) 1964; J. Handschin, Z. Gesch. d. Lehre vom O. (ZfMw) 1925/6; A. Geering, Die O.a u. mehrstg. Conductus i. d. Hss. d. dt. Sprachgebiete, Bern 1952; E. Jammers, Anfänge d. abendländ. Mus., Straßb. 1955; H. Husmann, The origin and destination of the Magnus Liber Org. (Mus. Quart.) 1963; ders., D. O. vor u. außerh. d. Notre-Dame-Schule (Kb. Salzb.) 1964; C. Dahlhaus, Z. Theorie d. O. i. 12. Jh. (KmJb) 1964; H. H. Eggebrecht, F. Zaminer, Ad org. faciendum (N. Stud. z. Mw. 3) 1970; F. Reckow, O. (HmT) 1971; ders., O.-Begriff u. frühe Mehrstimmigk. (Basler Stud. z. Mg.) 1975; E. Waeltner, D. Lehre v. O. bis Mitte 11. Jh., 1975; E. H. Sanders, Consonance and rhythm in the O. of the 12th and 13th cent. (JAMS) 1980; S. Fuller, Theoret. foundations of early O. theory (AM) 1981; S. Brunner, D. Notre-Dame-O.a d. Hs. W 2, 1982.

Orgel (griech. *organon,* lat. *organum* = Werkzeug; ital., span. *organo*; frz. *orgue*; engl. *organ*), das größte, von einem einzelnen gespielte Musikinstrument; ein Blasinstr. das bei seinem Reichtum an Klangfarben und der benötigten Zahl von Pfeifen je Ton und Klangfarbe (Pfeifenwerk) von einem Spieltisch aus (→ Manual, Pedal) mittels mechanischer, pneumatischer oder elektrischer Hilfen (Regierwerk) und durch ein Gebläse zum Klingen gebracht wird. – Im 3. Jh. v. Chr. soll (nach Heron) Ktebisios von Alexandria eine schon weitentwickelte O. gebaut haben, deren Gebläse mit Wasserdruck reguliert wurde (→ Hydraulos). Von Ägypten aus kam die O. in den europäischen Kulturbereich des Römischen Reiches (wobei die hydraulische O. durch die pneumatische mit Blasebalg ersetzt wurde) und erklang zu Tanz und Spiel bei Festen und im Zirkus. Den Zusammenbruch des Römischen Reiches überstand sie im wesentlichen nur in Byzanz und wurde allmählich dann im westl. Gottesdienst verwendet (Papst-Dekret von 660). Allgemein sieht man als den Anfang einer neuen Entwicklung im westlichen Europa die O. Ludwigs des Frommen zu Aachen (826), die nach dem Muster einer 757 vom byzantin. Kaiser an Pippin den Kleinen geschenkten O. gebaut sein soll. Die weitere Entwicklung der O. bis heute geschah unter der Wechselwirkung zwischen Stilwandel und technischem Fortschritt. Im 14. Jh. wurde das Pedal zugefügt; die Mechanik ermöglichte leichteres O.spiel (bisher mußte die O. „geschlagen" werden), der Tonumfang wurde erweitert. Bereits im 15. und 16. Jh. haben sich die einzelnen „Werke" innerhalb der O. entwickelt (→ O.bau). An der Wende zur Neuzeit ist die heutige O. in ihren Hauptteilen bereits vorgebildet. Im 17. Jh. wird die → temperierte Stimmung eingeführt, und man beginnt, den äußeren Aufbau (→ Prospekt) der O. künstlerisch zu gestalten. Die O. ist nun vorwiegend Kultinstr. Die Konzert-O. in außerkirchl. Räumen (Festsaal, Theater) wurde seit dem 19. Jh. oft gebaut (erste europäische Konzertsaal-O. 1845 in der Tonhalle, Hamburg). Durch Film und Funk, bei breiterem Bedarf an Unterhaltungsmusik, kam die → elektron. O. (Kino-, Heim-O.) im 20. Jh. auf. Die klanglich der Pfeifen-O. angenäherte „Elektronen-O." fand bisher nicht die allgemeine Anerkennung im kirchl. Raum. → O.bau, O.komposition, Kirchenmusik. Vgl. → Sheng.

Orgel, Orgelbau: A. Schlick, Spiegel d. O.macher u. Organisten, 1511, ND 1931, 1959; M. Praetorius, De organographia (Syntagma mus. II), 1619, ND 1929, 1958; M. Mersenne, Harmonie universelle, 1636/7, ND P 1963; A. Werckmeister, Erweiterte O.probe, 1698, ND 1927, 1970; Dom Fr. Bédos de Celles, L'art du facteur d'orgues, 1766/78, NA 1934, 1963/6, dt. 1977; J. Adlung, Musica mechanica organoedi, 1768, ND 1931, 1961.
H. Riemann, Hdb. d. O., 1888, 41919; C. Locher, D. O.register, Bern 51923, ND A 1971; A. Schweitzer, Dt. u. frz. O.baukunst, 1906, 21927, ND 1962; E. Rupp, D. Entw.-gesch. d. O.baukunst, Einsiedeln 1929, ND 1981; Chr. Mahrenholz, D. O.register ..., 1930, 31968; P. Smets, D. O.register, 1934, 81957; A. Cellier/H. Bachelin, L'orgue ..., P 1933; W. Ellerhorst, Hdb. d. O.kde., Einsiedeln 1936, ND Buren 1966; M. A. Vente, Bouwstoffen tot de geschied. v. het Nederl. O. i. d. 16e eeuw, A 1942; E. K. Rössler, Klangfunktion u. Registrierung, 1952; E. Flade, G. Silbermann, Lg 21953; P. Hardouin, La facture d'org. frç. (AM) 1958; ders., De l'org. de Pépin à l'org. médiév. (Rev. de musicol.) 1966; W. Supper (Hg.), O. u. Historismus, 1958; A. Bouwman, Nederland – O.land, A 1964; K. M. Fruth, D. dt. O.bewegung u. ihre Einfl. auf d. heut. O.klangwelt, 1964; J. Perrot, L'org. de ses origines hellénist. à ... 13e s., P 1965; P. Williams, The Europ. Organ 1450/1850, L 1966; H. H. Eggebrecht, „Die O.bewegung", 1967; F. Jakob, D. O., O.bau u. O.spiel v. d. Antike b. z. Gegenw., Bern 1969; K.-J. Sachs, Mensura fistularum 1, 2, 1970, 1980; R. Reuter, Bibliogr. d. O., Basel 1973; W. Adelung, Einf. i. d. O.bau, Lg 31974; G. Fock, A. Schnitger ..., 1974; P. Krams, D. Wechselwirkung zw. O.kompos. u. Pedalspieltechnik auf d. Pedalen versch. Bauart, 1974; H. Lohmann, Hdb. d. O., 1975; W. Salmen (Hg.), O. u. O.spiel im 16. Jh., Innsbr., 1977; E. Kraus, O. u. O.mus., 21978; H. Klotz, D. Buch von d. O. ..., 1979; R. Lüttmann, Das O.register u. sein instr.

Vorbild i. Frk. u. Span., 1979; U. Pape, D. O.bewegung in Amerika, 1979; W. Lottermoser, Orgeln, Kirchen u. Akustik, 2 Bd., 1984. – Ars organi (Zs.), 1953ff.; Acta organologica, 1967ff.; The Organ Yearbook 1ff., A 1970ff. – → Hydraulos.

Orgelmusik: O. Kinkeldey, O. u. Klav. i. d. Mus. d. 16. Jh., 1910, ND 1968; K. G. Fellerer, O. u. O.mus., 1929; ders., Stud. z. O.musik d. ausgehenden 18. u. frühen 19. Jh., 1932, ND Buren 1980; Y. Rokseth, La mus. d'org. (15.–16. Jh.), P 1930; F. Dietrich, Gesch. d. dt. O.chorals i. 17. Jh., 1932, ND 1970; G. F. Wehle, D. O.improvisation, 1932; H. Kelletat, Z. Gesch. d. dt. O.mus. i. d. Frühklassik, 1933; H. Klotz, Üb. d. O.kunst d. Gotik, Renaiss. u. d. Barock, 1934, ²1975; ders., D. kirchl. O.kunst (Leiturgia 4) 1961; G. Frotscher, Gesch. d. O.spiels ... (NA d. Werkes v. A. G. Ritter, 1884), 1935/6, ³1966; N. Dufourcq, La mus. d'org. frç., P ²1949; W. Tell, Improv.lehre f. O., 1953; W. Stockmeier, D. dt. O.sonate d. Gegenw. (Diss. Köln) 1958; Kn. Jeppesen, D. ital. O.mus. am Anf. d. Cinquecento, K ²1960; P. Schnebel, Bericht v. neuer O.mus. (Fs. Gerstenberg) 1964; W. Apel, Gesch. d. O.- u. Klav.musik bis 1700, 1967; H. H. Eggebrecht (Hg.), O. u. O.mus. heute, 1968; M. Weyer, D. dt. O.sonate v. Mendelssohn b. Reger, 1969; Fr. Routh, Early Engl. org. mus. from the MA to 1837, L 1973; J. Dorfmüller, Zeitgenöss. O.musik 1960/83, 1983. → Choralbearbeitung, Kirchenmusik, Orgeltabulatur.

Orgelbau. Die Hauptteile der Orgel sind: Gebläse, Regierwerk, Pfeifenwerk. Der Luftstrom, mechanisch durch Schöpfbälge oder elektrisch durch Ventilatoren erzeugt und in einem Magazinbalg gespeichert, wird dem Pfeifenwerk zugeleitet, in dem Holz- oder Metallpfeifen gleicher Klangfarbe zu → Registern (Stimmen) mit eigener Windverteilung (→ Windlade) vereinigt sind. Vom Spieltisch aus kann durch Ziehen oder Einstellen eines Registerhebels die betreffende Windlade, durch Druck auf eine Taste der → Klaviatur (→ Manual oder → Pedal) die betreffende Pfeife an den Luftstrom angeschlossen werden. Je nach der Größe der Orgel geben mehrere Tastaturen (1–5 Manuale, bis 2 Pedale) die Möglichkeit farbigen Spiels und zur Darstellung polyphoner Linien (z. B. Triospiel), vor allem wenn in der → Disposition der Orgel die Register so ausgewählt wurden, daß sie innerhalb des Gesamtwerkes zu selbständigen, kleineren Werken zusammengefaßt werden können, die mit- und gegeneinander konzertieren (→ Haupt-, → Ober-, → Brustwerk, → Rückpositiv). So wurde das Rückpositiv alter und neuester Orgeln nicht nur als eigenes Werk disponiert, sondern auch räumlich dem eigentlichen Orgelwerk gegenübergestellt. – Die charakteristische Klangfarbe eines Registers ergibt sich aus der Konstruktion und dem Material der Pfeifen. Während in der → Labialpfeife die schwingende Luftsäule klingt, erzeugt in der → Zungenpfeife (Lingualpfeife) eine im Luftstrom freischwingende oder auf ihre Unterlage aufschlagende Metallzunge den Ton. Oben geschlossene Pfeifen sind → gedackt und klingen eine Oktave tiefer. Die Pfeifenhöhe (und damit die Tonhöhe der Stimmen) wird in → Fuß (') angegeben. Gemischte Stimmen (→ Mixturen) verstärken die → Obertöne und ändern die → Klangfarbe. – Die Hauptperioden im O. kennzeichnen sich mit dem unterschiedl. Verhältnis zwischen der fast konstanten → Prinzipalgruppe und den übrigen Stimmen, die einmal ein Neben- und Gegeneinander von Einzelklangfarben bilden oder sich flächig, terrassenartig zu Sologruppen vereinigen. Imitierende Register (z. B. → Rauschpfeife, → Zink) gewinnen oder verlieren an Bedeutung oder ändern sie entscheidend, wie die Orgel verschieden bewertet wird als eine Summe von Orchesterinstrumenten oder als unabhängig und ohne jede Nachahmungstendenz. – Die Hochblüte im O. (und in Orgelkomposition und -spiel) war in den Jahren 1600–1750, hauptsächlich mit den Werken von Heinrich und Esaias Compenius (Orgel in der Schloßkirche Frederiksborg, 1615/7), G. Fritzsche (St. Katharinen Braunschweig, 1623), Arp Schnitger (Jacobikirche Hamburg, 1695), Andreas und Gottfr. Silbermann (Dom zu Freiberg, 1714). Die Theoretiker der Zeit waren: M. Praetorius, A. Werckmeister, J. Adlung. – Die Kunst des O. verfiel in der Zeit der Aufklärung und Romantik. Die Ausdrucksmittel des neuen Orchesters sollten auch auf der Orgel Verwendung finden. Das Übermaß an Streicherstimmen ließ keine hellen Klangfarben aufkommen. Zungenstimmen, Aliquotregister und Mixturen hatten, wenn sie überhaupt noch gebaut wurden, nur den Zweck, den Klang zu füllen. Klangfülle stand gegen Klangfarbe. J. G. Vogler bereitete die „Orchesterorgel" vor. Die Manuale wurden nach → Prinzipal-, Flöten-, Streicher-, → Rohrwerkgruppen möglichst ohne Mixturen geordnet. → Roll- bzw. → Jalousie-Schweller ermöglichten eine gleitende Übergangsdynamik, wie sie mit der Terrassendynamik im Werkprinzip und mit barocken Echoregistern nicht möglich gewesen wäre. Das 19. Jh. förderte diese Entwicklung mit techn. Hilfen: 1832 erfand Ch. Barker die Hebelpneumatik, 1867 wurde in Paris die Elektromechanik vorgeführt. Damit wurde die räuml. Trennung des Spieltischs vom Werk möglich. In Frankreich baute A. Cavaillé-Coll zwar einen Typ „symphonischer Orgel", bewahrte aber einen charakteristischen Orgelklang, indem er einige Zungenstimmen in Anlehung an die Disposition der Barockzeit beibehielt. – Das Klang-Ideal der Barockorgel regte in Dtl. im 20. Jh. die *Orgelbewegung* an, zu der A. Schweitzer 1906 mit seiner Schrift *Dt. und frz. O.kunst und Orgelkunst* den Anstoß gegeben hatte und die durch Rekonstruktion (W. Gurlitt: „Praetorius-Orgel", Freiburg/Br.; H. H. Jahnn: Schnitger-Orgel, Hamburg) und den Versuch des die techn. Entwicklung nicht ausschließenden Neubaus (Mahrenholz: Marienkirchen-Orgel, Göttingen 1925) eine Richtung vorzeichnete, welche den weiteren O. durch das Werkprinzip einengte, andrerseits durch Reichtum an Mixturen und hohen Zungenstimmen die vom Streicherklang bestimmte Disposition der Orgel der Jh.wende belebte und damit in die Zukunft wirkte. Elektroakustische Forschungen an Orgeln waren maßgebend für die weitere Entwicklung mit neuen, z. T. von Komponisten angeregten Möglichkeiten; z. B. die durch Mikroprozessoren bis zu 40 Registerkombinationen erweiterte Setzeranlage („Registronik" zur Vorwahl der Register, zuerst in St. Lorenz, Nürnberg, 1978), – Kleinorgeln (→ Portativ, Positiv, Regal, Kabinettorgel) wurden zunächst nach histor. Klangideal gebaut, später neu entwickelt. In der Unterhaltungsmusik wurden verschied. Arten v. → Elektrophonen verwendet (z. B. Oskalyd-, Wurlitzer- und Hammond-O.). Die → elektron. Orgel trat in der Kirche verschiedentlich an die Stelle der Pfeifenorgel. → Plenum. → Orgel.

Orgelklavier (lat. *claviorganum*; frz. *clavecin organisé*; engl. *clavior-*

gan), Tasteninstr. mit Saiten, die angerissen od. angeschlagen werden, und Pfeifen mit Luftzufuhr durch einen Tretbalg. 1480 wurde in Spanien von zwei O. berichtet (Sancho de Paredes). Seitdem wurden O. mit verschiedenen Formen und Namen gebaut, in England noch bis Ende des 19. Jh.

Orgelkomposition und → Orgelbau beeinflussen sich wechselseitig. Von den einmanualigen Orgeln bis zum Ende des 14. Jh. ist bekannt, daß → Positiv und → Regal im Altarraum aufgestellt waren und zur Chorbegleitung dienten; die Emporenorgel wurde solistisch eingesetzt. Die Orgel hatte zunächst die gleiche gottesdienstl. Aufgabe wie der Chor, mit dem sie bei der Darbietung liturg. Stücke vers- und abschnittsweise abwechselte (→ alternatim). Im freieren Solospiel wurden zu einem frei erfundenen oder schon bestehenden Cantus firmus (Tenor) → Kontrapunkte Note gegen Note gesetzt. Die Oberstimme löste sich zu Melismen und Verzierungen auf im → Motetus des 13. Jh. Die → ars nova (14. Jh.) brachte freiere Bewegung, meist 3stg. (zusammen mit dem → Contratenor), wobei die Stimmen sowohl vokal als instrumental darstellbar waren und koloriert (verziert) wurden (G. Machaut, F. Landino, 14. Jh.). Im Buxheimer Orgelbuch (15. Jh.) und in K. Paumanns Anweisung *Fundamentum organisandi* wurden in den cantus firmus-Arbeiten kanonische Anfänge weitergeführt, die Stimmen variiert und reich mit Passagenwerk koloriert. Die Orgel wurde mehrmanualig, die Musik so kunstvoll, daß sich die Kirchen häufig gegen wunderliche Variationen und fremde Töne wandten, weil sie dem Wohlgefallen, nicht der verinnerlichten Andacht dienten (Thomas v. Aquin, Calvin, Zwingli). A. Schlick berichtete 1511 über die damalige Orgelmusik, aus der reife Werke überliefert sind so v. Dunstable, Dufay, Cabezón, Merulo, Hofhaimer. Die aus der Vokalmusik entstandenen Formen → Variation und → Ricercar (Frescobaldi) wurden fertig ausgeprägt neben den neuen: → Kanzone (im Norden aus dem ital. → Capriccio entwickelt), → Fantasie, Toccata, Fuge, Choralbearbeitung, Chaconne und Passacaglia. War das Werk bisher noch allgemein von Instrumenten verschied. Art ausführbar, so entstand seit Diruta, G. Gabrieli, Frescobaldi die typische, unverwechselbare O. Während in Süddtl. Froberger, Kerll und Pachelbel Frescobaldis Stil weiter ausbildeten, zeigten sich im Norden eigene Zentren mit den Höhepunkten Sweelinck, M. Praetorius, Scheidt, Reinken, Buxtehude, Böhm. In J. S. Bach konzentrierte sich diese Entwicklung von O. und Orgelbau als Gipfel nach der burgundisch-niederländ. Chorpolyphonie und als letzte Hochblüte vor einem schon vorbereiteten Verfall. Bach verwendete die Elemente der bisherigen O. und die Instrumentalformen seiner Zeit mit einmaliger Genialität in farbigem Klangreichtum bei strenger Satztechnik in Orgelchoral, Fantasie, Passacaglia, Präludium und Fuge. – Die frz. O. dieser Zeit zeigte bei Daquin und Charpentier neue, illustrative Klangelemente, während die Engländer (Pepusch) wohl unter ital. Einfluß das Instr. mehr klavieristisch einsetzten. Bach selbst, J. G. Walther und Händel weisen bereits auf die spätere konzertante Behandlung der Orgel. Das 19. Jh. kultivierte das „Charakterstück" und benutzte alle Möglichkeiten der „Orchester-Orgel". Voglers Tongemälde, C. Francks Fantasien, Widors Orgelsymphonien waren orchestral, Liszts O.en virtuos und klangschwelgerisch mit der Vorliebe zu großen dynamischen Gegensätzen in oft abruptem Wechsel. In Dtl. knüpfte Mendelssohn Bartholdy insofern bei Bach an – wohl im Zusammenhang mit der beginnenden Bach-Renaissance –, als er die Form in den Vordergrund stellte, damit vielleicht mit R. Schumann den Weg vorbereitend zu den Orgelsonaten Rheinbergers, zu Brahms und Reger, der die techn. Möglichkeiten des Instr. in damals nicht geahnter Weise zu nutzen verstand und dabei in Werken mit gegebenem Thema eine neue, hohe kontrapunktische Kunst bewies. Die hier schon angedeuteten Bemühungen um eine Synthese zwischen altem Klangideal und moderner Technik, zugleich in neuer Auseinandersetzung mit dem Choral, zeigen sich mit konsequent linearer Stimmführung und strenger Klangdisposition etwa bei J. Ahrens, H. Bornefeld, J. N. David, H. Distler, P. Hindemith, H. Kaminski, H.-F. Micheelsen, F. Peeters, E. Pepping, G. Raphael, S. Reda. In Frankreich vertritt O. Messiaen einen eigenen Stil farbiger programmatischer Orgelmusik, neben den sich im Bestreben der Neuen Musik nach Erweiterung von Klangmaterial und Ausdrucksmöglichkeit serielle und aleatorische Werke mit neuen Spieltechniken und Anforderungen an Organist und Orgelbauer stellten (z. B. Hambraeus, Kagel, Ligeti). → Kirchenmusik.

→ Orgel, Kirchenmusik.

Orgelleier, die aus der → Drehleier in ihrer höfischen Blütezeit (18. Jh.) entwickelte Verbindung von Saiten- mit Blasinstr., bei der das Rad gleichzeitig od. wahlweise die Saiten berührt und einen Blasebalg bewegt, aus dem eine Reihe von Labialpfeifen (Panpfeifen) angeblasen werden. Saiten und Pfeifen können auch getrennt tönen. Für die *lira organizzata* (frz. *vielle organisée*; engl. *organ hurdy-gurdy*) schrieben u. a. Boismortier, J. Haydn, Hotteterre.

Orgelpunkt, lange gehaltener Ton, meist in der Baßstimme, besonders am Anfang eines Werkes als Mittel der Steigerung (J. S. Bach, Matthäus-Passion) oder am Ende, die Stimmen in den Schluß führend (M. Reger, 100. Psalm). Über dem O. bewegen sich die übrigen Stimmen in größter harmonischer Freiheit, immer durch den Baßton gehalten, der am Schluß des Werkes meist auf der Quinte der Haupttonart steht und so die Schlußkadenz vorbereitet. Das Wort O. geht wohl zurück auf *punctus organicus,* nämlich auf das ma. → Organum mit der freien *vox organalis* über dem langen Halteton (*„diaphonia organica"*). – Der O. kann auch in kleineren, auch rhythmisierten Werten zum Ausdruck kommen; so ist beim Klavier z. B. ohnehin das mehrfache Anschlagen erforderlich (Beethoven, Sonate op. 28, 1. Satz). Ein O. über eine ganze Komposition findet sich im Wiegenlied von J. Brahms; O.e in den Mittelstimmen zeigen J. S. Bach (Choralvorspiel *Allein Gott in der Höh*), Beethoven (Sonate op. 90,

2. Satz) und R. Strauss, *Ein Heldenleben* (in den Hörnern, kurz vor Schluß); einen O. in der Oberstimme bringt Beethoven im Schlußsatz der 9. Symphonie (Sopran: *„der ganzen Welt"*).

Orgeltabulatur, Notation für die Orgel (→ Tabulatur), vom 15.–18. Jh. in den Ländern verschieden entwickelt. Die dt. O. zeigt anfangs eine in → Mensuralnoten aufgezeichnete Oberstimme (so bei K. Paumann, *Fundamentum organisandi,* 1452), in der zweiten Hälfte des 16. Jh. nur noch stimmenweise übereinander stehende Buchstaben ohne Linien, und behält dieses System etwa bis in die Mitte des 18. Jh. neben der Aufzeichnung im Fünfliniensystem bei. Die ital. O. mit 2 Systemen zu fünf und mehr Linien, auf denen Mensuralnoten für alle Stimmen eingezeichnet wurden, ist keine eigentliche Tabulatur, sondern entspricht schon der heutigen Orgelnotation in Partitur. Auch die frz. O. verwendet 2 fünflinige Systeme, während die span. O. für jede Stimme eine Linie anwies, auf der die Töne mit Zahlen eingetragen wurden (1–7 = f–e); die Tondauer wurde durch Mensuralnoten über den Linien bezeichnet.

J. Wolf, 1913, 1916; Fr. W. Riedel, Quellenkundl. Beitr. z. Gesch. d. Tasteninstr. i. d. 2. Hälfte d. 17. Jh., 1960; L. Schierning, D. Überlief. d. dt. Org.- u. Klav.mus. aus d. 1. Hälfte d. 17. Jh. (AfMw) 1961; W. Apel, 1962; M. Kugler, D. Mus. f. Tasteninstr. i. 15. u. 16. Jh., 1975.

Orgelwalze, → mechanisches Musikinstrument, für das z. B. Mozart und Hindemith komponierten. Tonträger ist eine Stiftwalze, die ein Pfeifenwerk zum Klingen bringt. → Walze.

Ornamentik (v. lat. *ornare* = schmücken, verzieren), die Gesamtheit der musikal. → Verzierungen. → Diminution, Aufführungspraxis.

Orpharion, Orpheoreon (v. Orpheus + Arion), Zupfinstr. (gezupfte Fidel) aus der → Cister-Familie; im 16. und 17. (18.) Jh. in Engl., Italien, Frk.; der → Pandora ähnl., mit 8 doppelchör. Saiten (meist Draht), Bünden und schrägem Querriegel. Vgl. → Penorcon.

Orphéon → Singschule.

Orthographie, musikalische; die richtige graphische Darstellung eines Musikstückes im Notenbild. Dabei wäre als richtig der Idealzustand zu bezeichnen, daß einerseits der logische Zusammenhang im musikal. Ablauf in Melodie, Rhythmus und Harmonie erkennbar wird, andrerseits das Notenbild aber übersichtlich bleibt, die techn. Anforderung an den Spieler dadurch verringert und die schnelle, richtige Interpretation befördert wird. Das eine wird vielfach nur auf Kosten des anderen erreicht werden können. So wird zugunsten der Spielpraxis und entgegen der harmon. Entwicklung im Satz die Verwendung enharmonisch gleicher und einfacher darstellbarer Noten erforderlich sein. Für die Darstellung der Musik im Druck hat der → Notenstich allgemeine, schriftlich kaum fixierte Grundregeln gefunden, die immer von der Übersichtlichkeit des Notenbildes in der Praxis ausgehen und daher ihr zuliebe im Notfall auch umgangen werden können. Sie bestimmen die Stellung des Notenstiels, der Bindebögen, dynamischen Zeichen, bei Vokalmusik die Textgliederung. Die Noten mit gleichem Wert bei mehrstg. Musik, die auf einem System geschrieben wird, sollen untereinander stehen. Auch die Stellung der Vorzeichen ist festgelegt. Zahlreiche Fragen bleiben der Entscheidung des Stechers überlassen, so die Berichtigung der optischen Täuschung, die bei übereinanderstehenden Akkorden durch die beidseitigen Stiele entsteht. – Schon der Ausweitung der Ausdrucksmittel in der spätromantischen Musik konnte die Notation kaum gerecht werden, und die Auflösung tonaler Bindungen machte viele Grundsätze der traditionellen musikal. O. überflüssig. → Musikal. Graphik, Notenschrift, -druck, Pause.

Osmoglasije → Glas(s).

Ossia (ital. = oder), die vom Komponisten oder Herausgeber eines Werkes beigefügte 2. Fassung bestimmter Passagen, in der Regel in kleineren Noten über dem Haupttext stehend. Meist wird eine erleichterte Fassung, seltener eine anspruchsvoll virtuose zur Wahl gestellt.

Osterspiel → Liturg. Drama.

Ostinato, basso o. (lat. *obstinatus* = hartnäckig, beharrlich), eine Baßmelodie, die ständig wiederkehrt, wobei sie rhythm. verändert und bei gleichem Aufbau auch tonlich variiert werden, gelegentlich auch in einer anderen Stimme und transponiert erscheinen kann, während die Oberstimmen rhythmisch und harmonisch steigernd kontrapunktieren. Ein seit dem MA beliebtes Stilmittel, das schon in den Tenorwiederholungen des → Motetus zu finden ist und im 15. und 16. Jh. in → Messen und → Motetten der Niederländer (vgl. auch den engl. Sommerkanon: *Sumer is icumen*; → Kanon) und häufig in der Instrumentalmusik, z. T. Tanzlieder verwendend (→ Folia, Bergamasca, Romanesca, Ruggiero, Passamezzo, Villancico, Musette, Ground) und vor allem in → Chaconne und → Passacaglia nach dem 16. Jh. Erste Instrumentalbeispiele: J. Redford, G. Frescobaldi. Seit dem 17. Jh. erscheint der B. o. auch in der Oper. In dieser Zeit liegt auch seine Blüte in der Lauten- und Orgelmusik. Beispiele: vokal: Monteverdi (Madrigale), J. S. Bach (Crucifixus in der h-moll-Messe); instrumental, Orgel: Pachelbel (Chaconne d-moll); J. S. Bach (Passacaglia c-moll); Reger (Passacaglia d-moll); Klavier: Chopin (Trauermarsch); Violine: J. S. Bach (Chaconne); Orchester: J. Brahms, 4. Sinf., Finale. – In der Neuen Musik bleibt der B. o. ein wichtiges konstruktives Element, z. B. B. Bartók (5. Streichquartett, 1934), I. Strawinsky (Psalmensymphonie), P. Hindemith (Das Marienleben: *Vom Tode Mariä I*) – oder die Passacaglia in A. Bergs Wozzek (*„Was erleb ich, Wozzek?“*) mit starker Auflösung des Themas im Ggs. zu der Passacaglia in Hindemiths Marienleben (1. Fassung: *„Um zu begreifen“*), die das Thema streng tonal bewahrt. Vgl. Casella, *Ricercare sul nome BACH*. – In der Jazzmusik zeigt sich der B.o. z. B. im *walking bass*, bei dem die ostinate Stimme perkussiv ist.

R. Litterscheid, Z. Gesch. d. B. o., 1928; L. Nowak, Grundzüge e. Gesch. des B. o. i. d. abendl. Mus., W 1932; L. Walther, Die O.-Technik i. den Chaconne- u. Arienformen d. 17. u. 18. Jh., 1940; G. Berger, Der O. als formbildendes Prinzip (Beitr. z. Schulmus. 24) 1971; E. Apfel, Untersuch. z. Entstehung u. Frühgesch. d. O. . . . (Grundl. e. Gesch. d. Satztechn. 3) 1976; ders., Entwurf eines Verzeichn. aller O.-Stücke, 1977.

Ôteki, kleine japan. Bambusflöte mit 7 Tonlöchern.

Ottava (ital. =) Oktave; Oktavversetzung (*8va*; mit folgender punktierter Linie höher: *all' o., o. alta, o. sopra*; tiefer: *o. bassa, o. sotto*. Spiel in Oktaven = *coll' o.*

Ottavino (ital. *ottava* = Oktave), 1. in Italien Oktavflöte, → Pikkoloflöte; – 2. in der Orgel scharfes Prinzipalregister 2′ (Oktavino).

Ouvert (frz. = offen, lat. *apertum*), 1. die leere Saite bei Streichinstrumenten; – 2. im MA (13., 14. Jh.) der Halbschluß (*punctum apertum*) bei Tänzen und Chansons im Ggs. zum Schluß (= *clos*). → Klausel, Kadenz.

Ouvertüre (frz. = Eröffnung), Einleitungsstück zu einem größeren Vokalwerk (→ Oper, Operette, Oratorium) oder einem Instrumentalwerk (→ Suite). Vorläufer der O. ist das Fanfarensignal, das die Aufmerksamkeit der Hörer auf den Beginn des vor der Oper zu singenden Prologs lenken sollte. Es klingt in punktiertem Rhythmus in der Einleitung zu Monteverdis *Orfeo* (1607). Mit dem Aufkommen der nationalen Oper in Italien und Frankr. verschwanden die verschied. Namen für die Einleitung (→ Toccata, Intrade, Sinfonia), und der bisher für frz. Balletteinleitungen gebrauchte Name O. setzte sich durch. Gleichzeitig zeigt sich das Streben nach strenger formaler Gliederung, wobei die → Kanzone Vorbild sein mag. Gegensätze in Rhythmus und Lautstärke und Ritornelleinschübe erinnern auch an das → Concerto grosso. Die Form der venetian. O. ist Langsam-Schnell-Langsam (Cavalli). Diese Ordnung hat auch die frz. O. Lullys, die jedoch noch stärkere Kontraste zeigt und mit scharf punktierten Rhythmen an den → Marsch erinnert, während die neapolitan. O. (Schnell-Langsam-Schnell) die Stimmen schwungvoll konzertant behandelt (Scarlatti), die spätere Symphonie vorbereitend. Hier knüpft Gluck an, der gleichzeitig Elemente der Mannheimer übernimmt und im → Sonatensatz programmatisch ein thematisches Abbild des in der Oper folgenden Geschehens gibt. Damit ist schon die Konzert-O. vorbereitet, die sich bei Mendelssohn, Beethoven, Berlioz, Liszt, Brahms, Reger findet. Mozarts O.en, formal sehr verschieden, bringen zwar Hauptthemen der Oper, aber ohne wesentlichen Einfluß auf die Form. Das Programm, wie es vom Inhalt der Oper gegeben ist, bestimmt die Form oder ihre Auflösung in der romantischen O. Das „Vorspiel" bei Wagner soll die Einstimmung auf die folgende Oper, bei Pfitzner auf einen Akt geben. Daneben besteht die Potpourri-O., die die Opern- od. Operettenthemen aneinanderreiht (Verdi: *Nabucco*; Rossini, J. Strauß). Die Oper im 20. Jh. wählt oft das freie Vorspiel in der Nähe der Sinfonischen Dichtung (Programm-O.). – Von der „O." genannten Einleitung der frz. Ballettsuite ging der Name auf den Einleitungsatz der Orchestersuite über und bezeichnete schließlich die ganze → Suite (J. S. Bach). Auch der Klaviersuite wurde im 18. Jh. gern eine (frz.) O. vorangestellt (Händel).

H. Prunières, Notes sur l'origine de l'ouverture frç. (SIMG) 1910/11; H. Botstiber, Gesch. d. O. u. der freien Orch.formen, 1913, ND 1969; R. Tenschert, Die O.n Mozarts (Moz.-Jb.) 1924; H. Halbig, Die O. (Mus. Formen in histor. Reihen) 1930; P. Listl, C. M. v. Weber als O.komponist, 1936; J. O. De Lage, The o. in 17.th-cent. Ital. opera (Diss. Tallahassee/Flor.)1961; H. Hell, Die neapol. Opernsinfon. i. d. 1. Hälfte d. 18. Jh., 1971; S. Steinbeck, Die O. i. d. Zeit v. Beethoven bis Wagner, 1973.

P, Abk. für ital. *piano* = leise; pp = *pianissimo* = sehr leise; P → Pedal.

Päan (der vermutl. kretische Gott der Heilkunde, dessen Name die Griechen auf Apoll übertrugen, der daher mit „*ie Paian*" angerufen wurde), Siegesgesang, Lob- und Danklied; solistisch mit Instr., auch chorisch.

A. Fairbanks, A Study of Greek P., NY 1900; L. Deubner, Der P. (Neues Jb. f. d. klass. Altert.) 1919; K. Kerényi, D. göttl. Arzt, Basel 1948.

Pado(v)ana, Paduana, → Pavane.

Paenultima → Penultima.

Paganina (it.), aus einem Volkslied entstandenes ital. Instrumentalstück im 16. und Anfang 17. Jh. mit harmon. Grundgerüst; vgl. → Passamezzo.

Pakhāwaja (ind.), zylindr. Holztrommel in Indien, beidseitig bespannt, die Felle im Oktav-, Quint- od. Quartabstand klingend; mit den Händen geschlagen.

Paléographie musicale (von griech. *palaios* = alt; *graphein* = schreiben), Titel einer von Dom J. Gajard ab 1930 geführten, von Dom A. Mocquereau 1889 begonnenen → Denkmälerreihe mit Quellendrucken zum → gregorian., ambrosian., mozarab., gallikan. Gesang, herausgegeben in der → Benediktinerabtei Solesmes.

Palestrinastil, der von den kirchlichen Behörden im → Tridentiner Konzil gewünschte → a cappella-Stil, der gegenüber dem bis dahin verbreiteten Figuren- und Passagenwerk durch einfache Stimmbewegung in Sekundschritten bei rhythm. Ausgewogenheit und genauer Beachtung der Dissonanzregeln die Musik als ausgeglichenes Gesamtkunstwerk wirken ließ. Ein Beispiel, das vielfach wieder zitiert wurde, war Palestrinas *Missa Papae Marcelli*. Der P. blieb als *stile antico* mit dem Beispiel der päpstlichen Kapelle in Rom auch bestehen, als sich längst der *stile nuovo* in Italien durchgesetzt hatte, und dessen Komponisten schufen gültige Werke auch im P. (Anerio, Giovanelli, Ingegneri, Marenzio, Nanino, Vittoria). Im Laufe der Jh. wurde der P. immer wieder als satztechnisches Ideal vorgestellt und nachgeahmt. Im 19. Jh. bewirkte er auf Anregung von Thibaut eine Erneuerung der Kirchenmusik beider Konfessionen und beeinflußte auch den weltlichen Chorstil.

O. Ursprung, Restauration u. Pal.-Renaiss. i. d. kath. Kirchenmus., 1924; K. Jeppesen, Der P. u. d. Dissonanz, 1925; engl. ND L 1971; K. G. Fellerer, Der P. u. seine Bedeut. i. d. vokalen Kirchenmus. d. 18. Jh., 1929, ND 1972; ders., Palestrina, ²1960; E. Apfel, Z. Entstehungsgesch. d. Palestr.satzes (AfMw) 1957; M. Boyd, Pal.'s style, L 1973.

Palotás (ungar. von *palota* = Palast), ungar. Paartanz, Anfang des 19. Jh. Volkstanz mit den 3 Teilen: *lassan* (= langsam, ¼), *cifra* (=

schön, geziert, 4/4), *friss* (= munter, frisch, 2/4), die z. T. im → Csárdás enthalten sind.

Pandero (span.) → Schellentrommel.

Pandola (it.), → Schrapinstr. in Süditalien: einzelne (od. 2 ineinandergesteckte) Röhre(n), mit einem sägeartig gekerbten Holzstab zu streichen.

Pandora (Bandoer), Zupfinstr. mit mehrfach eingekerbtem Schallkörper, langem Hals, 5–7 Saitenchören, die an einem Querriegel auf der Decke befestigt waren. Die P. wurde nach 1560 in England erwähnt und war beliebtes Generalbaßinstr. im 16., 17. Jh. → Cister.

Panflöte (griech. *syrinx*), Blasinstr. mit mehreren, am Ende meist geschlossenen, wie Hohlschlüssel anzublasenden Pfeifen (für je 1 Ton) in verschied. Größen, ein- od. zweireihig aneinandergebunden (geklebt). Die Arten sind unabhängig voneinander in verschiedenen Kulturen entstanden (z. B. Südamerika, Polynesien). Entsprechend unterschiedl. ist das verwendete Material (Bambus, Holz, Ton, Stein: peruan. P. der Inkazeit) und die Anzahl der Rohre: 3 (russ. → *kuvikly*) bis 28 (rumän. *nai*/→*nay*). Die älteste bekannte P. (aus Peru) hat 8, die wohl älteste europäische (6. Jh. v. Chr., griech.) 7 Pfeifen. P. werden in vielen Gebieten noch als Volksinstr. gespielt (z. B. Malaysia, Rumänien), in Schul- und Unterhaltungsmusik wieder verwendet und neuerdings industriell gefertigt.

A. Tiberiu, Die rumän. P. (SIMP 3) 1974; R. Tekiner, The evidence of the panpipe for prehistoric trans-pacific contact (Arch. f. Völkerkde.) 1977.

Pange lingua (lat.: preise, Zunge!). Von den verschiedenen P. l.-Hymnen der kathol. Liturgie sind allgemein gebräuchlich: 1. *P. l. gloriosi corporis mysterium* (Fronleichnam; mit → *Tantum ergo*), dessen Text Thomas von Aquin zugeschrieben wird; 2. *P. l. gloriosi proelium* (*lauream*) *certaminis* (Karwoche), dessen Text auf Venantius Fortunatus (6. Jh.) zurückgeführt wird. Diese Melodie gibt dem Wortakzent größere Bedeutung und zeigt reichere Melismen. Josquin Desprez variiert und imitiert sie durch alle Stimmen in seiner Messe P.l., eine der ersten vollständig durchimitierenden Messen.

C.-A. Moberg, Z. Melodiengesch. d. P.-l.-Hymnus (JbLH) 1960.

Panharmonicon → Orchestrion.

Pansymphonikon, zweimanualiges Tasteninstr.: kreuzsaitiges Pianino und → Harmonium („Physharmonika") mit 42 Registern; 1845 in Salzburg von dem Franziskanerpater P. Singer gebaut; möglicherweise beeinflußt von Mälzls Panharmonicon (→ Orchestrion).

G. Spat, Pater Peter Singer (Das Fenster 30), Innsbr. 1982.

Pantaleon, Pantalon, das um 1690 von Pantaleon Hebenstreit verbesserte → Hackbrett, das er mit Darm- und Drahtsaiten, 2 Resonanzböden und mehreren Schallrosen versah. Durch Hebenstreits Konzerte kam das Instr., das Ludwig XIV, „P." nannte, allgemein in Mode. Es ist die Vorstufe des → Hammerklaviers, das auf dt. Boden zuerst von C. G. Schröder (1717, mit direktem Bezug auf das P.), in

Frankreich von J. Marius (1716, wohl auch unter dem Einfluß des P.) erbaut wurde und zunächst ebenfalls P. hieß. Eine Spielhilfe am Klavier, mit der der Klang des P. nachgeahmt werden sollte, wurde P.zug genannt und entsprach in seiner Wirkungsweise der Aufhebung der Dämpfung durch das Fortepedal beim heutigen → Klavier. → Giraffenklavier.

A. Egerland, Das P. (Mf), 1970.

Pantomime (griech. *pantomimos* = alles nachahmend), meist musikal. begleitetes Bühnenstück mit Tanz, bei dem die Handlungen, Empfindungen und Gedanken anstatt durch Worte durch Gebärden- und Mienenspiel ausgedrückt werden. Die P. war in Ägypten und mit Instrumentenspiel und erläuterndem Chor in Griechenland bekannt. In Rom, wo Pylades und Bathyllus Hauptvertreter der Kunst waren, hatte sie ihre Blütezeit im 2. Jh. n. Chr., wurde oft erotischer Szenen wegen bekämpft und schließlich 526 verboten. Aus dem 16. Jh. sind P. in Italien bekannt, und im 17. Jh. wurden P.nspiele im *Théâtre de la Foire* in Paris gegeben als *Ballet d'Action* und erfuhren eine neue Blüte. Zunächst bei mythologischen P., dann allgemein wurden Masken getragen, die dem Personenkreis der Commedia dell'arte entsprachen (Harlekin, Pantalon, Colombine). Maßgebend für die Erneuerung der Gattung in Frankreich war J. G. Noverre (tragische Ballett-P.), in Österreich G. Angiolini (*Don Juan*, Musik von Gluck), in Dtl. Henriette Hendel-Schütz, in Engld. Garrick und Lady Hamilton, in Rußland M. Petipa. Im 20. Jh. kam mit dem Ballett auch die P. erneut zur Geltung: G. F. Malipiero (*Pantea*, 1919), B. Bartók (*Der wundersame Mandarin*, 1918), A. Honegger (*La danse des morts*, 1940), A. Chatschaturian (*Spartak*, 1954, 1956), H. W. Henze (*Der Idiot*, 1952). Als Ggs. zu der auf Decroux zurückgehenden Bestrebung, Einzelhandlungen analytisch im individuellen Zusammenhang zu schildern (z. B. J.-L. Barrault und M. Marceau), entstanden in den 1960er Jahren, verschiedene Richtungen, die Seelenvorgänge dramatisch darstellen, wobei der Verzicht auf äußere Mittel (so auch auf Musik) die Handlung konzentrieren soll (z. B. S. Molcho, R. L. Gomez). – In Engl. heißt die allgemeine P. seit der Shakespeare-Zeit *dumb show* (= stumme Darbietung), während das Wort P. speziell die Gattung des Weihnachtsmärchens mit Musik bezeichnet (im 18. Jh. mit Arne, Dibdin und Shield als Komponisten), dessen Clown-Rolle von N. Grimaldi (1708/12 Kastrat am Haymarket Theater London) eingeführt wurde und dessen Lieder bis Anfang des 20. Jh. jeweils zum Schlager des Jahres wurden. – Eine P.-Schule wurde 1978 in Paris eröffnet (M. Marceau u. a.).

K. G. Simon, P., 1960; M. Marceau/H. Ihering, Weltkunst d. P., Z 1961, [2]1972; J. Dorcy/M. Jacot, P., Lausanne 1963; J. Soubeyran, D. wortlose Sprache (Theater heute) 1963; R. J. Broadbent, A hist. of P., NY [2]1964; A. M. Heiß, Die P. im Alt-Wiener Volkstheater (Diss. W) 1969. → Ballett.

Papadike (griech. *papadike techne* =) die Methode des Kirchengesangs und die sie darstellenden Traktate seit dem 14. Jh.; Belege für neubyzantin. Gesangsnotation.

Parabienes (span.) → Esquinazo.

Parakapzug (armen.), armen. Sackpfeife mit Doppelklarinette je mit 5 Grifflöchern: Spiel- und Bordunpfeife, die (eng nebeneinander in einer Holzrinne liegend) in eine gebogene Holz- od. Hornstürze münden; ähnlich der mordwin. *puzyr'* (2 od. 3 Pfeifen). Vgl. → Launeddas.

Parallelen (griech. *parallelos* = gleichlaufend), auf- oder absteigende Bewegung zweier oder mehrerer Stimmen im gleichen Intervall. Im Tonsatz waren etwa vom 14.–19. Jh. Oktav- und Quintp. verboten. Neben den „offenen" wurden auch die sogenannten verdeckten Oktav- und Quintp. untersagt, d. h. die Bewegung zweier Stimmen mit gleicher Richtung aus einem beliebigen Intervall in eine Oktave oder Quinte (z. B. h–g', d'–a'). Die offenen Oktavp. lassen die beiden parallelen Stimmen in eine zusammenfallen, die dabei gegenüber den übrigen hervorgehoben wird. Darauf gründete sich das Verbot im strengen 4stg. Satz. Durch Gegen- und Seitenbewegung können P. vermieden werden. Die neue Musik verwendet Quintketten, ebenso etwa Sekund- oder Quartp. als Mixtureffekt.

W. Tappert, D. Verbot d. Quintp., 1869; H. Riemann, Von verdeckten Quinten u. Oktaven (Präl. u. Stud. 2), 1900, ND 1967; A. Ehrenberg, D. Quinten- u. Oktavenp. verbot in systemat. Darstellung, 1938.

Parallele Tonarten, die mit gleichen Vorzeichen versehenen Dur- und Molltonarten. Die parallele Molltonart liegt eine kleine Terz unter der Durtonart (C-Dur: a-Moll). In zykl. Werken steht ein Satz oder Zwischenteil oft in der p. T. (→ maggiore, minore). → Vorzeichnung.

Parameter (von griech. = messen), aus der Mathematik (Statistik) und → Informationstheorie in die Musik übernommener (und dort ausgeweiteter) Begriff für mathematisch exakt bestimmbare Eigenschaften als Voraussetzung der Wahrnehmung; nämlich der Töne (Tonqualität, -höhe, -dauer, Oktavlage, Klangfarbe, Lautstärke, Artikulation, Einschwingung) und der Gruppen, des Tonsatzes (Dauer, Menge, Dichte, Umfang, Artikulation), wobei – entgegen dem t. t. der Mathematik – auch subjektive, von der Wahrnehmung beeinflußte Kriterien zugezogen werden; → serielle Musik. Gelegentlich wird "P." allgemein im Sinne von Struktur gebraucht.

Paraphonia, Paraphonie (griech. = Nebenklang), in der Musiklehre der Antike und des MA (Byzanz) der als unvollkommen (imperfekt) geltende Zusammenklang eines Tones mit Quinte, Quarte oder Undezime im Ggs. zur Antiphonia (Gegenklang, Gegensatz), dem Zusammenklang mit der Oktave, und der Symphonia (Zusammenklang), dem Einklang (Unisono). Paraphon sind im ma. → Organum die Parallelbewegungen der Stimmen (in Quinten und Quarten).

Paraphrase (griech. *paraphrasis*: Zusatz zu einer Rede), Umschreibung: 1. Neue, erläuternde Darstellung (freie Übersetzung) eines Textes in Versen oder Prosa, z. B. im protestant. Kirchenlied od. in den Psalmdichtungen seit dem 14. Jh. und besonders in den reformator. Reimpsaltern. → Parodie. – 2. Die ausschmückende Bearbeitung eines Musikstückes, besonders von Opernteilen (z. B. *Rigoletto*-P. von Liszt oder seine *Soirées de Vienne* als virtuose P. der Deutschen Tänze F. Schuberts). Die P. über Arien und Lieder (z. B.: *Alle Tage ist kein Sonntag*) gehörte bis Mitte des 20. Jh. zum festen Bestand der Salon- und Blasmusik. → Bearbeitung.

S. Döhring, Liszts Konzeption d. Klav.-P. (Fs. H. Becker) 1982.

Pardessus de viole (frz., vgl. → Dessus), besonders in Frkr. (18. Jh.) häufige Diskantviola (Gambe) mit 5 od. 6 Saiten.

Parlando (ital. *parlare* = sprechen), schnelles Singen mit leichter Tongebung, bei dem auf jede Note eine Silbe fällt und das damit dem Sprechgesang ähnlich wird. Es verlangt exakte Aussprache und rhythmische Genauigkeit.

Parodie (griech. *parodia* = Neben-, Gegengesang). P. im Sinne von „Nebengesang" sieht die Musikwissensch. dann gegeben, wenn Vokalwerke mit einem anderen (vorhandenen, neuen od. übersetzten) Text versehen, Instrumentalwerke zu vokalem Gebrauch textiert, eigene od. Werke anderer (in Einzelstimmen, Satzabschnitten od. als Ganzes) in ein neues, eigenes Werk eingebracht werden, so daß sie mit mehr od. weniger geänderter Struktur in einem neuen Sinnzusammenhang (z. B. weltlich/geistl.) stehen. Umtextierung ist in d. Entwicklung geistlicher und weltl. Gesänge (z. B. Hymnen, Minnelieder, Bergreihen) ein elementarer Vorgang, der erst in jüngerer Zeit begrenzt wurde (durch urheberrechtl. Vorbehalte). Er wird musikwissenschaftl. → Kontrafaktur genannt, womit insbesondere die 1stg. Melodie bis Ende des 16. Jh. gemeint ist. Im 15., vor allem 16. Jh. wird P. typisch in der Komposition von Messe, Motette, Magnificat (Lasso), Anthem (Purcell), beginnend mit Übernahme eines fremden (oft weltl.) Cantus firmus (z. B. Chanson: *L'homme armé* bei Dufay, Ockeghem, Palestrina), der mit langen Notenwerten im Tenor erscheint, auch zusätzl. im Diskant paraphrasiert wird (Cantus firmus-Messe). In der P.-Messe sind aus anderen Messen, aus Motetten, Chansons, Madrigalen mehrstg. Sätze verwendet in Teilen (Stimmen) und Abschnitten (u. a. La Rue, Cl. non Papa, Josquin Desprez, Ph. de Monte, Palestrina, Lasso). Spätere Höhepunkte der P. finden sich bei Händel, der eigene und fremde Werke übernahm, und J. S. Bach, der eigene weltliche Musik für einen anderen weltl. Zweck umtextierte, weltliche Werke durch neuen Text zu geistlichen, geistliche zu anderen geistl., Instrumental- zu Vokalmusik machte (z. B. Matthäus-Passion, Weihnachts-Oratorium, H-Moll-Messe). – 2. P. im Sinne von „Gegengesang" (wie ihn die Literaturwissensch. versteht) tritt seit dem 19. Jh. auf im gewollten Gegensatz z. B. einer ernsten Musik, die in einen trivialen Bereich (Text/Musik) gestellt wird und umgekehrt, Karikatur durch übertreibende Zitate od. ironisierende → Stilkopie mit einem, dem betr. Stil nicht angemessen banalen Thema; etwa bei Ravel, Hindemith (*Suite 1922*), Strawinsky (*The Rake's Progress, Pulcinella*). → Entlehnung, Travestie, Collage.

A. Schering, Üb. Bachs P.verfahren (Bach-Jb.) 1921; W. Steinecke, Die P. i. d. Mus., 1934, ND 1970; F. Ghisi, L'ordinarium missae nel 15 s . . . (Kb. R) 1950; J. Klassen, Das P.verf. i. d. Messe Palestrinas (KmJb) 1954;

A. Dürr, Gedanken zu J. S. Bachs Umarbeitungen eig. Werke (Bach-Jb.) 1956; L. Richter, Das P.verf. i. Berliner Gassenlied (Dt. Jb. d. Mw.) 1959; G. Gruber, Beitr. z. Gesch. u. Komp.technik d. P.magnificat i. d. 2. Hälfte d. 16. Jh. (Diss. Graz) 1964; W. Neumann, Üb. Ausmaß u. Wesen d. Bachschen P.-verfahren (Bach-Jb.) 1965; L. Lockwood, On „P." as term and concept in the 16th cent. mus. (Fs. Reese) NY 1966; M. See, Opernp. u. P.oper (Neue Zs. f. Mus.) 1966; N. Carrell, Bach the borrower, L 1967; W. Lipphardt, Üb. d. Begr. Kontrafakt., P., Travestie (JbLH) 1967; J. Mainka, P. u. Realistik im norddt. Singspiel (Dt. Jb. d. Mw.) 1968; L. Finscher, Zum P.probl. bei Bach (Bach-Interpretationen, hg. v. M. Geck) 1969; F. Krummacher, P., Umtextierung u. Bearb. i. d. Kirchenmus. vor Bach (Svensk Tidskr. f. Mf.) 1971; K. Hortschansky, P. u. Entlehnung i. Schaffen Glucks (Annal. musicol.) 1973; R. Falck, P. and Contrafactum (Mus. Quart.) 1979.

Parte (ital.; frz. *partie*; dt., engl. *part*:) Teil, Stimme; – 1. Teil, Satz eines zyklischen Werkes; – 2. Stimme, Stimmheft (*prima, seconda p.*); *colla p.* = Vortrag genau entsprechend der Hauptstimme.

Partesnoe penie, partesnoje penije (russ. von lat. *partes* = Teile; hier: Stimmen; russ. *penie* = Gesang), Partes-Gesang; mehrstg. Chorgesang in poln., ukrain., russ. Kirchen etwa Mitte des 17. bis 2. Viertel des 18. Jh. Der bisherige 1stg. liturg. Gesang in verschiedenen Arten (→ Rospev) mit der Notation in Neumen (→ Krjuki) blieb zwar bestehen, wurde aber zurückgedrängt durch die über Polen und die Ukraine übernommene westl. Mehrstimmigkeit zur Ausschmückung des Gottesdienstes, z. T. beeinflußt vom protestant. Choral, später vom Pietismus. Dabei setzte sich allmählich das Dur-Moll-System durch; Notation mit Choralnoten und Fünfliniensystem. Der zunächst meist 3stg. Satz hat Terzenparallelen über der Baßstimme bei kanonischen Texten od. reich figurierte Stimmen bzw. syllabisch-homophone Stimmführung bei freien Texten. Vgl. → Kant.

Partheneia (griech. *parthenos* = Jungfrau), kultische und weltl. Mädchenchorgesänge in der griech. Antike. Texte u. a. von Alkman, Pindar. – „Parthenia" hießen die beiden gedruckten Slgn. englischer Musik für → Virginal (1612/13; 1625).

Partialtöne (von lat. *pars* = Teil), Teiltöne. → Obertöne.

Particell(a) (von it. = Teilchen), Vorform der → Partitur; Skizze des Komponisten, der die Instrumentengruppen auf wenigen Systemen zusammenfaßt und danach die Partitur anfertigt. Span. *partichela* ist auch die gesondert geschriebene oder gedruckte Einzelstimme. → Instrumentation.

Partie (von lat. *pars* = Teil) 1. = → Partita, Suite; – 2. frz. die Stimme (vokal od. instrumental), Gesangsrolle; das Stimmheft; der Teil (Satz) eines Werkes.

Partimen (frz. von lat. *pars* = Teil), wie → Jeu parti, Tenzone gesprochenes oder gesungenes Streitgedicht (auch zweisprachig) in der Provence. → Troubadours.

Partimento (ital. von lat. *pars* = Teil), ital. t. t. für bezifferten Baß (→ Continuo), jedoch gemischt mit notierten Themen eines mehrstg. Satzes, dessen Einzellinien auf einem System untergebracht sind als Skizze zur Improvisation am Tasteninstr.

Partita (von lat. *pars* = Teil), vorwiegend in Dtl. und Italien bis ins 18. Jh. Name für einen Zyklus(teil) von Instrumentaltänzen; Variationsfolge über volkstüml. oder geistliche Weisen (z. B. Frescobaldi, *Toccate e P.e*); in der 2. Hälfte des 17. Jh. in Italien, Frankreich und Dtl.: → Suite (*Sonata da camera*). Der Name verschwand im 18. Jh. und wurde in jüngster Zeit wieder aufgenommen (Casella, Ghedini, Petrassi, Dallapiccola).

Partitino (it. =) kleine Partitur als Nachtrag für zusätzl. Stimmen bei Erweiterung der Besetzung.

Partitur (von lat. *pars* = Teil; ital. *partitura, partizione*; frz. *partition d'orchestre, grande p.*; engl. *score*), das Notenbild eines vielstimmigen Werkes in übersichtlicher Zusammenstellung der einzelnen, gleichzeitg klingenden Stimmen, unterteilt nach Vokal- und Instrumentengruppen. Die P. ermöglicht dem Dirigenten die schnelle Orientierung bei Studium und Aufführung eines Werkes. Die Stimmen sind tabellenartig Takt für Takt untereinandergeschrieben, so daß man vertikal den Zusammenklang auf jeder Taktzeit wie horizontal den Verlauf der einzelnen Stimmen und ihr rhythm. Verhältnis zueinander ablesen kann. Die Anordnung der Instr. war bei den italien., frz. und dt. P. des 19. Jh. unterschiedlich und wurde erst durch die Instrumentation R. Wagners einheitlich mit dem Grundsatz, daß die tiefere Stimme der Instrumentengruppe unten liegt; von unten nach oben: Orgel, Streicher (Kontrabaß, Violoncello, Viola, Violine 2, 1), Chor (Baß, Tenor, Alt, Sopran) mit Solostimmen, Harfe, Schlagzeug, Blechbläser (Tuba, Posaune, Trompete, Hörner), Holzbläser, (Kontrafagott, Fagott, Baßklarinette, Englischhorn Oboe, Flöte, Piccoloflöte). Die Vokalstimmen schreibt man gelegentlich zwischen Viola und Violoncello. Zwei gleichnamige Instr. werden vielfach auf ein System geschrieben (z. B. Horn 1, 2). Bei Streichinstr. werden Stimmteilungen von Doppelgriffen, wenn diese nicht durch eine Klammer als solche erkennbar sind, durch den Zusatz *divisi* (= geteilt) unterschieden, wenn die Wiedergabe nicht aus auf- oder abwärts gestielten Noten eindeutig ersichtlich ist. Die Systeme einer Klanggruppe verbindet man mit Klammern (→ Akkoladen). Länger pausierende Stimmen können vorübergehend im P.bild ausgespart werden (manchmal mit dem Erinnerungsvermerk *contano* = sie zählen). Werden Stimmen → unisono geführt, so braucht nur 1 (meist die oben liegende) ausgeschrieben zu werden. Transponierende Instr. (anders notiert, als sie klingen) u. die verschied. Arten von Schlüsseln erschweren die Übersicht beim P.lesen und -spielen. Jedoch blieben die Bemühungen um eine Einheitsp., d. h. nur mit (oktaviertem) Violinschlüssel, ohne nachhaltige Auswirkung, während die sogen. → Reformp. (alle Instr. in C notiert) üblich wurde. – Die mehrstg. Musik wurde anfangs (bis ins 13. Jh.) in P.ordnung, etwa ab 1220 (Anfänge der Motette) in Einzelstimmen notiert. Eine der ältesten bekannten, gedruckten P., die *Madrigali* von Cipr. de Rore, erschien 1577; eine der ältesten Instrumental-P. 1582 (*Ballet de la royne*, Paris). Bis dahin und noch bis Ende des 18. Jh. wurden Einzelstimmen hergestellt, die daher der Herausgeber eines älteren Werkes noch → spartieren (in P. übertragen) muß. Die P. im heutigen Sinn gibt es seit der Mitte des 17. Jh. Vokalisten sangen im MA aus einem einzigen → Chorbuch, das so angelegt war, daß die linke Seite Sopran und Tenor, die rechte Alt und Baß aufeinanderfolgend zeigte (→ Stimmbücher). Diese Anordnung kann als Vorstufe der P. gelten wie die mehrfach verwendbare, liniierte Komponiertafel (*tabula compositoria*) aus Holz, Leder od. Schiefer, auf der Eintragungen (mehrstg. Musik) wieder gelöscht werden konnten. Sie war Papierersatz im MA u. bis ins 18. Jh. bekannt. Im → Particell (Skizze für die endgültige P.) sind mehrere Instrumentalstimmen auf wenigen Systemen zusammengezogen. → Partitura, Klavierauszug, Taschenp., Instrumentation.

H. Riemann, Anleit. z. P.spiel, 1902, [4]1924; R. Schwartz, Zur P. im 16. Jh. (AfMw) 1919/20; H. Gál, Anleit. z. P.lesen, W 1923; Th. Jakobi, D. Kunst d. P.spiels, 1957; E. Lowinsky, Early use of scores in ms. (JAMS) 1960; K. Haller, P.anordnung u. musikal. Satz, 1970; G. Fork, Schule d. P.spiels I, II, 1980, 1982; M. Dickreiter, P,lesen, 1983.

Partitura (it.), 1. → Partitur; – 2. im 16.–18. Jh. 4zeilige Notation von Musik f. Tasteninstr.; von Italien ausgehend; so bei Frescobaldi (*Recercari,*); Scheidt (*Tabulatura nova*); vgl. Bach, *Kunst der Fuge*.

Partiturspiel, die Fertigkeit, aus einer → Partitur ein vielstg. Werk sogleich (auf den ersten Blick = *prima vista*), ohne → Klavierauszug auf dem Klavier so wiederzugeben, daß die charakteristischen Merkmale der Stimmführung, Harmonie und des Rhythmus erhalten bleiben. Ausreichendes Können im Klavierspiel vorausgesetzt, liegt die Kunst des P. im schnellen, sicheren Erfassen der wichtigsten Linien und des Harmoniegerüsts, wozu andrerseits der rasche Entschluß gehört, Nebenlinien und Seitenharmonien zu übergehen, wenn damit der Spannungsbogen der Musik deutlicher wird. Schwierigkeiten beim P. bereiten anfangs die → C-Schlüssel und die → transponierenden Instr. Die Übung beginnt in der Vokalmusik bei Chorsätzen in alten Schüsseln, in der Instrumentalmusik beim Streichquartettsatz, jeweils fortschreitend zu modernen Werken und größeren Besetzungen. Kenntnis der Formen- und Satzlehre, stilgeschichtliche Erfahrung, Vertrautheit mit den Instr., der Klangfarbe und Registertechnik, die mit pianistischen Mitteln angedeutet werden kann, erleichtern das Verständnis der Partitur.

→ Partitur, Reformpartitur.

Pas (frz. =) Schritt; 1. im → Ballett die Gesamtheit der Schulschritte (*p. d'école*): *p. balancé* (gleichgewichtig wiegend), *p. de basque* (Baskenschritt, mit schleifendem Fuß), *p. bateau* (Schaukelboot), *p. boiteux* (hinkend), *p. de → bourrée, p. de chat* (Katzenschritt), *p. de cheval* (Pferdeschritt), *p. de ciseaux* (Scherensprung), *p. de → courante* (zusammengesetzte Schrittfolge; so auch im *p. de → chaconne, → Gavotte, → Rigaudon*), *p. couru* (gelaufen), *p. de cuisse* (Schenkelstoß), *p. emboîté* (Schachtelschritt), *p. de fleuret* (3teiliger Fechtschritt), *p. géant* (Riesenschritt), → *Passepied, p. de point* (Spitzenschritt), *p. de poisson* (Fischsprung), *p. relevé* (Heben und Senken), *p. tricoté* (um das Standbein verstrickt), *p. de Zéphyr* (leichter Wind). – *P. de deux* = Bühnentanz zu zweit; im frühen 18. Jh. auch ein der → Gavotte ähnlicher Paartanz. – *P. reglé* = der schulgemäße Grundschritt. – 2. *p. redoublé* (= verdoppelt) = der Geschwindmarsch beim Militär.

W. Junk, Hdb. des Tanzes, 1930; W. Beaumont, Complete Book of Ballets, NY, 1942, [4]1956; S. Lifar, Traité de danse académique, P [2]1954; K. Peters, Lex. d. klass. Tanztechnik, 1961.

Pasillo (span. = Schrittchen), in Ekuador und Kolumbien ein dem Walzer ähnlicher Liedtanz, Gesellschaftstanz; schneller als der ihm ähnliche Torbellino (6/8).

Pasodoble (span. = Doppelschritt), schneller span. Paartanz (2/4, 3/4), der sich Anfang des 20. Jh. als Gesellschaftstanz verbreitete. → Pas (2).

Passacaglia (ital. auch masc. *Passacaglio*; frz. *Passecaille*), Variationssatz mit meist 8taktigem → Basso ostinato im dreiteiligen Takt; ursprünglich (16. Jh.) span. Tanzlied zu Einhandflöte und Tambourin mit immer wiederkehrender, kurzer Melodie. Die P. wurde Hoftanz, dann als Anfangs- oder Schlußstück in der → Oper (Lully) verwendet und fand als Instrumentalstück (Gitarre, Cembalo, Orgel) schnell Anklang in Frankreich, Italien und Dtl. Häufig erscheint sie als letzter Satz der → Suite. Eine besondere Stellung nimmt sie in der Orgelmusik ein (Frescobaldi, Pachelbel, Buxtehude, J. S. Bach, Reger). Der ostinante Baß war immer reizvoll in der Orchesterkomposition (Brahms: 4. Symphonie; Höller: op. 25, A. Berg: *Wozzeck*, Hindemith: *Marienleben*, 1. Fassung), wobei die Grenzen der aus gleichem Ursprung stammenden → Chaconne und der P. nicht klar zu fassen sind. Brossard (*Dictionnaire de musique*, 1703) hielt die Melodie der P. für feinfühliger. Ein äußerer Unterschied ist, daß die ostinate Linie in der P. auch verziert und nicht nur im Baß auftreten kann. In der *Rückläufigen P.* für Orgel verbindet T. Medek ein 12-Ton-Thema mit dem rückläufig geführten Anfang der Bachfuge BWV 548. – Der Name P. wird auf span. *pasar una calle* zurückgeführt (= auf der Straße gehen), was dem ursprüngl. P. genannten, mit Gitarre begleiteten span. Tanzlied entspricht (vergleichbar dem → Gassenhauer). → Folia, Passamezzo.

H.-L. Schilling, Hindemiths P.themen i. den beiden Marienleben (AfMw) 1954; M. Schuler, Z. Frühgesch. d. P. (Mf) 1963; T. Walker, Ciaccona and P. (JAMS) 1968; R. Hudson, Further remarks on the P. and Ciaccona (ebd.) 1970; ders., The ripresa, the ritornello and the p. (ebd.) 1971; ders. P. and Ciaccona, Ann Arbor 1981.

Passage (frz. = Durchgang), auf- oder absteigende, schnelle Tonfolge im solistischen Vortrag, die Melodie unterbrechend, vielfach ohne Bindung an den bisherigen Rhythmus; oft in der → Kadenz eines Instrumentalkonzerts.

Passamezzo (ital., vermutl. von *pass'e mezzo* = 1½-Schritt), geradtaktiger ital. Tanz im 16. und 17. Jh., der sich wie die → Pavane mit dem → Saltarello als → Nachtanz verband und als Entwicklungselemente der → Suite anzusehen ist. Er ist schneller als die Pavane und besteht aus mehreren variationsartigen Teilen, seit Mitte des 16. Jh. hauptsächl. mit 2 harmon. Grundmustern (*P. antico, P. moderno*). Im späten 17. Jh. verschwand der P., der sich vermutlich neben und aus der Pavane entwickelt hatte.

G. Reichert, Der P. (Kb. Lüneb.) 1950; J. M. Ward, P. (MGG) 1962.

Passepied (frz. *passer* = treten, über-setzen; *pied* = Fuß; engl. *paspy*), Rundtanz vermutl. bretonischer Herkunft; im ¾-, ⅜-oder ⁶⁄₈-Takt; schnell; häufig auftaktig; mit 2 und mehr Teilen, von denen jeder wiederholt wird und die letzten in Moll sind. Unter Ludwig XIV. wurde der P. in die Balettmusik des frz. Hofes eingeführt (Lully). In der → Suite bekam der Tanz die für die Intermezzi übliche Stelle vor der → Gigue; bei J. S. Bach stilisiert (Partita h-moll, 5. Engl. Suite). Im Ggs. zum alten Muster schrieb Cl. Debussy einen P. im geraden Takt.

Passion (von lat. *pati* = leiden), das Leiden und Sterben Christi, im Neuen Testament beschrieben von den Evangelisten, und die Darstellung in bildender Kunst und Musik. Von einer feierlichen Lesung der P. berichtete Augustin (5. Jh.). Die Lesung durch einen Lektor im Rezitationston konzentrierte sich zunächst auf besonders ausdrucksvolle Wiedergabe der Worte am Kreuz. Bis ins 13. Jh. hatte sich, vermutl. unter Einfluß der Osterspiele (→ liturg. Drama), die Rollenverteilung auf 3 und mehr Lektoren durchgesetzt: Erzähler (Evangelist), Christus und übrige Redende mit versch. Lektionstönen. Gemeinsam zu sprechende Worte, z. B. der Volksmenge (*turbae*), wurden chorisch auf einem Leseton rezitiert, später im → Fauxbourdon-Stil und schließlich in freier Mehrstimmigkeit geboten. Diese responsoriale Choralp. mit choraler Einstimmigkeit und figuraler Mehrstimmigkeit blieb, während schon die franko-flämische Chorpolyphonie in Blüte stand, bis ins 16. Jh. und wurde in Mitteldtl. noch im 19. Jh. gepflegt. Reicher gestaltete lat. Choralp. schrieben O. di Lasso (4 P. 1575–82) und L. da Vittoria (1585). Die erste dt. P. ist vermutlich von J. Walter (1530). Sie wurde zum Muster der protestant. Choralp., indem sie den vorreformator. P.ston, Luthers Beispiel folgend, der dt. Sprechweise anpaßte (Matthäus- und Johannesp.). Hierher gehören die P. von J. Meiland, S. Besler, M. Vulpius, Th. Mancinus. Höhepunkt ist H. Schütz (Matth.-, Lukas-, Joh.-P., 1665/6), der den Text in einem neuen Wort-Ton-Stil („Neugregorianik“) in knappen, lebendigen Formeln ausdeutete und große Dramatik auf dem engen Raum des zusammenfassenden Schlußchors konzentrierte, nachdem die Handlung schon durch die Chorpartien der Jünger, Juden, Hohepriester und Schriftgelehrten zwischen dem Evangelistentext nur durch den a cappella-Satz dramatisiert wurde. Eine Erweiterung des Modells brachten meditierende, solistische od. chorische Einschübe, Kirchenlieder und Arien (P. Selle, J. Sebastiani, J. Theile). Der vom gregorian. Choral geprägte Rezitationston wurde zum freien monodischen →Rezitativ mit →Generalbaß. Der Chor wurde durch Instr. unterstützt. Die P. von A. Scandellus, B. Gesius und N. Rosthius beschränkten den 1stg. Lektionsvortrag im wesentlichen auf den Evangelisten und ließen die Soliloquenten (= Einzelsprecher) auch die Christusworte chorisch vortragen. Diese Werke stehen damit zwischen Choral- und Motettenp., die den ganzen Bibeltext motettisch durchkomponierten und musikalisch ausdeuteten. Bei der zunächst J. Obrecht zugeschriebenen, wohl von A. Longueval (Longaval) komponierten 4stg. lat. P. (einer der ältesten 4stg. bearbeiteten „P.sharmonien") erscheint der Lektionston als Cantus firmus nacheinander in verschied. Stimmen. Als Höhepunkte der lat. Motettenp. zählen neben dieser die P. von B. Resinarius (1544), J. Galliculus, J. Gallus (1587); die dt. P.: J.a Burgk (1568), J. Steuerlein, J. Machold, L. Lechner (1594), Ch. Demantius (1631). Gelegentlich wurden Einzelpersonen durch die Stimmenzahl der Chorsätze unterschieden (C. de Rore, Cl. de Sermisy, L. Daser, J. Gallus, O. di Lasso, L. de Vittoria). Die Texte stellte man aus den 4 Evangelien zusammen (Evangelienharmonie), nannte aber im Titel der P. in der Regel nur eins. In England und den Niederlanden wurden seit Anfang, in Italien seit Mitte des 15. Jh. P.stexte mehrstg. komponiert. – War das Bibelwort schon bei Selle, Strutius, Flor, Sebastiani und Theile durch Kirchenlied und freie lyrische Dichtung unterbrochen, so wurde es in der 2. Hälfte des 17. und vor allem im 18. Jh. weiter zurückgesetzt oder ganz verdrängt (z. B. R. Keisers P., Text von Hunold, 1704). Die P. löste sich aus der liturg. Bindung. Der Text mußte theatralisch, effektvoll sein. Liedeinschübe, Soli mit Generalbaß, vom Orchester begleitete Rezitative und Arien wurden aus dem ital. → Oratorium übernommen. Die empfindsamen, oft allegorischen Texte von Hunold (= Menantes), Postel und Brockes (vertont u. a. von Keiser, Händel, Mattheson, Telemann) rückten das P.soratorium in die Nähe der Oper. Gefühlvoll meditierend waren auch die nichtliturg. P.skantaten von Telemann (*Seliges Erwägen*, 1729), K. H. Graun (*Tod Jesu*, 1755, Text von Ramler, den auch Telemann und C. Ph. E. Bach vertonten). Ihnen folgten die Werke von Stölzel, Homilius, Schweitzer, Seifert, Rolle, Wolf. In Italien schrieben A. Caldara, Jommelli, Paisiello und Paër P.en nach Metastasios Text (*La passione di Gesù Christo*), ferner A. Scarlatti, in Dresden Hasse und J. G. Naumann. Höhepunkt der P.skomposition war nach Lechner und Schütz J. S. Bach, von dessen 5 P. vollständig vorliegen: Johannesp. (Auff. 1724) und Matthäusp. (Auff. wohl 1727), in denen episch-dramatische Elemente ausgleichend ergänzt werden durch Choräle, Arien und Chorsätze als betrachtende, besinnliche Ruhepunkte (→ Parodie 1). Die Gemeinde ist durch den Choral beteiligt. Th. Römhild setzte in seiner Matthäusp. (1736) die Gemeindechoräle als einzige Ordnungssäulen in den Bibeltext. Der Niedergang der Kirchenmusik in der Aufklärung wirkte sich auch auf die P. aus. Im 19. Jh. behandelten die P. u. a. Beethoven (*Christus am Ölberg,* 1803), Spohr, Schicht, Schneider, Loewe. Durch F. Mendelssohns Aufführung wurde Bachs Matthäusp. als hoch über zeitgenöss. Kompositionen stehend zum Kernstück im Arbeitsprogramm der Oratorien- und Kirchenchöre und der Musik in der Karwoche bis ins 20. Jh., während die P. von H. Schütz erst nach dem 1. Weltkrieg aufgenommen wurden. Die Komposition von Choral- und Motettenp. und ihrer Mischformen lebte, z. T. mit neuer liturg. Bindung, nach 1920 wieder auf (J. Ahrens, J. Bender, H. Distler, H. Kaminski, F. Kukuck, F. Martin, H. F. Micheelsen, E. Pepping, K. Thomas, E. Wenzel). In K. Pendereckis Lukasp. (Passionsoratorium, 1966) wird der Chor als verfremdetes Instrument (mit Chorglissandi, Sprechkanons, Singen, Zischen) neben das manchmal kammermusikalisch, manchmal in großen Klangflächen auftretende Orchester als Mittel ekstatischer Aussage gestellt. → Historie, Oratorium, Sepolcro.

O. Kade (Hg.), Die ält. P.skompos. bis 1631, 1893, ND 1971; H. J.Moser, Aus der Frühgesch. d. Generalbaßp. (JbP) 1920; ders., D. mehrstg. Vertonung des Evgl., 1931, ND 1968; F. Smend, Bachs Joh.- (Matth.-, Markus-) P. (Bach-Jb.) 1926, 1928, 1940/8; P. Epstein, Z. Gesch. d. dt. Choralp. (JbP) 1929); R. Gerber, Das P.rezitativ b. Schütz ..., 1929, ND 1973; ders., Die dt. P. von Luther bis Bach (Luther-Jb.) 1931; A. Schmitz, Zu J. Walters Choralp. (Fs. Siebs) 1933; ders., Ital. Quellen z. Figuralp. d. 16. Jh. (Fs. M. Schneider), 1935; ders., Einleitung zu: Oberital. Choralp. d. 16. Jh., 1955; K. Nef, Beitr. z. Gesch. d. P. in Ital. im 18. Jh. (ZfMw) 1935; W. Blankenburg, Die dt. Liedp. (Mus. u. Kirche) 1937; K. Ameln, D. Anfänge d. dt. P.historie (Kb. Basel) 1949; A. Dürr, Z. den verscholl. P.en Bachs (Bach-Jb.) 1949; K. v. Fischer, Z. Gesch. d. P.kompos. d. 16. Jh. in Ital. (AfMw) 1954; ders., Die P. v. ihren Anfäng. bis ins 16. Jh. (Gattungen d. Mus.) Bern 1973; J. Birke, D. P.musiken v. Th. Selle (Diss. Hamb.) 1957; W. Braun, Die mitteldt. Choralp. i. 18. Jh., 1960; G. Schmidt, grundsätzl. Bemerk. z. Gesch. d. P.historie (AfMw) 1960; M. Geck, D. Wiederentdeckung d. Matth.-P. i. 19. Jh., 1967; B. Smallman, The background of P. mus., L [2]1971; J.-V. González-Valle, D. Tradit. des liturg. P.vortr. in Span. (Diss. Münch.) 1974; J. B. Haberlein, A crit. survey of the north German oratorio p. to 1700 (Diss. Urbana), 1974; J. Rifkin, The chronology of Bach's St. Matthew P. (Mus. Quart.) 1975.

Passionspiel → Liturg. Drama.

Passus duriusculus, Saltus d. (lat.: ziemlich harter Gang/Sprung), in der Figurenlehre des 16.–18. Jh. Ab- od. Aufstieg in Halbtonschritten bis zur Quarte als Zeichen der Trauer/Sprünge in kleinen od. verminderten Intervallen (Quarte bis None und weiter) als Ausdruck des Entsetzens od. der Trauer. Beide beschreibt Chr. Bernhard nach der Praxis bei H. Schütz, in der sich italien. Erfahrung niederschlägt (G. Galilei, Monteverdi). Sie sind häufig auch in dt. Chor- und Orgelmusik; z. B. J. S. Bach: Orgelchoral *Durch Adams Fall,* Choralvorspiel *O Lamm Gottes,* Kantate, *Weinen, Klagen.*

Pasticcio (ital. = Pastete; frz. *pastiche*), aus Teilen verschiedener Werke verschiedener Komponisten zusammengesetztes neues Musikstück (→ Cento, → Potpourri, → Plagiat); insbesondere beliebt bei Oper und Singspiel, die mit neuem Libretto aus berühmten Stücken und Arien anderer Opern entstanden, z. B. *Saul* (1803) und *Die Eroberung von Jericho* (1805), von Lachnith und Kalkbrenner aus Werken von Händel, Haydn, Mozart, Paisiello, Cimarosa, Gossec zusammengefügt. An anderen Werken beteiligten sich von vornherein verschiedene Komponisten: Mattei/Bononcini/Händel: *Mucio Scaevola* (1721); Mozart/Adlgasser/M. Haydn: Oratorium *Die Schuldigkeit des 1. Gebots*; R. Schumann/Brahms/Dietrich: Sonate (Violine und Klav.) für J. Joachim (1853). Wird der Begriff P. von daher auf Instrumentalmusik allgemein bezogen, so ist der Ursprung des P. und der Parodietechnik in den Anfängen der Musik für Soloinstr. in allen Ländern zu suchen. Der erste nachgewiesene Druck (1609: *Io mi son giovinetta* von Ferrabosco mit Variationen von S. Stella, G. D. Montella, A. Mayone) läßt auf alten Brauch schließen.

M. Reimann, P. u. Parodien in norddt. Klaviertabulaturen (Mf), 1955; dies., Ein ital. P. v. 1609 (Mf), 1966; J. W. Grubbs, Ein Passions-P. d. 18. Jh. (Bach-Jb.), 1965; K. Hortschansky, Arianna, ein P. v. Gluck (Mf.) 1971; G. Lazarevich, 18th century p.; the historian's Gordian knot (AM) 1976.

Pastorale (it.; von lat. *pastor*: Hirte), Hirtenstück, vokal, instrumental oder/und szenisch (Madrigaloper, Schäferspiel) in der Reihe der das Landleben idealisierenden Gattungen (→ Pastourelle, Madrigal), oft weihnachtlichen Charakters (→ Noël). – B. Guarinis *Il pastor fido* (1590) wurde häufig vertont (Vivaldi, Händel, Salieri), und Camberts P. (*La p. d'Issy*, 1659; Text v. Abbé Perrin) ist die älteste frz. Pastoraloper. Als szenisch ist auch Händels P. *Acis und Galatea* zu verstehen. Das instrumentale P. bevorzugt Schalmei od. Oboe als Hirteninstr. und den wiegenden 6/8- oder 12/8-Takt: Corelli (Concerto grosso *Fatto per la notte di Natale*), Locatelli, Schiassi. Die Beispiele für Klavier- und Orgel-P. (Scarlatti, Albinoni, Couperin, Bach) sind zu allen Zeiten zahlreich. H. Schütz stützt sich auf die römischen Weihnachtsdialoge in den Intermedien seiner Weihnachts-Historie und läßt das Kindelwiegen anklingen. Bei Händel (*Messias*) und J. S. Bach (*Weihn.-Oratorium*) klingt das ital. Concerto grosso mit; vgl. auch den letzten Satz von Beethovens 6. Symphonie. Im böhmischen Raum entwickelte sich in der Pastorella eine eigene Gattung, die nur im Siciliano-Rhythmus den ital. Barockwerken nahe steht. → Siciliano, Singspiel, Serenata.

A. Solerti, Gli albori del melodramma, Turin 1903; J. Marsal, La p. dramatique en France, P 1906; W. Powell, the pastourelle, Cambr./Mass. 1931; E. G. Carnap, D. Schäferwesen i. d. dt. Lit. d. 17. Jh. ... (Diss. Würzb.) 1939; G. F. Schmidt, Die frühdt. Oper. 2, 1943; C. Schoenbaum, Harmonia pastoralis bohem. (Fs. Wiora) 1967; E. T. Harris, Handel and the pastoral tradit., L 1980; H. Jung, Die P., 1980.

Pastourelle (afrz.), **Pastorita** (provenz.), Hirtenlied der → Troubadours und → Trouvères mit fast dramatischem, oft obszönem Dialog einer Hirtin (*Pastorelle*) mit einem adligen oder geistl. Herrn oder einem Hirten, wobei die Namen Marion und Robin bevorzugt werden. Den Ursprung der P. vermutet man im lat. Strophenlied des 10.–12. Jh. Während von den provenzal. P. nur eine (von Marcabru) mit Noten bekannt ist, sind die Weisen der Trouvères meist vorhanden. → Pastorale.

E. Piguet, L'évolution de la p. du 12e s. à nos jours (Schr. d. Schweizer Gesellsch. f. Volkskde.) Basel 1927; S. Brinkmann, D. dt. sprachige P. (13. bis 16. Jh.) (Diss. Bonn) 1976.

Pater noster (lat. = Vater unser), *oratio dominica* (Gebet des Heern; nach Matth. 6,9–13 bzw. Luk. 11,2–4), in der röm. Messe zwischen Wandlung und Kommunion von Priester und Gemeinde gesprochen od. psalmodierend gesungen (lat. od. volkssprachig), früher vom Priester mit → Akklamationen der Gemeinde, wie auch anfangs in protestant. Gemeinden. Dort wurden, landschaftl. verschiedene, vorreformator. Melodien übernommen, bei der Eindeutschung verändert od. neue geschaffen (z. B. Böhm. Brüder; Straßburg); mit der → Doxologie nach Matth. 6 und „Amen", die auch in der Ostkirche das Gebet abschließen. Polyphonierung z. B. bei Josquin Desprez, Palestrina, M. Praetorius, Schütz, A. Mendelssohn, G. Raphael, Strawinsky.

Wagner III, 1921; O. Brodde, Evgl. Choralkunde (Leiturgia 4) 1961; A. W. Marks, Parod. of liturg. and theolog. texts in Germany in the 16th, 17th cent. (Diss. Cambr.) 1970.

Patet, Melodietypen in der javan. Musik; Kernmelodie einer → Gamelanmusik, aus dem Material des → Pelog od. → Slendro je nach Anlaß, Stimmung, Tages- bzw. Jahreszeit; vgl. → Rāga.

Patetico (it.), **pathétique** (frz.), erhaben, feierl., leidenschaftl.

Pattala, burman. → Xylophon. mit 22–24 (Bambus-)Stäben über einem bootsförmig geschwungenen Trog; ähnliche Instr. in Kambodscha (*roneat ek*), Thailand (*ranat ek*). Die P. wurde auch in das chines. Hoforchester übernommen. In Burma wird sie meist zusammen mit der Harfe → Saun gespielt.

Pauke (mhd. *pûke,* vermutl. lautmalend; it. *timpano*; frz. *timbale*; engl. *kettledrum*), Schlaginstrument mit bestimmbarem Ton, der durch Schlagen auf eine über einem Kupfer- od. Messingkessel gespannte Tierhaut entsteht. Die asiatischen kleinen, flachen P. wurden von Arabern nach Spanien, von Kreuzfahrern aus Vorderasien gebracht (→ Naqqāra). Über Ungarn kamen etwa im 15. Jh. d. großen Kesselp. nach Westeuropa, wo dann die Spannmechanik auftritt. Um 1500 benutzte man Spannschrauben. Die heutige Maschinenp. entstand aus verschiedenen Arten im 19. Jh. Die Spannung kann schnell mit Hilfe von Pedalen geändert werden, so daß chromat. Spiel möglich ist. In der Orchestermusik wurden P. zunächst einfach (1 Paar) besetzt, bei Lully, Bach, Händel fest vorgeschrieben und von da an meist doppelt (2 Paare). Beethoven wies erstmals die Veränderung der Stimmung an. Seit der Erfindung der Pedalp. werden höchste techn. Aufgaben (auch mit solistischem Spiel) in der Musik des 20. Jh. gestellt. Ein Konzert für P. und Orchester schrieb W. Thärichen (1954). Im großen Orchester gelten die P. als Fundamentinstr. und zählen nicht zum → Schlagzeug.

P. R. Kirby, The kettle-drums, Oxf. 1930; L. Torrebruno, Il timpano, Ml 1954; G. Avgerinos, Lex. d. P., 1964; H. W. Taylor, Art and science of the timpani, L 1964; W. Kotoński, Schlaginstr. im mod. Orch., 1967; H. Tobischek, Die P., 1977.

Pause (lat., ital., span. *pausa*, frz. *pause*, engl. *rest*), Schweigezeichen der → Notenschrift, gültig für eine Stimme, mehrere oder alle Stimmen mit festgelegter Dauer (Ausnahme: die durch Fermate oder Abkürzung G. P. über der Ganztaktp. gekennzeichnete → Generalp. von beliebiger Dauer):

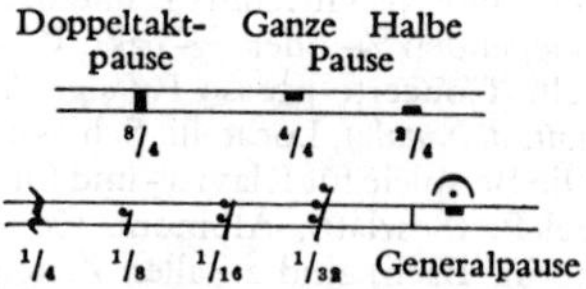

Die P. können wie die Noten punktiert, d. h. durch nachstehenden Punkt um die Hälfte ihres Wertes verlängert werden. Die Ganze P. liegt in der Regel (wenn jede Stimme ihr eigenes System hat) unter der 4., die Halbe P. auf der 3. Linie. Bei mehrtaktigen P. wird die Taktzahl angegeben. Die Stellung der P. und die Reihenfolge der P.werte sollen dem Rhythmus der Musik entsprechen:

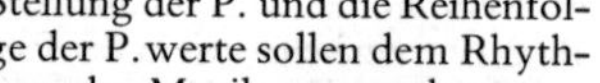

Die musikal. Orthographie unterscheidet im allgemeinen zwischen Wertp., aus deren Stellung und Erscheinungsbild der genaue P.nwert erkennbar ist und die am Beginn der Wertstrecke steht, und Ganztaktp.,

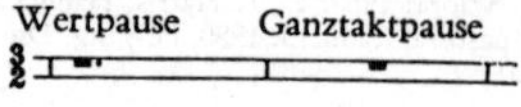

die in der Mitte des Taktes steht, nur für einen vollen Takt verwendet wird, aber immer als Ganze (4/4-)P. erscheint, auch wenn es sich um eine andere Taktart handelt. Sind mehrere Stimmen auf einem System notiert (z. B. im Klaviersatz), wird die für alle gültige P. nur einmal gesetzt, wenn es sich nicht um streng kontrapunktischen Satz handelt. – P.nwerte waren schon bei den Griechen, in deren rhythmischer Deklamation, genau fixiert. Da → Neumen und → Choralnotation (hier abgesehen von Teilstrichen zur Kennzeichnung der Abschnitte) keinen Melodierhythmus angeben, kennen sie keine P. Die beginnende Mehrstimmigkeit verlangte dagegen exakte Werte für Noten und P. Auf die Zeichen der → Mensuralnotation gehen die heute gebrauchten zurück.

Z. Lissa, D. ästhet. Funktionen d. Stille u. P. in d. Mus. (Stud. z. Mw.) 1962.

Pavane, geradtaktiger, gravitätischer Schreittanz, der zusammen mit der ungeradtaktigen → Galliarde am Anfang der → Suite des 16. Jh. stand. Das Satzpaar hatte dort d. Verbindung → Basse danse mit → Tourdion abgelöst. Die P. wurde noch gegen Ende des 16. Jh. durch die → Allemande in der Suite ersetzt. Um 1600 entstand als Sondergattung die Trauerp., z. B. bei J. Dowland (*Lachrymae or seaven teares figured in seaven passionate pavens,* 1604), der damit einer Zeitströmung am Anfang der → Monodie folgte (vgl. Monteverdi, *Lamento d'Arianna*). Diese Art der P., nur noch stilisiert als Spielmusik für Laute oder Streicherchor, wurde allgemein beliebt und klingt wieder an bei M. Ravel (*P. pour une infante défunte,* 1899). – Die Herkunft des Namens war lange strittig. Der Deutung aus span. *pavo,* ital. *pavone* (= Pfau) wird d. Ableitung von Pava, volkstüml. für Padua, vorgezogen (Torrefranca). – Während im frühen 16. Jh. unter dem Namen Pado(v)ana und Paduana Formen der Art P. und → Passamezzo begriffen wurden (bei Petrucci 1508: *padoane diverse*), bezeichnen sie vor allem in der 2. Hälfte des Jh. einen schnellen Tanz, der dann meist zusammen mit Saltarello oder Gagliarda als Nachtanzgruppe dem *pass'e mezzo* folgte.

T. Norlind, Z. Gesch. d. Suite (SIMG) 1905/6; C. Sachs, Eine Weltgesch. d. Tanzes, 1933, ND 1976; F. Torrefranca, Il segreto del quattrocento, Ml 1939, ND Bologna 1969/72; L. Moe, Dance mus. in printed Ital. lute tablat. (Diss. Cambr./Mass.) 1956; B. Delli, P. u. Galliarde (Diss. FU B) 1957; K.-H. Taubert, Höf. Tänze, 1968.

Pavaniglia (it.), geradtaktiger Tanz in der ital. Instrumentalmusik Ende 16. bis 1. Hälfte des 17. Jh.; mit festem Akkordgerüst ähnlich der → Folia. Bei Sweelinck und Scheidt erscheint die P. als *pavana hispanica*; Cabezón nennt sie *pavana italiana*.

M. Dolmetsch, Dances of Spain and Italy from 1400 to 1600, L 1954; H. Spohr, Stud. z. ital. Tanzkompos. um 1600 (Diss. Freib./Br.) 1956.

Pedal (lat. *pes* = Fuß), mit den Füßen zu bedienende Tasten (Hebel) als Mittel der Tonerzeugung und der Tongestaltung. 1. Die Tastatur zum Spiel mit den Füßen findet sich zuerst bei der → Orgel (14. Jh.); zunächst noch nicht mit selbständigen Stimmen. Die P.tasten waren mit der Mechanik der Manualtasten und mit deren Pfeifen gekoppelt (→ Koppel), wie das noch bei kleineren Orgeln (→ Positiv) der Fall ist. Später erhielt das P. eigene, klingende Stimmen, wobei die Behandlung der Koppel und die Wahl der Register mit dem Zeitgeschmack wechselten. P. als Name für Tastatur wurde übertragen auf die Summe der von ihr spielbaren Register, zumal wenn diese als in sich geschlossenes „Werk" eine stimmliche Einheit bildeten gegenüber den übrigen Werken der Manuale. Die allseitig horizontale Lage der P.tasten blieb im Ggs zum ital., frz. und span. P. in Dtl. bevorzugt. Erst in neuerer Zeit werden (von England ausgehend) konkave P. auch in Dtl. gebaut. Zwei P. hintereinander gab es bereits im span. Orgelbau, zwei übereinander wurden in einigen neuen Orgeln (Paulskirche Frankfurt) eingerichtet. – Das Cembalo, seltener das → Clavichord, übernahm im 18. Jh. das P. von der Orgel (Clavicymbelpedale) mit derselben Entwicklung von der Stimmkoppelung zum selbstklingenden P. Beide Möglichkeiten hat auch das P.-Harmonium. Der P.flügel hatte eigene Saiten für das P. Für Übungszwecke gibt es stumme P. (ohne Saiten und nicht gekoppelt). – 2. Fußhebel, die den Ton dynamisch beeinflussen, Charakter oder Tonhöhe bestimmen, finden sich bei Klavier, Cembalo, Orgel, Harfe und Pauke. Das Forte-P. (Großp.) des Klaviers hebt die Saitendämpfung auf, so daß nicht nur die angeschlagenen Saiten ausklingen, sondern auch die übrigen im Obertonverhältnis mitschwingen können. Das füllt den Klang, macht ihn aber auch ungenau. Durch das linke P. (Pianozug, Verschiebung) wird die Mechanik so verschoben, daß in den Saitenchören je eine Saite weniger angeschlagen wird (*due corde, una corda*). Es entsteht ein gedämpfter, harfenähnlicher Ton. Als drittes, mittleres P. wird eine zusätzl. Dämpfung gebaut, durch die ein Filzstreifen zwischen Hämmer und Saiten gelegt wird (Moderator, besonders in hellhörigen Häusern benutzt). Bei Konzertflügeln wird ein P. gebaut, das die Dämpfung bestimmter Töne (Tonhalte-P.) ausschließt. – Die Registerzüge des Cembalos waren ursprüngl. über dem Manual oder an der Flanke des Instr. angebracht und mit der Hand zu bedienen. Vor allem bei mehrmanualigen Cembali wurden sie (erstmalig 1660) in Pedale verlegt, die dem Spieler den Registerwechsel erleichtern. Das P. am Clavichord ist seit dem 15. Jh. bekannt. → Harfe, Pauke.

Pedalklavier (-flügel), besaitetes Tasteninstr. mit Hammermechanik und Tastatur für die Füße (→ Pedal); geeignet für Triospiel und für Übungen im Orgelspiel. Das P. wurde bis ins 20. Jh. häufig gebraucht, gelegentlich auch zusammen mit Harmonium. Auch für das Cembalo werden Pedalsätze gebaut.

J. Handschin, Das P. (ZfMw) 1935.

Peitsche, zwei etwa 30 cm lange Brettchen (mit einigen Löchern), an den Längsseiten durch Scharniere verbunden. Beim schnellen Gegeneinanderschlagen wird eine Art Peitschenknall erzeugt (z. B. bei Ravel, Klavierkonzert).

Pelog (javan.), in der javanischen und balines. Musik Materialleiter mit 7 ungleichen Stufen in der Oktave, von denen meist nur 5 beim jeweiligen Musizieren ausgewählt werden. → Gamelan, Slendro, Patet.

H. Husmann, Grundlagen d. antiken u. oriental. Musikkultur, 1961.

Peni(j)e (russ: Gesang) → Rospev.

Pennill (Mz. *pennillion*; v. walis. *penn*: Kopf), improvisiert gesungene Melodie als Kontrapunkt zu einer gleichzeitig von der Harfe gespielten Volksweise; dabei Vortrag eigener Verse; meist bei Wettbewerben (→ Eisteddfod). Diesen walisischen (wohl gemeinkeltischen) Brauch gab es bis 1900 auch in der Bretagne.

Penorcon, im 16., 17. (18.) Jh. Zupfinstr. (gezupfte Fidel) aus der → Cister-Familie; kleiner als die → Pandora; mit 9 doppelchörigen Saiten (meist Draht), Bünden und schrägem Querriegel. Vgl. → Orpharion.

Pentatonik (v. griech. *pente* = 5), fünfstufige Skala. Ihre weite Verbreitung und die Tatsache, daß sie vielfach die Tonleiter bei Naturvölkern ist (z. B. Eskimos, Pigmäen Afrikas), läßt auf ein hohes Alter schließen. Instrumentenfunde aus paläolithischer Zeit (bis 8000 v. Chr.) scheinen das zu belegen. Daß die 7stufige Leiter jünger ist, zeigen auch die vollständigen, 7tönigen Melodietypen (→ Jātis) des indischen Musiksystems, die auf pentaton. Grundformen zurückgehen, wie sie sich im indones. Bereich, in Japan und auch in der frühgriech. dorischen Grundleiter finden. Halbtönige (hemitonische) P. liegt beim javanischen → Melog und in japan. Musik vor, halbtonlose (anhemitonische) in den griech. Vorstufen, in der → Gregorianik, im ma. geistlichen und weltl. Lied und in vielen Kinderliedern. Sie ist Grundform des chines. Tonsystems. Die Ableitung der Skala f g a c d nach dem pythagoreischen Prinzip der Quintreihung (f c g d a) mit anschließender Oktavversetzung zur Tonreihe wird als zu schematisch bestritten und dafür der organische Entwicklungsprozeß eines lebendigen Musiksystems aus dem Bewußtsein für melodische Distanz (Sprachmelodie) angenommen. Möglich ist auch Verbindung eines allgemeinen Urmotivs (d–f–g) mit der ebenfalls üblichen Quintversetzung (a–c–d). P. ist lebendig in der Musik der Basken, in Wales, Schottland, der Bretagne. Das kelt. Instrument → Crwth ist pentatonisch; die schott. Sackpfeife hat eine eigene Stimmung (f und c einen Viertelton höher). In der Kunstmusik findet sich P. z. B. in den Liedmotetten Dunstables, in neuerer Zeit bei Puccini (*Turandot*), Debussy, G. Bialas (*Indian. Kantate*). B. Bartók übernahm sie, angeregt vom südosteuropäischen Volkslied. Neue Systeme in der Musikerziehung (C. Orff, H. Bergese) gehen mit Glockenspiel, Gläserspiel, Xylophon von der P. aus, die durch das Fehlen von Halbtonspannungen ideales Tonmaterial zur Improvisation bietet.

H. Riemann, Folklorist. Tonalitätsstudien, 1916; W. Danckert, D. Uspr. d. halbtonlosen P. (Fs. Kodály) 1943; ders., Hirtenmusik (AfMw) 1956; A. Daniélou, Introd. to the study of mus. scales, L 1943; L. Bárdos, Natürl. Tonsysteme (Stud. Memor. Bartók) Budap. 1956, [2]1957; W. Wiora, Älter als die P. (ebd.) 1956; ders., D. Natur d. Mus. u. d. Mus. d. Naturvölker (Journ. Intern. Folk Mus. Counc.) 1961; K. Reinhard, On the probl. of pentaton. scales (ebd.) 1958; H. Husmann, Grundl. d. antiken u. oriental. Musikkultur, 1961.

Penultima (lat. *paene* = beinahe, *ultima* = die Letzte), die vorletzte Note, auf der vielfach die Bewegung der Melodie verzögert wird durch Dehnung des Notenwertes, Triller, melismatische Erweiterung od. Einfügen einer Kadenz, die als letzte Steigerung des Satzes den Schluß vorbereitet.

H. J. Moser, D. Schicksal d. P. (Musik i. Zeit u. Raum), 1960

Perdendosi (it.), sich verlierend, ganz schwach werdend.

Perfectio (lat. =), Vollständigkeit, 1. einer 3zeitigen Mensur in der → Mensuralmusik im Ggs. zum *tempus imperfectum* (zweiteilig). – 2. Bei → Ligaturen bestimmt die Bezeichnung P. den Wert der Schlußnote als → Longa.

Perfidia (it. = Treulosigkeit), Stilmittel barocker Instrumentalmusik im 17. Jh.: Wiederholung kurzer (auch variierter) Formeln durch imitierende Solostimme(n) über liegendem Baß (Gasp. Torelli) od. episodisch in größerem Zusammenhang (z. B. Bach: BWV 205, Anfang). Der t. t., neben anderen (z. B. Zarlino: *pertinazia* = Hartnäckigkeit) nach 1700 in *basso* → *ostinato* aufgehend, ist Titel bei B. Castaldi (*perfidiosa corrente,* 1622) und Torelli und wurde von A. Berardi (1689) und Brossard (1703) behandelt.

Périgourdine (frz.; ital. *perigordino*), frz. Liedtanz aus der Grafschaft Périgord; 6/8 od. 3/8. Beispiel in der Kunstmusik: Verdi, *Rigoletto,* 1. Akt, 3. Szene.

Periode (griech.: Umgang, Kreislauf), musikal. Einheit (Satz, Abschnitt) mit hälftigem, melodisch und rhythm. fast gleichem Vorder- und Nachsatz; insgesamt meist 8 (auch 12, 16) Takte. Je 2 Takte bilden eine Phrase. Der Vordersatz endet mit Halbschluß. Beide Teile können lediglich durch die Kadenz unterschieden und können auch gedehnt od. verkürzt sein. Das Material des Vordersatzes kann im Nachsatz variiert werden. Zwischen beiden Teilen besteht ein Spannungsverhältnis, das durch P.ketten gesteigert wird. Für H. Riemann war die P. *„das normative Grundschema“.*

Perkussionsinstrumente, → Schlaginstrumente.

Permutationsfuge → Fuge.

Perpetuum mobile (lat. = immer in Bewegung; ital. *Moto perpetuo*), virtuoses Charakterstück, instrumental; ohne bestimmte Form, aber gekennzeichnet durch von Anfang bis Ende gleichmäßig schnelle Bewegung von gleich kurzen Notenwerten; so bei C. M. v. Weber, F. Menddelssohn Bartholdy, Paganini, Reger.

Pes (lat. = Fuß), 1. P. (= Podatus), eine der Neumen; Verbindung eines tieferen Tones mit einem höheren; so als → Ligatur in den Choralnoten der röm. liturg. Bücher; – 2. in der 2. Hälfte des 13. Jh. in England Bez. für die textlose, auch repetierende (variierende) Grundstimme (Tenor, Cantus firmus) mit langen Notenwerten; auch die 2 Unterstimmen (z. B. → Sommerkanon).

Pesante (ital. =) gewichtig, wuchtig, schwer(-fällig), pathetisch.

Pfeifen, → Flöten, Labial- und Zungenpfeifen. → Orgel.

Pfeifen (Tätigkeit) → Kunstpfeifen.

Pfeifer → Spielleute, Stadtpfeifer.

Phagotum (v. ital. *fagotto* = Bündel), Balginstr. mit 2 parallelen zylindr., miteinander verbundenen Rohren (dazu später auch kleine Bordunpfeife), je mit Blasebalg und Windsack; Doppelklarinette (Metallzungen), Klappenmechanismus; von Afranio degli Albonesi um 1520 erfunden. Es wurde als *fagotto* 1532 in Mantua gespielt. Vgl. → Fagott.

Phantasie, → Fantasie.

Philharmonisch (griech. =) musikliebend; von daher Ph. Gesellschaft, Ph. Orchester = Philharmoniker. Der Name übertrug sich weiter auf den Aufführungssaal und das Gebäude (Philharmonie). Erste Ph. Gesellschaften: St. Petersburg 1802, London 1813. Die Wiener Gesellsch. der Musikfreunde wurde 1812 gegr. (Wiener Sinfoniker, Wiener Philharmoniker). → Musikgesellschaften.

Philosophie der Musik, → Musikphilosophie, Musikästhetik.

Phon (griech. *phoné*: Stimme, Schall), von H. Barkhausen eingeführtes Vergleichswort für Laut- (Ton-)Stärken (Schwingungsintensitäten), das auf den Kurven gleich empfundener Lautstärken beruht und bei der Bezugsfrequenz von 1000 Hz dem Schalldruckwert in dB (→ Dezibel) entspricht.

Phonascus (griech. phoné = Stimme), der nach den Regeln der griech. Rhetorik ausgebildete Gesangslehrer (Stimmbildner) im kaiserl. Rom; Vorsänger, der den Gesang intoniert, die Rezitation überwacht, Redner schult; bei Cicero, Quintilian, Sueton auch als Flötenspieler erwähnt; in der ma. Kirche Vorsänger (→ Kantor); → Praecentor.

Phonasthenie (griech.) seelisch bedingte Schwächung der Gesangsstimme.

Phonetik (griech. *phoné* = Stimme), die Lehre vom stimmlichen und artikulatorischen Ursprung der Laute; mit dem praktischen Teil der angewandten P. in der → Stimmbildung. Die P. benutzt Erkenntnisse der Medizin, Physik, Physiologie und Psychologie, um den Bewegungsvorgang bei der Bildung von Stimme und Formung des Lautes und das Mit- und Gegeneinander der Laute zu beobachten. Sie erforscht Konsonantismus und Vokalismus, das Verhältnis der Laute in Silbe, Wort und Satz nach Rhythmus, Betonung und Modulation, den Vokalausgleich und die Resonanzverbesserung. Die Ergebnisse werden in Gesangs- und Sprechkunde und in der Sprachheilkunde verwertet. Die Phonologie beschäftigt sich als funktionelle P. mit der Lautfolge in ihrer Gliederung nach Klangfarbe, Tonhöhe, -dauer, -stärke, zusammengefaßt als „Schallform". Sie fragt nach dem Symbolwert des Lautes in diesem sprachlichen Lautsystem. – Die Anfänge der P. können auf Hippokrates, Aristoteles, Galen und auf die Erkenntnisse des Leonardo da Vinci zurückgeführt werden. Die heutige P. stützt sich auf die im 19. und 20. Jh entwikkelten genaueren Untersuchungsmethoden, die durch die Elektroakustik im 20. Jh. weiter verbessert wurden. → Gesangshygiene, -pädagogik, Stimmbildung.

E. Sievers, Grundz. d. Ph., 1876, [5]1901; F. Krüger, Beziehungen d. experim. Ph. z. Psychol., 1907; R. Lach, Mg. im Lichte der Ph. (Wiener Mediz. Wochenschr.) 1923; B. Panconcelli Calzia, D. experim Ph ..., [3]1924; ders., Geschichtszahlen zur Ph., 1941; C. Stumpf, D. Sprachlaute, 1926; E. Seidel, D. Wesen d. Phonologie, K. 1943; E. Dieth, Vademecum d. Ph., 1950; O. v. Essen, Allg. u. angew. Ph., 1953, [4]1966; H.-H. Wängler, Grundr. einer Ph. d. Deutschen, 1960.

Phonikon → Baroxyton.

Phonogrammarchiv → Phonothek.

Phonograph (griech. *phoné* = Stimme; *graphein* = schreiben), die von T. A. Edison 1877 (unabhängig von dem gleichzeitigen Entwurf des Franzosen Ch. Cros) erfundene (1878 patentierte) Sprechmaschine, anfangs mit einer über eine Walze gespannten Zinkfolie, ab 1888 durch die Erfindung A. G. Bells mit einem Wachszylinder verbessert. → Schallplatte, Tonabnehmer.

Phonola, Pianola, elektromechanische, besaitete Tasteninstr. mit Hammermechanik; gebaut wie das → Pianino. Das Spiel erfolgt mechan. bzw. durch pneumatische Verbindung, von einem Papierstreifen gelenkt, auf dem durch Lochungen Musik konserviert wurde, die beliebig schnell und laut abgespielt wird. Das gefühl künstlerischer Betätigung soll der Benutzer erhalten durch die Möglichkeit, über Fußhebel und Handgriffe die Geschwindigkeit und Intensität des Anschlags zu beeinflussen. Die Klaviatur des Instruments kann unabhängig von der mechan. Zutat für eigenes Spiel benutzt werden. Die Instr. wurden durch Grammophon, Radio und Tonband überholt. 1981 wurde als „Pianocorder" ein Kassettenprogramm vorgestellt, mit dem der Tastenmechanismus des Klaviers elektronisch gesteuert wird.

Phonothek. Schallarchive zur Slg. von Tonträgern aller Art, zunächst wissenschaftl. Einrichtungen (Phonogrammarchiv Wien, 1899; Berlin, 1900), wurden besonders bei Rundfunkanstalten (in der Bundesrepublik Dtl. jetzt zentral in Frankf./M.) geführt. Die Dt. Musik-Phonothek (1961), ab 1970 das Dt. Musikarchiv in Berlin archiviert als Zweigstelle der Dt. Bibliothek Frankfurt die von den Schallplattenproduzenten zu liefernden Pflichtexemplare und veröffentlicht Verzeichnisse (1. Halbjahrsband: 1970). → Diskothek, Musikbibliographie, Musikethnologie.

Phorminx (griech.), altes griech. Zupfinstr., → Leier mit 2 senkrechten Seitenarmen und gerader Querverbindung (Joch) zur Befestigung der (meist) 4 Saiten; Begleitinstr. zum Gesang. Seit dem 5. Jh. v. Chr. verschwand der Name Ph. hinter dem der → Kithara.

B. Aign, D. Gesch. d. Musikinstr. d. ägäischen Raumes bis um 700 v. Chr. (Diss. Ffm.), 1963.

Phrasierung (griech. *phrasis* = Andeutung, Redewendung), sinnvolle Ordnung von Tongruppen zu größeren Einheiten (→ Perioden) musikalischer Deklamation, entweder ohne weiteres aus Rhythmus, Metrum und Melodieverlauf ersichtlich (aus Auftakten, Pausen, in der klass. Musik aus dem meist regelmäßigen Bau mit 2-, 4-, 8- od. 16teiligen Gruppen), in der neueren Musik aufzuspüren, od. durch zusätzl. Zeichen im Notenbild angewiesen, wozu insbes. Atemzeichen (Luftpausen, Kommahäkchen) gehören, während Bögen, vielfach auch zur Bezeichnung der P. benutzt, eher der → Artikulation dienen. Für die richtig gliedernde Interpretation ist das Erkennen der vom Komponisten beabsichtigten, meist von ihm nicht bezeichneten P. nötig. Ihre Darstellung muß über die Einhaltung der Atemphrase hinaus deren Strebungen und Spannnungsverhältnis im Gesamtzusammenhang berücksichtigen. Der Vergleich der musikal. P. mit der ordnenden Interpunktion und der aktzentuierenden Gliederung in Rede und Schriftsprache liegt nahe und wurde im 19. Jh. bis in Einzelheiten durchgeführt. Pausen und Fermaten, seit dem 17. Jh. auch das Atemzeichen, waren erste Ordnungselemente der P., von Grammatik und Rhetorik bestimmt. Das Wort Phrase ist zuerst bei Couperin belegt. Kirnberger, H. C. Koch u. a. behandelten die P. ausführlich als Theoretiker. Eine P.slehre im modernen Sinn entwickelte R. Westphal (1880), nachdem die schon 1806 von J. de Momigny dargestellten Grundsätze ohne Widerhall geblieben waren und erst von H. Riemann weitergeführt wurden, wobei sich ein für lange Zeit gültiges Lehrsystem über differenzierte Ordnungsgefüge der Musik entwikkelte.

J. J. de Momigny, Cours compl. d'harmonie, P 1803/6; R. Westphal, Allg. Theorie d. mus. Rhythmik . . ., 1880, ND 1968; H. Riemann, Mus. Dynamik und Agogik, 1884; ders., Vademecum d. Ph., 1900; A. Carpé, Grouping articulating and phrasing . . ., Boston 1898; H. Keller, Phr. u. Artikulation, 1955; M. Navone, Fraseologia musicale, Turin 1968.

Phrygisch, griechische Oktavgattung d'–d und Transpositionsskala, deren Name irrtümlich übertragen wurde auf die ma. → Kirchentonart (*deuterus authentus, 3. Ton*) e–e'.

Physharmonika, 1. → Harmonium; – 2. von daher seit dem 19. Jh. Orgelregister (16', 8') mit durchschlagender Zunge, zartem Klang.

Piacevole (ital.), lieblich.

Piangendo, piangevole (ital. =) weinend, klagend.

Pianino, besaitetes Tasteninstr., aufrecht stehend, mit Hammermechanik. Gegenüber bisherigen, senkrecht stehenden Instrumenten (→ Pyramidenflügel, Giraffenklavier, Lyraflügel) konnte die Höhe verringert werden durch vom Boden aus schräg laufende (später sich kreuzende) Saitenzüge. Von verschied. Formen (England, Amerika) war die von M. Müller („Ditanaklasis", Wien, um 1800) die entscheidende, während die Schwierigkeit der nötigen „gebrochenen" Anschlagsmechanik von R. Wornum (*Piccolo Piano,* London 1826) am besten gelöst wurde. Seine Erfindung (zu Unrecht dann „frz. Mechanik") übernahm Pleyel in Paris, der den Namen P. fand. Heute heißt das aufrecht stehende Instr. allgemein → Klavier im Ggs. zum Flügel. Kleinklaviere wurden etwa seit 1930 gebaut.

Piano (ital.), 1. p, pp, mp = *piano, pianissimo, mezzopiano,* Vortragsanweisungen; = leise, sehr leise, halbleise; – 2. Kurzform für → Pianoforte, Klavier.

Pianocorder, → Phonola.

Pianoforte. Der ursprüngliche Name für das Hammerklavier (→

Klavier) kennzeichnet genau, was man an dessen Vorgängern vermißte und was die Hammermechanik zugunsten eines neuen Klangideals möglich machte: Der starre Ton des Cembalos ließ keine Möglichkeit für differenzierten Ausdruck, und der zarte Klang des Clavichords war in Umfang und Stärke zu begrenzt. Von daher ist auch der Erfolg zu verstehen, den Hebenstreit mit seinem → Pantaleon hatte.

Pianola, elektromechan. Tasteninstrument; vgl. → Phonola.

Piatti (ital.), → Becken; *senza p.* = nur (große) Trommel.

Pibcorn, Pibgorn (walis. *piob, pib*: Pfeife; *corn*: Trompete, Horn), walis., schott., irische → Sackpfeife mit einer einfachen Klarinettenpfeife (selten doppeltem Rohrblatt), 6 Grifflöchern, Windkapsel, Schallstück aus Tierhorn; seit dem 18. Jh. nur als Volksinstr. gebraucht. → Hornpipe.

Pibroch (gäl. *piobaireachd*: die große Sackpfeife blasen), altes, kunstvolles Variationswerk für die große schott. Hochland-Sackpfeife (Highland pipe) mit hohen techn. Anforderungen und vielen feststehenden Verzierungen.

Picardische Terz (frz.: *Tierce de Picardie*), der Schluß mit Durterz in Mollstücken, so genannt bei J.-J. Rousseau (1786), der wohl auf einen Brauch in der Picardie Bezug nimmt. Die P. tritt seit der Schützzeit (*Psalmen Davids*) häufig auf.

Piccoloflöte, Pickelflöte; Holzblasinstrument; → Querflöte in Diskantstimmung, etwa in der Größe der → Querpfeife; um 1800 gebaut, später auch mit Boehmbohrung und -klappen; in der → Militärmusik als Ergänzung der Querpfeife, hauptsächlich aber im Symphonieorchester verwendet, wo sie in höchster Lage immer durchdringend klingt.

Pien, Biän → Lü-System.

Pieno (ital. =) voll, vollstimmig; *a voce piena* = mit voller Stimme; *coro p.* = Gesamtchor; *organo p.* = volles Werke der Orgel. → Plenum.

Pifferari (ital. *piffero* = Schalmei), Schalmeibläser, die zu Weihnachten in Italien Hirtenmusiken spielen (vgl. Händels Pifa im *Messias*).

Pijut (Mz. *pijutim*; hebr. von griech. *poiétés*: Poet), Hymne der → Synagogenmusik; seit dem 6. Jh. bekannt, im Mahsor (= Zyklus) aufgezeichnet; ursprünglich syllabisch von einem Gemeindemitglied, dann vom Berufssänger (Chasan) mit reichen Melismen und Verzierungen in frei fließender Melodie vorgetragen und anderen Gemeinden weitergegeben, in der Diaspora der Umgebung gemäß im MA weiterentwickelt; so im 10. Jh. mit quantitierendem Vers; zunächst bei den span.-portugies. Sephardim, nach 1200 bei den mittel- und osteurop. Ashkenasim. Die älteste bekannte Melodie ist von 1102. Manche Pijutim lehnten sich an dt. Kirchen- und Volksliedmelodien an.

I. Adler (Hg.), Hebrew writings concerning mus ... up to 1800 (RISM B IX, 2) 1975; E. Werner A voice still heard ..., L 1976.

Pincé (frz. =) gezupft; 1. in Frankr. bei Streichinstr. → pizzicato; bei Zupfinstr. gezupft, d. h. ohne → Plektrum gespielt; – 2. in der frz. Klaviermusik des 18. Jh. Bezeichnung für den → Mordent. *P. double, triple* = mit doppeltem, 3fachem Schlag; *p.étouffé* = Zusammenschlag, → Acciaccatura; *p.renversé* = Pralltriller, Schneller.

P'i-p'a, chines. Laute; heute 4saitig, früher mit rundem, später ovalem Korpus, kurzem Hals, leicht abgeknicktem Wirbelkasten. Wie bei der japan. Nebenform → Biwa schlagen die mit Plektrum gerissenen Saiten schnarrend gegen die 16–24 Bünde. Die P. stammt vermutl. aus Persien und ist in China seit etwa 200 bekannt; vgl. → K'ung-hou. – Die korean. *tang-p'i-p'a* mit flacherem Korpus wurde mit dem Finger gezupft und hatte 4 Bünde für chines. und 12 für korean. Musik.

Pirouette (frz. = Drehung), bei einigen Doppelrohrblattinstr. die zwischen Rohr und Mundstückansatz liegende dünne Scheibe, an der die Lippen beim Blasen aufliegen. Das Rohrblatt kann frei im Mund schwingen; so z. B. bei Arten von → Zurna und → Pommer. Der Name wurde von Mersenne gebraucht; engl. gelegentl. (Talbot um 1695) auch *flie (flue)*.

Piston (frz.) Kolben; Pumpventil; von daher Bez. für → Kornett.

Pitch (engl. =) Stimmung, Tonhöhe.

Pitch-pipe (engl.: Stimmpfeife), kleine Holzflöte, deren Tonhöhe durch einen Schieber mit Skala im Rohrende bestimmt wird; im 18., und 19. Jh. in Engl. benutzt, besonders in kleinen Kirchen ohne Instr.

Più (ital. =) mehr; z. B. *p. allegro* = schneller, *p. stretto* = eiliger.

Piva (it. =) 1. → Sackpfeife, Schalmei; – 2. im 15., 16. Jh. ital. Tanz, meist im Dreiertakt; als schneller Schlußtanz oft dem Paar → Pavane-Saltarello angehängt (Dalza, *Intabulatura,* 1508). → Pifferari.

Pizzicato (ital. =) gezupft. Anweisung (Abk.: *pizz.*) für Streichinstr.: Die Saite wird mit den Fingern der rechten Hand seitlich gerissen. Der Vermerk → *arco* nach p. verlangt wieder Bogenstrich. Frühe Belege für P. finden sich z. B. bei Monteverdi (1638) oder in R. Keisers Oper *Der geliebte Adonis* (Hamburg 1697) und in Händels *Agrippina* (Venedig 1709). Virtuosen führten P. mit der linken Hand aus, um die den Bogen haltende rechte für einzelne gestrichene Töne einsetzen zu können. Im 18. Jh. wurde dazu eine eigene Technik entwickelt. Auch für Klavier wird in neuer Musik P. angewiesen (H. Holliger).

Plagale Töne (griech. *plagios* = seitlich), die sekundären → Kirchentonarten (z. B. hypophrygisch) im Ggs. zu den ein → Tetrachord höher liegenden → authentischen (z. B. phrygisch).

Plagalschluß → Kadenz 1.

Plagiat (v. lat. *plagium* = Menschenraub), in der Musik die bewußte, demnach vorsätzliche Übernahme, Nachahmung, erkennbare Umgestaltung eines Musikwerkes od. eines seiner Teile. Das dt. → Urheberrecht benutzt nicht das Wort P. Die Frage, wie weit eine Urheberrechtsverletzung vorliegt und wie weit sie bewußt oder unbewußt verursacht wurde, ist schwer zu entscheiden und auch das Urteil über Zitat (Reminiszenz, → Entlehnung), → Parodie, Travestie, Bearbeitung (Arrangement) kann nicht schematisch festgelegt sein und hat zu zeigen, ob freie od. unfreie Benutzung erfolgte. Beim Selbstp. (wenn ein Komponist ein ähnliches wie das bereits vertraglich gebundene vorherige Werk schafft und anderweitig vergibt) wird schwer zwischen Gewinnsucht od. der schöpferischen Freiheit des Umformens und Verbesserns am immer lebendigen Stoff zu unterscheiden sein.

K. Engländer, Gedanken üb. Begr. u. Erscheinungsform d. mus. P. (Arch. f. Urh.-, Film- u. Theaterrecht, 1930; H. Pohlmann, D. Frühgesch. d. mus. Urheberrechts, 1962; P. Hanser-Strecker, Das P. i. d. Mus. (Diss. Frankf.) 1958; → Urheberrecht.

Plagiaulos, die bei Tanzpantomimen gespielte Querflöte der Griechen.

Plainchant (frz., engl. = → *cantus planus*), **Plainsong** (engl.), gregorian. → Choral.

Plainte (frz.) → Planh.

Plaisanterie (frz. = Scherz, Spott), Suitensatz des 17., 18. Jh.

Planctus (lat.: Wehklage), kirchl. lat. Klagelied im MA (seit dem 9. Jh.) mit Klage, Lob und Fürbittgebet für den Verstorbenen. In Europa war im 12., 13. Jh. die Marienklage weit verbreitet (*Pl. Beatae Virginis Mariae*). → Planh.

E. Wechßler, Die roman. Marienklage, 1893; B. Stäblein, D. Schwanenklage (Fs. Fellerer) 1962; P. Dronke, Poetic individuality in the MA, Oxf. 1970.

Planh (lat. *plangere* = klagen), provenzalisches Klagelied (→ Troubadours) mit 5–10 Strophen, gesungen zu Ehren des toten Landesherrn oder Gönners (→ Sirventes). Entsprechend Plainte (frz.: Klage) und Complaint (engl.) als lyr.-musikal. Erscheinungen im ma. Frankr. und Engl. (z. B. Chaucer) wie das dt. Klagelied (z. B. Walther v. d. Vogelweide auf Reinmars Tod). → Planctus. Tombeau.

H. Springer, D. altprovenz. Klagelied, 1895.

Plantation songs (engl./amerikan. = Lieder auf den Pflanzungen), die während der Landarbeit gesungenen Negerlieder, die zugleich das Arbeitstempo beeinflussen sollten. Dabei wurde der Ruf (*call*) des Vorsängers in der Antwort (*response*) der Gruppe aufgenommen und erweitert. Die P. sind wie die → *Spirituals* aus der Gemeinschaft entstanden im Ggs. zum → *Gospel song*.

Platerspiel (v. mhd. *blâtere* = Blase, engl. *bladder-pipe*), ma. Blasinstr. mit Windmagazin aus einer Tierblase und mit Spielröhre (auch doppelt) mit auf- od. durchschlagender Zunge, bei Doppelröhre mit verschiedener Zahl von Löchern, deren rechteckige Form antike Herkunft vermuten läßt (Aulos). Das P. wurde bei Virdung (1511) beschrieben und ist in verschiedenen Varianten noch in Gebrauch (Rußland, Albanien).

H. Becker, Stud. z. Entw.gesch. d. antiken u. ma. Rohrblattinstr., 1966; R. Weber, Tournebout – pifia – bladderpipe (Galpin Journ.) 1977.

Playback (engl.: Wieder-, Rückspiel), Verfahren (z. B. bei Rundfunk-, Schallplatten-, Videoaufnahmen), Musikpart, Einzelstimmen, Bild getrennt aufzunehmen, später zusammenzufügen (Synchronisation z. B. von Solo und

Begleitung). Bei Bildaufnahmen werden dann Sprache od. Gesang durch Mundbewegungen simuliert.

Plektrum, Plektron (griech., lat. = Stäbchen, Schlägel), das Plättchen aus Schildpatt, Elfenbein, Metall oder Holz, mit dem die Saiten der Zupfinstr. gerissen (geschlagen) werden; früher auch Schlägel, z. B. beim → Pantaleon und bei Schlaginstr. Ital. *orchestra a plettro* = O. von Zupfinstrumenten (bes. Mandolinen).

Plenum, organo pleno (lat.: mit voller Orgel/mit vollem Werk), **Plein jeu** (frz.: volles Spiel). In der Geschichte des → Orgelbaus und der → Orgelmusik haben die Bez. volles Werk, Pl. und Pl.j. unterschiedl. Bedeutung, abhängig von der in den Ländern bevorzugten Disposition der einzelnen in sich geschlossenen „Werke" innerhalb der Orgel, von denen jedes sein Pl. hatte. Zum Pl.j. der frz. Orgel gehörten Prinzipale, Mixturen, Zimbel (dann Zungenstimmen). *„Grand Jeu"* war „volles Hauptwerk" nur, wenn im Ggs. zum „vollen Werk des Rückpositivs" (*Petit Jeu*) gebraucht, sonst der Zusammenklang der lauten (weitmensurierten) Stimmen (z. B. Trompeten, Rohrwerke) im Obligatspiel. Das frühbarocke Pl. der dt. Orgel enthielt den Prinzipalchor, zunächst ohne Zungen- und weite Obertonregister, die im Hochbarock (Schnitger) zusammen mit engen Registern auftreten konnten; weite zunächst nicht im Rückpositiv. Das Pl. bei Rückpositiv und Pedal war stärker und das im Brustwerk schwächer als das im Hauptwerk. J. S. Bach wechselte in seinen Anweisungen zwischen Mixturen- und Zungen-Pl. Im Orgelbau des 19. Jh. wurde das Werkprinzip allgemein aufgegeben (Staffelung der Klangstärke noch bei Cavaillé-Coll in Frankr.), und Pl. bzw. Pl.j. bezogen sich auf die ganze Orgel, was im 20. Jh. z. Teil modifiziert wurde.

H. Klotz, Üb. d. Orgelkunst d. Gotik, Renaiss. u. d. Barock, 1934, ²1975; ders., Pro Organo pleno; Norm u. Vielfalt d. Registriervorschr. J. S. Bachs, 1978.

Pleßhorn (schlesisch volkstüml.: „Huppe"), dem → Posthorn ähnliches kleines Horn; die engen Windungen mit Bast od. Leder umwickelt; Jagd- und Signalinstr., benannt nach dem Fürsten von Pleß.

Plica (lat. = Falte), Melisma in der → Modal- und der frühen → Mensuralnotation; ein zu seiner Hauptnote im Sekundabstand auf- od. absteigender Zierton (*ascendens* od. *descendens*), vor- od. nachgestellt; notiert mit einem zweiten, kleineren Stiel. → Gregorianik, Liqueszente Noten.

H. Anglés, D. Bedeutung d. P. i. d. ma. Musik (Fs. Fellerer), 1962.

Pneumatik (griech. *pneuma* = Hauch), die die Arbeit der Luft, den Luftdruck betreffenden Anlagen in der → Orgel; die Regelung des Luftdrucks im → Balg, Tonerzeugung in der Orgelpfeife, Beteiligung des Luftdrucks an der Spielmechanik.

Pochette (frz. *poche* = Tasche), → Taschengeige der Tanzmeister.

Poco (ital. =) etwas, ein wenig; *p. a p.* = nach und nach, allmählich; *p. più* = etwas mehr; *un pochetto* (*pochettino*) = sehr wenig -; *pochissimo* = äußerst wenig.

Polacca (ital. = polnisch), in der Art der → Polonaise; z. B. *Rondo alla p.* bei Mozart und Beethoven.

Polka (tschech.), neben dem Walzer beliebtester Gesellschaftstanz des 19. Jh.; in den 1830er Jahren in Böhmen entstanden mit Anklang an den süddt. → Schottischen, an den frz. *pas de fleuret* und *pas de bourrée*. Der schnelle Achtelrhythmus des 2/4-Taktes ist durch das punktierte Achtel der 2. Taktzeit charakterisiert. Die Herkunft des Namens ist umstritten (von tschech. *tanec napolo*: Halbtanz od. *půlka*: Halbschritt od. *p.*: Polin). – Die P. setzte sich schnell in Europa durch, in Frankr. ab 1844, wo sie durch ein → Vaudeville berühmt wurde (*La p.en province*); in Engl. auch als *German P.*, wobei die aus verschied. Wurzeln stammenden Tänze → Ecossaise und „Schottisch" verwechselt wurden. In der Kunstmusik bei Smetana, Dvořák, Weinberger wurde die P. zum tschech. Nationaltanz. Die P.-Mazurka hat 3/4-Takt. Die skandinav. → Polska ist von der poln. → Mazurka, nicht von der P. beeinflußt.

A. Michel. P. (in: Chujoj, The Dance Encycl.), NY 1949; R. C. Halski, The Polish origin of the p. (Kb. Warschau) 1960.

Polo (span.), Lied und Tanz in Andalusien; 3/8-Takt; meist in Moll; im Gesangsteil (nach rhythm. kontrastreichem Gitarrenvorspiel) häufig die Rufe *ay* oder *olé*. In der Kunstmusik z. B. bei Bizet, M. de Falla.

Polonaise (frz.; it. *polacca*, poln. *polonez*), poln. Tanz im 3/4-Takt, ohne Auftakt, in der Regel mit Achtelbewegung bei 2 Sechzehnteln auf das 2. Achtel (ähnlich eine der P. angeglichene Form des → Bolero). Die Phrase schließt meist auf dem 2. Viertel. Eine Vorform dieser P. ist ein langsamer poln. Schreittanz (Tanzlied) des 16. Jh., der in Polen noch üblich ist, dem z. B. der marschartige, P. genannte Aufzugstanz in Dtl. ähnlich ist und aus dem sich höfische Eröffnungstänze entsprechend allgemein europäischem Brauch (vgl. → Intrada) entwickelten. Die P. hat ihre jetzige Gestalt als ungeradtaktiges Instrumentalstück (wohl zunächst → Nachtanz zum Schreittanz) wesentl. in der Hofmusik (Kunstmusik) außerhalb Polens erhalten und erscheint oft als Satz od. selbständiges Stück, wobei das Klavier bevorzugt wird (Fr. Couperin, J. S. Bach, Händel, Telemann, Guillemain, W. Fr. Bach, Schobert, Kirnberger, Mozart, Beethoven, Schubert, R. Schumann). Auf die allgemeine Anteilnahme am Schicksal der Polen (Polenaufstand) ist die Verbreitung und Beliebtheit der P. in Westeuropa vor allem im 19. Jh. zurückzuführen, zumal in Polen selbst seit Ende des 18. Jh. die Slg. der P. (J. Sychra, ab 1772) einsetzte und eine Blütezeit der Neukomposition begann, z. B. J. Kozłowski, M. Ogiński, J. Elsner (so die Oper *Leszek Biały*, 1809, mit einer Arien-P.) und dessen Schüler Fr. Chopin mit zahlreichen Klavier-P. Von daher wurde die P. allgemein und in verschiedensten Besetzungen von Komponisten bevorzugt, z. B. für Posaune, Zither, Orgel, Chor; meist für Klavier (Szymanowski, Skrjabin) und in der Oper (C. M. v. Weber, Tschaikowsky, Musorgskij).

T. Norlind, Z. Gesch. d. poln. Tänze (SIMG) 1910/11; L. Kamieński, Neue Beiträge z. Entw. d. P. bis Beethoven (Kb. W) 1927; ders., O polonezie staropolskim (Über altpoln. P.; Muzyka) 1928; J. W. Reiss, Polonez

(Poradnik muzyczny) 1950/1; Z. Stęczewska, Z zagadnień historii poloneza (Z. Frage d. Gesch. d. P.; Muzyka) 1960; K. Hławiczka, Grundr. e. Gesch. d. P. bis z. Anfang d. 19. Jh. (Svensk tidskr. f. musikforskn.) 1968; Z. Lissa, Klav.-P. u. -Mazurka im 19. Jh. (Gattungen d. Mus.) Bern 1973; St. Burkhardt, P., Katalog tematyczny 2 (1792/1830), hg. M. Prokopowicz/A. Spóz, Krakau 1976.

Polska, schwedischer Nationaltanz, Liedtanz; im 18. Jh. auch Gesellschaftstanz; ¾-Takt; oft mit Mollcharakter. Die P. stammt vermutl. von der → Mazurka ab, ist auf jeden Fall poln. Herkunft und wurde Ende des 16. Jh. übernommen.

T. Norlind, Z. Gesch. d. poln. Tänze (SIMG), 1910/11; E. Ala-Könni, Die P.-Tänze in Finnland, Helsinki 1956.

Polyästhetische Erziehung, fachübergreifende Erziehung auf allen Kunstebenen über der jeweiligen Fachausbildung, die nicht eingeschränkt, sondern durch P. E. gefördert werden soll. Die Internat. Gesellschaft für P. E. (IGPE) wurde 1982 in Salzburg gegründet. → Musische Erziehung.

E. Funk-Hennings, Musische Bildung – P. E. (in: Musikpäd. Forsch. 1) 1980.

Polychronion (griech. *polys* = viel; *chronos* = Zeit), die im byzantin. kirchlichen Zeremoniell vom Volk gesungene → Akklamation als Antwort auf den Einzelvortrag des Huldigungsgedichts für das Herrscherhaus od. siegreiche Heerführer, in der heutigen Liturgie zu Ehren des anwesenden Bischofs. Entsprechend singt die russ.-orthodoxe Gemeinde am Schluß des Festgottesdienstes (Trauung usw.) das Mnogoletije (russ. von kirchenslaw. *mnogaja leta*: viele Jahre) nach einer oft variierten, auch weltl. gebrauchten Melodie.

Polymetrik(griech. *polys*: viel; *metron*: Maß), unterschiedl. Taktakzente in gleichzeitig klingenden Stimmen, da sie verschied. Metren haben. P. erscheint nicht als gelegentliche, effektvolle Überlagerung von verschiedenen Taktarten, sondern eher systematisch durchgeführt; so besonders in der Musik etwa seit 1900 (z. B. Debussy, Strawinsky). Die Grenzen zur → Polyrhythmik sind fließend. → Imbroglio.

Polyphant,→ Cister mit bis 40 Drahtsaiten; Ende des 16. Jh. von D. Farrant in London gebaut.

Polyphonie(griech. =) Vielstimmigkeit; Schreibweise bei mehrstg. Kompositionen, bei der die Einzelstimme ein gewisses Maß an Selbständigkeit besitzt, so daß im Extremfalle jede für sich ein allein lebensfähiges Kunstwerk darstellen könnte, wenn sie nicht durch die Rücksicht auf die Bewegung der anderen Stimmen und vom Zusammenklang aller eingeengt würde (→ Stimmführung). P. ist bestimmt von der frei sich entfaltenden melod. Linie, von Harmonie und Rhythmus. Sie existiert zwischen den beiden Polen der Atonalität – dieser Begriff ohne Polemik gemeint als absolute Beziehungslosigkeit der Stimmen untereinander – und der → Homophonie als Kompositionsart Note gegen Note bei gleichen Werten (wobei als gegensätzl. Stadien → Heterophonie und → Monodie zu gelten hätten). Die Kunst des Komponisten besteht im Ausgleich zwischen beiden Extremen, der in einem Werk gleichzeitig wirksam sein oder durch wechselnde Wahl der Mittel erreicht werden kann. Der Maßstab für die Bewertung ändert sich im Zeitgeschmack, ausgehend entweder von Melodie,

Harmonie oder Rhythmus. Zu einem höheren Kriterium einer aus dem polyphonen Satzgefüge herausgelösten Melodie als einem Kunstwerk gehört demnach – von welchem Tonsystem auch dabei ausgegangen wird – die Frage, wie sie sich zu den anderen Stimmen verhält. Das ergibt sich auch, wenn das Wort Harmonie in der urspüngl. Bedeutung als Zugleich und Nacheinander der Töne verstanden wird und die Betrachtung nicht die Gegensätze überbewertet durch Vereinfachung (vertikal-horizontal). Der → Kontrapunkt hat seine Wurzel im schweifenden → Organum des MA. Regel und Richtschnur wurde das Werk Palestrinas im 16. Jh., Höhepunkte waren die burgund.-niederländ. Chorwerke (Josquin Desprez) und das Werk J. S. Bachs mit → Imitation, Choralbearbeitung, Kanon, Fuge, wobei stets das harmon. Gerüst mitgedacht ist. Seit den auf antiken Lehren fußenden ersten Regeln für → Konsonanz und → Dissonanz begleiteten Theoretiker die Entwicklung bzw. folgten ihr mit Bestimmungen für den „reinen Satz" und Parallelenverboten, die um so exakter waren, je weniger sich die Kunstmusik polyphoner Schreibweise bediente. Etwa seit J. Brahms und M. Reger begann ein neues Stadium der P., fortgesetzt in Werken des 20. Jh. – Nach der → Heterophonie im ursprüngl. Jazz zeigte sich eine Mehrstimmigkeit, die zwar aus anderen Wurzeln kommt, sich aber gelegentlich mit imitatorischen und kanonischen Reminiszenzen an die abendländ. neue Musik anlehnt, deren Instrumentationseffekte übernehmend (→ *progressive Jazz*).

E. Muthesius, D. Logik d. P., 1934; F. Breidert, Stimmigkeit u. Gliederung i. d. P. des MA, 1935; Kn. Jeppesen, The polyphonic vocal style of the 16th cent., L 1950: P. Nettl, Notes on the concept and classific. of P. (Fs. Blume) 1963; E. Apfel, Grundlagen e. Gesch. d. Satztechnik 2, 1974; Census-catalogue of ms. sources of polyph. mus. 1400/1550, 1979, 1982. → Komposition, Kontrapunkt, Mehrstimmigkeit, Musiktheorie.

Polyrhythmik (griech. *polys* = viel), Darstellung mehrerer Rhythmen übereinander als rhythm. Kontrapunkte, bewußt od. unbewußt im gleichen Grundmetrum. Sie können kanonisch (Akzentverschiebung durch nachzeitigen Einsatz) od. als ostinate Linien geführt sein (z. B. Messiaen, *Quatuor pour la fin du temps*), können gegeneinander stehen (z. B. 3- gegen 2tlg. Gruppen; wie Triolen) od. sich als Komplementärrhythmen zu einem schwebenden Rhythmusgefüge ergänzen (z. B. Strawinsky, Messe; vgl. → Usul). Erscheinungen der P. finden sich in der Chormusik des 15. und 16. Jh., häufig in der Musik des 20. Jh. und in afrikanischen, afro-brasilian. Perkussionsrhythmen. Im nordamerikan. Jazz wurden metrische Varianten verbunden. Dabei bewirkten Binnenrhythmik (z. B. → Swing) Akzentverschiebung innerhalb des Metrums, die sogen. Überrhythmik solche in größeren Abständen. Die Kreuzrhythmik verlagert die Akzente übereinander in den verschied. Rhythmus-Instr. Der moderne Jazz verwendet meist festliegende rhythm. Grundformeln. → Polymetrik, Proportionskanon.

Polytonalität (griech. *polys* = viel), das Übereinander zweier (→ Bitonalität) od. mehrerer Tonarten; bei Mozart (*Ein musikal. Spaß,* KV 522, 1787) scherzhaft mit dem Bewußtsein der

„Stammtonart"; Stilmittel der neuen Musik nach R. Wagner (*Tristan*, 2. Akt) und R. Strauss (*Also sprach Zarathustra, Ein Heldenleben, Elektra, Salome*) z. B. bei Strawinsky (*Petruschka*, 1911), Ch. Ives (*The Unanswered Question*, 1908), M. Ravel (1. Klavierkonzert), D. Milhaud (*Choéphores*, 1915).

Pommer (Bomhart, Pumhart), 1. Holzblasinstr. mit konischer Bohrung, Doppelrohrblatt, 6(7) Grifflöchern ohne Oktavgriff, je nach Größe mit 1–4 überdeckten Klappen (→ Fontanelle). Der P., aus der → Schalmeienfamilie stammend (Diskant-P. = Schalmei), entwickelte sich nach 1400 selbständig weiter zu Stimmfamilien (bis Großbaß-P.) und war besonders beliebt in Dtl.; Hochblüte im 16. Jh. Oboe und Fagott gehen auf den P. zurück, der nach 1600 bald wegen des starren Tons an Bedeutung verlor. – 2. Orgelregister (auch „Bombarde") mit aufschlagender Zunge; Manual (8', 4') und Pedal (32', 16').

A. Reimann, Stud. z. Gesch. d. Fagotts (Diss. Freib./Br.), 1956; W. Frei, Schalmei u. P. (Mf. 15), 1961.

Ponticello (ital. = kleine Brücke; frz. *chevalet*; engl. *bridge*), → Steg der Saiteninstr.; *sul p.* = den Bogen so nahe wie möglich am Steg aufsetzen, damit ein harter Ton erzeugt wird; Ggs.: *sulla* → *tastiera*.

Pontificale (lat. *pontifex* = Oberpriester, Bischof), Ordnung der bischöfl. Funktionen im kathol. Ritus. Aus den früheren Ordnungen des 10. Jh. und den Ergänzungen von 1216, 1296 und 1485 entstand die von Papst Clemens VIII. 1596 veröffentlichte Fassung des P. Romanum, die 1888 erneuert, 1963 überarbeitet wurde. Teilausgaben, gemäß der Liturgiereform, erscheinen seit 1968.

Popevka (Mz. *popevki*; von russ. *pet'* = singen), Melodieformel, → Glas(s).

Popmusik (engl. *popular*; im Sinne von: allgemein beliebt, „aktuell"). Der seit den 1960er Jahren landläufige Sammelbegriff, in Anlehnung an „Popkunst", „Popkultur" entstanden, umfaßt eine Vielzahl von Strebungen, Gruppen und fast identischen Bezeichnungen der Unterhaltungsmusik, z. B. von Erscheinungen des → Rock'n'Roll (Folk-Rock, Jazz-Rock), → Beat bis → Schlager. Wurde etwa nach 1960 der Name „Beat" für eine eigene, von Liverpool (Beatles) ausgehende Entwicklung (Wiederaufnahme) des Rock'n'Roll üblich, so fand sich in „P." der erweiterte, zugleich nivellierende Begriff. Die verschiedenen Richtungen sind kaum abzugrenzen, beeinflussen sich od. lehnen sich gegenseitig ab in ständigem Wandel, der jene behindert, die Neues vom Tage registrieren und pädagogisch korrekt zu benennen bestrebt sind. Seit Ende der 1970er Jahre bevorzugt man für die musikal. anspruchsvolleren, dem „klassischen" Rock näher stehenden Arten die Bez. → Rockmusik. Soweit nicht von vornherein kommerzielle Interessen bestimmte Produktionen inspirierten, haben wohl alle Erscheinungen die Wurzel im allgemeinen Jugendprotest seit etwa 1960 gemeinsam und das reichhaltige elektron. Instrumentarium, das große Lautstärke und vielfältige → Multimedia-Effekte ermöglicht. P. verbreitete sich weltweit in allen Bereichen.

→ Rockmusik.

Portamento (it. *portar la voce*; frz. *port de voix*: den Ton, die Stimme tragen), die gleitende Verbindung von Tönen durch weichen, etwa dem→Glissando ähnl. Übergang; falls notiert, dann mit Bogen, Querstrich zwischen Notenköpfen, Wellenlinie od. Vorschlag. Mittel der Ausdruckssteigerung, jedoch durch sentimentale Übertreibung (Heulen) in der Unterhaltungsmusik, insbes. beim → Schlager in Verruf gekommen und in der Kunstmusik nur vorsichtig verwendet, wobei sich im Gesang nationale, durch die Sprache bedingte Unterschiede ergeben: Die ital. Sprache begünstigt das P., während es in der dt. genau geschult werden muß, wenn es nicht aufdringlich wirken soll. Grundsätzlich soll das P. zwischen 2 getrennten Silben, also nicht auf demselben Vokal ausgeführt werden; auf der Vor-, nicht der Hauptsilbe. Bei Tasteninstr. kann nur der 1. Ton kurz wiederholt od. der 2. kurz vorweg angeschlagen werden, beides entweder auf die Zeit des 1. od. des 2. Tons. Dagegen ist das Übergleiten bei der Singstimme und bei Streichinstr. möglich, bei Blasinstr. (besonders Posaune, Saxophon, Klarinette) durch verschied. Blasdruck unterstützt. In der Stimmbildung fördern P.-Übungen die Beweglichkeit im Lagenausgleich. *Aria di p.* = feierlich getragene Aria mit weichen Tonübergängen.

Portativ (v. lat. *portare*: tragen), tragbare Kleinorgel, besonders im 13.–15. Jh. gebräuchlich; mit bis 28 Labialpfeifen (auch Bordune), in 2 Reihen angeordnet. während eine Hand den Blasebalg bediente, spielte die andere auf den Griffen (Knöpfen, später Tasten) der Vorderseite. Das P. wurde bei geistlichem und weltl. Zusammenspiel verwendet, auch als Prozessionsorgel (mit Gurt getragen). Es verlor bis zum 16. Jh. an Bedeutung und wurde durch das → Positiv ersetzt, im 20. Jh. rekonstruiert. → Regal.

H. Hickmann, Das P., 1936, ND 1970.

Portato (ital. =) getragen; breit, aber nicht gebunden. Bezeichnung durch Punkte, (Striche) und Bogen über/unter den Noten.

Port de voix (frz.), in der frz. Lautenmusik → Vorschlag von unten; nach 1800: → Portamento.

Portunal, Portunalflöte; trichterförmige Flötenstimme der Orgel (16'), 8', 4'; im 17. Jh. in Schlesien erwähnt; Anfang 18. Jh. in Breslau verbessert.

Posaune (lat. *bucina*; afrz. *buisine*; it., frz., engl. *trombone*; span., russ. *trombon*), 1. Blasinstr. mit Kesselmundstück und zylindr. Rohr, das durch einen „Zug" so verlängert werden kann, daß der Tonumfang erweitert und chromatisches Spiel ermöglicht wird. Aus der ma. *busine,* einer fanfarenähnl. → Trompete, hatte sich die S-förmige → Zugtrompete der → Spielleute (*trompette des ménestrels*) entwickelt, aus der im 15. Jh. vermutl. in Burgund die P. mit dem U.-förm. Zug wurde. Sie wurde im 16. Jh. in Stimmfamilie gebaut. In Dtl. verwendet man heute die Tenorp. (B), weniger die Baßp. (B, F, mit Zugventil; „Quartp."). Alt- und Diskantp. werden neuerdings wieder hergestellt. Die P. ist nicht transponierend und wird im Violin- od. Baßschlüssel (auch Alt-, Tenorschl.) notiert. Wenig erfolgreich waren Versuche, auch die P. mit → Ventilen auszustatten. Im Orchester wird die P. seit Gluck (*Alceste,* 1767) besonders wirkungsvoll eingesetzt. Die Jazzmusik gibt der (engmensurierten) P. Solo- und Gegenstimmen, oft mit hohen techn. Anforderungen (Glissando), was wiederum die Orchestermusik beeinflußte. → Position. – 2. Zungenstimme in der Orgel. (Pedal), 16' (auch → „Bombarde"), 32' (Subbaß-P.), 8'. → Posaunenchöre.

E. Elsenaar, De trombone ..., Hilversum 1947; H. Besseler, D. Entstehung d. P. (AM), 1950; Ph. Bate, The trumpet and trombone, L. 1966, [2]1978; R. Gregory, The trombone, L 1973; G. B. Lane, The trombone in the MA and the Renaiss., Bloomington 1982. → Trompete.

Posaunenchöre, die vor allem in der evangelischen Kirche verbreiteten und dort im „Posaunenwerk" zusammengeschlossenen Bläsergruppen, die im Ggs. zur → Harmoniemusik nur mit Blechblasinstr. musizieren und statt des symphon. Bläsersatzes den a cappella-Satz der gemischten Chöre übernahmen. Nach Anfängen in Graf Zinzendorfs Brüdergemeinen ist der eigentl. Ursprung der dt. P. die im 19. Jh. beginnende kirchenmusikal. Erneuerung. Maßgebend war die Arbeit von E. und J. Kuhlo (*Posaunenbuch*, 1881) und A. Müller. An Instr. wurden die → Flügelhornfamilie, → Trompete und → Posaunen eingesetzt. Außer Choral- und Volksliedsätzen, Ricercaren und Canzonen des 16. und 17. Jh., Bläsermusiken z. B. von Pezel, Praetorius, Schein, werden neueste Werke gespielt, entstanden in einer neuen Blüte der Bewegung nach dem 2. Weltkrieg (u. a. Ruppel, Bender, Micheelsen). → Abblasen, Turmmusik.

W. Ehmann, J. Kuhlo ... 1951; ders., D. Bläserspiel (Leiturgia 4) 1961; ders., 100 Jahre Kuhlo-Posaunenbuch (D. Kirchenmusiker) 1981. → Blasmusik.

Position (lat. *positio*: Lage, Stellung), 1. der „Zug" bei der → Posaune, bei der 7 P. (Lagen) möglich sind. Die 1. P. (nicht ausgezogenes Rohr) ist die Normalstellung; jede weitere senkt den Tonumfang um ½ Ton, insgesamt also 6 Halbtöne; – 2. bei Streichinstr.: → Lage (2); – 3. Fußstellung in der klass. Tanzkunst.

Positiv (v. lat. *ponere* = stellen; frz. *positif*, engl. *choir organ*), kleine = Orgel mit einem Manual; Haus- oder Chororgel (vgl. engl. Namen); nicht tragbar (Ggs. → Portativ); vorwiegend mit → Labialstimmen und selten mit Pedal, das dann in der Regel „angehängt" ist, d. h. mit den Manualstimmen gekoppelt. Das P. ist seit dem 15. Jh. bekannt und wurde an ma. Höfen für geistl. und weltl. Musik (Generalbaß-Instr.) eingesetzt.

R. Quoika, D. P. in Gesch. u. Gegenw., 1957.

Posse, Possenspiel, heitere Kurzszene (→ Farce), seit dem 17. Jh. auch "P. mit Gesang" und kleiner Instrumentalbesetzung. Im MA (Fastnachtsspiele; frz.: Sottie) zunächst groteske Figur, später mit Beispielen aus d. Commedia dell'arte und mit Scherz, Trick und Zauberei, z. T. als Stegreifheater. Die P. war als eigene Gattung im 19. Jh. besonders im Wiener lokalsatirischen Volkstheater lebendig (Raimund, Nestroy). Sie ging in → Operette und → Musical auf, erschien auch oft als Teil in der Oper (z. B. Strauss, *Ariadne auf Naxos*).

V. Klotz, bürgerl. Lachtheater. Komödie, P., Schwank, Operette, 1980.

Posthorn, kreisförmiges, kleines Blechblasinstr. mit weiter → Stürze, auch als Jägerhorn bekannt, von Postillionen geblasen; in der Kunstmusik z. B. bei J. S. Bach, Mozart, Spohr, Mahler. Im 19. Jh. mit → Ventilen versehen (→ Kornett).

Postludium (lat.), Nachspiel in Klavierzyklen; als selbständige Komposition meist für Orgel zum gottesdienstl. Gebrauch.

Postum (lat. *postumus* = nachgeboren), aus dem Nachlaß veröffentlicht. → *opus postumum*.

Potpourri (frz.: Ragout von Fleischresten), eine Folge von mit kurzen Überleitungen verbundenen Melodien (z. B. Arien, Liedern) gleicher od. unterschiedlicher Herkunft, mit etwa ähnlicher Stimmung od. zu einer bestimmten Gattung gehörend (Jagd-, Opern-, Operetten-, Volksliederp). Sie werden aus dem musikal. Gefüge herausgelöst, ausgewählt nach dem Grad ihrer Beliebtheit und ihres Erinnerungswertes und nach ihrer Eignung, zu einem, wenn auch geringem Spannungsverhältnis innerhalb der künstlich zusammengefügten Teile beizutragen. Mit dieser nur äußerlichen, kaleidoskopartigen Aneinanderreihung unterscheidet sich die Gattung vom kunstvoll gefügten → Quodlibet. Die P.-Ouvertüre bot Hauptthemen z. B. der Oper in loser Folge (Hérold: *Zampa*). Das 19. Jh. war die Blütezeit des P. mit verschiedensten Besetzungen, während heute Blas- oder Salonorchester, Klavier, Heimorgel bevorzugt werden. → Medley.

G. Birkner (Hg.), Pot-pourry franç., Tanzmeister-Weisen d. 18. Jh., 1967.

Poussé (frz.), Aufstrich; → Bogenführung.

Praeambulum, Präambel, Priamel (von lat. *ambulare*: gehen), seit dem 15. Jh. Vorspiel für Tasteninstr. od. Laute. → Praeludium.

Praecentor (lat. *prae* = vor, *canere* = singen), der Vorsänger, zunächst im 7.–8. Jh. an der röm. → Schola cantorum; dann Chorführer (*primicerius*: Präfekt in refomator. Lateinschulen). → Phonascus.

Praefectus chori (lat. =), der Vorgesetzte. In größeren Schulchören (Thomaner, Kreuzchor) der Chorführer, Chorpräfekt, Assistent des Kantors; ein älterer Schüler, der Proben leitet, Aufführungen vorbereitet, das Kurrendesingen durchführt und für Disziplin im Chor sorgt. Im 16. und 17. Jh. auch der → Kantor.

Praestant, Vordersatz (lat. *praestare*: vorn stehen). Die in der Orgel vorn (im → Prospekt) stehenden, vielfach reich verzierten Pfeifen, früher Zungen- od. Quintregister, sind heute meist → Prinzipalstimmen, so daß häufig Pr. = Prinzipal gesetzt wird. Vgl. → Hinter-, Untersatz.

Präfation (lat. = Einleitung, Vorwort), in der kathol. Messe Hochgebet vor der Wandlung; feierlicher Gesang des Priesters. Die musikal. Gestalt ist eng verwandt mit der Melodie des *Pater noster*. Die ambrosian. Melodien beider sind fast identisch. Der lutherische Gottesdienst übernahm die (landschaftl. verschiedenen) vorreformator. P.smelodien. Sie wurden in Pietismus und Aufklärung verformt und aufgegeben, mit verschied. Fassungen im 19. und 20. Jh. wieder eingesetzt.

Pralltriller, kurzer Triller; Schneller; Verzierung durch einmaligen schnellen Wechselschlag zwischen Hauptnote und oberer Sekunde od. deren chromatischer Veränderung, die mit Versetzungszeichen über dem Zeichen des P. 𝆗 angewiesen wird. Der → Mordent dagegen wechselt zwischen Hauptnote und unterer Sekunde.

Präludieren, improvisieren, phantasieren an der Orgel od. dem Klavier, als Einleitung; vor Gesangsstücken auch, um in deren Tonart einzuführen (→ Intonation).

Präludium (lat.; frz. *prélude,* ital. *preludio* =) Vorspiel, improvisiertes od. schriftlich fixiertes Instrumentalstück zur Einleitung des Gottesdienstes od. einer weltlichen Feier od. als Vorspiel zu einem anderen Musikwerk. Ursprünglich improvisiert wie das → Praeambulum zur → Intonation. Im 16. Jh. brachte Attaingnant P.en für Tasten- und Saiteninstr. heraus als Einleitung zu → Suiten für Cembalo, Laute od. Gitarre. In der Form nicht festgelegt, stand das P. der → Fantasie nahe mit ausgebreitetem Passagenwerk. Gegenüber den freieren frz. und ital. P.en und Suitenvorspielen in der Art der frz. → Ouvertüre und der ital. → Sinfonia entwickelte sich in Dtl. aus der → Toccata Frobergers die Verbindung von P. und Fuge für Orgel bzw. Klavier, die J. S. Bach zur Hochblüte führte. Im *Wohltemperierten Klavier* ist das P. trotz aller strengen Ordnung vielgestaltig. Buxtehudes P.en mit loser Folge der Teile zeigen noch die Spielfiguren der Toccata. Der Verfall der → Kirchenmusik im 18. Jh. spiegelt sich nach den noch deutlich von Bachs Geist belebten Stücken von Krebs, Müthel, J. Chr. Kittel auch in der weiteren P.enkomposition. Seit der Romantik entstand das Prélude als Einzelstück od. im Zyklus für Klavier od. Orchester mit freier Form in der Nähe des Charakterstückes (F. Mendelssohn, Chopin, C. Franck, Debussy, Fauré, Schostakowitsch), wie es noch im 20. Jh. auftritt (Schönberg). Dagegen bleibt dem Orgelp. nach Brahms und Reger trotz der Möglichkeit der Darbietung im Konzert noch der Charakter des Vorspiels (Pepping, David). Hindemith stellt im *Ludus tonalis* die Folge von Interludien und Fugen zwischen ein Prä- und Postludium. → Vorspiel.

F. Dietrich, Analogieformen in Bachs Tokkaten u. P. f. d. Orgel. (Bach-Jb.) 1931; W. Apel, Der Anfang d. P. i. Dtl. u. Polen (Kb. Warschau) 1960; S. Hermelink, Das P. in Bachs Klaviermus. (Jb. Staatl. Inst. f. Mf.) 1976; G. B. Stauffer, The organ preludes of J. S. Bach, Ann Arbor 1980.

Präpariertes Klavier (engl. = *Prepared Piano*), Klavier (Flügel), zwischen dessen Saiten Gegenstände (z. B. Nägel, Löffel) angebracht werden, was den Klang verfremdet. Die früher schon zum Scherz genutzte Methode wurde 1940 von J. Cage in der Komposition *Bacchanale* verwendet, der wohl von Ideen H. Cowells (→ Rhythmicon) und dessen Werk *Rhythmicana* angeregt wurde. A. Schnittke schrieb ein Concerto grosso für Streicher, Cembalo und pr. Klavier. (1977).

M. Fürst-Heidtmann, Das pr. Kl. des J. Cage (Köln. Beitr. z. Mf.) 1979.

Precipitando, *precipitoso* (ital. =) vorstürzend, schnell vorantreibend, eilend.

Prélude (frz. =) → Vorspiel, Präludium.

Prélude non mesuré (frz.:) nicht metrisiertes Vorspiel zu frz. Cembalosuiten im 17. Jh. (z. B. Fr. Couperin, J.-H. d'Anglebert), bei denen nur die Haupttöne in ganzen Noten, ohne Hinweis auf Dauer, Takt und Rhythmus, notiert, manche Gruppen durch Bögen zusammengefaßt sind. Die rhythm. Ausführung (Passagen, Arpeggien) ist dem Geschmack und Geschick des Spielers überlassen.

D. Moronay, The perform. of unmeasured harps. preludes (Early Mus.) 1976; Chr. Pfeiffer, Das frz. Pr. n. m. für Cemb. (Neue Zs. f.. Mus.) 1979.

Prepared piano → präpariertes Klavier.

Préstant (frz.; vgl. → Praestant), → Prinzipal 4' der frz. Orgel.

Presto (ital. =) als Tempobezeichnung sehr schnell; von daher Satzbezeichnung, insbes. für die → Finali bei Solokonzerten. *Prestissimo* = mit äußerster Schnelligkeit.

Priamel (= → Praeambulum), imitierendes Orgel- od. Lautenstück des 16. Jh.

Primadonna (ital. = erste Dame), die erste Sängerin, die die Hauptrolle hatte neben dem *primo uomo*, dem ersten Sänger. Die ital. Oper unterschied streng, auch mit Konsequenz für die gesellschaftl. Wertung, die erste (*p. assoluta*), die Heldenrolle, von der zweiten (*p. altra, seconda donna*). Von daher verband sich mit dem Wort P. der Begriff für Launenhaftigkeit, Starallüren. Seit etwa 1800 kam die Bezeichnung Diva (ital. = Göttin) auf.

K. Honolka, D. großen P. 1960, NA 1982; A. Wagner, *Prima donnas and other wild beasts,* Larchmont/NY 1961; A. Natan, P., Basel 1962; W. Haas, Nachtigall in Samt u. Seide, 1969.

Prima pratica (it.:) erste Setzweise im Sinne der von Willaert u. a. praktizierten, von Zarlino (*Istitutioni harmoniche,* 1558) musiktheoret. behandelten, polyphonen Kompositionsart, bei der Musik gegenüber dem Text dominiert. „P. m." heißt sie in dem (von seinem Bruder verfaßten) Vorwort zu *Scherzi musicali* (1607) von Cl. Monteverdi, der auch in der → seconda pratica schrieb. → Venezian. Schule.

Primarius, Primgeiger, der erste Geiger im kammermusikal. Ensemble (im Orchester: → Konzertmeister); Primgeige: sein Instrument (das Stimmheft).

Prima vista (ital. = *a p. m.* = auf den ersten Blick, frz. *à vue*), vom Blatt, also unvorbereitet singen oder spielen.

Prima volta (ital. =) erstes Mal, erster Schluß. Anweisung über den Schlußtakten eines Teiles, die bei der Wiederholung ersetzt werden durch andere, als 2. Schluß (*seconda volta* = 2. Mal) gekennzeichnete Takte.

Primärton, der in der Akustik als → Ton im Ggs. zum → Klang bezeichnete Teilton mit einfacher Sinusschwingung, also ohne → Obertöne, wie er annähernd von der Stimmgabel erzeugt werden kann.

Prime (lat. = 1.), der Einklang, die erste Tonstufe einer Skala; nur in einer Erscheinungsform als rein, alteriert als übermäßig und vermindert auftretend; vgl. → Oktave.

Primicerius (lat. *primus* = der Erste), der Kantor, Chorführer an klösterl. Sängerschulen und protestant. Lateinschulen; → Praecentor.

Primo (ital. =) der erste; beim Klavierspiel zu 4 Händen der 1. (= Diskant-)Spieler; *p. tempo* = im Anfangszeitmaß; *p. uomo* = die 1. der männl. Gesangsrollen in der Oper (vgl. → Primadonna).

Principale (it.: vor-züglich), 1. führend, solistisch, konzertierend; Zusatz zur Stimmenbezeichnung (z. B. Violino pr.; auch: concertato, solo, obligato) als Ggs. zu Ripienstimmen (vgl. → Concerto grosso); daher: Prinzipalstimme; – 2. → Prinzipal.

Prinzipal (lat. *principalis* = der erste; it. *principale,* frz. *montre* = zeigen; engl. → *diapason*; span. *bajoncillo*), das Haupt-Labialregister der Orgel; die Grundstimme, die bei großen Orgeln in jedem Manual und im Pedal auftritt. Der Name P. (*vox principalis*) bezog sich zunächst auf die Placierung des Registers an erster (vorderster) Stelle. Im → Prospekt stehen meist P.-Pfeifen. Daher gilt oft P. = → Praestant. Anders als im dt. Orgelbau (32', 16', 8', 4') hat die engl. und amerikan. Orgel meist nur P. 4' im Manual, P. 8' im Pedal.

Privatmusikerzieher, Fachlehrer, der Kenntnisse und Fertigkeiten auf einem bestimmten Musikgebiet, meist im Einzelunterricht, vermittelt, vorwiegend Gesang od. Instrumentenspiel. Fachunterricht erteilten früher → Kantoren, für Adel und Kapellnachwuchs die Hofkapellmeister od. in zunftmäßig geregelter Lehre die → Stadtpfeifer, seit d. 19. Jh. auch Orchestermusiker. Pestalozzi strebte mit seinen volkserzieherischen Ideen eine allgemeine musische Erziehung an im Ggs. zu rationalistisch-mechan., auf äußere Technik bedachten Methoden, die sich jedoch im 19. Jh. unter dem Eindruck des Virtuosentums weiter festigten. Zum Aufblühen bürgerl. Musikkultur (→ Hausmusik) in Dtl. gehört etwa seit Mitte des 18. Jh. die Zunahme des privaten Musikunterrichts (z. B. vom „Claviermeister") mit seinem Wildwuchs seit Einführung der Gewerbefreiheit in Preußen (1810) und den Konkurrenzkämpfen zwischen einheimischen und fremden Lehrern. Dazu kam die schnelle Verbreitung privater Musikschulen (z. B. der in Engl. gegründeten Logier-Schule mit ihren Filialen auf dem Kontinent). Bestrebungen, das allgem. Musikleben, vor allem die musikal. Volksbildung neu zu organisieren (F. Brendel, A. B. Marx, A. G. Ritter, R. Schumann, R. Wagner), scheiterten wie die süddt. vormärzliche Männerchorbewegung mit der Revolution 1848/9. O. Lange, der sich 1841 (*Über die Musik als Unterrichtsgegenstand*) für eine Reform eingesetzt hatte, gründete 1844 den Berliner Tonkünstlerverein, aus dem 1903 der Zentralverband Dt. Tonkünstler, 1922 der Reichsverband Dt. Tonkünstler und Musiklehrer, 1947 der Verband Dt. Tonkünstler und Musiklehrer (VDTM) wurde, seit 1964 Verband Dt. Musikerzieher und Konzertierender Künstler (VDMK). 1848 wurde in Leipzig eine Denkschrift erarbeitet mit Forderungen für allgemeine Musikerziehung, wobei bereits an eine Auflösung der Lehrerseminare gedacht war. In England wurde die seit 1882 geforderte Registrierung der Pr. 1912 verbindlich mit der Aufnahme in die *Royal Society of Teachers*. Verschied. Bemühungen (Maria Leo, L. Kestenberg), vor allem in Preußen (z. B. Unterrichtserlaubnisschein), führten zu dem Min. Erlaß für den Privatunterr. in der Musik 1925 und der Einrichtung des → Musikseminars. Die 1937 von E. Preußner vorgeschlagene Berufsbez. „Staatl. geprüfter Musiklehrer" war nach 1950 allgemein üblich. Ein Entwurf für eine neue Ausbild.- und Prüfungsordnung entstand 1972, eine Neuformulierung der Diplom-Musiklehrerprüfung 1981. Inzwischen arbeiten viele Pr. in oder eng zusammen mit → Musikschulen. → Musikerziehung, Singschule.

G. Schünemann, Gesch. d. dt. Schulmus. I, 21931, ND 1968; L. Kestenberg, D. Privatunterr. i. d. Musik, Amtl. Bestimmungen, 51932; A. Ebel, Privatmusikerziehung, in: H. Fischer (Hg.), Hdb. d. Mus.Erz. 1, 1954; R. Lüdeke, Z. Gesch. d. Privatmusikerziehg. i. 19. u. 20. Jh. (Diss. Humboldt-Un. B) 1958; G. Sowa, Anfänge institutioneller Mus.erz. i. Dtld., 1973; M. Roske, Stud. z. Entw.-gesch. d. priv. Musikunterr. (Schr. z. Musikpäd. 5) 1978. → Musikerziehung.

Programm-Musik, seit dem 19. Jh. Bezeichnung für eine nicht an bestimmte Formen gebundene Gattung der Instrumentalmusik, die mit musikal. Mitteln im Hörer die Vorstellung außermusikalischer Vorgänge bewirkt und fördert im gegenseitigen Durchdringen der Künste. Sie unterscheidet sich durch ihr Programm, das den Hörer in eine bestimmte Richtung lenkt, von der Gruppe der → absoluten Musik, die zwar gewisse Grunderlebnisse (heiter-traurig) zum Vorwurf haben kann, sie aber nicht die Form bestimmen od. durchbrechen läßt und sie nicht mit Einzelheiten ihres Werdegangs illustriert. Um zu beurteilen, ob ein echter Ggs. besteht, ist zu bedenken, daß auf jede Komposition der Einfluß von Zeit, Komponist, Gesellschafts- und Geschichtsbereich wirkt. Auch die Grenzen zwischen P. und → Charakterstück sind labil. P. benutzt durch Hörgewohnheit akzeptierte Klangklischees und Vorstellungsverbindungen, wenn sie bestimmte Motive od. Klangfarben einsetzt (Hornquinten: Jagd. Oboenton: ländliches Leben). Oder sie schafft durch zweckmäßige Wahl von Rhythmus, Melodie und Klangfarbe neue Vorstellungen und imitiert Laute und Geräusche so lebensecht, wie es die jeweils zur Verfügung stehenden techn. Mittel gestatten. Darüber hinaus bemüht sie sich um die Darstellung außerakustischer Vorgänge (das Flimmern des Lichtes; der Denkvorgang bis zu einem Entschluß). Die dem Werk vorangestellten programmatischen Anweisungen oder Dichtungen bestimmen seinen Aufbau. Er kann, wenn der Hörer mit dem Programm nicht vertraut gemacht wurde, unter Umständen unverständlich sein und unlogisch erscheinen. Daß nach den großen programmatischen Werken von Berlioz und Liszt zahlreiche Epigonen ihre Mittel nicht sehr wählerisch einsetzten, hat die Gattung P. so in Mißkredit gebracht, daß der Gegensatz zur „absoluten Musik" polemisch verstärkt wurde. In den Auseinandersetzungen entstand das Wort P. (wohl zuerst 1855 bei Liszt und A. W. Ambros) in Anlehnung an den schon seit Anfang des Jh. bekannten Begriff der → Programmsinfonie. Es kann nicht inhaltsbezogene (tonmalende) Musik im allgemeinen bezeichnen und meint die Entwicklung im 19. bis ins 20. Jh., die Vereinigung der Künste mit der Musik anstrebte. – Naturdarstellungen finden sich schon früh angedeutet in Jagdszenen bei → Caccia, Chasse, Catch, in den Straßenrufen in der Musik des 13. und 14. Jh. und den Kuckucksrufen des 16.–18. Jh., den Vogelimitationen der Instrumental- und Vokalmusik (Janequin, *Chant des oyseaux*; Poglietti, *Nachtigallensuite*). Das *Fitzwilliam Virginal Book* (Anfang 17. Jh.) enthält in einer Fantasia von J. Munday die Schilderung, wie aus schönem, über Blitz und Donner wieder klares Wetter wird. Als typische P. gilt J. Kuhnaus Klaviersammlung *Musicalische Vorstellung einiger biblischer Historien* (1700), die außer der Inhaltsangabe vor jedem Stück im Notentext noch Erläuterungen gibt. Sie beeinflußte J. S. Bach zu seinem Capriccio *Über die Abreise seines vielgeliebten Bruders* (1704). Das Programm, das C. P. E. Bach seiner *Triosonate a 2 Violini e Basso* voranstellt, übertrifft beide in jeder Hinsicht (*Gespräch zwischen einem Sanguineo und Melancholico*, 1751). Wie J. S. Bach wird gern Beethoven zugunsten der P. in Anspruch genommen (Pastoralsymphonie; Klaviersonate op. 81a *Les Adieux*; *Die Wut um den verlorenen Groschen*). Entscheidend ist aber ihr Aufschwung im 19. Jh., beginnend bei Berlioz (*Symphonie fantastique*, 1830), auf dessen Einfluß z. B. L. Spohrs Programmsinfonie *Jahreszeiten* zurückgeht. (Schon bei A. Vivaldi findet sich ein Konzertzyklus dieses Namens.) Die Tonmalerei in der → Programmsinfonie bei Berlioz und der → Sinfonischen Dichtung bei F. Liszt (*Les Préludes, Mazeppa, Faustsinfonie*) weiteten das Instrumentarium und damit die musikal. Darstellungsmittel in bisher ungeahnter Weise aus. Komponisten in allen Ländern beschäftigten sich mit P. bis in jüngste Zeit: R. Strauss (*Tod und Verklärung, Till Eulenspiegel, Sinfonia domestica*) und Reger (trotz betonter Gegnerschaft: *Böcklin-Suite*), Musorgskij (*Bilder einer Ausstellung*), Smetana (*Moldau*), Milhaud (8. Sinfonie *Die Rhone*), Debussy (*Nuages, Fètes*), Hindemith (*Nachtstück* in der *Suite 1922*), H. Reutter (*Passion in 9 Inventionen*), A. Schönberg (*Pelleas und Melisande*), G. Klebe (*Die Zwitschermaschine*), E. Varèse (*Ionisation*), O. Messiaen (Klavierkonzert *Réveil des Oiseaux*), A. Honegger (*Pacific 231*), I. Strawinsky (*Feuervogel, Sacre du Printemps*), C. Ives (*Three Places in New England*), D. Schostakowitsch (11. Sinfonie: über die Revolution von 1905).

W. Klatte, Z. Gesch. d. P. (D. Musik) 1905; E. Bienenfeld, Darstellung von Schlachten i. d. P. (ZIMG) 1908; Fr. Niecks, Pr. mus. in the last 4 cent., L 1907; O. Klauwell, Gesch. d. P., 1910, ND 1968; A. Wellek, Doppelempfinden u. P. (Diss. W) 1928; R. Raffalt, Über d. Problemat. d. P. (Diss. Tüb.) 1949; H. Unverricht, Hörbare Vorbilder i. d. Instr. mus. bis 1750 (Diss. FU B) 1954; ders., Thesen über P. (in: Stud. z. Mg. d. 19. Jh. 43) 1975; A. Sychra, D. Einheit v. „absoluter" Mus. u. P. (Beitr. z. Mw.) 1959; K. Schubert, H. Fischer, P. (Musikal. Formen i. histor. Reihen) ²1961; Ju. Chochlov, O muzykal'noj programnosti (Über P.), M 1963; W. Wiora, Zwischen absoluter u. P. (Fs. Blume) 1964; W. Stockmeier, P. (Musikwerk) 1970; L. Orrey, Programme mus., L 1975; C. Floros, Literar. Ideen i. d. Mus. d. 19. Jh. (Hamb. Jb. d. Mw.) 1977; ders., R. Strauss u. d. P. (Ars mus.-Mus. scient., Fs. Hüschen) 1980; H. Rösing, Mus. Stilisierung akust. Vorbilder i. d. Tonmalerei (Mw. Schr. 7) 1977; C. Floros,

H. J. Marx, P. Petersen (Hg.), P. (Hamb. Jb. d. Mw.), 1983.

Programmsinfonie, im 19. Jh. (1802 im Lexikon von H. C. Koch: *Simphonies à programmes*) entstandene Bezeichnung für ein zyklisches Orchesterwerk, dessen Titel und (od.) Untertitel auf außermusikal. Beziehungen hinweisen (→ Programmusik). Der Aufbau der → Sinfonie (z. B. → Sonatensatz) bleibt in der Regel erkennbar (Ggs.: → Sinfon. Dichtung). Der Grad der Form- oder Programmtreue ist unterschiedlich. Programmatische Hinweise sind häufig in der Musik (z. B. Haydn, Stamitz) und wurden oft nachträglich eingesetzt (z. B. bei 6/8-Takt und Hornquinten für „Jagd"). R. Schumann und G. Mahler beseitigten die ursprünglich gewählten Titel nachträglich. Ein grundsätzlicher Streit entstand Mitte des 19. Jh., als die „Neudt." Richtung das Beispiel Beethovens anführte (6. Sinfonie; *Wellingtons Sieg oder die Schlacht bei Vittoria*) und das Programm über die musikal. Form und Aussage bis ins einzelne bestimmen ließ (Berlioz, Liszt). Für die neue Entwicklung war Berlioz das Vorbild (7sätzige dramat. Sinfonie *Roméo et Juliette* für Soli und Chor), gefolgt von Liszt (Faust- und Dante-Sinfonie) und zahlreichen Komponisten der sinfon. Dichtung; z. B. R. Strauss, *Sinfonia domestica, Alpensinfonie*; N. Rimskij-Korsakov, *Sadko*; D. Milhaud, 8. Sinfonie.
→ Programmusik.

Progressive Jazz (engl.: fortschrittl. J.), ein → Jazzstil der 1940er Jahre, der die bisherige Entwicklung des → Swing konzertant ausweiten wollte mit differenzierter Orchestrierung und durch Aufnahme bisher im J. nicht verwendeter Instr. (Flöte, Oboe, Waldhorn). Die Blechgruppe (Trompete, Posaune) wurde durch Tuba und Waldhorn erweitert. Die Stücke wurden länger (bisherige Dauer meist nur 3 Minuten), und neue Rhythmen wurden mit größeren Schlagzeuggruppen versucht, vielfach auch Stilmittel und Instrumentationseffekte der Neuen Musik übernommen. Nach Anfängen durch Woody Herman und Boyd Raeburn hat vor allem Stan Kenton dem P. J. die entscheidenden Impulse gegeben. Dabei bediente er sich auch elektroakustischer Möglichkeiten am → Mischpult (Nachhall, Zusammenschnitt, → Playback). → Free Jazz, Modern Jazz.

Prolatio (lat. von *proferre* = vortragen), Wertbestimmung in der → Mensuralnotation. Die *P. major* (größer) teilt die Semibrevis in 3 Minimen und ist bezeichnet im Tempuszeichen des perfekten Modus durch Punkt im Kreis, des imperfekten Modus durch Punkt im Halbkreis. *P. minor* (kleiner) = Teilung der Semibrevis in 2 Minimen, bezeichnet durch Kreis bzw. Halbkreis ohne Punkt.

Prolog (griech. *prologos* = Vorwort), im altgriech. Theater die Erläuterung zum folgenden Werk durch Schauspieler od. Autor, so auch in den Schäferspielen der Renaissance und den Schuldramen und engl. → Moralities des 16., 17. Jh.; im 17., 18. Jh. bei Oper und Ballett mit einer vom Werk unabhängigen Musik (z. B. Monteverdi, *L'incoronazione di poppea*; Lully, *Alceste*; Händel, *Partenope*); mit Ehrung des anwesenden Fürsten und Bitte um Nachsicht für das Stück usw., oft auch in kleiner (allegor.) Spielszene vorgetragen, die – deren Musik – sich verselbständigte. Später tritt der Pr. nur selten auf, z. B. Rimskij-Korsakov, *Bojarynja Vera Šeloga* (als Einakter), A. Berg. *Lulu,* Strawinsky, *Oedipus Rex*; als unabhängiges Orchesterstück: Reger (*Pr. z. einer Tragödie*). → Ouvertüre.

Prolongement (frz.: Verlängerung), bei Tasteninstr. Spielhilfe (3. → Pedal; am Harmonium Kniehebel), um einzelne Töne (Akkorde) länger zu halten (oft im Baßbereich).

Prooemium (griech. *prooimion*:) Vorspiel, Vorrede (*anabole*); altgriech. Vorspiel od. gesungene Einleitung zum epischen Vortrag z. B. der Rhapsoden (so die „Homerischen Hymnen"); in der byzantin. Kirchenmusik die Einleitung zu einem → Kontakion; im 16. Jh. (bei H. Kotter) einleitendes Instrumentalstück (wie → Praeambulum, Praeludium).

Proportion (lat. =) 1. Verhältniszahl für Takt und Tempo in der → Mensuralmusik. Damit wurde horizontal das Verhältnis eines Zeitmaßes zu dem vorhergehenden festgelegt (Diminution, Augmentation). Z. B. bedeutete die P. 5/3, daß 5 Noten gegen drei gleiche stehen. Wertverminderung wurde durch unechte, Wertsteigerung durch echte Brüche dargestellt. Das System war außerordentlich kompliziert und wurde bei den einzelnen Theoretikern auch variiert. Abhandlungen über die P. schrieben J. Tinctoris und Fr. Gaffurius. – 2. von daher → Proportz.
Wolf, 1913/9; Apel, 1962, [2]1970.

Proportionskanon, ein von den Niederländern im 15. Jh. entwikkelter, kunstvoller → Kanon, dessen Stimmen gleichzeitig, aber mit verschiedener Mensur einsetzen, etwa im Verhältnis 1:2 oder 2:3. Josquin Desprez bringt im Benedictus der Messe *L'homme armé* drei, Pierre de la Rue vier Stimmen mit verschied. Proportionen übereinander, wobei sich die Stimmen polyrhythmisch verschieben.

Proportz (lat.), der → Nachtanz, meist im Tripeltakt (*proportio tripla*), der dem geradtaktigen Schreittanz folgte. → Pavane, Proportion, Suite.

Proposta (it.: Vor-Satz), → Dux: Anfang, Thema bei Kanon und Fuge; Ggs.: → Risposta.

Proprium (lat.: das Besondere, Eigene), 1. *Pr. missae*: die im Jahres- und Festkreis wechselnden Teile der → Messe (von den Gesängen: → Introitus, Graduale, Alleluja, Tractus, Sequenz, Offertorium, Communio) im Ggs. zu den feststehenden (*ordinarium missae*). – 2. *Pr. de sanctis*: die für bestimmte, zeitlich festliegende Heiligenfeste vorgesehenen Teile. – 3. *Pr. de tempore*: die für die übrigen Feste und für die Sonntage bestimmten Teile.

Proslambanómenos (griech.:) der hinzugenommene untere Ton A zum tiefsten → Tetrachord.

Prosodie (griech. *prosodia* = Vortrag), im heutigen Wortgebrauch das Verhältnis zwischen Ton und Wort, die Betonung (→ Deklamation) der Wörter mit Hilfe von Musik, → Rhythmus und → Diastematie (Höhenunterschied) mit der Grundlage des Verhältnisses von Wortakzent und Vers in der Versdichtung. Da die antike Dichtung nur Längen und Kürzen hat, bewirkt dort der höhere Ton den Wortakzent. Seine Zeichen finden sich z. T. bei der schriftl. Fixierung des Sprechgesanges in der byzantin. Liturgie (→ ekphonet. Notenschrift, Neumen).

F. Saran, Dt. Verslehre, 1907; ders., D. Quantitätsregeln d. Griechen u. Römer, 1924; ders., Dt. Verskunst, 1934; A. Arnholtz, *Studier i Poetisk og Musikalsk Rytmik* I, K 1938.

Prosodion (griech. =) Chorgesang bei griech. Prozessionen. Bei außergewöhnlichen Festzügen (z. B. zu Ehren der Athena auf der Akropolis) wurde der Chor durch Instr. verstärkt. → Partheneia.

Prospekt (lat. *prospicere* = aussehen), die meist künstlerisch gestaltete Schauseite einer → Orgel mit P.-pfeifen aus besonders hochwertigem Material und mit reicher Verzierung meist → Prinzipal-Pfeifen, im 19. Jh. oft aber „stumm“, nicht klingend, nur dekorativ.

Protus authentus, pr. plagalis, 1., 2. → Kirchentonart.

Psallette (v. griech. *psallein* = die Saiten schwingen lassen), frz. Chorschule (→ Maîtrise, → Manécanterie); bis zur frz. Revolution musikal. Ausbildungsstätte, vergleichbar dem späteren → Konservatorium. Heute Name einzelner frz. Chöre. → Singschule.

Psalm(en) (griech. *psalmos*: Lied zum Saitenspiel, hebr. *mizmôr* = Lobpreis, ital. *salmo,* frz. *psaume,* engl. *psalm*), die 150 althebräischen geistl. Lieder, die bis zum 2. Jh. v. Chr. im Psalter gesammelt wurden und den Grundbestand des christl. Kirchengesanges bilden. Sie befassen sich mit Lob, Dank, Lehre, Klage, Trost, Buße und Strafe. Erst spätere Hinweise nennen David als Verfasser der meisten P. Die Slg. der P. war etwa im 2. vorchristl. Jh. abgeschlossen. Die Zählung der P. ist unterschiedlich in der hebräischen, der latein. und der lutherisch dt. Ausgabe. Jedes der 5 Bücher schließt mit einer → Doxologie, die mit den P. aus dem jüdischen Ritus in den frühchristl. Gottesdienst übernommen wurde. Dort wurde der P. antiphonisch (wechselweise von 2 Chören) oder responsorial (wechselnd zwischen Solist und Chor) gesungen, die Doxologie von der Gemeinde. Der Wechsel erfolgte gemäß den Halbversen, wobei die im Text schon gegebene Steigerung bei der Wiederholung wichtiger Wortfolgen (*Parallelismus membrorum*) noch durch den Dialog unterstrichen wurde. Die P. wurden nach Übertragung in die Volkssprachen (anfangs in Prosa) bedeutsam für europäische Dichtung und Musik. Besonders die Reformation, die das → Kirchenlied mit der Aufgabe der Verkündigung und Lehre in den Gottesdienst stellte, wendete sich dem → Psalter zu, und die „Psalmen Davids“ erschienen in zahlreichen hoch- und minderwertigen Übersetzungen.
Der reformierte Psalter Calvins erschien 1562 mit dem frz. Text von C. Marot und Th. de Bèze und den einfachen 4stg. Sätzen von C. Goudimel. Von den danach angefertigten dt. Übertragungen wurde die A. Lobwassers (1573) die erfolgreichste auch im evangel. Bereich. Die → Psalm-

odie stand im altchristl. Gottesdienst mit einfachsten Gesangsformeln (Psalmtönen) im Ggs. zur Hymnodie (→ Hymnus) mit reicher, metrischer Form. – P. und P.paraphrase waren seit Beginn der mehrstg. Musik die Textvorlage zu zahlreichen Kompositionen in verschied. Formen (Lied, Motette, Konzert) und Stilen, z. B. bei Gabrieli, Josquin Desprez, Senfl, Schütz, Praetorius, J. S. Bach, Händel (→ Anthem), Brahms, Reger, Strawinsky.

H. Avenary, Formal structure of Ps... (MD) 1953; W. Apel, Gregorian Chant, Bloomington 1958; E. Werner, The sacred bridge, L 1959; Chr. Engelbrecht, D. Ps.-Vertonungen im 20. Jh. (Gestalt u. Glaube, Fs. Söhngen) 1960; H. J. Kraus, Ps., 1960, 21962; R. Pidoux, Le Psautier Huguenot..., Basel 1962.

Psalmodie (griech. *psalmos* = Lied), der kultische Sprechgesang im allgemeinen, wobei auch die Vorformen einbezogen sind, die im Bereich eines vor-arischen, indischen Shiva-Kultes entstanden. Frühe Belege (2. Jahrtausend v. Chr.) zeigen Akzente und „Neumen“ zu einem nur z. T. überlieferten Text, die der mittelmeerischen, jüdischen P. ähneln und auf gemeinsamen Ursprung deuten. – Im besonderen meint P. sowohl den christl. liturg. Psalmengesang wie dessen etwa seit dem 11. Jh. gefestigtes System der den → Kirchentonarten angeschlossenen Psalmtöne, denen die Psalmen in der Regel durch eine Antiphon zugeordnet werden. Das Muster ist: Initium, Rezitationston (Ténor), Mediatio (Mittelkadenz zwischen den beiden Psalmteilen), Rezitationston, Finalis (Terminatio). – Erste Belege für ein System der Psalm- und Kirchentöne zeigen fränkischen, nicht altröm. Ursprung. Die P. konnte unbegleitet einstg. von 2 Chorgruppen ausgeführt werden mit dem Wechsel nach Versen, später auch nach Halbversen; ursprünglich in den → Horen mit einfacheren Formen von der Gemeinde gesungen, wobei Gesang (Antiphon) und Sprechgesang (Psallierton) wechselten. Neben diesen Offiziums-Psalmen standen die P. der → Cantica, die im Wechsel zwischen vorbereiteten Laien und Vorsängern dargeboten wurde, und die von berufsmäßig ausgebildeten Chören vorgetragene, reicher gestaltete P. für Introitus und Communio. Kunstvoller war die vom Kantor gesungene, unbegleitet solistische P. Bei der ebenfalls reicher geführten, responsorial gebotenen P. sang der Kantor den ersten Psalmvers, die Gemeinde (später der Chor) fiel in den Gesang ein. Im heutigen liturg. Gebrauch der kath. Kirche ist die Offiziums-P. am wichtigsten. Die Cantica-P. wird bei → Benedictus und → Magnificat verwendet. Die Reformation übernahm zunächst die lat. Fassungen, ersetzte sie aber bald durch dt. Texte. Bis ins 17. Jh. hielt sich nur noch die antiphonale P. In der Gegenwart bemüht man sich um Neubelebung der P. in der evgl. Kirche. – Im Gebrauch der anglikan. Kirche meinte *psalmody* zunächst noch den Psalmengesang nach röm. Muster, dann den 4stg., Note gegen Note gesetzten Psalm (Sternhold, 1562), ab 18. Jh. auch die Hymnen und etwa im 19. Jh. auch jeden geistl. Gesang von Laien. → Hymnologie.

Wagner, 1, 3, 1911/21; E. Jammers, D. Rhythm. d. Ps. (KmJb) 1936/8; J. G. Mehl, Einf. i. d. Psalmengesang d. Ev.-luth. Kirche, 1950; H. Avenary, Formal structure of ps. and canticles in early jewish chant (MD) 1953; E. Werner, D. Ursprünge d. Ps. (Ber.

Int. Kgr. Kath. Kirchenmus) W 1954; J. Smits van Waesberghe, L'évolution des tons psalm. au moyen âge (Kb. R), Tournai 1952; W. Apel, Greg.chant, Bloomington 1958; H. Berger, Untersuch. z. den Ps.differenzen, 1966; H. Leeb, Die Ps. b. Ambrosius, W 1967; J. Aengenvoort, Psalmtöne u. mus. Modi (Mus. u. Altar) 1968; H. Hucke, Karoling. Renaiss. u. greg. Gesang (Mf) 1975; A. Daniélou, D. Relation zw. Mensch u. relig. Kunst (N. Zs. f. Mus.) 1979.

Psalmodikon (schwed. auch *notstock*), eine Streichzither nach Art des → Monochords; mit 1 Saite über einem rechteckigen Kasten mit Bünden (auch Resonanzsaiten). Die Erfindung wird dem dän. Lehrer J. W. Bruun (1823), dem norweg. Kantor L. Roverud bzw. dem schwed. Pfarrer J. Dillner zugeschrieben, der die in Zahlenschrift wiedergegebenen Melodien seiner neuen Ausgabe des schwed. Gesangsbuches (1830) mit dem P. einübte. Das P. wurde kurze Zeit auch in Gitarren- od. Violinform mit einer Griffsaite und bis 8 Resonanzsaiten gebaut und wurde in verschied. Arten bis etwa 1880 in Skandinavien, Estland und Lettland benutzt.

Psalmtöne → Psalmodie.

Psalter (griech. *psallein*: Saiten zupfen), 1. die Slg. der → Psalmen; – 2. → Psalterium.

Psalterium, Psalter (griech. *psallein*: Saiten zupfen), zitherähnl. Zupfinstr., dreieckig od. trapezförmig, ohne Griffbrett; mit od. ohne Plektrum gespielt. Für das Ps. wird phönizischer Ursprung vermutet. Ähnliche Instr. sind aus vielen Kulturen bekannt, wobei die systemat. Zuordnung noch aussteht; z. B. chines. → K'in; pers. → Santīr; hebr. → Kinnor/Nevel; griech. Psalterion; russ. → Gusli; finn. → Kantele (vgl. norweg. → Langleik); arab., ägypt. → Qānūn, was auf dem Weg über Spanien (11. Jh.) in Europa auch zum Canon wurde (span. Halbpsalter: *medio cañon*). M. Praetorius (Syntagma musicum II) nennt das Ps. *„gezupftes → Hackbrett"*. Er zeigt ein 10-saitiges quadrat. Instr. als *ps. decachordum* (wie in der Vulgata erwähnt) und ein nur Ps. genanntes dreieckiges. – Im 20. Jh. wird das Ps. (dann auch *der Psalter*) neu gebaut (auch als Streichinstr.). → Zither.

H. G. Farmer, Studies in Oriental mus.instr. 1, L 1931; E. Panum, The stringed instr. of the MA, L 1940, ND 1971; Denis, 1944; Fr. W. Galpin, A textbook of Europ. mus. instr., L [3]1946, ND 1956; H. Steger, David rex et propheta (Erlanger Beitr. z. Spr.- u. Kunstwiss.) 1961; M. Remnant, Mus. instr. of the west, L 1978.

Psaltikon, vgl. → Heirmos.

Pseudonym (griech. *pseudos* = falsch, *onoma* = Name), selbst gewählter Deckname. Von Künstlern werden häufig wohllautende, fremdklingende Namen bevorzugt. In der zeitgenöss. Unterhaltungsmusik (Schlager) ist das P. unter ausführenden Musikern die Regel und auch bei Komponisten häufig, während es bei Komponisten der ernsten Musik selten ist. Weitere Gründe für die Wahl eines P. waren politische Vorsicht od. gesellschaftl. Bedenken, wenn nicht, wie in Renaissance und Romantik, die Freude am Geheimnis und am Versteckspiel. Musikerp. sind u. a.: W. v. Waldbrühl (A. W. Zuccalmaglio), Peter Gast (H. Köselitz), Melante (anagrammat. P.: G. P. Telemann). Zum Bereich der Musik gehören u. a. die P. der Schriftsteller und Wissenschaftler Thoinot Arbeau (Anagramm zu: Jehan Tabourot), de Sermes (Mersenne), P. Metastasio (Trapassi), La Mara (Marie Lipsius) und das P. „Michel Brenet" der aus der frz. Musikwissenschaft bekannten Marie Bobillier. Die im Humanismus wörtlich gräzisierten oder latinisierten Familiennamen (z. B. Lapicida: Steinschneider oder Sagittarius: Schütz) zählen nicht als P., ebenso nicht die an die Stelle des Familiennamens gerückte Ortsbezeichnung (z. B. Joh. Susato = J. Steinwert aus Soest). Auch der wohl scherzhaft zur Unterscheidung von einem Zeitgenossen (dem ebenfalls in Ypern wohnenden Dichter Jacobus Papa) gewählte Name Clemens non Papa (statt Jacobus Clement), ist kein P.

Pumhart → Pommer.

Punctus, Punctum (lat.) → Punkt im Sinne von Note, Zeichen.

Punctus contra punctum (lat. = Note [Punkt] gegen Note), → Kontrapunkt.

Punkt, Zeichen der → Notenschrift: 1. nach der → Note od. → Pause stehend, verlängert der P. deren Wert um die Hälfte, ein zweiter, dahinter stehender P. (→ Doppelp.) um die Hälfte dieses Verlängerungswertes (= ¼ des Noten- od. Pausenwertes). Ähnliche Wirkung hat die Bindung von Noten gleicher Tonhöhe durch → Bogen, und in älterer Notation wurden der Bogen und die anzubindende erste Note der neuen Notengruppe durch P. hinter der Hauptnote ersetzt. Er meinte dann also nicht unbedingt Wertzuwachs um die Hälfte. Entsprechend gebraucht J.-J. Rousseau den P. in seiner Zahlennotenschrift. In der → Mensuralnotation entspricht der *punctus augmentationis* dem heutigen Verlängerungsp. – 2. Zeichen der → Artikulation (über den Noten stehend: → *staccato, spiccato portato*); in → Tabulaturen für Zupfinstr. Zeichen der Applikatur (Fingersatz). – 3. Notenform (Quadrat ohne Stiel) der römischen → Choralnotation gemäß der Editio → Vaticana. Dort wird als P. (Schlußp.) auch der Schluß eines (Text-)Satzes und sein Intervall (vorzugsweise Sekunde, Terz, Quinte) bezeichnet.

Punktuelle Musik → serielle Musik.

Punta d'arco (ital. = Bogenspitze, frz. *à la pointe*), dem → *Spiccato* ähnliche Strichtechnik (z. B. Tanejew, 2. Quartett), die einen zarteren Ton ermöglichen soll. Ggs.: am → Frosch (*au talon*).

Puy, musikalisch-literar. Vereinigung vor allem in nordfranz. Orten (z. B. Amiens, Caen, Rouen) und ihr regelmäßig (bis 18. Jh.) veranstalteter Wettbewerb in Musik und Dichtkunst, oft im Zusammenhang mit mehrtägigen Aufführungen von Mirakelspielen. Bekannt sind die von der Dichter- und Musikergilde (*P.*) von Arras im 13. Jh. veranlaßten Preissingen u. a. durch Adam de la Halle. G. Costeley war vermutl. Initiator der *P.s de musique* (1570 – Ende 18. Jh.) der *Confrérie de Sainte Cécile* von Evreux, wo auch O. di Lasso preisgekrönt wurde.

Pyknon (griech. = Dichte), Folge von 2 Kleinintervallen im enharmon. und chromat. → Tetrachord.

Pyramidenflügel, besaitetes Tasteninstr. mit Hammermechanik und aufrechten Saitenzügen, 1745 von dem Silbermannschüler Chr. Ernst Friederici in Gera gebaut (ein ähnliches Instr. aber schon 1739 in Florenz bekannt). Vorläufer des Pianinos (→ Klavier), wurde in Wien 1804 in leicht veränderter Form neu gebaut und war bis etwa 1850 in Gebrauch. → Giraffenflügel.

Pyramidon, in Engl. Mitte des 19. Jh. konstruiertes Orgelregister (Flight/Ouseley); dumpf klingender labialer Dulzian; 32', 16', Pedal. Der Pfeifendurchschnitt ist oben 4mal größer als unten.

Pythagoreisches Komma, → Komma.

Pythagoreisches System, das Pythagoras von Samos (6. Jh. v. Chr.) zugeschriebene Tonsystem, das den Zusammenhang der Tonverwandtschaften mit einfachen Zahlenverhältnissen voraussetzte, die sich aus der Saitenteilung am → Monochord ergaben (Oktave ½, Quinte ⅔, Quarte ¾). Auf der Quintverwandtschaft wurde die Fünftonreihe (→ Pentatonik) aufgebaut (f c g d a) und durch Oktavversetzung auf eine Ebene gebracht (c d f g a). Die übrigen Stufen sind ebenfalls durch Quintschritte zu ermitteln. Die Differenz der 12fachen Quintfolge mit 7 Oktaven des Ausgangstons heißt pythagoreisches → Komma. → Konsonanz (als nachzeitiger Tonschritt) war durch einfache Zahlenverhältnisse bestimmt: Oktave, Quinte, Quarte sind Konsonanzen, Terz, Sexte und Septime → Dissonanzen. Die Aufwertung der Terz begann erst im 13. und 14. Jh., war aber schon im Pythagoreischen Kreis vorbereitet (Didymos, Ptolemäus). Diesen Mathematikern standen die Harmoniker unter den Musiktheoretikern der Antike gegenüber, die dem Zahlenverhältnis nicht die gleiche Bedeutung zumaßen (Aristoxenos).

O Gombosi, Tonarten und Stimmungen d. antiken Mus., K 1939; M. Wegner, D. Musikleben d. Griech., 1949; E. Bindel, D. Zahlengrundl. d. Mus. i. Wandel d. Zeiten, 1950; O. Becker, Frühgriech. Mathemat. u. Musiklehre (AfMw) 1957; J. Lohmann, D. Urspr. d. Mus. (ebd.) 1959; R. Haase, Gesch. d. Harmonikalen Pythagoreismus (Publ. d. Mus. Akad.) W 1969. → Sphärenharmonie.

Qānūn, Kanun (arab.; griech. *kanon*; vgl. → Monochord), ein noch heute im Vorderen Orient, in Armenien und Nordafrika benutztes Zupfinstrument (Zither) mit rechteckigem od. trapezförm. Körper, 17–26 meist 3chörigen Saiten; vielfach mit 3 Schallrosetten; besonders in Ägypten mit bewegl. Sattel (Steg), der das schnelle Umstimmen um ¼ Ton erlaubt (→ Maqām); mit Plektrum gespielt. Das Q. ermöglicht schnelles Passagenspiel und findet neuerdings auch größeres Interesse in der Konzertmusik (Türkei). Vgl. → Psalterium, Hackbrett, Santīr.

H. G. Farmer, Studies in oriental mus.instr. 1, L 1931.

Qasaba, Kasbah (arab.: Schilfrohr), Flöte mit 5(6) Grifflöchern in 2 Gruppen; etwa 70 cm lang; bis ins 7. Jh. allgemein im islamischen Bereich; im 9. Jh. durch die pers. Flöte → Nay ersetzt; in Nordafrika noch üblich.

Qene, Qenie, äthiopischer, den ma. Tropen ähnlicher liturgischer Gesang.

Qopuz → Kobsa.

Quadrat, ♮ Auflösungs(Aufhebe)zeichen, das die von einem → Versetzungszeichen angewiesene Alteration aufhebt. → B.

Quadrille (frz.), Contredanse, z. Zt. Napoleons I. entstanden; Tanz von jeweils 8 Paaren, die sich 2 und 2 im Quadrat gegenüberstehen; in der Regel 5teilig, auch mit → Galopp als Schluß. Die Q. wurde in Frankr. besonders durch Kompositionen von Ph. Musard beliebt. In England wurde sie 1816 übernommen (→ Lancers), in Dtl. um 1820 (Hofqu. nach der frz. *Qu. à la Cour, Qu. des Lanciers*).

Quadrivium (lat. = Vierweg), die Vierzahl der mathemat. Disziplinen (*ars arithmetica, geometria, astronomia, musica*), die zusammen mit dem Trivium (Dreiweg) der sprachl. Fächer (*ars grammatica, rhetorica, dialectica*) aus der Spätantike in das ma. Bildungswesen als die *septem artes liberales* (7 freien, eines freien Mannes würdigen Künste) übernommen wurden.

H. Hüschen, D. Musik in d. artes lib. (Kb. Hamb.) 1956; K. G. Fellerer, D. Mus. i. d. art. lib., in: J. Koch (Hg.), Art. lib., Leiden 1959; K. Finkel, Der Zerfall des Qu. u. seine Auswirkung auf d. Kirchenmus. d. MA (KmJb) 1976.

Quadro, Quattro, Stück für 4 solistisch oder mehrfach besetzte Instr., (Mitte des 18. Jh.), Serenade, Kassation, Divertimento vergleichbar. Vgl. → Quartett (2).

Quadrophonie, ein 1968 in den USA eingeführtes Verfahren der Tonwiedergabe mit im Raumquadrat stehenden 4 Lautsprechern (je 4 Mikrofonen und Kanälen), wobei die Erfahrungen der → Stereophonie genutzt wurden. Es soll ein besserer Raumklang, somit die Vorstellung vermittelt werden, den Aufführungsraum selbst zu empfinden.

Quadrupel (lat. *quadruplex*: 4fach), 1. Qu.fuge: → Fuge mit vier Themen, die nach-, z. T. miteinander durchgeführt werden; vgl. J. S. Bachs Contrapunctus 19 (unvollendet) der *Kunst der Fuge*; S. Karg-Elert, Q.fuge op. 73; – 2. Qu.konzert: → Concerto, → Konzert für solistische Instr. (mit anderen Instr., Orchester); z. B. Bach, Konzert für 4 Klaviere (Bearbeitung, BWV 1065); Spohr, Quartettkonzert, op. 131; Martinů, → Sinfonia concertante (1949); Françaix, Qu.konzert für Bläserquartett und Orch. (1975).

Quadruplum (*organum qu.*). → Organum.

Quarte (lat. = 4.), → Intervall der 4. Stufe in einer diaton. Tonleiter. Die Qu. ist entweder rein od. bei Alteration übermäßig bzw. vermindert. Dissonant ist sie in diesen Veränderungen, als → Vorbehalt und → Durchgang. Über die → Konsonanz der Qu. war sich die Musiktheorie nicht immer einig, obwohl ihre Umkehrung, die Quinte, zweifelsfrei konsonant ist.

Quartenakkord, Akkord, der nur od. vorwiegend mit Quarten aufgebaut ist, z. B. bei A. Schönberg: Pelleas und Melisande (op. 5):

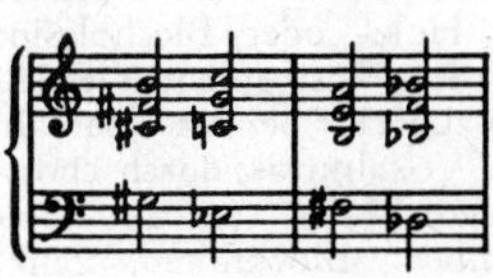

Es entsteht ein Schwebeklang. Bartók verwendet den Qu. in Volksliedbegleitungen und entwickelt ihn dort aus häufigen Quartsprüngen in ungarischen und slowak. Liedern.

Quartett (it. *quartetto,* frz. *quatuor,* span. *cuarteto*), Komposition für 4 meist solist. besetzte Stimmen und das Ensemble der Ausführenden. 1. Das Vokalqu. kann a cappella oder instrumental begleitet sein. Der 4stg. Vokalsatz wurde schon im 13. Jh. in der Notre Dame-Schule vorbereitet und hatte mit einer Fülle von Werken die Hauptblüte in der Renaissance und besonders unter der Einwirkung des Humanismus: → Kanzonette, Frottola, Madrigal, Villanelle, Chorlied. Auch als chorische Besetzung die Regel wurde, entwickelte sich das Vokalqu. weiter, z. T. mit Instrumentalbegleitung, die bei der Stimmenzahl nicht gerechnet ist: J. S. Bach: *Hochzeitsquodlibet* (mit Generalbaß), Beethoven; *Fidelio* 1. Akt; F. Schubert: *Ständchen für Frauenqu. und Solostimme*; R. Schumann, *Span. Liederspiel*; Brahms: *Liebesliederwalzer.* Das Doppelqu., bei dem jede Stimme doppelt besetzt ist, ist zu unterscheiden vom → Oktett mit 8 selbständigen Stimmen. – 2. Unter den Instrumentalqu.en sind die häufigsten das Streichqu. (1. und 2. Violine, Viola, Violoncello) mit dem Orchesterqu. (mit Kontrabaß) als Seitenzweig, das Klavierqu. (meist mit Klavier, Violine, Viola, Violoncello) und das Bläserqu. mit Holz- oder Blechblasinstr. Der 4stg. Instrumentalsatz ergab sich zunächst bei der Übernahme von Vokalmusik durch chorisch besetzte Instr. (z. B. Violen, Gamben, Blockflöten, Zinken, Krummhörner). Der Beginn des Streichqu. im heutigen Sinne ist nicht genau datierbar, wie sich auch anstelle einer konstanten Entwicklungsreihe eher zunächst parallel laufende Linien beobachten lassen. Streichqu.-Sätze begegnen schon Ende des 17. Jh. in den Tuttistellen des → Concerto grosso od. in der Sinfonia der Oper. Elemente aus beiden verbanden sich im *Concerto a quattro,* aus dem sich Anfang des 19. Jh. das *Quatuor brillant* (mit virtuoser 1. Violine) als Solokonzert mit kammermusikal. Besetzung entwickelte, nachdem schon vorher über das *Concertino a quattro* das *Quatuor concertante* entstanden war. In Italien bereiteten Sammartini, Boccherini die Gattung vor, in Dtl. Stamitz, Starzer, L. Hoffmann, in Frankr. Guillemain, Gossec. Das Cembalo, das in der → Triosonate die Klangbrücke zwischen Oberstimmen und Baß gebildet hatte, wurde seines starren Tones wegen durch Viola ersetzt. Die Stimmen „redeten" (C. Ph. E. Bach) selbständig und konnten sich erst frei entwikkeln, wenn auch die in Italien übliche Reihung von Motiven aufgegeben wurde zugunsten der sich in Dtl. entwickelnden dualistischen → Sonatenform mit → Exposition und → Durchführung. Die ersten Streichqu. dieser Art sind die von J. Haydn 1781 als op. 33 veröffentlichten, nachdem seine um 1755 komponierten Qu. op. 1 und 2 und die bis 1772 folgenden noch im Stile des Wiener → Divertimentos waren. Alles Wesentliche wurde auf die 4 Stimmen verteilt und in ihnen *„das Denkende verkörpert"* (C. M. v. Weber). Als persönlichste Aussage des Komponisten entwickelte sich das Streichqu. über Mozart bei Beethoven zum Höhepunkt (op. 127, 130–133, 135), wie er nach Schubert bei Mendelssohn, Schumann, Brahms, C. Franck im 19. Jh. nicht erreicht wurde. Neue Schwerpunkte brachten die Streichqu. von Reger, Bartók, Hindemith, Schönberg, Webern. Klangflächen, Zeitstrukturen, improvisatorische Phasen bestimmten die neuen Streichqu. (Ligeti, Brown, Lutosławski, Penderecki). – Klavierqu. schrieben u. a. Mozart, Beethoven, Schumann, Dvořák, Brahms, Reger. Gelegentlich werden Triosonaten älterer Komponisten mit der Besetzung für 2 Violinen, Violoncello und Klavier (Generalbaß) ebenfalls als Klavierqu. bezeichnet. – Orchesterqu. mit mehrfacher Streicherbesetzung und Kontrabaßunterstützung zum Violoncello entstanden in der → Mannheimer Schule (F. X. Richter, Stamitz). Qu. für Streich- (Violine, Viola, Cello) und Blasinstr. schrieben u. a. J. Christian Bach, Vogler, Mozart (Flöte), K. Stamitz (Oboe), Hindemith (Klarinette). Blasqu. erschienen auch für gleiche Instr., u. a. für 4 Flöten, Klarinetten, Saxophone, Fagotte, Hörner, Posaunen. → Kammermusik.

W. Altmann, Hdb. f. Streichqu.-spieler, 1928/31; ders., Hdb. f. Klav.qu.-sp. 1937; J. Saam, Z. Gesch. d. Klavierqu. bis z. Romantik (Diss. Münch.) 1933, ^{2}1977; H. Rothweiler, Z. Entw. d. Str.qu. im Rahmen d. Kammermus. d. 18. Jh., (Diss. Tübg.) 1934; U. Lehmann, Dt. u. it. Wesen i. d. Vorgesch. d. klass. Str.qu., 1939; P. Schlüter, D. Anfänge d. mod. Str.qu., 1939; J. Kramarz, Das Streichqu. (Beitr. z. Schulmus.) 1961; L. Kreft, D. späten Qu. Beethovens (Abh. z. Kunst- . . . wiss. 74) 1969; D. Klein, Le Quatuor à cordes frç. au 18e s. (Diss. P) 1970; L. Finscher, Stud. z. Gesch. d. Streichqu. I, 1974; W. Konold, D. Streichqu. (Tb. z. Mw.) 1980.

Quartgeige → Violino piccolo.

Quartinstrumente klingen gegenüber der Normalstimmung eine Quarte tiefer (Qu.-Posaune, -fagott) od. höher (Qu.flöte, -geige).

Quartole, Gruppe von vier gleichen, die an die Stelle von drei gleichen Werten treten. Die Notierung geschieht durch Bogen od. eckige Klammer über od. unter den Noten und durch die Ziffer 4.

Quartsextakkord, der in der → Generalbaßbezifferung mit $^{6}_{4}$ bezeichnete Akkord der 2. Umkehrung (2. Lage), mit der Quinte des Grundtons als tiefstem Ton (z. B. in C-dur: g-c-e). Er heißt nach seinem Intervallaufbau und kann als Vorhalt oder durch Baßfortschreitung entstehen. Bei → Kadenz festigt er die Schlußbildung. Vielfach steht er auch als Anfangsakkord über einem → Orgelpunkt.

Quasi (lat. =) fast, gleichsam; *Sonata qu. una fantasia.*

Quatricinium (lat.), 4stg. Gesangs- od. Bläserstück; vgl. → Bicinium, Tricinium.

Quatuor (frz.) → Quartett.

Quempas (lat. *Quem pastores laudavere*: „den die Hirten lobten sehre“), lat. Weihachtshymnus zur Frühmette nach dem Heiligen Abend, z. T. zu szenischen Darbietungen gesungen; in protestant. Gegenden (z. B. Pommern, Schlesien, Polen, Siebenbürgen) weit verbreiteter Wechselgesang od. beim Umgang der Kurrende; von daher Qu.-Singen mit zahlreichen anderen weihnachtl. Liedern, die als „Qu.“ gesammelt und hg. wurden.

Quena, aus der Inkazeit stammende Flötenfamilie in den Andenstaaten mit verschied. Arten (Rohr, Knochen, Ton); randgeblasen (mit Kerbe), Schnabelflöte (Pinquilla); früher 3tönig, dann (und noch heute) pentatonisch; daneben heute die Qu. mit 6 Grifflöchern (mit und ohne Daumenloch).

Querbalken verbinden die Notenstiele miteinander und fassen Gruppen von Achtelnoten und kürzerer Notenwerte zusammen. Qu. wurden zuerst in Lautentabulaturen verwendet. → Croche.

Querflöte (ital. *flauto traverso*; frz. *flûte traversière*; engl. *flute*), Holzblasinstr. (→ Flöte), bei dem gegen die scharfe Kante des Anblaseloches am seitlich nach rechts oder links stehenden Rohr geblasen wird, so daß der Luftstrom sich teilt. Die Qu. ist zuerst in China im 9. Jh., in Indien im 1. Jh. v. Chr. belegt, in Europa, wohin sie über Byzanz und Rußland (Kiew) kam, erst im 12. Jh. Hier war sie zusammen mit der Trommel das Instr. der berittenen Truppen und hieß nach dem Lande, das damals die Söldner stellte, Schweizer Pfeife, dann Deutsche Pfeife, Zwerchpfeife, wobei immer die enge Verwandtschaft zur Querpfeife sichtbar wird, von der die Qu. erst im 17. Jh. deutlich gesondert erscheint. Zwar trat sie schon mit 3 Stimmungen und weniger scharfem Ton im 16. Jh. neben der → Blockflöte auf, blieb aber ihr gegenüber ohne besondere Bedeutung, bis sie etwa seit 1650 in Frankreich so wesentlich verbessert wurde, daß sie mit biegsamerem, ausdruckskräftigem Ton den Forderungen einer expressiven Musik mit größerem Orchesterapparat entsprechen konnte; sie erhielt umgekehrt konische Bohrung, ein 7. Griffloch mit der bis heute überlieferten Klappe und wurde dreiteilig. Theoret. und prakt. waren an diesen Verbesserungen Hotteterre, Quantz und Tromlitz beteiligt. Während die Blockflöte fast verdrängt und schließlich vergessen wurde, erfuhr die Qu. eine Modewelle bis etwa 1800, die wohl wesentlich auch auf das Beispiel zurückzuführen ist, das Flöte spielende Aristokraten (Friedrich d. Große) dem Bürgertum gaben, was auch die Herstellung kostbarer Instr. aus Kristallglas (Cl. Laurent, Paris 1806) anregte (einzelne Glasfl. sind aus dem 16. Jh. bekannt). Den Anforderungen vor allem der romant. Musik genügte die Qu. nicht, bis Th. Boehm 1847 das (nun zylindr.) Instr. mit neuartigem Klappensystem (chromatische Skala über 3 Oktaven bei stärkerem Ton) auf den heute noch gültigen Stand brachte, während unabhängig davon die „alte", konische Flöte ebenfalls so verbessert wurde, daß sie jetzt noch in Gebrauch ist. Im 20. Jh. steht die Qu. wieder an der Spitze des Holzbläserquartetts, nachdem die neue Flötenbewegung, von Frankr. ausgehend (P. Taffanel), sich allgemein ausbreitete (in Dtl.: G. Scheck und K. Redel). die seltene Baß-Qu. wurde in jüngster Zeit neu gebaut und verbessert. – Wichtig waren die Flötenschulen von Hotteterre (1707), J. J. Quantz (*Versuch einer Anweisung die Flûte traversière zu spielen,* 1752) und J. G. Tromlitz (*Kurze Abhandlung vom Flötenspielen,* 1786). Hervorragende Virtuosen waren B. Loeillet, J. Hotteterre, J. J. Quantz, Chr. Denner und J. G. Tromlitz, die letzten beiden zugleich berühmte Instr.-Bauer. Die Qu.-Lit. aller Gattungen und Stile ist überreich vom 18. bis ins 20. Jh., nur mit der kleinen Zäsur, die die Salonliteratur der Spätromantik bildet.

Th. Boehm Üb. d. Flötenbau u. d. neuesten Verbesserungen, derselben, 1847; NA Buren 1982; L. de Lorenzo, My complete story of the fl., NY 1951; H.-P. Schmitz, Qu. u. Qu.spiel i. Dtl. während d. Barockzeitalters, 1952, [2]1958; A. Girard, Hist . . . de la flûte, P. 1953; K. Ventzke, D. Boehmfl., 1966; Ph. Bate, The fl., L 1969, [2]1979; R. Meylan, La fl., Lausanne 1974; G. Scheck, D. Flöte u. ihre Mus., 1975.

Querpfeife (Schweizerpfeife, Feldflöte), Holzblasinstr., wie die → Querflöte gebaut (kleiner und ohne Klappen) und von gleicher geschichtlicher Entwicklung. Im Ggs. zur Querflöte behält die Qu. die enge Bohrung und den scharfen Klang und damit ihre Aufgabe in der Militärmusik, in der sie bis heute zusammen mit der kleinen Trommel klingt; nicht zu verwechseln mit der → Piccoloflöte. → Schwegel, Spielleute (2).

Querstand, in der tonalen Satzlehre t. t. für chromat. (1) und (weniger auffällig) diatonische (2) Fortschreitung eines Tones in ei-

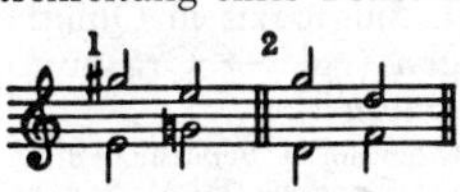

ner anderen Stimme; (1) war im strengen Satz verboten.

Quickstep (engl. = Schnellschritt), schneller → Foxtrott.

Quieto (ital. =) ruhig, gelassen.

Quijada (de burro) (span. Eselskinnbacken; engl. *jawbone*), afrokubanische Rassel; ein oft mit Schellen behängter Eselskieferknochen, auf dessen Breitseite mit der Faust geschlagen wird, so daß die etwas losen Zähne klappern; vor allem zum Rumba- od. Conga-Rhythmus; so auch in Peru und Chile (*Cacharaina*).

Quintaden (lat. *quintadenare*; → quintieren), zylindrisches Gedacktregister der Orgel, dessen dumpfer Klang durch die deutlich mitklingende Duodezime aufgehellt wird; 16', 8', 4'; selten der Qu.subbaß 32'.

Quinte (lat. = 5.), 1. das → Intervall mit der 5. Stufe einer diaton. Skala. Es tritt nur in einer Erscheinungsform, nämlich als rein auf und kann durch Alteration übermäßig od. vermindert werden. Das günstige Schwingungsverhältnis stellt den 5. Ton an 2. Stelle nach der Oktave in der Verwandtschaft zum Grundton. Entsprechend bedeutsam ist seine Funktion als → Dominante im harmon. Bezugssystem. Die Fortschreitung in Qu.parallelen, eine Grundform des → Organums, wurde in der ma. Musiktheorie verboten (→ Parallelen). – 2. ältestes bekanntes Orgelregister mit ungeradzahligem Fußmaß; wohl aus den Qu.-parallelen im Organum abzuleiten. Die Qu. war nicht mit einer bestimmten Pfeifenart verbunden; daher wechselt der Name häufig je nach dem zugehörigen Stammregister (z. B. Qu.flöte, Zartqu.). Wie die übrigen → Aliquoten soll die Qu. den 3. Teilton (2. → Oberton) verstärken.

Quinten, verbotene, → Parallelen.

Quintenrein sind Saiten, wenn sie, in reinen Quinten gestimmt, bei gleichen Verkürzungen immer wieder in reinen Quinten erklingen.

Quintenzirkel, Schema zur übersichtlichen Darstellung der Quintschritte im temperierten System und der jeweils von ihnen ausgehenden → Tonarten mit ihren Vorzeichen, nach Kreuz- und B-Tonarten getrennt, jeweils von C ausgehend und dahin zurückkehrend. Die Tonarten sind durch die auf einem Kreisumfang liegenden Eckpunkte eines 12-Ecks markiert mit ansteigender Zahl der → Vorzeichen (C = 0):

Kreuztonarten)
→
C G . . . H . Fis . . Eis His
Deses . . Ces Ges . . . F . C
←
(B-Tonarten)

Diese Anordnung setzt → enharmonische Verwechslung voraus; denn C ist nicht mit His bzw. Deses identisch (→ Komma).

Quinterne → Mandola.

Qintett, Komposition für 5 Solostimmen und die Gemeinschaft der 5 Ausführenden. Von den verschied. Besetzungsmöglichkeiten des Vokalqu. sind die häufigsten die mit geteiltem Sopran od. Tenor. Die Entwicklung des Streichqu. entspricht der des → Quartetts (→ Kammermusik). Die Besetzung mit 2 Violoncelli geht auf Boccherini zurück, dem sich F. Schubert u. Tanejew anschlossen, während die Besetzung mit 2 Violen zuerst von Michael Haydn gewählt und von Mozart, der alle Stimmen gleichwertig behandelte, übernommen wurde und sich weiter bei Beethoven, Spohr, Brahms, Bruckner, Kaminski, Jarnach findet. Berühmt sind die Klarinettenqu. von Mozart, C. M. v. Weber, Brahms und Reger, die Klavierqu. von Schubert (Forellenqu.), Spohr, Schumann, Brahms, Reger. Blasqu. schrieben, sieht man von den 5stg. Turmmusiken J. Pezels ab, u. a. Mozart, L. Weber, Hindemith, Strawinsky.

W. Altmann, Hdb. f. Klavierqu.spieler, 1936; U. Sirker, D. Entw. d. Bläserqu., 1968; M. Hošek, Das Bläserqu., 1979; T. Sieber, D. klass. Str. Qu., 1983.

Quintfuge, die regelrechte → Fuge, in der das Thema (→ Dux) auf der Quinte beantwortet wird (→ *Comes*), wie es bei G. Zarlino (*Istitutioni harmoniche,* 1558) und J. G. Walther (in seiner handschriftl. Kompositionslehre) gefordert wird.

Quintieren, 1. → Überblasen eines Blasinstr. mit zylindrischer Bohrung in die Quinte als 3. Teilton (Duodezime), so bei → Klarinetten od. bei dem griech. → Aulos, während konische Rohre in die Oktave als 2. Teilton überblasen. Auch den → gedackten Orgelpfeifen fehlen die geradzahligen Teiltöne; sie qu. ebenfalls (z. B. → Quintaden). – 2. Volkstüml. Singpraxis in Quintbewegungen (vgl. → Organum). → Tvisöngur.

W. Bachmann, D. Verbreitung d. Qu.s im europ. Volksgesang (Fs. M. Schneider) Lg 1955.

Quintole (lat. *quinque* = 5), eine rhythmische Gruppe von 5 Noten, die an die Stelle von 3, 4, 6 gleichwertigen Noten treten; Bezeichnung mit Bogen od. eckiger Klammer über od. unter den Noten und mit der Ziffer 5.

Quinton (frz. v. lat. *quintus* = der Fünfte), 5saitiges Streichinstr., Diskantviola (vgl. → Gambe), besonders im 17. und 18. Jh. in Frankreich. In jüngster Zeit wurde der Name übernommen für eine → Fidel in Quintstimmung.

Quintsextakkord, erste Umkehrung des Dominantseptakkords, benannt nach der Stellung von Septime und Grundton.

Quinttöne, die aus der Quintfolge und gleichzeitiger Oktavversetzung gewonnenen Töne einer Skala (→ Quintenzirkel) im Ggs. zu der Skala aus Terztönen, entwickelt aus der Obertonreihe. → Pythagoreisches System.

Quintuor (frz.:) → Quintett.

Quintus, Quinta vox (lat. =), die fünfte Stimme in einem 5stg. Satz. Sie wurde vielfach später eingefügt und ist nicht festgelegt bezüglich der Stimmlage; vielmehr kann sie von Satz zu Satz in einem anderen Stimmbereich liegen. Vgl.→ Vagans.

Quodlibet, Quotlibet (v. lat. *quod/quot* = was/wieviel; *libet* = gefällt), Zusammenfügen mehrerer Liedweisen und Texte, die gleichzeitig od. nacheinander (= nachzeitig) erklingen sollen, meist Vokalform, bei der der beabsichtigte humoristische Effekt durch die Textzusammenstellung erhöht wird. Der Name Qu. geht zurück auf die seit Anfang des 14. Jh. bekannten scherzhaften Stegreifdisputationen (*disputationes de quolibet*) an Universitäten. Im 16. und 17. Jh. stand das Qu. in Dtl. in hoher Blüte. Praetorius erwähnte (*Syntagma musicum*) ein Qu. aus 5 Chorälen von einem J. Göldel. Meist strebt aber das Qu. burleske Wirkung an. Vielfach sind Volkslieder nur mittelbar durch die Erwähnung in einem Qu. bekannt geworden (Slg. des Wolffgang Schmeltzl, 1544). Neben Beispielen im Glogauer Liederbuch (um 1470), bei Senfl, Demantius und den nach Schmeltzl bedeutendsten Slgn. (nachzeitiger) Qu. von M. Franck (*Fasciculus quodlibeticus,* 1611; *Musical. Grillenvertreiber,* 1622) steht J. S. Bachs berühmtes gleichzeitiges Qu. *Kraut und Rüben* aus den Goldbergvariationen als Instrumentalstück. In V. Rathgebers *Augsburger Tafel-Confect* (1733/46) sind lustige, z. T. mundartl., z. T. makkaronische Texte zusammengeflickt. Ein Beispiel für das Qu. aus jüngster Zeit ist H. Bräutigams *Das Orchester.* – Meister des span. Qu. waren im 16. Jh. F. Peñalosa (*Por la sierras de Madrid,* 6stg.) und M. Flecha. Das ital. Qu. bestand bis ins 16. Jh. und benutzte den Melodienreichtum der → Frottola: Ein Madrigal für 9 Stimmen schrieben L. Marenzio (5 Stimmen) und O. Vecchi (4 St.) und verwendeten 2 Volkslieder (*La Girometta, La bella Franceschina*) und verschied. Sprachen (*diversi linguaggi*), wobei jede Stimme mit anderem Text einen bestimmten Personentyp darstellt. Das span. Qu. hieß *ensalada,* das ital. *misticanza* (Mischmach), *cento* (Flickenmantel), *farrago* (gemischtes Futter), das frz. *fricassée,* das dt. auch *Bettlermantel.* Im nachzeitigen Qu. zeigt sich das spätere → Potpourri. Vgl. → Villota.

E. Bienenfeld, W. Schmelzls Liederb. u. d. Qu. d. 16. Jh. (SIMG) 1904/5; H. J. Moser, Corydon, 1933, ND 1966; F. Torrefranca, Il segreto del Quattrocento, Ml 1939, ND Bologna 1969; A. Einstein, The Ital. Madrigal, Princeton 1949, dt. Z. 1952; K. Petermann, D. Qu., eine Volksliedquelle? (Diss. Lg) 1960; K. Gudewill, Ursprünge u. nationale Aspekte d. Qu. (Kb. NY) 1962; ders., Qu. (MGG) 1962; W. Rogge, D. Qu. in Dtl. bis M. Franck, 1965; W. Kirkendale, Franceschina, Girometta and their companions in a Madrigal a diversi linguaggi by L. Marenzio and Vecchi (AM) 1972; W. Elders, Stud. z. Symbolik i. d. Mus. d. alten Niederländer, Bilthoven 1968.

R, Abk. für ital. → Ripieno und lat. *repetitio* = Wiederholung.

Rabāb, Rebāb (*rabob, rubob*; arab.), Sammelname für Streich-(Zupf-)instrumente besonders in islamischen Ländern (Persien, Java, Mittelasien, Arabien, Nordafrika bis Andalusien), mit verschied. Entwicklungsstufen und Formen: im wesentlichen herz-, birnen- od. trapezförmig; Korpus aus Holz, die Zargen bei manchen Formen beidseitig eingebuchtet (vgl. Violine), auch mit Metallfuß; Decke aus Holz od. Tierhaut; meist kurzer, selten geknickter Hals, ursprüngl. ohne Bünde; die Saiten (1, 2, später 3 und mehr, auch mit Resonanzsaiten, Pferdehaar, Draht) gezupft, gestrichen od. mit Plektrum gerissen. R. und → Kamandža überschneiden sich häufig in ihrer Entwicklung (z. B. die langhalsige usbek. *rubab*). Die R. wurde beim Spiel zunächst senkrecht, etwa nach 1200 wie die heutige Violine gehalten. Sie wird zuerst im 10. Jh. erwähnt und kam vermutl. über Byzanz und Nordafrika (Spanien) nach Europa (*ribebe, rabebe*). Vgl. → Rebec, Fidel, Geige.

Denis, 1944; W. Bachmann, D. Anfänge d. Steichinstr.spiels, Lg 1964; H. H. Touma, D. Musik d. Araber (Tb. z. Mw.) 1975; J. Jenkins, P. Rovsing Olsen, Mus. and mus.instr. in the world of Islam, L 1976; Q. Hassan, Scheherazade. Les instr. de mus. en Irak . . ., P 1980.

Rackett → Rankett.

Radel → Rota.

Radio (Neuwort, aus lat. *radius* = Strahl; frz. und ital. *r.*, engl. *broadcasting* = breitstreuen, -werfen), 1. der → Rundfunk allgemein, 2. (volkstüml.) das Rundfunkgerät.

Radleier → Drehleier.

Raffel(e) (spät-mhd.: Gerassel), Tiroler Kratz-Zither, vermutl. direkt auf das → Scheitholz zurückgehend; mit 3 Spielsaiten und Griffbrett; ohne Begleitsaiten.

Rāga (ind.: Reiz; das den Geist Färbende), eine Art Melodietypus („Klangpersönlichkeit“) der ind. Musik, aus den Materialleitern (Jātis) entstanden und durch das Tonmaterial, den Rhythmus und den Stimmungsgehalt bestimmt. Der R. ist das musikal. Bauprinzip mit wechselndem Gewicht der Tonstufen und Zeitwerte, immer abhängig von den psycholog. Voraussetzungen („Farbe“), z. B. von der Zeit (auch Tageszeit) und den Umständen der Entstehung und Aufführung eines im jeweiligen R. komponierten Stückes, für dessen Metrum die Art der Periode, ihre Teilung und die Akzentuierung der Teile kennzeichnend sind (→ Tāla). R. ist in diesem System das männliche, Rāginī das weibl. Prinzip. Die Musik entwickelte sich bei einheitl. Grundzügen unterschiedl. und vielfältig im ind. Norden (hindustanisch, pakistanisch) und Süden (karnatisch). Die inneren Beziehungen zu anderen Musiksystemen im Vorderen Orient sind nicht hinreichend geklärt. Das Musizieren über Melodieformeln findet sich z. B. auch im arabisch-persisch-türkischen → Maqām und indones. → Patet. → Ālāpa, Dhrupada.

A. K. Gangopadhyaya, R.s and rāginīs, Bombay 1948; H. Husmann, Grundl. d. antiken u. oriental. Musikkultur, 1961; A. Daniélou, The r.s of Northern Ind. Mus., L 1968; W. Kaufmann, The r.s of North India, Bloomington 1968; ders., The r.s of South India, ebd. 1976; N. A. Jairazbhoy, The r.s of North Ind. Mus., L 1971.

Ragtime (engl. *rag* = zerreißen), eine instrumentale Vorform im → Jazz, die sich in der 2. Hälfte des 19. Jh. entwickelte, hauptsächlich als Klaviermusik. Der R. hält sich an das abendländ. Schema des Marsches. Während Negermusiker die Schwerpunkte des Metrums verschoben auf 2. u. 4. Taktzeit (*off-beat*), lösten weiße Musiker lediglich das Metrum schematisch in punktierte Werte und Synkopen auf, die dann gegen das regelmäßige Metrum der linken Hand liefen. Der Name R. galt bis etwa 1915 allgemein für Jazzmusik.

E. A. Berlin, R., a musical and cult. hist., Berkeley 1981.

Rahmentrommel, Sammelname für in den einzelnen Kulturen verschiedene, einfellige → Trommeln mit rundem (eckigem), niedrigem Rahmen (meist Holz). Das Fell (spannbar od. aufgenagelt) wird mit der Hand (einzelnen Fingern) od. Schlegel(n) geschlagen. → Schellentrommel, Pandero.

H. Nixdorff, Zur Typolog. u. Gesch. der R. (Baessler-Arch.) 1971.

Rallentando (ital. =) langsamer werdend (Abk.: *rall.*, *rallent.*).

Rankett, Rackett (Ranke: gebogen), 1. Holzblasinstr. mit Doppelrohrblatt (wegen des gewundenen Anblasrohres auch Wurstfagott genannt); im Prinzip dem → Sordun gleich, jedoch so zusammengedrängt, daß in einer

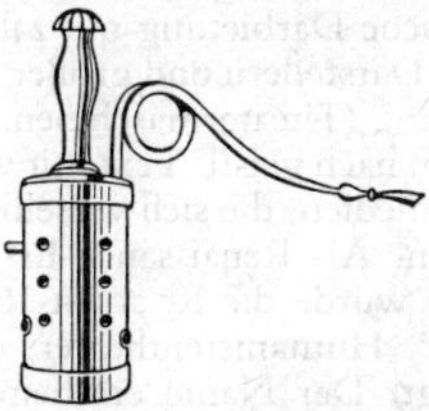

Büchse mit Grifflöchern das 9mal längere, spiralige Rohr untergebracht ist. Es entsteht ein gedämpfter, zurückhaltender Ton. Das R. wurde Anfang des 16. Jh. erfunden und in Stimmfamilie gebaut. – 2. Orgelregister (→ Rohrwerk), seit 1508 im Rheinland; Rankettregal, 16', 8', obertonarm, dumpf klingend.

H. Seidl, Das Rackett (Diss. Lg) 1959.

Rant, schneller schottischer Volkstanz im 6/8-Takt; im 17. Jh. (z. B. von J. Jenkins und bei Playford) zitiert und noch in Schottland verbreitet; vgl. → Jig.

Ranz des vaches (v. altfrz. *ranc* = Reihe; frz. *vache* = Kuh), → Kuhreigen, Kuhreihen. Gesungener od. auf Schalmei oder Alphorn geblasener Lockruf in der frz. Schweiz. Von über 50 überlieferten Formen wird heute nur noch die um 1800 von Bridel mit Text aufgezeichnete *Armaillis des Colombettes* gesungen, ursprüngl. in Greyerz beheimatet. Diese Melodie verwendete G. Doret in seiner Oper *Les Armaillis* (1906). Rousseau teilte im *Dictionnaire de musique* (1768) verschiedene Melodien mit.

G. Tarenne, Recherches sur les R. ... de la Suisse, P 1813; L. Gauchat, Etude sur le r. fribourgeois, Z 1899.

Rappresentazione sacra (ital. = geistl. Vorstellung), im 15. und 16. Jh. besonders in Florenz dramatische Darbietung mit zahlreichen Darstellern und großer Ausstattung (Theatermaschinen, Kulissen) nach geistl. Text mit weltl. Intermedien, die sich verselbständigten. Als Renaissance-Erscheinung wurde die R. s. im 16. Jh. vom Humanistentheater verdrängt. Der Name erscheint erneut bei Cavalieri (*R. di anima e di corpo,* 1600) und im Wiener → Sepolcro (*Azione sacra*). → Oratorium.

B. Becherini, La musica nelle Sacre Rappresentazioni fiorentine (Riv. Mus. Ital.), 1948; A. Cioni, Bibliogr. delle sacre r., Florenz 1961. → Oratorium.

Rassel, in allen Kulturen mit verschiedensten Arten auftretendes Geräuschinstr.: Bei Gefäßr.n entsteht das Geräusch, wenn durch Schütteln od. Schwingen die im Hohlkörper eingeschlossenen Rasselteile (z. B. Steine, Perlen, Körner; bei der Schelle nur *ein* Gegenstand) gegeneinander- und gegen die Korpuswand (aus Holz, Metall, Ton, Geflecht) treffen (z. B. → Maracas). – Bei Anschlagr.n treffen Gegenstände aufeinander od. auf einen Resonanzkörper (z. B. → Sistrum, → Cabaça). – Bei Reihenr.n bewirken mehrere miteinander verbundene Gegenstände das Geräusch (z. B. Kettenr., R.gürtel, hängende Bambusstäbe). – Die R. wurden in frühen Kulturen bei Kult und Magie verwendet. Sie treten auch im modernen Orchester und in der Jazzmusik auf. Die Darstellung präziser Rhythmen ist – je nach Art des Instr. – nur begrenzt möglich. Das javan. → Angklung klingt mit abgestimmten Stäben.

Rasseltrommel, heute besonders im Mittelmeerbereich (ursprüngl. bei Kulthandlungen: Schamanen) verwendete Zweifelltrommel mit Rasselkörpern (Steinen, Körnern) im Innern, die gegen Wand und beidseitige Fellbespannung treffen, wenn die R. geschüttelt wird. Im Ggs. zu dieser Gefäßrassel wird bei der heute verwendeten, auf tibetan. und chines. Beispiele zurückgehenden R. durch außen hängende Holz- od. Metallkugeln, die gegen die Felle schlagen, der Klang erzeugt, der durch Druck mit der Hand gegen die Halteschnüre der Felle leicht beeinflußt werden kann.

Rastral (lat. *rastrum* = Harke), 1. das einem fünfzinkigen kleinen Rechen vergleichbare Gerät des Notenstechers, mit dessen Hilfe er die Notenlinien als Vertiefungen auf der Stichplatte zieht. → Notenstich; – 2. fünfspurige Notenfeder, mit der man mit Tinte die Notenlinien auf Papier ziehen kann.

Ratsche (Schnarre), im Orchester ein aus einfachen → Schrapinstr. (z. B. → Guiro) entwickeltes Gerät, bei dem eine oder mehrere Zungen gegen ein durch Kurbel bewegtes Zahnrad treffen, so daß ein knatterndes Geräusch entsteht. Mit der Drehgeschwindigkeit ändert sich die Tonhöhe. Die R. wurde häufig in der Orchestermusik vorgeschrieben (z. B. bei R. Strauss, *Don Quichote*). – R. (Schrapräder) als Glockenersatz in der Karwoche werden (wurden) in den Alpenländern, in Schlesien und Südosteuropa verwendet („Rätschenzug"); vgl. → Hillebille, Schlagbrett.

Rätselkanon, → Kanon, bei dem die Stimmeinsätze nicht in der üblichen Art erkennbar, sondern aus versteckten Hinweisen (Devisen) des Komponisten zu erraten sind.

Diese Gattung wurde bei den Niederländern im 15. Jh. besonders gepflegt und ist dort nicht als bloße Gedankenspielerei zu werten, sondern als untergründiges Geheimnis handwerklicher Vollkommenheit, wobei → Zahlensymbolik mitwirkte. Dazu gehören auch viele Porträtkanons (z. B. J. S. Bachs Kanon auf dem Haußmann-Bild, 1747).

Raumakustik, Lehre von der Schallausbreitung und -wirkung in Räumen (Hörsamkeit). Die Elektroakustik prüft an Raummodellen die günstigsten akust. Möglichkeiten für den geplanten Raum (Grundriß, Baustoffe, Pfeiler, Mobiliar). Die Nachhallzeit wird durch Dämpfung der Wellen an den Reflexionsflächen verkürzt. Poröse Stoffe absorbieren höhere Frequenzen, schwingungsfähige Stoffe tiefere. Interferenz tritt ein, wenn reflektierte Schallwellen mit direkten od. anderen reflektierten zusammentreffen (Schallverstärkung od. -dämpfung an verschied. Stellen des Raumes), die auswählende Resonanz, wenn ein bestimmter Ton – vor allem in kleinen Räumen – die Raumluft od. bestimmte Körper in Eigenschwingung versetzt. Die Resonanz der größeren Bauteile wirkt sich dagegen meist vorteilhaft aus. Die lange Rechteckform wird als akustisch günstig bevorzugt. – Fragen der R. werden erst seit Ende des 19. Jh. wieder exakt erforscht, nachdem die Erkenntnisse antiker und ma. Baukunst verlorengegangen waren. → Akustik, Echo, Resonanz.

Fr. Winckel, D. besten Kzt.säle d. Welt (Baukunst u. Werkform) 1955; L. R. Beranek, Mus., acoustics and architect., NY 1962; R. Werner, Einfl. raumakust. Faktoren auf d. Musikhören in Kirchen, 1970; L. Cremer/H. A. Müller, Die wiss. Grundlagen d. R., 1976/78; H. Kutruff, Room acoustics, L 1979.

Rauschpfeife, Rauschquinte (niederdt. *rusch* = Schilfrohr), im 16. bis 17. Jh. Rohrblattinstr. mit Windkapsel (vom → Kortholt verdrängt); danach Zungenregister der Orgel (Rauschpfeife), seit Ende des 16. Jh. → Mixtur (Rauschquinte).

Rāvanatta, Rāvanastram (ind.: Hand des Rāvana), einfaches ind. Streichinstr.: eine mit Pergamentdecke bezogene Kokosnußhälfte (Holzschale, Holzzylinder) mit durchgehendem Bambusstock als Hals und Stachel. Der kurze, stark gewölbte Bogen läuft zwischen den beiden, übereinanderliegenden Saiten. Das Instr. erscheint mit vielen Arten im Orient (z. B. 3saitig und mit Resonanzsaiten): Indonesien, Mittelasien, China (Hu-k'in/Ör-hu). Vgl. → Kamandža.

Re, zweite Tonsilbe in der → Solmisation, in romanischen Ländern allgemein gebraucht für den Ton d.

Realistisch (lat. *res*: Sache), vielfältig deutbar, z. B. für 1. wirklichkeitsnahe, naturtreue Darstellung, so besonders im 19. Jh. im betonten Ggs. zu Mitteln der → Klassik und Romantik; so bei Bizet (*Carmen*), Mussorgskij (*Boris Godunov*), im → Verismo; vgl. → Neuromantik; – 2. „r." im Sinne d. Sozialist. Realismus (zuerst 1932 bei I. Gronskij; dann auch rückwirkend angewandt und von A. Ždanov methodisiert) sind lebensnahe Inhalte mit dem Menschen und Fortschritt dienender, positiver, nicht „formalistischer" Darstellung, wobei die polit.

wechselnde amtl. Wertung zu Werkänderungen führte (z. B. Schostakowitsch, *Lady Macbeth v. Mzensk,* 1932: *Katerina Ismailova,* 1962; P. Dessau, *Das Verhör des Lucullus,* 1951: *Die Verurteilung des Lucullus,* 1968); vgl. → Intonation (5).

C. Dahlhaus, Musikal. Realismus, 1982.

Rebec, Streichinstrument aus dem Orient stammend; mit bauchigem Körper, Flankenwirbeln für meist 3 in Quinten gestimmte Saiten, nicht abgesetztem Hals, Schallöchern in C-Form. Es ist vermutl. arab. Ursprungs (→ Rabāb) und kam über Byzanz und Spanien nach Europa, wo sich verschiedene Formen entwickelten (Rubebe). Die → Geige (Giga, Kleingeige) als ma. Instrumentengruppe wird direkt von ihm abgeleitet.

Denis, 1944; M. Remnant, Mus.instr. of the West, L 1978.

Rebétiko (neugriech. *rebetis* im Sinne von unzufrieden), neugriech. Unterhaltungsmusik der Städte, zunächst mündl. überliefert und kaum abgegrenzt zur Volksmusik → *Dimotikí (musikí),* später kommerzialisiert (Schlager); vokal mit Instr., besonders die Langhalslaute Busúki (→ Busuq).

Rechtschreibung, musikalische, → Orthographie.

Recital (engl.), **Récital** (frz. von *réciter*: vortragen), ursprüngl. Rezitation, Einzelvortrag, danach Sologesangsdarbietung (*Busby's Diction. of Music,* 1811); in jetziger engl. und frz. Bedeutung zuerst in Engl. 1840 für ein Klavierkonzert (Liszt), 1867 für ein Orgelkonzert (W. T. Best) gebraucht; auch Programm mit kleiner Besetzung.

Recitativo accompagnato, r. secco → Rezitativ.

Recorder (engl.), 1. Blockflöte; – 2. Gerät zur Aufzeichnung (Speicherung) und Wiedergabe von Ton und/od. Bild (Mikrofon, Rundfunk, Fernsehen, Film).

Redova, im 19. Jh. beliebter Gesellschaftstanz, in den 1840er Jahren von Frankreich aus in Europa verbreitet und zurückgehend auf ein böhmisches Reigenlied (*Rejdovák*) im ¾-Takt mit anschließender Variante im ²⁄₄-Takt (*Rejdovačka*).

Reel (vermutl. = engl. *reel* = wirbeln), irischer, schottischer, auch dänischer Paartanz mit schneller, geradtaktiger Musik (4/4-, selten 6/4-Takt). Der irische R. ist lebhafter als der schottische. Besondere Arten sind der *Highland Fling* und der *Virginia R.* In Yorkshire gehört zum R. ein Schwerttanz. → Strathspey.

Reformpartitur, vereinfachte → Partitur, bei der alle Instr. in C notiert werden. Sie wurde (etwa 1907) von F. v. Weingartner, M. v. Schillings und G. Capellen befürwortet, sowie von U. Giordano (1908), der außer eigenen Werken auch die Sinfonien Beethovens in R. herausgab (*notazione a suoni reale*). Die R. setzte sich besonders seit der 2. → Wiener Schule durch. Dagegen fand die von H. Stephani (1905), F. Dubitzky (1902) und F. Müller-Rehrmann vorgeschlagene Einheits- od. Normalpartitur keinen Anklang, die alle Instr. nur im Violinschlüssel (mit Oktavversetzung) notierte. → Schlüssel, transponierende Instrumente.

Refrain (frz.:) Kehrreim; mit der gleichen Melodie und bei Vokalmusik mit gleichem Text regelmäßig wiederkehrender, der Vorstrophe meist angehängter Teil, oft auch im Ggs. zu ihr stehend. Das Prinzip ist aus der sumerischen und byzantin. Liturgie bekannt und findet sich in der frühen christl. → Psalmodie. Aus d. 10. und 11. Jh. sind geistl. und weltl. Lieder mit R. in Latein od. der Volkssprache oder beiden, zwischen Strophe und R. wechselnd, überliefert. In der altfrz. Lyrik gehörte der R. zum Konstruktionselement (nach, innerhalb od. vor der Strophe stehend) und entwikkelte sich selbständig weiter: derselbe R. erschien mit Text und Melodie od. nur mit der Melodie in anderen Liedern; mehrere R. wurden in den Liedstrophen verwendet oder ergaben gänzlich neue Lieder; der R. bildete den Tenor od. die Oberstimme einer → Motette, die nur aus R. bestehen konnte (Rondeau- und Centomotette) od. auch von den Teilen eines R. eingeleitet und abgeschlossen wurde (*Motet enté*). Außer in verschied. Tänzen findet sich der R. bei Ballade, Ballata, Chanson, Frottola, Ritornell, Rotrouenge, Villancico, Virelai; vgl. Quodlibet. Mit Ausnahmen z. B. im ma. Rondeau, wo die R.-Melodie konstitutiv für die verschied. Strophen werden konnte, war sie unabhängig von der Strophenmelodie. F. Gennrich stellte über 1300 afrz. R. fest. Auch in der nicht gesungenen afrz. Lyrik (z. B. *Saluts d'amour*) trat der R. auf. Seit dem 14. Jh. ist er mit allen Möglichkeiten fertig ausgebildet. Der R. der alten → Ballade (Copla) blieb auch in der späteren Balladenkomposition wichtig. Im → Rondo antwortet der R. jeweils auf melodisch unterschiedl. Vorstrophen. Er zeigt sich im 17. Jh. im Instrumentalritornell und in der Klaviermusik (Rondo bei Couperin, Beethoven).

F. Gennrich, Rondeaux, Virelais u. Balladen 1, 2, 1920, 1927; ders., Grundr. einer Formenlehre d. ma. Liedes, 1932, ND 1970; H. Mersmann, Musikal. Werte d. Kehrreims (Jb. f. Volksliedforsch.) 1928; H. J. Moser, D. Ballade (Mus. Formen i. hist. Reihen) ^{2}1959; F. Piersig, Das Rondo (ebd.) ^{2}1961; J. van d. Boogard (Hg.), Rondeaux et refr. du 12e au début du 14e s., P 1969.

Regal (wohl von frz. *rigole* = Kehle des Mundstücks; od. lat. *rega* = Reihe). 1. Kleine Orgel mit meist liegenden Zungenstimmen (oft ohne Becher). Manual, Windlade, Pfeifen und die 2 Keilbälge, auch zusammenlegbar zur Foliantenform: Bibel-R.; im 16. Jh. Solo-, dann Begleitinstr., im 18. Jh. des schnarrenden Tones wegen abgelehnt, im 20. Jh. wieder gebaut. – 2. Scharf klingendes Zungenregister der Orgel, kurzbechrig mit vielen Varianten.

R. Menger, Das R., 1973.

Reggae, in Jamaika aus verschied. Elementen (afrikan. Volksmus., Calypso, Rhythm & Blues, Soul) etwa Mitte der 1950er Jahre entstandene Musik mit den Arten → Ska (um 1960; schnell; mit Unisono-Riff der Bläser; in Engl. auch *Blue Beat*) und Rocksteady (1966/8; langsamer; Elektr. Baß und Gitarre statt Bläsern); meist ¼-Takt mit Off-Beat. Im R. stehen Perkussionsgruppe (Baß, Gitarre, Keyboard, Trommeln) und Gesang (Solo/Duett, Chorus; Strophenlieder, anfangs mit sozialpolit. Themen) gegenüber. Nach 1975 kam der nur instrumentale R.-Stil auf (*dub music*). R. setzte sich ab Ende der 1960er Jahre allgem. durch, in Europa von Engl. aus.

Th. Breiwieser, Made in Kingston, 1980; S. Clarke, Jah music, L 1980; J. Bennetzen, R. (FAM) 1982.

Regie (frz. =) Verwaltung, seit dem 18. Jh. als Spielleitung im Theater verstanden; die künstlerische Gesamtleitung aller für eine Aufführung oder Filmgestaltung erforderl. Arbeiten. → Opernregie.

Register (v. lat. *gerere* = machen, verwalten), eine Gruppe von Tönen (Lauten) mit derselben Klangfärbung unter der gleichen mech. Voraussetzung. 1. Bei der menschl. Stimme (und zwar innerhalb aller Stimmlagen, mit denen der Begriff R. im übrigen nicht zu verwechseln ist) ändert sich die Klangfarbe je nach Art der Stimmbänder und der Einstellung des Ansatzrohres. Allgemein üblich ist die Unterteilung der R. in Bruststimme, Kopfstimme (Falsett-, Fistelstimme) und die dazwischen liegende voix mixte (gemischte Stimme). Diese Ordnung nach der Lage der Resonanzräume ist zumindest für das Zwischenr. mißverständlich; denn in seinem Bereich tritt das Falsetto der Tenöre mit Brustresonanz auf, und umgekehrt kann die Bruststimme mit Kopfresonanz klingen. Die Stimmbildung sieht ihre Aufgabe darin, die Grenzen zwischen den R. unkenntlich zu machen und den Eindruck eines Einzelr. zu erwecken. Das Brustr. klingt voll, breit, tief, das Kopfr. gespannt, schärfer, heller. Beide R. greifen ineinander, so daß derselbe Ton auf verschied. Weise dargestellt werden kann. Plötzlicher Übergang von R. zu R. erfolgt beim → Jodeln. – 2. R. bei → Cembalo und an der → Orgel. Orgel-R. sind seit dem 14. Jh. belegt (Trier 1387). Sie unterteilen sich in → Labialstimmen (zylindrisch offene, konisch offene Pfeifen, voll- und halbgedackte), Zungenstimmen (Rohrwerke mit zylindr., konischen und verkürzten Bechern), zusammengesetzte Stimmen (Doppelr., → Aliquote, gemischte Stimmen), mechan. (Neben-, Hilfs-)R. → Plenum. – 3. Die R. bei → Akkordeon und anderen Balginstr. sind Schieber-, Knopf- od. Kippregister, die mit den Händen (auch dem Kinn) zu bedienen sind und Klangfarben bzw. Koppeln einschalten. → Singstimme, Orgel, Balginstr.

→ Gesangspädagogik, Singstimme, Cembalo, Orgel.

Regola dell' ottava (ital.; frz. *règle de l'octave* =) Oktavregel des 17. und 18. Jh. in Italien und Frankreich (z. B. bei dem Theorbisten Maltot). Eine für Dur und Moll im Oktavraum feststehende Reihe einfacher Akkorde als Behelf für die Begleitung bei schwierig (od. nicht) beziffertem Baß; vgl. → Basse fondamentale.

Regös (Mz. *regösök*; ungar.:) Sänger, später Spielmann (slaw. *igric* = *joculator*), der die R.-Gesänge (Zauberformeln, Klagelieder, Heldengesänge) im epischen Sprechgesang (*regöles*) mit halbtonloser → Pentatonik vortrug. Die noch im 20. Jh. zu christl. Feiertagen (besonders 2. Weihnachtstag, Neujahrsumzug) dargebotenen rituellen Gesänge sieht man als Rest aus einer Frühzeit nomadischer ugrischer Völker. → Dichtersänger, Jongleur, Spielleute.

Reibtrommel, in allen Kulturen, in dt.-sprachigen Ländern als Brummtopf od. Waldteufel bekanntes Geräuschinstr.: ein

Blechzylinder (bis 10 cm Durchmesser), einseitig mit Fell bespannt, das durch einen daran befestigten Faden (durch Reißen od. Schleudern) od. Holzpflock (der gerieben wird) in Schwingung versetzt wird (Faden-, Schwung-, Stab-R.).

L. Kretzenbacher, Südosteurop. Primitivinstr. vom Rummelpott-Typ (Volksmus. Südosteur.) 1966; E. Riemann. D. Brummtopf, ein alteurop. Primitivinstr. in Ost- u. Westpreußen (Jb. f. ostdt. Volkskunde) 1973.

Reihe, in der → Dodekaphonie Bez. für das Bauelement der Komposition, die sich an die in der R. festgelegte Folge von 12 Tönen (11 Intervallen) bindet. Die R. kann in d. Grundgestalt erscheinen (im Krebs, der Umkehrung und im Krebs der Umkehrung) und in allen Transpositionen, also insgesamt in 48 gleichberechtigten Gestalten.

Reimoffizien (lat. → *officium*), die etwa seit dem 10. Jh. besonders für Heiligenfeste und den ganzen Tag (Stunden-, Tagesgebete) geltenden, meist kunstvoll gereimten Neudichtungen geistl. Texte, die antiphonisch od. responsorial gesungen wurden. Zu den schönsten Beispielen zählen die R. für Franz v. Assisi und Antonius v. Padua des Julian v. Speyer (13. Jh.). Durch das → Tridentiner Konzil wurden die R. abgeschafft. → Historie.

P. Wagner, Z. ma. Offiziumskompos. (KmJb) 1908; Z. Falvy, Die Weisen d. König-Stephan-R. (Stud. Musicol.) 1964; K.-H. Schlager, R.; in: K. G. Fellerer (Hg.), Gesch. d. kath. Kirchenmus. 1, 1972.

Reine Stimmung, → Komma, Stimmung, Temperatur.

Rejdovák, Reijdovačka → Redova.

Réjouissance (frz. = Belustigung), Suitensatz, schnell und scherzoartig (z. B. bei Händel und Bach).

Relatives Gehör, rel. Tonbewußtsein; das durch → Hör- und Treffübungen (→ Musikdiktat) erlernbare Intervall- und Harmoniegehör. Es setzt Musikalität voraus und kann in der Praxis wertvoller sein als das → absolute Gehör. Die Hörübungen setzen sich mit bekannt schwierigen Entwicklungsstufen des r. G. auseinander: Größere Schritte werden schlechter erfaßt als kleine, absteigende schwerer als aufsteigende, Zusammenklänge sind weniger sicher als Tonschritte, wobei auch der Grundtyp der Tonwahrnehmung (linear od. zyklisch) von Bedeutung ist. → Gehörpsychologie, Musikpsychologie.

C. Stumpf, Tonpsychol., 1883/90, ND 1965; Fr. Reuter, D. mus. Hören auf psychol. Grundl., 1925; A. Wellek, Mus.psych. u. M.ästhetik, 1963, [3]1982. → Musikpsychologie.

Religiöse Musik → geistl. Musik.

Renaissance (frz.; ital. *rinascimento* = Wiedergeburt), Erneuerung, Wiederaufleben einer vergangenen Kultur od. eines Zeit- od. Personalstils (z. B. Schütz-R.), im engeren Sinne in der Kulturgeschichte die in Italien schon im 14. Jh. (Petrarca, Boccaccio) vorbereitete, allgemein um 1450 beginnende und die Neuzeit einleitende Epoche des sich als einmaliges Individuum in geistig-seelischer Freiheit erkennenden Menschen. Er löste sich vom ma. Weltbild, indem er sich antiker Kultur zuwandte, in deren Werken er die menschliche Haltung bewunderte. In seinem neuen, weltoffenen

Lebensstil blühten Kunst und Wissenschaft, Natur- und Geschichtsbetrachtung setzten ein, und in Literatur und Musik drang die Volkssprache durch. Den → Humanismus, der die Sehnsucht nach dem antiken Vorbild in Gelehrsamkeit gefaßt hatte, lenkte in Dtl. die Reformation in eine eigene Richtung, in der er diese Fassung didaktisch wertend weiterreichte. Die R. in der Musik entwickelte sich im Wechselspiel franko-fläm. Vokalpolyphonie und it. Strebens nach Homophonie. Sie begann etwa 1430 und endete zw. 1570 und 1600. Gegenüber der spätgotischen Musik kennzeichnet sich die musikal. R. durch das Streben nach Deutlichkeit in der Deklamation der Texte, die schließlich erreicht wird durch Übernahme des Textmetrums gleichmäßig in allen Stimmen. Die Texte werden in Musik ausgedeutet, jedoch ohne Übersteigerung und ma. Härte des Ausdrucks. Die Stimmen klingen ausgeglichen (Diskant- und Landino-Klausel) und sind von der Rücksicht auf die Homogenität des Gesamtklangs bestimmt, daß etwa ab 1550 Mittelstimmen nur noch als Füllstimmen und überhaupt Unterstimmen nur noch begleitend und ohne Eigenleben auftreten können. Die Musik ist übersichtlich in deutlicher Gliederung. Ergänzten bisher Instr. die Vokalmusik od. übernahmen sie, so entstanden jetzt Kompositionen (Variation, Ricercar, Toccata, Tiento) eigens für Tasten- od. Zupfinstr. Der Zeitbegriff R. umfaßt die → Motette, Variations- und Parodiemesse in der Hochblüte der Vokalpolyphonie; die → *musica reservata*; das ital. → Madrigal; die neben den erstarrten Formen von → Ballade, Rondeau, Virelai entstandenen frz. → Chansons, die von der homophonen, homorhythm. *musique mesurée* (→ *vers mesurés*; vgl. metrische → Ode) um 1570 abgelöst wurden; die um 1530 poetisch aufgewertete → Frottola; den von den → Tridentinischen Beschlüssen geförderten ausgeglichenen Satz Palestrinas; die Bemühung um Textverständlichkeit im → Rezitativ und in der Sologesangsoper der florentin. → Camerata, die ebenso wie die instrumentale Mehrchörigkeit der venezian. Schule in die Barockmusik mündet. In den germanischen Ländern stand das polyphone Lied (Finck, Haßler, Senfl, Regnart, Lassus) neben der Humanistenode und den zahlreichen vertonten Gelegenheitsgedichten. In England erlebte das Madrigal um 1600 eine eigene Blüte. Spanien pflegte vor allem die Kultmusik, beeinflußt von der niederländ. Polyphonie, aus der besonders die span. Mystik schöpfte, während die weitere Entwicklung unter dem Eindruck des → Palestrinastils vor sich ging. Die span. Orgelkomposition (Cabezón) und die weltl. Lautenmusik verarbeiteten zwar niederländ. Beispiele, wurden aber selbst mustergültig auf dem Kontinent.

A. Schering, Stud. z. Mg. d. Frühr., 1914; H. Besseler, Mus. d. MA u. d. R. (Bücken-Hdb.) 1931; ders., Das R.probl. i. d. Mus. (AfMw) 1966; M. E. Bukofzer, Studies in Med. and R. Mus., NY 1950, ND 1964; L. Schrade, The hist. conception of an epoch (Kb. Utrecht) 1952; H. Ch. Wolff, D. Stilbegr. d. R. i. d. Mus. (ebd.) 1952; ders., Die Mus. d. alten Niederländer, Lg 1956; G. Reese, Mus. in the R., NY 1954, [2]1959; S. Clercx, J. Ciconia, Br 1960; R. E. Wolff, R., Mannerism, baroque – 3 styles, 3 periods (Les Colloques de Wégimont) 1963; J. La Rue (Hg.), Aspects of Med. and R.mus. (Fs. Reese) NY 1966; W. Osthoff, Theatergesang ... i. d. it. R., 1969; R. L. Marshall (Hg.), Studies in r. and baroque mus. (in honour of A. Mendel) 1974; D. Kämper, La mus. strumentale nel rinascimento, Turin 1976; H. Mayer Brown, Mus. in the R., Englewood Cliffs 1978; P. J. Pirie, The Engl. mus. r., L 1979.

Repercussa (lat. *repercussus*: Zurückschlag, Widerhall), Reperkussionston (*repercussio*), Zentral-, Hauptton in den → Kirchentonarten; Mittelpunkt der Bewegung und Spannung im Ggs. zur → Finalis, dem Ruhepunkt. In der Psalmodie: Rezitationston (auch: Cursus, Ténor, Tuba; später: → Dominante); vom Grundton unabhängig.

Reperkussion (lat.), veraltete Bez. (18. Jh.) für Beantwortung und Durchgang des Fugenthemas.

Repertoire (frz. von lat. *reperire*: auffinden), Sammlung (Verzeichnis) der einer Bühne, einem Orchester, Chor, Schauspieler, Interpreten zur Verfügung stehenden Werke (Libretti, Partituren, Noten); von daher die Anzahl der Werke, die so „sitzen" (sicher studiert sind), daß sie schnell ins Programm aufgenommen werden können.

Repetierende Stimmen (lat. *repetere* = zurückgehen), in der → Orgel hohe Einzelregister, die nicht in der ganzen, auf der Klaviatur möglichen Höhe klingen können, sondern bei steigender Höhe in eine tiefere Lage zurückspringen; insbesondere ersetzen gemischte Stimmen (→ Mixtur), wenn sie die Höhe nicht mehr erreichen können, höhere Chöre durch tiefere. Das Register wird mit dem Zusatz *repet.* gekennzeichnet z. B.: Zimbel, Flageolett, Terz, Singend Regal repet.

Repetition (lat. =) Wiederholung; 1. frz. = Konzert- (Opern-) Probe; – 2. → repetierende Stimmen.

Replica (ital. von lat. *replicare* = zurückbiegen), Wiederholung eines Stückes, eines Teiles (z. B. Menuett), ferner einer Melodie in der Oktave od. in einer anderen Stimme. *Senza r.* = ohne Wiederholung.

Replik (lat.) 1. ältere Bezeichnung für die in Stimmheften in kleinen Noten (→ Stichnoten) gedruckten Melodieteile, mit deren Hilfe sich ein Instrumentist nach längerem Pausieren sicher auf seinen Einsatz einstellen kann; – 2. veraltete Bez. für Umkehrung eines Intervalls in d. Oktave (Terz/Sexte).

Reprise (frz.; ital. → *ripresa*; engl. *repeat* =) 1. Wiederholungszeichen; die Wiederholung eines ganzen Musikstückes oder seiner Teile, die am Anfang und Ende mit Doppelstrichen und 2 im 2. und 3. Zwischenraum des Systems im zu wiederholenden Teil stehenden Punkten gekennzeichnet sind, wobei die Anfangsmarkierung meist entfällt, wenn der Beginn der Wiederholung gleich dem Stückbeginn ist. Noch bis ins 18. Jh. wurde der wiederholte Teil durch reichere Verzierung vom ersten unterschieden. → Da Capo. – 2. im → Sonatensatz die der → Durchführung folgende, wiederaufgenommene → Exposition mit derselben Grundstruktur, aber vielfach rhythm. und in der Tonart verändert (der Seitensatz auch in der Grundtonart). Danach folgt häufig eine → Coda.

M. Just. Mus. u. Dicht. in Bogenform u. R.nbar (Fs. Gerstenberg), 1964; S. Schmalzriedt, R. (HmT) 1979, 1981.

Requiem (*aeternam dona eis*; lat.: *Gib ihnen ewige Ruhe*), Beginn des

→ Introitus der Totenmesse (*Missa/Officium defunctorum, Missa pro defunctis*), bei der → Gloria und → Alleluja entfallen. Dem Introitus folgen → Kyrie, Graduale, Tractus, die Sequenz → Dies irae (liturgisch bis 1972; polyphoniert vermutlich zuerst von A. Brumel, 1516). Das → Agnus Dei (nach Offertorium und Sanctus; vor der Communio) endet (statt mit *miserere nobis*) mit *dona eis r.* (beim 3. Mal: ... *r. sempiternam*). Für Chor a cappella schrieben u. a. Ockeghem, Brumel, Févin, La Rue, Morales, Clemens non Papa, Monte, Palestrina, J. de Kerle, Victoria, Asola, O. Vecchi, Moulinié, Fr. Cavalli. Instrumentalbegleitung tritt etwa ab 1650 hinzu und wird bis zum 19. Jh. immer stärker besetzt: Bassani, Caldara, Lotti, Lully, Jommelli, J. A. Hasse, W. A. Mozart, Salieri, Cherubini, Gossec, Berlioz (mit Orchester und 4 Blaskapellen), R. Schumann, Liszt, Dvořák, Verdi, Draeseke, Saint-Saëns, Fauré, Poser. Die *Musikalischen* → *Exequien* von H. Schütz, das *Deutsche R.* von Brahms, die R. von Reger, Micheelsen, Reda stützen sich nicht auf den latein. R.text, der andrerseits der rein instrumentalen *Sinfonia da R.* von Britten zugrundelag. Das R. von Delius (1916 als *Pagan R.* = heidnisches R. angekündigt) verwendet Texte von Fr. Nietzsche, das von E. Denisov (1980) hat liturgische und weltl. Texte (Fr. Tanzer).

R. Schnerich, Messe u. R. seit Haydn u. Mozart, W 1909; V. Goller, D. Gesang bei d. Totenmesse, Klosterneuburg 1930; Ch. W. Fox, The polyphonic R ... (Bull. of the Americ. Musicol. Soc.) 1943; H. T. Luce, The R. Mass from its plain song beginnings to 1600 (Diss. Florida) 1958; A. Robertson, R. music of mourning and consolation, L 1967; K. G. Fellerer (Hg.), Gesch. d. kath. Kirchenmusik, 1972/6; J. W. Pruett, R. Mass (Grove) 1980. → Messe.

Reservat-Kanon, → Kanon bei den Niederländern im 15. Jh., die sich für den Sonderfall Bedingungen auferlegten: daß z. B. die kanon. Stimme alle Pausen od. alle kleineren Notenwerte des Themas wegließ (so: P. Molu, *Missa duarum facierum*). Der R. war meist 2stg.

Res facta (lat. *res* = Sache, *facere* = tun), die „gearbeiteten", durchgeführten Stimmen in der Musik des 15./17. Jh. im Ggs. zu angedeuteter, zu improvisierender Stimmführung; vergleichbar dem „ausgesetzten" od. dem nur in Bezifferung zur freien Gestaltung gegebenen → Generalbaß.

E. T. Ferand, *What is r. f.? (JAMS)*, 1957; ders., R. f. (MGG), 1963. → Improvisation.

Resonanz (lat. = Widerhall), das Mitschwingen eines Körpers in der Schwingung od. der Teilschwingung (→ Obertöne) eines anderen. Wenn die Schwingungsperiode des erregenden Körpers der Eigenschwingung des mitschwingenden Körpers entspricht, genügt eine nur geringe Kraft, um diese Eigenschwingung hervorzurufen. So bringt eine klingende Stimmgabel eine andere von gleicher Tonhöhe zum Mitklingen, das noch andauert, wenn die Schwingung der ersten plötzlich aufhört. Je größer und kompakter ein → Resonator ist, um so genauer müssen die erregenden Schwingungen mit seinen eigenen übereinstimmen, d. h. um so enger ist sein R.bereich, um so intensiver und anhaltender seine R. (auswählende, bestimmte oder singulare R.). Im Ggs. zu Saiten od. Membranen, die in einem breiten R.bereich, also auch nur annähernd zu ihrem Eigenton, resonieren, werden z. B. Klangstäbe oder Glocken nur bei genauer Übereinstimmung der Schwingungen erregt. Allgemeine od. unbestimmte R. liegt bei breitem R.bereich vor. Je breiter er ist, um so kürzere Zeit hält die R.-Schwingung über das Ende der Primärschwingung hinaus an. Das Trommelfell des Ohres wird in einem breiten R.bereich erregt (→ Tonhöhe), seine R. endet mit der Primärschwingung. In Räumen wird in der Regel die Hörsamkeit (→ Raumakustik) von der allgemeinen R. (nicht zu verwechseln mit Reflexion) günstig beeinflußt. Der Schall pflanzt sich auch in Bauteilen fort, und um so leichter, je größerer Spannung sie ausgesetzt sind. Sie begünstigen dabei die tiefen Töne. Holz in Täfelungen und Emporen ist besonders resonanzfähig. Andererseits kann die auswählende R. z. B. durch das Klirren von Fensterscheiben od. Metalleuchtern störend wirken. Die allgemeine R. wird klangverstärkend nutzbar gemacht in den → R.körpern der Streich- und Schlaginstr., in der → Stürze der Blasinstr. (→ Becher), auch im Brustkorb und dem Rachen-, Mund-, Nasenraum. Der Aufsatz (Becher) von Zungenpfeifen der Orgel dient der Charakterisierung der Klangfarbe. Sind die Schwingungswellen des Bechertones etwas schneller als die des Zungentons, so tritt der Grundton zurück, die Obertöne klingen schärfer. Rund, voll und obertonarm wird der Ton, wenn die Becherwelle langsamer ist. Die Erscheinung der R. nutzte H. v. Helmholtz, indem er die Teiltöne eines Klangspektrums durch → Resonatoren mit verschied. Eigenton verstärkte und einzeln hörbar machte (→ Schallanalyse).

→ Akustik.

Resonanzkörper, -kasten, Hohlraum, in dem die Schwingungen eines Tonerzeugers verstärkt werden (bei Streich-, Zupf-, Tasten- und Schlaginstr.; beim menschl. Stimmapparat Brustkorb und Resonanzhöhlen). Es handelt sich um allgemeine, unbestimmte im Ggs. zur bestimmten, auswählenden → Resonanz. Von der Saite als schmalem schwingendem Körper übernimmt die Luft nur sehr geringe Schwingungen. Damit aber Verdichtung und Verdünnung eintreten, also eine fortschreitende Welle entstehen kann, muß die Intensität der Schwingung (→ Amplitude) vergrößert werden. Das geschieht z. B. beim Streichinstr., wenn sich die Saitenschwingung über den Steg auf die Decke des R. überträgt und der etwa unter dem rechten Fuß des Steges im Korpus stehende Stimmstock sie dem Boden weitergibt. Dadurch wird die Luft im R. in Schwingung versetzt, die sich durch die in die Decke geschnittenen Schallöcher auf die Außenluft überträgt.

Resonanzsaiten, Aliquot-, Sympathiesaiten; bei Zupf- und Streichinstr. die zusätzlichen (nicht berührten), mit Teiltönen im Spielsaitenspektrum mitklingenden Saiten.

Resonatoren (lat. *resonare* = widerhallen), Hohlkörper verschied. Größen, von denen jeder einen der in einem Klang enthaltenen Teiltöne verstärkt. Die gläsernen oder metallenen R. verwendete H. v. Helmholtz zur → Schallanalyse. Die kleinere der beiden Öffnungen wurde in den Gehörgang geschoben. Wenn ein Teilton erklang, der dieselbe Frequenz hatte wie der Eigenton des

R., so entstanden in diesem verstärkte Schwingungen, die sich d. Ohr mitteilten. Um das Ergebnis dieser Analyse zu überprüfen, baute Helmholtz eine Apparatur zur Klangsynthese, die durch eine Kombination von Stimmgabeln mit der Frequenz der Teiltöne möglich wurde. → Akustik, Obertöne, Klangfarbe.

Responsoriale, Slg. von → Responsorien der kathol. Kirche. Für die nächtl. Stundengebete liegen im Brevier (→ Breviarium) nur die Texte vor. Der *Liber Responsorialis* (Solesmes 1895) bringt einen Teil der Melodien. → Graduale.

Responsorium (v. lat. *respondere* = antworten), der im katholischen Ritus auf die Lesungen folgende Antwortgesang nach dem Vorbild des Gebrauchs in der Synagoge. Dem Vorsänger antwortet der Chor od. die Gemeinde mit einem Refrain (z. B. in → Graduale und → Alleluja); heute antwortet meist nur der Chor (die Schola). Im Ggs. zum R. geschieht der Wechsel in der → Antiphon zwischen zwei Halbchören. Der Wechselgesang zwischen Solisten und Chor gibt reichere Möglichkeit künstlerischen Ausdrucks (z. B. → *Tenebrae factae sunt*) und regte die polyphone Komposition des vom Chor vorgetragenen Hauptteils und der solist. Intonation an, wobei vielfach motivische Verwandtschaft mit dem Versus besteht (z. B. H. Finck, H. Isaac, L. Senfl, O. Lassus). Das R. in der evangel. Liturgie besteht aus dem Wechselgesang zwischen Liturg und Gemeinde.

Wagner 1, 3, 1911/21; W. Apel, Gregorian Chant, NY 1958, [3]1966; H.-J. Holman, Melismatic tropes in the responsories for matins (JAMS) 1963; H. Hucke, Das R. (Gattungen in Einzeldarstell.), Bern 1973; ders., Toward a new hist. view of Greg. Chant (JAMS) 1980.

Restrictio (lat. *restringere* = zurückhalten, einschränken), in der → Fuge die → Engführung.

Reutterliedlein (afrz. *rutta*, ma. lat. *rupta* = Rotte), Soldaten-, Reiter-, Straßenlied; im 16. Jh. dem → Gassenhauer gleichgestellt in der Abwertung durch die Schulordnungen (z. B. Frankf./M., Nordhausen), die den Chorknaben beim (erlaubten) Singen zu Hochzeiten den einträglichen Vortrag von R. untersagten (z. B.: *Tritt auf den Riegel von der Tür*). Die große Beliebtheit dieser Lieder, die nicht sämtlich obszön waren, beweisen die Drucke (*Gassenhawerlin und Reutterliedlin,* 1535 bei Egenolff in Frankfurt/M.) und zahlreichen Bearbeitungen (z. B. L. Senfl zu: *Die Weiber mit den Flöhen*). Gegen die Gleichsetzung von Gassenhauer (im Begriff des 16. Jh.) und R. mit → Volkslied wandte sich der neue Volksliedbegriff der Romantik.

Revue (fr. = Umschau), eine Folge lose aneinandergereihter, meist nur durch die Musik od. literar. Vortrag, selten durch eine Rahmenhandlung zusammengefaßter Darbietungen mit aufwendiger Ausstattung (Ausstattungs-R.); zwischen → Operette und → Ballett stehend. Als „Jahres-R." ist sie festes Repertoire für eine längere Zeit. Sie verbindet kabarettistische, artistische Szenen, Schlagergesang, Solotanz und Ballettvorführungen. Die Gattung entstand im 19. Jh. in Paris (*Moulin rouge, Chat noir*) aus dem → Kabarett, wurde aber vor allem in Dtl. im

20. Jh. zur Großform, hier mit einer lose verbindenden Handlung, z. B. bei P. Lincke, V. Holländer (Apollo- und Metropoltheater, Berlin); von daher Tanz-R., Eis-R., R.-Film und Fernsehshow.

R. Mander/J. Mitchenson, R., L 1971; F.-P. Kothes, Die theatral. R. in Berlin u. Wien 1900/38, 1977.

Rezitativ (ital. *recitativo,* frz. *récitatif;* von lat. *recitare* = vorlesen, deklamieren), der vom dichterischen Text, rhythmisch vom Wortakzent bestimmte Sprechgesang (→ Parlando) in → Oper, Oratorium, Passion, Kantate als Hauptformen, auch in Konzertarien als Einleitung und als Lied-Episoden. Im Sprechgesang dargebotene Lesungen und Gebete sind aus jüdischem, aus christlich-oriental., ambrosian. und mozarab. Ritus bekannt. Eine strenge Form brachte nach jedem Textabschnitt eine Kadenz; eine freiere (→ Tractus) lehnte sich enger an den Textgehalt an, der im → liturg. Drama des MA schon musikal. ausgedeutet wurde. Das Opernr. entstand Ende des 16. Jh. in der → Camerata v. Florenz aus dem Bestreben, gegen die Künste der Chorpolyphonie die deklamierte dichterische Sprache bei einfacher, natürl. Musik zu setzen, dabei sich antikem Muster anzugleichen. Gegenüber affektvoll subjektiver Tonsprache sollte objektive, nur dem Text unterstellte Melodie stehen, die für die Generalbaßmonodie bestimmend war. Beispiel war die Oper *Dafne* nach dem Text von Rinuccini, komponiert je von J. Peri (Auff. wohl 1598) und M. da Gagliano (1608), bei der das R. vor Chören, Instrumentalpartien und den wenigen Duetten und Terzetten stand. Im Ggs. zu dieser „trockenen" R.-Oper ließ C. Monteverdi die dramatische Situation das R. bestimmen, das Elemente der ausdrucksvollen Madrigalkomposition übernahm. Während in Frankreich Lullys Beispiel gültig wurde, der das (gelegentl. durch → Airs unterbrochene) R. auch im dramat. Höhepunkt vorherrschen ließ, steigerte sich in Italien der rezitativ. Ausdruck, bis sich im 17. Jh. unter Einfluß der frz. Tragödie und in den Textreformen Zenos und Metastasios 2 Hauptgruppen bildeten: das *recitativo secco* (= trocken), nur mit Generalbaßinstr. begleitet (Cembalo, Chitarrone, Laute), und das r. → *accompagnato* (*obligato*), dessen Text durch Orchesterbegleitung charakterisiert wurde und das bei Gluck auch Handlungsträger wurde. Er stellte wieder den Text in den Vordergrund, unterschied zwischen reflektierender → Arie und R. und ließ auch das Secco-R. mit Orchester begleiten (*Orpheus*). Beide Formen näherten sich später an. Bei J. S. Bach steht die Darlegung des R. neben der Betrachtung in der Arie. Bei ihm wie bei Mozart gibt die Seccobegleitung nicht mehr nur die Akkordstütze, sondern interpretiert harmonisch. Das wurde auch bei Telemann gelobt. R. Keisers *Octavia* (1705) unterschied sich vom ital. Vorbild dadurch, daß das *r. accompagnato* nicht nur an außergewöhnl. Höhepunkten, sondern mehrfach in einer Szene erschien. Im 19. Jh., insbesondere bei R. Wagner, wurde das Acc.-R. dem Secco-R. so angenähert, daß dieses ganz verschwand oder nur noch historisierend eingesetzt wurde (R. Strauss, *Ariadne*). Mussorgskij, Debussy, Berg u. a. setzten den Prozeß fort. Einen leichten Sprechstil verlangt R. Strauss in *Intermezzo* und *Capriccio*. A. Schönberg überträgt das gesprochene Wort, gleichzeitig deutend, in eine nach Tonhöhe und Rhythmus genau festgelegte Sprechmelodie (*Gurrelieder, Pierrot lunaire;* → Melodram). Einen eigenartig schwebenden, erregenden R.-stil schrieb E. Satie (*Socrate,* 1920). Der freie Deklamationsstil des R. wurde von F. A. Bonporti vermutl. zuerst in die Instrumentalmusik übernommen, findet sich als Monolog in den Fantasien, Toccaten, Präludien u. a. bei Frescobaldi, Froberger, J. S. Bach (*Chromat. Fantasie*), und wurde von C. Ph. E. Bach als das *„redende Prinzip"* gekennzeichnet, das dann Beethoven (op. 31, 2; 101; 9. Sinfonie) und später u. a. Berlioz (*Roméo et Juliette*), Liszt und Hindemith (*Mathis der Maler*) ausdrückten.

Ch. Spitz, D. Entw. des stile recit. (AfMw) 1921; R. Gerber, Das Passionsr. b. Schütz, 1929, ND 1973; L. Spinner, Das R. i. d. romant. Oper bis Wagner (Diss. W) 1931; H. Melchert, Das R. d. Kirchenkant. J. S. Bachs (Bach-Jb. 45) 1958; F.-H. Neumann, Die Ästhet. des R. (Slg. mw. Abh.) Straßb. 1962; J. A. Westrup, The cadence in Baroque R. (Fs. Jeppesen) K 1962; H. Ch. Wolff, D. Sprachmelodie in alten Opern-R. (Händel-Jb.) 1963; P. Mies, Das instr. R., 1968; M. Ruhnke, Das it. R. bei d. dt. Kompon. d. Spätbarock (AM) 1976.

Rf, rfz, rinf. → rinforzando.

R. H., Abk. für rechte Hand.

Rhapsodie (griech. *rhaptein* = zusammenflicken; *ode* = Gesang), in der griech. Antike die Rezitation bruchstückhaft zusammengefügter Teile besonders homerischer Epen durch Rhapsoden. Das Fragmentarische zeigt sich in der neuen, der Fantasie vergleichbaren Gattung der klassisch-romantischen Periode, in deren R. zudem volkstüml. Elemente als typisch für den Begriff auftreten (Liszt, Ungar. R.). Dabei wird der Nationalcharakter betont: Dvořák (slawisch), Lalo (norwegisch), Albéniz (kubanisch), Liszt und Ravel (spanisch). Bei Bartók (R. für Klavier und Orch., 2 R. für Violine und Klavier) fehlt ein solcher Hinweis im Titel. Ohne folkoristische Elemente sind die balladesken R. für Klavier bei Brahms (op. 79 und 119), Debussys R. für Klarinette und Gershwins *Rhapsody in Blue* für Klavier und Orchester. – Der Name erschien, nachdem er in der Literatur aufgekommen war (z. B. G. L. Kosegarten), 1786 in Schubarts *Musikal. R.n* (Lieder und verschiedene Klavierstücke). Die ersten so benannten Klavierstücke kamen 1802 (W. R. Graf v. Gallenberg, Wien) und 1813/14 heraus (V. J. Tomášek) und stellten die Gattung zum → Charakterstück. Vokale R. schrieben Reichardt (1796) und Brahms (Alt-R., 1870).

R. Hammerstein, C. F. D. Schubart (Diss. Freiburg/Br.), 1943; V. Jankélévitch, *La R.*, P 1955; W. Salmen, Gesch. d. R., 1966.

Rheinländer, auch: Rheinische, Bayrische, Schottische Polka, Hüpfpolka; Paartanz (2/4, mäßig schnell) mit Hüpfschritt und Walzerdrehung („. . . immer an der Wand lang"); in der Polka- und Walzerbegeisterung der 1. Hälfte des 19. Jh. entstanden.

Rhythm and Blues, um 1930 entstandener → Blues-Stil der farbigen Musiker der Großstadt (*Harlem-jump*) mit dem 12taktigen Blues-Schema bei einfachen Akkorden und Akkordfortschreitungen unter Melodiebildungen nach Art des → Riff und mit → Boogie-woogie-Baß (→ Shuffle-Rhythmus). Die weitere Entwicklung setzte sich nach 1951 unter dem von Weißen geprägten Namen → Rock'n'Roll fort.

Rhythmicon, ein 1930 von L. Theremin konstruiertes, elektroakustisches, mit einer Photozelle arbeitendes Instr., das die in unterschiedl. Rhythmen dargestellten Obertöne über einem Grundton verwendete. H. Cowell, an der Erfindung beteiligt, schrieb 1931 *Rhythmicana* für Rh. und Orchester.

Rhythmik, 1. die Lehre vom → Rhythmus, im allgemeinen als Ordnung von Bewegungen, besonders als Element der Musik; – 2. der vom Rhythmus bestimmte Charakter eines Stückes und der vom Rhythmus geprägte Stil eines Komponisten od. einer musikal. Richtung; – 3. die Rhythmusgruppe der → Jazzmusik.

Rhythmisch, 1. allgemein im Zusammenhang mit dem Rhythmus stehend; – 2. etwas besonders hervorheben, akzentuiert darstellen.

Rhythmische Erziehung, künstlerische Elementarerziehung, ausgehend von der Erkenntnis, daß der → Rhythmus als formbildende Kraft in der Musik wirkt und durch schöpferische, natürliche Bewegung des Körpers räumliche Gestalt gewinnt. Damit ist die r. E. kein musisches Fach an sich, sondern die Voraussetzung für die Vielzahl musischer Tätigkeiten, wenn auch der Begriff häufig einseitig festgelegt wird, z. B. ausschließlich auf eine zweckbestimmte Gymnastik od. auf die Bedienung eines bestimmten Teiles im Schlaginstrumentarium mit vorgegebener „Improvisation". Das Prinzip r. E. ist zwar schon aus der griech. Kultur bekannt, ihre Entwicklung im 20. Jh. geht aber im wesentlichen auf die Arbeit von E. Jaques-Dalcroze zurück, der 1905 in Solothurn sein System einer „rhythmischen Gymnastik" vorführte und mit der Demonstration in anderen Städten so erfolgreich war, daß ihm in Hellerau bei Dresden eine Bildungsanstalt für Musik und Rhythmus eingerichtet wurde, die er 1911 eröffnen konnte. Hier wurden 1912 die ersten Diplomprüfungen abgehalten. Die Bestrebungen wurden in allen Ländern wirksam. Die Festspiele in Hellerau bekamen internationalen Ruf. Schüler bei Dalcroze war der Wundtschüler R. Bode, bei diesem H. Medau, die beide eigene Schulen eröffneten. 1923 wurde die r. E. (später: Rhythmisch-musikalische Erziehung) Hauptfach innerhalb der von L. Kestenberg angeregten Staatl. Privatmusiklehrerprüfung. Hochschulen und Musiklehranstalten gliederten Rhythmikseminare an.

E. Jaques-Dalcroze, La rhythmique, Lausanne 1907; ders., Le rhythme, la mus. et l'éducation, Basel 1920, NA Lausanne 1965; R. Bode, Aufg. u. Ziele d. rh. Gymn., 1913; ders., Mus. u. Beweg., 1930; H. Medau, Rh. Gymn., 1928; C. Orff, Schulwerk, 1930ff.; E. Feudel, Durchbr. zum Rhythmischen i. d. Erz., 1949, ³1974; dies., Rh.-musikal. Erz., ³1956; dies., Dynam. Pädagogik, 1963; I. Schießl, D. mus.-rh. Erz. (Diss. W) 1956; B. Kreye, Mus. u. Beweg., 1965; H. Tauscher, Prax. d. Rh.-mus. Erz., ²1960; dies., Lied u. Bewegung, 1968; G. Brünner/P. Röthig (Hg.), Grundl. u. Meth. rh. Erz., 1971; T. Pfisterer, Rh.-mus. Erz. i. Kindergart. u. Schule, NA Z 1971; C. Krimm-v. Fischer, Musikal. rh. Erz., 1974; H.-B. Ernst, Musik u. Bewegungserzieh., 1980; A. Erdmann, Humanitas rhythmica, 1982; H. Siegenthaler/H. Zihlmann, Rh. E., Hitzkirch 1982; Cl. Perrottet, Ausdruck in Bewegung u. Tanz, Bern 1983. → Musikal. Früherziehung.

Rhythmopöie, bei den Griechen: Rhythmusbildung, rhythmische Ordnung.

Rhythmus (lat. von gr.) Bewegung in natürlicher Gliederung; gestaltendes Prinzip in Musik, Tanz, Dichtung, leibseelische Ausdrucksform und Ursprung spielerischer Betätigung. Teil der Rhythmik, abhängig und zugleich gegensätzlich, ist die → Metrik, die mit den beiden Hauptmöglichkeiten des geraden und ungeraden Taktes das rationale, mathematische, gleichlaufende Grundschema setzt, das durch den Rh. Leben erhält, indem er das metrische System von Hebung und Senkung (Längen und Kürzen) in eine höhere Akzentordnung stellt, die der gedankliche Gehalt mit seinem Eigenrh. bestimmt und die sich in Tondauer, Tonhöhe, Funktionsspannung und -entspannung, Tempowechsel und dynam. Effekten darstellen kann. Das in einem Musikstück einmal gegebene Metrum wirkt im Bewußtsein weiter und hat das Bestreben, sich selbständig – auch über Pausen hinweg – fortzusetzen, selbst wenn der Rh. seine Akzente gegen die Schwerpunkte der Metrik setzt (z. B. → Synkope, Break). Die Möglichkeit, von hier aus neue Spannungsmomente in der Musik zu schaffen, wird erst in neuerer Zeit genutzt, wie überhaupt die Erkenntnis vom Dualismus zwischen Rh. und Metrum (Takt) erst spät wirksam wurde. Sie entwickelte sich gegenüber einer begrifflichen Überlagerung zwischen beiden, die in der Theorie leicht gegeben war durch den Ausgangspunkt bei der natürl. Organfunktion mit dem Metrum des Pulsschlages, bei der Körperbewegung allgemein, dem Arbeitsrh. im besonderen, also einem außermusikal. Ereignis, in dem K. Bücher die Wurzel der Musik zu sehen glaubte (Arbeitslied), u. nicht in einer ohne praktischen Zweck geübten, spielerisch nachahmend erreichten Ordnung von Bewegungen. Damit blieb auch die im gemeinsamen Prinzip des Rh. gegebene Ursprungsbeziehung von Musik, Tanz und Dichtung außer Betracht, die den Griechen selbstverständl. war. Während der Rh. ihrer Monodie in Wechselwirkung stand mit dem Sprachrh. ist noch umstritten, ob der (zur latein. Sprache gesungene) gregorian. → Choral gleichwertend oder nach Längen und Kürzen gemessen vorgetragen wurde. Die Vokal- und Instrumentalpolyphonie, die sich seit dem 12. Jh. neben und vor dem ma. Choral und der Kunst der → Troubadours, Trouvères, Minnesänger entwickelte, brauchte die 6 Modi (→ Modalnotation), dann die → Mensur, um die Bewegung der Stimmen zu regeln, u. in der Musik der Klassik und Romantik deckten sich rhythm. Akzente weitgehend mit metrischen Schwerpunkten. Das metrische Übergewicht in der Musiktheorie des 19. Jh. wird deutlich bei H. Riemann, der den Takt als rhythm. Einheit sieht. Anders die Wertung in neuerer Zeit: Strawinsky (*Musikal. Poetik,* 1949) unterscheidet das Metrum, das die Anzahl gleicher Teile in der musikal. Einheit (Takt) gibt, und den Rh., der die Anordnung dieser Teile im Takt bestimmt. H. Heiß (*Tonbewegungslehre,* 1949) versteht das Metrum als Folge *„gleicher Zeitintervalle zwischen Schlagpunkten“,* den Rh. als Bewegung zeugende, lebendige Gliederung. H. Mersmann (*Angewandte Musikästhetik,* 1926) setzt das Gleichmaß als Nullpunkt rhythmischer Entwicklung, und rhythm. Spannung entsteht, wenn das Gleichmaß durchbrochen wird. – Das Metrum mit vielfachem Taktwechsel ist in der neuen Musik nur noch das Zählprinzip. Der Rh. ist die formende Kraft, aus der sich Takt und Taktschwerpunkt ergeben. Sie ist das originäre Element, das sich auch polyphon (→ Polyrhythmik) nach den Grundzügen kontrapunktischer Stimmführung im differenziertesten Schlagwerk demonstriert (z. B. Bartók, Sonate für 2 Klaviere und Schlagzeug; Varèse, *Jonisation*). Dabei werden die in der abendländ. Musik bisher einfachen rhythm. Zahlenverhältnisse durch kompliziert gekreuzte, exotische Rhythmen (z. B. der Indianer) erweitert. Die Jazzmusik hebt das metrische Schema deutlicher (wenn auch nicht mechanisch genau) hervor im → Beat, Off-Beat und → Swing. Dagegen stellen sich – auch → polyrhythmisch – die Soloinstr. der Melodiegruppe. Die Rh.gruppe (Rhythm Section) bestand ursprünglich nur aus Perkussionsinstr., wozu auch Klavier und Baß zählten. Dazu kamen noch Zupfinstr. (Gitarre, Banjo). Auch das Schlagzeug wird rhythm. solistisch eingesetzt. – Untersuchungen über den Eigenstil von Komponisten und Perioden unternahm G. Becking im Anschluß an die sprachrhythmische Typologie bei Rutz und Sievers (→ Schallanalyse 2). → Komplementärrhythmus, isorhythmisch, Rhythm. Erziehung.

H. Riemann, Syst. d. mus. Rhythmik u. Metr., 1903, ND 1971; Th. Wiehmayer, Mus. Rhythmik u. Metr., 1917; K. Bücher, Arbeit u. Rh., [6]1924; G. Becking, Der mus. Rh. als Erkenntnisquelle, 1928, ND 1958; R. Steglich, Die elementare Dynam. d. mus. Rh., 1930; E. Jammers, D. greg. Rh., Straßb. 1937; E. Schmidt, Üb. d. Aufbau rh. Gestalten, 1939; G. Brelet, Le temps mus., P 1949; Th. Georgiades, Der griech. Rh., 1949, [2]1977; C. Höweler, Zur internationat. Uniformität d. Begr. Metr. u. Rh. (Kb. Bamberg) 1953; C. Sachs, Rhythm and tempo, NY 1953; E. Willems, Le rh. mus., P 1954; C. Brăiloiu, La rhythmique enfantine (Les Colloqu. de Wégimont) 1956; Fr. Neumann, Die Zeitgestalt, W 1959; F. Klugmann, D. Kategorie d. Zeit i. d. Mus. (Diss. Bonn) 1961; E. Karkoschka, Zur rhythm. Strukt. i. d. Mus. v. heute (Kb.Kassel) 1962; W. Dürr, W. Gerstenberg, Rh., Metr., Takt (MGG) 1963; K. v. Fischer, Das Zeitprobl. i. d. Mus. (R. W. Meyer: D. Zeitprobl. ...) Bern 1964; C. Dahlhaus, Probl. d. Rh. i. d. Neuen Mus. (VINM) 1965; P. Benary, Rhythmik u. Metr., 1967; H. de la Motte-Haber, Ein Beitr. z. Klassifik. mus. Rh.n, 1968; E. Apfel, C. Dahlhaus, Stud. z. Theorie u. Gesch. d. mus. Rhythmik u. Metr., 1974; G. Henneberg, Theorien z. Rhythmik u. Metr., 1974; W. Seidel, Üb. Rh.-Theorien d. Neuzeit, Bern 1975; ders., Rh. (Erträge d. Forsch.) 1976; R. P. Morgan, The theory and analysis of tonal rh. (Mus. Quart.) 1978.

Ribattuta di gola (it.: Rückschlag der Kehle), barocke Gesangs- (später Spiel)weise: Wechsel eines Tones mit dem kürzeren oberen Nebenton, schneller werdend, oft zum Triller führend.

Ricercar (ital. *ricercare* = suchen). Instrumentalstück (Anf. 16. Jh.), zunächst wie → Intonation (4) zum Einstimmen der Laute; ähnlich → Fantasia, Tiento; ohne Cantus firmus, reich modulierend, z. T. im strengen Satz und aus der Vokalmusik für Laute intavoliert; später auch für Orgel geschrieben. Die R. bei Fogliano, G. Segni, G. Cavazzoni und A. Willaert sind mehrteilig mit einer Folge von Imitationen. Bei J. Buus, dann bei A. Gabrieli werden die Imitationen aus der ersten nacheinander entwickelt und im Gesamtaufbau gesteigert. Die vielteilige Form konzentriert sich dabei zu einem klaren 3tlg. Aufbau. Das einthemige R. ist eine Vorform der → Fuge, wie sie sich in den 2- u. 3tlg. Fantasien J. P. Sweelincks herausbildete. G. Frescobaldis Variationsr. (von ihm Fantasia, Capriccio oder Canzone genannt) hat meist ein Thema in langen Notenwerten. Das R. führt in Dtl. S. Scheidt nach Sweelincks, J. J. Froberger nach dem Muster Frescobaldis weiter. In J. S. Bachs *Musikalischem Opfer* findet sich das R. noch. Auch in der Fuge von Beethovens Streichquartett op. 133, den fugierten Variations-Fantasien, könnte man die Form sehen. In neuerer Zeit wird sie wieder aufgegriffen (z. B. bei G. F. Ghedini, G. F. Malipiero, A. v. Webern: nach Bachs *Mus. Opfer*).

W. Apel, The developm. of the organ r. (MD) 1949; H. H. Eggebrecht, Terminus „R." (AfMw) 1952; K. Jeppesen, D. ital. Orgelmus. am Anf. d. Cinquecento, K[2]1960; H. C. Slim, The keyboard r. and fantasia in Italy (Diss. Harvard) 1961; R. S. Douglass, The keyboard r. in the baroque era (Diss. North Texas) 1963; D. Kämper, Stud. z. instr. Ensemblemus. d. 16. Jh. in Ital. (Analecta musicol.) 1970; Chr. Wolff, R. (HmT) 1973.

Ricochet (frz. =) Abprall, Springen des Bogens auf die Saite (mit mehreren Tönen). Virtuose Technik, im 19. Jh. entwickelt; frz. auch *staccato volant* (fliegendes St.); vgl. → saltato.

Riff, einfache, 2- oder 4taktige Melodiefloskel, oft harmonisch mehrdeutig, die durch ständige Wiederholung das Rhythmusfundament verstärkt, die Erregung steigert; oft unisono vorgetragen. Dabei kann die ursprüngl. Begleitfigur zum Thema werden. Besonders differenziert ausgebildet wurde die R.-Technik in den 1920er Jahren in Kansas City (Count Basie). Der R. war ursprünglich die ostinate Begleitung (Beantwortung) zum Solo und wurde im → Swing und → Modern Jazz weiterentwickelt. → Stomp.

Rigaudon, der → Bourrée ähnlicher, schneller Sing- und Spieltanz aus der Provence oder Languedoc; im Allabreve-Takt (2/4-, 4/4-Takt) mit Auftakt auf dem letzten Viertel. Der R. besteht meist aus 3 od. 4 8-taktigen oder verschieden langen Teilen, wobei der dritte Trio-Charakter hat. Im 17. Jh. kam der R. nach England als *Rigadoon*. Charakteristisch für den R. ist der Springschritt. Nach J.-J. Rousseau soll der R. nach einem Pariser Tanzmeister Rigaud benannt sein. Vermutlich geht der Name aber auf ländliche Tänze zurück. Der R. wurde Hoftanz und erscheint in der Kunstmusik (Muffat, Daquin, Kirnberger, Grieg, Ravel).

C. Sachs, Eine Weltgesch. d. Tanzes, 1933, ND 1976; V. Alford, The r. (Mus. Quart.) 1944; P. Nettl, The story of dance mus., NY 1947, ND 1970.

Rigveda (ind.) → Sāmaveda.

Ríma (Mz. *rímur;* von isländ. *rím* = Reim), isländ. Heldengesang, seit Mitte des 14. Jh. bis heute bestehend; mit 4zeiligen Endreimstrophen bei je nach Versart und Vortragendem anderer Melodie (Rezitationston); solistisch; nur bei besonderem Anlaß 2stg. (→ Tvisöngur).

→ Epos.

Rinforzando (Abk.: rf, rfz, rinf.; ital. =) verstärkt, mit starkem Crescendo. – *Corni di rinforza* = Hörner nur zur Klangverstärkung. → Sforzato.

Ringklappe, wohl von Fr. Nolan (brit. Patent 1808) verwendete Mechanik bei Holzblasinstr.: über verschied. Tonlöchern angebrachte Ringe, die beim Schließen des Loches bewegt werden und dabei die Schließung anderer Löcher durch Klappen bewirken. Damit konnten die Löcher akustisch genau gebohrt werden ohne Rücksicht auf die Fingerspreizung.

Ripieno (ital. = voll), 1. der ganze Streicherchor des ital. Streichorchesters im 18. Jh. (z. B. im → Concerto grosso) im Ggs. zu den Soloepisoden (Concertino); mit diesem Ggs. wird das Wort R. noch heute in der engl. Blechblasmusik gebraucht. In der Chormusik wird R. seltener verwendet. J. S. Bach setzt im Eingangschor der Matthäus-Passion als *„Soprano r."* einen weiteren Knabenchor neben den Doppelchor. Der Ripienist ist der Orchestergeiger od. Chorsänger im Ggs. zum Solist. Der *basso r.* verstärkt die Tutti oder Ritornelle. Ripienstimmen enthalten nicht die Solostimmen des Concertinos. – *Senza r.* = nur Solisten (1. Pult). – 2. Im ital. Orgelbau: *r.* = Prinzipalchor; im älteren dt. Orgelbau weist die Bezeichnung Ripienregal auf das Orgeltutti hin (→ Plenum); daneben R. (Ripien, Ripel) = Mixtur.

Ripresa (ital. =) 1. Wiederholung des Stückes od. Teiles (→ Reprise); – 2. im → Sonatensatz Wiederaufnahme der → Exposition (→ Reprise); – 3. Satz in Lautensuiten des 16. Jh., der sich selbständig aus dem Mittelteil der → basse danse entwickelt hat. – 4. → Refrain.

Risoluto (ital. =) entschieden, energisch.

Rispetto (ital. = Hochachtung, Empfehlung) ital. Liebeslied, 8zeiliges Volkslied; oft in der Kunstmusik; z. B. bei H. Wolf (*Ital. Liederbuch*), E. Wolf-Ferrari (*Canzoniere italiano* 1936), G. F. Malipiero. Vgl. → Strambotto.

Risposta (ital. =) Beantwortung des Themas (→ *proposta*) im → Kanon; in der → Fuge: *Comes*.

Ritardando (ital. =) zögernd, langsamer werdend, nachlassend; Abk.: *ritard., rit.*

Ritenuto (ital. =) zurückhaltend, etwas langsamer; Abk. *riten.* und vielfach auch *rit.* wie für → *ritardando,* mit dem das nur einige Takte gültige R. nicht gleichzusetzen ist.

Ritmo, ritmico (ital. =) → Rhythmus, rhythmisch. Vgl. → Battuta.

Ritornell (ital. *ritornello* = Wiederkehr), 1. dreizeilige Strophe des frühen ital. Volksliedes mit Reimschema a b a; von daher: 2. → Refrain in der ital. Chormusik: → Ballade, Frottola, Madrigal; nach jeder Strophe oder am Ende; – 3. instrumentales Zwischenspiel zwischen den Strophen eines Liedes im 17. und 18. Jh.; von daher Anfang, Schluß und Einschübe, instrumental ausgeführt in der → Dacapo-Arie (R.-Arie); – 4. im Instrumentalkonzert des ausgehenden 17. und des 18. Jh. das homophon, seltener fugiert angelegte Vor-, Zwischen- und Nachspiel (Tutti im → Concerto grosso).

R. Hudson, The ripresa, the ritornello, and the passacaglia (JAMS) 1971.

Rituale Romanum, im kathol. Ritus die Zusammenstellung der

Aufgaben des Priesters bei Opferfeier, Prozession, Begräbnis. Die Ausgabe von 1614 (Paul V.) wurde mehrfach revidiert (bis 1969). Vgl. → Pontificale.

Riverso, al rovescio (ital. =) in Gegenbewegung, entgegengesetzt (lat. *motus contrarius*); aufsteigende Intervalle der einen Stimme entsprechen absteigenden der anderen; auch für → Krebs (*fuga cancricans*) oder für Rückwärtsspiel bei umgekehrtem Notenblatt (Spiegelkanon). → Fuge, → Kanon.

Rivolgimento (ital. =) Umkehrung, Austausch der Stimmen im → doppelten Kontrapunkt.

Rockmusik, im Ggs. zu dem vielschichtigen Begr. → Popmusik seit Ende der 1970er Jahre bevorzugter Name für die aus afroamerikan. Wurzeln des → Rock'n'Roll (vgl. → Blues, Beat) entstandenen Erscheinungen der Unterhaltungsmusik als einer mit den Voraussetzungen und Zwängen der Massenkommunikation und mit Hilfe der (sie nutzenden) Massenproduktion (z. B. Show, Schallplatte, Festival) entstandenen und in allen Lebensbereichen auftretenden Ausdrucksform besonders der Jugend, z. T. aus echtem Protest gegen eine saturierte Gesellschaft und oft in der Vielfalt sich uniform gebend. Die Entwicklung entstand in Blues-, Rhythm-and-Blues-, Rock'n'-Roll-Bands, ausgehend von der gängigen Besetzung mit 3 Gitarren und Schlagzeug bis zu differenziertester Instrumentation bei ständigem Wechsel im Gebrauch von z. T. heterogenen Elementen: Jazz, Beat, Folklore, statisch exotische (bei Bevorzugung ostasiatischer) Musik, Schlager, „psychedelische", elektronische Musik, Geräusche, wobei zunehmend die techn. Verbesserung elektroakustischer Hilfsmittel genutzt wurde. R. ging von der Blues-Form aus; der Rhythmus zeigte zunächst 4 Schläge oder *„soft beat"* mit 2 Schlägen auf schwerer Taktzeit. Vielfach wurden die Grundschläge (2–3fach) unterteilt, bis schließlich verschiedene, vom Jazz beeinflußte Rhythmusmodelle auftraten. – R. wurde eins der Ausdruckselemente in unterschiedl. multisensorischen Darstellungen, wie Happening, Mixed Media, Totaltheater, wobei sich die Betrebungen, die Grenzen der Kunstarten zu verwischen, auf frühe Beispiele (K. Schwitters, Merzbühne, 1921) hätten stützen können. Die Erscheinungen zeigten sich offen für alle Stilrichtungen und Mittel. Es entstanden – z. T. mit politischem, sozialkrit., religiösem Hintergrund, z. T. schlicht betrachtend – Pop- bzw. Rock-Opern (z. B. P. Townshend, *Tommy,* 1969; A. L. Webber, *Jesus Christ Superstar,* 1970), Oratorien (*The Seasons,* 1968, nach Haydns Vorbild; *Absolutely Free*) und Messen (P. Henry, *Ceremony, an Electronic Mass,* 1970; D. Axelrod, *Messe in Moll*). Seit etwa 1970 übernahmen die bisher ablehnenden od. zurückhaltenden Jazzmusiker Elemente der R., während die Jazzmusik einen Jazz-Rock beeinflußte. → Synthesizer, Reggae.

R = Rock(-musik); P = Pop(-musik).

N. Cohn, R. from the beginning, NY 1969; R.-U. Kaiser, R.-Zeit, 1972; R. Middletown, Pop mus. and the blues, L 1972; S. Schmidt-Joos, R.-Lex., 1973; J. Zimmer, P., 1973; D. Hartwich-Wiechell, P., 1974; I. Stambler, Encycl. of p., r. and soul, NY 1975; Lexikon P., 1977; W. Sandner (Hg.), R., 1977; S. Frith, The sociology of r., L 1978; M. Schuler, R. u. Kunstmusik (AfMw) 1978; J. Wölfer, Die R.- u. P. musik, 1980; A. Jerrentrup, Entwickl. der R. von d. Anfängen bis zum Beat, 1981; T. Kneif, R., 1982; V. Kramarz, Harmonieanalyse der R., 1983. → Beat, Rock'n'Roll, Soul.

Rock'n'Roll (*rock and roll* = wiegen und drehen), vermutlich 1951 von dem Diskjockey A. Freed gewählte Bezeichnung für den von weißen Musikern bevorzugten Stil des → Rhythm and Blues, wobei die Entwicklung durch kommerzielle Interessen (Show, Schallplatte) beeinflußt und insbesondere durch die Lautstärke der Darbietung (z. B. mit elektr. verstärkten Gitarren) gekennzeichnet wurde. Die → Blues-Form blieb mit → riff-artigen Passagen bei einfacher Harmonie erhalten, oft mit drängenden Achteltriolen (→ Shuffle). Während Anfang der 1960er Jahre die Abk. „Rock" in den USA verschiedene Richtungen mit afroamerikan. Ursprung (Blues) meinte, setzte sich in Engl. bereits die Bez. → Beat durch, die bald im kommerziell zweckmäßigeren Sammelbegriff → Popmusik (*popular music*) aufging. → Rockmusik.

A. Shaw, The rock revolution, NY 1969; ders., R. (dt.) 1978; L. Brown, G. Friedrich, Encycl. of r., NY 1970; K. H. Rhode, The gold of r., NY 1970; G. Wood, An A–Z of r., L 1971.

Rôei (japan.) → Saibara.

Rohrblatt, die Zunge; der den Ton erzeugende Teil am Mundstück von (Holz-)Blasinstr. mit Aufschlagzunge (einfaches R.) od. Gegenschlagzunge (doppeltes R.). Das R. wird meist aus dem im Mittelmeergebiet wachsenden Pfahlrohr (*arundo donax* od. *sativo*) gefertigt (vgl. → Chalumeau). → Aërophone.

H. Becker, Stud. z. Entw.gesch. d. antiken u. ma. R.instr., 1966; G. Jopping, Die Entw. d. Doppelr.-Instr. von 1850 bis heute (D. Mus.-instr.) 1980.

Röhrenglocken (ital. *campane tubolari*), Schlaginstr. im Orchester; in einem Rahmen hängende Metallröhren verschied. Länge und Wandstärke, chromat. abgestimmt (1½–2 Oktaven), die verschiedenartig geschlagen werden und wie Glocken klingen. Die Dämpfung erfolgt mit Hand od. Pedalmechanik.

Röhrenholztrommel → Holzblock.

Röhrenzither, Sammelname für verschiedene, besonders noch in Südostasien und Madagaskar verwendete Arten von Zupfinstr.: ein (bis 1 m langes) Bambusrohr, von dessen Außenhaut Fasern (1–20) gelockert und meist über einen einfachen Steg od. einen Rundsteg gelegt sind, gezupft od. auch gestrichen werden; auf den Nikobaren („*danang*") mit Bünden; manchmal mit fremden, auch Stahlsaiten (Sumatra) versehen. Platten über Resonanzlöchern werden zusätzl. wie Trommelmembranen geschlagen (Borneo). Ähnliche Arten sind als Kinderinstr. u. a. noch in Ostturkestan, Togo und Jugoslawien (serb. *gingara*) gebräuchlich. Angesichts der vielen Namen und Arten wird die R. oft beispielhaft nach der in Madagaskar üblichen Váliha benannt. → Musikstab.

Rohrflöte, Orgelregister. In den Deckel der ursprüngl. gedeckten Pfeife wurde etwa im 15. Jh. ein (häufiger zylindrisches als konisches) Röhrchen gesteckt, das eine Verschiebung und Verstärkung bestimmter Teiltöne (Terz) und damit einen helleren, mixturartigen Klang bewirkt; je nach Länge und Weite des Röhrchens in verschied. Arten auftretend: Rohrgedackt, -pommer, -quintaden, -quinte.

Rohrwerk, Rohrwerke, das oder die Zungenregister in einer Orgel. → Zungenpfeifen.

Rokoko (von franz. *rocaille* = Muschelwerk), in der Musik der Übergangsstil vom → Barock zur → Klassik, der wegen der Kleinformen mit graziösen, spielerischen Verzierungen mit dem Muschelstil der bildenden Kunst verglichen wurde und in Frankreich bei den Clavecinisten vor 1700 (Marchand, Daquin, Rameau), in Italien bei D. Scarlatti und Pergolesi, in Dtl. bei J. S. Bach und Händel einsetzte und seine Hauptzeit im 2. Drittel des 18. Jh. hatte, vorwiegend in Klaviermusik und Lied. Dt. Meister sind C. Ph. E. Bach und J. Ch. Bach, J. A. Hasse, Quantz, die beiden Graun, die Brüder Benda, J. A. Hiller, Dittersdorf, auch Haydn und der junge Mozart. Gegenüber der Barockpolyphonie herrschten einfache, volkstüml., homophone Sätze mit zierlichen, schablonenhaften Wendungen. Gegen Pathos und Heroenkult stand Empfindsamkeit, Liebenswürdigkeit, Innigkeit. R. ist kein einheitl. Musikstil und umfaßt in den verschied. Erscheinungen der vorklass. Übergangszeit den → galanten und den → empfindsamen Stil. → Sturm und Drang.

E. Bücken, Der galante Stil (Zf.Mw) 1924; ders., D. Mus. des R. u. der Klassik, 1927, ND 1979; P. M. Young, Z. Bedeutung v. Barock u. R. im England des 18. Jh. (Händel-Jb.) 1971.

Rollschweller → Walze, Schwellwerk.

Rolltrommel, Rührtrommel, Wirbeltrommel (frz. *caisse roulante*), dumpf klingende → Trommel mit hoher hölzerner Zarge, über die im Zickzack die Spannschnur für das Trommelfell läuft.

Romancero (span.), Sammlung der ursprünglichen, volkstüml. span. → Romanzen (*romances viejos* = alte R.) auf der iberischen Halbinsel od. in Lateinamerika (z. B. Kolumbien); so z. B. *R.general* (1600/05) od. der R. von Menéndez Pidal (1953).

Romanesca, im 16. und 17. Jh. Tanzlied und Instrumentalstück, meist mit festem Klangschema, das als Thema in Variationsketten diente; ähnlich der → Folia, der gegenüber das Modell der R. komprimiert erscheint. Andrerseits besteht eine deutliche Verwandtschaft zwischen R. und dem → Passamezzo (antico). In vielen Kompositionen mit verschied. Besetzungen erscheint das Schema.

Romantik/Musik des 19. Jh., (afrz. *romanz,* engl. *romantic*: ursprüngl.: in romanischer Sprache; dann: fantastisch, abenteuerl. romanhaft), musikgeschichtl. Periode im 19. Jh., die sich bei der Vielfalt uneinheitlicher, sich ablösender bzw. überschneidender Strebungen der Definition entzieht. Die 1. Hälfte des Jh. gilt als Hauptbereich der R. Die Erscheinungen des Jh. werden darüber hinaus zu verschied. Abschnitten geordnet (außer Frühr., Hochr., Spätr.): → Biedermeier, Neuromant. (Neudt. Schule), Impressionismus, klassizistisch, realistisch. Anfänge könnten im → Sturm und Drang zu sehen sein. Wurde auch das Wort „Klassik" in die Musik als Ggs. zur R. eingeführt, so sind beide, wie widersprüchl. sie erscheinen, doch nicht voneinander abgegrenzt wie etwa Frühklassik vom Barock. Sie ergänzen sich zur klassisch-romant. Periode als Ggs. über Gemeinsamkeiten. Über dem Wissen von der Humanität und von der neuen Zweckfreiheit und Selbstgesetzlichkeit der Musik nur mit dem Ziel der Verkörperung reiner Menschlichkeit unterscheiden sich beide in dem Grad und der Art des Mitvollzugs, den sie dem Hörer einräumen. Im Ggs. zur Nachahmungslehre der Aufklärung und dem klass. Streben nach Ausgleich des individuell Gegensätzlichen zugunsten gleichgewichtiger, schöpferischer Kräfte ist für die R.er die Musik eine übersinnliche Kraft (Schelling: Sphärenharmonie) mit dem höchsten Grad subjektiver Innerlichkeit (Hegel). Der Komponist ist der Seher, die Musik eine Religion, die den Menschen in ihren Bann schlagen und überwältigen will. In der Freiheit der Phantasie wächst die Schwärmerei für Mystik, Mythologie, Exotisches, Wunderbares, rauschhaftes Abenteuer, Not, Unglück, unvermeidliches Geschick. Der Ausgriff in andere Künste (Poesie, darstellende und bildende Kunst) bringt außermusikal. Antriebe. Bisherige Mittel versagen, die Form wird gesprengt. Neue Klangfarben, Harmonien, Rhythmen differenzieren den Ausdruck. Genialität steht neben schemat. Künstelei. Der Komponist erläutert oder verteidigt sein Werk und seinen Stil oder veröffentlicht Streitschriften über Musikfragen der Zeit (J. M. Kraus, C. M. v. Weber, E. Th. A. Hoffmann, R. Schumann, Berlioz, Wagner, Pfitzner). Der Suche nach immer neuen, feineren Ausdrucksmitteln steht die schon aus der Frühklassik übernommene Vorliebe für Volkstum, Heldensage, Vorgeschichte gegenüber. In vielseitiger Sammeltätigkeit soll das Kulturerbe gesichtet, gesichert und in großen → Gesamtausgaben (Schütz, Bach, Händel, Beethoven u. a., wobei Barockmeister zunächst bevorzugt werden) der Wissenschaft, in Einzelausgaben dem Volk zugänglich gemacht werden. Der von Herder geprägte Begriff → Volkslied verlangt in der R. (W. Schlegel) die Vorstellung der aus dem unverdorbenen musischen Mutterboden des Volkes entstandenen, anonymen Liedweise und Dichtung, wie sie Arnim und Brentano sammelten und 1806/08 als *Des Knaben Wunderhorn* erscheinen ließen (spätere Slgn. von Hoffmann v. Fallersleben, L. Erk und F. M. Boehme, v. Liliencron; neue Lieder von Zelter, Reichardt, Nägeli, Silcher, Zuccalmaglio). Das → Kunstlied löst sich von der schlichten, volkstüml. Strophe des Volksliedes. Im durchkomponierten Lied mit gleichwertiger Klavierstimme wird engste Verbindung von Musik und Text angestrebt (Schubert, Mendelssohn, Schumann, Franz, Wolf, R. Strauss, Pfitzner, Brahms, Reger), während Loewes Balladen die strophige Gliederung bewahren. In der 2. Hälfte des 18. Jh. unter Einwirkung der Aufklärung hatten die → Kantoreien ihre Bedeutung für das chorische Singen verloren. Das Bürgertum übernahm die Pflege der → Chormusik. Die Chorbewegung (zuerst → Männerchor, dann → gemischter Chor und → Frauenchor) setzte in der 1. Hälfte des 19. Jh. ein mit verschied. Wurzeln und Ausgangspunkten (Berliner → Liedertafel, volkserzieherische Bestrebungen Nägelis und Silchers, Bach- und Palestrina-Renaissance). Brahms stellte in seinen a cappella-Sätzen die Einfachheit des Volksliedes gegen die übergefühligen Floskeln seiner Zeit und bereitete einen neuen Chorstil vor, der im 20. Jh. weiterwirkte. – Den Vorrang gegenüber der Vokalmusik hatte seit Beethoven die Instrumentalmusik, die nach Wackenroder die *„einzig wahre Kunst"* war. In der Wahl seltener Tonarten, Vorliebe für chromat., dissonante Wirkung schloß sich Schubert an Mozart, zuletzt Beethoven an, Berlioz mit schnellem Tonartenwechsel an Beethoven. Neue Harmonien brachten in der 2. Hälfte des 19. Jh. die nun aus der eigenen Volksmusik schöpfenden slawischen, skandinav., ungarischen Komponisten (Smetana, Dvořák, Glinka, Tschaikowsky, Gade, Grieg, Sibelius, Liszt), bei denen auch neue rhythm. Elemente auftraten, während zunächst die R. einfachere Rhythmik gegenüber der Hochklassik anwandte und auch noch nicht deren bewußt undeutliche, sich überschneidende Perioden übernahm. Ein rhythmischer Eigenstil (vgl. Beethoven, 5. Sinf. 1. Satz) bildete sich in der 2. Hälfte des 19. Jh. heraus (Brahms, Bruckner). Das erweiterte, techn. verbesserte Instrumentarium ermöglichte neue Klangmischungen und gesteigerte dynam. Kontraste. Die → Sonatenform konzentrierte sich in einer alle Sätze verbindenden Idee (vorbereitet in Beethovens 5. und 9. Sinf.; typisch in Schumanns 1. Sinfonie). Die Themen waren liedhaft und wurden improvisierend ausgesponnen. Das Sonatenschema wurde gedehnt oder aufgelöst. Besonders in der Klaviermusik entwickelten sich neue Kleinformen: → Nocturnes (Field, Chopin), → Lieder ohne Worte (Mendelssohn), → Intermezzi (Brahms), → Impromptus und Moments musicaux (Schubert) und andere → Charakterstücke (Schumann, Reger). Weber schrieb brillanten Klavierstil und wurde übertroffen von Liszt, der die virtuose Kunst des Geigers Paganini auf das Klavier übertragen wollte und eine ganz vom Orchestereffekt beeinflußte Technik erreichte. Das → Klavierkonzert, noch mit dem Grundbau des Sonatensatzes, wurde zur → Sinfonie mit virtuosem Soloinstr. In der → Kammermusik herrschte das → Streichquartett vor (Schubert, Mendelssohn, Schumann, Dvořák, Brahms, Reger). Nach 1830 entwickelten sich im romantischen Klassizismus scharfe Gegensätze. Die klassizistische Richtung, bei Mendelssohn vorbereitet, wies außermusikal. Einflüsse zurück (Nägeli) und betonte die ausgewogene klass. Form, sogar spätbarocke Elemente (Brahms). Die → „realistische", sich von → Klassik und R. absondernde Gruppe („Neudt. Schule") um Liszt, P. Cornelius, H. v. Bülow, Wagner schrieb → Programm-Musik, ohne unbedingt deshalb die klass. Form des Sonatensatzes aufheben zu wollen. Die romant. Sinfonie begann im Sturm und Drang (J. M. Kraus), bei Mozart (Jupitersinf.) und vor allem Beethoven (Pastorale), der von Klassizisten wie Realisten in Anspruch genommen wurde, und entwikkelte sich mit weitgespannten Melodiebögen und breitflächiger Dynamik zur Großform (Brahms, Bruckner, C. Franck, G. Mahler, Tschaikowsky). H. Berlioz war der Schöpfer der →

Programmsinfonie, deren neue Instrumentationseffekte, Charakteristik durch leitmotivartige Wendungen und die durch ein (meist dichterisches) Programm ausgeweitete Form beispielgebend wurden (*Symphonie phantastique*): Liszt, R. Strauss. Während sich in Frankreich neben der → Sinfonischen Dichtung (d'Indy) die Wendung zur romantischen Klassizistik zeigte (C. Franck, Saint-Saëns), entwickelte sich der Impressionismus (Debussy, Ravel). – In der Klassik wurde die dt. Instrumentalmusik führend im Musikleben des Kontinents und Amerikas, im 19. Jh. auch die dt. Oper. Als dt. Nationaloper wird Webers *Freischütz* bezeichnet, die typische R.eroper mit volkstümlichem, abenteuerl., schauerlichem Stoff und schon mit dem → Leitmotiv und der Klangsymbolik, die dann R. Wagner meisterhaft verwendete. Er suchte im „Gesamtkunstwerk" die Einheit der Künste, die von der Dichtung angeregt werden. Berlioz gab das Beispiel für großen Orchesterapparat und raffinierte → Instrumentation. An die Stelle der Ouvertüre trat das schon unter dem Spannungsbogen der Handlung stehende Vorspiel. Die Musik dient der dramat. Handlung und stützt sie mit den Leitmotiven. Sie fließt ununterbrochen. (*Tannhäuser* und *Holländer* erinnern noch an die → Nummernoper. Schon Webers *Euryanthe* war durchkomponiert.) Wagners Oper wurde Muster und Schema für eine internationale Komponistengeneration bis ins 20. Jh. (R. Strauss, Pfitzner, Weingartner, Schillings, Smetana, Glinka, Mussorgskij). Auf eigenem Wege, ohne tiefweltanschaul. Unterströmungen und mit dem großen Schwung der südländischen Melodie, wurde Verdi der Meister der ital. Oper im 19. Jh. (vgl. → Verismo). – Während das → Menuett (erstmals bei Haydn als Scherzo) im Charakterstück der R. und stilisiert im Streichquartett verwendet wurde, begann im 19. Jh. die Blütezeit des → Walzers als Gesellschaftstanz. Von Paris aus (J. Offenbach) gelangte die → Operette als neue Gattung in die europäischen Metropolen (J. Strauß, Millöcker, Suppé).

G. Becking, Z. mus. R. (Dt. Vj.schr.) 1924; K. Roeseling, Beitr. z. Untersuch. d. Grundhaltung romant. Melodik (Diss. Köln) 1928; F. Torrefranca, Le origini ital. del Romanticismo mus., Turin 1930; R. L. Evans, Les romantiques frç. et la mus., P 1934; ND Genf 1976; H. Eckardt, Die Musikauffass. d. frz. R., 1935; E. Bücken, R. u. Realism. (Fs. Schering) 1937, ND 1973; A. Einstein, Die R. i. d. Mus., 1950; J. Chantavoine, J. Gaudefroy Demombynes, Le romanticisme dans la mus. europ., P 1955; H. Husmann, D. Stellung d. R. i. d. Weltgesch. d. Mus. (Kb. Warschau) 1960; G. Knepler, D. Bestimmung des Begr. R. (ebd.) 1960; K. Stephenson, R. i. d. Tonkunst (Musikwerk) 1961; F. Blume, R. (MGG) 1963; P. Rummenhöller, R. u. Gesamtkunstw. in: W. Salmen (Hg.), Beitr. z. Gesch. d. Mus.anschauung ... 1965; E. A. Lippmann, The tonal ideal of romanticism (Fs. Wiora) 1967; H. Prang (Hg.), Begriffsbestimmung d. R. (Wege d. Forsch.) 1968; K. Klaus, The rom. period in mus., Boston 1970; R. Longyear, 19th-cent. romanticism in music, 1969, NY [2]1973; K. H. Wörner, D. Zeitalter d. themat. Prozesse i. d. Gesch. d. Mus., 1969; C. Dahlhaus, R. u. Biedermeier (AfMw) 1974; ders., Zw. R. u. Moderne, 1974; ders., Die Mus. d. 19. Jh. (Neues Hdb. d. Mw.) 1980; E. Lichtenhahn, Musikal. Biedermeier u. Vormärz; in: J. Stenzl (Hg.), Stud. z. Mw. d. 19. u. 20. Jh. (PSMG) Bern 1980; W. Boetticher, Einf. i. d. mus. R., 1983.

Romanze (span., frz. *romance* =) volkssprachig vorgetragenes Lied (Gedicht), im 14. und 15. Jh. über Ritter, Helden, Liebe episch (später strophisch) berichtend, mit → Vihuela begleitet; die ersten 4 Verse je zu eigener Melodie, die sich bei den weiteren wiederholt. Auf der iber. Halbinsel und in span. sprechenden Gebieten Amerikas noch lebendig und meist nach jüngeren Melodien vorgetragen. Die R. wurde in Spanien gehobenes Kulturgut (Slg. im → Cancionero), im 16. Jh. auch mit Orgel begleitet, im Barock mit zahlreichen geistl. Sätzen bekannt und auch in der Komödie verwendet, wobei den 4 schlichten Anfangsversen (jetzt 3–4stg.) oft ein sehr langer Refrain mit anderem Takt folgt (im 17. Jh. bis 12stg.). R. und → Villancico näherten sich an, und im 18. Jh. entstand eine kantatenartige Form. Aus dem strophischen Balladenlied wurde in Frkr. ein Liebeslied (1–2 Singst. mit Klavier), das sich schnell zu hoher Blüte entwickelte und besonders nach der frz. Revolution mit dramat. Stoffen Mode wurde (Gossec, Grétry, Cherubini, Auber), nach 1810 mit verschied. Namen (Tyrolienne, Nocturne) sich verlierend, bis die „R." gegen Ende des 19. Jh. wieder zur geschlossenen Melodie kam. Das geschah wohl auch unter dem Einfluß der R.-Komposition in Dtl., die im Zusammenhang mit der Slg. von Volksliedern und der Neuschaffung volkstüml. Lieder Anfang des 19. Jh. einsetzte, was zu einer der frz. ähnlichen Entwicklung führte (E. Th. A. Hoffmann: *Undine*; C. Kreutzer: *Nachtlager von Granada*) bis zur Auflösung der Form im Klavierstück (Charakterstück), z. B. Mendelssohn Bartholdy, Schumann, Brahms, Reger, Glinka, Borodin. Höhepunkte sind Beethovens R. für Violine und Klavier. Gossec verwendet zuerst in der Instrumentalmusik den Satztitel R. (Sinf. op 5, 1761). → Romancero.

S. Goslich, R. u. Ballade (Beitr. z. Gesch. d. dt. romant. Oper) 1937; R. Menéndez Pidal, Romancero hispanico ..., Madrid 1953; G. Haberkamp, D. weltl. Vokalmus. i. Span. um 1500, 1968; D. Catalán, Siete siglos de romancero, Madr. 1969; J. Sage, R. (Grove) 1980.

Römischer Choral, der Kirchengesang, der von Rom aus durch Päpste, insbesondere als Ergebnis der Gregor I. († 604) zugeschriebenen Choralreform verbreitet wurde. → Choral, Gregorianik.

Römische Schule, die im 16. Jh. in Rom tätigen Komponisten um Palestrina und deren Schüler. Ihre Richtung ist gekennzeichnet durch strenge Polyphonie besonders der a cappella-Werke, gemäßigte Chromatik und ausgeglichene Bewegung (→ Palestrinastil). Diese als „klass. Kirchenstil" auf die Komponisten vieler Generationen wirkende Schreibweise war vom → Tridentiner Konzil als Muster für eine gereinigte Kirchenmusik herausgestellt worden. Vor, neben und nach Palestrina zählen u. a. zur R. Sch.: C. Festa, G. Animuccia, T. L. de Vittoria, R. Giovanelli, G. M. Nanino, G. A. Dragoni, Fr. Anerio, Fr. Suriano.

L. Feininger, D. Kath. Kirchenmus. in Rom zw. 1600 u. 1800 (Kb. Kassel) 1963. → Palestrinastil.

Rommelpot (nld.), **Rummelpott** (niederdt.) → Reibtrommel.

Rondeau (von afrz. *reont* = Runde), ursprüngl. frz. Tanzlied (Rondel, Rundgesang) mit → Refrain, aus tänzerischen Vorformen (Rundtanz) im 13. Jh. entstanden, entwickelt zur kunstvollen dichterischen Form bei den → Troubadours und → Trouvères bei allmählicher Aufgabe der Tanzelemente. Der → *rondellus* war die latein., meist geistl. Art des R., während eine ital. Form (*rotondello*) der → Ballata näher stand als dem R. Auf Beziehung zum Tanz deuten das frühe *rondel de → carole,* die späteren *R. en menuet, Gavotte* und *Passepied en r.* (z. B. bei Bach). J. de Grocheo (um 1300) beschrieb den einer 6zeiligen Form folgenden Haupttyp einer Ringdichtung von 8 Zeilen mit der Melodie ab aa ab ab, wobei der Refrain von allen, die übrigen Zeilen vom Vorsänger gesungen wurden. Zu diesem Melodieschema entwickelte sich neben zahlreichen Formen das bevorzugte Textmodell AB aA ab AB (Großbuchstaben = Refrain). 2-, 3-, selten 4 stg. Rondeaux sind aus dem 13. und 14. Jh. belegt, die 3stg. Form mit gesungener Oberstimme und instrumental ausgeführten Unterstimmen wurde bevorzugt. Polyphone Kunst zeigt sich schon hochentwickelt bei Machaut, der den vermutlich ersten Krebskanon mit seinem R. *Ma fin est mon commencement* schrieb. Nach 1400 drängte das R. mit vielen Refrainwiederholungen als neues Ordnungsprinzip bei erweitertem Text die bisherigen Chansonformen zurück (z. B. bei Binchois, Dufay, Busnois) und trat gleichzeitig häufiger in der geistl. Musik auf (Brumel, *Missa Festivale*). Das Schema zeigt sich in der dramat. Musik gegen Ende des 16. Jh. (*Air en R.*), wurde aber immer mehr reduziert auf die dem → Virelai näher stehende Folge Ab Ac Ad ..., wie sie sich im R. der frz. Clavecin-, Opern- und Ballettmusik des 17. und 18. Jh. findet, dessen Abkunft von der ma. Form des R. jedoch nicht sicher ist.

Fr. Gennrich. R.x, Virelais u. Ballad. ... 1, 2: 1921, 1927, 3: Das afrz. R. ... im 12. u. 13. Jh., 1963; ders., Grundr. einer Formenl. des ma. Liedes, 1932, ND 1970; ders., Dt. R.x (Beitr. z. Gesch. d. dt. Spr.) 1953; W. Apel, R.x, Virelais and ballads in French 13th cent. songs (JAMS) 1954; U. Günther, Der mus. Stilwandel d. frz. Liedkunst i. d. 2. Hälfte d. 14. Jh. (Diss. Hamb.) 1957; G. Reaney, The developm. of the r., virelais and ballad forms (Fs. Fellerer) 1962; W. Dömling, D. mehrstg. Ball., R.x u. Virelais v. Machaut, 1970; Fr. Reckow, Rondellus, R., Rota (HmT) 1972.

Rondellus (von lat. *rotundellus* zu *rotundus*: rund, kreisend), eine etwa aus dem 12. Jh. bekannte Satztechnik (→ Organum, Discantus), die zwischen 1250 und 1350 in England besonders ausgeprägt war: ein mehrstg. (meist 3stg.) Satz mit freiem Cantus und gleichzeitig einsetzenden Stimmen, deren gleich lange Phrasen so austauschbar sind, daß sie jeweils in der anderen Stimme wiederkehren; wie z. B. in den 4 Oberstimmen des → Sommerkanons. Im Ggs. dazu laufen die Stimmen der → Rota (→ Round) nacheinander. – Mit R. wurde auch die Aufstellungsform zum Tanz gekennzeichnet.

F. Ll. Harrison, Rota and R. in Engl. Mediev. Mus. (Proceed. Royal Mus. Ass.) 1959/60; R. Falck, R., canon and related types before 1300 (JAMS) 1972; Fr. Reckow, R. ... (HmT) 1972.

Rondeña, südspan. Lied und Tanzlied, dem → Fandango ähnlich und mit der gleichen Baßlinie wie bei der → Malagueña. Der Name wird auf die Stadt Ronda in Andalusien zurückgeführt.

Rondino, kleines → Rondo; meist Klavierstück zum Unterricht.

Rondo (it. = Rundgesang), aus dem volkstüml. Rundgesang mit Vorsängervers und Chorrefrain und dem frz. → Rondeau des 17., 18. Jh. entstandenes Vokal- und Instrumentalstück, dessen Thema (Refrain) nach kleinen od. größeren, unterschiedl. gestalteten

Zwischenteilen (Episoden, Couplets) wiederkehrt und meist mindestens dreimal erscheint. Die Ordnung der festen Teile gewährt den übrigen größere Freiheit. Im Ggs. zu dieser (dem frz. Rondeau gemäßen) Kette, in der die einzelnen Teile addiert werden (ab ac ad ...), steht das ital. R. mit dem Schema ab ac ab ab, das die Couplets nach der Art der 3teiligen → Liedform (ABA) unter einen Handlungsbogen zwingt, dessen Spannung durch das Eingreifen des Refrains erhöht wird. Das Kettenprinzip herrschte in den frz. Suiten (Lully), wobei Couperin und Rameau schon die thematische Bindung zwischen Refrain und Couplet vorbereiteten (vgl. Vivaldi, J. S. Bach, Concerti), die sich bei C. Ph. E. Bach im Motivbestand des Hauptthemas konzentrierte. Im 18. Jh. setzte sich die ital. Bezeichnung R. gegenüber der frz. (Rondeau) durch, und das R. wurde typisch für den Schlußsatz als letzte virtuose Steigerung in Sinfonie, Streichquartett, Sonate, Konzert. In der R.-Sonate mischen sich von dem nach Durchführung drängenden Thema her Elemente beider Formen (Haydn, Mozart, Beethoven, Liszt, C. Franck). Die Romantik, bei Schubert, R. Schumann bis Brahms und Reger, verschleiert mehr und mehr das R.-Schema. Erst nachdem die Sonatenform ähnlich fließend wurde, löste sich das R. und erscheint im 20. Jh. mit überschaubarem Aufbau, ohne die frühere Bedeutung wiederzuerlangen. Als Vokalform zeigt sich das R. in Oper (z. B. Lully, Gluck), R.-Kantate (Carissimi, Mazzocchi, Marazzoli, R. Keiser) und Kunstlied (Schubert: *Gretchen am Spinnrade*; R. Schumann).

W. Chrzanowski, Das instr. Rondeau u. d. R.formen im 18. Jh. (Diss. Lg) 1911; F. Piersig, Das R. (Mus. Formen in histor. Reihen) [2]1961; M. S. Cole, The vogue of the instr. R. in the late 18th cent. (JAMS) 1969; ders., Rondos, proper and improper (Mus. & Lett.) 1970.

Rosalie, die in Ton, Rhythmus, Harmonie getreue, übermäßig häufige Wiederholung einer musikal. Phrase auf- od. absteigend auf verschied. Tonstufen (→ Sequenz 2). Der Name R. geht vermutlich auf das ital. Volkslied *Rosalia cara mia* zurück, während die dt. Bezeichnung *Vetter Michel* das ähnlich gebaute Lied *Gestern abend war Vetter Michel da* meint. → Schusterfleck.

Rosette, Rose, das vielfach mit reichem Schnitzwerk versehene Schalloch bei Zupfinstr. (z. B. Laute, Zither) und anderen kurz- bzw. schwachklingenden Saiteninstr. (z. B. Clavichord).

Rospev, Rasp(j)ev, Peni(j)e (von russ. *pet'* = singen), allgemein: Gesang, Melodie; im besonderen Sammelbegriff für Gesänge der russ. orthodoxen Kirche. Während im bulgarischen und serb. Kirchengesang auch Modi im altgriech. chromatischen Tongeschlecht auftraten, war der ukrainisch-russ. streng diatonisch. Es entstanden verschied. Arten, die sich ablösen od. überschneiden. Auf dem griech. System der 8 Echoi (griech. Oktoechos, → Echos; russ. → Glas) mit festen Klangräumen und Formeln (russ. *popevki*) beruhen: der *stolpovoj r.* (*stolp*: Reihe, Folge; nämlich die Modi im 8-Wochen-Rhythmus) oder *znamennyj r.* (nach Zeichen, Neumen), seit dem 11. Jh. belegt mit linienlosen Neumen (→ Krjuki), seit der 2. Hälfte 18. Jh. mit Linien und Quadratnoten; einstg.; z. T. noch heute gesungen. Sonderformen dazu waren z. B. in Kiev der *kievskij r.* (13.–17. Jh.) und der bulgar. R. (Mitte 17. Jh.); beide mit Quadratnoten, 5linig; besonders in Moskau der „griech." od. „byzantin." (*grečeskij*) R. (2. Hälfte 17. Jh.; nach dem griech. Meloden Meletios), der, zwar noch auf den Kirchentönen fußend, die Melodieformeln freier verwendet od. übergeht und bei ausgeglichenen Werten dem russ. Volkslied näher steht als dem strengen R. Neben diesen Arten entstanden: der *putevoj r.* (*put'*: Weg, Art, vielleicht als Cantus firmus; 16. – Ende 17. Jh.; mit freieren Melismen, die Modi verwendend, in eigener Notation) und der *demestvennyj r.* (vgl. → Demestnik; 15. – Ende 17. Jh., zum feierlichen Anlaß frei gestaltet, ohne Bindung an die Modi, mit eigenen, linienlosen Neumen). Diese beiden halten sich zwar an die kanonischen Texte (die ab Mitte 17. Jh. nicht mehr 1stg. gesungen wurden), nicht aber an den strengen Melodiebau und sind in synodalen Ausgaben nicht verzeichnet. Sie verschwanden in der vom Westen vordringenden Mehrstimmigkeit, die sich seit Mitte des 16. Jh. als *stročnoe penie* (Zeilengesang, näml. Partiturzeilen) zeigte und sich über Lemberg, Kiev dann als → *partesnoe penie* (5linig mit Quadratnoten, homophon gesetzt od. frei figuriert) durchsetzte. Die bulgar. und serb. Kirchenmusik wurde erst im 20. Jh. mehrstg. → Kondak, Anenajki, Kant, Glagolit. Gesang.

J. v. Gardner, System u. Wesen d. russ. Kirchengesanges, 1976; ders., Russian church singing I, Crestwood/NY 1980; ders., Gesang d. russ. orthod. Kirche, 1982. → Hymnologie.

Rota (lat. = Rad; *rotulus* =) 1. Radel, Singradel, Rundgesang; 1stg. notierter → Kanon im Anfang der Mehrstimmigkeit; Zirkelkanon, der immer wieder in den Anfang mündet (daher oft in Kreisform notiert); bis heute beliebt in Engl. und Dtl. Im Ggs. zum → Rondellus laufen die Stimmen nacheinander. Frühes, schon kunstvolles Beispiel bietet der vor 1300 aufgezeichnete → Sommerkanon; im 14. Jh. der Martinskanon aus dem Kloster Lambach (*Martin, lieber Herre mein*). – 2. → Rotta, Crwth.

→ Rondellus.

Rothphon, Blechblasinstr. mit doppeltem Rohrblatt, ähnlich dem → Sarrusophon, in den 1890er Jahren von F. Roth in Mailand in 5 Größen gebaut, auch Saxorusophon genannt.

Rotrouenge, altfrz. Tanz- od. Kreuzfahrerlied mit Refrain in od. am Ende der Strophe, vorwiegend in Nordfrankreich im 12. Jh., in der Provence als *retroucha,* katalan. *retroenza* im 13. Jh.

F. Gennrich, Die altfrz. R., 1925.

Rotta, Rotte (ahd. *hrotta,* mhd. *rotte,* afrz. *rote*), 1. ma. Harfenzither mit dreieckigem Korpus, bis 30, auch zweiseitig gespannten Saiten und hölzernem Schallkasten; in Entwicklungsstufen dem → Psalterium nahe und wohl auch mit ihm verwechselt. – R. war auch der Name einer Streichleier (oder mehrerer Arten), möglicherweise identisch mit dem keltischen → Crwth (Chrotta) und den skandinav. Streichleiern verwandt. – 2. Rotta (ital.), Nachtanz zur Istampita (→ Estampie).

H. Steger, Die R. (Dt. Viertelj.schr. f. Lit. Wiss. u. Geistesgesch.), 1961; ders., Philologia musica (Münster. MA-Schriften 2), 1971.

Roulade (frz. *rouler* = rollen), gleichmäßiger od. rhythm. in sich wechselnder Lauf, vorwiegend in der Gesangsliteratur, der sich über eine Tonleiter od. einen Teil davon auch chromat. od. in Terzenschritten erstreckt und vielfach von einem langen Ton mit starkem Akzent ausgeht.

Round (engl. = rund), engl. Zirkelkanon (vgl. → Rota), seit dem 16. Jh. bis zu heutigen Neukompositionen. Vom frivolen → Catch des 16.–18. Jh. unterscheidet sich der R. dadurch, daß er auch ernst sein kann. Der Londoner *R., Catch, and Canon Club* wurde 1843 gegründet. „R." ist in engl. Cembalomusik auch = Rondo.
→ Rondellus.

Rubato = Tempo rubato (ital. *rubare* = rauben, stehlen), beabsichtigte Tonverzögerung bei gleichbleibendem Zeitmaß. Die durch kleine Tempoverschiebungen belebte Melodie wird vom strengen Zeitmaß der Begleitstimmen gehalten. Die Bezeichnung Tempo r. geht zurück über *rubamento di tempo* (*tempo perduto*) auf *rubamento di tempo e sul modo de' Bassi*. So erscheint der t. t. zuerst bei P. F. Tosi (*Opinioni de'cantori* 1723). J. F. Agricola (*Anleitung zur Singekunst* 1757) übersetzte mit: *„Verziehung der Geltung der Noten, welche aber der Geltung des Basses genau angemessen sein müssen"*, und C. Ph. E. Bach erläuterte (*Versuch über die wahre Art, das Clavier zu spielen* [4]1787): *„mit einer Hand wider den Takt . . ., indem die andere aufs pünktlichste alle Takttheil anschlägt"*. So wurde der Begriff bei Mozart und noch bei Weber und Chopin verstanden, obwohl er von der inzwischen verlassenen Akkompagnements-Praxis entwickelt war, die das Wort Tempo für Zeitmaß wie für Zählzeit setzte. Die zweite Bedeutung verschwand, während aus der ersten der heute häufige Gebrauch entstand (D. G. Türk, Klavierschule 1789: *„verrücktes Zeitmaß"*): affektgebundene Schwankung des Zeitmaßes im ganzen Satzgefüge.

B. Bruck, Wandlungen d. Begriffs T.r. (Diss. Erlangen), 1928; J. A. Johnstone, R., London, 1931; H. H. Eggebrecht, Studien z. musikal. Terminologie (Ak. d. Wiss. Mainz) 1955, [2]1968; M. Yeston, R. and the middleground (Journ. of Mth.) 1975.

Rubebe, Rubella, → Rebec.

Rückpositiv, ein getrennt von der eigentlichen → Orgel (meist im Rücken des Organisten) aufgestelltes kleineres, aber in sich selbständig disponiertes Orgelwerk (→ Positiv) mit hellen Stimmen, das nach 1700 (seit G. Silbermann) – zunächst noch selbständig – mit in die Hauptorgel hineingebaut wurde (Oberwerk) und schließlich ganz in deren Disposition aufging. In neueren Orgeln wird das R. wieder gebaut. → Orgelbau.

Rueda (span. = Kreis, Rad), altkastilischer Rundtanz (Burgos) im 5tlg. Takt mit gleichen Notenwerten im Ggs. zum verwandten → Zortziko (mit punktierten Werten).

Ruggiero, 8taktiges ital. Satzschema im 16. und 17. Jh. mit (bis auf geringe Abweichungen) feststehender Baßlinie und variabler Oberstimme, geradtaktig, mit Auftakt und in Dur. Die Bindung an das harmon. Gerüst des Basses bewirkt die Ähnlichkeit der verschied. Oberstimmen. Das bisher früheste Beispiel findet sich bei D.

Ortiz (*Tratado de glosas,* Rom 1553). A. Einstein führte den Namen R. auf den Anfang einer Stanze bei Ariost zurück. R. hieß auch ein ital. Tanz. → Chaconne, Ostinato.

A. Einstein, Die *Aria di R.* (SIMG), 1911/12; J. M. Ward, R. (MGG), 1963.

Rührtrommel, Rolltrommel, Wirbeltr., von der alten Landsknechtstrommel stammende in das moderne Orchester übernommene hohe Trommel (50 bis 80 cm) mit Holzzarge und regulierbaren Schnarrsaiten (innen) über dem Unterfell.

Rumba, afrokubanischer Tanz (2/4, 4/4); meist lebhaft und mit synkopiertem Rhythmus; in den USA vom Jazz beeinflußt, auch in Europa verbreitet. Aus der R. entwickelten sich → Mambo und → Cha-Cha-Cha.

Rummelpott → Reibtrommel.

Rumorarmonio (ital. =) Geräuschharmonium, das in den 1920er Jahren (→ Futurismus) von L. Russolo (in Frankr.: *Russolophon*) baute und für Orchester- und Filmmusik bestimmte. Durch Verschieben von 7 Hebeln auf je einer 12-tönigen Skala konnten auf dem Instr. (in Form eines Harmoniums) neuartige Geräusche erzeugt werden. Die Komponisten (Honegger, Varèse) erkannten zwar den Wert der Erfindung, blieben aber bei den herkömml. Geräuschinstr.

Runda (ober- und mitteldt. =) Lied mit Kehrreim, → Schnaderhüpfel.

Rundfunk (ital. *radio transmissione*; frz. *radiodiffusion*; engl. *broadcasting*), Ton- und Wortübermittlung durch elektromagnetische Wellen. Die akustische Energie des gesprochenen Wortes od. der erklingenden Musik wird im Mikrofon in elektrische umgewandelt. Das Übertragungssystem verstärkt die Mikrofonspannungen auf die Höchstspannung des Senders (Normalpegel) mit Hilfe von Elektronenröhren und prägt die Impulse einer hochfrequenten Trägerschwingung auf, die von der Sendeantenne ausgestrahlt wird. Die Empfängerantenne gibt die aufgefangene Hochfrequenzenergie an das Rundfunkgerät weiter zur Verstärkung, Demodulation und Umwandlung in akustische Energie im Lautsprecher. Die Mikrofonenergie kann im Sender oder nach dem Empfang auf Tonband gespeichert werden. Die Konservierung erfolgte früher beim Sender auf Wachsplatten. Die Frequenzbereiche der Sender werden international festgelegt (1979 in Genf). – Zur Vorgeschichte gehören die Entdeckung der elektromagnet. Induktion durch Faraday (1831), des Telegraphen durch Morse (1837), des Elektromagneten durch Reis (1861), der Elektromagnet. Wellen durch Maxwell (1867), des Kohlenkörnermikrophons durch Hughes (1878). 1878 wurde in der Schweiz der Plan entwickelt, Musik über Telefon zu verbreiten, und in Paris, Frankfurt, New York, London, Lissabon und Budapest wurden Opern, Konzerte und Schallplattenmusik auf diese Weise übertragen. 1888 bestätigte Hertz experimentell die von Maxwell vermuteten elektromagnet. Wellen. 1897 stellte Marconi eine drahtlose Verbindung über 5 km Entfernung her. 1906 unterzeichneten 27

Staaten den internat. Funktelegraphenvertrag.
Die ersten R.sendungen wurden 1913 in USA, 1914 in Belgien ausgestrahlt. Das Wort R. stammt von H. Bredow, der 1921 die erste dt. R.-Organisation gründete. 1921 begann die Station Pittsburgh (USA) als 1. der Welt regelmäßige Sendungen, und der erste engl. Sender wurde eröffnet. Die 1. Opernsendung der Welt wurde 1921 aus der Berliner Oper Unter den Linden übertragen (Puccini, *Madame Butterfly*). 1922 setzten die Sendungen vom Pariser Eiffelturm ein. 1923 begannen die regelmäßigen Sendungen der Funkstunde Berlin. 1926 wurde die Reichs-R.-Gesellsch. gegründet. Im selben Jahr setzten regelmäß. Sendungen in Österreich, 1927 in Italien und Rußl. ein. 1926 wurde in Engl. aus der privaten die staatliche *British Broadcasting Company*. Die Zahl der Mittel- und der Kurzwellensender nahm bis zum 2. Weltkrieg stetig zu. Nach dem Krieg wurden, um diese Wellenbereiche zu entlasten, Ultrakurzwellensender mit geringerer Reichweite, aber besserer Empfangsmöglichkeit eingerichtet. Die Entwicklung des Fernsehens wurde durch den 2. Weltkrieg unterbrochen. In Dtl. begannen 1952 die regelmäßigen Sendungen, nachdem Versuchsprogramme seit 1950 ausgestrahlt worden waren. Die dt. Sender sind Anstalten des öffentl. Rechts. Zu ihrem Aufgabenbereich gehört das Fernsehen mit seiner Programmgestaltung. Um räumliches (= binaurales, zweiohriges; Ggs.: monaurales, einohriges) Hören zu ermöglichen, wurden in Frankreich und USA 1958 erste Versuchssendungen veranstaltet (→ Stereophonie). – Wie → Tonband und → Schallplatte gehören R. und Fernsehen zur Gruppe der techn. Mittler, die die Verbreitung von Kunst und ihre Konservierung erleichtern. Die Frage nach der volkserzieherischen Kraft des R. ist mit der nach dem sinnvollen, gezielten Programm des Senders und dem sinnvoll auswählenden Gebrauch durch den Hörer verbunden. Neben seiner rein wiedergebenden Tätigkeit (Konzert, aktuelle Übertragungen u. a.) hat der R. seinen Möglichkeiten entsprechende Eigenformen in → Funkoper, Hörspiel, Funkerzählung entwickelt. Seine wirtschaftl. Sicherheit ermöglichte die Einrichtung ständiger Orchester und Chöre, die Förderung neuer Werke durch Kompositionsauftrag und Aufführung und durch Einrichtung techn. Studios (→ elektron. Musik). → Rundfunkmusik, Hörspielmusik, Musik im Fernsehen.

E. K. Fischer, Der R., 1949; ders., Dokum. z. Gesch. d. dt. R. u. Fernsehens, 1957; W. Ohnesorge, H. Roemmer, Funk u. Fernsehen, 1952; F. Bergtold, Die große R.-Fibel, 1954; A. Silbermann, Mus., R. u. Hörer, 1958; K. Magnus, Der R. i. d. Bundesrep. u. in W.-Berlin, 1955. → Rundfunkmusik.

Rundfunkmusik. Ein Sender bringt bereits bestehende od. eigens für den Rundfunk geschaffene und von ihm in Auftrag gegebene Kompositionen. R. nimmt etwa 60% der Sendezeit in Anspruch. Davon entfallen ⅔–¾ auf Sendungen mit Unterhaltungsmusik. Die Programme konnten unterschiedl. Besetzungen zeigen und Werk- und Interpretationsvergleich mit verschied. Orchestern od. Dirigenten bieten. Die erste Oper, die der dt. Rundfunk übertrug, war Puccinis *Madame Butterfly* (Staatsoper Unter den Linden, Berlin 1921). Als erste funkeigene Produktion wurde von Berlin 1924 Mozarts *Figaros Hochzeit* gesendet. Die durch Aufführungsdauer und -technik gesetzten Grenzen führten zu Gesamt- und Akterläuterung, Handlungskürzung, kleinerer Besetzung, schließlich zur funkeigenen Bearbeitung. Gleichzeitig entwickelte sich die → Funkoper (zuerst 1929). Die erste dt. Übertragung eines öffentl. Konzerts kam aus der Berliner Philharmonie 1924. Seitdem hat der Rundfunk eine Tradition eigener Konzertreihen entwickelt und mit seinen Programmen neue Wege gezeigt. Er bot Aufführungen selten gehörter Werke, gab Kompositionsaufträge (zuerst 1927 an Hindemith) und bemühte sich, neue Erscheinungsformen der Musik nahezubringen. Auf der Suche nach neuen techn. Möglichkeiten wurden Instrumente und Geräte entwickelt, ihr Ausbau gefördert (→ Neo-Bechsteinflügel, Trautonium u. a.) und die Ergebnisse in eigenen Sendungen demonstriert (Studio für → elektron. Musik). Das Streben nach vollkommener Musikwiedergabe (→ *High Fidelity*), der weite Bereich und die durch das Überangebot bedingte Abnutzung der R. gehören zu den Ursachen des Rückgangs häuslichen Musizierens, obwohl sich der Rundfunk schon in den 1930er Jahren anregend einsetzte („Musizieren mit unsichtbaren Partnern"). Andererseits wurden Eigenkräfte mit schärferer Selbstkritik angeregt. Der Schulfunk unterstützt mit gezielten Musiksendungen den Musikunterricht der Schulen, berät sich dabei mit der Lehrerschaft und gibt eigene Kompositionsaufträge.

A. Szendrei, Rundf. u. Musikpfl. (Diss. Lg) 1931; U. Haver, Musikübertr. funkeigener Werke, 1942; E. la Prade, Broadcasting mus., NY 1947; S. Goslich, Funkprogr. u. Musica viva, 1961; ders., Mus. i. Rundf., 1971; W. B. Emery, National and internat. systems of broadcasting, Ann Arbor 1969; H.-Chr. Schmidt (Hg.), Mus. i. d. Massenmedien Rundf. u. Ferns., 1976; H. Bausch (Hg.), R. in Dtl., 1978ff. → Funkoper.

Rundgesang, allgemein: geselliger Gesang, auch mit traditioneller Liederfolge (Liederkette); im besonderen: Refrainlied mit Solovortrag und Chorantwort. → Rondo, Quodlibet, Kettenlied.

Runo (finn.; von altnord. *runa* = Rune), altfinn. und estn. Lied im 8.–15. Jh. (in Estland bis 20. Jh. lebendig); mit der ursprüngl. 5saitigen → Kantele (estn. Kannel) begleitet vom R.-Sänger (*runoilija*) rhythm. differenziert im Sprechgesang mit 5-Ton-Ambitus vorgetragen; die Texte alliterierend mit 2-Vers-Parallelen, z. B. gesammelt im finn. Kalevala, estn. Kalevipoeg.

Russisches Horn → Jagdhorn.

Russisch-orthodoxer Kirchengesang: → Anenajki, Demestnik, Glas, Kant, Kondak, Partesnoe penie, Rospev; vgl. → byzantin. Musik, glagolitischer Gesang.

Rute, Reisigbündel (ursprünglich Einzelgerte), mit dem auf die Große Trommel, auf Tamtam oder Becken geschlagen wird. Durch den Aufschlag und das Auftreffen der einzelnen Zweige untereinander entsteht ein zischendes Geräusch (z. B.: Mozart, *Entführung aus dem Serail*; Mahler, 2., 3. Sinfonie). → Jazzbesen.

S, Abk. f. → Sopran; ital. → Segno = Zeichen; → Subdominante.

Sackbut (engl.) → Saqueboute.

Sackpfeife, Dudelsack (= poln. *dudy*, ungar. *duda;* v. türk. *düdük* = Pfeife; engl. *bagpipe*, frz. *cornemuse*), Balginstr., bestehend aus einem meist im Ganzen abgezogenen Tierbalg, der als Luftspeicher dient und der durch ein kurzes Mundrohr aufgefüllt wird. Der Spieler preßt mit dem Arm den Balg zusammen und drückt damit die Luft in die (bis 8) Pfeifen, von denen einige ohne Grifflöcher sind und mit einfachem od. doppeltem Rohrblatt gleichbleibend mit Grundton od. Quinte klingen. Zu diesem → Bordun, der auch Schnarre, Brummer, Hummel, Drone genannt wird, werden auf einer Spielpfeife (mit Grifflöchern) Melodien gespielt. Der Klang ist meist scharf und durchdringend. Wie bei allen Windkapselinstrumenten (vgl. → Krummhorn, Pommer) kommen auch hier die Lippen des Spielers nicht unmittelbar mit dem Mundstück (Rohrblatt) in Berührung. Er kann die Stimmung durch den Balgdruck beeinflussen. Das Überblasen ist bei verschiedenen Typen möglich. – Alter und Herkunft der S. sind noch nicht gesichert. Sie war in der röm. Antike bekannt; die bisher erste überlieferte Abbildung stammt aus d. 1. Jh. v. Chr. (Ägypten). In Europa, Asien (Indien) und Nordafrika war sie in verschiedensten Arten und Größen verbreitet (in Rumänien z. B. mit 3 verschied. Typen bekannt), verlor aber seit dem 16. Jh. allgemein an Bedeutung und ist in Europa nur noch in Randgebieten als Hirteninstr. geblieben, vor allem in Irland, Schottland, Spanien, Ost- und Südosteuropa. Die feinere → Musette wurde im 17., 18. Jh. in Frk. zusammen mit der → Drehleier wieder hoffähig. Zum Militärinstr. wurde die S. in Schottland.

W. H. Flood, The story of the bagp., L 1911; P. Brömse, Flöten, Schalm. u. S. Südslawiens, Brünn 1937; A. Baines, Bagp., Oxf. 1960, ³1973; J. Markl, Czech bagp. mus. (Journ. Folk Mus. Counc.) 1963; Vertkov, 1963/75; J. H. v. d. Meer, Typol. d. S. (Anz. Germ. Nationalmus. Nürnb.) 1964; ders., Beitr. z. Typol. d. westeurop. S. (SIMP) 1969; ders., S. (MGG) 1979; J. Mačak u. J. Markl in SIMP 1969; A. Janiszewski, Wielkopolskie dudy . . ., Posen 1970; Fr. Collinson, The bagp., L 1975; R. de Maeyer (Hg.), The bagp. in Europe, Buren 1976/8; R. Cannon, A bibliogr. of bagp. mus., Edinb. 1977.

Sacra Rappresentazione → Rappresentazione sacra

Saëta (span., wohl von lat. *sagitta* = Pfeil), in Andalusien geistl. Sprechgesang (meist einer Frau) vom Balkon (Fenster) während der Karfreitagsprozession.

Saibara (japan.), fröhlich-derbe Volkslieder aus dem mittleren und westl. Japan, die in der Haian-Zeit (8–12. Jh.) in die Hofmusik aufgenommen wurden und trotz des Einflusses vom → Gagaku die volkstüml. Elemente bewahrte und wie die buddhist. *Imayô (-uta:* Lieder neuen Stils) und die lyrische *Rôei* eigenständige japan. Gesänge waren im Ggs. zu den chinesischen. Die S. verschwanden im 13. Jh. und wurden seit dem 17. Jh. neu belebt. Vgl. → Kagura.

E. Harich-Schneider, S. (Dt. Jb. f. Mw.) 1962.

Sainete (span. = Leckerbissen), einaktiges heiteres Volksstück im span. Theater; meist als Intermezzo, selten am Schluß des eigentlichen Theaterstückes gespielt. Dargestellt wurden burschikose volkstüml. Tanzszenen mit lebhafter Musik. Blütezeit im 18. Jh. (A. Soler, B. Laserna); im 19. Jh. quantitativ erheblich; noch heute lebendig, wobei der traditionellen, derben S. eine der → Zarzuela nahestehende, von der Operette beeinflußte Form (*género chico* = kleine Art, nämlich einaktig) gegenübersteht.

J. Subirá, Historia de la música teatral en España, Barcelona 1945; H. Kindermann, Theatergesch. Europas V, Salzburg 1962.

Saite (it. *corda,* span. *cuerda,* frz. *corde;* v. griech. *chorde;* engl. *string*), die Tonquelle der Gruppe der Saiteninstrumente: der fadenartig langgezogene, elastische Teil der, aus Därmen, Metall od. Pflanzenfasern, Seide od. Kunststoff (Perlon) bestehend, durch äußere Einflüsse (Streichen, Zupfen, Schlagen, Anblasen od. durch Schallwellen) in Schwingung versetzt wird und Töne erzeugt, deren Höhe und Farbe von der Länge, Dicke, dem Gewicht und vom Material der S. abhängt. Neben die Darms. traten im 15. Jh. Metalls., heute meist aus Stahl. Um einen tieferen Ton zu erreichen, gleichzeitig aber die S. nicht übermäßig dick und lang wählen zu müssen, kann die S. umsponnen werden: Stahls. werden mit Kupferdraht umwickelt, Darms. mit Seiden-, Silber- od. Kupferfäden umsponnen; für Gitarre und Zither wird auch Seide mit Seide übersponnen. Die S. muß gleichmäßig gut ansprechen (→ Ansprache) und → quintenrein sein. Die Dicke wird mit dem → Chordometer gemessen. → Schnarrsaite.

Saiteninstrumente → Chordophone

Saitenmesser → Chordometer

Salizional (von lat. *salix* = Weide), Labialregister der Orgel; auf die Weidenpfeife zurückgehend; seit dem 16. Jh. bekannt; 16',8', 4', (2').

Salonmusik (frz., mhd. *sala* = Saal), ursprüngl. die Kammermusik, die bei den nach frz. Muster des 17. und 18. Jh. allgemein eingeführten literar. Salons gespielt wurde; dann eigene musikal. Veranstaltung. Im 19. Jh. die in der bürgerl. Gesellschaft, z. B. im Hauskonzert, dargebotenen Stükke (→ Unterhaltungsmusik). Dazu gehören virtuos brillierende Werke, z. B. von F. Liszt, F. Chopin, vor allem die Opernfantasien von S. Thalberg, die im 19. Jh. berühmten Salonstücke von H. Herz, H. Rosellen, F. Hünten, F. Kalkbrenner, die Potpourris von L. B. Bradère. Das → Charakterstück stand im Vordergrund. Bevorzugt wurde das Klavier (Bądarzewska, *Gebet einer Jungfrau;* Kontski, *Erwachen des Löwen*). Besonders gegen Ende des 19. Jh. waren Bearbeitungen beliebt von Sinfonien, Ouvertüren, Streichquartetten für Klavier 4händig oder auch für heute so ungewöhnliche Besetzungen wie Klavier, Harmonium, Violoncello od. Harmonium, Klarinette, Violoncello. → Dilettant.

E. Eggli, Probleme d. musikal. Wertästhetik im 19. Jh., Winterthur 1965; C. Dahlhaus (Hrsg.), Studien z. Trivialmusik d. 19. Jh., 1967; H. C. Worbs, *Le tribut à la mode* (Neue Zs. f. Mus.), 1971; W. Gieseler, S. (Zs. f. Mus.päd.) 1981.

Salonorchester (Abk.: SO.), Ensemble für → Unterhaltungsmusik, Ende des 19. Jh. entstanden, zunächst für Kaffeehausmusik bestimmt u. nach der → Salonmusik der bürgerl. Gesellschaft benannt. Man unterschied die Wiener Besetzung (1., 2. Violine, Cello, Klavier oder Harmonium, kleines Schlagzeug) von der Berliner (Streichquartett, Flöte, Klarinette, Kornett, Posaune, Klavier oder Harmonium, kleines Schlagzeug) und der Pariser Besetzung (ohne Viola, Klarinette und Posaune und meist ohne Harmonium). Die Leitung lag meist bei der 1. Violine (→ Stehgeiger). Die Besetzungen waren variabel. Nach 1900 konnte Akkordeon zusätzlich od. als Ersatz für Klavier eintreten. Die Zusammenstellung änderte sich, als die Orchester auch für Tanzmusik eingesetzt und Saxophone, Jazztrompeten und -posaunen sowie umfangreicheres Schlagwerk nötig wurden. Größere S. bildeten sich an Rundfunksendern und selbständig aus Mitgliedern der beim Aufkommen des Tonfilms (1929) aufgelösten Kinoorchester. Die Verlage stellten eigene Bearbeitungen für SO. her. Bei Ausgaben für kleinere Besetzung wird anstelle einer Partitur die Klavierstimme mit allen Einsätzen und Solostellen der übrigen Instrumente versehen und gilt als „Direktionsstimme". Der Pianist kann dann Solostellen etwa fehlender Instr. übernehmen oder andere unterstützen.

Salpinx, altgriech. Trompete mit Kesselmundstück (Horn od. Knochen). Die später bei den Etruskern entwickelten Instr. (Lituus und Cornu) nannten die Griechen ebenfalls S.

M. Wegner, D. Musikleben d. Griechen, 1949; ders., Griechenland. Mg. in Bildern, Lg 1963; B. Aign, D. Gesch. d. Musikinstr. d. ägäischen Raumes bis um 700 v. Chr. (Diss. Frankf.) 1963; L. Vorreiter, Musikinstr. d. Etrusker (Arch. f. Musikorganol.) 1978/9.

Saltarello (von lat., ital. *saltare* = tanzen, springen), schneller ital. Springtanz im 3/8- oder 6/8Takt; mit ersten Beispielen schon im 14. Jh. bekannt; fertig entwickelt im 15. Jh. als selbständiger Tanz od. als → Nachtanz meist zu → Pavane und → Passamezzo, ihr Thema im 3tlg. Takt übernehmend (Tripla). In Süditalien und Spanien noch als Volkstanz (ähnl. → Tarantella) lebendig. In der Kunstmusik z. B. bei F. Mendelssohn Bartholdy (*Ital. Sinf.*), und Berlioz.

Saltato (it.), **sautillé** (frz. =) gesprungen; Strichart: mit Springbogen (bei Einzelnoten); vgl. → jeté, ricochet.

Salterio (ital.), → Psalter; *s. tedesco* = → *Hackbrett.*

Salve Regina (lat.: Gegrüßt seist du, Königin), die bekannteste der 4 → marianischen Antiphonen, am Schluß der → Laudes und → Komplet vom Dreifaltigkeitssonntag bis Advent gesungen nach einer freien, feierlichen, dorischen Melodie, die mit ihrer Parallelzeile der → Sequenz nahesteht. Papst Gregor IX. ordnete 1239 das S. R. als Gebet nach der Komplet am Freitagabend an. Als Verfasser galt lange Herm. Contractus (11. Jh.); wahrscheinlich ist frz. Ursprung (aus Le Puy-en-Velay). 1565 kam das S. R. in das Breviarum Romanum, nachdem die 4 Antiphonen, vor allem durch die Minoriten verbreitet, schon allgemein in Gebrauch waren und z. B. 1478 N. de Rechtergen in Antwerpen die beispielgebende *Gilde van Onser Lieve Vrouwen Loff* gegründet hatte, die das S. R. allabendl. „mit schöner Musik und Orgelklang" sang. Es wurde ebenso bedeutend wie → Magnificat und → Te Deum, gehört mit zahlreichen Kompositionen zum festen Bestand geistl. Kunstmusik (Josquin Desprez, J. Obrecht, N. Gombert, W. A. Mozart, F. Schubert), trat als Zwischenvers (→ alternatim) für Orgel in den → Versetten auf (Hofhaimer, Kotter, Schlick) und wurde der Ausgangspunkt für die Lübecker → Abendmusiken D. Buxtehudes.

Wagner I, 1911; J. Maier, Stud. z. Gesch. d. Marienantiph. S. R., 1939; J. Ingram, The polyphonic S. R. 1425/1550 (Diss. North Carolina) 1973.

Sāmaveda (ind.), die von ind. Priestern etwa ab 1000 v. Chr. überlieferte Melodien-Slg. des rituellen, nur vom Ton, kaum vom Text abhängigen vedischen Opfergesangs (sāman), später auf verschied. Art fixiert. Die Gesangsregeln wurden im Puspasūtra festgehalten. Der Rigveda umfaßt im Sprechgesang mit geringerem Ambitus rezitierte Texte.

Samba, von Bantunegern (*semba* = Tanz) in Brasilien verbreitete Volkstanzformen, auf die der schnelle Gesellschaftstanz (2/4, 4/4) zurückgeht, der in den 1920er Jahren in Amerika und später auch als Standardtanz in Europa beliebt wurde. – Zu den S.tänzen gehört die Bossa nova (portug. *bossa* = Beule), die sich unter Einfluß des Cool Jazz mit dem verzögernden Schlagzeugrhythmus des alten Volkstanzes in d. Mitte des 20. Jh. auch in Europa durchsetzte und zum Modetanz stilisiert wurde.

Samisen, Zupfinstr. im japan. → Kabuki-Theater; mit 3 mit großem Horn-Plektrum geschlagenen Saiten, langem, bundlosem Hals, fast quadratischem Korpus, beidseitig mit Leder bezogen. Das S. ist etwa im 16. Jh. aus China übernommen worden (*san-hsien*; mongol. *shandze*). Seit dem 17. Jh. entstanden Liederzyklen (*kumiuta*) mit S.-Begleitung.

Sanctus (lat. = heilig), der in der kath. Liturgie die → Präfation abschließende, ursprünglich von der Gemeinde gesungene Dankhymnus mit dem Text aus Jes. 6,3. Ihm folgt das vom Hosanna eingeschlossene → Benedictus. Das S. wurde Ende des 7. Jh. (Ordo Romanus) den Klerikern zum Vortrag zugewiesen. Es gehörte wohl zu den Gesängen der Urkirche und war im 4. Jh. Bestand der byzantin. Liturgie. Die Trennung des S. vom Benedictus in der mehrstg. Messenkomposition setzte im 16. Jh. ein. Orgelbegleitung für das S. ist schon aus dem 13. Jh. bekannt. Von den zahlreichen Melodien sind die ältesten psalmodierend. Seit dem MA machten kunstvolle neue Kompositionen den Gesang durch den Chor anstelle der Gemeinde nötig. Heute singen vielfach Chor und Schola wechselweise (→ Messe). – Als „S. verdeutscht" setzte Luther in der „Deutschen Messe" (1526) zu der von ihm veränderten altkirchl. Melodie seinen Text *Jesaja, dem Propheten, das geschah.* → Trishagion.

Wagner, 1911, 1921; J. A. Jungmann, Missarum Sollemnia, 51962; P. J. Thannabaur, Das 1stg. S. d. röm. Messe i. d. hs. Überl. d. 11.–16. Jh., 1962.

Sang čini (pers.) → Jaltarang

Sänger(in) → Gesangshygiene, Gesangskunst, Singstimme, Stimmbildung, Primadonna.

Sängerbund, Sängerfest → Gesangverein

Sängergruß, meist 4stg. gesungener Wahlspruch eines → Gesangvereins/Sängerbundes; z. B. des Dt. Sängerbundes: *Grüß Gott mit hellem Klang* (A. Methfessel).

Sängerknötchen, durch Überanstrengung, falsche Singmethode, auch vernachlässigte Erkältung entstehende Verdickungen an den Stimmbändern mit der Folge kratzender Stimmgeräusche. Die S. können operativ entfernt werden oder, wenn früh genug erkannt, durch Umstellung auf eine andere Singweise.

San k'ü (chines.), instrumental begleitete Lieder, die im China der Yüan-(Mongolen-)Zeit des 13., 14. Jh. in den dramat. Spielen vorherrschten und die weitere Entwicklung beeinflußten.

Sansa → Zanza

Santīr, Santūr (arab./pers.), trapezförm. Kastenzither mit bis zu 100 Metallsaiten, die mit Holzklöppeln geschlagen werden (vgl. → Hackbrett). Das Instr. ist im mittleren und fernen Osten verbreitet, so in Persien mit 18 vierchörigen, in Indien mit 100 Saiten (*shatatandri*), seit dem 18. Jh. in Korea (*yang-kum*), China (*yang k'in*), Japan (*sangen-dakin*); armen. *santūr*. → Qānūn.

Sapo, westind. Schlaginstr.; vom → Jazz übernommen: mit Längsschlitz und mehreren Querschlitzen versehener Bambusstab, über den ein Holzstab gerieben wird.

Saqueboute (frz. v. *trompette s.* = Ziehtrompete; span. *sacabuche*; engl. *sackbut*), alte Bezeichnung für → Posaune.

Sarabande (span. *zarabanda*), feierlicher, über Spanien aus Mittelamerika übernommener Tanz mit 3/2-(3/4-)Takt mit Schwerpunkt auf dem 2. Taktteil, der oft punktiert wird und auf dem häufig die S. schließt. Sie ist 2teilig; beide Teile werden wiederholt. Als langsamer, pathetischer Tanz wurde die S. nach 1600 überall in Europa getanzt. Sie war in Spanien auch in schnellen Fassungen bekannt, die mehrfach als anstößig verboten wurden. In der → Suite wurde die S. zu einem der Haupttänze nach der → Courante und vor der → Gigue und zeichnet sich durch besonders reiches Verzierungswerk aus, das ihre Würde erhöhte. In England kam die S. in die Gruppe der → *Country dances* und wurde mit zahlreichen Beispielen im J. Playfords Slg. *The English Dancing Master* (1651) aufgenommen. In der Kunstmusik erscheint sie u. a. bei Gibbons, Chambonnières, Froberger, J. S. Bach, Händel, Corelli; im 20. Jh. z. B. bei Debussy und Strawinsky (Ballett *Agon*, 1957).

A. Stevenson, The first dated mention of the s. (JAMS) 1952; D. Devoto, La folle s. (Rev. de musicol.) 1960; ders., Encore sur la s. (ebd.) 1964; R. Hudson, The zarabanda and zarab. francese in Italien guitar mus ... 17th cent. (MD) 1970.

Sārangi (Nordindien), **Sārinda** (Nordost-Indien), in niederen Kasten Indiens verbreitetes Streichinstr. mit eingezogenem Korpus und Pergamentdecke, 3 (4) Spiel- und ca. 15 chromatisch gestimmten Resonanzsaiten.

Sardana, ein- oder mehrreihiger Reigentanz im katalanischen Sprachgebiet, auch in der Großstadt Barcelona auf der Straße getanzt; dazu die → Cobla-Kapelle, auf einem Holzgestell in zwei Reihen sitzend. Die Musik ist im sehr schnellen 6/8Takt. Die S. ist seit dem 16. Jh. belegt. Ihre Herkunft ist unbekannt.

J. Llongueras, Per la nostra S., Barcelona, 1933; J. Miracle, Llibre de la S., ebda., 1953.

Sarod (ind.), vermutl. aus Persien stammende ind. Laute. Der S. ist bundfrei, hat 4 Saiten, die mit Plektrum gerissen werden, und ist meist mit einer Pergamentdecke versehen.

Saron (javan.) → Gamelan

Sarum Use → Use

Sarrusophon, Blechblasinstr. mit doppeltem Rohrblatt, 1856 in Paris für P.-L. Gautrot patentiert, nach seinem Berater Sarrus benannt; 12 Größen; anstelle von Oboe und (Kontrabaß-)Fagott zunächst für Militärmusik bestimmt (Frkr., USA); gelegentlich in Konkurrenz zu den Saxinstrumenten.

Sas, Saz (pers.: Musikinstr.), Name einer Langhalslaute mit Bünden in verschied. Ländern des nahen und mittleren Ostens; mit birnenförm., bauchigem Korpus, oft ohne Schallöcher od. diese sehr klein (auch an den Zargen); 4—8 und mehr (z. T. mehrchör.) Saiten, meist in Quinten od. Quarten, Resonanzsaiten tiefer gestimmt. *Sasandar* (pers. *sasende:* Musikant) = S.spieler. S. (griech. *sasi*) ist in der Türkei der kleinste Typ (auch *„cura"*) der → Baghlama-Lautenfamilie. Im Kaukasus Instr. des Dichtersängers (→ *aschik, aschug*). In Kaschmir und Mittelasien ist S. ein 2-saitiges Streichinstr. Vgl. → Tanbur.

Sattel, bei Saiteninstr. Querleiste am oberen → Griffbrett, durch deren Kerben die Saiten in den Wirbelkasten laufen; → Kapodaster, Flageolett, Wirbel.

Satyrspiel, das der tragischen Trilogie der Griechen folgende Tanzspiel des Chors, das von den Dichtern immer freier gestaltet wurde, so daß lediglich noch mytholog. Zusammenhang mit Dionysos blieb, dessen Begleiter die den Nymphen verwandten Satyrn waren. S. mit grotesken Gesten und oft obszönen Liedern waren auch im röm. Reich bekannt. In der neueren Musik klingen S. an bei Debussy (*L'après-midi d'un Faune,* 1892), in G. Piernés Ballett *Cydalise et le chèvre-pied* (1913); in W. Baußnerns Oper *Satyros* (1923).

E. Buschor, Satyrtänze und frühes Drama, 1943; P. Guggisberg, D. S. (Diss. Zürich), 1947.

Satz, 1. allgemein: musikal. Schreibweise; Vokal-, Instrumentals.; Lied-, Chors.; freier, strenger S.; polyphoner, homophoner S. – 2. ein Teil einer mehrteiligen (zyklischen) musikal. Form (Sonate, Symphonie, Suite): der langsame, schnelle S.; Dur-, Moll-S. – 3. → Periode. – 4. im Instrumentarium der vorhandene vollständige Stimmensatz einer Stimmfamilie, z. B. Blockflöten; im Jazz gelegentlich eine Instrumentengruppe (Saxophone) mit ihren Musikern. – 5. im Orgelbau für → Hintersatz (Nachsatz; auch „Lokatz" genannt nach lat. *locatio* = S., Stellung), die Unterbringung der Pfeifensätze im Orgelwerk bezeichnend.

Satzlehre, → Harmonielehre, Komposition, Kontrapunkt, Musiktheorie.

Saun(g) (Tsaun), burmanische Bogenharfe ind.-arab. Ursprungs und einzige Harfe dieses Typs, die noch in Gebrauch ist: 13 Seidensaiten, verschiebbar für die Einstimmung zum Spiel mit der → Pattala. Vgl. → K'ung-hou.

Sautillé (frz. = getanzt), → jeté, ricochet, saltato.

Saxhorn, die ab 1845 von A. Sax durch Verbesserung von → Kornett und → Bügelhorn mit den Erfahrungen aus den → Tuba-Instr. entwickelte Familie von Blechblasinstr. mit engerer Mensur, langem Schallrohr und (außer bei den Baßinstr.) über dem Rohr sitzenden Pumpventilen. Sax baute 9 Typen: Sopranino (*S. suraigu*, c^2) bis Subkontrabaß (*S. bourdon*, B_2).

Saxophon, Blasinstr. mit aufschlagender Zunge (breitem Klarinettenmundstück), weitem, vorwiegend konischem Metallrohr mit Klappenmechanik; benannt nach seinem Erfinder Adolphe Sax (Patent 1846). Versuche, einige Fagottformen (konische Rohre) mit Klarinettenmundstück zu versehen, hatten J. W. Hasse (Ende 18. Jh.), Desfontenelle 1807, H. Lazarus (Tenoroon) angestellt, sind aber Sax wohl nicht bekannt gewesen. Das S. überbläst wie die Oboe (anders als die Klarinette) in die Oktave und wird im Violinschlüssel notiert. Die 8 Größen der S.-Familie (meist B od. Es) sind: Sopranino (Piccolo), Sopran, Alt, Tenor, Bariton, Baß, Kontrabaß und Subkontrabaß. Wegen seines vollen, starken, geschmeidigen Tones ist es ein führendes Instr. der → Jazzmusik geworden. Zunächst wurde es in der frz. und belg., später nordamerikan. und dt. → Militärmusik verwendet, kam aber bald auch in die Opern-, Konzert-, und Kammermusik (Berlioz, Verdi, Hindemith, Pepping).

J. Kool, Das S., 1931; L. Kochnitzky, A. Sax and his S., NY [2]1964; K. Ventzke u. a., Die S.e (D. Musikinstr.) 1979; M. Haine, A. Sax... et ses instr. de mus., Br 1980.

Saxotromba, Blechblasinstr. in → Tubaform, zwischen → Bügelhorn (→ Saxhorn) und dem → Horn stehend und mit 7 Arten gebaut von Adolphe Sax in Paris; in der frz. Militärmusik vorübergehend eingeführt. Der Klang der S. ist heller als der des Saxhorns, aber nicht so hell wie der der Trompete.

Saxtrompete → Saxotromba

Saz → Sas

Scabellum (lat.), Fußklapper, → Krupezion.

Scat, ein aus den ekstatischen Kultgesängen der Neger entstandener Singstil im frühen Jazz, wobei im gesteigerten Ausdruck scheinbar sinnlose Vokale und Silbenketten in die Texte geschoben werden; bei der späteren Jazzentwicklung bewußt eingesetzt und imitiert (*S.-chorus*); oft auch in der Rockmusik.

Schachbrett, → Chekker.

Schäferspiel → Pastorale.

Schall 1. die Gehörempfindung, hervorgerufen durch → Schwingungen gasförmiger, flüssiger, oder fester Körper, die Schallwellen z. B. über das Medium Luft aussenden; – 2. von daher wurde der t. t. S. auf diese Schwingungen übertragen. Der S. pflanzt sich in der Luft fort mit einer Geschwindigkeit von 333 m/sec. bei 0^0 C (343 m/sec. bei 20^0 C), in Wasser bei $+4^0$ C: 1400 m/sec. → Akustik, Ohr.

Schallanalyse, Frequenzanalyse, 1. Ermittlung der Teilschwingungen im Schallvorgang (Frequenz, Amplitude, Phase), anfangs nach dem Satz von Fourier (→ Akustik), später je nach Art des Schalls (stationär, variabel) nach verschied., genaueren Methoden (Grützmacher-Lottermoser, Trendelenburg). – 2. S. wurde auch die Arbeitsweise der → Typologie genannt.

H. v. Helmholtz, D. Lehre v. den Tonempfindungen, [6]1913, ND 1968; W. Meyer-Eppler, Experim. Schwingungsanalyse (in: Flügge-Trendelenburg, Ergebn. d. exakt. Naturwiss.), 1950; W. Kallenbach, Anwendungsmöglichk. d. Schallspektographie (Acustica) 1954; E. Meyer/E. G. Neumann, Physikal. und techn. Akustik, 1979. → Akustik.

Schallarchiv → Phonothek

Schallaufzeichnung → Mechan. Musikinstr., Phonograph, Schallplatte, Tonband, High Fidelity, Stereophonie, Quadrophonie, Tonfilm, Phonothek.

Schallbecher, der Schallausgang bei Holzblasinstr., bei Orgelpfeifen der die Klangfarbe beeinflussende → Aufsatz (→ Becher); bei Blechblasinstr. → Stürze.

Schallöcher, die in Resonanzkörper geschnittenen Löcher, durch die die Schwingungen ausgeglichen werden zur Vermeidung od. Regulierung des Nachklingens. Sie sind bei der modernen Streicherfamilie auf beiden Seiten des Steges in f-Form eingeschnitzt, bei älteren Streichinstr. und rekonstruierten Gamben od. Fideln auch leicht sichel- od. flammenförmig geschwungen. Zupfinstr. haben meist ein Zentralloch (Rose, Rosette), das den Nachhall verstärkt und bei Lauten oft mit durchbrochenem Schnitzwerk verziert ist. Seitliche Sch. finden sich gelegentlich bei Volksinstr. (→ Gidžak, Sas; im Korpus) od. bei Neukonstruktionen (Zoller-Geige; in der Zarge).

Schallplatte (ital., span. *disco;* frz. *disque,* engl. *record*), Tonträger in Form einer dünnen Scheibe mit zur Mitte verlaufender Rillenspirale als Tonaufzeichnung, die, wenn die S. sich dreht, den Stift (Nadel) eines Tonabnehmers führt. Die feinen seitl. Abweichungen (= Seitenschrift im Ggs. zur Tiefenschrift) der Rille werden dabei dem Tonabnehmer mitgeteilt, der sie in einer Schalldose mech., heute elektr. in Schallwellen übersetzt. Die S. unterscheiden sich in der Größe (üblich: 17, 25, 30 cm ∅), der Umdrehungsgeschwindigkeit (78, 33⅓, 45 Umdrehg./min.) und in der Rillenbreite. Im Ggs. zu der von Edison verwendeten Walze ermöglicht die S. leichtere Aufbewahrung, Handhabung und größere Auflagen. – Zwei Hauptziele bestimmten den Entwicklungsgang der S.: die größtmögliche Haltbarkeit und Aufnahmekapazität und die Verbesserung der Tonaufnahme. Die Idee, Musik auf Platten zu fixieren, ist schon mit den Stifträdern der → mechan. Musikinstrumente im 16. Jh. verwirklicht worden. Den Gedanken einer Sprechmaschine entwickelten Kepler 1612, der Pfälzer Chemiker J. Becher 1706. Die der Sichtbarmachung von Schallwellen dienenden Geräte von W. Weber (1830) und L. Scott („Phonoautograph", 1855) und die Verbesserungen durch Duhamel und

König können als direkte Vorläufer gelten. 1877 legte Ch. Cros der Frz. Akad. der Wissenschaften eine Denkschrift vor, in der er eine Sprechmaschine („Paleophone") beschrieb. Edisons → „Phonograph" (mit Walze und Staniol; Tiefenschrift) wurde fast gleichzeitig erfunden und 1878 patentiert. E. Berliner verwendete eine Platte (Patent 1888) mit Seitenschrift. In der Wachsschicht über der Zinkplatte zeichnete der an der Membran sitzende Stift deren Schwingungen auf; die Linie wurde tiefgeätzt, das Wachs entfernt. Dieses → Grammophon wurde 1888 in Philadelphia gezeigt. Erste verkäufl. Hartgummiplatten kamen 1893 heraus mit 17 cm Ø und 2 Min. Spieldauer bei 70 Umdrehungen/min. (später bei elektr. Synchronmotor 78 Upm). 1904 kam die 2seitig bespielte S. auf; im gleichen Jahr erfand der Engländer W. Michaelis eine Platte mit Tiefenschrift (Neophon). 1913 ging Edison von der Walzenform ab, blieb aber bei Tiefenschrift. Die elektr. Aufzeichnung über Mikrofon wurde in den 1920er Jahren in Engl. und USA erfunden und in USA ab 1925 gewerbl. genutzt. Eine 1931 in USA entwickelte Langspielplatte (33 Upm) war noch mangelhaft. 1942 gelang es, das Nadelgeräusch zu verringern. die seit 1934 für das Radio gestellte Forderung der Tontreue (→ *High Fidelity = Hi-Fi*) galt ab 1945 auch für Platten. 1948 kam eine brauchbare Langspielpl. (P. Goldmark) heraus und war bei füllstoff-freier Masse (Vinyl) geräuscharm (30 cm, 33⅓ Upm, 25 Min Spieldauer). Weitere techn. Möglichkeiten boten → Stereophonie (1958) und → Quadrophonie (1968). – Die Aufzeichnung erfolgte bisher über → Tonband mit „analoger" Wiedergabe der elektr. Schwingungen (Korrektur durch „Zusammenschnitt" möglich; Nachteil: Nebengeräusche) oder im „Direktschnitt" auf die Folie (fixierte Live-Aufnahme mit verminderten Geräuschen). Um die Vorteile beider Verfahren zu nutzen, ihre Nachteile zu meiden, übernahm man in den 1970er Jahren die Erkenntnisse von Cl.-E. Shannon (1948) für „digitale" Aufzeichnung (Digital-Audio-System), bei der die Tonsignale in kleinste Einheiten zerlegt (Pulse Code Modulation), gespeichert, dann für Digital-Platten (wie bisher abspielbar) oder bei Compact Disc (CD: 12 cm Ø) im Abspielgerät (mit Laserstrahl) dekodiert werden (1983).

G. Braune, D. Einfl. v. S. u. Rundf. auf d. Musikinstr.-Industrie, 1934; H. Schermall, Die S. im Dienste musikal. Bildung (Mus. Zeitfr. 2) 1957; E. Werthmann, Die Entw. d. S.industrie (Diss. Graz) 1958; F. Bergtold, Moderne S. technik, [2]1959; R. Reichardt, Die S. als kultur. u. ökonom. Phänomen, Z 1962; A. Silbermann, S. u. Gesellsch., 1963; J. Viedebantt, Die Rolle der S., 1966; K. Blaukopf, Techn., Wirtsch. u. Ästhet. der S. (Mus. u. Gesellsch. 7/8) 1970.

Schallplattensammlung → Phonothek, Diskothek

Schalltrichter → Becher.

Schallwellen, von einer Schallquelle (z. B. Saite) ausgehende, durch Verdichtung od. Verdünnung der Moleküle entstehende, wellenförmige Bewegungen eines Mediums (z. B. Luft). Die S. breiten sich kugelförmig von der Schallquelle als Zentrum aus. Die Welle ist → longitudinal od. transversal, wenn die Moleküle des Mediums in od. quer zur Fortpflanzungsrichtung schwingen. Von den 2 symmetr. Teilen der S.

ist der über der Ruhelage der Wellenberg, darunter das Wellental. Die größte Schwingungsweite ist die → Amplitude. → Schall, Akustik.

Schalmei (griech. *kalamos,* lat. *calamus* = Rohr; frz. → *chalumeau;* ital. *cialamello*; engl. *shawn*); 1. Holzblasinstr. mit Doppelrohrblatt, aus Asien stammend und verwandt mit dem griech. → Aulos; ursprünglich mit, seit dem 16. Jh. ohne → Windkapsel und hat noch die durchdringende Schärfe des volkstüml. Diskant-Instr. (auch *gingrina: Gans* genannt). Organologisch meint S. alle Arten von Instrumenten mit einfachem und doppeltem Rohrblatt. Der Familie → Pommer (Bomhart) eng verwandt, gehört die S. (= Diskant-Pommer) zu den Vorgängern der Oboe. Verschied. Sackpfeifenarten haben ein S.mundstück. Vgl. → Zurna. – 2. Zungenregister (Rohrwerk) der Orgel; 8', 4'; mit wechselndem Namenszusatz je nach der geplanten Instrumenten-Imitation; S.-Regal 8', 4'. – 3. Fälschlich für → Martinstrompete.

G. Kinsky, Doppelrohrblattinstr. m. Windkapsel (AfMw) 1925; P. Brömse, Flöten, S. n u. Sackpf. Südslawiens, Brünn 1937; H. Bekker, Z. Entw.gesch. d. antiken u. ma. Rohrblattinstr., 1966; ders., Das Chalumeau im 18. Jh. (Fs. Husmann) 1970; L. Picken, Folk mus. instr. of Turkey, L 1975.

Scharf(f) (lat.:) **Mixtura acuta, (Vox)Acuta,** gemischtes Orgelregister mit 3–5 Chören (Oktaven, Quinten, selten Terz), hohem, scharfem Klang (vgl. engl. → sharp); ursprünglich als hohe, helle Stimme im → Brustwerk verwendet, allmählich eng mensuriert und einer gewöhnl. → Mixtur gleichgesetzt, von der nun der hohe S. als Zimbelscharf unterschieden wurde. Dem norddt. S. entsprach in Süddtl. und Frankr. die Zimbel. Der Name S. war aus den Niederlanden übernommen worden und hielt sich, bis sich um 1700 die Bezeichnung Zimbel (Zimbelmixtur) in Dtl. neben den Namen S. stellte, der in der sogen. Orgelbewegung wieder weiter verbreitet wurde.

Scharmanka, russ. Name der → Drehorgel, die Anfang des 19. Jh. mit dem frz. Lied *Charmante Catherine* in Rußl. eingeführt wurde, nach welchem sie in Polen (und der Ukraine) *katarynka (katerinka)* heißt.

Schauspielmusik, → Bühnenmusik.

Scheinkonsonanz (-harmonie), Scheindissonanz, Begriffe der funktionalen Harmonik, die nur die Dreiklänge der Tonika, Dominante und Subdominante als → Konsonanzen (Harmonien) auffaßte (H. Riemann). Die der anderen Stufen waren → Dissonanzen und als solche Scheinharmonien oder -dissonanzen. Danach galten Akkorde mit eindeutig konsonanten Verhältnissen lediglich als S.konsonanzen, wenn sie funktionsharmonisch dissonant waren (z. B. Quinte als Vorhalt der Sexte); und funktionsharmonisch dissonante Zusammenklänge waren scheinkonsonant, wenn sie lediglich enharmonisch konsonant waren (c – dis/c – es). Eine harmonische Dissonanz braucht keine akustische zu sein (Auffassungsdissonanz).

Scheitholz, Zupfinstr., Vorläufer der → Zither; in der heutigen Form länglicher, meist rechteckiger Resonanzkörper mit 2 Schalllöchern, über die z. T. die bis zu 5 Saiten laufen, die mit einem Zitherring gerissen werden. Das lange Griffbrett auf dem Resonanzboden hat → Bünde. Ebenso dem → Monochord nachgebildet sind *Epinette des Vosges*, → Langleik, Kantele, Psalmodikon.

Schellen, mit einem schmalen Spalt versehene Metallhohlkugeln, eingeschlossen ein Metallkügelchen, das beim Schütteln tönt; auch als Schellenkranz, als Glöckchen (z.B. → Schellenbaum), mit Hämmerchen angeschlagen und als Tierglocken (Almglocken) mit und ohne Innenklöppel. → Cencerro

Schellenbaum, aus der → Janitscharenmusik seit 1700 in die europäische Militärmusik übernommenes Lärminstr., bestehend aus einer senkrecht zu tragenden Stange mit Querstäben, an denen Glöckchen hängen; am oberen Ende ein Halbmond als Zierat (daher dt. auch „Mond") mit Roßschweifen an beiden Seiten. Entsprechend die Namen: türk. *bando* und *bunçuk,* bulg., russ. *bunčuk,* poln. *buńczuk* (= Roßschweif), slowak. *hrkačka* (*hrkalka:* Schelle), ung. *felhold* (Halbmond), engl. *Turkish crescent* (türk. Halbmond) und *Chinese pavillon,* frz. *chapeau* (*pavillon*) *chinois,* span. *sombrero chino,* it. *cappello* (Hut) *cinese*.

Schellentrommel, Tamburin (dt. von franz. *tambourin*; ital. *tamburello*; span. *pandero*; engl. *tambourine*), unten offene Handtrommel mit niedriger Zarge, in der in kleinen Schlitzen hellrasselnde Metallplättchen befestigt sind; als (oft einziges) Tanzinstr. häufig in Spanien und Italien gebraucht.

Scherzando (ital. =) scherzend, tändelnd; vielfach mit Tempobezeichnung: z.B. *Alegretto s.*

Scherzo (ital. = Scherz), Satz der zyklischen → Sonatenform, in der er die Stelle des → Menuetts eingenommen hat. Das S. hat wie das Menuett ¾-Takt, ist humorvoll und bewegt, gelegentlich auch unheimlich und dämonisch und zeigt kaum tänzerische Elemente. Der Name galt zunächst für einfache weltliche Lieder (z.B. Cl. Monteverdi, *Scherzi musicali,* 1607, 1632; A. Troilo, 1608). J. Haydn verwendete das S. zuerst innerhalb der Sonatenform: in den 6 (russischen) Streichquartetten op. 33 (1781). Beethoven erweiterte und vertiefte es in den Sinfonien, so daß man erst bei ihm von einer neuen Gattung sprechen kann, die von den späteren Komponisten bis zu Brahms, Bruckner, G. Mahler und in neuerer Zeit K. A. Hartmann eigenständig entwickelt und in ihre Sinfonien übernommen wurde. Beethovens Scherzoform (A B A B A) benutzte R. Schumann und erweiterte sie rondoartig. Bei F. Mendelssohn Bartholdy findet sich ein neues, phantastisches, leicht dahinschwebendes S, während Chopin Beethovens Humor aufgibt, dagegen das dort schon vorgebildete Dämonisch-Wilde in seinen 4 Klavierscherzi zum Inhalt macht, die Einzelstücke waren wie ferner die Scherzi von Berlioz, Brahms, Dukas.

G. Becking, Stud. zu Beethovens Personalstil: das S.thema, 1921; J. Gmeiner, Menuett u. S. . . . i. d. Wiener Klassik, 1979 (vgl. Mf. 3/81).

Schisma (griech.: Spaltung), Differenz zwischen pythagoreischem und syntonischem → Komma.

Schlachtenmusik → Battaglia

Schlagbrett, hängendes Brett, das mit Hämmern geschlagen wird als Signal- und Kultinstr., z. B. in Indien, Südslawien, in byzantin. Kirchen (*semanterion*; so auf dem Berg Athos) verwendet; von da mehrtönig, mit kleineren Brettern in Rußland (*bilo, drevo*), wo sich im 9. Jh. (Kiev) aus und neben den Rhythmus- und Melodieformeln besondere Arten des Glockenspiels entwickelten und kunstvolles Bilo-Schlagen mit jeweils paarweise abgestimmten S. (meistens von Frauen gespielt) noch im 19. Jh. üblich war. Auch in manchen Westkirchen werden S. anstelle von Glocken in der Karwoche benutzt. Vgl. → Hillebille, Ratsche.

E. Arro, D. altruss. Glockenmus. (Beitr. z. Mg. Osteuropas) 1977.

Schlager (engl. *hit*), beliebtes, eingängiges, begleitetes Gesangsstück, meist Tanzlied mir Refrain, aus → Operette, Tonfilm, Musical od. Tanzmusik; gelegentlich mit echtem, häufig mit unechtem Humor, meist sentimental; „*klischierte Neutralisation ungestalteter subjektiver Erlebnisse, Vorstellungen und Wünsche*" (F. Bahl). Vom → Chanson unterscheidet sich der S. durch den Mangel an Esprit und Ironie; vom → Volkslied durch die internationale Verbreitung als Massenware; von beiden unterscheidet sich der S. des 20. Jh. durch die kommerzielle Konfektion. Mit der Bedeutung des leicht einschlagenden, allgemein „zündenden" Liedes wurde das Wort S. zuerst Ende des 19. Jh. in Wien gebraucht und setzte sich in den 1920er Jahren gegenüber dem → Gassenhauer durch, der noch nicht durch das betonte Erfolgsstreben seiner Verfasser zustande gekommen ist und wegen seiner Bindung an ein bestimmtes Milieu noch nicht die Möglichkeit breiterer Wirkung hatte. Das gefühlsselige, schmalzige S.lied wird seit den 1950er Jahren → Schnulze genannt. Der S. hatte Erfolg innerhalb eines allgem. Verdrängungsvorgangs gegenüb. der Zeitgeschichte und wurde entsprechend manipuliert. In der Inflationszeit und Wirtschaftskrise nach dem 1. Weltkrieg erreichte er in Dtl. einen Tiefpunkt an Banalität, der sich nach 1945, wenn nicht nach Text und Musik, zumindest durch die größere Zahl banaler S. und die techn. verbesserte und größere Verbreitungsmöglichkeit wiederholte. Der Rundfunk, der für seine Textsendungen ein ähnliches Niveau ablehnt, hat an der Verbreitung des S. den größten Anteil. Nach dem 2. Weltkrieg wurden S.wettbewerbe von Sendern oder Verlegern veranstaltet. Ältere Schlager (*Evergreens* = immergrüne) bekommen durch Neusendung, vielfach in anderer Bearbeitung, neues Leben. Als einer der 1. S. könnte Webers *Wir winden dir den Jungfernkranz* (1821) gesehen werden, wenn er nach der schnellen Verbreitung (über die dt. Grenzen hinaus) beurteilt wird. S. de Yradiers *La Paloma* wurde seit 1860 in zahlreichen Bearbeitungen immer wieder gespielt. → Unterhaltungsmusik.

F. Bahl, Gedicht u. S. (Frankf. Hefte), 1953; S. Abel-Struth, Volkslied kontra S. (Musik im Unterr.), 1957; W. Haas, Das S.buch, 1957; E. Haupt, Stil- u. sprachkundl. Untersuch. z. dt. S. unter besonderer Berücks. d. Vergleichs mit dem Volkslied (Diss. München), 1957; S. Schmidt-Joos, Geschäfte mit S., 1960; H. C. Worbs, Der S., 1963; R. Malamud, Z. Psychol. d. dt. S., Z 1964; H. Fischer, Volkslied, S., Evergreen (Volksleben 7), 1965; H. Bausinger, Anm. z. Frühgesch. d. S. (Zs. f. Volkskunde) 1975; D.

Kayser, S. – Das Lied als Ware, [2]1976; W. Mezger, S., 1975; M. Sperr, S. (Dt. S. 1800–heute), 1978. → Gassenhauer, Schnulze.

Schlagfigur → Dirigieren

Schlaginstrumente (Perkussionsinstrumente) werden entsprechend der Art der Tonerzeugung zu den Gruppen der Schlag- und Membranidiophone (= Selbstklinger) gerechnet. Zu den unmittelbar geschlagenen zählen die Klappern (Kastagnetten, Bekken) und die Aufschlagidiophone (Glocke, Glockenspiel, Gong, Xylophon, Vibraphon, Celesta, Triangel. Mittelbar geschlagen werden die Schnarren und die Schüttelidiophone (Rasseln): Schellenbaum, Zimbelstern, Gefäßrasseln. Membranophone sind außer den Klirr- und Reibtrommeln die unmittelbar geschlagenen Trommeln (Pauken, Röhrentrommel) und die mittelbar geschlagenen Klapper- und Rasseltrommeln. Auch Saiten- und Tasteninstr. sind vom Ursprung (Hackbrett) her. S. od. können im Gebrauch der Neuen Musik, Jazz-, Rock- und Unterhaltungsmusik so vorgesehen sein (Cembalo, Klavier, Orgel, Elektrophone, Schlagbaß-, -gitarre). → Instrumente

B. S. Mason, Drums, tamtams and rattles, NY 1938, [2] 1974; Br. Spinney, Encycl. of percuss. instr. and drumming, Hollywood 1955; C. L. White, Drums through the ages, Los Angeles 1960; G. Avgerinos, Hdb. d. Schlag- u. Effektinstr., 1967; W. Kotoński, S. im modernen Orch., 1967; K. Peinkofer, F. Tannigel, Hdb. d. Schlagzeugs, 1969, [2]1981; J. Blades, Percuss. instr. and their hist., L 1970, [2]1974; ders. u. J. Montagu, Early perc. instr. from the MA to the Baroque, L 1976; R. Brindle, Contempor. percuss., L 1970; C. See, Das Schlagzeug im Jazz (Reihe Jazz 4) W 1971; E. Karkoschka, Zu einer Systematik der S. (Mf) 1972; Fr. Jacob, Schlagzeug, Bern 1979.

Schlagzeug, die Gruppe der → Schlag- und Geräuschinstr., die betr. Musiker und deren als S. bezeichneten Noten im großen Orchester (dort ohne die → Pauke), im Militär-, Unterhaltungs- und Tanzorch. und in der → Jazzmusik (Rhythmusgruppe), wo der Schlagzeuger *drummer* heißt.

G. Racz, Hdb. d. Schl.praxis, 1982.

Schlechte Taktzeit, häufig gebrauchte, aber mißverständliche Bezeichnung für leichte Zählzeit im Takt (Senkung).

Schleifer, 1. dt. Bauerntanz des späten MA (vgl. → Dreher), eine Vorform des Walzers; – 2. Verzierung (frz. *coulé*) der Instrumentalmusik: betonter → Vorschlag, bestehend aus meist 2 aufsteigenden Tönen in Sekundabstand; in kleinen Werten ausgeschrieben.

Schleiflade, bei der Orgel die → Windlade älterer Bauart. Auf jeder → Kanzelle stehen die zu einer Taste gehörenden Pfeifen. Dazwischen liegt die für jede Stimme (= Register) bestimmte Schleife, ein glattes Brett mit Löchern, das so verschoben werden kann, daß die Kanzellen verschlossen oder geöffnet werden und damit die Windzufuhr zu den Pfeifen gesperrt oder frei ist.

Schlitztrommel, ein Stück Baumstamm, längs eingeschnitten und mit schweren Klöppeln zu schlagen, wobei der Klang je nach Wanddicke wechselt. Dieses in vielen Kulturen bekannte, in Afrika zur Nachrichtenübermittlung verwendete Schlaginstrument wurde in kleineren Ausmaßen im modernen Orchester verwendet (z. B. Orff, *Antigonae*).

Schluß, das Ende eines Musikstücks, meist in der Periodik des

Werkes vorbereitet, auch wenn es sich nicht immer an eine strenge Form hält. Der S. wird zudem harmonisch gefestigt (→ Kadenz, → Klausel), in der Klassik durch eine Folge von Kadenzen gelegentlich bis zum Übermaß unterstrichen. Wichtig für die logische Vorbereitung des S. ist die Behandlung der vorletzten Note (→ Penultima), durch deren Ausschmückung die S.wirkung erhöht wird. Daher die anfangs improvisierten, später vom Komponisten angewiesenen virtuosen Vokal- und Instrumentalkadenzen. Die funktionale Harmonielehre kennt den → Ganz-, → Halb- und → Trugschluß. Durch die Auflösung der Tonalität in der Neuen Musik verlor die Kadenz ihren Sinn. Das Werk kann überraschend schließen (abbrechen) und der S.ton auf unbetonter Taktzeit liegen. → Finale.

Schlüssel, 1. (lat. *clavis,* ital. *chiave,* frz., engl. *clef*), aus Buchstaben entwickelte Zeichen der → Notenschrift, mit denen die jeweilige Tonhöhe der aufgezeichneten Musik festgelegt ist; denn sie bezeichnen die Linie des Systems, vor der sie stehen, für einen be-

stimmten Ton. Der F-Schlüssel zeigt die Lage des (kleinen) f, das im heutigen → Baß-Schl. auf der 4. Linie, im seltenen → Bariton Schl. auf der 3. liegt. Der G-Schl. legt das (eingestrichene) g' im → Violin-Schl. auf die 2., im „französischen Violin-Schl." auf die 1. Linie. Der früher häufig gebrauchte → C-Schl. zeigt das (eingestrichene c' an, das er als Sopran-Schl. auf die 1., als Mezzosopran- auf die 2., als Alt- od. Bratschen-Schl. auf die 3., als Tenor-Schl. auf die 4. Linie legt. Am häufigsten wird heute noch der → Altschl., seltener der → Tenorschl. gebraucht. Der F-Schl. auf der 5. Linie = Subbaß- od. Kontrabaß-Schl. wird nicht mehr verwendet. Anstelle des Tenorschl. wird häufig der oktavierende Violinschl. gesetzt, dessen kleine 8 besagt, daß die Stimme eine Oktave tiefer klingt als notiert. Die Möglichkeit, mit Hilfe verschiedener Schl. das → Liniensystem nach oben od. unten im Tonbereich zu verschieben, verhinderte den übermäßigen Gebrauch von Hilfslinien und vereinfachte das Schriftbild. Daher konnte früher jede Stimme einer Partitur in einem anderen Schl. notiert sein, während heute der Begriff „alte Schl." im wesentlichen nur noch für ein Randgebiet des Unterrichts im Partiturspiel gilt. *Clavis* (lat. = S., Riegel) meinte bis 1100 die S.-Stellung, ab Mitte des 12. Jh. auch Taste. → Chiavette. – 2. In der Bedeutung „Taste" der vom Finger bewegte Teil des Ventils (der Klappe) bei Holz- und Blechblasinstr., auch die tastenähnl. Tangentenhebel bei → Drehleier und Schlüsselfidel. – 3. Der zum Nachziehen der Saiten nötige Stimmschlüssel z. B. für Klavier, Harfe.

Wolf, 1913/9; Apel, 1962, ^{2}1970.

Schlüsselfidel (Schlüssel = Tasten), Streichinstr. mit länglichem Korpus, hohen Zargen und zwei ovalen Schallöchern im Unterteil der geraden Decke. Am Griffbrett sind querstehende, hebelartige Griffe (Tasten), die der Spieler andrückt und dadurch die Saiten verkürzt. Gelegentlich sind → Bordunsaiten vorhanden. Die S.

wird mit einem runden Bogen gestrichen. Sie war wie die → Drehleier, von der sie abstammt, im 15.–17. Jh. ein beliebtes Volksinstr. auch in Skandinavien und noch im 20. Jh. in Schweden in Gebrauch: schwed. *nyckelharpa, nyckelfiol;* dän. *nöglefelein*; norw. *lökkelje*.

J. Ling, *Nyckelharpan,* Stockholm 1967.

Schnabel, Mundstück bei Blockflöten und bei Blasinstrumenten mit einfachem Rohrblatt (Klarinette, Saxophon).

Schnabelflöte, → Blockflöte.

Schnaderhüpfl, Schnadahüpfl (vermutl. von mhd. *snatern* = schnattern), im bayrisch-österr. Alpenland die zur Ländlermusik (Schuhplattler) improvisierten Schelmen- und Spottlieder, vierzeilig mit 2 Reimpaaren; vielleicht nach altem roman. Muster (→ Villota). Eine ähnl. Erscheinung auch in Norwegen (*stev*) und Schweden (*låtar*). Von Ober- nach Mitteldtl. verbreitete sich der Name S. und bezog das einfache, kurze Kehrreim(Tanz-)Lied im Tripeltakt ein (Runda).

H. Derbel, D. S. nach d. gegenwärt. Stand d. Slg. u. Forschung (Diss. W), 1949; L. Röhrich, R. W. Brednich, Dt. Volkslieder 2, 1967.

Schnarre → Ratsche

Schnarrsaite, die schon bei ma. → Trommeln vorhandene Darmsaite über dem Trommelfell, durch die der Klang geschärft wird. Bei der Kleinen Trommel der Neuzeit (besonders Militär-, Jazztr.) sind mehrere Darmsaiten (Metallspiralen) außen od. innen über das Unterfell gespannt und können durch einen Hebel vom Fell abgehoben werden.

Schnarrwerk, 1. ältere Bezeichnung für die → Zungenregister (= → Rohrwerk) der → Orgel; – 2. von daher Bezeichnung für das → Regal als Kleinorgel mit Zungenstimmen.

Schnecke, geschnitztes Endstück des Wirbelkastens bei Streichinstrumenten.

Schneckenhorn, Muschelhorn, einfaches Blasinstr., weit verbreitet (z. B. Indien, Japan, Tibet, Afrika, Südamerika); mit Mundloch an der Spitze od. seitlich gebohrt (in Japan mit Mundstück).

Schneller → Pralltriller

Schnulze, süßliches, rührseliges Lied; von daher sentimentales Kino- od. Theaterstück und klingender Kitsch im allgemeinen. Schnulzig = schmalzig. Das Wort ist seit den 1950er Jahren in Gebrauch und wird auf niederdt. *snulten* (gefühlvoll reden) und *schnulle* (lieb, süß) zurückgeführt. Die S. hat Vorläufer in der alten → Ballade, in den alten → Gassenhauern des 16. Jh., dem Zeitungslied, der → Moritat und dem → Schlager des 19. Jh. Rührlieder wurden in Einzeldrucken und Abonnementsreihen seit Ende des 18. Jh. verbreitet und gehörten zum Repertoire der → Salonmusik des 19.–20. Jh. Auch das schlichte, idyllische Lied des → empfindsamen Stils, das gekünstelt-natürliche der 1. Berliner

Liederschule und das kindtümelnde Lied der Philantropen Ende des 18. Jh. (F. W. Rust) gehören zu den Vorläufern. Die kommerzielle Produktion, je nach Marktlage mit wechselndem Bestand an Illusionsklischees und Melodieformeln, ist Begleiterscheinung des techn. Fortschritts (Kino, Schallplatte, Rundfunk, Fernsehen) und die Zutat des 20. Jh. zur Geschichte der S.

J. Stave, D. S., sprachlich gesehen (Kontakte), 1958; A. M. Rabenalt, D. S., 1959; F. Bachmann, Lied – Schlager – S., 1960.

Schofar, altes hebräisches Blasinstr. (frühe Erwähnung: 2. Mose 19 und Jos. 6,4 ff.: Mauern v. Jericho); gebogenes Widderhorn (Name); Schallstück auch als Tierkopf geformt (Vgl. → Karnyx); noch heute in der Synagogenmusik.

D. Wulstan, The sounding of the Sch. (Galpin Soc. Journ.) 1973.

Schola cantorum (lat.: → Singschule). Die in vielen geistl. und weltl. Zentren im MA bestehenden Berufschöre gehen auf die röm. S. c. zurück, die sich wohl in der Frühkirche vorbereitet hatte und deren Institution Gregor dem Gr. zugeschrieben wurde. Nach diesem Muster bildeten sich Chöre von Geistlichen, die wegen besonderer stimml. Fähigkeit ausgewählt, ausgebildet und damit vor anderen ausgezeichnet wurden. Die röm. S.c. gehörte seit 1473 zur → Sixtin. Kapelle, wurde 1512 reorganisiert (Julius III.: *Capella Julia*) und blieb a cappella-Chor, während andere Chöre auch Instrumentisten aufnahmen (→ Kapelle). In vielen kathol. Gemeinden besteht heute eine »Schola« als Laienchor für den Gregorian. Gesang in der Liturgie, und die Bez. wurde auch von protestant. Kirchenchören aufgenommen. → Kantorei.

J. Janota, Sch. c. und Gemeindelied im SpätMA. (JbLH) 1980.

Schola Mimorum (lat. =) Schule (= Lehrgang) für Gaukler, Schauspieler, → Spielleute im MA; Wettbewerbe und Zusammenkünfte unter Leitung eines Spielgrafen (→ Zunftwesen) oder Spielmannskönigs; meist jährl. zur Fastenzeit, wenn weltl. Musiken untersagt waren. In der Regel in Frankr. (Paris, Tournai, Lyon u. a.), Flandern (Brügge, Ypern, Mecheln), Dtl. (Frankfurt/M.). Auf der S. M., zu der auch die Fürstenhöfe ihre Musikanten sandten, wurde das ganze europ. Repertoire an Tänzen und weltl. Musik ausgetauscht. Erst mit Aufkommen des Buch- und Notendrucks waren bessere Möglichkeiten der Verbreitung gegeben, und der Brauch der S. M. verschwand allmählich.

G. van Doorslaer, L'éducation artistique des anciens musiciens instrumentistes (Gedenkboek Scheurleer), s'Gravenhage, 1925; W. Salmen, D. fahrende Musiker im europ. MA, 1960. → Spielleute.

Schottisch, als → Ecossaise (= schottisch) → Kontratanz, der sich von der Anglaise durch den Wechselschritt unterschied und im 18. Jh. nach Frankreich kam, dort nach 1820 neubelebt wurde. Den Halbschritt hatte auch ein alter mitteleuropäischer Volkstanz (Hopser), der nun auch den Namen S. bekam und vermutl. mit der 1830 aus Böhmen kommenden → Polka verwandt war.

Schrammelmusik, die von dem Wiener Geiger J. Schrammel Ende des 19. Jh. begründete volkstüml. Wiener → Unterhaltungsmusik. Sein Quartett „d'Schrammeln" war mit 2 Violinen, Klarinette, Gitarre besetzt. Die Klarinette wurde später durch → „Schrammelorgel" ersetzt. Die Baßgitarre hatte Bordunsaiten.

K. Diemann, Schr., Graz 1981.

Schrammelorgel, Knopfakkordeon der → Schrammelmusik; 3chörig 12 Bässe; die 6 Akkordbässe in Kleinterzabstand.

Schrapinstrumente, weit verbreitete Idiophone mit knatterndem, kratzendem Geräusch, das direkt od. indirekt (Rasseln) erzeugt wird, so durch Reiben mit einem Stock über die Kerben (Zähne) eines massiven od. hohlen Körpers (Bambus, Knochen, Rohr, geschlossene Hohlkörper; auch mit besonderem Resonator), z. B. → Guiro, Pandola; ähnlich die → Ratsche (Schnarre), deren Verwendung in Ost- und Westkirchen an den allgemeinen kultisch-magischen Ursprung der S. erinnert.

Schryari, Schreierpfeife, 1. im 16., 17. Jh. Holzblasinstr. aus der Familie der → Schalmeien, mit Doppelrohrblatt, mit Windkapsel und umgekehrt konischem Rohr, also zur Mündung hin zugespitzt; der Klang mit hohen Obertönen über einem dumpfen Grundton; – 2. danach gebautes Orgelregister mit 2- bis 3-facher Oktavmischung und daher ebenfalls hohen Obertönen; bis ins 19. Jh. im Gebrauch.

Schuhplattler, in Oberbayern Drehtanz, verbunden mit → Ländler; charakterisiert durch das Schenkel- und Schuhklatschen des Burschen, während dessen sich das Mädchen mit gesenkten Augen dreht bis zum ländlerischen Paartanz.

Schule, 1. → Akademie, Hochschule für Musik, Konservatorium, Musikschule; – 2. Schulwerk (z. B. Violine, Gesang); – 3. Technik (Methode) eines Virtuosen (Dirigenten), oft nach ihm (dem Land) benannt und in Schülergenerationen fortgesetzt (z. B. Violine: Joachim, Auer, Heifetz; Marsick, Flesch, Enescu, Menuhin); – 4. in einem Bereich entstandener (ihm zugeschriebener) Musikstil, allgemein od. einer Gruppe, bei mg. wechselnder Wertung und Benennung (→ Notre-Dame-Sch., Niederländ., Venezian., Neapolitan., Mannheimer, Wiener Sch.).

Schuloper, um 1930 entwickelter Zweig der Spieloper, der zwar Vorgänger in der Geschichte der → Oper hat (Jesuitenopern; 1688 schrieb H. Purcell *Dido and Aeneas* für ein Mädchenpensionat; 1767 komponierte Mozart für Salzburg die lat. Schulkommödie *Apollo et Hyacinthus*), im 20. Jh. aber aufgenommen wurde mit dem Ziel, junge Menschen mit der Gattung Oper, insbesondere aber mit einem neuen Musikstil vertraut zu machen, wobei der Erfolg vom Maß ihrer aktiven Beteiligung an der Aufführung abhing. Zu den ersten Werken gehört P. Hindemiths *Wir bauen eine Stadt* (1930), K. Weills *Der Jasager* (1930), W. Fortners *Cress ertrinkt* (1930). Nach 1945 erschienen zahlreiche Sch. (Borris, Bresgen, Büchtger, Fecker, Hentschel, Jacobi, Meister, Werdin u. a.). H. Bergeses *Bremer Stadtmusikanten* (1950) gaben den Kindern weite Möglichkeit der Improvisation. B. Britten, der schon in seinen Purcell-

Variationen (*The Young Person's Guide to the Orchestra*) einen eigenen Weg beschreitet, läßt in *Let's Make an Opera* die Kinder im 3. Akt aufführen, was sie in den beiden vorigen erarbeitet haben. → Lehrstück.

H. Brock, Dramaturgie d. S. d. 20. Jh. (Diss. Halle), 1955; H. Braun, Untersuchungen z. Typologie d. zeitgen. Schul- und Jugendoper, 1963.

Schusterfleck, Wiederholung einer Melodie oder eines Motivs, jeweils mit demselben Harmoniegerüst, im gleichen Rhythmus und auf- od. absteigend auf jeweils einer anderen Tonstufe. Der Spott im Namen (= Flickwerk; vgl. auch → Rosalie) wendet sich gegen den übermäßigen Gebrauch dieses Stilmittels. (→ Sequenz 2).

Schutzfrist, die gesetzlich festgelegte zeitl. Begrenzung des → Urheberrechts (→ Welturheberrechtsabkommen, Copyright). In der Bundesrepubl. Dtl. wird ein Werk 70 Jahre nach dem Tod des Urhebers gemeinfrei (Gesetz vom 9. 9. 1965, Novellierung 1972), in der DDR 50 Jahre (13. 9. 1965). – Der dem Deutschen Bund 1819 während des Wiener Kongresses von dt. Buchhändlern vorgelegte Gesetzentwurf sah einen Nachdruckschutz von 15 Jahren nach Erscheinen des Werkes vor. Während 1837 in Preußen die S. auf 30 Jahre nach dem Tode des Urhebers festgelegt wurde, schrieb die Deutsche Bundesversammlung im gleichen Jahr den Ländern eine Frist von 10 Jahren ab Erscheinen vor, die erst 1845 auf 30 Jahre nach dem Tod des Verfassers, 1934 auf 50 Jahre erweitert wurde. → Plagiat.

Schwebung, geringe Schwingungsdifferenz bei 2 Tönen. Sie entsteht bei der → Interferenz fortschreitender Wellen, die, da sie in ihrer Länge differieren, sich mit jeder Schwingung gegeneinander verschieben. Sie verstärken sich, wo Wellenberg auf Wellenberg trifft; sie heben sich auf, wenn Berg und Tal zusammenfallen. Für die Beurteilung der S. durch das menschliche Ohr ist neben der Anzahl der S. das Intervall entscheidend. Je näher seine Töne aneinander liegen, um so störender wird die S. empfunden, da sich zwei Resonanzbereiche überschneiden. Bei gleichen Tönen in verschied. Oktaven ändert sich die Zahl der S., bleibt aber immer im gleichen Verhältnis zur Schwingungszahl, die sich ebenfalls mit der Tonhöhe ändert. Die Größe des Intervalls, bei dem noch S. bemerkbar sind, steigt, je tiefer es liegt. Man vermeidet enge Zusammenklänge in tiefen Lagen. Der Klavierstimmer hört die Reinheit des Tones, wenn die S. im Saitenchor verschwunden sind. Schwerer wird es ihm schon zu sagen, welche Saite die höher od. tiefer schwebende ist. Die S. bei Orgel od. Harmonium kann durch leicht differierende Stimmen (z. B. Vox humana, V. coelestis, Viola tremolo, Unda maris) od. durch wechselnden Luftdruck (→ Tremulant) erreicht werden. Vgl. → Mixtur.

Schwegel (ahd. *swëgala:* = Flöte), → Einhandflöte mit 2 Grifflöchern und Daumenloch; Instr. der → Spielleute; bis Anfang 19. Jh. zusammen mit kleiner Trommel (von derselben Person) gespielt, dann mit 2 Spielern (vgl. Querpfeife und Trommel im heutigen Spielmannszug). – Im oberdt. Raum wird eine kleine Querflöte noch S. (Schweizerfl., Schweizer-

pfeife) genannt. – 2. Flötenregister der Orgel: 8', 4', 2'.
→ Einhandflöte.

Schweizerpfeife, 1. → Querflöte, Querpfeife; – 2. überblasendes Flötenregister in der Orgel: 8', 4', 2' (Pedal 16'); Schweizerrauschpfeife: → Rauschpfeife.

Schwellton, das Anschwellen und Abnehmen des Gesangstones, früher allgemein üblich, heute nur als besonderes Ausdrucksmittel eingesetzt (→ *messa di voce*).

Schwellwerk, der → Jalousieschweller in der → Orgel und die im Schwellkasten stehenden Stimmen. Das S. beeinflußt die Tonstärke, ohne dabei den Toncharakter (Klangfarbe) zu ändern, wie das mit Zu- oder Wegnahme verschiedenartiger Stimmen durch die → Walze geschieht.

Schweres Blech, im großen Orchester Bez. für Posaunensatz + Tuba (auch mit Tenor-, Baritonhorn); Ggs.: Gruppe der Trompeten und Hörner.

Schwerttanz, ein den afrikan. Kult- und Kriegstänzen entsprechender Waffentanz in Europa, als germanisch erwähnt bei Tacitus; in Flandern 1398 genannt und später häufig als Kampf zweier Gruppen, der entsprechend begründet wird: z. B. Christen gegen Ungläubige (Nordspanien, Balkan, Ukraine); mit → Schwegel (→ Galoubet, Txistu) und Trommel od. → Sackpfeife begleitet, auch mit einleitenden, gereimten Drohreden. Vgl. → Moresca.

Schwingung, bei Gasen die wechselnde Dichte, bei Körpern (z. B. Saite) die Bewegung zwischen bestimmten Grenzen ober- oder unterhalb der Ruhelage, von der der jeweilige Abstand eines Teilchens Elongation, der Höchstabstand → Amplitude heißt. Fortschreitende Wellen entstehen aus aufeinanderfolgenden S. Unregelmäßige S. werden vom → Ohr als Geräusch empfunden, regelmäßige (periodische, harmonische) als → Klang, der entgegen der seltenen einfachen S.form (Sinuskurve) aus mehreren Teilschw. über der Grundton-S. besteht. (→ Obertöne). Die physikal. Maßeinheit heißt Hertz = eine Doppels. in der Sekunde. → Akustik, Ton, Tonhöhe, Tonstärke, Klangfarbe.

W. E. Kock, Schallwellen und Lichtwellen, 1971; E. Meyer/D. Guicking, Schwingungslehre, 1974, [2]1982.

Schwirrholz, ein in Bootsform geschnittenes Brettchen, das, an einer Schnur direkt mit der Hand (od. an einer Gerte hängend) geschwungen wird, was einen Heulton ergibt. Das S. ist weit über die Erde verbreitet, war und ist z. T. noch Kultinstr. (Australien), heute oft Kinderspielzeug. Bei den griech. Dionysien wurden S. benutzt. In Ost-(Südost-)sibirien werden S. (z. B. *„tumran"*) aus Knochen, Kunststoff, jeweils mit unterschiedl. tönender Metallzunge versehen, meist von mehreren Frauen geschwungen.

Schwungzither (engl. *bell harp*), eine meist 16-saitige (3chörige Zither, die der Spieler, während er beidhändig die Saiten zupft (links) od. mit Plektrum reißt (rechts), zugleich schwingt und einen schwebenden Klang bewirkt. Die S. baute vermutl. zuerst J. Simcock in Bath Anfang des 18. Jh. Sie wurde vor allem in Engl. und Frankr. von Straßensängern bis Anfang des 20. Jh. gespielt.

Sciolto (ital. =) frei, ungebunden, gelöst (Ggs. → *legato*); *fuga sciolta* = freie Fuge; *scioltezza* = Leichtigkeit.

Scordatura (v. it. *scordare* = verstimmen), aus dem Lautenspiel (→ Abzug) allgemein auf Saiteninstr. übertragene Praxis, von der normalen Einstimmung (*Accordatura*) abzugehen und einzelne Saiten umzustimmen, um bei veränd ertem Tonumfang besondere Klangeffekte zu ermöglichen und schwierige Passagen und Griffe zu erleichtern. Die Notation beachtet die neue Stimmung der Saiten; der Spieler greift entsprechend dem vorliegenden Notenbild. Diese Methode ist seit dem 16. Jh. bekannt. Sie verbreitete sich schnell und wurde besonders in der Mitte des 17. Jh. in Dtl. gepflegt (nach H. Schmelzer vor allem von F. Biber), in Frankreich durch G. Corrette u. L. Lemaire; später noch häufig, z. B.: J. Stamitz, Paganini, Baillot, Bériot, L. Spohr (Harfe), Saint-Saëns, G. Mahler, De Falla (Gitarre), B. Bartók. – *Timpani scordati* = umgestimmte Pauken.

A. Moser, D. Violins. (AfMw), 1919; E. Lesser, Zur S. d. Streichinstr. (AM) 1932.

Score (engl.) = → Partitur.

Scotch Snap (engl. *snap* = erwischen, abbrechen), **Scotch Catch** (engl. = fangen), rhythmische Verzierung: → lombardischer Rhythmus.

Scriptores . . . (lat. = Schriftsteller), Neuausgaben älterer musiktheoret. Schriften: 1. *S. ecclesiastici de musica sacra,* 1784 vom Fürstabt M. Gerbert von St. Blasien in 3 Bänden veröffentlichte Sammlung von mehr als 40 mittelalterl. Musiktraktaten (z. B. Notker, Hucbald, Joh. de Muris, Ad. von Fulda) mit unverändertem Text (ND 1963); im Anschluß an Gerberts Slg. 2. *Scriptorum de musica medii aevi,* 1864–1876 von E. de Coussemaker herausgebrachte neue Folge von Traktaten; 4 Bände (z. B. Garlandia, Odington, Tinctoris; Neudruck 1963); 3. *Antiquae musicae auctores septem,* 1652 in Amsterdam von M. Meibom veröff. 2bändige lat.-griech. Ausgabe (u. a. von Aristoxenos, Euklid, Aristides Quintilianus), die, obwohl unzulängl. kommentiert, lange als Quellenwerk Bedeutung hatte und erst verdrängt wurde durch H. A. Jahns kritische Textausgabe des Aristides Quintilianus (*De musica libri III,* 1882) und durch 4.: K. v. Jans *Musici scriptores Graeci,* 1895, 1899 (ND 1962) erschienene Ausgabe (Aristoteles, Euklid, Nikomachus). Sie wurde durch philolog. Exaktheit zum Beispiel für die weitere musikal. Altertumswissenschaft.

Secco (ital. = trocken), Kurzform für *recitativo s.,* das m. einfachen Akkorden auf dem Cembalo begleitete → Rezitativ im Ggs. zum *rec. accompagnato,* dem R. mit den Text ausdeutender Orchesterbegleitung.

Seconda pratica (it.: 2. Setzweise), *stile moderno*; von Monteverdi 1605 als Ggs. zur → *prima pratica* gebrauchte Bez. für einen neuen Stil, in dem der Text im Vordergrund steht gegenüber kontrapunktischer Vielfalt und dramatisch expressiv behandelt wird, Oberstimme und Baß so den Satz bestimmen, daß jene als Hauptmelodie sich über dem vom Baß bestimmten Harmoniegerüst frei, den Text deklamierend, kontrapunktisch entwickelt (im begleiteten Sologesang), im mehrstg. Satz die Mittelstimmen unselbständig verlaufen, der Satz durch chromatische Rückungen und Dissonanzen farbig wird. → Generalbaß(satz), Monodie.

Secondo (it.:) der zweite; Spieler des Baßteils beim Vierhändigspiel; vgl. → primo, volta.

Seele → Stimmstock

Segno, → Dal segno.

Segue (ital. =) 1. es folgt; am Ende der rechten Notenseite Hinweis auf die Fortsetzung des Stükkes z. B. *s. la coda*); – 2. Hinweis auf die Abkürzung gleichlautender, zuerst ausgeschriebener Figuren (z. B. Akkordbrechungen).

Seguidilla (span. *seguida* = Folge, Coda; von lat. *sequi:* folgen), span. Tanzlied im Tripeltakt; ursprüngl. nach einer festen Strophenform: einer frühen (schon im 15. Jh. bekannten) volkstüml. (4zeiligen) und einer wohl bei größerer Verbreitung in gesellschaftl. höherer Schicht entstandenen, zusammengesetzten (7zeiligen) Form (*S. compuesta*), die besonders seit dem 17., 18. Jh. mit mehrtlg. Folge (instrumental und vokal wechselnd) für die vielfältige Verwendung der S. als geschlossene Form in der span. Musik maßgebend wurde (z. B. in → Sainete, Tonadilla, Zarzuela). Das Tanzlied entwickelte sich zu landschaftl. unterschiedl. Arten (z. B.: *S. murciana, S. sevillana*); besonders neben der ursprüngl. rhythmisch freier, vielfach 3stg. gesungenen *S. manchega* die etwas gemäßigte *S. bolera* und die langsame, schwermütige *S.gitana* (Zigeuner-S.) oder *S. playera.* Der Seguidillero interpretierte od. improvisierte die S. Echte S. erscheinen in span. Kunstmusik (Albéniz, De Falla), stilisierte z. B. bei Bizet (*Carmen*) und Glinka (*Sommernacht in Madrid*).

D. C. Clarke, The early s. (Hispan. Rev.) 1944; D. Dumas, Chants flamencos: coplas flamencas, P 1973.

Seitenbewegung, Begriff der Stimmführung (→ Kontrapunkt) für die Bewegung einer Stimme, während andere liegen bleiben. Ggs.: → Parallel-, Gegenbewegung.

Seitensatz, in der Exposition der → Sonatensatzform der nach dem Hauptsatz folgende Teil, der mit diesem durch eine Überleitung verbunden ist. Während C. Ph. E. Bach den S. themat. aus dem Hauptsatz entwickelte, steht er z. B. bei Brahms kontrastierend zu ihm (3. Sinfonie). Auf den S. folgt die Schlußgruppe (Epilog). In der Regel steht der S. in der Dominante, in Mollsätzen in der parallelen Durtonart (dagegen z. B. Beethoven, Waldstein-Sonate: C-Dur: E-Dur).

Sekundakkord, die 3. Umkehrung (Lage) des → Dominantseptakkords. Die Septime liegt im Baß und löst sich eine Sekunde tiefer auf.

Sekunde (lat. = 2.), das → Intervall der 2. Stufe, das groß und klein in der Grundform sein kann und in der Alteration übermäßig und vermindert.

Selbstklinger → Idiophone.

Semibrevis (lat. *semi* = halb, *brevis* = kurz), in der → Mensuralnotation die ungestielte Note in Rhombenform, bis etwa 1430 geschwärzt, danach hohl auftretend. In der heutigen → Notenschrift entspricht die S. der ganzen Note. Die Rundung zur heutigen Form erfolgte um 1600.

Semiseria (ital. *opera s.* =) halbernste → Oper. Seriöse O. mit einzelnen komischen Szenen.

Semitonium (lat. *semi* = halb), Halbton. *S. maius* = der größere, diatonische (c-des); *s. minus* = der kleinere, chromatische (c-cis).

Semplice (ital. =) einfach; ohne Verzierungen.

Sempre (ital. =) immer; z. B. *sempre legato*.

Senza (ital. =) ohne; *s. sordino* = ohne Dämpfer; *s. accompagnamento* = ohne Instrumentalbegleitung; *s. fiore* (*ornamenti*) = im Gesang ohne Verzierungen; *s. replica, s. tempo* = ohne Wiederholung, ohne besonderes Zeitmaß.

Sepolcro, Santo S. (ital. = heiliges Grab), die in Italien und Österr. aus szen. Osterspielen (→ liturg. Drama) und deren *Visitatio Sepulcri* (Besuch des Grabes) entstandene Form (*Azione sacra*) des → Oratoriums in der Karwoche. In Wien entwickelte sich unter ital. Einfluß ab Mitte des 17. Jh. eine eigene Form mit den Kompositionen Leopolds I., A. Draghis, J. H. Schmelzers. Das ital. S. war Ende des 18. Jh. meist 3-, selten 4stg. mit Basso continuo. J. Haydn setzte die Gattung mit *Die 7 letzten Worte unsres Heilands am Kreuz* (1796) fort. → Rappresentazione sacra.

G. Renker, Das Wiener S. (Diss. W) 1913; L. Smolden, The Easter Sepulchre Mus. Drama (Mus. & Lett.) 1946; G. Gruber, D. Wiener S. u. J. J. Fux, Graz 1972.

Septett (ital. *settimino*; frz. *septuor*; von lat. *septem* = sieben), 1. das Instrumentalspiel oder der Gesang von 7 Solisten, – 2. das dafür geschriebene Musikstück (z. B. Beethovens S. op. 20; Hindemiths S. für Blasinstr.).

Septime (lat. = 7.), das → Intervall der 7. Stufe in der diaton. Skala. Die S. erscheint als groß und klein und mit den Veränderungen übermäßig und vermindert. Sie galt als dissonant.

Septimenakkord, aus drei Terzen aufgebauter Vierklang. Die S. auf der 1. und 4. Stufe der Tonleiter mit großer Terz und großer Septime heißen große S.; die auf der 2., 3. und 6. Stufe mit kleiner Terz und kleiner Septime sind klein. Der S. der 5. Stufe ist der → Dominants. mit großer Terz und kleiner Septime. Auf der 7. Stufe steht über einem verminderten Dreiklang eine kleine Septime: der oft sogen. halbverminderte S. Benannt werden die S. jeweils nach der (diatonischen) Stufe der Tonleiter, auf der sie stehen. Jeder S. galt als dissonant. Der verminderte S. war beliebt in der Musik der Spätromantik wegen seiner Vieldeutigkeit. Er kann nach acht Tonarten hin aufgelöst werden. Während ihn deshalb die neue Musik vermeidet, zumindest nicht als Funktionsträger wertet, ist der S. häufig noch in der Jazzmusik, vielfach als Vorhalt, zu hören.

Septole (lat. *septem* = 7), 7 Noten, die anstelle von 6 oder 8 von gleichem Einzelwert treten sollen; vgl. → Triole.

Sequenz (lat. = Folge, von *sequi* = folgen), 1. Gesang der Meßliturgie, entstanden durch Textunterlegung unter die weiten Melismen, die zu dem Schluß-a des → Alleluja gesungen wurden (→ Tropus). Die Melodie wurde seit langem ausgeweitet und verziert (→ Jubilus; erwähnt im 6. Jh. bei Cassiodor). Der Text hielt sich zunächst (belegt in den Abteien von Limoges und Jumièges bei Rouen) in Prosa und war bestimmt von der syllabisch zu textierenden Melodie. Sicher bestand aber schon in den Anfängen der S. (9.–12. Jh.) eine Wechselwirkung derart, daß die Melodie durch sprachbedingte Bindungen beeinflußt wurde. Jedenfalls sind die S. bei Gottschalk von Limburg und Notker (dem Stammler) von St. Gallen (der sich auf S. von Jumièges stützte) schon das Ergebnis einer Entwicklung, in der auch volkstümliche Texte übernommen wurden: Zwischen der vom ganzen Chor gesungenen Eingangs- und der Schlußstrophe standen halbchörig gesungene Doppelstrophen verschied. Länge, deren beide Teile jeweils zur selben Melodie gesungen wurden, aber mit anderem Text, der daher in den Doppelzeilen der Silbenzahl nach festgelegt war. Die weitere Entwicklung zeigt das Streben nach einem Gleichmaß der Strophen, das sich auch auf die Musik auswirkt (Wipo: Osters. → *Victimae paschali laudes,* 11. Jh.; St. Langton: Pfingsts. → *Veni sancte spiritus,* Anf. 13. Jh.), und im 13. Jh. ist die Lösung vom Alleluja und die Bildung einer selbständigen Reimform unter Annäherung an die → Hymnen vollzogen. Polyphonierung setzte im 14. Jh. ein. Von den 4500 bekannten S. wurden nach dem → Tridentiner Konzil für die röm. Messe außer den beiden genannten nur noch zugelassen: Fronleichnamss.: *Lauda Sion Salvatorem* (Th. v. Aquino zugeschrieben, nach dem Muster bei Adam v. St. Viktor gebaut), Requiems.: → *Dies irae* (1972 aus dem Graduale entfernt); die Mariens.: *Stabat mater* (seit 1727). Doch wirkten die S. auf weltl. Dichtung und Musik ein: → Lai, Leich, Cantio, Volkslied. Andrerseits beeinflußten sie (z. T. über Gesangbücher der → Böhm. Brüder und das *Sangbüchlein* V. Trillers, 1555) das protestant. Kirchenlied (Luther: *Komm, heiliger Geist, Herre Gott/Gelobet seist du, Jesu Christ*), so daß manche für die Rückkehr in kathol. Gesangbücher erhalten blieben.

Cl. Blume, Vom Alleluja z. S. (KmJb) 1911; Wagner I, 1911; C. A. Moberg, Über d. schwed. S.en, Uppsala 1927; H. Spanke, Rhythmen- u. S.studien (Stud. mediev.) 1931; ders., Aus d. Vor- u. Frühgesch. d. S. (Zs. f. dt. Altertum) 1934; G. Vecchi, Sequenza e Lai (Stud. mediev.) 1943; E. Jammers, Rhythm. u. tonale Stud. z. ält. S. (AM) 1951; J. Handschin, Trope, S. and Conductus (NOHM 2), Oxf. 1954; H. Husmann, D. St. Galler S.-Tradit. bei Notker u. Ekkehard (AM) 1954; ders. (Hg.), Tropen u. S.-Hss. (RISM B 5,1) 1964; B. Stäblein, Z. Frühgesch. d. S. (AfMw) 1961; ders., S. (MGG) 1965; P. Dronke, The beginnings of the s. (Beitr. z. Gesch. d. dt. Spr. u. Lit.) 1965; Kl. H. Kohrs, D. aparallelen S.en (Beitr. z. Mf.) 1978; R. L. Crocker, J. Caldwell, S. (Grove) 1980. → Lai, Leich.

2. Folge von Wiederholungen eines melodischen oder rhythm. Motivs oder einer ganzen Harmonieverbindung auf anderer Tonstufe, oft auch mit dynam. Veränderung. Die S. war beliebtes Bauprinzip der Barockmusik und ist ein bequemes Mittel der → Modulation. Sie konnte wie bei Josquin Desprez bewußt gesetzt sein in Ausdeutung des Textes und wie bei den Wiener Klassikern zur Steigerung der dramat. Spannung oder kann in der endlosen Wieder-

holung Zeichen kompositorischer Schwäche sein: → Rosalie, Schusterfleck.

Serenade (it. *serenata,* von *sera* = Abend; oder v. *sereno* = klar, heiter), Abendmusik, Ständchen. Seit Ende des 17. Jh. mehrsätziges Tonstück, instrumental, vokal (→ Serenata); nach Form und Besetzung nicht genau unterschieden von → Divertimento, Kassation, Notturno, die ebenfalls aus der → Suite hervorgegangen sind und mit denen die S. die Sonatenform übernimmt. Dabei bleibt die Mehrsätzigkeit länger erhalten (5–7 Sätze mit Menuetten und Märschen), und als Freiluftmusik bevorzugt die S. bläserische Besetzung (mit Oboe, Klarinette, Horn, Fagott) und konzertante Leistung. Im 19. Jh. bekommen S. und Notturno mehr und mehr sentimentalen, elegischen Charakter u. bewegen sich – vielfach mit programmatisch festlegenden Titeln – über das einsätzige → Charakterstück zur Salonmusik. Nach den großen S. von Mozart und Beethoven (einschließl. Septett) kam der Name erst in der 2. Hälfte des 19. Jh. in der Konzertmusik wieder zu größerer Bedeutung, die er bis heute behielt (z. B.: J. Brahms, E. Elgar, H. Wolf, A. Dvořák, M. Reger, R. Strauss, Z. Kodály, P. Hindemith, B. Britten).

G. Haußwald, Mozarts S.n, 1951, ND 1973; ders. D. Orchesters. (Musikwerk) 1970.

Serenata (it. → Serenade), eine in Italien entwickelte, abendliche (nächtl.) musikal. Darbietung (vokal und instrumental) zu besonderem Anlaß, besonders Huldigung für eine Standesperson; meist im Freien. Sie wurde vorbereitet in dialogisch-dramatischen Madrigalen des 16. Jh. (A. Gabrieli), wurde kantatenartig (auch mit Titel *„Cantata“*), schließl. in der Blütezeit (2. Hälfte des 17.–1. Hälfte des 18. Jh.) dramatisch, szenisch mit allegor. Figuren, reicher Instrumentalbesetzung, großen Arien; weit verbreitet in den roman. Ländern (sonst meist im Theater aufgeführt) mit verschied. Namen, z. B. → Festa (S.)teatrale, Dramma per musica, Pastorale; z. B. Stradella, Caldara, Hasse, Händel (*Acis und Galatea*), J. S. Bach (BWV 215). Im 18. Jh. verlor sich der Charakter als Huldigungsmusik, und die S. ging in der Entwicklung von → Singspiel und → Oper auf. → Serenade.

Serielle Musik, nach den Plänen des Komponisten absolut meßbare Musik, wobei das von der → Dodekaphonie eingeführte Prinzip der Reihe als nicht ausreichend gewertet wurde, weil es noch unwägbaren Einflüssen (z. B. aus Klangfarbe und Lautstärke) unterworfen ist. A. v. Webern vermied (seit dem Streichtrio op. 20; 1927) im Ggs. zu A. Schönberg jede Themenbildung innerhalb der Reihe. Bei ihm und O. Messiaen (Klavieretüde *Mode de valeurs et d'intensités,* 1949) begann die Ausdehnung des Reihengesetzes auf alle musikal. Elemente (Tonhöhe, Tondauer, Klangfarbe, Dynamik, Agogik, Tonabstände). Die s. M. (auch punktuell od. strukturell genannt) setzt das vom Komponisten in allen Einzelheiten vorbestimmte Material voraus, das sich in einer gewissen Automatik elektronisch od. in traditioneller Wiedergabe entwickelt. Vertreter der s. M. sind u. a. P. Boulez, H. Pousseur, L. Nono, K. Stockhausen. Seit der Mitte der 1950er Jahre wurde das Prinzip der totalen Vorbestimmung der → Parameter von Tönen oder Gruppen aufgegeben (G. Ligeti) bzw. auf die Festlegung auf Reihen ganz verzichtet (z. B. bei J. Cage). Unterschiedliche spätere Richtungen wurden im Sammelbegriff „postseriell" zusammengefaßt (z. B. Kagel, Schnebel). → Aleatorik.

A. Ph. Basart, Serial mus., Berkeley [2]1963; H. U. Engelmann, Fragen serieller Kompositionsverfahren (Kb. Kassel) 1963; K. Stockhausen, Texte, 1963; R. Heinemann, Untersuch. z. Rezeption s. M., 1966; G. Perle, Serial comp. and atonality, Berkeley 1968, [3]1972; R. Stephan (Hg.), D. Mus. d. 60er Jahre (VINM) 1972; W. Gieseler, Kompos. im 20. Jh., 1975.

Serinette (v. frz. *serin* = Kanarienvogel), besonders in Frankreich benutztes mechan. Flötenwerk, mit Hilfe dessen den Kanarienvögeln bestimmte Töne und Tonfolgen gelehrt werden sollen. Für die Arbeit mit Amseln wurde die tiefer gestimmte Merline(tte) gebaut. Gedruckte Anleitungen mit Noten gab es nach 1700. Automatisch tönende Vogelnachbildungen waren schon im Altertum bekannt (200 v. Chr. von Philon v. Byzanz beschrieben) und wurden mit großem Raffinement im 17. und 18. Jh. für die Höfe und Patrizierhäuser gebaut (J. Frissard, Jaquet-Droz). → Mechan. Musikinstrumente, Flötenwerk, Vogelstimmen.

H. Zeraschi, Drehorgel, S. u. barrel organ (Diss. Leipzig), 1961.

Serio(so) (ital. =) ernst, feierlich, gemessen; *opera seria* = Große (tragische) Oper im Ggs. zur *opera buffa* (kom. O.); *semiseria* = gemischt mit heiteren Szenen.

Serpent (frz. = Schlange), Baßzink (→ Zink) in Schlangenform, die bewirkt, daß die beiden Grifflochgruppen (2 × 3, später zusätzl. auch Klappen) trotz der Länge des Instr. leicht erreichbar sind. Das konische Rohr wurde aus Holzteilen zusammengeklebt, z. T. mit Leder bezogen, z. T. mit Rindersehnen umwunden. Das Kesselmundstück steckt an einem metallenen Ansatzrohr. Der S. wurde im 16. Jh. in Frankr. gebaut, möglicherweise aus Italien übernommen. Er war bis ins 18. Jh. Baßinstr. der Militärmusik. R. Wagner verwendete ihn 1842 in *Rienzi*. Um 1800 wurde der S. als Baßhorn („Engl. Baßhorn") mit Grifflöchern, Klappen, drachenförmigem, weitem Schallstück (mit darin schwingender Zunge) in England aus Metall (in Dtl.: Holz) in Fagottform gebaut, 1851 ein Kontrabaßinstr. In der 2. Hälfte des 19. Jh. erschien in Böhmen ein S. aus Ton in Form eines Kruges, der durch das über 2 m lange Rohr gebildet wurde. Die → Ophikleïde verdrängte den S.

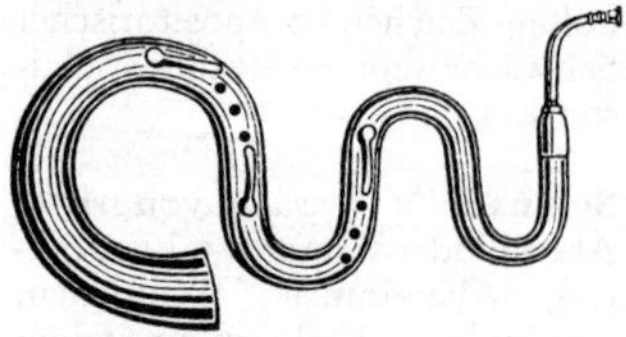

F. Farrington, Dissection of s. (Galpin Soc. Journ.) 1969; F. R. Overton, Der Zink, 1981.

Service (engl. =) Dienst; hier: Gottesdienst; im besonderen die komponierten feststehenden Teile der anglikan. Liturgie, im wesentl. nach dem *Book of Common Prayer* (1550, mit 1stg. Weisen von J. Merbecke): *Holy Communion*: Kyrie, Gloria, Credo, Sanctus, Benedictus qui venit, Agnus Dei – *Morning S. (Matins)*: Venite, Te Deum (Benedicite), Jubilate

(Benedictus) – *Evening S.*: Magnificat (Cantate Domino), Nunc dimittis (Deus misereatur). (Teile in Klammern sind alternativ.) Sanctus und Benedictus des *Communion S.* wurden weiter vertont, obwohl sie nicht mehr im *Prayer Book* enthalten sind. Im *Full S.* sind die Teile der 3 S. als Zyklus komponiert. Die Musik kann für alle 3 S. bestimmt (*Full S.*), reich mit Melismen und Wiederholungen versehen (*Great S.*) oder durchgehend homophon sein (*Short S.*). Neben einfacher, homophoner Musik des 16. Jh. setzte früh die auswählende Polyphonierung mit solist. Orgel (W. Byrd, Gibbons), dann auch mit Doppelchor und Gesangssolisten ein, wobei zunächst Kyrie und Credo, später Sanctus, Gloria bevorzugt wurden (u. a. Weelkes, Morley). → Anthem, Use.

G. Harford/M. Stevenson, The Prayer Book Dict., L ²1925; E. H. Fellowes, C. H. Stewart, A repertoire of Engl., Cathedr. Mus., L 1930; E. H. Fellowes, Engl. Cath. Mus., L. 1941, NA (Westrup) 1969; N. Temperley, The mus. of the Engl. Parish Church, Cambr. 1979. → Anthem, Hymnologie.

Sesquialtera (lat. Verhältnis 3 : 2), Orgelregister, meist zusammengesetzt aus Quinte 2⅔′ + Terz 1⅗′ (zweifach) od. dazu noch Oktave 2′ od. 4′ (dreifach). Das Schwingungsverhältnis ist – im Ggs. zum Namen – vielmehr 5 : 3. Die S. wird oft mit dem → Zink identifiziert, ist aber – zumindest im norddt. → Orgelbau – nicht als Instrumentalimitator anzusehen. Durch das in der Frühromantik aus Frankreich kommende Kornett (Kornettino) wurde die S. zunächst verdrängt, erscheint aber wieder regelmäßig in den neueren Orgelwerken. Die S. im Pedal (dreifach mit 2′) hieß vielfach Coppel.

Sestetto (ital. =) → Sextett.

Setzstück (Aufsatz-, Krumm-, Stimmbogen, Stimmzug, Rohrschleife), die zunächst zwischen Mundstück und Rohr, später (→ Inventionshorn) innerhalb der Rohrwindung bei → Naturhorn und -trompete aufgesteckten Rohrstücke aus Metall, mit denen d. Stimmung des Instr. verändert wurde. → Ventil (1).

Sexta (vox lat. =), die 6. Stimme einer mehrstg. Komposition.

Sextakkord, Umkehrung eines Dreiklangs, mit der Terz als tiefstem Ton (daher auch Terzakkord). In der Generalbaßbezifferung wird der S. mit 6 bezeichnet. Im strengen 4stg. Satz soll zunächst die Sexte verdoppelt werden; falls aus der Stimmführung erforderlich, die Oktave; nur im Notfall die Terz.

Sexte (lat. = 6.), Intervall der 6. Stufe der diaton. Tonleiter. Es tritt groß und klein auf, in Alteration übermäßig und vermindert. Die S. ist wie die Terz, ihre Umkehrung, konsonant. → Neapolitan. S., sixte ajoutée.

Sextett (v. lat. *sex* = sechs; ital. *sestetto,* frz. *sextuor* und *sextette*), Vokal- oder Instrumentalstück zu 6 Solostimmen, wobei die Instrumentalbegleitung eines Vokals. nicht gezählt wird. Berühmt ist das Vokals. in Mozarts *Don Giovanni*. Instrumentals. schrieben u. a. Boccherini, Beethoven, Spohr, Brahms, M. Kagel (Streichs., 1953).

Sextole (lat. *sex* = 6), eine rhythmische Gruppe von 6 Noten, die an die Stelle von 4 od. 8 gleichwertigen treten, notiert durch Bogen oder eckige Klammer mit der Ziffer 6.

Sf, sfz; sff, sffz, Abk. für → *sforzato, sforzando; sforzatissimo*.

Sforzato (ital. = verstärkt) *forzato, (s)forzando* = mit starkem, akzentuierten Ton; Abk.: *sf, sfz, rfz, fz*; Steigerung: *sff, sffz, rffz, ffz*; wenn auf mehr als einen Ton od. Akkord bezogen: *sempre sfz*. → rinforzando.

Shanai, Sanai (ind.), nordind. → Schalmei mit 9 Grifflöchern und Metalltrichter, der → Zurna ähnlich; oft paarweise geblasen, wobei die Mundstücke durch eine → Pirouette geführt sind und die Grifflöcher (bis auf eines) des einen Instr. mit Wachs verklebt werden. Die südind. Schalmei heißt Nāgasvāram.

Shakuhachi (japan. Maßangabe = 54,54 cm), japan. offene Längsflöte (Bambus). Die („antike", im 7. Jh. aus China übernommene) Gagaku-Sh. mit 6 Grifflöchern wurde im 13. Jh. durch die ebenfalls aus China kommende kleinere Hitoyogini (5 Löcher) ersetzt, an deren Stelle etwa im 17. Jh. die nach der Religionsrichtung genannte Fuke-Sh. (5, jetzt meist 7 Löcher) trat, die mit ihrem kultischen Musizierstil 1254 von einem buddhist. Mönch aus China gebracht wurde. Heute wird die Sh. zusammen mit → Biwa od. Trommeln gespielt.

K. Uesugi, Die japan. Sh. u. ihre Spieltechnik (Tibia) 1978.

Shamisen (japan.), → Samisen.

Shanty, Chanty (engl., wohl v. frz. *chanter* = singen), Semannslied, besonders auf engl., dt., skandinav., amerikan., frz.-kanad. Segelschiffen gesungen, um durch gleichmäßigen Rhythmus die Arbeit zu befördern: beim Segelraffen, Ankerlichten, Netzesetzen usw. Dabei stimmte der Vorsänger (*sh.-man*), oft improvisierend, an, die Mannschaft antwortete mit dem Kehrreim. Bekannte S.ies sind: *Oh, Shenandoah* (*Shanadar*); *Rio Grande; Clear the track; A-rowing; Whoop* (*whip*) *Jamboree; Mobile Bay; The banks of the Sacramento; What shall we do with the drunken sailor*.

C. J. Sharp, Engl. Folk-Ch., L 1915; R. R. Terry, The sh.-book, L 1921, 1926; C. Fox Smith, A book of sh., L 1927; D. H. Sternvall, Sång under segel, Stockh. 1935; H. Whates, The background of sea sh. (Mus. & Lett.) 1937; W. M. Doerflinger, Shantymen and Sh.boys, NY 1951; St. Hugill, Sh. and sailor's songs, L 1969; L. A. Smith, The mus. of the waters; a collect. of sailors chanties, Boston 1977; H. Strobach, Sh., Rostock [4]1978.

Sharp (engl. = scharf), 1. die engl. Bezeichnung für das Kreuz, das Erhöhungszeichen in der Notenschrift (*g sharp* = gis); zugleich Bez. für Hochziehen im Gesang; 2. engl. Orgelregister, → Scharf(f).

Sheng (Mundorgel), schon in vorchristl. Zeit bekanntes chines. Blasinstr. Auf eine als Windkasten dienende Kürbisschale mit seitlichem Mundstück sind Bambuspfeifen verschied. Länge gesteckt. Eine in jeder Pfeife freischwingende (durchschlagende) Rohr- od. Metallzunge erzeugt den sanften Ton, wenn das jeweilige, bei jedem Rohr angebrachte Griffloch abgedeckt wird, daß die Luft zur Zunge gelangen kann. Dabei ist akkordisches Spiel möglich. Der für kult. Zwecke und am Hof benutzte Sh. hatte 17, der heute volkstüml. Lü-Sh. (mit zylindr. od. eckiger Windlade) hat 6 Pfeifen. Die japan. Mundorgel Shô des Gagaku-Orchesters und der korean. Sian (Saeng) entsprechen mit 17 Rohren der chinesischen. Die Pfeifen des Sh. sind kreisförmig gebündelt od. in 2 Reihen angebracht. Das Instr. geht möglicherweise auf heute noch in Hinterindien bestehende zurück, z. B. Laos, Vietnam: *khen*(*e*); Borneo: *kledi*. → Vgl. Mundharmonika.

Shimmy, aus Nordamerika in den 1920er Jahren übernommener Gesellschaftstanz, meist im 2/4-Takt. Er entstand bei der Kommerzialisierung des → Jazz aus dem → Ragtime.

Shô → Sheng.

Shômyô (chines., japan.), buddhistische Kultmusik in Japan; 1stg., meist unbegleitet; jeweils aus einer Reihe von in sich abgeschlossenen Melodieformeln bestehend. Das System wurde in Indien entwickelt (etwa 400 v. Chr.), von Chinesen übernommen und übertragen und unter dem chines. Namen Sh. etwa im 8. Jh. nach Japan gebracht, wo allein es erhalten blieb, hauptsächl. in der Shingon-Tradition (bis 18. Jh.) gepflegt und in der heute reduzierten, ausklingenden Tendai-Praxis.

E. Harich-Schneider, A hist. of Japan. mus., L 1973; W. Giesen, Zur Gesch. d. buddh. Ritualgesangs in Japan, 1977.

Shout, Shouting (engl. = Ruf, Schrei), die ekstatische Singweise afro-amerikanischer Neger, bei welcher der Hauptton im Sekund- bis Quintschritt von unten od. oben eingesungen wird, während der Rezitation nach oben (mit bevorzugter → Blues-Terz) ausweicht und wieder tief absinkt. So bei gesungenen Predigten und im → Spiritual. → Jazz.

Shruti (ind.), Kleinintervall im indischen Tonsystem: 4 Sh. bilden einen großen, 3 einen kleinen Ganzton, 2 einen Halbton in den beiden 7stufigen Oktavleitern (*sagrāma, magrāma*); 22 Sh. bilden eine Oktave. → Svāras.

Shuffle(-Rhythmus), drängende Triolenbewegungen in Jazz- und Rockmusik, wodurch die Grundschläge stärker hervorgehoben werden als beim → Boogie-woogie. → Rhythm and Blues.

Si, Tonsilbe für den 7. Ton, die sich im 16. Jh. durchzusetzen begann, als das → Hexachord zur Oktave ergänzt wurde. In den Niederlanden wählte Anselm v. Flandern (um 1580) für die 7. und 8. Stufe die Silben *si* und *ho,* Hubert Waelrant (um 1574) *si* und → *ut*. In Dtl. entschieden sich Joach. Burmeister (1601), H. Orgosinus (1605), Joh. Kretzschmar (1605) für *si* und behielten die → Solmisationssilben des Guido v. Arezzo im wesentlichen bei. → Bobisation, Bebisation.

Siciliano, Siciliana (ital.), **Sicilienne** (frz.), ursprünglich ital. Tanz im 6/8- od. 12/8-Takt, seit dem 14. Jh. bekannt und vermutl. aus Sizilien stammend. Die ersten Drucke brachte Petrucci (1505). Gegen Ende des 17. Jh. erschien der S. oft als Pastorale in Opern, Sonaten, Konzerten in Italien, Dtl. und Frankreich (so bei Scarlatti, Vivaldi, Pergolesi, Bach, Händel, Leclair) und auch in Oratorium (Händel) und Passion (J. S. Bach: Johannespassion, Baßarie *Mein teurer Heiland*).

Sifflöte (v. frz. *siffler*; od.: it. *zuffolo* = Hirtenflöte), Labialregister der Orgel mit zylindr. offenen Pfeifen; aus der Gruppe der ital. Prinzipale in Dtl. weiter entwikkelt: 2′, 1⅓′, 1′.

Sight, *sighting, in sight* (engl.) → Discantus.

Signale waren zunächst bei Kulthandlungen üblich (Schamanentrommel, → Schofar), allgemein im Leben der Hirten (Flöte, Horn), Jäger (→ Jagdmusik), Soldaten (→ Fanfare, Militärmusik), dann besonders bei Post (→ Posthorn), Polizei (Martinshorn, s. → Martinstrompete) bis zur modernen → Sirene.

J. E. Altenburg, Versuch einer Anleitung z. heroisch-mus. Trompeter- und Pauker-Kunst, 1795, 1911, ND 1966; Ch. Kaden, Hirtens., Lg 1977; D. Preuß, Signalmus. (Diss. B) 1980.

Signalhorn (Hifthorn), neben od. aus dem → Posthorn entwikkeltes Blechblasinstr. (→ Naturhorn) mit Kesselmundstück, konischem Rohr, lang, trompetenförmig, meist 5tönig. → Jagdhorn, Pleßhorn.

Simile (ital. =) ähnlich; Hinweis bei → Abkürzung gleichlautender Figuren.

Simplifikationssystem, die von G. J. Vogler vertretenen Neuerungen im → Orgelbau: Wegfall der Zimbeln und Mixturen, Beseitigung des Orgelprospektes, Vereinfachung in Luftzufuhr und Mechanik, Kombination von 16′- mit 10⅔′-Stimmen zum 32′, um damit dessen große Pfeifen einzusparen; Reduzierung der Stimmarten auf jeweils nur eine typische. Seine Dispositionen entsprachen der romant. Klangvorstellung.

E. Rupp, Abbé Vogler, 1922; H. Schweiger, Abbé Voglers S. (KmJb) 1934; H. W. Hamann, Abbé Voglers S. im Urteil der Zeitgenossen (Musik u. Kirche) 1963; M. Huber, Abbé Vogler, d. Phantast auf d. Orgel (ebd.) 1970.

Sinfonia (griech. *syn* = zusammen; *phone* = Klang), zunächst allgemeine Bez. für verschiedenartige Ensemblestücke, die sich im Anfang der Instrumentalmusik (Ende des 16. Jh.) aus den Vokalvorlagen (→ Kanzone, Madrigal, Frottole, Villanelle) entwikkelten. Während *Sonata da sonar* und die Orchesterkanzone der venezian. Schule (A. und G. Gabrieli, Fl. Maschera) schon abgeschlossene, selbständige Werke waren, war die S. (wie die → Intrada) noch Einleitungsstück zu einem Gesangswerk. Sie übernahm aus der Vokalmusik den Wechsel in Rhythmus und Dynamik und entwickelte kontrastierende Abschnitte, in der venezian. Schule mit Tempowechsel langsam-schnell wie Sonate und Kanzone, → Triosonate und → Concerto vorbereitend. Noch bei Monteverdi wurde das Wort S. auch für Zwischenspiele gebraucht. Wohl unter frz. Einfluß konzentrierte sich die Folge von Abschnitten der S. auf einige, stärker gegensätzliche mit dem schnellen Satz in der Mitte; das Ganze thematisch mit der folgenden → Oper verbunden. Die 3teilige Form Schnell-Langsam-Schnell (mit Wechsel zur parallelen od. gleichnamigen Molltonart), nach Peri und Stradella in Neapel von A. Scarlatti ausgebil-

det, mischte sich mit dem in Frankr. von Lully entwickelten Typ der → Ouvertüre.
Die S. als Einleitung der dt. → Suite hatte nach venezian. Vorbild mehrere gegensätzliche Teile und ersetzte die ältere → Pavane (Paduane) in der 2. Hälfte des 17. Jh. Daneben entwickelten sich freie Instrumentalstücke unter dem Titel S. Um bewußt zu unterscheiden von der → Sinfonie mit → Sonatenform, verwenden zeitgenöss. Komponisten für Instrumentalvorspiele wieder den Namen S. bzw. Intrada.

A. Heuß, D. venetian. Opern-S. (SIMG) 1902/3; H. Hell, D. neapol. Opernsinfonie, i. d. 1. Hälfte d. 18. Jh., 1971; H. J. Marx, Zur Bedeutung d. Begr. „Symphonia" im MA (Kb.K) 1972. → Ouvertüre.

Sinfonia concertante, → Sinfonie, in der solistisch konzertierende Instr. neben und im Wechsel mit dem Gesamtorchester spielen. Die S. unterscheidet sich vom → Concerto grosso dadurch, daß der Wechsel der Klanggruppen nicht mehr von ihrem rhythm. oder dynam. Gegensatz formal bestimmt ist, sondern vom Gegensatz der beiden Themen der → Sonatenform, die etwa seit der Mitte des 18. Jh. das Concerto grosso verdrängte. Beispiele für die S. c. (auch als Doppel-, Tripel-, Quadrupelkonzerte) finden sich mit versch. Solobesetzungen bei J. Chr. Bach, Stamitz, Haydn, Mozart, Beethoven, Schumann, Spohr, Brahms, Zilcher, d'Indy.

B. S. Brook, The s. c. (Mus. Quart.) 1961; ders., La symph. frç. ..., P 1962. A. D. McCredie, S. c. and multiple concerto in Germany (Misc. musicol.) 1976. → Concerto grosso, Sinfonie, Mannheimer (Schule).

Sinfonie, Symphonie (ital. → *sinfonia,* frz. *symphonie,* engl. *symphony*), zyklisches Orchesterwerk, heute meist mit 4 in sich abgeschlossenen, zueinandergehörigen Sätzen, der erste mit → Sonatenform. Die S. entwickelte sich im 18. Jh. mit verschied. aus den europäischen Musikzentren kommenden Strebungen aus den bei der Verselbständigung der Instrumental- gegenüber der Vokalmusik besonders in Italien entstandenen Gattungen neben Solokonzert und Sonate. Die neapolitan. → Sinfonia (Schnell-Langsam-Schnell) hatte bei A. Scarlatti schon einen auf die spätere Sonatenform weisenden modulatorischen Wechsel im 2. Satz von der Dur-Tonika zur parallelen od. gleichnamigen Molltonart. Kontrast-Dualismus, rhythm. Gegensätzlichkeit und ausdrucksstarke, sangl. Linien hatten sich an verschied. Stellen, bei Uccellini, Bononcini, Bassani, Albinoni, entwickelt bis zur Ausdruckssteigerung bei Sammartini zu den 2sätzigen Sonaten Durantes und D. Scarlattis und zum Seitensatz bei Vivaldi und Conti. Das Orchesterquartett war die übliche Besetzung; der Generalbaß verlor seine bisherige Bedeutung. Die Gruppe der Mitte des 18. Jh. in Mannheim lebenden Komponisten (sogen. → Mannheimer Schule: J. und K. Stamitz, Richter, Holzbauer, Filtz, Toëschi, Beck, Cannabich) entwickelte einen neuen Ausdrucksstil, dessen Elemente möglicherweise aus dem neapolitan. Bestand durch N. Jommelli, den Stuttgarter Hofkapellmeister, vermittelt waren. Die S. wurde 4sätzig: Als 3. Satz wurde das → Menuett eingeführt, für das J. Haydn dann das → Scherzo setzte. Die Kontrastthemen im 1. Satz wurden motivisch, kontrapunktisch verwertet. Ganz neuartig war das Mannheimer Orchester-Crescendo (zumal mit erweitertem Bläsersatz: Flöte, Oboe, Klarinette, Fagott, Horn, Trompete). In Paris, wo A. La Pouplinière die Aufführungen förderte, kamen die ersten S. der Mannheimer zum Druck. Während sich in Wien ebenfalls die 4sätzige S. mit 2themigem 1. Satz bei Wagenseil, Reutter und Monn eigenständig ausbildete, in Frankr. (J. Stamitz, Schobert, Gossec) und Engl. (Abel, J. Chr. Bach) Mannheimer Einfluß wirksam wurde, blieb die norddt. Richtung (C. Ph. E. Bach, W. Fr. Bach, J. Chr. Fr. Bach, Graun) noch bei der 3sätzigen S. In der Wiener → Klassik (J. Haydn, Mozart, Beethoven) bildete sich die bis ins 20. Jh. in der abendländ. Musik gültige Form der S. aus. Den einfachen, themat. Gleichbau besonders der Mannheimer S. ersetzte aus individueller Aussage entstehende Unregelmäßigkeit, die jedem Werk die Eigenprägung gab: mehrdeutige Perioden, vielseitige Harmonien mit seltenen Tonarten, Chromatik mit Dissonanzen (Mozart), überraschende Finali (Haydn), schneller Tonartwechsel, aphoristisch angedeuteten Thematik od. geweitete Perioden (Beethoven). Haydns „Londoner“ und Mozarts 3 berühmten letzten S. (Es-Dur, g-Moll, C-Dur), Ergebnisse gegenseitiger Anstrengung, stellen den fertigen Typ der S. dar, auf dem Beethoven weiterbaute und ihn kühn und souverän nutzte, um die Wucht einmaliger musikal. Aussage zu unterstreichen, wie es im monumentalen Höhepunkt der 9. S. geschieht. Die in allen Sätzen durchlaufende Idee (schon in Haydns Streichquartetten durchgeführt) tritt in der 5. und 9. S. Beethovens auf und wurde das Prinzip für die S. des 19. Jh. Spohr und C. M. v. Weber knüpften bei Mozart, F. Schubert auch bei Beethoven an, dessen Ausdrucksmittel übernommen und gesteigert und Ausgang gegensätzlicher Strebungen wurden. Die Form und die themat. Arbeit betonten F. Mendelssohn Bartholdy und R. Schumann, ohne dabei tonmalende Effekte auszuschließen, wie sie von Beethoven (6. S.; *Die Schlacht von Vittoria*) gezeigt worden waren und auf die sich die „Neudeutschen“ um Liszt und Berlioz beriefen, die dem vorgegebenen Programm (→ Programmusik, Programm-S.) Ausdrucksmittel und Form unterordneten (→ Zukunftsmusik), dabei → Leitmotiv und die → Sinfonische Dichtung entwickelten. Die bei ihnen und R. Wagner mit erweitertem Orchesterapparat ausgebildete Tonsprache übernahm Bruckner, dessen meist 3teilige Sätze vom vollen Orgelklang bestimmt sind und aus Liturgie und Volkslied leben. Dagegen halten sich die S. von Brahms an strenge Form, an den Ausdruck Schumanns und Beethovens und die Polyphonie Bachs. Z. T. programmat. Untergrund haben G. Mahlers S., die mit letzter Steigerung der musikal. Ausdrucksmittel und des Aufführungsapparats (8. S. mit Chören) Form und tonalen Raum auflösen und neue Wege aufzeigen. Das Beispiel der klass. S. wurde in den übrigen Ländern übernommen und durch nationale Inhalte und folklorist. Elemente, besonders in den ost-, südost- und nordeuropäischen Ländern, eigenständig verändert; in Rußland (wo das erste als S. zu wertende Werk 1839 in Tobolsk von Aljabjew geschrieben wurde): Glinka, Borodin, Rimskij-Korsakov, Mussorgskij, Tschaikowskij,

Glasunov, Skrjabin, Prokofjev; ferner der Pole Szymanowski, die Tschechen Smetana, Dvořák, Fibich, Janáček; in Skandinavien Gade, Nielsen, Sibelius. In Frankr. (erstmals 1703 Delalande: *Symphonies pour les soupers du Roy*; später bei P. Gautier), das seit der Mitte des 18. Jh. der dt. Entwicklung folgte (z. B. Gossec), geht die Entstehung von S.-Kantaten und S.-Oden auf das Beispiel bei Berlioz zurück (Lacombe, Reyer). Vom klass. dt. Muster, das noch Saint-Saëns und C. Franck weiterführten, gingen Lalo, d'Indy, Dukas ab, bevorzugten tonmalende Effekte bei raffinierter Instrumentation, die Debussy verfeinerte (→ Impressionismus), während Roussel sich streng an klass. Form hielt. In den verschied. Stilrichtungen des 20. Jh. haben die Form des Sonatensatzes, der Kontrastdualismus, die zyklischen Formen der Sonate, also auch die S. ihren Platz verloren. Für das Wort S. steht gelegentlich „Konzert (Musik) für Orchester" (R. Stephan, 1912), „Orchestermusik". Wo der Name S. im Titel erscheint, hat er keinen oder nur geringen Bezug zur klass. Form der S.: C. Beck, B. Britten, A. Chatschaturian, J. N. David, K. A. Hartmann, P. Hindemith, A. Honegger, Ch. Ives, G. Malipiero, B. Martinů, E. Pepping, G. Raphael, A. Roussel, A. Schönberg, D. Schostakowitsch, I. Strawinsky, A. Tansman, Vaughan Williams.

S. = Sinfonie/Symphonie. – M. Brenet, Hist. de la s. à orchestre, P 1882; M. Flueler, Die norddt. S. z. Zt. Friedr. d. Gr. (Diss. B) 1908; P. Bekker, Die S. v. Beeth. bis Mahler, 1918; R. Sondheimer, D. Theorie d. S. im 18. Jh., 1925; Fr. Mahling, Die dt. vorkl. S., 1940; D. G. Adams, Russian s., L 1948; E. Borrel, La s., P 1954; R. Landon, The s.s of J. Haydn., L 1955 (Suppl. 1961); B. S. Brook, La s. frç dans la 2e moit. du 18e s., P 1962; Fr. Wohlfahrt, Gesch. d. S., 1966; L. Hoffmann-Erbrecht, Die S. (Musikwerk) 1967; T. L. Grenawalt, A study of the s. in Russia from Glinka to the early 20th cent. (Diss. Rochester/NY) 1971/72; E. Apfel, Z. Vor- u. Frühgesch. d. S. (Slg. mw. Abh. 56) 1972; L. Cuyler, The s., NY 1973; R. Kloiber, Hdb. d. klass. u. romant. S., [2]1976; Chr.-H. Mahling (Hg.), Über S. (Fs. Wiora), 1979. → Mannheimer Schule, Sinfonia.

Sinfonietta, die nach Form, Umfang (Anzahl der Sätze) od. Besetzung kleinere → Sinfonie; in der 2. Hälfte des 19. Jh. beginnend (Raff, S.; für Bläser). Während oft die spätromant. Sinfonie anklingt, strebt andrerseits die „S." immer mehr das musikantische, eher kammermusikal. Spiel an (S., Kleine Symph., Sinfonia, → Kammersinfonie), z. B. Janáček, Krenek, Britten, Roussel, Pfitzner, Poulenc, Chatchaturjan, Hindemith, Raphael.

Sinfonische Dichtung, von F. Liszt geschaffene Gattung: Orchesterwerk, das im musikal. Ausdruck und in der Form von einem programmatischen Titel oder einer beigegebenen Dichtung bestimmt ist mit der Aufgabe, außermusikal. Vorgänge zu schildern (→ Programmusik). Die Grenze zur → Programmsinfonie ist fließend und besteht äußerlich in der Einsätzigkeit der S. D. Die → Sonatenform wurde nicht sogleich völlig aufgegeben (Liszt). Je nach dem Aufbau der Dichtung besteht die S. D. aus einer Folge von Episoden. Liszt wurde von Berlioz' neuer Tonsprache angeregt (*Faust-Sinfonie*): *Was man auf den Bergen hört* (nach V. Hugo, 1849), *Les Préludes* (nach Lamartine), *Mazeppa* (V. Hugo), *Hamlet* u. a. R. Strauss verfeinerte die illustrativen Effekte in raffinierter Instrumentierung: *Don Juan* (nach Lenau), *Ein*

Heldenleben, Till Eulenspiegel, Also sprach Zarathustra u. a. Er verwendete wie Liszt (nach Berlioz) kennzeichnende → Leitmotive. Die Gattung wurde schnell beliebt. Große Tongemälde entstanden nach dem Muster bei Liszt, z. B.: H. Wolf, *Penthesilea*; C. Franck, *Le chasseur maudit*; F. Smetana, *Die Moldau*; Debussy, *La Mer*; A. Schönberg, *Verklärte Nacht, Pelleas und Melisande*; Skrjabin, *Poème de l'extase, Poème du feu*.

J. Weber, Die S. D. Fr. Liszts (Diss. W) 1929; J. Chantavoine, Le poème symph., P 1950; R. Kloiber, Hdb. der S. D., 1967; C. Dahlhaus, Liszts „Bergsymph." u. d. Idee der S. D. (Jb. Staatl. Inst. f. Mf.) 1976; ders., Dichtung u. S. D. (AfMw) 1982; H. H. Eggebrecht, S. D. (ebd.) 1982. → Programm-Musik.

Singakademie, Chorverein in größeren Städten, zu deren kulturellen Ereignissen das jährliche öffentl. Auftreten der S. mit der Darbietung musikal. Großformen (Oratorium, Passion) gehörte. Von daher rührte auch der lange Zeit gewahrte Anspruch auf gehobene gesellschaftl. Stellung der Mitglieder. Das Muster der S. war der 1791 von K. Fasch gegründete „Verein zur Pflege des höheren Chorgesangs" in Berlin, der sich S. nannte, als er den Saal der Akademie als Proberaum bezog.

W. Bollert, S. zu Berlin (Fs.) 1966.

Singbewegung → Jugendmusikbewegung.

Singen → Gesangshygiene, Gesangskunst, Gesangspädagogik, Singschule, Singstimme, Stimmbildung, Stimmbruch.

Singende Säge, Friktionsinstr.: Handsäge (Fuchsschwanz), deren Griff beim Spiel zwischen den Knien gehalten wird, während eine Hand mit dem Bogen die Kante des Blattes streicht und in Schwingung versetzt und die andere das freie Blattende biegt, somit die Tonhöhe ändert. Es entstehen vibrierende Klänge, die auch durch Klopfen auf das Blatt erzeugt werden können. Das Instr. (auch Volksinstr. in der Schweiz) wurde seit Anfang des 20. Jh. in Zirkus-, Unterhaltungs-, gelegentl. auch in der Jazzmusik verwendet. Vgl. → Flexaton.

Singschule, ursprüngl. kirchliche Institution, z. B.→ Schola cantorum, Maîtrise, Manécanterie, die schottischen Singing Boys (1256 bis Anfang 19. Jh.),→ Kantoreien od. die in russ.-ukrain. Kirchenzentren (Kiev, Novgorod, Moskau) etwa seit dem 16. Jh. bestehenden S.; später z. B. die Pflegestätte ital. Kunstgesangs (→ Konservatorium) und allgemein aus od. parallel zu den geistl. S. entstandene weltl. S. (z. B. → Psallette). Die heutigen dt. S. haben (nach Anfängen im „Offenen Singen" A. H. Franckes) ihren Ursprung in Ideen Pestalozzis, auf denen die *Gesangsausbildungslehre* (1810) von T. Pfeiffer und H. Nägeli und die Methoden C. A. Zellers und. L. Natorps fußten. J. Mainzer (Buchtitel „S.", 1831) hatte seine S. in England neben denen von J. Curwen und. J. Hullah, während in Frankr., wohl von Mainzers Arbeit angeregt, G.-L. Wilhem (= Bocquillon) S.n einrichtete (1833, „Orphéon") nach ähnl. Ansätzen von Ch. Sellier (1820) und H.-A. Rolland (1832). In Dtl., wo der Gedanke der Volkserziehung in der 2. Hälfte des 19. Jh. abzuklingen begann, forderte 1848 die Tonkünstlerversammlung vergebl. Volksgesangschulen. Von der Augsburger S. (1905 gegründet, ab 1914 geleitet von A. Greiner) ging das süddt. System der S. aus. F. Jöde forderte 1924 und 1928 → Musikschulen und stützte sich auf die Erfahrungen mit der 1923 von ihm gegr. Jugendmusikschule Berlin-Charlottenburg. Im europ. Ausland wurden entsprechende S. und Volksmusikschulen eingerichtet. → Jugendmusikbewegung.

L. Wismeyer, Das S.werk (Zs. f. Mus.) 1951; W. Graetzschel, Theorie u. Praxis ... J. Mainzers (Schr. z. Musikpäd. 2) 1976.

Singspiel, im 18. Jh. aus dem Ggs. zum Pathos der ital. Opera seria und frz. Tragédie lyrique entstandenes Bühnenstück mit nicht durchkomponierter Musik. Gegenüber der heiteren → Oper in Italien (→ Opera buffa; Pergolesi, *La serva padrona,* 1733) und Frankr. (→ Opéra comique; Rousseau, *Le devin du village,* 1753) versteht man unter S. die Sonderform im dt.sprachigen Bereich, die sich zugleich im Bemühen um einen dt. Operntyp entwickelte. Ursprünglich ein von Liedern und liedähnlichen Stükken unterbrochener, gesprochener Dialog, dann Märchen und Zauberspiel, später wieder dem inzwischen in Italien und Frankr. entwickelten Typ der heiteren Oper angenähert und wie dieser mit fließenden Grenzen zur → Operette. Häufig wurde in Dtl. im 18. Jh. das S. auch Operette genannt. Um die Mitte des 18. Jh. hatte sich aus der neben der Opera seria in Wien vorherrschenden volkstüml. Komödie das Wiener S. mit Einlagen in der Art der → Vaudevilles, der Buffo-Arien und der Parodien auf die ernste Oper entwickelt (z. B. J. Haydn, *Der neue krumme Teufel,* 1758), z. T. unter Einfluß der Arbeiten Glucks für die frz. Theatertruppe in Wien. In Norddtl. wirkte das Beispiel der ebenfalls gegen die ernste Oper gerichteten engl. → Ballad Opera. *The Devil to Pay* (Gegenstück zur *Beggar's Opera,* London 1731; in Berlin 1743) erschien mit dem Berliner Titel *Der Teufel ist los* 1752 in neuer Übersetzung von Chr. F. Weiße (Musik von Standfuß und. J. A. Hiller). Nachdem Hiller (*Lottchen am Hofe,* 1767; *Der Erntekranz,* 1771) zur einheitl. Form gefunden hatte, suchten G. Benda (*Romeo und Julia,* 1776), J. André (*Die Entführung aus dem Serail,* 1781, *Elmire,* 1782), Chr. G. Neefe (*Zemire und Azor,* 1776) dem Schema zu entgehen, indem sie dramat. Ensemblegesang und große Szenen einfügten, und kamen auf Kosten der von Hiller gewollten Geschlossenheit in die Nähe der heiteren Oper. Goethe wollte das Niveau verbessern (*Erwin und Elmire; Die Fischerin; Lila; Jery u. Bätely; Scherz, List und Rache,* 1773/84). Nach 1780 setzte sich gegenüber dem schwäb. und bayr. S. das österreichische durch, textlich harmlos, musikal. einfallsreich, mit feiner Personenschilderung: Dittersdorf (*Doktor und Apotheker,* 1786), Mozart (*Bastien und Bastienne,* 1768; *Entführung aus dem Serail,* 1782; *Der Schauspieldirektor,* 1786; *Die Zauberflöte,* 1791). Das S. näherte sich hier der Wiener Form der Opera buffa (F. Gaßmann) und hatte die breitere Grundlage durch kaiserl. Unterstützung. (Joseph II. ließ 1778 das Wiener „Nationals." eröffnen mit *Bergknappen* von I. Umlauf.) Zauberwelt und Exotik wurden beliebt bei der Stoffwahl (Neefe, Kauer, W. Müller, Wranitzky). Elemente des Wiener S.

und der frz. Schreckensoper wirkten sich auf Beethovens Oper *Fidelio* aus. Bei E.Th. A. Hoffmann, Kreutzer, Schubert, C. M. v. Weber, A. Lortzing geht das S. in die romant. Oper über, bei J. Offenbach in die Operette. → Posse.

H. M. Schletterer, Das dt. S. ..., 1863, ND 1975; J. Bolte, Die S. d. engl. Komödianten, 1893; F. Brückner, Benda u. d. dt. S. (SIMG) 1903/4; G. Calmus, Die ersten dt. S. v. Standfuß u. Hiller, 1908, ND 1975;. R. Krott, Die S. Schuberts, W 1921; Vl. Helfert, Z. Gesch. d. Wiener S. (ZfMw) 1922/3; O. Beer, Mozart u. d. Wiener S. (Diss. W) 1932; H. Graf, Das Repertoire d. öff. Opern- u. S.bühnen i. Berlin ..., 1934; W. Stauder, André u. d. dt. S., (AfMw) 1936; K. Wesseler, Unters. z. Darst. d. S. auf d. dt. Bühne d. 18. Jh. (Diss. Köln) 1955; J. Mainka, Parodie u. Realistik i. norddt. S. (Dt. Jb. f. Mw.) 1968; K. Kawada, Stud. zu den S. v. J. A. Hiller (Diss. Marb.) 1973; H.-A. Koch, Das dt. S., 1974; R. Schusky (Hg.), Das dt. S. i. 18. Jh., 1980. → Oper, Operette.

Singstimme. Die in den aus der Lunge dringenden Luftstrom im → Kehlkopf durch den Widerstand der → Stimmbänder entstehenden Töne sind zunächst arm an Obertönen, werden aber durch die Funktion des → Ansatzrohres artikuliert und dort durch Obertöne charakterisiert (→ Register). Nach dem Toneinsatz unterscheidet man gehauchte, weiche (mit nicht fest geschlossenen Stimmbändern erzeugte) und harte (im → Glottisschlag = Sprengeinsatz entstandene) Töne. Die menschl. Stimme erzeugt → Töne (Vokale) und → Geräusche (Konsonanten). Von den Atemorganen, dem → Kehlkopf und dem Ansatzrohr sind Klangstärke, Tonumfang und Klangfarbe bestimmt. Der Tonumfang und entsprechend die Stimmgattung sind von der Länge der Stimmbänder abhängig, die Tonhöhe von der Länge und Spannung der Stimmbänder und vom Luftdruck. Zur Charakteristik der S. gehören nicht nur die individuelle Klangfarbe, die im Ansatzrohr gebildet wird, und die → Artikulation, sondern auch das Zusammenwirken, der ausgleichende Übergang der Register innerhalb einer Stimmgattung. Der Grundcharakter einer S. ist von dem vorherrschenden Register bestimmt, und von ihm hängt der zweckmäßige Einsatz der S., etwa im lyrischen oder dramat. Fach ab. Man unterscheidet folgende Stimmlagen: → Sopran (Umfang etwa a–c‴; in Italien im 17. und 18. Jh. auch mit → Kastraten besetzt) als lyrischer, jugendlich-dramat., hochdramat. Sopran, Koloratursopran und Koloratursoubrette; → Mezzosopran (Umfang etwa g–g″, zwischen Sopran und Alt liegend) als lyrischer und dramat. M.; → Alt (Umfang etwa f–c″; als Kontra-Alt tiefe Frauenstimme, in Italien auch Kastratenpartie) als dramat. Alt und Spielalt; → Tenor (Umfang etwa c–c″) als lyr. T., Tenorbuffo, jugendl. und schwerer Heldentenor; → Bariton (Umfang etwa G–g′; je nach der Nähe zu den Nachbarstimmen: Tenor- od. Baßbariton) als lyr. B., Helden- od. Charakterbariton; → Baß (Umfang etwa E–f′, als Basso profondo bis C) als seriöser, lyr. B. od. Baßbuffo. Die Pflege der S. (→ Gesangshygiene) gehört zum Teil zu den Aufgaben der → Gesangspädagogik (→ Stimmbildung); dazu zählt die Rücksicht auf den Stimmwechsel (→ Mutation) im Pubertätsalter. Die Geschichte der → Gesangskunst zeigt mit landschaftl. und zeitl. verschied. Schwerpunkten die beiden Gegenpole, zwischen denen sich der Kunstgesang bewegt: das im Süden vorherrschende, von der melod. Linie bestimmte Arioso und das mehr nördl orientierte, vom gesprochenen Wort und Sprechgesang ausgehende Rezitativ.

A. Thausing, D. Sängerstimme, [3]1931; R. Husson, Etude des phénomènes physiol. fondamentaux de la voix chantée, P 1950; H. Lullies, Physiol. d. St. u. Spr. (Trendelenburg, Lehrb. d. Physiol.) 1953; H. Biehle, Stimmkunde, 1955, [2]1970; G. Panconcelli-Calzia, 3000 Jahre St.forschung, 1959; R. Rushmore, The singing voice, L 1971; B. Tillmann, Kehlk., Zwerchf. u. Register (Jb. d. Hamb. Staatsoper 79/80) 1980.

Sinuston, Schwingung mit dem gleichmäßigen Verlauf einer Sinuskurve, ohne Oberschwingungen (→ Obertöne). Der S. wird für akustische Messungen und als Ausgangsmaterial der → elektron. Musik durch → Generatoren erzeugt.

Sirene (griech. *seiren,* in der griech. Mythologie Mischgestalt aus Vogel und Mensch, mit bezauberndem Gesang oder Instrumentalspiel begabt); Instrument, bei dem ein Luftstrom durch eine sich drehende Lochscheibe periodisch unterbrochen wird. Die dabei entstehenden Luftschwingungen sind durch Multiplikation der Drehzahl mit der Zahl der Löcher in der Scheibe genau zu ermitteln. Je schneller sich die Scheibe dreht, um so lauter und höher wird der Ton. Es entsteht ein → Glissando im ganzen hörbaren Tonbereich. Die S. wird als Signalgerät verwendet. In der Neuen Musik brauchte E. Varèse (*Ionisation,* 1931) den Sirenenklang, der auch elektronisch erzeugt wurde.

Sirventes (afrz. v. lat. *servire* = dienen), provenzal. ma. Dienstlied, in der Form nicht festgelegt; im Ggs. zum → Minnelied den Lehensherrn mit Lob, Spott oder Klage (Rügelied) anredend. Dabei übernahmen die S. oft die Weise bestehender → Kanzonen. Im Bereich der nordfrz. Trouvères entsprach der Sirventois dem italien. Serventese. Im 14. Jh. hatten die S. auch geistl. und moralisierenden Inhalt.

E. Winkler, Die altprov. S., 1941; E. Lommatzsch, Leben u. Lieder d. prov. Troubadours, 1957/9; Fr. Gennrich, Der mus. Nachlaß d. Troubadours, 1965; D. Rieger, Gattungen u. Gatt.bez. d. Trobadorlyrik; Unters. z. afrz. S., 1976.

Sistrum (lat.; griech. *seistron* =) Schüttel-(Rassel-)Instr., für Kultzwecke in Ägypten, von daher im koptischen und jüd. Kult verwendet, auch in Mesopotamien, im griech.-röm. Kulturraum und noch heute in verschied. Formen in Afrika, Ost- und Südostasien, Ozeanien benutzt als Stab-, Rahmen-, Bügel-S. Dieses ist ein etwa in Hufeisenform gebogener Holz- od. Metallstab mit Handgriff, zwischen beiden Armen metallene Querstäbe (1–3), die entweder lose sitzen und rasseln od. fest sitzen u. mit rasselnden Scheiben versehen sind.

Sitār, Setār (pers. *si* = 3; *-tār* = Saite), indische Langhalslaute, arab.-pers. Herkunft; mit 3–7 mit Plektrum gespielten Saiten und Resonanzsaiten in unterschiedl. Anzahl; bis 20 verstellbaren Bünden. Der S. kam im 13./14. Jh. nach Pakistan und Indien und ist noch in Südasien (Iran, Usbek. *setār, setāra*), China (*sai-to-yü*) und Zentralasien (*sajtār*) und als Streichlaute (vgl. → Kamandža) in Gebrauch. → Dutār.

C. Alford. The s. manual for the Western musician, L 1973; M. M. Junius, The S., 1974.

Sixte ajoutée (frz.) hinzugefügte Sexte. Begriff der Harmonielehre für die den Dreiklang auf der Subdominante erweiternde Sexte: f a c + d; mit vielfältigen Möglichkeiten der Modulation. Der Name S. wurde schon von J.-P. Rameau verwendet.

Sixtinische Kapelle, der päpstliche a cappella-Chor, benannt nach der unter Papst Sixtus IV. im 15. Jh. erbauten Kapelle und zurückgehend auf die schon um 600 bestehende → *Schola cantorum*. Neben diesem Chor erlangte die ebenfalls von Sixtus gegründete, von Julius II. 1512 erneuerte Cappella Julia große Bedeutung. Die S. K. war beispielhaft für die kathol. Kirchenmusik. Ein Katalog der Hss. wird vorbereitet (1981).

H.-W. Frey, Regesten z. päpstl. Kapelle (Mf.), 1955/6.

Sixtuor, → Sextett.

Ska, einfache Volks- und Tanzmusik der Farbigen auf Jamaika (besonders in Kingston), die in den 1960er Jahren, rhythmisch und techn. komplizierter, im → Reggae aufging.

Skala (lat.: Treppe), → Tonleiter.

Skalden (altnord. *skáld*), im 9.–13. Jh. skandinav. Sänger und Dichter, die zur Hofhaltung des Königs oder eines anderen Fürsten gehörten, dessen in Schlacht und Sieg bewiesenes Heldentum und dessen Fürstentugend sie im Preislied (mit Stabreim, Binnenreim, Refrainstrophen) besangen. Snorri beschrieb über 100 Strophenformen. Der älteste bekannte Norweger unter den S. war Bragi. Eine Hochblüte erlebte die Kunst in Island (Egil Skallagrimsson, Hallfred Vandraedaskald). Im 13. Jh. übernahmen die S. christl. Stoffe (Einar Skulesson, Olsten Asgrimsson).

F. Jónsson, Den norsk-islandske Skjaldedigtning, K. 1912/5; M. Hollander, A bibliogr. of skaldic studies, K 1958; D. Hofmann, D. Frage d. mus. Vortrags d. altgerm. Stabreimdichtung (Zs. f. dt. Altert.) 1963; ders. u. E. Jammers, Z. Frage d. Vortrags d. altgerm. Stabreimdichtung (ebd.) 1965; K. von See, Skop u. Sk. (German.-roman. Monatsschr.) 1964.

Skaz, Skas (russ. = Erzählung) → Bylina.

Skiffle, die improvisierten Zusammenkünfte der etwa nach 1910 in Chicago zugewanderten Neger, die mit einfachen Instrumenten (Mundharmonika, Gitarre, Banjo, Waschbrett) nach afroamerikan. Melodien musizierten. Dabei kam d. → Boogie-Woogie auf. Nach diesem Beispiel musizierten seit 1954 S.-Gruppen besonders in England. → Rhythm and Blues.

Skolion, griech. *skolios* = krumm; lat. *scolium*), griech. Trinklied, besonders in Attika; einzeln, gemeinsam od. wechselnd gesungen mit Instr., auch chorisch (Pindar; Texte auch von Terpander, Sappho, Anakreon). Vgl. → Anakreontik.

Skomoroch (russ.), Spielmann, → Dichtersänger; vgl. → Bylina.

Skop (westgerman. *scop*), german. Sänger und Dichter edler Abstammung, der Helden- und Preislieder vortrug. Der Name wurde schon vor dem 5. Jh. bekannt und bezeichnete bald auch den niederen Gaukler und fahrenden Spielmann. → Spielleute. → Skalden.

L. F. Anderson, The Anglo-saxon scop, Toronto 1903; P. Wareman, Spielmannsdichtung (Diss. A) 1951; K. v. See, Skalden u. S. (German.-roman. Monatsschr.) 1964; E. Werlich, der westgerm. S. (Zs. f. dt. Phil.) 1967.

Slargando (ital. =) breiter werdend, vielfach zugleich *crescendo*.

Slendro, auf Java und Bali 5stufige Tonleiter mit nahezu gleichen Intervallen; für die Javaner die männl.-starke im Ggs. zu → Pelog. Ähnliche Systeme sind in Afrika (Kongo, Elfenbeinküste) anzutreffen. → Gamelan, Patet, Ganztonleiter.

→ Pelog.

Slentando (ital. =) langsamer werdend (→ *rallentando*).

Slowfox, → Foxtrott.

Smorzando (ital. =) ersterbend, verlöschend; Abk. *smorz.*; *smorendo* = hinsterbend.

Soave, *soavemente* (ital. =) sanft, lieblich.

Soggetto (ital.; lat. *subjectum*), das Thema, die Grundlage einer Komposition (vgl. → Attacco); *s. cavato* = das Thema (Motiv), das aus Buchstaben oder Silben eines Wortes durch Gleichsetzung mit Tonnamen gebildet wurde. → BACH, → Motive aus Wörtern, Tonsilben und Buchstaben.

Sol, die 5. Silbe der → Solmisation; der Ton g in romanischen Sprachen (russ. *sol'*).

Soldatenlied, in erster Linie das von Soldaten gesungene, den Soldatenstand behandelnde → Volkslied; zunächst mündlich weitergegeben, umgestaltet und zersungen; die Hauptthemen: Kampf, Tod, Liebe, Gelage, Spiel, Spott, Abschied, Heimkehr. Zu den Anfängen des S. gehören die Kreuzfahrerlieder. Die Landsknechts- und → Reutterlieder der Söldnerheere des 16. Jh. hatten noch keine vaterländ. Grundhaltung (*Wir zogen in das Feld,* 15. Jh.; *Unsre liebe Frau vom kalten Bronnen,* 16. Jh.), soweit nicht der überragende Heerführer einbezogen wurde (*Gott gnad dem großmechtigen Keiser frumme* = Maximilian, *Georg v. Frundsberg, Wilhelmus v. Nassauen,* 16. Jh.; *Prinz Eugen,* Anf. 18. Jh.). Tod, Invalidität, kriegerisches Mißgeschick gehörten zu den unvermeidlichen Dingen (*Der Landsknecht auf der Stelzen: Der in den Krieg will ziehen,* 1530; *Der gefangene Admiral: Graf Maximilian von Bossu,* Geusenlied nach 1600; Uhland: *Ich hatt einen Kameraden,* 1826). Patriotische Lieder entstanden in den Volksheeren, vorwiegend mit historisch-politischen Stoffen. Das Lied der Freiheitskriege war voll nationaler Begeisterung (Arndt: *Was blasen die Trompeten*; Körner: *Lützows wilde, verwegene Jagd*). Das Beispiel wurde vielfach übernommen und abgenutzt. Im 20. Jh. entstanden Lieder für einzelne Waffengattungen. S. wurden in vielen Ländern mit dem allgemeinen Liedbestand od. gesondert gesammelt.

W. Elbers, D. dt. S. im 1. Weltkrieg u. seine publizist. Bedeutg. (Diss. Münster), 1963.

Soleá (andalus.), **Soledad** (span. = Einsamkeit), schwermütiger andalus. Tanz (Tanzlied) im → Flamenco-Stil; ¾-Takt; in Moll mit Schlußwendung nach Dur; oft in der → Zarzuela verwendet.

Solfeggio (it.), **Solfège** (frz.), Singübung aus *sol* + *fa* ohne eigenen Text, aber mit den → Solmisationssilben (= Solmisieren), auf Vokale (= Vokalisieren), die heutigen Tonnamen (= Abecedieren) od. zusammenhanglose Silben gesungen zur Ausbildung des Gehörs und zur Erhöhung der Treffsicherheit wie zur Vorbereitung von Passagen und Koloraturen. In Frankreich bedeutet Solfège außerdem die allgemeine Musiklehre (Notation, Intervalle usw.; maßgebende Lehrbücher schrieben dazu M.-G. Savard und A.-L. Danhauser). S. und → Vokalise waren die Grundlagen der Gesangslehren von A. Bernacchi und P. F. Tosi, auf den sich die Lehren von J. F. Agricola, J. A. Hiller, G. B. Mancini, Gamucci und J. Stockhausen stützten.

M. Marcelle, Le solfège, P 1962; A. Palm, Ein Beitr.. z. Solfège aus d. Anfängen d. Schulmus. i. Frankr. (Fs. Gerstenberg) 1964; S. Kleinman, La solmisation mobile de J.-J. Rousseau à J. Curwen, P 1974.

Soliloquenten (lat.:) Einzelsprecher (-sänger) in → Historie, Passion, liturg. Drama; Ggs.: → Turbae.

Solmisation, nach den Tonsilben *sol* und *mi* (aus der Silbenfolge *ut, re, mi, fa, sol, la*) benanntes System zur Bildung und Festigung von Tonvorstellungen nach dem Notenbild. Tonsilben sind aus älteren Kulturen bekannt (z. B. China, Ägypten). Der systemat. Ausbau im ma. Abendland wird auf Guido v. Arezzo zurückgeführt, bei dem die 6 Melodiezeilen eines Hymnus jeweils um eine Stufe höher beginnen. Die 6 Stufen (→ Hexachord) benannte Guido nach den Anfangssilben der Zeilen: *UT queant laxis REsonare fibris MIra gestorum FAmuli tuorum SOLve polluti LAbii reatum, Sancte Johannes*! (Damit deine Diener vollen Herzens deiner Taten Wunder rühmen, löse ihrer sündhaften Lippen Schuld, Sankt Johannes!). Die Musiktheorie der folgenden Zeit stellte das Hexachord siebenfach in den damals bekannten Tonbereich und nannte das auf c beginnende jeweils *naturale*, das auf f *molle*, das auf g *durum* (→ B). Für den Übergang (Mutation) aus einem Hexachord in das andere wurden Regeln entwickelt, die lange Zeit das Gerüst des Musikunterrichts waren. Um 1600 wurde *si* als 7. Ton (Ganzton über *la*) zugefügt. → *Do* wird anstelle von *ut* seit Mitte des 17. Jh. benutzt. Die Tonsilben im S.-System waren relativ; dagegen meinen die noch in roman. Sprachen und im Russischen verwendeten die absolute Tonhöhe. → Bebisation, Bobisation, Eitzsches Tonwort, Jale, Tonic Sol-fa, Tonika-Do, Solfeggio, Musikunterricht.

ee							la
dd						la	sol
cc						sol	fa
bb(h)						fa	mi
aa					la	mi	re
g					sol	re	ut
f					fa	ut	
e				la	mi		
d			la	sol	re		
c			sol	fa	ut		
b(h)			fa	mi			
a		la	mi	re			
g		sol	re	ut			
F		fa	ut				
E	la	mi					
D	sol	re					
C	fa	ut					
B	mi						
A	re						
(G)	ut						

Halbton: mi-fa
ut, re, mi = große
re, mi, fa = kleine
Terz

B durum = h, B molle = b

G. Lange, Z. Gesch. d. S. (SIMG) 1899/1900; Ch. E. Ruelle, La S. chez les anciens Grecs, ebd. 1907/8; G. Schünemann, Gesch. d. dt. Schulmus. I, [2]1931, ND 1968; I. Lohr, S. u. Kirchentonarten, Z 1943; W. Wiora, Z. Probl. des Ursprungs d. ma. S. (Mf) 1956; C.-A. Moberg, D. Mus. i. Guido v. Arezzos S.hymne (AfMw) 1959; M. Ruhnke, S. (MGG) 1965; A. Hughes/E. Gerson-Kiwi, S. (Grove) 1980.

Solo (lat. *solus* = allein), die musikal. Einzelleistung in Vokal- od.

Instrumentalmusik. Der S.gesang bewegt sich zwischen den beiden Gegensätzen des von der Sprache bestimmten rezitativischen und des die musikal. Linie hervorhebenden ariosen Gesangs. Die S.stimme steht im Ggs. zu den Chorstimmen, wie die Bezeichnung S. in der Instrumentalpartitur den Einsatz des S.instr. nach Tuttistellen bestimmt oder auch das deklamatorische Hervortreten eines Instr. gegenüber den gleichzeitig spielenden anderen oder die spezielle Anweisung gibt, daß jeweils nur eins, das erste (1. Pult), der mehrfach besetzten Instr. zu spielen hat, dann meist konzertierend. Der Solist ist der Einzelsänger oder -spieler, ein S.quartett die Besetzung eines Chorsatzes mit 4 einzelnen Singstimmen. Musik für Soloinstr. (bes. Violine) entwickelte sich im 20. Jh. aus dem Rahmen der Bachtradition zu größten spieltechn. Anforderungen und findet sich selten im Konzertprogramm. → Concerto, Concerto grosso, Konzert, Tasto solo.

B. Petrovitsch, Stud. z. Mus. f. Violine solo 1945/70, 1972.

Sommerkanon. Der im engl. Kloster Reading gefundene Kanon *Sumer is icumen in* aus der 2. Hälfte des 13. Jh. mit einer 4stg. → Rota über einem 2stg. → Rondellus (→ Pes) zeigt die kunstvolle Synthese der gerade in dieser Zeit in Engl. blühenden Techniken.

Son (frz., span.; v. lat. *sonare* = klingen), 1. provenzal. Melodie zu vorhandenem Text; – 2. Typus satirischer, lyr. Volkslieder in der Bretagne; – 3. span. Theatertanz im 16., 17. Jh.; – 4. besonders in Mittelamerika (Mexiko) Gruppe von Tanzliedern, nach Ort, Region, Anlaß musikal. und textl. charakteristisch; meist 4zeilig, schnell taktwechselnd; wohl Mitte des 18. Jh. entstanden; von daher: 5. *S. cubano* mit afrikan. Elementen, im 20. Jh. von Kuba aus verbreitet.

Sona (chines.) → Zurna.

Sonata da camera → Sonate, Suite, Triosonate.

Sonata da chiesa → Sonate, Triosonate.

Sonate (v. lat. *sonus* = Klang, Ton), Instrumentalstück (Klingstück), seit der 2. Hälfte des 18. Jh. etwa 200 Jahre lang die Hauptform der Instrumentalmusik, und zwar als Satzform allgemein (S.-form), nach der der Kopfsatz der (S. genannten) zyklischen Form konstruiert ist (seit 1770 mit der Grundfolge der 4 kontrastierenden und auch tonartlich verschied. Sätze: Allegro, Andante, Menuett mit Trio, Allegro); auf späterer Stufe auch der Name einer freien Komposition mit geringer oder ohne Bindung an das ursprüngliche Schema der S.form. Es gilt nur als Gerüst und wurde vielfältig je nach Thema und Affekt kunstvoll geändert mit → Exposition, Durchführung, Reprise. In der meist wiederholten Exposition werden die Themen aufgestellt: Haupt-, Seitenthema, Schlußgruppe (Epilog; meist in der Dominante). Die hier eingeführten Themen werden im Durchführungsteil verarbeitet, d. h. dramatisch gegeneinander gestellt, ineinander verwoben und mit spannungsreicher Modulation in die Tonika als spannungslösenden Höhepunkt zurückgeführt. Seltener ist der frei modulatorische Mittelsatz ohne Themenverarbeitung. Die Reprise ist die freie Wiederholung des Expositionsteils, wobei Haupt- und Seitenthema in der Tonika erscheinen, auch ausgetauscht oder gegen ein 3. Thema gestellt werden können. Eine → Coda zitiert noch einmal die Themen od. Motive in freier Verbindung. Nach diesem Schema sind außer den S. genannten Werken für Klavier oder Orgel oder Einzelinstr. mit Klavierbegleitung in der klassisch-romantischen Periode die → Kammermusikformen (Duo, Trio, Quartett, Quintett usw.), die → Sinfonie, das (meist 3sätzige) Solokonzert (→ Konzert) mit Orchester und viele → Ouvertüren angelegt, wobei gelegentlich der Schlußsatz anstelle des 1. Satzes die S.form haben konnte. – Der Name S. erscheint zuerst im 16. Jh. Während die Melodieinstr., in Stimmfamilien entsprechend der menschl. Stimmgattungen gebaut, noch den Vokalsatz spielten, zusammen mit den Singstimmen oder allein, entwickelten die akkordierenden Instr. (Laute, Clavichord, Cembalo, Orgel) ihren Eigenstil neben → intavolierten Vokalsätzen. Die Tänze reihten sich zum Zyklus der → Suite (tonartengleich). Vom Liedsatz wurde das figurierte, freiere Instrumentalstück (*Canzon da sonar*) unterschieden, wobei das Orgelstück noch den Chorsatz erkennen ließ, während das Stück für Melodieinstr. selbständig war. Zu den ersten Komponisten gehörten A. und G. Gabrieli mit z. T. schon im letzten Viertel des 16. Jh. geschriebenen, erst 1615 gedruckten *Canzoni et sonate*. In der Mitte des 17. Jh. stand neben der *Sonata da camera* (Kammers.), die die Modetänze in meist 3sätziger Form (Schnell – Langsam – Schnell) verarbeitete, die *Sonata da chiesa* (Kirchens.) mit 4 Sätzen (Langsam – Schnell – Langsam – Schnell), wobei homophone mit polyphonen abwechselten. Beide Formen zeigten Modulation in den Sätzen (meist Tonika – Dominante), und neben beiden standen Zwischenstufen. Am Anfang dieser monodischen → Triosonaten (2 Violinen, Violoncello, Generalbaß, für den das Cembalo bevorzugt wurde) stand G. Gabrielis *Sonata con tre violoni e basso se piace*. Zu den zahlreichen Komponisten der Gattung zählen Legrenzi, Stradella, Cazzati, Merula, Vitali, Bassani, Torelli, Bononcini. A. Corelli fand im letzten Viertel des 17. Jh. die gültige Form für die Kirchens. und gab das Beispiel in Italien für Caldara, Vivaldi, Veracini, dall'Abaco, Locatelli, Geminiani, Tartini; in Engl. für Purcell; in Frankr. für Rebel, F. Couperin, Duval; in Dtl. für Reincken, Buxtehude, F. Biber, Pezel, J. G. Walther, Telemann, Mattheson, Kuhnau. In Scarlatti, Rameau, Händel und J. S. Bach erreichte diese Vorstufe der S. ihren Höhepunkt. Während die alten Tänze allmählich verdrängt wurden, entwickelte sich der S.satz aus einem Thema (Vivaldi, Tartini, Pasquini, Marcello, Leclair). Die Continuostimme wurde auskomponiert (Bach, Mondonville). Die S.nform (Sonatenhauptsatzform) wurde vorbereitet unter dem Einfluß der ital. → Ouvertüre (ital. Sinfonie), die als 3sätzige Folge aus der Kirchens. entstanden war und auf D. Scarlattis meist 1sätzige Klaviers. einwirkte wie die → Suite auf deren 2teiligkeit und deren vielfach tänzerischen Charakter und freie akkordische Stimmbehandlung. Ähnlich die Klaviermusik bei Durante, Marcello, D.

Alberti, Lèclair, Telemann. Die weitere Entwicklung vollzog sich im dt. Raum. Anders als die seines Vaters zeigen S. bei C. Ph. E. Bach den dramat. kontrastierenden Seitensatz. Die Werke der → „Mannheimer" Gruppe (Holzbauer, Stamitz, Richter, Kraus), der österreichischen (Monn, Wagenseil) und der Bachsöhne sind unmittelbare Vorläufer der klassischen S.nform, die bei Haydn und Mozart fast alle Gattungen bestimmt, wobei → Sinfonie und → Streichquartett vorausgingen. Als Mittel thematischer Arbeit wurden ausgebildet: → Fortspinnung mit Kontrastthemen und Zwischengliedern, die Entwicklung mit verschiedenem Ausdruck über der gegebenen Substanz, die Kombination mit Motiven aus dem Thema, die kontrapunktisch und dialogisierend verwickelt wurden, wobei das Thema immer sichtbar blieb. Bei Beethoven, der zunächst strenge, einheitl. Themen setzte, finden sich immer mehr affektbetonte, aphoristisch gekürzte Themen wie sie nach Schubert bei R. Schumann, Mendelssohn, Chopin, Liszt erscheinen, die den Inhalt und den durch ihn geforderten gesteigerten Ausdruck über das Formschema stellten und auch wie Beethoven dem 2. Thema stärker gegensätzl. Bedeutung gaben, z. B. als sangliche Linie gegenüber dem rhythmisch-dramat. 1. Thema. Die Variation blieb weiter als S.nsatz. Die Fuge als Schlußsteigerung erschien zuerst bei Haydn (op. 20). Die einheitliche Idee durch alle Sätze bereitete sich in Beethovens 5. und 6. Sinfonie vor, wurde aber erst in der Romantik zum allgemeinen Brauch. Der Motivzyklus über das ganze Werk oder einzelne Sätze (schon bei Corelli und Tartini erkennbar) gab der S.nform bei Liszt, Brahms, Bruckner die Geschlossenheit. Gegenüber der immer mehr zum Schema verfestigten Form zeigte sich Anfang des 20. Jh. das Streben zur Konzentration (→ Sonatine) bei sachlichem Musizieren der Linien, die kontrapunktisch geführt werden. Die Durchführung wurde kürzer, Polytonalität und Intervallketten (Quartenreihen) wurden eingesetzt. Der neue Anstoß in der S.komposition kam von Frankreich (etwa mit der Violins. von C. Franck), wo das Tonmaterial durch gregorian., exotische Teile ergänzt wurde (→ Impressionismus): Debussy, Dukas, Fauré, Ravel. Skrjabin weist mit seinen Klangfolgen in die Neue Musik und hält sich dabei eng an die S.form, während sich bei Bartók, Hindemith, Blacher u. a. wieder die ursprüngl. Bedeutung S = Klangstück, Spielstück festigte. Strawinsky vereinigte Formen des alten Concerto mit sinfonischen (*Symphony in 3 movements*, 1945).

O. Klauwell, Gesch. d. S., 1899; B. Selva, La s., P 1913; Vl. Helfert, Zur Entw.gesch. d. S.nform (AfMw) 1925; E. Borrel, La s., P 1951; W. Mellers, The s. principle, L 1957; W. Stockmeier, Die dt. Orgels. d. Gegenw. (Diss. Köln) 1958; W. S. Newman, A hist. of the s. idea 1–3, Chapel Hill 1959/63/69, NY ^{3}1972; ders., S. (MGG) 1965; D. Schulte-Bunert, Die Klaviers. d. 20. Jh., 1963; O. Ingman, D. klass. S.nform als Feld d. themat. Prozesses, Jyväskylä 1968; Fr. Ritzel, Die Entw. d. „S.form" im mth. Schrifttum d. 18. u. 19. Jh., 1968; S. Bonta, The uses of the sonata da chiesa (JAMS) 1969; Kl. Schweitzer, Die S.nsatzform im Schaffen A. Bergs, 1970; N. M. Jensen, Solo s., duo s., trio s. Some probl. of terminol ... Italian instr. mus. (Fs. Larsen) K 1972; H. Fladt, Z. Problematik tradition. Formtypen i. d. Mus. d. früh. 20. Jh., 1974; C. Rosen, Sonata forms, L 1980; C. Hagemeister, D. Formschema d. S. i. d. russ. Instr.musik um 1800. 1983.

Sonatenform, abgekürzt für **Sonaten(haupt)satzform,** → Sonate.

Sonatine (v. lat. *sonus* = Klang), 1. kleine → Sonate im 17. Jh.; seit der 2. Hälfte des 18. Jh. mit Sonatenaufbau, meist mit kürzerer → Durchführung, 3sätzig, für Klavier 2- od. 4händig oder für Violine; zunächst ohne große technische Schwierigkeit. Die bekanntesten S., außer denen bei Mozart und Beethoven, sind die von Clementi, Dussek und Kuhlau, die durch die Bevorzugung im Klavierunterricht meist unterbewertet werden. – 2. Im 20. Jh. kleinere Sonate mit kürzerem Durchführungsteil, S. benannt im bewußten Ggs. zu dem mit übersteigertem Affekt geladenen Einheitstyp der Sonate des 19. Jh. Ihr gegenüber ist die S. das Spielstück im ursprünglichen Wortsinn und mit Konzentration auf sachliche, unpersönl. Themen. Die techn. Anforderung ist nicht geringer als bei der Sonate. Regers 4 S. op. 89 können als Beginn dieser Art S. gelten. Einen neuen Typ intimer Klaviermusik stellen F. Busonis 6 S. dar (mit dem zyklischen Prinzip der Sonate bei C. Franck); ferner die S. von Ravel, Roussel, Bartók, Blacher, Fortner, Pepping, Sutermeister. Gelegentlich erscheint der Name S. auch bei → Charakterstücken, die sich nicht oder nur wenig an die Sonatenform halten. → Handstück.

L. Hesse, S. u. Handstück f. Klavier (Diss. Freib./Br.) 1941; H. Meyer, Die Klav.mus. F. Busonis, 1969. → Sonate.

Sone, subjetives Maß für Lautheit (→ Tonstärke): 1 Ton von 1000 → Hertz und 40 → phon hat 1 sone.

Song (engl. = Gesang, Lied). Im Ggs. zum landläufigen gefühlvollen Lied in Engl. kam in Dtl. Anfang des 20. Jh. eine dem → Vaudeville näherstehende Art des Kabarettliedes (→ Chanson 2) mit politisch-satirischem Gehalt auf, die wohl unter dem Eindruck von *Mahagonny* und *Dreigroschenoper* (beide Weill/Brecht, 1927, 1928) als Antwort auf romant. Opernlyrik dann S. genannt, rasch in New York und Hollywood aufgenommen wurde und im sozialkrit. Folk-S. und bei den → Liedermachern nach 1950 auflebte.

Sonorität (lat. *sonus* = Klang), Begriff der Gesangskunst für vollen, dunklen, weichen Ton mit Brustresonanz, Tiefatmung. Ggs.: flach, seelenlos.

Sonus (lat. =) Laut Schall, Klang, Geräusch, im MA auch allgemein im Sinne von Musik, aufgezeichnetem Ton, auch synonym mit *vox* (Stimme) gebraucht.

Sopel' (1), **Sopil(k)a** (2), 1. eine altruss. Blockflöte mit 6 Grifflöchern (auch mit Windkapsel), seit dem 11. Jh. bekannt. Instr. des Spielmanns (Skomoroch), im 12. Jh. Instr. der Soldaten. Von der S. vermutl. abstammend: 2. ukrain. Blockfl. mit 5 und 6 Grifflöchern, die oval sind und Halbdeckung erleichtern. In der Ostukraine S., im Süden *dencivka* (diese auch als Doppelflöte).

Sopela, Sopila (kroat.), besonders in Jugoslawien übliches, oft paarweise (große, kleine S.) gespieltes Holzblasinstr. mit Doppelrohrblatt, konischer Bohrung und 6 Grifflöchern (serb., mazedon. *šupeljka*).

Sopra (it. =) oben; *s. una corda* = nur auf einer Saite; *come s.* = wie oben (z. B. in Partituren, wenn bei gleichlautenden Stimmen nur die obere ausgeschrieben wurde);

8va s. = 1 Oktave höher zu spielen. Auch Anweisung für die oben kreuzende Hand am Klavier.

Sopran (ital. *soprano*, lat. *supremus* = der oberste), die höchste Gattung der Singstimmen, von Frauen- oder Knabenstimmen gesungen, früher auch von → Falsettisten oder → Kastraten. Die Bezeichnung S. findet sich zuerst um die Mitte des 15. Jh. für den Cantus (Melodie) in der Oberstimme, damit im Ggs. zum Tenor. Der übliche Tonumfang der S.stimme ist a–a² (c³); Mozart (*Zauberflöte*) verlangt bis f³. Die Bühnenpraxis unterscheidet nach dem Klangcharakter: lyr. S. (Mimi in *La Bohème*), jugendlich-dramat. S. (Elsa in *Lohengrin*), hochdramat. S. (in *Tristan und Isolde*), Koloraturs. (Philine in *Mignon*), Koloratursoubrette (Blondchen in *Entführung aus dem Serail*). – *Soprano sfogato* = kräftiger, hoher S.; *Soprano acuto* = sehr hoher, beweglicher S. Der Sopranist ist ein männlicher S.sänger. – S.-(Diskant-)Instrumente sind die höchsten einer Instrumentenfamilie. → S.schlüssel. – → Superius, Primadonna.

J. Wildgruber, Zur Entw. d. S.fächer in d. dt. Oper d. 19. Jh., 1969.

Sopranschlüssel, → C-Schlüssel auf der untersten Notenlinie, die Stellung des (eingestrichenen) c′ bezeichnend (→ Schlüssel).

Sordino (ital. *sordina*; frz. *sourdine*; engl. *mute*), Dämpfer, bei Streichinstr.; kammartige Holz- oder Metallklemme, die auf den → Steg gesteckt wird und dessen und die Schwingung des Resonanzkörpers verringert. Der Klang wird dumpf und verschleiert. Die Dämpfung der Blechblasinstr. geschieht durch → Stopfen (mit der Hand od. einem Holzkegel) der → Stürze. → Dämpfung.

Sordo (ital. =) gedämpft; *clarinetto s., tromba sorda* = gedämpfte Klarinette, Trompete. Ital. *sordone* = → Sordun, Taschengeige, Quartgeige.

Sordun (v. lat. *surdus* = taub, ital. *sordo* = dumpf, gedämpft. Ital. *sordone*; frz. *sourdine*; dt., engl. *S.*), 1. Holzblasinstr. mit Doppelrohrblatt und zylindrischer Röhre, Doppelbohrung; ähnlich dem → Kortholt (doch ohne Windkapsel, mit → Fontanelle). Der S. war vermutlich eine Weiterführung der alten → Dulziane. Er wurde im 16., 17. Jh. in Stimmfamilie gebaut, später durch das Fagott verdrängt. Im 20. Jh. rekonstruiert, dabei weiterentwickelt. – 2. Orgelregister (Rohrwerk) mit zylindrischen Bechern (32′, 16′).

Sortisatio (lat. = Entscheidung durch das Los), der improvisierte Kontrapunkt im Ggs. zum (schriftl.) ausgearbeiteten (im 16. und 17. Jh. = *compositio*). Stegreif-, „Zufalls“-Polyphonie zur vorhandenen Melodie (*Contrappunto alla mente*, vgl. → Improvisation) war auch unter Handwerkern, Bergleuten, Soldaten geläufig und wurde von N. Wollick (*Enchiridion musices*, 1509) und später von weiteren Theoretikern erwähnt (Ornithoparchus, Faber, Herbst).

W. Gurlitt, D. Begriff der S. in d. dt. Kompos.lehre d. 16. Jh. (Tijdschr. d. Vereen. v. Nederl. Muziekgeschiedenis 16), 1942; E. T. Ferand, „Zufallsmusik“ u. „Komposition“ i. d. Musiklehre der Renaiss. (Kb. Basel) 1949.

Sospiro, Soupir (ital., frz. = Seufzer), Pause der Mensuralnotation; Einschnitt in der Psalmodie; in der frz. Notation heute

Viertelpause (*soupir*). Vgl. → Suspiratio.

Sostenuto (ital. =) gehalten, getragen, mit gebundenem, vollem Ton; bei Tempoangaben: langsamer. → *ritardando*.

Sotto (it. = unter), Anweisung für die beim Klavierspiel unten kreuzende Hand; Ggs.: → sopra.

Sotto voce (ital. = unter der Stimme), mit „halber", gedämpfter Stimme, leiser als *mezza voce* und fast ohne Stimme. Bei Saiteninstr. wird *s. v.* gespielt mit dem Bogen nahe dem Griffbrett.

Soubrette (frz. = Zofe), in Operette und Spieloper Sopranistin (Koloratursängerin) in munterer, vielfach komischer Mädchenrolle. Der Name ist schon seit der 2. Hälfte des 18. Jh. aus den Anfängen des franz. → Vaudevilles bekannt (z. B. bei J. Monnet).

Soul (engl. = Seele), die Ende der 1950er Jahre in den USA von Farbigen aus Elementen des frühen → Gospel Song und des → Rhythm and Blues entwickelte Musik, die schnell verbreitet und in der → Rockmusik verwendet wurde.

A. Shaw, S., 1980.

Sound (engl. = Klang), 1. im engl. Instrumentenbau u. a. verwendet für: *s.hole* = Schalloch; *s.post* = Stimmstock; *s.board* = Windlade (Orgel), Resonanzboden (z. B. Klavier). – 2. In der Rock-, Jazz-, Tanzmusik ist S. die Bez. für den charakteristischen Klang eines Ensembles od. Instruments, den Eigenstil eines Solisten, Arrangements od. einer Komposition, einen bestimmten od. vermuteten Lokal- od. Regionalstil, die Akustik eines Raumes, auch die Redeweise eines einzelnen. Vgl. → Timbre.

Soupir → Sospiro, Suspiratio.

Sousaphon, nach dem amerikan. Komponisten und Militärkapellmeister J. Ph. Sousa benannte, nach seinem Vorschlag 1898 von T. Pounder gebaute Baß- → Tuba, dem → Helikon ähnlich; mit weiter, nach vorn stehender, verstellbarer Stürze; in der amerikan. Militärmusik und in großen Jazzkapellen verwendet.

Souterliedekens (fläm. *souter* = Psalter), bei S. Cock in Antwerpen 1540 erschienene Slg.; die erste bekannt gewordene Reimfassung der Psalmen. Sie sind Volksliedweisen unterlegt, deren Textanfänge genannt und die dadurch überliefert wurden. Die Slg. stammt vermutlich von W. van Zuylen van Nijevelt und erfuhr zahlreiche Neuauflagen, vor allem in der von Clemens non Papa 1556 bei Susato in Antwerpen herausgebrachten 3stg. Fassung (4stg. 1561 durch G. Mes). Die Slg. wurde das Muster für andere Psalmbereimungen.

D. F. Scheurleer, De S., Leiden 1894; F. v. Duyse, Het oude nederl. lied, Den Haag 1903/08; K. Ph. Bernet-Kempers, Die S. des J. Clemens non Papa (Tijdschr. d. Vereen. v. Nederl. Muziekgesch.) 1928/9; S. J. Lenselink, De nederl. psalmberijmingen van de s. tot Datheen ... (Neerlandica Traiectina 8), Assen 1959.

Sozialistischer Realismus → realistisch (2).

Spagnoletta (it.; span. *españoleta*), wohl aus dem Hoftanz *spagna* des 15. Jh. entstandenes volkstüml. Tanzlied mit Gerüstsatz im

16., 17. Jh.; in Ital. mit 2tlg., Spanien (Paartanz) 3tlg. Takt.

Spartieren (it. *spartire* =) einteilen (in Notenwerte); in → Partitur („Sparte") übertragen aus den Einzelstimmen.

Spatium (lat.), Zwischenraum zwischen den 5 Linien des Systems.

Spezzato (*coro sp.*) → Mehrchörigkeit.

Sphärenharmonie (v. griechisch *sphaira* = Kugel; *harmonia* = das Wohlgefügte), der harmon. Einklang des Alls und die auf den Bewegungsverhältnissen der Gestirne beruhende Verschiedenheit der Töne. Die Lehre entwickelten nach noch nicht geklärtem chaldäischen und ägypt. Vorbild die Pythagoreer, denen Plato, Plutarch und die Neuplatoniker (Plotin) folgten. Aristoteles hatte sie verneint. Im 10. Jh. wurden aus den heidnischen tönenden Sphären (klingend im antik-chromat. Tongeschlecht) die Chöre der Engel (antik-enharmonisch). Während Albertus Magnus (13. Jh.) in seinem Kommentar zu Aristoteles der Frage der S. ausweicht, lehnt sie Roger Bacon (13. Jh.) strikt ab. R. Fludd († 1637) spricht von einem Weltenmonochord, das Himmel und Erde verbindet. Kepler († 1630) dagegen versucht die Zahlenverhältnisse exakt zu ermitteln. Die Romantik nimmt die These der S. freudig auf: F. H. Dalberg (*Blicke eines Tonkünstlers in die Musik der Geister,* 1787) und Schelling († 1854). In jüngster Zeit sprach H. Kayser († 1964) von einem naturgesetzl. „harmonikalen Weltbild".

H. Kayser, Vom Klang d. Welt, Z 1937; ders., Akróasis, Basel 1946, [3]1976; H. Pfrogner, Mus., Gesch. ihrer Deutung, 1954; J. Handschin, D. Lehre v. d. S. ... in: H. Oesch (Hg.), Gedenkschr. J. Handschin, Bern 1957; R. Hammerstein, D. Musik d. Engel, Bern 1962; B. Münxelhaus, Pythagoras musicus (Orpheus Schr.reihe) 1976; H. Schavernoch, Die Harmon. d. Sph., 1981.

Sphärophon (griech. *sphaira* = Kugel; *phone* = Stimme), von J. Mager 1926 in Donaueschingen vorgeführtes → Elektrophon, bei dem die Tonerzeugung durch Hochfrequenzüberlagerung erfolgte (vgl. → Aetherophon). Ein an einem Kondensator befestigter Hebel wurde über eine Skala bewegt und damit die Tonhöhe verändert. Das verbesserte S. hatte Tasten. Auf einer Orgel mit 4 eng übereinander liegenden Manualen und einem Pedal, Partiturophon genannt, konnte 5stg. (auf jeder Tastatur nur 1 Stimme) gespielt werden. Mager konnte sich mit seinen Erfindungen, die für die Entwicklung der elektron. Musikinstr. bedeutend waren, nicht durchsetzen und mußte nach 1933 seine Arbeit einstellen.

J. Mager, Das Partiturophon (Zs. f. Instrumentenbau), 1934; P. Zoll, J. Magers Partiturophon (Zs. f. Musik), 1935; E. Schenck, J. Mager, dem dt. Pionier d. Elektro-Musikforschung z. Gedächtn., 1952.

Spiccato (it. = getrennt), Stricharf: deutlich abgesetzte Töne bei jeweils neuem Bogenstrich (Springbogen); angewiesen durch Strich über der Note, oft durch Punkt mit Zusatz *spicc.* Vgl. → *saltato* (*sautillé*).

Spiegelfuge, Sonderform der → Fuge, bei der nicht nur die Einzelstimme umgekehrt werden kann, sondern der ganze Satz, d. h. die in der Originalgestalt (*rectus*) tiefste Stimme wird in der Umkehrung (*inversio*) zur höchsten. Entsprechend wechseln die übrigen Stimmen. Sie laufen dabei in Gegenbewegung. Die S. wird zunächst original, dann in Umkehrung gespielt. Beispiel: J. S. Bach, *Kunst der Fuge, Contrapunctus* 16, 17, 18; in *Contrapunctus* 19, der unvollendeten → Quadrupelfuge ist die letzte, nicht fertiggestellte Fuge als S. angelegt.

A. Adrio, D. Fuge (Musikwerk 19), 1960; J. Müller-Blattau, Grundzüge einer Gesch. d. Fuge, [3]1963.

Spiegelkanon (*Canon per motum contrarium, c. all'inverso*), → Kanon, bei dem das Thema in der → Umkehrung erscheint; z. B. in J. S. Bachs *Kunst der Fuge* (Contrapunctus 15: *C. per augmentationem in contrario motu*; vgl. dort auch die → Spiegelfugen 16–19). Von J. Mouton erschien 1547 ein S. (*Salve, mater Salvatoris*), bei dem Alt II und Baß das Thema streng in Gegenbewegung bringen, Sopran und Alt I es frei imitieren, z. T. vorausnehmen.

Spieldose, → mechan. Musikinstr. in Form einer kleinen Schatulle (z. B. Tabaksdose), bei dem abgestimmte Zungen von einer durch Federwerk angetriebenen Stiftwalze zum Klingen gebracht werden. S. waren besonders im 18., 19. Jh. beliebt und kunstvoll gestaltet, im 20. Jh. oft zum Verkauf als Andenken hergestellt. Auch Name von Charakterstükken, z. B. Ljadov (Klavier).

Spielleute, 1. fahrende Musikanten und Sänger im MA, über deren gesellschaftl. Stellung und musikal. Leistung zahlreiche abwertende oder idealistisch verklärende Vorurteile weitergetragen wurden, die die musikwissensch. Forschung mit Hilfe der allgem. Kulturgeschichte, der Volkskunde, Rechtsgeschichte und Ikonographie in neuester Zeit erkannt hat. Der frühmittelalterl. Name → Skop muß schon für den Heldensänger wie für Gaukler und fahrende Musikanten gegolten haben. Der Sammelbegriff S. umfaßte dann unter zahlreichen Namen die vorwiegend instrumental Musizierenden (lat. *joculator,* afrz. *jogleor,* ital. *giocolare,* ahd. *goukalari*), den Possenreißer und Schauspieler (Mimus) und den Gaukler (Histrio); die beiden letzten aber wohl auch mit Instr. umgehend. Erst im 16. Jh. vollzog sich der Übergang von allgemein musischer Betätigung zu spezieller Instrumentalmusik, wobei die S. für die Verbreitung neuer Gattungen sorgten (Fidel, Drehleier, Flöten, Psalterium, Trommel) und ein internationales Tanzrepertoire von Polen bis Spanien, Skandinavien bis Italien vorbereiteten, aus dem sich die → Suite zusammensetzte und ergänzte. Seit Beginn der sozialen Umschichtung im 13. Jh., als die S. Dienstverhältnisse bei Adel, Kirchenfürst od. Stadt eingingen und im bürgerl. Leben seßhaft wurden, wechselten die Namen in frz. → *ménéstrier,* ital. *menestrello,* engl. → *minstrel,* während in Dtl. der „Spielmann" blieb. Das Wort wurde im 16. Jh. durch „Musikant" ersetzt. Fahrende S. gehörten seit dem 16. Jh. zur niedersten Gesellschaftsschicht; dagegen waren, mit verschied. sozialer Wertung, Trompeter und Pauker an den Höfen, Pfeifer und Turmbläser bei den Städten (→ Stadtpfeifer) fest organisiert. Musikantenzünfte sind schon aus dem 13. Jh. bekannt (→ Zunftwesen). → Goliarden, Jongleur, Skalde, Skomoroch, Vaganten, Musiker, Dichtersänger,

Epos. – 2. Die in der → Harmoniemusik (→ Militärmusik) vor der eigentlichen Kapelle marschierenden S. mit Trommeln und Querpfeifen, deren „kleines Spiel" mit dem „großen" wechselt. S. wurden im 13. Jh. den „Haupfen", „Fähnlein", später Kompanien der Fuß- od. Landsknechte zugeordnet, im 17. Jh. in Frankr. dem Regimentstambour (→ Tambourmajor) unterstellt, oft mit Fanfarenbläsern ergänzt. In der 2. Hälfte des 20. Jh. bestehen in vielen Ländern Europas Spielmannszüge, die von Gemeinden od. Vereinen gestützt werden, sich in Wettbewerben messen und z. B. in Skandinavien lebendiges Brauchtum (→ S. 1) fortführen, altes erneuern.

A. Mönckeberg, Die Stellung d. Spielm. im MA (Diss. Freib./Br.) 1910; H. J. Moser, D. Musikergenossenschaften im dt. MA, 1910, ND 1972; Th. Hampe, D. fahrenden Leute i. d. dt. Vergangenh., [2]1924; A. Lange-Seidl, Der germ. Zaubersänger u. -spielm. (Diss. Münch.) 1946; W. Salmen, D. fahrende Musiker im europ. MA, 1960; ders., D. Spielmann i MA, Innsbr. 1983; W. Danckert, Unehrliche Leute, Bern 1963; J. E. Spruit, Van vedelaars, trommers en pijpers, Utrecht 1969; D. Krickeberg, Zur sozialen Stellung des dt. Spielmanns i. 17. und 18. Jh., in: W. Salmen (Hg.), Der Sozialstatus des Berufsmusikers v. 17.–19. Jh., 1971; S. Žak, Mus. im höf. Leben, Zeremoniell u. Recht d. MA (Diss. Frankf. 1976) [2]1979; W. Hartung, Die Sp. (Beih. Vj.schr. f. Sozial- u. Wirtsch.kunde) 1982.

Spielmannszug → Spielleute 2.

Spielmusik, allgemeiner Begriff, erst in der → Jugendmusikbewegung des 20. Jh. eingeengt auf eine „musikantische", d. h. spielerische, sachliche, unproblematische, nicht „arrangierte", nicht ausdrucksgeladene Musik mit dem Beispiel der Barockmusik und selbständ. neuen Werken (u. a. Bräutigam, Bresgen, Distler, Hindemith, Knab, Kukuck, Orff, Rohwer, Thomas). Titel wie S., Gebrauchsmusik, Übung wurden anfangs bevorzugt („Zs. f. S."). Das Wort S. in diesem engeren Sinne erschien vermutl. zuerst in den Ratgebern für die → Hausmusik von K. Nowak (Eger 1919) und W. Hensel (Eger 1921).

H. Höckner, D. Musik i. d. dt. Jugendbewegung, 1927; E. H. Meyer, D. mehrstg. S. d. 17. Jh. in Mitteleuropa, 1934.

Spieloper, heitere Oper ohne Problemhintergrund, in der Nähe des → Singspiels oder der heiteren → Oper (*Opera buffa, Opéra comique*) stehend; z. B. bei A. Lortzing (*Zar und Zimmermann,* 1837; *Wildschütz,* 1842; *Waffenschmied,* 1846), E. Wolf-Ferrari (*Die vier Grobiane,* 1906; *Susannes Geheimnis,* 1909).

Spieltisch → Orgelbau.

Spieluhr, mit Uhrwerk verbundenes → mechanisches Musikinstr., bei dem durch eine Stiftwalze die Zähne eines Stahlkammes zum Klingen gebracht werden. Im Ggs. dazu spricht man vom → Flötenwerk, wenn die Walze über ein Gebläse Pfeifen regiert. → Spieldose.

K. Bormann, Orgel- u. S.-bau, Z 1968.

Spinett (lat. *spina* = Dorn; vgl. *virga* in → Virginal; frz. *épinette*; engl. *spinet*), besaitetes Tasteninstr.; → Kielinstr., eng verwandt mit dem Virginal. Die Saiten liegen quer zu den Tasten. M. Praetorius wies schon auf die unterschiedl. Benennung beider Instr. hin. Heute neigt man dazu, die unregelmäßig gebauten als S. zu bezeichnen, so auch das im 18. und 19. Jh. in Dtl. und England beliebte, flügelartige Querspinett (*spinetta traversa*).

Spirit(u)oso, *con spirito* (ital.:) geistvoll, spritzig, feurig.

Spiritual (engl.: geistlich), **Negro s.,** das geistl. Lied der amerikanischen Neger; ein Gemeinschaftslied wie die → *worksongs* (→ *plantation songs*); ebenfalls im Wechselsang (call and response) zwischen Vorsänger (Priester) und Gemeinde. Das S. ist im 18. Jh. entstanden und stellt altes afrikan. Musikgut zu christl. Stoffen (aus den Propheten des Alten Testaments und aus der Lebensgeschichte Jesu), die die Neger in die Vorstellungswelt ihres Alltags übertragen: Jesus lebt unter ihnen, und den Mississippi nehmen sie als Jordan. Musikalisch wächst dem afrikan. Grundbestand die einfache harmon. Stufenfolge der abendländ. Musik zu, während sich andrerseits das S. schon bestehender geistl. Lieder annimmt (wobei das *White S.*, z. B. das der *American Shakers,* eingewirkt haben mag), die mehrstg. improvisierend verziert werden (→ Heterophonie). In der zweiten Hälfte des 19. Jh. (nach der Abschaffung der Sklaverei 1863) wurde das S. systematisch gesammelt, „gereinigt", harmonisiert und im Chor vorgetragen (ausgehend von den Negeruniversitäten Fisk und Hampton), später auch durch Solisten weit verbreitet (z. B. Paul Robeson, Marian Anderson). In jüngster Zeit haben sich auch europäische Komponisten mit Sätzen zu den Standardliedern der Neger beteiligt (*Swing low, sweet chariot; Go down Moses; Nobody knows the trouble*). Der → *Gospel song,* das heutige geistl. Lied der amerikan. Neger, übernahm Elemente des Jazz. Der Einfluß des S. auf den → Blues und allgemein auf die → Jazzmusik wird häufig überschätzt.

G. B. Johnson, the negro and his songs, Chapel Hill, 1925; J. W. Work, American negro songs and s., NY 1940; G. P. Jackson, S.-Folksongs of early America, NY 1953; M. Ley, S. (Diss. Münch.) 1954; J. Jahn/M. Dauer, Negro s., 1962; L. Zenetti, Peitsche u. Psalm, 1963, ²1967; Th. Lehmann, Negro s., Gesch. u. Theologie, 1965; J. H. Cone, The s. and the blues, NY 1972; M. H. Robinson, The negro sp. (Diss. Tallahassee) 1973; D. W. Patterson, The Shaker S., Princeton 1979.

Spitzflöte, in der Orgel Register mit konisch-offenen Pfeifen (kegelförmigen Flöten); seit Anfang des 16. Jh. als selbständiges Register bekannt (8′, 4′, 2′, 1′), in hohen Lagen auch: Flageolett, Flauto piccolo; in Oktavlage: Spitzoktave, in Quintlage: Quintspitz. Das Wort S. benennt die Pfeifenform.

Spitzharfe (ital. *arpanetta*), kleine dreieckige Tischharfe (Psalterium) mit aufrechtem, beidseitig mit Saiten bezogenem Resonanzboden; auch Harfenett, Flügel- oder Zwitscherharfe genannt (→ Harfe, Zither).

Sprechgesang, 1. der von der Sprache bestimmte, deklamierende Gesang im → Rezitativ im Ggs. zu dem von der musikal. Linie und Form geprägten ariosen Vortrag; – 2. das gehobene Sprechen zur Musik im → Melodram, möglichst unter Angleichung von Sprach- und Musikrhythmus. Bei Pfitzner (*Fest auf Solhaug*) sind nur noch die sprachl. Hauptschwerpunkte in die Musikbewegung eingeordnet. Humperdinck (*Königskinder*) legte den Sprechton, A. Schönberg (*Pierrot lunaire*) die Sprachmelodie in Noten fest.

Springar, norweg. Springtanz im schnellen ¾-Takt mit punktiertem Rhythmus und häufigen Triolen; der → Polska verwandt.

Springbogen → saltato, spiccato.

Springer, 1. Docke, Teil der Cembalo-Mechanik; am Ende des Tastenhebels (und mit diesem bewegt) ein Holzspan mit dem bewegl. Kiel (ursprüngl. Federkiel), der die Saite reißt (vgl. → Plektrum). – 2. Nachschlag: schnelles Anklingenlassen des oberen Nebentons am Ende des Haupttons.

Springlade, in der Orgel → Windlade; eine Verbesserung der → Schleiflade; bis ins 18. Jh. gebaut. Die S. ist wegen der besonderen Bauart kostspielig und anfällig und wurde daher durch die → Kegellade ersetzt.

Square dance (engl. =) Tanz im Geviert im Ggs. zum Rundtanz. Der von je 4 Paaren getanzte → Kontratanz blieb besonders als Volkstanz mit Varianten in den USA lebendig. Vgl. → Quadrille.

Stabat Mater (dolorosa) (lat.: Stand die schmerzensreiche Mutter), Mariensequenz, deren Text Jacopone da Todi (um 1300) zugeschrieben wurde, vermutlich aber von Bonaventura († 1274) stammt; seit 1727 im Brevier der kathol. Kirche; gesungen zum Fest der Sieben Schmerzen (15. Sept.) und am Freitag nach dem ersten Passionssonntag. Die heutige Melodie aus dem 19. Jh. wird dem Text nicht gerecht. Der alte Hymnus steht im S. des Josquin Desprez über der auf das geistl. Thema anspielenden Chansonmelodie A. Agricolas *Comme femme desconfortée*. Der Text des S wurde oft mehrstg. vertont, z. B. von Palestrina, F. Anerio, A. Stefani, A. Caldara, A. Scarlatti, G. B. Pergolesi, J. Haydn, G. Rossini, F. Liszt, A. Dvořák, K. Szymanowski, F. Poulenc, K. Penderecki.

E. Schmitz, Das Madonnen-Ideal i. d. Tonkunst, 1920; P. Mies, St. M. (KmJb) 1932; F. Haberl, St. M. (Mus. sacra) 1956.

Stabreim, Gleichklang (Alliteration) der Anlaute bei Stammsilben, z. B. Wind und Wetter; zittern und zagen. Der Stabvers der german. Dichtung (Edda, ält. Hildebrandslied, Heliand) verteilte 3 oder 4 S. auf eine Langzeile = 2 Kurzzeilen. Nach dem 9. Jh., in dem sich der Endreim durchzusetzen begann (Otfried v. Weißenburg, Evangelienharmonie), wurde der S. vor allem lautmalend verwendet, so in Romantik und Symbolismus und dabei häufiger in den romanischen Literaturen. Wie Wilhelm Jordan, der die Nibelungen (1867 bis 1874) im S. wiedergab, verlangte auch Rich. Wagner in seinen Operndichtungen die Alliteration: *Alles, was ist, endet, / Ein düsterer Tag / dämmert den Göttern: / Dir rat' ich, meide den Ring!* (*Rheingold,* 1852). Der → Glottisschlag (*alles, ist, endet*) gilt im S. als Konsonant.

K. Loewe, D. Vers in R. Wagners „Ring ..." (Diss. Marburg), 1925; A. Heusler, Dt. Versgesch., [2]1956; D. Hofmann, Z. Frage d. musikal. Vortrags d. altgerman. S.dichtung ... (Zs. f. dt. Altert.), 1963; E. Jammers, D. Vortr. d. altgerm. S.verses in mw. Sicht (ebd.), 1964.

Stabzither → Musikstab.

Staccato (ital.: abgestoßen), Abk. *stacc.,* Bezeichnung durch Punkt über der Note: mit Deutlichkeit trennen. Bei Streichinstr.: mit *einem* Bogenstrich od. Strichwechsel für jeden Ton. Ggs.: *legato.*

Stachel, Dorn; der spitz auslaufende, heute meist verstellbare Metall- od. Hartholzstab, mit dem größere Streichinstr. auf den Boden gestützt werden (Kontrabaß, Violoncello, auch Gamben und Fideln). Vgl. → Rabāb, einfache Spießlauten und Stachelgeigen, z. B. → Kamandža, die auch mit metallener Kniestütze ausgestattet sein kann.

Stadtpfeifer, Stadtmusikanten, die schon im 14. Jh. bekannten, von städt. oder geringeren kirchl. Behörden gehaltenen Musiker (seit der 2. Hälfte des 16. Jh. „Musikanten" genannt statt „Dienst"- od. „Spielmann") mit festen Zunft- und Ausbildungsregeln (→ Lehrlingswesen). Sie standen tiefer in der gesellschaftl. Rangordnung als die an weltl. und geistl. Höfen bezahlten Trompeter und Pauker (→ Alta). In der Stadt- und → Turmmusik durften anfangs keine Trompeter sein; später nur in privilegierten Städten, und im Laufe des 16. Jh. wurde das Verbot mehr und mehr umgangen. Meist wurden zunächst Oboisten und Zinkenisten ausgebildet („Hautboistenbanden"). Die Zunftregeln verfielen im freien Wettbewerb des 19. Jh. Seit dem 18. Jh. stellten die „Stadtpfeifen" (einige bis in die 1930er Jahre bestehend) die Mehrzahl der Militär-, Unterhaltungs- und Tanzmusiker. → Spielleute.

H. Techritz, Sächs. Stadtpfeifer (Diss. Lg) 1928; A. Werner, 4 Jh. im Dienste d. Kirchenmus., 1933; h. W. Schwab, Zur sozialen Stellung d. Stadtmusikanten, in: W. Salmen (Hg.), D. Sozialstatus d. Berufsmusikers . . ., 1971; ders., Krise u. Auflösung d. Stadtmusikantentums, in: U. Haensel (Hg.), Beitr. z. Mg. Nordeuropas (Fs. Gudewill) 1978; ders., D. Anfänge des weltl. Berufsmusikertums i. d. ma. Stadt, 1982; M. Wolschke, Von d. Stadtpfeiferei z. Lehrlingskapelle u. Sinfonieorch., 1981.

Stagione (ital. = Jahreszeit), Spielzeit der ital. Oper; so zuerst in Neapel; geltend für die Karnevalszeit (Frühlingsst.), 2. Osterfeiertag–15. Juni (Sommerst.), 1. Sept.–30. Nov. (Herbstst.). – *St. di cartello* (= Plakat) = zunächst in Venedig die besondere, durch Beteiligung berühmter Künstler hervorragende Aufführungsserie einer Produktion in gleichbleibender Besetzung; Ggs.: Ensemble-Aufführung mit verschieden eingesetzten Kräften.

STAGMA = Staatl. genehmigte Gesellsch. zur Verwertung musikalischer Urheberrechte (1933–1947); → GEMA.

Stammakkord, in den verschied. funktionalen Harmonielehren uneinheitlich gefaßter Begriff: auf dem Grundton mit Terzen aufgebauter Akkord (Dreiklang, Sept-, Nonenakkord); Riemann: Dur- und Mollakkord.

Stammtonreihe, Stammstufen, die aus den Dreiklangstönen der Tonika, Dominante, Subdominante gebildete Tonleiter, von der aus durch → Alteration andere abgeleitete Töne gewonnen werden bzw. auf die man abgeleitete Töne zurückführen kann.

Standardtänze → Gesellschaftstanz.

Ständchen, eine weder der Besetzung noch der Form nach festgelegte Musik als Huldigung für die Geliebte oder für einen Honoratioren, im Ggs. zu → Aubade, Serenade und → Notturno nicht an eine Tageszeit gebunden. Der Name ist in diesem Zusammenhang seit 1619 bekannt. → Kassation, Divertimento.

Starina → Bylina.

Stauprinzip, Anstauen der Atemluft durch Stimmbandschluß mit der Bereitschaft zu schneller, stärkerer Entladung im Forte. Die schon in der Antike bekannte Singweise wurde im 20. Jh. als Gesangsmethode von G. Armin propagiert.

Steel drum (engl. = Stahltrommel), in den 1930er Jahren von Farbigen auf Trinidad gefertigtes Schlaginstr.: ein im unteren Teil quer durchgeschnittenes Ölfaß, dessen Boden nach innen gewölbt und mit abgestimmten Beulen nach außen versehen wurde, auf die geschlagen wird. Die Stahltrommel wurde nach 1960 in Militär- und Unterhaltungsmusik (*steel band*) übernommen und von Varèse (*Hyperprism*; mit nicht präpariertem Faß) und Haubenstock-Ramati (*Amerika,* 1962/4) vorgeschrieben.

Steg (ital. *ponticello*), ein geschnitztes Brettchen, auf dem Resonanzboden der Saiteninstr. stehend, mit Kerben, in denen die Saiten liegen. Der S. überträgt die Schwingungen der Saiten auf die Decke des Instr. und über den → Stimmstock auf den Boden; → Sordino. – *sul p.* = am Steg.

Stehgeiger, im → Ensemble der → Unterhaltungs- und Tanzmusik der 1. Geiger, der stehend spielt und dabei dirigiert, indem er sein Spiel kurz unterbricht oder den Kopf, die Violine od. den Bogen andeutend bewegt. Bei der → Jazzmusik hat vielfach ein Saxophonist die gleiche Funktion. Die Methode war schon im alten Griechenland üblich, wo die Fußklapper (→ Krupezion) dem Dirigenten die Möglichkeit gab, selbst ein Instrument zu spielen.

Steinspiel → Lithophon.

Steirer, Styrienne (frz.), steirischer Springtanz im ¾-Takt; zur Gruppe der → Ländler gehörend; vgl. → Walzer; unter dem frz. Namen oft in Klavierschulen und Salonsammlungen. „Steirischer" heißt ein alpenländ. Werbetanz in der Art des → Schuhplattlers.

Stempenie, Stempenei (mhd.) → Estampie.

Stereophonie (griech. *stereos* = Körper, *phone* = Stimme), Raumklang; plastische Tonwiedergabe mit zwei getrennt aufgestellten Lautsprechern. Die stereophone Aufnahme erfolgt durch Mikrofone rechts und links der Klangquelle. Ihre Signale werden über eine beide Kanäle „synchronisierende") Trägerfrequenz gesendet, Rechts- und Linksspannungen im Empfänger wieder getrennt und den 2 Lautsprechern zugeführt („Pilottonverfahren"). 1958 wurden in den USA und Frankreich Versuchssendungen begonnen, in Dtl. 1963. Nachdem (1958) das Problem gelöst war, die 2 Stereoaufzeichnungen in einer Plattenrille (mit Seiten- und Tiefenschrift) unterzubringen, setzte sich die Stereoplatte schnell durch. Für die Digital-Schallplatte (Compact Disc) wurden 1983 die mit Laserstrahl arbeitenden Abspielgeräte vorgestellt. → Quadrophonie, High Fidelity, Kunstkopf.

J. Cordonnier, Stereophon. Klangwiedergabe u. filmtechn. Klangaufnahme (Gravesaner Blätter), 1957; H. Brauns, Stereotechnik, 1961; H.-P. Reinecke, Stereo-Akustik, 1966; High Fidelity u. S. (Schriftenr. Mus. u. Gesellsch.) 1971; J. Blauert, Räuml. Hören, 1974.

Stich → Notenstich.

Sticheron (griech. *stichos* = Vers; altruss. *stichira*), Gesang in der byzantin. Kirchenmusik; zunächst zwischen den Psalmversen nach eigener od. bestehender Melodie meist syllabisch od. leicht melismatisch (etwa 3 Töne je Silbe) gesungene Texte, später erweitert und selbständig im Abend- und Morgenoffizium. Die Stichera bilden eine eigene Gruppe innerhalb der → Troparien und sind im Sticherarion gemäß dem Gebrauch im Kirchenjahr verzeichnet.

→ Byzantin. Musik.

Stichnoten, die gegenüber der Normalgröße im jeweiligen Notenbild kleiner dargestellten Noten, die z. B. gegen Ende einer längeren Pause in einer Stimme den charakterist. Verlauf einer anderen wiedergeben, somit den Einsatz erleichtern; od. in einem (Lied-)Satz eine Stimme zusätzl. od. als Ersatz angeben.

Stiel, Zeichen der Musikorthographie: der je nach der Stellung der Note im Liniensystem nach unten oder oben gezogene Hals der halben Noten und aller kleinerer Werte. In der Regel soll der S. bei alleinstehenden (nicht durch → Balken verbundenen) Noten die Länge von 3 Zwischenräumen im Liniensystem haben. Die S. zu Noten bis zum a′ (im Violinschlüssel) werden nach oben, ab h′ nach unten gezogen. Das kann sich ändern, wenn im Klaviersatz nach oben gestielte Noten den Part der rechten, nach unten gestielte den der linken Hand kennzeichnen sollen oder wenn die S. den Verlauf im polyphonen Satz zu bezeichnen haben.

Stil (lat. *stilus* = Schreibgriffel, Schreibweise), die charakteristische Eigenart als verbindendes Merkmal einer Gruppe von Kunstwerken. Der Eindruck des Kunstwerks als Einheit wird durch das Zusammenwirken aller Stilmittel innerhalb der künstlerischen Konzeption des Komponisten erreicht. St. ist zusammen mit der → Gattung als der praktischen Zweckbestimmung des Werkes und der → Form als hör- und sichtbarem Bauplan die Voraussetzung für Musik als Form höherer Ordnung. Die Art der Begrenzung der Tonmaterie, die Lagerung der Schwerpunkte, damit die Gewichtsverhältnisse im Werk und dessen Beseelung in Spannung und Ruhe bestimmen den St. als aus innerer Ordnung konzipiert. Je weniger dabei Stilmittel als Gesamtheit ineinanderwirken, desto wahrscheinlicher reihen sie sich als äußere, von der Konvention diktierte, nicht im Ganzen gewachsene Formeln und Floskeln im Manierismus, nur noch beurteilt nach der Technik, der Machart, dem Grad handwerkl. Fertigkeit, mit der sie geordnet wurden. In der schöpferischen Arbeit des einzelnen entwickelt sich der Personal-(Individual)stil wobei geistiges Erbe, Weltanschauung, Handwerkslehre mitwirken und Früh-, Hoch- oder Spät-, Jugend- oder Altersstil entstehen. Aus der Menge mehr od. weniger gleichartiger Werke ragen die mit eigenen Stilmomenten heraus als Beispiele eines Gattungsstils (Opern-, Kirchenmusik), eines Lokal-, Stammes-, Landschafts-, National- oder Kontinentalstils („abenländ. Musik"), schließlich als typisch für eine meist rückblickend erkannte, allgemeine Geschmacksrichtung im Generations-, Zeit-, Epochenstil (Renaissance-, Barockstil). Historische Stilelemente sind z. B. → Heterophonie, Polyphonie, Homophonie. Stilformen sind charakteristische formale Erscheinungen in durch einen Stil verbundenen Werken (z. B. Da-Capo-Arie mit Blütezeit im Barockstil). Stilvergleiche zwischen den Künsten bei der vom Material bestimmten Verschiedenheit der Kategorien wurden vielfach versucht, können aber nicht ohne subjektive Spekulation und daraus notwendig werdende Verzerrung durchgeführt werden. Mit diesem Vorbehalt werden die Bezeichnungen Gotik, Barock, Rokoko in der Mw. gebraucht. – Große Stilwenden in der Musik waren zu Beginn des → Organums (um 1000), bei Beginn der Chorpolyphonie in der → Ars nova (um 1300), im Durchbruch der → Monodie (→ Generalbaß, um 1600), im Übergang zur → klassisch-romantischen Epoche (über → galanten, empfindsamen Stil und → Sturm und Drang, 1730–1770) und im Übergang zum → Expressionismus um 1900. Dem objektiven Stil eines Werkes steht der subjektive Nachvollzug durch Interpreten und Hörer gegenüber. Er ist abhängig von dem durch Einfühlungsvermögen, Temperament und Technik geprägten Stil des Dirigenten, der den Stil des Originals auch verschleiern kann. Eine als feststehend übernommene Zuweisung eines Stils engt die freie Beurteilung einer (in ihren Erscheinungen fließenden) musikgeschichtl. Periode ein. → Affektenlehre, Musikästhetik.

G. Adler, Der St. i. d. Mus., 1911, ND 1973; E. Katz, D. mus. St.begriffe d. 17. Jh. (Diss. Freib./Br.) 1926; M. Friedland, Zeitst. u. Persönlichkeitsst. i. d. Variationswerken d. mus. Romant., 1930; H. Rosenberg, On the analysis of st. (AM) 1937; C. Sachs The commonwealth of art, NY 1946; A. Schering, Vom mus. Kunstwerk (hg. F. Blume) 1949; G. v. Dadelsen, alter St. u. alte Techniken i. d. Mus. d. 19. Jh. (Diss. B) 1951; H. Husmann, Singst. u. Instrumentalst. i. d. europ. Mus. (Kb. Bamberg) 1954; H. Ulrich, P. A. Pisk, A hist. of music and musical st., NY 1963; Z. Lissa, Üb. d. nationalen St. (Beitr. z. Mw.) 1964; R. L. Crocker, A hist. of mus.st., NY 1966; G. Dickinson, A handb. of st. in mus., NY 1969; J. La Rue, Guidelines for st. analysis, NY 1970; W. Wiora, Üb. d. Anteil d. Musik an Zeitstilen d. Kultur (Studi Musicali 2) Florenz 1973; G. Haußwald, Mus. St.kunde, [2]1979. → Form, Musikästhetik, Typologie.

Stilkopie, bewußtes Übernehmen formaler und/od. expressiver Stilmerkmale, eines Zeit-, Gattungs- od. Personalstils. Der Begriff überschneidet sich mit dem der → Parodie (2) und → Travestie, soweit die St. humorig-spielerisch, gelegentlich karikierend überspitzt ist (Kopie nach versch. Komponisten, z. B. S. Ochs, *S'kommt ein Vogel geflogen*; K. H. Pillney, *Parodist. Variationen üb. einen Gassenhauer,* 1945; H. Priegnitz, *Wie einst Lili Marlen,* 1982). Im Ggs. dazu wurde besonders seit der 2. Hälfte des 19. Jh. eine frühere (barocke, klassische) Schreibweise historisierend (umwandelnd) zum eigenen Kompositionselement gemacht, z. B. in den Suiten Fr. Lachners, Klavierstücken C. Reineckes; unterschiedl. in den Werken „im alten Stil" (u. a. Enescu, Reger, H. Ambrosius) od. in einzelnen → BACH-Kompositionen. St. war vielfach Teil des Kompositionsunterrichts. → Historismus.

Stimmbänder, die den → Kehlkopf quer durchziehenden, hinten von den Stellknorpeln, vorn von dem Schildknorpel gehaltenen beiden Muskeln, die, weil sie von der in die Kehlkopfhöhle buchtenden Schleimhaut überzogen sind, auch Stimmlippen genannt werden. Beim Einatmen oder (tonlosen) Flüstern stehen die S.

nach hinten auseinander. Die Stimmritze (Glottis), der dazwischen liegende Spalt, verengt oder schließt sich im schnellen Wechsel während des Sprechens und Singens. Die durch die gespannten S. gepreßte Luft versetzt sie in Schwingung. Die Höhe des dabei entstehenden Tones hängt von der Länge und der Spannung der S. ab. Bei Frauen sind die S. etwa 15 mm, bei Männern etwa 25 mm lang. Die sogenannten falschen S. erzeugen keine Töne und liegen, ebenfalls als Schleimhauttaschen, über den klingenden. Die dazwischen liegenden Höhlen (Morgagnischen Taschen) haben vermutlich Einfluß auf die Tonfarbe.

Stimmbildung, Teil der → Gesangspädagogik, vielfach mit ihr gleichgesetzt, jedoch deutlich unterschieden durch die Erkenntnis, daß die menschl. Stimme – anders als ein Musikinstr. – sich im Gebrauch entwickelt und aufbaut. Der Begriff erscheint 1868, vorbereitet durch die physiolog. fundierten Gesangsmethoden in der Mitte des 19. Jh. (G. Weiß, *Allgem. St.lehre*), mit bewußten Folgerungen aber erst bei Müller-Brunow. – Die schulische St. ist meist Chorarbeit u. beschäftigt sich mit Stimmkunde, → Phonetik, Atempflege. Zwar erwähnte Fröbel (*Menschenerziehung* 1826) die St., systematisch beschäftigte sich aber zuerst A. Greiner in Berlin und Augsburg (→ Singschule) damit im Zusammenhang mit der Chorschulung. → Musikerziehung, Gesangshygiene.

Br. Müller-Brunow, Tonbildung od. Gesangs-Unterr.?, 1890; K. Scheidemantel, St., 1907; K. Schlaffhorst, H. Anderson, Atmung u. Stimme, 1928, NA 1950; A. Greiner, St., 1938; H. Biehle, Stimmkunde, 1955, ²1970; W. Ehmann, Chorische St., ²1956; Fr. Martienßen-Lohmann, Der wissende Sänger, 1956; R. Luchsinger, G. E. Arnold, Lehrb. d. Stimm- u. Sprechheilkunde, W. ²1959; O. Iro, Diagnostik u. Pädag. d. St., 1961; S. Böckler, St. i. d. Schule, 1969; E. Fischer, Hdb. d. St., 1969; G. Habermann, Stimme u. Sprache, 1978.

Stimmbogen → Setzstück.

Stimmbruch, 1. die → Mutation allgemein oder das Umschlagen der Stimme in der Mutation, das besonders auffällig bei Knabenstimmen auftritt; – 2. das Versagen der Stimme infolge Krankheit, Überanstrengung oder als Folge einer falschen Gesangsmethode.

Stimmbrücke, Stimmfeder, ein Draht, der die Zunge einer Orgelpfeife festhält und selbst verschiebbar ist, je nachdem, wie weit die Zunge frei schwingen und welche Tonhöhe also die Pfeife haben soll.

Stimmbücher, einzeln geschriebene oder gedruckte Stimmen in mehrstg. Musik. Wurde chorisch auszuführende Musik ursprünglich nur aus einem Exemplar abgelesen, indem auf 2 gegenüberliegenden Seiten die 4 Stimmen jede für sich nacheinander standen, so bedeutete die erstmals im Glogauer Liederbuch (um 1470) nachgewiesene Darstellung in einzelnen S. eine entscheidende Verbesserung. Sie wurde vom → Notendruck rasch aufgegriffen, zumal der Druck von → Chorbüchern in Großformat und mit großen Typen mit der billigeren und schöner gestalteten Handschrift nicht konkurrieren konnte. Der Druck von → Partituren war selten. Die Chorpartitur setzte sich erst im 20. Jh. durch gegen Einzelstimmen und Dirigierpartitur, die seit dem 17. Jh. üblich waren. Corelli und Vivaldi legten noch ihre

Instrumentalwerke nur in Stimmheften vor. Der → Dirigent leitete das Ensemble vom Continuoinstr. aus nach der Generalbaßstimme. Erst die Erweiterung musikal. Ausdrucksmittel machte die Orchesterpartitur nötig. Herausgeber alter Musik → spartieren, d. h. fertigen die Partitur nach den einzelnen S.

Stimme, 1. → Singstimme; – 2. Vokal- od. Instrumentalst. als Notensystem der Partitur od. das Notenheft(-blatt) der Einzelst.; – 3. Stellung im Satz: Ober-, Mittel-, Füllst.; – 4. „Lagenst.“: satztechn. Bez. für die Stellung im Verhältnis zum Tenor (als Fundamentum, → Basis) im spät-ma. Satz; – 4. → Stimmstock bei Saiteninstr.; – 5. Orgelregister: Reihe von Pfeifen gleicher Klangfarbe.

Stimmer, bei der → Sackpfeife neben der Spielpfeife vorhandene Bordunrohre, die auch mehrteilig, somit stimmbar sein können.

Stimmfamilie, Gruppe gleichartiger Instr., zusammengestellt nach Stimmlagen nach dem Beispiel der menschl. Stimme, so daß Vokalsätze instrumental ausgeführt (unterstützt) werden konnten (→ Instrumentalmusik). Schon um 1500 wurden die meisten Instrumente in mehreren Größen gebaut, von denen nur die bestehen blieben, die entwicklungsfähig genug waren, um dem Zeitstreben nach größerem Klang und beweglicherem Ausdruck zu entsprechen (→ Viola 2). Auch neu entwickelte Instr. (z. B. Saxophon) wurden in St. gebaut.

Stimmführung, Bewegung der Stimmen im mehrstg. Satz, der streng-stg. (immer mit gleicher Stimmenzahl) od. frei-stg. sein kann (je nach beabsichtigter Wirkung mit wechselnder Stimmenzahl). Die melod. Einzelstimme und/od. ihre Existenz im Satz (Zusammenklang) sind entscheidend. Die Stimme wird mit Gegen-, Parallel-, Seitenbewegung, Stimmkreuzung linear kontrapunktisch („polyphon“) geführt od. „harmonisch“ (monodisch, akkordisch) mit größerer Rücksicht auf die Klangwirkung.

H. Federhofer, Akkord u. St. i. den mth. Systemen v. Riemann, Kurth, Schenker, W 1981.

Stimmgabel, Stahlstab, einer zweizinkigen Gabel ähnlich. Durch Anschlagen kommen die beiden Gabeläste in Schwingung. Der Klang ist obertonarm und kann durch Aufsetzen der S. auf einen Resonanzkörper verstärkt werden. Der englische Lautenist J. Shore soll die St. 1711 erfunden haben.

Stimmgabelklavier → Gabelklavier.

Stimmgattung, die von Klangfarbe, Umfang, Stimmstärke und der gesamten Körperbeschaffenheit des Sängers bestimmte Grundhaltung einer → Singstimme, die für die Stimmlage und die Eignung z. B. im Bühnenfach entscheidend ist. → Stimmfamilie.

Stimmgerät. Die Kontrolle der → Stimmung des Orchesters beginnt mit dem a′ (→ Kammerton) der 1. Oboe, die Tonangabe für Chöre oft durch Stimmpfeife (vgl. → *pitch pipe*) od. → Stimmgabel, die auch beim Einstimmen einzelner Instr. verwendet wird. In der 2. Hälfte des 20. Jh. wurden

S. gebaut, die mit → Generatoren arbeiten und zur Einstimmung allgemein od. einzelner Instr. (z. B. Gitarre) dienen, während Stimmungsmeßgeräte die Abweichung, deren Tendenz oder genaue Größe angeben.

Stimmhorn, Werkzeug des Orgelbauers. Mit dem S. kann er den oberen Rand der Labialpfeifen leicht erweitern oder verengen und so die Stimmung in geringen Grenzen korrigieren.

Stimmkreuzung, Begriff der Satzlehre: Eine Stimme wird über (unter) eine andere geführt, bedingt durch das themat. Material bzw. durch Regeln im strengen Satz (z. B. Parallelenverbot) od. im Interesse der besonderen Klangwirkung.

Stimmlage → Lage (3).

Stimmstock, Stimme, Seele; in Streichinstr. ein Stäbchen zwischen Decke und Boden (hinter dem rechten Fuß des → Stegs), deren Schwingungen es gegenseitig vermittelt, zugleich Stützfunktion hat.

Stimmtausch, Wechsel von Melodieabschnitten zwischen Stimmen (gleicher Lage); vgl. → Doppelter Kontrapunkt, Rondellus.

Stimmton (frz., ital. *diapason*; engl. *pitch*), der international vereinbarte Normalton (Kammerton) a′, seit der 1. Londoner S.-Konferenz 1939 gleich 440 Hertz (Doppelschwingungen je Sekunde) bei 20° C, der aber nicht allgemein benutzt wird. Vor dieser Festsetzung galt a′ = 435 Hz (1859 in Paris festgelegt, 1885 in Wien international anerkannt). Demgegenüber legte die engl. Militärmusik noch 1909 für ihren Bereich den S. auf 452,4 Hz, was bis 1939 gültig blieb. Die S.höhe wechselte häufig je nach Art der Musik und war oft landschaftl. verschieden. Der engl. Chorton in weltl. Musik entsprach beinahe dem heutigen S., während er in geistl. Musik etwa 2 Halbtöne höher und der S. der Musik für Tasteninstr. etwa 3 Halbtöne tiefer lag. Die S.differenzen bei Orgeln waren erheblich. Man unterschied Kammer-, Opern-, Chor-, Cornett-, Zinkenton. Um die Mitte des 19. Jh. galt in Paris a′ = 435–445 Doppelschwingungen, in London 433–453 (1877 R. Wagner in der Albert Hall: 455), in der Mailänder Scala 451, in New York (1870) 457. Trotz der Norm von 440 Hz schwankt noch heute die S.höhe zwischen 430 und 460 Hz. Die Neigung zum höheren S. liegt besonders bei Blechbläsern nahe, die den strahlenden Klang anstreben. Nach einem Vorschlag von R. Dussaut an die Pariser Akademie der Wissenschaften wurde für Frankr. 1950 die Änderung auf 432 Hz beschlossen. Einige dt. Orchester bevorzugen 444–446 Hz. Eine Kommission des Europarates empfahl 1969 erneut 440 Hz bei 20° C. Eine einheitliche Regelung liegt auch im Interesse der Instrumentenhersteller.

W. Lottermoser, H. J. v. Braunmühl, Beitr. z. S.frage (Acustica) 1955; A. J. Ellis, A. Mendel, Studies in the hist. of mus. pitch, A 1968; A. Mendel, Pitch in Western mus. since 1500, (AM) 1978; ders., St. (MGG) 1979.

Stimmung, 1. die Übereinstimmung mit oder die Tonhöhendifferenz zu dem international festgelegten → Stimmton a′ (440 Doppelschwingungen); – 2. bei Blechblasinstr. allgemein: hohe, mittlere, tiefe St., im besonderen die von der → Mensur, dem Grundton des Rohres gegebene St. („Horn in F") u. die Korrektur mit dem → Stimmzug; – 3. Art der Einstimmung (Saitenverhältnis) eines Instruments (z. B. Quint-St.: Violinen, Quinton; Quart-Terz-St.: Laute, Gambe) und die Methode der Oktavteilung, z. B. die „gleichschwebende" → Temperatur mit 12 gleichen Halbtönen. Sie wurde im Orgelbau nicht überall begeistert aufgenommen (J. G. Neidhardt, J. Ph. Kirnberger) und wird dort noch heute kritisch beurteilt, weil das ausgeglichenere Klangspektrum und der Obertonreichtum (→ Aliquotstimmen) die Intervalldifferenzen bei der Orgel eher deutlich machen als bei temperierten, besaiteten Tasteninstr. → Stimmgabel, Stimmgerät, Scordatura.

Stimmwechsel, → Mutation 1.

Stimmzug, verschiebbarer Teil des Schallrohres bei Blechblasinstr. Durch Herausziehen oder Zurückziehen wird der Luftweg im Rohr verlängert oder verkürzt. Die Gesamtstimmung des Instr. kann damit korrigiert werden. Der S. wurde 1781 von dem Hanauer Instrumentenmacher Haltenhoff erstmals für das Waldhorn gebaut.

Stockfagott, → Rankett.

Stockflöte, → Czakan.

Stollen, → Barform.

Stolp (russ.) → Rospev.

Stomp(ing) (engl. = Stampfen), im → Jazz eine aus afrikan. bzw. afro-amerikan. Tänzen übernommene Technik, bei der (im Ggs. zum ostinatoartigen → Riff), zum → Beat der Rhythmusgruppe eine Melodieformel mit Eigenrhythmus (*stomp pattern*) klingt, die (einteilig) von den Melodieinstr. nacheinander ständig (auch variierend) wiederholt od. (mehrteilig) meist nur vom führenden Solo-Instr. gespielt wird.

Stopfen, Einführen der Hand (Faust) in die Stürze des Waldhorns, um den Ton zu dämpfen od. die Tonhöhe (so ursprüngl. am Naturhorn) zu beeinflussen („Stopftöne"). → Sordino, Ventil.

Stop time (engl.), schon im frühen → Jazz auftretende Technik, bei der die Melodiegruppe unvermittelt abbricht und nur noch die Hauptakzente hart (perkussiv) mit der Rhythmusgruppe zusammen anschlägt, während sich darüber eine freie Solostimme entwickelt. → Break.

Stradanija (russ.) → Častuška.

Strambotto (it.), Reimstrophe; im 15., 16. Jh. besonders in Süditalien (Sizilien), auch in Spanien (*estrambote*) bekannt. Die 8 Zeilen (11silbig; Reimschema meist abababcc) wurden improvisiert zur Laute gesungen. Elemente des S. sind in die volkstüml. → Frottola und in das kunstvolle → Madrigal eingegangen.

Strascinando, *strascicando* (ital. =) schleppend, langsamer werdend; *s. l'arco* = enge Bindung der Töne bei fest aufliegendem Bogen.

Strathspey (engl.), neben dem → Reel schottischer Nationaltanz, jedoch mit langsamem 4/4-Takt und punktiertem Rhythmus (→ Scotch Snap).

Stravaganza (ital. =) das Außergewöhnliche, Extravagante; in der Musik Mitte des 16.–Mitte 18. Jh. Bez. für nicht traditionelle, auch bizarre Gestaltung od. Besetzung eines Stückes der Vokal-, öfter der Instrumentalmusik, so im Sinne von → Fantasie, Capriccio im *„stylus phantasticus"*; z. B. im Kreis um Gesualdo di Venosa und G. de Macque (*Consonanze stravaganti*), bei C. Farina (*Capriccio stravagante*) od. B. Marcello (*La Str.*). Vgl. → Manierismus.

Streichbogen → Bogen (4).

Streichende Stimmen, eng mensurierte → Labialstimmen der Orgel, nicht ursprünglich als Imitation von Streichinstr. gedacht, sondern aus überblasenden Flöten entstanden, meist erst im Barock mit dessen Vorliebe für den Streicherchor so benannt (z. B. Geigend → Prinzipal). Später versuchte man Imitation des Streicherklanges, zu Beginn der Romantik durch Rohrwerke, dann bis Anfang des 20. Jh. durch streicherähnliche, sehr enge Labialstimmen an Stelle der Rohrwerke.

Streichinstrumente (ital. *strumenti ad arco*; frz. *instr. à archet*; engl. *bowed instr.*) sind Saiteninstr., von denen die meisten durch den Strich des → Bogens (4) über die Saiten klingen (Ausnahmen: → Drehleier, → Nagelgeige). Die Geschichte der → Chordophone ist bis ins 16. Jh. meist nur an ikonograph. Belegen zu verfolgen. Aus der frühen Entwicklung (→ Musikstab, Musikbogen) werden bis heute einige Instr. als Streich- und als Zupfinstr. benutzt: z. B. Streichlaute, u. a. Kamandža, Str.gitarre, Str.psalter (→ Psalterium), Str.zither.

L.-A. Vidal, Les instr. à archet, P 1876/8, ND L 1961; J. Rühlmann, Gesch. d. Bogeninstr., 1882, ND 1974; H. Panum, The stringed instr. of the MA, L 1940; Denis, 1944; F. W. Galpin, Old instr. of mus. (rev. Th. Dart), L ^{4}1965; W. Bachmann, D. Anfänge d. S.nspiels, ^{2}1966; E. Vatelot, Les archets français, P 1976. → Geige, Geigenbau.

Streichklavier, → Bogenklavier.

Streichmelodion, → Streichzither.

Streichquartett, → Quartett (2).

Streichquintett, → Quintett.

Streichtrio → Trio (1).

Streichzither, verschiedene mit Bogen zu streichende Arten der Zitherfamilie; z. B.: Jouhi- → Kantele, → Psalmodikon, Langspil; die 1823 von dem Wiener J. Petzmayer gebaute, herzförm. Str.; die von L. Breit (Brünn) 1856 konstruierte „Schoßgeige" (Streichmelodion, Breitoline) in Geigenform.

Strepitoso (ital. lärmend, rauschend, geräuschvoll.

Stretta (it. = Enge, Druck), 1. Schlußsteigerung als Beschleunigung od./und als Verdichtung in der Stimmführung. In der Arie und in Konzertstücken ist die S. die beschleunigte Schlußpassage (→ Finale); – 2. in der → Fuge der Höhepunkt konzentrierter Themenverarbeitung (Stretto) in der → Engführung.

Stretto (it. =) eng, gedrängt, eilend. Vgl. → Stretta.

Stricharten, bei Streichinstr. die zur Artikulation nötige → Bogenführung.

Stringendo (ital.), drängend, sich steigernd; Abk. *string*. vgl. → *accelerando*.

Strippe → Mucke.

Strisciando (ital. =) schleifend, wie → *glissando* gleitend.

Strohfidel → Xylophon.

Strophe (griech. = Wendung), metrische Einheit von gleich oder verschieden gebauten Verszeilen. Gegenüber der griech. Ordnung mit S., Antistrophe und Epode, der im → Meistersang die → Stollen und der → Abgesang entsprechen, hat die Einführung des Endreims zahlreiche neue S.formen und Varianten ermöglicht, z. B. Stanze, Terzine, Sonett, Ritornell, Rondeau, Kanzone, Madrigal, die S. der Troubadours, Trouvères, des Minne- und Meistersangs. Im protestant. → Kirchenlied zeigen sich neben den Grundformen zahlreiche ihm eigentümliche S.formen, die sich bis in die weltl. Lyrik hinein auswirkten und auch auf die → Volksliedstrophe Einfluß hatten, deren Grundform der einfache Vierzeiler ist. Die Liedkomposition kennt sowohl die genaue S.wiederholung wie den durchkomponierten Text, wobei die S.einteilung in Melodie, Harmonie oder Rhythmus noch deutlich gekennzeichnet oder bewußt verschleiert wird. Entsprechend dem S.bau des Textes können Melodiegruppen entstehen und wiederkehren oder sich kettenartig durch neue ergänzen oder – wie im → Rondo – immer wieder in dieselbe Melodie einmünden.

W. Meyer, Ges. Abh. z. mlat. Rhythmik, 1905/36, ND 1970; Fr. Gennrich, Grundriß e. Formenlehre d. ma. Liedes, 1932, ND 1970; W. Suchier, Frz. Verslehre auf hist. Grundl., 1952; A. Heusler, Dt. Versgesch., [2]1956; H. J. Frank, Hdb. d. dt. Str.formen, 1980.

Struktur (lat. *structura* = Bauart, Gefüge). Das aus den Naturwissenschaften übernommene Wort wird im Bereich von Literatur, bildender Kunst und Neuer Musik vieldeutig verwendet. Es meint das Bezugssystem der Einzelteile untereinander, innerhalb des und gegenüber dem Ganzen, das dabei nicht als Summe der Teile gesehen wird, wie verschiedene S.-Ebenen (-Schichten) sich nicht addieren, sondern nach bestimmten Gesetzen ineinanderwirken sollten. Form in der Musik ist nach Erpf *„das hörende Erleben einer S."* Vgl. → Parameter, serielle Musik, Aleatorik.

H. Erpf, Form u. S. i. d. Musik, 1967; W. Christ (Hg.), Materials and s. of mus., Englewood Cliffs [2]1972; A. Forte, The str. of atonal mus., New Haven 1973; H. Keil, Zum Begr. „Str." i. d. Mus. (Musica) 1974; G. Stegen, Stud. z. Str.denken i. d. Neuen Mus., 1981.

Strukturelle Musik → serielle Musik.

Strumento (ital. =) Instrument.

Studentenmusik, die im besonderen zur Aufführung durch Studenten bestimmte Musik od. die ihrem Inhalt nach auf studentisches Leben Bezug nimmt. Auf die ma. Vaganten, Scholaren und → Goliarden gingen die dt.-lat. Mischlieder zurück (→ Carmina Burana). Beispiele für die Blüte des mehrstg. Studentenliedes im 17. Jh. gaben die im Heidelberger Kreis vereinigten Sänger um L. Lemlin, J. v. Brant, G. Forster, K. Othmayer. Weitere Einzelsätze und Slgn. stammen von A. v.

Bruck, L. Senfl, O. Lasso, J. Eccard, N. Rosthius, J. Jeep (*Studentengärtlein,* 1607), J. H. Schein (*Studentenschmaus, Venuskränzlein, Waldliederlein, Hirtenlust*), E. Widmann, D. Friderici. Die Königsberger Studenten sangen Anfang des 17. Jh. H. Alberts „Arien". Student. Sololieder mit Generalbaß schrieben A. Krieger und Sperontes (= J. S. Scholze: *Singende Muse an der Pleiße,* 1736/45). In der 2. Hälfte des 17. Jh. trat die student. Instrumentalmusik stärker in Erscheinung (z. B. J. Rosenmüller, S. für 3–5 Violen, 1654). In Leipzig leitete Telemann ein → Collegium musicum, das später von J. S. Bach übernommen wurde. Im schnellen, allgemeinen Aufleben der bürgerl. → Chormusik entwickelte sich im 19. Jh. das organisierte studentische Singen mit den ersten Slgn. studentischer Gesänge: Akadem. Liederbuch, 1782; Kommersbuch Germania, 1815 (von Methfessel hg.), Kommers- und Liederbuch, 1815. 1858 erschien das dt. → Kommersbuch (zahlreiche Neuauflagen). Studentische Sängerschaften zur Pflege der Vokal- und Instrumentalmusik setzten die Tradition der bürgerl. musikal. Convivien und Collegia fort. Nach dem 1. Weltkrieg bemühten sich W. Hensel und F. Jöde um eine Erneuerung des Bestandes, der sich im Großteil auf das Liedgut des 18. und 19. Jh. beschränkt hatte. → Quodlibet.

H. J. Moser, Corydon, 1933, ND 1966; K. Stephenson, Z. Soziol. d. Studentenliedes (Kb. W) 1956; ders., D. heutige Student u. d. Stud.lied (Wiora, Mus. Zeitfragen 7) 1959; ders., Charakterköpfe d. S. (Darst. u. Quellen d. dt. Einheitsbewegung... 6) 1965.

Stufen, die Töne der Tonleiter. Sie hat → diatonische und → chromatische, d. h. abgeleitete (alterierte) St. Die Bezeichnung Stammst. nur für die weißen Klaviertasten innerhalb der Skala ist irreführend und wird selten gebraucht. → Klangstufen werden in der Harmonielehre römisch beziffert.

Stumme Klaviatur, eine nicht klingende Übungstastatur, meist mit vollem Klavierumfang gebaut. Das engl. Digitorium (Mitte 19. Jh.) hatte nur 5 Tasten mit regulierbarem Widerstand zur Übung des Anschlags. Das von A. K. Virgil 1895 gebaute amerikan. Virgil-Klavier war ebenfalls regulierbar und gab Knackgeräusche zur Prüfung des Anschlags.

Stundengebet → Offizium.

Sturm und Drang, auf die Musikgeschichte übertragener, literarhistor. (von dem von Ch. Kaufmann „St. und Dr." betitelten Drama *Der Wirrwarr* M. Klingers übernommener) Name der im Übergang zur klass.-romantischen Periode stehenden Stilrichtung (etwa seit 1760), die dem → galanten und dem → empfindsamen Stil folgt und mit ihnen zum musikal. → Rokoko zählt. Die besonders in der Instrumentalmusik auftretende Richtung stellte gegen Schema und Tradition die geniale Phantasie, folgte der Naturbewegung Rousseaus gegen die Aufklärung und dem Genieglauben des Engländers E. Young (*Conjectures on Original Composition,* 1759). Bezeichnend sind das Streben nach stärkerem Ausdruck durch verfeinerte Instrumentation, weitschweifende Melodik, schnelle dynam. Kontraste mit Tonartwechsel, zugleich die Vorliebe für das Einfache, Volkstümliche (Ossian). Beispiele gibt J. M.

Kraus besonders in den langsamen Sätzen der Streichquartette: Konzentration des Sonatensatzes in einem Hauptmotiv. Der unmittelbare Übergang von Satz zu Satz ist vorbereitet. Neben denen v. Kraus können Werke von C. Ph. E. Bach, Schobert, Beck (Sonaten), auch Lieder von Reichardt, Zelter, Zumsteeg zum St. und Dr. gezählt werden. Die anonyme Schrift von Kraus *Etwas von und über Musik fürs Jahr 1777,* die sich u. a. gegen die *„Rezeptchen für Leidenschaften"* des Rokoko wandte, könnte als literar. Beweis des Komponisten für die verschiedentlich bezweifelte Existenz des musikal. St. und Dr. gelten.

K. Meyer, Ein Musiker des Göttinger Hainbundes, J. M. Kraus (ZfMw), 1926/7; H. H. Eggebrecht, Das Ausdrucksprinzip im mus. St. u. Dr. (Dt. Viertelj.schr. ...) 1955; B. S. Brook, St. u. Dr. and the romantic period in mus. (Studies in Romanticism), 1970; F. W. Riedel (Hg.), J. M. Kraus in seiner Zeit, 1982.

Stürze, der Schalltrichter der Blechblasinstr. (→ Becher der Holzblasinstr.). Durch „Hochnehmen" wird der Klang strahlend und durchdringend, wie im Orchester des ausgehenden 19. Jh. und in der → Jazzmusik erwünscht.

Style brisé (frz. =) gebrochener Stil: im 17. Jh. bei Zupfinstr. Akkordbrechung, bei Tasteninstr. auch (Schluß-)Akkord mit nachzeitigem Einsatz der dann gehaltenen Töne; z. B. Couperin, d'Anglebert, J. S. Bach (Wohlt. Klav. I, 1).

Subbaß (lat. *sub* = unter; Unterbaß) 1. tiefes Orgelregister, meist mit weiten, gedackten Pfeifen; Pedal; 32′, 16′. – 2. Untersatz.

Subdominante, Unterdominante, Unterquinte (Oberquarte). Neben dem Grundakkord, dem Dreiklang auf der → Tonika, sind der auf der S. und der auf der (Ober-)Dominante → Seitenklänge. Durch diese drei Akkorde wird die Tonart vollständig bestimmt, denn sie enthalten ihre sämtlichen Töne. Der Dreiklang auf der S. einer Molltonart ist immer ein Molldreiklang. Die S. gehört zu den Hauptdreiklängen der → Kadenz. Abk.: S.

Subito (lat., ital. =) schnell, plötzlich; *volti s.* (Abk. *v., v. s.*) = die Noten schnell umwenden (z. B. wenn am Ende der rechten Seite der Eindruck möglich ist, daß das Stück zu Ende sei).

Subjekt (lat. *subicere* = unterwerfen), in älterer Ausdrucksweise das Thema, z. B. einer Sonate, insbesondere der → Fuge, wo es in Doppel-, Tripel-, Quadrupelfuge jeweils selbständ. auftritt. → Kontra-S., Soggetto.

Subkontra, im Tonsystem die Töne innerhalb der tieferen Oktave nach der Kontraoktave. Der Tonumfang des Klaviers beginnt meist bei S.-A (geschrieben $_2A$ oder $\underline{\underline{A}}$).

Subsemitonium modi (lat. *sub* = unter, *semitonium* = Halbton, *modus* = Tonart), Halbton vor (unter) der Schlußnote (Finalis) in den → Kirchentonarten; → Leitton.

Sudrophone, ein 1892 von Fr. Sudre, Paris, in verschied. Größen gebautes Blechblasinstr. und der Name der besonderen (auch bei anderen Instr. verwendbaren) Vorrichtung, die Klangfarbe zu verändern, indem ein Loch unterhalb der Stürze wechsel- od. teilweise mit Metall od. einer Seidenmembran verschlossen wird.

Suite (frz. *suivre* v. lat. *sequi* = folgen), eine Folge in sich abgeschlossener, meist zweiteiliger Musikstücke, die aus Tanzstükken entstanden sind. Sie stehen zwar in der S. gegensätzlich zueinander, sind aber doch verbunden durch die gleiche Tonart, die nur in Ausnahmefällen verlassen wurde. Der Name S. ist auch in England und Frankreich heimisch (frz. auch *Ordre,* engl. auch *Lesson,* beide im Sinne von: Ordnung; dt. auch *Partie,* dt. und ital. *Partita* von lat. *pars* = Teil; ital. *Sonata da camera*). Die Verbindung von Tänzen bereitete sich vor, als sich dem ma. geradtaktigen Schreittanz ein Springtanz mit gleichem Thema, aber kontrastierend im Tripelakt (= 3tlg.) entgegenstellte, zunächst improvisiert, lediglich mit der Anweisung *tripla* (= tripla proportio, Dreiertakt) oder *à double emploi* (= doppelt auszuführen). Der → Pavane folgte ein ungeradtaktiger → Saltarello oder eine → Galliarde (Gagliarde), so bei den röm. Lautenisten in der 1. Hälfte des 16. Jh. In den bei P. Attaingnant gedruckten Slgn. waren schon 1530 mehrere gleichartige Tänze aneinandergereiht (→ Branle). Die erste Blütezeit der S. in Dtl. zeigt eine Folge von Instrumentalsätzen mit gleicher Tonart und variierendem Thema. Solche Variationssuiten schrieben P. Peuerl und J. H. Schein (*Banchetto musicale*), der die → Allemande aufnahm und die → Courante verwendete, die schon bei J. Staden auftrat und die Galliarde ersetzte. Aus Frankreich kam über Spanien aus Mittelamerika die → Sarabande. Die Satzfolge: Pavane, Galliarde, Allemande, Courante änderte sich in der ersten Hälfte des 17. Jh. in: Allemande, Courante, Sarabande. Dazu kam noch die schnelle frz. → Gigue, und vor oder anstelle der Allemande konnte ein einleitender Satz stehen: → Präludium, Sonatina, Sinfonia od. → Ouvertüre. Die beiden letzten Namen galten schließlich auch für die ganze Suitenform: J. S. Bachs Orchester-S. heißen Ouvertüren. Der Kernbestand konnte weiter ergänzt werden durch → Passepied, Loure, Gavotte, Bourrée, Menuett, Musette, Rigaudon, Ciaconna (Chaconne), Passacaglia. Aus der frz. Variationstechnik stammte die veränderte Zweitfassung bestehender Sätze (→ Double). Die dt. Klaviers. zeigte bei J. J. Froberger den Kernbestand ohne diese Zutaten, wie er kurz vorher bei dem Franzosen Chambonnières erschienen war, dort schon deutlich für den solistischen Vortrag gedacht, nicht mehr als Gebrauchsmusik. Die Erweiterung durch außertänzerische Stücke mit programmatischen Titeln, wie sie sich hier schon ankündigte, führte bei F. Couperin zur Auflösung der S.form (z. B. Namen wie: *Les Abeilles, Les Plaisirs de St.-Germain*). Er fügte seine → Charakterstücke zu einer neuen Form und gab ihr den Namen → *Ordre* (so auch bei Lully), der nun neben S. in Frankr. gebraucht wurde. Für eine ähnliche Entwicklung zu programmatischer Komposition gab in Dtl. J. Kuhnau das Beispiel in seinen *Biblischen Historien*. J. K. F. Fischer schrieb unter dem Einfluß Couperins und wählte ebenfalls Fantasietitel. J. S. Bachs Französ. und Engl. und die → Partiten genannten S. zeigen im wesentlichen noch das alte Schema trotz der Erweiterung durch andere

Tänze. Er verband italien. und frz. Stilelemente in genialer Kontrapunktik. G. F. Händels S. verbergen kaum, auch wo sie streng polyphon sind, das ital. Vorbild. – Die dt. Orchesters. folgte dem Muster der ital. *Sonata da camera* mit dem nichttänzerischen Kopfsatz und den stilisierten Tanzstükken (J. Rosenmüller). In der 2. Hälfte des 18. Jh. löste die mehrsätzige Sonate und Sinfonie die S. als zyklische Form ab. → Serenade, Kassation, Divertimento wurden die direkten Nachfolger und übernahmen als Rest aus der S. das → Menuett, das dann als → Scherzo erhalten blieb. Abgesehen von den Bemühungen F. Lachners und C. Reineckes um die „S. im alten Stil" (ein seitdem gern gebrauchter Titel), sind die Orchester- und Kammermusik-S., die Schauspiel- u. Ballett-S. des 19. und 20. Jh. nach Aufbau und Charakter kaum noch der S.form in ihrer Blütezeit verwandt, bringen aber etwa nach den Beispielen Couperins und Lullys neue geschlossene Satzfolgen, auch aus der neuen Tanzmusik (Hindemith, *Suite 1922*). Damit hatte die S. einen neuen Aufschwung (u. a. bei E. Grieg, J. Brahms, M. Reger, P. Tschaikowsky, G. Bizet, C. Debussy, R. Strauss). Die Unterhaltungsmusik übernahm rasch das Wort, und die Neue Musik verwendet es häufig (u. a. B. Bartók, W. Egk, S. Prokofjev, A. Schönberg, I. Strawinsky).

H. Riemann, Z. Gesch. d. S. (SIMG) 1904/5; T. Norlind, Z. Gesch. d. S. (ebd.) 1905/6; E. Noack, Ein Beitr. z. Gesch. d. ält. S. (AfMw) 1919/20; K. Nef, Gesch. d. Sinf. u. S., 1921, ND 1970; F. Blume, Stud. z. Vorgesch. d. Orchesters., 1925, ND 1973; G. Oberst, Engl. Orchers. um 1600, 1929; E. H. Meyer, D. mehrstg. Spielmus. d. 17. Jh. i. Nord- u. Mitteleuropa,, 1934; M. Reimann, Untersuch. z. Formgesch. d. frz. Klaviers. ..., 1940; P. Brunold, Fr. Couperin, Monaco 1949; W. H. Mellers, Fr. Couperin and the French class. tradit., L 1950; R. Münnich, H. W. Schmidt, Die S. (Mus. Formen i. histor. Reihen) 1958; H. Beck, Die S. (Musikwerk) 1964; K. H. Taubert, Höf. Tänze, 1968; A. Hoffmann, D. Orchesters.n Telemanns, 1969; C. Field, The Engl. consort s. of the 17th cent. (Diss. Oxf.) 1970/1; J. T. Johnson, The Engl. fantasia-s. ca. 1620/60 (Diss. Berkeley) 1971/2. – Weitere Lit. bei einzelnen Tänzen.

Suivez (frz. = folgt!), Anweisung, die Begleitung genau den Eigenheiten der Solostimme anzupassen (→ Colla parte).

Sul(la) (it. =) auf/nahe dem (der): *sul → ponticello; sul talone*: den Bogen am → Frosch (hart) einsetzen; *sulla tastiera (tasto)*: → flautando.

Suling, Längsflöte (Bambus) auf Java und Borneo, mit bis 6 Grifflöchern. → Gamelan.

Summationston → Kombinationston.

Summstimme (it. *bocca chiusa*; frz. *bouche fermée* = geschlossener Mund), Singen mit geschlossenem Mund (Summen) zur Chorübung und Selbstkontrolle für bewußteres Hören; gelegentl. auch vorgeschr (Verdi, *Rigoletto* und oft in neuer Chormusik).

Superius (lat. =) der Obere (... Gesang, Cantus), die Oberstimme. Die Bez. → Sopran setzte sich nach 1600 gegen die bisher üblichen Namen: Cantus (Canto), Discantus, Supremus, Suprema vox durch.

Suspension (frz.) → Vorhalt.

Suspiratio (v. lat. *suspirare* = aufatmen, seufzen), Kurzpause (Atemholer, vgl. → Kommahäkchen) zu Lasten des vorigen Notenwertes; in der Psalmodie und frühen Mehrstimmigkeit (durch kleinen Senkrechtstrich angegeben: *divisio modi*), zugleich Gliederung der Phrasen. Vgl. → Sospiro. – In der → Figurenlehre des 16./18. Jh.: *figura suspirans, suspirium,* ein (schriftl. oft nur angedeuteter) Pauseneinschnitt bei Text und Melodie mit eigenem Affektwert (Seufzer, Klage; beschrieben z. B. von J. G. Walther, *Praecepta der Musical. Composition,* 1708).

Sutartine (litauisch *sutarti*: übereinstimmen), das in verschied. Arten, auch mit Instr. vorgetragene litauische Lied in 2–4stg. improvisierter Heterophonie bis Polyphonie; kanonisch und mit freier Imitation; immer mit auffallenden Sekundparallelen, die auf ein hohes Alter der S. schließen lassen (und auch in mehrstg. westbalkanischen Liedern mit örtl. unterschiedlichen Formeln und in georgischen Gruppengesängen auftreten). Häufig ist der Kanon mit 2teiliger Melodie, der 2. Teil als rhythm. Variante des ersten und eine Sekunde höher od. tiefer einsetzend. Die 3- od. 4stg. S. bleibt 2stg., weil eine Stimme od. 2 Stimmen wechselnd pausieren. Schriftl. Überlieferung begann im 16. Jh.

K.V. Banaitis, 100 liaudięs dainu (lit. Volkslieder), Brooklyn 1951; J. Čiurlionyte, Die S. ... (Dt. Jb. d. Mw) 1967; Z. J. Slaviunas, Zur lit. Vokalpolyphonie (Dt. Jb. f. Volkskunde) 1967.

Svāras (ind.), in der Oktave des ind. Tonsystems die 7 Hauptstufen (*shuddha* = rein) und die 5 bis (einschließl. enharmonischen) 10 Alterationen (*vikruta s.*). Die → Shrutis sind schattierende Kleinintervalle. Die Tonleiter besteht aus 22 unterschiedl. Mikrotönen. Die beiden ind. Oktavleitern sind nach dem Anfangston benannt: *sagrāma* und *magrāma*. Seit dem 17. Jh. meint Svāra (dann genauer: *svarasthāna*) auch die Tonhöhe nach den Bünden der → Vīnā.

Svirala (slowen. *svirati* = pfeifen), Hirtenflöte, in verschied. Arten auf dem Balkan, bes. Jugoslawien, verbreitet, Blockflöte mit 6 Grifflöchern. Die (über 50 cm lange) bulgar. *svirka* (verkehrt konisches Rohr) hat ovale Grifflöcher. Die russ. *svirel'* (auch Doppelfl.) entspricht mit 2 Löchern dem → Schwegel, mit 6 Löchern der S. Die ukrain. *svyril'* ist eine → Panflöte.

Swing (engl. = Schwung), 1. elastisches, freies Schwingen der → Jazzmelodie, in dem sich mit rhythm. Energie (→ *drive*) die Taktschwerpunkte im improvisatorischen Spiel verschieben, was sich in der Notenschrift nur behelfsmäßig durch Synkopen darstellen läßt (*syncopated music*); entstanden im Zusammentreffen zweier Kulturen; – 2. in den 1930/40er Jahren Musikstil, Zwischenstadium zwischen „klassischem" und modernem Jazz, wobei gleichzeitig der Übergang von der Musik der Farbigen zur Jazzform der Weißen deutlich wird. Der → Ragtime-Rhythmus verschwindet allmählich, ostinate Baßbewegungen herrschen vor (→ *riff*). Etwa 1925 entstehen größere Jazzkapellen, und die kollektive Improvisation wird seltener. In der Rhythmusgruppe verschwindet das → Banjo. Der Satz der Melodiegruppe wird durch neue Instrumentengruppen kompakter (Trompete, Saxophon, Posaune). Das → Arrangement wird wichtig und bestimmt den Erfolg und das Geschäft. Duke Ellington erreicht formale Geschlossenheit, weil er sorgfältig zusammen mit seinen Musikern arrangiert. Zur gleichen Zeit bilden sich in New York aus den *Big Bands* als Keimzellen des modernen Jazz einzelne → Combos, und in Kansas City wird mit genialer Rifftechnik im → Boogie-Woogie die lebendige Verbindung zum → Blues gegeben. In der 2. Hälfte der 1930er Jahre erreicht die S.-Zeit den Höhepunkt. Mit erweiterten harmon. Mitteln zweigt sich um 1940 der → Bebop ab. Etwa gleichzeitig wird der → New Orleans-Stil neu belebt.

Syllabisch, vgl. → Melisma.

Symbol (griech. *symbolon* = zusammengefügtes Merkmal, Erkennungszeichen), Sinnbild, Zeichen, das über sich hinaus etwas anderes im Wissens- und Vorstellungsbereich meint. Ohne genaue Festlegung der Enge bzw. Weite des Begriffs S. ist auch in der Musik eine systemat. Betrachtung der S.ik nicht möglich. Die Grenzen zu Allegorie, Metapher, Emblem, Imitation, Abbild (*figura*) sind fließend. Während Musik schlechthin als S. (S.gewebe) gesehen wurde (Schering), S. der Einheit Gottes (Dalberg), Bild des Lebens (Wackenroder/Tieck), wurden, mit unterschiedl. Gewicht in den Epochen, Einzelmomente summiert, u. a. das Tonsystem in seiner kosmolog. Bindung (Welt/Überwelt, Mikro-/Makrokosmos; z. B. Sumerer, Chinesen, Ägypter, Pythagoreer; vgl. → Sphärenharmonie); S. in der → Ethoslehre, im → Mysterienspiel, im → Choral; → Zahlen-S., → Augenmusik; S. in Tonbuchstaben, Tonarten; S. im Satz, seiner inneren Logik und äußeren Form; die oft zur S.ik erhobenen, auf die Musiksprache (Mattheson: *„Klangrede“*) übertragenen Regeln der klass. Rhetorik im System der → Affektenlehre des 16. bis Mitte 18. Jh. (Monteverdi, Schütz, Kuhnau, Bach), exklusiv behandelt in der → musica reservata. Der S.-Begriff ist Teil im konventionellen Musikverständnis, das – zeitgebunden – wechselt, bis das System erstarrt. Gegen die formalistische Darstellung setzte sich im 18. Jh. als direkte Naturbeschreibung mit jeweils fester, programmat. „Idee“ der unmittelbare Ausdruck durch, wobei bisher. Formeln übernommen (z. B. der chromat. Quartschritt nach unten für „Trauer“, der Dreiklang bei Bruckner für „Trinität“, das nun reduzierte Verzierungssystem) od. als S. neu verwendet wurden und neue S. entstanden (u. a. → Leitmotiv, Tonart, -höhe, Klangfarbe, stärker differenzierende Instrumentenwahl).

C. O. Dreger, Die Vokalthematik J. S. Bachs (Bach-Jb.) 1934; H. Goerges, Das Klangs. des Todes i. dramat. Werk Mozarts, 1937, ND 1969; A. Schering, Das S. i. d. Mus. (Nachwort W. Gurlitt) Lg 1941; H. H. Unger, Die Beziehungen zw. Mus. u. Rhetor. i. 16.–18. Jh., 1941; W. Gurlitt, Mus. u. Rhetorik (Helicon) 1944; A. Schmitz, Die Bildlichkeit d. wortgebund. Musik J. S. Bachs, 1950, ND 1976; E. A. Lippmann, Symbolism in mus. (Mus. Quart.) 1953; ders., S.ik (MGG) 1965; H. Pfrogner, Mus., Gesch. ihrer Deutung, 1954; H. Zenck, Numerus u. Affectus, 1959; R. Hammerstein, D. Mus. der Engel, 1962; ders., Diabolus in Musica, 1974; W. Danckert, Tonreich u. Symbolzahl . . ., 1966; ders., Metapher, Allegorie im Lied der Völker (hg. M. Vogel, Orpheus-Schr. Reihe) 1976; R. Dammann, Der Mus.begr. i. dt. Barock, 1967; H. H. Eggebrecht, S. (Riemann, Mus.lex., Sachteil) 1967; G. Epperson, The mus. s., Ames/Iowa 1967; W. Elders, Stud. z. S.ik i. d. Mus. d. alt. Niederländer, Bilthoven 1968; N. Goodman, Languages of art, Indianapolis 1968; H. Hahn, S. u. Glaube im 1. Teil d. Wohlt. Kl, 1973; C. Dahlhaus (Hg.), Beitr. z. mus. Hermeneutik,

1975; H. Giesel, Stud. z. S.ik d. Mus.instr. ... (Kölner Beitr. z. Mf.) 1978; U. Meyer, J. S. Bachs Musik als theonome Kunst, 1979; H. Anderson Winn, Unsuspected eloquence, L. 1980; W. Kolneder, Musikal. S.ik b. Vivaldi, in: Fr. Degrada (Hg.), Vivaldi Veneziano Europeo, Florenz 1980; L. Prautzsch, Vor deinen Thron ..., Figuren u. S. ... Bachs, 1980. → Zahlensymbolik, Sphärenharmonie, Harmonie, Figurenlehre.

Symmetrische Umkehrung (lat. *contrarium reversum*), die genaue Umkehrung eines Themas oder eines mehrstg. Satzes, gewissermaßen als sein Spiegelbild. Die höchste Stimme wird dabei zur tiefsten; die Intervalle gehen mit genau demselben Abstand in entgegengesetzte Richtung. Dadurch entsteht eine neue Tonalität. Beispiele sind zahlreich bei J. S. Bach: *Wohltemperiertes Klavier* I, Praeludium a-moll; *Kunst d. Fuge; Musikalisches Opfer; Goldberg-Variationen;* H. Purcell: Passacaglia im 4. Akt d. Oper *Dioclesian*.

Sympathiesaiten → Resonanzsaiten.

Symphonie → Sinfonie.

Symphonie concertante → Sinfonia c.

Symphonische Dichtung → Sinfon. D.

Synagogenmusik (v. griech. *syn* = mit, zusammen; *ago* = bringen). Die Tempelmusik in Jerusalem war schon im 1. Tausend v. Chr. vokal und orchestral mit Leiern, Harfen, Flöten, Trompeten (→ Schofar), Zimbeln (und wurde damit auf König David zurückgeführt). Die Psalmen wurden von Halbchören im Wechsel gesungen. Die S. nach der Zerstörung des Tempels (70 n. Chr.) kannte dagegen nur den chorischen Wechselgesang und den Sologesang des Vorbeters zwischen freiem persönl. Ausdruck und. sachlichem Sprechgesang. Der frühchristl. → Jubilus zum → Alleluja geht vielleicht auf altsynagogalen Brauch zurück. Im 6. Jh. entwickelte sich die nun vom berufsmäßigen Vorsänger kunstvoll vorgetragene Hymne (→ Pijut). Die S. blieb noch im MA rein vokal. Unter dem Einfluß der ital. Chorpolyphonie schrieb in Mantua Anfang des 17. Jh. S. Rossi hebräische Synagogenchöre, vermutl. der 1. Einbruch der Kunstmusik in die Tradition der S. Die weitere Entwicklung geschah unter dem wechselnden Schicksal der Diaspora, wobei westliche Strebungen und oriental. Bestand gegen- und ineinanderwirkten. Gegenüber den im südruss. Raum entstandenen chassidischen Gesängen entwickelte sich mit Wirkung bis weit in den Osten eine Kantoralpraxis mit 4stg. Chorgesängen, insbes. von der Wiener Synagoge Anfang des 19. Jh. ausgehend (S. Sulzer). Orgel und Orchester wurden eingesetzt. Im 19. Jh. erfolgte auch in der jüd. Volksmusik die Bestandsaufnahme (Idelsohn). Bemühungen um eine Erneuerung der S. dauern noch an und stehen unter der Spannung zwischen westl. und oriental. Elementen und Strebungen (D. Milhaud, A. Schönberg).

A. Ackermann, D. synagogale Ges. in seiner hist. Entw., 1894; A. Friedemann, D. synagogale Gesg., 1908, NA (L. Roth, R. Campbell) Lg 1978; A. Z. Idelsohn, Hebr.-Oriental. Melodienschatz, 1914/32; ders., Jewish mus. in its hist. developm., NY 1929, ND 1967; ders., Jewish liturgy, NY 1932, NA 1967; A. M. Rothmueller, D. Mus. d. Juden, Z 1951; S. Szendrei, Bibl. of Jewish mus., NY 1958; E. Werner, The sacred bridge, L 1959, ND NY 1979; ders., Hebr. Mus. (Musikwerk) 1961; ders., A voice still heard, L 1976; E. Gerson-Kiwi, Religious chant (Journ. Int. Folk Mus. Counc.) 1961; P. Gradenwitz, D. Musikgesch. Israels, 1961; B. Bayer, The material relics of mus. in ancient Israel, Tel Aviv 1963; D. Wohlenberg, Kultmusik in Isr. (Diss. Hamb.) 1967; A. Sendrey, Mus. in ancient Israel, NY 1969.

Synästhesie (griech.) → Farbenmusik.

Syncopated Music (engl. = Synkopenmusik), in der 1. Hälfte des 20. Jh. häufig gebrauchte Bezeichnung für → Jazz, damit für seine Besonderheit improvisierter rhythm. Verschiebungen, die im Notenbild zwar als Synkopen auftreten können, dabei aber in ihrem Ursprung meist mißverstanden wurden, zumal sie schriftl. nur annähernd fixierbar sind. → Beat, Drive, Swing, Synkope.

Syncopatio → Synkope, Vorhalt.

Synkope (v. griech. *syn* = zusammen, *koptein* = schlagen), Akzentverschiebung auf unbetonte Taktzeit, während derselbe Ton noch bis in eigentlich betonte Taktzeit ausgehalten wird. Das Grundmetrum wird durch Vorausnahme des Schwerpunkts verschoben. Unregelmäßig ist die S., wenn die Tondauer des in betonte Zeit hineingehaltenen Teiles ungleich der des vorausbetonten Teils ist. Der Vortrag unterscheidet die fallende S., durch die der 2. Tonteil als wiederholt und angebunden empfunden ist, und die steigende S. mit dem steigernden Hinstreben zum 2. Tonteil. In den Satzregeln des MA (*syncopatio*, vgl. → Vorhalt) wurde ihr Gebrauch festgelegt. In der Neuzeit dienen S.ketten der Affektsteigerung, doch ist rhythm. Verschiebung im → Jazz, die ihm den irreführenden Namen → *Syncopated Music* eingebracht hat, nicht einfach mit S. gleichzusetzen; denn die leichte Akzentrückung im (Off) → Beat z. B. des → Ragtime ergibt sich ursprünglich aus physisch-psychischen Spannungsvorgängen, die nur im groben Extrem mit regelmäßigen Notenwerten dargestellt werden können.

Synthesizer, 1964 von R. Moog entwickeltes Gerät zur Erzeugung und Umformung synthet. Töne (Klänge, Geräusche, Geräuscheffekte), in dem die für die elektron. Komposition (Improvisation) hauptsächl. benötigten Geräte zusammengefaßt und spannungsgesteuert werden. Durch (je nach Größe des S.) verschiedenartige → Generatoren und Oszillatoren wird eine (in der Praxis nur durch den Hörbereich des Ohres begrenzte) Vielzahl an Möglichkeiten der Klangsynthese geboten. Das Ergebnis wird mit Tonband fixiert od. sogleich in Lautsprechern dargeboten. Der S. ist mit einer Tastatur versehen. Er wird zur Komposition verwendet (z. B. Stockhausen, Berio), zur Demonstration in der Musikerziehung und z. B. als Instr. der Jazz-, Pop- und Rockmusik. → Elektron. Musik.

A. Douglas, Electron.mus.production, L 1973; W. Sear, The new world of electron. mus., NY 1972; H. S. Howe, Electron.mus. synthesis, NY 1975; W. Bock, S., 1981; G. Dellmann/M. Thewes, S., 1981; → Elektron. Musik.

Syntonisches Komma → Komma.

Syrinx, → Panflöte.

System (griech. *systema* = Zusammensetzung), → Liniensystem.

Systema teleion (griech. =) das „vollständige System" der griech. Musiktheorie; → Tetrachord.

Szene (griech. *skene* =) 1. Aufbau als Bühnenhintergrund im klass. griech. Theater. Vor ihm, zwischen ihm und der → Orchestra traten die Schauspieler auf; – 2. von daher Name für den Schauplatz (Szenerie) und 3. für den kleinsten Abschnitt eines Stückes (Auftritt); – 4. im 19. Jh. auch beim → Charakterstück verwendet (R. Schumann, *Kinder-, Waldszenen*); – 5. Mitte des 20. Jh. vages Hilfswort für Bereich od. Allgemeinzustand, auch durch Bestimmungswort ergänzt: Rock-Sz.

Szumka (poln. *szum* = Geräusch; ukrain. *šumka*), poln., ukrain. Tanzlied im schnellen 2/4-Takt; der → Kolomajka verwandt.

T, Abk. f. → Tenor; → Tempo; Tonika.

Tablā, Tabl (ind.; arab. *tabal,* türk. *davul*), ind. Trommelpaar vermutl. arab. Ursprungs; eine Trommel als Halbkugel aus Metall, die andere zylindrisch aus Holz; verschieden gestimmt; mit den Händen geschlagen. Ursprüngl. je nach Familientradition (Lehrweise; *gharānā*) streng getrennte Stilrichtungen (Anschlagsart, Gestaltung des Solos) beeinflussen und mischen sich in neuerer Zeit. T.-Instr. in verschied. Formen sind im islam. Nordosten und in Afrika verbreitet. Der usbek. *taljak* ist eine Einfelltrommel aus Keramik in Kelchform mit rundem Fuß. → Tupan.

R. S. Gottlieb, The major traditions of the North Indian t. drumming (NGOMA, Stud. zur Volksmus. und außereurop. Kunstmus. 1) 1977.

Tableau (frz.: Bild), wirkungsvolles, »stehendes« Szenenbild (Ensemble, Chor) in der → Grand Opéra.

Tabula compositoria (lat.: Komponiertafel) → Partitur

Tabulatur (lat. *tabula* = Tafel, Schreibtafel, Dokument), 1. die auf Tafeln geschriebenen Regeln für Komposition und Dichtung, wie sie in den Schulen der → Meistersinger im 15.–18. Jh. gültig waren (vgl. R. Wagner, *Die Meistersinger v. Nürnberg*); – 2. ein System musikalischer Notation, vom 14. bis in den Anfang des 19. Jh. angewandt für mehrstg. spielbare Instr. (Orgel, Klavier, Laute, Theorbe, Gitarre). Als eine Art Griffschrift war die T. vom Instr. her bestimmt und hauptsächlich unterschieden in → Orgel-(Klavier-) und → Lauten-T. Auch landschaftlich entwickelte sich die T. verschieden: Während die frz., span., ital. T. ein Liniensystem benutzten (z. B. eine Linie für jede Lautensaite), standen in der dt. T. die Griffzeichen frei übereinander, und nur der Baß wurde auf einer Linie notiert. Die Tonhöhe und -dauer hatten verschied. Zeichen: Die Tonhöhe wurde mit Ziffern oder Buchstaben notiert, darüber die Tondauer mit Punkten, Strichen, Fähnchen (dt. Orgel- und die meisten Lautent.). – Eine der T. ähnliche Griffschrift wird noch heute für verschied. Instr. angewendet (Ukulele, Zither, Okarina, Mandoline).

Wolf II, 1919; Apel, 1962, [2]1970; J. Eppelsheimer, Buchstaben, Notation, T. u. Klaviatur (AfMw) 1974; E. Pohlmann, Laute, Theorbe, Chitarrone, [5]1982. → Lauten-, Orgel-T.

Tacet (lat. = schweigt), Hinweis in Vokal- od. Instrumentalstimmheften: Die Stimme pausiert in diesem Satz od. im weiteren Stück.

Tactus (lat.), die (nicht nach der Betonung wertende) Schlageinheit im Zeitverlauf einer Musik, bis nach 1600 die Begriffe → Mensur und T. (wie schon in der mehr und mehr in → Takte gegliederten Volksmusik) auch in der Kunstmusik ineinander übergingen.

→ Takt.

Tafelklavier, ein (in Dtl. oft fälschlich → Spinett genanntes) → Klavier mit Hammermechanik, wie das → Clavichord tafelförmig, rechteckig, die Klaviatur parallel zu den Saiten. Das älteste bekannte T. wurde 1742 gebaut. Die T. wurden noch Anfang des 20. Jh. in der dt. Haus-(Salon)-musik gespielt und waren auch in Frankr. (*piano carré*) beliebt, besonders in Engl. (*square pianoforte*) und in den USA (meist in Philadelphia gebaut). Nach Engl. brachte es der Silbermannschüler J. Chr. Zumpe, der es dort baute und an der Verbesserung der Klaviermechanik („engl. Mechanik") beteiligt war.

Tagelied (frz. *aube* = Morgendämmerung, provenzal. *alba*), Dialoglied (13.–14. Jh.) mit einem bei → Trouvères, Troubadours, Minnesängern beliebten Thema: die Trennung der Liebenden im Morgengrauen. Während dabei selten die Dame das Wort nimmt, wird der Abschied durch Auftreten anderer Personen dramatisch gesteigert: Komplizen, die das Paar vor der Eifersucht des Ehegatten schützen sollen, und (oder) dessen Wächter, die den Liebhaber mit Ausflüchten aufhalten. Der Gesang der Nachtigall spielt eine Rolle (vgl. Shakespeare, *Romeo und Julia*). Der Refrain endet vielfach mit dem Wort *alba*. Bedeutend ist *Reis Glorios* von Guiraut de Borneilh. Häufiger als in Frankr. erscheint das T. bei den dt. Minnesängern (z. B. Dietm. v. Eist, W. v. d. Vogelweide, Wolfr. v. Eschenbach, Osw. v. Wolkenstein); später absinkend, parodiert. Kontrafaktur z. B. im Choral *Wachet auf* (Ph. Nicolai 1599) mit Anklang an die „Silberweise" von H. Sachs. Die → Aubade (aus → *alba* u. *aube*) entwickelte sich selbständig zum Morgenständchen mit kammermusikal. Besetzung.

N. Mayer-Rosa, Stud. z. dt. T. (Diss. Tüb.), 1938; H. Ohling, D. dt. T. vom MA bis zum Ausg. d. Renaiss. (Diss. Köln), 1938; E. Scheunemann, F. Ranke, Texte z. Gesch. d. dt. T. (Altdt. Übungstexte) Bern 1947; G. Rösch, Kiltlied u. T. . . . (Hdb. d. Volkslied. 1) 1973; A. Wolf, Variat. u. Integrat.; Beobacht. z. hochma. T., 1979.

Taille, frz. (bis 18. Jh.) für Tenor, Bariton (Basse-T.) und das die Mittelstimme spielende Instr. (z. B. Tenorviola; bei Bach: Oboe da caccia); in der frz. Militärmus. bis 18. Jh.: Tenor- od. Alt-Oboe.

R. Dahlqvist, T., oboe da caccia and corno inglese (The Galpin Soc. Journ.) 1973.

Takt (lat. *tactus:* Schlag; it. *misura*; span. *compás;* frz. *mesure*; engl. *measure*), eine Gruppe von Zählzeiten; ursprüngl. als → Tactus eine einzelne Zählzeit (Nieder- und Aufschlag); nach 1600 Ordnung von Betonungen, bestimmt von der nach dem Beispiel des Atemzuges oder Pulsschlages gleichmäßig ordnenden Handbewegung des Sängers und des Dirigenten oder der Fußbewegung des Instrumentalisten. Der moderne, regelmäßig akzentuierende T. (etwa seit dem 17. Jh.) bevorzugt im Ggs. zur → Mensuralnotation die Zweiteiligkeit. Der T.strich – wie seit dem 15. Jh. schon in der → Tabulatur und in der Tanznotation – weist auf den Schwerpunkt der neu beginnenden Gruppe von Einheiten. Der Notenwert, der zu größeren Werten zusammengesetzt, in kleinere aufgeteilt werden kann, braucht nicht mit der Zählzeit identisch zu sein. Werden im 6/4- und 6/8-T. je 3 Viertel oder Achtel in einer Zählzeit erfaßt, so ist diese im 2/2-, 3/2-, 2/4- und. 3/4-T. dem Nenner des Bruches gleich, wenn ein durchschnittl. Zeitmaß vorausgesetzt wird. Dieser T. von T.-strich zu T.strich wird zum „kleinen T." bei schnellem Tempo, weil die Zählzeit dem höheren Zeitwert zufällt und 2 oder 3 T. als ein Normalt. empfunden und beim Dirigieren auch so behandelt werden (z. B. schneller 2/4-Takt mit gezählter halber Note). Ein „großer T." entsteht im sehr langsamen Tempo; er spaltet sich in 2 Normaltakte, weil die Zählzeit dem geringeren Zeitwert zufällt (z. B. langsamer 2/4-Takt mit Achtelnote als Zählzeit). Das Tempo wird relativ angedeutet (z. B. Allegro) od. durch Metronomzahlen fixiert. Je nach dem tatsächl. oder gedachten Akzent spricht man von schwerer bzw. leichter Zählzeit im T. und meint die erste bzw. die zweite (und dritte Zählzeit). Nach der Zusammensetzung unterscheidet man gerade (2tlg.) und ungerade (3tlg.) T.; dabei wieder einfach-gerade mit stärker betonter 1. Zählzeit: 2/1, 2/2 (→ Allabreve), 2/4; einfach-ungerade mit Betonung der 1. Zählzeit: 3/2, 3/4, 3/8. Zusammengesetzte T. sind: gerade mit 2tlg. Gliederung (Hauptton auf der 1., Nebenton auf der 3. Zählzeit): 4/2, 4/4, 4/8, 4/16; gerade mit 3tlg. Gliederung (Haupt- und Nebenton auf 1. und 4. Zählzeit): 6/4, 6/8; ferner: 12/8; ungerade T. mit ungerader Gliederung: 9/4, 9/8. Weitere ungerade T. ergeben sich aus verschied. Kombinationen von 2- und 3-zähligen T.teilen (5/4, 7/4). Die T.bezeichnung wird am Beginn des Stückes auf oder über dem Liniensystem angegeben. Die Formenlehre spricht von schwerem und leichtem T., die als Zweitaktgruppe eine kleine → Phrase bilden; 2 Phrasen, von denen wieder die 2. die leichtere ist, bilden eine Viertaktgruppe. → Auftakt, Rhythmus.

G. Becking, D. mus. Rhythm. als Erkenntnisquelle, 1928, ND 1958; T. G. Georgiades, D. griech. Rhythm., 1949, ^{2}1977; H. Heckmann, Der T. in d. Mus.lehre d. 17. Jh. (AfMw) 1953; W. Gurlitt, Form i. d. Mus. als Zeitgestaltung (Ak. d. Wiss. Mainz, geisteswiss. Kl.) 1954; H.H. Eggebrecht, Stud. z. mus. Terminologie (ebd.) 1955; C. Dahlhaus, Z. Theorie d. Tactus i. 17. Jh. (AfMw) 1960; ders., Z. Entstehung d. modern. T.systems (ebd.) 1961; W. Dürr, Auft. u. T.schlag i. d. Mus. um 1600 (Fs. Gerstenberg) 1964; F.-J. Machatius, Dreier- und Zweiert. als Eurhythm. und Ekrhythm. (ebd.) 1964; J. A. Bank, Tactus, tempo and notation in mensural mus ..., A 1972; J. Mertin, Tempoprobleme um den T. (Österr. Mus. Zs.) 1973.

Taktieren, den Takt schlagen; mit besonderer Bedeutung für den Musikunterricht schon in den Lateinschulen, wo die Schüler, um taktfest zu werden, zum Singen t. mußten, gelegentlich auch dazu mit dem Fuße stampfen (J. A. Hiller).

Taktstock (frz. *bâton*), der insbes. bei der Orchesterleitung benutzte kurze Holz- oder Elfenbeinstock; im 17. und frühen 18. Jh. ein langer, kugelbeschwerter Stab, der im Takt gegen den Boden gestoßen wurde und an den in der Militärmusik noch der Tambourmajorstock erinnert. (Lully starb an Wundbrand, nachdem er sich den langen Dirigierstab auf den Fuß geschlagen hatte.) Der kurze T. wurde erst Anfang des 19. Jh. eingeführt anstelle der bis dahin ebenfalls üblichen Notenrolle: 1775 Reichardt, 1817 Weber und Spohr. Das Publikum lehnte anfangs den T. ab, und erst bei Mendelssohn wurde er anerkannt (1835). In der Militärmusik wurde der T. ab 1860 verwendet.

Taktstrich, der senkrecht durch das Liniensystem gezogene Strich, der zugleich den Beginn und das Ende eines → Taktes bezeichnet. Im akzentuierenden Takt folgt dem T. die am stärksten betonte Zählzeit. Das Fehlen des T. bedeutet jedoch noch nicht das Fehlen metrischer Form (z. B. im gregorian. Choral oder in der modernen Polymetrik). Der T. war im Tanzlied und in Tabulaturen schon im 15. Jh. allgemein in Gebrauch. In der → Mensuralnotation erschien er zunächst nach 1600 als kleiner, nur 1 Linie des Systems schneidender Strich. Dieser Mensurstrich – bei Partituren nennt man gelegentl. so den Strich zwischen den Systemen, der also die 5 Linien nicht schneidet – wird auch heute verwendet, wenn alte oder neue Chorpolyphonie und Polymetrik ohne die Eingrenzung durch T. in ihrem Verlauf sichtbar werden sollen. → Rhythmus.

Taktvorzeichnung, die durch Ziffern am Anfang eines Stückes vermerkte Maßgabe für den → Takt (→ Metrum), entsprechend der → Mensur der → Mensuralmusik, aus der die heutige T. noch den nach rechts offenen Halbkreis m. Senkrechtstrich für → Alla-breve-Takt und ohne Strich für den 4/4-Takt übernommen hat. Die T. geschieht entweder durch Bruchzahlen oder durch ganze Zahlen, über denen dann mit kleinen Noten der betreffende Zählwert angegeben ist. Zusammen mit Schlüsseln und Vorzeichen ist die T. ein Teil des → Vorsatzes.

Tāla (ind.), rhythm.-metrische Ordnung in der ind. Musik; in Nordindien mit vielen Arten und Charakteren („Farben"; vgl. → Rāga), in Südindien in 35 Formen auftretend, wobei die jeweils kleinste Zählzeit im T.schlag die kleinste Einheit für Melodie und Trommelschlag darstellt. Die Melodie kann sich, nicht metrisiert, über dem Metrum des Schlaginstr. entfalten. Die so entstehende Spannung löst sich, wenn sich (am Schluß des Stückes od. Abschnitts) diese Elemente in der Hauptzählzeit einer T.-Periode treffen.

N. Gosh, Fundamentals of râga and t., Bombay 1968; M. Junius, Die T.s der nordind. Mus., 1982.

Talea (lat.) → Isorhythmik

Talon (frz.; ital. *talone*), → Frosch des Streichbogens; *au t.:* beim Frosch (hart) einsetzen.

Tambour (frz.), Trommler, Trommel.

Tambourin (frz.), südfrz., enge, zylindr. Zweifelltrommel, vielfach noch in der Provence (von derselben Person) zusammen mit der → Einhandflöte (Galoubet, Schwegel) gespielt zum gleichnamigen, schnellen provenzal. Tanz im Zweiertakt.

Tambourin de Gascogne (T. de Béarn), „Saitentrommel“ mit rechteckigem Korpus, bis 7 Saiten, die mit Schlegel geschlagen (auch mit Plektrum gerissen) wurden. Das T. war, am Gürtel und/od. Schulterband befestigt, mit der einen Hand zu spielen, während die andere die → Einhandflöte (Galoubet) bediente; Volksinstr. i. Pyrenäenbereich (in Norditalien: Altobasso); seit dem 19. Jh. wieder gebaut.

Tambourin de Provence frz. Wirbeltrommel mit Schnarrsaite und hoher Zarge, meist solistisch (ohne Flöte) gespielt.

Tambourmajor (frz. *tambour-major,* engl. *fife-major*), in der Militärmusik der Anführer des Spielmannszuges (→ Spielleute 2) mit Pfeifen und Trommeln; in Frankr. ab 1651, in Preußen uneinheitl. ab 1713, Engl. 1748, Rußl. 1815. Der T. „dirigierte“ (vorausschreitend) mit dem Taktstock, der möglicherweise schon im altröm. Heer bekannt war. Der T. wurde in der Militärmusik der einzelnen Länder durch den Kapellmeister ersetzt.

Tambura (indisch), ind. viersaitige Laute zur Gesangsbegleitung; die in Quinten und Oktaven gestimmten Saiten werden leer angeschlagen, daß sie als Bordun klingen. → Tanbūr.

Tamburica → Tanbūr.

Tamburin, → Schellentrommel.

Tamburo grande, Tamburo grosso, Gran tamburo (ital. =), Große → Trommel.

Tampon (frz.), der für Wirbel auf der Großen Trommel verwendete zweiköpfige Schlegel.

Tamtam, im abendländ. Orchester der → Gong mit unbestimmter Tonhöhe; aus Bronzeblech; bis 125 cm Durchmesser (gelegentl. größer). Das T. wird mit Filzschlägel geschlagen. Der Klang ist dunkel und langanhaltend. Seit dem ersten Gebrauch im westl. Orchester durch Gossec (1791) wurde das T. häufig eingesetzt: z. B. bei R. Strauss, I. Strawinsky, B. Bartók, E. Varèse.

Tanbūr (arab.), orientalisches Lauteninstrument m. nach hinten dreieckigem Schallkörper, langem Hals mit Bünden aus Darmsaiten und Spielsaiten aus Metall. Beliebtes Volksinstrument auch in Ägypten, auf dem Balkan (jugoslawisch *tamburica*; ungar. *tambura*: mit bauchigem Korpus, 4 Größen), bei den kaukas. Völkern und bis Sibirien; vgl. → Tambura, Colascione.

K. Vertkov, Atlas, [2]1975.

Tangente (v. lat. *tangere* = berühren), der beim → Clavichord am hinteren Ende des Tastenhebels aufrecht stehende Holz- oder Metallkeil od. Messingstift, der so angebracht ist, daß er beim Druck auf die Taste sich hebt, gegen die über ihm quer verlaufende Saite (od. das Saitenpaar) stößt und sie in Schwingung versetzt (→ Bebung). Vgl. → Drehleier.

Tango, lateinamerikan. Volkstanz im langsamen 2tlg. Takt mit synkopiertem Rhythmus. Unter den verschied. Arten ist neben dem span. od. kuban. T., der der Habanera nahesteht, und dem brasilian. T. der T. vom Rio de la

Plata (T. milonga) der bedeutendste, der sich schon um 1910 von Buenos Aires (T. argentino) und Montevideo aus als → Gesellschaftstanz verbreitete.

Historia del t., 5 Bde., Buen. Ayres 1977.

Tanto (ital. =) sehr; z. B. *allegro non t.* = nicht zu schnell.

Tantum ergo (sacramentum) (lat.: Also solch großes Heiligtum), Anfangsworte der 5. Strophe des Fronleichnamshymnus *Pange lingua gloriosi corporis mysterium,* mit der 6. Strophe in der kathol. Liturgie von der Gemeinde zum sakramentalen Segen gesungen. Der Text wird Thomas von Aquin zugeschrieben und wurde häufig vertont (z. B. W. A. Mozart, A. Bruckner).

Tanz, Tänze, die rhythmisch gebundene Körperbewegung eines einzelnen od. einer Gemeinschaft – Ausdruck bzw. Darstellung eines gehobenen Lebensgefühls – und die dazu erklingende Instrumental- od. Vokalmusik (T.lied). Nach dem Zentrum der Bewegung und den hauptsächl. beteiligten Gliedmaßen unterscheidet man: Bewegungst. (von den Beinen ausgehend), Sitztanz (Oberkörper und Arme) und Körpert.; nach den beteiligten Personen: Einzel- und Gruppent., Männer-, Frauent. und gemischte T.; nach dem Zweck des T.: Imitations- (z. B. Masken-)T. und bildlose T.; nach der Art der Gemeinschaftsbewegung im wesentlichen: Kreis, Reihe (Schlange, Spirale, 8), Doppelreihe (Doppelfront). Ekstatische Ritualt. in früheren heidnischen Religionen (Fruchtbarkeits-, Heil-, Kriegst.) sind aus Felsbildern und den T. noch existierender primitiver Stämme zu erschließen. → Kulttänze sind weltweit bekannt. Bei den Griechen waren Tanz, Musik und Dichtung eng zusammengehörig bei der chorischen Darbietung im Theater und Grundlage der Jugenderziehung. Der bezahlte Schautanz und der für die weitere Entwicklung immer wieder maßgebende T.lehrer waren Erscheinungen schon im griech. Altertum, und von erotischen und obszönen T. berichtet die röm. Literatur. Die Kirche bekämpfte den weltl. T., dagegen sind sakrale T. bis in jüngste Zeit in Spanien und Südfrankreich lebendig geblieben. Spielleute und Gaukler waren im MA die Verbindung zwischen den Ländern und zwischen Volksbrauch und gehobener höfischer Sitte, in der sich der → Gesellschaftst. mit in der Geschichte häufigem Wechsel zwischen Paar- und Gruppent. entwickelte, zunächst als Paart. im Ggs. zum Reigen des Volkes. Schon im 13. Jh. zeigten sich Verbindungen von T. (geradtaktiger Schreittanz mit Nach- = Springtanz im Dreiertakt), aus denen sich der spätere Zyklus der Suite bildete: Allemande, Courante, Sarabande, Gigue, Pavane, Saltarello, Passacaglia, Chaconne, Rigaudon, Gavotte, Bourrée. Bis zur Tanzmusik des 20. Jh. beeinflußten sich → Volkst. und Gesellschaftst., Paar- und Gruppen- bzw. Reigent. gegenseitig (Menuett, Country dance, Contredance [Cotillon, Quadrille], Ecossaise, Anglaise, Polka, Ländler, Walzer), und die Kunst- und Unterhaltungsmusik übernahm T.elemente aus beiden, formte sie um und stilisierte sie (Toccata, Chaconne, Anglaise, Polonaise, Canarie, Menuett, Ländler, Walzer, Mazurka, Quadrille, Galopp,

Tarantella, Bolero Fandango, Csárdás, Krakowiak). Tänze der jüngeren Zt. sind u. a.: Tango, Charleston, Ragtime, Samba, Habanera, Conga, Guaracha, Boogie-Woogie, Calypso, Raspa, Twist. Dem Volks- und Gesellschaftst. steht die virtuos artistische Einzel- od. Ensembleleistung im → Ballett gegenüber. Im 20. Jh. entwickelte sich die besondere Form des Ausdruckst. (Duncan, Wigman, Laban, Kreutzberg, Jooss, Palucca). → Choreographie, Kulttanz, Rhythm. Erziehung.

F. M. Böhme, Gesch. d. T. i. Dtl., 1886, ND 1967; M. v. Boehn, Der T., 1925; F. Weege, Der T. i. d. Antike, 1926, ND 1976; C. Sachs, Eine Weltgesch. des T., 1933. ND 1976; A. Chujoy, Dance encycl., NY 1949, [2]1967; R. Toniai, La danza sacra, R 1950; L. Horst, Preclass. dance forms, NY 1953; W. Wiora/W. Salmen, D. Tanzmus. i. dt. MA (Zs. f. Volkskunde) 1953; M. Dolmetsch, Dances of Spain and Italy (1400/1600), L 1954, ND 1975; dies., Dances of Engl. and France (1450/1600), L [2]1959; Thr. Georgiades, Mus. und Rhythm. b. d. Griechen, 1958; P. Nettl, T. u. T.musik, 1962; ders., The dance in class. mus., NY 1963; K. Petermann, T.bibliogr., Lg 1966ff.; K. H. Taubert, Höf. Tänze, 1968; F. Rust, Dance in society, L 1969; F. Otterbach, D. Gesch. d. europ. T.musik (Tb. z. Mw.) 1980; J. Challet-Haas, Hdb. d. klass. T., 1981; G. Chr. Busch, Ikonograph. Stud. z. Solotanz im MA, Innsbr. 1982; G. Tani, Storia della danza, 3 Bde., Florenz 1983. – Weitere Lit. bei einzelnen Tänzen. → Ballett, Gesellschaftst., Volkst.

Tanzmeistergeige → Taschengeige

Tanzschrift → Choreographie

Tār pers. = Saite), 1. Langhalslaute mit Bünden, im Iran, im Kaukasusgebiet und in Mittelasien; Korpus oft in 8-Form; Hautdecke, 3–11 Saiten. T. ist auch der Name der T.-Orchester bei kaukas. Völkern. → Vgl. Dutār. — 2. → Schellentrommel in Nordafrika.

K. Vertkov. Atlas [2]1975.

Taraf (türk.: Personengruppe; rumän.:) Volksmusikkapelle (bis 18 Musikanten) in Rumänien und Bessarabien; seit dem 16. Jh. bestehender Brauch. Nach festem Repertoire od. oft improvisierend spielt das T. an den verschied. Orten zu besonderem Anlaß.

Tarantella (it. *tarantola* = Tarantel), südital. Paartanz im raschen, vielfach immer schneller werdenden 3/8- oder 6/8-Takt und meist mit punktiertem 2. Achtel und unregelmäßigem Wechsel von Dur und Moll. Die T. wird zu Tamburin und Kastagnetten getanzt, ist dem → Saltarello und der → Gigue verwandt und erscheint als Gesangs-, meist als Instrumentalstück; in der Kunstmusik solistisch virtuos (Auber: *Die Stumme von Portici*; Rossini, *La danza*; f. Klavier: C. M. v. Weber, Chopin, Liszt). Gegen die Folgen des Tarantel-Bisses (Delirium, Körperstarre) soll die T. mit schnellen, zum Tanz zwingenden Rhythmen gewirkt haben.

M. Schneider, La danza de espadas y la tarantela, Barcelona 1948; R. Penna, La t. Napoletana, Neapel 1963.

Tárogató, ungar. → Schalmei (vgl. → Zurna) mit weit-konischem Rohr; Metallbecher; ursprüngl. ohne, nach Rekonstruktion mit Klappen. Ein alter ungar. Name ist *töröksíp* (türk. Pfeife). – J. Schunda baute ca. 1895 als „T." ein gestrecktes „Holzsaxophon" (Klarinette), das im Konservatorium Budapest eingeführt wurde.

Tartöld, ein im 16. Jh. in Österreich verwendetes Doppelrohrblattinstr. (Schalmei). Der konische Metallkörper endet in einem als Drachenmaul geformten Schallstück, verjüngt sich zu einem mehrfach gewundenen Rohr (vgl. → Rankett) mit 7 Grifflöchern, 1 Daumenloch. Der Name T. wird auf ital. *torto* (gewunden) zurückgeführt.

Taschengeige (frz. *pochette*; ital. *violino piccolo*; engl. *kit*), die kleine Geige der Tanzmeister im 18. und frühen 19. Jh.; meist mit drei, selten vier in Quinten gestimmten Saiten. Eine Tanzmeistergeige im Spazierstock baute Mitte des 18. Jh. J. Wilde in Petersburg: ein Stück Stockwand war abzunehmen; der Griff diente als Kinnhalter.

Taschenpartitur. Partituren in Kleinformat, zunächst für das Studium klass. Sinfonien und Kammermus., ließ wohl als erster I. J. Pleyel 1802 in Paris erscheinen (Format ca. 12,5 × 21 cm: Haydn, Mozart, Beethoven). Ihm folgten um 1840 K. F. Heckel, Mannheim (8,3 × 13,3), G. Guidi, Florenz, der 1860 außer Kammermus. auch Orchesterpartituren ganzer Opern ausgab (40 × 20,3; zuerst Rossini, *Wilh. Tell*). Verschied. Verlage ließen nun T. erscheinen (z. B. Belajev, Donajowski); die bei A. Payne, Leipzig, erschienenen führte 1891 E. Eulenburg weiter, bei dem wissenschaftl. kommentierte (z. B. v. Einstein, Blume) und zeitgenöss. Werke erschienen. Seitdem gehören T. zum Programm fast aller Musikverlage; übliches Format etwa 13,5 × 18,5 cm.

C. Hopkinson, The earliest miniature scores (Mus. Rev.) 1972.

Tastatur → Klaviatur.

Taste, Hebel, mit dessen Hilfe ein Körper (Saite, Metall, Glas) in Schwingung versetzt wird. Die zu einem Instr. gehörige T.-Gruppe heißt Tastatur (→ Klaviatur). *Clavis* (lat.: Riegel, → Schlüssel) war seit Mitte des 12. Jh. die T., mittels deren eine Tonstufe dargestellt wurde, dann der Ton-Name. Die Mz. *claves* meinte die mit Buchstaben bezeichneten Töne (des Instr.) bestimmter Höhe im Ggs. zu *voces* (lat.: Stimmen), den durch → Solmisationssilben benannten Tönen (relativer Höhe) der Singstimmen.

Tastencister (engl. *keyed cittern, keyed guitar*), eine in den 1780er Jahren von Chr. Clauss in London gebaute → Cister, bei der die Saiten zum Schutz der Damenhände über Tasten (in Klavierordnung und mit Dämpfung) mit Hämmerchen geschlagen wurden.

Tasteninstrumente (→ Taste, Klaviatur), Instrumente, die mehrstimmiges (voll-stg.) Spiel ermöglichen. Das Material der Tonkörper, die Art, sie in Schwingung zu versetzen, ist bei den Instr. verschieden, und Versuche zur Systematik waren ungenau, weil der in seiner Bedeutung mehrfach abgewandelte Begriff „Klavier" auf die heutige Bedeutung als *ein* Saiteninstr. festgelegt wurde. Neuerdings hat F. W. Riedel eine Ordnung getroffen (MGG), welche vom Instr. als Mittel der Improvisation und der Wiedergabe musikal. Werke ausgeht. Er unterscheidet (hier gekürzt wiedergegeben) Pfeifenklaviere (Orgel, Positiv, Portativ, Regal), Zungenklaviere (Harmonium, Handharmonika, Akkordeon), Saitenklaviere (Drehleier, Schlüsselfiedel, Tastenmonochord, Streichklaviere/Geigenwerk; Clavichord, Kielflügel/Cembalo, Spinett, Virginal, Clavicitherium; Pantaleon, Hammerflügel, Tafelklav., Pianino; Tangenten-, Harfenflügel; elektrisches Klav.), Glockenspiel und Friktionsinstr. (Tastenharmonika/ → Glasharmonika, Nagelklavier, Klavizylinder), kombinierte T. (z. B. Orgel mit Glockenspiel, Hammerklav. mit Cembalo), → Elektrophone, → mechan. Musikinstrumente, → Keyboard.

T. Norlind, Systematik d. Saiteninstr. II, [2]1941; F. W. Riedel, Klavier (MGG) 1958; P. James, Early keyboard instr. from their beginnings to 1820, L 1970; E. M. Ripin, Keyboard instr., NY 1977.

Tastiera (ital.) 1. Griffbrett der Saiteninstr.: *sulla t.* (*sul tasto*): Anweisung, den Bogen über od. nahe dem Griffbrett aufzusetzen, damit ein weicher Ton entsteht; Ggs. *sul.* → *ponticello*. – 2. ital.: → Klaviatur.

Tasto solo (ital. = nur die Taste), im Generalbaßspiel die Anweisung, nur die vorgeschriebene Baßlinie, keine Akkorde zu spielen. Abk.: *t.s.*

Technische Mittler, nach 1945 entstandener t. t., zunächst auf die Musikpädagogik bezogen: die Massenmedien Film, Schallplatte, Rundfunk, Fernsehen, eingesetzt als Mittler und Helfer beim tätigen Mit- od. Nacherleben eines Kunstwerkes. Nachdem H. Mersmann um 1930 schon in der Sendung „Musizieren mit unsichtbaren Partnern“ die Technik der Hausmusik dienstbar zu machen versuchte, wurden insbes. nach dem 2. Weltkrieg Rundfunk, Tonband, Film und Fernsehen, elektron. und mechan. Instr. bei der Produktion und Reproduktion von Musik eingesetzt und in Schulfunksendungen, Film- und Tonbandstudios der Jugend- und Erwachsenenbildung nutzbar gemacht. Die techn. Entwicklung diente allen musikal. Bereichen, vom Orgelbau (Elektronenorgel) bis zu allen Arten der Unterhaltungs- und Popmusik.

E. Wasem, Presse, Rundfunk, Fernsehen, Reklame pädagog. gesehen, 1959; B. Walter, D. Kunstwerk im Zeitalter seiner techn. Reproduzierbarkeit, 1963; E. Kraus (Hg.), D. Einfl. der T. M. auf d. Musikerziehung unserer Zeit (Vorträge d. 7. Bundesschulmusikwoche), 1968; J. Bornoff, *Music and the 20th cent. media,* Florenz; E. Mayer-Rosa, Mus. u. Techn. (Beitr. z. Schulmus. 27), 1974.

Tedesca (ital. = deutsch), im 17. Jh. in Italien = → Allemande, später (z. B. bei Beethoven) *alla t.* = Deutscher Tanz, Ländler.

Te Deum (laudamus) (lat.: Dich, Gott, loben wir), Anfangsworte des gregorian., dem Hlg. Ambrosius zugeschriebenen (daher Ambrosianischen) Lobgesangs, der wahrscheinlich auf den Hlg. Nicetas, Bischof von Remesiana in Dacien (4. Jh.), zurückgeht. Im kath. Gottesdienst ist das T. liturgisches Rezitativ mit dem *Tonus semifestivus* (halbfestlich). Der Text (latein. oder in der Volkssprache), auch ohne den gregorian. Gesang, hat zu allen Zeiten zur Komposition angeregt: J. Vaet, Lassus, Palestrina, Haßler, M. Praetorius, Schein, Demantius, Byrd, Gibbons, Purcell, Händel, Lully, Caldara, Fux, Haydn, Mozart. Große oratorische Werke schufen: Berlioz, Bruckner, Verdi, Dvořák, Vaughan Williams, Kodály, Stockmeier; Orgelwerke außer den frz. → Versetten des 16. Jh.: Buxtehude, J. S. Bach, Reger. – Einen dt. Text für d. protestant. Gottesdienst schuf M. Luther 1529 (*Herr, Gott, dich loben wir*). Als geistl. Volkslied gilt die Umdichtung *Großer*

Gott, wir loben dich von Ign. Franz (Wien 1774).

P. Wagner, 1921; E. Kähler, Stud. z. T. D. u. z. Gesch. d. 24. Ps. i. d. Alten Kirche, 1958; W. Kirsch, D. Quellen d. mehrstg. Magnif.- u. T. D.-Vertonungen bis Mitte 16. Jh., 1966; ders., Z. Kompos.techn. d. mehrstg. Alternatim-T. D. (Annuaria Mus.), 1967.

Teiltöne (= Partialtöne), t. t. der → Akustik: die in einem → Klang vereinigten Töne; Grundton mit seinen → Obertönen.

Tempelblöcke, abgestimmte Holztrommeln, kugelähnlich, ausgehöhlt und mit Klangschlitz; auch im heutigen Orchester verwendet (Berg, Messiaen); häufig in der Unterhaltungsmusik.

Temperatur (lat. = Mischung, Mäßigung; frz. *tempérament*), die Art der Oktavteilung in verschied. Töne im Vergleich mit der in der → Obertonreihe (Naturreihe) gegebenen „reinen" → Stimmung. Das Spiel auf einem rein (adäquat) gestimmten Tasteninstr. mit 12 Halbtönen in der Oktave wird um so unreiner, je weiter es sich von der rein gestimmten Grundskala entfernt. Der in der Folge von 12 Quinten erreichte Ton differiert (in die Ausgangsoktave zurückversetzt) um das pythagoreische → Komma. 3 große reine Terzen bzw. 4 kleine reine Terzen differieren mit der Oktave des Ausgangstons um die kleine bzw. große Diësis. Die 4. Quinte unterscheidet sich von der 2. Oktave der großen Terz durch das synton. Komma. Bei den Griechen (Aristoxenos) und Chinesen, in der abendländ. Musik seit dem 16. Jh. wurde ein Ausgleich versucht: Verteilung des synton. oder des pythagor. Kommas in einer ungleichschwebenden T., gleichschwebenden T. (Oktavteilung in zwölf gleiche Halbtöne), wie sie seit dem 16. Jh. für die Laute angewendet wurde, od. in einer mitteltön. T. mit verschied. Stimm-Methoden, zwischen großem und kleinem Ganzton auszugleichen; immer bestrebt, den → Wolf (Wolfston) zu vermeiden (u. a. Ramis de Pareja 1482, Schlick 1511, Aron 1523, Lanfranco 1533). Das Problem der Stimmung besonders v. Tasteninstr. suchte man durch Erweiterung der Tastenzahl zu lösen. Die Oktave wurde in 19, 31, 43, 53 und theoretisch in mehr Stufen geteilt (vgl. Komma). Der gleichschwebenden T. kamen die Vorschläge A. Werckmeisters (1691) nahe, die von Neidhardt (1706, 1732) verbessert wurden. Durch gleichmäßige Verteilung des pythag. Kommas auf die 12 Quinten d. Quintenzirkels wird nach 12 Quintenschritten der oktavversetzte Ausgangston wieder erreicht. Da 3 große Terzen oder 4 kleine Terzen im temperierten System ebenfalls die Oktave des Ausgangstons ergeben, ist auch der Terzkreis geschlossen. Der Ausgleich wurde vom Gehör nicht als störend empfunden (zumindest beim Klavier mit im Ggs. zum Orgelton kürzerer Klangdauer und geringerem Obertonbestand). Er wirkte auf den Stufen gleichmäßig, so daß jetzt auch das Spiel und die Komposition in ferner liegenden Tonarten mit größeren Modulationen möglich wurden. J. S. Bach bewies das mit dem → *Wohltemperierten Klavier*. Die → enharmon. Verwechslung setzt gleichschwebende Stimmung voraus. Neuere Versuche, der reinen Stimmung näher zu kommen, wurden in Dtl. (nach, aber unabhängig von Euler durch Eitz u. Drobisch) u. in den USA vorgenommen. Die weit verbreitete Ansicht, daß bei Intonationsfreiheit (ohne Bindung an das temperierte System, z.B. im Streicherklang oder a cappella-Gesang) die absolut reine Stimmung erreicht werde, setzt Konsonanz und geringen Akkordwechsel aus der Tonika voraus bei Ausschluß der Modulation, rechnet aber zudem nicht mit der Kraft der Hörgewohnheit in der temperierten Stimmung. Die Zweifel und Argumente M. Plancks wurden durch neuere Messungen bestätigt, die im Einklang mit amerikan. Versuchen zeigten, daß die Quinten der reinen Stimmung am sichersten getroffen wurden, die größten Abweichungen bei den Sexten auftraten, die großen Terzen meist zu weit, die kleinen zu eng intoniert wurden. → Klaviatur, Tonleiter, Shruti, Slendro, Pelog.

J. G. Neidhardt, Beste und leichteste T. des Monochords, 1706; S. Tanaka, Stud. z. reinen Stimmung (VfMw) 1890; M. Planck, D. natürl. Stimmung i. d. Vokalmus., 1894; W. Dupont, Gesch. d. mus. T., 1935; A. Daniélou, Introd. to the study of mus. scales, L 1943; J. M. Barbour, Tuning and temperament, East Lansing 1951; W. Lottermoser/F.-J. Meyer, Frequenzmessungen an gesung. Akkorden (Acustica) 1960; Ll. S. Lloyd, H. Boyle, Intervals, scales and temperaments, NY 1963; A. D. Fokker, Neue Mus. m. 31 Tönen, 1966; H.-P. Reinecke, Zum Probl. d. mus. T. in außereurop. Tonsystemen (Fs. Husmann) 1970; E. Regener, Pitch notation and equal temperam., Berkeley 1973; D. de Klerk, Equal temperament (AM) 1979; H. Kelletat, Zur mus. T. 1, 2, [2]1981, 1982; C. Dahlhaus, „Reine" od. „adäquate" Stimmung (AfMw) 1982. → Komma.

Tempo (it.), Zeit, Geschwindigkeit, ihre Steigerung (Beschleunigung) und Minderung (Verlangsamung), die die Dauer der einzelnen Zählzeit bestimmen, ausgehend vom Pulsschlag od. der durchschnittl. Schrittzeit und dem Charakter des Stückes entsprechend. Außer den errechneten Werten, wie sie das → Metronom vermittelt, oder den relativen, aus ursprüngl. Vortragsangaben entstandenen, mehr vom Affekt beeinflußten T.bezeichnungen wird die Wahl des T. vom techn. Können und geistigen Vermögen des Interpreten bestimmt, von der Größe des Klangkörpers und der jeweils geforderten Lautstärke und Spielweise und von den akustischen Gegebenheiten des Raumes. Die ältere Musik bis etwa 1600 trägt keine T.bezeichnungen, und die Notierung in langen Werten läßt fälschlich auf sehr langsamen Vortrag schließen. Deshalb muß der Hg. bei der Übertragung in ein modernes Schriftbild die Werte entsprechend verkürzen. Gattungsnamen (Allemande, Gigue) kennzeichneten zugleich das T. wie etwa seit dem 17., 18. Jh. die Vortragsangaben. Sehr langsame Bewegung wird bezeichnet durch: Adagio, Adagissimo, Grave, Largo, Larghissimo (Largo assai), Lento; langsam: Andante, Commodo, Larghetto, Sostenuto; mäßig schnell: Andante, Allegretto, Maestoso, Moderato; schnell: Allegro (A. agitato, A. appassionato, A. con brio, A. con fuoco), Animato, Presto; sehr schnell: Allegro assai, A. vivace, Prestissimo, Vivace, Vivacissimo. Modifiziert werden diese Bezeichnungen durch Zusätze wie più (mehr), meno (weniger). Die Bewegung wird beschleunigt durch die Anweisungen accelerando, stringendo, stretto; sie wird verringert durch: calando, ritardando, ritenuto, rallentando, morendo, smorzando. Diese zunächst den Vortrag bestimmenden Anweisungen kamen auf bzw. erhielten ihre Bedeutung, als der subjektive Vortrag zum wesentlichen Bestandteil des Kunstwerks wurde. Die Vielfalt und Ungenauigkeit der T.-bezeichnungen und die überhandnehmende Freizügigkeit ihrer Ausdeutung durch die Interpreten waren die Ursachen für den Erfolg des Metronoms, das Mälzel 1816 patentieren ließ. Schon M. Praetorius hatte aber im *Syntagma musicum* ein exaktes Zeitmaß vorgeschlagen. Daß aber auch weiterhin die persönliche Auffassung des Interpreten das T. bestimmt und dabei erhebliche Differenzen auftreten können, beweisen die Bayreuther Aufführungen des *Parsifal* durch R. Strauss und A. Toscanini mit einem Zeitunterschied von 50 Minuten. → Rubato, Takt, Mensur.

F.-J. Machatius, D. Tempi i. d. Mus. um 1600, 1954, [2]1977; I. Hermann-Bengen, T.bezeichnungen (17., 18. Jh.) 1959; C. Dahlhaus, Z. Entstehung d. mod. T.systems im 17. Jh. (AfMw) 1961; S. Gullo, Das T. i. d. Mus. d. 13. u. 14. Jh. (PSMG), Bern 1964; J. A. Bank, Tactus, t. and notation in mens. mus. ..., A 1972; K.-E. Behne, D. Einfl. d. T. auf d. Beurteilung v. Mus., 1972; ders., „Zeitmaße" (Mf) 1976.

Tempo rubato = → rubato.

Tempus (lat. = Zeit), Zeitwert der → Mensuralmusik, etwa der → Brevis entsprechend. Das *t. perfectum* teilte die Brevis in 3 Semibreven, das *t. imperfectum* in 2 S. Etwa ab 1350 wurde das *t. perfectum* durch einen Kreis als Mensurzeichen, das *t. imperfectum* durch einen Halbkreis gekennzeichnet, aus dem unser heute gebräuchliches Zeichen für den 4/4-Takt entstanden ist. → Mensur, Takt.

Tenebrae (lat. = Dunkelheit), im röm. Stundengebet die zu Gründonnerstag, Karfreitag und Karsamstag (12. Jh. bis 1971) vorgesehenen Horen (→ Laudes, Matutin), die, nach Löschen der Kerzen in bestimmten Zeitabständen, im dunklen Raum beendet wurden. → Lamentationen.

Teneramente (it. =) zart, schmeichelnd.

Tenor (lat. *tenere:* halten), 1. in der → Psalmodie der Rezitationston (Ténor, Tuba); – 2. gregorianische, dann auch weltl. Melodie od. Teilmelodie als Fundamentstimme mit langen Notenwerten, über der die Oberstimmen in kleinen Werten verlaufen (→ Organum, Motette); – 3. hohe Männerstimme (frz. *taille, ténor*; it. *tenore*; daher dt. Tenór) und deren Sänger; Umfang ca. c-c². Die Stimmlagen sind: der hohe, lyrische T. (Tamino in *Zauberflöte*); der italien. T. (Manrico in *Troubadour*); der Spiel- oder → Buffot. (Wenzel in *Verkaufte Braut*); der jugendliche Heldent. (Herzog in *Rigoletto*); der Heldent. (*Tristan*). Der Wechsel der Bedeutung T. vom Cantus firmus vollzog sich im 15. Jh. etwa bei Ockeghem und Josquin Desprez. → Tenorlied. – 4. Stimmgattung in Instrumentenfamilien.

P. Wagner, 1911, 1921; R. Stephan, Die Tenores d. Motetten ältesten Stils (Diss. Gött.) 1949; H. H. Eggebrecht, Stud. z. mus. Terminol. (Ak. d. Wiss. Mainz) 1955; E. H. Sparks, C. f. in mass and motet 1420/1520, Berkeley, 1963; D. Hoffmann – Axthelm, T. (HmT) 1973.

Tenora (span.), katalan. Schalmei; vgl. → Cobla.

Tenorgeige, die gegenüber der Violine im Verhältnis 2 : 1 stehende tiefe Geige (*Viola tenore*), von H. Ritter als 3. Stimme neben der → *Viola alta* als zweiter in seiner Streichquartettordnung (1905) vorgesehen (Stimmung: G, d, a, e'); der alten Tenorbratsche Stradivaris entsprechend; wie das Violoncello gespielt. Weitere Entwicklungsstufen: Controviolino (Zorzi, Florenz, 1908), Tenor-Viola (Vitáček, Moskau, 1912), schließlich die vorteilhafteste Form E. Sprengers (Frankfurt, 1922), zunächst *Violoncello tenore* genannt. Notation im → Tenorschlüssel. → Bratsche.

H. Besseler, Zum Problem der T., 1949.

Tenorhorn → Bügelhorn.

Tenorklausel → Klausel

Tenorlied, mehrstg. Liedsatz mit der Liedmelodie (Cantus firmus) im Tenor; dt. Eigenform der Mehrstimmigkeit; ca. 1450 bis 1580. Ggs.: Diskantlied (Melodie in der Oberstimme) in Frankreich (→ Chanson) und Italien (→ Madrigal, Villanella). Anfänge zeigen schon in der Mondsee-Wiener Liederhandschrift Lieder des Mönchs v. Salzburg (Ende des 14. Jh.) mit dramat. steigernden Stimmkreuzungen in der Zweistimmigkeit. Ausgebildet erscheint das T. im Lochamer (ca. 1460), Schedelschen (ca. 1465) und Glogauer Liederbuch (um 1470), Meister waren Adam v. Fulda, H. Finck, H. Isaac, P. Hofhaimer, L. Senfl, K. Othmayr. Der Liedtext wurde zunächst nur unter die Tenorstimme gesetzt, was die ursprüngl. instrumentale Behandlung der übrigen Stimmen bestätigt (z. B. im Liederbuch des Arnt v. Aich, ca. 1519). Die letzte große Slg. von T. waren Forsters *Frische teutsche Liedlein* (1539/1556). Schon in der Verteilung des Cantus firmus auf verschied. Stimmen bei Senfl zeigt sich der Einfluß des ital. Madrigals, das seit der 2. Hälfte des 16. Jh. auf die dt. Mehrstimmigkeit einwirkte, während die evangel. Choralbearbeitung den Tenor-C. f. noch im 18. Jh. zeigt, → Hofweise.

H. Rosenberg, Untersuch. üb. d. dt. Liedweise, 1931; K. Gudewill, Z. Frage d. Liedstruktur dt.er Liedtenores (Mf), 1948; ders., Beziehungen zw. Modus u. Liedtenores (AfMw) 1958; ders., Dt. Volkslieder in mehrstg. Kompos ..., 1450/1630 (Hdb. d. Volksl. 2) 1975; Chr. Petzsch, Hofweisen d. Zt. um 1500 (Diss. Freib./Br.) 1957; R. Caspari, Liedtrad. im Stilwandel um 1600, 1971; W. Wiora, Das dt. Lied, 1971; Das Tenorlied. Mehrstg. Lieder i. dt. Quellen (1450/80), hg. v. Mg. Archiv: N. Böker-Heil u. a. (RISM, Sonderbd.), 1979/83.

Tenorschlüssel, → C-Schlüssel auf der zweitoberen Linie, der die Stellung des (eingestrichenen) c' bezeichnet (→ Schlüssel). Er wird noch für Violoncello und Tenorposaune verwendet.

Tenso → Tenzone

Tenuto (ital. =) gehalten, ausgehalten in der gleichen Tonstärke; Abk.: *ten.*

Tenzone (it.; provenzal. *tenso* v. lat. *contentio* = Streit), gesungenes oder gesprochenes provenzal. Streitgedicht des 12. und 13. Jh. Darin wurde in 6–10 Strophen und mit einer entlehnten Melodie ein vorher gegebenes Thema diskutiert und dabei echte oder gespielte Rivalität zwischen den Partnern ausgetragen; gleichzeitig wurde der von beiden benannte Schiedsrichter geehrt. → Jeu parti, Partimen, Troubadours.

Terminologie, → Musikterminologie.

Tertian, Terzian (lat. *tertianus* = dem Dritten zugehörig), Terzmixtur der Orgel (zweifach: 1⅗ + 1⅓'; dreifach: dazu 1'). Die mehrchörige Terzmixtur wurde im Barock bis zur Romantik häufig gebaut, später (anders als im engl. Orgelbau) in Dtl. die geringchörige bevorzugt mit Quinte (Terz/ Quinte bzw. Terz/Quinte/Oktave).

Terz (lat. = 3.), 1. → Intervall mit der 3. Stufe der → diatonischen Tonleiter. Die T. tritt in zwei Erscheinungsformen (groß und klein) auf und mit der → Alteration übermäßig und vermindert. Sie kennzeichnet das Tongeschlecht und wird groß als Durterz, klein als Mollterz bezeichnet. Wie ihre Umkehrung, die → Sexte, gilt die Terz als Konsonanz, wenn sie groß oder klein auftritt, als Dissonanz, wenn sie alteriert wird. – 2. Register der Orgel, wie Quinte, Septime und None zu den → Aliquoten gehörend. → Tertian.

Terzett, Gesangsstück für drei solistische Stimmen, meist instrumental begleitet. Während im engl. und frz. Sprachgebrauch das Wort → Trio allgemein für 3stg. Stücke gebraucht wird, gilt es in Dtl. nur für das 3stg. Instrumentalstück. Vgl. → Tricinium.

Terzina, das ital. Diskantinstr. der → Cister.

Terzquartakkord, 2. Umkehrung des Dominantseptakkords, benannt nach der Stellung von Septime und Grundton.

Terztöne kennzeichnen die nach der → Obertonreihe aus T. und Ganztönen entwickelte Skala i. Ggs. zu der aus → Quinttönen aufgebauten pythagoreischen.

Testo (ital. = Text), der Erzählerpart (Evangelist) in einem Chorwerk (Historia, Passion, Oratorium).

Testudo (lat. Deckeltier = Schildkröte; von daher: Wölbung), → Lyra bei den Römern, → Laute der Renaissancezeit.

Tetrachord (griech. *tetra* = vier, *chorde* = Saite), die von den Saiten der → Kithara bestimmte viertönige Grundstufe der griech. Melodielehre, wichtig in den → Kirchentonarten und Hälfte der heutigen Tonleiter. Im griech. System lagen die beiden Außentöne des T. fest, die beiden inneren waren variabel. Die tiefste Stufe in jedem T. war immer ein Halbton. Der vollständige Umfang des griech. Systems (*systema teleion*) wurde von den hohen Tönen her abwärts gerechnet und setzte sich aus 4 T. zusammen, die z. T. verschränkt, d. h. mit einem gemeinsamen Ton (*synaphe*) verbunden, z. T. mit Ganztonabstand (*diazeuxis*) aneinandergereiht waren:

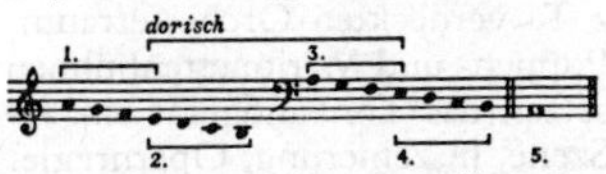

1. *T. hyperbolaion* (= das Überstehende, Hinausragende), 2. *T. diezeugmenon* (= das Getrennte, nur Angereihte, ohne Verbindungston), 3. *T. meson* (= das Mittlere), 4. *T. hypaton* (= das Oberste). Die Reihe schloß mit 5. dem Zusatz-(Grund-)Ton, dem *Proslambanomenos*. Die beiden inneren T.e bildeten die dorische Kernleiter (e'–e). → Diatonik, Chromatik, Enharmonik.

Tetrardus authentus, t. plagalis, 7., 8. → Kirchentonart.

Teufelsgeige → Bumbaß

Theater (von griech. *theasthai*: anschauen), Sammelbegriff für die künstlerische Darbietung in →

Musikth., Oper, Operette, Musical, Singspiel, Ballett, Melodram, Pantomime, Schauspiel (Puppen-, Schatten-, Marionettenth.); die Gesamtheit der für die Aufführung nötigen Einrichtungen, z. B. Gebäude, Bühne, Freilichtbühne, Dekoration, Maske, Musik, → Orchester und Orchesterraum. Das erste bekannte feststehende Th. wurde im 5. Jh. v. Chr. in Athen errichtet. Während die Musik Grundbestandteil der Oper ist, dient → Schauspielmusik zur Ergänzung, gelegentlich zur Illustration der Handlung, soweit sie nicht als Musik auf der Bühne tragendes Element der Handlung ist. Im griech. Th. war die → Orchestra vor der Bühne der Raum für Chor und Chortänze; bis in die Renaissancezeit spielte die Musik verdeckt seitlich od. hinter der Bühne, später vor ihr sichtbar, seit R. Wagner im versenkten, z. T. verdeckten Orchesterraum. Puppen- und Marionettenbühnen setzen das Tonbandgerät ein. → Szene, Inszenierung, Opernregie.

J. Gregor, Weltgesch. d. Th., Z 1933; H. H. Borcherdt, Das europ. Th. im MA u. d. Renaiss., 1935; C. Niessen, Hdb. d. Th.wiss., 1949ff.; W. Kosch, Th.lexikon, W 1953ff.; Enciclop. dello spettacolo, R 1954/62; J. Gassner, The th. in our times, NY 1954; S. Melchinger, Th. d. Gegenwart, 1956; H. Kindermann, Th.gesch. Europas, Salzb. 1957ff.; G. Freedley/J. A. Reeves, Hist. of the th., NY 1968; H.-D. Blume, Einf. i. d. antike Th.wesen, 1978. → Bühnenmusik.

Thema (v. griech. *thema* = das Gesetzte; ital. *tema*, frz. *thème*), der musikalische Grundgedanke, dargestellt in einer Tonfolge, die aus verschied. → Motiven besteht, sich in überschaubarer Abgrenzung bewegt, einen bestimmten Charakter zeigt und ausgearbeitet werden kann (thematische Arbeit, → Durchführung). Im Ggs. zum Sprachgebrauch ist T. nicht gleichbedeutend mit nicht abgegrenzten, „offenen" Melodiefragmenten, z. B. der ma. → Motette. Auch die Wiederholung desselben Motivs ergibt kein T. Je nach der Form, für die es bestimmt ist, ist das T. verschieden konzipiert: Das → Fugent. (Subjekt) ist in Voraussicht auf die Weiterführung im kontrapunktischen Gefüge angelegt, daher nicht abgegrenzt. Das T. der → Passacaglia und → Chaconne ist streng begrenzt, aber kaum motivisch, meist 8taktig und liegt nur ausnahmsweise (und dann im Interesse der Steigerung innerhalb der Variationenfolge) nicht im Baß. Das T. in → Ritornell und → Rondo kann mit verschied. Veränderungen auftreten entsprechend dem Prinzip der → Variation. Deren T. muß so prägnant sein, daß es durch jede Art der Verkleidung hindurchleuchtet. Je einfacher Bau und Harmonik sind, um so freiere Möglichkeiten ergeben sich für die Verwandlungen, die ornamental die Melodielinie umspielen können (bei Wahrung des harmon. Grundstocks) oder die den Charakter des T. ausdeuten und dabei zu völlig selbständigen Einzelkompositionen werden. → Liedform und → Sonatenform haben meist streng periodisch geordnete T. die so angelegt sind, daß bei der Umformung in der Durchführung mit Verarbeitung des Motivmaterials die Grundelemente kenntlich bleiben (→ themat. Arbeit). Das Hauptt. gibt den Grundgedanken; das Nebent. hat gegensätzl. Charakter. T.engruppen ohne feste Umrisse treten in der romantischen Sinfonie auf. In der Musik des 20. Jh. verliert der Begriff T. seine Bedeutung im bisherigen Sinn. – Mit T. wird vielfach auch der → Cantus firmus, z. B. im → Choralvorspiel, gemeint. Die Bez. „thematisches Motiv" betont die Selbständigkeit eines Motivs und seine Fähigkeit, selbst als T. zu wirken.

A. Halm, Zur Phänomenologie der T.-tik (Von Grenzen u. Ländern d. Musik), 1916; R. Reti, The Thematic Process in Music, NY 1951; M. Wehnert, D. Mitte im musikal. Kunstwerk (Diss. Lg) 1956; R. Eller, D. Entstehg. d. Themenzweiheit i. d. Frühgesch. d. Instr.-Kzt. (Fs. Besseler), 1962; K. H. Wörner, D. Zeitalter d. themat. Prozesse i. d. Gesch. d. Musik, 1969. → Melodie; Rhythmus.

Thematische (themat.-motivische) Arbeit, rhythmische, harmon., melod. Umgestaltung, Verknüpfung, Kombination von Teilen (Motiven) eines Themas so, daß es (auch wenn sich Nebenthemen bilden) bewußt bleibt, während die Handlung kontrastreich weiterläuft (im Ggs. zu bloßer Modulation mit Passagen od. Sequenzierung); so in Konzerten v. J. S. Bach und vor allem in der → Durchführung, Exposition der klass. Sonatensatzform. Wuchernde th. A. kann die Satzeinteilung verdecken.

Thematisches Verzeichnis, Aufstellung von Werken eines Komponisten od. einer Slg. von (auch anonymen) gedruckten od. hs. Stücken, jeweils mit Angabe der ersten Takte (→ Incipit) und der einzelnen Satzanfänge im Notenbild, meist 2zeilig (Melodie, Harmonie), selten nur Melodie 1zeilig. Die Ordnung ist chronolog., nach Opuszahlen od., wo beides nicht möglich, nach Tonarten. Dazu werden Tempo, Vortragsbezeichnung, Aufführungsdauer, Entstehungsjahr, Ort und Datum des Erstdrucks, Originaltitel, Fund- und Aufbewahrungsort, spätere Drucke und Gesamtausgaben genannt, wobei jedes T. V. anders vorgeht. Ein frühes T V. findet sich schon 1598 in V. Hendrich Lübecks handschriftl. Fanfarenmusiken (Kopenhagen). J. Haydn (nach 1765), W. A. Mozart (1784) fügten ihren Verzeichnissen die Anfänge in Noten bei; so auch im Katalog des Nachlasses von C. Ph. E. Bach (1790). Das Wort „Thema" erscheint in diesem Zusammenhang zuerst wohl 1762 in G. I. Breitkopfs Verzeichnissen der Leihmaterialien, „thematisch" 1768 bei J. J. Hummel in Amsterdam. Andere Verlage folgten dem Beispiel (Artaria, André, Holle). In Inhaltsverzeichnissen von Bandausgaben wurden die einzelnen Stücke mit ihren Anfängen genannt. Die ersten umfassenden T. V. wurden von den Verlegern der Komponisten, vielfach im Zusammenhang mit einer Gesamtausgabe veröffentlicht. Um das betr. Werk eindeutig zu bezeichnen, wird bei Ausgaben und vielfach auch bei Aufführungen auf die Zählung im T. V. verwiesen, soweit der Komponist selbst keine einheitliche Werkzählung vorgenommen hat (→ Opus); z. B.: BWV (Bach-Werke-Verz., 1950, ²1958, W. Schmieder); D (Fr. Schubert, 1951, O. E. Deutsch; ²1978: W. Aderhold u. a.); Hob. (J. Haydn, 1957, 1971, 1978, A. v. Hoboken); KV (W. A. Mozart, 1862, L. Ritter v. Köchel; ⁶1964: Fr. Giegling u. a.); SWV (Schütz-Werke-Verz., 1960, W. Bittinger).

W. Altmann, Üb. themat. Ktlge. (Beeth.-Kb. W) 1927; N. Bridgman, L'établiss. d'un cat. par incip. mus. (MD) 1950; O. E. Deutsch, Themat. Kataloge (FAM) 1958; W. Schmieder, „Menschliches-Allzumenschl." od. Einige unpart. Gedanken üb. T. V. (Fs. Deutsch) 1963; A. Ott, T. V. (MGG) 1966; B. S. Brook, Themat. cat. in mus.; an annotated bibliogr., Hillsdale/NY 1972; ders., The earliest them. cat. (Fs. Larsen) K 1972; Themat. Werkverz. (Mus.biblioth. aktuell) 1976.

Theorbe (it., span. *tiorba;* frz. *théorbe*; engl. *theorbe*), die wohl aus d. Baßlaute (*liuto grosso*) entstandene Großlaute mit größerem Korpus als die → Erzlaute; ähnl. dem → Chitarrone, doch mit kürzerem Hals und Wirbelkasten für 6(8) Spielsaiten; neben dem Griffbrett mit Bünden laufen die 14(16) Bordunsaiten (gerade od. leicht abgewinkelt) zum 2. Wirbelkasten; im 16.–18.Jh. Begleitinstr. zum Sologesang (Tenor), Soloinstr. – Th. war auch Sammelname f. Langhalslauten allgemein. Der Chitarrone hieß auch „römische Th."

H. Radke, Wodurch unterscheiden sich d. Laute u. Th.? (AM) 1965; D. A. Smith, On the origin of the chitarrone (JAMS) 1979; E. Pohlmann, Laute, Th., Chitarrone, [5]1982.

Theorie (v. griech. *theoreo* = betrachten), praktische, handwerkl. u. die spekulative Untersuchung musikal. Vorgänge; → Musiktheorie, Musiklehre, Harmonielehre.

Theremin(ovox), Termenvoksa → Aetherophon

Thesis (griech. = Setzen, Senken des Fußes beim Schritt, insbes. Tanzschritt), → Arsis.

Thomaskantoren. Das Amt des Thomaskantors in Leipzig war angesehen im dt. Musikleben und wurde von zahlreichen berühmten Musikern bekleidet, die auch für die Entwicklung der dt. evangel. Kirchenmusik bedeutend waren; z.B.: G. Rhaw (–1520), S. Calvisius (–1615), J. H. Schein (–1630), J. Schelle (–1701), J. Kuhnau (–1722), J. S. Bach (–1750), J. F. Doles (–1789), J. A. Hiller (–1804), M. Hauptmann (–1868), K. Straube (–1939), G. Ramin (–1956), K. Thomas (–1960), E. Mauersberger (–1972), H.-J. Rotzsch.

B. Knick (Hg.), St. Thomas zu Leipzig, 1963, W. Felix, Aus d. Gesch. d. Thomaskantorats, 1980.

Thorough-Bass (engl. = durchlaufender Baß), → Generalbaß.

Threnos (Mz. *threnoi*; griech. =) Klage(lied), Totenklage im alten Griechenland; ursprüngl. Wechselgesang (Vorsänger/Chor), in der klass. griech. Lyrik Gedicht (z.B. Pindar); vgl. I. Strawinsky, *Threni* (1957/8), K. Penderecki, *Thr.* (1959/61), H.-J. v. Bose, *Thr.* (1977).

E. Reiner, D. rituelle Totenklage d. Griechen (Tübg. Beitr. z. Altertumswiss.) 1938; M. Alexiou, The ritual lament in Greek tradition, L 1974.

Ti (chines.) → Di

Tibia (lt. = Schienbein; danach: die beinerne Flöte), 1. die Knochenflöte der Römer; auch Rohrblattinstr.; vgl. Aulos, Schalmei; – 2. verschied. Labialregister d. Orgel.

H. Becker, Z. Entw.gesch. d. antiken u. ma. Rohrblattinstr., 1966.

Tiento (span. *tenar* = suchen), span. Instrumentalstück des 16. Jh.; bei Cabezón Orgelstück und etwa gleichbedeutend mit dem imitierenden → Ricercar und mit diesem neben → Fantasia und → Kanzona zu den Vorformen der Fuge zählend.

S. Kastner, Orígines y evolución del t ... (Anuario Mus.) 1973/4.

Tilinka, Hirtenflöte in Bessarabien, Rumänien (*tilincă,* mit und ohne Kern) und der Südukraine (*telenko*); mit meist beidseitig offenem, zylindr. Rohr bis 60 cm; ohne Grifflöcher. Die T. wird seitlich oben randgeblasen und klingt in Naturtönen; ähnl. in Ungarn die *furulya*; vgl. → Fluier, Fujara.

Timbre (frz. =) 1. Klangfarbe, bestimmt durch die Eigenart der Oberton- und Resonanzverhältnisse des klangerzeugenden Instr.; der charakterist. Eigenklang des Instr. und der Gesangsstimme, bei der T. im weiteren Sinn Klangschönheit bedeutet; – 2. die bereits vorhandenen, meist allgemein bekannten Melodien, zu denen in Frankreich Chanson-, Vaudeville-, Couplet-, auch Weihnachtsliedtexte verfaßt wurden; – 3. frz. die untere Trommelbespannung und die → Schnarrsaiten der Trommel.

Timpano (Ez.), **Timpani** (Mz., it.:) 1. → Pauke(n); – 2. bei der Orgel entweder die „rechten Pauken", die am Orgelprospekt angebracht und von Engels- oder Soldatenfiguren geschlagen wurden, regiert mittels Fußhebel vom Spieltisch aus (z. B. Katharinenorgel Danzig), oder als Ersatz „Labialpauken", bei denen 2 oder 3 tonlich nebeneinander liegende, sehr tiefe, gedeckte Labialpfeifen gleichzeitig und schnell wiederholt erklingen, damit Paukenschläge imitierend (z. B. St. Reinholdi-Orgel Dortmund). Diese Art T. wurde seit ihrer ersten Erwähnung (1507 in Zürich) häufig gebaut und war bis ins 19. Jh. beliebt.

Tintinnabulum (= Glöckchen, Schelle, von lat. *tintinare* = klingeln, klimpern), → Glockenspiel in der Orgel; auch Registerzug mit Glockenzeichen für den Bälgetreter (→ Kalkant).

Tiompán (irisch; vgl. lat. *tympanum*), 3saitiges Zupf-(Streich-) Instr. im 8.–17. Jh. in Irland; Instr. der → Spielleute; vgl. die walis. → Crwth.

Tiorba, Baßlaute, → Theorbe.

Tiple (span. von lat. *triplum:* dreifach), 1. span. Diskant-(Sopran-)Stimme (vokal, instrumental); – 2. katalan. Schalmei; schärfer klingend als die → Tenora; vgl. → Cobla; – 3. T., Tipple, span. Gitarre; lateinamerikanisch bis 12saitig; kanarisch: Timple (5 Saiten).

Tirade, Tirata (ital. *tirare,* frz. *tirer* = ziehen), Passage; Verzierung, durch die 2 etwa im Oktavabstand liegende Töne stufenweise in gleichmäßig kurzen Notenwerten verbunden werden; auf- od. abwärts.

Tirana, andalus. Tanzlied im schnellen ¾- od. ⅜-Takt mit Synkopen; 4zeilige Strophen mit verschiedenem Refrain (Estribillo). Das Lied erklingt nach dem Tanz. Ende des 18. Jh. war die T. oft das Finale der → Tonadilla.

Tirando, tirato, (von ital. *tirare,* ziehen), Tempo gedehnt.

Tiré (frz.), Abstrich, → Bogenführung

Tjin (chines.) → K'in

Toccata, Tokkata (ital. *toccare* = berühren, anschlagen), der Fantasie ähnliches instrumentales Musikstück (meist für Tasteninstr.); stark bewegt mit schnellen Passagen, denen schwere Akkorde in meist langen Notenwerten gegenüberstehen, dazwischen fugierte Teile. Die T. hat keine festgefügte Form. M. Praetorius (*Syntagma* *musicum*, 1619) sah ihr Merkmal in der freien Gestaltung als Vorbereitung (→ Intonation) auf ein weiteres Werk (im imitierenden Stil). Der Name erscheint zuerst 1536 bei Francesco da Milano (Lauten-Toccaten) und steht für eine Art der gegenüber den → intavolierten Vokalstücken im 16. Jh. aufkommenden freien Lautenkompositionen (→ Praeludium, Praeambulum, Prooemium, Fantasia, Ricerar, Tiento). In Frescobaldis T., die bereits die gleichmäßig schnellen Bewegungen zeigen, herrscht die Improvisation vor, während bei A. Gabrieli, Merulo, Sweelinck eine Annäherung an die Entwicklung des Ricercars und dessen Konzentration in der Dreiteiligkeit zu spüren ist, deutlicher dann bei S. Scheidt. Bei den Norddeutschen: Weckmann, Reincken, Bruhns, Lübeck zeigt sich die T. mit großen, virtuosen Passagenbögen rhapsodisch frei, durchsetzt mit gegensätzlichen polyphonen Teilen, die – am besten in Buxtehudes Tokkatenfugen – eine ausgewogene Gesamtordnung herstellen, wenn auch motivische Zusammenhänge kaum bestehen. Die süddt. T. bevorzugt Wechsel von Akkord und Figuration; die fugierten Teile haben nicht die gleiche Bedeutung innerhalb des Ganzen wie im Norden, und die T. steht dem Variationsricercar nahe: Froberger, Kerll, Muffat, Ebner, Poglietti, Richter, Reutter. Die Nähe der T. zu Fantasie und Präludium zeigt sich in den beiden Orgel-T. von J. S. Bach. Die T. für Klavier findet sich weiter, entweder mit großen Akkordballungen oder in der virtuosen Bewegung nach Art des → Perpetuum mobile, bei Clementi, Czerny, R. Schumann, Mendelssohn Bartholdy, Ravel, Debussy, Honegger, Prokofjev; für Orgel u. a. bei Reger, Widor, Fortner und häufiger als Cantus-firmus-T. (u. a. Dupré, Kaminski, Pepping, Peeters, Stockmeier). In der neueren Orchestermusik erscheint die Bez. T. z. B. bei Mihalovici, Strawinsky.

L. Schrade, Ein Beitr. z. Gesch. d. T. (ZfMw) 1925/6; ders., D. ält. Denkmäler d. Orgelmus., 1928; E. Valentin, D. Entw. d. T. i. 17., 18. Jh., 1930; ders., Die T. (Musikwerk) 1958; O. Gombosi, Z. Vorgesch. d. T. (AM) 1934; S. Clercx, La t. (in: J. Jacquot, La mus. instr. de la Renaiss.) P 1955; H. H. Eggebrecht, Stud. z. mus. Terminol. (Ak. d. Wiss., Mainz) ²1968; K. Powell, The north German organ t. (Diss. Urbana) 1968/9; M. C. Bradshaw, The origin of the t. (Musicol. Stud. and Docum. 28) 1972; J. Dorfmüller, Cantus-firmus-T. zwischen Tradit. u. Avantgarde (Mus. und Kirche) 1981/2; ders., Zeitgenöss. Orgelmus. 1960/83, 1983.

Tombeau (frz. = Grabmal), Vokal- od. Instr.stück im 16., 17. Jh. zum Gedächtnis eines Künstlers od. Gönners, damit ähnl. den Klageliedern (→ Lamento, Planctus); z. B. Froberger und Fr. Couperin (T. für Blancrocher, ca. 1650), S. L. Weiß (für J. A. Losy), E. und D. Gaultier; erneut im 20. Jh.: Klavier: für Debussy (Bartók, De Falla, Dukas, Malipiero, Ravel, Satie, Schmitt, Strawinsky, 1920); für Couperin (Ravel, 1917), f. Dukas (De Falla u. a., 1935); Orgel: f. Titelouze (M. Dupré, 1942/3). Vgl. auch Vl. Vogel, *Epitaffio per A. Berg,* 1936.

Tom-Tom, Zylindertrommel, ein-, meist zweiseitig bespannt, ohne → Schnarrsaite. Das T. wird als Einzelinstr. od. in mehreren Größen (dann meist paarweise befestigt) in Orchester-, besonders Jazzmusik verwendet und gilt als Instr. mit unbestimmter Tonhöhe. Die Stimmung kann annähernd durch Schrauben (im Intervallverhältnis zu den anderen T.) eingestellt werden.

Ton (griech. *tonos* = Spannung der Saite; it., span. *tono*; engl. *tone; frz. t.*), 1. physikal.: periodische Schwingungen eines Mediums (z. B. Luft), die im Ohr als Reiz empfunden werden. Die → Akustik unterscheidet T. und → Klang. Der T. entsteht bei einfachen Sinusschwingungen, wie sie annähernd von der Stimmgabel erzeugt werden, in der musikal. Praxis aber rein nicht vorkommen. Er ist Partialton im Klang (→ Obertöne). → T.höhe, T.stärke, Klangfarbe, Generator, elektron., serielle M. – 2. „T." entspricht in der Musiktheorie dem akustischen Begriff Klang und ist ein Material der Komposition in T.systemen m. T.stufen (Intervallen) und Akkorden. – 3. Hocht. und Tieft. (*accentus acutus, acc. gravis*) als Silbenbetonung (→ Akzent), auf deren in der griech. Spätzeit entstandenen Zeichen die → Neumen zurückgeführt werden. – 4. die Singweise als Sammelbegriff für Text, Melodie und metrische Strophe im → Minne- und → Meistersang; – 5. ungenau in Redewendungen: die Geige hat einen wundervollen T. – (meist = Klangfarbe); einen T. tiefer (meist als Ganzt. gemeint). → Sound, Stimmton.

Tonabnehmer, der Teil am Plattenspieler (Sprechapparat: → Grammophon, → Phonograph), in dem die Schwingungen, die die Nadel von der als Tonträger dienenden → Schallplatte abnimmt, umgewandelt werden, und zwar beim heute gebräuchlichen T. in elektr. Wechselspannungen, die verstärkt in einem Lautsprecher hörbar werden, oder bei der älteren Schalldose mechanisch über eine Membran in Luftschwingungen. Digital aufgezeichnete Schallplatten (als Compact Disc: CD) werden mit Laserstrahl abgetastet (Abspielgeräte seit 1983).

Tonada (span.:) Melodie, Lied; im 17., 18. Jh. einfaches, weltl. od. geistl. Stück (instr. od./und vokal; auch: *tono*); in Argentin. und Chile seit Ende 19. Jh. schwermüt. Liebeslied im 3/4-Takt.

Tonadilla (span. = Liedchen), das im 18. Jh. zwischen die Akte der span. Komödie eingeschobene szenische Zwischenspiel (Intermezzo), entstanden aus kurzen Liedeinlagen; zunächst mit 2, später bis 12 Darstellern mit Chor und Instr. Die T. verselbständigte sich und wurde auch außerhalb des Theaters zu besonderen Festen aufgeführt. Ihre beste Zeit war die 2. Hälfte des 18. Jh. (M. García, Esteve, Laserna, Rosales, P. de Moral). Durch die allgemeine Opernentwicklung wurde sie (1800/50) verdrängt.

J. Subirá, La escenica, Madr. 1928/32

Tonale Rhythmusfunktion (tonal-funktionaler Rhythmus, Gravitationstheorie), System von B. L. Javorskij (1908, 1912, 1923), in dem der Skalenaufbau im Verhältnis zur musikal. Zeit gesehen wird, Harmonie- mit Rhythmusspannungen verglichen und verschied. (symmetr.) Modi dargestellt werden mit der Grundlage des → Tritonus.

B. L. Javorskij, Stroenie muzykal'noj reči (Struktur d. Musiksprache), M 1908.

Tonalität, mehrdeutige Bezeichng. für eine Tonordnung mit unterschiedl. Gewicht der einzelnen Töne und Zusammenklänge; in der abendländ. Funktionsharmonik des 17. bis 19. Jh. bestimmt als Einheit aller Tonbewegung; die Bezogenheit der Töne zum tonalen Zentrum der → Tonika als Schnittpunkt der spannenden und entspannenden Linien in einem Musikwerk. Danach wirkt die Tonika als eine Kraft, auf die die Tonbewegung ausgerichtet ist. Ihre Anziehungskraft wurde psycholog. aus dem Tonraumbewußtsein, physikal. aus den Tonverwandtschaften erklärt. Der Begriff der T. wurde zuerst von F.-J. Fétis definiert (1844). Aus der historischen Betrachtung ergab sich für ihn die Vorausschau auf eine *ordre polytonique* (mehrtonale Ordnung), eine mehrschichtige T., wie sie sich in der Entwicklung zu einer „erweiterten T." (z. B. bei Reger) oder in der Bi- und Polytonalität z. B. bei R. Strauss, I. Strawinsky, Ch. Ives, D. Milhaud, P. Hindemith, B. Britten findet. Während hier mehrere tonale Zentren nach- und übereinandergestellt werden, haben in der → atonal genannten Musik die Töne keine melodische od. harmon. Funktion mit Bezug auf einen Zentralton, vielmehr ist der Komponist bemüht, die Vorherrschaft eines Tones od. Intervalls nicht über den Raum des Zufälligen hinaus zuzulassen. Ausgangs- und Mittelpunkt der 12-Ton-Komposition (→ Dodekaphonie) ist die Reihe (Grundgestalt). → Serielle Musik, Aleatorik.

H. Riemann, Üb. T. (Präl. und Stud. 3) 1901, ND 1967; E. Kurth, D. Voraussetz. d. theoret. Harmonik ... 1913, ND (Dahlhaus) 1973; O. Steinbauer, Das Wesen d. T., 1928; J. Yasser, Future of t., L 1934; G. Tveit, T.stheorie d. parallelen Leittonsystems, Oslo 1937; Fr. Schadler, D. Probl. d. T. (Diss. Z) 1950, J. Rohwer, Tonale Instruktionen, 1951; W. Wiora, Der tonale Logos (Mf) 1951; Fr. Neumann, T. u. Atonalität, 1955; H. Lang, Begriffsgesch. d. Terminus „T." (Diss. Freib./Br.) 1956; F. Salzer, Strukturelles Hören, 1960; H. H. Eggebrecht, Mus. als Tonsprache (AfMw) 1961; E. Apfel, D. Klangstrukt. d. spät-ma. Mus ... (Mf) 1962/3; L. Finscher, Tonale Ordnungen am Beginn der Neuzeit (Mus. Zeitfr. 10) 1962; G. Reichert, Tonart u. T. i. d. ält. Mus. (ebd.) 1962; R. Reti, Tonality in modern mus., NY 1962; H.-P. Reinecke/V. Ernst, Zum Begriff d. T. (Kb. Lg) 1966; C. Dahlhaus, Untersuch. üb. d. Entsteh. d. harmon. T., 1968; Gr. George, Tonality and mus. structure, L 1970; L. Dorner, Stud. z. den „formalen" Grundl. d. ton. Syst. i. 19. Jh., 1977. → Tonart, Harmonielehre.

Tonar (lat. *liber tonarius:* Tonartbuch), Slg. liturg. Gesänge, nach den → Kirchentonarten geordnet; mit od. ohne Neumen, einzeln od. enthalten in Meßbüchern od. Musiktraktaten (bis 15. Jh.). T.e waren f. den liturg. Gebrauch und zur Unterweisung bestimmt und geben Einblick in die Praxis der verschied. Klöster und Diözesen vom späten 8. Jh. bis 13./14. Jh.

Fr. X. Mathias, Die T.ien (Diss. Lg) 1903; M. Huglo, Les tonaires (Publ. Soc. Frç. de Musicol.) P 1971; ders., Tonary (Grove) 1980.

Tonart, das Bezugssystem von Tönen, gebildet einerseits harmon. durch die → Kadenz (→ Tonika, Subdominante, Dominante) und mit demselben Tonbestand andrerseits melodisch durch die → Tonleiter. Die beiden Erscheinungsformen (→ Tongeschlechter) der T. sind Dur und Moll in dem vom 17. bis 19. Jh. vorherrschenden System der Dur-Moll-Harmonik. Dabei ist der Grundtypus im → temperierten System die in Dur auf dem Grundton c, in Moll auf a aufgebaute Tonleiter, von der alle übrigen T. durch Transposition abgeleitet werden (vgl. aber → Tonartencharakteristik). Die jeweils gleiche Intervallfolge macht den Gebrauch von Vorzeichen (→ Versetzungszeichen) in verschied.

Zahl nötig. Die T. in beiden Tongeschlechtern sind „gleichnamig", wenn sie – dann mit verschiedenen Vorzeichen – auf demselben Grundton aufbauen (C-Dur, c-moll); sie werden, der Sache nach unzutreffend, „parallel" genannt bei gleicher Vorzeichnung (C-Dur, a-Moll). Nach ihrer Quintverwandtschaft (Quintenfall) wurden Kreuz- und B-Tonarten schematisch auf einer Kreislinie eingezeichnet (→ Quintenzirkel), was, wie R. Louis, L. Thuille (1907) und A. Halm (1900) betonten, irreführend insofern ist, als es die → enharmon. Gleichung his = c voraussetzt. In der Dur-T. lebt die jonische, in der Moll-T. die äolische → Kirchentonart (→ Modus 2), die wie die übrigen (seit etwa dem 16. Jh. im Aufkommen des Dur-Moll-Systems verdrängten) Modi auf Oktavausschnitte als Intervallfolgen mit Bindung zu einem bestimmten Ton zurückgehen. → Tetrachord. Tonalität, Tonleiter, Tonsystem.

H. Erpf, Stud. z. Harmonie- u. Klangtechn. d. neueren Mus., 1927, ND 1969; J. Würschmidt, Tonleitern, T., Tonsyst., 1932; O. Gombosi, Stud. z. T.lehre d. frühen MA (AM) 1938/40; ders., T. u. Stimmungen d. antiken Mus., K 1939, ND ebd. 1950; ders., Key, mode, species (JAMS) 1951; J. Handschin, D. Toncharakter, Z 1948; S. Hermelink, Dispositiones modorum, 1960; B. Meier, Die T. der klass. Vokalpolyph., Utrecht 1974. → Tonalität.

Tonartencharakteristik, die subjektive Beurteilung der Tonart und ihrer Wirkung auf Komponist und Hörer. Die Chinesen hatten ihr → Lü-System nach dem Charakter der 12 Monate bestimmt entsprechend der Stellung der Gestirne, die auch nach ägypt. Auffassung die musikal. Ordnung verschieden beeinflußten. Die griech. → Ethoslehre charakterisierte die Tonarten nach den Land- und Völkerschaften, deren Namen sie trugen. Plato hielt (*Staat*) z. B. die mixolydische für klagend, die lydische und ionische für weich, zum Trinkgelage passend und daher von schädlichem Einfluß auf die Jugend, für die dagegen die dorische Tonart als hart und kämpferisch angemessen sei. Für Aristoteles gab es sittlich aufbauende (ethische) Tonarten, aktive, praktische, lebensnahe, schließlich verzückte, deren Überschwang den Seelenzustand zu heilen vermochte. Auf Aristoteles stützte sich Albertus Magnus (13. Jh.). In der Renaissance festigte sich die Vorstellung „heiter" für jonisch, lydisch, mixolydisch; „traurig" für dorisch und äolisch, woraus sich die spätere Dur-Moll-Bewertung entwickelte, wie sie F. H. Dalberg (*Blicke eines Tonkünstlers in die Musik der Geister*, 1787) auseinandersetzte. Die Frage nach dem Charakter der Tonarten und ihren seelischen Wirkungen war Gegenstand heftiger Diskussionen, wobei sich Helmholtz an der strikten Ablehnung durch die Vertreter der Akustik nicht beteiligte. Allgemein werden die im → Quintenzirkel aufsteigenden (Kreuz-)-Tonarten für zunehmend hell und glänzend, die absteigenden (B-) Tonarten für stetig dunkler werdend gehalten. Der Auffassung, daß die Komposition vom Charakter der Tonart ausgeht, wurde der Hinweis auf die Änderung der Höhe des → Stimmtons im Lauf der Zeit entgegengestellt. Mit der Frage der T. hängt auch das noch nicht hinreichend erforschte Gebiet der Lieblingstonarten der Komponisten zusammen und der Wechsel der bevorzugten Tonarten in den verschiedenen Stilepochen, soweit er nicht eindeutig durch die techn. Entwicklung der Instrumente erklärt ist. → Temperatur, Stimmung.

R. Henning, D. Charakteristik d. Tonarten, 1896; H. Stephani, Der Char. d. Tonarten, 1923; H. Beckh, V. geist. Wesen d. Tonart, 1932; ders., D. Sprache d. Tonart v. Bach b. Bruckner, [3]1977; P. Mies, D. Char. d. Tonarten, 1948; J. Handschin, D. Toncharakter, Z 1948; E. Bindel, Z. Sprache d. Tonarten u. Tongeschlechter, 1953; H. Pfrogner, Musik, Gesch. ihrer Deutung, 1954; W. Auhagen, Stud. zur T. in theoret. Schriften (17.–20. Jh.), 1983. → Musikästhetik, Musikpsychologie

Tonband (engl. *tape,* frz. *bande magnétique*), Tonträger, bestehend aus einem Kunststoffband mit Eisenoxyd, das bleibend magnetisiert wird in einem Tonbandgerät, dem über Mikrofon, Radio, Telefon aus Schallwellen übersetzte Stromstöße zugeführt werden. Das T. wird dazu, von Spule zu Spule ablaufend, an einem Magnetkopf vorbeigeführt. Die üblichen Geschwindigkeiten sind bei Heimgeräten 19, 9.5, 4.75. Die Verkleinerung der Tonspurbreite des T. ermöglichte außer der einseitigen, einspurigen (Vollspur), die zweiseitig einspurige (Halbspur) und zweiseitig zweispurige Verwendung (Viertelspur) eines T. Eine T.aufnahme kann ganz od. teilweise „gelöscht“ und das T. b. einer neuen Aufnahme wieder magnetisiert werden. Wegen seiner einfachen Handhabung, seiner vielfältigen Verwendungsmöglichkeiten und hervorragenden Aufnahme- und Wiedergabeleistung gehört das T.-gerät nach dem 2. Weltkrieg zu den wichtigsten elektro-akustischen Hilfsmitteln. – 1888 verwirklichte der Amerikaner O. Smith seine Idee, Stahldraht im Rhythmus einer durch Schallwellen bewegten Membran mittels Elektromagnet zu magnetisieren. Der Däne V. Poulsen arbeitete mit Draht, den er durch die Stromstöße eines Mikrofons bleibend magnetisiert hatte: Telegraphon (1898), aus dem sich um 1900 das Bandtelegraphon entwickelte. Nachteilig waren die Nebengeräusche, zumal in der späteren elektron. Verstärkung. 1928 verwendete F. Pfleumer mit feinen Stahlspänen beklebte Papierstreifen. Das Verfahren wurde weiter entwickelt zusammen mit dem T.-gerät, das als Hochfrequenz-Magnetophon (H.-J. v. Braunmühl und W. Weber, 1940) fast störfrei war. Wurde das T. zunächst nur vom Rundfunk zur Konservierung von Sendungen verwendet (mit der anfänglichen Geschwindigkeit von 76 cm/sec.), so setzte es sich in den 1950er Jahren rasch allgemein im Musikleben durch. Es bildeten sich Experimentiergruppen (T.-Amateure) und Kompositionsrichtungen (→ elektron. Musik, *Musique conrète, Music on tape*). Bei der Herstellung einer → Schallplatte diente die T.aufnahme als Grundlage. Für die (genauere) Digitalaufnahme wurde zunächst noch das T. benötigt (PCM: Puls-Code-Modulation). → MusiCasette.

E. Altrichter, Das Magnetband, 1958; D. A. Snel, Magnet. Tonaufzeichng., Eindhoven 1962; H.-P. Reinecke, Stereo-Akustik, 1966; C. G. Nusen, Moderne T.-Technik, 1978.

Tonbuchstaben, Bezeichnung der Töne innerhalb der Oktave m. Buchstaben: *c d e f g a h* (→ *b*) *c.* Sie wiederholt sich in jeder → Oktave, wobei die verschiedenen Höhenlagen durch Groß- od. Kleinschreibung od. durch Striche (Häkchen, Ziffern) ober- od. unterhalb des Buchstabens gekennzeichnet werden. Musikal. verwendete Töne werden von alters her durch Buchstaben bezeichnet, so im alten China und Indien, bei den Sumereren, auf Kreta, den ägäischen Inseln und in Byzanz. Die Römer übernahmen die griech. Praxis. T. erscheinen in der Notation durch → Tabulaturen und noch in heutigen Griffschriften. → Buchstabennotation, Solmisation.

Toncharakter → Tonhöhe, Gehörpsychologie

Tondauer → Dauer

Tonfilm, in den 1920er Jahren entwickeltes Verfahren, Bild und → Filmmusik zusammen auf einem Filmstreifen zu konservieren und gleichzeitig von diesem wiederzugeben. Der Ton wird über Mikrofon aufgenommen, verstärkt und aufgezeichnet, wofür bis Anfang der 1930er Jahre das auch in der → Schallplattentechnik gebrauchte Nadeltonverfahren verwendet wurde. Nach 1930 wurde im Lichttonverfahren der Schall optisch aufgezeichnet. Seit 1940 setzte sich die magnetische Schallspeicherung (→ Tonband) durch, zumindest so weit, daß die Aufzeichnung auf Magnetband oder Magnetfilm erfolgt, dann auf Lichttonfilm übertragen wird. Der Bildtonwerfer im Kino tastet den Film ab, wandelt die optische Aufzeichnung in elektr. Stromstöße um, die verstärkt und im Lautsprecher als Töne hörbar werden. Der → Tonmeister, der die Aufnahme leitet, muß künstlerisch wie techn. ausreichend vorgebildet sein. Selbstverständliches Ziel ist, daß Ton- und Bildablauf übereinstimmen. Jedoch werden meist Bild und Sprache einerseits, Musik und Geräusch andrerseits gesondert aufgenommen, wofür akustisch-techn. Notwendigkeit und wirtschaftl. Zweckmäßigkeitkeit sprechen. (Für die zeitraubende Bildaufnahme können weniger berühmte Musiker oder Statisten eingesetzt werden.) Je nachdem, ob die Rhythmik von Musik oder Geräuschen für das Bildgeschehen und den gleichzeitigen Ablauf bindend ist – was auch bei nicht im Bild sichtbarer Tonquelle der Fall sein kann –, erfolgt die Tonaufnahme vor dem Bild, wird während der Bildaufnahme wiedergegeben und bestimmt dabei den Rhythmus der Bewegungen. Sind Musik od. Geräusche nur untermalend und brauchen nicht synchron (= gleichzeitig) zu sein, so werden sie nach dem Bild, selten gleichzeitig aufgenommen.

H. Lichte, A. Narath, Physik und Techn. d. T., 1950; H. Weise, Kinogerätetechn., 1950; E. Leistner, D. Filmtonmeister . . ., 1951; M. Ulner, Zukunftsfragen d. Filmtontechn., 1951; W. Hagemann, D. Film, 1952; G. Hacquard, La mus. et la cinéma, P 1959; M. Evans, Soundtrack; the mus. of the pictures, NY 1975.

Tongedächtnis, die Fähigkeit, musikalische Bewußtseinsinhalte festzuhalten, sie zu speichern und zu reproduzieren, und zwar sowohl ganze Melodien und Stücke (entweder in derselben Tonart oder – als Form empfunden – transponierend) als auch Einzeltöne. Das T. kann in → Gehörbildung und → Musikdiktat ausgebildet od. verbessert werden. In einschränkender Bedeutung versteht man unter T. auch das → absolute bzw. → relative Gehör.

Tongeschlecht, die durch die verschied. Zusammensetzung des → Tetrachords charakterisierten 3 Gruppen in der griech. Musiklehre: → diatonisch, chromatisch, enharmonisch, wobei das diatonische T. das älteste ist (nach Aristoxenos v. Tarent). Schon bei den Griechen wurden den T. bestimmte Charaktereigenschaften zugeschrieben (Diogenes v. Seleucia) oder bestritten (Philodem v. Gadara). Der realistisch denkende Joh. de Grocheo (13. Jh.) wendete sich gegen die Gleichsetzung chromatisch = Planetengesang, enharmonisch = Engelsgesang. Auch im Dur-Moll-System der Neuzeit bestimmt die Intervallfolge das T. (= Klanggeschlecht) durch Dur- und Mollterz bei jeder Tonart. → Tonartencharakteristik.

Tonhöhe (engl. *pitch*) ist physikal. ein Wert auf einer (linearen) Frequenzskala (räuml. gezeigt im Notenbild; „Helligkeit"). Sie ist physiolog. und psycholog. als „Tonigkeit" (von Hornbostel, engl. *chroma*; bei Handschin „Toncharakter"), zyklisch aus der Identität von Oktaven, dem Ähnlichkeitsverhältn. im Quint- und Quartenkreis gegenüb. benachbarten Schritten im Tonbereich bestimmt. Die Wahrnehmung hängt von Frequenz und Schallstärke ab, wobei die Hörgrenze für das menschl. Ohr etwa zwischen 16 und 20000 Hz liegt. Der in der Musik verwendbare Teil davon liegt zwischen 64 und 4100 Schwingungen (etwa zwischen C und c^5). Innerhalb dieses Bereiches ist die Fähigkeit des Ohres, Tondifferenzen zu erkennen, unterschiedlich. Sie ist am stärksten im mittleren Hörbereich und nimmt ab, je höher oder tiefer die Töne sind. Die Wahrnehmbarkeit der Töne kann durch günstige oder ungünstige raumakustische Bedingungen gesteigert oder verringert werden; absolute T.: vgl. → Stimmton. → Gehör –, Musikpsychologie, Sone.

Fr. Brentano, Untersuch. z. Sinnespsych., 1907; J. F. Schouten, D. Tonempfindungen (Philips Techn. Rundsch. 5) 1940; J. Handschin, D. Toncharakter, Z. 1948; Fr. Winckel, Phänomene d. musikal. Hörens, 1960; H.-P. Reinecke, Experim. Beitr. z. Psychol. d. mus. Hörens, 1964; E. Terhardt, Z. T.wahrnehmung von Klängen (Acustica) 1972; K. Warnke, Experim. Unters. zur T.wahrnehmung, 1976; A. Mendel, Pitch in Western mus. since 1500 (AM) 1978. → Gehör-, Musikpsychologie.

Tonhöhenschreiber → Melograph 3

Tonic Sol-fa, Methode, nach → Handzeichen zu singen, 1841 von J. Curwen ausgearbeitet unter Verwendung der Vorarbeit von Ann Glover, die in ihrem *Norwich Sol-fa System* unabhängig ähnliche Gedanken entwickelte, wie sie schon 1832 D. Sower niedergelegt hatte (*Norristown New and Much Improved Music Reader*). Das System verwendet hauptsächl. die → Solmisationssilben nach Guido v. Arezzo. Die Molltonart wird als Abart der parallelen Durtonart behandelt mit der Silbe la als Anfang. Halbtonnamen enstanden durch Veränderung der Vokale. Rhythmussilben wurden nach dem frz. System von P. Galin, A. Paris und E. Chevé entwickelt. Die *English Schools Music Association* setzt heute die Arbeit der 1853 gegr. T.-Gesellschaft fort. Die T.-Methode wurde in Dtl. als → Tonika-Do von A. Hundoegger (1897) weitergeführt; in Ungarn erhielt Z. Kodály Anregungen für seine musikpädagog. Methode.

J. Curwen, Lessons on singing, L 1842; K. Mollowitz, Üb. d. Musikerziehg. bei A. Glover u. J. Curwen (Diss. Königsberg) 1933; J. Wenz, Musikerziehg. durch Handzeichen, 1950; B. Rainbow, The land without music, L 1967; ders., T. (Grove) 1980.

Tonigkeit → Tonhöhe, Gehörpsychologie

Tonika, die erste Stufe (Grundton) und ihr Dreiklang. Die T. ist der übliche Schluß eines Tonstükkes. Nach ihr wird die Tonart benannt. In der → Kadenz steht der Dreiklang der T. als wichtigster neben der → Dominante und der → Subdominante. Diese drei Akkorde sind die Hauptfunktionen einer Tonart im System der Riemannschen Funktionstheorie. Sie bestimmen die Tonart; denn in ihnen sind alle ihre diatonischen Stufen enthalten.

Tonika-Do, Methode für den Gesangsunterricht nach → Solmisationssilben und → Handzeichen, die A. Hundoegger 1897, nach → „Tonic Sol-fa" leicht geändert, übernahm. Die Methode will die Funktion des Einzeltones symbolisieren. Sie wurde allmählich vervollständigt zur Darstellung chromat. Tonstufen und durch eine Silbenschrift mit den Anfangskonsonanten der Tonsilben auf gleicher Linie. Rhythmuszeichen wendete schon Curwen an; sie wurden vor allem in Frankreich weiter entwickelt (P. Galin, E. Chevé) und von da in die dt. T.-Methode übernommen, haben sich aber nicht durchsetzen können.

A. Hundoegger, Lehrweise nach T., [8]1943, NA (E. Noack) 1951; J. Wenz, Musikerziehung durch Handzeichen, 1950.

Tonkunst erscheint als dt. Ersatzwort für „Ars musica" wohl zuerst bei Joh. Walter (16. Jh.), wurde bei K. v. Stieler (*Der teutschen Sprache Stammbaum und Fortwachs,* 1691) registriert, von Mattheson, Quantz, Schubart verwendet. Das Wort wurde insbes. im 19. Jh. gebraucht; „Tonkünstler" seit 1660; „Tonsetzer" seit 1776 (Marpurg).

Tonlage, der Tonbereich (Ambitus, Umfang) einer Singstimme od. eines Instr. im Gesamtbereich der Töne. Vgl. → Lage (3)

Tonleiter (ital. *scala*; engl. *scale*; frz. *gamme*), die Stufenfolge der Töne in deren hörbarem Gesamtbereich (= Materialleiter), als Ordnungselement (Gebrauchstonleiter) im → Tonsystem (z. B. begrenzt durch die Oktave) oder in dem von einem Instr. mit unveränderbarer Tonfolge bestimmten Raum (Instrumentalleiter). Die T. sind verschiedenartig in den musikgeschichtl. Perioden, Tonsystemen und Kulturen; so die javanischen, indones. (→ Slendro, Pelog), die Melodiemodelle z. B. der Araber und Inder (→ Maqām, → Rāga), die griech. Oktavgattungen und späteren Modi. Im abendländ. (im 16., 17. Jh. entstandenen, bis ins 20. Jh. bestehenden) System gilt die diaton. T. mit großer Dur-Terz oder kleiner (Moll-) Terz (mit der harmonischen und melod. → Moll-T.). Die → Dur-T. geht auf die jonische, die Moll-T. auf die äolische → Kirchentonart zurück. Diese T. werden durch Intervallfolge und -wechsel charakterisiert. Im Ggs. dazu ist die → Ganzt. eine Folge gleichmäßiger Ganztöne in der Oktave, also ohne Leittonbindung und nur mit den beiden Möglichkeiten: c d e fis gis ais / des es f g a h (verwendet z. B. von Glinka, Liszt, Puccini und, nach javan. Vorbild, besonders von Debussy). Die chromat. T. ist eine Reihung von Halbtönen innerhalb des Tonbereichs und ohne ordnende Abgrenzung. Auf dem Balkan tritt das sogen. Zigeuner-Moll auf (c d es fis g as h c). Die ma. Modi (Kirchentonarten), je nach Stellung des Grundtons → authentisch oder → plagal, waren Oktavordnungen in dem aus der Antike übernommenen Tonbestand. Sie waren nach den griech. Transpositionsskalen benannt. Das Tonsystem der Chinesen, Babylonier, Kelten und der älteren griech. Zeit hatte zunächst eine Fünftonskala (→ Pentatonik).

A. Daniélou, Introd. to the study of mus. scales, L 1943; A. Auda, Les gammes mus., Lüttich 1947; W. Wiora, Älter als d. Pentatonik (Studia Memor. Bartók) Budap. 1956; E. Emery, La gamme et le langage mus., P 1961; H. Husmann, Grundl. d. antiken u. oriental. Musikkultur, 1951; Ll. S. Lloyd, H. Boyle, Intervals, scales and temperaments, L 1971.

Tonmeister (Toningenieur, -regisseur), der im Hörfunk, Fernsehen, bei Film od. Schallplattenaufnahmen u. im Theater verantwortl. Leiter der Schallaufnahme (-wiedergabe), der die zur Verfügung stehenden Geräte nicht nur techn. zweckmäßig einzusetzen (Tontechniker), sondern ihren Einsatz auch sinnvoll nach künstlerischen Kriterien zu steuern versteht, somit beteiligt ist an Qualität und Erfolg der Interpretation eines Werkes. Die Ausbildung erfolgt an Musikhochschulen od. Fachhochschulen, die Weiterbildung seit 1949 bei T.-Tagungen.

E. Leistner, Der Film-T. u. seine techn.-künstler. Aufg., 1951; Blätter z. Berufskunde 3: T. (hg. Bundesanst. f. Arbeit), [2]1974; J. Webers, Tonstudiotechnik, [2]1977.

Tonphysiologie, → Akustik, Gehörphysiologie, Ohr.

Tonpsychologie, → Gehörpsychologie, Musikpsychologie.

Tonsatz → Harmonielehre, Komposition, Kontrapunkt, Musiklehre.

Tonschluß, der rhythm. und melod. deutliche Abschluß eines Stückes, Satzes, Abschnittes. → Kadenz.

Tonsignet → funktionelle Musik.

Tonsilbenthema → Soggetto, Motive aus Wörtern . . .

Tonsprache. Gleichsetzung (Vergleich) von Musik und Sprache begann in den Mythen vom → Ursprung der Musik und wiederholt sich mit verschied. Gewichten in den Perioden der Musikgesch., wobei die Vorstellung „T." aus der Nähe der Musik zur antiken Rhetorik und aus einer Art Grammatik rhetorischer Floskeln (→ Figurenlehre, Affektenlehre) entstand (Mattheson: *Klang-Rede*), später besonders in der Romantik metaphysisch überhöht wurde. Andrerseits ergibt sich die besondere T. bei Vokalmusik aus der Sprachmelodie der betr. Sprache. „T." wird auch im Sinne von Personal- od. Nationalstil gebraucht. → Programm-Musik, Symbol.

Fr. Reckow, „Sprachähnlichk." d. Mus. als terminolog. Problem (Hab. Schr. Freib.) 1977; G. Albersheim, Die T., 1980; K. W. Niemöller, D.sprachhafte Charakter d. Mus., 1980.

Tonstärke, Lautstärke. Mit der Schwingungsenergie wachsen die Größe der → Amplitude und die Stärke (Intensität) des entstehenden Tones. Um ihn hören zu können, ist eine bestimmte Mindeststärke erforderlich, die individuell unterschiedl. ist und als Durchschnittsgröße Schwellenwert genannt wird. → Phon ist das Vergleichsmaß, 0 phon die untere Hörschwelle bei einem Ton von 1000 Hertz (Hz), 130 phon die Schmerzschwelle; → Dezibel (dB) ist das Maß für die Schalldruckänderung. Die Hörschärfe des Ohres wird größer, je niedriger die Intensitätsschwelle ist. Für die subjektive Wahrnehmung des Tones ist auch eine bestimmte Mindestdauer des Tones erforderlich, die bestimmt wird von → Tonhöhe und → Klangfarbe. Auch der Tonverlauf vom An- zum Abklingen (Ein-, Ausschwingen) ist dabei maßgebend. Während die Intensität des Orgeltons gleichbleibend ist, klingt der Ton der Zupfinstr. schnell ab. Subjektives Zusatzmaß der T. ist → sone.

H. Barkhausen, Ein neuer Schallmesser f. d. Praxis (Zs. f. techn. Physik) 1926; H.-P. Reinecke, Üb. d. dopp. Sinn d. Lautheitsbegriffes b. mus. Hören (Diss. Hamb.) 1953; E. Zwicker, Üb. psycholog. u. method. Grundl. der Lautheit (Acustica) 1958; ders., Verfahren z. Berechnung d. Lautheit (ebd.) 1960; ders. u. F. Feldtkeller, Das Ohr als Nachrichtenempfänger, [2]1967.

Tonsystem, die auswählende Ordnung des Tonvorrats in einer bestimmten Kultur, einer Periode od. Musikrichtung, wobei der Vorrat der im jeweiligen Kulturbereich verfügbaren Töne durch die Besonderheit der Stimmung (z. B. gleichschwebende Temperatur; → Komma) und durch ein System der Tonbeziehungen (z. B. Zentralton, Intervallfolge, Melodiemodelle) gegliedert wird. Die dabei entstehenden Skalen sind meist von einem Instr. abgeleitet (z. B. → Kithara, Laute) und können verschieden nach Entstehung und Aufbau erklärt werden. – Im 12-tönigen Oktavsystem der Chinesen wurden Skalen mit 5 Ganztönen gebildet (→ Pentatonik); die indische Musiktheorie teilt die Oktave in 22 Kleinintervalle (→ Shruti). Das griech. T. ging von Tetrachorden (mit verschied. Tongeschlechtern: → Diatonik, Chromatik, Enharmonik) aus, die, aneinandergereiht bzw. „verschränkt", eine Doppeloktave ergaben mit sieben Oktavgattungen. Im ma. T. wurden die 7 diaton. Stufen (seit dem 11. Jh.), aus verschränkten → Tetrachorden bzw. später → Hexachorden, ohne bestimmte Tonhöhe durch → Solmisationssilben bezeichnet. Auf die griech. Oktavgattungen (in verwechselter Folge) gingen die → Kirchentonarten zurück. Im 16. Jh. bereitete sich durch die allmählich größer werdende Bedeutung der Terz gegenüber der bisher maßgebenden Quintfolge das T. der tonalen Harmonik vor, das vom 17.–19. Jh. in der abendländ. Musik vorherrschte. Die Skala mit den Tongeschlechtern → Dur und → Moll hat 12 Stufen mit gleichschwebender Stimmung, die sich im 18. Jh. gegenüber verschiedenen Bestrebungen, das Komma auszugleichen (→ Temperatur), auch bei Tasteninstr. durchsetzte. Neben diesen T. wurden im 20. Jh. neue Oktavteilungen theoretisch und praktisch (z. B. → Vierteltonmusik bei A. Hába) vorgenommen, Pentatonik und exotische Systeme gebraucht. Die Zwölftonmusik (→ Dodekaphonie) geht von der temperierten Stimmung aus und von der Wertfreiheit der Töne untereinander. → Lü-System, Notenschrift, Tonleiter.

M. Schneider, Entstehung d. T. (Kb. Hamb.) 1956; J. Lohmann, D. Ursprung d. Musik (AfMw) 1959; H. Husmann, Grundl. d. antiken u. oriental. Musikkultur, 1961; D. Kraehenbuehl, C. Schmidt, On the developm. of mus. syst. (Journ. Mus. Th.) 1962; C. Dahlhaus, M. Schneider, T. (MGG) 1966; L. Manik, D. arab. T. im MA, Leiden 1969; Fr. Neumann, D. Tonverwandtschaften, W 1973; K. Reinhard, Z. Systemat. v. T.en u. Gebrauchsleitern (Mf) 1975; M. Vogel, D. Lehre v. d. Tonbeziehungen (Orph. Schr. Reihe) 1975; M. Markovits, Das T. d. abendländ. Mus. i. früh. MA (PSMG) Bern 1977; H. S. Powers, Mode 5 (Grove) 1980. → Tonart, Tonleiter.

Tonträger → Schallaufzeichnung

Tonumfang, Tonbereich zwischen zwei Grenzwerten, 1. → Tonlage, Lage (3); – 2. der T. eines Vokalsatzes, für die einzelnen Stimmen vielfach in engl. und niederländ. Partituren zur besseren Übersicht vorangestellt. → Ambitus.

Tonus (griech. *tonos* = gespannt), 1. der Ganzton, also die große → Sekunde. Der → Tritonus besteht aus drei Ganztönen (c-fis). – 2. Tonart innerhalb des griech. → Tonsystems und der → Kirchentöne des MA. (→ Modus); z. B. *T. lydius*.

Tonus peregrinus (lat. *p.* = fremd; Wanderer), heute selten gebrauchte, im MA entstandene Singweise neben den 8 Psalmtönen. Einigen von ihnen wurde der t. p. als Variante zugeordnet. Der Name sollte ursprüngl. das Außergewöhnliche, Fremde kennzeichnen, wurde dann aber mit der Bedeutung Wanderer, Pilger verstanden; so in der Verbindung mit dem Psalm *In exitu* (= Auszug) *Israel* in der Antiphon *Nos qui vivimus*. Diese wurde seit dem 14. Jh. vielfach polyphon verarbeitet (als Orgelthema in Pachelbels Magnificat).

Rh. Erbacher, T.p. – Aus d. Gesch. eines Psalmtons, 1971.

Tonwort, Hilfsmittel des Gesangsunterrichts, um das Erfassen der Tonstufen und ihres Verhältnisses zueinander innerhalb der Oktave zu erleichtern. Dazu wurden Tonsilben gebildet, die sich entweder eng den → Solmisationssilben nach Guido v. Arezzo anschlossen (→ Tonic Sol-fa, Tonika-Do) oder mit bestimmten logischen Zusammenhängen (Eitzsches T.) und musikpädagog. Zielen (→ Jale) entwickelt wurden (→ Handzeichen).

Torban (vgl. → Theorbe), poln. und ukrain. Zupfinstr. bis 19. Jh.; Korpus ähnl. der Theorbe; bis 60 Saiten, die auf den Baß- und Spielsaiten-Wirbelkasten verteilt sind, und Kurzsaiten (hohes Register), deren Wirbel am Korpus befestigt sind. Vgl. → Bandura.

Torupill, → Sackpfeife in Estland, Karelien (*pilai*) und auf Gotland; mit 1 Melodiepfeife (6 Grifflöcher) und 2 (3) Bordunpfeifen im Quint-(Oktav-)Abstand.

Vertkov, [2]1975.

Tosto (ital. =) eilig, hurtig.

Totentanz (it. *danza dei morti*; span. *danza de la muerte;* frz. *danse macabre*), ursprüngl. → Kulttanz bei Totenfeiern (z. B. Ägypten, Griechenland). Im europ. MA erscheint ein T.-Text im 11. Jh. (Toledo). Die literar. (mit Anlehnung an → *Dies irae*) und bildliche Darstellung des T. setzte verstärkt nach den Pestjahren Mitte des 14. Jh. ein mit lat., dt., frz., engl. Bildsequenzen. Der Tod wird als Spielmann mit Pfeife und/od. Trommel gezeigt (z. B. Holbein, Dürer; später Rethel, Böcklin). Seit dem wohl ältesten singbaren T. im Hohenfurter Liederbuch (nach 1450) finden sich T. und T.-lieder häufig (z. B. nach dem it. → *mattacino*: *Mattassin od. Toden Tantz* in Nörmigers Tabulaturbuch, 1598; im Leipziger Lautenbuch, 1619; im engl. → Domp; *Es ist ein Schnitter*). → Mysterienspiele, Renaissance- und Barocktheater brachten T. Seit dem 19. Jh. erschienen T. in Ballett-, Orchester- und Klaviermusik; u. a.: Adam, *Giselle* (1841); Berlioz,

Symphonie fantastique (1846, mit Zitat *Dies irae*); Liszt, *T.*, (Paraphrase üb. *Dies irae*, 1849), *Csárdás macabre* (1881); Mussorgsky, *Lieder u. Tänze des Todes* (1875/7, f. Gesang und Klav. → Trepak); Saint-Saëns, *Danse macabre* (1875), 3. Sinfonie (mit *Dies irae*, 1886); G. Mahler, 4. Sinfonie (1901, Scherzo); A. Honegger, *La danse mac.* (Bühnenmusik 1919), *La danse des morts* (szen. Oratorium, 1940; *Dies irae* zusammen mit *Sur le pont d'Avignon)*; Tanzpantomime *Der grüne Tisch* (Jooss, 1932).

St. Kozáky, Gesch. d. T., Budap. 1936/44; ders., Makabertanz, 1965; H. Stegemeier, The dance of death in folksong, Chicago 1939; J. M. Clark, The Dance of death in the MA and the Renaiss., Glasg., 1950; L. Toniai, La danza sacra, R 1950; W. Salmen, D. Tanzmus. i. dt. MA (Zs. f. Volksk.) 1953; H. Rosenfeld, Der Tod als europ. Phänomen (Arch. f. Kulturgesch.) 1966; ders., Der ma. T., ^{3}1974; K. Meyer-Baer, Mus. of the spheres and the dance of death, Princeton 1970; R. Hammerstein, Tanz u. Mus. d. Todes, 1980; K. E. Koller, T., Innsbr. 1980.

Tourdion, Tordion (frz. *tordre* = drehen), von Arbeau (→ *Orchésographie*) als Abart der → Galliarde beschriebener Tanz im 3teiligen Takt, 3. und letzter Teil der → Basse danse und verwandt mit dem Tordiglione in ital. Tabulaturen des 16. und 17. Jh. Der T. wurde „tief", also ohne Sprünge getanzt im Ggs. zur Galliarde.

Tractus (von lat. *trahere* = ziehen), zu den im Jahresfestkreis wechselnden Gesängen gehöriger Teil der → Messe, der vom Solisten vorgetragen wird und zu den ältesten → Psalmodien zählt. Sein Ursprung wird daher in den Gesängen der → Synagoge vermutet. Nach der späteren Meßordnung steht der T. in Fasten- und Vorfastenzeit und im Requien an der Stelle des → Alleluja, Das Wort T. wird auch aus lat. *tractim* (in einem Zuge vorgetragen) gedeutet.

Tragédie lyrique, frz. → Oper der 2. Hälfte des 17.–18. Jh., entstanden unter Einfluß der Bühnenstücke von Corneille und Racine und deren pathetisches Rezitativ übernehmend; mit Elementen aus → Ballet de cour, Comédie-ballet; besonders bei Lully, Rameau; weiter entwickelt von Gluck.

Traktur (lt. *trahere* = ziehen), die Mechanik als Verbindg. zwischen Orgeltasten und Ventil. Sie bewirkt, daß sich das Ventil, das den Luftweg zu der gewünschten Pfeife freigibt, öffnet, wenn die betreffende Taste gedrückt wird. Die Verbindung ist in neueren Orgeln pneumatisch od. elektr. → Abstrakte.

Tranquillo (ital. =) ruhig, gelassen.

Transitus (lat.) → Durchgang, Commissura

Transkription (lat. =) 1. Umschreibung eines Werkes für eine andere Besetzung. Verringerung des Klangkörpers tritt ein bei T. von Orchesterwerken für Klavier, wobei besonders Liszt brillierte, auf den wohl die Bez. T. zurückgeht. Um die Wende zum 20. Jh. wurden zahreiche solche Umschreibungen vorgenommen (z. B. Sinfonien für Klavier, Harmonium und Violoncello). Auch die T. von Kunstliedern (Schubert wurde bevorzugt) und von Orgelpraeludien od. Choralvorspielen (Bach/Reger) für Klavier allein gehört hierher. Erweiterung des Klangkörpers erfolgt z. B. bei T. von Vokalwerken für Orchester. Die Komposition soll durch die T. in ihrem Klangbild nicht verändert werden, wie das z. B. durch die → Paraphrase geschieht. → Bearbeitung. – 2. Übertragung in eine andere Notation, z. B. von → Neumen, Tabulaturen, Schallaufzeichnungen (Tonband, etwa bei außereurop. Musik) in gebräuchliche Notenschrift.

H. Loos, Z. Klavierübertrag. v. Werken für u. mit Orch. d. 19. Jh., 1983.

Transmission, im Orgelbau Übertragung von Stimmen ohne → Koppel von einer Tastatur auf eine andere, meist von einem Manual auf das z. T. selbständige Pedal.

Transponieren (lat. *transponere* =) übersetzen, versetzen in eine andere Tonart unter Beibehaltung der ursprüngl. Tonordnung (Intervallfolge, Metrum u. Rhythmus). Für das T. vom Blatt (*a vista*) ist bei mehrstg. Musik schnelles Erfassen der Melodie- u. Harmoniebewegung nötig; denn das mechan. Übertragen von Tonart zu Tonart zwingt zu ständigem Doppeldenken schon beim Einzelton u. hindert den Blick auf die musikal. Entwicklung im Ganzen. Das zeigt sich besonders bei Transpositionen in von der Ausgangstonart entferntere Tonarten, während die Versetzung nur um einen Halb- od. Ganzton schneller gelingt. Transpositionsübungen gehen der Übung im → Partiturspiel voraus oder mit ihr parallel wie das Spiel in alten Schlüsseln. → Transponierende Instrumente der Orchesterpartitur (wenn nicht im Klang notiert) verlangen gleichzeitiges T. in verschied. Richtungen (höher oder tiefer in unterschiedl. Abständen). Häufig ist Transposition bei Vokalmusik angebracht, wenn damit ein Stück in den der Einzelstimme oder dem Chor geeigneten Tonraum versetzt werden kann. Die Praxis der Transposition in andere Stimmlagen (z. B. bei Kunstliedern) widerspricht der Klangvorstellung des Komponisten. Andererseits kann die Notation von Chormusik des 17. Jh. heute nicht immer verbindl. sein, weil der frühere → Chorton landschaftl. verschieden war. → Reformpartitur.

Transponierende Instrumente klingen anders, als sie notiert werden, wobei die Differenz in Oktaven nach oben (kleine Flöte) oder unten (Kontrabaß) nicht als transponierend gewertet wird. Die Transposition ist alter Brauch aus einer Zeit, da sie durch techn. Mängel der Instr. bedingt war: Da z. B. Hörner und Trompeten (als Naturinstrumente) nicht in der vollständigen diatonischen Tonleiter klingen konnten, mußten Instr. mit verschied. Rohrlängen gebaut werden. Bei Holzblasinstr. mußten durch verschied. Stimmungen Schwierigkeiten der Applikatur in fernerliegenden Tonarten behoben werden. Im Orchester können noch folgende Transpositionen nötig sein (in Klammern das Intervall als Differenz zwischen Notation und Klang): *Hörner,* falls im Violinschlüssel notiert: tiefer: Horn in F (V), Es (große VI), D (kleine VII), B (als B alto: einen Ganzton tiefer, als B basso oder ohne nähere Bezeichnung: IX tiefer). – *Trompete:* B (1 Ganzton tiefer), A (kleine III tief.), F (IV höher), D (1 Ganzton höher). – *Tuba:* Tenor B (1 Ganzt. tief.), Baß F (V tiefer). – *Klarinette* B, A, D wie Trompete B, A, D;

Klarinette Es (kl. III höher). – *Bassetthorn* (Altklarinette) und *Englischhorn* (V tiefer). – *Oboe d'amore* (kl. III tiefer). – Im 2. Satz von Mahlers 4. Sinfonie ist die Violine transponierend notiert. → Reformpartitur.

W. Schneider, T. I., 1969.

Transponierende Klaviatur → Verschiebung.

Transversalwellen → Longitudinalwellen.

Trapezvioline, von F. Savart 1819 konstruierte (von Cherubini gelobte) trapezförm. Violine mit rechteckigen Schallöchern; Decke und Boden flach.

Trautonium, → Elektrophon von Fr. Trautwein (1930). Der Ton entsteht durch von einem Niederfrequenzgenerator (über eine mit einem Kondensator gekoppelte Glimmröhre) erzeugte sogenannte Kippschwingungen mit großem Obertonbereich. Beim Spiel muß ein gespannter Draht bis zum Kontakt gedrückt werden. Das T. wurde in Serie hergestellt und von zahlreichen Komponisten eingesetzt: J. Baur, P. Dessau, H. Genzmer, P. Hindemith, A. Honegger, C. Orff, R. Strauss, J. Weismann. 1952 erweiterte O. Sala das Instr. zum 2stg. „Mixtur-T.", das wegen seiner vielfältigen Möglichkeiten der Obertonkombination auch in Film und Fernsehen eingesetzt wurde.

O. Sala, Das Mixtur-T. (Melos) 1950; ders., Elektron. Klanggestaltung ... (Gravesaner Bll.) 1955; ders., Mixtur-T... (ebd.) 1962.

Traversflöte → Querflöte.

Travestie (ital. *travestire* = verkleiden), in der Musik das ironisch gemeinte Zitat, die Übernahme von Motiven, Melodielinien oder ganzer Sätze wie in der → Parodie; in der T. jedoch verkleidet und meist durch Verkehrung ins Gegenteil (mit entgegengesetztem als dem ursprünglichen Charakter) lächerlich gemacht. Z. B. bei R. Strauss *(Intermezzo)*, I. Strawinsky (*The Rake's Progress*), R. Liebermann (*Leonore* 40/45), A. Casella (*A la manière de*...). → Beggar's Opera, Stilkopie.

W. Lipphardt, Üb. d. Begriffe Kontrafaktur, Parodie, T. (JbLH), 1967.

Treble (afrz., engl.) → Triplum.

Trecento (it. =) 14. Jahrhundert; musikwissenschaftl. als Zeitraum (etwa 1325 bis 1. Viertel des 15. Jh.) einer ital. Eigenentwicklung (vokal/instrumental) mehrstimmiger Musik neben der frz. → Ars nova gesehen, von der sie abgegrenzt wird; auch „ital. Ars nova" genannt, womit eine Gemeinschaft zweier Nationalstile betont wird. Als selbständ. Erscheinung tritt T.-Musik ohne eindeutig erkennbaren Vor-Gang auf (vgl. dagegen: Ars antiqua/nova), wohl u. a. unter Einfluß poetisch-musikal. Formen (→ Kanzone) seit Dante (z. B. Boccaccio, Petrarca), ital.-provenzalischer Gesänge (→ Troubadour) und gehobener Volksmusiken. Sie war volkssprachig und erst in der 2. Hälfte des Jh. auch geistl. (Motette). Die 1stg. → Ballata wurde während des T. zur dreistg. Kunstform (Landini); bevorzugt vor den beiden anderen Hauptformen: → Madrigal (Giov. da Cascia) und → Caccia (Nicc. da Perugia). Die besondere T.-Notation (6 Linien) ging seit Mitte des Jh. in frz. Schreibweise über, als gegenseitige Einflüsse deutlicher und frz.

Stilelemente in einzelnen Zentren (z. B. Mailand: Matheus de Perusio) aufgenommen wurden: tieferer Ausdruck, verfeinerte Rhythmik (→ Ars subtilior), die, oft anders als in Frankr., trotz größerer Komplizierung (häufigere Mensuränderung) die fließende Melodie nicht behinderte (Phil. de Caserta, Magister Zacharias). Die Hervorhebung der Unterstimme bereitete homophone Schreibweise vor (vgl. → Frottola). Ein Theoretiker der T.-Musik war Marchettus de Padua. Die Musik des späten T. weist mit Ciconia und Dufay in die → burgund. und niederländ. Musik.

W. Korte, D. Harmonik d. früh. 15. Jh... (Diss. B) 1929; H. Besseler, Ars nova (MGG) 1949; K. v. Fischer, T.-musik – T.probleme (AM) 1958; ders., Zur Entw. der it. T.-Notation (AfMw) 1959; M. L. Martinez, D. Mus. d. früh. T., 1963; N. Pirrotta, Novelty and renewal in It. 1300/1600 (Fs. K. v. Fischer) 1973; D. Baumann, Die 3stg. Liedsatztechn. im T., 1979. → Ars nova, Ars subtilior.

Tredezime (lat. = 13.), Intervall der 13. Stufe der diaton. Tonleiter. Es entspricht der Sexte (Sexte über der Oktave).

Trembita (ukrain.; poln. *trąbita*; ungar. *trombita*; vgl. → Trompete), → Alphorn in den ukrain. – poln.-ungar. Karpaten, in Kroatien und Dalmatien; vor allem Hirten- und Signalinstr., mit konischem Holz- od. Rindenrohr; bis 4 m lang.

Tremolieren (v. lat. *tremere* = zittern), die bewußte Anwendung des → Tremolos od. das fehlerhafte, unschöne Beben der Stimme (Vibrieren), wie es durch überanstrengte Stimmbänder oder ermüdete Atemmuskulatur hervorgerufen wird und das auf falsche Gesangstechnik zurückzuführen ist.

Tremolierende Register, bei der → Orgel die mit → Schwebung erklingenden Register, wobei nicht von Anfang an die Nachahmung der menschl. Stimme beabsichtigt war, sondern die Gegenüberstellung einer starren Stimme gegen eine schwebende. Die Schwebung wird beim → Tremulant mechanisch bewirkt. Akustisch wird sie von den Doppelregistern mit schwebenden Stimmen erzeugt, die um 1700 durch E. Casparini aus dem ital. in den dt. Orgelbau übernommen wurden (zuerst in Görlitz) und bei denen 2 gleichgebaute Pfeifen mit kleiner Tonabweichung zugleich erklingen: z. B. Piffaro, Vox humana, Onda maris (Unda maris).

Tremolo, die Bebung, schnelle Wiederholung des gleichen Tones zur dramatischen Steigerung, um Unrast und Aufregung darzustellen. Die ersten Beispiele für das T. finden sich bei B. Marini (1617) und C. Monteverdi (1624). Seitdem gehört es zu den effektvollen Mitteln der Oper (vgl. Wagner) und Sinfonie (R. Strauss), wobei die Erscheinung bei den Instr. verschieden bezeichnet wird (Wirbel bei der Pauke, Flatterzunge bei der Trompete). Das T. bei der Orgel kann fehlerhaft, aber auch beabsichtigt sein (→ Tremulant, tremolierende Register). Ebenso kann das T. der Gesangsstimme Zeichen für unzulängliche Schulung oder Unsicherheit sein. Das „wogende" (wallende) T. ist der schnelle Wechsel von 2 Tönen mindestens im Terzabstand innerhalb einer Stimme (→ Ondeggiando). Vgl. → Triller, Vibrato.

Tremulant, Mechanismus in der Orgel, der es ermöglicht, den Ton eines Registers oder der ganzen

Orgel durch verschieden starken Luftdruck leicht schwanken zu lassen (→ Schwebung). Der älteste T. (= „Bock") von 1496 (Sorau) wirkte durch eine Ventilanordnung außer- und innerhalb des Windkanals. Dieser T. der Barockorgel sollte eine leicht schwankende musikal. Linie in Ggs. stellen zu einer starren Gegenstimme.

Trepak (v. altruss. *tropat'* = stampfen), schneller russ. und ukrainischer Volkstanz im $^2/_4$-Takt, mit Stampfschritt; besonders Männertanz; z. B. Tschaikowsky, *Nußknackersuite*; Strawinsky, *Petruschka*; vokal bei Mussorgsky (*Lieder und Tänze des Todes*).

Tresca (it.; provenzal. *tresc;* frz. *tresque*; ahd. *treskan* = dreschen), ma. Reigentanz, Tanzlied mit 7silbigen Versen; vom 11. Jh. (*Chanson de Sainte Foy*) bis 15. Jh. (bei J. Gerson) erwähnt.

Trescone (it. *trescare* = tanzen), florentin. Volkstanz mit schneller, geradtaktiger Musik. Der Partner wurde durch Zuwerfen eines Tuches gewählt (vgl. die dt. Kissen- od. Polstertänze).

Triade (griech. =) 1. Dreiheit von Strophe, Antistrophe und Epode in der griech. Dichtung. Während die beiden ersten Strophen metrisch gleich gebaut sind und von einem Teilchor gesungen werden, weicht die Epode nach Rhythmus und Melodie ab und wird vom ganzen Chor vorgetragen. Die Epoden mehrerer aufeinanderfolgender T. entsprechen einander, ohne sich zu wiederholen. Die Dichtung bleibt dadurch trotz der Gegensätzlichkeit in den Strophen in sich geschlossen. → Meistersang. – 2. it., frz. = Dreiklang.

Triangel (lt. *triangulum* = Dreieck), Schlaginstrument (Idiophon); zum Dreieck gebogener Stahlstab, der mit einem Metallgriffel angeschlagen wird. Das T. wird wie die → Becken eingesetzt. Es ist seit dem 15. Jh. bekannt und hatte bis zum Anfang des 19. Jh. Klirr-Ringe.

Trias (lat. = Dreiheit), im 17. Jh. Dreiklang; *t. deficiens* (*manca*): vermindert; *t. abundans* (*superflua*): übermäßig; *t. harmonica/anarmonica:* konsonant/dissonant.

Trichter, 1. die → Stürze (Schallbecher) bei Blechblasinstr., 2. bei Lingual- und Labialpfeifen der Orgel: Aufsatz.

Tricinium (lat. =), dreistg. Satz, vokal oder (und) instrumental, meist im 16. Jh.; dem heutigen Terzett (vokal) bzw. Trio (instrumental) entsprechend. Slgn. erschienen u. a. bei Georg Rhaw (*Tricinia,* 1542), Montanus und Neuber (1559) u. von S. Calvisius (*Tricinia . . . mit dreyen Stimmen zu singen und sonst auff Instrumenten zu üben, 1603*). Vgl. → Bicinium.

Tricotet (frz.), Tanzmelodie, vom 13.–17. Jh. in verschied. Fassungen in der frz. Volksmusik, im 18. Jh. als Name in der Suite, doch ohne Bezug zur ursprüngl. Melodie.

Tridentiner Konzil (Tridentinum). Das für die liturg. Reform im Zusammenhang mit der Gegenreformation in der kathol. Kirche wichtige Konzil zu Trient (1545/63) beriet 1562/3 über Kirchenmusik und bestimmte, daß die kirchl. Chor- und Orgelmusik von allen außerkirchl. Einflüssen zu säubern sei. Auch der Reichtum ma. → Sequenzen (bis auf 4) und → Tropen fiel dem Verbot zum Opfer. Eine bis dahin lebendige Entwicklung des → Chorals wurde jäh unterbrochen. (Erst im 20. Jh. wurde eine Erneuerung möglich: → Benediktiner). Die Bestimmungen des T. bewirkten eine Krise der geistl. polyphonen Chormusik. Die Musik Palestrinas entsprach der Forderung nach Textverständlichkeit und Würde und galt für lange Zeit als beispielhaft (→ Palestrinastil). 1574 brachte Ingegneri 5stg. Messen heraus, die er ausdrücklich als der Reform durch das T. K. entsprechend bezeichnete. Das offizielle → Missale kam 1570, das → Brevier 1568 heraus. 1588 wurde die Ritenkongregation eingesetzt mit der Aufgabe, die Einhaltung der liturg. Regeln zu überwachen. → Messe.

K. Weinmann, D. Konz. v. Tr. u. d. Kirchenmus., 1919, ND 1978; H. Jedin, Gesch. d. Konz. v. Tr., ^{2}1951; H. Beck, D. Konz. v. Tr. u. das Probl. d. Kirchenmus. (KmJb) 1964.

Trienter Codices, 7 musikgeschichtl. bedeutende, in Trient aufbewahrte Handschriftenbände mit Figuralmusik aus der Mitte des 15. Jh. Sie wurden im Auftrag des Bischofs J. Hinderbach von J. Wiser angefertigt und stellen die ergiebigste Quelle dar zur Erforschung der Polyphonie des 15. Jh. Unter den 75 engl,. ital., dt. Komponisten sind Dunstable, Dufay, Binchois Ockeghem. Der größte Teil der Werke wurde veröffentlicht (DTÖ).

G. Adler u. O. Koller, Vorwort zu DTÖ VII 1, 1900; H. Federhofer, Tr. C. (MGG) 1966.

Trigonon (griech. = Dreieck), griech. Harfe mit dreieckigem Rahmen und bis zu 20 Saiten; bei Zechgelagen gespielt; vermutl. auch von Römern übernommen.

Trihory, Trihoris, Triory (frz. v. *tri* ... = 3), im 16. Jh. Volkstanz aus der Familie der → Bransle mit einem hohen Sprung jeweils nach 3 Schritten; ähnlich dem Cancan des 19. Jh. Der T. wurde bei Arbeau (→ *Orchésographie*) beschrieben.

Triller (ital. *trillo,* frz. *trille,* engl. *trill, shake*), Verzierung eines Hauptons in der Melodie durch schnellen, mehrmaligen und gleichmäßigen Wechsel mit dem nächsthöheren (seltener dem tieferen) Nebenton. Notiert wird der T. mit *tr* (∿) über der Hauptnote, vielfach mit folgender Wellenlinie, die die Dauer des T. im Verhältnis zu anderen notierten Stimmen kennzeichnet. Wird der Nebenton alteriert, so steht das erforderliche Versetzungszeichen über dem Zeichen *tr*. Der T. besteht aus dem Anlauf, dem eigentlichen T. (*battement*) und dem Nachschlag. Der Anlauf kann von oben (1) oder von unten (2) erfolgen. Ohne besonderen Anlauf kann der T. mit dem oberen Nebenton einsetzen (3) und erscheint dann als eine Folge sich ständig wiederholender Vorhalte. Neben dieser im 18. Jh. vorherrschenden T.form steht der im 17. und 18. Jh. in Italien bevorzugte Wechselton-T., der – wenn auch nur vereinzelt von Mozart gebraucht – besonders in Klassik und Romantik verwendet wurde. Er beginnt mit dem Hauptton (4). Der T.schlag soll zwar gleichmäßig sein, doch werden längere T. gern langsam begonnen und bis zum

Schluß effektvoll beschleunigt. Der → Nachschlag, wenn er nicht ausgeschrieben ist, kann durch Vorausnahme des folgenden Tones ersetzt werden, so besonders bei Schlußt. Seit dem 18. Jh. hat sich der Nachschlag mit der unteren Nebennote durchgesetzt. Der Doppelt. wird von 2 Stimmen durchgeführt, wobei die Hauptnoten in einem bestimmten Intervall zueinander stehen (z. B. Terzent.). Der ital. Name *trillo* bezeichnete ursprüngl. → Tremolo. → Pralltr., Vibrato.

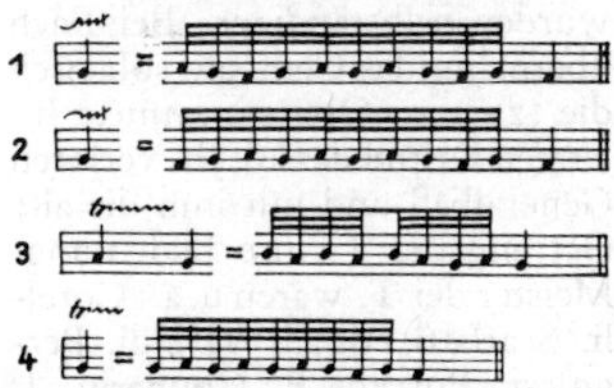

Trillerkette, eine Reihe von → Trillern mit einer auf- od. absteigenden Folge von Haupttönen; vielfach als Schlußsteigerung einer Kadenz. Der → Nachschlag steht am Schluß der T.

Trimitas, Daudite (litauisch), Holztrompete in Litauen (verwandt dem skandinav. → Lur); mit zylindr. Rohr bis 2½ m lang; vor dem Becher konisch verlaufend; ursprüngl. Hirteninstr.; in Naturtönen klingend; Zusammenspiel polyrhythm. mit den bei der → Sutartine bekannten Sekundparallelen; mehrere Größen.

Trio (ital.), 1. Komposition für 3 Instrumente. Unter Streicht. wird seit der 2. Hälfte des 18. Jh. (wohl zuerst bei Mozart, Divertimento Es, KV 563) zunächst die Besetzung Violine, Viola, Violoncello verstanden, obwohl auch andere Streicherbesetzungen wie 2 Violinen und Viola, 2 Violinen und Violoncello (Gambe), 3 Violinen vorkommen. Unter Klaviertrio versteht man allgemein das T. für Klavier, Violine, Violoncello. Auch hier gibt es andere Verbindungen des Klaviers mit Streichern od. Bläsern. Das Blastrio verlangt entweder 3 verschied. Instrumente od. 3 gleiche, die in gleicher od. bei Instr. mit Stimmfamilie in verschiedener Stimmlage stehen. T. mit Streicher- und Bläserbesetzung sind häufig (z. B. Beethoven, op. 25 Serenade f. Flöte, Violine, Viola). Auch im Orgelt. sind die 3 Stimmen selbständig und durch unterschiedl. Registrierung, durch die Verteilung auf 2 Manuale und das Pedal gegeneinander abgesetzt (z. B. J. S. Bach, T.sonaten). – Der Name T. kam nach 1550 für → „Tricinium" auf, das außer der → Triosonate Vorläufer des T. ist. Das Klaviert. wurde nach Beethoven gegenüber dem Streicht. bevorzugt. Nach dem Beispiel bei Brahms und Reger lebte das T. mit verschied. Besetzungen im 20. Jh. wieder auf (z. B. Webern, op. 20; Schönberg, op. 45). – 2. → T.sonate für 2 Instrumente mit Generalbaß. – 3. der Mittelsatz eines Musikstückes, kontrastierend zum Hauptsatz und ruhiger im Tempo, ursprünglich mit auf 3 Instr. verringerter Besetzung (z. B. 2 Oboen, 1 Fagott), wie sie in der frz. Ballettsuite erscheint. Spätere T. (in Menuetten, Scherzi, Märschen) zeigen keine Veränderung der Besetzung. 2 T. hintereinander finden sich z. B. bei Beethoven u. R. Schumann. → Terzett.

A. Karsch, Untersuch. z. Frühgesch. d. Klaviert.s i. Dtl. (Diss. Köln), 1943; R. Blume, Stud. z. Entw.gesch. d. Klaviert.s i. 18. Jh. (Diss. Kiel) 1962; H. Unverricht, Gesch. d. Streicht.s, 1969.

Triole (lat. *tres* = 3), rhythm. Figur von drei gleichwertigen Noten, die an die Stelle von zwei od. vier gleichen Notenwerten treten; Notierung durch Bogen od. eckige Klammer über od. unter den Noten und die Ziffer 3.

Triosonate, Komposition für 2 Melodie-Instr. (Violinen) und → Generalbaß (Tasteninstr., Laute, Theorbe, Chitarrone), wobei die Baßlinie noch durch ein entsprechendes Melodie-Instr. unterstützt werden konnte (Viola da gamba, Violone, Violoncello, Fagott). In den beiden Oberstimmen setzte sich die Violine gegenüber Zink (Cornetto), Oboe, Travers- und Blockflöte durch. Die in Dtl. beliebte Besetzung mit Violine (Flöte, Oboe) und Gambe geht auf den Einfluß der engl. und frz. Gambenkunst zurück. Der Fortschritt in Spieltechnik und Instrumentenbau spiegelte sich im virtuosen Spiel der Oberstimmen. – Die T. war die bevorzugte Gattung der Barockmusik und entwickelte sich Anfang des 17. Jh. aus einer Reihe unterschiedl. od. nahe verwandter Vorformen (z. B. Triokanzone), wobei Elemente der Polyphonie der Renaissance und der in Italien entstehenden Monodie in den einzelnen Stadien mit wechselndem Gewicht einwirkten. Zwei Grundtypen der zyklischen Form kennzeichneten die T.: die *sonata da chiesa* (Kirchensonate, 4- od. 5sätzig; Beispiel: Corelli), die lebhafte, imitatorische Sätze im Wechsel mit langsamen, sanglichen zeigt und deren Stimmen chorisch besetzt werden konnten, und die *sonata da camera* (Kammersonate, meist 3-sätzig; Beispiel: ebenfalls Corelli und ihm gegenüber – mit sinfon. Elementen – Scarlatti), die bevorzugt solistisch besetzt wurde und von der Suite in beliebiger Folge Tanzsätze übernahm, tonartlich und motivisch verbunden im Wechsel mit freien, manchmal rezitativischen Sätzen. Beide Gruppen vermischten sich allmählich in den einzelnen Perioden und Ländern. Im Spätbarock (nach 1700) vollzog sich der Übergang zum Klaviertrio und Streichtrio (Str.Quartett). Die 2. Oberstimme wurde vernachlässigt (Tartini) und zur Füllstimme. Das Tasteninstr. und die Baßlinie wurden selbständiger. Bei Bach übernahm das Cembalo solistisch die zweite Oberstimmme. Im letzten Drittel des 18. Jh. verloren Generalbaß und mit ihm die alte Gattung der T. ihre Bedeutung. Meister der T. waren u. a.: Corelli, Scarlatti, Vitali, Vivaldi, Pergolesi, Purcell, F. Couperin, J. Ph. Krieger, Fasch, Händel, Telemann, Buxtehude, J. S. Bach. → Trio.

H. Riemann, Die T. d. Gb.-Epoche (Prälud. u. Stud. 3) 1901, ND 1967; H. Hoffmann, D. norddt. T. . ., 1927; M. Brockhoff, Stud. z. Strukt. d. it. u. dt. T. i. 17. Jh. (Diss. Münster) 1944; E. Schenk, D. it. T.; D. außerital. T. (Musikwerk 7,25) 1955, 1970; W. Newman, The son. in the baroque era, Chapel Hill 1959, ND L 1972; E. Apfel, Z. Vorgesch. d. T. (Mf) 1965; S. Bonata, The uses of the son. da chiesa (JAMS) 1969; N. M. Jensen, Solo son., duo son., trio son. . . (Fs. Larsen) K 1972.

Tripel- (lat. *triplex*: 3fach), 1. Tr.-fuge: → Fuge mit 3 Themen, die nacheinander in allen Stimmen durchgeführt und untereinander kombiniert werden, z. B. J. S. Bachs *Contrapunctus 8, 11* der *Kunst der Fuge*. Seine Orgelfuge Es-Dur (BWV 552) ist eher als dreiteilige Variationsfuge zu sehen; – 2. Tr.-konzert: → Concerto, → Konzert für 3 solist. Instr. mit anderen Instr. (Orchester) z. B. J. S. Bach, BWV 1044 (Flöte,

Violine, Klav.); Beethoven op. 56 (Klav., Violine, Cello); B. Martinů (Klav.trio + Streichorch.), d'Indy (op. 89 Klav., Flöte, Cello). → Sinfonia concertante.

Tripeltakt (v. lat. *triplex* = dreifach), dreiteiliger Takt: 3/2, 3/4, 9/8 usw. Dagegen sind die geradzahligen 6/4-, 6/8-, 12/8-Takte zweiteilig (Dupeltakte). → Hemiole.

Tripla (lat. *proportio tr.*) → Proportz, Nachtanz.

Triplum (lat. *organum tr.),* die dem Organum und → Discantus zugefügte 3. Stimme. Von daher engl. *treble,* span. → *tiple* = Oberstimme (Diskant, Sopran).

Trishagion, Trisagion (griech. = dreifach heilig), der aus der frühen byzantin. Kirchenmusik (5. Jh.) stammende Eingangsgesang der Messe, der v. der → gallikan. und span. Liturgie übernommen und in der röm.-kath. Karfreitagsliturgie zu den Großen → Improperien gestellt wurde. → Sanctus.

Tritonus (lat.:) Dreiton; das aus 3 Ganztönen bestehende Intervall (übermäß. Quarte); im temperierten System Mitte der Oktave. Der Tr. galt als dissonant und war seit dem 16. Jh. im strengen Satz als Schritt und Zusammenklang verboten. Im MA als *diabolus in musica* verrufen, wurde er gern zur Kennzeichnung des Teufels, der als unmusikal. galt, od. des Bösen allgemein gebraucht (Bach in den Kantaten 18, 41, 139; Beethoven verlangt im Tr. gestimmte Pauken in der Kerkerszene des *Fidelio*). Im 20. Jh. wird der Tr. häufig gebraucht (Strawinsky, Tr.-Ostinato im *Feuervogel*). Hatte er im Dur-Moll-System im Terzenaufbau des Dominantseptakkords Gewicht (Auflösungszwang), so in der neuen Musik als Mitte, somit Gegenkraft der Oktave. B. L. Jaworskij entwickelte 1908 in seinem System der → tonalen Rhythmusfunktion (Gravitationstheorie) mit dem Tr. verschied. Modi, z. B. Duplex-Modus (enharmon. umdeutend); vgl. Strawinsky, *Petruschka*.

W. Rogge, D. romant. Klangbild im Spiegel d. Tr. (Mf.) 1956; L. Schrade, Diabolus in mus. (Melos) 1959; H. J. Moser, Diab. in mus. (Mus. in Zeit u. Raum) 1960; R. Hammerstein, Diab. in mus., Bern 1974.

Tritus authentus, tr.plagalis, 5., 6. → Kirchentonart.

Tromba (ital. =), 1. → Trompete; – 2. Bez. für Labial- (Dulzian) und Lingual-Register (Trompete, Horn) der Orgel.

Trombone (ital. =), 1. → Posaune; – 2. Register (Rohrwerk) der Orgel.

Trommel (von ahd. *trumba*: Dröhninstr., vgl. Trompete; frz. *tambour*; it. *tamburo*; engl. *drum*), Schlaginstr. (Membranophon); in allen Kulturen verbreitet und in unterschiedl. Arten entwickelt: meist aus Holz, Metall, Ton (Gefäßt.), in Zylinder-, Kessel-, Becher-, Faß- od. Sanduhrform, rund od. eckig, mit verschied. Größen (Durchmesser, Höhe: → Rührt., → Rahment.), 1- od. 2seitig mit Membran bespannt (benagelt), mit unbestimmter, selten annähernd bestimmter Tonhöhe (→ Tom-Tom), mit od. ohne → Schnarrsaite(n) oder Klangscheiben (→ Schellentr.), der „Klang“ meist direkt mit Schlegel, Hand (Finger), indirekt z. B. durch Schütteln (→ Rasselt.) od. Reiben

(→ Reibet.) erzeugt. Die T. in Europa war meist in Zylinder- (Röhren-), Kessel- od. Becherform. In der abendländ. Mus. der Neuzeit besonders ist sie ein mit Kalbfell 2seitig bespannter Metallzylinder. – 1. Kleine T.: Nur das eine (dickere) Fell wird mit 2 Holzschlegeln geschlagen; über dem anderen liegt (besonders bei Militär- und Jazzt.) die Schnarrsaite. Diese Art kam (als Einfellt.) aus dem Orient und erscheint bis Ende d. MA oft zusammen mit dem → Schwegel (→ Galoubet, Txistu). Die Trennung beider begann im 14. Jh. in Dtl. Die Zweifellt. war seit dem 13. Jh. in europäischen Heeren bekannt. Im 18. Jh. ersetzte man die Holz- durch Messingzargen, die T. wurde flacher und bekam den heutigen, helleren Ton. Seit der Einführung der Spannschrauben bei der → Pauke wurde die Spannung durch Schnüre bei der T. aufgegeben. In der Jazz- und Tanzmusik werden neben der Gr. und Kl. T. Tomtoms und – mit Finger und Handfläche zu schlagen – Bongo und Congat. verwendet. – 2. Die Große (türkische) T., fälschlich oft Pauke genannt, wurde noch im 19. Jh. nach türkischem Muster rechts mit dem Lederschlägel, links mit einer Rute geschlagen. Entwicklung der Spannvorrichtung und Zarge wie (1). Verwendung in der Militärmus. zusammen mit → Becken. – 3. Wirbel-(Rühr)T. Im Ggs. zur Kleinen T. behielt sie den Holzkörper bei und damit den tiefen dunklen Ton. – 4. Die → Schellent., bei der klingende Metallscheiben in der Zarge befestigt sind, wurde von den Gauklern im alten Rom aus Asien übernommen und in der Araberwelle weiter nach Europa gebracht. Seit dem 18. Jh. in der Militärmusik gebräuchlich, dort auch zum „Schellenreif" (ohne Fell) verändert. → Janitscharenmusik, Militärmus., Pandero, Tupan, Spielleute.

H. G. Farmer, Military mus. and its story, L 1912; C. Sachs, Geist u. Werden d. Mus. Instr., 1929, ND Hilversum 1965; H. Wieschhoff, D. afrikan. Tr.n u. ihre außerafr. Beziehungen, 1933; Denis 1944; E. Elsenaar, De geschiedenis d. slaginstr., Hilversum 1956; H. Taylor, The art and science of timpani, L 1964; W. Kotoński, Schlagz. im mod. Orch., 1968; H. Nixdorff, Z. Typol. u. Gesch. d. Rahmentr., 1971; J. Blades, J. Montagu, Early percuss. instr. from the MA to the Baroque, L 1976.

Trommelbaß, spöttische Bez. für eine Baßstimme, die über mehrere Takte den gleichen Ton oder im trommelnden Wechsel mit seiner Oktave bringt. → Murky.

Trompe, Name verschied. Horn-Instr., im MA gerades Horn aus Metall, etwa 1400 in Z-Form in Frkr; *tr. de chasse*: im 17. Jh. Jagdhorn mit 2½ Windungen; in Dtl. landschaftl. für Blechblasinstr. allgemein; im mährisch-schles. Raum auch für Große Trommel.

Trompete (ahd. *trumba,* vgl. Trommel; frz. *trompette*; it. *tromba*; span. *trompeta*; russ. *truba*), 1. Metallblasinstr. mit zylindr. Bohrung, enger Mensur, Kesselmundstück und Schallbecher. T.-Instrumente (im Unterschied zu → Horn-Instr.) sind zumindest bis ⅔ der Rohrlänge zylindr. In den Entwicklungsstadien ist die Unterscheidung oft schwierig (vgl. → Lur und → Alphorn). – Trompetenähnl. Instrumente (noch ohne Mund- und Schallstück, daher zusammenfassend *tubae* genannt) aus verschiedenen Materialien (z. B. Metall, Holz,

Knochen, Bambus, Ton) wurden bei den einzelnen Völkern erst als Kult- und Signal-, dann als Hofinstr. gebaut, beginnend mit der magischen Heultrompete des Medizinmannes. Gegenseitiger Einfluß in den versch. Kulturen ist anzunehmen, so auf die griech. → Salpinx über ägypt. Instrumente. Bei den Römern finden sich die zunächst sakral benutzten → Lituus und Tuba als Zirkus- und Militärinstr. Nach neuerer Auffassung (Heyde) ist die europ. T. Ergebnis eigenständiger Entwicklung unter spätantikem und byzantin., weniger unter arab. Einfluß. Verschiedene Formen und Entwicklungen wirkten aufeinander. Ein mhd. *busine* (afrz. *buisine*; vgl. *al-nafir*) genanntes, langgestrecktes Instr. wurde etwa im 14. Jh. in S- oder U-förmige Windung gebogen, während eine andere Art sich über die → Zugtrompete zur *busune* und → Posaune entwickelte. Um 1500 hatte die T. etwa die Form heutiger Signalt. Sie verdrängte allmählich den → Zink innerhalb des Posaunenchors, in dem sie heute als Sopraninstr. gelten kann, und zwar ohne den „Zug", den die Posaune ursprüngl. von der T. übernommen hatte. Diese „Naturtr.", die nur in der Reihe der → Naturtöne klingen konnte, beherrschte der Bläser der Barockzeit (bei sehr eng gebohrtem Mundstück) bis zum 21. Oberton im „Clarinregister", z. B. bei J. S. Bach und Händel vorgeschrieben (→ Clarino). Die Kunst der Clarinbläser verfiel; die Trompeterzunft verlor das Privileg endgültig 1831. Man versuchte, durch Änderung am Instr. die aus der Naturskala bleibenden Lücken in der Tonleiter zu schließen und verwendete verlängernde → „Setzstücke" (Züge, Hilfsbögen), um die erforderl. Stimmung zu erhalten (→ Inventionshorn). Nicht für den Klang, sondern für die Spieltechnik war die Erfindung der → Ventile (1818) von entscheidender Bedeutung. Chromat. Spiel wurde möglich. Die T.-Stimmung wanderte zugunsten leichterer Ansprache vom C und D der Bachzeit über Es, F, G zum heute vorherrschenden B, wobei der Ton an Glanz verlor. Die Baß- (richtiger Bariton-)Tr. hat ein 4. Ventil. Die zur Uraufführung von Verdis *Aida* gebaute Aida-T. (Fanfaren-T.) ist klangl. zwischen T. und Posaune. Jazztrompeter, erst führend in der Melodiegruppe, bemühten sich in der Ausweitung der Techniken mit Vibrato, Tremolo, Glissando um Imitation vokaler Ausdrucksmittel. – 2. Orgelregister, kräftiges Rohrwerk (16', 8', 4', in Pedal und Manual) mit verschied. Namen (u. a. Tr., Tromba, Tuba, Clarino, Clairon); auch mit Lederdämpfung (Sordin, Sertin); überblasend aus dem frz. Orgelbau übernommen Cavaillé-Coll, Trompette (Clairon) harmonique 8', (4'). Um den strahlenden Klang zu erhöhen, wurden nach span. Muster in neueren dt. Orgeln T.-Pfeifen waagerecht in den Raum gerichtet (*en chamade*: Signal zur Kampfübergabe). – T.-Regal: Zungenstimme (16' bis 1'), scharf klingend, kurzbechrig; seit Compenius mit wechselnden Formen (Kegel, Trichter) und sanft.

H. L. Eichborn, Die T. i. alter u. neuer Zt., 1881, ND 1968; W. Menke, D. Gesch. d. Bach- u. Händel-T., L 1934; C. Sachs, Chromat. trumpets in the Renaiss. (Mus. Quart.) 1950; E. A. Bowles, Unterscheidung d. Instr. Buisine, Cor, Trompe u. Trompette (AfMw) 1961; B. Aign, D. Gesch. d. Mus.instr. d. ägäischen Raumes bis um 700 v. Chr. (Diss. Frankf.) 1963; F. Körner, Stud. z. T. d. 20. Jh. (Diss. Graz) 1963; H. Heyde, T. u. T.blasen im eur. MA (Diss. Lg) 1965; Ph. Bate, The t. and trombone, L 1966, [2]1978; H. Zorn, Die T. i. d. dt. Orch.mus. (1750–20. Jh.) (Diss. Innsbr.) 1972; D. Altenburg, Untersuch. z. Gesch. d. T. im Zeitalt. d. Clarinblaskunst, 1973; Don L. Smithers, The mus. and hist. of the baroque t. before 1721, L 1973; E. Gerson-Kiwi, Horn u. T. im Alten Testam. (SIMP 3) 1974; E. Tarr, Die T., Bern 1977; H. Heyde, T., Posaunen, Tuben, Lg 1980. → Clarino.

Trompetengeige, Trompette marine → Trumscheit.

Troparion (griech. *tropos* = Wendung) einstrophiger Gebetshymnus der frühbyzantin. und ostkirchl. Liturgie, anfangs in rhythm. Prosa, seit dem 5. Jh. strophisch; mit folgendem Psalm od. ein- od. mehrfach in einen Ps. eingebettet als Kern verschied. Arten: → Kontakion, Heirmos, Sticheron.

→ Byzantin. Musik.

Tropen, → Tropus, → Dodekaphonie.

Troppo (ital.) zu viel, zu sehr. *Allegro ma non t.* = schnell, aber nicht zu sehr.

Tropus (griech. *tropos*: Wendung, Weise), ab 9. Jh. Einschub in od. Anhängsel an eine gregorian. Weise, und zwar 1. als textloser Melodieteil, 2. als neuer Text zu einer textlosen od. in längerer Bewegung auf nur eine od. nur wenige Silben gesungene Melodie od. 3. als neuer Melodieteil mit neuem Text. Dementsprechend wurde die Entstehung des T. von der Melodie aus, neuerdings eher vom Text aus erklärt, wobei unberücksichtigt bleibt, ob nicht der T. mit seiner syllabischen Textverteilung (dadurch leichteren Singbarkeit) der Gemeinde helfen, sie aktivieren sollte; so mit der Verbeta, dem sequenzartigen, auch stroph., besonders in Frkr. und Span. volkstüml. T. zum reicher gestalteten Responsorium (prolixum) der Lesehore. Zumindest spräche dafür die große Zahl und die Beliebtheit der Tropen mit neuen Weisen und Texten: Die Melodien der meisten → Ordinariumsstücke sind Tropen. Aus dem Alleluja-T. entwickelten sich die → Sequenzen, deren reicher Bestand zusammen mit den Tropen im → Tridentiner Konzil bis auf geringe Reste beseitigt wurde. Von solchen geistl. Liedern die nun selbständig gesungen wurden, fanden verschiedene dann Aufnahme in das lutherische → Gesangbuch und in die Gesangbücher der → Böhm. Brüder und wanderten z. T. wieder zurück in den kathol. Liedbestand. Ein Beispiel für einen dt. T. zum Kyrie *fons bonitatis* ist der protestant. Choral *Kyrie, Gott Vater in Ewigkeit.* → Choral, Kirchenlied.

W. Lipphardt, Kyrietropen (Kb. Lüneb.) 1950; J. Handschin, Trope, sequence and conductus (NOHM 2) 1954; E. Jammers, D. ma. Choral, 1954; W. Apel, Gregorian chant, Bloomington 1958; H. Husmann, Sinn u. Wesen d. Tr ... (AfMw) 1959; P. Evans, Some reflections on the origin of the tr. (JAMS) 1961; Br. Stäblein, D. Unterlegung v. Texten unt. Melismen (Kb. NY) 1961; ders., Tr. (MGG) 1966; Kl. Rönnau, Die Tr. z. Gloria ..., 1967; O. Strunk, Tr. and Troparion (Fs. Husmann) 1970; H. Hofmann-Brandt, Die Tr. zu d. Responsorien d. Officiums, 1973; Corpus troporum (Acta Univ. Stockh.) ab 1975; K. Schlager, Tropen u. Sequenzen; in: K. G. Fellerer (Hg.), Gesch. d. kath. Kirchenmus. 1, 1972; A. Planchart, The repertory of Tr. at Winchester, Princeton 1977; D. A. Bjork, The Kyrie tr. (JAMS) 1980; R. Steiner, Tr. (Grove) 1980; W. Arlt, Zur Interpret. der Tr. (Forum musicol.) 1983.

Troubadours (v. provenzal. *trobar* = finden; hier: erfinden), provenzal. Dichter im 11.–14. Jh., die ihre Dichtungen vielfach selbst vertonten und (meist unbegleitet einstg.) sangen oder durch in ihrem Sold stehende Sänger (→ Ménestrels, Jongleurs) vortragen ließen. Bei dieser ritterlichen Dichtung, ihren Ursprüngen und ihrer Entwicklung handelt es sich um gemeineuropäische Erscheinungen, deren landschaftl. Eigenformen sich untereinander befruchteten. So erscheinen rhythm. Schemata der T. im dt. → Minnesang, der auch zu bestehenden frz. Melodien neue dt Texte schuf (→ Kontrafaktur); ebenso wurden provenzalische Dichtungen von den → Trouvères frz. umtextiert. Provenzalischer Einfluß scheint im 12. Jh. vorherrschend zu sein, den man jedoch weiter auf aus Spanien übermittelte arabische Überlieferung zurückführt. Das kann wohl durch formale Ähnlichkeit bestätigt werden, nicht aber die möglicherweise von der Marienhymnik her verfeinerte Achtung der Frau als eines der Hauptthemen der T. begründen. Die T.-Lyrik behandelt neben der aristokratischen die ländl. Minne mit galanter Schilderung des Hirtenlebens (→ Pastourelle), besingt Heldentaten der Kreuzfahrer und in Elegien (→ Planhs) deren Tod, bringt Streitgesänge (→ Partimens, jeux-partis, Tenzones), Satiren, Ständchen für Abend (Serenade) und Morgen (→ Aubade), Schmäh- und Dienstlieder (→ Sirventes) und Klagen über unglückl., enttäuschte Liebe und Ehe. Erst im 1. Viertel des 13. Jh. tritt auch die → Ballade auf. Die Musik verwendet hauptsächlich gregorian. Elemente. Von den fast 3000 bekannten T.-Dichtungen sind 282 mit Melodien überliefert, die (abgesehen von 26 anonymen Weisen) von 44 der namentlich bekannten über 400 T. stammen (unter ihnen auch dichtende Frauen: *trobairitz*). Die rhythm. zutreffende Übertragung der Melodien aus den überlieferten Handschriften war lange Zeit Gegenstand wissenschaftl. Kontroversen. Als erster Dichter wird Wilhelm IX. von Aquitanien genannt; der berühmteste ist wohl Bernart de Ventadorn (geb. ca. 1125), in dessen Werk die Kunst der T. ihren Höhepunkt erreichte.

J. B. Beck, Die Melodien d. T., 1908; ND. NY 1976; ders., La musique des T., P 1910; P. Aubry, Trouvères et tr., P ²1910; NA Genf 1974, 1981; Fr. Gennrich, Rondeaux, Virelais u. Balladen, 1921, ND 1963; ders., Grundr. einer Formenlehre d. ma. Liedes, 1932, ND 1970; ders., T., Trouvères, Minne- u. Meistersang (Musikwerk) 1951, ²1960; E. Lommatzsch, Leben u. Lieder d. provenz. T., 1957/9, ²1972; Br. Stäblein, Z. Stilistik d. T.-Melodien (AM) 1966; R. Baehr (Hg.), Der prov. Minnesang (Wege d. Forsch.) 1967; H. van d. Werf, The chansons of the T. and Trouv., Utrecht 1972; D. Rieger, Gattungen u. Gatt.bezeichn. d. Trobadorlyrik (Beih. Zs. f. roman. Phil.) 1976; J. Stevens/Th. Karp, T., Trouvères (Grove) 1980. → Trouvères.

Trouvères (frz. *trouver* = finden, erfinden), die nordfranzös. Minnesänger im 12.–13. Jh., die ihre Dichtungen mit eigenen Weisen vortrugen oder vortragen ließen und sich von den provenzal. → Troubadours durch die frz. Sprache (*langue d'oïl*) und durch ihre Heimat nördl. der Loire unterscheiden. Zudem zeigt die Kunst der T. das weitere Vordringen in alle Gesellschaftsschichten. Von den fahrenden Sängern aus geistl. Stand (→ Goliarden) unterscheiden sich T. durch die französische gegenüber der latein. Sprache und die gesellschaftl. Stellung. Die Themenwahl entspricht der der Troubadours, gegenüber denen die Zahl der T., die selbst die Liedmelodien schufen und verbreiteten, wesentlich höher ist. Für die über 2000 überlieferten Lieder, von denen die meisten mit

Melodie notiert sind, sind 210 Verfasser bekannt; nur ein kleiner Teil ist anonym. Polyphone Sätze begegnen bei Adam de la Halle († 1287); bekannte T. sind neben ihm: Gace Brulé, Jehan Bretel, Moniot d'Arras, Thibaut de Champagne. Bedeutende Slgn. werden in der Nationalbibliothek Paris aufbewahrt. → Chanson de geste.

Fr. Gennrich. T.lieder u. Motettenrepertoire (ZfMw) 1926; H. Husmann, Z. Rhythmik d. T.gesanges (Mf) 1952; I. Frank, W. Müller-Blattau, T. u. Minnesänger (Schr. d. Univ. d. Saarlandes) 1952/6; H. Spanke, G. Raynauds Bibliogr. d. afrz. Liedes, Leiden 1955; H. Anglés, D. volkstüml. Melodien b. d. T. (Fs. J. Müller-Blattau) 1960; H.-H. Räkel, D. musikal. Erscheinungsform der T.-Poesie (PSMG) Bern 1977; H. van d. Werf (Hg.), T.-Melodien 1, 2 (Monum. monod. Medii Aevi) 1977/9; S. N. Rosenberg/H. Tischler (Hg.), Chanter m'estuet; songs of the Tr., Bloomington 1982. → Troubadours.

Trugschluß, Schlußbildung, bei welcher anstelle der nach einer Dominante zu erwartenden Tonika die 6. Stufe (Moll od. Dur) erreicht wird mit Sekundfortschreitung des Basses. Der vorbereitete Ruheklang tritt nicht ein, stattdessen ein Schwebeklang (→ Mediante), der geeignet ist, neue Spannungsmomente zu schaffen. Der T. wurde mit Vorliebe in romantischer, spätromant. Musik verwendet.

Trumscheit (mhd. *trumme,* vgl. Trommel, Trompete), Streichinstr. mit bis 2 m langem, nach unten verbreitertem Resonanzkasten (auch mit Resonanzsaiten darin), der auf den Boden gesetzt, auch gestampft wird. Die einzige, dicke Darmsaite läuft so über den Steg, daß dessen einer Fuß fest auf die Decke gepreßt wird, der andere mit der Saitenschwingung rasch dagegen schlägt. Das bewirkt den scharfen, trompetenartigen Ton. Die Saite erklingt nur mit Flageolett-Tönen. Etwa weitere Saiten (bis 3) klingen als Bordune mit. Die Namen Marientrompete (*trompette marine*) und Nonnengeige gehen auf den Gebrauch des T. in Nonnenklöstern zurück. Kleinere Instr. wurden schräg vor der Brust gehalten und erinnern an Monochord (frz. *monocorde à archet*) und Streichzither. Das T. ist seit dem 12. Jh. nachgewiesen und war bis ins 19. Jh. in Gebrauch. Es erfuhr im 18. Jh. eine Neubelebung und ist noch heute in Finnland bekannt. Der in Dtl. benutzte → Bumbaß mit Schnarrsaite, Schellen, Bekken und oft mit einer kleinen Trommel als Resonator ist möglicherweise ein Nachkomme.

D. Fryklund, Studier över Marintrumpeten (Svensk Tidskr. f. Musikforskn.)., 1919; T. Norlind, Bidr. till Marintrumpetens Historia (ebd.), 1922; ders., Systematik d. Saiteninstr. I, 1936; W. Salmen, D. fahrende Musiker im europ. MA, 1960; C. Adkins u. M. Vogel in: Kb. K 1974.

Trutruka, die bei Kulthandlungen geblasene Bambustrompete (2,5 m und länger) der Aurakaner in Südchile und Argentinien.

T. s., Abk. f. ital. → *tasto solo.*

Tschastuschka (russ.) → Častuška.

Tscheng, chines. Blasinstrument: → Sheng.

Tuba (lat.), 1. Blechblasinstr.; im Ggs. zu der gleichnamigen, geraden Trompete der Römer das gebogene, konische Baßinstr. in der Familie der → Bügelhörner (in der auch das Alt- und Tenorhorn in T.form auftreten können); 4 od. 5 Ventile, nach oben geöffnete, weite Stürze, seitl. Bechermundstück. In der Militärmus. hat die

T. die Nachfolge in der Reihe → Serpent, Baßhorn, Ophikleïde, Bombardon. 1835 wurde die Baßt. auf Anregung von Wieprecht durch J. G. Moritz, Berlin, gebaut (5 Ventile), dazu (Königgrätz 1845) d. Kontrabaß-T., ebenda der in → Helikonform weit geschwungene „Kaiserbaß" (Bombardon) und eine Subkontrabaß-T. in Es_1 (1873), entsprechend dem → Saxhorn contrabasse grave Es_1 (Saxhorn bourdon B_2). → Sousaphon; vgl. → Wagnertuba. – 2. T. heißen mehrere Orgelregister (Rohrwerke, 32', 16', 8'). – 3. Rezitationston (Ténor) in Psalmodie und gregorian. Choral. – 4. T. ist die allgemein zusammenfassende Bez. für eine der verschied. frühen → Trompeten ohne Mund- und Schallstück.

Tubal, altes Flötenregister der Orgel (zuerst 1600 in Breslau), benannt nach Thubalkain, dem Bruder des → Jubal (1. Mos. 4,21,22).

Tubaphon (Tubophon, Tubuscampanophon), in den 1920er Jahren in Engl. entwickeltes, dem Glockenspiel ähnliches Schlaginstr. mit abgestimmten, liegenden Metallröhren in Klaviaturordnung. Vgl. → Röhrenglokken.

Tumba → Congatrommel.

Tune (engl.), ursprünglich: Ton, dann Melodie, Weise, auch im Sinne von Oberstimme. *Tuning fork* = Stimmgabel.

Tupan, Topan (von bulgar. *t'p* = dumpf; türk. *davul*), in Bulgarien, Albanien, Mazedonien, Südserbien große 2-Fell-Trommel mit Holzzarge und Strickspannung; die eine Membran mit Schlegel, die andere mit → Rute zu schlagen. Der T. wird zusammen mit der Schalmei Zurla (→ Zurna) gespielt, bleibt aber selbständig gegenüber dem Melodierhythmus. Er ist dem türk. Davul verwandt, der mit Schlegeln geschlagen wird und aus der → Janitscharenmusik kommt.

Turbae (Mz. von lat. *turba*: Menge, Gedränge), in Passionen, Oratorien, geistl. Spielen die Chöre der Volksmenge, Jünger, Priester als drittes handelndes Element gegenüber der Partie Christi und des Evangelisten. Wie diese wurden ursprünglich in den Passionen die T. solistisch gesungen. Vermutlich sind sie aber die ersten chorisch polyphonen Teile der Passion (1480 eine 6stg. chorische Turba in einer Matthäuspassion, Modena).

Turmmusik, die vom Kirch- od. Rathausturm herab dargebotene Musik, das Werk und die Ausführenden; das städt. Gegenstück zur Darbietung der höf. Trompeterzunft (→ Trompete, Zunftwesen). Aus dem ma. → Abblasen (Stundenblasen) des Türmers (zunächst Signale, später Choräle) entstand die T. der → Stadtpfeifer (mit Oboe und Zink) und der den Reichsstädten im 15. Jh. zugestandenen, höher geachteten Ratstrompeter (einschließl. „Anblasen" zur Begrüßung) mit Hochblüte z. B. in Lübeck und Leipzig. Die T.er wurden auch für die Kirchenmusik und besonders in Italien (Bologna) und England (vgl. → Wait) im Konzert eingesetzt. → Clarino.

Turn (engl. = drehen), → Doppelschlag.

Tusch, Begrüßungs-, Vivatsignal mit Harmoniemusik od. einzelnen Instr. (u. a. Trompete, Klavier, Akkordeon): z. B. meist dreimalige Akkordfolge in Umkehrung aufsteigend, unterbrochen durch Akkord auf der Dominante; od. als Auftakt gebrochener Akkord unisono, in den geschlossen klingenden Akkord mündend; od. kurzer einstg. Auftakt auf Dominante vor dem Akkord (Faschings-T.).

Tutte le corde (it.: alle Saiten), Anweisung beim Klavierspiel, die Dämpfung (Verschiebung) aufzuheben (→ *a due corde, ad una corda*).

Tutti (ital. =) alle; Einsatz aller Stimmen; vgl. → Ripieno und → Solo (→ Concerto grosso).

Tvísöngur (isländ.: Zwiegesänge), 2stg. Männergesänge in Quintenbewegung, homorhythmisch, syllabisch. Andere Intervalle sind im weltl. Lied nur Durchgang, während im geistl. auch Oktaven und Terzen auftreten. Der Cantus (= Tenor) ist mehrfach, der Baß solistisch besetzt; Stimmkreuzungen häufig mit einem Tritonusschritt. Die dem → Organum ähnliche isländ. Praxis (seit Ende des 9. Jh.) deutet auf frühskandinav. organalen Brauch.

H. Helgason, Organum, Reykjavik 1952.

Twist (engl. = Drehung, Verwicklung), im → Rock'n'Roll der 1960er Jahre in den USA entstandener schneller Tanz; geradtaktig; für getrenntes Tanzen.

Twostep (engl.: = Zweischritt), in Nordamerika entstandener, Anfang des 20. Jh. in Europa übernommener, schneller, geradtaktiger Gesellschaftstanz mit Polkaschritt; 2/4-Takt. → Onestep.

Txistu, baskische → Einhandflöte mit 3 Grifflöchern (2 oben); mit der einen Hand zu greifen, während die andere die kleine, am Arm hängende Trommel schlägt. Der Baß-T. heißt *silbote*.

Tympanon (griech.; lat. *tympanum*), 1. Bez. verschiedener Trommelarten: eine nahöstl., altgriech. Gefäßtrommel, deren Name wohl auf eine dem heutigen → Tamburin ähnl., flache Rahmentrommel (2seitig bespannt od. mit Holzboden) bzw. → Schellentrommel überging wie allgemein auf ähnliche Membranophone, besonders → Pauken (ital. *timpani*); – 2. frz. T. (span. *timpano*): Name für → Hackbrett.

Typologie, Typenlehre. Die Beobachtung, daß konstante Klangeigenschaften und Muskeleinstellungen (Schallform) während des Vortrags (Singens oder Sprechens) bei bestimmten Personaltypen wiederkehren, führte zu systematischen Versuchen, vom Vortrag des Werkes her den Typ und die Person des Verfassers zu ermitteln oder zu bestätigen. Das Verfahren wurde von J. Rutz (mit 3 Haupttypen), F. Saran und E. Sievers (mit 6 Typen) entwikkelt, die nicht zusammenarbeiteten. Sievers übernahm Rutzens Ergebnisse und führte sie experimentell weiter. H. Nohl bemühte sich um die Deutung der Rutzschen Grundtypen (in Malerei und Musik). G. Becking, anschließend an die „Mitbewegungen" Sievers', beschäftigte sich nur mit der Musik und untersuchte sie mit Hilfe seiner Schlagfiguren.

O. Rutz, Vom Ausdr. d. Menschen, 1925; H. Nohl, Stil u. Weltanschauung 1920; E. Sievers, Ziele u. Wege d. Schallanalyse, 1924; G. Becking, Zur T. des mus. Schaffens (Kb. Basel) 1925; ders., D. mus. Rhythmus als Erkenntnisquelle, 1928, ND 1958; W. Danckert, Ursymbole mus. Gestaltung, 1932; W. Korte, Mus. u. Weltbild, 1940.

Typophon(e) (Gabelklavier), ein 1865 von V. Mustel, Paris, vorgestelltes Tasteninstr., bei dem die Hämmer gegen 49 Stimmgabeln (jede mit Resonanzkörper) schlagen. Vgl. → Celesta.

Tyrolienne (frz.), Rundtanz im ¾-Takt, Tiroler Lieder verarbeitend; eine Nachahmung des Ländlers, aber mit charakteristischem Rhythmus (nach 2 Vierteln teilt sich die letzte Taktzeit in punktiertes Achtel mit Sechzehntel).

Überblasen, Bei Holz- oder Blechblasinstr. das Blasen mit erhöhtem Luftdruck, so daß statt des Grundtones einer der Naturtöne des Rohres erklingt zugleich mit einer für das Instr. charakteristischen Zahl u. Auswahl von → Obertönen. Bei Kegelbohrung (konischer Bohrung) des Rohres wird zuerst in die höhere Oktave ü. (daher „oktavierende Instrumente“: Flöte, Oboe, Saxophon); bei zylindr. Bohrung tönt zuerst die Duodezime („quintierende Instr.“: Klarinette). Der überblasene Ton ist stärker und heller als der Grundton des Rohres.
Das Ü. als Charakteristikum der alten Querflöte wurde schon Ende des 15. Jh. im Orgelbau ausgenutzt in der „Schweizerpfeife“, auch im → Gedackt und in → Rohrwerken (→ Trompete). Bei übermäßigem Winddruck tritt in der Orgel das Ü. als störend auf, vor allem bei Labialstimmen sehr enger Mensur (→ streichende Stimmen).

Übermäßig sind die durch → Alteration um einen Halbton chromatisch erweiterten reinen und großen → Intervalle (→ Versetzungszeichen).

Überschlagen, 1. im Gesang das gewollte (→ Jodeln) od. fehlerhafte Umschlagen der Stimme in ein anderes Register; bei Blasinstr. das → Überblasen in einen nicht gewünschten Teilton. – 2. im Spiel auf Tasteninstr.: Überkreuzen der Hände.

Übersetzen, beim Spiel auf Tasteninstr. das Übergreifen der Hand (4., 3. od. 2. Finger) über den Daumen. Ggs.: Untersetzen = Bewegung des Daumens unter die Finger (Hand). → Fingersatz.

Übersetzung von Texten der Vokalmusik in eine andere Sprache ist deshalb außerordentlich schwer und gelingt nur selten befriedigend, weil nicht nur der Gefühlswert und die stilist. Eigenarten mit dem, was im Ersttext nur angedeutet und halbgesagt wird, in der Ü. gleichwertig und gleichgewichtig erscheinen sollten. Da sich die Originalvertonung in der Regel mit dem rhythm. und melod. Akzent und der Wahl der Melismen eng an Sprachmelodie und Wortakzent der Originalsprache hält, ist die Ü. durch strenge Grenzen eingeengt, so daß zumindest der Verzicht auf das noch weiter einschränkende originale Reimschema, meist aber eine sehr freie Übertragung im Interesse eines sangbaren Textes unvermeidlich sind. Die Ü. muß bei Chormusik zudem bemüht sein, bei langen Notenwerten sich gegenseitig auslöschende Vokale in den Stimmen zu vermeiden. In der Opernü. liegt bei freier Textbehandlung die Gefahr der Verfälschung der dramatischen Charaktere nahe. Gute Ü. sind selten (u. a. P. Cornelius, K. Wolfskehl), schlechte zahlreich und verdanken ihren Bestand oft nur dem Übergewicht, das die Musik vor der Sprache in der Oper hat.

Übung, Bemühen um die für die Interpretation nötige techn. Fertigkeit. Sie bleibt mechanisch, äußerlich, wo das Verständnis der inneren musikal. Zusammenhänge abgeht. Entsprechend kann die im Notenbild fixierte Ü. als Kunstwerk beides vermitteln (J. S. Bach: Klavierübung) od. als techn. Skizze, bei deren Umsetzung in Bewegung der Ton zum Nebenprodukt wird, nur äußere Routine (Fingerü.). → Etüde, Handstück.

'Ūd (arab. = Holz), Knickhalslaute in Persien, arabischen, mittelasischen und kaukas. Gebieten; mit birnenförm., bauchigem Körper, kurzem, abgeknicktem Hals mit Seitenwirbeln; Mittelrose od. (auch zusätzl.) 2 Seitenrosetten; ursprüngl. (6., 7. Jh.) mit 4 Saitenpaaren (Seide), nach 1200 5, später (in den Ländern verschieden) bis 11 (Quart-, Quart/Terz-, Quart/Sekund-Stimmung). Beim kaukas. 'Ūd liegen die 2 Melodiestimmen zwischen den tiefen. Den Namen erhielt der 'Ūd wohl in Persien als Instr. mit Holzdecke im Unterschied zu dem mit Pergament (→ Rabāb). Am 'Ūd wurde das arab. Tonsystem entwickelt (→ Maqām). Über Spanien kam er nach Europa als Vorgänger der → Laute (mit arab. Artikel: *al-'ūd*; span. *laúd*).

A. Berner, Stud. z. arab. Mus., 1937; H. G. Farmer, Stud. in oriental mus. instr., Glasg. [2]1939; ders., 'Ūd (Grove) 1980. → Laute.

Ukulele, 4saitige kleine Gitarre mit langem Griffbrett, auch ohne Bünde; vermutl. Nachkomme europäischer Gitarren (→ Cavaco); nach 1900 von Hawaii aus in den USA verbreitet; beliebt als Jazzinstrument (→ Ragtime, Jazz). → Hawaii-Gitarre.

Umkehrung, Begriff a) der Harmonielehre für eine Umstellung gleichzeitig klingender Töne, b) der Kontrapunktik für eine Umstellung der Stimmen. 1. → Intervalle werden umgekehrt durch Oktavversetzung der tieferen Stimme nach oben oder der hohen nach unten. Dadurch werden Sekunden, Terzen und Quarten zu Septimen, Sexten und Quinten. Übermäßige Intervalle werden durch U. zu verminderten, verminderte zu übermäßigen. – U. der Akkorde geschieht durch den gleichen Vorgang und wird nach der Stellung des tiefsten Tones bestimmt oder im → Generalbaß beziffert. Der in Terzen aufgebaute Dreiklang als Stammform hat die U.: (Terz-)Sextakkord (im Generalbaß: $_6$) und Quartsextakkord ($^6_4$). Der Septimenakkord ($_7$) heißt in der U. Quintsextakkord ($^6_5$), Terzquartakkord ($^4_3$) und Sekundakkord ($^4_2$). – 2. U. (Inversion, Gegenbewegung) eines Themas kann symmetrisch sein, d. h. genau gespiegelt in die Gegenrichtung mit gleichen Tonschritten *(Canon per moto contrario, C. all'inverso)*. So auch im mehrstg. Satz: Alle Tonschritte jeder Stimme werden mit genau gleichen Abständen umgekehrt, ebenso die

Stimmen: Baß und Tenor gegen Sopran und Alt. Damit wird auch der Aufbau der Harmonie umgekehrt (J. S. Bach, Spiegelfuge der *Kunst der Fuge* Nr. XVIII und 2. Kanon aus dem *Musikalischen Opfer*). Vielfach beschränkt sich die U. auf die entgegengesetzte Bewegung der Stimmen, ohne daß die Intvervalle immer dieselben Maße hätten. Die Linien werden freier gegeneinander geführt und auch rhythm. verändert. Eine U. der Bewegungsrichtung erfolgt im → Krebs (*Canon cancricans*).

U-Musik → Unterhaltungsmusik.

Una corda (ital. =) mit einer Saite; → *ad una corda*.

Unda maris (lat.: Meereswelle), zarte Flötenstimme (8′) der Orgel, schwebend klingend, da sie leicht höher(tiefer) gestimmt ist als das ebenfalls zarte Nachbarregister; von Casparini aus dem ital. Orgelbau übernommen (Görlitz). → Schwebung.

Undezime (lat. = 11.), Intervall mit der 11. Stufe der diaton. Tonleiter. Die U. wird wie die Quarte gewertet (Quarte über der Oktave).

UNESCO (*United Nations Educational Scientific and Cultural Organization*), die von den Vereinten Nationen (UNO) 1945 in London gegründete Unterorganisation für Erziehung, Wissenschaft und Kultur, seit 1946 mit Sitz in Paris. 1949 wurde der Internat. Musikrat (*Internat. Music Council*) gegründet, 1953 die Internat. Gesellsch. für Musikerziehung (IS ME, *Int. Society for Mus. Education*).

Union pipe → Irish Union Pipe.

Unisono (ital. = Einklang), die Parallelbewegung aller Stimmen in der Prime oder im Oktavabstand. Der Vermerk *all'u.* in der Partitur besagt, daß nur eine Stimme aufgezeichnet wird und oktavierende Instr. nicht besonders notiert sind.

Universalmusik → Weltmusik.

Unterdominante → Subdominante.

Unterhaltungsmusik, Musik zur Erheiterung d. Gemüts und/ oder als Geräuschkulisse zur Unterhaltung (Konversation). Der Ggs. zur ernsten Musik (Abk.: E-Musik) bereitete sich Ende des 18. Jh. vor, entwickelte sich im 19. Jh. und wurde im 20. Jh. organisatorisch, musikpolitisch und kommerziell versteift mit der Bildung getrennter Klangkörper (Ensembles), der Ausrichtung von Verlagen ausschließlich auf die eine oder andere Gattung, durch die Steigerung des Konsums der U. mit der Entwicklung der Schallplatte und des Rundfunks und, darin begründet, durch das Verrechnungssystem der Aufführungsgebühren (→ Gema). Die gegenseitige Geringschätzung ist offenbar: die U. als abgesunkenes, entwertetes Kulturgut aus der ernsten Musik; diese als Gelehrten-, Gebildeten- oder Opusmusik. Der Bereich der U. überschneidet sich mit dem der → Volks- und der → Gebrauchsmusik. Mit der Verbreiterung der Skala musikal. Ausdrucks, z. T. bedingt durch techn. Verbesserung und Erweiterung des Instrumentariums, entwickelte sich höchste virtuose Leistung auf dem

Individualstil der klass.-romantischen Periode, während die Vorliebe des → empfindsamen Stils für galante, sentimentale, idyllische Musik- und Sprachformeln zusammentraf mit dem Streben der frühen Klassik nach Einfachheit und Gemeinverständlichkeit und dem der Romantik nach naturgewachsener, schlichter Aussage. Wie J. S. Bachs Kaffee- und die Bauernkantate, so können Haydns Divertimenti, die Walzer bei Mozart, Beethoven, Schubert, Brahms als U. gelten. Bachs Suiten wurden bei der Leipziger Messe, Streichquartette und Sinfonien der Klassiker im Wiener Augarten aufgeführt. Märsche, Tänze, Charakterstücke, Paraphrasen über Volkslieder, Variationen über beliebte Opern-, Singspiel-, später Operettenmelodien, nach 1800 Potpourris, dazu Instrumentalsoli, die Virtuosität und enorme Schwierigkeit zeigten od. vorgaben, gehörten zum Repertoire der Ensembles im 19. Jh. Die Wiener Besetzung (1. und 2. Violine, Violoncello od. bei Tanzmusik Kontrabaß, Klavier) geht auf das klass. Streichquartett zurück. Als Reminiszenz vom Generalbaßinstr. konnte auch die Gitarre erscheinen, die fest zur Sonderform der → Schrammel-Besetzung gehörte. Die Berliner Besetzung bestand aus Streichquintett, Flöte, Klarinette, Kornett, Posaune, Klavier (Harmonium), Schlagzeug. In d. Pariser Besetzung fehlten Viola, Klarinette und Posaune. Zigeunerkapellen bevorzugten das Hackbrett anstelle des Klaviers. Das Programm der Kaffeehauskonzerte und Platzmusiken unterschied sich im wesentlichen nur in der Besetzung. – War im 18. Jh. von Frankreich aus die Harfe das Instr. für die Hausmusik des Adels-, dann des Bürgersalons gewesen, so herrschte im 19. Jh. allgemein das Klavier. Das gefühlsgeladene Charakterstück schmückte sich mit der techn. Brillanz, wie sie sich aus den virtuosen Stücken der Kunstmusik in den Salonpiècen spiegelte, auf die sich der Klavierunterricht der höheren Tochter konzentrierte (z. B. T. Bądarzewska, *Das Gebet einer Jungfrau*) und die in Abonnementsreihen oder als „Musikperlen" oder „Edelsteine" in umfangreichen Bänden gesammelt erschienen. Die alte → Ballade führte über → Gassenhauer und → Moritat zum → Schlager und zur → Schnulze des 19. und 20. Jh. Nach dem 1. Weltkrieg kamen selbständige Salon- und Tanzorch. und der Arrangeur als Beruf auf. U. wurde z. Teil nach kommerziellen Erwägungen entsprechend der Marktlage komponiert und verbreitet und der Bedarf durch neue Werbemethoden künstlich geschaffen, was den Aufschwung des Schallplattengeschäfts bewirkte und die Verbreitung von Musikautomaten förderte (→ Musikbox). → Salonmusik, Musiksoziologie.

G. Knepler, Z. Entstehungsgesch. d. „leichten Mus." (Aufbau) 1950; S. Spaeth, A hist. of popular mus. in America, NY 1950; T. W. Adorno, Einl. i. d. Musiksoziol., 1962; H. J. Dahmen, Volksmus. u. U. u. ihre Darstellg. i. Rundfunk (Beitr. z. dt. Volks- u. Altertumskde.) 1964; I. Keldany-Mohr, „U." als soziokulturelles Phänomen (Beisp.: München), 1977; C. Dahlhaus, Die Musik des 19. Jh., 1980. → Salonmusik, Musiksoziologie.

Untersatz, Register (32′, 16′) in der → Orgel. Das Wort meinte die tiefklingenden Pfeifen eines Registers, die ihrer Länge wegen nicht mit den höherklingenden auf einer Lade untergebracht werden konnten und auf eine besondere, tiefer liegende gesetzt wurden; meist im Pedal: → Subbaß (Unterbaß); gedackt, selten auch mit Doppelflöten in einem Stück, eine gedackt, die andere offen. „Manual-U." ist die 32'-Stimme im Manual.

Untersetzen → Übersetzen.

Unterstimme, die tiefste Stimme im Ggs. zur → Oberstimme od. den Mittelstimmen. „U." besagt nichts über die Stimmlage. U. und Oberstimme können im Sopran od. in verschied. Stimmen liegen. Die U. braucht nicht eine bloße Begleitstimme zu sein (etwa in Terzen oder Sexten zur Oberstimme), sie kann vorher entstanden und selbständig sein.

Untertöne, Spiegelung der Obertonreihe, von ihrem Grundton ausgehend, nach unten. Im Anschluß an das von A. v. Oettingen 1860 entwickelte „duale Harmoniesystem" benutzte H. Riemann die vermuteten U. zum Beweis der Konsonanz des Mollakkordes (als „Unterklang"), entsprechend dem Durakkord als „Oberklang"). → Dualismus.

A. J. Ellis, Tonometrical observations ... (Proceed. of the Royal Soc.) 1884; H. Riemann, Katechism. d. Mus., 1888; B. v. d. Pol, Muziek en elementaire getallentheorie (Arch. du Musée Teyler 9) 1942; G. Révész, Einf. i. d. Musikpsych., Bern 1946; H.-P. Reinecke, H. Riemanns Beobachtungen ... (H. Albrecht in memoriam) 1962. → Dualismus.

Urheber-Persönlichkeitsrecht (*droit moral*), → Urheberrecht, → Schutzfrist.

Urheberrecht ist objektiv die von Gesetzen geschaffene Rechtsgrundlage, subjektiv das Recht des Urhebers am schöpferischen Werk (der Literatur, der Tonkunst, Tanzkunst, der bildenden Künste einschließl. der Photographie, der Baukunst, des Kunstgewerbes, der Filmkunst). Das Gesetz bestimmt den Schutz der kulturellen Geistesschöpfung, es erkennt das subjektive Recht des Urhebers am Ergebnis seiner schöpferischen Tätigkeit an und sichert sein Verfügungs- und Nutzungsrecht (z. B. über die Veröffentlichung, Vervielfältigung, Verbreitung, Aufführung, Vorführung, Dramatisierung, Bearbeitung, Übersetzung, Herstellung von Auszügen: Klavierauszügen, Übertragung auf Tonträger: Schallplatten, Tonbänder, Musikwalzen), das gleichzeitig ausschließend wirkt und Rechtsschutz gewährt gegen Rechtsverletzungen (z. B. bei Nachdruck, Nachbildung oder Nachahmung durch andere; vgl. → Entlehnung, → Plagiat). Das Werk ist veröffentlicht, wenn es mit Zustimmung des Urhebers der Öffentlichkeit zugänglich gemacht wurde (z. B. durch Aufführung oder Lesung); es ist erschienen, wenn mit Zustimmung des Urhebers Vervielfältigungsexemplare der Öffentlichkeit zur Verfügung gestellt werden. Im Ggs. zum gewerbl. Schutzrecht (z. B. an techn. Erfindungen, Warenzeichen und Gebrauchsmustern), das durch Registrierung erworben wird, beginnt der Rechts- und Schutzanspruch des Urhebers mit der Entstehung des ganzen oder eines Teils des Werkes oder nur eines Entwurfs. Zum Persönlichkeitsrecht des Urhebers gehören die Anerkennung der Urheberschaft (Recht auf Namensnennung), der Schutz der Eigensphäre beim freien Entschluß zur Veröffentlichung oder Zurückziehung eines Werkes, der Schutz gegen ungenehmigte Änderung und unzumutbare Verunstaltung. Das U. kann beschränkt oder uneingeschränkt auf andere übertragen werden, z. B. auf einen Verleger. Bei anonymen oder pseudonymen Werken kann der Verleger das U. verwalten (→ Verlagsrecht). – In der Antike galt d. geistige Arbeit nicht als wirtschaftlich verwertbar. Der Dichter war von der Gunst eines Mäzens abhängig. Das römische Recht sah noch keinen Unterschied zwischen dem Manuskript als Sachwert und als geistigem Gut. Das schließt nicht aus, daß der Begriff des geistigen Eigentums im Bewußtsein vorhanden war (→ Plagiat). Im MA stand das im Auftrag und zur Ehre Gottes geschaffene Werk so im Vordergrund der Bewertung mit dem Blick auf das Jenseits, daß der Name der schöpferischen Persönlichkeit oft genug unbekannt blieb. Daß aber die in Handschriften verzeichneten Bücherflüche nicht nur den Diebstahl des Sachwertes meinten, spricht für das lebendige Wissen vom geistigen Eigentum (Eike v. Repkow wünschte Aussatz und Hölle dem, der seinen „Sachsenspiegel" verfälscht). Bei den Privilegien, die vor allem seit Beginn des Buchdrucks ausgesprochen wurden, ging es den Landesherren, Kirchenfürsten, Städten zuerst um den Sachwert, den das Buch und seine Herstellung an bestimmter Stelle bedeutete. Dagegen boten die Autorenprivilegien Anerkennung und Schutz der geistigen Leistung (1581 unbefristetes kaiserl. Privileg auch für alle zukünftigen Werke Orlando di Lassos). Mit der Lehre vom Naturrecht entwickelte sich auch das U., in England (1709) und Frankreich (1791,93) früher als in Dtl., wo es in einer Reihe von Abhandlungen erörtert wurde (Pütter, 1774; Cella, 1784; Fichte, 1791). 1819 machten die Buchhändler dem während des Wiener Kongresses tagenden Deutschen Bund Gesetzvorschläge. Er nahm 1834 nach einem Entwurf des 1825 gegründeten Börsenvereins für den Dt. Buchhandel eine Vereinbarung an, den Nachdruck zu verbieten und das schriftstellerische Eigentum zu fördern; 1837 beschloß er eine Schutzfrist von 10 Jahren. Schärfer gefaßt wurde das U. im U.gesetz des Norddt. Bundes 1870 (Reichsgesetz 1871), im Kunsturhebergesetz 1876, im Gesetz, betreffend das U. an Werken der Literatur und der Tonkunst (1901), G., betr. das U. an Werken der bildenden Künste und der Photographie (1907), G. über das Verlagsrecht (1901). Die → Schutzfrist ist in der Bundesrepublik Dtl. (Gesetz v. 9. 9. 1965, Novellierung 1972) und in Österreich (9. 4. 1936; 16. 12. 1972; Novelle 1980) auf 70, in der DDR (13. 9. 1965; mit Einschränkung bei polit. Gründen) und Schweiz (1922, revid. 1955) auf 50 Jahre nach dem Tod des Urhebers festgesetzt. In der Bundesrepublik Dtl. werden (1983) gesetzl. Verbesserungen angestrebt zum Kopier- bzw. Überspiel-Verbot bzw. -Entgelt (Nutzung der schöpferischen und/oder gewerblichen Vorleistung mittels Kopiergerät od. → MusiCassette), auch mit Blick auf neue techn. Möglichkeiten (z. B. Videotext). – Internationale Abmachungen wurden in Bern (1886), Montevideo (1927) und Genf (1952) getroffen (→ Copyright). Eine erste Urheber-Organisation gab es 1850 in Paris. In Dtl. gründeten R. Strauss und Fr. Rösch die Genossenschaft Deutscher Tonsetzer und die Anstalt für musikal. Aufführungsrecht (1903). 1913 entstand die → GEMA, 1966 die → IMHV. → U.sgesellschaften, Welturheberrechtsabkommen; Berner Konvention.

W. Becker-Bender, D. Urheberpersönlichkeitsrecht im mus. U. 1940; Bappert-Wagner, Internat. U., 1956; G. Roeber, U. u. geist. Eigentum, 1956; L. Gieseke, D. gesch. Entw. d. dt. U., 1957; H. Pohlmann, D. neue Geschichtsbild d. dt. U.entw., 1961; ders., D. Frühgesch. d. mus. U., 1962; H. Seemann, Volkslied u. U., 1965; H. Riedel, Originalmus. u. Mus.bearbeitung (UFITA 36) 1971; P. Girth, Individualität u. Zufall i. U. (ebd. 48) 1974; H. Hubmann, Urheber- u. Verlagsrecht, [4]1978; ders., Rechtsprobleme mw. Editionen, 1982; V. Movsessian/F. Seifert, Einf. i. .d. U. d. Musik (Tb. z. Mw.) 1982; E. Schulze, U. i. d. Mus., [5]1982.

Urheberrechtsgesellschaften (Verwertungsgesellschaften) sind u. a. außer der → GEMA und der → IMHV (in chronolog. Folge): ALAI (*Association Littéraire et Artistique Internationale*): 1878 von V. Hugo gegründete Gesellsch. zur Beobachtung des Urheberr., Sitz Paris. – AMMRE (Anstalt für mechan.-musikal. Rechte GmbH), 1909 in Berlin gegr., 1938 der STAGMA (GEMA) angegliedert; 1963 ganz in die GEMA übergegangen. – CISAC (*Confédération Intern. des Sociétés d'Auteurs et Compositeurs*): 1926 in Paris gegr. Vereinigung zur Wahrung des Urheberrechts in der Welt; Vierteljahrsschr. *Inter-Auteurs*. Ihre Föderationen sind: Gesellschaften 1. für Bühnenrechte, 2. für musikal. (konzertmäßige) Auff.- und Senderechte, 3. für Rechte der mechan. Vervielfältigung, 4. für literar. Rechte, 5. der Filmautoren. – BIEM (*Bureau Intern. de l'Edition Mécanique*): 1929 gegr., Sitz Paris. Diese Gesellsch. zur Wahrung der Rechte der mechan. Vervielfältigung verfügt über ein Weltrepertoire, da ihr die Rechte der Verwertungsgesellschaften der Länder übertragen wurden. Ihr Partner ist die Vereinigung der Schallplattenfabrikanten, die *International Federation of Phongraphic Industries* in London. – Verwertungsgesellsch. WORT, ab 1950. → Urheberrecht.

Ursprung der Musik. Die Frage nach den Anfängen der Musik hat die Menschheit schon früh beschäftigt. Die chines., ind., ägypt., griech., german. Mythologie schreibt ihr göttliche Abstammung zu (Apollo, Dionysos, Pan bei den Griechen, Odin bei den Germanen) oder nennt bedeutende Männer als „Erfinder" (Pythagoras, Jubal). Verschied. Theorien sehen den U. der M. im Urlaut, dem Urschrei, den der menschliche Spieltrieb weiterformte, im Gesang bei der Liebeswerbung, wobei der Vogelruf als Vorbild vermutet wurde (Ch. Darwin), im Arbeitslied und Arbeitsrhythmus (K. Bücher), im Ruf, aus dem gemeinsam Sprache und Musik entstanden (G. Révész), in der Sprachmelodie und der Sprache als Gefühlsausdruck (H. Spencer), wobei die Entdekkung der Oktave (als Intervall zwischen Frauen- und Männerstimme) und der Quinte zum Musikerlebnis führte (C. Stumpf). Die Frage, ob Gesang oder Musikinstr. früher war, wird kaum bündig geklärt werden können, da das Vorhandensein früher Instrumentenfunde die Gleich- oder Vorzeitigkeit des Gesanges nicht ausschließt. Gegenüber den einzelnen Spekulationen ist die Annahme natürlicher und wahrscheinlicher, daß vielfältige Faktoren zusammenwirken, etwa in Rhythmus und Instr., Tonhöhe, Klangfarbe, Mehrstimmigkeit.

Felsbilder lassen Zauberer und Maskentänze erkennen und auf die Musik als Zauberkraft in der Anschauung des Menschen der 4. Eiszeit schließen. Aus Funden gleichen Alters versucht die Wissenschaft vorgeschichtl. Entwicklungszüge der Musik zu rekonstruieren.

H. Spencer, The origin and function of mus. (Fraser's Magaz.) 1857; K. Bücher, Arbeit u. Rhythm., 1897; [6]1924; R. Wallaschek, D. Anfänge d. Tonkunst, 1903; C. Stumpf, D. Anfänge d. Mus., 1911; O. Seemann, Beitr. zur Kenntn. d. steinzeitl. Mus.instr. Europas, 1934; G. Révész, Der U. d. M. (Int. Arch. f. Ethnogr.) 1941; E. Seemann, Mythen vom U. d. M. (Kb. Lüneb.) 1951; H. Pfrogner, Mus., Gesch. ihrer Deutung, 1954; W. Danckert, Wesen u. Ursprung d. Tonwelt im Mythos (AfMw) 1955; E. Jammers, Anfänge d. abendl. Mus., 1955; W. Wiora, Mg. u. Urgesch. (Fs. Moberg, Svensk tidskr. f. musikförskn.) 1961; C. Sachs, The wellsprings of mus. (hg. J. Kunst), Den Haag 1962, ND 1968.

Urtextausgabe, die vom Musikverlag herausgebrachte Ausgabe des vom Komponisten geschaffenen (autorisierten) od. seiner Schreibweise gemäßen Notentextes letzter überlieferter oder wissenschaftl. erschlossener Fassung. Die U. ist zu unterscheiden von der ihr näher stehenden histor.-krit. Ausg. (z. B. GA. des 20. Jh.), die sowohl der Wissenschaft als auch der Praxis dienen soll, und von der zuerst für die Praxis bestimmten („instruktiven") Ausgabe des Werkes. Als Quellen dienen: Original-Hs. des Komponisten od. von ihm geprüfte Abschriften, erste von ihm redigierte Drucke und Korrekturabzüge mit eigenhänd. Verbesserungen und evtl. letzten Änderungen; indirekte Quellen, z. B. Tagebuchnotizen od. Briefe. Der Idealfall einer U. wäre bei geeigneter Vorlage die Faksimile-Ausg., die jedoch meist an den Kosten scheitern wird. Die Bez. „U." ist daher (grundsätzl. od. hinsichtlich der Abgrenzung) umstritten. Die Rekonstruktion des Urtextes ist, je jünger die Werke sind, um so leichter. Schwierig ist sie, wo unterschiedl. Originalausgaben vorliegen. Falls nicht eindeutig zu ermitteln ist, welche die Ausgabe letzter Hand ist, weist der Herausgeber der Neuausgabe auf die Varianten hin und erklärt, weshalb gerade diese Fassung für den Neudruck gewählt wurde. Offenkundige Fehler im Manuskript oder Erstdruck werden stillschweigend berichtigt. Bei älteren Werken, die in moderne Schlüssel übertragen werden, wird die originale Schlüsselstellung mitgeteilt. Da dynam. Anweisungen vielfach Wert und Bedeutung gewechselt haben, ist für die Übertragung genaue Kenntnis der geschichtl. Entwicklung Voraussetzung. Zusätze durch den Herausgeber, die die prakt. Wiedergabe des Werkes erleichtern (z. B. Fingersatz, Zeichen für Artikulation und Dynamik, ausgesetzter Generalbaß), sind auch in der U. durchaus möglich, werden aber erwähnt od. im Notenbild kenntlich gemacht. → Editionstechnik.

G. v. Dadelsen, Die „Fassung letzter Hand" in d. Mus. (AM) 1961; W. Rehm, Notenschrift u. Aufführung. Die Rolle d. Musikverlage (FAM) 1978.

Use (engl., im Sinne von) Ritus, Liturgie; hier: 1. U. of Sarum (heute Salisbury), die aus dem 13. Jh. überlieferte, von der römischen abweichende liturg. Praxis, bedeutender als die von York und Hereford. Sie war Quelle liturg. Mehrstimmigkeit (→ Faburden), war bis Mitte des 16. Jh. fast allgemein in Engl. üblich und wurde durch die anglikan. Reformation verdrängt. – 2. → Service. → Anthem.

Usul (arab.: Grundsatz, Vorschrift; türk. *uşul*), in der Kunstmusik des Vorderen Orients und der islam. Gebiete der Sowjetunion rhythm. Formel für das Spiel von Schlaginstr. (selten Streichinstr.) bei der Gesangsbegleitung od. im Instrumentalzyklus. Diese Modelle wurden im 10. Jh. (von dem Türken al-Fārābī) theoret. behandelt. Sie sind, je nach Art des Stückes, einfach od. vielgliedrig kompliziert. Zusammengesetzte Arten sind häufig (z. B. bei türk. und usbek. Gesängen und Tänzen). Mehrere Schlaginstr. bilden ein U.-Geflecht; häufig in der Kunstmusik (z. B. Strawinsky, *Les Noces*). Ähnlich ist der überlappende Rhythmus („*interlocking style*") der Musik auf indones. Inseln. Vgl. → Īqā, Tāla.

A. Shiloah, The Arabic concept of modes (JAMS) 1981.

Ut, die erste Tonsilbe der ma. → Solmisation, im 17. Jh. durch → *do* ersetzt. In der frz. Musiklehre stehen beide Silben für den Ton c, der ital., span., russ. *do* heißt.

Vagans (v. lat. *vagari*: umherschweifen), die Zusatzstimme zum bisherigen 4stg. Satz im 15., 16. Jh., meist eine tiefe Lage (Bariton). Der V. (= Quintus) konnte (als Füllstimme) in einer Slg. von Chorsätzen verschiedene Stimmlagen beanspruchen; entsprechend wandert das Stimmbuch „V." im Chor, wie auch die Stimme „V." im Chorsatz zwischen den Nachbarstimmen wandert (springt, kreuzt).

Vaganten (v. lat. *vagari* = umherschweifen), Sammelname für ma. Studenten und allgemein Akademiker, in deren Kreisen Trink-, Liebes- und Spottlieder entstanden als Ggs. zur geistl. Dichtung und Musik ihrer Zeit. → Goliarden, Carmina Burana.

Váliha → Röhrenzither (Madagaskar).

Vandola → Bandola.

Variante (lat. *variare* = verändern), 1. gering veränderte Fassung eines Themas in einem Werk od. z. B. einer schwierigen Vokal- od. Instrumentalpassage, deren Ausführung durch die (auch im Stimmheft gedruckte) V. erleichtert werden soll (→ Ossia). – 2. Abart, Abweichung in einem Manuskript od. einer gedruckten Ausgabe gegenüber mehreren anderen, im übrigen gleichlautenden Vorlagen. Der kritische Bericht einer wissenschaftl. Ausg. stellt die erreichbaren V. zusammen. – 3. In der Musiktheorie H. Riemanns die Durtonart zu der nach dem gleichen Ton benannten Molltonart und umgekehrt. → Editionstechnik, Urtextausgabe.

Variation (lat. *variatio* = Veränderung), melodische, kontrapunktische, harmon. od. rhythm. Veränderung in der Musik; allgemein ein Element musikalischen Gestaltens; im besonderen: die improvisierte oder schriftlich fixierte, spielerische oder tiefsinnig ausdeutende Umwandlung, einzeln oder in V.sketten sich entwickelnd; meist instrumental. Dabei kann eine Melodie verändert werden durch Auflösung in kleinere Werte (→ Diminution), durch verzierende Einschübe (Kolorieren) oder Erweiterung schon vorhandener Melismen, durch Änderung von Rhythmus, Takt, Tonart oder Tongeschlecht, überhaupt des Charakters der Vorlage. Zu einem Cantus firmus (→ Choralvorspiel) oder einer gleichbleibenden, immer wiederkehrenden Linie (→ Ostinato) können weitere, meist kontrapunktierende Stimmen treten; oder die V. hält sich nur an ein Harmoniegerüst, nicht an eine Melodie. In allen Fällen – sie können auch kombiniert auftreten – kann auch der Rhythmus verändert werden. Die Fantasie-V. nimmt nicht das genaue Thema, sondern beschränkt sich auf Zitate. – Diminution findet sich schon im gregorian. → Choral, in ma. geistl. und weltl. Liedern, in → Organum und → Motette, so Anfang des 14. Jh. im Orgelpart zu einer Motette von Fauvel. Das Verfahren wurde zudem nötig bei der Übertragung von Vokalmusik für Laute od. Virginal, deren schwacher Ton durch Läufe und Verzierungen tragfähiger gemacht werden mußte. Die → Glosas der Spanier (D. Ortiz, 1553) gehören zu den frühen Meisterwerken der V. (→ Diferencias), während in Dtl. die Choralv. als polyphone Form einsetzte (Schlick, 1512). Die Lied- und Tanz-V. des 16. und 17. Jh. verlangten virtuose Fertigkeit. Im Elisabethanischen Zeitalter (2. Hälfte 16. Jh.) war die Hochblüte engl. Virginalv. (*Fitzwilliam Virginal Book; Parthenia*) mit Baßv. und figurativer Oberstimmenv., die entscheidenden Einfluß auf die kontinentale Musik hatten. Das Baßgerüst, in Italien aus Liedern zitiert (→ Romanesca, Passamezzo, Ruggiero, Follia), wurde in → Chaconne (Froberger, Pachelbel) und → Passacaglia (Bach, Reger) zum → Ostinato, wie ihn vokal u. a. auch Grandi, Ferrari, Carissimi, Monteverdi einsetzten. Die franko-fläm., zyklische V.smesse war in den 5 Sätzen durch gleichbleibenden Cantus firmus und über den ganzen Verlauf durch ein melod. V.verfahren verbunden (Dufay, Ockeghem). Während im 17. Jh. die V. auch in der → Suite allgemein herrschte, lebte die instrumental begleitete Vokalv. besonders in England (→ Ground) und Frankreich. J. S. Bach verschmolz die Stilelemente: *Goldberg-V.en, Kanon. Veränderungen über Vom Himmel hoch, Musikal. Opfer,* Choralvorspiele. Die rhythmisch-melod. V. (z. B. *Air varié* des „galanten Stils") herrschte seit den Wiener Klassikern vor und kam (als → Rondo od. V.ssatz) in die → Sonate bei C. Ph. E. Bach, J. Haydn und Mozart. Höhepunkt nach Bach waren Beethovens Diabelli-V. op. 120. Seit der → Romantik wurde die V. weiter differenziert (Charakter-V.): Schubert, Mendelssohn. Schumanns *Carnaval* hat 4 Noten zum Thema; seine *Sinfon. Etüden* sind Fantasie-V. Der V.satz wurde Schlußsteigerung in der Sinfonie, und die Fuge od. Doppelfuge letzter Höhepunkt der V.kette seit Ende des 19. Jh.: nach Brahms (*Händel-, Haydn-V.*), der die ersten selbständigen Orch.-V. schrieb, Reger (*Mozart-, Hiller-, Telemann-V.,* Orgelfantasien), Bruckner (Sinfonien), R. Strauss (*Don Quixote*); in Frankr.: Saint-Saëns, C. Franck, d'Indy, Dukas. Im 20. Jh. leben alle Formen der V. weiter mit anderen stilistischen Vorzeichen: Ostinato-Technik, spielerischer, durchsichtiger Satz, der das Thema nun nicht mehr durch schwere Akkorde verschleiert: u. a. Berg,

Blacher, Egk, Hindemtih, Höller, Krenek, Nono, Schönberg, Strawinsky, A. v. Webern. → Partita.

H. Vicenz, Üb. d. allgem. Grundl. d. V.kunst (Moz.-Jb.) 1924; V. Luithlen, Studie z. Brahms' Werken in V.form (St. z. Mw.) 1927; R. Greß, D. Entw. d. Klavierv. v. Gabrieli bis Bach, 1929; M. Friedland, Zeitstil u. Persönlichkeitsstil i. den V.werken d. mus. Romantik, 1930; P. Coenen, Regers V.schaffen (Diss. B.) 1935; L. Neudenberger, Die V.techn. d. Virginalisten (Diss. B.) 1937; E.-D. v. Rabenau, D. Klavierv. zw. Bach u. Beeth. (Diss. B.) 1941; R. U. Nelson, The techn. of v., Berkeley 1948, [2]1962; J. Müller-Blattau, Gestaltung – Umgestaltung, 1950; K. v. Fischer, Die V. (Musikwerk) 1956, ND 1981; ders., V. (MGG) 1966; A. Albrecht, D. Klavierv. im 20. Jh. (Diss. Köln) 1961; E. Apfel, Ostinato u. Kompos.techn. b. d. engl. Virginalisten ... (AfMw) 1962/3; W. Mohr, Üb. Mischformen u. Sonderbildungen d. V.form (Kb. Kassel) 1962; K. Geiringer, Bemerk. zu Beethovens Diabelli-V. (Fs. Engel) 1964; L. R. Weynolds, The mid-twentieth-cent. Orchestra V. 1953/63 (Diss. Rochester) 1974. → Chaconne, Choralbearbeitung, Ostinato, Passacaglia.

Variété (frz. v. lat. *varietas* = Allerlei), Ort und Darbietung kaleidoskopischer Folgen von satirischen, parodist., tänzerischen, artist., komödiant. Einzel- od. Gruppenleistungen, Zirkus, → Kabarett, → Revue nahestehend; dazu Empfangs-, Zwischen-, Schlußmusik, jeweils zum Programmpunkt eingestimmt und je nach Art des Hauses mit Kleinbesetzung (Klavier, Trio mit Schlagzeug), Salonorchester, später mit → Elektrophonen; gefährlich akrobatische od. geheimnisvolle Szenen wirksamer mit Trommelwirbel. Die lose Folge von → Possen, Tänzen, Tierkämpfen, erot. Szenen ist zumindest aus der Spätantike (Rom, Athen, Korinth, Alexandrien, Konstantinopel) bekannt als Reaktion auf die klass. Tragödie, gefördert im Zusammentreffen spätklassischer mit oriental.-nordafrikanischer Zivilisation. Die Dauereinrichtung V. beginnt Ende des 18. Jh. in Frankr. neben der *Comédie à → vaudeville* (in Paris: *Théâtre des Variétés,* u. a. mit Kleinoperetten und Kurzszenen; ab 1855 *Bouffes-Parisiens* mit Pantomimen, Harlekinaden usw.) und war bis Mitte des 20. Jh. allgemein verbreitet.

Varsovienne (frz.), in der 2. Hälfte des 19. Jh. allgem. beliebter Tanz nach Art der → Mazurka; benannt nach der Stadt Warschau, aber vermutl. nicht poln. Ursprungs.

Vaterunser → Pater noster.

Vaticana (Editio V. =) vatikan. Ausgabe des → Graduale (1908; Ordo cantus missae, 1972; Ausg. der Benediktiner, 1974) und → Antiphonale (1912); als Ergebnis der Choralreform der → Benediktiner von Papst Pius X. anstelle der Editio → Medicaea eingeführt, der gegenüber sie die ursprüngl. Form des Chorals gibt.

Vaudeville, ursprüngl. frz. Spott- oder Trinklied, Gassenhauer, im 15. Jh. in der Normandie entstanden; später Singspiel, Liederspiel. Der Name wird auf zwei verschied. Erscheinungen zurückgeführt: auf *Val de Vire,* das Tal der Vire in der Normandie, bzw. auf *Vaux de Vire,* die volkstümlichen Lieder, die in der 1. Hälfte des 15. Jh. Olivier Basselin dichtete und sang und die schnell über die Normandie hinaus so beliebt wurden, daß sie z. T. in den frz. Volksliedbestand eingingen. Die andere Wurzel sind die *Voix de ville,* Chansons, welche z. B. J. Chardavoine 1576 als bekannteste Lieder seiner Zeit in Paris erscheinen ließ (*Recueil des plus belles et excellentes chansons en forme de voix de ville*). Diese Lieder entsprachen den ital. → Villanellen, wenn auch bei ihnen viel mehr höfisch-aristokrat. Ursprung vorauszusetzen ist. Frohsinn (*soyons gais!*) beherrscht die Texte, und sinnliche Liebe ist das bevorzugte Thema. Courtoisie, Galanterie, gelegentlich auch Melancholie und Freude am Wortspiel zeigen sich in den *Airs de Cour,* die das V. seit der Mitte des 16. Jh. verfeinern. – Im 18. Jh. bezeichnet V. das Singspiel des Pariser Jahrmarkttheaters (*Théâtre de la foire*), einer Art kabarettist. Vorführung auf den großen Jahrmärkten (*Foire St. Germain* und *St. Laurent*), mit der anfangs Seiltänzertruppen in der Spielweise der *Comédiens italiens,* aktuelle Zeiterscheinungen improvisierend, verspotteten. Der große Erfolg veranlaßte zahlreiche Dichter (z. B. Le Sage, Fuzelier, d'Orneval, Piron), für das Foire-Theater zu schreiben. Die dadurch beeinträchtigte *Comédie Française* erwirkte das Verbot, auf den Bühnen der Foire-Theater zu singen, die nunmehr die V., auf breite Papierbänder geschrieben (*écriteaux*), vom Publikum singen ließen und um so mehr zur Verbreitung beitrugen. Nach der Aufhebung des Verbots nannten die Theater ihre Stücke → *Opéra comique.* Die V.-Arietten im ital. Belcanto wurden in Dtl. zu Arietten und Arien eigenen Stils (Gluck). Die Jahrmarktszene hatte besonders in Hamburg mit vielen Varianten großen Erfolg (R. Keiser: *Le bon vivant oder die Leipziger Messe,* 1710). In der *Comédie à v.* des 19. Jh. erlebte das V. eine neue Blüte in Frankreich (E. Scribe, E. Labiche, H. Meilhac, E. Legouvé), wobei die literarische Form den Vorzug hatte. Musikalisch ging das V. in → Singspiel (Gesangsposse), Operette, Couplet auf → Timbre.

Fr. Liebstoekl, Das dt. V. (Diss. W) 1923; F. Carmody, Le repertoire de l'Opéra com. en v. de 1708 à 1764 (Univ. of. Calif. Publ. in Modern Philol. 16) 1933; P. Coirault, Formation de nos chans. folkloriques, P 1953/63; K.-J. Levy, V., vers mesurés et airs de cour, P 1954; P. Barbier/F. Vernillat, Hist. de France par les chansons, P 1956/61; D. Packer, „La Calotte" and the 18th cent. French v. (JAMS) 1970; B. Smith, The vaudevillians, NY 1976; C. Barnes, V. (Grove) 1980.

Veloce (ital. =) schnell, geschwind; *velocissimo = prestissimo.*

Venezianische Schule, ein Kreis von Komponisten, die im 16. und 17. Jh. in Venedig lehrten bzw. lernten und deren Kompositionsweise. Mittelpunkt war die St. Markuskirche, deren Kapellmeister 1527 A. Willaert wurde. Seine Nachfolger: C. de Rore, G. Zarlino, B. Donato, G. Croce, G. Martinengo, C. Monteverdi. Die ersten bzw. zweiten Organisten waren: G. Parabosco, A. Padovano, C. Merulo, A. und G. Gabrieli. Die beiden Choremporen und die 2 Orgeln ermöglichten den venezian. Stil der → Mehrchörigkeit, die mit großflächigem dynam. Wechsel und Wechsel zwischen den Vokal- und Instrumentalchören beispielgebend wurde u. a. für die Werke von M. Praetorius, Haßler, Demantius, Schütz, Th. Tallis. Monteverdi wirkte mit kühner Harmonik auf den Vokalstil des → Madrigals, auf Orchestersonate und → Oper. Wie die venezian. Chormusik die Vorherrschaft der franko-fläm. Polyphonie beendete, so hob vertiefter musikal. Ausdruck in Monteverdis Oper (*Orfeo*) die musikal.-sprachlichen Grundsätze der ersten Opern der florentin. → Camerata auf.

Fr. Caffi, Storia della mus. nella già cappella di S. Marco . . ., Vened. 1854, ND R 1936; Ch. van den Borren, Les débuts de la mus. à Venise, Br 1914; C. Sartori, Bibliogr. delle opere mus. stampata da O. Petrucci, Florenz 1948; S. T. Worsthorne, Venetian opera in the 17th cent., Oxf. 1954; S. Dalla Libera, L'arte degli organi a Venezia, Vened. 1962; W. Osthoff, D. Gestaltwerdung d. Oper in Vened. (Castrum Peregrini) 1964; H. Beck, D. Venez. Musikerschule i. 16. Jh., 1968; E. Selfridge-Field, Venet. instr. mus from Gabrieli to Vivaldi, Oxf. 1975.

Veni creator spiritus (lat.:) *Komm, Gott Schöpfer, Heiliger Geist* (Luthertext, etwa 1524). Hymnus, zum kathol. Abendgebet (→ Vesper) und bei festl. Anlaß (außerhalb der Passionszeit; besonders zu Pfingsten) gesungen; erster bekannter Gebrauch: Reims 1049. Die Melodie ist seit dem 10. Jh. bekannt (überliefert 1026) und stammt wohl aus der Ambrosian. Liturgie, der Text v. Hrabanus Maurus. Mehrstg. z. B.: Palestrina, H. Finck, M. Praetorius; alternatim bei C. Festa. Vgl. G. Mahler, 8. Sinf. (1. Teil).

Veni sancte spiritus (lat.: *Komm, Heiliger Geist*), Pfingstsequenz; eine der 4 durch das → Tridentiner Konzil zugelassenen → Sequenzen. Sie wird St. Langton zugeschrieben und entstand Anfang des 13. Jh. Für den frühprotestant. Gottesdienst war Wechselgesang der lat. Strophen mit den deutschen von *Komm, Heiliger Geist* bzw. *Nun bitten wir den Heiligen Geist* üblich.

Ventil (v. lat. *ventus*: Wind), Mechanismus bei Blasinstr., der dem Luftstrom einen bestimmten Weg öffnet od. verschließt: 1. V. der Blechblasinstr. haben den Zweck, das Rohr zu vergrößern (verkürzen), Grundton und Naturtonreihe entsprechend zu ändern und chromat. Spiel zu ermöglichen. Verschied. Systeme wurden in Dresden, Berlin, Leipzig, Wien, Mainz, Paris erfunden bzw. verbessert: von Blühmel und Stölzel (1814, 1818, 1827, 1828; Verbesserung des Pumpenv. 1833 durch Wieprecht), Sattler (1821), Uhlmann (Wiener V., 1830), Kersten (1825/30), Müller (ca. 1825), Riedl (Wiener Zylinder-V., 1832), Périnet (1839); zunächst mit 2, nach 1830 3 V., wie heute beim → Waldhorn üblich (5 V. bei der heutigen Kontrabaßtuba; ein 4. V. als „Stopf-V." bei den hohen Hörnern gleicht Unsauberkeiten beim → Stopfen od. bei Benutzung mehrerer V. aus: „Kompensations-V.", → Dämpfung). In Dtl. wird heute das zunächst bevorzugte, horizontal wirkende Zylinder- od. Drehv. ebenso wie das frz. Kolben- od. Pumpenv. (Périnet-V., vgl. Piston = → Kornett) verwendet, mit dem auch die Jazzinstr. ausgestattet werden. Ein das Rohr verkürzendes, den Ton erhöhendes V. baute 1828 J. Shaw ein. – 2. Verschiedene V. werden im Orgelbau benötigt (→ Balg, Windlade). – 3. → Klappen der Holzblasinstr.

Veränderung = → Variation (z. B. J. S. Bachs kanonische V.en zu *Vom Himmel hoch*). → Metamorphosen.

Verbeta (lat. *verbum*: Wort) → Tropus.

Verbunkos (ungar. *verbunk; verbuvál* = Werbung; Soldaten anwerben), Sammelbegriff für ungar. Tanzlieder, Tänze und Tanzmusik im Zweiertakt mit punktierten Rhythmen, Triolen. Der Ursprung soll in der Werbemusik bei der Rekrutierung liegen. Die Formen entstanden im 18. Jh. und wurden durch Zigeunerkapellen verbreitet. Im 19. Jh. übernahmen Kammermusik, Oper und Kunstlied den V. Er wurde vom → Csárdás verdrängt, der Elemente des V. übernahm. Das Werbelied (*verbung*) tritt auch in der Slowakei und in Mähren auf. → Zigeunermusik.

Verdoppelung von Tönen kann im Akkord auftreten und als Problem der Stimmführung. Die V. von Einzeltönen, wie sie bei der Verwendung von Dreiklängen im 4stg. Satz notwendig wird, wurde im Dur-Moll-System durch feste Regeln eingeschränkt, die so weit Berechtigung haben, wie der Ton als Klang, nämlich als Zusammenklang von → Obertönen, gewertet wird und entsprechend die aus der V. entstehende Konsonanz oder Dissonanz und ihr Verhältnis im Satz Berücksichtigung findet. Von daher bestätigt sich die Richtigkeit der Folge Grundton- vor Dominantv. Die Terzv., wenn sie nicht aus der Stimmführung entwickelt ist, war zu vermeiden, weil sie einen unerwünschten, naturklanglichen Bereich verstärken kann. Strebetöne (Leitton, alterierte Töne) sollten nicht verdoppelt werden. Aus dem Obertonaufbau erklärt sich auch die Zweckmäßigkeit der → Mixtur und der → Aliquoten in der Orgel als V., ebenso in der neuen Chormusik der Gebrauch von Quint- und Quartketten. Die Verstärkung von Terz und Sexte im Orgelbau durch eigene Zusatzregister hat sich erst im 19. Jh. in Dtl. durchgesetzt. – Die V. von Melodien oder Motiven geschieht als Stilmittel entsprechend den künstlerischen Absichten des Komponisten, etwa um eine Aussage im Gleich- oder Oktavklang (→ Unisono) eindringlich werden zu lassen. Der strenge Satz verbietet Terz-, Sext-, Quart- und Quintketten, wie er auch die → Parallelen von Oktaven und Quinten untersagt. Demgegenüber hat die neue Musik neue Aussagemöglichkeiten gerade in solchen als V. zu wertenden Intervallketten geschaffen. → Vierstimmigkeit.

Vereine, Vereinigungen → Musikorganisation.

Vergleichende Musikforschung, Methode der musikal. Volks- und Völkerkunde, um die Jahrhundertwende von C. Stumpf und E. M. v. Hornbostel so benannt. Dieser strebte an, *„die Gemeinsamkeiten und Zusammenhänge der Musikentwicklung in allen Teilen der Erde bloßzulegen, die Unterschiede aus den besonderen Kulturverhältnissen zu erklären, schließlich durch Extrapolation auf die Ursprünge zurückzuschließen"*. Das Ausgangsmaterial boten Schallaufnahmen, die den Grundstock der Phonogrammarchive in Wien (1899) und Berlin (1900) bildeten (→ Phonothek). Vor allem nach dem 2. Weltkrieg wurde statt V. M. (engl. *comparative musicology*) die Bez. → Musikethnologie (*ethnomusicology*) bevorzugt, wobei (bewußt od. unbewußt) die V. M. als Zweig einer mit anderen (anthropolog., soziolog.) Prämissen bevorzugt im außereuropäischen Bereich arbeitenden Ethnologie gesehen wurde od. die Musikethnologie als Nachfolgerin der V. M. Jedoch überschneiden sich oft die Richtungen, daß sich ihre Ergebnisse ergänzen.

R. Wallaschek, Anfänge d. Tonkunst (1903) = Primitive mus., NY 1970; R. Lach, Die V. M., ihre Methoden u. Probl. (Ak. d. Wiss., 200), W 1924; C. Sachs, Vgl. Mw., 1930, ²1959; F. Bose, Mus. Völkerkunde, 1953; H. Husmann, Grundl. d. antik. u. orient. Musikkultur, 1961; E. M. v. Hornbostel, Opera omnia (hg. K. Wachsmann u. a.) 1 Den Haag 1975, Bibliogr. 1976; W. Wiora, Ergebnisse u. Aufg. vgl. Mf. (Erträge d. Forsch. 44) 1975; ders., V. M. und Musikethnol. (Musik u. Bildung) 1976. → Musikethnologie.

Vergrößerung, Verlängerung → Augmentation.

Verismo (it. *vero:* wahr), ein parallel zum ital. literar. V. (Capuana, Verga) und dem Naturalismus (Zola, Ibsen) gesehener, besonders it. Opernstil nach 1890 mit dem Anspruch realistischer Darstellung. Anders als die literar. Beispiele, die dem psycholog., sozialen Konflikt nachgehen, behandeln veristische Opern die Randgruppen, das Exotische nicht als dramat. Element, eher als reizvolles Kolorit der Handlung. Sie verlassen die Operntradition im wesentlichen nur in der Darstellung des Todes, der nicht dramatisch be- und gesungen wird. Die Musik differenziert die in der → Grand Opéra, bei Berlioz, Bizet, Wagner, Verdi vorgebildeten Mittel und bringt großflächige Situationsschilderung: Mascagni (*Cavalleria rusticana,* 1890), Leoncavallo (*Pagliacci* = *Bajazzo,* 1892), Puccini (*Tosca,* 1900), L. Blech (*Aglaja,* 1893), d'Albert (*Tiefland,* 1903).

M. Rinaldi, Musica e v., R. 1932; R. Valente, The V. of G. Puccini (Diss. Freib./Schweiz) 1971; E. Voss, V. in d. Oper (Mf) 1978; C. Dahlhaus, Musikal. Realism. (Neues Hdb. d. Mw. 6) 1982.

Verkleinerung, Verkürzung → Diminution.

Verlag → Musikverlag.

Verlagsrecht, objektiv die Gesamtheit der im Verlagsgesetz enthaltenen Bestimmungen; subjektiv das im → Urheberrecht begründete, ausschließl. Vervielfältigungs- und Vertriebsrecht, das vom Verfasser des Werkes durch den Verlagsvertrag dem Verleger eingeräumt wird. Es hat Gültigkeit für die Dauer des Vertrages oder der gesetzl. Schutzfrist und geht bei Ablauf des Vertrags wieder auf den Autor über. Der Verlagsvertrag bindet den Verleger an die ihm vorgelegte Werkfassung und an die evtl. vereinbarten Besonderheiten der Erscheinungsart, Auflagenhöhe oder Vertriebseinschränkung auf ein begrenztes Gebiet bei geteiltem V. Andrerseits gibt er ihm die Möglichkeit, gegen Verletzung seines V. (auch durch den Verfasser), zum Schutz der von ihm hergestellten Ausgabe gegen unerlaubte Vervielfältigung oder Bearbeitung vorzugehen. → Musikverlag.

E. Heymann, V.sfragen (Zs. f. ausländ. u. internat. Privatrecht) 1927; H. v. Hase, D. Musikverlagsvertrag (Urheberrechtl. Abhandlg. 3), 1961; L. Delp, D. Verlagsvertrag, [4]1978. → Urheberrecht.

Vermindert sind die → Intervalle, die durch → Alteration um einen Halbton verengt wurden. Die Intervalle, die kleiner als rein oder kleiner als klein sind, sind v., aus v.en Intervallen werden in der Umkehrung → übermäßige.

Verminderter Dreiklang, der dissonante Dreiklang mit 2 kleinen Terzen auf 7. Stufe in Dur und Moll (C-dur, c-Moll: h–d'–f') und auf der 2. Stufe in Moll (c-Moll: d-f-as). Der v. D. der 7. Stufe wird auch als Teil eines Dominantseptakkordes gesehen.

Verminderter Sept(imen)akkord, der dissonante Septakkord der 7. Stufe in Moll (c-Moll: h-d'-f'-as'). Riemann sieht ihn als →

Nonenakkord ohne Grundton (hier: g).

Verillon, Verrophon → Glasspiel.

Verschiebung, Mechanismus bei Tasteninstr.: 1. beim Klavier zur Dämpfung das (linke) → Pedal; – 2. bei älteren Orgeln das (meist obere) Manual, das als Ganzes seitlich verschoben werden konnte, so daß sich der Tastendruck nun auf das Ventil des Nebentons auswirkte (in Dtl. bis ½ Töne; im 19. Jh. besonders in Frankr. und Engl. bis zu 1 Oktave). Durch Vorziehen der Tastatur (Schiebekoppel) konnte ein Manual mit dem andern gekoppelt werden.

Verschmelzung, ein in der musikpsycholog. Betrachtung von → Konsonanz und → Dissonanz bei Carl Stumpf entstandener Begriff. Danach ist der Unterschied zwischen beiden nicht in Begleittönen (z. B. Schwebungen, Ober-, Ohrobertönen), sondern im Grad der V. der Primärtöne zu suchen, und die V. ist – nach Stumpf – als gegebenes, nicht ableitbares Faktum die einzige Voraussetzung der Konsonanz. Danach ist V. von der Entfernung oder Annäherung zweier zugleich klingender Töne vom od. zum Einklang bestimmt. Der Grad der Konsonanz hängt vom Grad der Annäherung, der V., ab. Somit ist die Wertskala bei der vollkommenen Konsonanz, der Oktave, zu beginnen und über Quinte zu Terz und Sexte fortzusetzen. Der V.-grad der anderen → Intervalle ist gering. Stumpfs V.stheorie wurde als Fortschritt gegenüber der Konsonanztheorie von H. v. Helmholtz gewertet. Tatsächlich sind beide, als von verschied. Voraussetzungen ausgehend, nicht zu vergleichen. Gegen beide wurden Einwände vorgebracht (Lipps). Nach Husmann ist V. die elementare Eigenschaft der Konsonanz.

C. Stumpf, Tonpsychol, 1890, ND 1965; ders., Kons. u. Disson., 1898; R. Lipps, Ästhet. u. mus. Harmonie u. Disharm. (Psych. Stud.) 1905; Révész, Einf. i. d. Mus.psychol., Bern 1946; J. Handschin, D. Toncharakter, Z 1948; H. Husmann, V. u. Konsonanz (Dt. Jb. d. Mw.) 1956; H. de la Motte-Haber, Musikpsychol., 1972; E. Terhardt, Ein pschyol. akust. begründetes Konzept der mus. Konsonanz (Acustica) 1978.

Verschränkung, Begriff der → Phrasierungslehre für das Übereinandergreifen von Motiven oder Phrasen innerhalb einer → Periode, wenn der Schlußton des einen Motivs der Anfangston des nächsten ist.

Versetten (ital. *versetto* = Kurzvers), die nach Psalmen und liturg. Texten vom Chor allein od. mit Orgel dargebotenen kurzen Abschnitte (deren Länge vom Textverlauf bestimmt war). Von daher seit dem 16. Jh. im kath. Gottesdienst kurzes Orgelstück, improvisiert oder vorbereitet, wechselweise eingeschoben zwischen Chorstrophen. Die V. waren vielfach kurze Fugen; im übrigen hat sich keine feste Form herausgebildet. Die Gattung bot den Orgelmeistern die Möglichkeit freieren Spiels (Buchner, Cabezón, Titelouze, Trabaci, Frescobaldi). „Versettl“ erschienen von J. Eberlin, G. Muffat, J. G. Albrechtsberger. 1531 brachte P. Attaingnant in Paris 2 Bücher mit V. im Druck heraus.

Versetzen in eine andere Tonart, → Transponieren.

Versetzungszeichen, in der → Notenschrift Vorzeichen vor einer Note, wodurch → Alteration bewirkt wird: um 1 Halbton oder 2 Halbtone höher (→ Erhöhungszeichen: ♯ = Kreuz, 𝄪 = Doppelkreuz) oder tiefer (→ Erniedrigungszeichen: ♭ = Be, 𝄫 = Doppel-Be). Die Alteration wird aufgehoben durch das → Auflösungs(Aufhebe)zeichen ♮ (= Quadrat). Diese Akzidentien (= Hinzukommendes) genannten Zeichen gelten jeweils in dem ganzen Takt, in dem sie vorgezeichnet werden. Soll eine doppelte Erhöhung oder Erniedrigung in eine einfache zurückgeführt werden, so ist das Vorzeichen der betreffenden Note ♮ vor ♯ bzw. vor ♭. Das einfache Quadrat hebt nicht die Doppelalteration auf. Tonartenvorzeichen am Anfang des Systems nach dem Schlüssel (→ Vorsatz) gelten für das ganze Stück oder bis zum Beginn einer anderen Tonart, die wieder mit neuen V. generell gekennzeichnet ist, nachdem die bisher gültigen Zeichen – sämtlich od. nur die in der neuen Vorzeichnung entfallenden – durch Quadrate aufgehoben wurden. Diese Tonartenvorzeichen gelten im Ggs. zu den Akzidentien in allen Oktaven. V. in Klammern vor den Noten sind Erinnerungshinweise, die nach den Regeln der musikal. Orthographie nicht zu stehen brauchten; ebenso klein gedruckte V. über den Noten, wenn es sich hier nicht vielmehr um Akzidentien-Zusätze handelt, die der Herausgeber einer wissenschaftl. Ausgabe vornimmt, wobei er die gesicherten von fraglichen (dann eingeklammerten) V. unterscheidet. In d. Neuen Musik gilt das V. vielfach nur für die betr. Note und ihre unmittelbar folgenden Wiederholungen. → Vorzeichnung; → B.

Versmaße, → Metrik.

Vers mesurés (frz.: gemessene Verse), die von J.-A. de Baïf in der 2. Hälfte des 16. Jh. angestrebte Dichtung mit dem Versuch, den quantitierenden Vers der griech.-röm. Poetik auf die frz. Sprache zu übertragen und entsprechend auf den Rhythmus der Musik einzuwirken. Damit wollte er ethische Grundsätze neu beleben und beeinflußte auch die frz. weltl. Musik bis Anfang des 17. Jh. (Lassus, Janequin, Maudit; → Air und → *Ballet de cour*). Vgl. → Ode.

D. P. Walker, Der mus. Humanismus im 16. u. früh. 17. Jh., 1949; ders., Some aspects and problems of mus. mes. (MD) 1950.

Versus (von lat. *vertere* = wenden), Zeile, Vers, auch Strophe. Das Wort hatte seit dem frühen MA wechselnde Bedeutung im kirchl. Gebrauch, wobei in erster Linie der klingende (gesungene od. im Leseton rezitierte) Vers gemeint ist, metrisch beim Psalmengesang, in Prosa bei den Sequenzen und Evangeliumslesungen, später auch ganze Strophe (wie heute oft bei Kirchen- und Volkslied) und mehrstrophiges, auch szenisches Werk. Der Begriff geht dann zur weltl. Dichtung über, z. B. Trouvères: *vers*. Vgl. → Versetten.

Verte (subito) (lat.:) wende (sogleich) um!

Verwertungsgesellschaften → Urheberrechtsgesellschaften.

Verzierungen, die mit der Bez. → Ornamentik zusammengefaßten schmückenden Wendungen in der Vokal- und Instrumentalmusik, mit verschied. Namen im geschichtl. Wechsel bekannt (Ornamente, Diminutionen, Divisions, Koloraturen, Manieren, Agréments, Broderies, Flores, Fioriture, Graces), zunächst improvisiert bei Zupf- und Tasteninstr. zur Festigung des Melodietones durch Wiederholung und schnelles Umspielen in verschiedenen Floskeln: u. a. Vorschlag (Appoggiatura), Schleifer, An- und Nachschlag, Triller, Mordent, Bebung, Vibrato, Battement, Doppelschlag, Arpeggio, Durchgangstöne. Wurden V. ursprüngl. vom Interpreten frei gewählt und je nach Geschmack im Einklang mit dem Charakter des Stückes gesetzt od. dieses in barocker Übersteigerung verändernd, so bereitete sich (zunächst von Frankr. aus) die Systematisierung der Formeln vor, die zuerst bei den Komponisten so unterschiedl. war, daß verschiedentlich dem Werk ein Verzeichnis der V.zeichen und ihrer Bedeutung vorangestellt wurde. Im späten 17., frühen 18. Jh. beginnen (besonders bei Musik für Tasteninstr.) die meisten frz. V. *vor* der Note (vor dem Schlag), weniger oft die dt. u. gelegentl. auch die italienischen. Ab Mitte des 18. Jh. setzt sich der Beginn *mit* dem Schlag (als Teil im Wert der Hauptnote) durch. Je genauer später das Notenbild wurde, um so sicherer wurden auch die V. festgelegt und aus dem Reichtum der Zeichen auf einige begrenzt, schließl. (seit J. S. Bach) immer häufiger ausgeschrieben. Das erklärt die Unsicherheit bei der Darstellung älterer Musik heute und die Notwendigkeit genauer Kenntnis der → Interpretation. → Notes inégales, Urtext.

Instrumentenschulen d. 18. Jh., z. B. Hotteterre (Flöte), 1707; Quantz (Flöte), 1752; C. P. E. Bach (Tasteninstr.) 1753; – E. D. Wagner, Mus. Ornamentik, 1869, ND 1973; E. Dannreuther, Mus. Ornamentation, L 1893/5, ND NY 1961; M. Kuhn, Die V.kunst i. d. Ges.-Mus. d. 16., 17. Jh. (Beih. Publ. d. Int. Musikges.) 1902, ND 1981; H. Goldschmidt, D. Lehre v. d. vok. Ornamentik, 1907; R. Lach, Stud. z. Entw.gesch. d. ornam. Melopöie, 1913; E. Harich-Schneider, D. Kunst d. Cemb.spiels, 1939, ²1957; H.-P. Schmitz, Kunst d. V. im 18. Jh., 1955 ⁴1973; H.-M. Linde, Kl. Anleit. z. Verzieren alter Mus., 1958; W. Apel, 1962, ²1970; R. Donington, The interpret. of early mus., L 1963, NA 1975; ders., Ornaments (Grove) 1980; H. M. Brown, Embellishing 16th-cent. mus., L 1976; Fr. Neumann, Ornamentation in baroque and post-baroque mus., Princeton 1978. → Interpretation.

Vesper (lat. *vespera*: Abend), das musikal. reicher gestaltete Abendgebet im kathol. Stundenoffizium: Hymnus, Psalmen mit Antiphonen, Lesung, Responsorium, Magnificat (mit Antiphon), Gebete und Litanei. Mehrstimmigkeit der V. erwächst schon aus dem ma. Organum. Kunstvolle mehrstg. V. schrieben u. a. G. Dufay, J. Mouton, A. Willaert, P. Palestrina, C. Monteverdi („Marien"-V. 1610), W. A. Mozart (KV 321, 339).

Vesperale Romanum, Auszug aus dem → Antiphonale Romanum mit → Vespern und → Komplet.

Vibraphon (von lat. *vibrare*: schwingen), Stabspiel, nach 1920 in den USA vorgestellt, aus dem → Metallophon entwickelt. Unter den in Klaviaturordnung liegenden Metallplatten (mit Dämpfung) sind abgestimmte Aluminiumröhren angebracht. Mit einem Motor können die in der oberen Öffnung der Röhren befindl. Scheiben regulierbar gedreht werden, so daß die Lautstärke wechselt; auch mit elektromagnet.

Tonabnehmer. Spiel mit 2–4 Schlegeln; Notation 1- od. 2systemig im Violinschlüssel.

Vibrato (ital.; von lat. *vibrare* = schwingen), leichte, bebende Tonabweichungen bei Singstimmen, Blas- und Saiteninstr.; bei Streichinstr. erzeugt durch schwache Bewegungen des Fingers auf der Saite (beim Clavichord auf der Taste: → Bebung) als Verzierung, Mittel der Ausdruckssteigerung, oft charakteristisch für die Auffassung des Interpreten. Vgl. → Battement, Tremolo.

W. Hauck, Das V. auf d. Violine, 1971; J. Gärtner, Das V. unter bes. Berücksichtigung der Verhältn. b. Flötisten, 1974, [2]1980; Br. Dickey, Untersuch. z. histor. Auffass. des V. auf Blasinstr. (Basler Jb. f. histor. Musikpraxis) 1978.

Victimae paschali laudes (lat.: Lob dem österl. Opfer), Ostersequenz. Diese älteste der 4 durch das → Tridentiner Konzil zugelassenen → Sequenzen wird Wipo († um 1050) zugeschrieben. Es wurden wohl Teile des volkstümlichen, erst um 1090 schriftl. fixierten *Christ ist erstanden* benutzt. Der Text zeigt den Übergang zum gleichmäß. Strophenbau (akzentuierende Dichtung) in den Sequenzen. Die Weise lehnt sich einem aus Frankr. stammmenden Alleluja zum Sonntag Cantate an. Im frühprotestant. Gottesdienst war Wechselgesang dieser latein. Strophen mit den deutschen von *Christ ist erstanden* bzw. *Christ lag in Todesbanden* (Luther, 1524) vorgesehen.

Vide (lat. = siehe!), Hinweis auf zu überspringende (gestrichene) Teile in den Noten.

Viella (lat. *fidula, fidicula,* frz. *vielle,* span. *vihuela* =) → Fidel. Aus zahlreichen ma. Abbildungen und dabei in vielen Varianten überlieferte Vorform der → Viola. Nicht zu verwechseln mit der *vielle à rue* (frz. = Straßenfidel), der → Dreh-(Bauern-)leier.

Vielle, → Drehleier.

Vierstimmigkeit, die in der Musikliteratur vorherrschende Satzart, in der Vokalmusik ausgehend von den Möglichkeiten der menschl. Stimme (Sopran, Alt, Tenor, Baß), entsprechend in der Instrumentalmusik von denen der → Stimmfamilien. Wenn Konsonanz angestrebt wird, muß eine der Stimmen des Dreiklangs verdoppelt werden (→ Verdoppelung). Es entsteht ein voller, gefestigter Satz, der den 4 Stimmen wenig Freiheit läßt. Größeren Bewegungsraum bietet der 3stg. Satz. Um „Pseudo-V." und einengende Grundtonschwere zu vermeiden, wie sie durch die Verdoppelung entsteht, wurde „echter" 4stg. Satz mit spannungsreichen, schwebenden Klängen in ständiger harmonischer Bewegung gewählt.

Vierteltonmusik, Kompositionsart, die von einer in gleiche 24 Stufen, also in Vierteltöne eingeteilten Oktave ausgeht. Diese Methode hat keinen inneren Zusammenhang mit den Kleinintervallen der griech. → Enharmonik (→ Diësis). Sie könnte sich aber auf Aristoxenos stützen, der 1 Oktave + 1 Ton in 28 Vierteltöne teilte. Im Antiphonar von Montepellier (11. Jh.) lassen besondere Zeichen in der Buchstabennotation auf Zwischenintervalle schließen. Marchetto da Padua teilte den Ganzton in 5 Teile (*Lucidarium,* 1317/8). Mit genaueren akustischen Messungen begann in der Neuzeit der Bau von Instr. zur Demonstration von Mikrointervallen. In Moskau gab es 1864 ein Vierteltonklavier. C. Eitz teilte die Oktave in 1000 Mikrointervalle und ließ 1891 ein Harmonium in naturreiner und pythagoreischer Stimmung bauen. Ch. Ives lernte bei seinem Vater ein Vierteltonklavier kennen, und nach dem Ersten Weltkrieg entwickelten dt. Firmen (A. Förster, Grotrian-Steinweg) solche Instr. 1917 führte W. v. Moellendorff ein Harmonium mit 24stufiger Oktave vor. Erste Kompositionen stammen von J. H. Foulds (1898) und R. Stein (1906). J. Carillo entwarf 1895 eine Lehre der Mikrotonalität. F. Busoni entwickelte seine Gedanken über neue Unterteilungen der Oktave und kam dabei auf ⅓- und ¼-Töne. G. Rimskij-Korsakov gründete 1923 in Leningrad eine Gesellschaft für V. und wurde 1926 weiter angeregt bei der Vorführung von J. Magers → Sphärophon in Donaueschingen. Bedeutendster Vertreter der V. ist A. Hába, der in Prag mikrotonale Musik (bis zum Zwölftelton) demonstrierte. Er schrieb u. a. eine Oper (*Die Mutter,* 1931) in V., für die Vierteltonklarinetten und -trompeten gebaut wurden. Seine Oper *Es komme dein Königreich*(1942) ist in Sechsteltonmusik geschrieben. Vierteltöne für Bläser und Streicher im Zusammenklang schrieb L. Nono 1962 vor.

F. Busoni, Entw. ein. neuen Ästh. d. Tonkunst, [2]1916; ND 1954; J. Mager, V., 1916; W. v. Moellendorff, Mus. m. Vierteltönen, 1917; G. M. Rimskij-Korsakov, Obosnovanie četvertitonovoj muz. sistemy (Begründ. f. das V.-Syst., (De Musica) M 1925; L. Kallenbach-Greller, D. hist. Grundl. d. Vierteltöne (AfMw) 1926; A. Hába, Neue Harmonielehre, 1927, ND W 1978; ders., Mein Weg z. Viertel- u. Sechsteltonmus. (Orph.-Schr.-Reihe) 1975; J. Carillo Trujillo, Genesis de la revolución music. del Sonido 13, Mexico 1930; ders., Sonido 13, ebd. 1948; S. Schneider, Mikrotöne i. d. Mus. d. 20. Jh. (Orph. Schr.-Reihe) 1975; J. W. Herlinger, Marchetto's division of the whole tone (JAMS) 1981.

Vigoroso (ital. =) kräftig.

Vihuela (span.; provenzal. *viula, viola*), Sammelname für abendländ. Saiteninstrumente, die damit etwa seit dem 13. Jh. von Instrumenten arab. Herkunft unterschieden wurden; ursprüngl. auf Streich- und Zupfinstr. bezogen, dann zusätzl. unterschieden: *v. de arco* (Bogen) und die mit Federkiel gerissene *v. de pendola (peñola),* die ihre Hochblüte in Spanien im 16. Jh. erreichte, ein Instr. mit Zargen, eingezogenen Flanken, Schalloch, 4–6(7) doppelchör. Saiten und (10) Bünden; Notation in Ziffer-Tabulatur (z. B. L. Milán, 1536; M. de Fuenllana, 1554). In der weiteren Entwicklung wurde die V., beginnend im letzten Drittel des 16. Jh., von Gitarre, Gambe und den Tasteninstr. verdrängt.

H. Nickel, Beitr. z. Entw. d. Gitarre in Europa, 1972; M. E. Grebe, Modality in the Span. v.mus. of the 16th cent. (Anuario Mus.) 1971/2; L. Witoszynskij, Die V. (Fs. Hochsch. f. Mus. Graz) W. 1974; ders., V. u. Gitarre i. Spiegel neuer Lit. (Österr. Mus. Zs.) 1975; D. Poulton, V. (Grove) 1980.

Villancico (v. span. *villano*: Bauer), heute hauptsächl. bekannt als span. und südamerikan. Weihnachtslied mit kurzem 2–3zeiligem Kehrreim, vermutlich entstanden aus einem Chortanz der Christmesse und vertreten in der gleichnamigen Weihnachtskantate des 17. Jh. Das Refrainlied stand als Chorlied od. begleitetes Sololied im 16.–18. Jh. ununterbrochen in Blüte und wurde auch als Madrigal polyphoniert. Es geht zurück auf eine dem frz. → Virelai nahestehende, metrisch-musikal. Form des 15. und 16. Jh. in Spanien (z. B.: AB cc ab AB. AB = Refrain), die in die latein. Liturgie eindrang und sich dort eigenständig unter Aufgabe des ursprüngl. Aufbaus entwickelte.

V. Ripollés, El v. y la cantata del s. XVIII, Barcelona 1935; P. Le Gentil, Le virelai et le v., P 1954; I. Pope, Musical and metr. form of the v. (Annales musicol.) 1954; G. Haberkamp, D. weltl. Vokalmus. i. Span. um 1500, 1968; M. E. Grebe, Introdución al estudio del v.en Latinoamérica (Revista Mus. Chilena) 1969; R. A. Pelinski, D. weltl. Vokalmus. Spaniens am Anf. d. 17. Jh., 1971; R. Stevenson (Hg.), Christmas mus. from baroque Mexico, Berkeley 1974; I. Pope/E. T. Stanford, V. (Grove) 1980.

Villanella (Verkleinerung v. ital. *villano* = Bauer), Bauernliedchen und Tanzlied im 16. Jh. und seit den ersten Drucken als *Villanesca, V. alla Napolitana, Canzon Napolitana* beliebt. Der Text ist einfach und anspruchslos und beschreibt den ländl. Alltag meist in 4 Strophen (je 2 Zeilen + Refrain von freier Länge). Der Satz ist ursprüngl. 3 stimmig und meist durch Quint-, Terz-, Dreiklangsketten charakterisiert, die für die Abstammung aus süditalien. Volksgut sprechen. Auch nach der Belebung des Satzes in Angleichung an das → Madrigal steht die V. gegen die burgundisch-niederländ. Vokalpolyphonie und gibt das Beispiel für eine einfache, verständliche, volksnahe Komposition. Wie die V. in der Nähe der → Frottola stand und diese ablöste, so wirkte sie jetzt auf andere Formen vereinfachend. So unterscheiden sich die Canzoni von G. Ferretti und die Balletti von G. Gastoldi und O. Vecchi kaum mehr als im Namen von den V. In der Wechselwirkung zwischen Madrigal und V. wird diese 4- und schließlich 5stg. In der frz. Hirtendichtung wurde die V. 3zeilig bei 5 Strophen (Passerat, Richelet). In Dtl., wo sie J. Regnart einführte, verdrängte die V. schnell das Cantus firmus-Lied. Demantius und L. Lechner versuchten den polyphonen Satz der 5stg. V. → Villotta.

A. Einstein, D. Parodie i. d. V. (ZfMw) 1919/20; ders., The Italian madrigal, Princeton 1949 (dt. Z 1952); G. M. Monti, Le v. alla napol. e l'antica lirica dialettale a Napoli, Città di Castello 1925; W. Scheer, D. Frühgesch. d. it. V., 1936; B. M. Galanti, Le v. alla napol., Florenz 1954; A. Venci, La canzone napol. . ., Neapel 1955; G. Reese, Mus. in the renaiss., NY ²1959; W. Scheer, D. Frühgesch. der it. V., 1963.

Villano (span.: dörflich, bäurisch), span. Volkstanz im 16., 17. Jh. mit 3/4-Takt; meist mit dem gleichen Harmoniegerüst; in Italien als *villan di Spagna* bekannt.

Villotta (it.), neben Formen d. → Frottola entstandenes nordital. (Tanz-)Lied im 16. Jh. in meist 4stg. homophonem Satz. Die V. verwendet Volksliedweisen im Tenor od. als Refrain od. mischt verschied. Volksliedmelodien. Vielfach tritt sie zweiteilig auf, wobei der eigentlichen V. im Zweiertakt der *Nio* genannte Schlußteil im schnellen tänzerischen 3tlg. Rhythmus folgt. Mit Frottola und → Villanella gehört die V. zu den bedeutendsten volkstüml. Formen des 16. Jh. in Italien, die sich auch auf die Vokalwerke v. Obrecht, Compère, Josquin, Willaert, Castellino auswirkten. Die den Namen der V. näher kennzeichnende Ortsbezeichnung (*alla napoletana, veneziana, padovana, mantovana*) weist außer auf Neapel nur noch auf nordital. Städte (u. a. Venedig, Padua, Mantua) und begrenzt damit das Verbreitungsgebiet.

C. Somborn, Das venez. Volksl.: Die V., 1901; H. Springer, V. u. Nio (Fs. Liliencron)

1910; F. Torrefranca, Il segreto d. Quattrocento, Ml. 1939; W. Rubsamen, From frottola to madrigal (in: J. Haar, Chanson and madr.) Cambr./Mass. 1964; ders., V. (MGG) 1966. → Villanella.

Vīnā (Sanskrit: Saiteninstr.), in vielen Arten (unterschiedl. im Norden und Süden) auftretende ind. Rundstabzither; ein Stab (Saitenhalter) über 2 Kalebassen (ursprüngl. Kürbis) als Resonatoren an beiden Enden (Rānjanī V., Bīn in Nordindien), von denen dann die untere zum hölzernen, birnenförm. Lautenkorpus, die obere kleiner, kugelartig und reich verziert wurde (Sarasvatī V.). Beim Spiel des Instr. mit gleichen Kalebassen liegt die eine über der Schulter, die andere auf dem Knie, das lautenähnl. Instr. schräg auf den Oberschenkeln. Die verschied. Arten haben 3–5 Melodiesaiten (Metall), 18–24 (meist 22) hohe Metallbünde, dazu 3 (später bis 7) Begleitsaiten, von denen 1 links, 2 rechts (Machatī V.) od. alle links neben dem Hals verlaufen (Rudra V. = südl. V.). An der 2saitigen Shruti-V. konnten die → Shruti demonstriert werden. In der Rānjanī V. (Bīn Sitār, Vīnā Bīn) nähern sich V. und → Sitār an. Die Saiten werden (je nach Art der V.) mit Plektrum od. den Fingern gerissen. Eine bundlose V. in Nord- und Südindien wird mit einem Holzzylinder zum Klingen gebracht. Die V. (Instr. der Göttin Sarasvatī) gilt in Indien als ältestes ind. Saiteninstr. und ist das Instr. virtuoser Kunstmusik.

C. Sachs, Die Musikinstr. Indiens, 1915, ND 1967; H. A. Popley, The music of India, L 1921, ²1950.

Viola, 1. → Bratsche (von ital. *V. da braccio*). – 2. aus dem MA stammende Gruppe von Streichinstr. mit abgesetztem Hals, spitzschultrig und mit flachem, ovalem oder eliptischem Zargenkorpus mit Griffbrett und Bünden. Die kleineren Formen hatten 3–4 Saiten, die größeren bis 7. Die Schallöcher waren meist in C-Form (die der späteren → Violine in F-Form). Die Blütezeit der Violen war im 16. und 17. Jh. Haupttypen, wie sie sich im 16. Jh. herausgebildet hatten, waren die Familie der beim Musizieren auf den Knien aufgestützten oder zwischen den Knien gehaltenen V. da gamba (Beinfidel, → Gambe) mit Diskant-, Alt-, Tenor- und Baßinstr. und die der Viola da braccio (Armfidel, Armgeige). Von ihr leitet die heutige → Bratsche ihren Namen her, das Alt-Instr. das im übrigen von der → Violine, dem Diskantinstrument, die besondere, aus der V. entwickelte Form bekam. Beide setzten sich gegen die alte V. schneller durch als das ebenfalls aus ihr hervorgegangene → Violoncello mit der Violinform, während der → Kontrabaß bis heute noch außer dem Violintyp die Violen-(Gamben-)-Form kennt. Die Erweiterung der Ensemblemusik verlangte den größeren, schärferen Klang der Violinen gegenüber dem zarten, lieblichen der Violen. Von deren zahlreichen Neben- oder Parallelformen sind zu nennen: das → Quinton, die 5saitige V. da braccio und die 4–6saitige Schultergeige (V. da spalla) als Tenor-Baßinstr., größer als die heutige Bratsche, das bei Prozessionen (an einem Schulterband getragen) gespielt wurde. Die 7saitige → Lira da braccio zwischen Fidel und V. steht der Form nach der Violine am nächsten. Die Streichlyra (V.-Lyra) mit 12–25 chromat. gestimmten Saiten und 2 Bordunsaiten war in vielen, nur aus Bildern bekannten

Formen das akkordische Begleitinstr. zum Gesang. Verwandt mit ihr sind die Instr. mit Aliquot- und Resonanzsaiten, d. i. mitklingenden Saiten, meist aus Metall: die → V. d'amore und das → Baryton (V. di bordone). Umstritten ist noch immer J. S. Bachs Versuch einer tiefen Bratsche, der 5-saitigen V.-pomposa (→ Violoncello piccolo). Vgl. → Tenorgeige, Lyra-Viol. – Das früheste bekannte V.Konzert schrieb Telemann (vor 1740). Eine von der Violinmusik unabhängige V.-Musik entwickelte sich vor allem Mitte des 19. Jh. (Verbesserung des Instr. und Entstehung des modernen Orchesters).

G. R. Hayes, Mus.instr. and their music 1500/1750 II, L 1930; Denis, 1944. → Bratsche u. die bezeichneten Instr.

Viola alta (lat. = hohe Viola), im Zusammenhang mit den Reformen R. Wagners von H. Ritter 1876 entwickelte Großbratsche; 1898 5saitig und damit zweites Instr. in der von Ritter versuchten Streichquartettordnung neben der Viola tenore u. V. bassa. → Bratsche, Tenorgeige.

H. Ritter, Die V.a., 1876; ders., D. Gesch. d. V.a. u. d. Grundsätze ihres Baues, 1877, ND 1967; ders., D. 5saitige Altgeige V.a., 1898; G. Adema, H. Ritter u. seine V.a., 1881.

Viola bassa, das tiefe Instr. (Cello-Lage) in dem von H. Ritter 1905 vorgesehenen neuen Streichquartett neben Violine, → Viola alta, → Viola tenore.

Viola bastarda (ital.). Gegenüber der bisherigen, auf einen nicht eindeutigen Text bei Praetorius gestützten Annahme, die V.b. sei ein 6saitiges Streichinstr. der Gamben- od. Lyra-Art gewesen, vermutet man neuerdings als V.b. auch einen t.t. der Aufführungspraxis: eine ital. Spielanweisung (Verzierungslehre) f. ein Gambeninstr. Ende des 16. Jh. bis Mitte 17. Jh.; einstg., mit vielen schnellen Figuren; nicht identisch mit der akkordischen → Lyra-Viol-Praxis in England.

A. Erhard, Zur Lyra-viol-Musik (Mf) 1974; V. Gutmann, V.b., Instr. oder Diminutionspraxis (AfMw) 1978.

Viola da braccio → Bratsche, Viola (2).

Viola da gamba (ital. = Beinviole), Kniegeige, Kniefidel, → Gambe.

Viola d'amore (ital.; frz. *viole d'amour* = Liebesgeige), Streichinstr. der Violenfamilie mit 6 oder 7 Darmsaiten, die mit dem Bogen gestrichen werden; dazu je eine (od. 2) unter dem Steg liegende metallne Resonanzsaite(n). Der zarte, eigentümliche Klang macht die V. d'a. zum Soloinstrument und schließt die Verwendung im Orchester aus. Stimmung meist im D-Dur-Klang; Notation im Alt- und Violinschlüssel. Kompositionen u. a. von Couperin, J. Haydn, K. Stamitz, Meyerbeer (*Hugenotten*), Kienzl (*Kuhreigen*), Hindemith (Konzert op. 46 I). J. S. Bach verlangt zwei obligate V. in der Johannespassion (vgl. Kantate 132).

W. E. Köhler, Beitr. z. Gesch. u. Lit. d. V. d'a. (Diss. B) 1938; H. Danks, The v. d'a. (Mus. & Lett.) 1957, Halesowen [2]1979; J. H. v. d. Meer, Zur Frühgesch. der V. d'a. (Kb. K), K 1974.

Viola da spalla → Viola (2).

Viola di bordone → Baryton.

Viola di fagotto → Fagottgeige.

Viola medicea → Viola tenore.

Viola pomposa → Viola (2), Violoncello piccolo.

Viola tenore. Bei den verschied. Versuchen, die Streichinstr. in Violenform durch die tiefere Stimme zu erweitern, entstanden u. a.: Viola medicea (A. Stradivari, 1690); → Violoncello piccolo (Viola pomposa?, 1724); → Violon Ténor (1833); Contralto (J.-B. Vuillaume, 1855); → Tenorgeige, (V. t., 1875); → Violotta (1891); Violoncello tenore (E. Spranger, 1922); → Viole-Tenor (1930).

Viole-Tenor (= Alto Moderne), von R. Parramón in Barcelona 1930 entwickelte, als Kniegeige zu spielende → Bratsche mit Mensur gemäß der Bratschenstimmung und entsprechend größerem Klang.

Violetta (ital.: kleine Viola), 1. im 16. Jh. Name einer 3saitigen, bundlosen Frühform der Violine (*viola da braccio*) in Quintstimmung; in 3 Stimmlagen gebaut (Kleingeige); – 2. *V. piccola*: hohe *Viola da gamba* (od. *da braccio*) bei Praetorius; – 3. *V. marina* = → *Viola d'amore*; – 4. Orgelregister: Labialstimme oder Rohrwerk (*Viola da gamba* 4'); *Violeta* im span. Orgelbau: Rohrwerk (Krummhorn).

Violine (frz. *violon*, engl. *violin*, ital. *violino*; dt. vielfach → Geige), Streichinstr. mit 4 auf g, d', a', e'' gestimmten Saiten, die vom Wirbelkasten mit der Schnecke über das bundfreie Griffbrett und den Steg zum Saitenhalter laufen. Sie werden mit dem → Bogen gestrichen. Um das zu erleichtern, wurde der Körper auf beiden Seiten eingebuchtet; der untere Teil ist größer als der obere. Die Schultern stehen fast rechtwinklig zum Hals (im Ggs. zu den Violen). Decke und Boden sind gewölbt und bilden einen kleinen Rand über den niedrigen Zargen. Rechts und links neben dem Steg sind Schallöcher in f-Form. Die V. steht an erster Stelle unter den Streichinstr. und bildet mit → Bratsche (Viola), → Violoncello und → Kontrabaß zusammen eine Streicherfamilie. Der ebenfalls übliche Name → Geige weist auf Vorformen der V. hin, die in ihren einzelnen Stadien nicht genau zu verfolgen sind und vielfach nur aus ma. Abbildungen belegt werden können. In der Reihe der je nach dem Weg ihres Vordringens aus Kleinasien nach Europa unterschiedl. Entwicklungsstufen stehen → Rabāb, Rebec, Fidel, Lira da braccio, Pochette und die → Viola mit allen Arten dieser Familie, die schon die Form der V. zeigt. Anfang des 16. Jh. erscheint die it. Benennung *violino* neben frz. *violon* allgemein für Streichinstrument. Monteverdi schreibt im *„Orfeo" violini piccoli alla francese* vor u. meint → Taschengeige. – Die Bemühung des Barockzeitalters um beseelten Ausdruck der sanglichen Linie mit größerem dynam. Umfang begründete, von Italien ausgehend, das größere Interesse an Streichinstrumenten, bevorzugt an V. und Bratsche (anstelle der Gambe). In Brescia, das bereits führend war im Violenbau, entstand wahrscheinl. der heutige Typ der V. (→ Geigenbau), der seine Vollendung im 17. Jh. in Cremona erfuhr und ausstrahlte zu neuen Geigenbauzentren in Tirol und Paris. Die Entwicklung des Instr. war damit im wesentlichen abgeschlossen. Durch die Verwendung stärkerer Saiten mit stärkerem Saitendruck wird heute ein größeres Klangvolumen erreicht. Neue Konstruktionen im 20. Jh. (z. B. Zollergeige mit Schallöchern in den Zargen) blieben ohne bemerkenswerte Auswirkung. → Violinmusik, Violinspiel.

J. Rühlmann, Z. Gesch. d. Bogeninstr., 1882, ND 1974; C. Engel, Researches into the early hist. of the V.family, 1883, ND Boston 1977; L. Grillet, Les ancêtres du v. et du violonc., P 1901, ND NY 1969; W. J. v. Wasielewski, Die V. u. ihre Meister, 71927, ND 1968; O. Haubensack, Urspr. u. Gesch. d. Geigen, 1930; G. Hayes, Viols and other bowed instr., L 1930; F. Farga, Geigen u. Geiger, Z 1940, 61965; N. Besaraboff, Ancient European instr., Boston 1941, NA 1964; W. Senn, D. Wandel d. Geigenklanges seit d. 18. Jh. (Kb. Hamb.) 1956; D. Lockhart, The old violin, L 1960; Fr. Winckel, D. Akustik d. Geige, 21967; W. Häusermann, Intonation u. Naturstimmung d. V., 1972; Sh. M. Nelson, The violin and viola, L 1972; Br. Geiser, Stud. z. Frühgesch. d. V., (PSMG) 1974; E. Melkus, Die V., Bern 41974; L. Cremer, Physik d. Geige, 1981. → Geigenbau, Lira da braccio, Viola, Violinmusik.

Violinmusik. Die ersten notierten Werke, die *Violino* (= Kleingeige) vorschrieben, stammen aus dem ausgehenden 16. Jh. Das Instr. wurde seit dem 17. Jh. im Opern- (Monteverdi) und Kammerorchester eingesetzt (Corelli, Legrenzi, Steffani, Bononcini) mit ständig steigendem techn. Anspruch bei tieferem Ausdruck (Corelli: Solo-, Kirchensonaten, → Concerto grosso; Albinoni; Torelli). In Dtl. entwickelte sich die Violine aus dem Ensemble der Orchestersuite (Peuerl, Schein, Haßler, M. Franck) heraus zum Soloinstr. (W. Brade: Hamburger Geigenschule) insbes. unter dem Einfluß italien. Virtuosität (B. Marini), der sich in der Sololiteratur bei Pachelbel, Strungk, Krieger, Theile und in der Vorliebe für → Scordatur und mehrgriffige Technik zeigte (Marini, H. I. F. Biber, Schmeltzer, J. J. Walther, Pisendel). Diese wirkte auf die frz. V. Ende des 17. Jh., nachdem deren exakte Orchestertechnik (Lully) zuvor das Beispiel deutscher Hoforchester gewesen war. Die weitere techn. Steigerung italien. V. (Vivaldi: 12 Konzerte; Veracini, Leclair) mit weiten Intervallsprüngen, schnellen Passagen, schwierigen Doppelgriffen bis zum durchgeführten, doppelstimmigen Spiel (Tartini, Nardini) konzentrierte sich im Höhepunkt der V.: J. S. Bachs 6 Solosonaten. Die engl. V. stand unter ital. Einfluß (Corbett, Purcell, Eccles) und wurde durch dt. Komponisten bereichert (Händel, Abel, J. Chr. Bach). Nach Bach, Händel, Telemann kam vom dt. Raum aus über die → Mannheimer (Stamitz, Holzbauer) u. Benda, Rust, Dittersdorf, Wranitzky in Sonate und Konzert bei Haydn, Mozart und Beethoven das bis ins 20. Jh. bestimmende dualistische Element (Zweithemigkeit) in die abendländ. Musik. Höchste Virtuosität und Meisterschaft entwickelte N. Paganini, dessen Technik Liszts Klavierspiel und -komposition anregte. Das Violinkonzert (Beethoven, R. Schumann, Mendelssohn Bartholdy, Spohr, Bruch, Brahms, Tschaikowsky) verband brillante Technik mit Ausdruckstiefe und ließ das Solo wechselnd gegen das Orchester konzertieren oder zusammen mit ihm. Neben Konzert, Sonate und Kammermusik der großen Meister entwickelten sich → Charakterstücke (Romanzen), Potpourris, Opernfantasien von vielen kleineren Komponisten und in Frankreich eine für lange Zeit wirksame Etüden- und Duett-Literatur (Bériot, Mazas, Dancla, Habeneck, Kreutzer). Bedeutende Geiger waren Wieniawski, F. Kreisler, F. David, O.

Ševčik, J. Joachim. Violinkonzerte schrieben im 20. Jh. u. a. Reger, Pfitzner, Berg, A. Schönberg, P. Hindemith, B. Bartók. Von Beethovens 10 Sonaten für Violine und Klavier werden die Frühlings- und die Kreutzersonate im Konzert bevorzugt. Sonaten und andere Violinwerke komponierten nach Schubert, Schumann und Brahms u. a.: C. Franck, R. Strauss, Pfitzner, Bartók, Hindemith, Debussy, Honegger, d'Indy, Strawinsky, Milhaud, Roussel, Szymanowski, Vaughan Williams. → Kammermusik, Konzert, Violinspiel.

Br. Studeny, Beitr. z. Gesch. d. Vl.sonate im 18. Jh., 1911; G. Beckmann, D. Vl.spiel in Dtl. vor 1700, 1918; A. Moser, Gesch. d. Vl.spiels, 1923, ²1966/7; H. Neurath, D. Vl.kzt. i. d. Wiener klass. Schule (Stud. z. Mw.) 1927; W. J. v. Wasielewski, D. Vl. u. ihre Meister, ⁷1927, ND 1968; ders., D. Vl. im 17. Jh., ²1905; M. Dounias, D. Vl.kzte. G. Tartinis, 1935, ND 1966; F. Göthel, Z. Praxis d. älteren Vl.spiels (Fs. Schering) 1937; Fr. Giegling, D. Solosonate (Musikwerk) 1959; R. Aschmann, Das dt. polyphone Vl.spiel im 17. Jh., Z 1962; W. Hauck, D. physikal. Einheit des Vl.spiels, 1966; A. H. Brunier, D. Kunst d. geigerischen Übung, 1971; D. Themelis, Etude ou Caprice, Entstehung d. Vl.etüde, 1967; W. Apel, Stud. üb. d. frühe V. (AfMw) 1973/9; D. D. Boyden, d. Gesch. d. Vl.spiels ... bis 1761, 1973; Br. Petrovitsch, Stud. z. Mus. f. Vl.solo 1945/70, 1972; O. Szende, Hdb. d. Geigenunterr., 1977; J. Meyer, Physikal. Aspekte d. Geigenspiels, 1978. → Violine, Geigenbau.

Violino piccolo (it.: kleine Violine), dreisaitige → Taschengeige (Pochette); viersaitige Quartgeige (eine Quarte über der Violine stehend).

Violino pomposo, 5saitige Bratsche (etwa 1725/1770), für die z. B. Telemann und Graun schrieben. Vgl. → Violoncello piccolo.

Violinschlüssel, der aus dem Buchstaben G entstandene Notenschlüssel, der im → Liniensystem die Linie bezeichnet, auf der das (eingestrichene) g' steht, heute allgemein die 2. Linie. Der französ. V. des 18. Jh. steht in hoher Violinlage (Bach, 2., 4. Brandenb. Kzt.) und in älterer Blockflötenmusik (1. Brandenb. Kzt.) auf der 1. Linie. Zur Vermeidung des Tenorschlüssels wird der oktavierende V. mit darunter stehender kleiner 8 notiert. Die Stimme klingt eine Oktave tiefer, bei darüber stehender 8 eine Oktave höher als notiert. → Notenschrift Schlüssel.

Violinspiel. Zur Technik der linken Hand gehört die richtige Anwendung der → Lagen, die nicht nur (bei Arpeggien und weitläufigen Passagen) eine ruhige Handhaltung ermöglichen können, sondern auch den beseelten Vortrag durch richtige Wahl der Klangfarbe der einzelnen Saite erleichtern. Doppelgriff- und Akkordspiel waren dt. Eigenarten des V. und fanden ihren Meister in J. S. Bach (6 Sonaten und Partiten für V.solo). Die → Scordatur wurde, seit F. Biber sie 1681 aus der Lautentechnik übernommen hatte, häufig angewendet (Paganini, G. Mahler, Bartók). Beim → Flageolett wird ein Partialton zum Klingen gebracht (vgl. G. Mahler, 1. Symphonie). Das → Vibrato wird durch den die Saite verkürzenden Finger bewirkt. Selten ist ein → Pizzicato, das die linke Hand auszuführen hat (z. B. F. W. Rust; Ravel, *Tzigane*). Zu den Bogentechniken gehören → Staccato, Legato, Détaché, Martellato (vgl. → Stricharten). – Während sich in der Anweisung Zanettis (*Il Scolaro,* 1645) nur die Beschreibung der 1. Lage findet, Mersenne 1636 die Geiger des frz. Königs wegen des Spiel in der 4.

Lage rühmte (auch Monteverdi, der Piziccato und Tremolo anwies, verlangte die 4. Lage), ging M. Uccelini 1649 in die 6. und danach A. Scarlatti 1701 in die 8. Lage. Virtuosen des V. waren Tartini und Paganini. Zu den frühen Violinschulen gehören die von Montéclair (1711), Corrette (1738), Geminiani (1751), Leopold Mozart (1756), Spohr (1831), Baillot (1834). – Übungswerke schrieben Viotti, Kreutzer, Rode, Gaviniès, Pleyel, Bériot, Kalliwoda, Flesch.

→ Violine, Violinmusik.

Violon, 1. frz. = Violine; – 2. engmensuriertes Orgelregister 16′,8′ im Pedal; benannt nach dem im 18. Jh. auch V. genannten Streichbaß.

Violoncello (Abk.: Cello; ital. = Verkleinerungsform von → Violone), 4saitiges Streichinstr. mit der Form der → Violine; mit gewölbtem Boden, bundfreiem Griffbrett, f-Löchern und im Verhältnis zur Violine kürzerem Hals und höheren Zargen. Die Stimmung liegt mit C, G, d, a eine Oktave unter der → Bratsche. Die Notation erfolgt im Baß- und Tenorschlüssel, bei höheren Stellen auch im Violinschlüssel. Beim Spiel wird das V. von den Knien gehalten wie die → Gambe, jedoch, anders als diese, mit einem Holz- oder Metallstachel auf den Boden gestützt. Von der Länge des Stachels ist der Neigungswinkel des Instr. abhängig und damit die Spielmanier. Das V. wurde schon im 16. Jh. gebaut und erschien anfangs auch mit dem Namen Violoncino. Der italien. → Geigenbau (Amati, Stradivari, Guarneri) gab ihm die endgültige Form. Es setzte sich zunächst nur schwer gegen die Gambe durch. Wurde es anfangs wesentlich zur Continuoverstärkung im Kammerorchester eingesetzt, so erhielt es im beginnenden 17. Jh. von Italien her im Vordringen der Monodie auch solistische Aufgaben (D. Gabrielli, *Ricercari,* vor 1680), die bisher der Gambe vorbehalten waren. Entscheidend für die Vorherrschaft gegenüber der Gambe wurde die Verbesserung der Spieltechnik durch den Daumenaufsatz (von Corrette 1741 beschrieben). Er wurde gegen Ende des 18. Jh. von L. Duport ausführlich behandelt, auf dessen Anregungen auch die virtuose Verwendung des V. zurückgeht. Im Ggs. zur ital. Praxis (Caldara, Marcello, Vivaldi, Boccherini) nahm die frz. das V. erst Mitte des 18. Jh. als Soloinstr. an (Barrière, Duport, Bréval). J. S. Bach bereicherte die V.-Literatur durch seine 6 Solosuiten; auch Reger und Hindemith schrieben für V. solo. V.-Sonaten mit Klavierbegleitung komponierten u. a. Beethoven, Spohr. F. Chopin, Mendelssohn Bartholdy, Brahms, Reger, R. Strauss, Saint-Saëns, Debussy, Honegger, Kodály, Hindemith. Nach 1750 entstanden berühmte V.-Konzerte: C. P. E. Bach, J. Haydn, R. Schumann, Dvořák, d'Albert, Saint-Saëns, E. v. Dohnanyi, Brahms (Doppelkonzert), R. Strauss, Pfitzner, Chatschaturian, Hindemith, Penderecki. Im 19. Jh. und um die Jh.-wende war das V. beliebtes Instr. für Charakterstücke und Salonmusik (Fantasien, Airs variés, Paraphrasen). – Maßgebende Unterrichtswerke sind die von Dotzauer, Romberg, Grützmacher, Davidoff, Hirzel.

A. Vidal, Les instr. à archet, P 1876/7, ND L 1961; L. Grillet, Les ancêtres du violon et vc.,

P 1901, ND NY 1969; J. W. v. Wasielewski, Das Vc. u. seine Gesch., [3]1925, ND 1968; L. Forino, Il vc., Ml [2]1930; H. Weber, D. Vc.-kzt. d. 18. u. beginnenden 19. Jh. (Diss. Tübg.) 1932; K. Hasselwanter, P. Hindemiths Cellowerke (Diss. Innsbr.) 1958; G. J. Kinney, The mus. lit. for unaccomp. vc. (Diss. Tallahassee/Flor.) 1962; W. Pape, D. Entw. d. Vc.spiels im 19. Jh. (Diss. Saarbr.) 1962; K. Marx, D. Entw. des Vc. u. seiner Spieltechn. bis Duport, 1963; G. Blees, Das Cello-Kzt. um 1800, 1973; B. M. Fink, D. Gesch. d. Kontrab. u. seine Trennung vom Vc., 1974; A. Planyavsky, Violone u. V. im 17. Jh. (Musicolog. austr. 3) 1980.

Violoncello piccolo, kleines Violoncello = Tenorbratsche, wie sie vermutlich von J. S. Bach für die Kantaten 12 (*Weinen, Klagen*) und 18 (*Gleich wie der Regen und Schnee*) vorgesehen war, die 5stg. Streichersatz enthalten, so daß die → Bratschen geteilt sind (die tiefere im Tenorschlüssel notiert). Umstritten ist, ob es sich bei dem V. um die auf Bachs Veranlassung 1724 von Hoffmann konstruierte 5saitige Viola pomposa handelt, deren Name in Bachs Instrumentation nicht auftritt (→ Viola 2).

Violone (ital. = Großform der Viola; die Verkleinerungsform von V. = → Violoncello), Kontrabaß (Großgeige) aus der Violenfamilie, also etwa in Gambenform, 6saitig, eine Oktave tiefer stehend als die Gambe; Griffbrett mit Bünden. Der V. wurde im 18. Jh. durch den → Kontrabaß der Violinenfamilie verdrängt, jedoch finden sich auch heute noch Bässe des Violentyps.

Violon-Ténor, 1833 von B. Dubois in Paris erbaute Tenorbratsche (G, d, a, e′), vermutlich als Kniegeige gespielt. → Bratsche.

Violotta, von A. Stelzner 1891 entworfene Bratsche (G, d, a, e′), ähnl. dem Pariser → Violon-Ténor, doch handlicher; in der Tiefe schwache Resonanz; Kompositionen: M. v. Schillings, Draeseke.

Virelai (afrz. *vireli*; dazu: *virer* = drehen), Reigenliedform, ähnlich → Rondeau; im 13. Jh. einstg. und je nach Strophenzahl mit dem Refrain innen oder am Anfang und Ende. Das mehrstg. V. (meist 2stg., weniger 3stg.) trat häufig im 14.–15. Jh. auf und näherte sich immer mehr Ballade (Machaut: *chanson baladée*) u. Rondeau. → Ballade, Chanson, Rondeau.

Virga (lat. = Rute), in der → Choralnotation nach der Editio → Vaticana die gestielte Note (= *nota caudata*), entstanden aus dem einfachen steilen Schrägstrich, einer Grundform der → Neumen, aus der sich die gestielte Quadratnote entwickelte. Die V. entspricht in der → Mensuralnotation der Longa.

Virgil-Klavier, von dem Amerikaner A. K. Virgil erfundene und 1895 nach England eingeführte → stumme Klaviatur, bei der der Tastenwiderstand regulierbar war.

Virginal (lat. *virga* = Stock, Reis), → Kielinstr., meist rechteckig (auch als Möbelstück), bei dem die Saiten quer zu den Tasten liegen. Im 16. und 17. Jh. blühte der V.bau in Holland und ging weiter auf Engl. über. Der Name V. bezieht sich auf den Springer (→ Kielinstr., vgl. → Spinett), wurde aber gern auf lat. *virgo* = Jungfrau zurückgeführt („Jungfernklavier").

Virginalisten, engl. Komponisten des Elisabethan. Zeitalters (1570–1625), die Musik allgemein für → Kielinstr., z. B. → Virginal schrieben und in den wichtigsten Slgn. der Zeit vertreten waren (*Fitzwilliam Virginal Book; Parthenia or the Maydenhead; My Ladye Nevells Booke; Will Forster's Virginal Book*). Mit reichen Verzierungen, lebhaften Passagen, Baß- und Oberstimmenvariationen und programmatischen Titeln wurde diese Klaviermusik beispielhaft für die Entwicklung auf dem Kontinent. Zu den V. zählen u. a. Byrd, Bull, Farnaby, O. Gibbons, J. Mundy, Morley. → Variation.

H. Glynn, About Elizab. Virg. mus. and its composers, L 1924; G. Reese, Mus. in the renaiss., L 1954, [2]1959. → Klaviermusik.

Virtuose (v. lat. *virtus* = Tapferkeit, Tugend), der durch hohe techn. Fertigkeit ausgezeichnete, ausübende Musiker, dessen Meisterschaft darin besteht, daß gegenüber seinem künstlerischen Vortrag die techn. Leistung zum selbstverständlichen Spiel wird. Dieser heute vorherrschenden Bedeutung geht voraus, daß ursprünglich der nachschaffende Künstler allgemein als V. bezeichnet wurde und daß bis ins 19. Jh., beginnend im 17. Jh., der Begriff mit techn. Wunderleistung, Sensation und Routine verbunden wurde. Das V.ntum begann bei den Violinmeistern in der ersten Hälfte des 17. Jh.: Marini, Veracini, Locatelli, Tartini bis Spohr, Paganini, Kubelik. In der 2. Hälfte des 17. Jh. folgten die Gesangsv.n: die Cuzzoni, Faustina, Malibran, Patti und die berühmten → Kastraten Caffarelli, Farinelli, Crescentini. Im 19. Jh. setzte sich die Überzeugung vom Primat der künstlerischen Interpretation vor der techn. Leistung durch: im Gesang bei Stockhausen und Messchaert, bei den Violinisten: Spohr und vor allem Joachim. Die Klaviervirtuosität setzte erst mit Vervollkommnung des Instr. Ende des 18. Jh. ein (Dussek, Clementi). Hier stand gegenüber veräußerlichter Technik die Vortragskunst bei Beethoven, Schubert, Schumann, Liszt, Busoni.

A. Weißmann, Der V., 1920; K. Blaukopf, Große V.n, Teufen 1957; M. Pincherle, Le monde des v., P 1961; H. W. Schwab, Formen d. V.verehrung u. ihr sozialgesch. Hintergr. (Kb. K) 1974.

Vista (ital. = Blick), (*a*) *prima v.* = auf den ersten Blick, unvorbereitet, „vom Blatt" singen od. spielen.

Vite, *vivement* (frz. =) schnell = *allegro*.

Vivace (ital. =) lebhaft, schnell; *vivacissimo* = höchst lebhaft.

Vivo (it.), lebhaft.

Vocalisen, Vocalisation, → Vokalisen, Vokalisation.

Voce (ital. v. lat. *vox* =) Stimme (Mehrzahl: *voci*). *Voci eguali* oder *voci pari* = gleiche Stimmen; *mezza v.* = mit halber Stimme; *sotto v.* = mit leiser St.; *colla v.* = mit der Singst. = *seguendo la v.* = im Zeitmaß der Singst. (ihr folgend; d. h. in der Begleitung); *v. di petto* = Bruststimme; *v. di testa* = Kopfst. (→ Register).

Voces aequales (lat. =) → gleiche Stimmen.

Vogelstimmen in ihrer Musikalität mit regelmäßigem Bau und andrerseits reichen Varianten gaben Anlaß zu wissenschaftl. Beobachtung und weiter zu Spekulationen über den Ursprung der Musik in der Liebeswerbung (Ch. Darwin). Den Komponisten regten sie an in der Themengestaltung und zur Nachahmung. Die Troubadours, Trouvères und Minnesänger nannten Nachtigall oder Lerche als Zeugen ihrer Liebe. V. spielen in Text und Weise der Volkslieder oft eine Rolle. Abgesehen vom Terzenruf des Kuckucks tritt die Imitation des Vogelrufs häufiger erst seit dem 16. Jh. auf (z. B. Janequin, *Le chant des oiseaux*). Es werden u. a. dargestellt: Hahn (Saint-Saëns), Huhn (Rameau), Kolibri (Chausson), Kuckuck (u. a. J. Martini, Kuckucksmesse; Kerle, Poglietti, Pasquini, Daquin, Vivaldi, Frescobaldi, Haydn, Beethoven), Perlhuhn (Ravel), Pfau (Ravel), Pirol (Dvořák), Schwalbe (Daquin), Schwan (Wagner, Saint-Saëns, Tschaikowsky, Strawinsky), Star (Mozart). Stieglitz (Vivaldi), Taube (Brahms, Fauré), Wachtel (Haydn, Beethoven, Fauré). Eine Mehrzahl von V. erklingt bei: Janequin und Gombert (*Chant des oiseaux*), Lully (Vogelsymphonie im 5. Akt der *Armide*), Rameau (*le rappel des oiseaux*), Vivaldi (*la primavera*), Boccherini (*Uccelliera* in op. 13), Biber (*Descriptio avium*), Liszt (*St. François d'Assise*), Wagner (*Waldweben* in: *Siegfried*), Strawinsky (in: *Sacre du Printemps*), Ravel (*Oiseaux tristes* in der Ballettoper *l'Enfant et les sortilèges*), Messiaen (u. a. in: *Le reveil des oiseaux*, 1952, *St. François d'Assise*, 1983). Tiefgründig faßt R. Schumann den Vogelruf in: *Vogel als Prophet* (*Waldszenen*). – Für L. Mozarts (lange Zt. Haydn zugeschriebene) Kindersymphonie werden besondere Instr. gebaut, die V. nachahmen (Nachtigall, Kuckuck, Wachtel). V.register in der Orgel sind schon aus dem Anfang des 16. Jh. bekannt: Vogelsang (*Avicinium, Clamor avium*) zuerst im Rheinland, 1544 in Freiberg, 1697 in Görlitz. Die Luft wurde durch einen Wasserbehälter geleitet und bewirkte dann mit wechselndem Druck die Tonschwankungen der Pfeife. Ähnlich waren auch die Register Nachtigall (*Philomela, Rossignol*) und Amsel (*Merula*) gebaut. Vom Frühbarock bis gegen 1800 wurde der Kuckuck (*Cuculus*) in der Orgel durch 2 Gedacktpfeifen im Terzabstand imitiert, die über ein Windrad wechselweise angeblasen wurden. → Serinette.

B. Hoffmann, Kunst u. Vogelges. ..., 1908, ND 1983; E. v. Hornbostel, Musikpsych. Bemerk. üb. Vogelges. (ZIMG) 1911; L. de Laurencie, Le chant des oiseaux (Rev. Soc. Intern. Mus.) 1912; E. Rambert, Chant des ois., P 1936; S. Knecht, Gehörsinn u. Musikalität d. Vögel (Zs. f. vgl. Physiol.) 1939; O. Messiaen, Technique de mon langage mus., P 1944; H. Tiessen, Mus. i. d. Natur, 1953; J. Graf, V. in Nat. u. Kunst, 1962; G. Thielcke, V., 1970; C. Hartshorne, Born to sing; an interpret ... of bird song, L 1973; J. Kneutgen, Vogelges. (MGG 16) 1979.

Voice, in voice (engl.: Stimme) → Discantus.

Voix mixte (frz. = gemischte Stimme), das Mittelregister der Singstimme, das zwischen den beiden Hauptregistern liegt, der Bruststimme und der Kopfstimme. → Register (1).

Vokal (v. lat. *vox* = Stimme), der Tonträger in Sprache und Gesang (Selbstklinger) im Ggs. zu dem fast tonlosen Geräusch der Konsonanten (lat. *consonare* = mitklingen). Nach Helmholtz hat jeder V. einen durch die Resonanz in der Mundhöhle gebildeten, charakterist. → Teilton oder mehrere zu den von den Stimmbändern erzeugten, obertonarmen Tönen

(→ Formant). Nicht nur die Gefahr der Undeutlichkeit hoch gesungener, heller V. ist eine Schwierigkeit der → Gesangspädagogik, sondern auch der starke Gegensatz zwischen hellen und dunklen V., der einen Qualitätsausgleich (V.- oder Resonanzausgleich) möglichst ohne Verlust an Deutlichkeit in hoher Lage erforderlich macht. Eine weitere Schwierigkeit, nicht nur für Ausländer, ist der Unterschied von geschlossenen und offenen V. in der dt. Sprache.

J. Moser, Üb. V.formanten (Arch. f. Phonetik), 1912; C. Stumpf, D. Sprachlaute, 1926; J. Meyer, Akustik u. musik. Aufführungspraxis, 1972. → Akustik, Phonetik.

Vokalisation, vokalisieren, die Vokalbildung, der Stimmansatz, die Gesangsübung ohne Text, nur mit Vokalen (→ Vokalisen).

Vokalisen, die schriftlich fixierten oder auch improvisierten Übungsstücke für Gesang, die meist nur auf Vokale, gelegentlich auch auf Silbengruppen gesungen werden; nicht mit → Solmisationssilben gleichzusetzen. Häufig gebraucht werden die V. von Bordogni, Concone, Lablache, Marchesi, Teschner. → Solfeggio.

Vokalmusik, Musik für Singstimmen im Ggs. zur → Instrumentalmusik, aber nicht die instrumental begleitete V. ausschließend. Das geschieht vielmehr durch den Begriff → a cappella, der jetzt nur den reinen Vokalsatz bezeichnet, und zwar für gleiche (Männer-, Frauen-, Kinderchor) oder gemischte Stimmen oder auch in Einzelbesetzung (Solo, Duett, Terzett, Soloquartett). Die weltl. Formen der V. sind Lied und Chorlied, Oper, Operette, Singspiel, die geistl. (außer den liturgischen) Passion, Kantate und Motette. Zwischen beiden Gruppen stehen Oratorium und das geistl. Lied. Elektron. Musik benutzt die Möglichkeit, eine Einzelstimme so mehrfach zu überlagern, daß chorische Passagen hörbar werden (Stockhausen, *Gesang der Jünglinge*).

J. Müller-Blattau, D. Verhältn. v. Wort u. Ton i. d. Gesch. d. Musik, 1952; H. Besseler, Singstil u. Instr.stil i. d. europ. Musik (Kb. Bamberg), 1953; Thr. Georgiades, Mus. u. Sprache, 1954, [2]1974; R. Stephan (Hg.), Üb. Mus. u. Sprache (VINM) 1974.

Volkshymnen, Lieder als Symbole stammesmäßiger oder histor. bedingter Zusammengehörigkeit (z. B.: *Ich bin ein Preuße, kennst du meine Farben; Schleswig-Holstein meerumschlungen*). → Nationalhymnen.

Volkskunde, die Lehre von den Lebensäußerungen eines Volkes in Glaube, Brauchtum, Sprache, Lied, Musik, Sage, Tanz, Spiel, Scherz. Sie nutzt die Ergebnisse der Anthropologie, Erd- und Völkerkunde, Sprach- und Musikwissenschaft, Soziologie, Religionsgeschichte, Altertumskunde, Geschichte, Rechtskunde, Medizin und ist ihrerseits gebender Teil in diesen Wissenschaften. Bei solcher Verzweigung ist eine scharfe Begriffsbestimmung schwierig und oft umstritten. Der Begriff Volk ist sowohl allgemein vergleichend (international), wie national und regional zu fassen und kann entsprechend politisch genutzt werden. Wenn Volk im Rahmen der V. auf eine bestimmte soziale Schicht begrenzt wird, etwa die Landbevölkerung, stellt sich gern die Wertung „zurückgeblieben, primitiv“ oder verklärend „lebensecht, aus natürlichem

Urgrund schöpferisch" ein. Wie beim → Volkslied war allgemein die Frage umstritten, wie weit Volksgut und Volkskultur „gesunkenes Kulturgut" (H. Naumann) aus der Hochkultur seien, weiterhin absinkend od. schöpferisch aufgegriffen und weitergeformt. Die geschichtsphilosoph. Strebungen der Zeit (Vico, Wegelin, Rousseau) einerseits (Percy, *Reliques of ancient Engl. Poetry*; Herder, *Volkslieder*; 1807 als *Stimmen der Völker in Liedern*), andrerseits sozialpolit. Grundsätze regten J. Möser zu wissenschaftl. Betrachtung bäuerlichen Volkstums an (1768). Seither wechselten völkerkundliche und volkskundlich-soziolog. Gewichte in Forschung und Slg. Die Bez. → Folklore wählte W. J. Thoms 1846, der eine naturwissenschaftl.-positivistische Richtung gab (Lazarus, Steinthal, Wundt). Ethnographisch, soziolog. beobachtete H. Riehl, der zuerst die „V. als Wissenschaft" (1858) ansprach. Zugleich mit dem Aufblühen volkskundl. Forschung in anderen Ländern entwickelte sich die übernationale, vergleichende Beobachtung, die sich wiederum fördernd und anregend auf die nationale Sammeltätigkeit auswirkte. Die Leitung des 1904 gegründeten Verbands dt. Vereine für V. hatte J. Meier (→ Volkslied). Wesentliche Anregung erhielt die dt. V. in den 1920er Jahren bes. durch H. Naumann, A. Spamer, W. Hofstaetter, J. Schwietering. Bei Belastung volkskundl. Forschung durch ideologische und polit. Motive wird ihre Freizügigkeit beschränkt, der Wert der Ergebnisse vermindert.

R. Weiß, V. d. Schweiz, Z 1946; St. Thompson, Motif-index of folk-lit., Bloomington 1932/6; W. E. Peuckert/O. Lauff, V., Bern 1951; W. Wiora, Die Stellung d. V. im Kreis d. Geisteswiss. (Bericht volkskundl. Kongr.) 1952; J. M. Boberg, Folkemende-forskningens historie i Mellem-og Nordeuropa, K. 1953; H. Bausinger, V., 1971; R. Beitl, Wörterb. d. dt. V., [3]1974. – Zs. f. V., 1891 ff. → Musikethnologie, Volkslied, -tanz, -musik.

Volkslied (mhd. *daz liet* = die einzelne Strophe, *diu liet* = die zusammengehörigen Strophen), das mündl. überlieferte, einstg., ursprünglich unbegleitete → Lied einer Gemeinschaft, die durch geschichtliche und noch nachwirkende od. gegenwärtige Bindung gegeben ist, wobei die Erscheinungen ineinander übergreifen und eine Vielzahl von Voraussetzungen wirksam wird über einem Urbestand von Gemeinsamkeit. Ihm gegenüber ist der Begriff V., wird er auf das Lied eines od. des anderen Volkes bezogen, eng auf die Zeit seit der Entwicklung der Volkssprachen gefaßt. Zu den Merkmalen des V. gehört die enge Bindung von Weise und Text, die sich auf deren Grundgestalten bezieht und den häufigen Prozeß des Zurechtsingens (J. v. Görres: „Zersingen") od. das Verschmelzen zweier V. (Kontamination) nicht ausschließt. Die Verfasser von Text und Weise des V. sind unbekannt. Der aus der V.begeisterung der Romantik erwachsene Glaube an die dichtende Volksseele (Herder, Arnim, Brentano, J. Grimm) wurde durch wissenschaftl. Hinweise auf die Individualdichtung (A. v. Keller, J. Meier) widerlegt, nachdem schon Goethe, F. Schlegel u. a. dagegen argumentiert hatten und von E. Meier (Schwäb. V., 1855) von dem Zusammenwirken der primären schöpferischen Leistung des einzelnen mit dem vielfältigen Weitergestalten in der Gemeinschaft gesprochen worden war. Vom → Kirchenlied unterscheidet sich das V. durch den nach keiner Seite begrenzten Stoffbereich. Dem → Kunstlied gegenüber, von dem es bis etwa ins 17. Jh. nicht eindeutig zu trennen ist, hat das V. die breitere Grundschicht persönlichen Erlebnisausdrucks. Gegenseitiger Einfluß ist offensichtlich: Kunstlieder kamen in den V.bestand (J. A. P. Schulz: *Der Mond ist aufgegangen*), V.texte wurden zum Kunstlied vertont, und zur Hochblüte des Kunstliedes (Schubert) gehört die sangbare Lyrik Goethes ebenso wie die neu erlebte Existenz des V. – Man unterscheidet nach Inhalt bzw. Entstehung: Kinder-, Stände- und Berufs-, Brauchtumslieder, historische (→ Balladen, Erzähl-) und geistl. Lieder. Herder, der das Wort V. nach engl. *popular song* (in Th. Percys Sammlg. *Reliques of Ancient Engl. Poetry* 1765) 1773 bildete, meinte damit „Graslied-lein, Kuhreigen, Gesellenliedlein, Straßenlieder, Bauernlieder, Bergreihen, Geckesleier (= Scherzlieder), Schnaderhüpfer, → Souterliedekens". Der Vergleich der V.weisen zeigt alte, vornational gemeinsame Grundformen hinter charakterist. Zügen, die Landschaften und Völker ihrer Eigenart gemäß entwickelt haben, wobei sich die harmon. Struktur der Melodie oder ihr Verlauf im Verhältnis zur tonalen Mitte im Zurechtsingen ändern konnte. Die alten Weisen waren dem Wort näher, bewegten sich mit ihm freier rhythmisch mit melismat. Dehnungen, episch, rezitativisch, stufenweise schreitend wie im gregorian. Gesang. Der Aufbau zeigt Tetra- Penta-, Hexachorde, die Pentatonik, besonders in europäischen Randgebieten, mit Eigenformen (häufig d f g a c; z. B. in Schottland, Irland, Rumänien). Der Rhythmus war in großen Spannungsbögen vom Sprachfluß bestimmt. Dehnungen und Straffungen erscheinen in heutiger Notation als unregelmäßige Takte. – Nach der Christianisierung traten Spielmannslieder an die Stelle der Zauber- und Spruchdichtung, Preis- und Heldenlieder. Den Stabreim verdrängte der Endreim (Otfried, *Krist* 868). Der metrisch geordnete Vers, die Strophe mit symmetrischen Reimzeilen bestimmten die Melodie mit gleichfalls geordneten Formeln und Kadenzen zu um so festerer Form, je geschlossener der Strophenbau wurde. Das Freisinger Petruslied aus dem 9. Jh. ist als Strophenlied wohl schon das Ergebnis einer Entwicklung. Diese vollzog sich vielschichtig im MA, dessen Liedreichtum (mit → Kontrafaktur und → Parodie) in zahlreichen handschriftl. und gedruckten Slgn. überliefert ist. Rufe, Leisen, Hymnen, Heiligen-, Marien-, Kreuzfahrer-, Geißlerlieder und Balladen verbreiteten sich neben den Liedern der Troubadours, Trouvères, Minne- und Meistersänger, lateinisch, gemischt- und volkssprachig. Das Strophenschema blieb das Gerüst für die V.melodie bis ins 20. Jh. Die Terz, schon im älteren Lied (z. B. der Alpenländer und des Kaukasus) in einem primären Durklang, festigte sich als Bauelement im modulierenden 2- od. 3tlg. Lied der Dur-Moll-Tonalität. War das reformatorische → Kirchenlied noch eng mit dem V. verbunden, so bereitete sich noch im 16. Jh. die Trennung vor, wurde deutlicher, als Pietismus und später die Erweckungsbewegung eine neue Art geistl. Lieder zwischen beide stellte, und offenkundig im Ergebnis der Erneuerungsbemühungen um den gottesdienstl. Liedgesang im Anfang des 19. Jh. Im → Tenorlied des 16. Jh. (Senfl, Le Maistre) und in den → Quodlibet-Slgn. bis ins 18. Jh. (M. Franck, V. Rathgeber) blieben ältere V. erhalten. Das generalbaßbegleitete Sololied wurde seit Mitte des 17. Jh. die bevorzugte Vokalmusik der gehobenen Gesellschaft, wenn auch Lied-Slgn. im Bürgerhaus noch im 17. und 18. Jh. angelegt wurden (z. B. in Breslau, Danzig). – Die Erneuerung des V. in Dtl. mit dem Gedanken an Slg. und Pflege, von Herder nach 1770 angeregt, war geistig unterbaut schon in Montaignes These (1580) von der allumfassenden Naturdichtung, ferner durch Rousseau, E. Young (*Conjectures on Original Composition* 1759) u. Th. Percy. Herder sah die Verflachung in der landläufigen Kunstübung und dagegen das V. als ein Mittel zur Vertiefung in die „Seele des Volkes". Seine Slg. *V.er* (1774/78/79; als *Stimmen der Völker in Liedern* 1807) sollte die Lieder vor dem Untergang bewahren und gab den Anstoß zu einer über Dtl. hinaus wirkenden Sammelbewegung, die aus einem allgemeinen Begriff des V. zu wissenschaftl. Genauigkeit gelangte: nach Arnims und Brentanos „Wunderhorn" (1806) J. G. Meinert 1817; J. M. Schottky und F. Ziska 1819, die sich auf die wohl erste V.-Slg. mit Noten und vergleichenden Anm. (J. Strolz, *Tiroler V.,* 1807) stützten; L. Erk 1838; Hoffmann v. Fallersleben, E. Richter, die die große Slg. schles. Lieder von F. L. Jakob (1829, 1842) nutzen konnten (1842). Die Slg. der Lieder in den dt. Sprachinseln zeigten Urformen und eigenständige Abwandlungen im Vergleich zur Entwicklung in Dtl. Neue volkstüml. Lieder entstanden seit der Berliner Liederschule (Schulz, Reichardt, Zelter), z. T. als Bearbeitungen vorhandener (z. B. Silcher, Zuccalmaglio). Die Ausgabe älteren Liedguts begann Uhland (Alte hoch- und niederdt. V. 1844/5) und wurde bis zu den Faksimiledrucken (Lochamer, Wienhäuser → Liederbuch) und krit. Ausgaben (z. B. Liederbuch der Anna v. Köln) des 20. Jh. fortgesetzt. – Zentrale Sammelstellen wurden in den Ländern eingerichtet (in Dtl.: Dt. V.-Archiv, Freiburg/Br., 1914 von J. Meier gegr.). Richtlinien zur einheitl. Aufzeichnung wurden international angeregt. Aufnahmen auf Tonträger besorgte B. Bartók (Phonograph). Das V. diente auch im 19. und 20. Jh. als Ausgangsmaterial in der Kunstmusik (z. B. Bartók, Kodály, Janáček, Hindemith, Strawinsky, Schostakowitsch). Jedoch schwindet es aus dem allgemeinen Bewußtsein. Das Singen und Sammeln von V., der Begriff der Pflege in Schrift und Ton wurden in den verschied. Perioden und Ländern verschieden verstanden, unterschiedl. beurteilt und auf- und abgewertet. → Musikethnologie.

Jb. f. V.forschung, 1928ff./1964ff. – G. Jungbauer, Bibliogr. d. dt. V. in Böhmen, Pr 1913; B. Bartók, D.ung. V., 1925, ND 1965; G. Müller, Gesch. d. dt. Liedes ..., 1925; W. Vetter, Das frühdt. Lied, 1928; C. Brouwer, Das V. in Dtl., Frk., Belg. u. Holl., 1930; J. Müller-Blattau, Das dt. V., 1932; ders./H. Moser, Dt. Lieder d. MA, 1968; J. v. Pulikowski, Gesch. d. Begr. V. im musikal. Schrifttum, 1933, ND 1970; J. Meier/E. Seemann, Leseb. d. dt. V., 1937; W. Wiora, Das echte V., 1950; ders., Europ. Volksges. (Musikwerk) 1952; ders., Europ. Volksmus. u. abendländ. Tonkunst, 1957; ders., Das dt. Lied (m. Bibliogr.) 1971; W. Salmen, D. Erbe d. ostdt. Gesanges, 1956; ders., European Song (NOHM) 1960; D. Stevens, Hist. of Song, L 1960; A. Sydow, D. Lied, 1962; W. Suppan, V., 1966, ²1978; ders., Volksges. (MGG) 1966; K. Gudewill,

German Secul. Song (NOHM 4) 1968; H. Sauermann, Histor. V. d. 18 u. 19. Jh., 1968; O. Elschek/D. Stockmann (Hg.), Methoden d. Klassifikation v. V.weisen, Bratislava 1969; E. Klusen, V., Fund und Erfindung, 1969; W. Wittrock, Die ältest. Melodietypen i. ostdt. Volksges., 1969; R. Leydi/S. Mantovani, Dizion. della mus. popolare europ., Ml 1970; F. Bose, Zur Quellensituat. f. d. V. d. MA (Fs. Pepping) 1971; R. W. Brednich/L. Röhrich/W. Suppan (Hg.), Hdb. d. V., 1973/75; Vl. Karbusicky, Ideologie im Lied ..., 1973; H. Braun/W. Suppan/W. Stief (Hg.), Melodietypen des dt. Volksgesangs, 1976/78/80; M. Tibbe, Folk, Folklore, V., 1981.

Volksmusik, neben dem → Volkslied und dem → Volkstanz die Musik für Volksinstrumente, die in der Regel nicht in der Kunstmusik heimisch sind (Alphorn, Sackpfeife, Schalmei, Drehleier, Psalter, Hackbrett, Kantele, Zither, Streichzither, Blockflöte, Mund- und Handharmonika, Schlag- und Lärminstr.) od. die aus der V. in die Kunstmusik aufgenommen wurden, z. T. wieder zurückwanderten (Zupf-, Blas-, Streichinstr.). Entsprechend ist zu unterscheiden zwischen einer nicht oder kaum unterbrochenen Tradition (z. B. Kantele in Finnland, Sackpfeife in Rumänien und Schottland, Alphorn in Alpenländern) und der Rekonstruktion mit Neuformung (Blockflöten, Fidel, Drehleier, Psalter, Scheitholz), durch die das Instr. in eine neue, von seiner Tradition gelöste Sphäre kommt. Der aus der Praxis der ma. → Spielleute übernommene Gebrauch von Volksinstr. hat sich im wesentlichen nur in Randgebieten Europas erhalten. Die Neubelebung setzte im 19 Jh. (Chrotta = Crwth in Wales, Clarsach in Schottland) und Anfang des 20. Jh. ein, z. T. als Folge der sozialen Umschichtung, während der das Klavier die Vorherrschaft im Bürgerhaus verlor. Nach 1910 wurden Mandoline und Gitarre neuentdeckt und in schnell anwachsenden Vereinen gespielt, die wie die Zithervereine in großen Organisationen zusammengefaßt wurden. Ähnlich war die Entwicklung bei Hand- und Mundharmonika und Akkordeon. Die Programme bevorzugten anfangs Arrangements von Werken der Kunstmusik. Neukompositionen zeigen einen sachlichen Eigenstil (Wölki, Herrmann, Lorenz), wie ihn auch die → Blasmusik anstrebt. Die Blockflöte verbreitete sich in den 1920er Jahren schnell, gefördert durch → Jugendmusikbewegung und Musikerziehung. Die Bez. → Spielmusik wird häufig für als V. gedachte Neukomposition od. Bearbeitung originaler Stücke angewendet. Ursprüngliche Lied- und Spieltänze gibt es häufiger in Südost- und Osteuropa als in Mitteleuropa und verlieren vielfach ihr Eigenleben durch die fest-stellende Notation in Slgn. A. Daniélou wies 1971 darauf hin, wie durch westliche Bemühungen um Konservierung durch Schriftbild und Schallplatte die aus der Improvisation und mündl. Überlieferung lebende oriental. V. nivelliert, ge- und zerstört wird. Wie die oriental. V. ist die griech. und albanische durch reiche Melismen charakterisiert. Pentatonik ist in Irland, Schottland, Wales und auf den Hebriden lebendig. – Wie zwischen Volkstanz und → Gesellschaftstanz, Volkslied und → Kunstlied so besteht auch zwischen V. und Kunstmusik ständige Wechselbeziehung ohne deutliche Grenzen. Auf die Arbeit des Volkslied- und Volkstanzforschers und -sammlers C. Sharp geht die Gründung des Internationalen V.rates (*Internat. Folk Music Council*) zurück. → Musikethnologie.

Journal of the Internat. Folk Mus. Council, L ab 1949; Jb. f. musikalische Volks- u. Völkerkunde, ab 1963.
G. Chase, Bibliogr. of Latin American folkmus., Wash. 1942; Denis 1944; W. Wiora, Z. Frühgesch. d. Mus. i. d. Alpenländern, 1948; ders., Europ. V. u. abendländ. Tonkunst, 1957; F. Bose, Musikal. Völkerkunde, 1953; W. Salmen, D.fahrende Musiker im europ. MA, 1960; J. Raupp, Sorb. Volksmusikanten u. Mus.instr., Bautzen 1963; Vertkov, Atlas, 1963, ²1975; F. Hoerburger, Musica vulgaris, 1966; E. Emsheimer/E. Stockmann (Hg.), Hdb. d. europ. V.instr., Lg ab 1967; O. Elschek/E. Stockmann, Zur Typolog. d. Volksinstr. (Dt. Jb. f. Volkskunde) 1968; SIMP, Stockh. ab 1969; A. Daniélou/J. Brunet, The situation of mus. and musicians in countries of the orient (Mus. & Communication 2) Florenz 1971; W. Deutsch (Hg.), Die Geige i. d. europ. V., W 1975; L. Picken, Folk mus. instr. of Turkey, L 1975; M. P. Baumann, Musikfolklore u. Mus.folklorismus, Winterthur 1976; W. Suppan, Hdb. d. Blasmusikwesens, ²1976; ders., Musikethnol. Sammelbde., Graz 1977 ff.; A. Mauerhofer (Hg.), Histor. V.forschung, Graz 1981. → Instrumente, Musikethnologie, Vergl. Musikforschung.

Volksmusikschule → Jugendmusikschule, Musikschule.

Volkssänger → Dichtersänger.

Volkstanz. Die Gesamtheit der V., darin der einzelne Tanz und seine Musik, der nach den Begriffen der → Volkskunde als Volksgut durch charakteristische Züge zunächst auf eine Volksgemeinschaft od. Volksgruppe weist, in der er entstanden und bewahrend od. umformend überliefert od. von der er aufgenommen und als eigenständig angeeignet wurde. Die Beziehungen des V. zum → Gesellschaftstanz sind eng und mit gegenseitiger Einwirkung. Offenkundig ist die unterschiedl. Breite des Wirkungsbereiches, jedoch zeigt die Geschichte, daß charakteristische V.formen, die von den ma. → Spielleuten weitergetragen wurden, sowohl von Tanzmeistern für die Hoffeste verfeinert und formal zu Gesellschaftstänzen verfestigt als auch von Volk zu Volk aufgenommen wurden. Daneben blieben andere als National- od. Lokaltänze eng auf ihren Bereich beschränkt. Der Singtanz stand am Anfang. Instrumente mögen zuerst zur Vertiefung magisch-mythischer Kraft hinzugezogen worden sein. Frühe Instrumentaltänze wurden von der Sackpfeife od. Einhandflöte (Galoubet, Schwegel) mit Trommel gespielt. Von diesen bäuerl. Spring- und Stampftänzen hören wir indirekt aus ma. Verboten. Die Grundtypen der Musik und der Tanzfiguren wurden von Generation zu Generation weitergegeben, dann in der Aufzeichnung des 16.–18. Jh. verfestigt. Die Musikniederschrift bevorzugte den höfischen Tanz. Je kunstvoller er war, um so ferner stand er dem V. (z. B. Ländler/Walzer gegen Menuett). Die Neubelebung des V. und die wissenschaftl. Betrachtung begannen im 20. Jh.: 1906 bewirkte eine erste Ausgabe (Gertr. Meyer) von Tänzen die allgemeine dt. V.bewegung. Eine systematische Slg. legten in Österreich R. Zoder und R. M. Klier an. Außer in den Alpengebieten war der Bestand an lebendigen echten V. in Dtl. gegenüber dem anderer Länder gering, so daß in den zahlreichen V.gruppen auch skandinavisches, schott., frz., jugoslaw. und griech. Tanzgut übernommen wurde. – Die Möglichkeit, übersteigerte artist. Leistung bewundern zu lassen, ist nicht selten die kommerzielle od. ideologische Triebfeder, um Reisen von V.-Ensembles zu fördern. → Kulttanz.

C. Sharp/A. P. Oppé, The dance, L. 1924; V. Alford, Handbook of European nation. dances, L 1948 ff.; A. Chujoy, The dance encycl.,

NY 1949, ^{2}1967; R. Wolfram, Die V. in Österr. und verwandte Tänze in Europa, Salzb. 1951; J. Lawson, European folk dance, L. 1953, ND 1959; F. Hoerburger, V.kunde, 1961/4; ders., Gestalt u. Gestaltung im V. (Stud. musicol.) Budap. 1964; ders., Musica vulgar., 1966; J. Ä. Goldschmidt, Hdb. des dt. V., 1967, ^{4}1981; K. Petermann, Tanzbibliogr., Lg ab 1966; H. Thiel, Die dt. V. in Mähren u. Schles., 1970; B. Breathnach, Folk mus. and dances of Ireland, Dublin 1971; K. Horak, Systematik d. dt. V. (Öst. Zs. f. Volkskunde) 1975; R. Lange, The nature of dance, L 1975; H. Oetke, Der dt. V., B (Ost) 1982. → Tanz, Volkskunde.

Volta (lat. *volvere* = drehen, wenden), 1. schneller Springtanz im 16. Jh. in einfachem dreitlg. Takt; dem späteren Walzer ähnlich in der engen Berührung des Tanzpaares und der ständigen Drehung, von ihm unterschieden durch den großen Sprung, der gemeinsam auszuführen war. – 2. *prima* (*seconda*) *v.* = zum ersten (zweiten) Mal (= 1. und 2. Schluß); *due volte* = zweimal.

Volti → subito (ital. =) wende schnell um!

Volumen, Eigenschaft des Stimmklanges, die sich nicht mit dessen Quantität deckt. Sie entsteht im lockeren, offenen Singen der ausgereiften Stimme bei weiter, unverkrampfter Resonanz. Ihr Kriterium ist das voluminöse Piano.

Voluntary (engl. = beliebig), ursprüngl. improvisiertes Instrumentalstück, im 16. Jh. in England belegt für Tasteninstr. Nach H. Purcell (V. zum 100. Psalm) Bez. für gschriebene, gedruckte, also nicht improvisierte Musik. Daneben aber improvisiertes, später auch gedrucktes Orgelvor- od. -nachspiel; im 18. Jh. auch nach charakteristischen Orgelregistern benannt: Diapason-V., Cornet-V. Bekannte V.ies sind die von Allwood, Farrant, Byrd, Gibbons, Bull, Tomkins, Purcell, Blow.

Vom Blatt (= *prima vista*), unvorbereitet nach Noten spielen oder singen.

Vorausnahme, → Antizipation.

Vordersatz → Periode.

Vordersitz, Begriff der Gesangslehre, die die → Artikulationsstelle so weit wie möglich nach vorn verlegen will, damit die Schwingungen im Kehlgebiet und den Resonanzräumen unbeeinträchtigt bleiben können.

Vorhalt (it. *appoggiatura,* frz., engl. *suspension*), Zurückhalten eines Tones, während die anderen Stimmen schon im Zielton sind. Die dabei entstandene Dissonanz auf betonter Zeit löst sich durch den Schritt eine große od. kleine Sekunde auf- od. abwärts. Der V. ist vorbereitet, wenn der Ton aus gleicher Stimme übergebunden ist (Syncopatio). Er ist halbfrei, wenn der V.ston im Vor-Akkord in anderer Stimme lag. Er ist frei, wenn der Ton dort nicht enthalten war. Durch Ausweichen über andere Töne kann der Vorgang verlängert werden.

Vorklassik, Bez. für Musik im Übergang zur → Klassik (→ empfindsamer, galanter Stil, Sturm und Drang); vgl. → Rokoko, Mannheimer, Wiener Schule.

Vorsatz, Begriff der Notation für die Gesamtheit der Schlüssel-, Takt- und Vorzeichenangaben am Beginn eines Musikstückes; bei Übertragungen älterer Werke einschließl. der originalen und modernen Schlüsselstellung und Taktanweisung.

Vorschlag, Appoggiatura (ital. und engl.; frz. *appoggiature*), durch kleinere Noten bezeichnete Verzierung der Melodie: 1. Der kurze V. wird mit Schrägstrich durch Fahne und Stiel der V.snote markiert. Der V.ston klingt mit der gleichen Tonstärke wie der Hauptton od. Hauptakkord und setzt mit diesem auf der vollen Taktzeit ein. Der V. fällt meist von der oberen od. unteren Sekunde in den Hauptton ein. Vgl. → Doppelschlag, → Schleifer. – 2. Der lange V. ist melodisch so wichtig wie die Hauptnote, von der er für gewöhnl. die Hälfte ihres Wertes übernimmt (a). Ist sie punktiert, erhält der V. meist ⅔ des Gesamtwertes. Vielfach gilt auch, daß der V. den Wert bekommt, mit dem er bezeichnet ist. Eine einheitl. Schreibweise fehlt jedoch. Die → Verzierungsregeln aus dem 17. und 18. Jh. nennen zahlreiche Möglichkeiten (→ Diminution, Ornamentik). Steht der lange V. vor einem Akkord, so teilt er nur den Wert der Note, vor der er steht; die übrigen Töne erklingen zeitgerecht (b). Vor zwei durch Haltebogen verlängerten Noten erhält der lange V. den Wert der ersten (c). → Anschlag.

K. Wichmann, D. Ziergesang u. d. Ausführ. d. Appogg., Lg 1966.

Vorspiel, 1. frei symphonisch gestaltetes Einleitungsstück zu einer → Oper (Musikdrama) od. einer Schauspielmusik im Ggs. zu der formal gebundenen → Ouvertüre. R. Wagner verwendete das V. zuerst im *Lohengrin* (1850) und sprach von Programmouvertüre und V., ohne selbst zwischen beiden genau zu unterscheiden. Die Form seines V. wurde vom folgenden Werk und dessen Motivmaterial bestimmt. Die Bezeichnung V. wurde später beibehalten, auch wenn die genaue Form der Sonatenouvertüre vorlag (H. Pfitzner, *Käthchen von Heilbronn,* 1905). – 2. Einleitungsstück allgemein (→ Praeambulum, Präludium, Fantasie); vgl. → Choral-V.

Vortragszeichen bestimmen den Vortrag eines Musikstückes hinsichtlich der Tonstärke, des Zeitmaßes, der → Artikulation und → Phrasierung. Sie können in Worten (*piano*) oder ihren Abkürzungen (*p*), Zeichen (z. B. Staccatopunkt) oder Zahlen (z. B. für den → Fingersatz) gegeben werden. → Dynamik.

Vorzeichnung, 1. die am Anfang des Stückes nach dem Schlüssel stehenden, in der Regel auch am Anfang jedes Systems wiederholten und für alle Oktaven geltenden → Versetzungszeichen (Akzidentien).
2. die nach diesen Versetzungszeichen stehenden Taktangaben.
→ Vorsatz.

♯	♭	Dur	Moll	jeweils neue Töne
0	0	C	a	
1		G	e	fis
2		D	h	...cis
3		A	fis	......gis
4		E	cis	.........dis
5		H	gis	............ais
6		Fis	dis	...............eis
7		Cis	ais	..................his
	1	F	d	b
	2	B	g	...es
	3	Es	c	......as
	4	As	f	.........des
	5	Des	b	............ges
	6	Ges	es	...............ces
	7	Ces	as	..................fes

Vox (lat. =) Stimme (Mehrzahl: *voces*); → *quinta v.* = fünfte St. (→ Vagans); *voces aequales* = gleiche Stimmen; → *v. humana* (= Menschenst.), → *v. coelestis* (= Himmelsst.), *v. virginea* (= Jungfernst., Jungfernregal), → *v. angelica* (= Engelsst.), *v. vinnulata* (= liebliche St.), *v.* → *acuta* (= scharfe St.). → Orgel(bau).

Vox angelica (lat.: Engelsstimme), Name verschied. Orgelregister: schwebende Labialstimme (8′,4′); Streicherimitation; kurzbechrige Rohrstimme (4′,2′); auch mit durchschlagenden Zungen.

Vox coelestis (lat. = himml. Stimme), Orgelregister mit schwebendem Klang (8′,4′).

Vox humana (lat. = menschl. Stimme), Orgelregister, meist Zungenstimme 8′ mit kurzem Schallbecher und Tremulant; sollte die menschl. Stimme imitieren.

V.s., Abk. f. ital. → *volti subito* = schnell umwenden.

Vuoleh → Juoikos.

Vuota (ital. =) leer; *corda v.* = leere Saite; Anweisung bei Streichinstrumenten.

Wagnertuba (Ringtuba, Waldhorntuba), von R. Wagner (für den „Ring") angeregte, ovale → Tuba in Tenor- und Baßlage, mit trichterförmigem Mundstück (→ Waldhorn) u. 4 Ventilen.

Wait (engl.: Wache, wachen), der in England im 13., 14. Jh. mit Signalhorn ausgestattete Torwächter, später der Wächter am königl. Hof und der Hauswächter. Auf diesen geht wohl W. als eine Art Schalmei zurück und im 15. Jh. als Name der Stadtpfeifer mit Schalmei (W.) und Zugtrompete. Sie hatten den Nachtwächterdienst zu versehen und im späten 15. Jh. in vielen Städten zu feierl. Anlässen zu spielen, im 16. Jh. bis Anfang 19. Jh. auch zusammen mit Sängern. Von daher gilt W. auch für die weihnachtl. Kurrende.

J. C. Bridge, Town w.s and their tunes (Proceed. Mus. Ass.) 1927/8; E. H. Meyer, Die Kammermus. Alt-Englands, Lg 1958; R. Rastall, W. (Grove) 1980.

Waldflöte, Register der Orgel mit konischen, auch zylindr. Labialpfeifen, (8'), 4', 2', (1'); wohl analog dem zylindr. Nachthorn entwickelt, oft auch so genannt, daneben auch Flautino und Waldpfeife.

Waldhorn, Horn (it. *corno*; frz. *cor d'harmonie; engl. french horn*), →

Horninstrument, kreisförm. gewunden; zunächst aus dem alten Tierhorn entwickeltes → Signal- und → Jagdhorn. Um 1700 kam die jetzige Form des W. in Frankreich auf: schlankes Rohr, weiter Schallbecher, Trichtermundstück, zarter Ton. Für den Orchestergebrauch wurden mehrere Stimmungen benötigt, um Mängel und Lücken in der Naturskala zu beheben, was durch → Setzstücke (Rohrschleifen; → Inventionshorn) erleichtert wurde. Die Erfindung der → Ventile (Anfang 19. Jh.) machte das W. zum heutigen Orchesterinstr., meist mit 3 Ventilen. Das von Heidrich, Breslau, 1883 gebaute kleinere (höhere) Oktav-W. hatte 4 Ventile. Die W.-Stimmung ist jetzt F bzw. F/B (beim Doppelhorn; umschaltbar mit dem „Daumenventil"). Ist das W. mehrfach zu besetzen, verwendet man gern verschied. Stimmungen und entschließt sich auch wieder zu der „Arbeitsteilung" (paarweise besetzt: 2, 4, 8), wie sie in der Zt. der Naturhörner üblich war. Seit Klassik und Romantik ist das W. mit zunehmender Besetzung fester Bestand im Orchester. Hohe Anforderung an die Virtuosen stellten vor allem C. M. v. Weber (Concertino), Schumann (Kzt. f. 4 H.er), Brahms (H.-Trio), R. Strauss (2 H.-Kzte.).

→ Horn.

Waldteufel → Reibtrommel.

Waldzither, Thüringer (Harzer) W., Zupfinstr., Überrest der im 16. und 17. Jh. beliebten Volksinstr. der → Cistern, 4–5 chörig. Auch als Baßinstr. (Erzcister) und mit Bordunsaiten, auch ohne Schalloch. Heute noch in Gebrauch; nicht zu verwechseln mit der flachen → Zither.

Walze, 1. Rohrschweller, Registerschweller, Crescendowalze (-zug): Spielhilfe an der Orgel; eine mit dem Fuß zu bewegende Walze ermöglicht die Zu- od. Abnahme der Zahl beteiligter Register, d. h. Änderung der Lautstärke und Klangfarbe im Gesamtklang (anders als der → Jalousieschweller; → Schwellwerk). Zu- und Abnahme können an einer Skala verfolgt werden. Die W. wurde von E. F. Walcker erfunden (zuerst Stiftskirche Stuttg., 1839). – 2. → mechan. Musikinstrument, „Orgelwalze".

Walzer (got. *waltjan*: sich wälzen, drehen; engl. *waltz*; it. *valzer*; span. *vals*; frz. *valse*; russ. *val's*), dt. Paartanz im Dreiertakt (meist 3/4), ursprüngl. langsam; als Wiener W. und seither schnell getanzt. Die Musik ist regelmäßig aufgebaut aus 4-, 8-, 16taktigen Abschnitten. Häufig sind 2- und 3tlg. Liedform (mit Wiederholung des 1. Teils am Schluß). Zu W.ketten (W.kränzen) wurden mehrere (anfangs 12, bei J. Strauß 5) W. aneinandergereiht und zwischen Introduktion und Coda gestellt, die thematisch Bezug nehmen zu den thematisch beziehungslos aufeinanderfolgenden Einzelw. Die W.-melodie liegt meist in der Oberstimme, Baß und Mittelstimmen geben den W.rhythmus. Der sentimentale Langsame W. (→ English Waltz) ist ein Gesellschaftstanz des 20. Jh. – Der Name W. tritt erst im letzten Drittel des 18. Jh. auf; danach das Verb walzen (= W. tanzen). Der Tanz könnte auf den ma. ungeradtaktigen → Nachtanz zurückgeführt werden, der dem geradtaktigen Vortanz mit gleichem Melodiegrundriß folgte. Vermutlich gehören auch die Springtänze der Bauern im 14.–16. Jh. und der süddt. Dreher des 18. Jh., der geschleift (Schleifer), nicht gehüpft wurde, zu den Vorformen. Eine besondere Entwicklung zeigt der „Deutsche Tanz", der sich schon in den Tabulaturen des 16. Jh. als Tanz mit Nachtanz findet: In Frankreich wurde der geradtaktige Vortanz zur → Allemande, die so nach Dtl. zurückkehrte, wo der Name „Deutscher" weiter für den Dreiertakt galt. Daneben standen vor allem in den Alpenländern die zahlreichen → „Ländler" im 3/8-, 6/8-Takt, wie sie oft als „Menuett" in Haydns Sinfonien wiederkehren. Auch der Langaus vor 1800, eine schnelle Ausführung des Deutschen Tanzes mit sehr weiten Schritten, gehört zu den Vorläufern des W. „Deutsche" und „Ländlerische" Tänze schrieben auch Mozart und Beethoven. Der weitverbreitete Tanz wurde 1786 hoffähig durch die Aufführung der Oper *Una cosa rara* von V. M. y Solar in Wien, bei der W. auf der Bühne getanzt wurde. Seitdem setzte er sich allgemein durch. In der Frz. Revolution siegte mit einem beispiellosen Tanzrausch der W. des Bürgertums über das höfische Menuett, und der Wiener Kongreß räumte alle in Europa etwa noch vorhandenen gesellschaftl. Hindernisse aus, außer vielleicht in England, wo die Reserve des Hofes stärker war. F. Schubert gab seinen W. eine neue romantische Linie, C. M. v. Weber beschleunigte das Tempo (*Aufforderung zum Tanz*). Das Liebhaber-Streichquartett, in dem J. Lanner die 1. Geige, Joh. Strauß die Bratsche spielte, entwickelte sich zum beliebten Ball-Orchester, durch das die ersten, auf 5 W. reduzierten, endgültigen W.ketten Lanners aufgeführt wurden. Diese und die W. von Joh. Strauß Vater und Sohn wurden die Muster des Wiener W. Seitdem findet sich der W. außer in der Operette (Suppé, Millökker, Zeller, Lincke, Lehár) in Oper (Wagner *Meistersinger*; R. Strauss, *Rosenkavalier*, A. Berg, *Wozzeck*), Sinfonie und Sinfonischer Dichtung (Berlioz, *Symphonie fantastique*; Tschaikowsky, 5. Symph.; R. Strauss, *Also sprach Zarathustra*). Dem Beispiel von Clementi, Hummel, Diabelli, Schubert (in Paris: Hünten, Kalkbrenner) folgend, schrieben Klavier- und Konzert-W. u. a. Weber, Chopin, R. Schumann, F. Liszt, Reger, Ravel, Sibelius. Der gesungene W. war schon früh im Lied vorbereitet (*Bald gras ich am Neckar; O du lieber Augustin*), kam schon im frühen 19. Jh. in Singspiel, Operette und später in der Oper (Humperdinck, R. Strauss) vor, schließlich auch im Konzertw. (R. Schumann; J. Brahms, *Liebesliederw.*).

C. Sachs, Eine Weltgesch. d. Tanzes, 1933, ND 1976; P. Nettl, The story of dance mus., NY 1947, ND 1970; E. Reeser, De geschiedenis v. de wals, A 1947; M. Carner, The hist. of the w., L 1948; ders., W. (MGG) 1968; R. Flotzinger, Und walzen umatum. Z. Genealog. d. Wien. W. (Öst. Mus. Zs.) 1975; A. Stenger, Stud. z. Gesch. d. Klavierw. (Europ. Hochschulschr., Mw.) 1978; M. Schönherr, Lanner, Strauß, Ziehrer; Synopt. Hdb. d. Tänze u. Märsche, W 1982.

Wambi, Zupfinstr. mit in Ost- und Mittelafrika verschied. Namen (Kongo bis Sudan; Nigeria: *ubo*), das auf den vielsaitigen → Musikbogen zurückgeht: An einem kasten- od. dosenförm. Holzkörper als Resonator sind unten 5—8 Ruten befestigt, von deren Enden die Saiten nach einem Querriegel auf der Kastendecke laufen. Die dadurch gebogenen Ruten halten die Saiten gespannt.

Wandelkonzert (Simultankonzert), mehrtlg. Darbietung, meist zugleich in verschied. Räumen od./und Straßen/Plätzen mit Orchestergruppen, einzelnen Musikern, → Multimediaeffekten. Das Publikum kann (gelenkt od. improvisiert) beteiligt werden; z. B. Happening, multisensor. Darbietungen, „instrumentales Theater" (Kagel, *Match für 3 Spieler,* 1964); Stockhausen, *Musik für ein Haus,* (1967, 1968); D. de la Motte (Hannover 1970); Vl. Kupkovič, *Klanginvasion* (Bonn 1970).

F. Ritzel, Mus. f. ein Haus (Darmst. Beitr. z. Neuen Mus.) 1970.

Waschbrett, Washboard, in der Rhythmusgruppe der → Skiffleband verwendetes W., über das die mit Fingerhüten versehenen Finger reiben und ein im Rhythmus kratzendes Geräusch hervorrufen.

Wasserorgel, → Hydraulos, Orgel.

Water Gong, → Tamtam, dessen Klangfarbe variiert werden kann durch Eintauchen der schwingenden Scheibe in einen mit Wasser gefüllten Behälter (z. B. bei J. Cage).

Wechseldominante, Doppeldominante, Begriff der Harmonielehre („erweiterte" Tonalität): Sonderform der → Zwischendominante: die Dominante über der Dominante; z. B. in C-Dur: D-Dur.

Wechselgesang erfolgt inhaltl. wiederholend, bestätigend (z. B. im Refrainlied; → Akklamation) od. dialogisch (respondierend) weiterführend (z. B. die Amoibaia der griech. Tragödie und Bukolik; → Antiphonen; dramat. Duette) od. streitend, widersprechend (z. B. → jeu parti, Opernduett). Es wechseln die Besetzungen: Solo/Solo; Solo/Chor; Chor/Chor (Stimme, Gattung); vokal/instrumental. Es wechseln Vor-/Nachrede, Frage/Antwort; mit Wiederholung od. Varianten von ganzen Abschnitten od. Strophen od. nur des Refrains bzw. der Halbstrophen des Vorgesanges. → Alternatim, Mehrchörigkeit, Worksong.

Wechselklang, bei H. Erpf (1927) der Dreiklang gleichen Grundtons, doch anderen Geschlechts (Dur, Moll); bei H. Riemann → Variante (3).

Wechselnote (it. *nota cambiata*), Wechselton in Melodie, Intervall, Akkord auf unbetonter Taktzeit, die vom (betonten) oberen od. unteren Nebenton kommt und zu ihm zurückkehrt. – Die „Fuxsche W." (nach J. J. Fux) = Wechsel von (dissonanter, unbetonter) Septime mit (konsonanter) Sexte, da im absteigenden Sekundgang statt der weiteren Sekunde ein fallender Terzsprung folgt; vgl. → Commissura, Durchgang.

Weihnachtsspiel, in Anlehnung an das Osterspiel im 11. Jh. entstandenes → liturg. Drama, von dem Weihnachtstropus *Quem quaeritis in praesepe* (Wen sucht ihr in der Krippe) ausgehend und um Herodes-, Bethlehem-, Kindermord-, Prophetenspiel um 1100 erweitert. Der ursprüngl. lat. Text wurde zunächst an eindrucksvollen Stellen in der Volkssprache wiederholt (14. Jh.), bis er durch volkssprachl. Einschübe immer mehr zurückgedrängt wurde. Das umfangreichste, überlieferte W. ist in der Handschrift der → Carmina burana enthalten. Als die Spiele wegen der Ausdehnung mit drastischen weltl. Szenen aus dem Kirchenraum auf die Simultanbühne im Freien verwiesen wurden, gingen die Aufführungen von W. zurück, blieben aber in bäuerlichen Gemeinden des Alpenraums, Schlesiens, Ungarns und Siebenbürgens erhalten; z. B. Oberuferer Paradeisspiel, das von L. Weber (*Christgeburt,* 1924) neugestaltet wurde.

F. Vogt, Die schles. W., 1901; M. Böhme, Das lat. W., 1917; W. Sturdevant, The Misterio de los Reyes Magos, Baltimore, 1927; H. Heckel, Das dt. W. (Diss. Greifswald) 1933; L. Schmidt, Formprobl. d. dt. W., 1937; H. Bausinger u. a., Schwäb. W. 1959. S. Pestana (Hg.), Auto de los Reyes Magos, Lissabon 1965; W. F. Michel, D. dt. Drama im MA., 1971. → Liturg. Drama.

Weise (von ahd. *wisa* = Art), Singweise. In dieser Bedeutung gebraucht für die Melodie, den „Ton" in Minne- und Meistersang; heute für Lied, Liedfassung, vielfach in Gegenüberstellung zum Text: „Worte und W.".

Weite Lage → Lage (1).

Weltmusik (*World Music*), in den 1960er Jahren in den USA wieder aufgenommene Bez. für in der Welt allgemein gültige Erscheinungen in der Musik und die Gleichberechtigung der Musikkulturen; daher die Notwendigkeit, sie gleichwertig wissenschaftl. zu behandeln ohne (auch unbewußte) Überbewertung der als „abendländ." überlieferten, durch Hörgewohnheit gefestigten euro-amerikan. Musik. Gegenüber unterschiedl. Elementen (z. B. anderen Singtechniken und Instrumentenklängen, scheinbar ungeordnetem Zusammenspiel, fremdartigen Melodielinien und Metren bei kompliziertem Schlagwerkrhythmus) gibt es Gemeinsamkeiten: Ton-Vorrat in Gebrauchs- und Materialleitern, Zeiteinteilung, formale Gliederung (z. B. Wiederholungsprinzip), Grundtypen der Instrumente. Musik als „universale Sprache" wird – mit anderen Prämissen – von der → Musikethnologie (Vergl. Musikforschung) objektiv neu gefaßt. Das Wort „W." (von G. Capellen 1906 gebraucht) ist mehrdeutig und wird auf neue Musik im Sinne von übernational, überzeitl. bezogen (so auf Werke von Cage, Stockhausen) wie auf das zweifelhafte Ergebnis einer möglichen allgemeinen Nivellierung. → Akkulturation.

G. Capellen, Ein neuer exot. Musikstil, 1905; ders., Exot. Rhythmik, Melodik und Tonalität als Wegweiser zu einer neuen Kunstentw. (Die Musik) 1906/7; K. Reinhard, Grundstrukturen der W. (Mus. und Bildung) 1979; P. Ausländer/J. Fritsch, W., 1981, II: 1982; J. Fritsch, Zur Idee der W. (Mf) 1981.

Welturheberrechtsabkommen (= *Convention universelle sur le droit d'auteur*), geplant zum Ausgleich der Unterschiede des europäischen und amerikanischen → Urheberrechts. Die Bemühungen um ein W. wurden nach dem 2. Weltkrieg von der → UNESCO weitergeführt. Es wurde 1952 abgeschlossen, trat 1955 in Kraft (Pariser Revision 1971) und gilt in der Bundesrepublik Dtl. neben der Revidierten → Berner Konvention. Es regelt den Urheberrechtsschutz fremder Staatsangehöriger. → Copyright.

Werbemusik → Funktionelle Musik.

Werksmusik, die bei meist größeren Industriefirmen bestehenden Chöre und Kapellen und deren Darbietung bei betriebl. und allgemeinen Anlässen. Die Vereine entstanden auf Betreiben und im Interesse der Firma und/od. auf Anregung aus der Belegschaft vor allem im 19. Jh., z. B. im Saarland, Ruhrgebiet, und hatten Anteil am regionalen Kulturleben. Als Vorläufer sind die „Bergchöre" und „Bergkapellen" zu sehen, die z. B. im Erzgebirge seit dem 16. Jh. (Freiberg, Schneeberg), im Harz, auch in Iglau auftraten (u. a. bei Andachten vor Arbeitsbeginn). → Bergreihen, Funktionelle Musik.

M. Steegmann (Hg.), Musik u. Industrie (Stud. z. Mg. d. 19. Jh.) 1978.

Werkverzeichnis → Thematisches Verzeichnis.

West Coast Jazz, in den 1950er Jahren im Bereich der nordamerikan. Westküste von weißen Musikern ausgehende Jazzentwicklung kleiner Gruppen (ähnlich dem → Cool Jazz) mit hoher techn. Fertigkeit, kontrapunktischen, auch seriellen Sätzen (Roger). Eine Antwort auf den → East Coast Jazz und wie dieser rasch kommerzialisiert.

Western Music → Country & Western Music.

Wiener Besetzung, Grundbesetzung der sich in der 2. Hälfte des 19. Jh. von Österreich aus verbreitenden Richtung der → Unterhaltungsmusik: 2 Violinen, Cello, Kontrabaß, Klavier.

Wiener Schule. Als „W. Sch." faßt die Musikwissenschaft jene Komponisten (Werke) zusammen, die von Wien aus parallel zu ähnl. Strebungen der → Mannheimer gesteigerte Ausdrucksmöglichkeiten u. a. in themat. Arbeit (→ Durchführung) suchten (Monn, Wagenseil, Starzer, Fux, Caldara, Reutter d. J., Gaßmann). Sie bereiteten die Sonate, Sinfonie und Oper der „Wiener Klassik" (Haydn, Mozart, Beethoven) vor. – Auf diese und direkte Wiener Vorgänger (insbes. in Kunstlied und Streichquartett) im späten 19. Jh. und im Übergang zum 20. Jh. um Brahms und G. Mahler bezieht sich der Name „2. W. Sch." (Wellesz 1912: „junge W. Sch.") für die Anfang des 20. Jh. von Wien aus wirkende Gruppe von (→ „atonalen") Komponisten um A. Schönberg, die als Ggs. zum „klassischen" System der Tonalität und zur späteren „erweiterten" Tonalität (z. B. Reger) die Zwölftonkomposition (→ Dodekaphonie)entwickelten, sie vertraten, verwendeten (Berg, Webern; ferner u. a. Eisler, Wellesz, Apostel, Jelinek, Zillig) und theoretisch behandelten (Adorno, Rufer).

W. Fischer, Z. Entw.gesch. d. Wiener klass. Stils (Stud. z. Mw.) 1915; K. Westphal, Der Begr. d. mus. Form i. d. Wien. Klass., 1935, NA 1971; W. H. Reese, Grundsätze d. Instrumentation i. d. vorklass. u. klass. Sinf. (Diss. B) 1939; R. Landon, Essays on the Viennese class. style, NY 1970.
R. Leibowitz, Schoenberg et son école, P 1947; E. Wellesz, Schönberg u. d. Anfänge d. W. Sch. (Österr. Mus. Zs.) 1960; H. Strobel, Die W. Sch. (Melos) 1963; L. Rognoni, La scuola mus. di Vienna, [2]1966, NA Turin 1974; R. Schollum, D. W. Sch., W 1969; R. Gerlach, L. Janáček u. d. 1. u. 2. W. Sch. (Mf) 1971; U. v. Rauchhaupt (Hg.), Schönberg, Berg, Webern; die Streichquartette der W. Sch., 1972; C. Dahlhaus (Hg.), Die W. Sch. heute (VINM 24) 1983.

Windharfe → Äolsharfe.

Windkapsel (Mundkapsel), bei Blasinstr. mit Rohrblatt (auch tiefen Blockflöten) das Anblasstück, von dem aus die Luft über das Rohrblatt (Labium) in das Rohr eindringt. Da nur mittelbar (durch die W.) geblasen werden kann, können Klangfarbe und -stärke vom Spieler nur gering beeinflußt werden (z. B. → Kortholt, Krummhorn, Zurna; vgl. → Sackpfeife).

G. Kinsky, Doppelrohrblattinstr. mit W. (AfMw) 1925/6; I. Hechler, Die W.-Instr. (Tibia) 1977. → Krummhorn.

Windlade, Windkasten, kastenförmiger Luftbehälter im Orgelunterbau, durch Ventile verschlossen, die der Luft den Weg in die Orgelpfeife freigeben können; → Schleif-, Spring-, Kegellade.

Windmaschine, Gerät zur Imitation der durch Wind und Sturm entstehenden Geräusche (Sausen, Pfeifen, Heulen); durch Elektromotor mit an der Achse befestigten Gerten; od. eine schnell od. langsam handbewegte Walze, zahnradartig aus Leisten gebildet, deren Kanten gegen ein (auf einer Seite befestigtes, auf der anderen beschwertes, also eng aufliegendes) Tuch reiben.

Windwaage, ein Gerät zum Messen des Winddruckes bei Orgeln. Die Luft treibt Wasser in einem Glasrohr je nach dem Winddruck verschieden hoch. Heute mißt man den Winddruck mit dem Manometer. Die Erfindung der W. (1667 durch Chr. Förner) hatte große Bedeutung für den damaligen Orgelbau.

Wirbel, 1. schnelles, wirbelndes Schlagen auf Pauken, Trommeln, Becken od. Triangel; – 2. bei Saiteninstrumenten Holzpflöcke im Wirbelkasten (auf der Wirbelplatte), Stifte bei Tasteninstr. zur Befestigung der Saiten; bei verschied. Zupfinstrumenten wurden die W. durch eine Zahnradmechanik ersetzt (Gitarre, Mandoline).

Wirbeltrommel → Rolltrommel

Wohltemperiertes Klavier, J. S. Bachs zweibändige Slg. von je 24 Präludien und Fugen in allen Dur- und Molltonarten (I: Köthen 1722; II: abgeschlossen in Leipzig 1744; Teile im Klavierbüchlein für W. F. Bach, 1720, bzw. im 2. Notenbuch für Anna Magdalena, 1725, enthalten). Sie war nach pädagog. Gesichtspunkten zusammengestellt und sollte Spiel- und Kompositionstechnik zeigen, wohl auch, daß man bei gleichschwebender → Temperatur auch in einer „entfernten" Tonart nahezu rein musizieren kann. Eine ähnliche Slg. hatte J. C. F. Fischer in seiner *Ariadne Musica* (vermutl. 1702) herausgebracht, der sich mit seinen 20 kurzen Präludien und einfachen Fugen für Orgel wohl auf Werckmeister stützte.

J. N. David, Das W. Kl., 1962; W. Breckhoff, Zur Entstehungsgesch. d. 2. W. Kl. v. J. S. Bach (Diss. Tübg.) 1965; H. Keller, Das W. Kl. v. J. S. B., 1965; H. Kelletat, Zur mus. Temperatur 1, ^{2}1981.

Wolf (engl. *wolf*), 1. Orgelw., heulender W., frz. *quinte du loup*; bei Tasteninstr. der ungleichschwebenden → Temperatur (→ Stimmung) die unreine Stimmung der 12. Quinte gegenüber dem oktavversetzten Ausgangston (→ Komma) und die starken Tondifferenzen in von der Grundstimmung des Instruments entfernten Tonarten. Gelegentl. wird auch das Mitklingen („Heulen") eines (Nachbar-)Tones W. genannt, das durch Mängel etwa bei Tastatur (Verklemmen) od. Regierwerk entstehen kann. – 2. Der „Wolfston" beim Cello – (weniger bei Kontrabaß und Viola) entsteht bei Doppelresonanz im Übergang vom (warmen) unteren Tonbereich in den strahlenden oberen (Übergang von Gleichtakt- in Gegentaktschwingung). Die Frequenz des W. ist dann gleich der Resonanzfrequenz des Korpus. Im Ggs. zu diesem „echten" spricht man vom „falschen" W. bei Resonanzschwäche besonders im Kontrabaß, wenn Töne, Tonbereiche matt klingen.

I. A. Firth, The w. in the cello (Journ. of the Acoust. Soc. of Amer.) 1973; G. v. Reumont, Üb. d. Wolfton (D. Musikinstr.) 1979.

Work in progress, die ausbaufähige, nicht abgeschlossene Komposition mit infolgedessen nicht geschlossener Form (doch nicht der „offenen" Form der → Aleatorik), deren Bau vom Komponisten vorgezeichnet od. -geplant ist und auf die Interpretation einwirkt (z. B. P. Boulez, *Figures, Doubles, Prismes,* 1963/66).

Worksongs (engl. =) Arbeitslieder der nordamerikan. Neger; vielfach im Wechselgesang (*call and response*) von Vorsänger und Arbeitsgruppe das Arbeitstempo festlegend beim Holzfällen, Schienenlegen od. bei der Landarbeit (→ *plantation song*), auch Lotsenrufe (*sounding calls*) und Rufe der Verkäufer (*street cries*). In der Musik mischen sich afrikan. mit abendländ. Elementen. → Spiritual, Jazz.

W. F. Allen u. a., Slave Songs of the USA, NY 1951; M. M. Fisher, Negro Slave Songs in the USA, Ithaka 1953; A. Lomax, The Folk Songs of North America, NY 1960; J. Hunkemöller, Z. Gattungsfrage im Jazz (AfMw) 1979.

Wurstfagott → Rankett (1)

Xenorphica, → Bogenklavier.

Xylo(ma)rimba, → Marimba, die eine Oktave höher klingt und deren Klang je nach Tonlage und Schlegel zwischen → Xylophon und Marimba liegt.

Xylophon (von griech. *xylon* = Holz), Stabspiel mit abgestimmten Holzstäben, die mit Holzklöppeln geschlagen werden und ursprüngl. auf Strohrollen lagen; daher früher auch „Strohfiedel" neben „Hölzern Gelächter", Holzharmonika, Psalterium ligneum (Holzpsalter). Die Stäbe des X. für Orchester- od. Unterhaltungsmusik liegen 4reihig zur Trapezform geordnet oder wie die Klaviertasten. Das X. ist seit dem 15. Jh. in Europa bekannt und wird seit dem 19. Jh. in der Orchestermusik verwendet, seit 1930 auch in der Schulmusik. – Instrumente mit abgestimmten Holzstäben od. -platten sind in fast allen Kulturen in Gebrauch; besonders entwickelt die mit trog- od. wiegenförm. Resonanzkörper in Südostasien und Indonesien (→ Gamelanorchester; birman., chines. → Pattala), die möglicherweise die afrikanischen X. beeinflußten (z. T. mit Einzelresonatoren: Kalebassen), wie die → Marimba, die dann in Mittel- und Südamerika auf vorkolumbian. Idiophone traf und heimisch wurde. Eine Abart des X. sind die in mehreren Größen und Stimmungen gespielten Instr. mit hölzernen (Kuh-)Glocken in Lettland (*koka swans*) und Litauen (*skrabalai*).

M. Wegner, Das Mus.leben d. Griech., 1949; Vertkov, Atlas, 1963, [2]1975; A. M. Jones, Africa and Indonesia. The evidence of the X., Leiden 1964.

Yang-tjin (chines.: fremdes Tjin = → K'ing), vermutl. im 16. od. 17. Jh. aus Europa übernommenes, chines. → Hackbrett mit bis 18 Metallsaiten (ähnl. das korean. *yang-kum* und von daher das japan. *sangen-da-kin*).

Yaraví, pentatonische Liedgattung in Peru, Bolivien, Ekuador, Nordargentinien; aus der Inkazeit stammend; schwermütig, zur → Quena in freier Form gesungen; später 6/8-Takt.

Yataga (kirgis.; mongol.: *yatag, yatga*), Wölbbrettzither mit 14 Saiten, je mit bewegl. Stegen über hohem Resonanzkörper.

Yü (chines; korean.: *Ö*), chines. Schrapinstr. in Form eines auf einem Sockel liegenden, hölzernen Tigers, über dessen kammartigen Rücken mit einer Bambusrute geschrapt wurde, um das Ende der Tempelandacht anzuzeigen.

Yün-lo (chines. *lo*: Gong), chines. Palast- und Tempel-Gongspiel mit 10 in einem Rahmen hängenden, abgestimmten Tellergongs (korean. *unna*; ähnl. das tibetan. Gongspiel *tsang-schan*).

Zahlensymbolik ergab sich in verschied. Hochkulturen (Sumerer, Ägypter, Griechen: → Sphärenharmonie) aus der Feststellung kosmischer Zahlenverhältnisse und beim Entstehen der Tonsysteme. Musik galt noch im 16. Jh. als mathemat. Disziplin (→ Quadrivium) und wirkte als solche (Kepler, Kircher, Werckmeister) noch im ordnenden Denken der Aufklärung, besonders der protestant. Orthodoxie. So stehen theologische Grundbegriffe (z. B. Trinität: 3; Schöpfung: 7; Kirche: 12) neben sinnfälliger Gleichsetzung (Anzahl der Stimmen, Einsätze, Wiederholungen gleich der im Text erscheinenden Zahl od. der Ziffer von Kapitel, Vers, Psalm) und neben dem Gebrauch eines Zahlenalphabets („Zahlenkabbalistik"); z. B. „J. S. Bach" = 41: Buchstabenzahl im Alphabet (i = j) = Zahl der Melodietöne in *Vor deinen Thron tret ich hiermit.* Beispiele für Z. geben u. a. Josquin, Obrecht, Lasso, Demantius, Buxtehude, J. S. Bach. Daß sich die Komponisten kaum selbst dazu äußerten, deutet auf einen allgemeinen Brauch, erleichtert andrerseits die spekulative Betrachtung heute.

C. Heunisch, Hauptschlüssel üb d. hohe Offenbarung S. Johannis . . . Erklärung aller u. jeder Zahlen, 1684, ND (hg. Th. Wilhelmi; Einführ.: W. Blankenburg, Chr. Trautwein), Basel 1981; H. Ziebler, D. Symbol i. d. Mus. J. S. Bachs, 1930; M. Jansen, Bachs Z. (Bach-Jb.) 1937; E. Bindel. D. Zahlengrundlagen d. Mus. im Wandel d. Zeit 1, 1950; Fr. Smend, J. S. Bach bei seinem Namen gerufen, 1950; M. Vogel, D. Zahl 7 i. d. spekulat. Mth. (Diss. Bonn) 1955; Fr. Feldmann, Numerorum mysteria (AfMw) 1957; R. N. Currie, A neglected guide to Bach's use of number symbolism (Journ. Riemenschneider Inst.) Berea/Ohio 1974; W. Blankenburg/W. Elders, Z. (MGG) 1979; K. Kluge-Kahn, D. letzte Botschaft v. J. S. Bach, 1984. → Symbol, Harmonie, Sphärenharmonie.

Zajal → Zéjel.

Zamba, Liedtanz besonders in Argentinien und Uruguay, 6/8-Paartanz mit Gitarrevor- und -nachspiel; seit Anfang des 19. Jh. bekannt.

Zam(b)acueca (span.), altes kreol. Tanzlied in Lateinamerika (Peru: *chilena*; Bolivien: *marinera*), besonders in Chile und Argentinien; schneller ⁶⁄₈-, wechselnd mit ¾-Takt; afrikanischer od. europ. Herkunft. Die Z. ist verwandt mit d. argentin. → Zamba u. chilen. → Cueca.

Zambomba (span.), → Reibtrommel („Brummtopf"), in Spanien mit einem Holzstäbchen, in Mittelamerika (Guatemala) mit einem Knochen in der Membran.

Zambra (span.), span. Rundtanz (vermutl. maurischen Ursprungs); eine der Vorformen der chilen. → Cueca.

Zambumba (span.), mittelamerikan. Trommel, beidseitig mit Schnüren bespannt (Honduras Salvador).

Zampogna (it.), → Sackpfeife mit 4–7 Pfeifen (2 Spielpf. gleicher od. verschied. Länge), einfachem od. doppeltem Rohrblatt; in Süditalien, auf Malta und Sizilien (dort auch einzelne Schalmei).

Zamr (arab.), Kegeloboe in arab. Ländern und Nordafrika (ägypt. *zumāra*) mit 7 Grifflöchern + Daumenloch; mit verschied. Größen im Ensemble (*mizmār*) der arab. Kunstmusik. Vgl. → Zurna.

Zanza, Sansa, Mbira, Malimba, afrikan. → Lamellophon: An einem Brett (auch als Resonanzkörper) einseitig befestigte Holz- und Metallzungen werden gezupft; 1- und mehrstg. Für → Musique concrète von P. Boulez benutzt.

Zapateado (span. *zapata* = Halbstiefel), sehr schneller span. Einzeltanz (⁶⁄₈) der Frau, dessen Rhythmus nicht mit Kastagnetten, sondern durch Aufstampfen markiert wird.

Zapfenstreich, seit dem 17. Jh. das abendliche Trompeten- bzw. Trommelsignal als Befehl an die Soldaten, die Quartiere aufzusuchen (dabei mußten die Marketender das Faß mit dem Zapfen schließen). Der Große Z., eine Folge von Signalen („Posten") mit dem Lied *Ich bete an die Macht der Liebe* am Schluß wurde am Ende oder am Vorabend großer militärischer Feierlichkeiten aufgeführt, meist nach einem Monstrekonzert. Er wurde erstmals 1838 in Berlin organisiert von W. F. Wieprecht mit 1086 Militärmusikern und 150 Spielleuten.

Zarge (ahd. *zarga*), Einfassung, Seitenwand; Verbindung zwischen Decke und Boden bei Saiteninstr., auch z. B. bei Trommeln.

Zartflöte, Name verschied. Register der Orgel (z. B. Dulzflöte, Spitzflöte, → Quintaden), meist für eine zylindr. Gedacktflöte im 4', selten 8'. Die Z. entspricht etwa dem Lieblichen Gedackt, mit dem zusammen sie auch in ein Register gestellt wurde.

Zarzuela (span.), die einaktige komische Oper (Operette, Singspiel) mit Wechsel zw. Dialog und Solo- und Chorgesang. Sie wurde vermutlich von Calderón geschaffen, 2aktig im 17. Jh. am span. Hof aufgeführt, wurde im 18. Jh. volkstüml. und erfuhr, jetzt einaktig, seit dem 19. Jh. eine Renaissance unter H. Barbieri, F. Caballero, J. Serrano, I. Albéniz, M. de Falla. – Der Name Z. geht zurück auf span. *zarza* = Dornenhecke und bezieht sich auf den damit bewachsenen Hügel des königl. Schlosses (*Palacio de la zarzuela*), das im 17. Jh. Mittelpunkt von Musik- und Theateraufführungen war.

E. Cotarelo y Mori, La z., Madrid 1934; M. Munõz, Hist de la z. y del género chico, ebd. 1946; R. Mindlin, Die Z., Zürich 1965; R. Cortina, The z. (Diss. Tallahassee) 1971/2.

Zäsur (lat. *caesura* = Einschnitt); t. t. der Metrik; in der → Phrasierung kleine Pause im Spiel, Atempause des Sängers, die zwei musikal. Phrasen voneinander trennt und damit die innere Ordnung des Ablaufs erkennbar macht. Eine Z. wird nur selten (meist nur in der Vokalmusik) vom Komponisten angegeben.

Zauberflöte, → Labialregister der Orgel (überblasendes → Gedackt), 8', 4'; aus der Barockorgel (möglicherweise über den engl. Orgelbau) wieder in die neuere deutsche Orgel übernommen.

Zeichen. Musikbezogene Z. außer den → Vortragszeichen sind die einzelnen Teile der Notenschrift: → Liniensystem, Schlüssel, Taktz., Taktstrich, Mensurstrich, Akkolade, die Noten in ihren verschied. historischen Formen und Werten, die Buchstaben der → Tabulaturen, die Versetzungszeichen. → Abkürzung.

Zeitschriften, → Musikzeitschriften.

Zeitungslied, das besonders im 16. Jh. auf Flugblättern verbreitete, von den Verkäufern vorgetragene Lied mit Bericht über Moritaten und polit. Ereignisse. → Bänkelsang.

Zéjel (span.), **Zajal** (arab. = Gesang), Refrainlied, Tanzlied; charakteristische Form der iberischen Dichtung vom 12. Jh. an, die sich von anderen Formen (z. B. Villancico) vor allem durch 3 gleichgereimte Zeilen zwischen dem je 2zeiligen Refrain am Anfang und Ende unterscheidet. Ungeklärt ist, ob hier eine ältere abendländ. od. eine ursprüngl. arabische Strophenform zugrundeliegt. Melodien sind aus dem 13. Jh. in den → *Cantigas de Santa Maria* überliefert. Bekannt wurde der Z.-Sänger Ibn Guzman (12. Jh.).

R. Menéndez Pidal, Poesía arabe y poesía europea, Madr. 1945; R. J. Taylor, D. Melodien d. weltl. Lieder des MA, 1964; S. M. Stern, Hispano-Arabic strophic poetry, Oxf. 1974.

Zewniza (russ.) → Kuvikly.

Ziehharmonika, → Handharmonika.

Ziffern in der → Notenschrift bezeichnen die Taktart, rhythm. Gruppen (z. B. Duole, Triole), Metronomwerte, die Pausendauer; die Saite oder Saitenteilung und die Taste oder das Intervall in Griffschriften (→ Tabulatur) und von daher das Akkordgerüst im → Generalbaß (bezifferter Baß); den Fingersatz; die Oktavversetzung; Einsatz und Schluß der Stimmen im Kanon; die Reihenfolge der Schlüsse und Instr. Die Harmonielehre verwendet römische Z. für die Tonstufen und ihre Akkorde. Z.systeme für die Notation begegnen, zunächst abhängig von den Tabulaturen (z. B. Cabezón), nach dem Muster bei J. J. Souhaitty (17. Jh.) im 18. Jh. bei J.-J. Rousseau und J. A. P. Schulz, im 19. Jh. bei P. Galin, M. Chevé, B. C. L. Natorp und F. T. Stahl.

Zigeuner-Moll → Tonleiter.

Zigeunermusik, Musik der Roma ist in ihrem ursprüngl. Bestand und dessen Wurzeln bisher nicht hinreichend erforscht, weil die Roma bei ihrem Zug aus Nordwestindien über Persien und über die Kaukasusländer nach Rußland, über den Bosporus nach Europa (um 1400 in Ungarn), über Ägypten und Nordafrika nach Spanien (dorthin auch über Frankr.) vorgefundenes Volksgut übernahmen und assimilierten. Fortgeschritten ist die Forschung in Ungarn, dessen ganze Volksmusik Fr. Liszt 1859 auf die Roma zurückführen wollte. Deren Musik scheint zunächst nur vokal gewesen zu sein mit z. T. mehrsprachigen Tanzliedern (*kelimaski djili*) und vielstroph. „langen Liedern" (*loki djili*; vgl. ältere rumän. → Doină). Die Grundbesetzung der Zigeunerkapelle in Ungarn – ungar. *cigánbanda, romazenekar*; im 16. Jh. auch *pharaones*, im 18., 19. Jh. auch (*magyar*) *Orfeusz* (ung. Orpheus) – mit 2 Violinen, Kontrabaß (Cello), → Hackbrett wurde um 1700 mit Klarinette, Viola ergänzt. Die Kapellen nahmen Instr. des jeweiligen Landes auf. Mit der meist nach bestimmtem Schema improvisierten, paraphrasierend übernommenen od. neu geschaffenen (J. Bihari), oft virtuosen Musik wurden → Csárdás, → Verbunkos, in Spanien der Cante → flamenco und jondo verbreitet. Die Ensembles übernahmen westl. Unterhaltungs- und Tanzmusik. In Rußland traten Zigeunerchöre auf, und es entstand im 19. Jh. die russ. Art der Zigeunerromanze. Das Musizieren der Zigeuner wurde seit dem 19. Jh. romantisch verklärt, führte zur Musik *nach Zigeunerart* (u. a. von Liszt, Brahms, Ravel, Glinka), regte Operetten an (J. Strauß, *Zigeunerbaron;* Lehár, *Zigeunerliebe*) u. Opern: Bizet (in *Carmen*), Rachmaninov, *Aleko* (nach Puschkins Gedicht *Die Zigeuner*).

B. Bartók, D. Volksmus. d. Magyaren ... (Ungar. Bibl.) 1935; A. Hajdu, Les tsiganes de Hongrie et leur mus. (Édtudes tsiganes) 1958; ders., La „Loki djili" des tsiganes Kalderash (Rev. des arts ... popul.) 1964; B. Sárosi, Geige u. Zig.musikanten i. Ungarn (in: W. Deutsch, D. Geige i. d. europ. Volksmus.) W 1975; ders., Instrumentale Volksmus. i. Ungarn (SIMP 4) 1976; ders., Z. (speziell ungarische) 1977; ders., Gypsi mus. (Grove) 1980.

Zimbal → Hackbrett, Cymbala.

Zimbeln, im heutigen Orchester 2 tellerartige Bronzescheiben (vgl. → Becken, Crotale), die an einem Riemengriff gehalten und gegeneinandergeschlagen oder so aneinander vorbeigeführt werden, daß sich die Ränder berühren; einzeln auch mit Hämmerchen geschlagen. Das Zimbelspiel besteht aus chromatisch abgestimmten Z. (1 Oktave), die entsprechend den Klaviertasten auf Stiften auf einem Brett angeordnet sind.

Zimbelstern (→ Cymbala). Nebenregister der Orgel, bei dem eine Welle mit daran hängenden, hellklingenden Schellen bewegt wird, deren Ton seiner Höhe wegen vom Ohr nicht eingeordnet wird. Daher kann der Z. (auch Glockenzimbel genannt) zu jedem Spiel klingen. → Tintinnabulum.

Zinganetta (von ital. *zingaro*: Zigeuner), ländl. Posse in Mittelitalien (Toscana) mit Kurzszenen, Dialogen und in Dur und Moll wechselnden Duetten; oft mit Harmoniumbegleitung; im 18. Jh. durch Zigeuner begründet.

Zingaresca (ital. =) Zigeunerlied; zigeunerhaft: *alla z.*

Zink (ahd. *zinko*; ital. *cornetto*), 1. Blasinstr. (→ Horn) mit festem od. aufgesetztem, engem Mundstück, konischem Rohr und Grifflöchern, ohne Schallbecher. Vorform ist das Tierhorn mit Grifflöchern (meist 6 + Daumenloch). Wohl nach dem Beispiel des aus Miniaturen zuerst des 12. Jh. bekannten, leicht gekrümmten, kantigen Elfenbein-Z. wurde der spätere hölzerne, mit Leder überzogene Z. gebaut, dessen Blütezeit im 16. Jh. mit dem Bau in Stimmfamilie und verschiedenen Formen begann: gerader Z. (*cornetto diretto*) mit aufgestecktem Mundst.; stiller Z. (*corn. muto*), eckig mit festem Mundst. und engem Rohr; krummer Z. (*corn. curvo*), 6–8kantig mit aufgestecktem Mundstück. Das Rohr ist aus 2 Teilen zusammengeklebt; mit Lederüberzug. Die leicht geschwungene Form des Tenor-Z. (*corno torto*) und des Baß-Z. (Cornon, mit zusätzl. Klappe) führte zum schlangenartig gewundenen → Serpent. Der Z. wurde in Kirchen-(Chor-), Orch.- und Kammermusik eingesetzt. Bis Mitte des 19. Jh. war er das Instr. der → Stadtmusikanten („Zinkenisten", → Abblasen), wurde aber verdrängt durch Instr. mit leichterer Ansprache. Im 20. Jh. wurde der Z. rekonstruiert (J. Schetelig, O. Steinkopf u. a.) und fand wieder stärkeres Interesse. – 2. seit dem 15. Jh. Orgelregister (Rohrwerk). Der Name wurde zu Unrecht im 16. Jh. und bei Neubauten im 20. Jh. auch für einen labialen Dulcian verwendet.

G. Karstädt, Z. Gesch. des Z. u. s. Verwend. i. d. Mus. (AfMw.) 1937; A. Baines, Woodwind instr. and their hist., L ^{3}1963; F. R. Overton, Der Z., 1981.

Zinzil(l)a (grusin.), kaukasisches → Hackbrett; in Georgien (Grusinien) auch *santari* (persisch *santūr*, arab. → *santīr*); trapezförmig; die Metallsaiten 3–5chörig, während der armenische *santur* 1–3chörig ist.

Vertkov, Atlas, ^{2}1975.

Zirkelkanon, Kreiskanon (*Canon perpetuus*), die häufigste Form eines → Kanons: K. ohne Ende. Die Stimmen wiederholen sich beliebig. Der Schluß ist nicht eigens komponiert, sondern für jede Stimme durch eine Fermate angegeben. Der Z. konnte auch in Kreisform geschrieben werden. Er erscheint schon bei Machaut (mit dem Vermerk: *iterum sine pausis*), und A. Berardi behandelte ihn in seinen *Documenti armonici* (1687). Eine besondere Form ist der *Canon per tonos,* bei dem jede weitere Stimme einen Ton höher einsetzt und das Satzgefüge so die Skala durchwandert; z. B. bei J. S. Bach (*Das musikalische Opfer*), Berardi (*Fuga in conseguenza,* vom Einklang bis zur None laufend) und bei J. P. Rameau.

Zitat → Entlehnung, Collage.

Zither (v. griech. *kithara*), Zupfinstr. aus einer großen Gruppe von Saiteninstr., die ein Frühstadium in der Entwicklung aus dem → Musikstab und → Musikbogen darstellt. Z.-Instrumente treten in vielen Formen auf: im Übergang zu Harfen (→ Rotta); zu Lauten (Verlängerung zum Hals mit Griffbrett und Bünden: → Komungo, K-ung-hou, Vīna Bīn, Yamatogoto = → Koto); zum Streichinstrument (→ Monochord, Bumbaß, Kayago, Psalmodikon); zum Tasteninstr. (mit angeschlagenen Saiten: → Qānūn, Santīr, Psalterium, Hackbrett, Pantaleon, Gusli). Nach den verschied. Formen und Entwicklungsstufen unterscheiden sich die Z. (mit fließenden Grenzen) in

Rundstab-Z. (→ Vīna), Plattstabz., → Röhrenz., Wölbbrettz. (→ K'in, Yataga, alte → Kantele), Kasten-Z. (Qānūn, Psalterium, Hackbrett, Kantele). Z.-Instr. treten ohne od. mit verschiedenart. Resonanzkörpern (z. B. Kalebassen) auf, mit od. ohne (feste, bewegl.) Stege, Griffmarken, Griffbretter, Bünde, Resonanzsaiten. Die Saiten können mit Finger od. Plektrum gezupft od. gerissen (dabei das Instr. geschwungen: → Schwungz.) od. geschlagen (→ Yang-tjin, Tambourin de Gascogne) od. vom Wind bewegt werden (→ Äolsharfe). – Aus dem → Scheitholz (vgl. → Raffel), einer Kastenz., entstanden im 18. Jh. verschied. Flachzithern (Kratz-Z.) und die in Dtl. und den Alpenländern üblichen Z.: Resonanzkörper einseitig (Salzburger Z.) od. beidseitig (Mittenwalder Z.) ausgebaucht; mit rundem Schalloch; anfangs 3, jetzt 5 Spielsaiten über dem Griffbrett mit Bünden; bis 42 Begleitsaiten; 4 Größen; in Münchner od. Wiener Stimmung. Die Erweiterung zur Konzertz. (Schlagz.: mit Zitherring zu spielen) für Konzert- und Unterhaltungsmusik geht auf J. Petzmayer zurück (19. Jh., vgl. → Streichz.). Die Z. wurde allgemein als Volksinstr. beliebt. 1886 wurde die Normalstimmung vereinbart, 1877 entstand der Verband dt. Z.-Vereine, Mitglied in der 1974 gegründeten Intern. Federation of Frets Music. Die → Waldzither ist eine → Cister.

H. Kennedy, Die Z. ..., 1896; A. V. Nikl, Die Z., W 1927; T. Norlind, Systematik d. Saiteninstr. I, Stockh. 1936; K. M. Klier, Volkstüml. Mus.instr. i. d. Alpen, 1956; J. Brandlmeier, Hdb. d. Z., 1963, 1979; J. H. v. d. Meer. Z. (MGG) 1968; Fr. Stradner, Vom Scheitholz zur Kratz-Z. (Jb. d. Österr. Volksliedwerkes) 1969; Br. Geiser, Die Z.n der Schweiz (Glareana) 1974; Vertkov, Atlas, ²1975.

Zoller-Geige, von J. Zoller um 1930 konstruierte, eckenlose Violine mit Schallöffnungen in den Zargen (je 5) und einer Bordunsaite (auf c) zur Stützung tiefer Töne.

Zoppa (ital. = lahm, hinkend), Tanz im 6/8-Takt mit punktiertem Rhythmus und Synkopen (vgl. → Gigue) bei G. B. Vitali (1692); von daher *alla z.* = reich an Synkopen.

Zortziko, baskisches Tanzlied im 5/8-Takt; ähnl. der → Rueda, jedoch mit punktierten Werten auf 2. und 4. Taktzeit.

Zufallsmusik → mechan. Komposition; → Aleatorik, Sortisatio.

Zuf(f)olo, Zyfloit, → Sifflöte.

Zug → Posaune, Position.

Zugposaune, → Posaune.

Zugtrompete, → Trompete, die durch ein bewegl. Rohr zwischen Mundstück und Schallrohr in ihrer Länge so verändert werden konnte, daß verschied. Naturtonreihen erreicht wurden; vermutl. Vorgänger der → Posaune. Noch im 17. Jh. nachgewiesen und von J. S. Bach als *„tromba (corno) da tirarsi"* vorgeschrieben. Da das ganze Instr. bewegt werden mußte, litt der → Ansatz und damit die Genauigkeit des Tones.

C. Sachs, Bachs Tromba da tirarsi (Bach-Jb.), 1908; H. Besseler, D. Entstehung d. Posaune (AM) 1950.

Zukunftsmusik, nach Wagners *Das Kunstwerk der Zukunft* (1850) von Wagner-Gegnern (L. Bischoff) verwendetes Wort, das Wagner ablehnte und durch „neudeutsch" ersetzt wissen wollte.

Zunftwesen. Der ständische Zusammenschluß von Musikern ist für die Antike nachgewiesen, im ma. Europa seit dem 13. Jh. bekannt. Die vermutl. vom german. → Skop her auf den Spielmann übertragene Doppelbedeutung des gesellschaftl. höher stehenden Preissängers und des niederen Gauklers zeigt sich auch später, als im 13. Jh. der Spielmann seßhaft wurde im Dienst der Höfe, der Kirche oder Städte und sich entschieden absetzte vom tief verachteten Rest des noch fahrenden Volkes. Weltl. und geistl. Fürsten und der Landadel hielten Trompeter und Pauker, die hoch bezahlt wurden und angesehen waren vor den Pfeifern und Trommlern der Städte, denen die Anstellung von Trompetern untersagt war (weshalb die Turmmusik auf dem → Zink geblasen wurde). Berufsgruppen, später mit festen Zunftregeln und Konkurrenzvorschriften, bildeten sich spätestens im 13. Jh. als Trompetergenossenschaften, Pfeiferbrüderschaften, Confréries, geführt von Pfeiferkönigen (seit d. 13. Jh.), Geigerkönigen (*rois des violons*), Marschällen; mit eigenen Straßen, in Paris mit eigener Kirche und besonderem Spital (→ Ménestrel). Das österr. Oberspielgrafenamt (1354) wurde 1782, die elsäss. Bruderschaft zur Mater Dolorosa v. Dusenbach (1481) 1789, das frz. Amt des *Roi des violons* 1750 aufgelöst. Die Zünfte unterhielten eigene Ausbildungsstätten, sorgten für Berufsreinheit und wahrten streng die Zunftgeheimnisse. Eine regelrechte Lehrzeit ist auch für die Spielleute anzunehmen, deren Können bei den Musikantentreffen (→ *Scholae mimorum*) zu beweisen war. Instrumentenmacher zählten zu den Musikern oder hatten ihre eigenen Verbände. 1791 wurde in Frankreich, 1810 in Preußen, 1852 in den letzten dt. Ländern der Zunftzwang aufgehoben. → Stadtpfeifer.

H. J. Moser, D. Musikergenossenschaften im dt. MA (Diss. Rostock) 1910; R. Lach, Z. Gesch. d. mus. Z., W 1923; E. Preußner, D. bürgerl. Musikkultur, ^{2}1950; G. Fleischhauer, D. Musikergenossenschaften im hellenist.-röm. Altertum (Diss. Halle) 1959; ders. u. H. W. Schwab, Z. (MGG) 1968; H. Engel, Mus. u. Gesellsch., 1960; W. Salmen, D. fahrende Musiker im europ. MA, 1960; ders. (Hg.), D. Sozialstatus d. Berufsmusikers v. 17.–19. Jh., 1971; M. Roske, Musikunterr. u. Zunftzwang um 1700; in U. Haensel (Hg.), Beitr. z. Mus.gesch. Nordeuropas (Fs. Gudewill) 1978.

Zunge, 1. Teil des → Ansatzrohres, des menschl. Sprechorganismus, beteiligt an Lautbildung und Stimmgebung (Formung von Vokalen und Konsonanten); – 2. von der Luft in Schwingung versetztes, dünnes Plättchen als Tonquelle in → Z.n-instrumenten: a) aus Metall: freischwingend, aufschlagend oder durchschlagend; b) aus Holz: mit einfachem → Rohrblatt od. doppeltem Rohrbl. (Gegenschlagzunge).

Zungeninstrumente haben → Zungen aus Holz od. Metall, mit denen die Schallwellen erzeugt werden: mit aufschlagenden Zungen: z. B. Orgel, Klarinette, Saxophon, Sackpfeife; mit Gegenschlagzunge: z. B. Orgel, Harmonium, Harmonikainstrumente, Sheng.

Zungenpfeifen, Lingualpfeifen (lat. *lingua*: → Zunge), Rohrwerke, Schnarrwerke. In der Orgel stehen mehr Register mit aufschlagenden als mit durchschlagenden Zungen (vgl. → Harmonium). Die Klangfarbe wird durch die Form (Weite, Kürze) des Bechers bestimmt (Auswahl und Verstärkung von Obertönen).

Zungenschlag(-stoß) → Doppelzunge, Flatterzunge.

Zupfinstrumente sind Saiteninstr., bei denen der Ton durch Anreißen der Saiten erzeugt wird. Dazu müßten auch die Kielinstrumente gehören (z. B. → Cembalo), die mit den mit der Hand (auch mit Plektrum) gerissenen („geschlagenen") Instr. den verhältnismäßig kurzen Ton gemeinsam haben, der schnelle Tonbewegung nötig macht und den Reichtum an Verzierungen in der Literatur für Z. erklärt. Zu den Z. gehören Instr. der Gruppen → Cister, Harfe, Laute, Leier, Zither.

H. Charnassé, Les instr. à cordes pincées, P 1956; Fr. Hellwig, Z. Terminologie d. europ. Z. (SIMP 3) 1974.

Zurnā (pers., usbek. *surnaj*), allgemein in Asien (chines. *sona*), auch auf dem Balkan (Serbien) auftretendes, der → Schalmei ähnliches Blasinstr. mit Doppelrohrblatt und 3–8 Grifflöchern (+ Daumenloch). Die meisten Arten (z. T. mit → Windkapsel/→ Pirouette) haben die gleiche Bohrung (oben zylindrisch, zum Schallbecher konisch). Die Z. wurde ihres durchdringenden Klanges wegen in der Militärmusik eingesetzt (→ Janitscharenmusik). Vgl. → Mizmār, Zamr.

H. G. Farmer, Studies in oriental Mus.instr., L 1931, 1936; Vertkov, 1963, ²1975; Ch. Ahrens, Instrumentale Mus.stile an d. osttürk. Schwarzmeerküste, 1970; L. Picken, Folk mus.instr. of Turkey, L 1975. → Mizmār.

Zwerchfell (mhd. *twerch* = quer), Quermuskel, der die Brust- von der Bauchhöhle trennt und sich abflacht beim Einatmen, damit den Brustraum vergrößernd, so daß die Lunge die Luft einsaugen kann. Dabei drückt das Z. auf die Bauchhöhle, und die Bauchdecke weicht nach außen aus. Umgekehrt geschieht das Ausatmen durch Hochwölben des Z., wodurch der Brustraum verkleinert wird und die Luft ausströmen kann. Der obere Körper soll dabei unverändert bleiben (also kein Heben oder Senken der Schultern). Zu den Voraussetzungen des Gesangsunterrichtes gehört die Kenntnis der Vorgänge bei der Z.- oder Bauchatmung. → Atemtechnik.

Zwerchpfeife, im 16. Jh. Name der → Querpfeife.

Zwiefache (Zwiefaltige), → Volkstänze mit häufigem Taktwechsel zwischen 2- und 3teiligem Takt: insbes. in Böhmen und den böhm. Randgebieten (Hultschiner Ländchen, Niederbayern, Oberpfalz) und Kärnten beheimatet. Vgl. → Furiant.

F. Hoerburger, Die Z. (Veröff. d. Inst. f. dt. Volkskde.), 1956; H. Regner, Taktwechselnde Volkstänze im schwäb. Ries (Diss. München), 1956.

Zwischenaktmusik → Bühnenmusik.

Zwischendominanten (Seiten- od. Nebendominanten), Begriff der Harmonielehre für Ober- und Unterdominanten, die in jeder Form im Satz vor Haupt- od. Nebenharmonien eingeschoben werden können. Es entstehen dadurch Zwischenkadenzen, ohne daß das Bewußtsein der Haupttonart aufgehoben würde, woran auch die vorübergehende Verschiebung des Tonzentrums (→ Ausweichung) nichts ändert (z. B. in D-dur: der g-moll- und A-dur-Dreiklang). Die Erscheinung der

Z. ist häufig. Der Begriff der erweiterten Tonalität hat hier seine Grundlage. → Wechseldominante.

Zwischensatz, der Mittelteil einer dreiteiligen Form; also in der Form ABA der Teil B, der von gleicher Länge sein kann oder halb so lang wie A und, auf der Dominante stehend und vom Dominantseptakkord geprägt, zur Haupttonart strebt. Auch außerhalb dieser Form versteht man allgemein unter Z. den Einschub vor der Wiederholung eines Abschnittes.

Zwischenspiel, 1. in der → Fuge zwischen den einzelnen Durchführungen meist modulierende Episode (Divertimento), in der das Thema anklingt, aber nicht vollständig erscheint; – 2. In Gesangsstücken (Arien, Liedern) die zwischen den gesungenen Teilen (Strophen) stehenden Instrumental- (Klavier-, Orchester-) Teile; entsprechend im Instrumentalkonzert (Tutti); – 3. in der Choralbegleitung die gelegentl. zwischen den Strophen meist improvisiert an der Orgel gespielten Zwischentakte (bis Anfang des 20. Jh. auch zwischen den Choralzeilen üblich); → Interludium; – 4. Zwischenaktmusik in Schauspiel und Oper (→ Bühnenmusik); – 5. → Intermedium, Intermezzo.

Zwölftontechnik → Dodekaphonie.

Zyklische Form (griech. *kyklos*: Kreis), 1. allgemein: mehrsätziges Werk; – 2. Werk mit 2 und mehr Sätzen, die motivisch-thematisch od. durch gleiche/verwandte Tonart/Rhythmik od./und textlich (z. B. → Kantate, Liederzyklus) verbunden sind; vgl. → Kunstbuch, Leitmotiv.

Zylindrische Bohrung bei Blasinstr., Orgel. Vgl. → konisch, Überblasen, Klarinette, Gedackt.